Timm Gudehus

Logistik

Springer
Berlin
Heidelberg
New York
Barcelona
Hongkong
London
Mailand
Paris
Singapur
Tokio

Timm Gudehus

Logistik

Grundlagen · Strategien · Anwendungen

390 Abbildungen

Springer

Dipl.-Phys. Dr. rer. nat.
Timm Gudehus
Strandweg 54
D-22587 Hamburg

ISBN 3-540-65206-x Springer-Verlag Berlin Heidelberg New York

Die Deutsche Bibliothek – CIP-Einheitsaufnahme
Gudehus, Timm:
Logistik : Grundlagen, Strategien, Anwendungen / Timm Gudehus. - Berlin; Heidelberg ; New York ; Barcelona ; Hongkong; London ; Mailand ; Paris ; Singapur ; Tokio : Springer, 1999
ISBN 3-540-65206-x

Printed in Germany

Umschlaggestaltung: de'blik, Berlin
Satz/Datenkonvertierung: MEDIO, Berlin
SPIN: 10696471 68/3020 - 5 4 3 2 1 0 – Gedruckt auf säurefreiem Papier

Geleitwort

Die zunehmende Globalisierung und die daraus resultierende Vernetzung der Unternehmen, die weiter sinkenden Lieferzeiten sowie die höheren Kundenanforderungen an die Flexibilität der Unternehmen erfordern eine praxisnahe und fundierte Logistik. Die Logistik ist in der Praxis als ein wettbewerbsentscheidender Faktor erkannt worden. Das Interesse am Aufbau und an der Optimierung von logistischen Systemen besteht nicht nur seitens der Anwender sondern ist auch in den mittleren und obersten Managementebenen festzustellen. Das Management konzentriert sich zunehmend auf die strategische Planung von Logistikkonzepten und die schnelle Implementierung innovativer Logistiksysteme.

Das vorliegende Werk über die Logistik nimmt sich der Aufgabe an, nicht nur die Grundlagen der Logistik zu erläutern. Es stellt den strategischen Rahmen der Logistik vor und verbindet diesen mit beispielhaften Anwendungen. Die Darstellung der Erkenntnisse zu strategischen Themen, wie Organisation der Logistik und Prozeßsteuerung, sowie das Vorgehen zur Planung und Realisierung von Logistikstrategien, insbesondere zur Optimierung von neuen Systemen, bilden den Rahmen. Dabei erläutert der Verfasser Verfahren der Potentialanalyse sowie Strategien zur Optimierung von Logistiksystemen. Ein weiterer Teil des Werkes befaßt sich mit den administrativen und informatorischen Aspekten der Logistiksysteme. Die Parameter Zeit und Kosten sind hierbei von herausragender Bedeutung. Weiterhin werden Konzepte für die Leistungs- und Qualitätsvergütung, für die Auftragsdisposition und Produktionsplanung unter logistischen Gesichtspunkten sowie für die Versorgungsdisposition behandelt.

Der Schwerpunkt des Buchs liegt in der detaillierten und bisher einzigartigen Erläuterung der theoretischen Grundlagen, Berechnungsformeln und Algorithmen, die für die Planung innovativer Logistiksysteme so entscheidend sind. Die Teilsysteme der Logistiknetzwerke, wie die Lager- und Kommissioniersysteme, die Logistikketten, wie die Belieferungs- und Transportketten, sowie der Einsatz von Logistikdienstleistern werden theoretisch fundiert bearbeitet und anwendungsgerecht beschrieben.

Der Verfasser dieser Monographie, Dr. rer.nat. Timm Gudehus, ist als Analytiker, Manager und Unternehmensberater weithin bekannt. Er hat seit vielen Jahren mit seinen grundlegenden Arbeiten über Kommissioniertechnik, Transportsysteme, Grenzleistungsgesetze und andere Bereiche wertvolle Beiträge zur Entwicklung der Logistik geleistet. Seine theoretischen Erkenntnisse sowie seine langjährigen Praxiserfahrungen sind dieses Werk eingeflossen.

Ich wünsche dem Leser einen hohen Nutzen sowie dem Buch viel Erfolg.

Berlin, Juni 1999 Prof. Dr.-Ing. Helmut Baumgarten

Vorwort

Seit Beginn meiner Industrietätigkeit haben mich die *Probleme* und *Aufgaben* der Logistik mit ihren Dimensionen *Raum* und *Zeit*, *Material* und *Daten*, *Organisation* und *Technik*, *Leistung* und *Kosten* fasziniert. Diese Monographie über *Logistik* ist eine Zusammenfassung der Erkenntnisse und Erfahrungen aus meiner Tätigkeit als Planer und Projektmanager für Gesamtanlagen, als Privatdozent für Lager-, Transport- und Kommissioniertechnik, als Geschäftsführer von Unternehmen der Fördertechnik, des Maschinenbaus, der Zulieferindustrie und der Textilindustrie sowie als Berater für Logistik und Unternehmensplanung.

Eingeflossen sind Anregungen, Ideen, Lösungen und Kenntnisse aus Büchern und Veröffentlichungen, aus Diskussionen mit Fachkollegen und Kunden sowie aus der Bearbeitung von Projekten für Industrie, Handel und Dienstleistung. Die Lösungen und Beiträge anderer habe ich im Verlauf der Jahre weiterentwickelt und in eigener Arbeit neue Erkenntnisse hinzugewonnen. Einige neu entwickelte Problemlösungen und Strategien, die sich in der Beratungspraxis bewährt haben, werden hier erstmals veröffentlicht.

Erarbeitet und verfaßt habe ich das Buch neben meiner beruflichen Arbeit an Wochenenden und Feiertagen sowie in den Wartezeiten auf Geschäftsreisen. Mein größter Dank gilt meiner Frau *Dr. Heilwig Gudehus*. Sie hat meine häufige Geistesabwesenheit mit Verständnis ertragen, mich in Phasen des Zweifels zur Weiterarbeit ermutigt und mir durch geduldiges Zuhören und kritische Fragen beim allmählichen Verfertigen der Gedanken geholfen [1].

Meinem Vater *Herbert Gudehus*, der sich schon zu Zeiten mit Fragen der Logistik beschäftigt hat, als es den Begriff noch nicht gab, verdanke ich das kritische Denken, den Spaß an der Lösung mathematischer Probleme und viele Anregungen [70; 208; 222].

Einen ganz besonderen Dank schulde ich Herrn *Prof. Dr. Helmut Baumgarten*, dem Nestor der Logistik in Deutschland. Professor Baumgarten hat mich 1991 in die Logistik zurückgeholt und mir die Zusammenarbeit mit dem *Zentrum für Logistik und Unternehmensplanung GmbH* (ZLU) in Berlin ermöglicht, dessen Gründer und geistiger Vater er ist. Mein weiterer Dank richtet sich an die Kollegen und Mitarbeiter des ZLU. Allen voran und zugleich stellvertretend für das gesamte ZLU-Team danke ich *Dr. Frank Straube* und *Dr. Michael Mehldau*. In der kreativen Atmosphäre des ZLU haben viele Fachdiskussionen im Rahmen der

Beratungsprojekte und die Realisierung hieraus entwickelter Konzepte zum Enstehen des Buches beigetragen.

Für hilfreiche Unterstützung, nützliche Informationen, kritische Diskussionen und konstruktiven Widerspruch danke ich *Prof. Dr. Dieter Arnold, Astrid Boecken, Dr. Rudolf von Borries, Dr. Wolfgang Fürwentsches, Oliver Gatzka, Richard Kunder, Karsten Lange, Prof. Dr. Heiner Müller-Merbach, Dr. Jochen Miebach, Martin Reinhardt, Prof. Dr. E. O. Schneidersmann, Prof. Dr. Dieter Thormann, Wilhelm Vallbracht, Ole Wagner* und vielen anderen. Danken möchte ich auch dem *Springer-Verlag*, insbesondere *Herrn T. Lehnert*, für sein Interesse am Gelingen des Werks und die rasche Drucklegung sowie *Frau Claudia Hill* für die sorgfältige Gestaltung.

Diese Monographie über die Logistik mit Teil 1 *Grundlagen, Verfahren und Strategien* und Teil 2 *Netzwerke, Systeme und Lieferketten* richtet sich an Betriebswirte, Ingenieure, Techniker und Informatiker, an Praktiker und Theoretiker, an Planer und Berater, an Anwender und Betreiber, an Anfänger und Fortgeschrittene. Ich hoffe, daß das Werk in Forschung und Lehre, in der Beratung und für die Unternehmenslogistik von Nutzen ist und breite Verwendung findet.

TIMM GUDEHUS
Hamburg, im Mai 1999

Inhalt

Einleitung

Die Geschichte der Logistik reicht weit zurück (s. *Abb.*). Unter anderen Namen wurde Logistik schon immer betrieben: Handel, Spedition, Schiffahrt, Post und Eisenbahnen; Stapelplätze, Lagerhäuser und Stauereien; Fördern und Heben; Kanal-, Straßen- und Hafenbau. Die *Logistikdienstleister* der Vergangenheit waren Postgesellschaften, wie *Thurn&Taxis*, Fuhrunternehmen, wie *Wells Fargo*, sowie die Kaufleute von Venedig und der Hansestädte, die *Fugger*, die *Welser*, die *Godeffroys* oder die *Stinnes*. Die Leistungsfähigkeit der Logistikunternehmer, die schon vor mehr als 150 Jahren große Warenmengen um den gesamten Globus transportierten, Güter aus aller Welt beschafften und Briefe in ganz Deutschland bereits am nächsten Tag zustellten, ist heute weitgehend in Vergessenheit geraten [2; 3; 4; 5; 17].

Neu an der Logistik von heute sind - abgesehen von dem Begriff - die Vielzahl der technischen Lösungsmöglichkeiten, die höheren Geschwindigkeiten, die größeren Kapazitäten sowie die zunehmende globale Vernetzung. Hinzu kommen die vielfältigen Möglichkeiten, die sich aus der Steuerungstechnik, der Telekommunikation und der Informatik ergeben [85].

Um diese Veränderungen zu beherrschen, muß die Logistik von einer *Erfahrungswissenschaft* mit historisch gewachsenen Fertigkeiten und Geschäftspraktiken zu einer theoretisch begründeten *Erkenntniswissenschaft* werden [6; 7; 8; 9; 10; 223; 233]. Diese Monographie will zu dem erforderlichen Wandel der Logistik beitragen. Sie enthält eine Zusammenfassung theoretischer Grundlagen, technischer Möglichkeiten und praktischer Verfahren zur systematischen Bearbeitung und zielführenden Lösung von logistischen Aufgaben.

Schwerpunkt der ersten Kapitel des Buchs ist die *deskriptive Logistik*. Hier werden die *Aufgaben* und *Ziele* der Logistik festgelegt, die *Aktionsfelder* abgegrenzt, die *Systeme*, *Strukturen* und *Prozesse* beschrieben, die Möglichkeiten der *Organisation* und *Prozeßsteuerung* aufgezeigt und das allgemeine *Vorgehen* bei der Planung, Realisierung, Disposition und Kostenrechnung dargestellt. Damit wird das begriffliche Instrumentarium für die analytisch-normative Logistik geschaffen, die Gegenstand der weiteren Kapitel ist.

Die *analytisch-normative Logistik* entwickelt allgemeingültige *Regeln* und *Verfahren* zur Planung und Disposition, *Berechnungsformeln* für die Dimensionierung und *Lösungsverfahren* für konkrete Aufgaben. Sie schafft die *Grundlagen* und *Algorithmen* zur mathematischen Modellierung und Optimierung logistischer Prozesse und Systeme. Ergebnisse der analytischen Logistik sind

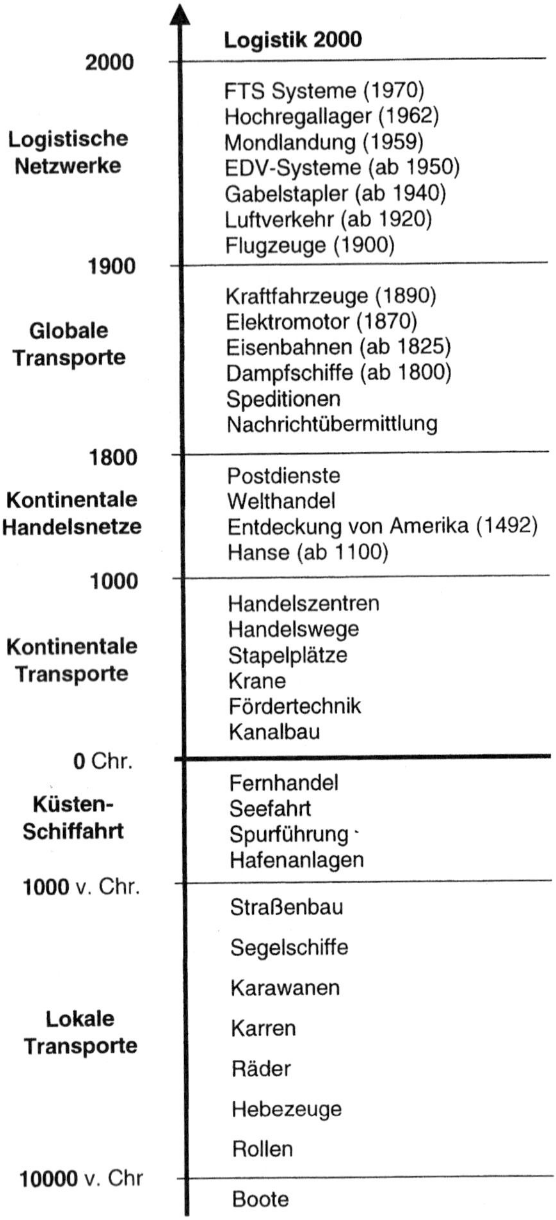

Historische Entwicklung der Logistik

Strategien und *Entscheidungshilfen* für die Planung und den Betrieb von Logistiksystemen.

Viele Unternehmen halten ihre eigenen Logistikprobleme für einzigartig. Dieser Eindruck wird verstärkt durch eine unternehmens- oder branchenspezifische Begrifflichkeit. Wer die Logistik der Unternehmen verschiedener Branchen analysiert, erkennt jedoch, daß die meisten Logistikprobleme trotz mancher Besonderheit vergleichbar sind, überall die gleichen Grundsätze gelten und ähnliche Lösungsverfahren zum Ziel führen. Die Ausführungen des Buches abstrahieren daher weitgehend von Branchen, Regionen und spezieller Technik.

Eine rein technische oder allein betriebswirtschaftliche Sicht der Logistik verstellt den Blick für das Ganze und verbaut viele Handlungsmöglichkeiten. Betriebswirtschaft, Technik, Informatik und andere Fachbereiche tragen gleichermaßen zur *interdisziplinären Logistik* bei. Die organisatorischen, technischen und betriebswirtschaftlichen Aspekte der Logistik werden daher in diesem Buch gleichrangig dargestellt.

Die mathematischen Grundlagen der Logistik beruhen zum Teil auf bekannten Verfahren des *Operations Research* (OR) [11; 12; 13; 86; 171]. Die speziellen OR-Verfahren zur Lösung von Verschnitt-, Transport-, Zuteilungs-, Standort- und Reihenfolgeproblemen werden hier soweit behandelt, wie es im Kontext erforderlich ist. Das gilt auch für die Grundlagen der *Betriebswirtschaft* und die Verfahren der *Technik* [14].

Die Grundsätze, Strategien und Berechnungsformeln wurden für den Bedarf der Praxis entwickelt und haben sich bei der Lösung konkreter Probleme bewährt. Auch wenn die Anregungen aus der Praxis kommen, wird in diesem Buch zunächst die Theorie entwickelt [6; 10; 233]. Anschließend werden praktische Anwendungsmöglichkeiten dargestellt.

Das Werk zeigt *Handlungsspielräume* und *Optimierungsmöglichkeiten* auf und bietet *Lösungsansätze* und *Entscheidungshilfen*. Es enthält *Verfahren* und *Tools* aus der Planungs- und Beratungspraxis, gibt Hinweise auf häufig vorkommende *Fehler* und weist auf *Gefahren* von Standardprogrammen und gebräuchlichen Verfahren hin. Ergebnisse sind vielseitig anwendbare *Planungs- und Gestaltungsregeln, Verfahren* zur Problemlösung, *Betriebsstrategien* und *Dispositionsregeln* sowie allgemeingültige *Berechnungsformeln* zur Dimensionierung und Optimierung von Logistiksystemen und Lieferketten.

Der *erste Teil* über *Grundlagen, Verfahren und Strategien* beginnt mit einer Abgrenzung der *Aufgaben und Ziele der Logistik*. Danach werden *Aufbau, Strukturen* und *Organisation* von Logistikprozessen und Leistungssystemen beschrieben. Gegenstand der weiteren Kapitel sind die Verfahren der *Planung* und *Realisierung*, die *Potentialanalyse* und die *Strategien der Logistik*. Die betriebswirtschaftlichen Grundlagen der Logistik werden in zwei Kapiteln über *Logistikkosten* und *Leistungspreise* entwickelt.

In dem zentralen Kapitel von Teil 1 über die *Zeitdisposition* wird die Rolle der *Zeit in der Logistik* behandelt, aus der sich die Strategien für das *Zeitmanagement* ableiten. Anschließend werden die *Zufallsprozesse in der Logistik* analysiert und die Möglichkeiten und Grenzen der *Bedarfsprognose* dargestellt. Die *Bedarfsprognose* ist Ausgangspunkt für die *Disposition* von Aufträgen, Beständen und Lagernachschub. Die Verfahren und Strategien der *Auftragsdisposition und Produk-*

tionsplanung sowie der *Bestands- und Nachschubdisposition* in der Logistikkette werden in den folgenden Kapiteln behandelt.

Die durchlaufenden Elemente der *Logistikketten* sind die *Logistikeinheiten.* Deren Funktionen und Bestimmungsfaktoren werden in einem gesonderten Kapitel behandelt, das mit einer Darstellung der zur *Auftragsübermittlung* und *Prozeßoptimierung* benötigten *Logistikstammdaten* abschließt. Grundlegend für die Leistungsberechnung und Systemdimensionierung sind die *Grenzleistungsgesetze* und *Staueffekte*, die Gegenstand des folgenden Kapitels sind. Das letzte Kapitel des ersten Teils behandelt die Konsequenzen für die Beziehungen zwischen *Vertrieb und Logistik.*

Der zweite Teil über *Netzwerke, Systeme und Lieferketten* beginnt mit einem Überblick über *Logistiknetzwerke* und *Logistiksysteme.* Danach werden die *Lagersysteme*, die *Kommissioniersysteme* und die *Transportsysteme* behandelt, aus denen sich die übergeordneten Logistiknetzwerke zusammensetzen. Die betreffenden Kapitel beginnen jeweils mit der Festlegung und Abgrenzung der *Funktionen* und *Leistungsanforderungen*, die das System zu erfüllen hat. Dann werden die *Teilfunktionen*, *Systemelemente*, *Strukturen* und *Prozesse* der Systeme analysiert. Aus der Analyse und Klassifizierung der Systeme resultieren *Auswahlregeln* und *Gestaltungsmöglichkeiten* zur Erfüllung der systemspezifischen Anforderungen.

Gegenstand des zentralen Kapitels von Teil 2 über optimale *Lieferketten* sind die unternehmensübergreifenden *Logistikketten* und *Logistiknetzwerke.* Hier werden *Verfahren zur Auswahl optimaler Logistikketten* und die Grundlagen des *Supply-Chain-Managements* entwickelt. Im letzten Kapitel des Buchs werden die Konsequenzen für das Vorgehen beim *Einsatz von Logistikdienstleistern* dargestellt.

Das Buch gibt eine zusammenhängende Darstellung aller aktuellen Bereiche der Logistik. Die beiden Teile und die Kapitel des Buchs sind aufeinander abgestimmt und durch Querverweise miteinander veknüpft. Die einzelnen Kapitel sind jedoch so abgefaßt, daß sie auch in sich verständlich sind.

Zur leichteren Auffindbarkeit werden neu eingeführte *Begriffe* und *Stichworte* kursiv geschrieben. *Definitionen* und allgemeingültige *Grundsätze* sind mit einem Spiegelpunkt (•) eingerückt und dadurch besser erkennbar. *Abbildungen* und *Tabellen* erleichtern das Verständnis des Textes. Zur Vereinfachung der Programmierung sind die *Formeln*, soweit es die Verständlichkeit zuläßt, einzeilig und mit schrägen Bruchstrichen geschrieben. Besonders nützliche Formeln sind durch **Fettsatz** hervorgehoben und dadurch leichter auffindbar. Ein *Sachwortverzeichnis* und *Tabellen* mit *Kennzahlen* und *Richtwerten* machen das Buch zum praktisch nutzbaren *Nachschlagewerk.*

Elegante und doch tragfähige Brücken und Bauwerke sind das Ergebnis der konsequenten Nutzung der Gesetze von Statik und Mechanik. Entsprechendes gilt für die Logistik: Schlanke und leistungsfähige Logistiksysteme sind nur erreichbar, wenn die Gesetze und Strategien der Logistik bekannt sind und bei der Gestaltung und Dimensionierung richtig genutzt werden. Dieses Buch hat das Ziel, hierfür die Grundlagen zu schaffen und das erforderliche Wissen zu vermitteln. Darüber hinaus soll es das allgemeine Verständnis für die Logistik fördern, zum Weiterdenken anregen und Anstöße geben für die Forschung und Entwicklung.

Teil 1

Grundlagen, Verfahren und Strategien

1 Aufgaben und Aspekte der Logistik

Die von den Unternehmen, Haushalten und Konsumenten benötigten Waren, Güter, Teile und Einsatzstoffe werden in der Regel nicht an dem Ort und zu dem Zeitpunkt erzeugt, in dem sie gebraucht werden. Sie entstehen meist auch nicht in der benötigten Menge und Zusammensetzung.

Hieraus resultiert die *Grundaufgabe der Logistik* [229]:

- *Bereitstellung* benötigter *Objekte* in den geforderten *Mengen* in der richtigen *Zusammensetzung* zur richtigen *Zeit* am rechten *Ort*.

Hierfür gestaltet und organisiert die Logistik die *Prozesse* und *Strukturen* zur Bereitstellung der Logistikobjekte nach dem Bedarf der Empfänger. Sie muß dabei in allen Stufen der Logistikketten das Ziel und den Bedarf der Empfangsstellen im Auge behalten.

Logistikobjekte sind Handelswaren, Lebensmittel, Rohstoffe oder Material, Vorprodukte, Halbfertigfabrikate und Fertigwaren, Investitionsgüter oder Konsumgüter ebenso wie Produktions- und Betriebsmittel. Auch Abfallstoffe und ausgebrauchte Produkte können Gegenstand der Logistik sein. Logistikobjekte, die besondere Sicherheit und einen speziellen Service erfordern, sind Personen und Lebewesen. Andere, immaterielle Objekte der Logistik sind die *Aufträge* und *Informationen*, die zur Auslösung und Durchführung der Logistikprozesse benötigt werden [15; 16; 17; 18; 19; 177;].

Damit die Logistikobjekte zur geforderten Zeit abgeholt werden und an die Zielorte gelangen können, plant und realisiert die Logistik die *Verbindungen* und *Stationen* zwischen den *Quellen* und *Senken*. Im laufenden *Betrieb* regelt und steuert die Logistik die *Objektströme* auf den Verbindungswegen sowie die *Güterbewegungen* und *Warenbestände* in den Stationen.

Quellen, Lieferanten oder *Auslieferstellen* können Rohstofflager, Produktionsanlagen, Halbfertigwarenlager, Werkstätten, Fabriken und Fertigwarenlager von *Industrieunternehmen* sein sowie Vorratslager, Importlager und Logistikzentren von *Handelsunternehmen* oder *Logistikdienstleistern*. *Senken* oder *Anlieferstellen* am Ende der *Logistikketten* sind die Geschäfte, Märkte und Filialen des *Handels* und die Verbrauchsorte der *Konsumenten*. Die Warenquellen, aus denen die *Verbrauchsstellen* beliefert werden, sind selbst *Empfänger* von Gütern und Waren, die aus anderen Quellen kommen. Produzenten, Handel und Konsumenten sind wiederum Quellen von Leergut, Verpackungsabfall, Reststoffen und ausgebrauchten Produkten, die zu entsorgen sind.

Für die *Logistik im engeren Sinn* sind die Standorte der Quellen und Senken, die Produktions- und Versandmengen sowie die Bedarfs- und Verbrauchsmengen vorgegeben. Sie befaßt sich ausschließlich mit den in *Abb. 1.1* dargestellten *Funktionen* und *Logistikleistungen*:

Transport zur Raumüberbrückung
Umschlagen zur Mengenanpassung
Lagern zur Zeitüberbrückung (1.1)
Kommissionieren zur Auftragszusammenstellung.

Verfahrenstechnische Prozesse zur Gewinnung, Erzeugung, Herstellung, Abfüllung und Verpackung sind nicht Gegenstand der Logistik. Aufgabe der Logistik ist die Versorgung dieser Prozesse mit den benötigten Einsatzstoffen und Teilen, die Distribution der resultierenden Erzeugnisse und die Entsorgung anfallender Abfälle und Reststoffe.

Logistiksysteme sind spezielle *Leistungssysteme*. Leistungssysteme, die außer den Logistikfunktionen (1.1) weitere Leistungen erbringen, wie Entwicklungs-, Beschaffungs-, Produktions- und Serviceleistungen, sind Gegenstand der *Logistik im weiteren Sinne* [237]. Diese hat die Aufgabe, Systeme zur Erzeugung materieller und immaterieller *Leistungen* aufzubauen, zu betreiben und zu optimieren. Hieraus resultierten Aufgabenüberschneidungen mit der Unternehmensplanung, der Produktionsplanung, dem Maschinenbau, der Fertigungstechnik, dem Anlagenbau, der Verfahrenstechnik, der Informatik und anderen Bereichen der *Technik* und *Betriebswirtschaft*.

Im *weitesten Sinn* umfaßt die Logistik auch den *Einkauf* und den *Verkauf*. Einkauf und Verkauf bahnen die *Logistikketten* zwischen den Unternehmen und zu den Konsumenten an und vereinbaren *Lieferbedingungen* und Preise [19].

Die Logistik ist interdisziplinär. Sie nutzt und verbindet das Wissen anderer Fachbereiche, für die wiederum die Logistik eine *Hilfswissenschaft* ist. Das gilt analog für die Informatik, deren Aufgabe die Bereitstellung und Verarbeitung von *Informationen* in der benötigten Form zur richtigen Zeit am rechten Ort ist.[1]

Zur Einführung in die Grundlagen der Logistik werden in diesem Kapitel die *Aufgabenbereiche* und *Ziele* der Logistik definiert, die *Strukturen* und *Prozesse* von *Leistungssystemen* untersucht und die Funktionen von *Leistungsbereichen* und *Leistungsstellen* definiert. Danach werden Aufbau und Strukturen von *Logistiksystemen* und die qualitativen *Effekte von Logistikzentren* beschrieben, deren Quantifizierung Gegenstand der nachfolgenden Kapitel ist. Abschließend werden

1 Auch wenn die Informatik für die Logistik heute eine immense Bedeutung hat, sind Logistik und Informatik selbständige Fachbereiche, die sich zwar gegenseitig befruchten aber nicht ersetzen können. Aufgrund der Unterschiedlichkeit ihres Gegenstands, physische Objekte einerseits und immaterielle Informationen andererseits, unterscheiden sich Logistik und Informatik vor allem in der Ausführung und Technik der Systeme [233]. Abgesehen davon ist die Informatik der Logistik in der globalen Vernetzung, der Nahtstellenabstimmung, der Standardisierung und der theoretischen Durchdringung heute noch weit voraus.

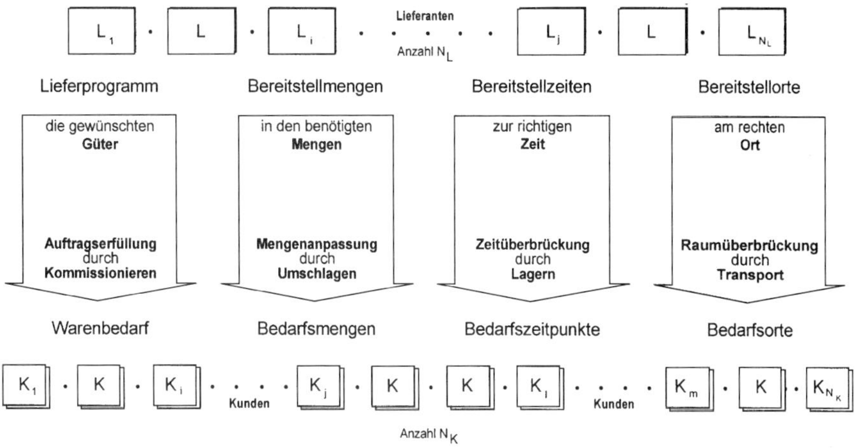

Abb. 1.1 Funktionen und Leistungen der Logistik

das *Netzwerkmanagement* von Logistiksystemen und die Aufgabenteilung in der Logistik behandelt.

1.1 Leistungssysteme und Maschinensysteme

Der Begriff *Leistungssystem* ist eine Erweiterung des Begriffs *Maschinensystem*. Viele Definitionen, Grundlagen und Methoden der *Theorie der Maschinensysteme* und der *Systemanalyse* lassen sich daher auf allgemeine Leistungssysteme und die Logistik übertragen [9; 228; 233].

Ein *Maschinensystem* erfüllt *Fertigungssaufträge* und führt nach einem gleichbleibenden *technischen Verfahren* an physischen Objekten materielle Transformationen durch. Maschinensysteme arbeiten deterministisch, haben konstante Durchlaufzeiten und sind zentral gesteuert. Beispiele für Maschinensysteme sind Druckmaschinen, Werkzeugmaschinen, Chemieanlagen, Abfüllanlagen und Montagelinien. Ein Maschinensystem ist ein spezielles Leistungssystem mit *wenigen Freiheitsgraden*.

Neben vielen Analogien gibt es zwischen Maschinensystemen und allgemeinen Leistungssystemen gravierende Unterschiede:

- Ein allgemeines *Leistungssystem* erfüllt *Leistungsaufträge* und führt nach gleichen oder wechselnden *Strategien* an physischen und informatorischen Objekten materielle und immaterielle *Transformationen* aus.

Beispiele für *technische Leistungssysteme*, die von physischen Objekten durchlaufen werden, sind Fabriken, Krankenhäuser, Montagebetriebe, Verkehrssysteme und Logistiksysteme. *Informatorische Leistungssysteme* sind die EDV-Systeme, die Informations- und Kommunikationssysteme (I+K-Systeme) oder Nachrichtendienste. Verwaltungsbetriebe, Banken und Versicherungen sind Beispiele für *administrative Leistungssysteme*.

Leistungssysteme werden in der Regel *stochastisch* in Anspruch genommen. Sie haben schwankende Durchlaufzeiten, sind weitgehend dezentral organisiert und bieten daher *viele Handlungsmöglichkeiten*. Die *kinematischen Ketten* und Fertigungsprozesse eines Maschinensystems sind durch die Struktur bestimmt. Die *Logistikketten* und *Leistungsprozesse* in einem Leistungs- und Logistiksystem sind von der *Struktur* und von den *Strategien* abhängig. Außer den *Strukturen*, die für alle Systeme gleichermaßen von Bedeutung sind, spielen die *Prozesse* für die Logistiksysteme eine ganz besondere Rolle. Die Entwicklung und Analyse von Strategien zur Gestaltung und Durchführung der Prozesse sind daher zentrale Aufgaben einer *Theorie der Logistiksysteme* [7].

Die Funktionen eines Leistungssystems werden primär von den *Leistungsanforderungen* bestimmt. Für die Gestaltung, Dimensionierung und Optimierung eines Systems sind daher vom *Auftraggeber* die *Aufgaben* und *Ziele* vorzugeben, die gewünschten *Leistungsergebnisse* zu spezifizieren, die *Schnittstellen* und *Rahmenbedingungen* zu definieren, die *Leistungsqualität* festzulegen und die benötigten *Leistungsmengen* zu quantifizieren.

Dabei muß sich der Auftraggeber entscheiden zwischen einer *Ergebnisspezifikation*, einer *Verfahrensspezifikation* und einer *Einzelspezifikation*:

- Die reine *Ergebnisspezifikation* legt nur die Leistungsergebnisse fest. Sie läßt Verfahren, Technik, Strukturen und Prozesse offen und erlaubt eine Vielzahl von Lösungen.
- In einer funktionalen *Verfahrensspezifikation* werden die techischen Verfahren und die Leistungsprozesse vorgegeben, sodaß nur ein begrenzter Gestaltungsspielraum besteht.
- In einer technischen *Einzelspezifikation* werden außer den Verfahren und Prozessen auch das Material, die Konstruktion und die Verknüpfungen der Systemelemente vorgeschrieben.

Welche dieser *Spezifikationsarten* zweckmäßig ist, hängt ab von den Zielen und der Kompetenz des Auftraggebers sowie von der Art des Systems. In vielen Fällen wird die Ergebnisspezifikation ergänzt um eine Verfahrensspezifikation der wichtigsten Prozesse und die Verfahrenspezifikation um eine Einzelspezifikation der funktionskritischen Elemente.

Für Maschinensysteme ist in Ergänzung zur Ergebnisspezifikation meist eine Einzelspezifikation und für technische Leistungssysteme eine Verfahrensspezifikation sinnvoll. Die reine Ergebnisspezifikation ist für außerbetriebliche Logistiksysteme und für administrative Leistungssysteme am besten geeignet (s. *Kapitel* 20).

1.2 Aufgabenbereiche und Ziele

Jede konkrete Logistikaufgabe hat bestimmte *Zielvorgaben* und betrifft einen *Aktionsbereich*, der durch die Standorte und Funktionen der Quellen, Senken und

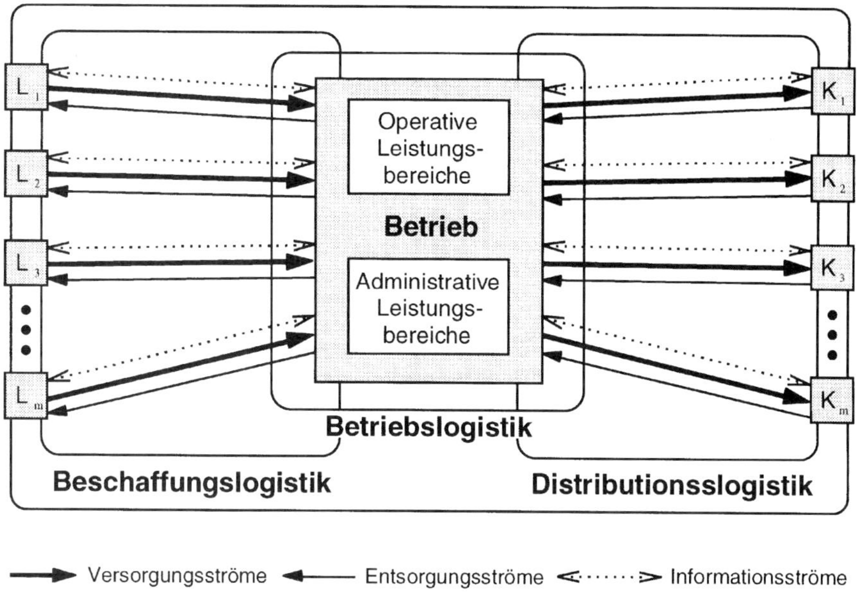

Abb. 1.2 Bereiche der Unternehmenslogistik

Li: Lieferanten
Kj: Kunden

Leistungsstellen sowie durch die vorgegebenen Material- und Datenströme definiert ist.

Die *Makrologistik* behandelt die *Güter- und Informationsströme* zwischen einer Vielzahl von Quellen und Senken einer Region, eines Landes oder rund um den Globus, unabhängig davon, wem die Quellen, Senken und Güter gehören. Die Makrologistik ist ein Teil der *Volkswirtschaft*. Ihr Ziel ist es, durch Gesetze, Institutionen und Schaffung einer geeigneten *Infrastruktur* rationelle Verkehrs- und Informationsströme zu ermöglichen, die Voraussetzung sind für eine optimale Wirtschaftsentwicklung [177].

Die *Mikrologistik* betrachtet die *Material- und Datenströme* zwischen einzelnen Lieferanten und Abnehmern und in den Unternehmen. Die Mikrologistik ist ein Teil der *Betriebswirtschaft*. Ziel der Unternehmenslogistik ist es, durch eine geeignete Organisation und Prozeßsteuerung sowie durch Schaffung optimaler Logistiksysteme rationelle Material- und Datenströme zu ermöglichen, die Voraussetzung sind für eine optimale Geschäftsentwicklung [177].

Die *Unternehmenslogistik* umfaßt, wie in *Abb. 1.2* dargestellt, die innerbetriebliche und die außerbetriebliche Logistik. Die *innerbetriebliche Logistik*, auch *Betriebs-*, *Werks-* oder *Standortlogistik* genannt, verbindet an einem Logistikstandort, in einem Werk oder in einem Betrieb den Wareneingang, die internen Senken und Quellen und den Warenausgang. Die *außerbetriebliche Logistik*, die in Zulaufrichtung als *Beschaffungslogistik*, in Auslaufrichtung als *Distributionslogi-*

stik und in Rücklaufrichtung als *Entsorgungslogistik* bezeichnet wird, verbindet die Warenausgänge mit den Wareneingängen unterschiedlicher Logistikstandorte, Werke und Betriebe.

Die *Beschaffungslogistik* befaßt sich also mit dem *Zulauf* der Waren von den Lieferanten bis zu den Betrieben und die *Distributionslogistik* mit der *Verteilung* der Waren von den Betrieben an die Empfänger. Beschaffungslogistik und Distributionslogistik sind zwei Aspekte der gleichen Logistikaufgabe, deren *Ziele* entweder von den Interessen des Empfängers oder von den Interessen des Versenders vorgegeben sind: aus Sicht der Empfänger sind Teile der Distributionslogistik der Lieferanten Bestandteil der eigenen Beschaffungslogistik; aus Sicht der Versender sind Teile der Beschaffungslogistik der Kunden Teil ihrer Distributionslogistik.[2]

Die *Entsorgungslogistik* hat die Aufgabe, Produktionsrückstände, Konsumabfälle, Verpackungsmaterial, Leergut, ausgebrauchte Waren und Reststoffe abzutransportieren, zu lagern, aufzubereiten, einer erneuten Verwendung zuzuführen oder auf Dauer in einem *Endlager* zu deponieren.

Die *Verkehrslogistik* oder *Transportlogistik* befaßt sich mit reinen Verkehrs- und Transportsystemen zur *Beförderung* von Waren, Gütern und Objekten [209; 218]. In den Stationen oder *Knotenpunkten* der Verkehrs- und Transportsysteme werden keine Warenbestände gelagert und primär Durchsatz- und Umschlagleistungen erbracht (s. *Kapitel* 18).

Allgemeine *Ziele* der Planung, der Realisierung und des Betriebs von Leistungssystemen sind:

Leistungserfüllung
Qualitätssicherung (1.2)
Kostensenkung.

Das sind auch die *Hauptziele der Unternehmenslogistik*. Inhalte, Priorisierung und Gewichtung der Ziele sind abhängig von der konkreten Aufgabenstellung (s. *Abschnitt 3.4*).

1.3 Strukturen und Prozesse

Leistungsysteme sind – wie in *Abb. 1.3* dargestellt – *Netzwerke* von Leistungsstellen, die von *Material* und *Daten* durchlaufen werden und bestimmte Leistungen erzeugen. Abgesehen von den verfahrenstechnischen und administrativen Prozessen in den Stationen ist jedes Leistungssystem ein *Logistiksystem*.

Ähnlich wie die Strömungssysteme in der Hydrodynamik lassen sich Leistungs- und Logistiksysteme aus *stationärer Sicht* unter dem *Strukturaspekt* oder aus *dynamischer Sicht* unter dem *Prozeßaspekt* betrachten. Für die Lösung der vielfältigen Aufgaben der Logistik sind beide Aspekte erforderlich. Einige Proble-

2 Die Distributionslogistik wird auch als Marketing-Logistik bezeichnet [229].

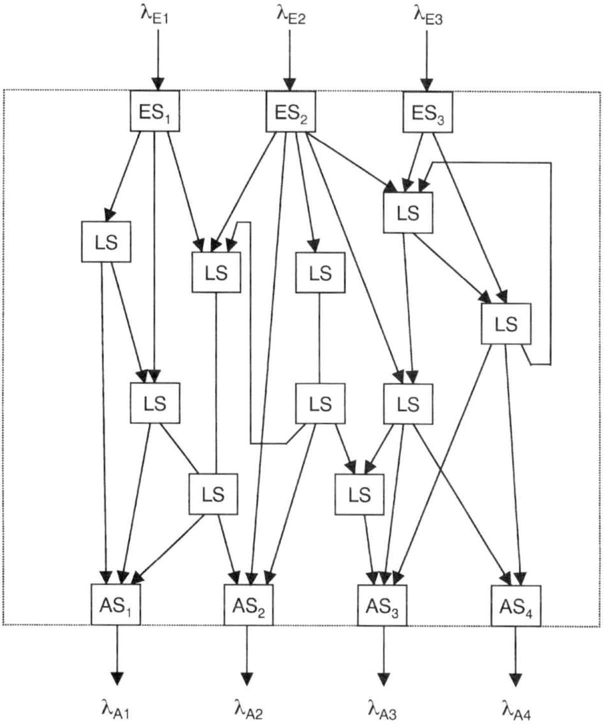

Abb. 1.3 Struktur eines Leistungs- und Logistiksystems

LS	Leistungs- oder Logistikstationen		
ES_i	Eingangsstationen	λ_{Ei}	Einlaufströme
AS_j	Ausgangsstationen	λ_{Ai}	Auslaufströme
→	Verbindungen	- - - -	Systemgrenze

me, wie die Optimierung der Prozesse in *vorhandenen Systemen*, lassen sich besser aus prozeßorientierter Sicht lösen. Andere Aufgaben, wie die Gestaltung *neuer Systeme*, erfordern primär eine strukturorientierte Betrachtung. Logistisch Denken heißt daher, in Prozessen, Strukturen und Systemen denken.

1. Strukturaspekt
Unter dem Strukturaspekt werden *Aufbau*, *Netzstrukturen*, *Funktionen*, *Kapazitäten* und *Leistungsvermögen* des Systems und der Leistungsstellen von der Warte eines ruhenden Betrachters analysiert und geplant.

Aus *stationärer Sicht* ist die Aufgabe der Logistik eine *Systemoptimierung* [7; 233]:

- Das *Logistiksystem* ist so zu gestalten, zu dimensionieren, zu organisieren und zu betreiben, daß die *Leistungsanforderungen* bei vorgegebenen *Restriktionen* optimal erfüllt werden.

Der erste Schritt der Systemoptimierung ist eine *Strukturanalyse*, in der untersucht wird, aus welchen Leistungsstellen sich ein System zusammensetzt und welche Material- und Datenströme zwischen den Leistungsstellen fließen. Die sich anschließende *Potentialanalyse* zeigt auf, ob und in welchem Umfang das System zur Bewältigung vorgegebener Leistungsanforderungen geeignet ist (s. *Kapitel* 4).

Für die Gestaltung der Strukturen gilt der *Grundsatz*:

- Die Prozesse bestimmen die Strukturen, nicht die Strukturen die Prozesse.

Bei rein stationärer Sichtweise besteht die Gefahr, den Zweck der Systeme und das *Ziel* der in ihnen ablaufenden Prozesse aus dem Auge zu verlieren.

2. Prozeßaspekt
Unter dem Prozeßaspekt werden die *Abläufe* im Logistiksystem und die *Vorgänge* in den Leistungsstellen von der Warte eines Betrachters, der den Waren und Daten auf ihrem Weg durch das System folgt, in ihrer *Abfolge* und ihrem *Zeitbedarf* analysiert und gestaltet.

Aus *dynamischer Sicht* ist die Aufgabe der Logistik eine *Prozeßoptimierung:*

- Aus der Vielzahl der Möglichkeiten sind die *Prozesse* und *Leistungsketten* so auszuwählen, zu gestalten, zu kombinieren und zu steuern, daß die *Leistungsanforderungen* bei Einhaltung der *Restriktionen* optimal erfüllt werden.

Der erste Schritt der Prozeßoptimierung ist die *Prozeßanalyse*. Die *Prozeßanalyse* ist darauf ausgerichtet, zu erkennen, wie effektiv die einzelnen Vorgänge in den *Leistungsketten* ablaufen und ob die Leistungsstellen so miteinander verknüpft sind, daß die *Ziele* der Auftraggeber, die *Aufträge* der Kunden und die *Erwartungen* der Empfänger erfüllt werden.

Für die Gestaltung und Optimierung der Prozesse gilt der *Grundsatz*:

- Nur wenn alle Leistungsprozesse in einem System bekannt sind, lassen sich die Leistungsstellen dimensionieren, die Leistungskosten errechnen und das Gesamtoptimum erreichen.

Bei rein prozeßorientierter Betrachtung werden häufig die *konkurrierenden* oder *parallel ablaufenden Prozesse* nicht ausreichend berücksichtigt und die *Synergiepotentiale* übersehen.

1.4 Leistungsstellen und Leistungsbereiche

Leistungs- und Logistiksysteme setzen sich aus *Leistungsstellen* zusammen, die in der Regel zu *Leistungsbereichen* und *Organisationseinheiten* zusammengefaßt sind. Eine Leistungsstelle mit den in *Abb. 1.4* dargestellten *Input-Output-Beziehungen* ist wie folgt definiert:

- In einer *Leistungsstelle* [LS] werden nach *Aufträgen* oder *Anweisungen* unter Einsatz von *Material* und *Ressourcen*, wie Personen, Flächen, Gebäuden, Ein-

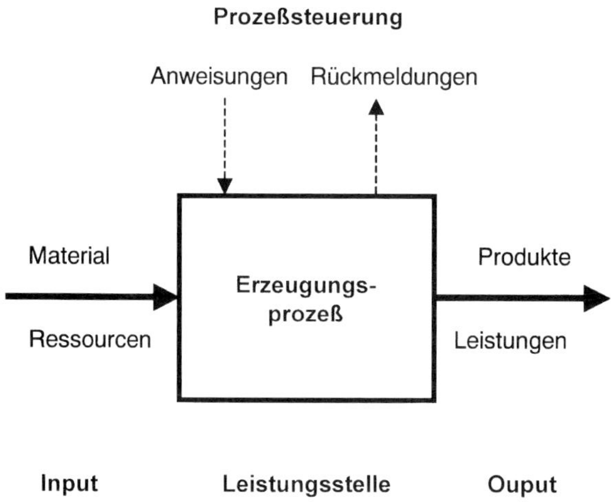

Abb. 1.4 Input und Output einer Leistungsstelle

richtungen und Betriebsmitteln, *materielle* oder *immaterielle Leistungen* erbracht.

Aufgabe der Leistungsstellen ist es, bei möglichst geringen Kosten anforderungsgerechte Leistungen zu erbringen, die zur *Wertschöpfung* beitragen. Leistungsstellen sind auch *Kostenstellen*. Nicht alle Kostenstellen der Betriebsabrechnung aber sind Leistungsstellen [14].

Mehrere Leistungsstellen, die sich in einem abgegrenzten Betriebsteil oder in gesonderten Räumlichkeiten befinden, lassen sich, wie in *Abb. 1.5* dargestellt, zu einem *Leistungsbereich* zusammenfassen. Leistungsbereiche, in denen *gleichartige Leistungen* erbracht werden oder die einen bestimmten *Abschnitt der Leistungskette* umfassen, bilden eine *Organisationseinheit*.

Organisationseinheiten sind *Betriebs-* oder *Leistungsbereiche*, für deren *Leistungen*, *Qualität* und *Kosten* die Betriebsleitung oder ein *Dienstleister* verantwortlich ist. Zur *Ausschreibung* und *Vergabe* an einen *Dienstleister* sind geeignete Leistungsstellen zu einer *Organisationseinheit* zusammenzufassen und so klar voneinander abzugrenzen, daß sich eindeutige *Leistungsumfänge* definieren lassen und eine selbstregelnde und zielführende *Leistungs- und Qualitätsvergütung* möglich ist (s. *Kapitel 7* und 20).

Die *Art der Leistungen* wird durch *Spezifikation* des Leistungsergebnisses und durch Angabe der *Leistungsmerkmale* definiert, wie die Beschaffenheit der Waren oder Produkte, die Transportentfernungen und die Lagerzeiten. Weitere Leistungsmerkmale sind Lieferzeiten, Lagervorschriften, Sicherheitsauflagen und Qualitätsanforderungen.

Für die Systemanalyse und die Systemgestaltung ist es zweckmäßig, die Leistungsstellen nach ihrer Funktion und anderen Merkmalen in Klassen einzuteilen und diese Klassen gesondert zu betrachten [233].

1. Leistungsergebnisse

Das Ergebnis eines Leistungsprozesses kann materiell oder immateriell sein:

- *Materielle Leistungsergebnisse* sind physische Objekte, wie Rohstoffe, Material, Bauten, Industrieerzeugnisse, Konsumgüter oder allgemein *Produkte*, die aus einem Gewinnungs-, Erzeugungs-, Herstellungs-, Veredelungs-, Bearbeitungs- oder Montageprozeß resultieren.
- *Immaterielle Leistungsergebnisse* sind informatorische, mengenmäßige, räumliche oder zeitliche *Veränderungen* von oder an Objekten, Personen, Daten oder Informationen, wie ein Abfüllen, Umordnen, Stapeln, Verpacken, Handhaben, Befördern oder Lagern.

Ist das Leistungsergebnis ein materielles Produkt, wird der Prozeß als *Produktionsprozeß* bezeichnet. Bei einem immateriellen Leistungsergebnis spricht man von einem *Leistungsprozeß*.

In vielen Fällen ist die Unterscheidung zwischen Produktionsprozeß und Leistungsprozeß jedoch nur eine Frage des Standpunkts und des Eigentums an den behandelten Objekten. So werden Veredelung, Montage, Abfüllen und Verpacken als Teil des Produktionsprozesses betrachtet, solange sie in einem Unternehmen mit *eigenem Material* stattfinden. Sie werden zu Leistungsprozessen, wenn sie von Dritten außerhalb des Unternehmens mit *fremdem Material* durchgeführt werden.

Beispielsweise ist die Konfektion von Kleidung in einem Textilunternehmen aus gekauften oder selbst hergestellten Stoffen nach eigenen Schnitten ein *Herstellungsprozeß*. Die gleiche Leistung, ausgeführt nach fremden Schnitten mit bereitgestellten Stoffen, ist eine *Dienstleistung*, die als *passive Lohnveredelung* bezeichnet wird.

Eine Unterscheidung zwischen Produktionsprozeß und Leistungsprozeß hat daher aus prozeßorientierter Sicht wenig Sinn. Es gibt nur eine *Leistungsproduktion* mit materiellen oder immateriellen Ergebnissen. Das materielle Produkt ist ein *Leistungsträger*, in dem das Ergebnis der einzelnen Leistungsschritte quasi gespeichert ist.

Das Ergebnis und der Durchsatz einer Leistungsstelle werden in *Leistungseinheiten* [LE] gemessen. Meßgrößen für *materielle Leistungsergebnisse* sind *Mengeneinheiten* [ME], wie *Gewicht* [kg; t], *Volumen* [l; m^3], *Stück* [ST] oder *Ladeeinheiten* [LE]. Meßgrößen für *immaterielle Leistungsergebnisse* sind *Vorgangseinheiten* [VE], wie *Aufträge* [Auf], *Positionen* [Pos], *Bearbeitungseinheiten* [BE] oder definierte *Leistungsumfänge* [LU].

Vorgangseinheiten zur Messung von spezifischen *Logistikleistungen* sind:

- *Transportleistungseinheiten*: *Transportgut-Entfernung* [Transportgut-km], *Laderaum-Kilometer* [m^3-km], *Tonnen-Kilometer* [t-km], *Ladeeinheiten-Kilometer* [LE-km] oder *Personen-Kilometer* [Pers-km].
- *Lagerleistungseinheiten*: *Lagergut-Aufbewahrungszeit* [Lagergut-Tage], *Lagerraum-Tage* [m^3-Tage] und *Ladeeinheiten-Tage* [LE-Tag], wie Paletten-Tage oder PKW-Abstelltage.

2. Typen von Leistungsstellen

Maßgebend für das *Leistungsvermögen* ist die *Funktionsvielfalt* einer Leistungsstelle. Danach lassen sich monofunktionale und multifunktionale Leistungsstellen unterscheiden:

- In einer *monofunktionalen Leistungsstelle* findet nur ein *gleichartiger Leistungsprozeß* statt.
- In einer *multifunktionalen Leistungsstelle* werden *gleichzeitig* oder *nacheinander* mehrere unterschiedliche Leistungsprozesse durchgeführt.

Leistungsstellen können *direkte Leistungen* erbringen, die *unmittelbar* für einen *Geschäftsprozeß* benötigt werden, oder *indirekte Leistungen*, die für den Geschäftsprozeß nur *mittelbar* von Nutzen sind, wie die Leistungen von Reparaturbetrieben, der Instandhaltung oder der Personalverwaltung.

Interne Leistungsbereiche befinden sich innerhalb der Gebäude oder der Werke in der Verantwortung des eigenen Unternehmens. *Externe Leistungsbereiche* liegen außerhalb einer Betriebsstätte oder in der Verantwortung anderer Unternehmen.

Abhängig von der *Zielsetzung* und dem erforderlichen *Detaillierungsgrad* ist es notwendig, entweder *elementare Leistungsstellen* zu untersuchen, oder effektiver, *zusammengesetzte Leistungsstellen* zu betrachten (s. *Abb. 1.5*):

- *Elementare* oder *irreduzible Leistungstellen* sind Leistungsstellen, die sich ohne Funktionsverlust nicht weiter zerlegen lassen und zu einer Zeit jeweils nur eine *Leistungsart* erzeugen können.
- *Zusammengesetzte Leistungsstellen* bestehen aus *parallel* oder *seriell* angeordneten elementaren Leistungsstellen und können gleichzeitig mehrere Leistungsarten erzeugen.

Abhängig vom *Leistungsgegenstand* sind zu unterscheiden:

- *Operative Leistungsstellen*: In diesen werden an oder mit *materiellen Objekten*, wie *Material, Ware, Güter* oder *Ladeeinheiten*, Veränderungen, Bearbeitungsvorgänge, Umwandlungen, Produktionsprozesse oder andere *operative Leistungen* durchgeführt.
- *Administrative Leistungsstellen*: In diesen werden an oder mit *Aufträgen, Daten* oder anderen *Informationen* Bearbeitungsvorgänge, Umwandlungen,

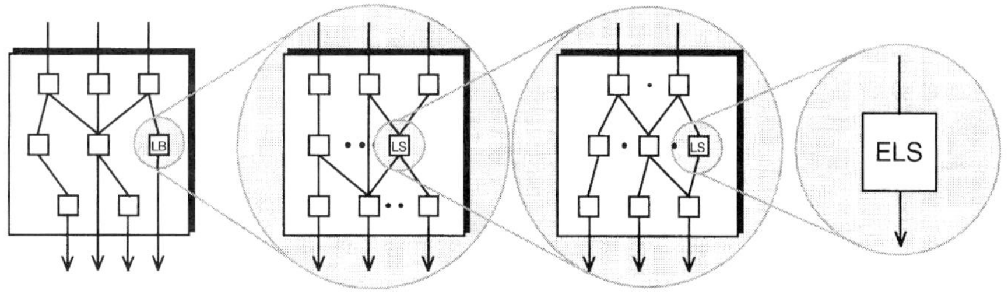

Abb.1.5 Aufbau von Leistungsstellen, Leistungsbereichen und Organisationseinheiten aus elementaren Leistungsstellen

Übertragungen, Verarbeitungsprozesse, Verwaltungstätigkeiten oder andere *administrative Leistungen* erbracht.

In einer operativen Leistungsstelle können neben den operativen Funktionen auch administrative Arbeiten an den warenbegleitenden Auftragspapieren, Informationen und Belegen geleistet werden.

In den *operativen Leistungsstellen der Fertigung* werden Rohstoffe, Güter und Teile durch die Leistungsprozesse in Produkte umgewandelt. *Operative Leistungsstellen der Fertigung* sind beispielweise:

- *Produktionsstellen*, in denen aus unterschiedlichem *Eingangsmaterial* durch Verfahrens- oder Herstellprozesse *materielle Produkte* erzeugt werden,
- *Montagestellen*, in denen aus zugeführten *Teilen, Baugruppen* und *Modulen* fertige Geräte, Fahrzeuge, Maschinen, Anlagen oder andere Produkte erzeugt werden,
- *Abfüllstellen*, in denen Güter in *Flaschen, Dosen, Säcke* oder andere *Verkaufseinheiten* abgefüllt werden,
- *Verpackungsstellen*, die Produkte oder Verkaufseinheiten in *Kartons, Trays, Paketen, Gebinden* oder anderen *Ladungsträgern* zu *Verpackungs-, Versand- oder Ladeeinheiten* verpacken,
- *Demontagestellen*, die ausgediente Produkte demontieren und zum Recycling sortieren.

Operative Leistungsstellen, in denen der einlaufende Gegenstand seine Identität bewahrt, sind *Abfertigungs- oder Servicestellen*. Hierzu gehören :

- *Reparaturstellen*, in denen beschädigte oder defekte Produkte, Transportmittel oder Ladungsträger repariert werden,
- *Bearbeitungsstellen*, in denen an einem zugeführten Gegenstand ohne inhaltliche Veränderung ein Bearbeitungsvorgang, wie das Kodieren oder Erfassen, durchgeführt wird.

In den *operativen Leistungsstellen der Logistik* finden an den Waren, Gütern und Ladeeinheiten *räumliche, zeitliche* und *informatorische Veränderungen*, aber keine inhaltlichen Umwandlungen statt. *Logistikstationen* sind Leistungsstellen, in denen nur Logistikleistungen erbracht werden. *Transportknoten* oder *Knotenpunkte* sind bestandslose Logistikstationen, die allein dem Durchsatz, den Umschlag und dem Sortieren dienen.

3. Kenndaten von Leistungsstellen

Die einzelnen Leistungsstellen lassen sich allgemein durch folgende *Kenndaten* charakterisieren:

Leistungen	Auftragsarten
	Leistungsmerkmale LM_i
	Funktionen F_α
	Leistungsprozesse (Transaktionen)

Objekte	Beschaffenheit der ein- und auslaufenden physischen Objekte Art der ein- und auslaufenden Daten und Informationen	
Zeiten	Betriebszeiten, Laufzeiten und Arbeitszeiten Bearbeitungszeiten und Durchlaufzeiten	
Kapazitäten	Puffer- und Lagerkapazitäten für materielle Objekte Speicherkapazität für Daten und Informationen	(1.3)
Grenzleistungen	Produktionsgrenzleistungen μ_P [PE/ZE] Durchsatzgrenzleistungen μ_{ij} [LE/ZE]	
Ressourcen	Flächen und Räume Betriebsmittel und Einrichtungen Förderanlagen und Transportmittel Personalbesetzung	
Relationen	Standorte betriebliche und organisatorische Zuordnung Schnittstellen zu anderen Leistungsstellen.	

Die aktuelle *Nutzung* der Leistungsstelle, also die *Leistungsbeanspruchung*, ist – wie in *Abb. 1.6* dargestellt – gegeben durch die *Durchsatzraten* λ_i [LE/ZE], die *Taktzeitverteilung* und die *Durchlaufzeiten* der eingehenden Aufträge sowie der verarbeiteten, durchlaufenden und erzeugten Güter und Informationen.

Aus der Leistungsbeanspruchung ergeben sich in Verbindung mit den *Dispositions- und Betriebsstrategien* bei vorgegebenen oder geeignet festgelegten *Betriebszeiten, Maschinenlaufzeiten* und *Arbeitszeiten* der *Personalbedarf* und die Anzahl *benötigter Betriebs- und Transportmittel.*

1.5 Strukturen von Logistiksystemen

Logistiksysteme bestehen aus *Transportnetzen* und *Leistungsstellen*, die von Warenströmen durchflossen werden (s. *Abb. 1.3*). In den *operativen Logistikstationen* werden die *einlaufenden Warenströme* bearbeitet, zwischengelagert, kommissioniert oder umgeschlagen zu *auslaufenden Warenströmen.* In den *administrativen Logistikstationen* werden *Informationen* und *Daten* erzeugt und bearbeitet, die den *Warenfluß* in den Transportnetzen und operativen Leistungsstellen auslösen und begleiten.

Umschlag-, Lager- und *Kommissioniersysteme* sind spezielle Logistiksysteme, die nur eine oder zwei der logistischen Grundfunktionen (1.1) erfüllen (s. *Kapitel* 16 und 17). *Transportsysteme* dienen der reinen Raumüberbrückung. Sie setzen sich zusammen aus *Transportverbindungen* oder *Verkehrswegen*, auf denen die zur Warenbeförderung benötigten Transportströme fließen, und aus *Transport-*

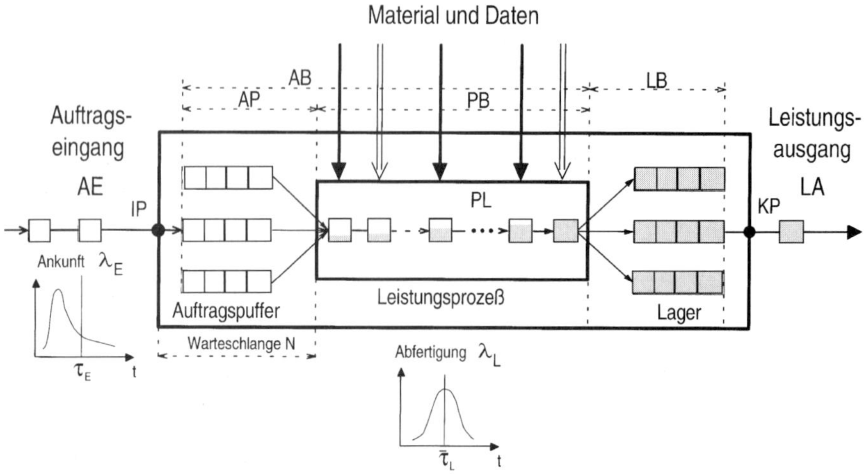

Abb. 1.6 Leistungsprozeß und Kenndaten einer Leistungsstelle

IP Identifikationspunkt KP Kontrollpunkt
$\lambda_E = 1/\tau_E$ = Ankunftsrate = mittlere Ankuntftstaktzeit
$\mu_L = 1/\tau_L$ = Abfertigungsrate = mittlere Leistungstaktzeit
$\lambda_A = 1/\tau_A$ = Verbrauchsrate = mittlere Verbrauchstaktzeit
AE: Auftragseingang PL: Produktionsleistung LA: Leistungsausgang
AB = AP + PB = Auftragsbestand, AP = AB - PB = Auftragspuffer
PB = Produktionsbestand, LB = Lagerbestand
GB = LB - AB = Gesamtbestand
DZ_{min} = minimale Durchlaufzeit; DZ = aktuelle Durchlaufzeit

knoten, in denen die einlaufenden Transportströme zu auslaufenden Transportströmen verzweigt werden (s. *Kapitel* 18).

Die Logistiksysteme lassen sich unterscheiden nach der Stufigkeit der Lieferketten zwischen den Quellen und Senken. Die *Stufigkeit* einer Lieferkette wird bestimmt von der Anzahl der Zwischenstationen, die von den logistischen Objekten durchlaufen werden. Sie ist wie folgt definiert:

- Eine *N-stufige Lieferkette* besteht aus *N Transportabschnitten*, die durch *N*-1 *Zwischenstationen* miteinander verbunden sind.

Die Struktur eines Logistiksystems wird durch folgende *Strukturparameter* definiert:

- *Anzahl, Standorte* und *Funktionen* der *Quellen* und *Lieferstellen.*
- *Anzahl, Standorte, Funktionen* und *Zuordnung* der *Logistikstationen* zwischen den Quellen und Senken
- *Anzahl, Standorte* und *Funktionen* der *Senken, Empfangsstellen* und *Kunden.*

Die *Zwischenstationen* können reine *Transportknoten*, bestandsführende oder bestandslose *Umschlagpunkte*, *Lagerstationen* mit oder ohne Kommissionierung oder größere *Logistikzentren* mit vielfacher Funktion sein.

Ein Teil der Strukturparameter, wie die Standorte der Lieferanten und Kunden, sind in der Regel *Fixpunkte*, die sich kurzfristig nicht verändern lassen. Die übrigen Strukturparameter, insbesondere die Anzahl, Standorte und Funktionen der Zwischenstationen, sind freie *Gestaltungsparameter.*

Bei bekannten Leistungsanforderungen und vorgegebenen Rahmenbedingungen ist es möglich, ein Logistiksystem durch Variation der freien Gestaltungsparameter zu optimieren. Zusätzlich besteht die Möglichkeit, die stärksten Warenströme direkt, die schwächeren Sammel- oder Verteilströme zweistufig und die schwächsten Ströme zwischen den Quellen und Senken drei- oder mehrstufig laufen zu lassen. Hierdurch entstehen Logistiksysteme mit gemischter Struktur. *Strukturgemischte Systeme* sind Überlagerungen von Logistiksystemen mit unterschiedlicher Stufigkeit.

Zur Darstellung der strukturellen Möglichkeiten und ihrer Eigenschaften ist es sinnvoll, die *strukturreinen Logistiksysteme* gesondert zu betrachten. Zur Gestaltung eines *vollständigen Logistiksystems* ist jedoch die Auswahl und Optimierung der Belieferungsketten primär unter dem Prozeßaspekt erforderlich (s. *Kapitel* 19).

1. Einstufige Systeme

In einem einstufigen System, wie es in *Abb. 1.7* dargestellt ist, bestehen zwischen den Quellen und Senken nur ungebrochene *Direktverbindungen* .

Solange die verfügbaren Transportmittel durch die Warenmengen, die zwischen den Quellen und Senken zu befördern sind, wirtschaftlich ausgelastet werden, ist eine Direktbelieferung mit *zielreinen Transporten* von den Quellen zu den Senken sinnvoll.

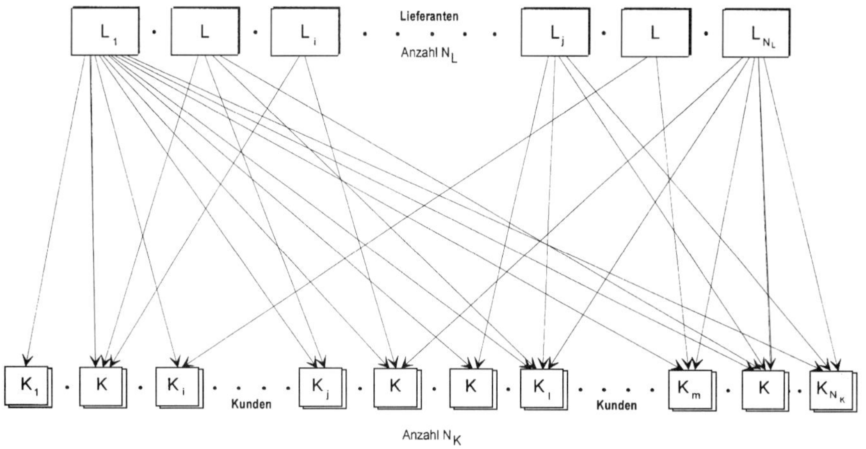

Abb.1.7 Einstufige Struktur mit Direktbelieferung

L_i: Lieferanten K_i: Kunden

Wenn von einer Quelle mehrere Senken, die nicht zu weit von der Quelle entfernt sind, mit kleineren Mengen zu versorgen sind, werden die Zustellorte in *zielgemischten Transporten* auf optimalen *Verteiltouren* beliefert. Umgekehrt werden kleinere Warenmengen, die für einen naheliegenden Zielort bestimmt sind, von mehreren Quellen in einer optimalen *Sammeltour* abgeholt und als *quellengemischter Transport* zugestellt (*s. Abbildung 19.5*).

2. Zweistufige Systeme

In einem zweistufigen System sind die Verbindungen zwischen den Quellen und Senken durch eine *Zwischenstation* unterbrochen.

Sind *wenige Empfangsstellen* von vielen, weit verteilten Quellen über *große Entfernungen* mit Mengen zu beliefern, die in der Direktrelation keine größeren Transporteinheiten füllen, kann eine zweistufige Logistikstruktur mit einem Warenfluß über *Umschlagpunkte* vorteilhaft sein, die sich als *Sammelstationen* in der Nähe der Versandorte befinden.

Wenn von *wenigen Quellen* über große Entfernungen eine Vielzahl flächenverteilter Empfänger mit Mengen zu versorgen ist, die in der Direktrelation keine größeren Transportmittel füllen, laufen die Waren günstiger über Umschlagpunkte, die als *Verteilstationen* an geeigneten Standorten in der Region der Empfangsorte liegen.

3. Dreistufige Systeme

Bei einer Belieferung vieler Empfänger von einer größeren Anzahl weit entfernter Versender mit Warenmengen, die in den Direktrelationen keine ausreichend großen Transportmittel füllen, kann eine dreistufige Logstikstruktur optimal sein.

In einem dreistufigen System sind die Verbindungen zwischen den Quellen und Senken entweder, wie in *Abb. 1.8* dargestellt, durch *Sammelstationen* und *Verteilstationen*, oder, wie in *Abb. 1.9*, durch *Logistikzentren* und nachgeschaltete *Verteilstationen* zweimal unterbrochen.

Die Sammelstationen befinden sich in der Nähe der Versender, die Verteilstationen in der Nähe der Empfänger. In den *bestandslosen Umschlagstationen* können Warenumschlag und Transportbündelung nach dem *Crossdocking-Verfahren* ohne Sortierung oder nach dem *Transshipment-Verfahren* mit Sortierung durchgeführt werden (s. *Abb. 19.1*). Zwischen den Sammelpunkten und den Verteilpunkten verkehren *Ferntransporte*, die sogenannten *Hauptläufe*, in denen die Waren mehrerer Versender für viele Empfänger zusammengefaßt sind.

In dreistufigen Logistiksystemen ist eine erhebliche Senkung der Transportkosten erreichbar durch *Bündeln* der Transporte in den Sammel- und Verteilstationen, durch Einsatz der jeweils rationellsten Transportmittel, durch *paarige Hin- und Rücktransporte* im Hauptlauf, durch kombinierte Sammel- und Verteilstationen und durch *optimale Touren*.

Eine weitergehende Senkung der Logistikkosten und eine Verbesserung des Lieferservice lassen sich durch Bündeln zusätzlicher Funktionen der logistischen Prozeßkette in *bestandsführenden Umschlagstationen* oder in *Logistikzentren* erreichen. Bei *dezentraler Organisation* wird die Umschlagfunktion einer Gruppe von Sammel- oder Verteilstationen mit der Lagerhaltung, dem Kommissionieren

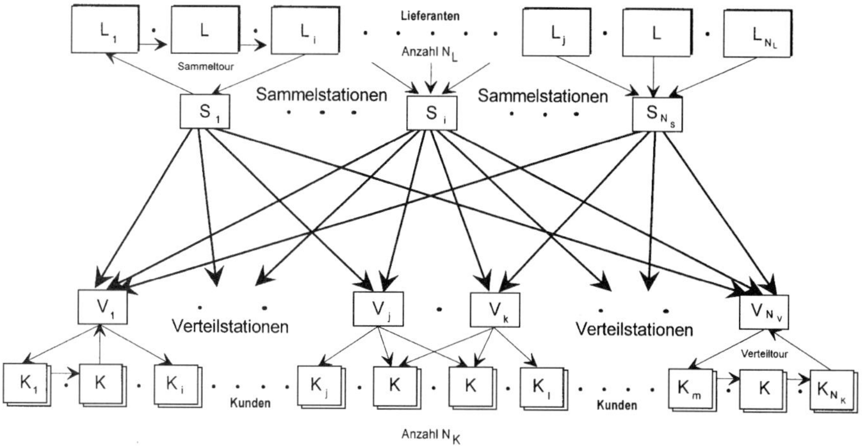

Abb. 1.8 Dreistufiges Logistiksystem mit Sammel- und Verteilstationen

L: Lieferanten K: Kunden
S_i: Sammelstationen V_j: Verteilstationen

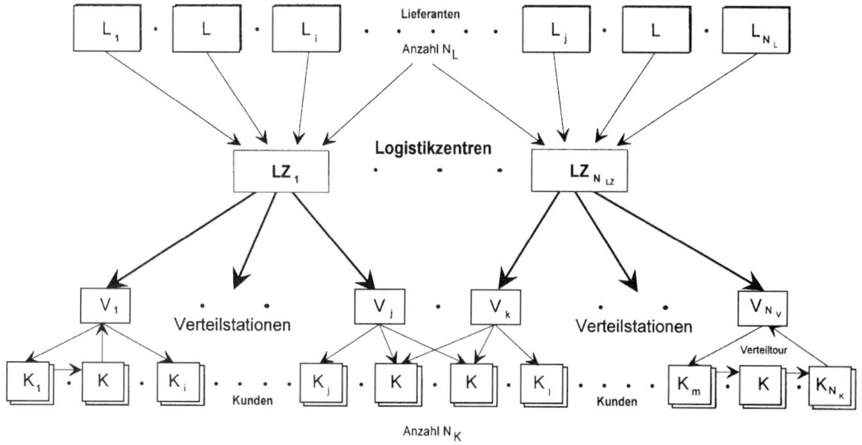

Abb. 1.9 Dreistufiges System mit Logistikzentren und Verteilstationen

LZ_n: Logistikzentren

und anderen Funktionen, wie in *Abb. 1.9* gezeigt, in einem Logistikzentrum zusammengefaßt, ohne die Stufenzahl des Systems zu erhöhen.

4. Mehrstufige Systeme
Mehrstufige Systeme haben mehr als zwei Unterbrechungen der Verbindung zwischen den Quellen und Senken.

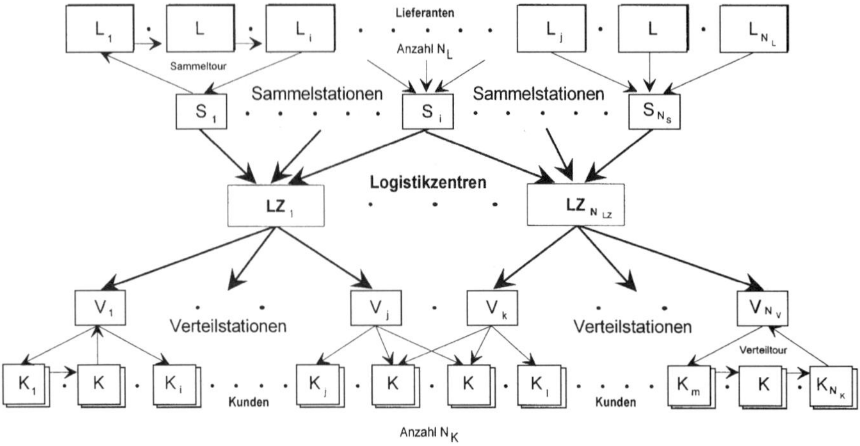

Abb.1.10 Vierstufiges System mit Sammel- und Verteilstationen und mehreren Logistikzentren

So entstehen vierstufige Systeme, wenn zur weiteren Zentralisierung der Bestände und Funktionen, wie in *Abb. 1.10* dargestellt, ein oder mehrere multifunktionale Logistikzentren an geeigneten Standorten zwischen die Sammelstationen und die Verteilstationen geschaltet werden. Mehrstufige Transportsysteme ergeben sich im *multimodalen Transport* über große Entfernungen, zum Beispiel in der Luft- und Seefracht mit Vor- und Nachlauf (s. *Abb. 19.4*).

Die Logistiknetze, in die ein Unternehmen eingebettet ist, sind in der Regel *Überlagerungen* von ein-, zwei-, drei- und mehrstufigen Strukturen. Die Quellen und Senken sind durch Logistikketten mit unterschiedlicher *Stufigkeit* verbunden, die sich in Weglänge, Laufzeit und Leistungskosten voneinander unterscheiden. Aus den gegebenen Möglichkeiten sind die jeweils zeit- und kostenoptimalen Logistikketten auszuwählen (s. *Kapitel* 19).

1.6 Funktionen von Logistikzentren

Um die benötigten Logistikleistungen besonders rationell ausführen und einen besseren Service bieten zu können, sind in einem Logistikzentrum die in *Abb. 1.11* dargestellten Funktionen zentralisiert. In einem Logistikzentrum werden außerdem Distributions- und Beschaffungsströme gebündelt. Dadurch lassen sich die Transportkosten optimieren.

Ein *offenes Logistikzentrum* besteht aus mehreren Gebäudekomplexen mit umgebenden Verkehrsflächen, Verbindungsstraßen und Verkehrsanschluß an Straße, Bahn, Wasser oder Frachtflughäfen. Offene Logistikzentren umfassen die logistischen Betriebsstätten mehrerer Unternehmen, Umschlagbetriebe, Speditionen und anderer Logistikdienstleister.

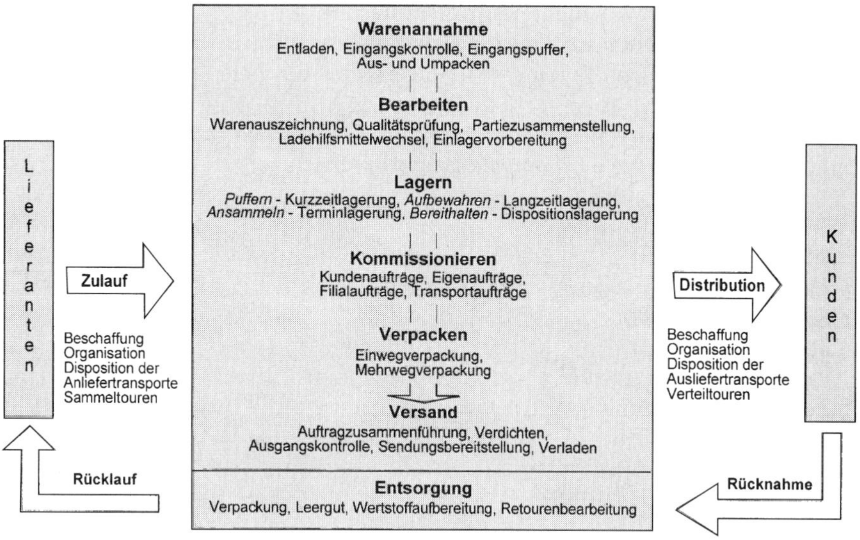

Abb. 1.11 Funktionen eines Logistikzentrums

Typische offene Logistikzentren sind Bahnhöfe, Flughäfen, Binnenschiffshäfen und Seehäfen. Weitere offene Logistikzentren, die zunehmend an Bedeutung gewinnen, sind die *Güterverkehrszentren* (GVZ). Güterverkehrszentren an der Peripherie von Ballungsgebieten und Großstädten sind Ausgangspunkt der *City-Logistik* zur Bündelung der Transporte in und aus den Ballungszentren [20].

In einem *geschlossenen Logistikzentrum* befinden sich die Leistungsstellen in einem zusammenhängenden Gebäudekomplex, der von einer nach außen abgegrenzten Verkehrsfläche umgeben ist. Geschlossene Logistikzentren haben Straßenanschluß, in besonderen Fällen auch Bahnanschluß oder eine unmittelbare Verbindung zu Wasserstraßen oder Flughäfen. Ein geschlossenes Logistikzentrum ist die *Betriebsstätte* eines Industrie-, Handels- oder Dienstleistungsunternehmens oder einer selbstständigen Betreibergesellschaft.

Beispiele für geschlossene Logistikzentren sind *Distributionszentren* DZ, *Versandzentren* VZ, *Lagerzentren* LZ, *Zentrallager* ZL, *Warenenverteilzentren* WVZ, *Regionalverteilzentren* RVZ, *Warendienstleistungszentren* WDZ, *Versorgungszentren* VSZ und *Umschlagzentren* UZ.[3]

Die meisten Logistikzentren bieten die *operativen Standardleistungen* der Logistik:

3 Die Vielfalt der Bezeichnungen für Logistikzentren ist nicht allein aus den unterschiedlichen Leistungsschwerpunkten oder aus dem Bemühen um werbewirksame Namen zu erkären, sondern hat auch steuerliche Gründe. Für ein „komplexes" Logistikzentrum, das viele Arbeitsplätze verspricht, sind leichter Fördermittel und Steuererleichterungen zu erhalten als für ein einfaches Lager.

Lagern der Waren von mehreren Lieferanten
Kommissionieren der Aufträge für viele Kunden (1.4)
Umschlagen von *Transferware* vieler Lieferanten für viele Kunden.

Außerdem werden in vielen Logistikzentren *Zusatzleistungen* erbracht, die aus einem Logistikzentrum ein *Kompetenzzentrum* machen, wie:

Qualitätssicherung
Warenbearbeitung
Abfüllen und Verpacken
Ein- und Auspacken
Montagearbeiten
Reparaturdienste (1.5)
Retourenbearbeitung
Reklamationsdienst
Leergutbearbeitung
Entsorgen.

Die logistischen Standardleistungen werden in den *operativen Leistungsbereichen* eines Logistikzentrums erbracht:

Wareneingang
Lagerbereiche
Kommissioniersysteme
Transportsysteme (1.6)
Sortiersysteme
Warenausgang.

Für weitere Leistungen gibt es zusätzliche operative Leistungsbereiche, wie die *Qualitätssicherung*, die *Retourenaufarbeitung*, die *Reklamationsbearbeitung* oder *Reparaturbetriebe*.

Neben den operativen Leistungsbereichen haben große Logistikzentren *administrative Leistungsbereiche*, wie

Auftragsdisposition
Arbeitsvorbereitung
Datenverarbeitung (1.7)
Transportmanagement
Betriebsleitung.

Die operativen Leistungsbereiche und die innerbetrieblichen Logistikketten eines Logistikzentrums zeigt *Abb. 1.12*.

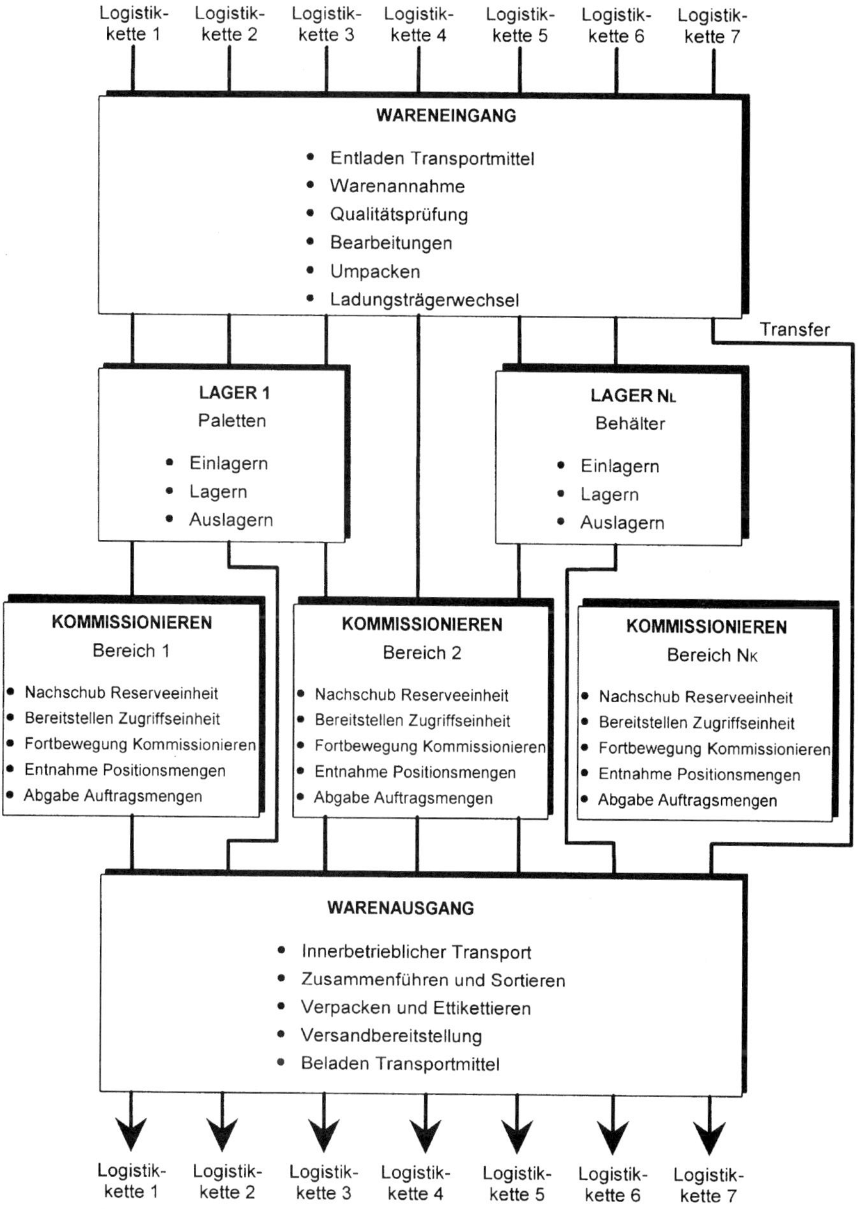

Abb. 1.12 Leistungsbereiche und innerbetriebliche Logistikketten eines Logistikzentrums

1.7 Prozeßketten und Logistikketten

Eine Folge zeitlich nacheinander ablaufender *Vorgänge*, die in einer räumlichen Kette von *Leistungsstellen* und *Stationen* stattfinden und zu einem *Leistungsergebnis* oder einer *Wertschöpfung* führen, wird als *Prozeßkette, Leistungskette* oder *Wertschöpfungskette* bezeichnet.

Abhängig davon, ob die Vorgänge in operativen oder administrativen Leistungsstellen stattfinden und ob sie materielle oder immaterielle Objekte betreffen, sind die Leistungsketten *Logistikketten, Informationsketten* oder *Auftragsketten* (s. *Abb. 1.13*):

- Eine *Logistikkette* ist eine Reihe operativer Leistungstellen, die von materiellen Objekten durchlaufen wird. Ein- und auslaufende Objekte der Logistikkette sind Material, Waren oder Sendungen, die sich im Verlauf des Prozesses räumlich, zeitlich oder physisch verändern. Der Durchfluß durch eine Logistikkette wird als *Material-* oder *Warenfluß* bezeichnet.
- Eine *Informationskette* ist eine Reihe von Leistungsstellen, die von Informationen oder Daten durchlaufen wird. Die ein- und auslaufenden Objekte einer Informationskette sind immateriell. Der Durchsatz einer Informationskette ist der *Informations-* oder *Datenfluß*.
- Eine *Auftragskette* ist eine Reihe administrativer *und* operativer Leistungstellen, die von Aufträgen und Auftragsergebnissen durchlaufen wird. In den administrativen Leistungsstellen werden die Aufträge angenommen und bearbeitet. In den operativen Leistungstellen lösen die Aufträge die Erzeugung von Produkten und Leistungen aus. In eine Auftragskette laufen Aufträge, also immaterielle Objekte hinein. Heraus kommen Produkte, Waren oder Sendungen, also materielle Objekte (s. z.B. *Abb. 3.7*).

Logistikketten beschreiben den *Lieferprozeß* von den Lieferanten bis zu den Kunden, die Auftragstragsketten den *Auftragsprozeß* vom Kunden bis zum Kunden. Eine Logistikkette wird in der Regel von einer Auftragskette ausgelöst und von einer Informationskette begleitet. In den sogenannten *I- und K-Punkten* treffen Informationsketten und Logistikketten zusammen (s. *Abschnitt 2.6*).

Zur Ausführung ein und desselben Auftrags gibt es in der Regel mehrere mögliche Auftragsketten. Es ist eine zentrale Aufgabe der Logistik, abhängig von Art und Inhalt der Aufträge die jeweils optimale Kombination der möglichen Prozeßketten herauszufinden und diese anforderungsgerecht zu gestalten (s. *Kapitel* 19).

Eine *vollständige Leistungskette* umfaßt alle Leistungsstationen von der Quelle bis zur Senke. Sie läßt sich aufteilen in externe und interne Logistikketten:

- *Externe* oder *außerbetriebliche Logistikketten* sind die Abschnitte der Prozeßkette *zwischen* den Versandorten, den Umschlagpunkten, den Logistikzentren und den Empfangsorten.
- *Interne* oder *innerbetriebliche Logistikketten* sind die Leistungsketten *innerhalb* einer Station, eines Betriebs, eines Umschlagpunktes, eines Logistikzentrums oder einer Filiale.

Der Aufbau, die Gestaltung und die Optimierung externer Logistikketten werden in *Kapitel 19* ausführlich behandelt.

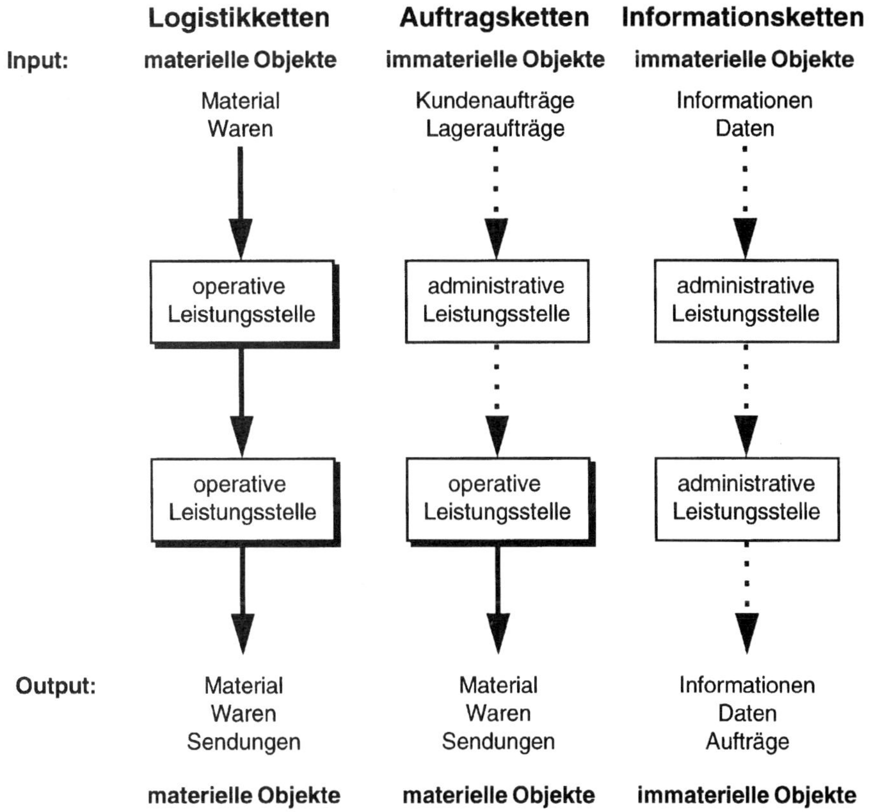

Abb. 1.13 Logistikketten, Auftragsketten und Informationsketten

⟶ Materialeinfluß — ⟶ Datenfluß

Abb. 1.12 zeigt die *internen Logistikketten* eines Logistikzentrums. Jeder mögliche Weg einer Ware durch die operativen Leistungsbereiche (1.6) eines Logistikzentrums, also jede zulässige Aneinanderreihung der verschiedenen Lager-, Kommissionier- und Umschlagprozesse, ist eine *interne Logistikkette.* Eine *interne* Logistikkette durch ein Logistikzentrum beginnt im *Wareneingang* mit den *Umschlag- und Bearbeitungsvorgängen*:

Entladen
Warenannahme
Qualitätsprüfung (1.8)
Bearbeitungen
Umpacken
Ladungsträgerwechsel.

Für *Transfer-* oder *Transitware*, die im Logistikzentrum nicht gelagert sondern nur umgeschlagen wird, schließen sich an diese Wareneingangsvorgänge direkt die Umschlag- und Bearbeitungsvorgänge (1.11) im Warenausgang an. Das direkte Durchlaufen der angelieferten Ware von Wareneingang bis Warenausgang wird auch als *Crossdocking* oder *Transshipment* bezeichnet (s. Abschnitt 19.1)

Wenn die angelieferte Ware gelagert werden soll, folgt auf die Vorgänge im Wareneingang der *Lagerprozeß* mit den *Teilvorgängen*:

Transport zum Lager
Einlagern (1.9)
Lagern
Auslagern.

Werden im Warenausgang nicht nur *ganze* und *artikelreine Ladeeinheiten* benötigt, sondern *Teilmengen* und *artikelgemischte Versandeinheiten*, schließt sich an das Lagern der *Kommissionierprozeß* an. *Teilvorgänge* des Kommissionierens, also der Zusammenstellung von Ware nach vorgegebenen Aufträgen, sind [21]:

Nachschub der Reserveeinheiten
Bereitstellen der Zugriffseinheit
Fortbewegung des Kommissionierers (1.10)
Entnahme der Positionsmengen
Abgabe der Auftragsmengen.

Die innerbetrieblichen Logistikketten schließen ab mit den *Umschlag-* und *Bearbeitungsvorgängen* im *Warenausgang*:

Transport zum Versand
Zusammenführen und Sortieren
Packen und Ettikettieren (1.11)
Verdichten und Verschließen
Versandbereitstellung
Beladen der Transportfahrzeuge.

Die Leistungsbereiche eines Logistikzentrums bestehen in der Regel aus einzelnen Leistungsstellen, in denen parallel oder nacheinander definierte Einzelleistungen erbracht werden. Die Inhalte der einzelnen Teilvorgänge, die Zuordnung zu den Leistungsstellen, die Zusammenfassung von Leistungsstellen zu Leistungsbereichen und die Verbindung der Leistungsstellen zu innerbetrieblichen Logistikketten sind für jedes Projekt anders und fallspezifisch festzulegen.

Grundsätzlich finden in allen Logistikzentren die Vorgänge (1.8) bis (1.11) in ähnlicher Folge statt. In Logistikzentren mit *mehrstufigen Lager- und Kommissioniersystemen* laufen die Vorgänge des Lagerns (1.9) und des Kommissionierens (1.10) in aufeinander folgenden Leistungsbereichen nacheinander ab [21].

Setzt sich ein Lager- und Kommissioniersystem aus *parallelen Leistungsbereichen* zusammen, die auf bestimmte Artikelgruppen oder Auftragscluster spezialisiert sind und in denen ein paralleles oder serielles Arbeiten möglich ist, gibt es, wie in *Abb. 1.12* dargestellt, mehrere *interne Logistikketten*. Für die Auswahl der jeweils kostenoptimalen internen Logistikkette werden geeignete *Zuweisungsstrategien* benötigt (s. *Kapitel* 10 und 19).

1.8 Effekte von Logistikzentren

Die Logistikkosten für die Warenbelieferung über ein Logistikzentrum setzen sich aus folgenden *Kostenanteilen* zusammen:

- *Zulaufkosten* für die Anlieferung von den Lieferstellen zum Logistikzentrum.
- *Zinskosten* für das in den Lagerbeständen gebundene Kapital.
- *Leistungskosten* für die Funktionen im Logistikzentrum.
- *Distributionskosten* für die Auslieferung zu den Empfangsstellen.

Jeder dieser Kostenanteile hängt ab vom Ausmaß der Bündelung der Beschaffung, der Bestände, der Funktionen und der Distribution, also von der *Anzahl* und von den *Funktionen* der Logistikzentren zwischen den Liefer- und Empfangsstellen. Die einzelnen Effekte von Logistikzentren, wie Beschaffungsbündelung, Zulaufbündelung, Bestandsbündelung und Funktionsbündelung, werden nachfolgend näher erläutert.

Die Auswirkungen der Anzahl und Funktionen der Logistikzentren auf die Logistikkosten sind unterschiedlich und teilweise gegenläufig. Hieraus folgt:

- Bei vorgegebenen Leistungsanforderungen und Randbedingungen gibt es in der Regel eine *optimale Anzahl von Logistikzentren.*

Als Beispiel zeigt *Abb. 1.14* das Ergebnis einer Optimierung des Logistiksystems eines deutschen Kaufhauskonzerns mit der in *Abb. 1.9* dargestellten Logistikstruktur. In diesem Beispiel aus der *Handelslogistik* summieren sich die einzelnen Kostenanteile derart, daß die Gesamtkosten zunächst mit Verringerung der Anzahl Logistikzentren kontinuierlich abnehmen bis für zwei Logistikzentren ein flaches *Minimum* erreicht ist.

Für nur ein Logistikzentrum steigen die Gesamtkosten infolge der Zunahme der Distributionskosten wieder an. Die Gesamtkosten der betrachteten Logistikkette ließen sich in diesem Fall durch Bündelung aller Funktionen, Bestände und Warenströme aus bisher 10 Regionallagern in zwei Logistikzentren um ca. 12 % reduzieren [22; 23].

Außer einer Kostenreduzierung ermöglichen Logistikzentren Verbesserungen des *Servicegrades* und der *Logistikqualität*, die in dezentralen Strukturen ohne Kompetenzzentren kaum erreichbar sind.

1. Beschaffungsbündelung
Durch Bündelung vieler kleiner Einzelbestellungen der Empfangsstellen zu *Sammelbestellungen*, die zu bestimmten Terminen in größeren Sendungen an das Logistikzentrum ausgeliefert werden, lassen sich bei den Lieferanten Kosten einsparen.

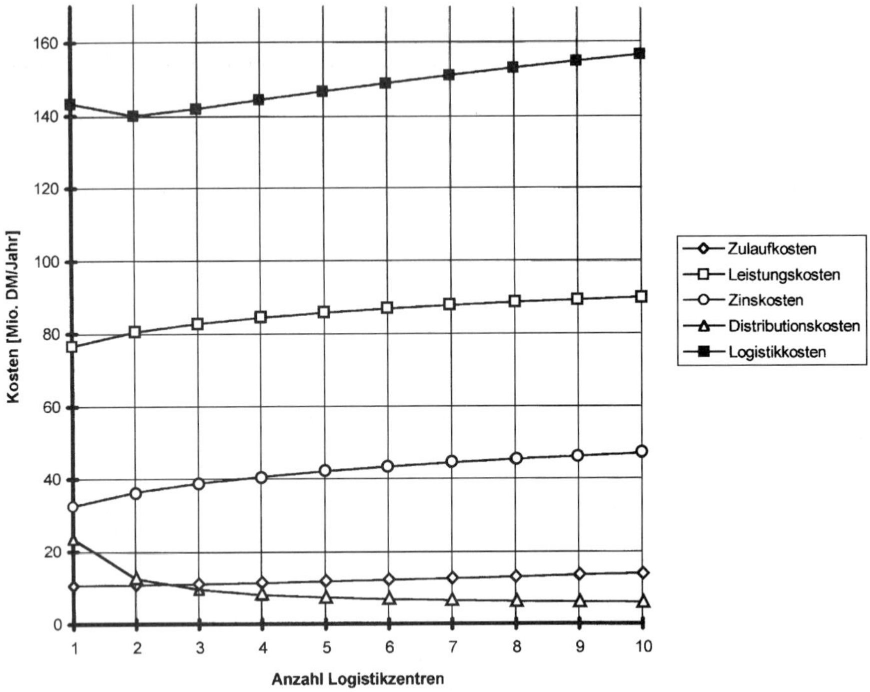

Abb. 1.14 Abhängigkeit der Logistikkosten von der Anzahl der Logistikzentren Beschaffungssystem eines deutschen Handelskonzerns mit 250 Filialen

Größere Lieferaufträge in geringerer Frequenz erleichtern die Disposition und erhöhen die Auslastung der Produktionsanlagen. In Auftragsabwicklung, Fertigung, Lager und Versand sinken die anteiligen Rüstkosten.

Je nach Art der Güter und Fertigungstiefe der Lieferanten sind durch eine Beschaffungsbündelung Kosteneinsparungen möglich, die eine Größenordnung von 2 bis 5 % des Beschaffungswertes und darüber erreichen können. Zusätzlich lassen sich günstigere Lieferbedingungen, wie *Mengenrabatte*, *Just-In-Time-Anlieferung* oder Verwendung von *Standardladungsträgern* vereinbaren, die zur Kostensenkung und Verbesserung der Wettbewerbsposition beitragen.

Die Beschaffungskosten sind für ein Logistikzentrum minimal und nehmen mit Anzahl der Logistikzentren zu.

2. Zulaufbündelung

Durch Zusammenfassen der Warensendungen eines Lieferanten für viele Kunden zu wenigen größeren Sendungen an ein Logistikzentrum reduziert sich die Anzahl der Zulauftransporte, also die *Zulauffrequenz*. Zugleich erhöht sich die Liefermenge pro Sendung.

Dadurch lassen sich im Zulauf *genormte Ladeeinheiten*, wie Behälter, Paletten oder Container, mit hohem Füllungsgrad einsetzen. Die Auslastung der Transportmittel verbessert sich. Transportfahrzeuge mit größerer Kapazität – Sattelauflieger, Lastzüge, Wechselbrücken, Container, Waggons – und mit geringeren spezifischen Transportkosten, wie die Bahn, können genutzt werden. Rationellere Verladetechniken ergeben weitere Kosteneinsparungen.

Durch *optimale Standorte* der Logistikzentren im jeweiligen *Transportschwerpunkt* läßt sich der *durchschnittliche Fahrweg* der Zulauftransporte minimieren und im Vergleich zur Direktbelieferung meist reduzieren, zumindest aber konstant halten. Hieraus folgt generell:

- Durch Belieferung über ein Logistikzentrum lassen sich im Vergleich zur Direktbelieferung die *Zulaufkosten* reduzieren.

Die mögliche Reduzierung der Zulaufkosten durch Senkung der Anzahl Logistikzentren, die sich zwischen den Lieferanten und den Filialen befinden, zeigt für das Beispiel der Handelslogistik *Abb. 1.14*.

In diesem Fall lassen sich die Zulaufkosten, die zu den Logistikkosten zwischen 5 und 10 % beitragen, um ca. 25 % senken, wenn die Filialen statt über 10 Regionallager über nur ein Logistikzentrum beliefert werden.

3. Bestandsbündelung

Bei *optimaler Bestands- und Nachschubdisposition* läßt sich durch das Zentralisieren der Bestände gleicher Artikel mit kontinuierlichem Absatz aus vielen dezentralen Lagern in einem Logistikzentrum der Gesamtbestand bei gleichem Servicegrad erheblich reduzieren oder bei gleichem Gesamtbestand der Servicegrad deutlich verbessern.

Durch optimale Nachschubdisposition werden die im Logistikzentrum zusammengefaßten Bestände von nachdisponierbarer Ware auf eine Höhe gesenkt, die gleich der Wurzel aus der Quadratsumme der zentralisierten Einzelbestände ist. So läßt sich durch Zusammenfassen von zwei dezentralen Lagerbeständen mit gleichem Durchsatz und gleichem Sortiment in einem Zentrallager bei unverändertem Servicegrad ein Gesamtbestand erreichen, der nur noch $1/\sqrt{2} = 71$ % der Summe der Einzelbestände beträgt (s. *Kapitel* 11).

Um den gleichen Faktor, um den sich der Gesamtlagerbestand durch Zusammenfassen mehrerer Lager in einem Zentrallager senken läßt, erhöht sich der *Lagerumschlag* des Zentrallagers im Vergleich zum Umschlag der Summe der dezentralen Lager. So erhöht sich durch das Zusammenfassen zweier gleich großer Lagerbestände des gleichen Sortiments der Lagerumschlag um den Faktor $1/\sqrt{2} = 1{,}41$.

Hieraus folgt:

- Der *Warenbestand* und damit *Kapitalbindung* und *Zinskosten* nehmen mit der Anzahl der Logistikzentren ab.
- Der *Lagerplatzbedarf* und damit die *Lagerkosten* lassen sich durch Herabsetzung der Anzahl Lagerorte reduzieren.

- Der *Lagerumschlag* erhöht sich durch das Zusammenfassen vieler dezentraler Lagerbestände in einem oder wenigen Logistikzentren. Damit sinken die *Umschlagkosten.*

Diese Effekte sind jedoch nur bei *nachdisponierbarer Ware* erreichbar, die zur Deckung eines regelmäßigen Bedarfs gelagert und bereitgehalten wird. Pufferbestände, Aktions- und Terminwaren oder Langzeitbestände, die sich durch die Nachschubdisposition nicht beeinflussen lassen, mindern den Effekt der Bestandsbündelung in dem Maße, wie sie Anteil am Gesamtbestand haben (s. *Kapitel* 11).

Für das betrachtete Beispiel einer Zentralisierung der Lagerhaltung eines Kaufhauskonzerns ergibt sich bei einem Anteil der nachdisponierbaren Ware am Gesamtbestand der dezentralen Lager von ca. 45 % die in *Abb. 1.14* dargestellte Abhängigkeit der Zinskosten von der Anzahl Logistikzentren.

Die Zinskosten für das im Lagerbestand gebundene Kapital, die zwischen 25 und 35 % der Gesamtlogistikkosten ausmachen können, lassen sich in diesem Fall durch Errichtung nur eines Zentrallagers anstelle von 10 dezentralen Lagern um ca. 20 % senken.

Der reduzierte Lagerplatzbedarf und der erhöhte Lagerumschlag bewirken zusammen mit anderen Zentralisierungseffekten, wie die Degression der Lagerplatzkosten mit zunehmender Lagergröße, außer der Verminderung der Zinskosten eine Senkung der Betriebskosten der Logistikzentren (s.. *Abschnitt 16.3*)

4. Funktionsbündelung

Die Bündelung der *Logistikfunktionen* (1.4) und (1.5) in einem oder wenigen Logistikzentren hat bei richtiger Gestaltung, Dimensionierung und Organisation des Logistikzentrums mehrere positive Effekte:

- Erhöhte Effizienz von Betrieb und Verwaltung.
- Einsetzbarkeit rationeller Lager-, Kommissionier-, Transport- und Steuerungstechnik.
- Reduzierter Anteil angebrochener Ladeeinheiten.
- Bessere Volumennutzung optimaler Ladungsträger.
- Abnehmende Lagerplatz- und Umschlagkosten.
- Ausgleich und bessere Bewältigung von Belastungsspitzen.
- Möglichkeit zur effizienten Anlagennutzung im Mehrschichtbetrieb.
- Senkung der Verwaltungskosten durch Einsatz moderner Datentechnik.
- Reduzierung des anteiligen Führungsaufwands.

Ein entscheidender Beitrag zur Kosteneinsparung durch Zentralisierung der Lagerbestände ergibt sich aus der mit zunehmender Lagerkapazität abnehmenden *Lagerplatzinvestition* und den sinkenden *Umschlagkosten* pro Lagereinheit.

Bei größerer Lagerkapazität, hohem Durchsatz und Mehrschichtbetrieb sind automatisierte Hochregallager wesentlich wirtschaftlicher als konventionelle Lager. Hochregallager sind nur ein Beispiel für eine *rationellere Technik*, deren Einsatz erst nach Schaffung großer Logistikzentren erhebliche Kosteneinsparungen bringt (s. *Kapitel* 16).

Eine weitere Möglichkeit der *Funktionsbündelung* und *Rationalisierung* ist das Verlagern der Kommissionierung der Kundenaufträge aus den Verteilstationen oder von den Auslieferfahrzeugen in ein Logistikzentrum. Auch hierdurch lassen sich bei Betrachtung der gesamten Logistikkette Kosten einsparen und Qualitätsverbesserungen erreichen.

Aus den Effekten der Funktionsbündelung ergibt sich:

- Mit abnehmender Anzahl Logistikzentren sinken die Kosten für die internen Logistikleistungen.

Das Ausmaß der durch Funktionsbündelung in Logistikzentren erreichbaren Kosteneinsparungen ist von Fall zu Fall sehr unterschiedlich. In dem betrachteten Beispiel aus der Kaufhausbranche lassen sich die Betriebskosten der Logistikzentren, die mit einem Anteil von 50 % bis 60 % am stärksten zu den Gesamtlogistikkosten beitragen, durch eine Zentralisierung von 10 Regionallagern auf 1 Logistikzentrum um ca. 15 % reduzieren. In anderen Fällen waren durch *optimale Gestaltung, Dimensionierung* und *Organisation* der Logistikzentren noch größere Effekte erreichbar.

5. Distributionsbündelung
Durch Bündelung vieler Einzelauslieferungen über ein oder wenige Logistikzentren zu wenigen größeren Sendungen, die direkt oder über Verteilstationen an die Kunden ausgeliefert werden, läßt sich die Anzahl der Auslieferttransporte erheblich senken. Zugleich erhöhen sich die Auslieferмengen pro Sendung.

Für den *Ferntransport* vom Logistikzentrum zu den Verteilstationen oder zu Großkunden können – ähnlich wie beim Zulauf – genormte Ladeeinheiten verwendet und Transportfahrzeuge mit größerer Kapazität und geringeren spezifischen Transportkosten eingesetzt werden. Der Frachtraum wird besser genutzt und gleichmäßiger ausgelastet. Der Anteil von Teilladungen und Stückgut reduziert sich.

Für die Auslieferung von den Verteilstationen an die einzelnen Kunden, also für die *Flächenverteilung*, lassen sich die Kapazitäten eingeführter *Gebietsspediteure* nutzen. Bei Logistikzentren, die sich in stadtnahen *Güterverkehrszentren* befinden, ist die *City-Logistik* einsetzbar. Durch Zusammenfassung von Auslieferungstouren für mehrere Unternehmen sind weitere Bündelungs- und Wegoptimierungseffekte möglich, die zu Entlastungen im *Nahverkehrsbereich* führen [194].

Diesen Bündelungseffekten der Distribution und Flächenverteilung steht jedoch eine mit abnehmender Anzahl und größerer Entfernung der Logistikzentren von den Zustellorten *zunehmende Weglänge der Transporte* gegenüber. Dieser gegenläufige Effekt führt zu einer *größeren Verkehrsbelastung der Straßen*, wenn es nicht gelingt, die Ferntransporte weitgehend über die Bahn abzuwickeln. Volkswirtschaftlich sind daher Logistikzentren erst dann ein Gewinn, wenn die Verkehrsinfrastruktur dem veränderten Bedarf angepaßt wird.

Generell gilt:

- Mit abnehmender Anzahl Logistikzentren lassen sich die Auslieferfrequenzen reduzieren und rationellere Transportmöglichkeiten nutzen.

- Die Zunahme der Auslieferungsentfernung kann bei ausgedehntem Servicegebiet dazu führen, daß trotz abnehmender Transportfrequenz die Distributionskosten mit abnehmender Zahl der Logistikzentren ansteigen.

Die Abhängigkeit der Distributionskosten von der Anzahl der Logistikzentren ist für das untersuchte Beispiel der Kaufhauslogistik in *Abb. 1.14* dargestellt. In diesem Fall nehmen die Distributionskosten zu den Kaufhausfilialen bei Belieferung über nur ein Logistikzentrum statt über 10 dezentrale Filiallager um mehr als einen Faktor 3 zu. Ihr Anteil an den Gesamtlogistikkosten steigt damit von ca. 4 auf ca. 14 % an.

Wie der Verlauf der Gesamtlogistikkosten zeigt, wird durch den Anstieg der Distributionskosten ein wesentlicher Teil der Einsparungen, die sich durch die Errichtung von einem oder zwei Logistikzentren erzielen lassen, wieder aufgezehrt. Dabei sind allerdings noch keine Kostenreduzierungen durch Vergabe des Betriebs an einen *Systemdienstleister* oder durch Teilverlagerung der Ferntransporte auf andere Verkehrsträger, wie die Bahn, berücksichtigt.

6. Weitere Effekte und Potentiale
Logistikzentren bringen gegenüber einer dezentralen Logistikstruktur bei großen Durchsatzmengen und hohen Beständen erhebliche Einsparungen. Die erreichbaren Kostensenkungen durch Transport- und Funktionsbündelung in Logistikzentren sind in der Praxis oftmals deutlich größer als in dem vorangehend dargestellten Beispiel aus der Handelslogistik.

Die Größe der Einsparungen hängt ab von der richtigen Gestaltung und Auswahl der Lieferketten, von der optimalen Gestaltung und Organisation der Logistikzentren und von der Gesamtstruktur des Logistiksystems. Zur Gestaltung, Dimensionierung und Optimierung des Logistiksystems sowie zur Quantifizierung der Effekte von Logistikzentren und anderer Handlungsmöglichkeiten werden Verfahren, Strategien und Berechnungsformeln benötigt, die nachfolgend entwickelt werden.

Zur Kosteneinsparung und Serviceverbesserung kann auch die Einschaltung eines qualifizierten *Logistikdienstleisters* als Betreiber des Logistikzentrums und für die Ausführung der Zulauf- und Distributionstransporte beitragen. Der Logistikdienstleister bietet zusätzlich zu seiner Kompetenz die Möglichkeit, ein Logistikzentrum *gleichzeitig* für mehrere Unternehmen zu betreiben und dadurch weitere *Synergieeffekte* zu erzielen (s. *Kapitel* 20).

1.9 Netzwerkmanagement

Die Logistik eines Konsumenten, eines Unternehmens oder eines anderen Wirtschaftsteilnehmers ist stets Teil eines größeren Logistiknetzwerks, das über seine direkten Einflußmöglichkeiten hinausreicht. Jedes Unternehmen muß sich daher entscheiden, wo es die Grenzen seines Logistiknetzwerks zieht, und für das abgegrenzte Logistiknetzwerk ein geeignetes Netzwerkmanagement aufbauen [26].

Die Aufgaben des *Netzwerkmanagements*, das abhängig vom Aufgabenschwerpunkt auch als *Supply Chain Management (SCM)* oder *Unternehmenslogistik* bezeichnet wird, ergeben sich aus der *Art des Logistiknetzwerks*, in dem das Unternehmen arbeitet [26; 223; 241]. Hierfür ist zu unterscheiden zwischen *temporären* und *stationären Logistiknetzen* sowie zwischen *festen, flexiblen* und *kombinierten Netzwerken*.

1. Temporäre Netzwerke
Temporäre Netzwerke werden für einen befristeten Bedarf aufgebaut und nur für begrenzte Zeit betrieben. Beispiele sind die temporären Logistiknetzwerke von Großbaustellen, Ausstellungen, Jahrmärkten, Veranstaltungen, Umzügen und Entwicklungsprojekten:

- Das Management temporärer Logistiknetzwerke ist Aufgabe der *Projektlogistik*.

Für Unternehmen, deren Geschäftszweck die regelmäßige Durchführung von Großprojekten an wechselnden Standorten ist, zählt die Projektlogistik zu den Kernkompetenzen. Beispiele sind die *Baulogistik* der Baukonzerne, die *Anlagenlogistik* der Unternehmen des Anlagenbaus und die *Objektlogistik* von Großveranstaltern. Zentrale Aufgaben der Projektlogistik sind der Aufbau des temporären Logistiknetzwerks, der Einsatz von geeigneten *Spezialdienstleistern*, wie Möbel-, Schwerlast- und Massengutspeditionen, und die *Systemführung* bis zum Projektabschluß.

Wenn ein Projekt für ein Unternehmen ein einmaliges Ereignis ist, wie ein Firmenumzug, eine Messeteilnahme oder ein einzelnes Bauvorhaben, lohnt es sich in der Regel nicht, eine eigene Projektlogistik aufzubauen. Hierfür gibt es spezialisierte *Projektdienstleister*, wie Umzugsunternehmen oder Bauspeditionen.

2. Permanente Netzwerke
Permanente Netzwerke werden für einen lange Zeit anhaltenden Bedarf aufgebaut und für unbefristete Zeit betrieben.

Die Regelmäßigkeit und Größe der Logistikaufträge bestimmt die Ausführung des Netzwerks:

- *Feste* oder *starre Logistiknetzwerke* bestehen aus Logistikstationen mit gleichbleibendem Standort, wie Versandstellen, Umschlagpunkten, Logistikzentren und Empfangsstellen, die durch ein festes Transportnetz miteinander verbunden sind.

Beispiele für starre Logistiknetzwerke sind die Netzwerke der *Verbunddienstleister*, wie der Bahn, Post, Paketdiensleister, Linienfluggesellschaften und Linienschiffahrtsunternehmen. Andere Beispiele sind die festen *Beschaffungsnetzwerke* der *Handelsunternehmen* mit eigenen Logistikzentren und regionalen Umschlagpunkten (s. *Abschnitt 19.11*).

Kleinere Handelsunternehmen, Internet-Händler und Industriebetriebe mit häufiger wechselnden Lieferanten- und Kundenbeziehungen betreiben in der Regel ein flexibles Logistiknetzwerk [223]:

- *Flexible, veränderliche* oder *virtuelle Logistiknetzwerke* sind Netzwerke mit permanent wechselnden Beteiligten, Stationen und Transportverbindungen.

Betreiber von flexiblen Netzwerken sind auch Chartergesellschaften und Spediteure ohne eigene Transportmittel und mit wenigen eigenen Betriebsstandorten. Feste regionale oder nationale Netzwerke lassen sich bedarfsabhängig mit flexiblen lokalen oder globalen Netzwerken zu kombinierten Netzwerken verbinden:

- *Kombinierte Logistiknetzwerke* bestehen aus einer Anzahl fester Stationen, zwischen denen im *Hauptlauf* regelmäßige Transporte stattfinden, in Verbindung mit flexiblen lokalen Netzwerken und temporären Relationstransporten über größere Entfernungen.

Typische Beispiele für kombinierte Netzwerke sind die globalen Beschaffungs- und Distributionsnetzwerke großer Automobilwerke, Chemieunternehmen und Konsumgüterhersteller mit Werken in vielen Ländern und mehreren Kontinenten (s. *Kapitel* 19).

So zeigt *Abb. 1.15* das Logistiknetzwerk eines Automobilmontagewerks, dessen Besonderheit darin besteht, daß sich alle *Modullieferanten* in unmittelbarer Nachbarschaft des Werks befinden. Das Netzwerk der Automobilfabrik erstreckt sich von den Teile- und Komponentenherstellern über die Modullieferanten, das Montagewerk, die Zentrallager und Umschlagpunkte bis zu den Verkaufsstellen in ganz Europa. Das Distributionsnetz und die Belieferungsketten für die Fertigfahrzeuge sind in den *Abb. 19.20* und *19.21* dargestellt.

Auch mittelständische Industrieunternehmen mit Werken in europäischen Ländern und Niederlassungen in aller Welt benötigen ein festes *Euro-Logistiknetzwerk* in Verbindung mit einem flexiblen außereuropäischen Netzwerk.

Weltweit tätige *Logistikdienstleister*, wie internationale Speditionen, Containergesellschaften, Luftfahrtunternehmen und Reedereien, verfügen ebenfalls über ein kombiniertes Logistiknetzwerk. Sie verbinden ein firmeneigenes globales *Festnetz* mit flexibel nutztbaren lokalen Netzwerken von Vertragspartnern und Subunternehmern und können so weltweit ein *flächendeckendes Gesamtnetz* anbieten [26].

3. Aufgaben des Netzwerkmanagements

Die Logistik ist grenzenlos. Um sie zu beherrschen, ist es notwendig, Grenzen zu setzen, die Anschluß- oder Nahtstellen abzustimmen, innerhalb der Grenzen Ziele festzulegen, die Aufgaben zu bestimmen sowie deren Ausführung richtig zu verteilen und zu kontrollieren. Das sind die wesenlichen Aufgaben des *Netzwerkmanagements.*

Wer Logistikaufgaben bearbeitet, muß über die Grenzen seines eigenen Logistiknetzwerks hinaus sehen. Er muß mindestens die Eingangsstufen der Beschaffungsketten seiner Kunden und die Ausgangsstufen der Belieferungsketten seiner Lieferanten kennen. Nur dann lassen sich *Schnittstellen* vermeiden und in *Anschlußstellen* mit einem ungehinderten Material- und Informationsfluß verwandeln.

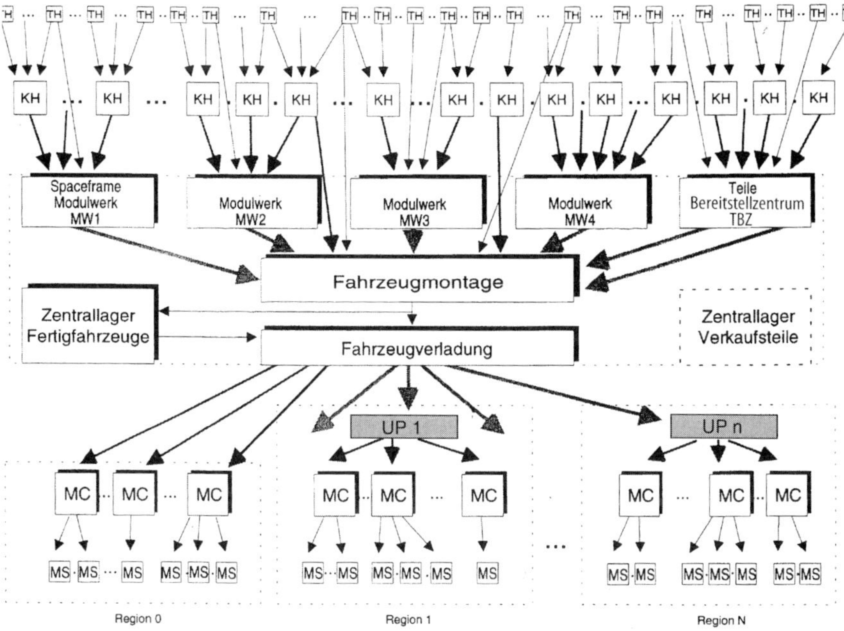

Abb. 1.15 Logistiknetzwerk eines Automobilwerks

TH	Teilehersteller	KH	Komponentenhersteller
MW	Modulwerke	FM	Fahrzeugmontage
UP	Umschlagpunkte	ZL	Zentrallager
MC	Marketcenter	MS	Verkaufsstellen

Prinzipdarstellung ZLU [250]

Abhängig vom Logistiknetzwerk und von den Unternehmenszielen umfaßt die *Unternehmenslogistik*, zu der das *Supply Chain Management* und das *Netzwerkmanagement* gehören, folgende *Aufgabenbereiche*:

Bedarfsanalyse und Bedarfsplanung
Gestaltung der Belieferungsketten
Strategieentwicklung und Netzwerkkonzeption
Logistikplanung und Netzwerkaufbau
Anschluß- und Nahtstellenabstimmung (1.12)
Auftrags- und Bestandsdisposition
Netzbetrieb und Betriebssteuerung
Logistikcontrolling und Logistikberatung.

Die Aufgabenbereiche der Unternehmenslogistik haben in den Unternehmen unterschiedliche Inhalte und Schwerpunkte und sind entsprechend zu organisieren. In Unternehmen, für die Logistik eine Kernkompetenz ist, sollte die Unternehmenslogistik eine eigenständige Organisationseinheit sein, die gleichrangig neben Finanzen, Verwaltung, Einkauf, Technik, Produktion und Vertrieb in der Unternehmensleitung vertreten ist (s. *Abschnitt 2.9*).

Einige Aufgaben, wie die Strategieentwicklung, die Netzwerkkonzeption und die Logistikplanung fallen meist nur temporär oder projektabhängig an. Hierfür bietet sich daher der Einsatz eines kompetenten *Unternehmensberaters* an.

4. Zukunftsaufgaben

Nach der Industrialisierung der technischen Prozesse, die Anfang des 19. Jahrhunderts begonnen hat und heute weitgehend abgeschlossenen ist, ist die Herausforderung des 21. Jahrhunderts die *Industrialisierung der Leistungsprozesse.* Hierzu muß die Logistik durch Industrialisierung der Logistikprozesse einen Beitrag leisten.

Die Phase des Aufbaus fester Transport- und Logistiknetzwerke ist weitgehend abgeschlossen. In den dicht besiedelten Industrieländern ist kaum noch Platz für den Bau neuer Straßen, Eisenbahntrassen, Flughäfen und Logistikbetriebe. Die Zukunft gehört daher dem Aufbau und dem Management flexibler Netzwerke mit dem Ziel einer optimalen Nutzung der vorhandenen Ressourcen.

Die hierfür benötigten gesetzlichen Rahmenbedingungen und zielführenden Strategien sind noch wenig erforscht und daher ein wichtiges Betätigungsfeld für die Logistik wie auch für internationale Gremien, wie die *Europäische Gemeinschaft* und die *OECD* [25; 35].

1.10 Aufgabenteilung in der Logistik

Mit zunehmender Ausweitung und Spezialisierung entfernen sich in der Logistik – ebenso wie in anderen Fachdisziplinen – *Theorie*, *Umsetzung* und *Praxis*. Die Aufgabenbereiche dieser drei Arbeitsfelder und ihre Wechselwirkungen sind in *Abb. 1.16* dargestellt. Entsprechend dieser Aufgabenteilung gibt es *strategische*, *realisierende* und *operative Logistiker*, die schwerpunktmäßig in der Theorie, in der Umsetzung oder in der Praxis tätig sind.[4]

Aus den Fähigsten und Erfolgreichsten der drei Gruppen rekrutieren sich die *Logistikmanager*. Die Logistikmanager geben die Ziele vor, treffen Entscheidungen über Lösungsvorschläge und stellen die Weichen für neue Entwicklungen und Konzepte.

Voraussetzung für den Erfolg der theoretischen, der realisierenden und der operativen Logistiker sind gegenseitiger Respekt, ausreichende Kenntnis der Aufgaben und Leistungen der anderen Bereiche und die gemeinsame Ausrichtung aller Arbeit auf den *praktischen Nutzen* für das Unternehmen und für die Gesellschaft.

4 Dem Verfasser sind erst wenige *Logistikerinnen* begegnet. Zu wünschen ist, daß noch mehr Frauen die beruflichen Chancen erkennen und nutzen, die ihnen die Logistik bietet.

1. Strategische Logistiker
Strategische oder *theoretische Logistiker* haben die *Aufgabe*, durch Erforschung der Grundlagen und Entwicklung neuer Konzepte und Strategien der Logistik *praktischen Nutzen zu stiften*. Zu ihnen gehören die Professoren, Forscher und Theoretiker an den Hochschulen, die Strategen, Organisatoren und Systemanalytiker in den Unternehmen und die auf Logistik spezialisierten Unternehmensberater.

Voraussetzung für das erfolgreiche Wirken eines strategischen Logistikers sind, abgesehen von der Kenntnis der Grundlagen, Strategien und Methoden der Logistik und des *Operations Research*, analytisches Denken, Offenheit für neue Ideen, Kreativität und Urteilsvermögen. Ein weiterer Erfolgsfaktor des Theoretikers ist eine gute Kenntnis der Gegebenheiten und des Bedarfs der Praxis.

Viele Theoretiker sind *Generalisten* und neigen dazu, tautologische Begriffssysteme aufzubauen, realitätsfremde Modelle zu erfinden und abstrakte Überlegungen anzustellen, die wenig Bezug zur Praxis haben. Da die Logistik ihre Existenzberechtigung aus der Anwendbarkeit bezieht, ist jedoch allein der praktische Nutzen Maßstab für den Wert der Leistung eines theoretischen Logistikers.

Wer fragt „*Was* ist Logistik?“ oder „*Was* verstehen wir unter Supply Chain Management?“, kann endlos neue Begriffe definieren oder alte Begriffe neu interpretieren ohne Nutzen zu stiften. Nur wer fragt „Welche Aufgabe hat die Logistik?“ und „*Wie* ist die Aufgabe lösbar?“ gelangt zu nützlichen Antworten und schafft sich hierfür die erforderlichen Begriffe [10; 233].

2. Realisierende Logistiker
Die *realisierenden* oder *ausführenden Logistiker* haben die *Aufgabe*, durch Entwicklung, Konstruktion, Planung, Organisation, Programmieren und Aufbau neuer Maschinen, Anlagen und Systeme *praktischen Nutzen zu bewirken*.

Zu ihnen gehören die Entwickler, Konstrukteure, Systemtechniker und Programmierer der Lieferfirmen von Maschinen, Betriebsmitteln, Fahrzeugen, Software und Steuerungstechnik sowie die Planer und Projektleiter der *Generalunternehmer* für lagertechnische, fördertechnische, transportechnische und logistische Gesamtanlagen.

Voraussetzung für den Erfolg eines realisierenden Logistikers sind, abgesehen von der Kenntnis der Lösungsmöglichkeiten seines Fachgebiets, konstruktives Denken, Organisationsvermögen und Durchsetzungsfähigkeit sowie ein gesichertes Wissen über die Umstände und den Bedarf des praktischen Betriebs.

Die realisierenden Logistiker neigen zum *Spezialistentum* und übertechnisierten Lösungen. Sie haben häufig den undankbarsten Part: Im Erfolgsfall war der Stratege oder der Auftraggeber der Ideengeber. Bei einem Mißerfolg wird allein das ausführende Unternehmen verantwortlich gemacht.

3. Operative Logistiker
Der *operative, praktizierende* oder *praktische Logistiker* hat die *Aufgabe*, durch den leistungs- und kostenoptimalen Betrieb eines Logistiksystems *permanenten*

Nutzen zu schaffen. Zu ihnen gehören die Praktiker, die Disponenten, die Betriebsleiter, die Betreiber und die Nutzer von Anlagen und Systemen der Logistik. Die meisten praktischen Logistiker sind bei den Logistikdienstleistungsunternehmen beschäftigt.

Ein operativer Logistiker benötigt für eine erfolgreiche Arbeit die Fähigkeit zum praktischen Denken, Improvisationsvermögen und die genaue Kenntnis der Technik und Leistungsfähigkeit der Betriebsmittel, Anlagen und Systeme seines Tätigkeitsbereichs. In leitender Position muß er darüber hinaus Menschen führen und Betriebsabläufe organisieren können.

Praktiker, die lange Zeit nur in einem Bereich oder einer Branche tätig sind, unterliegen der Gefahr der *Betriebsblindheit*. Hieraus resultiert häufig ein Überlegenheitsdünkel der Praktiker gegenüber den Theoretikern, die ihrerseits zur Herablassung gegenüber den Praktikern neigen.

4. Spezialisten und Generalisten

Die Erkenntnisse, Handlungsmöglichkeiten und Lösungen der Logistik sind relativ einfach, aber so zahlreich und vielfältig, daß rasch der Überblick verloren geht.

Spezialisten kennen sich in wenigen Fachgebieten sehr gut aus. Sie wissen auf ihrem Gebiet nahezu alles und kennen die Lösungsmöglichkeiten. Sie sehen aber auch die Hindernisse und Probleme. Der Spezialist denkt in Konstruktion und Technik, in Erfahrungen und Beispielen, in Programmen und Rechnerkonfigurationen oder in Geldeinheiten und Kapitalrückluß.

Vor lauter Bedenken und Detailfreudigkeit sind manche Spezialisten entschlußunfähig. Sie verlieren leicht den Überblick und neigen zur Überbewertung von Teilaspekten. Wer jedoch im Dickicht der Zahlen und in der Fülle der technischen Details stecken bleibt, sieht den Wald vor lauter Bäumen nicht und verfehlt die optimale Gesamtlösung.

Generalisten kennen viele Fachgebiete der Technik und Betriebswirtschaft. Sie überschauen ein sehr breites Feld, sehen Zusammenhänge und denken in Systemen. Sie sind in der Regel entscheidungsfreudiger und risikobereiter als die Spezialisten. Wegen mangelnden Tiefgangs und begrenzter Fachkenntnis läuft der Generalist jedoch Gefahr, die Probleme zu unterschätzen, Realisierungshindernisse zu übersehen und innovative Lösungsmöglichkeiten unberücksichtigt zu lassen.

Wer die Grundlagen und die Lösungsmöglichkeiten nicht kennt, nicht rechnen kann und die Details nicht beachtet, wird rasch zum Phantasten. Er neigt zu „intergalaktischen Lösungen“ ohne praktischen Wert. Derart abgehobene Generalisten bezeichnen eine größere Anzahl relativ einfacher Zusammenhänge als „hochkomplex“, propagieren das Beziehungsgeflecht zwischen Zulieferfirmen und Hersteller als „virtuelles Unternehmen“ oder die Rückbesinnung auf das Werkstattprinzip als „fraktale Fabrik“ [51; 52].

Andere Theoretiker und Strategien betrachten nur einen Aspekt der Logistik, wie *Just In Time* oder *Kanban* oder *Geschäftsprozesse* oder *Outsourcing* oder *Benchmarking* oder *I+K* oder *PPS/MRP/ERP/APS* oder *Supply Chain Management* (SCM) oder *Netzwerkmanagement*, aus dem heraus sie alle Aufgaben und Probleme lösen wollen. [5]Die Logistik aber hat viele Facetten und erschließt sich erst bei Betrachtung aller dieser und weiterer Aspekte.

Ein guter Logistiker ist sowohl Spezialist auf einem Gebiet der Technik oder Betriebswirtschaft als auch Generalist auf allen Feldern, von denen die Logistik abhängt. Er arbeitet nach dem *Habicht-Prinzip*:

- Der Logistiker erhebt sich über das Geschehen der Praxis. Mit scharfen Augen sieht er die Strukturen, Prozesse und Zusammenhänge. Wenn sich auf einem Gebiet eine Lösung abzeichnet, fokussiert er seinen Blick. Erscheint die Lösung interessant, schießt er in die Niederungen der Praxis hinab, analysiert die Details und macht Ideenbeute für seine weiteren Überlegungen.

Auf diesem Weg des permanenten Wechsels von *Top-Down* zu *Bottom-Up* und wieder zurück erweitert der Logistiker seine Kompetenz und gewinnt die Fähigkeit zur Problemlösung.

Wer keinen Abstand hat, sieht das Ganze nicht. Nur wer die Details analysiert, versteht auch die Zusammenhänge. Denn ein System ist mehr als die Summe seiner Teile, aber die Funktion des gesamten Systems kann von einem einzigen Teil abhängen [233].

5. Theorie und Praxis

Abgesehen von den Beiträgen des *Operations Research* ist die Logistik in weiten Bereichen noch immer eine *Fertigkeit*, die auf Erfahrungen und Experimenten beruht. Das wird von vielen *Praktikern* der Logistik besonders betont. Wer zu einem praktischen Problem einen theoretisch begründeten Lösungsvorschlag macht, bekommt daher nicht selten zu hören, das mag in der Theorie richtig sein, gilt aber nicht für die Praxis.

Über das Verhältnis von Theorie und Praxis schrieb bereits vor 200 Jahren *Immanuel Kant* in einer Abhandlung mit dem Titel „Das mag in der Theorie richtig sein, gilt aber nicht für die Praxis“ [69]:[6]

„Daß zwischen der Theorie und Praxis noch ein Mittelglied der Verknüpfung und des Übergangs von der einen zur anderen erfordert werde, die Theorie mag auch so vollständig sein, wie sie wolle, fällt in die Augen; denn zu dem Verstandesbegriffe, welcher die Regel enthält, muß ein Aktus der Urteilskraft hinzukommen, wodurch der Praktiker unterscheidet, ob etwas der Fall der Regel sei oder nicht; und da für die Urteilskraft nicht immer wiederum Regeln gegeben werden können, wonach sie sich in der Subsumtion zu richten habe (weil das ins Unendliche gehen würde), so kann es Theoretiker geben, die in ihrem Leben nie praktisch werden können, weil es ihnen an Urteilskraft fehlt.“

---

5 Zu jedem dieser Schlagworte, unter denen jeder etwas anderes versteht, gibt es Hunderte von Publikationen. Nur wenige davon sind von bleibendem Erkennungswert [227]

6 Der Verfasser dankt *Prof. Dr. Heiner Müller-Merbach*, der als OR-Fachmann diesen Einwand ebenfalls von Praktikern häufiger gehört hat, für den Hinweis auf die Abhandlung von Kant.

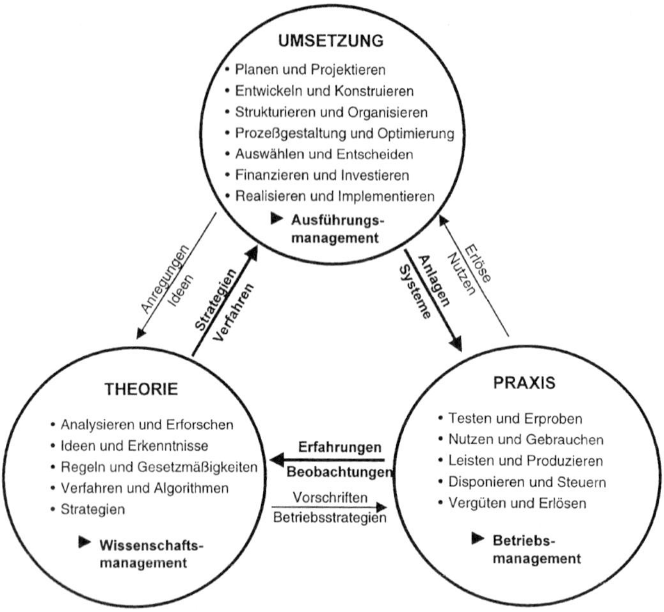

Abb. 1.16 Aufgaben und Wechselwirkungen von Theorie, Praxis und Umsetzung

Den Praktikern erwidert Kant auf den Gemeinspruch „Das mag in der Theorie richtig sein, gilt aber nicht für die Praxis“:

„Es kann niemand sich für praktisch bewandert in einer Wissenschaft ausgeben und doch die Theorie verachten, ohne bloß zu geben, daß er in seinem Fache ein Ignorant sei: indem er glaubt, durch herumtappen in Versuchen und Erfahrungen, ohne gewisse Prinzipien (die eigentlich das ausmachen, was man Theorie nennt) zu sammeln, und ohne sich ein Ganzes (welches, wenn dabei methodisch verfahren wird, System heißt) über sein Geschäft gedacht zu haben, weiter kommen können, als ihn die Theorie zu bringen vermag.“

Zwischen Theorie und Praxis gab es also zu allen Zeiten ein Spannungsverhältnis, das ewig weiter bestehen wird. Ohne dieses Spannungsverhältnis, dessen Beziehungsgefelcht aus *Abb. 1.16* ersichtlich ist, gibt es in der Praxis keinen Fortschritt und in der Theorie keine neuen Erkenntnisse [10,233].

2 Organisation und Prozeßsteuerung

Die Organisation der Leistungsbereiche und Transportsysteme und die Steuerung der Prozesse bestimmen die *Leistungsfähigkeit* und die *Wirtschaftlichkeit* eines Logistiksystems.

Durch Organisation und Prozeßsteuerung nach optimalen *Strategien* lassen sich Technikeinsatz und Betriebsmittelbedarf minimieren. Eine optimale Organisation und Steuerung ist daher entscheidend für die Lösung der Logistikaufgabe. Bevor eine teure *Hardware-Innovation* realisiert wird, ist stets zu prüfen, ob nicht das gleiche Ziel durch eine kostengünstige *Software-Innovation* erreichbar ist, etwa durch eine bessere Organisation oder eine wirkungsvolle Betriebsstrategie.

Für die Organisation und Prozeßsteuerung bestehen folgende *Handlungsmöglichkeiten*:

Gestaltung der Prozesse und Strukturen
Dispositionsstrategien und Strategieparameter
Anzahl und Funktionen der Hierarchiestufen
Grad der Zentralisierung (2.1)
Aufbauorganisation und Ablauforganisation
Architektur der Rechnerkonfiguration
Einsatz von Standard- oder Spezial-Software.

Diese organisatorischen Handlungsmöglichkeiten sind Gegenstand des folgenden Kapitels.

2.1 Aufträge

Die Vorgänge und Prozesse in den Systemen werden von Aufträgen ausgelöst. Ein Auftrag enthält *Logistikanforderungen* und *Operationsanweisungen*:

- Die *Logistikanforderungen* lösen die logistischen Prozesse aus. Sie geben vor, was in welcher Menge wann und wo zu fertigen oder abzuholen und zu welcher Zeit an welchen Orten abzuliefern oder bereitzustellen ist.
- Die *Operationsanweisungen* spezifizieren, was wie zu produzieren oder zu leisten ist. Operationsanweisungen sind Fertigungs-, Bearbeitungs- und Montageanweisungen oder Vorschriften für die Leistungserstellung.

Damit eine unmißverständliche, fehlerfreie und termingerechte Ausführung möglich ist, müssen die Logistikanforderungen folgende Angaben enthalten:

- *Adressen* der Lieferstelle und der Empfangsstelle;
- *Auftragspositionen* mit Angabe der Artikel- oder Produktbezeichnung;
- *Positionsmenge*, die angibt, welche Menge von einer Position zu liefern ist;
- *Zeitangaben* über Abholtermin, Lieferzeit oder Zustelltermin.

Maßgebend für das gesamte Geschehen in einem Leistungs- oder Logistiksystem sind die *externen Aufträge*, die von Versendern, Empfängern, Kunden oder anderen *externen Auftraggebern* erteilt werden. *Externe Aufträge* sind:

Lieferaufträge
Fertigungsaufträge
Bearbeitungsaufträge
Versandaufträge (2.2)
Abholaufträge
Transportaufträge
Lageraufträge.

Für die *Auftragsdisposition* sind zu unterscheiden:

- *Einpositionsaufträge*, die die Liefermenge nur eines Artikels anfordern,
- *Mehrpositionsaufträge*, die mehrere Artikel betreffen,

- *Einzelstückaufträge*, deren Positionen nur eine Artikeleinheit anfordern,
- *Mehrstückaufträge*, die pro Position mehr als eine Artikeleinheit enthalten.

Aus den externen Aufträgen leiten sich die internen Aufträge ab. *Interne Aufträge* regeln, wann und wie in welchen Leistungsbereichen und von welchen Leistungstellen welcher Aufgabenumfang der externen Aufträge durchzuführen ist. Die internen Aufträge lösen die Prozesse in den und die Transporte zwischen den einzelnen Leistungsstellen aus (s. *Kapitel* 10).

2.2 Auftragsbearbeitung und Auftragsdisposition

Jeder operative Leistungsbereich benötigt eine vorbereitende Auftragsbearbeitung, von der die laufend eingehenden Aufträge in terminierte Aufträge für die einzelnen Leistungsstellen umgewandelt werden.

Bei *zentraler Organisation* eines Unternehmens ist die Auftragsbearbeitung für alle Leistungsbereiche in einer gesonderten administrativen Leistungsstelle, der *Auftragszentrale* oder *Auftragsabwicklung*, zusammengefaßt, die auch ein Zentraler Rechner mit entsprechender Auftragsplanungs- und Dispositionssoftware sein kann. Bei *dezentraler Organisation* der einzelnen Betriebe, Werkstätten oder Leistungsbereiche findet die Auftragsbearbeitung in einer zugeordneten *Arbeitsvorbereitung* oder *Produktionsplanung* statt. Bei vollständig dezentraler Organisation des Unternehmens ist die Auftragsbearbeitung den einzelnen operativen Leistungsstellen weitgehend selbständig überlassen.

Die Auftragsbearbeitung umfaßt *vertriebliche, kommerzielle, technische* und *logistische Aufgaben* [27]. Diese Aufgaben sind in den Unternehmen meist aufgeteilt zwischen kaufmännischer und technischer Auftragsbearbeitung:

- Die *kaufmännische Auftragsbearbeitung*, auch *Auftragsabwicklung* (AAW) genannt, ist in der Regel dem *Vertriebsinnendienst* zugeordnet und für die Auftragsannahme und kaufmännische Bearbeitung verantwortlich.
- Die *technische Auftragsbearbeitung*, auch *Arbeitsvorbereitung* oder *Produktionsplanung* genannt, ist meist der Produktion zugeordnet und für die technische Bearbeitung, die Einplanung und die Durchführung der Produktionsaufträge zuständig.

Die Verantwortung für die *logistische Auftragsbearbeitung* ist nicht immer klar geregelt und unterschiedlich verteilt. Nur in Unternehmen mit einer gut organisierten Unternehmenslogistik gibt es neben der techischen und kaufmännischen Auftragsbearbeitung eine eigenständige logistischen Auftragsbearbeitung (s. *Kapitel* 10):

- Die *logistische Auftragsbearbeitung*, auch *Auftrags-* oder *Logistikdisposition* genannt, hat die Aufgabe, die kaufmännisch akzeptierten externen Aufträge zu erfassen, nach *Prioritäten* zu ordnen, nach geeigneten *Dispositionsstrategien* in interne Aufträge aufzulösen und diese an die Arbeitsvorbereitung der betreffenden Betriebe und Leistungsbereiche zur Ausführung weiterzuleiten.

Als Ergebnis der Auftragsdisposition entstehen also durch *Auflösung* der kaufmännisch geprüften externen Aufträge interne *Aufträge* und *Teilaufträge*, die nach geeigneten *Dispositionsstrategien* auf die beteiligten Leistungsstellen verteilt werden. Nach dem Verteilen der Aufträge verfolgt und kontrolliert die Logistikdisposition die termingerechte, vollständige und fehlerfreie Ausführung der internen Aufträge durch die operativen Leistungsbereiche.

Interne Aufträge, die nur einen bestimmten *Leistungsbereich* oder eine *Leistungsstelle* betreffen, sind beispielweise:

Nachschubaufträge
Produktionsaufträge
Beförderungsaufträge
Einlager- oder Auslageraufträge
Bereitstellungsaufträge
Kommissionieraufträge (2.3)
Sortieraufträge
Pack-, Abfüll- oder Stauaufträge
Ver- und Entladeaufträge
Bearbeitungsaufträge
Prüf- und Kontrollaufträge.

Nach erfolgreichem Abschluß eines Auftrags werden die ausgelieferten Waren und erbrachten Leistungen dem Auftraggeber in Rechnung gestellt und die an der Leistungserstellung beteiligten *Organisationseinheiten* und *Dienstleister* vergütet (s. *Kapitel* 7).

Zusätzlich zur Bearbeitung und Disposition der externen Aufträge kann die logistische Auftragsbearbeitung weitere *administrative Leistungen* übernehmen, wie

Auskünfte über Lieferfähigkeit, Termine und Lieferstatus
Verfolgung von *Verbleib* und *Herkunft* von Sendungen
Bestandsführung und *Nachschubdisposition* (2.4)
Finanzdienstleistungen, wie Rechnungsstellung, Inkasso und Mahnwesen
Abrechnung von Logistikdienstleistungen.

Systemdienstleister übernehmen für ihre Kunden außer den operativen Leistungen zunehmend auch die Durchführung derartiger administrativer Leistungen.

Für die Aufteilung der Aufgaben der Auftragsbearbeitung zwischen zentralen und dezentralen Stellen und für die Zuordnung der Auftragsdisposition zu Vertrieb, Produktion oder einer eigenständigen *Unternehmenslogistik* gibt es keine allgemeingültigen Lösungen. Die Organisation der Unternehmenslogistik ist abhängig von der Größe, der Standortverteilung, dem Liefer- und Leistungsprogramm und den Vertriebskanälen des Unternehmens. Unabhängig vom einzelnen Unternehmen aber gelten bestimmte *Grundsätze der Organisation und Prozeßsteuerung* sowie allgemeine *Strategien für die Auftragsdisposition* (s. *Kapitel* 10).

Ziel der Auftragsdisposition ist die Ausführung vorliegender Aufträge innerhalb der zugesagten Lieferzeiten oder zu den geforderten Lieferterminen mit einer bestimmten Lieferfähigkeit durch kostenoptimalen Einsatz der verfügbaren Leistungsstellen und Betriebsmittel. *Strategien* zum Erreichen dieses Ziels sind:

1. *Beschaffungsstrategien* zur Entscheidung über *Eigen- oder Fremdleistung*, über *Kunden- oder Lagerbeschaffung* und über *kundenspezifische Fertigung* oder *Lagerfertigung.*
2. *Zeitstrategien* zur Einhaltung von *Lieferterminen* oder *Lieferzeiten* mit einer definierten *Termintreue* bei maximalem Handlungsspielraum für Betriebsstrategien.
3. *Betriebsstrategien* zur kostenoptimalen Belegung der Leistungsstellen mit den vorliegenden Aufträgen bei Einhaltung der geforderten Liefertermine mit einer vorgebenen Termintreue.
4. *Bestands- und Nachschubstrategien* für lagerhaltige Ware zur Minimierung der Logistikosten bei vorgegebener *Lieferfähigkeit.*

Die *Make-Or-Buy-Strategien* der Beschaffung hängen von *Unternehmenspolitik* ab, werden aber sehr wesentlich von der Logistik beeinflußt [28]. Die Möglichkeiten der Fremdbeschaffung von Logistikleistungen und die Probleme, die mit dem *Einsatz von Logistikdienstleistern* verbunden sind, werden in *Kapitel 20* behandelt.

Die Auswirkungen und Strategien der *Zeitdisposition* werden im *Kapitel* 8 ausführlich dargestellt. Im Zusammenhang mit den Zeitstrategien werden auch Kriterien für die Entscheidung über *Auftragsfertigung* oder *Lagerfertigung* entwickelt.

Gegenstand von *Kapitel 10* sind die Möglichkeiten der Auftragsdisposition nach unterschiedlichen *Betriebsstrategien*. Hierauf aufbauend werden in den *Kapiteln* 13 bis 19 spezielle Betriebsstrategien für Lager-, Kommissionier-, Transport-, Belieferungs- und Beschaffungssysteme entwickelt.

Die Strategien zur optimalen *Bestands- und Nachschubdisposition* sind Schwerpunkt von *Kapitel* 11. In *Abschnitt 11.2* dieses Kapitels werden die Entscheidungskriterien über Kunden- oder Lagerfertigung ergänzt durch Auswahlkriterien für lagerhaltige Artikel.

2.3 Aufbauorganisation und Ablauforganisation

Die Aufbau- und Ablauforganisation schafft die Voraussetzungen dafür, daß die externen und internen Aufträge fehlerfrei, vollständig und termingerecht ausgeführt werden:

- Die *Aufbauorganisation* legt die Aufgaben, die Funktionen und die Weisungsabhängigkeit der Leistungsstellen fest. Sie bestimmt die *Struktur* des Systems.
- Die *Ablauforganisation* steuert und regelt den Durchlauf von Daten und Informationen und den Ablauf der Auftragsbearbeitung. Sie bestimmt den *Prozeßablauf* im System.

Die Organisation größerer Leistungssysteme und komplexer Logistiksysteme ist *hierarchisch* aufgebaut. Sie kann in drei *Organisationsebenen* unterteilt werden, deren *Aufgaben* und *Merkmale* in *Tabelle 2.1* dargestellt sind. Für die Aufgabenteilung zwischen und in den Organisationsebenen gelten bestimmte *Organisationsgrundsätze*.

1. Administrative Ebene
Auf der administrativen Ebene werden Lieferprogramme und Artikelsortimente festgelegt, Absatzmengen geplant, Unternehmenspläne erarbeitet, Strategien entwickelt, Leistungen organisiert, Rahmenverträge für die Beschaffung ausgehandelt und Maßnahmen vorbereitet, die auf *zukünftige Leistungsanforderungen* ausgerichtet sind.

Die administrative Ebene arbeitet nach bestimmten *Planungs- und Nutzungsstrategien* auf der Grundlage von unsicheren Informationen, Erwartungen, Prognosen und Unternehmenszielen.

2. Dispositive Ebene
Auf der dispositiven Ebene werden nach den Anweisungen der administrativen Ebene aus den *externen Aufträgen* der Kunden *interne Aufträge* für den Betrieb erzeugt und *Abrufaufträge* bei den Lieferanten ausgelöst. Die Disposition *verwaltet, disponiert* und *kontrolliert* Aufträge, Bestände und Betriebsmittel.

	Administrative Ebene
Aufgaben	• Unternehmensplanung • Strategieentwicklung • Programmplanung • Marketing • Verkauf • Einkauf • Finanz- und Rechnungswesen • Personalverwaltung • Controlling der Gesamtprozesse
Merkmale	Aufträge der Unternehmensleitung Vorgaben des Marktes Arbeiten nach Planungs- und Nutzungsstrategien unsichere Informationen lange Entscheidungszeiten (Stunden bis Wochen)
	Dispositive Ebene
Aufgaben	• Auftragsdisposition • Auftragsverwaltung • Produktionsplanung • Arbeitsvorbereitung • Bestandsführung • Nachschubdisposition • Betriebsmitteldisposition • Auftragsverfolgung • Kontrolle der operativen Prozesse
Merkmale	Externe Aufträge Vorgaben der administrativen Ebene Arbeiten nach Dispositionsstrategien relativ gesicherte Informationen mittlere Bearbeitungszeiten (Minuten bis Stunden)
	Operative Ebene
Aufgaben	• Auslösen der Prozesse • Steuern der Einzelvorgänge • Regeln der Prozesse • Überwachung der Prozesse • Sicherung der Durchführung
Merkmale	Interne Aufträge Vorgaben der dispositiven Ebene Ausführung nach Betriebsstrategien gesicherte Informationen kurze Reaktionszeiten (Sekunden bis Minuten)

Tab. 2.1 Aufgaben und Merkmale der Organisationsebenen

Die dispositive Ebene bearbeitet *vorliegende Leistungsanforderungen* nach vorgegebenen *Dispositionsstrategien* auf der Grundlage relativ gesicherter Informationen und ist verantwortlich für die effiziente Nutzung der verfügbaren Ressourcen.

3. Operative Ebene
Die operative Ebene umfaßt die *Prozeßsteuerung* für den operativen Betrieb der Leistungsbereiche. Sie steuert und regelt die Ausführung der von der dispositiven Ebene vorgegebenen internen Aufträge und koordiniert die reibungslose Zusammenarbeit zwischen den einzelnen Leistungsstellen. Die Prozeßsteuerung sorgt nach geeigneten *Betriebsstrategien* dafür, daß die Prozesse korrekt und mit hoher Verfügbarkeit ablaufen.

Die operative Ebene arbeitet mit gesicherten Informationen und ist verantwortlich für einen funktionierenden und sicheren Betrieb.

2.4 Organisationsgrundsätze

Aus den *Zielvorgaben* und den *Anweisungen* von oben nach unten und den *Vollzugs-* und *Störungsmeldungen* von unten nach oben ergeben sich enge Wechselwirkungen zwischen den Organisationsebenen. Um bei sich verändernden Umständen eine schnelle *Rückkopplung* und *Zielanpassung* zu erreichen, ist es notwendig, die *Entscheidungkompetenz* an die jeweils unterste der möglichen Organisationsebenen zu delegieren. Hierfür gilt der

- *Grundsatz maximaler Entscheidungsdelegation*: Entscheidungen sind so dezentral wie möglich und nur so zentral wie unbedingt nötig zu fällen.

Wird dieser Grundsatz nicht beachtet, enstehen lange Entscheidungswege und ablaufhemmende *Reaktionszeiten*. Die Organisation wird träge und ineffektiv.

In einer *flexiblen Organisation* sind die Organisationsebenen nicht streng hierarchisch getrennt sondern in unterschiedlicher Ausprägung realisiert. Innerhalb einzelner Organisationseinheiten können sich die drei Organisationsebenen wiederholen. Unter Umständen ist es auch zweckmäßig, die Organisationsebenen weiter zu unterteilen.

Ein flexibles, leistungsfähiges und kundenorientiertes Unternehmen arbeitet nach folgenden *Organisationsgrundsätzen*:

- *Selbstregelungsprinzip*: Anweisungen, Entscheidungsspielräume, Qualitätsbewertung und Leistungsvergütung müssen für die einzelnen Leistungsstellen und Leistungsbereiche so geregelt sein, daß sie im eigenen Interesse weitgehend *selbstregelnd* die ihr erteilten Aufträge korrekt und termingerecht ausführen.
- *Prozeßorientierung*: Jede Leistungsstelle muß die Gesamtprozesse des Unternehmens vom Kunden bis zum Kunden kennen und eigenverantwortlich dazu beitragen, daß ihre Leistungen optimal zum Gesamterfolg beitragen.

- *Anweisungsklarheit*: Keine Stelle darf zur gleichen Aufgabe von mehr als einer Stelle Aufträge oder Anweisungen erhalten.
- *Informationsdisziplin*: Jede Stelle muß die Informationen, die sie zur Ausübung ihrer Funktionen benötigt, rechtzeitig, vollständig und korrekt erhalten und alle Informationen, die andere Stellen über ihre Leistungen benötigen, an diese rechtzeitig, vollständig und korrekt abgeben.
- *Check- and Balance*: Durch wechselseitige Kontrolle der Informationen und Entscheidungen muß eine hohe *Prozeßqualität* gesichert werden.
- *Beherrschbarkeit*: In einer Stelle dürfen nicht mehr Funktionen und Entscheidungen konzentriert sein, als eine qualifizierte Leitungsperson beherrschen kann.

Bei der Gestaltung einer neuen Organisation werden zunächst für alle *regulären Geschäftsprozesse* Standardabläufe entwickelt und die Bearbeitung der Prozeßschritte den einzelnen Leistungsstellen zugewiesen. Dabei werden häufig die *irregulären Geschäftsprozesse* übersehen oder vernachlässigt, die durch falsche Daten, Fehler, Qualitätsmängel und Ausfall der Auftrageber, der Leistungsstellen und der Mitarbeiter ausgelöst werden können. Die Organisation von *Notabläufen* und *Ausfallstrategien* ist jedoch in der Regel mindestens so aufwendig und in vielen Fällen weitaus schwieriger als die Organisation der regulären Geschäftsprozesse.

Daher gilt der *Sicherheitsgrundsatz*:

- Eine Organisation ist erst dann vollständig und sicher, wenn sie auch auf Fehler und Ausfälle vorbereitet ist und für die irregulären ebenso wie für die regulären Geschäftsprozesse über Standardabläufe verfügt.

Im Verlauf einer *Potentialanlayse* wird rasch erkennbar, ob die aufgeführten Organisationsgrundsätze in einem Unternehmen durchgängig eingehalten werden. Wo das nicht der Fall ist, ist eine organisatorische *Schwachstelle* zu vermuten, die sich unter Umständen kurzfristig ohne großen Aufwand beheben läßt (s. *Kapitel* 4).

2.5 Programmebenen und Rechnerkonfiguration

Die Verwaltung der Auftrags- und Artikeldaten, die Auftragsdisposition sowie die Steuerung und Kontrolle der Leistungsprozesse können heute von *Rechnerprogrammen* ausgeführt oder unterstützt werden. Die Mitarbeiter geben die *Artikelstammdaten*, die *Auftragsstammdaten* und die *Prozeßparameter* ein, erteilen *Auskünfte* und fällen *Entscheidungen*, die nicht dem Rechner überlassen werden.

Den unterschiedlichen Organisationsebenen entsprechen verschiedene *Programmebenen*:

1. *Planungs- und Verwaltungsprogramme* arbeiten für Vertrieb, Einkauf, Finanz- und Rechnungswesen, Personalwesen und Unternehmensplanung. Die Planungsprogramme, wie die *Advanced Planning* and *Scheduling* (*APS*)-, die *Enter-*

prise Resource Planning (*ERP*)- und die *Supply Chain Managament* (*SCM*)-*Programme*, ermitteln den Ressourcenbedarf und die Ressourcenbelegung für einen geplanten oder prognostizierten Bedarf [234]. Die Verwaltungsprogramme führen die *Logistikkostenrechnung* durch, stellen Rechnungen für *Logistikleistungen* aus und führen die *Leistungs- und Qualitätsvergütung* für externe Dienstleister nach dem *Gutschriftsverfahren* durch (s. *Kapitel* 7).

2. *Dispositionsprogramme*, wie das *Network-Resource Planning (NRP)*, das *Material-Resource Planning (MRP)*, und die *Produktions-Planungs- und Steuerungsprogramme (PPS)*, generieren aus externen Aufträgen nach *Dispositionsstrategien* interne Aufträge, führen Bestände, vergeben und verwalten Lagerplätze, generieren Nachschubvorschläge, lösen Bestellungen aus, registrieren die Auslastung von Transportmitteln, Anlagen und Betriebsmitteln, führen Tourenplanungen durch und registrieren die Leistungsergebnisse der operativen Ebene.
3. *Steuerungsprogramme* steuern, regeln und kontrollieren entsprechend den internen Aufträgen nach vorgegebenen *Betriebsstrategien* den Ablauf in den einzelnen Leistungsstellen, Anlagen und Teilsystemen. Sie erfassen mit Hilfe entsprechender *Zähleinrichtungen* die von den einzelnen Leistungsstellen erbrachten Leistungseinheiten.

Entsprechend dem Grundsatz der maximalen Entscheidungsdelegation und dezentralen Aufgabenverteilung werden die Programme in einer *Rechnerhierarchie* mit *Verwaltungsrechner*, *Dispositionsrechnern* und *Prozeßrechnern* realisiert und den Benutzern als dezentrales *Client-Server-System* angeboten:

- Ein *Host-Rechner* oder zentraler *Server* übernimmt die administrativen und planerischen Aufgaben sowie die Stammdatenverwaltung.
- Die *Client-Stationen*, die dezentral in den Auftragsbearbeitungsstellen und in den Betrieben aufgestellt sind, stehen den weitgehend autonomen Arbeitsplätzen für dispositive Aufgaben und Steuerungsfunktionen zur Verfügung.

Für die administrativen und dispositiven Logistikaufgaben gibt es *Spezialprogramme*, wie die *Warenwirtschaftssysteme* (WWS) des Handels oder die *Tourenplanungsprogramme* (TPS) für Speditionen, und *Standardsoftware*, wie die SAP-Softwaremodule *SD Sales and Distribution*, *MM Materialmanagement* und *PP Produktionsplanung* [30]. Qualität und Leistungsfähigkeit der Standard- und Spezialprogramme sind sehr unterschiedlich. Die in den Programmen enthaltenen *Algorithmen* und *Strategien* der Logistik sind daher vor der Benutzung kritisch zu prüfen, da sie nicht für alle Anwendungsfälle geeignet sind und bei Eingabe unzutreffender Parameter zu falschen Ergebnissen führen.

Die meisten Rechner und Peripheriegeräte eines Unternehmens sind heute über ein *internes Datennetz*, das sogenannte *Intranet*, miteinander verbunden. Um doppelte Datenbestände und mehrfache Datenpflege zu vermeiden, sollten möglichst alle Programme eines Unternehmens auf nur *eine* zentrale *Datenbank* zurückgreifen. Für die Speicherung der umfangreichen Unternehmens- und Logistikdaten stehen heute leistungsfähige *Datenbanken* zur Verfügung, wie ORACLE, SQL-Server, Adabas oder DB/4 von IBM.

Ein grundsätzliches Problem, das bei der Auslegung der DV-Systeme häufig nicht ausreichend beachtet wird, sind die *Antwortzeiten* oder *Bearbeitungszeiten*. Die *Antwortzeiten* auf die Anfrage oder den Befehl eines einzelnen Benutzers steigen mit der Anzahl der Teilnehmer und der Inanspruchnahme nach dem Gesetz der *Warteschlangen* an (s. *Abschnitt* 13.5). Antwortzeiten, die zu Zeiten durchschnittlicher Belastung im Bereich von wenigen Sekunden liegen, können bei unzureichender Systemauslegung in Spitzenzeiten auf Werte ansteigen, die für den Benutzer nicht mehr akzeptabel sind. Die Reaktionszeiten sind dann für viele logistische Prozesse, deren Prozeßzeiten im Bereich weniger Minuten liegen, zu lang und führen zu einer Ineffizienz, die oft erst nach der Realisierung eines Systems erkannt wird.

Die *zeitkritischen Prozesse* der Leistungskette sollten daher im DV-System von den administrativen Vorgängen entkoppelt werden. Das ist möglich durch unterlagerte *Leitrechner* oder *Prozeßrechner* mit spezieller Software, wie die *Prozeß-Planungs- und Steuerungssysteme* PPS, die *Lager-Verwaltungs-Systeme* LVS und die *Transport-Leit-Systeme* TLS, die abgegrenzte zeitkritische Aufgabenumfänge übernehmen. Wenn eine Anlage im *Echtzeitbetrieb* arbeitet, sind dem Prozeßrechner in automatischen Systemen *Einzelsteuerungen* für Teilsysteme, Systemkomponenten und Transportmittel unterlagert.

2.6 Informations- und Datenfluß

Die laufend eintreffenden Aufträge lösen die Prozesse der Leistungserstellung aus und führen zu einem permanenten *Informationsfluß*. Die Warenströme durch die Logistikketten erfordern weitgehend *synchrone Datenflüsse*. Zwischen den Organisationsebenen, den Programmen und den Rechnern findet ein dauernder Informationsaustausch von Anweisungen und Rückmeldungen statt.

Vor oder mit dem Eintritt der Ware in einen Leistungsbereich oder eine Leistungsstelle wird ein Auftrag mit der Information benötigt, was mit der Ware geschehen soll. Beim Eintritt in einen Leistungsbereich werden die Waren an Idenfikationspunkten, den *I-Punkten*, identifiziert, erfaßt und kontrolliert. Beim Verlassen des Leistungsbereichs wird an Kontrollpunkten, den *K-Punkten*, geprüft, ob der Auftrag korrekt ausgeführt wurde. Zusätzlich werden am K-Punkt die Kenndaten der auslaufenden Ware erfaßt.

Um eine doppelte Datenerfassung zu vermeiden, sollten innerhalb des gleichen Betriebs die K-Punkte der Leistungsstellen und die I-Punkte der sich unmittelbar anschließenden Leistungsstellen möglichst identisch sein. Das ist durchaus nicht überall der Fall. Daher bestehen in der Abstimmung der Datenerfassung und in der Zusammenlegung von I- und K-Punkten in den innerbetrieblichen Leistungsketten Rationalisierungsmöglichkeiten. Das gilt auch für *überbetriebliche Logistikketten*, wenn zwischen Lieferstellen und Empfangsstellen ein elektronischer Datenaustausch möglich ist.

Zur Prozeßsteuerung, zur Identifikation, zur Kontrolle, zur Sicherung eines unstrittigen *Gefahrenübergangs* und zur *Sendungsverfolgung* der Waren, Ladeeinheiten und Sendungen beim Durchlaufen der Logistikkette sind *Begleitinformationen* erforderlich. Die Begleitinformation umfaßt

- eine *Identinformation* zur Idendifikation des Artikels, des Packstücks oder der Ladeeinheit,
- die *Absenderinformation* zur Kennzeichnung von Herkunftsort und Versender,
- die *Zielinformation* zur Erkennung des Bestimmungsortes und des Empfängers
- *Steuerungsinformationen* mit Angaben über Lieferweg, Zwischenstationen und Lagerorte.

Zur Dokumentation und Bereitstellung der jeweils benötigten Begleitinformationen gibt es verschiedene Möglichkeiten [29]:

- Die Begleitinformation wird in *Klarschrift* oder als *Barcode* direkt auf die Artikeleinheiten, Packstücke oder Ladeeinheiten von Hand aufgeschrieben oder aufgedruckt und an den I- und K-Punkten von einer Person, einem Scanner oder einem anderen Gerät gelesen.
- Die Begleitinformation ist in Klarschrift oder als Barcode auf ein *Etikett* aufgedruckt oder in einer anderen *Kodierung* enthalten, die an den Artikeleinheiten, Packstücken oder Ladeeinheiten angebracht ist, und wird an den I- und K-Punkten gelesen.
- Die Artikeleinheiten, Packstücke und Ladeeinheiten tragen nur die *Identinformation*, die als Identnummer oder Barcode direkt oder auf ein Etikett aufgedruckt ist. Die übrige Information befindet sich auf einem *Begleitdokument*, das der Ware oder Sendung beigefügt ist.
- Die Artikeleinheiten, Packstücke und Ladeeinheiten tragen nur die *Identinformation*, nach deren Lesung die zusätzlich benötigte Begleitinformation an den I- und K-Punkten über den Rechner angezeigt oder ausgedruckt wird.

Das *Kodieren* und *Etikettieren* sowie das *Lesen* und *Scannen* erfordern Zeit und verursachen Kosten. Die Zeiten und Kosten können sich über die gesamte Logistikkette zu Werten summieren, die nicht vernachlässigbar sind.

Der Empfänger, der seine Ware oder eine Sendung wie bestellt erhalten hat, benötigt außer der Identinformation und der Absenderinformation in der Regel keine weiteren Angaben über die Stationen und Transportwege, die die Sendung bis zu ihm durchlaufen hat.

Hieraus ergibt sich der *Kodierungsgrundsatz*:

- Artikeleinheiten, Packstücke und Ladeeinheiten dürfen nur mit *einem* Etikett, *einer* Beschriftung oder *einer* Kodierung versehen sein, die möglichst nur die Identinformation, die Absenderinformation und die Zielinformation enthält.

Zusätzlich benötigte Steuerungsinformationen sollten nicht direkt auf das Logistikobjekt aufgebracht werden sondern in einem Begleitdokument enthalten sein oder am Bedarfsort über den Rechner angezeigt werden. Abweichend von diesem Grundsatz befinden sich heute am Ende der Logistikkette auf einer Artikeleinheit, einem Packstück oder einer Ladeeinheit oft zwei, drei oder mehr Beschriftungen, Etiketten und andere Aufkleber. Besonders abschreckende Beispiele sind die vielen Aufkleber und Aufschriften auf Gepäckstücken und Paketsendungen.

Viele *Kodierungen* und *Identifikationssysteme* sind branchenabhäng standardisiert [29]. Die am weitesten verbreitete Kodierung ist der *EAN-Code*, der auf einem standisierten *Strichcode* und einem normierten *Nummernsystem* beruht [31].

Zur beleglosen Übertragung von Aufträgen und anderen Logistikdaten mit Hilfe der *Datenfernübertragung* DFÜ (*Electronic Data Interchange* EDI) werden standardisierte *Informationssätze* benötigt. Hierfür gibt es *EDI-Standards*, wie EDIFACT, ODETTE, SEDAS oder CEFIC. Die branchenübergreifende Durchsetzung eines oder mehrerer dieser Standards wird jedoch noch längere Zeit benötigen [31; 32; 33; 34; 36; 37].

2.7
Möglichkeiten der Information und Kommunikation

Mit den modernen *Informations- und Kommunikationstechnologien,* den *I+K-Systemen,* eröffnen sich für die Logistik bisher ungeahnte *Möglichkeiten* zur Rationalisierung [85]. Zugleich aber erhöht sich auch die *Gefahr* von Fehleinschätzungen, Übertreibungen und Mißbrauch.

Rationalisierungsmöglichkeiten durch den Einsatz moderner Informationstechnologien in der Logistik sind:

- Austausch vollständiger *Stammdaten* von Artikeln und Aufträgen zwischen Lieferanten und Empfängern, mit deren Hilfe sich rasch Entscheidungen fällen und optimale Dispositionsstrategien realisieren lassen.
- *Avisieren* von Anlieferungen und Lieferdaten per EDI durch den Lieferanten an den Empfänger vor Ankunft der Ware.
- Abstimmung der *Datenerfassung* an K-Punkten und I-Punkten inner- und überbetrieblicher Leistungsketten zur Vermeidung von Mehrfacherfassung und Zeitverlusten.
- Automatische *Nachschubauslösung* beim Lieferanten auf der Grundlage vereinbarter Lieferfähigkeiten, Nachschubzeiten und Nachschubmengen *Efficient Consumer Response* ECR) und *Continuous Replenishment* CRP).
- Verbesserte *Bedarfsprognose* und *Reaktionsmöglichkeit* der Disposition von Nachschub und Produktion durch Nutzung der am *Point of Sale* (POS) von Scannerkassen verzeichneten Abverkäufe oder von Auftragsterminals erfaßten Kundenaufträge.
- Verwendung der über Satellitenfunk oder Datenfernübertragung permanent verfügbaren Standorte und Ladungsdaten von Transportmitteln und der eingehenden Transportaufträge zur *dynamischen Transportoptimierung.*
- Nutzung gepeicherter Daten der Vergangenheit in Verbindung mit prozeßsynchron erfaßten Daten zur Realisierung von *Nutzungs-*, *Belegungs-* und *Betriebsstrategien*, die auf mathematischen *Prognoseverfahren* und *Dispositionsalgorithmen* beruhen.(s. *Kapitel* 9).

- Austausch von Informationen über den Standort von Ladeeinheiten und Transportmitteln in der Logistikkette, die sich zur *Kontrolle* und zur *Steuerung* nach optimalen Betriebsstrategien nutzen lassen.
- Nutzung der an den I- und K-Punkten der Leistungsstellen erfaßten Informationen über Aufträge und Ladeeinheiten zum *Logistikcontrolling* von Eigenleistungen und zur verursachungsgerechten *Vergütung* der Logistikleistungen von Dienstleistern (s. *Kapitel* 7).
- Aufbau von Systemen zur *Sendungsverfolgung* (tracing) und zur Dokumentation der *Sendungsherkunft* (tracking).
- Aufbau einer effizienten *Qualitätssicherung* auf der Basis der systematischen Erfassung von *Qualitätsmängeln* und der *Pönalisierung* der Abweichungen von vereinbarten Qualitätsstandards (s. *Kapitel* 7).

Die konsequente Nutzung dieser Möglichkeiten der modernen Informationstechnologie hat in der Logistik erst begonnen und wird die weitere Entwicklung maßgebend beeinflussen [85].

2.8 Gefahren und Fehlerquellen der Telematik

Da die Nutzung der modernen Informationstechnologie in der Logistik erst am Anfang steht, werden häufig die damit verbunden Gefahren übersehen. Fast alle denkbaren Fehler, die aus diesen Gefahren resultieren können, sind in der Praxis zu beobachten.

Besondere *Gefahren* und *Fehlerquellen* des kritiklosen Einsatzes der technischen Mittel und Möglichkeiten von *Telekommunikation* und *Informatik*, kurz der *Telematik*, sind:

- Trotz allen Fortschritts halten viele *Standardprogramme zur Planung, zur Disposition und zur Abwicklung* der Geschäftsprozesse, wie PPS, MRP, ERP, APS, SCM, LVS und TLS, in der Praxis nicht alles, was ihre Hersteller versprechen. Die meisten Standardprogramme sind stark von der Informatik geprägt und berücksichtigen zu wenig die Möglichkeiten, Strategien und praktischen Gegebenheiten der Logistik. Sie enthalten teilweise *falsche Algorithmen*, machen *unzulässige Annahmen* und *bieten nicht alle erforderlichen Funktionalitäten* [234; 235; 236; 241].
- Der *Aufwand für die Anpassung* und der *Zeitbedarf für die Implementierung* der Standardprogramme werdem in der Regel unterschätzt. Infolgedessen ziehen sich die Implementierung und die Anpassung an die speziellen Geschäftsgegebenheiten, das sogenannte *Customizing*, endlos hin und belasten das Tagesgeschäft.
- Um endlich zu einem Abschluß zu kommen, werden häufig Kompromisse gemacht, *unzulässige Vereinfachungen* durchgeführt und eigentlich erforderliche Funktionen nicht realisiert. Infolgedessen beschränkt und belastet die Software das Geschäft stärker als erwartet, statt es zu entlasten und zu optimieren.

- *Stammdatensätze sind unvollständig* oder *unvorteilhaft strukturiert.* So fehlen in vielen Standardprogrammen wichtige *Logistikstammdaten*, wie die Abmessungen und Gewichte der Verkaufs-, Verpackungs- und Ladeeinheiten (s. *Abschnitt* 12.7)
- Mangelhafte Daten- und Programmpflege führen zu verfälschten Ergebnissen.
- *Lange Antwortzeiten, Datenverarbeitungszeiten, Totzeiten* und *Druckerzeiten* verzögern die Abläufe und mindern die Effienz.
- *Lange Batchläufe* des Rechners verursachen unzulässig lange Wartezeiten im Prozeß, verzögern die Arbeit in den Leistungsstellen und bewirken *Totzeiten* für andere Nutzer.
- Die *Mehrfacherfassung* der gleichen Daten an I- und K-Punkten bewirkt Zusatzaufwand.
- Das *Fehlen von Logistikstammdaten*, wie Artikelabmessungen, Gewichten und Ladungsträgerzuordnung, verhindert den Einsatz vieler Optimierungsverfahren (s. *Abschnitt* 12.7).
- Anwendungsprogramme führen wegen Eingabe falscher Parameter oder mangelhafter Datenpflege zu *falschen Ergebnissen* oder werden wegen nicht erfüllter Vorraussetzungen oder Unkenntnis der Algorithmen der Programme falsch genutzt.
- *Falsche oder zu stark vereinfachende Algorithmen* der Dispositionsprogramme generieren unbrauchbare Bestellvorschläge.
- Rechner und Programme werden für betriebsfremde Tätigkeiten mißbraucht, z. B. für Computer-Spiele oder für private Zwecke.
- Die Möglichkeiten der Rechner verleiten zu *überzogenen Kontrollen*, zum *übermäßigen Informationsangebot* oder zu *übertriebener Schönheit der Darstellung* von Ausdrucken und Anzeigen. Farbige Grafiken, dreidimensionale Diagramme und bewegte Bilder ohne Berücksichtigung des Nutzens verursachen vermeidbaren Aufwand.
- Die Ergebnisse und Daten werden *mangelhaft aufgearbeitet* und *schlecht visualisiert.* Überfüllte Tabellen, endlose Listenausdrucke, Zahlenfriedhöfe und unübersichtliche Bildschirmmasken verhindern die sinnvolle Nutzung.
- Es werden *zu viele* oder *veraltete Daten* erfaßt, gespeichert und ausgetauscht.
- Auf den Artikel- und Logistikeinheiten sind unnötige *Etiketten, Aufschriften* und *Kodierungen* angebracht.

Zur Vermeidung der zuletzt genannten Probleme sind folgende *Grundsätze* geeignet:

- So wenig Daten und Kontrollen wie möglich, nur soviel wie unbedingt nötig.
- Statt vieler Daten nur wenige gezielte und übersichtliche Informationen.
- Der Detaillierungsgrad der Informationen wird vom Nutzer bestimmt.

Im Umgang mit den Möglichkeiten der Informationstechnologie sind *Erfahrung, Urteilsvermögen* und *Augenmaß* erforderlich. Vor allem aber müssen die Ziele des Unternehmens und die Interessen des Kunden gesehen werden.

So interessiert es einen Empfänger, der seine Ware rechtzeitig, vollständig und fehlerfrei erhält, nicht, auf welchem Weg und in welchen Etappen das geschehen ist. Ein enttäuschter Kunde aber will nur selten wissen, wo sich die vermißte Ware noch befindet, warum sie zu spät kommt oder wo sie zuletzt erfaßt wurde, sondern seine Lieferung so schnell wie möglich erhalten. Daher gilt für die Logistik:

- Identifikations- und Informationssysteme sind Mittel zum Zweck und kein Selbstzweck.

Sie sind wichtige Instrumente zur effizienten Erzeugung von Logistikleistungen. Anders als vielfach propagiert aber sind Kommunikations-, Informations – und Identifikationssysteme an sich keine zusätzliche Serviceleistung für den Kunden, solange dieser davon keinen unmittelbaren Nutzen hat.

2.9 Organisation der Unternehmenslogistik

Um durchgängige Auftrags- und Logistikprozesse zu sichern, ist es wegen der hierfür erforderlichen Fachkompetenz und der Querschnittsfunktion der Logistik sinnvoll, die Unternehmenslogistik neben Marketing und Vertrieb, Produktion und Entwicklung, Einkauf, DV, Organisation, Finanzen und Verwaltung als eigenständigen *Servicebereich* zu organisieren. Primäres Ziel der Unternehmenslogistik ist die Sicherung der Wettbewerbsfähigkeit durch Aufbau und Betrieb optimaler Beschaffungs-, Auftrags- und Belieferungsprozesse.

Die in *Abschnitt 1.9* beschriebenen Aufgaben der Unternehmenslogistik lassen sich unterteilen in Aufgaben der strategischen Logistik und Aufgaben der operativen Logistik. Die mittel- und langfristig ausgerichtete *strategische Logistik*, auch *Systemmanagement* oder *Netzwerkmanagement* genannt, umfaßt das *Logistikcontrolling* und die *Logistikplanung*. Zur kurzfristig ausgerichteten *operativen Logistik*, auch *Systembetrieb* oder *Netzwerkbetrieb* genannt, gehören die *Logistikdisposition* und der *Logistikbetrieb* [26].

Diese Aufgabenbereiche, deren Arbeitsinhalte nachfolgend näher beschrieben werden, lassen sich, wie in dem *Organigramm Abb. 2.1* dargestellt, in entsprechenden Organisationseinheiten zusammenfassen. In kleineren und mittleren Unternehmen können die Aufgabenbereiche enger zusammengefaßt werden und Hierarchieebenen entfallen. In Unternehmen mit mehreren Standorten und in größeren Konzernen ist eine Differenzierung, Spezialisierung und Dezentralisierung der operativen Logistikbereiche notwendig.

Alle Logistikbereiche sind Servicestellen und müssen ihre Aktivitäten auf den Nutzen der Kunden, des gesamten Unternehmens und der anderen Unternehmensbereiche ausrichten.

1. Logistikcontrolling

Das Logistikcontrolling soll die kostenoptimale Erbringung aller benötigten Logistikleistungen kontrollieren und hierauf aufbauend die Logistikplanung, die Auftragsdisposition, den Logistikbetrieb und andere Unternehmensbereiche über die logistisch bedingten Kosten informieren [58; 67].

Arbeitsinstrumente für das Controlling sind die in *Kapitel* 6 dargestellte *Logistikkostenrechnung* und ein *Berichtswesen* über die Kosten-, Leistungs- und Qua-

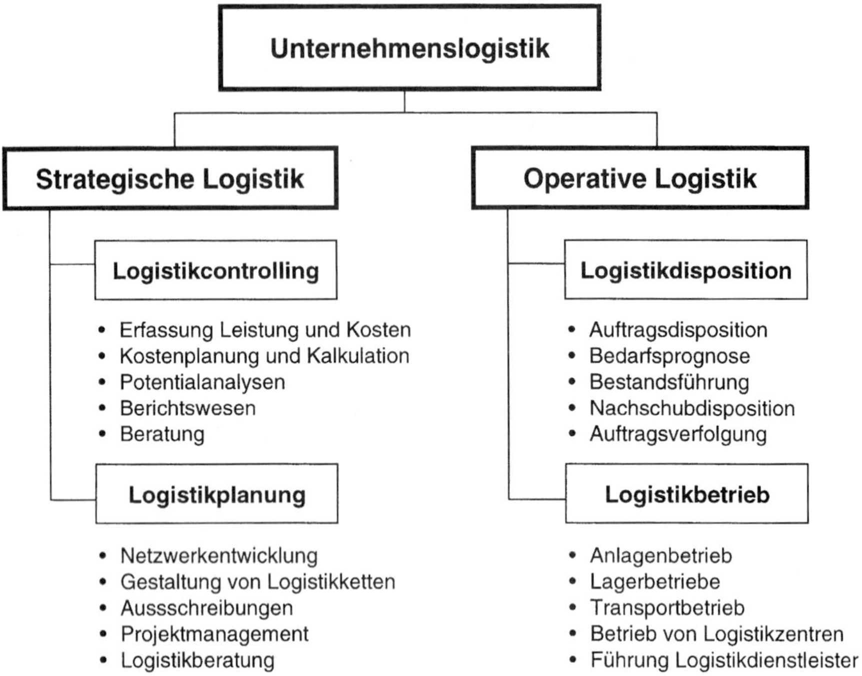

Abb. 2.1 Organisation und Aufgaben der Unternehmenslogistik
Strategische Logistik = Systemmanagement = Netzwerkmanagement
Operative Logistik = Systembetrieb = Netzwerkbetrieb

litätskennzahlen der Logistikbetriebe. Diese Instrumente sind laufend dem aktuellen Bedarf anzupassen und fortzuschreiben.

Für alle Leistungen, die von Logistikdienstleistern durchgeführt werden, muß das Logistikcontrolling die Leistungs- und Qualitätsvergütung konzipieren, den Dienstleistungsmarkt und die aktuellen Leistungspreise verfolgen sowie die laufenden Abrechnungen überprüfen (s. *Kapitel 7 und* 20).

2. Logistikplanung

Die Logistikplanung muß die *zukünftige Wettbewerbsfähigkeit* der Unternehmenslogistik vorbereiten und sicherstellen. Zu den Aufgaben der Logistikplanung gehören:

- Konzeption, Aufbau und Weiterentwicklung der Unternehmenslogistik
- Abgrenzung und Gestaltung des Logistiknetzwerks
- Gestaltung und Optimierung der Beschaffungs- und Belieferungsketten
- Auswahl und Einsatz von Logistikdienstleistern
- Planung und Aufbau von Logistikzentren und Logistiksystemen

- Vereinbarung von Servicegrad und Logistikqualität
- Gestaltung und Optimierung der innerbetrieblichen Logistikprozesse
- Auswahl und Implementierung von Verfahren zur Bedarfsprognose.

Diese Aufgaben erfordern eine enge Mitwirkung der Logistikplanung bei der Konzeption der Informations-, Kommunikations und Datenverarbeitungssysteme.

Das Logistikcontrolling und die Logistikplanung haben gemeinsam die Aufgabe, die übrigen Unternehmensbereiche, insbesondere den Vertrieb, in allen Fragen der Logistik zu beraten. Die wichtigsten *Beratungsaufgaben* der Unternehmenslogistik sind in *Abschnitt 14.7.4* aufgeführt.

3. Logistikdisposition

Wie bereits zuvor dargestellt und in *Kapitel* 10 genauer ausgeführt, hat die *Logistikdisposition* oder *Auftragsdisposition* die Aufgabe, die kaufmännisch akzeptierten externen Aufträge zu erfassen, nach Prioritäten zu ordnen, nach geeigneten Strategien in interne Aufträge aufzulösen und diese an die betreffenden Betriebe und Leistungsbereiche zur Ausführung weiterzuleiten.

Weitere Aufgaben der Auftragsdisposition sind die Zeitdisposition sowie die Nachschub- und Bestandsdisposition in den Lagern, die der Unternehmenslogistik direkt unterstellt sind. Hierzu gehören die rollierende Bedarfsprognose, die Überprüfung der Bestände und die Aktualisierung von Meldebeständen, Sicherheitsbeständen und Nachschubmengen (s. *Kapitel* 11).

Außerdem verfolgt und kontrolliert die Auftragsdisposition die termingerechte, vollständige und fehlerfreie Ausführung der internen Aufträge durch die beauftragten operativen Leistungsbereiche. Sie muß dabei einerseits sehr eng mit dem Vertrieb und andererseits mit der Produktion, dem Einkauf und den Lieferanten zusammenarbeiten (s. *Kapitel* 14).

4. Logistikbetrieb

Der operative Logistikbetrieb ist für die *aktuelle Wettbewerbsfähigkeit* der Unternehmenslogistik verantwortlich. Er umfaßt die Führung der Mitarbeiter und die Einsatzdisposition der Betriebsmittel in den eigenen *Logistikbetrieben*, wie der innerbetriebliche Transport, die Lagerbereiche für Roh-, Hilfs- und Betriebsstoffe, die Halbfertig- und Fertigwarenlager, die Logistikzentren der Distribution und der Fuhrpark.

Wenn die operativen Leistungsbereiche der Unternehmenlogistik, wie Fertigwarenlager, Logistikzentren, Displayfertigung, Umschlagpunkte und Transporte, an *Logistikdienstleister* vergeben sind, beschränkt sich der Logistikbetrieb auf die Systemführung, die Koordination und die Leistungsüberwachung der Dienstleister (s. *Kapitel* 20).

3 Planung und Realisierung

Die Aufgabe der *Planung von Logistiksystemen* besteht darin, aus einer Vielzahl von Möglichkeiten geeignete Anlagen und Betriebsmittel so auszuwählen, in Leistungsstellen anzuordnen, zu Leistungsketten und Logistiksystemen zu verknüpfen, zu organisieren und zu dimensionieren, daß die vorgegebenen *Leistungsanforderungen* unter Berücksichtigung aller *Rahmenbedingungen optimal* erfüllt werden.

Aufgaben der Realisierung sind die *Ausführungsplanung*, die *Konstruktion*, der *Aufbau*, die *Inbetriebnahme* und die *Abnahme* des geplanten Systems. Planung und Realisierung erfordern ein qualifiziertes *Projektmanagement*.

Nach den *Handlungsmöglichkeiten* werden in diesem Kapitel das *Vorgehen* und die *Ziele* der *Planung* und *Realisierung* logistischer Systeme dargestellt. Für ein Planungs- und Realisierungsvorhaben müssen die *Rahmenbedingungen* und *Leistungsanforderungen* bekannt sein, deren Inhalte und Ermittlung in den folgenden Abschnitten erläutert werden.

Danach werden Verfahren zur *Darstellung von Systemen und Prozessen* beschrieben, die zur *Systemanalyse* und *Systemplanung* benötigt werden, sowie *Programme* und *Rechnertools*, die zur Planung und Optimierung einsetzbar sind. Die letzten beiden Abschnitte behandeln die Möglichkeiten der *Technik in der Logistik* und das *Vorgehen bei der Lösungsauswahl*.

3.1 Handlungsmöglichkeiten

Entscheidend für den Erfolg der Planung und Realisierung von Logistiksystemen und Lieferketten ist die Kenntnis der *Ziele*, *Leistungsanforderungen*, *Rahmenbedingungen* und *Handlungsmöglichkeiten*. Wie in *Abb. 3.1* dargestellt, gibt es in der Logistik folgende Handlungsmöglichkeiten:

- *Organisatorische Handlungsmöglichkeiten*: *Gestaltung* der Prozesse und Strukturen; Entwicklung von *Strategien*; *Optimierung* durch Strategievariablen; *Verkopplung* und *Vernetzung* der Systeme.
- *Technische Handlungsmöglichkeiten*: Auswahl der technischen Elemente; Verbesserung und Neukonstruktion von Maschinen, Anlagen und Transportmitteln; Layoutgestaltung; Dimensionierung; Spezialisierung, Mechanisierung und Automatisierung; Steuerungs- und Informationstechnik.

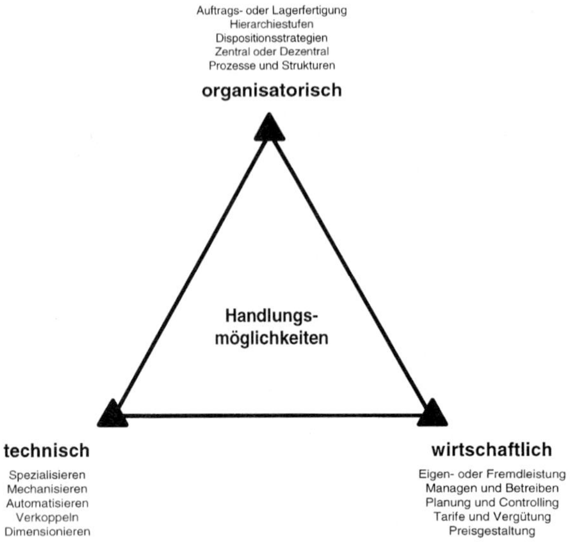

Abb. 3.1 Handlungsmöglichkeiten der Logistik

- *Wirtschaftliche Handlungsmöglichkeiten*: Eigen- oder Fremdleistung; Kooperationen zur Mehrfachnutzung von Einrichtungen und Kapaziäten; Controlling zur Kostenoptimierung; Gestaltung von Preisen und Tarifen; verursachungsgerechte Vergütung.

Die Nutzung dieser Handlungsmöglichkeiten hängt von den speziellen Umständen des Unternehmens und von der konkreten Aufgabe ab. In der Praxis wird meist versucht, zunächst ein *vorhandenes System* besser zu nutzen, anzupassen und auszubauen. *Neue Systeme* werden erst dann geplant und realisiert, wenn erkennbar ist, daß sich die benötigten *Leistungsprozesse* nicht mehr innerhalb der alten Strukturen zu wettbewerbsfähigen Kosten realisieren lassen.

Um alle *Handlungsspielräume* auszuschöpfen, ist es ratsam, die bestehenden Strukturen und Prozesse nicht nur in kleinen Schritten zu verbessern, sondern immer wieder neue *Konzepte* zu entwickeln. Das Vorhandene muß an den *Möglichkeiten*, weniger an *Vergleichskennzahlen* oder *Benchmarks* anderer Unternehmen gemessen werden. Nur durch ein Aufbrechen der gewachsenen Strukturen und eine grundlegende Umgestaltung der Prozesse, durch das sogenannte *Reengenіering*, lassen sich *Leistung*, *Qualität* und *Kosten* entscheidend verbessern [223].

Dafür ist zunächst eine *Potentialanalyse* durchzuführen, die den Geschäftszweck definiert, die Kundenanforderungen ermittelt und in einem *Schwachstellenkatalog* Mängel in den Leistungsketten aufzeigt (s. *Kapitel* 4). Aus der Potentialanalyse ergibt sich, ob es ausreicht, die Leistungsprozesse innerhalb der vorhanden Strukturen zu optimieren, oder ob es erforderlich ist, auch die Strukturen zu verändern und neue Systeme zu planen und aufzubauen.

Da sich Anforderungen und Rahmenbedingungen für ein Unternehmen laufend ändern und immer wieder neue technische oder organisatorische Möglichkeiten bestehen, sind Rationalisierung, Prozeßverbesserungen und Umgestaltung ein permanenter Prozeß. Der Erfolg dieses *kontinuierlichen Verbesserungsprozesses* (KVP) hängt von der Beteiligung und Motivation der Mitarbeiter und von der Bereitschaft der Unternehmensleitung zu Veränderungen ab.

Motivation und Veränderungsbereitschaft aber sind allein nicht ausreichend. Weitere Voraussetzung für den Erfolg von Projekten zur Optimierung der Geschäftsprozesse und zur Neugestaltung von Leistungs- und Logistiksystemen sind *Kompetenz* zur Beurteilung der technischen und organisatorischen Lösungsmöglichkeiten und *Erfahrung* in der Nutzung der Handlungsspielräume, Optimierungsparameter und Gestaltungsmöglichkeiten.

Der kontinuierliche Verbesserungsprozeß muß von einem wirksamen *Controlling* begleitet werden. Das Controlling verfolgt laufend die Effizienz und die Qualität der Leistungserfüllung, weist rechtzeitig auf Planabweichungen, unwirtschaftliche Prozesse und veränderte Anforderungen hin und gibt Anregungen zu neuen Lösungen (s. *Kapitel* 6).

In *Abb. 3.2* sind die *Phasen* der Planung und Realisierung von Logistiksystemen dargestellt. Die angegebenen Zeiten für die einzelnen Phasen sind Erfahrungswerte aus einer Vielzahl unterschiedlicher Projekte. Ausschlaggebend für die *Dauer der Planung* sind die Effizienz des Planers und die *Entscheidungsbereitschaft* der Unternehmensleitung. Für die *Dauer* und den *Erfolg der Ausführung* sind – abgesehen von der Konjunktur – die Qualifikation, die Leistungsbereitschaft und die Erfahrung der Projektleitung, der Lieferanten und des zukünftigen Betreibers entscheidend [39, 40].

3.2 Planungsphasen

Damit auf dem Weg zum Ziel keine Zeit verloren geht und keine aussichtsreichen Lösungsmöglichkeiten ausgelassen werden, ist ein *systematisches Vorgehen* nach *erprobten Methoden* unerläßlich. Wie in den *Abb. 3.2* und *5.2* dargestellt, werden zur Planung und Optimierung in einem *iterativen Prozeß* mehrere *Phasen* und *Arbeitsschritte* durchlaufen, bis die vorgegebenen *Ziele* erreicht sind und alle *Leistungsanforderungen* erfüllt werden.

Die aufeinander folgenden Phasen der Planung eines Leistungs- oder Logistiksystems bis zur Vergabeentscheidung sind die *Zielplanung*, die *Systemplanung*, die *Detailplanung* und die *Auschreibung*. Die *Arbeitsschritte* und *Arbeitsinhalte* dieser Planungsphasen werden nachfolgend beschrieben [15, 38, 39; 40].

1. Zielplanung

Die Arbeitsschritte der Zielplanung – auch *Vorplanung* oder *Grundlagenplanung* genannt – sind:

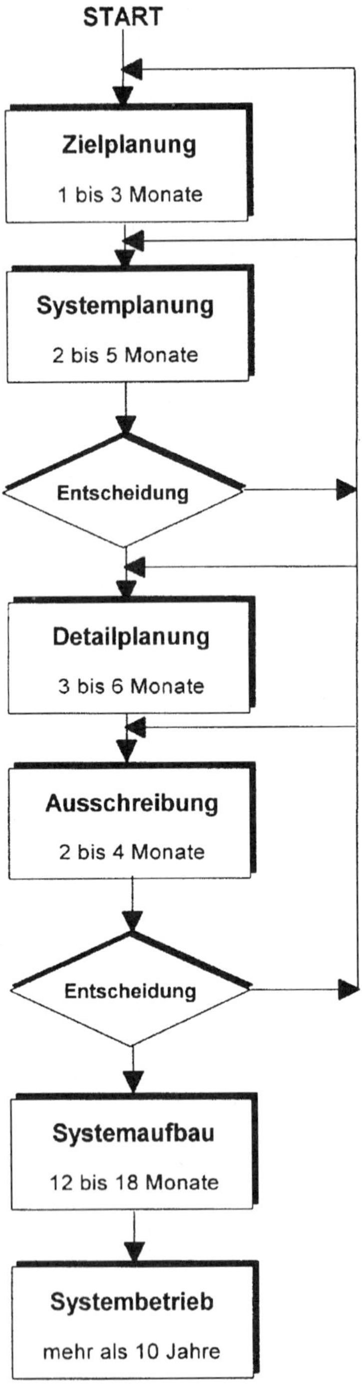

Abb. 3.2 Phasen der Planung und Realisierung von Logistiksystemen

Aufgabenformulierung
Zielvereinbarung
Prozeßaufnahme
Datenerfassung
Datenanalyse (3.1)
Festlegung der Funktionen
Ermittlung der Rahmenbedingungen
Festlegung der Leistungsanforderungen
Verabschiedung der Planungsgrundlagen.

Das Ergebnis der Zielplanung ist eine Dokumentation der *Zielvorgaben* und der wichtigsten *Planungsgrundlagen* für die weiteren Arbeitsphasen. Dieser Bericht muß dem Auftraggeber, der in der Regel die Unternehmensleitung ist, vorgelegt und von diesem verabschiedet werden.

2. Systemplanung
Je nach Gegenstand der Planung, ob Unternehmensnetzwerk, Logistiksystem, Logistikzentrum, Transport-, Lager- oder Kommissioniersystem, DV-System oder Teilsystem, wird die Systemplanung auch als *Konzeptentwicklung*, *Entwurfsplanung*, *Materialflußplanung* oder *Layoutplanung* bezeichnet. Schritte der Systemplanung sind:

Segmentierung
Strategieentwicklung
Prozeßgestaltung
Strukturplanung
Konzeption von Lösungsvarianten
Dimensionieren und Optimieren
Layoutentwicklung (3.2)
Organisationsentwicklung
Entwurfsplanung Bau
Kostenplanung
Lösungsauswahl
Baustufen- und Realisierungsplanung
Realisierungsentscheidung.

Ergebnis der Systemplanung ist ein *Planungsbericht* mit Darstellung der ausgewählten Lösung in Form von Zeichnungen, Diagrammen, Tabellen und Beschreibungen. Der Planungsbericht enthält darüber hinaus die Berechnung des *Personal- und Gerätebedarfs*, eine Budgetierung der *Investition*, eine *Betriebskostenrechnung*, den *Wirtschaftlichkeitsnachweis* und einen *Realisierungszeitplan*.

Der Abschlußbericht der Systemplanung ist Grundlage für die Entscheidung, in welchen Baustufen, mit welchen Kosten und in welchem Zeitrahmen das geplante System – wenn überhaupt – realisiert werden soll.

3. Detailplanung
Nach der Grundsatzentscheidung zur Realisierung ist eine *Detailplanung* erforderlich, um die geplante Lösung ausschreibungsreif auszuarbeiten und genehmigungsfähig zu machen. An der Detailplanung sind außer den Logistikern die Fachleute mehrerer Fachdisziplinen, wie Verkehrsplaner, Informatiker, Architekten und Ingenieure, beteiligt.

Die Arbeitsschritte der Detailplanung sind:

Aktualisierung der Planungsgrundlagen
Fachplanung der Logistikgewerke
Architektur des Gesamtbauwerks
Fachplanung der Baugewerke
Organisations- und Steuerungsplanung (3.3)
Anforderungsspezifikation der DV- und I+K-Systeme
Prüfung der Genehmigungsfähigkeit
Fortschreibung von Investitionen und Betriebskosten
Terminplanung der Realisierung.

Ergebnisse der Detailplanung sind *Lastenhefte* mit Plänen und Funktionsbeschreibungen sowie technische *Spezifikationen* der einzelnen Gewerke, Anlagenteile und Leistungsumfänge. Die Lastenhefte sind zentraler Bestandteil der Ausschreibungsunterlagen.

4. Ausschreibung
Ziel der Ausschreibung ist es, die richtigen Partner für den Aufbau und für den Betrieb des geplanten Systems auszuwählen. Arbeitsschritte der Ausschreibung sind (s. Abb. 20.2):

Festlegung des Vorgehens
Auswahl qualifizierter Anbieter
Ausarbeitung der Ausschreibungsunterlagen
Verabschiedung und Versand der Ausschreibungsblanketten
Angebotsausarbeitung und Angebotsabgabe
Auswertung, Vergleich und Bewertung der Angebote (3.4)
Auftragsverhandlungen mit ausgewählten Anbietern
Konzeption der Leistungs- und Qualitätsvergütung
Vertragsentwurf und Vertragsverhandlungen
Vergabeentscheidung und Vertragsabschluß.

Zu Beginn der Ausschreibungsphase ist zu entscheiden, ob eine *Leistungsausschreibung* für ein *Dienstleisterangebot*, eine funktionale *Systemausschreibung* für ein *Generalunternehmerangebot* oder spezifizierte *Einzelausschreibungen* von Teilgewerken und Leistungspaketen für *Einzelangebote* durchgeführt werden sollen. Von dieser Grundsatzentscheidung sind Aufbau, Inhalt und Detaillierungsgrad der Ausschreibungsunterlagen abhängig.

Entsprechend dem gewählten Vorgehen schließt die Ausschreibungsphase ab mit der *Vergabe* von Ausführung und Betrieb an einen *Generalunternehmer* oder *Systemdienstleister* oder an mehrere *Lieferanten* oder *Einzeldienstleister* (s. *Kapitel* 20).

3.3
Realisierungsschritte

Der Aufbau eines Logistiksystems wie auch die Realisierung von Teilanlagen oder Subsystemen finden in folgenden *Arbeitsschritten* statt, die teilweise parallel ablaufen:

Projektmanagement mit
Termin-, Leistungs- und Kostenkontrolle. (3.5)

Umsetzungs- und Ausführungsplanung
Bauantrag und Genehmigungsverfahren (3.6)

Grundstückserschließung
Bau der Verkehrsflächen (3.7)
Grundbau und Hochbau
Installation der Haus- und Einrichtungstechnik

Konstruktion der Teilgewerke (3.8)
Fertigung, Lieferung und Montage der Logistikgewerke

Pflichtenhefterstellung für Hard- und Software
Beschaffung und Installation der Hardware (3.9)
Programmierung und Implementierung der Software

Probebetrieb
Abnahme von Teilleistungen und Gesamtsystem (3.10)
Inbetriebnahme des Gesamtsystems

Mitarbeitereinstellung (3.11)
Schulung und Einweisung.

Nach einem Test der Funktionen, Leistungen und Verfügbarkeit schließt die Ausführung ab mit der Übergabe des betriebsfähigen Systems an den Auftraggeber (s. *Abschnitt 13.8*).

3.4
Ziele der Logistik

Die Ziele der Logistik leiten sich ab aus den Unternehmenszielen, aus den übergeordneten Zielen der Volkswirtschaft sowie aus den Forderungen der Gesellschaft und des Staates. Für die Logistik gibt es *wirtschaftliche Ziele* der einzelnen Unternehmen, *humanitäre Ziele* und *ökologische Ziele*, die meist durch Gesetze oder staatliche Auflagen durchgesetzt werden, und *militärische Ziele*, die in

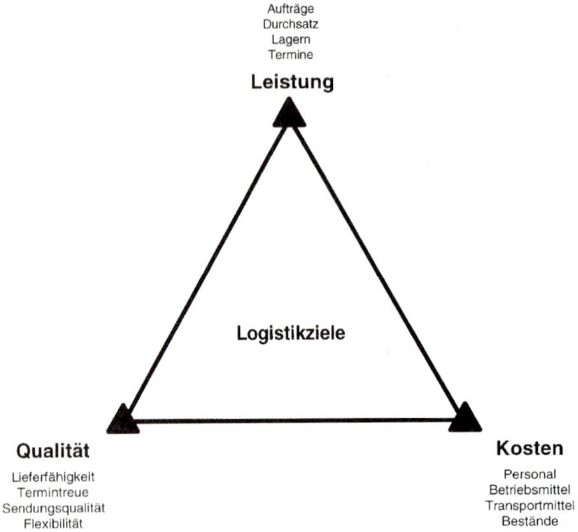

Abb. 3.3 Ziele der Unternehmenslogistik

Kriegszeiten vorrangig sind. Die humanitären und ökologischen Ziele sind in der Regel als externe *Rahmenbedingungen* vorgegeben.

Aus den wirtschaftlichen Zielen leiten sich die *Hauptziele der Unternehmenslogistik* ab:

Leistungserfüllung
Qualitätssicherung (3.12)
Kostenminimierung.

Jedes dieser Hauptziele umfaßt eine Reihe von *Einzelzielen*, die auf verschiedene Weise meßbar und durch unterschiedliche Maßnahmen erreichbar sind (s. *Abb. 3.3*).

1. Humanitäre Ziele
Humanitäre Ziele der Logistik wie auch der Technik sind [9]:

- Maximale Sicherheit für den Menschen.
- Verläßliche Versorgung mit lebenswichtigen Gütern.
- Entlastung des Menschen von körperlicher Arbeit, wie das Heben schwerer Lasten.
- Arbeitserleichterung durch ergonomische Arbeitsplatzgestaltung und Bereitstellung.
- Eliminieren von Primitiv- und Routinearbeiten.
- Prognose von Fahrzeiten, Staus und Umleitungen für Verkehrsteilnehmer.

- Preisgünstige, häufig fahrende und flächendeckende Verkehrsmittel.
- Optimaler Einsatz von Fahrzeugen der Polizei, der Feuerwehr und von Notdiensten.
- Schnellstmögliche Versorgung von Kranken und Verwundeten.

Das Ausmaß, in dem die humanitären Ziele erreicht werden müssen, wird durch gesetzliche Vorschriften, durch Auflagen der Gewerbeaufsichtsämter und durch betriebliche Bestimmungen geregelt.

2. Ökologische Ziele
Die ökologischen Ziele sind vor allem für die *Entsorgungslogistik* maßgebend. Sie umfassen:

- Vermeidung und Verminderung von Abfall
- Senkung der Schadstoffemission
- Reduzierung von Lärm und Geräuschen
- Schonung der Ressourcen
- minimaler Materialeinsatz
- Senkung des Energieverbrauchs
- Schutz und Schonung der Natur
- Verminderung des Flächenverbrauchs.

Viele ökologische Ziele, wie die Senkung des Energieverbrauchs, minimaler Materialeinsatz und Verminderung des Flächenverbrauchs, sind mit den ökonomischen Zielen verträglich. Andere Ziele, die nur mit Mehraufwand zu erreichen sind, werden vom Staat oder vom Unternehmen als *Rahmenbedingungen* vorgegeben.

3. Leistungserfüllung
Die Leistungserfüllung umfaßt in der Logistik die *Einzelziele:*

- Ausführung der *Aufträge*
- Erfüllung der *Terminforderungen*
- Erbringung des *Leistungsdurchsatzes*
- Bewältigung des *Warendurchsatzes* (3.13)
- Lagern der *Warenbestände*
- Erfüllung zusätzlicher *Serviceleistungen*.

Maßstab für die Leistungserfüllung sind die spezifischen *Leistungsanforderungen*. Die Leistungsanforderungen müssen vor der Planung und Realisierung eines Logistiksystems für jedes Einzelziel (3.13) quantifiziert und während des laufenden Betriebs regelmäßig aktualisiert werden (s. *Abschnitt 3.6*).

4. Qualitätssicherung
Die Qualität eines Leistungssystems ist ein Maß für die Einhaltung der geforderten Leistungsergebnisse. Dabei ist zu unterscheiden zwischen der *Produktqualität*, die in der Fertigung mit Einsatz von Maschinensystemen angestrebt wird, und der *Leistungsqualität*, die für Logistiksysteme maßgebend ist [9; 53].

Die drei wichtigsten *Teilziele* der logistischen *Leistungsqualität* und ihre *Meßgrößen* sind:

- *Lieferbereitschaft* η_{Lief}
  Lieferfähigkeit von lagerhaltiger Ware (3.14)
  Fertigungsbereitschaft für auftragsspezifisch gefertigte Ware.

- *Sendungsqualität* η_{SQual}
  Vollständigkeit
  Schadensfreiheit (3.15)
  Unversehrtheit
  Mängelfreiheit.

- *Termintreue* η_{Ttreu}
  Einhaltung zugesagter Lieferzeiten (3.16)
  Einhaltung vereinbarter *Abhol-* und *Zustelltermine.*

Zur Quantifizierung dieser Qualitätsmerkmale der Logistik werden in den aufeinander folgenden *Betriebsperioden* die nicht erfüllten Anforderungen erfaßt. Die Anzahl der nicht erfüllten Anforderungen n_{Xfalsch} in Relation zur Gesamtzahl der Anforderungen $n_{\text{Xges}} = n_{\text{Xricht}}+n_{\text{Xfalsch}}$ ist der *Erfüllungsgrad* des betrachteten *Qualitätsmerkmals* X: $\eta_{\text{Xges}} = n_{\text{Xfalsch}}/(n_{\text{Xricht}}+n_{\text{Xfalsch}})$.

Die drei Qualitätsmerkmale *Lieferbereitschaft*, *Sendungsqualität* und *Termintreue* bestimmen zusammen den *Servicegrad*:

- Der *Servicegrad* η_{Serv} ist die Wahrscheinlichkeit, daß der Empfänger die Ware vollständig, korrekt und termingerecht erhält.

Der Servicegrad ist gleich dem Produkt von Lieferbereitschaft, Sendungsqualität und Termintreue:

$$\eta_{\text{Serv}} = \eta_{\text{Lief}} \cdot \eta_{\text{SQual}} \cdot \eta_{\text{LTreu}}\,. \tag{3.17}$$

Beträgt beispielsweise die Lieferbereitschaft 98 %, die Sendungsqualität 99 % und die Termintreue 95 %, dann ist der Servicegrad $\eta_{\text{Serv}} = 0{,}98 \cdot 0{,}99 \cdot 0{,}95 = 92{,}2\ \%$.

Weitere *Qualitätsziele* der Logistik, die sich nicht unmittelbar am Leistungsergebnis messen lassen, sind:

- *Flexibilität* gegenüber Anforderungsänderungen, Saisonschwankungen und Sortimentsveränderungen.
- *Informationsbereitschaft* über Lieferfähigkeit, Liefertermine, Lieferstatus, Sendungsverbleib und Sendungsherkunft.
- *Zuverlässigkeit* und *Verfügbarkeit* der Transportmittel, Betriebseinrichtungen, Anlagen und Systeme (s. *Abschnitt 13.6*).

Maßstab für die Erfüllung der Qualitätsziele sind *Qualitätsstandards*, die von der Unternehmensleitung, von Kunden, vom Gesetzgeber oder vom Markt vorgegeben werden. Qualitätsstandards sind Zahlenwerte, die die zulässige Größe der Einzelziele (3.14), (3.15) und (3.16) festlegen. *Qualitätsmängel* sind unzulässige Abweichungen von den Qualitätsstandards. Sie werden in *Mängelstatistiken* erfaßt und in Relation gesetzt zu den vereinbarten Standards (s. *Abschnitt 7.5.8*).

5. Kostensenkung
Ein Primärziel aller Unternehmen wie auch der gesamten Volkswirtschaft ist eine Senkung der Kosten möglichst ohne Beeinträchtigung von Leistung und Qualität.

Einzelziele und *Maßnahmen* zur Kostensenkung in der Logistik sind:

- Vermeidung, Reduzierung oder Verkürzung von Transporten
- Vermeidung oder Reduzierung von Beständen
- optimale Nutzung der Infrastruktur, wie Flächen, Gebäude und Lagerkapazitäten
- maximale Auslastung von Ladungsträgern, Transportmitteln und Transportwegen
- Leistungssteigerung von Transportmitteln, Betriebsmitteln und Anlagen
- verbesserter Informations- und Datenfluß (3.18)
- effizienter Personaleinsatz
- optimale Nutzung der Zeit
- Einsatz von Logistikdienstleistern.

Maßgebend für die Beurteilung der verschiedenen Möglichkeiten und Maßnahmen zur Kostensenkung sind die Auswirkungen auf die *Betriebskosten* in Relation zu den *Investitionen*, die zur Realisierung erforderlichen sind (s. *Abschnitt 5.1*). *Maßstab* für die Erfüllung der *Kostenziele* sind die *Plan-Leistungskosten* für Eigenleistungen und die *Ist-Leistungspreise* für Fremdleistungen (s. *Kapitel* 6).

6. Zielkonflikte
Zwischen vielen Zielen der Logistik besteht ein *Zielkonflikt*. Dieser Zielkonflikt kann nicht allein von der Logistik gelöst werden [11; 233]. Er ist für jedes Projekt von der Unternehmensleitung durch Priorisierung der Einzelziele zu entscheiden.

Die Logistik muß hierfür der Unternehmensleitung die Zielkonflikte aufzeigen sowie Prioritäten und Gewichte für die angestrebten Teilziele vorschlagen. Aus den allgemeinen Zielen der Logistik lassen sich unternehmensspezifische oder projektabhängige *Zielgrößen* und *Zielfunktionen* ableiten (s. *Abschnitt 5.1*).

Hinter der Zielgewichtung verbergen sich oft ungelöste, hin und wieder auch nur scheinbare Zielkonflikte. Zur Vermeidung scheinbarer und zur Aufdeckung offener Zielkonflikte, die von der Unternehmensleitung zu entscheiden sind, ist es ratsam, zunächst die benötigten *Funktionen* festzulegen und die *Rahmenbedingungen* zu erfassen. Danach sind die *Leistungsanforderungen* zu quantifizieren und die gewünschten *Qualitätsstandards* zu vereinbaren.

Die Ziele der Kostensenkung sind dann im Rahmen dieser Vorgaben zu formulieren und auf Verträglichkeit mit den Leistungs- und Qualitätszielen zu überprüfen. Wenn dabei Unvereinbarkeiten der Kostenziele mit den Leistungs- und Qualitätszielen erkennbar werden, müssen die Leistungs- und Qualitätsanforderungen sowie unter Umständen auch die Rahmenbedingungen infrage gestellt und auf die Kostenvorgaben abgestimmt werden.

3.5 Rahmenbedingungen

Die *Rahmenbedingungen*, auch *Randbedingungen* oder *Restriktionen* genannt, sind *Fixpunkte* für die Planung und den Betrieb von Logistiksystemen und begrenzen den Handlungsspielraum. Die Rahmenbedingungen für Logistiksysteme lassen sich einteilen in:

- *Räumliche Rahmenbedingungen*

Die Lage der Quellen und Senken ist fest vorgegeben oder auf bestimmte räumliche Bereiche beschränkt. Die für das Lagern und den Transport verfügbaren Flächen, Höhen und Verkehrswege sind fixiert oder in ihrer Auswahl eingeschränkt.

- *Zeitliche Rahmenbedingungen*

Betriebszeiten und *Schichtpläne* sind bereits festgelegt. *Fahrpläne* sind vorgegeben. Bearbeitungsschritte und Produktionsprozesse erfordern bestimmte *Prozeßzeiten*. Für den Personaleinsatz müssen tarifliche und gesetzliche *Arbeitszeiten* eingehalten werden.

- *Technische Rahmenbedingungen*

Die Beschaffenheit der Ware, die verfügbaren Lagerkapazitäten, die Geschwindigkeit, das Fassungsvermögen und die Belastbarkeit der Transportmittel, das Durchsatzvermögen der Transportstrecken und Transportknoten oder Schnittstellen zu angrenzenden Systemen beschränken die verwendbaren Ladungsträger, Lagertechniken, Transportmittel und Verkehrswege.

- *Strukturelle Restriktionen*

Eine vorhandene interne und externe Infrastruktur begrenzt und beeinflußt die Lösungsmöglichkeiten. Zur logistischen Infrastruktur gehören Transportnetze, Verkehrswege und Verkehrsanschlüsse sowie die Lage von Umschlagpunkten und Güterverkehrszentren. Vor allem die Auswahl geeigneter Standorte und optimaler Transportwege hängt von der Infrastruktur im Umfeld des Unternehmens ab.

- *Organisatorische Rahmenbedingungen*

Vorhandene Abläufe, verfügbare Daten, beschränkte Informationen, eingeführte Kodiersysteme, bestehende Rechner, Standardsoftware oder die vorhandene Unternehmensorganisation sind zwingend zu berücksichtigen.

- *Betriebswirtschaftliche Restriktionen*

Bei Eigenleistungen ist mit bestimmten Sätzen für Abschreibungen, Zinsen, Personal und andere Kostenfaktoren zu kalkulieren. Für Fremdleistungen sind Leistungs- und Beschaffungspreise vorgegeben. Die Investitionsmittel sind begrenzt. Die maximal zulässige Kapitalrückflußdauer ist von der Unternehmensleitung festgelegt.

- *Sicherheitsauflagen*

Für Mensch und Gut sind bestimmte Sicherheitsvorschriften zu beachten. Der Zugriff auf die Ware und die Lieferfähigkeit lieferkritischer Artikel müssen gewährleistet sein. Verluste wertvoller, gefährdeter oder gefährlicher Güter durch Schwund, Diebstahl, Alterung, Unfälle oder Feuer müssen verhindert werden oder durch Versicherungen ausreichend abgedeckt sein. Längere Betriebsunterbrechungen und unzulässige Folgewirkungen sind auszuschließen.

- *Wettbewerbsbedingungen*
Maßgebend für die Leistungs- und Qualitätsanforderungen sind in vielen Fällen die vom Wettbewerb gebotenen Serviceleistungen, wie die Lieferzeiten, die Lieferfähigkeit und die Termintreue. Ebenso können die günstigeren Kosten und Preise des Wettbewerbs Vorgaben für die Unternehmenslogistik sein.
- *Gesetzliche und ökologische Rahmenbedingungen*
Gesetze, Vorschriften, Tarife, Regeln und Normen begrenzen die Handlungsmöglichkeiten des einzelnen Unternehmens und sind zwingend zu berücksichtigen.

Die Rahmenbedingungen beschränken die Vielzahl möglicher Lösungen der Logistikaufgabe auf eine geringere, meist immer noch große Anzahl *zulässiger Lösungen*, unter denen nach geeigneten Verfahren die anforderungsgerechte und kostenoptimale Lösung zu finden ist.

Aus den Rahmenbedingungen ergeben sich *Ausschlußkriterien*, kurz *K.O.-Kriterien* genannt, bei deren Nichterfüllung eine denkbare Lösung aus dem weiteren Optimierungsprozeß ausscheidet. Um zu vermeiden, daß eine ungeeignete Lösung ausgearbeitet wird, ist es ratsam, alle erkennbare K.O.-Kriterien vor Planungsbeginn aufzulisten.

Nicht alle Rahmenbedingungen sind unverrückbar. In vielen Fällen ist es möglich, durch Aufhebung hinderlicher Rahmenbedingungen eine Lösung zu ermöglichen, die wesentlich mehr an Kosten einspart als für die Beseitigung oder Veränderung der betreffenden Rahmenbedingungen aufzuwenden sind.

3.6 Leistungsanforderungen

Bei der Ermittlung der Leistungsanforderungen, deren Quantifizierung als *Mengengerüst* bezeichnet wird, ist zu unterscheiden zwischen *primären Leistungsanforderungen*, die durch die Anforderungen der Auftraggeber oder die Vorgaben der Unternehmensleitung festgelegt sind, und *sekundären Leistungsanforderungen*, die sich aus den primären Leistungsanforderungen ableiten lassen.

Primäre Leistungsanforderungen der Logistik sind:

1. Warenkenndaten

Beschaffenheit der Artikel, Waren und Güter
Artikelanzahl und Sortimentsbreite
Preise und Rabatte (3.19)
Maße und Gewichte der Warenstücke
Maße, Gewichte und Inhalte der Verkaufseinheiten.

2. Auftragsanforderungen

Art der Aufträge
Anzahl Aufträge pro Periode
Anzahl Positionen pro Auftrag (3.20)
Anzahl Warenstücke oder Gebinde pro Position
Anzahl Leistungsseinheiten pro Position

3. Terminforderungen

Abholtermine
Liefertermine (3.21)
Lieferzeiten
Zustelltermine.

Wenn die in den Logistikketten eingesetzten *Logistikeinheiten* [LE] und die *Verpackungshierarchie* bekannt sind, lassen sich aus den Warenkenndaten, Auftragsanforderungen und Terminforderungen die *Auftragsmengen*, der *Leistungsdurchsatz* und die *Warenströme* errechnen. Damit ergeben sich die

4. Durchsatzanforderungen

Leistungsdurchsatz [LM/PE]
Wertströme [DM/PE]
Mengenströme [LE/PE] (3.22)
Volumenströme [m^3/PE]
Gewichtsströme [kg/PE]

Die Wertströme, also die *Umsätze*, werden für die Bestandsoptimierung und die Festlegung der Sicherheitsstandards benötigt. Die Mengen- und Volumenströme bestimmen das Leistungsvermögen und sind maßgebend für die Gestaltung des gesamten Logistiksystems und die Dimensionierung der Leistungsstellen.

Das Lagern von Artikeln und das Puffern von Warenmengen sind kein Selbstzweck sondern ein Mittel zur Erfüllung bestimmter Ziele. Die Höhe der Lagerbestände und der Puffermengen sind daher wichtige *Handlungsparameter* für die Planung und Optimierung von Logistiksystemen und Leistungsketten.

Die Bestände resultieren aus den Durchsatzanforderungen (3.22), den *Beschaffungs-* und *Nachschubstrategien* und dem *Lieferprogramm*. Die *Programmplanung*, die Festlegung des Anteils der *Eigen-* und der *Fremdfertigung* und die Abgrenzung des *lagerhaltigen Sortiments* sind strategische Entscheidungen, die vor der Planung zu fällen und im Verlauf des Betriebs immer wieder kritisch zu überprüfen sind. Für lagerhaltige Artikel sind die Bestandswerte das Ergebnis einer *Lagerprozeßkostenoptimierung* bei vorgegebenen Auftrags-, Durchsatz- und Qualitätsanforderungen. Für nicht lagerhaltige Artikel ergeben sich die Lager- und Pufferbestände aus der *zeitlichen Abstimmung* der Einzelschritte der Leistungserstellung (s. *Kapitel* 8 und 10).

Der *optimale Lagerbestand* eines Artikels ist in der Regel nicht der für den geforderten Ablauf und Lieferservice minimal mögliche Bestand, sondern das Ergebnis einer Optimierung der *Lagerprozesse* und der *Leistungskosten*. Daher ist die bestandslose *Just-In-Time-Belieferung* ohne Zwischenlager, weder beim Lieferanten noch beim Empfänger oder an einem anderen Ort, und ohne Zwischenpuffer vor der Verbrauchsstelle selten die optimale Lösung (s. *Kapitel* 11).

Aus den Durchsatzanforderungen und den Logistikstrategien resultieren also die sekundären

5. Bestandsanforderungen

Anzahl der lagerhaltigen Artikel
Bestandswerte pro Artikel [DM].   (3.23)
Bestandsmengen pro Artikel [LE].

Charakteristisch für die Leistungsanforderungen der Logistik sind die kurzzeitigen *stochastischen Schwankungen*, die Folge eines zufallsabhängigen Auftragseingangs oder Verbrauchs sind, und die *mittel- und langfristigen Veränderungen*, die sich im Tages-, Wochen- und Jahresverlauf, aus *Produktionsschwankungen* oder *Nachfrageänderungen* ergeben. Als Beipiel für derartige Veränderungen zeigt *Abb. 3.4* den *Saisonverlauf* des monatlichen Periodenverbrauchs und der Lagerbestände der Dispositionsware eines Kaufhaussortiments (s. *Kapitel* 10).

Aufgrund der prinzipiellen Unsicherheit von Prognosen und Hochrechnungen sind die Leistungsanforderungen mit *Fehlern* behaftet, die erfahrungsgemäß eine Größenordnung von mindestens ± 5 % haben. Daher ist es nicht sinnvoll, mit Formeln und Simulationsverfahren zu arbeiten, deren Genauigkeit wesentlich größer ist als die Eingabedaten.

3.7 Ermittlung der Planungsgrundlagen

Die *Planungsgrundlagen* umfassen die *Funktionen*, die *Leistungsanforderungen* und die *Rahmenbedingungen*, die für einen zukünftigen Zeitraum bis zum *Planungshorizont* zu erwarten sind oder von der Unternehmensleitung festgelegt werden.

Da Planung, Aufbau und grundlegende Veränderungen von Logistiksystemen mindestens ein bis zwei Jahre dauern, ist es nicht sinnvoll, neue Systeme für einen Planungshorizont von weniger als 5 Jahren zu planen. Wenn möglich, sollte für einen Horizont von 10 Jahren geplant und ein flexibles *Stufenkonzept* für den schrittweisen Aufbau des Zielsystems entwickelt werden.

Wenn für ein neu zu errichtendes oder anzumietendes Lager der zukünftige Kapazitätsbedarf geplant wird, beispielsweise weil mehrere Lager zu einem Zentrallager zusammengefaßt werden sollen, werden oft die IST-Bestände mit *Umsatzzuwachsfaktoren* auf den Planungshorizont hochgerechnet. Dieses Vorgehen führt jedoch in der Regel zu überhöhten Beständen. Damit aber bleiben die *Optimierungsmöglichkeiten* ungenutzt, die sich im Rahmen einer Neuplanung und Umstrukturierung bieten.

Vielfach wird auch der Lagerbestand aus dem geplanten Umsatz oder Verbrauch mit Hilfe von *Umschlagfaktoren* errechnet, die aus *Vergleichskennzahlen* abgeleitet und als *Zielvorgabe* von der Unternehmensleitung festgelegt werden. Derartige *Benchmarks* aus anderen Unternehmen, Vergleichszahlen der Vergangenheit oder Kennwerte aus anderen Bereichen des gleichen Unternehmens sind in der Logistik nur bedingt nutzbar. Sie bergen die Gefahr, daß die speziellen Voraussetzungen der Kennzahlen nicht angemessen berücksichtigt sind und die Unzulänglichkeiten der Vergleichsunternehmen fortgeschrieben werden (s. *Abschnitt 4.5*).

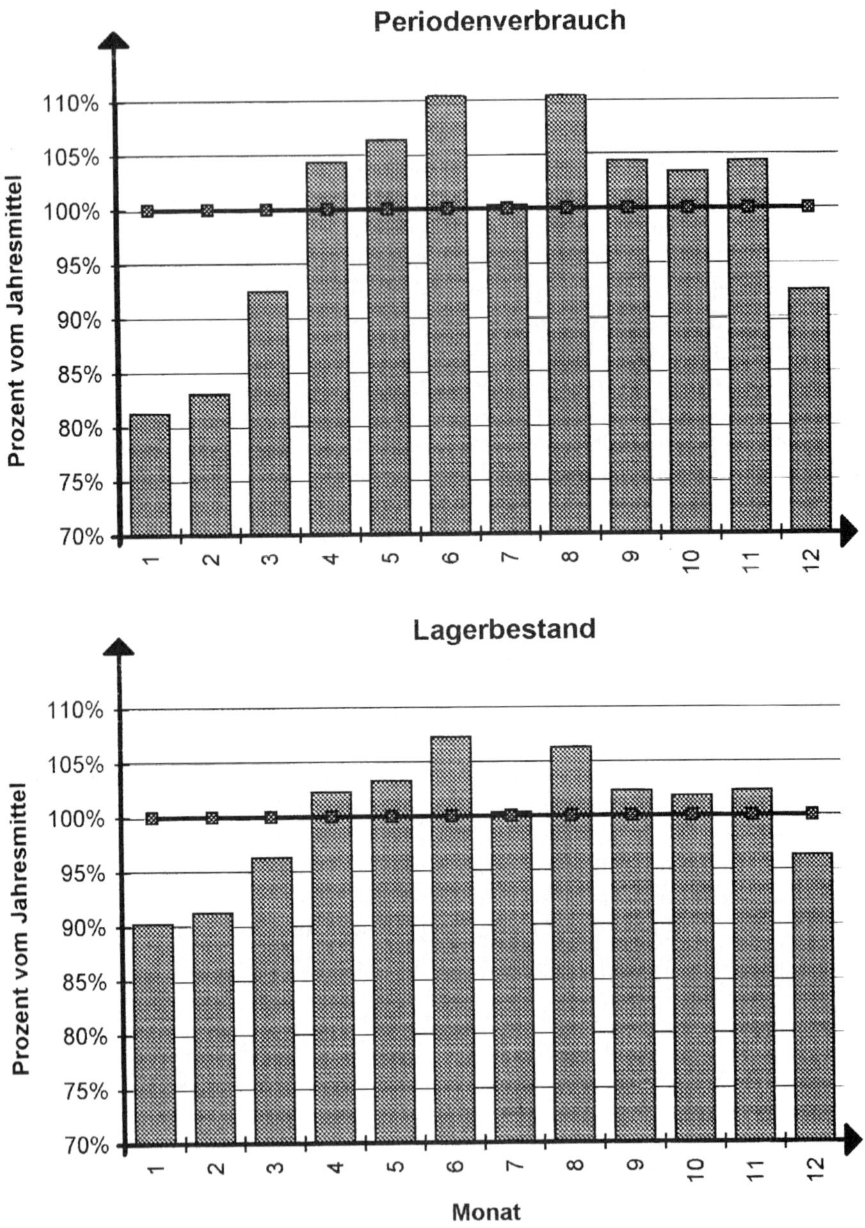

Abb. 3.4 Saisonverlauf von Absatz und Lagerbestand für Dispositionsware in einem Logistikzentrum des Handels

Monats- Spitzenfaktor Absatz $f_{sp}(A) = 1{,}15$

Monats- Spitzenfaktor Bestand $f_{sp}(B) = 1{,}07$

Die Bedarfsplanung für die zu gestaltenden Lieferprozesse und Logistiksysteme muß vielmehr aufsetzen auf einer *Absatzanalyse* der Artikel und einer *Strukturanalyse* der Sortimente und Aufträge (s. *Abschnitt 5.8*). Die aus der *Programmplanung* und der *Absatzanalyse* abgeleiteten *IST-Absatzmengen* der Artikel sind hochzurechnen mit dem geplanten realen Umsatzwachstum [38]. Die benötigte *Lieferfähigkeit* und die gewünschten *Lieferzeiten* sind mit den Bedarfsträgern abzustimmen, vom Vertrieb festzulegen oder von den Kunden zu erfragen.

Die Durchsatzmengen und Bestandswerte in Ladeeinheiten, wie Behälter oder Paletten, müssen aus den entsprechenden Werten in Stück und aus dem *Fassungsvermögen* der Ladeeinheiten unter Berücksichtigung der *Pack- und Füllstrategien* berechnet werden (s. *Kapitel* 12). Es kann zu großen Fehlern führen, wenn die Warenströme und Bestände nur in Ladeeinheiten erfaßt und mit Hilfe von Umsatzzuwachsfaktoren auf den Planungshorizont hochgerechnet werden.

Die sicherste Ausgangsbasis für die Ermittlung der zukünftigen Leistungsanforderungen sind die *Auftrags- und Artikeldaten* einer *Vergangenheitsperiode*, die möglichst ein ganzes Geschäftsjahr umfaßt. Auftrags- und Artikeldaten sollten von der Datenverarbeitung eines Unternehmens zur Verfügung gestellt werden können. Allerdings fehlen vielfach wichtige *Logistikstammdaten*, wie die Maße und Gewichte der Warenstücke und Gebinde. Die fehlenden logistischen Artikeldaten müssen für eine Planung mit einigem Aufwand, zum Beispiel durch *Auslitern*, direkt in den Lagern oder Filialen erfaßt werden (s. *Abschnitt 12.7*).

Die kurz- und mittelfristigen Veränderungen der Leistungsanforderungen oder des Verbrauchs, die vor allem für die *Disposition* benötigt werden, lassen sich für *Standardleistungen* oder *Standardartikel* mit *hinreichend gleichmäßigem Bedarf* nach den in *Kapitel* 9 dargestellten Verfahren aus den *Zeitreihen* der Auftragseingänge oder Verbräuche der Vergangenheit prognostizieren [76; 77]. Die langfristigen Veränderungen bis zum Planungshorizont können für Standardartikel und Standardleistungen mit Hilfe von *Hochrechungsfaktoren* aus den IST-Absatzmengen der Artikel und Sortimente abgeleitet werden. Generell gilt:

- Die Prognosegenauigkeit für den Bedarf von *Standardartikeln* und *Standardleistungen* ist relativ hoch. Dadurch reduziert sich das Absatzrisiko.

Dementsprechend gering sind jedoch die Gewinnaussichten, da viele Unternehmen bevorzugt risikolose Standardartikel und Standardleistungen anbieten.

Die meisten Unternehmen müssen auch *Sonderartikel* in ihrem Angebot haben, wie Aktionsware, Modeware oder neue Produkte, und *Sonderleistungen* erbringen können, wie kundenspezifische Leistungen oder neuartige Leistungsangebote. Deren Bedarf läßt sich grundsätzlich nicht aus Vergangenheitswerten ableiten. Der zukünftige Bedarf von *Sonderprodukten* und *Sonderleistungen* muß nach einer *Marktanalyse*, aufgrund genereller *Erfahrungen* oder durch Vergleich mit den *Lebenszyklen* ähnlicher Produkte und Leistungen abgeschätzt werden. Damit ist ein nicht unerhebliches unternehmerisches Risiko verbunden. Grundsätzlich gilt daher:

- Der zukünftige Absatz von *Sonderartikeln* und *Sonderleistungen* ist nicht aus Vergangenheitswerten extrapolierbar und nur ungenau planbar. Das Absatzrisiko ist hoch.

Dafür aber sind auch die Gewinnaussichten hoch, da nur wenige Unternehmen das Risiko eingehen, Sonderleistungen oder Sonderartikel zu entwickeln und anzubieten.

Jede Ermittlung von Planungsgrundlagen birgt die Gefahr, daß zu viele Daten erfaßt und zu detaillierte Auswertungen durchgeführt werden, die für die Planung nicht erforderlich sind. Andere, für die Planung und Optimierung wichtigere Daten fehlen dagegen später. Es ist daher notwendig, vor der Ermittlung der Planungsgrundlagen genau zu überlegen, welche Daten wofür benötigt werden und wie sich diese mit ausreichender Genauigkeit beschaffen lassen. Hier gilt der *Grundsatz:*

- So wenig Planungsdaten wie möglich, nur soviel wie unbedingt nötig.

Bei Daten, die nur mit großem Aufwand und Zeitbedarf genauer zu beschaffen sind, genügt in vielen Fällen eine Abschätzung oder eine Ableitung aus verfügbaren Daten mit Hilfe geeigneter *Umrechnungsfaktoren.*

3.8 Darstellung von Systemen und Prozessen

Um die Strukturen und Prozesse eines Leistungs- oder Logistiksystems darzustellen und transparent zu machen, ist es notwendig, zunächst die operativen und administrativen Leistungsstellen festzulegen und voneinander abzugrenzen, die an den betrachteten Prozessen beteiligt sind.

Für jede Leistungstelle ist die Beschaffenheit der ein- und auslaufenden Material- und Datenflüsse zu spezifizieren und der Durchsatz anzugeben. Die Kenndaten (1.3) der Leistungsstellen sind zu erfassen, in einem *Blockdiagramm*, wie *Abb. 1.6*, darzustellen oder als *Tabelle* zu dokumentieren. Das Ergebnis ist eine *Input-Output-Analyse* aller beteiligten Leistungsstellen [228; 233].

Die räumlichen, zeitlichen und logischen Beziehungen zwischen den Leistungsstellen und die Prozeßabläufe in den Systemen lassen sich in Form von *Strukturdiagrammen*, *Ablaufdiagrammen* und *Prozeßketten* darstellen. Jede dieser drei *Darstellungsformen* zeigt einen *Aspekt.* Zusammen geben sie ein vollständiges Bild des Systems.

Die unterschiedlichen Aspekte müssen getrennt dargestellt und dürfen nicht in einer Darstellung vermischt werden. Die *Input-Output-Analyse* der Leistungstellen und das Erstellen der Systemdarstellungen sind effiziente Verfahren, um die Zusammenhänge verständlich zu machen und die *Schwachstellen* eines bestehenden Logistiksystems zu erkennen. So gilt die *Erfahrungsregel:*

- Unübersichtliche Material- und Datenflüsse, Mehrfachzuläufe von Aufträgen gleicher Art auf eine Leistungsstelle, weit verzweigte, übermäßig vernetzte Ablaufdiagramme und eine große Anzahl von Prozeßketten, die zum gleichen

Leistungsergebnis führen, sind Indizien für *Verbesserungspotentiale* und *Handlungsbedarf*.

Mit den nachfolgend dargestellten Verfahren ist es möglich, die Ursachen vieler Schwachstellen zu erkennen und zu beheben sowie optimale Prozeßketten und Logistiksysteme zu gestalten.

1. Strukturdiagramme
Ein logistisches *Strukturdiagramm* ist eine abstrakte Darstellung der *räumlichen Struktur* des Logistiksystems. Hierfür verwendete *Symbole* sind:

- *Fett umrandete Rechtecke* sind abstrakte Darstellungen der *operativen Leistungsstellen* und *Leistungsbereiche*.
- *Dünn umrandete Rechtecke* bilden die *administrativen Leistungsstellen* und *Leistungsbereiche* ab.
- *Durchlaufende gerichtete Linien* stellen *Materialflüsse* und *Ströme physischer Objekte* dar.
- *Punktierte gerichtete Linien* bilden *Datenflüsse* und *Ströme informatorischer Objekte* ab.

Materialströme fließen nur zwischen operativen Leistungsstellen. Datenflüsse können administrative Leistungsstellen untereinander verbinden, aber auch administrative mit operativen Leistungsstellen und operative Leistungsstellen untereinander. Als Beispiel zeigt *Abb. 3.5* die Logistikstruktur eines Abfüllbetriebs der chemischen Industrie oder der Getränkeindustrie.

Ein *quantifiziertes Strukturdiagramm* enthält die Durchsatzmengen der Material- und Datenströme und die Lager- und Pufferkapazitäten der Leistungsstellen. In einem *Sankey-Diagramm* sind die Breiten der Linien für die Materialflüsse zur besseren Anschaulichkeit proportional zur Stromstärke dargestellt.

2. Ablaufdiagramme
Ablaufdiagramme stellen die zeitliche Folge und die logische Verknüpfung der Einzelvorgänge von Prozessen dar. Für die Systemanalyse und die Prozeßgestaltung sind die in Abb. 3.6 gezeigten Standardsymbole [42], die in der Datentechnik für die Darstellung von Programmabläufen verwendet werden, geeignet.[1] Die wichtigsten Symbole sind:

- *Rechtecke* für *Einzelvorgänge*, die durch einlaufende Informationen oder Objekte ausgelöst werden und nach Beendigung des Vorgangs Objekte oder Informationen abgeben.
- *Rhomben* für bedingte *Verzweigungen* des Ablaufs, die sich aus einer Entscheidung oder einem Informationsvergleich ableiten.

1 Zur Darstellung von Geschäftsprozessen gibt es heute spezielle Software, wie *ARIS* von Prof. Scheer und *Bonapart* von Prof. Krallmann, die zwar einen recht hohen Aufwand erfordern, aber zur Vorbereitung der Systemprogrammmierung geeignet sind [43; 44].

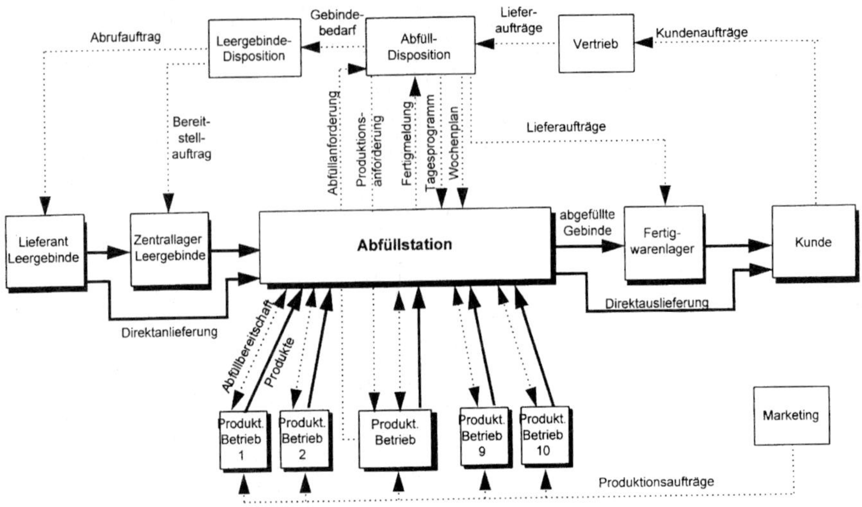

Abb. 3.5 Strukturdiagramm eines Abfüllbetriebs

dicke Rechtecke:	operative Leistungsbereiche
dünne Rechtecke:	administrative Leistungsstellen
durchlaufende Pfeile:	Material- und Warenfluß
gestrichtelte Pfeile:	Informations- und Datenfluß

Die Rechtecke sind mit den Vorgängen, die Rhomben mit den Verzweigungsbedingungen beschriftet. Die Vorgangs- und Entscheidungssymbole werden gemäß dem zeitlichen Ablauf der Vorgänge und Entscheidungen durch gerichtete *Pfeile* miteinander verbunden.

Vorgangsfolgen, die aus einer größeren Anzahl von Einzelvorgängen und internen Entscheidungen bestehen, werden durch *Rechtecke mit doppelten oder fetten Seitenkanten* symbolisiert, deren innere Struktur in einem gesonderten Ablaufdiagramm dargestellt ist.

Gesondert dargestellte Teilprozesse beginnen mit einer *Eingangsschnittstelle* und enden mit einer *Ausgangsschnittstelle*, die durch *Kreise* mit einem E bzw. mit einem A symbolisiert sind. Durch Verknüpfung der einzelnen Teilprozesse können auf diese Weise alle Prozesse eines größeren Leistung- oder Logistiksystems übersichtlich dokumentiert werden.

3. Prozeßkettendarstellung

Die Prozeßkettendarstellung zeigt die *räumlich und zeitlich* aufeinander folgenden Leistungsstellen eines Geschäftsprozesses. Die Prozeßkettendarstellung folgt dem Weg eines ausgewählten *Prozeßgegenstands* durch ein System. Jede Durchlaufmöglichkeit eines Prozeßgegenstands ergibt eine eigene Prozeßkette.

Für *Auftragsketten* ist der Prozeßgegenstand ein *Auftrag*, der zunächst in administrativen und dann in operativen Leistungsstellen bearbeitet wird und am

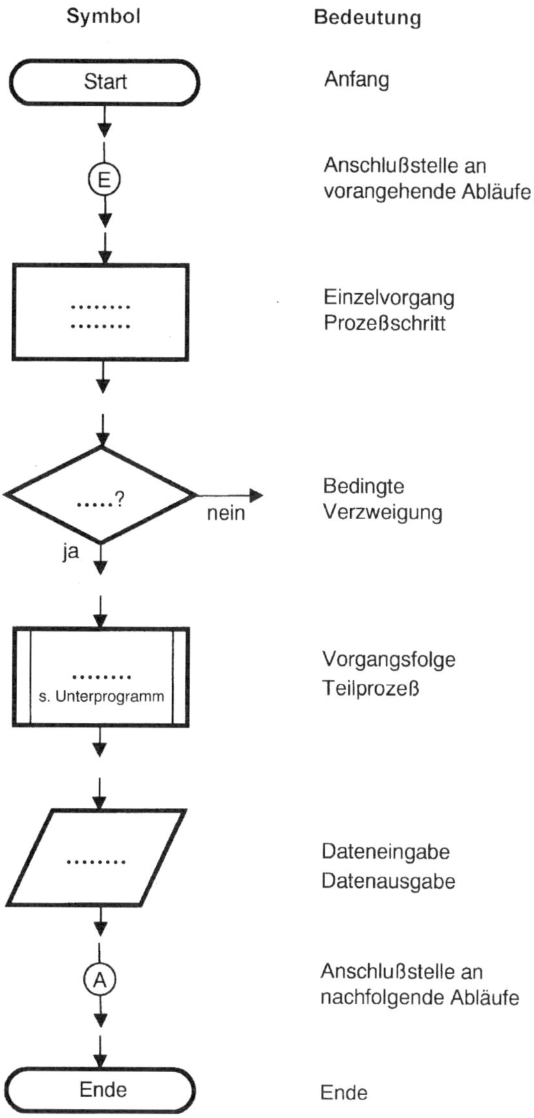

Abb. 3.6 Standardsymbole zur Darstellung von Programm-, Prozeß- und Funktionsabläufennach DIN 66001

Ende zu einem Produkt oder einem Leistungsergebnis führt. Bei einer *Logistikkette* ist der Prozeßgegenstand ein *physisches Objekt*, wie eine Sendung, die zu befördern ist, ein Leergebinde, das abgefüllt wird, Tabak, aus dem Zigaretten hergestellt werden, oder eine beladene Palette, die ein Logistikzentrum durchläuft.

Welche der möglichen Prozeßketten dargestellt und analysiert werden, hängt von der Aufgabenstellung ab. Für den Geschäftsprozeß *Kundenbelieferung* ist der *Kundenauftrag* der Prozeßgegenstand. Maßgebend für diesen Prozeß ist die *Auf-*

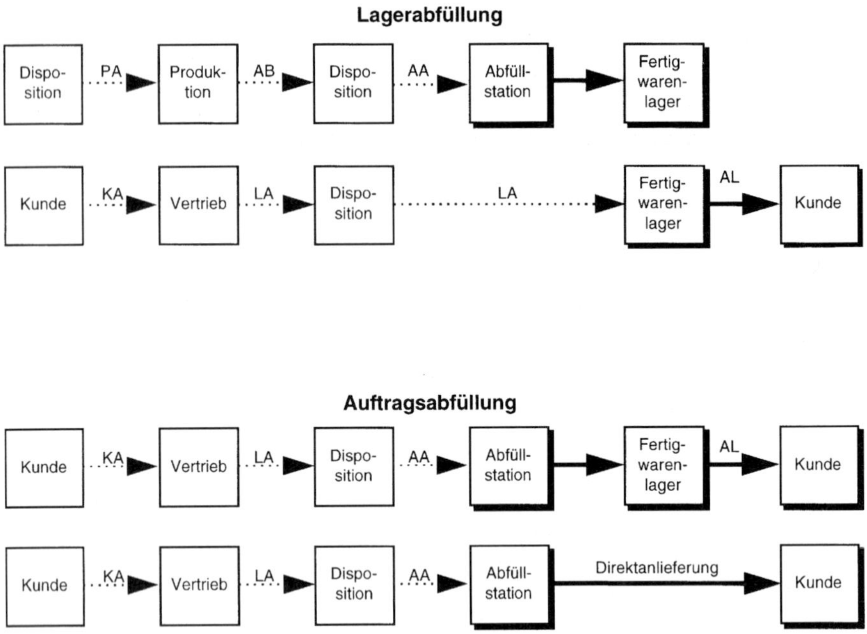

Abb. 3.7 Auftragsketten eines Abfüllbetriebs

KA	Kundenauftrag	AB	Abfüllanforderung
LA	Lieferauftrag	AA	Abfüllauftrag
PA	Produktionsauftrag	AL	Auslieferung

tragsprozeßkette. Die Auftragsketten eines Abfüllbetriebs mit der in *Abb. 3.5* gezeigten Struktur sind in *Abb. 3.7* dargestellt.

3.9 Programme zur Planung und Optimierung

Bei der Planung und Optimierung von Logistiksystemen und Leistungsketten haben sich *Rechenmodelle, Programme* oder *Rechnertools* vielfach bewährt. *Ziele* des Einsatzes von *Programmen* und *Rechnertools* sind die Nutzung von Berechnungsformeln und Algorithmen, die Untersuchung der Wechselwirkungen einer Vielzahl von Einflußparametern, die Durchführung von Optimierungen und Sensitivitätsrechnungen, die Simulation der Funktionsabläufe in Systemen sowie die Unterstützung, Vereinfachung und Beschleunigung der Planung.

Gefahren der Rechnertools sind *praktische Unbrauchbarkeit* oder *falsche* Ergebnisse, die daraus resultieren, daß die Programme zu speziell, zu universell, zu stark vereinfacht, zu komplex, undurchschaubar, unverständlich, zu starr oder unnötig genau sind. Aus blindem Vertrauen in die Rechenergebnisse werden häufig falsche Konsequenzen gezogen.

Um diese Gefahren zu vermeiden, sind bei der Entwicklung und Programmierung von Rechnertools folgende *Grundsätze* zu beachten:

- so einfach und doch so realistisch wie möglich,
- so speziell wie nötig, so universell wie möglich,
- Ergebnisse nicht wesenlich genauer als Eingabewerte,
- benutzerverständlicher und nachvollziehbarer Programmaufbau,
- verständliche Dokumentation von Programmaufbau und Berechnungsformeln,
- Plausibilitätsprüfung der Ergebnisse und manuelle Kontrollrechnungen.

Mit Hilfe der in diesem Buch entwickelten Grundlagen und Berechnungsformeln wurde eine Reihe von Programmen und Rechnertools erstellt. Hierzu gehören Programme zur:

Erfassung und Berechnung der Planungsgrundlagen
Auswahl und Zuordnung von Ladungsträgern und Transportmitteln
Gerätebedarfs-, Personalbedarfs- und Kommissionierleistungsberechnung
Dimensionierung und Optimierung von Lager- und Kommissioniersystemen
Berechnung von Grenzleistungen
Berechnung von Staueffekten (s. *Tabelle* 13.5)
Dimensionierung und Optimierung von Fahrzeugsystemen
Investitions- und Betriebskostenrechnung (3.24)
Bestands- und Nachschubdisposition (s. *Tabelle* 11.7)
Leistungs- und Qualitätsvergütung
Berechnung von Leistungspreisen und Artikellogistikkosten
Dimensionierung und Optimierung von Logistikzentren
Auswahl optimaler Transportketten (s. *Tabelle* 19.2)
Auswahl und Optimierung von Logistikketten
Optimierung von Logistiksystemen.

Die analytischen Rechnertools sind als *Tabellenkalkulationprogramme* in MS-EXCEL und MS-ACCESS programmiert. Sie sind *modular* aufgebaut und lassen sich bedarfsgerecht zu neuen Programmen zusammenfügen. Die Tools wurden in zahlreichen Projekten und Beratungen erfolgreich eingesetzt und haben sich als Planungshilfsmittel bestens bewährt.

Als Beispiel aus der Beratungspraxis zeigt *Abb. 3.8* den Aufbau und die Einflußfaktoren eines Prozeßmodells zur Kalkulation der Kosten für die verschiedenen Lieferketten zwischen den Lieferstellen und Empfangsstellen von Industrie und Handel (s. *Kapitel* 19).

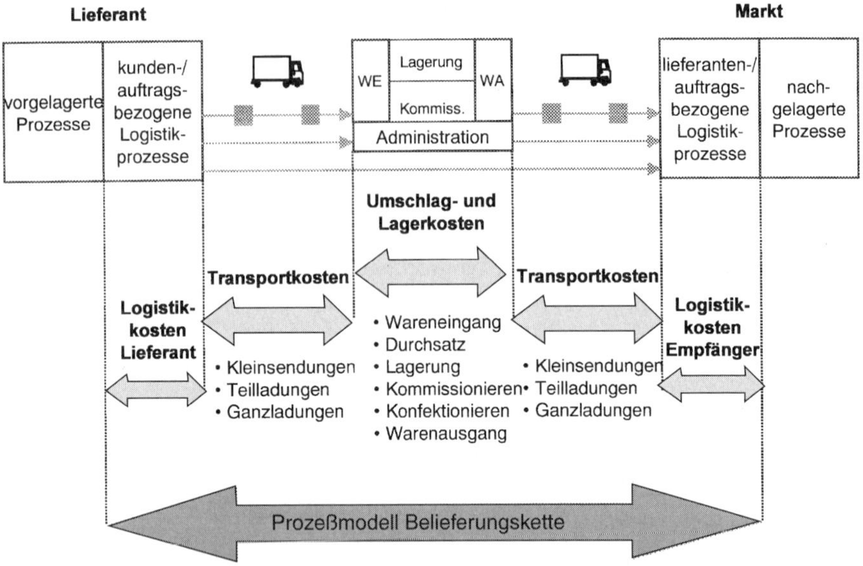

Abb. 3.8 Prozeßmodell für Belieferungskosten zwischen Industrie und Handel

3.10 Technik und Logistik

Die Technik hat für die Logistik grundsätzlich nur soweit Bedeutung, wie mit ihrer Hilfe die *Logistikaufgaben* lösbar und die *Logistikziele* erreichbar sind. Entwicklung und der Einsatz der Technik in der Logistik haben in der Vergangenheit teils nacheinander, teils überlappend mehrere *Phasen* durchlaufen (s. *Abbildung* in *Einleitung*). Diese Phasen entsprechen den *technischen Handlungsmöglichkeiten* [45; 46]:

1. *Mechanisierung*: Eine bestimmte Funktion, wie das Befördern oder Heben einer Last, die bisher vom Menschen ausgeführt wurde oder technisch nicht möglich war, wird durch *Erfindung*, *Neukonstruktion* oder *Weiterentwicklung* einer mechanischen Einrichtung, einer Maschine, eines Transportmittels oder eines Gerätes realisiert.
2. *Leistungssteigerung*: Das Leistungsvermögen der Maschine, des Geräts oder des Transportmittels wird durch Vergrößerung der *Kapazität*, Erhöhung von *Geschwindigkeit* und *Beschleunigung* oder *Vereinfachung* der mechanischen Bewegungsabläufe gesteigert.
3. *Kostensenkung*: Die *Herstellkosten* der Maschine, des Geräts oder des Transportmittels werden durch vereinfachte *Konstruktion*, *modularen Aufbau*, *günstigeren Materialeinsatz* und Fertigung in *größeren Stückzahlen* vermindert. Durch *geringeren Verschleiß*, *bessere Wartung* und *längere technische Nutzungszeit* lassen sich *Betriebskosten* und *Kosten pro Leistungseinheit* senken.

4. *Qualitätsverbesserung*: *Leistungsqualität*, *Nutzungskomfort*, *Betriebssicherheit*, *Platzbedarf*, *Zuverlässigkeit* und *Verfügbarkeit* werden verbessert.
5. *Automatisierung*: Die Bedienung der Geräte, Maschinen und Transportmittel wird durch *Elektronik* und *Steuerungstechnik* unterstützt, vereinfacht und vom Menschen unabhängig.
6. *Verkettung*: Transportelemente, Geräte und Maschinen werden zu *Transport-*, *Produktions-* und *Logistikketten* verkoppelt. So entstehen aus der Verbindung von Förderstrecken, Ein- und Ausschleusern, Regalbediengeräten und Handhabungsgeräten mit Maschinen, Anlagen und zwischengeschalteten Pufferplätzen *Produktionslinien*, *Verpackungslinien*, *Abfüllanlagen* oder *Lagermaschinen*, die von einem *Prozeßrechner* gesteuert und aus einem *Leitstand* überwacht werden.
7. *Systemvernetzung*: Mehrere Transportketten, parallele Produktionslinien, inner- oder außerbetriebliche Transportmittel und Lagermaschinen werden zu einem *Netzwerk* integrierter *Produktions-*, *Transport-*, *Logistik-* und *Leistungssysteme* zusammengefügt, die unter Nutzung der *Prozeßleittechnik* und der *Informations- und Kommunikationstechnik* optimal auf die jeweiligen Leistungsanforderungen ausgerichtet sind und zu minimalen Kosten arbeiten.

Die wichtigsten Entscheidungskriterien für den Technikeinsatz sind die *Betriebskosten* und die *Leistungskosten* (s. *Kapitel* 6). Kostensenkungen in der Logistik sind durch *Senkung des Investitionsaufwands*, durch *Leistungssteigerung* bei gleichem Personaleinsatz, durch *Personaleinsparungen* bei gleicher Leistung, am wirkungsvollsten aber durch Leistungssteigerung bei gleichzeitiger Personaleinsparung möglich.

Darüber hinaus können Kostensenkungen aus der *Verminderung des Grundflächenbedarfs* resultieren, beispielsweise durch den Bau von *Hochregallagern* anstelle von *Hallenlagern*, durch *erhöhte Auslastung der Ressourcen* oder aus einer *besseren Nutzung vorhandener Räume*, etwa durch den Einbau von Durchlauflagern oder von Hängebahnanlagen. *Qualitätsverbesserungen* sind nur von Interesse, wenn sie zu Kosteneinsparungen oder zu einem Nutzenzuwachs führen, der vom Markt honoriert wird.

Der Einsatz von Technik zur Lösung logistischer Aufgaben ist in der Regel mit einem Anstieg der Fixkosten infolge der erhöhten Zinsen und Abschreibungen auf das investierte Kapital verbunden. Aus diesem *Fixkostendilemma* resultieren folgende *Voraussetzungen für den wirtschaftlichen Einsatz der Technik* in der Logistik (s. *Abschnitt 6.8*):

- Je höher die Mechanisierung und die Automatisierung, umso notwendiger ist eine *intensive, dauerhafte und möglichst gleichmäßige Nutzung* der Anlagen und Systeme.
- *Außerbetriebliche Transportmittel*, die mit hohen Investitionen verbunden sind, wie Containerschiffe, Frachtflugzeuge und Eisenbahnen, aber auch Lastwagenflotten mit zentralem Transportleitssystem, erfordern einen Betrieb möglichst rund um die Uhr.
- *Innerbetriebliche Hochleistungssysteme*, wie *Sortiersysteme*, *FTS-Anlagen* und *Kommissioniersysteme mit dynamischer Bereitstellung*, sind in der Regel nur

wirtschaftlich, wenn sie an mehr als 200 Tagen im Jahr mindestens zweischichtig genutzt werden.

- *Hochinvestive Lagersysteme*, wie Hochregallager, Durchlauflager und Kompaktlager, erfordern über das ganze Jahr eine hohe Belegung der Platzkapazität.

Aus diesen Voraussetzungen ergeben sich folgende *Nutzungskriterien* für die Technik in der Logistik:

- Bei geringen Leistungs- und Kapazitätsanforderungen oder bei ungleichmäßiger Nutzung über das Jahr sind konventionelle Transport- und Lagereinrichtungen mit geringer Technisierung und Automatisierung kostengünstiger und flexibler.
- Bei hohen Leistungs- und Kapazitätsanforderungen und gleichmäßiger Nutzung über das gesamte Jahr sind die Leistungskosten von hochtechnisierten und automatisierten Systemen meist deutlich – in vielen Fällen um mehr als einen Faktor 2 – niedriger als bei konventionellen Systemen mit geringem Technikeinsatz.
- Mit zunehmender *Zentralisierung* der Funktionen und *Bündelung* von Transporten und Beständen sind die Voraussetzungen für den wirtschaftlichen Einsatz der Technik in der Logistik immer besser erfüllt.

Hieraus erklärt sich, daß zunächst Großunternehmen der Industrie, wie die Automobilindustrie und die chemische Industrie, die Technisierung und Automatisierung von Logistiksystemen vorangetrieben haben. Auch *Verbunddienstleister*, wie die Fluggesellschaften, die Bahn und internationale Schifffahrtsgesellschaften, haben seit Jahrzehnten erhebliche Summen in die Technik investiert.

Mit einem Zeitversatz von etwa 20 Jahren sind die großen Handelskonzerne der Industrie gefolgt, nachdem sie ihre Beschaffungslogistik zunehmend selbst übernommen, zentralisiert und in den dafür errichteten Logistikzentren die Voraussetzungen für den Technikeinsatz geschaffen haben. Heute sind auch kleinere Logistikdienstleister und mittelständische Industriebetriebe gezwungen, zunehmend die Technik zur Rationalisierung ihrer Logistik zu nutzen.

Aus den Voraussetzungen und Kriterien für den Technikeinsatz in der Logistik leiten sich folgende *Forderungen* an *Maschinenbau, Anlagenbau und Fahrzeugbau* ab:

- Verbesserung der *Zuverlässigkeit* und *Verfügbarkeit* von Maschinen, Anlagen und Systemen;
- Verlängerung und Garantie von *Standzeiten* und *Laufleistungen* der Maschinen, Geräte, Anlagen, Transportmittel, Flurförderzeuge, Handhabungsgeräte und Sorter;
- Verbesserung der *Leistungsfähigkeit* bei unterproportionaler Steigerung der Kosten;
- Senkung der *Kosten* bei unverminderter oder verbesserter Leistungsfähigkeit und Qualität;
- Beachtung der wirtschaftlichen *Einsetzbarkeit* von Neuentwicklungen und des *betriebswirtschaftlichen Nutzens* von Verbesserungen und Leistungssteigerungen für den Anwender;

- *Standardisierung* und *Modularisierung* der Elemente und Systeme zur Vereinfachung und Beschleunigung von Wartung und Reparaturen;
- Entwicklung flexibel einsetzbarer *Handhabungsgeräte*, *Roboter* und *Systeme* für das Sortieren und Kommissionieren.

An die *Steuerungstechnik* und an die *Informations- und Kommunikationstechnik* richten sich die *Forderungen*:

- Ermöglichung *belegloser Prozesse* in der inner- und außerbetrieblichen Logistik;
- Verbilligung und Vereinfachung von *Kodierungen*;
- Lösung der automatischen Anbringung von Etiketten und Kodierungen an Warenstücke, Verpackungen, Ladungsträgern und Ladeeinheiten;
- leistungsfähige und kostengünstige *Lesegeräte* für Kodierungen und *Erfassungseinrichtungen* für Maße und Gewichte;
- kostengünstige und herstellerunabhängige Verfahren der *Informationsübertragung*;
- Entwicklung wirtschaftlicher *Verfahren zur Erkennung* und *Lagebestimmung* von Warenstücken mit nichtquaderförmiger Gestalt und in schiefer Position als Voraussetzung für den „Griff in die Kiste" durch Handhabungsroboter statt durch die Hand des Menschen.

Gemeinsame Aufgaben von Technik *und* Logistik sind die abgestimmte *Normierung von Lade- und Transporteinheiten* und die *Standardisierung von Logistikstammdaten, Kodierungen und Datenaustausch*. Nur durch Normierung und Standardisierung lassen sich die Prozesse in den unternehmensübergreifenden Logistikketten der Beschaffung und Belieferung optimal aufeinander abstimmen und die Ziele eines *Efficient Consumer Response* (ECR) erreichen [34; 47; 48].

Wer im Verlauf der Planung zu früh auf die Technik sieht, verliert den freien Blick für die Prozesse, Strukturen und Strategien. Daraus folgt der *Grundsatz*:

- Der Weg einer erfolgreichen Systemplanung führt über die Prozesse, Strukturen und Strategien zur geeigneten Technik und nicht umgekehrt.

Wer jedoch die Möglichkeiten der Technik nicht ausreichend kennt, läuft Gefahr, bewährte und kostengünstige Lösungen zu verpassen und nicht realisierbare Systeme zu konzipieren.

Brauchbare Ideen und gute technische Lösungen sind selten. Abgesehen von Pioniergebieten, auf denen in wenigen Jahren neue Lösungen wie Pilze aus dem Boden schießen, ist die Innovationsrate in Technik und Logistik wesentlich geringer als allgemein angenommen und vielfach behauptet wird. Zwischen einer guten Idee und der ersten erfolgreichen Realisierung vergehen immer noch Jahre. Das liegt auch daran, daß viele Unternehmen das Risiko des Ersteinsatzes einer neuen Technik oder Systemlösung scheuen.

3.11
Vorgehen zur Lösungsauswahl

Zur Auswahl einer optimalen Lösung und zur begründeten Entscheidungsempfehlung für die Unternehmensleitung müssen die technisch möglichen Lösungen auf ihre Machbarkeit überprüft, bewertet und miteinander verglichen werden.

Verfahren zur Bewertung, zum Vergleich und zur Auswahl möglicher Lösungsvarianten für Teilsysteme wie auch für das Gesamtsystem sind die *Machbarkeitsanalyse*, der *Leistungsvergleich*, der *Kostenvergleich* und die *Nutzwertanalyse*. Diese Verfahren werden nacheinander zur Reduzierung der Lösungsvielfalt auf die gesuchte *optimale Lösung* angewandt.

1. Machbarkeitsanalyse
In der Machbarkeitsanalyse, auch *Feasibility-Studie* genannt, wird die grundsätzliche Realisierbarkeit der zur Diskussion stehenden Lösungen geprüft.

Die Machbarkeitsanalyse umfaßt die Prüfung von

- *technischer Realisierbarkeit*
- *Einhaltung der Leistungsanforderungen*
- *Erfüllung der Rahmenbedingungen*, *Restriktionen* und *Auflagen*
- *Durchführbarkeit im vorgegebenen Zeitrahmen.*

Ziel der Machbarkeitsanalyse ist das Ausscheiden ungeeigneter Lösungen aufgrund von *K.O.-Kriterien* und die Selektion von Lösungen, deren weitere Bearbeitung sinnvoll ist.

2. Leistungsvergleich
Die grundsätzlich geeigneten Lösungen erfüllen die gestellten Leistungsanforderungen, haben in der Regel aber unterschiedliche Leistungsreserven.

Nach der Machbarkeitsanalyse werden die *Grenzleistungen*, die *Leistungsreserven* und die *Flexibiltät* der ausgewählten Lösungen ermittelt und miteinander verglichen. Ziel des Leistungsvergleichs ist die Auswahl der leistungsfähigsten Lösungsvarianten (s. *Abschnitt 13.7*).

3. Kostenvergleich
Der Kostenvergleich umfaßt den Vergleich der *Investitionen* und der *Betriebskosten* für alle machbaren, hinreichend leistungsfähigen und ausreichend flexiblen Lösungsvarianten. Außer der Investition und den Betriebskosten können auch die *Leistungskosten* und die *Kapitalrücklaufzeit*, der sogenannte ROI, miteinander verglichen werden (s. *Abschnitt 5.1*).

Ziel des Kostenvergleichs ist die Auswahl von Lösungen mit minimalen Betriebskosten, die sich im vorgegebenen Investitionsrahmen realisieren lassen. Wenn der Investitionsrahmen nicht eingehalten werden kann oder ein vorgegebener ROI-Wert von keiner Lösung erfüllt wird, kann der Kostenvergleich dazu führen, daß eine Realisierung des Planungs- oder Optimierungsvorhabens nicht möglich ist (s. *Kapitel* 6).

Bewertungskriterium	Bestimmungsmerkmale
Servicequalität	Fehlerarten und Fehlerhäufigkeit Lieferfähigkeit, Warenverfügbarkeit Durchlaufzeiten und Termintreue Fehlerfolgekosten
Verfügbarkeit	Zuverlässigkeit, Funktionssicherheit Störanfälligkeit, Robustheit, Bewährtheit, Zugänglichkeit Unterbrechungszeiten zur Störungsbeseitigung Redundanz und Ausweichmöglichkeiten Beriebsunterbrechungskosten
Flexibilität	bei Durchsatz- und Bestandsschwankungen bei Sortimentsänderungen (Artikelanzahl, Verteilung) bei Änderungen der Logistikeinheiten (Gebinde, Pakete, Paletten) bei Änderungen der Auftragstruktur (Menge, Positionen) bei Veränderung von Quellen oder Senken (Anzahl, Standorte) Leistungs- und Kapazitätsreserven Anpassungsfähigkeit, Erweiterbarkeit, Modularität Spezialisierungsgrad, Universalität, anderweitige Verwendbarkeit
Kompatibilität	Kombinierbarkeit mit anderen Systemen Erfüllbarkeit der Schnittstellenanforderungen Verträglichkeit mit bestehenden Rahmenbedingungen
Personalintensität	Anzahl des benötigten Betriebspersonal Qualifikation des Personals Abhängigkeit von Spezialisten und Know-How der Mitarbeiter
Schadensrisiko	Bruch, Beschädigung, Verderb, Ausschuß Schwund, Diebstahl, Einbruch Verluste durch Feuer, Wasser, Unfall Unfallgefahr, Arbeitssicherheit Schadensfolgekosten
Kostenrisiko	Überschreitung des Investitionsbudgets Planungsfehler (Dimensionierung, Personalbedarf, Kostenkalkulation) Progoseverläßlichkeit und Auslastungsrisiko Kostenvariabilität und Fixkostenanteil

Tab. 3.1 Bewertungskriterien zum Vergleich von Logistiksystemen

4. Nutzwertanalyse

In vielen Fällen gibt es mehrere Lösungen mit unterschiedlichem Mechanisierungs- und Automatisierungsgrad, die bei annähernd gleichen Betriebskosten alle Leistungsanforderungen und Randbedingungen erfüllen. Für den Vergleich von Lösungsvarianten, die im Rahmen der Planungsgenauigkeit technisch und wirtschaftlich gleichwertig sind, ist eine *Nutzwertanalyse* sinnvoll [11; 49; 50].

Arbeitsschritte der Nutzwertanalyse sind:

1. *Erstellen eines Katalogs von Bewertungskriterien*, die voneinander unabhängig sein müssen, mit *Bestimmungsmerkmalen*, nach denen die Erfüllung der verschiedenen Kritieren beurteilt wird (s. *Tabelle 3.1*).
2. *Vereinbarung einer Benotungsskala* zur Bewertung des Erfüllungsgrads der Bewertungskriterien. Einige in der Beratungspraxis übliche Benotungsskalen zeigt *Tabelle 3.2*.
3. *Ableitung der relativen Gewichte* der einzelnen Bewertungskriterien aus ihrer Bedeutung für das Unternehmen (s. *Tabelle 3.3*).
4. *Benotung der Bewertungskriterien* für die zur Auswahl stehenden Lösungen entsprechend dem Erfüllungsgrad der Bestimmungsmerkmale (s. *Tabelle 3.3*).
5. *Berechnung des Gesamtnutzwertes* durch Summation der mit den Gewichten multiplizierten Bewertungsnoten (s. *Tabelle 3.3*).
6. *Sensitivitätsanalyse des Gesamtnutzwertes* gegenüber Veränderungen der Benotung und der Gewichtung der wichtigsten Bewertungskriterien.

Positivkriterien	**Negativkriterien**	**Punktwerte der Beurteilung**		
Beurteilung	Beurteilung	**Note**	**Punkte**	**Punkte**
sehr gut optimal erfüllt	minimal verschwindend gering	1	8 bis 10	2 ++
gut anforderungsgerecht	gering akzeptabel	2	6 bis 8	1 +
befriedigend bedingt anforderungsgerecht	durchschnittlich bedingt akzeptabel	3	4 bis 6	0
ausreichend nicht ganz anforderungsgerecht	relativ hoch grade noch vertretbar	4	2 bis 4	-1 -
mangelhaft kaum noch akzeptabel	sehr hoch kaum noch akzeptabel	5	1 bis 2	-2 --
ungenügend nicht anforderungsgerecht	unvertretbar hoch nicht akzeptabel	6	0 KO-Kriterium	-x

Tab. 3.2 Benotungsskalen zur Kriterienbewertung für Systemvergleiche

Bewertungskriterium	Gewicht	Lösung 1 STL mit stat. Bereitstel.	Lösung 2 SGL mit Komm.Stollen	Lösung 3 HRL mit dyn.Bereitstel.
Servicequalität	15%	3	2	2
Verfügbarkeit	15%	2	2	3
Flexibilität	25%	2	3	4
Kompatibilität	10%	2	4	3
Personalintensität	15%	4	3	2
Schadensrisiko	5%	4	3	2
Kostenrisiko	15%	2	3	3
Gesamtbewertung	100%	**2,55**	**2,80**	**2,90**

Tab. 3.3 Systemvergleich von 3 verschiedenen Lösungen zum Lagern und Kommissionieren von Paletten auf Paletten

Lösung 1: Staplerlager mit konventioneller Kommissionierung im Lagerbereich
Lösung 2: Stollenkommissionierlager mit statischer Bereitstellung durch Schmalgangstapler
Lösung 3: Automatisches Hochregallager mit dynamischer Bereitstellung

Die *Tabelle 3.3* zeigt das Ergebnis einer Nutzwertanalyse von 3 verschiedenen Lösungen für das Lagern und Kommissionieren von kartonierter Ware auf Paletten. Das automatische *Hochregallager* mit dynamischer Bereitstellung hat in diesem Fall mit 2,9 den höchsten Gesamtnutzwert im Vergleich zu einem Nutzwert von 2,8 für ein *Stollenkommissionierlager* mit statischer Bereitstellung und von 2,55 für ein konventionelles *Staplerlager.*

Das Verfahren der Nutzwertanalyse ist mit Vorsicht anzuwenden. Wie das Beispiel in Tabelle 3.3 zeigt, liegen die ermittelten Nutzwerte von zwei oder auch drei Lösungen in vielen Fällen relativ nahe beieinander, da sich die unterschiedlichen Bewertungen der einzelnen Kriterien in der Summe ausgleichen. Eine Sensitivitätsanalyse ergibt häufig, daß nur relativ geringe Veränderungen in der Gewichtung und Bewertung zu einer Verschiebung in der Rangfolge der Lösungen führen. Allgemein gilt der *Grundsatz:*

- Die Nutzwertanalyse ist geeignet zur Beurteilung, zum Vergleich und zur Objektivierung der Entscheidung über unterschiedliche Lösungsmöglichkeiten, die technisch und wirtschaftlich nahezu gleichwertig sind.

Das Verfahren der Nutzwertanalyse ist auch für den Vergleich von Angeboten oder von unterschiedlichen Organisationsmöglichkeiten einsetzbar. Die Nutzwertanalyse kann jedoch eine mit Risiko behaftete Entscheidung nicht ersetzen. Diese Entscheidung muß die Unternehmensleitung treffen [233].

4 Potentialanalyse

In einer Potentialanalyse – auch *Logistikaudit* genannt – werden die Leistungen der Unternehmenslogistik mit den Anforderungen verglichen und die Leistungsfähigkeit der Prozesse und Strukturen überprüft [22; 54].

Ziele der Potentialanalyse sind:

- Abgrenzung der *Potentialfelder*, deren Optimierung die größten Effekte erwarten läßt;
- Aufzeigen der *Schwachpunkte* und *Handlungsspielräume* in den Potentialfeldern;
- Abschätzung der *Potentiale* zur Leistungsverbesserung und Kostensenkung.

Aus den Ergebnissen der Potentialanalyse lassen sich *Optimierungsmöglichkeiten* und *Maßnahmen* zur *kurzfristigen* Verbesserung der Prozesse und zur Beseitigung von Schwachstellen sowie *mittel-* und *langfristig* ausgerichtete *Vorschläge* zur *Zielplanung*, zur *Neukonzeption* und für konkrete *Projekte* ableiten. Als Beispiel zeigt die *Abb. 4.1* die *Potentialfelder* im Logistiknetzwerk zwischen Konsumgüterindustrie und Handelsunternehmen.

Je nach Ausgangslage liegen die Kostensenkungspotentiale zwischen 10 und 20 % der Gesamtlogistikkosten. Unter besonderen Umständen und in einzelnen Bereichen sind auch deutlich höhere Einsparungen möglich. Bei einer Umsatzrendite zwischen 1 % und 3 % und einem Logistikkostenanteil in Höhe von 10 % vom Umsatz bedeutet eine Reduzierung der Logistikkosten um 10 % eine *Gewinnsteigerung* um 25 % bis 100 %.

Der *Aufwand* für die Durchführung einer Potentialanalyse der Unternehmenslogistik durch ein kompetentes Beratungsunternehmen ist vergleichsweise gering. Der *Zeitbedarf* ist abhängig von der Größe des Unternehmens und liegt in den meisten Fällen zwischen 4 Wochen und 3 Monaten. Die Potentialanalyse macht sich durch die erzielten Kosteneinsparungen und Leistungsverbesserungen meist in weniger als einem Jahr bezahlt.

Eine Potentialanalyse sollte nicht nur die Kostensenkungspotentiale abschätzen sondern auch die Möglichkeiten zur Verbesserung von Leistung, Qualität und Wettbewerbsfähigkeit ausweisen. Sie kann jedoch nicht die Planung und Optimierung der Systeme und Prozesse ersetzen. Eine Potentialanalyse bietet der Unternehmensleitung vielmehr eine *Entscheidungsgrundlage* dafür, welche *Projekte* mit den größten Potentialen und den besten Aussichten auf Erfolg vorrangig in Angriff genommen werden sollten.

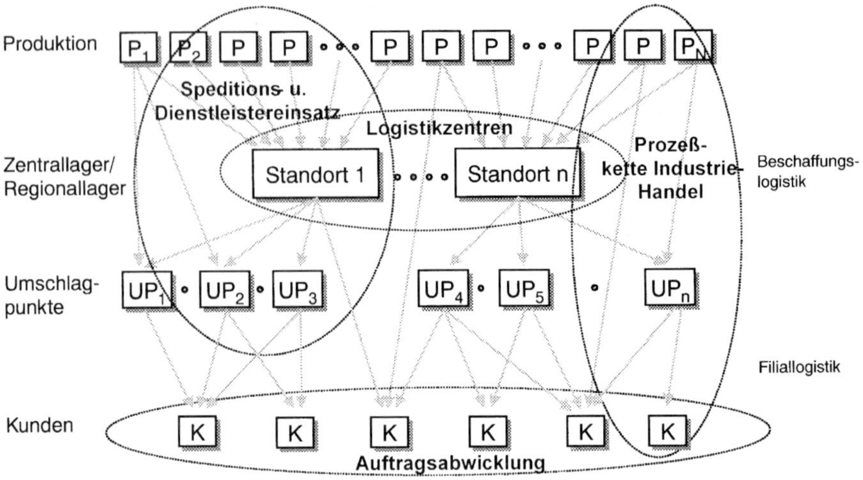

Abb. 4.1 Potentialfelder im Logistiknetzwerk zwischen Konsumgüterindustrie und Handelsunternehmen

In diesem Kapitel werden die Inhalte der *Arbeitschritte einer Potentialanalyse* beschrieben:

Anforderungsanalyse
Leistungsanalyse
Prozeßanalyse (4.1)
Strukturanalyse
Benchmarking.

Jeder dieser Arbeitsschritte umfaßt eine *Checkliste* zur Überprüfung der verschiedenen Potentialfelder und Hinweise auf mögliche *Schwachstellen.*

4.1 Anforderungsanalyse

Maßgebend für die Unternehmenslogistik sind die Anforderungen und Ziele. Als Grundlage für die Potentialanalyse müssen daher zunächst die Leistungs- und Serviceanforderungen der Kunden, des Marktes, des Vertriebs und der übrigen Geschäftsbereiche an die Unternehmenslogistik erfaßt und kritisch analysiert werden.

In der Anforderungsanalyse werden folgende Fragen untersucht und bewertet:

- Ob und wie weit sind die Anforderungen mit den *Unternehmenszielen* verträglich?

- Ist das *Kosten-Nutzen-Verhältnis* zur Erfüllung der Anforderungen angemessen?
- Sind die *Prioritäten* richtig gesetzt? Werden die wichtigsten Marktsegmente angemessen und ertragbringende Kundengruppen vorrangig bedient?
- Ist das *Liefer- und Leistungsprogramm* nicht zu breit gefächert? Umfaßt das Programm erlösschwache Artikel oder Leistungen, die ohne Schaden für die Wettbewerbsfähigkeit aus dem Programm genommen werden können (s. *Abschnitt 5.8*)?
- Wieweit und mit welchen Auswirkungen lassen sich *Leistungs- und Serviceanforderungen* reduzieren?

Der Vertrieb neigt dazu, überzogene Anforderungen an die Logistik zu stellen, solange er die Kosten zu deren Erfüllung nicht kennt. So wird vielfach eine *permanente Lieferfähigkeit* gefordert, wo eine *mittlere Lieferfähigkeit* durchaus ausreichend wäre (s. *Abschnitt 11.8*). Auch wenn nur wenige Kunden extrem kurze Lieferzeiten oder einen 24-Stunden-Service erwarten, werden diese Lieferzeitanforderungen generell gestellt. Statt auf eine korrekte Termineinhaltung zu achten, die ohne Zusatzkosten allein durch gute Organisation erreichbar ist, wird auf kurze Durchlaufzeiten und Expreßzustellung gesetzt.

Für alle Anforderungen an die Unternehmenslogistik gilt der *Angemessenheitsgrundsatz*:

- Die Kosten einer Serviceverbesserung müssen stets an der damit erreichbaren Umsatzsteigerung oder Erlösverbesserung gemessen werden.

Wenn die Mehrkosten für einen zusätzlichen Service, etwa in Form eines *Expreßzuschlags* oder einer *Verpackungsgebühr*, explizit in Rechnung gestellt werden, verzichten viele Kunden auf den Extraservice.

Das Ergebnis der *Anforderungsanalyse* sind Empfehlungen für ein ausgewogenes Liefer- und Leistungsprogramm, einen angemessenen Lieferservice und differenzierte Qualitätsstandards.

4.2 Leistungsanalyse

In der Leistungsanalyse wird untersucht, zu welchen Kosten und mit welcher Qualität die operativen und administrativen Leistungsstellen der Beschaffungslogistik, der Produktionslogistik, der Distributionslogistik und der Filiallogistik die an sie gestellten Anforderungen erfüllen und welchen Wertschöpfungsbeitrag sie leisten.

Hierzu werden die Kenndaten (1.3) der einzelnen Leistungsstellen und der Material-, Auftrags- und Informationsfluß zwischen den Stellen erfaßt. Aus der *Input-Output-Analyse* geht hervor, mit welchem Ressourceneinsatz und zu welchen Kosten der Leistungsdurchsatz erbracht wird.

Die Leistungsanalyse zeigt die *Schwachstellen* der Unternehmenslogistik auf. Hieraus resultieren erste Vorschläge zur Behebung der Ursachen. Zahlreiche Potentialanalysen haben gezeigt, daß vor allem folgende *Schwachstellen* den reibungslosen Prozeßablauf behindern und die Leistungskosten nach oben treiben:

1. Engpaßstellen
Engpaßstellen sind Leistungsstellen, die in Spitzenzeiten zu über 95 % ausgelastet sind, vor denen es häufig zu *Warteschlangen* und *Wartezeiten* kommt und die als *Leistungsdrossel* der gesamten Logistikkette in Zeiten hoher Auslastung ansteigende Durchlaufzeiten verursachen.

Auslastungsbedingt lange Lieferzeiten lassen sich in vielen Fällen nachhaltig durch eine Kapazitätserhöhung einer oder weniger Engpaßstellen verkürzen (s. *Abschnitt 13.7*).

2. Weitpaßstellen
Weitpaßstellen sind Leistungsstellen, die auch zu Spitzenzeiten nicht voll und im Jahresdurchschnitt zu weniger als 70 % ausgelastet sind. Weitpaßstellen sind häufig personell überbesetzt, arbeiten zu überhöhten Kosten, leisten keinen ausreichenden Beitrag zur Wertschöpfung und sind typische *Verschwendungsstellen*.

Abgesehen von der Kostenersparnis hat die Beseitigung einer Verschwendungsstelle durch Anpassung der Personalbesetzung und Kapazität, durch eine Reorganisation oder auch durch Auflösung und Integration in andere Stellen motivierende Auswirkung auf andere Leistungsstellen.

3. Ausfallstellen
Ausfallstellen sind Leistungsstellen mit einer *Verfügbarkeit* unter 90 %. Sie blokkieren vorangehende Leistungsstellen durch häufige oder länger anhaltende *Unterbrechungen*, führen zur Unterauslastung nachfolgender Leistungsstellen und verursachen Lieferzeitverzögerungen oder Terminüberschreitungen (s. *Abschnitt 13.6*).

Die Verfügbarkeit einer Ausfallstelle läßt sich in vielen Fällen mit vergleichsweise geringem Aufwand durch Schulung und Qualifizierung der Mitarbeiter, Verbesserung der Betriebsmittelausstattung, Beseitigung der häufigsten Ausfallursachen und Organisation eines guten Reparaturservice deutlich verbessern. Die positiven Auswirkungen der Beseitigung einer Ausfallstelle auf den gesamten Leistungsprozeß sind oft beträchtlich.

4. Redundanzstellen
Redundanzstellen sind Leistungstellen, die nacheinander oder parallel zu anderen Leistungsstellen am selben Gegenstand oder Auftrag die gleichen Leistungen erbringen oder die gleichen Funktionen haben wie eine andere Leistungsstelle.

Im operativen Bereich wird meist zur *Sicherung der Leistungserbringung* eine Redundanz in Form von Parallelstellen gefordert, auf die bei Ausfall einer Stelle ausgewichen werden kann. Hier ist zu prüfen, ob die Sicherheitsforderung begründet und die gebotene Redundanz angemessen ist. In vielen Fällen genügt statt einer *Vollredundanz* eine *Teilredundanz*.

Vor allem in den administrativen Leistungsstellen, aber auch bei der Datenbearbeitung und bei Kontrolltätigkeiten in den operativen Stellen, gibt es häufig unnötige *Doppelarbeiten*, die sich durch bessere Abstimmung rasch beseitigen oder erheblich reduzieren lassen.

5. Verzögerungsstellen

Verzögerungsstellen sind Leistungsstellen, die vorgegebene Durchlaufzeiten und Fertigstellungstermine häufig oder erheblich überschreiten, die Lieferzeit gefährden oder in nachfolgenden Stellen Mehrkosten zum Aufholen des *Zeitverlustes* verursachen.

Verzögerungsstellen sind in vielen Fällen zugleich Engpaßstellen oder Ausfallstellen. Oft aber ist die Verzögerung auch die Folge unplanmäßiger Arbeit, falscher Disposition, fehlender Teile, mangelnder Roh-, Hilfs- und Betriebsstoffe oder schlechter Führung. Verzögerungsstellen können daher durch eine effektivere Disposition und Leistungsplanung, rechtzeitige Materialbereitstellung, angemessene Materialpuffer und bessere Führung beseitigt werden.

6. Fehlerstellen

Fehlerstellen sind Leistungsstellen, die besonders häufig, in störender Anzahl oder in gravierendem Ausmaß *Fehler* machen. Fehler und Qualitätsmängel wirken sich nicht nur auf das Leistungsvermögen und die Leistungskosten der Fehlerstelle selbst nachteilig aus, sondern verursachen in der weiteren Leistungskette Störungen, Ineffizienz, Nacharbeit, Aufwand, Kosten und Terminverzug bis hin zur Verärgerung und zum Verlust des Kunden.

Mögliche Maßnahmen zur Behebung von Fehlerstellen sind die Beseitigung der Fehlerquellen, die Schulung und Qualifizierung des Personals, die Verbesserung der Führung, die Vorgabe von *Qualitätsstandards* und die Einführung eines *Prämiensystems* zur Belohnung der Unterschreitung vorgegebener Fehlergrenzen. Darüber hinaus kann ein umfassendes *Qualitätsmanagement* zur Einhaltung marktgerechter *Qualitätsstandards* beitragen [53].

7. Hauptkostenstellen

Hauptkostenstellen sind die Leistungsstellen mit den höchsten Betriebskosten. Sie sind in den Bereichen der Unternehmenslogistik zu finden, die den höchsten Anteil an den Logistikkosten haben.

Im stationären Handel ist beispielsweise der Hauptkostenbereich der Logistik die *Filiallogistik* mit einem Kostenanteil zwischen 45 % bis 60 %, vor der *Transportlogistik*, deren Kostenanteil abhängig von den Lieferkonditionen zwischen 25 % und 35 % liegt, und der *Lagerlogistik* mit einem Anteil zwischen 10 % und 25 % der gesamten Logistikkosten.

Die Hauptkostenstellen bieten naturgemäß die größten Kostensenkungspotentiale. Durch eine verbesserte Organisation sowie durch Rationalisierung, Mechanisierung, Automatisierung und DV-Einsatz lassen sich hier die höchsten Einsparungen erreichen.

4.3 Prozeßanalyse

Die Prozeßanalyse hat zum Ziel, die *Auftragsprozesse vom Kunden bis zum Kunden* und die *Logistikprozesse von den Lieferanten bis zu den Empfängern* der Waren zu bewerten [54]. Hierzu werden die maßgebenden *Auftragsketten* und *Logistikketten* der Unternehmenslogistik erfaßt und dokumentiert (s. *Abschnitt 3.8*).

Die Logistik beginnt stets beim Kunden. Die Auftragsketten müssen daher *entlang dem Datenfluß*, beginnend bei der Auftragsannahme über die Auftragsabwicklung, die Beschaffung, die Produktion und die Distribution bis hin zur Übergabe an den *Kunden* analysiert werden. Die Logistikketten werden *entgegen dem Warenfluß* vom Empfänger bis zu den Lieferanten untersucht. Auf diese Weise wird die *Kundenferne* mancher Leistungsstellen besonders deutlich.

In der Prozeßanalyse werden folgende *Potentialfelder* und *Fragen* untersucht:

1. Logistikeinheiten (s. Kapitel 12)

- Welche *Ladungsträger* und *Logistikeinheiten* werden in den Logistikketten eingesetzt?
- Sind *Maße* und *Kapazitäten* der Ladeeinheiten richtig aufeinander abgestimmt?
- Wird die *Kapazität* der Ladeeinheiten optimal genutzt?
- Ist das Spektrum der *Ladungsträger* und *Ladeinheiten* angemessen?
- Wer ist für die *Verpackungshierarchie* verantwortlich und entscheidet über Einführung und Ausmusterung von Ladungsträgern?
- Wer entscheidet nach welchen *Kriterien* über den *Einsatz* der Ladungsträger und Ladeeinheiten?
- Gibt es eine geregelte *Leergutlogistik*?

2. Logistikstammdaten (s. Abschnitt 12.7)

- Gibt es eine sinnvoll aufgebaute *Logistikdatenbank*?
- Sind die *Logistikstammdaten* vollständig, aktuell und korrekt?
- Wer ist für die *Erfassung, Aktualisierung, Korrektheit* und *Vollständigkeit* der Logistikstammdaten verantwortlich?
- Wer definiert und normiert die Logistikstammdaten des Unternehmens und sichert die *Kompatibilität* mit den Daten der Lieferanten und Kunden?
- Werden die *Möglichkeiten* der Logistikstammdaten vollständig genutzt?
- Ist der Austausch der Logistikdaten zwischen den internen Leistungsstellen, mit den Lieferanten und mit den Kunden richtig geregelt und technisch optimal gelöst?

3. Zeiten (s. Kapitel 8)

- Sind *Lieferzeiten* und *Termintreue* marktgerecht?
- Wie gut werden die zulässigen *Durchlaufzeiten* in den *Hauptleistungsketten* eingehalten?
- Werden die zeitlichen *Handlungsspielräume* genutzt?
- Sind die *Betriebszeiten* der Leistungsstellen richtig aufeinander abgestimmt?

- Sind *Auftragsdurchlaufzeiten* und *Materialdurchlaufzeiten* zu lang?
- Werden die Möglichkeiten zur *Just-In-Time-Anlieferung* richtig genutzt?
- Gibt es ein wirksames *Zeitmanagement*?
- Wo liegen zeitraubende *Engpaßstellen*, *Ausfallstellen* und *Verzögerungsstellen*?

4. Kosten (s. Kapitel 6 und 7)
- Sind die Leistungskosten in den einzelnen Abschnitten der Leistungskette angemessen?
- Existiert ein wirksames *Logistikcontrolling*?
- Wer prüft die Angemessenheit der *Leistungskosten* und *Leistungspreise*?
- Wie hoch sind die *spezifischen Logistikkosten* pro Artikel oder Warengruppe?
- Wo und wie lassen sich die Kosten senken, ohne Leistung und Service zu reduzieren?
- Wo befinden sich *Verschwendungsstellen*, *Redundanzstellen* und *Hauptkostenverursacher*?

5. Bestände (s. Kapitel 11)
- Wer entscheidet wie über die *Lagerhaltigkeit* und die *Lieferfähigkeit* des Sortiments?
- Sind die *Puffer-* und *Lagerbestände* vor und hinter den Leistungsstellen in den verschiedenen Stufen des Leistungprozesses notwendig und in ihrer Höhe angemesse?
- Genügen die *Sicherheitsbestände* zur produktiven Auslastung, unterbrechungsfreien Leistungserstellung und marktgerechten Kundenbelieferung oder sind sie infolge überzogener Anforderungen an die Lieferfähigkeit überhöht?
- Werden die Bestände auf der richtigen Wertschöpfungsstufe vorgehalten?

6. Qualität (s. Abschnitt 3.4)
- Werden die benötigten Leistungen mit angemessener Qualität erbracht?
- Gibt es ein *Qualitätsmanagement*, eine *Qualitätssicherung* und eine Erfassung und *Pönalisierung* der internen und externen Qualitätsmängel?
- Sind die Prozesse und Leistungsstellen so *flexibel*, daß sie Anforderungsänderungen verkraften und besondere Kundenwünsche erfüllen können?
- Wo befinden sich *Fehlerstellen*, *Verzögerungsstellen* und *Ausfallstellen*?

7. Schnittstellen und Anschlußstellen
- Ist die *Zusammenarbeit* zwischen den internen und externen Leistungsstellen richtig geregelt?
- Werden standardisierte und maßlich aufeinander abgestimmte *Ladeeinheiten* eingesetzt?
- Fließen Material- und Datenströme reibungslos und verzögerungsfrei von einer Leistungsstelle zur nächsten?
- Wie gut und rationell sind *Information* und *Kommunikation* entlang der Leistungskette?

8. Auftragsdisposition und Prozeßsteuerung (s. Kapitel 2,10 und 11)

- Werden die verfügbaren Kapazitäten richtig genutzt?
- Sind die *Strategien* der Auftragsdisposition und der Fertigungssteuerung optimal?
- Werden zur Prozeßsteuerung, zur Informationsübermittlung und im Controlling die richtigen Mittel, Verfahren und Programme eingesetzt?

9. Lieferketten (s. Kapitel 19)

- Welche Lieferketten gibt es in der heutigen Beschaffungs- und Distributionslogistik?
- Werden die vorhandenen *Lieferketten, Handlungsspielräume* und *Bündelungsmöglichkeiten* optimal genutzt?
- Gibt es bisher ungenutzte Lieferketten?
- Nach welchen *Verfahren* und *Kriterien* werden die Lieferketten ausgewählt?

10. Eigen- oder Fremdleistung (s. Kapitel 20)

- Welche Teile der Logistikketten gehören zu den *Kernkompetenzen* des Unternehmens?
- Welche Leistungsbereiche und Leistungsstellen können kostengünstiger und kompetenter an Lieferanten, Systemdienstleister oder Logistikdienstleister vergeben werden?
- Wer entscheidet nach welchen Kriterien über Eigen- oder Fremdleistung?

Ergebnisse der Prozeßanalyse sind Empfehlungen zur Optimierung der Prozeßabläufe, zum effizienten Einsatz der eigenen Ressourcen und zum Outsourcing sowie eine Abschätzung der hieraus zu erwartenden Kosteneinsparungen. Außerdem ergeben sich aus der Prozeßanalyse Erkenntnisse für die Stellenbesetzung und zu Verbesserungen in den Leistungsstellen.

4.4 Strukturanalyse

Nach der Analyse der Anforderungen, Leistungsstellen und Prozesse wird in der *Strukturanalyse* geprüft, ob die vorhandenen Systemstrukturen den gegenwärtigen und zukünftigen Anforderungen genügen und welche Verbesserungen von Leistungen, Service, Qualität und Kosten durch eine Veränderung der Strukturen oder den Aufbau neuer Systeme erreichbar sind.

Hierzu werden *Strukturdiagramme* der gesamten Unternehmenslogistik und von besonders interessierenden Teilbereichen erstellt. Bereits aus dem Grad der *Verflechtung* und der *Stufigkeit* lassen sich Erkenntnisse über mögliche Schwachstellen gewinnen. So sind Leistungsstellen, die von mehreren Stellen gleiche Aufträge erhalten, ein Indiz für ungeregelte Abläufe und Konflikte. Ähnliche Materialströme, die auf unterschiedlichen Wegen von der gleichen Quelle zum gleichen Ziel laufen, weisen auf Handlungsmöglichkeiten hin (s. *Abschnitt 3.8*).

Durch die Strukturanalyse lassen sich folgende *Potentialfelder* erschließen und *Fragen* beantworten:

1. Standorte

- Befinden sich Werke, Lager, Logistikzentren, Umschlagpunkte, Auslieferstellen und Filialen an den richtigen Standorten?

2. Funktionszuordung

- Sind die Aufgaben, Funktionen und Bestände richtig auf die Werke, Lager, Logistikzentren und Umschlagpunkte verteilt?

3. Zentralisierungsgrad

- Welche Funktionen sollten zentral, welche besser dezentral ausgeführt werden?
- Wieviele Werke, Lager, Logistikzentren, Auslieferstellen und Filialen sind optimal?
- Wie sollen diese einander zugeordnet werden?
- Welche Kosteneinsparungen und Leistungsverbesserungen sind durch *Bündelung* dezentraler Bestände und Funktionen in einem oder mehreren *Logistikzentren* erreichbar?

4. Stufigkeit

- Ist die Anzahl der Stufen in der Beschaffungs- und Distributionslogistik optimal?
- Gibt es vermeidbare Umschlag- oder Handlingvorgänge?
- Wie sind die Laufzeiten in den verschiedenen Lieferketten?
- Wird nach den richtigen Kriterien zwischen *Direktbelieferung* und *Lieferung* über Umschlagpunkte oder Logistikzentren ausgewähl?

Aus der Strukturanalyse resultieren *Empfehlungen* zur Strukturverbesserung, zur Neukonzeption von Teilbereichen oder der gesamten Unternehmenslogistik, zur Zentralisierung oder Dezentralisierung von Funktionen und Beständen sowie eine *Abschätzung* der hierdurch erreichbaren Verbesserungen von Kosten, Leistungen, Service und Wettbewerbsfähigkeit.

4.5 Benchmarking

Benchmarking ist ein Vergleich der Kosten-, Leistungs- und Qualitätskennzahlen mehrerer Unternehmen, Leistungsbereiche oder Leistungsstellen mit analogen Aufgaben und Funktionen. Dabei ist zu unterscheiden zwischen einem *externen*, einem *internen* und einem *analytischen Benchmarking* [55; 56].

Notwendige Voraussetzung für ein sinnvolles Benchmarking ist, daß die Aufgaben, Funktionen, Leistungsanforderungen und Rahmenbedingungen der Leistungsbereiche, deren Kennzahlen miteinander verglichen werden, hinreichend übereinstimmen. Relativ gering erscheinende Unterschiede der Unternehmen,

Betriebe oder Leistungsbereiche können zu anderen Kennzahlen führen, ohne daß diese unbedingt besser oder schlechter sind. Daher werden aus dem Benchmarking, insbesondere zwischen Unternehmen aus verschiedenen Branchen, häufig falsche Schlüsse gezogen.

1. Externes Benchmarking
Das externe Benchmarking vergleicht die Kennzahlen von Betrieben oder Leistungsbereichen eines Unternehmens oder einer Organisationseinheit mit den Kennzahlen von Betrieben oder Leistungsbereichen *anderer Unternehmen*, die gleiche Aufgaben und Funktionen haben [56].

Beim externen Benchmarking wird häufig der Fehler gemacht, daß nur einzelne Kennzahlen, wie die Höhe der Bestände oder die Lieferfähigkeit, isoliert miteinander verglichen werden, ohne zugleich die übrigen Kennzahlen zu betrachten. Das kann dazu führen, daß die Unternehmensleitung eine Bestandssenkung auf das Niveau des angeblich besten Wettbewerbers beschließt und dadurch, ohne es zu wollen, die Lieferfähigkeit verschlechtert oder die Leistungskosten erhöht. Umgekehrt kann die Forderung, die höhere Lieferfähigkeit eines Wettbewerbers zu erreichen, die Bestände nach oben treiben.

Wegen der Unbekanntheit der näheren Umstände und Ziele der anderen Unternehmen sind die Ergebnisse allgemeiner *Umfragen* und *Trendanalysen* für das Benchmarketing mit dem eigenen Unternehmen kaum geeignet und erfahrungsgemäß eher irreführend. Hinzu kommt, daß Trendumfragen weniger das tatsächliche Geschehen in den Unternehmen wiedergeben als vielmehr die Meinungen der Befragten, die zu einer Antwort bereit sind [36; 37].

2. Internes Benchmarking
Das interne Benchmarking vergleicht die Kennzahlen von Betrieben, Organisationseinheiten und Leistungsbereichen mit einander entsprechenden Aufgaben und Funktionen innerhalb des *gleichen Unternehmens* [56].

Durch ein internes Benchmarking zwischen mehreren Werken, Lagern, Logistikzentren oder Filialen eines Unternehmens läßt sich recht gut überprüfen, wieweit die Leistungsanforderungen tatsächlich vergleichbar sind.

Ist die Vergleichbarkeit gesichert, geben die Kosten- oder Leistungsunterschiede Hinweise auf die *Verbesserungspotentiale*. Die Potentiale lassen sich relativ rasch durch Übertragung der Praxis der jeweils besten Leistungsstelle auf die übrigen Leistungsbereiche realisieren.

3. Analytisches Benchmarking
Das analytische Benchmarking vergleicht die Kennzahlen eines bestehenden Leistungsbereichs mit den Kennzahlen eines optimal geplanten und organisierten Leistungsbereichs, der die gleichen Funktionen hat und den gleichen Leistungsdurchsatz erbringt.

Das analytische Benchmarking ist aufwendiger als das externe oder interne Benchmarking. Es ermöglicht jedoch, die Verbesserungspotentiale eines Unternehmens hinreichend verläßlich abzuschätzen, eigene Handlungsmöglichkeiten zu erkennen und konkrete Maßnahmen zum Erreichen der erkannten Möglichkeiten zu planen und durchzuführen.

Das analytische Benchmarking ist mittelfristig der einzig zielführende Weg für Unternehmen, die besser werden wollen als der Wettbewerb und auch besser als der gegenwärtig beste eigene Leistungsbereich. Das reine Nachmachen, das *Me Too*, ist für Unternehmen, die auf Dauer am Markt bestehen wollen, keine Erfolgsstrategie.

5 Strategien

Eine Strategie ist ein Plan oder ein Verfahren zum Erreichen eines Ziels [220]. Strategien ziehen sich wie ein roter Faden durch die Logistik. Sie bieten oft die kostengünstigste Möglichkeit zur Leistungssteigerung und Kostenoptimierung und sind eine entscheidende Voraussetzung für den effizienten Einsatz der Technik. Die Konzeption von Strategien und die Untersuchung ihrer Wirksamkeit sind daher ebenso wichtig wie die Entwicklung neuer Techniken und Systeme [57].

Strategien werden in der Logistik zur Planung, bei der Realisierung und für den laufenden Betrieb benötigt. Dementsprechend gibt es

- *Lösungs- und Optimierungsstrategien* zur Planung und Optimierung neuer Systeme,
- *Nutzungs- und Belegungsstrategien* für den Einsatz geplanter oder vorhandener Systeme,
- *Dispositions- und Betriebsstrategien* für den laufenden Betrieb existierender Systeme.

Ein bestimmtes Ziel läßt sich in der Regel durch unterschiedliche Strategien erreichen. Wenn das Ziel qualitativ beschrieben ist, kann nur die relative *Wirksamkeit* der Strategien miteinander verglichen werden. Wenn eine *Zielfunktion* oder *Zielgröße* vorgegeben ist, läßt sich die Strategiewirksamkeit durch den Strategieeffekt quantifizieren :

- Der *Strategieeffekt* ist gleich dem Ausmaß, in dem ein Ziel durch die Strategie erreicht wird.

Der *Strategieeffekt* hängt von den *Leistungsanforderungen*, von den *Restriktionen* und von den *Strategievariablen* ab :

- *Strategievariable* sind Parameter, die bei vorgegebenen Leistungsanforderungen innnerhalb der Restriktionen variiert und zur Optimierung des Strategieeffekts genutzt werden können.

Bei vielen Strategien erreicht der Strategieeffekt bei einem bestimmten *Optimalwert* x_{opt} der Strategievariablen ein Maximum. Wird die Strategievariable über den Optimalwert hinaus verändert, verschlechtert sich der Strategieeffekt. Die Strategie ist dann *überzogen* und führt vom angestrebten Ziel weg. Wenn eine Strategie überzogen wurde, können die hieraus resultierenden Nachteile oder Abweichungen vom Optimum durch eine *Gegenstrategie* vermindert oder aufgehoben werden.

In der Logistik gibt es in allen Organisationsebenen eine Vielzahl von Strategien, die sich in ihrer Wirksamkeit gegenseitig beeinträchtigen können. Über die *Wirksamkeit* der Strategien der Logistik und ihre gegenseitige *Verträglichkeit* ist immer noch zu wenig bekannt.

Die Ziele, Rahmenbedingungen und Anforderungen bestimmen die Strategien. Erst wenn die Strategien klar definiert sind, können die Prozesse gestaltet und die Systeme dimensioniert werden. Ändern sich Ziele, Rahmenbedingungen oder Leistungsanforderungen, sind bisher verfolgte Strategien zu überprüfen oder neu zu entwickeln.

In diesem Kapitel werden die *Zielgrößen*, die *Grundstrategien* der Logistik sowie *Lösungs- und Optimierungsstrategien* behandelt. Die Entwicklung von Nutzungs- und Belegungsstrategien sowie von Dispositions- und Betriebsstrategien ist Gegenstand der nachfolgenden Kapitel.

5.1 Zielfunktionen und Zielgrößen

Die meisten Ziele der Logistik sind durch eine *Zielfunktion* oder eine *Zielgröße* quantifizierbar. Die Zielgröße soll durch eine Strategie oder einen Optimierungsprozeß entweder minimiert oder maximiert werden.

Primäre *Zielfunktionen* der Logistik sind die *monetären Zielgrößen*. Hierzu gehören *Betriebskosten*, *Investitionen*, *Leistungskosten* und *Kapitalrückflußdauer*. Die monetären Zielgrößen werden beeinflußt und beschränkt durch *nichtmonetäre Zielgrößen*, wie *Leistungssteigerung*, *Serviceverbesserung* und *Qualitätssicherung*.

1. Betriebskosten

Das Hauptziel der Planung und Optimierung eines *Logistiksystems* ist die Senkung der *Betriebskosten* in den betreffenden Leistungsbereichen. Die Betriebskosten sind eine Funktion des *Leistungsdurchsatzes* λ_i, der *Restriktionen* r_j und der *Strategievariablen* x_k:

$$K_{betr} = K_{betr}(\lambda_i\,;\,r_j\,;\,x_k) \qquad [DM/PE]\,. \qquad (5.1)$$

Bei der Optimierung der Betriebskosten ist als *Restriktion* zu berücksichtigen, daß in der Regel nur *begrenzte Investitionsmittel* zur Verfügung stehen. Daher sind nur Lösungen zulässig, deren Investition I geringer ist als die maximal zulässige Investition I_{max}.

Alle Lösungen müssen also die *Investitionsbedingung* erfüllen :

$$I < I_{max} \qquad [DM]. \qquad (5.2)$$

Die funktionale Abhängigkeit der Investitionen und Betriebskosten vom Leistungsdurchsatz und von den Strategievariablen ist in der Logistik häufig unstetig. Aufgrund von *Ganzzahligkeitseffekten* können sich die Logistikkosten mit der Variation eines Parameters sprunghaft ändern (s. *Kapitel* 6 und *12)*.

2. Leistungskosten
Zielfunktion der Optimierung einer *Auftrags-* oder *Logistikkette* sind die *Leistungskosten*

$$k_i = K_{betr} / \lambda_i \qquad [DM/LE_i]. \qquad (5.3)$$

Die Leistungskosten sind die Betriebskosten der Leistungsstellen, die an dem betrachteten Prozeß beteiligt sind, bezogen auf den *Durchsatz* λ_i $[LE_i/PE]$ der maßgebenden *Leistungseinheiten* LE_i (s. *Kapitel 6*).

Ein Unternehmen kann in der Regel nur einen Teil seiner Beschaffungs- und Belieferungskosten beeinflussen. Die Abgrenzung der beeinflußbaren von den nicht beeinflußbaren Kosten ist in vielen Fällen ein Problem und von der Marktmacht des Unternehmens abhängig.

Für die Optimierung der Beschaffungslogistik ist entscheidend, wieweit die in den Einkaufspreisen enthaltenen Logistikkosten der Lieferanten berücksichtigt werden. Das hängt davon ab, ob sich die Logistikkostenanteile der Einkaufspreise durch Verhandlungen verändern lassen.

3. Kapitalrückflußdauer
Da die Erträge aus einer Investition mit zunehmendem Abstand von der Gegenwart unsicherer sind, wird in vielen Unternehmen zur Begrenzung des *unternehmerischen Risikos* zusätzlich zur Forderung minimaler Betriebskosten und zur Vorgabe eines Investitionsrahmens eine *maximale Kapitalrückflußdauer* gefordert.

Die Kapitalrückflußdauer - auch *Return on Investment* (ROI) genannt - ist die Zeit, nach der eine Zusatzinvestition durch die dadurch erzielten Mehrerlöse oder Einsparungungen zurückgeflossen ist [58]. Die *Kapitalrückflußdauer* einer Lösung L_1 mit der Investition I_1 [DM] und den Betriebskosten BK_1 [DM/Jahr] im Vergleich zu einer Anfangslösung L_0 mit einer Investition I_0 und den Betriebskosten BK_0 ist

$$\mathbf{ROI = (I_1-I_0)/(BK_0-BK_1) \qquad [Jahre].} \qquad (5.4)$$

Wenn das Ziel einer Investition die Einsparung von Personal ist, folgt aus der begrenzten Kapitalrückflußdauer das *Entscheidungskriterium* :

- Die maximal zulässige *Investition pro eingesparte Vollzeitkraft* I_{VZK} [DM/VZK] ist bei einer geforderten Kapitalrückflußdauer T_{ROI} [Jahre], einem Zinssatz *z* [%/Jahr] und Personalkosten K_{VZK} [DM/VZK-Jahr]

$$\mathbf{I_{VZK} < K_{VZK}/(z/2+1/T_{ROI}) \qquad [DM/VZK].} \qquad (5.5)$$

Für unterschiedliche Personalkosten, Kapitalrückflußzeiten und Zinssätze sind in *Tabelle 5.1* die mit Hilfe von Beziehung (5.5) errechneten Investitionsgrenzwerte angegeben. Hieraus ist ablesbar :

- Hohe Personalkosten und niedrige Zinsen stimulieren Rationalisierungsinvestitionen und den Abbau von Arbeitsplätzen.

Personalkosten DM/Jahr	ROI und Zinsen 3 8,0%	5,0%	5 8,0%	5,0%	8 8,0%	5,0%	Jahre pro Jahr
50.000	130.000	140.000	210.000	220.000	300.000	330.000	DM
60.000	160.000	170.000	250.000	270.000	360.000	400.000	DM
70.000	190.000	200.000	290.000	310.000	420.000	470.000	DM
80.000	210.000	220.000	330.000	360.000	480.000	530.000	DM
100.000	270.000	280.000	420.000	440.000	610.000	670.000	DM

Tab. 5.1 Maximalel zulässige Investition pro eingesparte Vollzeitkraft in Abhängigkeit von Personalkosten, Kapitalverzinsung und ROI
ROI: geforderte Kapitalrückflußdauer (return on investment)

Die geforderte Kapitalrückflußdauer hängt von der Geschäftspolitik, der Ertragslage und der Situation am Kapitalmarkt ab. Sie liegt bei den meisten Unternehmen zwischen 3 und 8 Jahren.

In kurzfristig agierenden Unternehmen ist eine *Minimierung der Kapitalrückflußdauer* gegenüber einer nachhaltigen Betriebskostensenkung vorrangig. Eine solche Investitionspolitik birgt jedoch die Gefahr in sich, daß stets investitionsarme Lösungen bevorzugt werden, die schnell zu kleineren Ertragsverbesserungen führen. Langfristig kostenoptimale Lösungen, die mit höheren Investitionen verbunden sind, kommen in diesen Unternehmen kaum zur Ausführung.

4. Nichtmonetäre Zielgrößen
Nichtmonetäre Zielgrößen der Logistik ergeben sich aus den Zielen der Leistungssteigerung und der Qualitätssicherung. Zu *minimierende Zielgrößen* der *Leistungssteigerung* sind :

Personalbedarf
Transportmittelbedarf
Lagerplatzbedarf
Weglängen und Wegzeiten (5.6)
Transportnetzlänge
Transportzeiten und Durchlaufzeiten.

Zu *maximierende Zielgrößen* der *Leistungssteigerung* und *Nutzungsverbesserung* sind :

Leistung und Auslastung vorhandenen Personals
Transportleistung vorhandener Transportmittel
Leistungsvermögen eines gegebenen Transportnetzes
Nutzungsgrad von Transportstrecken, Trassen und Netzen (5.7)
Füllungsgrad von Ladeeinheiten und Transportmitteln
Nutzung vorhandener Lagerkapazitäten
Auslastung von Maschinen und Anlagen.

Eine Leistungssteigerung ist meist mit einem bestimmten Mitteleinsatz verbunden, während eine Nutzungsverbesserung oder Auslastungserhöhung in vielen Fällen auch ohne Mitteleinsatz möglich sind. Die Ziele der Leistungssteigerung und der Nutzungsverbesserung weisen also Wege zur Kostensenkung.

Zielgrößen der *Qualitätssicherung* sind (s. *Abschnitt 3.4.4*):

Lieferbereitschaft
Vollständigkeit
Termintreue
Schadensfreiheit (5.8)
Sendungsqualität
Zuverlässigkeit
Unfallfreiheit.

Die Zielwerte der Qualitätssicherung dürfen nur bis zu den geforderten *Qualitätsstandards* verbessert werden. Eine über die Standards hinausgehende Verbesserung ist meist mit unvertretbaren Zusatzkosten verbunden. Die Zielgrößen der Qualitätssicherung sind in der Regel *Restriktionen* für die Optimierung von Kosten und Leistungen.

Neben den Restriktionen, die aus der Qualitätssicherung resultieren, sind bei der Minimierung oder Maximierung der Zielfunktionen und Zielgrößen die in *Abschnitt 3.5* aufgeführten *Rahmenbedingungen* einzuhalten. Einige dieser Rahmenbedingungen sind durch *Mindestgrößen* und *Maximalgrößen* gegeben, wie

minimale Lagerdauer
maximale Lagerdauer
maximale Lieferzeiten (5.9)
maximale Laufzeiten
maximale Störquote.

Um zu vermeiden, daß sich *suboptimale Lösungen* ergeben, ist bei der Auswahl und Festlegung der Zielgrößen einer Planung oder Optimierung zu prüfen, wie weit mit einer Zielgröße das unternehmerische *Gesamtziel* erreicht wird [11].

5.2 Bündeln, Ordnen, Sichern

Ebenso wie viele Strategien der Unternehmensplanung lassen sich die meisten Strategien der Logistik zurückführen auf die Grundstrategien *Bündeln, Ordnen* und *Sichern* und die Gegenstrategien *Teilen, Umordnen* und *Entsichern* [57].

Die Grundstrategien stehen zueinander, wie in *Abb. 5.1* angedeutet, in einem Spannungsverhältnis, da sie nur begrenzt verträglich sind und sich teilweise gegenseitig ausschließen.

1. Bündeln
Aufträge, Sendungen, Bestellungen, Warenmengen, Transportströme, Bestände, Funktionen oder Prozesse werden nach zielabhängigen Kriterien *räumlich* oder

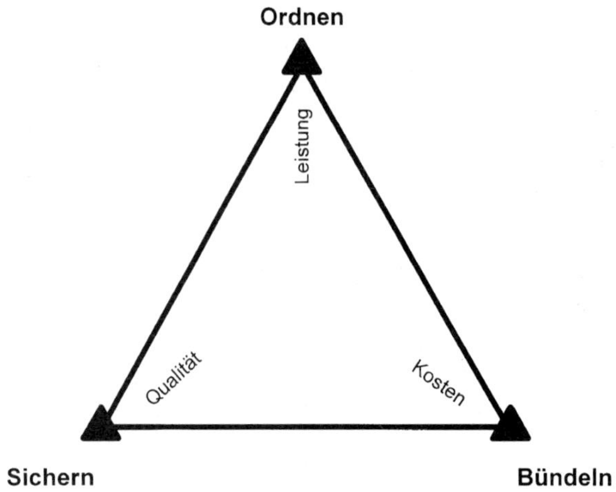

Abb. 5.1 Grundstrategien und Primärziele der Logistik

zeitlich zusammengefaßt. Die Bündelungsstrategien zielen meist auf eine *Kostensenkung* ab. Typische *Bündelungsstrategien* sind :

- Segmentieren von Sortiment, Aufträgen und Leistungsarten (s. *Abschnitt 5.5*) ,
- Zusammenfassen von Warenmengen durch Ladungsträger (s. *Kapitel* 12),
- Zusammenführen dezentraler Lagerbestände in einem Zentrallager (s. *Abschnitt 11.10*), (5.10)
- Konzentration von Dienstleistungen in Logistikzentren (s. *Abschnitte 1.5* und *1.7*)
- Bildung von Sammel-, Serien- oder Batchaufträgen (s. *Kapitel 10* und 11)
- Nachschub oder Fertigung in optimalen Losgrößen (s. *Kapitel* 11)
- Sammeln kleinerer Transportmengen zu Hauptlauftransporten (s. *Kapitel* 19).

Bündelungsstrategien sind meist einfach strukturiert und mit relativ geringem Organisationsaufwand verbunden. Sie erfordern aber oft eine längere Vorausplanung und einen größeren Technikeinsatz.

2. Ordnen
Aufträge, Sendungen, Prozeßketten, Abläufe, Bestände, Ladungsträger, Leistungsstellen, Flächen, Kapazitäten oder Betriebsmittel werden nach zielabhängigen Kriterien einander *zugeordnet*, in bestimmter *räumlicher Reihenfolge* angeordnet oder in eine *zeitliche Prioritätenfolge* gebracht.

Ordnungsstrategien sind meist auf das Ziel der *Leistungssteigerung* ausgerichtet. Indirekt können sie damit aber auch eine Kostensenkung bewirken.

Beispiele für *Ordnungsstrategien* sind :

- *ABC-Klassifizierung* (s. *Abschnitt 5.7*) und *XYZ-Analyse* (s. *Abschnitt 9.8*)
- *Pack- und Fülloptimierung* (s. *Kapitel 12)*
- *Fahrwegoptimierung* (s. *Abschnitt 18.11*) (5.11)
- *Reihenfolgeoptimierung* [13]
- *Prioritätenregelungen* (s. *Abschnitt 10.4*)
- *Standortoptimierung* [12].

Die Ordnungsstrategien zielen wie die Bündelungsstrategien darauf ab, anteilige Rüstzeiten zu senken, Volumenverluste und Platzbedarf zu reduzieren, Transportwege, Transportzeiten und Durchlaufzeiten zu verkürzen, Kapazitäten von Lagern, Transportmitteln und Betriebseinrichtungen besser auszulasten, Lagerbestände zu senken oder durch Spezialisierung die Effizienz zu verbessern.

Im Vergleich zu den Bündelungsstrategien sind die Ordnungsstrategien meist komplizierter und mit schwierigeren *Algorithmen* verbunden [13]. Wegen der Leistungsfähigkeit moderner Rechner aber lassen sich heute auch kompliziertere Odnungsstrategien mit vertretbarem Aufwand relativ rasch realisieren [11; 12].

3. Sichern

Sicherheitsstrategien sind erforderlich, um die unterschiedlichsten Sicherheitsanforderungen an die Systeme und Prozesse zu erfüllen. Sie bewirken, daß auch bei Ausfall, Fehlern oder unplanmäßigen Anforderungsänderungen die Leistungen mit ausreichender Sicherheit uneingeschränkt oder zumindest teilweise weiter erbracht werden können. Systeme, Prozeßketten, Funktionsabläufe, Organisation und Steuerung sowie Informations- und Kommunikationssysteme dürfen nicht nur nach Kosten- und Leistungsgesichtspunkten gestaltet sein. Sie müssen auch nach *Sicherheitskriterien* strukturiert und konzipiert werden.

Sicherheitsstrategien sind primär auf das Ziel der *Qualität* ausgerichtet. Sie beeinflussen jedoch in vielen Fällen auch das Leistungsvermögen und die Kosten. Sicherheitsstrategien sind beispielsweise :

- *Vorbeugungsstrategien*
- *Notfallstrategien*
- *Ausfallstrategien*
- *Flexibilität* (5.12)
- *Check and Balance*
- *Universilität*
- *Redundanz*
- *Sicherheitsbestände*
- *Sicherheitsbestimmungen.*

Die Kosten für eine Sicherheitsmaßnahme steigen mit dem Grad der geforderten Sicherheit. Extreme Sicherheit ist ein teures Ziel. So steigen beispielsweise die Kosten zur Sicherung einer geforderten Lieferfähigkeit mit zunehmender Lieferfähigkeit über alle Grenzen (s. *Abb. 11.8*). Absolute Liefersicherheit mit einer Lieferfähigkeit von 100 %, die von Kunden oft gefordert wird, ist unbezahlbar.

4. Strategiekombinationen und Gegenstrategien
Zur Verbesserung der Wirksamkeit oder zum Erreichen mehrerer Ziele lassen sich die Grundstrategien *Bündeln*, *Ordnen* und *Sichern* miteinander verbinden zu *Kombinationsstrategien*. Dabei ist jedoch zu berücksichtigen, daß nicht alle Strategien kompatibel sind. Durch die Kombination mehrerer Einzelstrategien oder durch das *Überziehen* einer Strategie kann es zu einer Minderung der Strategieeffekte kommen.

Wenn das Bündeln, Ordnen oder Sichern überzogen wird, kann das angestrebte Ziel verfehlt werden. In dieser Situation sind entsprechende Gegenstrategien zielführend. *Gegenstrategien* der logistischen Grundstrategien sind:

- *Teilen, Auflösen* oder *Vereinzeln* von Sendungen, Auftragsstapeln, Beständen oder Funktionen: Einzelbearbeitung statt Serienbearbeitung, Kleinserien statt Großserien, Einzeltransporte statt Sammeltransporte, Kleinmengen- oder Einzelbestellungen statt Großmengen- oder Sammelbestellungen, Spezialisierung statt Standardisierung, Dezentralisieren statt Zentralisieren, Delegieren statt Konzentrieren.
- *Umordnen* von Reihenfolgen, Prioritäten, Standorten, Funktionszuweisungen oder Bearbeitungsfolgen.
- *Entsichern*: Abbau übertriebener Kontrollen, Sicherheitsmaßnahmen, Sicherheitsbestände und Redundanz.

Wie in *Abb. 5.1* dargestellt, richtet sich jede der drei Grundstrategien *Bündeln*, *Ordnen* und *Sichern* primär auf eines der drei Hauptziele *Kosten*, *Leistung* und *Qualität*. In Verbindung mit den entsprechenden Gegenstrategien ist es daher möglich, eine *Strategienkombination* zur optimalen Lösung einer vorgegebenen Logistikaufgabe zu entwickeln.

5.3 Lösungs- und Optimierungsverfahren

Zur effizienten Planung und Optimierung von Systemen und Prozessen werden geeignete *Lösungs- und Optimierungsverfahren* benötigt. In der Logistik haben sich vor allem die nachfolgend beschriebenen *Lösungs-* und *Optimierungsverfahren* bewährt.

Planungsverfahren, Methoden und Instrumentarien können jedoch nicht die *Erfahrung* ersetzen. Nur wer die Probleme der Praxis und die Vielfalt der technischen und organisatorischen Lösungsmöglichkeiten kennt, wer gute und schlechte Lösungen im Betrieb gesehen und die Folgen von Fehlern erfahren hat, kann erfolgreich planen und Lösungen, wie auch immer sie gewonnen wurden, beurteilen [223].

1. Analytische Lösungskonstruktion und Optimierung
In einem *iterativen Gestaltungs- und Optimierungsprozeß* werden nach einer *Analyse* und *Segmentierung* der Leistungsanforderungen unter Berücksichti-

gung der Rahmenbedingungen geeignete *Teillösungen* entwickelt, ausgewählt, dimensioniert und zu einer *Gesamtlösung* kombiniert. Dabei wird nach *Auswahlregeln*, *Gestaltungsregeln* und *Planungsregeln* gearbeitet, die aus allgemeinen Überlegungen resultieren. Zur Dimensionierung und Optimierung werden *analytische Zusammenhänge* und allgemeingültige *Berechnungsformeln* genutzt.

Wenn das Leistungsvermögen oder die Kosten einer Teil- oder Gesamtlösung von mehreren *Gestaltungsparametern* und *Strategievariablen* abhängen, wird die Lösung zur Optimierung als *mathematisches Modell* in einem Programm abgebildet. Ein solches Programm zur *analytischen Simulation* erfaßt den strukturellen Aufbau eines betrachteten Systems oder einer Leistungskette und enthält die funktionalen Zusammenhänge zwischen den *Leistungsanforderungen*, den *Strategievariablen* und den *Zielgrößen* in Form von Berechnungsformeln und Algorithmen. Die *analytische Simulation* durch mathematische Modelle beruht also auf theoretisch hergeleiteten funktionalen Zusammenhängen und Berechnungsformeln (s. *Abschnitt 3.9*).

2. Lösungsfindung und Optimierung mit Hilfe von OR-Verfahren

Nach bekannten *Auswahlverfahren* des *Operations Research* (OR), wie *Branch and Bound* (B&B), *Lineares Programmieren* (LP) und *Simplex-Verfahren*, wird aus den möglichen Lösungen eines definierten Problems mit einer vorgegebenen *Zielfunktion* systematisch die optimale Lösung ausgewählt. Nach *heuristischen Verfahren*, z.B. nach dem *Eröffnungsverfahren* mit *Add-* oder *Drop-Algorithmus* oder nach dem *Gradienten-Suchverfahren* wird eine annähernd optimale Lösung gesucht [11; 12; 13].

Die Zusammenhänge zwischen Leistungsanforderungen, Parametern und Zielgrößen sind jedoch in der Logistik häufig *nichtlinear*, die Anforderungen *zeitlich veränderlich* und die Probleme *dynamisch*. Die OR-Verfahren zur Lösung linearer und statischer Probleme sind daher zur Lösung logistischer Probleme nur bedingt geeignet. Die klassischen Lösungsverfahren des *Operations Research* haben außerdem den Nachteil, daß der Zusammenhang zwischen der Struktur der Leistungsanforderungen und Rahmenbedingungen einerseits und den Eigenschaften der nach aufwendigen Rechnungen resultierenden Lösungen andererseits häufig nur schwer durchschaubar ist.

Viele OR-Arbeiten konzentrieren sich auf die *Modellbildung*, für die oft vereinfachende und manchmal auch realitätsfremde Annahmen gemacht werden, auf die *Klassifizierung der Problemtypen* und auf die ausführliche Darstellung der *mathematischen Verfahren* zur Lösung dieser Modellprobleme. Eine Diskussion der Eigenschaften und praktischen Konsequenzen der Lösungen, die zum Verständnis und zur Plausibilisierung notwendig wäre, ist nur selten zu finden [233].

Für *statische Probleme* mit *linearer Zielfunktion* gibt es zahlreiche nützliche OR-Algorithmen, wie die Verfahren zur *Reihenfolgeoptimierung*, zur *Tourenplanung*, zur *Packoptimierung* und zur Lösung von *Zuordnungsproblemen*. Für nichtlineare und dynamische Probleme geben die OR-Verfahren wertvolle Anregungen zur analytischen Lösungskonstruktion und für die Optimierung [11; 12; 13].

3. Digitale Simulation
Bei der digitalen oder stochastischen Simulation werden die Eigenschaften der Systemelemente und die Struktur eines vorgegebenen Logistiksystems in einem *Simulationsmodell* auf dem Rechner abgebildet [59; 60; 61]. Ein *Zufallsgenerator* erzeugt mit angenommenen *Zeit-* und *Häufigkeitsverteilungen* Aufträge und Ladeeinheiten, die in das Modellsystem einlaufen. Durch Zählungen an den Ein- und Ausgängen der einzelnen Leistungsstellen, der Teilsysteme und des Gesamtsystems wird vom Rechner ermittelt, in welchen Zeiten die einlaufenden Mengenströme durchsetzbar sind, wo Staus auftreten und wieweit Rückstaus zu Blokkierungen führen.

Die digitale Simulation ist ein *Experiment* mit einem Modell, das bereits vorhanden ist. Wie das Realexperiment ist das Modellexperiment geeignet zum Test theoretischer Vorhersagen. Nicht geeignet ist das Experiment jedoch zur Lösungskonstruktion und zur Herleitung allgemein gültiger Gesetzmäßigkeiten und funktionaler Zusammenhänge. Das gilt auch für die digitale Simulation.

Die digitale Simulation ist ein nützliches Hilfsmittel zur *Überprüfung* der Funktions- und Leistungsfähigkeit sowie des *Zeitverhaltens* komplexer Systeme, die mit Hilfe analytischer Verfahren entwickelt und optimiert wurden. Durch eine digitale Simulation wird geprüft, ob das im Rechner abgebildete System die eingegebenen Leistungsanforderungen mit den angenommenen Zeitverteilungen und Schwankungen erfüllt. Daher gilt :

- Die digitale Simulation einer analytisch konstruierten und optimierten Lösung auf dem Rechner erhöht die *Planungssicherheit* und erlaubt eine Untersuchung des dynamischen *Betriebsverhaltens* bei zeitlich rasch veränderlicher Belastung und verschiedenen *Betriebsstrategien.*

Offen bleibt bei der Digitalen Simulation jedoch, warum das System funktioniert, ob sich die geforderten Leistungen nicht auch durch ein einfacheres System erfüllen lassen und durch welche Strategien das System optimiert werden kann [231].

5.4 Optimierungsprozeß

Zur Konstruktion, Gestaltung und Optimierung von Teilsystemen, Gesamtsystemen und Leistungsketten ist innerhalb der einzelnen Planungsphasen, die in *Abschnitt 3.2* beschrieben wurden, ein iterativer Optimierungsprozeß mit zunehmendem Detaillierungsrad zu durchlaufen.

Dieser Optimierungsprozeß mit seinen 10 *Optimierungsschritten* ist in *Abb. 5.2* dargestellt. Die *Arbeitsinhalte* der 10 Optimierungsschritte für Logistiksysteme und Logistikprozesse sind:

1. Ermittlung der Anforderungen

Festlegung der Funktionen
Ermittlung der Leistungsanforderungen (5.13)
Erfassen der Rahmenbedingungen

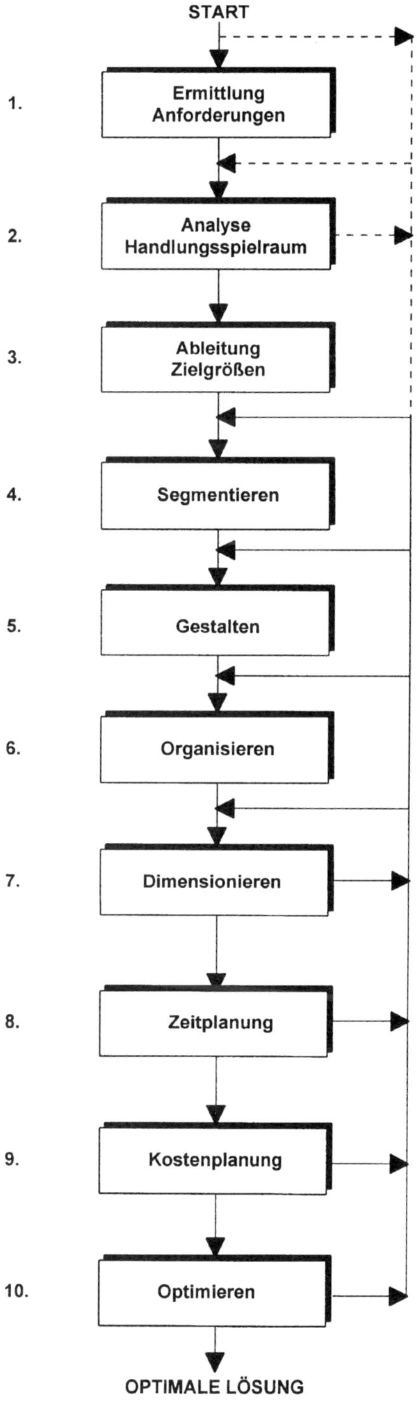

Abb. 5.2 Schritte des Optimierungsprozesses

2. Ableitung der Zielgrößen

zu maximierende Zielgrößen
zu minimierende Zielgrößen (5.14)
Mindest- und Maximalgrößen

3. Analyse der Handlungsspielräume

Systemelemente
Gestaltungsparameter
Strategien (5.15)
Strategievariable

4. Segmentieren

Bündeln und Ordnen der Artikel
Bündeln und Ordnen der Aufträge (5.16)
Bündeln und Ordnen der Sendungen
Zuordnung von Ladungsträgern und Transportmitteln

5. Gestalten

Auswahl von Systemelementen
Zusammenfügen zu Teilsystemen
Kombination der Teilsysteme (5.17)
Auswahl und Gestaltung der Prozesse und Leistungsketten
Verknüpfen der Teilprozesse zu Gesamtprozessen

6. Organisieren

Aufbau von Organisation und Steuerung
Entwicklung von Nutzungs-, Dispositions- und Betriebsstrategien (5.18)
Konzeption der Hard- und Softwarekonfiguration.

7. Dimensionieren

Berechnen und Festlegen von Abmessungen, Kapazität und Anzahl der Ladeeinheiten,

Dimensionieren der Lagermodule, Kommissionierbereiche, Flächen und Räume,

Festlegung von Kapazitäten und Geschwindigkeiten von Fördersystemen und Transportmitteln, (5.19)

Berechnung des Bedarfs an Transportmitteln, Umschlaggeräten, Fördermitteln, Flurförderzeugen, Kommissionier- und Lagergeräten und anderer Betriebseinrichtungen,

Ermittlung des Personalbedarfs.

8. Zeitplanung

Festlegung von Betriebszeiten, Arbeitszeiten und Schichtplänen
Erarbeitung von Fahrplänen (5.20)
Berechnung von Durchlaufzeiten und Lieferzeiten
Planung von Versand- und Zustellzeiten.

9. Investitions- und Kostenplanung

Ermittlung der Investitionen
Kalkulation der Betriebs- und Leistungskosten für *Eigenleistungen* (5.21)
Ermittlung oder Anfrage der Leistungspreise für *Fremdleistunge*
Berechnung der *Logistikleistungskosten*

10. Optimieren

Zielwertoptimierung durch Variation der freien Parameter
Vergleich und Bewertung der Lösungsmöglichkeiten
Vorschlag der optimalen Lösung (5.22)
Entscheidung.

Zum Vergleich von *konkurrierenden Lösungen*, mit denen bei Erfüllung der Mindestanforderungen und annähernd gleichen Betriebskosten weitere Ziele unterschiedlich gut erreichbar sind, ist die *Nutzwertanalyse* geeignet (s. *Abschnitt 3.11*).

Dabei werden nur Lösungen miteinander verglichen, die nicht bereits aufgrund von *K.O.*-Kriterien ausscheiden, wie die Nichterfüllung von Mindestanforderungen, von unverrückbaren Rahmenbedingungen oder von unabdingbaren Zielen. Monetäre Zielgrößen, wie die Investitionen und die Betriebskosten, dürfen nicht in die zu bewertenden Ziele einbezogen werden, da sich monetäre Werte nicht durch Punkte quantifizieren und auch nicht in Punkte umrechnen lassen.

5.5 Segmentieren und Klassifizieren

Ein erster wichtiger Schritt der Planung von Logistiksystemen und der Gestaltung von Prozeßketten ist das Segmentieren und Klassifizieren von Aufträgen, Sortiment, Sendungen und Leistungen in *Klassen* oder *Cluster* mit logistisch ähnlichen Eigenschaften.[1] Das Segmentieren ist eine *Bündelungsstrategie*, deren *Strategievariablen* die *Zuordnungskriterien* sind.

1 Die sogenannte „Klassenlogistik" ist als Lehre von den Klassen, Mengen und ihren Beziehungen ein Bestandteil der *formalen Logik*, die früher als „Logistik" bezeichnet wurde [220].

1. Sortimentseinteilung
Die Sortimentseinteilung nach vertrieblichen und logistischen Kriterien ist der erste Schritt der Sortimentsanalyse und Sortimentsgestaltung (s. *Abschnitt 5.8*). Logistische Sortimentseinteilungen sind beispielsweise :

- *Lagerhaltige Artikel*, die ab Lager geliefert werden, und *nichtlagerhaltige Artikel*, die kundenspezifisch beschafft oder erzeugt werden.
- *Selbst hergestellte* und *fremd beschaffte* Ware.
- Artikel mit *anhaltendem Bedarf* und Artikel mit *kurzzeitigem Bedarf*, wie die *Aktionsware*.
- Warengruppen mit logistisch ähnlicher *Beschaffenheit*, wie gleiche Handhabbarkeit, gleiche Größen- und Gewichtsklassen oder gleiche Wertigkeit.

2. Auftragssegmentierung

- Klassifizierung der Aufträge nach *Auftragswert* oder nach *Auftragsvolumen* in A-, B- und C-Aufträge, wie *Kleinaufträge, Normalaufträge* und *Großaufträge.*
- Einteilung der Aufträge in *Einpositionsaufträge* und *Mehrpositionsaufträge* sowie in *Einzelstückaufträge* und *Mehrstückaufträge.*
- Segmentierung nach *Dringlichkeit*, wie *Eilaufträge, Aufträge mit Standardlieferzeit* und *Aufträge mit festem Liefertermin.*
- Einteilung der Aufträge nach *Schwierigkeitsgrad, Bearbeitungsumfang* und erforderlicher *Kompetenz* in *Standardaufträge, Spezialaufträge, Fachaufträge* und *Sonderaufträge.*

3. Bestandssegmentierung

- Einteilung der Artikel nach *Bestandswert, Bestandsmenge* oder *Lagervolumen* in A-, B- und C-Artikel.
- Bildung von Warengruppen ähnlicher *Lageranforderungen*, wie Sicherheitsware, Kühlware, Kleinteile oder Sperrigwaren.
- *Segmentierung nach Ladungsträgern*, z.B. in *Behälterware* und in *Palettenware.*
- Aufteilung der Artikel nach Bestand oder Anliefermengen in *Paletten oder Behälter pro Artikel*, um daraus die optimale Lagerart und die optimale Platzzuweisung abzuleiten.
- *Zuordnung zu Lagersystemen*, wie Blocklager, Fachbodenlager, Einplatzlager, Mehrplatzlager oder Durchlauflager.

Das Segmentieren der Bestände nach Ladungsträgern und die Zuordnung zu Lagersystemen sind bereits entscheidende Schritte der Lagerplanung, für die geeignete *Zuordnungskriterien* und *Lagerbelegungsstrategien* benötigt werden.

4. Sendungssegmentierung

- Einteilung nach Dringlichkeit in *Expreß-, Termin-* und *Normalsendungen.*
- Unterscheidung nach Sendungsinhalt in *Einzelstücksendungen* und *Mehrstücksendungen* oder in *Gefahrgut-, Schwergut-* und *Wertsendungen.*
- Aufteilung nach Sendungsgröße in *Kleinsendungen* und *Großsendungen.*
- Klassifizierung nach Versandarten in *Paket-, Stückgut-, Teilladungs-* und *Ganzladungssendungen* (s. *Abschnitt 19.2*).

- Differenzierung nach Sendungszusammensetzung in *homogene Sendungen*, die nur aus gleichartigen Packstücken bestehen, und in *inhomogene Sendungen*, die unterschiedliche Packstücke, wie Pakete und Paletten, enthalten.

5. Transportklassifizierung

- Einteilung nach *Ladungsträgern*, wie Versandbehälter, Paletten, Container oder Wechselbrücken.
- Aufteilung der Transportaufträge in *Spontantransporte*, die zu jedem beliebigen Zeitpunkt anfallen und ausgeführt werden müssen, und in *Regeltransporte*, die zu absehbaren Zeiten in voraussehbaren Mengen anfallen und nach *Fahrplan* durchführbar sind.
- Klassifizierung nach *Beschaffenheit des Transportgutes*, wie Schüttgut, Gase, Flüssigkeiten, Stückgut, Briefe, Paketware, Gefahrgut, Wertgut, Frisch- und Kühlwaren, Möbel oder Schwerlasten.
- Einteilung nach *Verkehrsträgern*, wie *Straßen-*, *Schienen-*, *Wasser-* und *Lufttransport.*
- Unterscheidung nach eingesetzten *Transportmitteln*, wie PKW, LKW, Kleintransporter, Sattelauflieger und Lastzug, Frachtflugzeuge und Passagierflugzeuge oder Seeschiffe, Küstenschiffe und Binnenschiffe.
- Unterteilung in *intramodale Transporte*, die mit nur einem Transportmittel durchgeführt werden, und *kombinierte* oder *intermodale Transporte*, für deren Durchführung nacheineinander unterschiedliche Transportmittel eingesetzt werden.
- Differenzierung nach *Herkunfts- und Zielgebieten*, wie Länder, Umschlaggebiete, Sammel- und Zustelltouren, oder nach *Relationen.*
- Unterscheidung nach *Transportzeiten*, *Laufzeiten* und *Terminierung* in Eil- oder Expreßtransporte, in Normal-, Linien- oder Plantransporte und in terminierte Abholung oder Zustellung.

Die Zuordnung der Transportaufträge zu bestimmten Ladungsträgern und Transportmitteln, die Auswahl der Transportart und die Aufteilung nach Zielgebieten sind entscheidende Handlungsmöglichkeiten für die Planung und Optimierung von Logistiksystemen und Leistungsketten. Die hierfür benötigten *Zuordnungskriterien* und *Berechnungsformeln* zur Quantifizierung der Strategieeffekte werden in *Kapitel 19* entwickelt.

5.6 Spezialisieren und Diversifizieren

Die Einteilung in Auftragsgruppen, Artikelklassen und Leistungsarten sowie die damit verbundene Auswahl und Zuweisung von Ladungsträgern, Lagersystemen und Transportmitteln führen auf das *Problem der Spezialisierung* und die damit verbundenen *Grundsatzfragen* :

- Wieweit ist es zweckmäßig, für die Artikelklassen unterschiedliche Umschlag-, Lager- und Kommissioniersysteme zu schaffen und für die Auftragsgruppen verschiedene Transportmittel und Transporttechniken einzusetzen, die auf den *speziellen* Bedarf ausgelegt sind?

- Wieweit lassen sich möglichst wenige, *universell* nutzbare Ladungsträger, Lagersysteme, Transportmittel und Leistungsstellen einsetzen?

Spezialisierte Umschlag-, Lager- und Kommissioniersysteme sind erfahrungsgemäß nur in großen Logistikzentren sinnvoll. Spezialisierte Ladungsträger, Transportmittel und Transportsysteme sind nur bei anhaltend großem Transportaufkommen und gleichbleibendem Transportgut wirtschaftlicher als universelle Systeme.

Wenn zu erwarten ist, daß sich die Leistungsanforderungen und die Sortimentsstrukturen im Verlauf der Nutzungsdauer verändern, sollte bei der Gestaltung von Logistiksystemen der *Grundsatz maximaler Flexibilität* beachtet werden [62]:

- Nur so viele unterschiedliche Ladungsträger, Transportmittel, Lagersysteme, Kommissionierbereiche, Leistungsstellen und Transportsysteme wie technisch unbedingt nötig, so wenige und so universell nutzbare Einheiten und Systeme wie möglich.

Mit dem Problem der Spezialisierung von Technik und Systemen eng verbunden ist das Problem der *Sortimentsbreite* und der *Variantenvielfalt*:

- Wie breit *muß* das *Artikelspektrum* eines Handelsssortiments, wie groß die *Variantenvielfalt* eines Produktionsprogramms sein, um die Anforderungen des Marktes zu erfüllen, und wie groß *dürfen* Sortiment und Vielfalt maximal sein, um ausreichende Erträge zu erwirtschaften?

Das zentrale Problem der Sortimentsbreite und der Variantenvielfalt ist permanent, besonders kritisch aber im Vorfeld jeder Planung, zu untersuchen und zu entscheiden. Die Logistik muß hierfür die *Leistungskosten* transparent machen, die mit der Beschaffung, der Herstellung und der Distribution eines Artikels oder einer Variante verbunden sind.

5.7 ABC-Analyse

Die ABC-Analyse ist ein Verfahren der Strukturanalyse, das von Logistikern und Unternehmensberatern gern genutzt aber auch häufig mißbraucht wird [80; 229]. Der praktische Nutzen ist in vielen Fällen begrenzt, die Gefahr zu falschen Schlüssen groß. Nur eine richtig durchgeführte ABC-Analyse kann bei kritischem Umgang mit den Ergebnissen Anregungen zur Lösung eines konkreten Problems geben.

1. Pareto-Klassifizierung und Lorenzkurve

Die Pareto-Klassifizierung ist eine Anordnung einer Anzahl von Objekten nach abnehmender Größe einer meßbaren Eigenschaft. Die Menge der *Objekte* mit einer *Gesamtanzahl* N kann bestehen aus

Aufträgen
Artikeln
Sendungen (5.23)
Kunden
Konsumenten.

Zu untersuchende *Eigenschaften* mit einer definierten *Maßeinheit* und einer *Gesamteigenschaftsmenge* M sind beispielsweise

Umsatz [DM/Jahr]
Absatzmenge [Stück/Jahr]
Bestandswert [DM/Artikel]
Bestandsmenge [Stück/Artikel]
Deckungsbeitrag [DM/Artikel]
Positionsanzahl [Pos/Auftrag] (5.24)
Auftragsmenge [ME/Auftrag]
Kaufkraft [DM/Jahr]
Lieferzeit [Tage/Auftrag]
Zustellzeit [Tage/Sendung] .

Das Ergebnis der Pareto-Klassifizierung ist die *Lorenzkurve*.[2] Auf der Abzisse eines Lorenzdiagramms ist der prozentuale Anteil p_N der Gesamtzahl N aller Objekte und auf der Ordinate der prozentuale Anteil $p_M(p_N)$ der Eigenschaftsmenge der Objekte an der betrachteten Gesamteigenschaftsmenge M als Funktion von p_N aufgetragen. Als Beispiel zeigt *Abb.* 5.3 die Lorenzkurven für die Verteilung von Absatz- und Bestandsmengen der Artikel eines lagerhaltigen Handelssortiment.

2. ABC-Klassifizierung
Zur ABC-Analyse kann die Objektmenge nach der Eigenschaftsverteilung oder die Eigenschaftsmenge nach der Objektverteilung klassisifiziert werden. Den beiden Analysemöglichkeiten entsprechen die *reguläre ABC-Klassifizierung* und die *inverse ABC-Klassifizierung*:

- Eine *reguläre ABC-Klassifizierung* ist die Aufteilung der Gesamtzahl N der Objekte in A-, B- und C-Objekte mit den Anzahlen N_A, N_B und N_C in einem festen Verhältnis

$$N_A : N_B : N_C = p_{NA} : p_{NB} : p_{NC} \tag{5.25}$$

2 Die *Lorenzkurve* hat ihren Namen nach *M.O. Lorenz*, der diese Form der Darstellung 1905 zur Veranschaulichung der bereits von *V. Pareto* untersuchten Einkommensverteilung in einer Volkswirtschaft vorgeschlagen hat. In der Volkswirtschaft werden die Objekte in der Regel nach *aufsteigendem* Eigenschaftswert geordnet. Dadurch verlaufen die volkswirtschaftlichen Lorenzkurven unterhalb der Diagonalen [63; 220].

und die Angabe der auf diese Anzahlen entfallenden *Anteile* M_A, M_B, M_C,.... an der *Gesamteigenschaftsmenge*

$$M_A : M_B : M_C = p_{MA} : p_{MB} : p_{MC} \,. \tag{5.26}$$

Üblich ist eine Einteilung im Verhältnis $N_A : N_B : N_C = 5\,\% : 15\,\% : 80\,\%$. Das Ergebnis einer ABC-Analyse der Artikel eines Handelssortiments mit der *in Abb. 5.3* dargestellten Lorenzkurve ist in *Tabelle 5.2* wiedergegeben. Hiernach entfallen zum Beispiel auf die 5 % A-Artikel 39 % der Absatzmenge.

- Eine *inverse ABC-Klassifizierung* ist die Aufteilung der Gesamteigenschaftsmenge M in einem festen Verhältnis (5.26) und die Angabe der auf diese Mengenanteile entfallenden Anteile (5.25) der Objektanzahlen.

Vielfach üblich, aber nicht zwingend ist eine Einteilung in drei Klassen mit dem Mengenanteil

$$p_{MA} : p_{MB} : p_{MC} = 80\,\% : 15\,\% : 5\,\% \,. \tag{5.27}$$

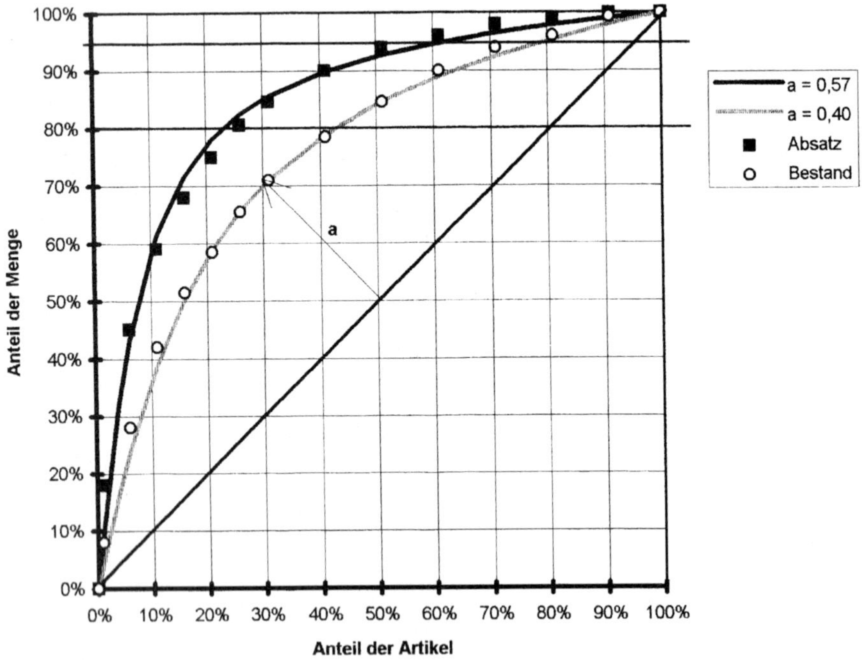

Abb. 5.3 Lorenzkurven von Absatz und Bestand eines Kaufhaussortiments

Punkte: Ergebnisse der Absatz- und Bestandsanalyse
Kurven: Parametrisierte Lorenzkurven
Parameter: Absatz-Lorenzasymmetrie $\alpha_A = 0{,}57$
Bestands-Lorenzasymmetrie $\alpha_B = 0{,}40$

	Objekte		Eigenschaft		
	Artikel		**Absatzmenge**		
Klasse	Anteil	Anzahl	Anteil	Menge	Einheit
A-Objekte	**5%**	1.500	**39%**	24,6	Mio.WST/a
B-Objekte	**15%**	4.500	**38%**	23,9	Mio.WST/a
C-Objekte	**80%**	24.000	**23%**	14,5	Mio.WST/a
Gesamt	100%	30.000	100%	63,0	Mio.WST/a

Tab. 5.2 ABC-Analyse der Eigenschaftsverteilung von Objekten
Objekte Artikel eines Handelssortiments
Eigenschaft Jahresabsatzmenge

	Eigenschaft			Objekte	
	Absatzmenge			**Artikel**	
Klasse	Anteil	Menge	Einheit	Anteil	Anzahl
A-Objekte	**80%**	50,4	Mio.WST/a	**23%**	6.900
B-Objekte	**15%**	9,5	Mio.WST/a	**39%**	11.700
C-Objekte	**5%**	3,2	Mio.WST/a	**38%**	11.400
Gesamt	100%	63,0	Mio.WST/a	100%	30.000

Tab. 5.3 Inverse ABC-Analyse der Objektverteilung einer Eigenschaft
Eigenschaft Jahresabsatzmenge (WST = Warenstücke)
Objekte Artikel eines Handelssortiments

Für das in *Abb. 5.3* dargestellte Beispiel des Handelssortiments ist das Ergebnis der inversen ABC-Klassifizierung bezüglich der *Absatzmenge* in *Tabelle 5.3* wiedergegeben.

Hiernach ist das Anteilsverhältnis der Artikel mit den *Absatzanteilen* 80 % : 15 % : 5 % gleich 23 % : 39 % : 38 %. Das Anteilsverhältnis der Artikel mit den *Bestandsanteilen* 80 % : 15 % : 5 % ist davon abweichend gleich 43 % : 39 % : 18 %. Die häufig behauptete *80:20 -Regel*, nach der 80 % der Menge auf 20 % der Merkmalsträger entfällt, gilt in diesem Fall nur annähernd für den Absatz und nicht für die Bestände. Allgemein gilt:

- Die sogenannte 80:20-Regel ist in den meisten Fällen unzutreffend.

Da sehr unterschiedliche Eigenschaftsmengen, wie Umsätze, Absatzmengen, Auftragspositionen, Bestandswerte, Bestandsmengen oder Bestandsvolumina, betrachtet werden können, gibt es in der Logistik eine Vielzahl von Lorenzkurven und entsprechend viele mögliche ABC-Klassifizierungen, die sich in der Regel deutlich voneinander unterscheiden. So sind die 20 % aller Artikel, die den größten Wertumsatz haben, nicht gleich den 20 % Artikeln mit dem größten Volumendurchsatz. Auch die ersten 20 % aller Artikel, die den größten Bestand haben, sind nicht immer gleich den 20 % Artikel mit dem größten Verbrauch, auch wenn zwischen Beständen und Verbrauch bei optimaler Nachschubdisposition eine Korrelation besteht.

Weiterhin ist bei der Analyse von ABC-Verteilungen vergangener Perioden zu beachten, daß die Renner von heute nicht die Renner von morgen sind. Das wird oftmals nicht beachtet und führt zu falschen Schlüssen.

3. Parametrisierung der Lorenzkurve

Die ABC-Analyse ist der erste Schritt vieler *Bündelungs-* und *Ordnungsstrategien*. Bevor eine ABC-Analyse durchgeführt wird, die in der Regel mit Aufwand verbunden ist und einige Zeit erfordert, sollten in jedem Fall der geplante Einsatz und das damit verfolgte Ziel bekannt sein. Der Einsatz und die Strategie bestimmen die Abgrenzung der Objekte, die zu analysierenden Eigenschaften und die Art der ABC-Aufteilung.

Weder das übliche Anteilsverhältnis (5.27) noch die Begrenzung auf drei Klassen sind zwingend und für viele Anwendungszwecke auch nicht sinnvoll. Durch eine Dreiklasseneinteilung mit einem festen Anteilsverhältnis wird vielmehr eine Optimierungsmöglichkeit verschenkt. Generell gilt für die ABC-Analyse der *Grundsatz*:

- Die Anzahl der Objektklassen und die Anteile der Objektanzahlen oder Eigenschaftsmengen sind frei wählbar und zur Optimierung nutzbare *Strategievariable*.

Für differenzierte Analysen und Optimierungsrechnungen wird daher eine *Parametrisierung* der Lorenzkurve benötigt. Die Analyse vieler Sortimente von Handels- und Industrieunternehmen und der theoretisch möglichen Verläufe von Lorenzkurven ergibt:

- Die Lorenzkurve läßt sich für logistische Optimierungsrechnungen ausreichend genau parametrisieren durch die Funktion

$$p_M = 1 + \left(\left(2 - (1-\alpha)^2 \right) \cdot p_N - \sqrt{4 \cdot p_N^2 - 4 \cdot (1-\alpha)^2 \cdot p_N^2 + (1-\alpha)^4} \right) / (1-\alpha)^2 . \quad (5.28)$$

Die *Lorenzasymmetrie* α ist ein Parameter mit Werten zwischen 0 und 1. Sie ist proportional zur maximalen Abweichung der Lorenzkurve von der Diagonalen und muß empirisch bestimmt werden.

Die Funktion (5.28) ist eine um 45° gedrehte *Hyperbel*. Bei *Gleichverteilung* ist die Lorenzasymmetrie $\alpha = 0$ und die Lorenzkurve gleich der diagonal verlaufenden Graden $p_M = p_N$. Bei extremer *Ungleichverteilung* ist die Lorenzasymmetrie $\alpha = 1$ und die Lorenzkurve eine horizontale Grade $p_M = 1$.

4. Einsatzmöglichkeiten und Gefahren
Einsatzmöglichkeiten der ABC-Analyse sind :

- *Konzentration* bestimmter Maßnahmen auf die wichtigsten Repräsentanten einer Gesamtheit von Objekten,
- *Test* der Auswirkung einer Maßnahme an einer kleinen Anzahl von Repräsentanten mit großem Eigenschaftsanteil,
- *Spezialisierte Lösungen* für die unterschiedlichen Klassen der Objektgesamtheit,
- *Zeilenreduktion durch Auftragsbündelung (s. Abschnitt 17.12)*,
- *Bereinigung* durch Streichen von C-Objekten,
- *Unterdrückung* von A-Objekten,
- *Begünstigung* von B- oder C-Objekten.

Mit diesen Nutzungsmöglichkeiten ist jedoch eine Reihe von Gefahren verbunden, die Anlaß sind für den häufigen Mißbrauch und die enttäuschenden Ergebnisse vieler ABC-Analysen. Hierzu gehören :

- Falsche Hochrechnung von einer kleinen Objektanzahl auf die Objektgesamtheit,
- Vernachlässigung der Auswirkungen auf die B- und C-Objekte,
- Nichtberücksichtigung der zeitlichen Veränderlichkeit der Klassenzugehörigkeit,
- Unzulässige Wertung einer Verteilung.

Die nachfolgenden Beispiele der logistischen Sortimentsanalyse zeigen eine Anwendungsmöglichkeit der ABC-Analyse. Weitere *Nutzanwendungen* und die Grenzen der ABC-Analyse sind die *Schnellläuferstrategien* zur Senkung der mittleren Wegzeiten (s. *Abschnitt 17.6*) und die *Auftragsbündelung* zu Serienaufträgen (s. *Abschnitt 17.12*).

5.8 Sortimentsanalyse

Ziel der Sortimentsanalyse ist die Unterstützung des Vertriebs bei der *Sortimentsgestaltung* und *Sortimentsentwicklung* (s. *Abschnitt 14.3*). Die Sortimentsanalyse beginnt mit der Sortiments*einteilung* nach vertrieblichen und logistischen Eigenschaften und Zielsetzungen in verschiedene Kategorien.

Für die Logistik sind vor allem folgende *Klassifizierungskriterien* zur Sortimentseinteilung von Bedeutung :

- *Lagerhaltigkeit*: lagerhaltige und nicht lagerhaltige Artikel;
- *Absatzgebiete*: lokale, regionale und überregionale Sortimente; nationale, europäische und internationale Produkte (s. *Abschnitt 9.7*);
- *Gängigkeit*: A-Artikel mit hohem, B-Artikel mit mittlerem und C-Artikel mit geringem Absatz;

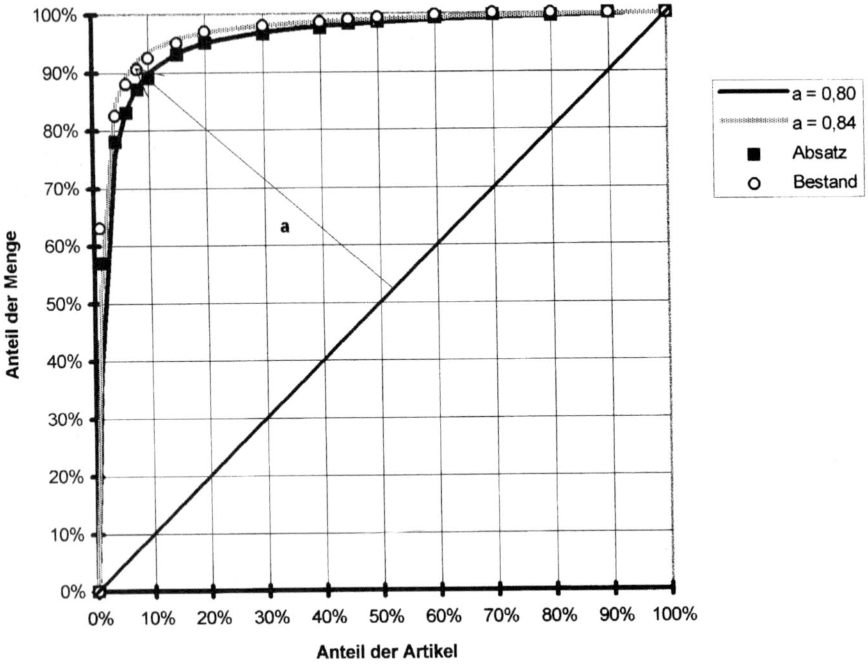

Abb.5.4 Lorenzkurven von Absatz und Bestand eines Computersortiments

Punkte: Ergebnisse der Absatz- und Bestandsanalyse
Kurven: Parametrisierte Lorenzkurven
Parameter: Absatz-Lorenzasymmetrie $\alpha_A = 0{,}80$
Bestands-Lorenzasymmetrie $\alpha_B = 0{,}84$

- *Verbrauchsart*: X-Artikel mit regelmäßigem, Y-Artikel mit unregelmäßigem und Z-Artikel mit sporadischem Bedarf (s. *Abbildung 9.8*)
- *Wertigkeit*: hochwertige, mittelwertige und geringwertige Güter;
- *Einsatzzweck*: Investitionsgüter, Verschleißteile, Ersatzteile, Verbrauchsgüter, Konsumgüter, Nahrungs- und Genußmittel;
- *Verwendungsbreite*: Normteile, Standardartikel, Spezialartikel, Sonderartikel, Kundenanfertigung;
- *Lebensdauer*: verderblich, kurzlebig, langlebig, unverderblich, dauerhaft;
- *Lebenszyklus*: mehrjährig, einjährig, saisonal, modisch;
- *Fehlmengenkosten*: Kosten der Nichtverfügbarkeit eines Artikels, wie Gewinnausfall, Deckungsbeitragsverlust, Ersatzbeschaffungskosten oder Stillstandskosten;
- *Verpackungsart*: lose Ware; abgepackte Ware in Säcken, Dosen, Flaschen, Fässern, Tüten, Schachteln, Blisterpackungen, Paketen, Containern und anderen Gebinden;
- *Variantenvielfalt*: Einvariantengüter; Mehrvariantengüter mit Größen-, Farben-, Material-, Qualitäts-, Komponenten- und Ausführungsunterschieden;

- *Zusammensetzung*: Einkomponentenartikel, Mehrkomponentenartikel, Teilanlagen, Gesamtanlagen, Systeme und Bauwerke.

Für Mehrkomponentenartikel und Mehrvariantenartikel, die vom Unternehmen selbst gefertigt, montiert, abgefüllt oder verpackt werden, benötigt die Logistikdisposition eine *Stückliste*, in der die Beschaffenheit, die Anzahl und die Herkunft aller Komponenten aufgelistet sind. Außerdem werden für die Teile und Komponenten, aus denen die Artikel des Lieferprogramms zusammengesetzt sind, *Verwendungslisten* benötigt, aus denen hervorgeht, in welchen Artikeln sie in welcher Menge eingesetzt werden.

Die logistische Klassifizierung des Sortiments hat Auswirkungen auf die *Auftragsdisposition* und *Produktionsplanung*, auf die Höhe der Nachschubmengen und Sicherheitsbestände sowie auf die Auswahl der Lager-, Kommissionier- und Transportsysteme. Sie beeinflußt außerdem die Gestaltung und Optimierung der Lieferketten. Wegen der großen Tragweite darf eine Sortimentseinteilung niemals endgültig sein. Sie muß immer wieder in Frage gestellt und überprüft werden.

Das gilt speziell für die ABC-Klassifizierung des Sortiments nach den Eigenschaften

Umsatzwert und Absatzmenge
Bestandswert und Bestandsmenge (5.29)
Deckungsbeitrag und Gewinn.

Abb. 5.3 zeigt die Lorenzkurven der Absatz- und Bestandsmengen, die aus einer Sortimentsanalyse der Artikel eines Kaufhaussortiments resultieren. In *Abb. 5.4* sind die davon erheblich abweichenden Lorenzkurven von Absatz und Bestand eines Großhandelsunternehmens für Computerbedarf dargestellt. In beiden Fällen sind in die Diagramme die Parametrisierungen der Lorenzkurven mit Hilfe der Funktion (5.28) eingetragen.

Für das *Handelssortiment* ist die Lorenzasymmetrie der *Bestandsverteilung* mit $\alpha_B = 0{,}40$ deutlich kleiner als die Lorenzasymmetrie der *Absatzverteilung* $\alpha_A = 0{,}57$. Für das *Computersortiment* ist dagegen die Lorenzasymmetrie der Bestandsverteilung mit $\alpha_B = 0{,}84$ größer als der Lorenzasymmetrie der Absatzverteilung, die $\alpha_A = 0{,}80$ beträgt. Beide Werte sind wesentlich größer als die entsprechenden Werte des Handelssortiments.

Bei optimaler Nachschubdisposition dürfen die Bestände von Artikeln mit regelmäßigem Verbrauch und prognostizierbaren Bedarf nur mit der Wurzel aus dem Absatz ansteigen (s. *Kapitel* 11). Daraus folgt die allgemeine *Regel*:

- Bei optimaler Nachschubdisposition lagerhaltiger Artikel mit regelmäßigem Verbrauch ist die Lorenzasymmetrie der Bestände geringer als die Lorenzasymmetrie der Verbräuche.

Wenn die Lorenzkurven der Verbräuche und Bestände wie für das Beispiel des Computersortiments von dieser Regel abweichen, ist das ein Indiz für einen hohen Anteil von Aktionsware oder für eine falsche Bestands- und Nachschubdisposition (s. *Abschnitt 11.9*).

Außerdem gibt die Größe der Lorenzasysmmetrie für den Absatz Hinweise auf die Angemessenheit der Sortimentsbreite. Hier gilt die *Erfahrungsregel*:

- Eine Lorenzasymmetrie der Absatzverteilung, die deutlich größer als 1/2 ist, kann ein Indiz sein für ein zu breites Sortiment.

Nach dieser Regel ist das Computersortiment ausgeufert. Aufgrund dieser Diagnose wurde eine *Differentialanalyse* des Computersortiments durchgeführt, in der nicht nur die Lorenzkurven sondern auch ihre *Verteilungsdichten* analysiert werden (s. *Abschnitt 9.2*). Dabei wurden die Bestands- und Absatzverteilungen von Aktionsware und Dispositionsware getrennt untersucht. Das Sortiment wurde um ca. 20 % Ladenhüter bereinigt. Die Einführung einer optimalen Nachschubdisposition führte zu erheblichen Bestandsreduzierungen vor allem der A-Artikel.

6 Logistikkosten

Die Logistikkosten werden in den Unternehmen unterschiedlich definiert. Bei Umfragen geben selbst Unternehmen der gleichen Branche Logistikkosten an, die stärker voneinander abweichen, als sich durch die Unterschiede ihrer Logistik erklären läßt [37].

Nachprüfungen zeigen, daß einige Unternehmen die Zinsen und Abschriften für Bestände oder die Kosten für externe Logistikdienstleister nicht zu den Logistikkosten zählen, während andere auch die in den Einkaufspreisen enthaltenen Logistikkosten ihrer Lieferanten oder die Kosten der Einkaufstätigkeit den Logistikkosten zurechnen. Im Extremfall wird sogar der Einkaufswert der beschafften Waren als Bestandteil der Logistikkosten angesehen.

Ein weiteres, nicht nur auf die Logistik beschränktes Problem ist die *Preisgestaltung für Dienstleistungen*. Die Käufer einer Leistung erwerben kein materielles Produkt sondern immaterielle, nicht lagerbare Leistungen, die ihnen einen *unmittelbaren Nutzen* bringen sollen. Die herkömmlichen Verfahren der Kostenrechnung und Preisbildung, die für materielle Produkte entwickelt wurden, sind auf Dienstleistungen nur begrenzt übertragbar. Die Preise für logistische Leistungen sind daher häufig nicht miteinander vergleichbar oder irreführend [14, 64; 65].

Zur Kalkulation von Leistungskosten bietet sich die *Prozeßkostenrechnung* an [58, 66]. Über die Definition, die Einflußfaktoren und die Kalkulation der *Prozeßkosten* bestehen jedoch in der Logistik unterschiedliche Auffassungen. Das gilt vor allem für die Leistungskosten *multifunktionaler Logistiksysteme*, für die Leistungspreise von *zusammengesetzten Logistikleistungen* und für die Berücksichtigung der *Fixkosten* bei der Kalkulation der Leistungspreise.

Noch schlechter als mit der Definition und Kalkulation ist es mit der *Erfassung* der Logistikkosten bestellt. Obgleich die Logistikkosten im Handel eine Höhe von 15 bis über 25 % des Umsatzes erreichen und weit mehr als ein Drittel der Handelsspanne aufzehren können, werden sie nur in wenigen Handelsunternehmen über alle Stufen der Logistikkette von der Rampe der Lieferanten bis zur Verkaufsbereitstellung in den Filialen erfaßt. Auch in der Industrie, deren Logistikkosten in der Regel zwischen 5 und 15 % des Umsatzes liegen, gibt es nur wenige Unternehmen, die ihre Logistikkosten gesondert erfassen und regelmäßig kontrollieren [36].

Die *Kalkulation* und *Budgetierung* der Logistikkosten sowie die laufende *Erfassung* und *Kontrolle* von Leistung, Qualität und Kosten der logistischen Leistungsbereiche sind Aufgaben des *Logistikcontrolling*. Das Controlling soll das Management bei der Planung optimaler Systeme und der Steuerung der Prozesse unterstützen. Außerdem soll das Controlling *Handlungsbedarf* und *Handlungsmöglichkeiten* zur Leistungssteigerung, Qualitätsverbesserung und Kostensenkung aufzeigen [58; 67; 223].

Wie genau und für welche Bereiche der Unternehmenslogistik Leistung, Qualität und Kosten erfaßt, analysiert und kontrolliert werden, ist abhängig von der Höhe der Logistikkosten in Relation zur Wertschöpfung, von den Kernkompetenzen und Zielen des Unternehmens und von der speziellen Aufgabe. Generell gilt hier der Grundsatz: „Weniger ist mehr". Besser ein Controlling in größeren Zeitabständen mit wenigen aussagefähigen Zahlen und angemessener Genauigkeit als ein Controlling, das permanent alle erdenklichen Leistungsdaten und Kostenanteile differenziert erfaßt und ohne Kenntnis des Informationsbedarfs eine Unmenge allgemeiner Kennzahlen erzeugt [58].

Nicht eine hohe Genauigkeit und große Differenzierung der Leistungs- und Kostenangaben sind entscheidend. Maßgebend sind die *praktische Brauchbarkeit* und der *Verwendungszweck*. Für den Vergleich der *Logistikkosten* in und zwischen Unternehmen sowie der *Leistungspreise* von Logistikdienstleistern muß vor allem sichergestellt sein, daß sie die gleichen *Leistungsstellen*, die gleichen *Kostenbestandteile*, den gleichen *Leistungsumfang* und die gleichen *Leistungsarten* betreffen.

In diesem Kapitel werden die Betriebskosten von Logistiksystemen und die Leistungskosten für Logistikleistungen definiert, die Grundlagen der Logistikkostenrechnung dargestellt, die Abhängigkeiten zwischen Kosten und Leistungen erläutert und die wichtigsten Möglichkeiten zur Kostensenkung zusammengestellt. Ein besonderes Gewicht hat dabei das *Fixkostendilemma der Logistik*. Hierauf aufbauend wird im folgenden Kapitel ein System zur *Leistungs- und Qualitätsvergütung* konzipiert, das zur Vergütung von Logistikdienstleistern und zur Entwicklung verursachungsgerechter Tarifsysteme der Logistik geeignet ist.

6.1 Betriebskosten und Leistungskosten

Entsprechend den beiden Aspekten der Leistungssysteme werden zwei verschiedene *Arten* der *Kostenrechnung* benötigt: Der stationären Sicht entspricht die *Betriebskostenrechung*, der dynamischen Sicht die *Prozeßkosten-* oder *Leistungskostenrechnung*.

1. Betriebskostenrechnung

Die *Betriebskosten* K_{betr} [DM/PE][1] sind die in einer definierten *Planungsperiode* [PE] zu erwartenden oder in einer *Abrechnungsperiode* angefallenen Kosten einer Leistungsstelle, eines Betriebs oder eines Systems, das bestimmte *Leistungs-*

1 1 DM steht hier und nachfolgend für Geldeinheiten [GE], die auch Euro oder Dollar sein können (1,00 DM = 0,51 € = 0,55 $)

arten LA_i, $i = 1,2 \ldots N$, in geplanten Mengen λ_i [LE_i/PE] erbringen soll oder in erfaßten Mengen erbracht hat.

Die *Betriebskostenrechung* ist eine *periodenbezogene Vollkostenrechnung* aus *stationärer Sicht*. Sie ist erforderlich für die Planung von Systemen und für die *Kosten- und Erfolgs-Rechnung* (KER) der Unternehmen [66].

Die *Logistikkosten* K_{log} [DM/PE] sind die Betriebskosten einzelner logistischer Leistungstellen, von Logistiksystemen oder eines Logistikbetriebs.

2. Leistungskostenrechnung
Die *Prozeßkosten* oder *Leistungskosten* k_i [DM/LE_i] sind die auf den *Leistungsdurchsatz* λ_i [LE_i/PE] bezogenen *partiellen Betriebskosten* K_i, die von einer bestimmten Leistungsart LA_i in einer Leistungsstelle, einem Betrieb oder einem System verursacht werden:

$$k_i = K_i / \lambda_i \qquad [DM/LE_i]. \tag{6.1}$$

Um die Leistungskosten für eine Leistungsstelle oder ein System, das mehr als eine *Leistungsart* erbringen kann, mit Hilfe der Beziehung (6.1) kalkulieren zu können, müssen die Betriebs- oder Logistikkosten *verursachungsgerecht* auf die verschiedenen Leistungsarten aufgeteilt werden:

$$K_{log} = \sum_i K_i . \tag{6.2}$$

Zur verursachungsgerechten, eindeutigen und objektiv nachvollziehbaren Aufteilung der Betriebskosten werden geeignete *Kostenzuweisungsregeln* benötigt.

Die *Prozeß- oder Leistungskostenrechnung* ist eine *durchsatzbezogene Vollkostenrechnung* aus *dynamischer Sicht*. Sie wird auch als *Activity Based Costing* (ABC) bezeichnet und benötigt zur Optimierung von Prozeßabläufen und Prozeßketten sowie zur Kalkulation von Stückkosten, Leistungskosten, Stückpreisen und Leistungspreisen [58; 68; 223].

Die Prozeßkosten für die Erzeugung materieller Leistungen, also von physischen Produkten, sind die *Produktions-* oder *Herstellkosten* [DM pro Stück]. Die Prozeßkosten für die Erzeugung immaterieller Leistungen sind die *Leistungskosten* [DM pro Leistungseinheit]. Die Leistungskosten der Logistik entsprechen also den Herstellkosten der Fertigung.

6.2 Logistikkostenrechnung

Wie die allgemeine Kostenrechnung eines Unternehmens umfaßt die Logistikkostenrechnung die *Vorkalkulation*, die *Mitkalkulation* und die *Nachkalkulation* [14, 58].

1. Vorkalkulation
Die Vorkalkulation oder *Plankostenrechnung* hat die Aufgabe, die Betriebskosten eines vorhandenen oder geplanten Logistiksystems zu kalkulieren, das in einem *zukünftigen Planungszeitraum* erwartete Logistikleistungen erbringen soll. Er-

gebnisse der Plankostenrechnung sind *Plan-Logistikkosten* und *Soll-Leistungskosten*.

Die Vorkalkulation dient der *Entscheidungsunterstützung* bei der Planung von Systemen und Prozessen, der *Kostenrechnung* für zukünftige Betriebsperioden und der *Kalkulation* von Preisen und Tarifen für Logistikleistungen.

2. Mitkalkulation

Die Mitkalkulation hat die Aufgabe, die im Verlauf einer *Abrechungsperiode* erbrachten Logistikleistungen und die dadurch verursachten Kosten laufend zu erfassen und zu kontrollieren. Ergebnisse der Mitkalkulation sind Informationen über die aktuelle Auslastungs- und Kostensituation.

Die Kenntnis der aktuellen Logistikkosten und der Auslastung ermöglicht den Entscheidungsträgern, rechtzeitig gegenzusteuern und Maßnahmen zur Kostensenkung oder zur Auslastungsverbesserung einzuleiten.

Außerdem dient die Mitkalkulation der laufenden *Abrechnung* und *Vergütung* erbrachter Logistikleistungen eines Logistikdienstleisters zu den vereinbarten Leistungspreisen oder eines Logistikbetriebs im eigenen Unternehmen zu den festgelegten Kostensätzen.

3. Nachkalkulation

Die Nachkalkulation hat die Aufgabe, aus den erfaßten Einzelkosten eines *vergangenen Abrechnungszeitraums* die Betriebskosten eines Logistiksystems zu kalkulieren, das in diesem Zeitraum bestimmte Logistikleistungen in bekannten Mengen erbracht hat. Ergebnisse der Nachkalkulation sind *Ist-Logistikkosten* und *Ist-Leistungskosten*, die mit den entsprechenden Plan-Werten verglichen werden können.

Aus dem *Soll-Ist-Vergleich* lassen sich Schlüsse für die zukünftige Plan-Kostenrechnung und die Preiskalkulation ziehen. Die wichtigsten *Ursachen* für Abweichungen der Ist- von den Soll-Logistikkosten sind:

- Über- oder unterplanmäßige *Kosten* für die Einsatzfaktoren der Leistungserzeugung, insbesondere der Personalkosten.
- Über- oder unterplanmäßiger *Einsatz* von Personal, Material oder Betriebsmitteln für die Leistungserzeugung.
- Von der Planung abweichende *Leerfahrtanteile* der eingesetzten Transportmittel oder *Kapazitätsnutzung* der Lade- und Transporteinheiten.
- Über- oder unterplanmäßiger *Inanspruchnahme* des Leistungsvermögens des Logistiksystems für die verschiedenen Leistungsarten.

Die ersten beiden Ursachen von Soll-Ist-Abweichungen sind in der Regel vom Planer und Betreiber des Logistiksystems zu vertreten.

Höhere Leerfahrtanteile und schlechtere Kapazitätsnutzung können aus einer falscher Planung oder aus einer schlechten Disposition des Betreibers resultieren, aber auch durch veränderte Transportrelationen oder geringere Lager- und Transportmengen verursacht sein, die von den Nutzern zu vertreten sind. Ebenso ist die über- oder unterplanmäßige Inanspruchnahme des Leistungsvermögens entweder die Folge einer schlechten Planung und Bedarfsabschätzung durch den Planer und Betreiber oder von falschen Bedarfsangaben der Nutzer.

Für *geschlossene Logistiksysteme*, deren Leistungen nur von einem oder von einer kleinen Anzahl Unternehmen in Anspruch genommen werden, muß das Risiko von Bedarfsänderungen und der daraus resultierenden Unterauslastung bereitgehaltener Ressourcen von den Nutzern getragen werden. Für geschlossene Logistiksysteme dient die Nachkalkulation daher der Verteilung auslastungsbedingter Überschüsse oder Mehrkosten auf die Nutzer.

Für *offene Logistiksysteme*, deren Leistungen am Markt angeboten und die von vielen wechselnden Kunden genutzt werden, muß der Logistikdienstleister das *Risiko* von Bedarfsänderungen und Unterauslastung selbst tragen, da er auch die Chance erhöhter Gewinne aus einer günstigeren Bedarfsstruktur und besseren Auslastung hat. Außerdem kann der Logistikdienstleister über seine Verkaufsorganisation zusätzliche Kunden gewinnen und durch seine Preispolitik eine verstärkte Nutzung stimulieren. Für offene Logistiksysteme wird das *Struktur- und Auslastungsrisiko* in die Leistungspreise einkalkuliert (*s. Abschnitt 7.2*).

6.3 Zusammensetzung der Logistikkosten

Die Logistikkosten setzen sich zusammen aus den *spezifischen Logistikkosten* und *logistischen Zusatzkosten*:

- Die *spezifischen Logistikkosten* umfassen alle Kosten einer Leistungsstelle, eines Leistungsbereichs oder eines Unternehmens, die durch die speziellen Logistikleistungen *Transport, Umschlag, Lagern, Kommissionieren* und *Bereitstellen* verursacht werden.
- Die *logistischen Zusatzkosten* umfassen die Kosten für operative *logistische Neben- und Zusatzleistungen*, wie Versandverpackung, Etikettieren, Ausladen, Konfektionieren und Leerguthandling, sowie für *administrative Leistungen*, die mit der Erzeugung der Logistikleistungen einhergehen, wie Planung, Disposition, Qualitätssicherung und Controlling.

Nicht zu den Logistikkosten zählen die Kosten für die Produktion von Gütern und für die Erzeugung nichtlogistischer Leistungen. So sind die Kosten für Entwicklung, Konstruktion, Einkauf, Marketing, Vertrieb und Verwaltung keine Logistikkosten. Ebensowenig zählen die Ausgaben für den Kauf von Handelsware oder von Einsatz-, Roh-, Hilfs- und Betriebsstoffen der Produktion zu den Logistikkosten. Auch die Kosten für *Verkaufsverpackungen* sind Teil der Herstellkosten.

Bei der Optimierung und Gestaltung der Unternehmenslogistik ist jedoch zu beachten, daß die Logistik auch die nicht logistischen Kosten des Unternehmens beeinflußt. Ziel der Unternehmenslogistik muß daher sein, nicht allein die Logistikkosten sondern die Summe aller Kosten eines Unternehmens zu senken.

1. Bestandteile der Logistikkosten

Die Logistikkosten setzen sich aus folgenden *Bestandteilen* zusammen, die in der Regel von der Kostenrechnung gesondert erfaßt werden [14; 58; 66; 67; 223]:

- *Personalkosten*: *Löhne* für gewerbliche und *Gehälter* für angestellte Mitarbeiter mit logistischen Aufgaben einschließlich *Nebenkosten* für Steuern, Abgaben, Urlaub, Krankheit, Abwesenheit usw.
- *Raum- und Flächenkosten*: *Abschreibungen* und *Zinsen* für eigene sowie *Mieten* und *Leasingkosten* für fremde Bauten, Hallen, Flächen und Außenanlagen sowie damit verbundene Kosten für Energie, Heizung, Klima, Instandhaltung und Bewachung.
- *Strecken- und Netzkosten*: *Abschreibungen* und *Zinsen* für eigene sowie *Mieten* und *Gebühren* für die Nutzung fremder Fahrwege, Transportstrecken, Fahrtrassen, Straßen, Autobahnen, Schienennetze oder Verkehrswege.
- *Betriebsmittelkosten*: *Abschreibungen, Zinsen, Reinigungs- und Instandsetzungskosten* für eigene sowie *Mieten* und *Leasingkosten* für fremde Betriebsmittel, wie Regale, Stapler, Transportmittel, Krananlagen, Fördertechnik, Handhabungseinrichtungen und andere *Logistikgewerke* einschließlich zugehöriger Steuerungstechnik und Prozeßrechner sowie die von den Betriebsmitteln verursachten Kosten für *Energie, Wartung* und *Reparatur.*
- *Ladungsträgerkosten*: *Abschreibungen* und *Zinsen* für eigene sowie *Miete* und *Leasingkosten* für fremde Ladungsträger, wie Paletten, Behälter, Gestelle, Kassetten und Container.
- *Sachkosten*: Ausgaben für *Transportverpackungen, Ladungssicherung, Etiketten* und anderes Material, das in Verbindung mit den Logistikleistungen verbraucht wird.
- *Datenverarbeitungskosten*: *Abschreibungen und Zinsen* für eigene sowie *Mieten* und *Leasingkosten* für fremde *Rechner-Hard- und Software*, soweit diese für die logistische Leistungsstellen im Einsatz sind.
- *Fremdleistungskosten*: *Frachten* und *Vergütungen* für Logistikleistungen und *Mieten* für Lagerplätze oder Abstellplätze.
- *Steuern, Abgaben, Versicherungen und Gebühren,* die im Zusammenhang mit der Erbringung der Logistikleistungen anfallen.
- *Vorlaufkosten*: Abschreibungen und Zinsen für aktivierte Kosten der *Planung* und des *Projektmanagement* sowie *Anlaufkosten*, die bis zum Beginn der wirtschaftlichen Nutzung einer Leistungsstelle oder eines Logistiksystems aufgelaufen sind.
- *Bestandskosten*: *Zinsen* und *Abschriften* auf Material und Waren in der gesamten Logistikkette, also in Lagern, auf Pufferplätzen und in Bewegung.

Bei der Kalkulation der Bestandskosten werden häufig nur die Zinskosten für die Kapitalbindung berücksichtigt und die *Abschriften* für Wertverluste, Unverkäuflichkeit, Verderb und Schwund der Bestände vernachlässigt. Die Höhe der Abschriften auf die Bestände aber kann bei modischen, verderblichen, hochwertigen oder technisch rasch veraltenden Produkten die Höhe der Zinskosten durchaus erreichen oder sogar überschreiten.

2. Arten der Logistikkosten
Abhängig von der Funktion der Leistungsstelle, der Art der Leistung und der Verantwortung für die Leistungserbringung lassen sich die Logistikkosten einteilen in:

- *Transport-, Lager-, Umschlags-, Kommissionier-* und *Bereitstellkosten*
- *Beschaffungskosten, Distributionskosten* und *Entsorgungskosten*
- *operative* und *administrative Logistikkosten*
- *innerbetriebliche* und *außerbetriebliche Logistikkosten*
- *direkte und indirekte Logistikkosten*
- *eigene* und *fremde Logistikkosten.*

Die *direkten Logistikkosten* sind gleich den anteiligen Betriebskosten aller operativen und administrativen Leistungsstellen, die für die Logistik tätig sind und ihre logistische Leistungen gesondert erfassen. *Indirekte Logistikkosten* sind Kosten von administrativen Stellen, wie Personalabteilung, Planungsabteilung oder Geschäftsleitung, die indirekt für die Logistik tätig sind, und von operativen Stellen, die ihre Logistikleistungen nicht gesondert erfassen.

Außer bei den Logistikdienstleistern, deren Geschäftszweck die Logistik ist, stehen den Logistikkosten in der Regel keine nennenswerten Einnahmen für Logistikleistungen gegenüber. Daher ist es nur bei Logistikunternehmen und für Logistikbetriebe, die als *interne Dienstleister* arbeiten, sinnvoll, die direkten Logistikkosten durch die Umlage von *indirekten Logistikkosten*, wie anteilige Gemeinkosten für Verwaltung und Vertrieb, zu belasten. Werden die Umsätze des Unternehmens nicht mit logistischen Produkten und Leistungen erzielt, sollten zur Vermeidung unnötiger Komplikationen nur die direkten Logistikkosten, die in diesem Fall selbst Gemeinkosten sind, verursachungsgerecht auf die Artikel oder Aufträge umgelegt werden.

Zu den *fremden Logistikkosten* gehören die in den Einkaufspreisen enthaltenen Logistikkosten der Lieferanten. Die Höhe dieser *Lieferantenlogistikkosten* ist abhängig von den *Lieferbedingungen*, wie *Frei Haus* und *Ab Werk*, der *Anlieferform*, der *Sendungsstruktur* und dem gebotenen *Lieferservice*. Die Logistikkosten der Lieferanten werden von der Unternehmenslogistik und den *Beschaffungsstrategien* der Abnehmer beeinflußt [69].

3. Fixe und variable Logistikkosten
Zur Beurteilung unterschiedlicher Lösungsvarianten sowie für die Kalkulation von Leistungskosten und Leistungspreisen müssen die Logistikkosten in fixe und variable Kosten aufgeteilt werden [14]:

$$K_{log} = K_{var} + K_{fix}. \tag{6.3}$$

Die *Abgrenzung* von fixen und variablen Kosten ist nicht immer so eindeutig, wie allgemein angenommen wird.

Die *variablen Logistikkosten* K_{var} sind die Anteile der Logistikkosten, die sich mit dem Leistungsdurchsatz verändern und bei einer anhaltenden Nichtinspruchnahme von Leistungen vermeiden lassen. Zu den variablen Logistikkosten zählen:

- *nutzungsabhängige Abschreibungen* für die Abnutzung von Betriebsmitteln und Transportmitteln infolge der betriebsbedingten Inanspruchnahme,
- *Wartungs- und Instandhaltungskosten* von Transportmitteln, Ladungsträgern und anderen Betriebsmitteln mit nutzungsabhängigem Verschleiß,
- *Personalkosten* für gewerbliche und angestellte Mitarbeiter, soweit deren Anzahl, Arbeitszeiten und Entlohnung dem Leistungsbedarf angepaßt werden können,
- *Sachkosten* der operativen und administrativen Leistungsstellen, soweit diese unmittelbar von den erbrachten Logistikleistungen verursacht werden,
- *Betriebskosten* für mobile Einrichtungen und Geräte, wenn sich die Anzahl dem Leistungsbedarf anpassen läßt,
- *Verbrauchskosten* für Kraftstoffe, Energie, Beleuchtung, Heizung und Klimatisierung von Flächen, Gebäuden und Betriebsmitteln,
- nutzungsabhängige Strecken- und Netzkosten,
- leistungsabhängige Fremdleistungskosten,
- nutzungsabhängige Steuern, Abgaben, Versicherungen und Gebühren,
- Bestandskosten für den bedarfsabhängig veränderlichen Anteil der Bestände.

Die Nutzungsabhängigkeit der Wartungs- und Instandhaltungskosten für Transportmittel und andere Betriebsmittel wird bei der Kalkulation der Logistikkosten häufig nicht richtig berücksichtigt. So ist es falsch, die leistungsabhängigen Wartungs- und Instandhaltungskosten für alle Kalkulationsperioden mit einem festen Prozentsatz vom Investionswert anzusetzen und damit wie Fixkosten zu behandeln. Die Wartungs- und Instandhaltungskosten steigen im Verlauf der Nutzung an und erreichen am Ende der Gesamtnutzungsdauer den Nutzungswert [70].

Bestimmte Anteile der Kosten lassen sich einer sich ändernden Leistungsinanspruchnahme nicht so weit anpassen, wie häufig unterstellt wird. Beispielsweise muß bei Jahresarbeitszeitverträgen mit flexibler Einsatzzeit dem Arbeitnehmer oft eine bestimmte *Mindeststundenzahl* pro Jahr garantiert werden, die auch bei geringerer Inanspruchnahme am Jahresende zu vergüten ist.

Die *fixen Logistikkosten* K_{fix} sind die Anteile der Logistikkosten, die unabhängig von der Erbringung der Logistikleistungen permanent anfallen und auch bei anhaltender Nichtinanspruchnahme bestehen bleiben. Wesentliche Bestandteile der fixen Logistikkosten sind:

- *nutzungsunabhängige Abschreibungen* für den *zeitlichen Wertverlust* von Flächen, Gebäude, Anlagen, Verkehrswegen, Transportnetzen, Transportmitteln und Betriebsmitteln, die zum Erhalt der *Leistungsbereitschaft* permanent vorgehalten werden,
- *kalkulatorische Zinsen* auf das investierte Kapital,
- *feste Mieten und Leasingkosten*,
- *feste Personalkosten* für Mitarbeiter, die als *Mindestbesetzung* oder *Bereitschaftsdienst* auch dann anwesend sein müssen, wenn keine Leistungen in Anspruch genommen werden,
- *fixe Fremdleistungskosten*, soweit sie unabhängig von der Leistungsnutzung anfallen,

- *feste Steuern, Abgaben, Versicherungen* und *Gebühren,*
- *Vorlaufkosten* aus aktivierten Planungs-, Projektmanagement- und Beratungsleistungen,
- *konstante Bestandskosten* für den Anteil der Bestände, der sich bei einem Rückgang des Bedarfs nicht abbauen läßt.

Die fixen Logistikkosten sind nicht immer so fest und unabhängig von der Leistung, wie vielfach angenommen wird. So ist eine genaue Trennung zwischen nutzungsunabhängigen und nutzungsbedingten Abschreibungen für Industriebauten, Transportnetze und Verkehrswege in vielen Fällen schwierig.

6.4 Abschreibungen und Zinsen

Die Logistikkosten hochtechnisierter Systeme, die große Investitionen erfordern, werden maßgebend von den *Abschreibungen* und *Zinsen* bestimmt. Für die Kalkulation von Abschreibungen und Zinsen gibt es unterschiedliche Verfahren, die von der betriebswirtschaftlichen Zielsetzung, wie Finanzierung, Bilanzierung, Kostenrechnung, Preiskalkulation oder Investitionsrechnung, abhängen [14; 70].

Für Investitionsentscheidungen, Betriebskostenrechnungen und Preiskalkulationen ist das nachfolgend dargestellte Verfahren einer *nutzungsnahen Abschreibung* mit konstanten *Zinsen auf das halbe Investitionskapital* am besten geeignet. Abgesehen von seiner Einfachheit sind die Vorteile dieses Verfahrens eine bei gleichbleibender Nutzung bis zum Ende der wirtschaftlichen Nutzungsdauer *konstante Kostenbelastung* und die Möglichkeit zur *verursachungsgerechten Fixkostenverteilung.*

Andere Kalkulationsverfahren, beispielsweise die steuerlich zulässige degressive Abschreibung über kurze Zeiträume oder eine zu Anfang hohe, mit der Tilgung abnehmende Zinsbelastung, sind mit zeitabhänigen Kostenbelastungen verbunden, verschleiern die Zusammenhänge und führen leicht zu falschen Entscheidungen [70].

1. Abschreibungen

Die Abschreibungen bis zum Nutzungsende einer Investition dienen bei Fremdfinanzierung der Tilgung des investierten Kapitals und bei Eigenfinanzierung dem Ansparen des zur Neuinvestition benötigten Kapitals. In beiden Fällen müssen die Abschreibungsbeträge nutzungsnah sein, das heißt proportional zur zeitlichen oder leistungsabhängigen Inanspruchnahme. Dabei ist zu unterscheiden zwischen den *leistungsabhängigen Abschreibungen*, die von der *Abnutzung* durch Gebrauch bestimmt werden, und den *zeitabhängigen Abschreibungen,* für die der *Wertverlust* infolge technischer Veraltung oder Unverkäuflichkeit maßgebend ist.

Die Höhe der leistungsabhängigen Abschreibungen auf eine Investition, die zu Nutzungsbeginn einen *Beschaffungswert* BW [DM] und zum Nutzungsende einen *Restwert* RW [DM] hat, resultiert aus der *Gesamtnutzbarkeit* und der *Nutzungsintensität:*

- Ist NU_{ges} die *Gesamtnutzbarkeit* in Leistungseinheiten [LE] oder in Zeiteinheiten [ZE] und NU_{PE} die *Periodenutzung* in LE/PE bzw ZE/PE, dann ist die *Periodenabschreibung für die Abnutzung* der Anlage oder des Betriebsmittels

$$K_{AfA} = (BW - RW) \cdot NU_{PE} / NU_{ges} \qquad [DM/PE]. \qquad (6.4)$$

Die minimale Gesamtnutzbarkeit in Zeiteinheiten, zum Beispiel in Betriebsstunden, ist die *technische Mindestnutzungsdauer*. Die minimale Gesamtnutzbarkeit in Leistungseinheiten, beispielsweise in Fahrkilometern eines Transportmittels oder in Lagerspielen eines Regalbediengeräts, ist die *technische Mindestlaufleistung*.

Die technische Mindestnutzungsdauer oder Mindestlaufleistung von Anlagen und Betriebsmitteln muß der Hersteller angeben. Unter der Voraussetzung einer *ordnungsgemäßen Wartung und Instandhaltung* wird die Mindestnutzungsdauer oder Mindestlaufleistung von qualifizierten Lieferanten auch garantiert. *Erfahrungswerte* der technischen Mindestnutzungsdauer für ausgewählte innerbetriebliche Logistikwerke und der für unterschiedliche Betriebszeiten resultierenden Abschreibungszeiten sind in *Tabelle 6.1* zusammengestellt.

Die *Nutzungsabschreibung* ist die Abschreibung pro Leistungseinheit und gegeben durch

$$k_{AfA} = (BW - RW) / NU_{ges} \qquad [DM/LE]. \qquad (6.5)$$

So resultiert für einen Lastzug mit Sattelauflieger, dessen Beschaffungspreis BW = 200.000 DM beträgt und der die Mindestlaufleistung NU_{ges} = 1.200.000 Fahrkilometer hat, eine Nutzungsabschreibung von 16,00 DM pro 100 km oder 0,16 DM/km, wenn der Restwert am Ende der Nutzung RW = 0 ist. Die nutzungsabhängige Abschreibung ist also unabhängig davon, zu welcher Zeit die Fahrt stattfindet, ob am Anfang, in der Mitte oder am Ende der Gesamtnutzungszeit, und auch unabhängig davon, wie hoch die Fahrleistung pro Periode ist.

Bei *ungleichmäßigem Leistungsanfall* ist die Anzahl genutzter Betriebsstunden oder Leistungseinheiten in den einzelnen Perioden unterschiedlich. Die Abschreibung ist dann periodenabhängig und gemäß Beziehung (6.4) mit der aktuellen Periodennnutzung zu kalkulieren. So ist ein Lastzug mit der Mindestlaufleistung von 1.200.000 Fahrkilometern, der im ersten Jahr 150.000 km, im nächsten Jahr 100.000 km und im letzten Jahr 200.000 km gefahren wird, im ersten Jahr mit 12,5 %, im zweiten Jahr mit 8,33 % und im dritten Jahr mit 16,7 % abzuschreiben.

Die Abhängigkeit der Abschreibung von der Periodennutzung wird vielfach nicht berücksichtigt. Stattdessen wird nutzungsunabhängig mit einer linearen Abschreibung über eine feste Zeit kalkuliert. Bei geringer Nutzung ergeben sich mit einer linearen Abschreibung zu hohe und bei hoher Nutzung zu geringe Leistungskosten. Das kann bei geringer Inanspruchnahme zur Folge haben, daß die wenigen Kunden die Nutzung weiter einschränken, weil die Leistungspreise zu hoch kalkuliert sind. Bei hoher Nutzung steigt der Verschleiß an, ohne daß die mit einer gleichbleibenden Abschreibung kalkulierten Erlöse die erhöhte Abnutzung decken.

Nur bei *gleichmäßiger Inanspruchnahme* während der gesamten Nutzungsdauer AZ_{AfA} [PE], die in Periodenlängen, zum Beispiel in Jahren gemessen wird,

Gewerke	Mindestnutzbarkeit minimale Gesamtbetriebszeit	Einheit	Abschreibungszeit 1-Schicht 2.000	2-Schicht 4.000	3-Schicht 6.000	h/Jahr
Lagerbediengeräte						
Schmalgangstapler	30.000	h	15	8	5	Jahre
Regalförderzeuge	40.000	h	20	10	7	Jahre
Krananlagen	60.000	h	30	15	10	Jahre
Flurförderzeuge						
Handgabelhubwagen	15.000	h	8	4	3	Jahre
Stapler, Elektrohubwagen	20.000	h	10	5	3	Jahre
Elektrokarren, Schleppzüge	30.000	h	15	8	5	Jahre
FTS-Anlagen	40.000	h	20	10	7	Jahre
Fördersysteme						
Verschiebewagen	40.000	h	20	10	7	Jahre
Senkrechtförderer	40.000	h	20	10	7	Jahre
Paketsorter	40.000	h	20	10	7	Jahre
Elektrohängebahnen	50.000	h	25	13	8	Jahre
Kreisförderer	60.000	h	30	15	10	Jahre
Stetigförderanalgen	60.000	h	30	15	10	Jahre
Betriebseinrichtungen						
Aufzüge	60.000	h	30	15	10	Jahre
Roboter	40.000	h	20	10	7	Jahre
Waagen, Umreifung	20.000	h	10	5	3	Jahre
Regale						
Fachregale	15 bis 20	Jahre	-	15 bis 20	-	Jahre
Durchlaufregale	60.000	h	20	10	7	Jahre
Verschieberegale	40.000	h	20	10	7	Jahre
Umlaufregale	30.000	h	15	8	5	Jahre
Rechneranlagen						
Hardware	5 bis 10	Jahre	-	5 bis 10	-	Jahre
Software	3 bis 5	Jahre	-	3 bis 5	-	Jahre
Ladehilfsmittel						
DIN-Paletten	3 bis 5	Jahre	-	3 bis 5	-	Jahre
Behälter	5 bis 10	Jahre	-	5 bis 10	-	Jahre
ISO-Container	7 bis 12	Jahre	-	7 bis 12	-	Jahre
Gebäude						
Hallenbauten	25 bis 40	Jahre	-	25 bis 40	-	Jahre
Silobauten	10 bis 20	Jahre	-	10 bis 20	-	Jahre
Haustechnik						
Klimaanlagen	10 bis 15	Jahre	-	10 bis 15	-	Jahre
Sprinkler	15 bis 20	Jahre	-	15 bis 20	-	Jahre
Heizungsanlagen	15 bis 20	Jahre	-	15 bis 20	-	Jahre
Elektroinstallationen	15 bis 20	Jahre	-	15 bis 20	-	Jahre

Tab. 6.1 Richtwerte der Mindestnutzbarkeit innerbetrieblicher Logistikgewerke und resultierende Abschreibungszeiten bei Ein- ind Mehrschichtbetrieb

Nutzung: 250 Betriebstage pro Jahr, 8 Betriebsstunden pro Schicht

wie sie für *Gebäude* und *unbewegliche Einrichtungen* angesetzt werden kann, ist es sinnvoll, mit einer konstanten *linearen Abschreibung* zu kalkulieren. Dann ist:

$$K_{AfA} = (BW - RW) / AZ_{AfA} \qquad [DM/PE]. \tag{6.6}$$

Die gleiche Beziehung ergibt sich auch für eine nutzungsabhängige Abnutzung aus Beziehung (6.4) mit der *technischen Abschreibungszeit* AZ_{AfA} [PE] bei einer *mittleren Periodennnutzung* NU_{PE} [ZE/PE oder LE/PE] und einer Gesamtnutzbarkeit NU_{ges} [ZE oder LE], denn dann ist $AZ_{AfA} = NU_{ges}/NU_{PE}$ [PE].

Ein typisches Beispiel für die Nutzungsabhängigkeit der Abschreibungsdauer ist eine Paketsortieranlage mit einem Investitionswert von 15,5 Mio. DM und einer garantierten technischen Mindestlaufzeit von 40.000 Betriebsstunden. Im Zweischichtbetrieb mit $2 \cdot 7$ Stunden an 250 Tagen im Jahr ist die Abschreibungszeit $AZ_{AfA} = 40.000/(2 \cdot 7 \cdot 250) = 11{,}4$ Jahre. Die jährliche Abschreibung ist dann 1,36 Mio. DM. Bei einer Nutzung im Dreischichtbetrieb mit $3 \cdot 7$ Stunden an 300 Tagen im Jahr sinkt die Abschreibungszeit auf 6,4 Jahre. Die jährliche Abschreibung steigt auf 2,44 Mio. DM.

Wenn Gebäude, Anlagen und Betriebsmittel aus steuerlichen Gründen, zur Finanzierung oder wegen einer Investitionsförderung progressiv, degressiv oder in einem kürzeren Zeitraum als die Abschreibungszeit (6.6) abgeschrieben werden können, sollte in der *betriebswirtschaftlichen Kostenrechnung* hiervon unabhängig mit der linearen oder der nutzungsabhängigen Abschreibung über die *technische Mindestnutzungszeit* kalkuliert werden.

So ist es steuerlich zulässig, ein *Hochregallager* in Silobauweise als Betriebseinheit wie eine Maschine in 10 Jahren abzuschreiben. Die Statistiken im Betrieb befindlicher Hochregallager zeigen jedoch, daß die Nutzungsdauer von Hochregallagern bei ordnungsgemäßer Wartung und Instandhaltung 20 Jahre und länger beträgt. Es ist daher falsch, sich anstelle eines *Hochregallagers* allein deshalb für ein *Staplerlager* mit einer separaten Halle zu entscheiden, weil die steuerlich zulässige Abschreibungsdauer für die Halle 25 Jahre beträgt. Betriebswirtschaftlich maßgebend für den Systemvergleich zwischen einem automatischem Hochregallager und einem konventionellem Staplerlager in einer Halle sind die Betriebskosten, die sich aus den unterschiedlichen Nutzungsdauern und Kosten der Teilgewerke errechnen (s. *Tabelle 16.6*).

Ist ein Gewerk infolge des technischen Fortschritts oder aufgrund des Fortfalls der Nutzbarkeit vor Ablauf der technischen Nutzungsdauer nicht mehr wirtschaftlich einsetzbar, ist die Abschreibungszeit durch die *wirtschaftliche Nutzungsdauer* begrenzt, die in diesem Fall kürzer ist als die technische Nutzungsdauer [14].

2. Kalkulatorische Zinsen

Bei einem größeren Bestand von Grundstücken, Gebäuden, Maschinen, Anlagen, Betriebsmitteln oder Fahrzeugen, die zu verschiedenen Zeiten mit den *Beschaffungswerten* BW_k [DM], $k = 1,2 \dots N_I$, angeschafft wurden und am Ende der jeweiligen Nutzungszeit die *Restwerte* RW_k haben, ist der *Zeitwert* des gesamten Anlagebestandes gleich der Summe der mittleren Zeitwerte der Teilanlagen:

$$ZW = \sum_k (BW_k + RW_k)/2 \qquad (6.7)$$

Aus dem Gesamtzeitwert und dem Zinssatz ergibt sich die Zinsbelastung. Für die betriebswirtschaftliche Kostenrechnung ist es daher sinnvoll, die Zinsen für die einzelnen Teilanlagen während der gesamten Nutzungszeit mit dem mittleren Zeitwert zu kalkulieren. Dann sind die *kalkulatorischen Zinsen* für eine Investition mit einem *Beschaffungswert* BW und einem *Restwert* RW bei einem *Zinssatz* z [%/PE]:

$$K_{zins} = z \cdot (BW + RW)/2 \qquad [DM/PE]. \tag{6.8}$$

Hieraus folgen die *Kalkulationsgrundsätze*:

- Für alle *Anlagen*, deren Zeitwert während der Nutzungszeit bis zu einem Restwert O abnimmt, sind die Zinskosten auf den *halben Beschaffungswert* zu kalkulieren.
- Für *Grundstücke*, deren Restwert gleich dem Beschaffungswert ist, sind die Zinskosten auf den *vollen Beschaffungswert* zu kalkulieren.

Werden die Zinsen der Teilanlagen, wie in der Gewinn- und Verlustrechnung, auf den im Verlauf der Nutzungszeit abnehmenden Zeitwert kalkuliert, ergeben sich zu Beginn der Nutzungszeit höhere Leistungskosten als zum Ende der Nutzungszeit. Damit resultieren für Neuanlagen Kosten und Preise, die deutlich höher sind als für Altanlagen gleicher Art und Leistung.

Dadurch würden die Nutzer in der Anfangsphase bestraft und in der Endphase begünstigt. Kunden mit Ausweichmöglichkeit, die in der Endphase der Nutzung durch günstige Preise angezogen wurden, wandern nach einer Neuanschaffung infolge der sprunghaft erhöhten Preise ab. Das ist in vielen Fällen der Grund dafür, daß eine betriebswirtschaftlich eigentlich notwendige und sinnvolle Neuanschaffung immer wieder hinausgezögert wird.

6.5 Leistungseinheiten und Leistungsdurchsatz

Die Logistikkosten hängen von *Art* und *Menge* der erbrachten Leistungen ab. Die Art der Leistungen wird durch *Leistungsmerkmale* [LM] gekennzeichnet. Die Menge der erbrachten Leistung pro Periode, also der *Leistungsdurchsatz* λ [LE/PE] – auch einfach *Leistung* genannt – wird in *Leistungseinheiten* [LE] pro Periode [PE] gemessen.

1. Leistungsmerkmale und Leistungseinheiten

Die *Leistungsmerkmale* LM spezifizieren den Leistungsumfang, das Leistungsergebnis und die Umstände, unter denen die Leistung zu erbringen ist. *Merkmale von Logistikleistungen* sind:

- Beschaffenheit der Ladeeinheiten, wie Maße, Volumen und Gewicht;
- geforderte Lieferzeiten und Zustelltermine;
- Lieferfähigkeit, Termintreue und Sendungsqualität;
- Neben- und Zusatzleistungen, die nicht gesondert abgerechnet werden;
- Versandvorschriften, Lagervorschriften und Sicherheitsanforderungen.

Leistungseinheiten [LE] zur Messung von Logistikleistungen sind:

- *Mengeneinheiten* [ME]: *Gewichte* [kg; t], *Volumen* [l; m³], *Stück* [ST], *Gebinde* [Geb] oder *Ladeeinheiten* [LE].
- *Vorgangsseinheiten* [VE]: *Aufträge* [Auf], *Positionen* [Pos], *Bearbeitungseinheiten* [BE] oder definierte *Leistungsumfänge* [LU].

Leistungseinheiten der spezifischen Logistikleistungen *Transport* zur Raumüberbrückung und *Lagern* zur Zeitüberbrückung sind:

- *Transport-Leistungseinheiten*: *Ladeeinheiten-Entfernung* [LE-km], *Transporteinheiten-Kilometer* [TE-km]; *Laderaum-Kilometer* [m³-km] oder *Tonnen-Kilometer* [t-km].
- *Lager-Leistungseinheiten*: *Lagergut-Aufbewahrungszeit* [Lagergut-Tage], *Lagerraum-Tage* [m³-Tage] und *Ladeeinheiten-Tage* [LE-Tag], wie Paletten-Tage oder PKW-Abstelltage.

2. Leistungsarten
Für die Kalkulation der Leistungskosten ist zu unterscheiden zwischen einfachen und zusammengesetzten Leistungen:

- *Einfache Leistungen* bestehen nur aus einer Leistungsart und werden durch nur eine Leistungseinheit gemessen.
- *Zusammengesetzte Leistungen* oder *Leistungspakete* $L(n_1,n_2,\ldots,n_N)$ setzen sich aus mehreren *Teilleistungen* TL_r, $r = 1,2\ldots, N$, zusammen, die pro Leistungspaket mit den Anzahlen n_r vorkommen, durch Merkmale LM_r gekennzeichnet sind und in unterschiedlichen Leistungseinheiten LE_r gemessen werden.

Einfache Leistungen der Logistik sind beispielsweise das *Ein- und Auslagern* einer Lagereinheit, das *Lagern* einer Lagereinheit für eine definierte Zeit oder der *Transport* einer Transporteinheit über eine bestimmte Entfernung. Die Leistungseinheit ist im ersten Fall die Lagereinheit LE, im zweiten Falle der LE-Tag und im letzten Fall der TE-km.

Zusammengesetzte Leistungen, die von den Dienstleistern neuerdings als *Produkte* bezeichnet werden, sind z. B. sind das Be- und Entladen einer Sendung mit M_{LE} Ladeeinheiten in $M_{TE}(M_{LE})$ Transporteinheiten, in denen die Sendung von A nach B gefahren wird, oder der *kombinierte Transport* von M_{WB} Wechselbrücken im Vor- und Nachlauf auf der Straße mit $M_{LKW}(M_{WB})$ Lastzügen und im Hauptlauf mit der Bahn auf $M_{WAG}(M_{LKW}(M_{WB}))$ Waggons.

Im allgemeinsten Fall enthalten die Teilleistungen einer zusammengesetzten Leistung in sich verschachtelt weitere Teil- oder Unterleistungen. Eine zusammengesetzte *und* verschachtelte Leistung der innerbetrieblichen Logistik ist beispielsweise das *Kommissionieren* von stündlich λ_{Auf} [Auf/h] *Aufträgen* mit durchschnittlich n_{Pos} *Positionen* [Pos] pro Auftrag und im Mittel m_{EE} unterschiedlichen *Entnahmeeinheiten* [EE] pro Position. Eine zusammengesetzte und verschachtelte Leistung der außerbetrieblichen Logistik ist die *Spedition* von Sendungen mit unterschiedlicher Packstückanzahl auf Paletten in einer Anzahl Lieferfahrzeuge zu mehreren Zielen.

Der Auftraggeber interessiert sich in der Regel wenig für die Einzelleistungen, die mit der Auftragsdurchführung verbunden sind. Er erwartet ein *Leistungsergebnis*, das ihm Nutzen bringt. Daher ist es notwendig, zu unterscheiden zwischen *Endleistungen* oder *Leistungsergebnissen*, die der *Auftraggeber* sieht und bestellt hat, und *Vorleistungen, Teilleistungen* und *Einzelleistungen*, die zur Erzeugung eines Leistungsergebnisses vom *Auftragnehmer* erbracht werden müssen.

In der Logistik ist das Leistungsergebnis ein immaterielles Produkt, wie eine zugestellte Sendung oder ein versandfertig kommissionierter Auftrag. Die Vorleistungen sind in der Regel ebenfalls Leistungen, können aber auch materielle Objekte umfassen, wie Transportverpackungen oder Ladungssicherungen, die zur Leistungserstellung benötigt werden.

3. Leistungsdurchsatz und Grenzleistungen

Der Durchsatz λ einer Leistung $L(n_1,n_2,\ldots,n_m)$, die sich aus n_r Teilleistungen TL_r zusammensetzt, bewirkt einen *Durchsatz von Teilleistungen*

$$\lambda_r = n_r \cdot \lambda, \quad r = 1,2\ldots,m \qquad [TL/PE]. \tag{6.9}$$

Enthält eine der Teilleistungen TL_r ihrerseits eine Unterleistung mit n_{ur} Leistungseinheiten, dann ist der *induzierte Leistungsdurchsatz* der enthaltenen Leistung gegeben durch

$$\lambda_{ur} = n_{ur} \cdot n_r \cdot \lambda \qquad [UL/PE]. \tag{6.10}$$

Die in *Abb. 6.1* dargestellte Auflösung einer kombinierten und verschachtelten Leistung in Teilleistungen und enthaltene Unterleistungen entspricht der *Stücklistenauflösung* in der Fertigungsplanung. Anzahlen und Mengen der Vorleistungen, Teilleistungen und Einzelleistungen, die mit einem Leistungsauftrag verbunden sind, hängen ab von der Beschaffenheit und Zusammensetzung der Endleistung, von der Auftragsdisposition sowie vom Fassungsvermögen und Füllungsgrad der verwendeten Ladungsträger und Transportmittel.

Verändern sich beim Durchlauf durch die Logistikkette die Lade- und Transporteinheiten, ist es notwendig, die Kosten auf die *elementaren Logistikeinheiten* zu beziehen, die die Logistikkette von Anfang bis Ende unverändert durchlaufen. Hierzu müssen die Leistungskosten für Teilabschnitte der Logistikkette, die von *zusammengesetzten Ladeeinheiten* durchlaufen werden, auf die in ihnen enthaltenen elementaren Einheiten umgerechnet werden (s. *Abschnitt 12.2*).

Wenn eine Leistungsstelle oder ein Logistiksystem mehrere Leistungsarten LA_i erbringen kann, die jeweils durch bestimmte Leistungsmerkmale LM_i gekennzeichnet sind, ist der Leistungsdurchsatz gegeben durch einen *Leistungsvektor*:

$$\lambda = (\lambda_1, \lambda_2, \ldots, \lambda_N). \tag{6.11}$$

Die Komponenten des Leistungsvektors sind die *partiellen Leistungen* λ_i [LE_i/PE], $i = 1,2\ldots,N$, die unter Umständen in unterschiedlichen Leistungseinheiten LE_i gemessen werden.

Die maximal möglichen Leistungsdurchsätze der Leistungsarten, für die eine Leistungsstelle ausgelegt ist, sind die *partiellen Grenzleistungen* μ_i [LE_i/PE]. Die

Grenzleistungen einer Leistungsstelle lassen sich zu einem *Grenzleistungsvektor* zusammenfassen:

$$\mu = (\mu_1, \mu_2, \ldots, \mu_N). \tag{6.12}$$

Die Auslastung einer Leistungsstelle mit dem Leistungsvektor (6.11) und dem Grenzleistungsvektor (6.12) ist gegeben durch den *Auslastungsvektor*:

$$\rho = (\rho_1, \rho_2, \ldots, \rho_N). \tag{6.13}$$

mit den *partiellen Auslastungen*

$$\rho_i = \lambda_i / \mu_i \qquad [\%]. \tag{6.14}$$

Eine Leistungsstelle, die unterschiedliche Leistungen erbringen kann, wird in der Regel in den partiellen Leistungen verschieden stark genutzt. Sie kann in einigen Leistungsarten hoch und in anderen gering ausgelastet sein.

Bei der verursachungsgerechten Kostenzurechnung ist zu unterscheiden, ob eine Leistungsstelle oder ein Logistiksystem die partiellen Leistungen unabhängig voneinander oder nur konkurrierend erbringen kann. *Konkurrierende Leistungsarten*, beispielsweise das Einlagern und das Auslagern, können nur soweit erbracht werden, wie die von ihnen in Anspruch genommenen Ressourcen, z.B. die Lagergeräte, nicht für die anderen Leistungsarten genutzt werden.

6.6 Kostenstellen und Kostentreiber

Jede Leistungsstelle erzeugt Kosten und kann als gesonderte *Kostenstelle* betrachtet werden. Die Kosten einer Leistungsstelle werden von der Menge und Art der erzeugten Leistungen verursacht. Daher ist grundsätzlich jede Leistungseinheit, von der die Betriebskosten einer Leistungsstelle abhängen, ein *Kostentreiber.*

Die Anzahl der einzelnen Leistungsstellen und der von diesen erbrachten Leistungsarten ist in einigen Fällen jedoch so groß, daß die Leistungserfassung und Kostenrechnung sehr umfangreich und aufwendig werden. Wie in *Abb. 6.1* dargestellt, läßt sich das Problem durch *Ordnen* und *Bündeln* der Leistungsstellen zu *Leistungsbereichen* und durch *Zusammenfassen* von Teilleistungen zu *Leistungspaketen* und *Standardleistungen* vereinfachen. Je nach Bedarf ist auf diese Weise eine beliebig *differenzierte Leistungsabrechnung* oder eine relativ *pauschale Leistungsabrechnung* möglich.

Konkrete Beispiele für die Anwendung des hier beschriebenen allgemeinen Vorgehens zur Kalkulation von Lager-, Kommissionier-, Transport- und Frachtleistungskosten finden sich jeweils am Ende der *Kapitel* 16, 17, 18 und 19.

1. Differenzierte Leistungskostenabrechnung

Alle Leistungsstellen, die an der Erzeugung gleicher Leistungsumfänge beteiligt sind und deren Leistungskosten von den gleichen Leistungseinheiten abhängen, werden zu *Leistungsbereichen* zusammengefaßt. Jeder Leistungsbereich ist eine Kostenstelle. Alle Leistungseinheiten, die Einfluß auf die variablen Kosten haben,

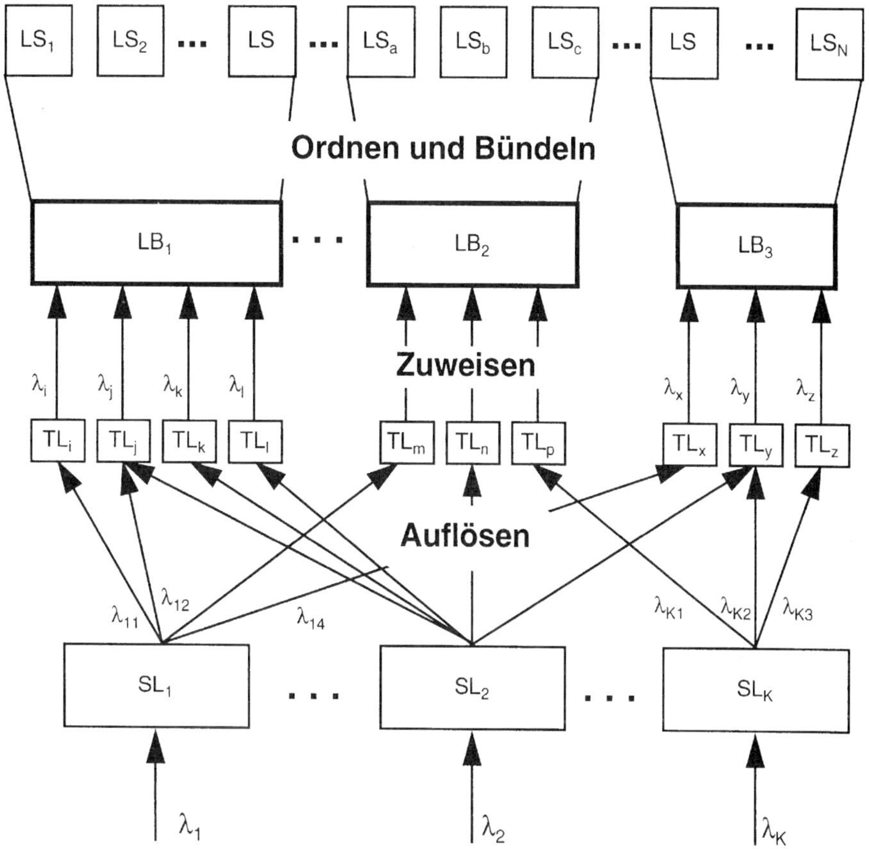

Abb. 6.1 Auflösen von Standardleistungen in Teilleistungen und Zuweisung zu Leistungsbereichen und Leistungsstellen
LS_i = Leistungsstelle LB_n = Leistungsbereich = Kostenstelle
TL = Teilleistung SL_k = Standardleistung = Leistungsumfang
λ_k = Durchsatz [LE/PE] der Kostentreiber [LE]

werden unabhängig davon, wie groß die von ihnen bewirkten Kosten sind, gesondert erfaßt und abgerechnet.

So können für einfache Palettenlager der Wareneingang und der Warenausgang mit der Ein- und Auslagerfördertechnik und dem Lagerbereich zu einer Kostenstelle *Lager* zusammengefaßt werden, wenn im Wareneingang keine wesentlichen Umpackvorgänge und im Warenausgang keine Kommissionierung stattfinden. Kosten- und Preiseinheiten sind in diesem Fall durchgängig für das Ein- und Auslagern von Paletten *DM/Pal* und für das Lagern *DM/Pal-Tag*. Wenn sich an das Lagern eine Kommissionierung anschließt, werden hierfür zusätzlich für die Leistungeinheiten *Auftrag*, *Position* und *Entnahmeeinheit* die differenzierten Kosten- und Preiseinheiten *DM/Auf*, *DM/Pos* und *DM/EE* abgerechnet.

Eine derart differenzierte Leistungskostenabrechnung ist für größere Logistikbetriebe mit vertretbarem Aufwand nur auf einem Rechner durchführbar. Die durchgesetzten Leistungseinheiten werden von einem unterlagerten *Lagerverwaltungssystem* (LVS) oder einem *Transportleitrechner* (TLR) laufend erfaßt und einem überlagerten *Verwaltungsrechner* gemeldet. Am Ende einer Abrechungsperiode kalkuliert der Verwaltungsrechner aus den Leistungswerten durch Multiplikation mit den Leistungskosten die *Logistikkosten* oder mit den Leistungspreisen die *Leistungsvergütung* für die abgeschlossene Periode (s. Abschnitt 7.4).

Der *Vorteil* der differenzierten Leistungsabrechung besteht darin, daß die Nutzer des Logistiksystems direkt mit allen von ihnen verursachten Kosten belastet werden. Kostenwirksame Veränderungen der Leistungsstruktur werden mit der Leistungs- und Kostenabrechnung umgehend an die Nutzer weitergegeben. Auf diese Weise werden die Nutzer *selbstregelnd* dazu veranlaßt, allzu kostentreibende Leistungen weniger in Anspruch zu nehmen. Die Betreiber müssen sich einer veränderten Leistungsinanspruchnahme kurzfristig anpassen, entweder durch Abbau oder durch Aufbau entsprechender Kapazitäten in den betroffenen Leistungsstellen.

Streitigkeiten, Diskussionen und Nachforderungen infolge von Strukturveränderungen entfallen bei der differenzierten Leistungsabrechnung. Sie ist daher vor allem für die *Leistungsvergütung von Systemdienstleistern* geeignet, die ein kundenspezifisches Logistiksystem betreiben, das nicht von anderen Unternehmen mit genutzt wird.

2. Pauschalierte Leistungskostenabrechnung

Bei der pauschalierten Leistungskostenabrechnung werden möglichst viele Leistungsstellen zu möglichst wenigen Leistungsbereichen und Kostenstellen zusammengefaßt. Zur weiteren Vereinfachung werden nur die Kosten der *Hauptleistungen* erfaßt, kalkuliert und abgerechnet, von denen die variablen Kosten *maßgebend* abhängig sind. *Kostentreiber* sind dann nur noch die Leistungseinheiten LE_i der *maßgebenden Leistungsarten.*

Die Kosten für nicht gesondert kalkulierte *Nebenleistungen*, wie das Etikettieren oder das Be- und Entladen, werden anteilig den Kosten der maßgebenden Hauptleistungen zugerechnet, mit denen sie verbunden sind, wie dem Lagern, dem Kommissionieren, dem Umschlag oder dem Transport. Da die Kalkulationsgenauigkeit infolge des Fixkostendilemmas ohnehin begrenzt ist, können auf diese Weise in der Kostenrechung in der Regel alle Leistungen unterdrückt werden, deren Kosten geringer sind als 10 % der Kosten für die Hauptleistungen.

Das Einkalkulieren der Nebenleistungen und die Berücksichtung allein der Hauptleistungen als Kostentreiber sind für die Kostenrechnung und Preiskalkulation solange ausreichend genau, wie sich die *Leistungsstruktur* nicht wesentlich ändert, wenn also die Relation der nicht gesondert kalkulierten Nebenleistungen zu den verursachenden Hauptleistungen konstant bleibt. Bei einer pauschalierten Leistungskostenabrechnung ist es daher ratsam, nicht nur den Leistungsdurchsatz laufend zu erfassen sondern auch die Leistungsstruktur zu kontrollieren. Bei gravierenden Strukturabweichungen kann eine Korrektur der Leistungskosten und Leistungspreise notwendig sein.

Die weniger aufwendige pauschalierte Leistungskostenabrechnung ist geeignet für die innerbetriebliche Verrechnung von Leistungen eines Logistikbetriebes, der als interner Dienstleister für einen oder mehrere Bereiche des gleichen Unternehmens arbeitet. Wird die pauschalierte Leistungskostenabrechnung zur Vergütung eines externen Logistikdienstleisters eingesetzt, müssen, um Streitigkeiten auszuschließen, zusätzlich zu den Leistungspreisen auch die Leistungsstruktur und deren maximal zulässige Schwankung vereinbart werden.

6.7 Durchsatzabhängigkeit der Logistikkosten

Die Fixkosten sind unabhängig vom Leistungsdurchsatz. Ihre Höhe wird jedoch von den installierten Grenzleistungen μ_i für die verschiedenen Leistungsarten des Logistiksystems bestimmt:

$$K_{fix} = K_{fix}(\mu_i). \qquad (6.15)$$

Um die Fixkosten den Leistungsarten zurechnen zu können, müssen sie verursachungsgerecht aufgeteilt werden in eine Summe *partieller Fixkosten* $K_{i\,fix}$

$$K_{fix} = \sum_i K_{i\,fix} \qquad (6.16)$$

Die verursachungsgerechte Aufteilung der Fixkosten ist nach folgenden *Zuweisungsregeln* möglich:

- Die Flächenkosten werden im Verhältnis der Flächeninanspruchnahme, die Raumkosten im Verhältnis des Raumbedarfs für die verschiedenen Leistungsarten den partiellen Fixkosten zugeteilt.
- Die Fixkosten für Fahrzeuge, Anlagen und Betriebsmittel, die festen Personalkosten sowie die festen Strecken- und Netzkosten werden im Verhältnis der *zeitlichen Inanspruchnahme* den partiellen Fixkosten zugerechnet.

Ebenso wie die fixen Betriebskosten lassen sich auch die *variablen Betriebskosten* in eine Summe von *partiellen variablen Kosten* $K_{i\,var} = K_{i\,var}(\lambda_i)$ aufteilen, die vom Leistungsdurchsatz der verschiedenen Leistungsarten abhängen:

$$K_{var} = \sum_i K_{i\,var}. \qquad (6.17)$$

Wenn die Abhängigkeit der variablen Kosten $K_{var}(\lambda_i)$ vom partiellen Leistungsdurchsatz stetig differenzierbar ist, existieren die *partiellen Grenzkosten*:

$$k_{i\,grenz} = \partial K_{var} / \partial \lambda_i \qquad [DM/LE_i]. \qquad (6.18)$$

Die partiellen Grenzkosten hängen von den Leistungsmerkmalen LM_i und den geforderten Grenzleistungen μ_i der jeweiligen Leistungsart ab. Im Bereich der stetigen Differenzierbarkeit sind die variablen Kosten proportional zum Leistungsdurchsatz λ_i mit den partiellen Grenzkosten (6.18) als Proportionalitätsfaktor:

$$K_{i\,var} = k_{i\,grenz} \cdot \lambda_i. \qquad (6.19)$$

Aus den Beziehungen (6.3) und (6.15) bis (6.19) folgt die *Durchsatzabhängigkeit der Betriebskosten*:

$$K_i(\lambda_i) = K_{i\,fix} + k_{i\,grenz} \cdot \lambda_i \qquad [DM/PE]. \qquad (6.20)$$

Hieraus ergibt sich für die *Durchsatzabhängigkeit der Leistungskosten:*

$$k_i = k_{i\,grenz} + K_{i\,fix} / \lambda_i \qquad [DM/LE]. \qquad (6.21)$$

Aus den Beziehungen (6.20) und (6.21) ist ablesbar:

- Die Betriebskosten steigen proportional und die Leistungskosten sinken umgekehrt proportional mit dem Leistungsdurchsatz.

Dieser Zusammenhang gilt streng nur bei stetig differenzierbarer Abhängigkeit der Betriebskosten vom Durchsatz. Wie in *Abb. 12.10* dargestellt, ist die Abhängigkeit des Ladeeinheiten- und Transportmittelbedarfs vom Durchsatz und damit auch der Betriebskosten eine Sprungfunktion. Über einen längeren Betriebszeitraum ist es jedoch zulässig, mit der mittleren Abhängigkeit zu kalkulieren und die Sprungfunktion durch die *stetige Ausgleichsfunktion* (12.42) aus *Kapitel 12* zu ersetzen.

Der Zusammenhang zwischen Leistungskosten und Leistungsdurchsatz läßt sich mit Hilfe der Definition (6.14) der partiellen Auslastung ρ_i umrechnen in die *Auslastungsabhängigkeit der Leistungskosten*

$$k_i = k_{i\,grenz} + k_{i\,fix} / \rho_i \qquad [DM/LE]. \qquad (6.22)$$

Hierin sind

$$k_{i\,fix} = K_{i\,fix} / \mu_i \qquad [DM/LE] \qquad (6.23)$$

die Fixkosten pro Leistungseinheit bei *maximalem Leistungsdurchsatz* $\lambda_i = \mu_i$, d.h. bei maximaler Auslastung $\rho_i = 100$ %. Als Beispiel zeigt Abb. 16.29 für unterschiedliche Lagersysteme die Auslastungsabhängigkeit der Umschlagkosten.

Nach Beziehung (6.20) steigen die Betriebskosten um die Grenzkosten, wenn eine zusätzliche Leistungseinheit erbracht wird. Hieraus folgt der *Grenzkostensatz:*

- Nur wenn der erzielte Leistungspreis größer als die Grenzkosten ist, bringt ein Auftrag einen positiven *Deckungsbeitrag.*

Um die Existenz des Unternehmens langfristig zu sichern, müssen außer den variablen Kosten auch die Fixkosten, die Gemeinkosten und ein angemessener Gewinn erlöst werden. Daher ist bei der Absatzplanung und Preiskalkulation sowie bei Auftragsverhandlungen mit Dienstleistern zu beachten, daß ein Dienstleister auf die Dauer nur existieren kann, wenn die erzielten Leistungspreise über den Leistungskosten liegen und die Gesamterlöse einen angemessenen Gewinn bringen (s. *Abschnitt 7.3*).

Wegen der Auslastungsabhängigkeit der Leistungskosten sowie infolge des Angebots preisgünstiger Rückfrachten und Beiladungen läßt sich dieser Grundsatz in der Geschäftspraxis jedoch nicht immer einhalten. So resultieren Tagespreise für Rückfrachten und Beiladungen aus Angebot und Nachfrage und nicht aus der Kostenrechnung, solange freier Frachtraum angeboten wird.

6.8
Fixkostendilemma und Auslastungsrisiko

Die Auslastungsabhängigkeit der Leistungskosten führt zum *Fixkostendilemma der Logistik*:

- Ein Logistiksystem, das für eine bestimmte *Leistung* ausgelegt ist, verursacht unabhängig von der Nutzung *Fixkosten, Leerstandskosten* und *Vorhaltekosten.*

Das Fixkostendilemma resultiert aus der Notwendigkeit, für die *Leistungsbereitschaft* eine ausreichend dimensionierte *Infrastruktur*, wie ein Transportnetz, Transportmittel, Gebäude, Anlagen, Regale, Betriebsmittel, und eine Mindestpersonalbesetzung vorzuhalten. Je höher der Fixkostenanteil ist, umso größer wird das Fixkostendilemma.

Konsequenzen des Fixkostendilemmas sind:

- Die *Leistungskosten* von Logistiksystemen sinken mit ansteigender Leistungsnutzung, zunehmender Auslastung der Lade- und Transporteinheiten und abnehmendem Leerfahrtanteil bis zu den *Leistungskosten bei Vollauslastung* der installierten Leistung.
- Leistungskosten und Leistungspreise gelten immer nur für eine bestimmte Leistungsnutzung, eine definierte Auslastung des Fassungsvermögens von Lade- und Transporteinheiten und den kalkulatorisch angenommenen Leerfahrtanteil.
- Die *Kalkulationsgenauigkeit* der Leistungskosten und Leistungspreise nimmt mit zunehmender Schwankungsbreite der Leistungsnutzung ab.

Wegen des Fixkostendilemmas tendieren Management und Eigentümer eines Unternehmens generell dazu, ein neues Logistiksystem zu minimalen Investitionen auszuzuführen und möglichst knapp zu dimensionieren. Planer und Generalunternehmer neigen dagegen zu höheren Investitionen, wenn sich dadurch die Betriebskosten senken lassen, sowie zur Überdimensionierung, um nicht bei unerwartet ansteigendem Bedarf dem Vorwurf der falschen Dimensionierung ausgesetzt zu sein.

Einen Ausweg aus diesem *Zielkonflikt* weisen folgende *Planungs- und Dimensionierungsgrundsätze*:

1. Zunächst ist eine *Ausgangslösung* zu planen, die bei möglichst niedrigen Investitionen mit geringem Fixkostenanteil alle Leistungsanforderungen und Rahmenbedingungen erfüllt.
2. Danach sind weitere Lösungen zu entwickeln, die durch eine höhere Investition eine Senkung der Betriebskosten ermöglichen, aber einen höheren Fixkostenanteil haben.
3. Eine Lösung mit höherem Fixkostenanteil ist nur dann interessant, wenn die *Kapitalrückflußdauer* (5.4) im Vergleich zur Ausgangslösung kürzer ist als der Zeitraum, für den die geplante Auslastung gesichert ist.
4. Ein neues Logistikzentrum ist für den Endbedarf eines Planungszeitraums von mindestens 5 Jahren so auszulegen, daß es nach einer *ersten Baustufe*, die den Leistungsbedarf für einen Zeitraum von 2 bis 3 Jahren abdeckt, bei laufen-

dem Betrieb *stufenweise, flexibel* und *modular* ausgebaut werden kann, bis die *Endausbaustufe* erreicht ist.

5. Die *Durchsatzgrenzleistungen* und die Betriebsmittelausstattung des Logistiksystems sind so zu bemessen, daß der *mittlere Jahresdurchsatz* innerhalb der *Normalbetriebszeit* möglich ist. Die Normalbetriebszeit ist wiederum so festzulegen, daß pro Arbeitstag oder Woche genügend Zeit verbleibt, um durch flexible Ausdehnung der Betriebszeit auch die Durchsatzanforderungen in den Spitzenzeiten des Jahres zu erfüllen.
6. Die *Lagerplatzkapazität* ist auf den Jahresspitzenbedarf auszulegen, wenn es nicht möglich ist, Überbestände in Spitzenzeiten auszulagern.
7. *Transportmittel* und *mobile Einrichtungen* werden nur in einer Anzahl beschafft, die für den Durchsatz des nächsten Betriebsjahres ausreichend ist.

Die Leistungsabhängigkeit der Leistungskosten und das Fixkostendilemma werden auch bei der Prozeßoptimierung nicht immer ausreichend berücksichtigt. So führt in vielen Fällen eine Senkung des Leistungsdurchsatzes, etwa durch ein Bündeln von Transporten oder durch ein Vermeiden der Leistungsinanspruchnahme, beispielsweise durch Abbau der Lagerbestände, wegen der *Fixkostenremanenz* nicht zu *ergebniswirksamen Einsparungen*, solange nicht eine andere kostendekkende Verwendung der ungenutzten Ressourcen möglich ist.

Ein aktuelles Beispiel für das Fixkostendilemma ist der Anstieg der Leistungskosten für die Entsorgung von Hausmüll: Wegen der rückläufigen Mengen aufgrund erfolgreicher Müllvermeidung wird der Preis pro Mülltonne angehoben, um die fixen Deponiekosten weiterhin abzudecken. Eine derartige Reaktion auf eine rückläufige Auslastung ist jedoch grundsätzlich falsch und kann, wenn kein staatlicher Nutzungszwang ausgeübt wird, zum Zusammenbruch des gesamten Geschäfts führen, wenn mit ansteigenden Leistungspreisen immer mehr Kunden die Nutzung einschränken oder Ausweichmöglichkeiten finden.

Zur Sicherung seiner Wettbewerbsfähigkeit sollte ein Logistikdienstleister folgende *Kalkulationsregeln* beachten:

- Die Leistungskosten sind für die *Planauslastung* zu kalkulieren, für die eine Anlage oder ein System ausgelegt wurde.
- Zur Abdeckung des Fixkostenrisikos ist der Fixkostenanteil der Leistungskosten mit einem *Auslastungszuschlag* in einer Größenordnung von 10 bis 20 % zu beaufschlagen.

Wenn wegen des Wettbewerbs oder eines insgesamt rückläufigen Bedarfs die Auslastung langfristig unter 80 % der Planauslastung liegt, ist dies ein Anzeichen für *Überkapazitäten* am Markt. Die wirtschaftliche Nutzungsdauer sinkt damit unter die technische Nutzungsdauer. Hält dieser Zustand länger an, ist eine *Sonderabschreibung* des Anlagenwertes bis auf den aktuellen *Ertragswert* erforderlich [70]. Die Leistungspreise können dann entsprechend gesenkt werden. Die Chancen für weitere Aufträge steigen.

Nur auf diese Weise und nicht durch auslastungsbedingte Preiserhöhungen ist – wenn überhaupt – ein Überleben und Neubeginn des betroffenen Geschäftszweigs eines Dienstleisters möglich. Sinken allerdings die Erlöse für längere Zeit unter die Grenzkosten, ist es unvermeidlich, überflüssige Kapazitäten stillzulegen oder abzubauen.

Andererseits besteht in Zeiten hoher Nachfrage für die Leistungsanbieter die Chance und für die Nachfrager die Gefahr eines deutlichen Anstiegs der Leistungspreise. Solange die vom Markt benötigten Ressourcen knapp sind oder fehlen, kann der Preisanstieg weit über die kalkulierten Leistungspreise hinausgehen und den freien Anbietern überplanmäßige Gewinne bescheren.

Gegen die nachfragebedingten, meist kurzzeitigen Preisschwankungen können sich Auftraggeber und Auftragnehmer von Logistikleistungen nach oben wie nach unten nur durch einen länger laufenden *Dienstleistungsvertrag* sichern, in dem die Leistungsvergütung einschließlich der Modalitäten zulässiger Preisanpassungen genau geregelt ist (s. *Kapitel* 7).

6.9 Möglichkeiten zur Logistikkostensenkung

Die betriebswirtschaftlichen und technischen Möglichkeiten zur Kostensenkung lassen sich nach ihren Voraussetzungen und Auswirkungen unterscheiden in

- *investitionsfreie* und *investitionswirksame Kostensenkungsmaßnahmen,*
- *leistungsneutrale* und *leistungsverändernde Einsparungen,*
- *kurz-, mittel-* und *langfristige Maßnahmen,*
- *ergebniswirksame* und *ergebnisunwirksame Maßnahmen,*
- *organisatorische, technische* und *betriebswirtschaftliche Kostensenkungsmaßnahmen.*

Leistungswirksam sind beispielweise Kostensenkungen, die mit einer Verlängerung der Lieferzeit oder einer Verminderung des Leistungsumfangs verbunden sind. Ergebniswirksame Einsparungsmaßnahmen, wie etwa der Einsatz eines kostengünstigen Dienstleisters, vermindern direkt die Ausgaben des Unternehmens, während ergebnisunwirksame Maßnahmen, wie das Freisetzen von Personal, Kapazitäten oder anderer Ressourcen ohne Abbau oder anderweitigen Einsatz, keine unmittelbare Reduzierung der Ausgaben bewirken.

Die organisatorischen, technischen und betriebswirtschaftlichen Kostensenkungsmöglichkeiten müssen im Zusammenhang betrachtet werden, da sie einander vielfach bedingen und sich gegenseitig verstärken, aber auch abschwächen oder ausschließen können.

Von größtem Interesse sind die *organisatorischen Kostensenkungsmaßnahmen*, da sie häufig ohne wesentliche Investitionen kurzfristig realisierbar und direkt ergebniswirksam sind. Dazu zählen die *Bündelungs-* und *Ordnungsstrategien* (s. *Abschnitt* 5.2):

- Durch das räumliche und zeitliche *Bündeln* von Aufträgen, Bestellungen, Warenströmen, Beständen, Funktionen und Prozessen lassen sich die Auslastung der Kapazitäten und die Nutzung der Ressourcen verbessern.
- Durch das räumliche und zeitliche *Ordnen* von Aufträgen, Transporten, Beständen, Kapazitäten und Prozessen lassen sich Personal und Betriebsmittel effizienter nutzen, Leerfahrten vermeiden und Leistungen steigern.

Viele Bündelungsstrategien wie auch einige der Ordnungsstrategien haben allerdings nachteilige Auswirkungen auf die Durchlauf- und Lieferzeiten (s. *Abschnitt 8.12*).

Weitere organisatorische Kostensenkungsmaßnahmen sind das *Elimieren* nichtwertschöpfender Aktivitäten vor allem im administrativen Bereich, das *Vereinfachen* von Organisationsstrukturen und Prozessen sowie die Verbesserung der *Bedarfsprognosen* (s. *Kapitel* 9).

Betriebswirtschaftliche Maßnahmen zur Kostensenkung und Ergebnisverbesserung in der Logistik sind:

- *Reduktion* der Lieferantenanzahl, der Variantenvielfalt und der Sortimentsbreite.
- *Logistikrabatte* auf die Lieferpreise für die Abnahme ganzer Gebinde, artikelreiner Ladeeinheiten, voller Paletten und kompletter Transporteinheiten (s. Abschnitt 7.6).
- *Mengensteigerungen* durch erhöhten Absatz oder durch Bedarfszusammenlegung mehrerer Unternehmen zur Fixkostensenkung, zur besseren Auslastung von Lade- und Transporteinheiten und als Voraussetzung für den effizienten Technikeinsatz.
- *Konzentration* auf Kernkompetenzen und *Fremdvergabe* von Randaktivitäten, wie bestimmter Logistikleistungen an externe Dienstleister.
- *Kooperationen* in der Logistikkette zwischen Lieferanten, Produzenten und Handel, wie *Efficient Consumer* Response (ECR).
- *Liefer- und Beschaffungsbedingungen,* wie *Frei Haus*, *Ab Werk*, *FOB* oder *CIF*, die in Verbindung mit der eigenen Unternehmenslogistik zu den günstigsten Kosten führen.
- *Verursachungsgerechte Vergütungs-, Tarif- und Rabattsysteme* (s. *Kapitel 7*).

Die wichtigsten *technischen Kostensenkungsmaßnahmen* der Logistik sind:

- Entwicklung *neuer Leistungsangebote*: Ein innovatives Leistungsangebot verbessert die Wettbewerbsposition, erhöht den Absatz und ermöglicht höhere Preise.
- *Steigerung des Leistungsvermögens*: Durch erhöhte Geschwindigkeit, größere Beschleunigung und kürzere Totzeiten lassen sich bei gleicher Transportmittelanzahl die Durchsatzleistung steigern, Umschlagleistungen verbessern und Fahrzeiten verkürzen.
- Einsatz *neuer Techniken*: Wenn eine hohe gleichmäßige Auslastung gesichert ist, können die Leistungskosten gesenkt werden, beispielsweise durch ein automatisches Hochregallager anstelle eines konventionellen Staplerlagers oder eines fahrerlosen Transportsystems anstelle mannbedienter Flurförderzeuge.
- Bau von *gößeren Anlagen*: Bei hohem Leistungsbedarf lassen sich durch den Bau von großen Umschlaganlagen, Logistikzentren und Güterverteilzentren die Logistikkosten senken.
- Einsatz *größerer Transporteinheiten*. Bei ausreichendem Ladungsaufkommen lassen sich durch Ganzzüge, große Containerschiffe und Großraumflugzeuge die Transportkosten erheblich senken.

- Einsatz *größerer Ladeeinheiten*: Solange der Mehraufwand für das Bilden und Auflösen der Ladeeinheiten geringer ist als die Einsparungen, lassen sich die Kosten für das Handling, das Lagern und den Transport durch den Einsatz größerer Ladeeinheiten senken (s. Kapitel 12).
- *Normierung* und *Standardisierung*. Aufeinander abgestimmte und normierte Produktverpackungen, Ladeeinheiten und Transportmittel ermöglichen den personalsenkenden und leistungssteigernden Einsatz von Fördertechnik und Handhabungsautomaten.

Die technischen Maßnahmen zur Kosteneinsparung sind in der Regel mit Investitionen und Abschreibungen verbunden. Sie werden meist erst nach Erreichen einer bestimmten Mindestauslastung ergebniswirksam. Andererseits sind in vielen Fällen nur mit Hilfe der Technik erhebliche Leistungssteigerungen und Kostensenkungen möglich.

Als Beispiel für die Senkung der Leistungskosten durch Mengensteigerung und Technikeinsatz zeigt *Abb. 16.26* für verschiedene Palettenlagertypen die Abhängigkeit der Durchsatzkosten für das Ein- und Auslagern von der Lagerkapazität. Bei einem gleichbleibenden Lagerumschlag von 12 pro Jahr sinken die Durchsatzkosten um mehr als einen Faktor 2. Ab etwa 10.000 Palettenplätzen lohnt sich der höhere Technikeinsatz des Hochregallagers. Wird mit der Bestandsbündelung auch der Lagerumschlag erhöht, sinken die Durchsatzkosten, wie in *Abb. 16.27* gezeigt, noch weiter.

Das Beispiel verdeutlicht das allgemeingültige *Prinzip der kritischen Masse*:

- Erst ab einem bestimmten *Mindestbedarf*, einem *kritischen Ladungsaufkommen*, einem *kritischen Leistungsdurchsatz* oder einem *kritischen Lagerbestand*, ist der Aufbau eines flächendeckenden Transportnetzes, die Verwendung großer Ladeeinheiten, der Einsatz leistungsstarker Transportmittel, der Bau eines Logistikzentrums oder der Einsatz von Hochleistungstechnik wirtschaftlich.

In vielen Fällen sind große organisatorische und unternehmerische Anstrengungen erforderlich, um die kritische Masse zu erreichen. Im Vorlauf sind erhebliche finanzielle Mittel aufzuwenden und Risiken zu tragen. Wenn jedoch die kritische Masse einmal überschritten und die angestrebte Kostensenkung eingetreten ist, kommt es – ähnlich wie bei der Kernreaktion – zu einem selbständig fortschreitenden Prozeß. Aufgrund der geringeren Kosten können niedrigere Preise gemacht werden. Die Nachfrage steigt. Die Aufträge nehmen zu. Die Auslastung verbessert sich. Die Kosten sinken u.s.w.. Das Prinzip der kritischen Masse und die daraus resultierende Eigendynamik des Geschäftswachstums haben weitsichtige Logistikunternehmer bereits vor über 100 Jahren mit großem Erfolg genutzt [2; 3].

Wegen ihrer Abhängigkeit von Technik, Kapazität, Auslastung und Marktlage lassen sich für die Leistungskosten und Leistungspreise der Logistik keine allgemeingültigen Angaben machen. Kosten und Preise für die gleiche Leistung können sich, wie die Lagerbeispiele zeigen, in Extremfällen um einen Faktor 2 unterscheiden, ohne falsch zu sein. Darin liegt auch die grundsätzliche Problematik des *Kostenbenchmarking* in der Logistik (s. *Abschnitt 4.5*).

Planungen und Optimierungsrechnungen müssen daher zunächst mit *Richtkostensätzen* durchgeführt werden, die aus vergleichbaren Projekten übernommen, aus überschlägigen Kostenrechnungen abgeleitet oder über Richtpreisanfragen bei Logistikdienstleistern eingeholt werden. Nachdem unter Verwendung dieser Richtkostensätze die Lokistikketten optimiert und ein Logistiksystem geplant und dimensioniert wurde, lassen sich mit den besser bekannten Leistungsanforderungen präzisiere Leistungskosten kalkulieren. Wenn diese zu stark von den Richtkostensätzen abweichen, muß die Optimierungsrechnung mit den genaueren Leistungskosten wiederholt und die Planung in einem *iterativen Prozeß* korrigiert werden.

7 Leistungsvergütung

Dienstleister, die ihre Leistungen auf dem Markt anbieten, sind in der Gestaltung ihrer Preise grundsätzlich frei. Von der Freiheit der Preisgestaltung wird jedoch in manchen Dienstleistungsbereichen und Branchen nicht immer sinnvoll Gebrauch gemacht. Das gilt vor allem, wenn der Dienstleister eine Monopolstellung hat, in Teilmärkten Kapazitätsengpässe bestehen oder die Leistungstarife staatlich geregelt sind [64; 65].

Wenn ein Unternehmen einen bestimmten Leistungsumfang, wie den Betrieb eines Logistikzentrums, den inner- oder außerbetrieblichen Transport oder die gesamte Distribution, zur Fremdvergabe an einen Logistikdienstleister ausschreibt, um mit diesem einen längerfristigen Dienstleistungsvertrag abzuschließen, kann das Unternehmen durch *Vorgabe* des *Leistungs- und Qualitätsvergütungssystems* entscheidenden Einfluß auf die Preisgestaltung nehmen. Während der Ausschreibung und Vergabeverhandlungen sorgt der Auftraggeber selbst dafür, daß von den Anbietern faire *Preisgestaltungsgrundsätze* eingehalten werden, die angebotenen Leistungspreise vergleichbar sind und der günstigste Marktpreis ausgehandelt wird (s. *Kapitel* 20).

Dem Zwang zu einer rational nachvollziehbaren Preisgestaltung müssen sich daher vor allem *Systemdienstleister* stellen, die auf der Grundlage eines *Dienstleistungvertrags* langfristig mit ihren Kunden zusammenarbeiten wollen. Zunehmend aber sehen sich auch *Einzel-, Spezial-* und *Verbunddienstleister* veranlaßt, bestimmte Preisgestaltungsgrundsätze einzuhalten, wenn sie mit stabilen Kundenbeziehungen als seriöse Anbieter im Markt bestehen wollen [68]. Längerfristige Vereinbarungen der Leistungspreise und Dienstleistungsverträge mit einer klaren Vergütungsregelung schützen Dienstleister und Kunden gleichermaßen gegen *Preisschwankungen* und bieten die für Investitionsentscheidungen erforderliche *Kalkulationssicherheit.*

Nach einer Analyse der negativen Auswirkungen einer falschen Preispolitik werden in diesem Kapitel allgemeine *Preisgestaltungsgrundsätze* hergeleitet, die *Ziele und Anforderungen* an die Vergütung von Logistikleistungen formuliert und das Grundkonzept eines *Leistungs- und Qualitätsvergütungssystems* für Logistikleistungen beschrieben, das sich in der Praxis vielfach bewährt hat. Abschließend werden die Schritte zur Entwicklung projektspezifischer Vergütungssysteme dargestellt und die resultierenden *Preis- und Tarifstrukturen* erläutert.

7.1
Grundsätze der Preisgestaltung

Negative Folgen der freien Preisgestaltung und Indizien einer unfairen Preispolitik sind [64]:

- Die Preisangaben, Leistungsspezifikationen und Preislisten sind unvollständig, schwer zu verstehen oder für den Kunden nicht zugänglich.
- Die Leistungspreise sind nicht verursachungsgerecht kalkuliert und durch Quersubventionen zwischen den verschiedenen Leistungsarten eines Dienstleisters verfälscht.
- Ein Preisvergleich der angebotenen Leistungen ist kaum möglich.
- Die Richtigkeit und Angemessenheit der Preisstellung ist nicht nachvollziehbar.
- Benötigte und beauftragte Leistungen sind preislich gekoppelt mit anderen Leistungen, die nicht gewünscht werden.
- Die Leistungspreise sind zu pauschal und undifferenziert.
- Der Leistungspreis deckt nur die Kernleistung ab. Mit der Kernleistung zwangsläufig verbundene Nebenleistungen werden während oder nach der Leistungsausführung zusätzlich in Rechnung gestellt.
- Die Leistungspreise werden häufiger als notwendig unbegründet geändert.
- Mengenrabatte, Pauschalregelungen, komplizierte Preismodelle, Abonnements und Zugaberegelungen machen die Kosten der Einzelleistungen für den Benutzer unkalkulierbar, vor allem wenn er seinen Bedarf nicht vorausplanen kann.
- Der Leistungsumfang und die Qualität der Leistungserbringung sind für den Dienstleister nicht verpflichtend oder werden durch *allgemeine Geschäftsbedingungen* eingeschränkt.

In der Logistik sind Beispiele für eine unfaire Preispolitik besonders zahlreich: irreführende, teilweise unsinnige Frachttarife der Speditionen, die teilweise immer noch auf überholten *GFT-Tarifen* beruhen; *Rollgeld* oder andere *Gebühren*, die erst beim Empfänger erhoben werden; überhöhte Preise für Lagerleistungen; unterschiedliche Preissysteme der Paketdienstleister; die *Bahncard* und die vielen Sondertarife der Deutschen Bundesbahn; die Quersubvention des Personenverkehrs der Bahn durch überhöhte Streckenkosten für den Gütertransport; die verwirrenden Tarife, Gebühren, Meilenzugaben und die Überbuchungspraxis der Luftfahrtgesellschaften.

Unverständliche Preise für Dienstleistungen sowie mancherlei Tricks und versteckte Rechnungsposten führen zu Verwirrung, Unzufriedenheit und Vertrauensverlust der Kunden. Das mühsame Erfragen von Leistungspreisen und das zeitraubende Studium von Preisangaben belasten den Kunden und sind in vielen Fällen eine Zumutung [64]. Auch Dienstleister, die durch eine verschleiernde Preispolitik versuchen, zusätzliche Gewinne zu erzielen, täuschen und schaden sich am Ende selbst: Ihre Kosten- und Erfolgsrechnung wird durch die verfälschten Preise verschleiert. Sie verlieren die Glaubwürdigkeit und das Vertrauen ihrer Kunden. Die Kunden verzichten auf die angebotenen Leistungen oder weichen auf andere Anbieter aus [65].

Darüber hinaus können nicht verursachungsgerechte Leistungspreise zu Fehlverhalten der Marktteilnehmer und einer volkswirtschaftlich falschen Nutzung der Ressourcen führen. In Bereichen mit subventionierten Preisen unterbleiben Rationalisierungen. Geschäfte in Bereichen mit überhöhten Preisen gehen verloren. Ein Beispiel ist die anhaltende Abwanderung des Güterverkehrs von der Schiene auf die Straße (s. *Abschnitt 19.15*).

Wenn jedoch ein Dienstleister seine Leistungen zu Preisen anbietet, die für die Kunden verständlich sind und deren Nutzen berücksichtigen, kann das zu einer Verschiebung der Marktanteile zu seinen Gunsten und zu einer Korrektur der Preisbildung der übrigen Anbieter führen. So hat eine amerikanische Fluggesellschaft durch konstante, übersichtliche und günstige Flugtarife, die keine unerwünschten Serviceleistungen enthalten, innerhalb kurzer Zeit ihren Marktanteil verdoppelt. Sie ist zugleich zur profitabelsten Fluggesellschaft in den USA geworden. Ähnliches ist einer amerikanischen Telefongesellschaft und einem Paketdienstleiter gelungen [64].

Im Interesse der langfristigen Wettbewerbsfähigkeit sollten daher bei der Preisbildung und Rechnungsstellung für Logistikleistungen ebenso wie für andere Dienstleistungen folgende *Preisgestaltungsgrundsätze* beachtet werden :

1. Preise müssen kostendeckend sein. Dumpingpreise sind gesetzlich verboten.
2. Leistungspreise müssen transparent, nachvollziehbar und verursachungsgerecht sein.
3. Leistungsumfänge und Leistungspreise müssen in Leistungskatalogen und Preislisten verständlich dokumentiert und für den Kunden jederzeit einsehbar sein.
4. Leistungspreise müssen mit dem Kundennutzen korrellieren. Sie dürfen keine nicht benötigten Neben- oder Serviceleistungen enthalten.
5. Zugaben und kostenlose Extraleistungen sind ausgeschlossen.
6. Unabdingbar mit dem Leistungsergebnis verbundene Teil- oder Nebenleistungen müssen im Leistungspreis der vom Kunden benötigten Hauptleistung enthalten sein.
7. Extraleistungen, Versicherungen und besonderen Service muß der Kunde jeweils gesondert beauftragen können. Sie werden zu speziellen Preisen separat abgerechnet.
8. Preise für regelmäßig benötigte Leistungen sollten für längere Zeit, wenn möglich für ein Jahr, gültig sein und nur aus plausiblen Gründen verändert werden.
9. Rückvergütungen, Rabatte oder Staffelpreise müssen für definierte Abnahmemengen oder eine bestimmte zeitliche Abnahmeverpflichtung gelten.
10. Rechnungen müssen einfach kontrollierbar sein und dürfen nur beauftragte Leistungen zu vereinbarten Preisen enthalten.
11. Kostenverursachende Sonderleistungen, wie Eilzuschläge, sind nur den Kunden gesondert in Rechnung zu stellen, die sie ausdrücklich verlangt haben.
12. Leistungspreise sollten die Selbstverpflichtung des Dienstleisters zum Erbringen einer definierten *Leistungsqualität* umfassen, deren Nichteinhaltung zu einer Gutschrift führt.

Diese Preisgestaltungsgrundsätze hindern einen leistungsstarken, innovativen und kostengünstig arbeitenden Dienstleister nicht daran, seine Preise mit einem guten Gewinn zu kalkulieren. Im Gegenteil, er kann sich, wie die Beispiele aus den USA zeigen, durch faire Preise einen zusätzlichen Wettbewerbsvorteil verschaffen [64]. Da die Preisgestaltungsgrundsätze Voraussetzung sind für die volkswirtschaftlich positive Entwicklung der Logistik im vereinigten Europa, ist es Aufgabe der zuständigen Stellen der *Europäischen Gemeinschaft*, entsprechende Grundsätze durch ein EG-Gesetz einzuführen.

7.2 Leistungskosten und Leistungspreise

Die Vergütung einer Dienstleistung und die Kalkulation der Leistungspreise hängen von der rechtlichen Beziehung zwischen Nutzer und Erzeuger der Leistungen ab.

Für Unternehmen, die ihre Umsätze nicht mit logistischen Leistungen erzielen, sind die Logistikkosten in der Regel ein Teil der *Gemeinkosten*. Die Plan-Logistikkosten müssen in diesem Fall in einer *artikel-* oder *auftragsbezogenen Logistikkostenrechnung* möglichst verursachungsgerecht auf die *Kostenträger* umgelegt werden, das heißt, auf die vom Unternehmen am Markt verkauften Produkte oder Leistungen. Hieraus resultieren die Logistikkosten pro Artikeleinheit:

- Die *Artikellogistikkosten* sind gleich der Summe der durch Beschaffung, Produktion und Distribution pro Artikeleinheit verursachten Logistikkosten.

Um die Artikellogistikkosten zu kalkulieren, sind Art und Menge der Logistikleistungen, die zur Beschaffung, Erzeugung und Distribution einer Artikeleinheit eingesetzt werden, zu ermitteln und mit den entsprechenden Leistungskosten (6.1) zu multiplizieren.

Wenn ein *Logistikbetrieb* - beispielsweise ein Logistikzentrum oder eine Versandabteilung - in einem Unternehmen als eigenständiges *Profitcenter* arbeitet, werden den übrigen Unternehmensbereichen die von ihnen in Anspruch genommenen Leistungen mit den *Plan-Leistungskosten* k_i [DM/LE_i] in Rechnung gestellt. Die Leistungskosten werden für die geplanten Soll-Leistungsdurchsätze λ_i [LE_i/PE] der Abrechnungsperiode nach Beziehung (6.1) aus den anteiligen Betriebskosten für die verschiedenen Leistungsarten LA_i errechnet.

Ein *Logistikdienstleister* kalkuliert aus den Plan-Leistungskosten die *Leistungspreise* LP_i [DM/LE_i] für die verschiedenen *Leistungsarten* LA_i, die er am Markt anbietet. Hierzu werden die Plan-Leistungskosten um *Zuschläge* zur Abdeckung der *Vertriebs- und Verwaltungs-Gemeinkosten* (VVGK), zum Ausgleich von *Gewährleistungs-* und *Auslastungsrisiken* und für den *Gewinn* erhöht:

$$LP_i = \left(1 + p_{VVGK} + p_{gwl} + p_{aus} + p_{gew}\right) \cdot k_i \qquad \left[DM / LE_i\right]. \qquad (7.1)$$

Die *Zuschläge* werden dabei so bemessen, daß der mit den geplanten Leistungsdurchsätzen λ_i resultierende *Gesamterlös* E_{log} der Planungsperiode die geplanten *Gesamtkosten* K_{log} einschließlich Risiken und Gewinn abdeckt:

$$E_{log} = \sum_i \lambda_i \cdot LP_i \geqq K_{log} \qquad \left[DM / PE\right]. \qquad (7.2)$$

Die Höhe der *Zuschläge*, mit denen ein Dienstleister seine Leistungspreise kalkuliert, hängt von unterschiedlichen Einflußfaktoren ab.

1. Vetriebs- und Verwaltungsgemeinkostenzuschlag
Der Vertriebs- und Verwaltungs-Gemeinkosten-Zuschlag p_{VVGK} soll die allgemeinen Geschäftskosten abdecken, die nicht bereits in der Einzelkalkulation der Leistungskosten berücksichtigt wurden.

Kleinere Logistikdienstleister und Speditionen, die in starkem Wettbewerb stehen, kalkulieren je nach Marktsegment mit einem VVGK-Zuschlag von 10 bis 15 %. Große Logistikkonzerne, wie Eisenbahngesellschaften, Reedereien und Fluggesellschaften, haben Vertriebs- und Verwaltungsgemeinkosten von 20 % bis zu 50 %, in einigen Fällen auch darüber.

Für einen *Systemdienstleister*, der vertraglich geregelt länger als 5 Jahre für das gleiche Unternehmen tätig ist und hierfür keinen Vertrieb benötigt, ist in der Regel ein Verwaltungskostenzuschlag von 8 bis 10 % ausreichend.

2. Gewährleistungszuschlag
Der Gewährleistungszuschlag p_{gwl} dient zur Abdeckung aller Risiken aus der *Gewährleistung* einer definierten *Leistungsqualität.*

Wenn für die Nichteinhaltung der Leistungsqualität dem Kunden keine *Gutschrift* eingeräumt oder *Pönale* gezahlt werden muß, bestimmt sich der Qualitätszuschlag durch die Höhe der *Reklamationskosten.* Bei einer pönalisierten Leistungsqualität ist der Qualitätszuschlag außer von der Höhe der Reklamationskosten von der Art der *Leistungs- und Qualitätsvergütung* abhängig. Diese muß so vereinbart werden, daß sich der Gewährleistungszuschlag mit Hilfe der Wahrscheinlichkeitsrechnung abschätzen läßt.

Erhält beispielsweise der Kunde bei Nichteinhaltung einer Terminvereinbarung eine Gutschrift in Höhe des doppelten Leistungspreises und beträgt die Wahrscheinlichkeit einer Terminabweichung 0,7 %, dann ist der Leistungspreis mit einem *Termingewährleistungszuschlag* von $p_{ter} = 2 \cdot 0{,}7\ \% = 1{,}4\ \%$ zu kalkulieren. Für eine pönalisierte Sendungsqualität lassen sich entsprechende Abschätzungen durchführen.

Bei gut geführten Logistikdienstleistern und üblichen Qualitätszusicherungen hat der Qualitätszuschlag insgesamt eine Größenordnung von 3 bis 5 %.

3. Auslastungszuschlag
Der Auslastungszuschlag p_{aus} soll den Dienstleister gegen das Risiko von Bedarfsänderungen und Unterauslastung absichern.

Das Auslastungsrisiko hängt ab von der Prognostizierbarkeit des Leistungsbedarfs und der Leistungsstruktur für die Dauer der Preisbindung sowie vom Fixkostenanteil der Leistungskosten. Bei einem Fixkostenanteil von 50 % hat der Auslastungszuschlag eine Größenordnung von 10 %.

Wenn der Auftraggeber einem Systemdienstleister vertraglich eine bestimmte *Mindestinanspruchnahme* zusichert, die Fixkosten voll übernimmt oder eine auslastungsbedingte *Korrektur der Leistungspreise* zuläßt, ist kein Auslastungszuschlag erforderlich.

4. Gewinnzuschlag
Die Höhe des Gewinnzuschlags p_{gew} hängt von der *Preispolitik* des Unternehmens ab. Diese muß sich am Kundennutzen sowie an der Markt- und Wettbewerbssituation orientieren.

Ist der Dienstleister mit seinem Leistungsangebot *Monopolist*, wird der Gewinnzuschlag nach oben durch den Nutzen begrenzt, den die angebotene Leistung für den Kunden hat [64]. Der Gewinn ist dann gleich der Differenz zwischen dem *erzielten Verkaufserlös* und den Leistungskosten einschließlich Vertriebs-, Verwaltungs-, Gewährleistungs- und Risikozuschlag.

Steht der Dienstleister im *Wettbewerb* mit anderen Anbietern, muß er sich für den Gewinn eine *untere Grenze* setzen, die ausreicht, um das *allgemeine Geschäftsrisiko* abzudecken und einen ausreichenden *Unternehmensgewinn* zu erzielen. Ein frei am Markt tätiger Logistikdienstleister kann auf Dauer nur überleben, wenn er einen Gewinn von mindestens 3 % des Leistungsumsatzes erzielt.

Für *innovative Leistungen* kann und darf der Gewinn, solange der Innovotationsvorsprung gegenüber dem Wettbewerb besteht, weitaus höher sein, wenn die neue Leistungsart den Kunden einen besonderen Nutzen bringt. Die Aussicht auf einen hohen Gewinn, der das Innovationsrisiko abdeckt und in kurzer Zeit die Entwicklungskosten wieder hereinbringt, ist der Hauptanreiz zur Entwicklung neuer Leistungen.

5. Systemdienstleisterzuschlag
Die Summe aller Zuschläge eines *Systemdienstleisters*, der eine umfassende Gesamtleistung erbringt, auf die Leistungskosten ist der sogenannte Systemdienstleisterzuschlag. Dieser entspricht dem Generalunternehmerzuschlag eines *Generalunternehmers* für die schlüsselfertige Ausführung einer Gesamtanlage [68] :

- Der *Systemdienstleisterzuschlag* ist die Prämie, die der Leistungsnutzer für die *Fremdvergabe* der Managementleistungen und aller Betriebsrisiken zahlen muß, die mit der umfassenden Leistungserstellung verbunden sind.

Der Gesamtzuschlag eines Systemdienstleisters, der gegen das Auslastungsrisiko abgesichert ist, liegt gemäß den oben angegebenen Zuschlagsätzen zwischen 10 und 20 %. Wenn der Logistikdienstleister keine Auslastungsabsicherung erhält, erhöht sich der Systemdienstleisterzuschag um das Auslastungsrisiko.

7.3 Aufgaben und Ziele der Leistungsvergütung

Ein verursachungsgerechtes Leistungs- und Qualitätsvergütungssystem ist zentraler Bestandteil jedes längerfristigen Vertrags mit einem Logistikdienstleister. Je umfangreicher die einem Dienstleister übertragenen Leistungen sind, umso wichtiger ist eine klare Regelung der Leistungs- und Qualitätsvergütung (s. *Kapitel* 20).

Ein Leistungs- und Qualitätsvergütungssystem muß folgende *Aufgaben* und *Ziele* erfüllen:

- Die Vergütung soll den Logistikdienstleister *selbstregelnd* zur rationellen und korrekten Leistungserbringung veranlassen.
- Das Vergütungssystem muß *revisionsfähig, verständlich, eindeutig, praktikabel* und in seiner Wirkung *transparenent* sein.
- Die Preise müssen den oben angegebenen *Preisgestaltungsgrundsätzen* entsprechen.
- Verfahren, Zeitpunkte und zulässige Gründe für *Preisanpassungen*, wie Kostenveränderungen, Strukturverschiebungen oder Rationalisierungsmaßnahmen, müssen vorher vereinbart werden.
- Die *Leistungsinanspruchnahme* und das *Auslastungsrisiko* sind eindeutig zu regeln.
- Die *Erfassung* von Leistungsdurchsatz und Qualitätsmängeln darf keinen Zusatzaufwand verursachen und soll sich soweit wie möglich anderweitig benötigter Daten bedienen.
- Die *Leistungsabrechnung* muß mit Hilfe von *Standardsoftware* auf verfügbaren Rechnern durchführbar sein.
- Ein detailliertes *Logistikcontrolling* muß sich für den Auftraggeber durch das Leistungs- und Qualitätsvergütungssystem erübrigen.

Mit einem Leistungs- und Qualitätsvergütungssystem, das diesen Anforderungen genügt, sind Steuerung und Controlling des Logistikbetriebs und der Logistikleistungen nicht mehr Aufgabe des Auftraggebers sondern des Dienstleisters. Der Auftraggeber hat nur einmal pro Abrechnungsperiode die Rechnung zu prüfen und eventuelle Leistungsmängel zu reklamieren.

7.4 Grundkonzept der Leistungs- und Qualitätsvergütung

Das *Grundkonzept* eines Leistungs- und Qualitätsvergütungssystems, das die geforderten Eigenschaften hat, sich für unterschiedliche projektspezifische Gegebenheiten ausgestalten läßt und in der Praxis mehrfach bewährt hat, ist in *Abb. 7.1* dargestellt. Das Konzept ist im Prinzip sehr einfach :

- Die *Leistungsumfänge* und *Standardleistungen* SL_i, $i = 1,2,..\ N_{SL}$, die ein Dienstleister für den Auftraggeber erbringen soll, sind in einem *Leistungskatalog*, die *Qualitätsmängel* QM_j, $j = 1,2,...N_{QM}$, die der Dienstleister vermeiden soll, in einem *Mängelkatalog* dokumentiert.
- Für alle Standardleistungen mit den Leistungseinheiten LE_i sind feste *Leistungspreise* LP_i [DM/LE_i] vereinbart und in einer *Preisliste* erfaßt.
- Für alle Qualitätsmängel mit den Mängeleinheiten ME_j sind bestimmte *Mängelabzüge* MA_j [DM/ME_j], auch *Malussätze* genannt, festgelegt und in einer *Malusliste* festgehalten.
- Die *Vergütung* VG_{PE} [DM/PE] für eine Abrechnungsperiode PE ist gleich einer *Leistungsvergütung*, die das Produkt von Leistungsdurchsatz und Leistungs-

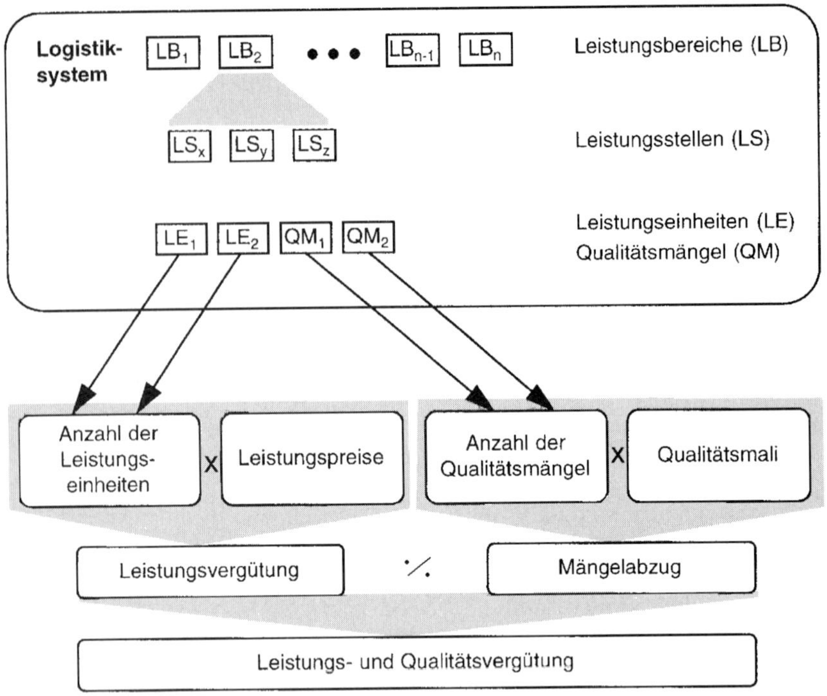

Abb. 7.1 Grundkonzept eines Leistungs- und Qualitätsvergütungssystems

preisen ist, vermindert um einen *Mängelabzug*, der das Produkt der Anzahl Qualitätsmängel mit den Malussätzen ist.

Hat also der Dienstleister in einer Periode λ_i [LE_i/PE] Standard-Leistungseinheiten erbracht und wurden dabei σ_j [ME_j/PE] Qualitätsmängel verzeichnet, dann ist die Vergütung :

$$VG_{PE} = \sum_i \lambda_i \cdot LP_i - \sum_j \sigma_j \cdot MA_j \qquad [DM/PE]. \qquad (7.3)$$

Die Vergütung wird dem internen oder externen Logistikdienstleister jeweils nach Ablauf einer *Vergütungsperiode* vom Auftraggeber gutgeschrieben oder dem Auftraggeber durch den Dienstleister in Rechnung gestellt.

Zur Erläuterung sind in *Tabelle 7.1* die *Leistungspreise für innerbetriebliche Logistikleistungen* und in *Tabelle 7.2* die *Leistungspreise für außerbetriebliche Logistikleistungen* angegeben. Die Kalkulation der Leistungspreise für diese und weitere logistische *Standardleistungsumfänge* auf der Grundlage der im letzten Kapitel und im nächsten Abschnitt beschriebenen Verfahren wird in den *Abschnitten 16.13, 17.14, 18.12* und *19.14* näher erläutert.

LEISTUNGSART	Leistungeinheit	LE	Leistungspreis	Preiseinheit
WARENEINGANG	mit Eingangsprüfung und Bereitstellen			
Entladen				
ganze Paletten aus Transporteinheit	Palette	Pal	2,00	DM/Pal
lose Gebinde aus TE auf Palette	Gebinde	Pak	0,10	DM/Geb
LAGER	stark abhängig vom Kapazitäts- und Leistungsbedarf			
Einlagern	Paletten	Pal	2,00 bis 5,50	DM/Pal
mit Abholen aus Wareneingang	Behälter	Beh	0,30 bis 0,50	DM/Beh
Lagern	Paletten-Tag	Pal-KTag	0,20 bis 0,40	DM/Pal-KTag
auf dem Lagerplatz	Behälter-Tag	Beh-KTag	0,04 bis 0,07	DM/Beh-KTag
Auslagern	Ganzpalette	Pal	2,00 bis 5,50	DM/Pal
mit Bereitsstellen im WA oder K-Bereich	Vollbehälter	Beh	0,30 bis 0,50	DM/Beh
WARENAUSGANG				
Kommissionieren	einschließlich Palettenhandling bei statischer Bereitstellung			
Gebinde auf Paletten	Gebinde	Geb	0,25	DM/Geb
Warenstücke aus Gebinden in Kartons	Warenstück	WST	0,05	DM/WST
Verladen	mit Ausgangskontrolle und Ladungssicherung			
ganze Paletten in Transporteinheit	Palette	Pal	2,50	DM/Pal
lose Gebinde von Palette in TE	Gebinde	Kart	0,15	DM/Geb
ZUSATZLEISTUNGEN				
Nachschubdisposition	Nachschubauftrag	NAuf	8,00 bis 10,00	DM/NAuf
Innerbetrieblicher Transport	Transportweg 50 bis 100 m			
von Übernahmestelle	Palette	Pal	2,00 bis 3,00	DM/Pal
bis Abgabestelle	Behälter	Behälter	0,15 bis 0,20	DM/Geb

Tab.7.1 Leistungspreise für innerbetriebliche Logistikleistungen

Unverbindliche Richtpreise 1997 für ausreichend großen Gesamtbedarf

Ladeeinheiten	Gewicht mittel	Maße und Volumen mittel
Palette(CCG1)	500 kg	1.200×800×1.050 mm
Behälter	25 kg	600×400×300 mm
Gebinde	5 kg	10 l/Geb
Warenstück	0,5 kg	1 l/WST

Die Verminderung der Leistungsvergütung um den Mängelabzug bewirkt, daß sich der Dienstleister nicht allein auf eine effiziente Leistungserbringung konzentriert, sondern dabei auch die Einhaltung der vereinbarten Qualitätsstandards im Auge hat. Durch das Vermeiden von Qualitätsmängeln kann er ebenso seinen Ge-

LEISTUNGSART	Leistungeinheit	LE	PREIS	Preiseinheit
DIREKTTRANSPORTE	von Ganz- und Teilladungen in Transporteinheiten			
Entfernungen bis 250 km	Nutzfahrt	Fahrt	120,00	DM/Fahrt
	Zwischenstop	Z-Stop	30,00	DM/Z-Stop
	Hinfahrt-Nutzstrecke	H-km	2,00	DM/H-km
	Rückfahrt-Nutzstrecke	R-km	1,80	DM/R-km
Entfernungen über 250 km	Nutzfahrt	Fahrt	210,00	DM/Fahrt
	Zwischenstop	Z-Stop	30,00	DM/Z-Stop
	Hinfahrt-Nutzstrecke	H-km	1,65	DM/H-km
	Rückfahrt-Nutzstrecke	R-km	1,50	DM/R-km
GEBIETSTRANSPORTE	mit Umschlag, ohne Vorlauf zum Umschlagpunkt			
Zustelltransporte	Zustellstop	Z-Auf	10,00 bis 15,00	DM/Z-Stop
Auslieferetouren von Umschlagpunkt	Paletten	Pal	40,00 bis 55,00	DM/Pal
zu Empfangsstellen	Stückgut	Pak	10,00 bis 14,00	DM/100 kg
Abholtransporte	Abholstop	A-Auf	9,00 bis 13,00	DM/A-Stop
Sammelfahrten von	Paletten	Pal	35,00 bis 45,00	DM/Pal
Abholstellen zum Umschlagpunkt	Stückgut	Pak	8,00 bis 12,00	DM/100 kg

Tab. 7.2 Leistungspreise für außerbetriebliche Logistikleistungen

Unverbindliche Richtpreise 1997 für ausreichend großen Gesamtbedarf
Transporteinheiten: Sattelauflieger oder Lastzug mit 2 Wechselbrücken
Paletten: 800×1.200 mm, max 1.500 mm hoch; mittel 500, max 700 kg/Pal
Stückgut: Einzelstücke und Pakete
Die Leistungspreise für Gebietstransporte sind von der Gebietsgröße abhängig

winn verbessern wie durch kostengünstiges und rationelles Arbeiten. Dadurch ist das beschriebene Leistungs- und Qualitätvergütungssystem *selbstregelnd.*

Immer wieder werden sogenannte *Null-Fehler-Konzepte* propagiert. Null-Fehler aber sind eine Illusion, denn kein von Menschen gebautes System arbeitet absolut fehlerfrei, nicht einmal die Transportsysteme im Weltall. Kein Unternehmen kann sich daher der Notwendigkeit entziehen festzulegen, wo seine Grenzen für tolerierbare Qualitätsmängel liegen, bei 1 Prozent, 1 Promille oder $1 \cdot 10^{-6}$. Dabei ist zu beachten, daß die Qualitätssicherungskosten im eigenen Unternehmen wie auch die Höhe des Gewährleistungszuschlags eines Dienstleisters mit zunehmenden Anforderungen an die Fehlerfreiheit überproportional ansteigen. Absolute Fehlerfreiheit ist wie absolute Sicherheit unbezahlbar.

7.5 Entwicklung projektspezifischer Vergütungssysteme

Das Leistungs- und Qualitätsvergütungssystem muß für die speziellen Gegebenheiten jedes einzelnen Projekts angepaßt und teilweise neu entwickelt werden, da Preise und Tarife immer auf ein bestimmtes Leistungsangebot abgestimmt sind. In vielen Fällen ist es jedoch möglich, für bestimmte Leistungspakete, wie Lagern, Kommissionieren, Umschlag und Transport, bewährte Programmbausteine wiederzuverwenden oder dem speziellen Bedarf anzupassen.

Die *Arbeitsschritte* zur Entwicklung eines projektspezifischen Vergütungssystems für Logistikleistungen nach dem zuvor beschriebenen und in *Abb. 7.1* dargestellten Grundkonzept sind :

1. Leistungsspezifikation
Im ersten Schritt ist die Frage zu klären, *was* zu leisten ist. Grundlage jedes Vergütungssystems ist daher eine genaue Spezifikation der geforderten Leistungen.

Hierzu werden Art, Merkmale und Durchsatzmengen der benötigten Leistungen in einem *Leistungskatalog* oder *Leistungsverzeichnis* erfaßt.

2. Systembeschreibung
Im zweiten Schritt muß festgelegt werden, *womit* die geforderten Leistungen erbracht werden sollen. Hierzu ist das Leistungssystem mit seinen einzelnen Leistungsstellen, der Personalbesetzung, der Betriebsmittelausstattung und den Relationen so genau zu beschreiben und darzustellen, wie es für die Betriebskostenrechnung erforderlich ist.

Hierfür werden nach dem Grundsatz, so wenig Leistungsbereiche wie möglich, soviele wie nötig, die einzelnen Leistungsstellen, wie in *Abb. 6.1* gezeigt, zu *Leistungsbereichen* zusammengefaßt.

3. Definition von Standardleistungen und Leistungseinheiten
Im dritten Schritt wird festgelegt, *wie* und *wo* die geforderten Leistungen erbracht werden sollen. Hierzu werden die benötigten Leistungen, wie in *Abb. 6.1* dargestellt, in *Teilleistungen* oder *Basisleistungen* aufgelöst und diese den Leistungsstellen zugewiesen, von denen sie erbracht werden.

Teilleistungen in aufeinander folgenden Leistungsstellen der Leistungskette, die sich auf die gleiche Leistungseinheit beziehen, werden zu *Leistungsumfängen, Standardleistungen* oder *Hauptleistungen* zusammengefaßt. Alle Standardleistungen, aus denen sich eine geforderte *Gesamtleistung* zusammensetzt, sind Bestandteil der Leistungsspezifikation. Die *abzurechnenden Leistungseinheiten* für die Standardleistungen ergeben sich aus den maßgebenden Leistungseinheiten der einzelnen Leistungsstellen.

Enthält eine Standardleistung Nebenleistungen, die nicht gesondert abgerechnet werden, oder Teilleistungen, die von unterdrückten Leistungseinheiten abhängen, so ist deren Relation zu den maßgebenden Leistungseinheiten als *Strukturkennzahl* festzuhalten..

4. Vereinbarung von Planungszeitraum und Vergütungsperiode
Als *Planungszeitraum* wird in der Regel ein *Geschäftsjahr* oder ein *Kalenderjahr* gewählt. Innerhalb dieses Planungszeitraums sollten die Leistungspreise nicht verändert werden.

In Abstimmung mit der laufenden Kosten- und Erfolgsrechnung (KER) der Unternehmen wird als *Vergütungs-* oder *Abrechnungsperiode* meist der *Monat* gewählt. Die längste sinnvolle Abrechnungsperiode ist ein ganzes *Jahr*, die kürzeste ist die *Woche*. Auch ein *Quartal* ist als Abrechnungsperiode möglich.

Zu vereinbaren sind auch die *Zahlungsbedingungen* und die *Vergütungsform*, zum Beispiel nach dem *Gutschriftsverfahren*, durch *Lastschrift* oder durch *Rechnungsstellung.*

5. Kalkulation der Betriebs- und Leistungskosten
Für den *Plan-Leistungsdurchsatz* werden nach den in *Kapitel 6* angegebenen Verfahren und Kostenzuweisungsregeln die Betriebskosten der Leistungsbereiche und hieraus abgeleitet die Leistungskosten für die verschiedenen Leistungsarten kalkuliert.

Durch Summation der Leistungskosten für die einzelnen Leistungbereiche, die an der Erzeugung einer Standardleistung beteiligt sind, ergeben sich die Leistungskosten für die Standardleistungen.

6. Berechnung der Leistungspreise
Aus den Leistungskosten für die Standardleistungen werden mit den vereinbarten *Zuschlagssätzen* für *Vertriebs- und Verwaltungsgemeinkosten, Gewährleistung* und *Unternehmergewinn* die Leistungspreise berechnet.

Die Zuschlagssätze und der Gewinn sind das Ergebnis von *Verhandlungen* zwischen Auftraggeber und Logistikdienstleister auf der Grundlage einer offengelegten Kalkulation, nachdem zunächst der Anbieter mit den günstigsten Betriebskosten und Leistungspreisen für einen vorgegeben Leistungsbedarf im Zuge einer *Ausschreibung* ausgewählt wurde (s. *Kapitel* 20).

Die vereinbarten Leistungspreise werden in Form von *Preislisten* dokumentiert, wie sie für innerbetriebliche Logistikleistungen *Tabelle 7.1* und für außerbetriebliche Logistikleistungen *Tabelle 7.2* zeigt. Die Preislisten gelten in Verbindung mit der Leistungsspezifikation und den Konditionen der Leistungserbringung, insbesondere der Gewährleistung für Qualitätsmängel.

7. Festlegung der Qualitätsmängel
Bei der Festlegung der Qualitätsmängel, die durch einen *Mängelabzug* bestraft werden sollen, ist zu berücksichtigen, daß der Gewährleistungszuschlag mit der Anzahl und Strenge der Qualitätsanforderungen steigt.

Typische *Qualitätsmängel* von Logistikleistungen sind :

- Mängel der *Termintreue*

  Verspätete Abholung
  Verspätete oder verfrühte Anlieferung (7.4)
  Nichteinhaltung zugesagter Liefertermine.

- Mängel der *Sendungsqualität*

  Unvollständigkeit
  Übermengen
  Beschädigungen (7.5)
  Schwund und Verlust
  Falscher Inhalt.

- Mängel der *Disposition*

  fehlende Leistungsbereitschaft
  schlechte Lieferfähigkeit. (7.6)

Die Pönalisierung eines externen Dienstleisters für Mängel der *Lieferfähigkeit* setzt voraus, daß dieser auch für die *Bestandsdisposition* verantwortlich ist. Das aber ist eine problematische Verantwortungsverlagerung vom Auftraggeber auf den Dienstleister, die in der Tendenz zu überhöhten Beständen führt.

Die laufende Erfassung der Mängel und die Abwicklung von Reklamationen müssen zwischen Auftraggeber und Logistikdienstleister geregelt werden. (s. Abschnitt 20.4)

8. Vereinbarung der Mängelabzüge
Für jede Art der Qualitätsabweichung wird zwischen Auftraggeber und Dienstleister ein *Malussatz* vereinbart, der pro Mangel von der Leistungsvergütung abgezogen wird. Üblich sind Malussätze in Höhe des zwei- bis dreifachen Leistungspreises für die korrekte Leistung.

Zusätzlich muß die Regulierung des *unmittelbaren Schadens* aus einem Qualitätsmängel, wie der Verlust oder die Beschädigung der Ladung, zum Beispiel durch eine entsprechende *Versicherung*, geregelt werden.

Eine Haftung für *Folgeschäden*, die über den Ersatz des unmittelbaren Schadens hinausgeht, sollte der Auftraggeber vom Dienstleister nicht erwarten, da das hiermit verbundene Risiko unkalkulierbar ist und sich kaum versichern läßt.

9. Regelung des Auslastungsrisikos
Zur Absicherung des Logistikdienstleisters gegen das Auslastungsrisikos sind unterschiedliche Regelungen möglich :

- *Fixkostenvergütung*: Der Auftraggeber zahlt dem Dienstleister pro Abrechnungsperiode eine *Grundvergütung*, mit der die Fixkosten vollständig abgedeckt werden. Die Leistungen werden dann zu Leistungspreisen vergütet, die nur mit dem variablen Kostenanteil auf *Teilkostenbasis* kalkuliert sind. Bei mehreren Nutzern zahlt jeder Nutzer eine *anteilige Grundvergütung*, die dem Anteil der geplanten Leistungsinspruchnahme entspricht.
- *Auslastungsgarantie*: Der oder die Auftraggeber sichern dem Dienstleister eine bestimmte *Mindestauslastung* zu und übernehmen bei Unterschreitung der Mindestauslastung die nicht abgedeckten Fixkosten. Die Leistungspreise werden auf *Vollkostenbasis* für die Garantieauslastung kalkuliert. Die Fixkostenunterdeckung wird jeweils zum Ende eines Geschäftsjahres kalkuliert und dem Dienstleister gutgeschrieben. Mehrere Auftraggeber tragen die Erstattung der Fixkostenunterdeckung in dem Verhältnis, wie sie die von ihnen zugesicherte Mindestauslastung unterschritten haben. Analog kann auch die Belastung des Dienstleister bei einer Fixkostenüberdeckung infolge einer überplanmäßigen Auslastung vereinbart werden. Die Auftraggeber erhalten dann eine anteilige Gutschrift.
- *Preisanpassung*: Die Leistungen des Dienstleisters werden zunächst zu *Plan-Leistungspreisen* LP_i^{Plan} vergütet, die auf Vollkostenbasis mit den Plan-Lei-

sungsdurchsätzen kalkuliert sind. Nach Ablauf eines Geschäftsjahrs werden mit den Ist-Leistungsdurchsätzen λ_i [LE_i/PE] *korrigierte Ist-Leistungspreise* LP_i^{Ist} kalkuliert, wobei alle übrigen Ansätze der Vorkalkulation unverändert bleiben. Bei Unterschreitung der Planauslastung erhält der Dienstleister eine *Gutschrift*, bei Überschreitung eine *Belastung* in Höhe der Differenz

$$\Delta = \sum_i \lambda_i^{Ist} \cdot \left(LP_i^{Ist} - LP_i^{Plan} \right) \qquad [DM/PE]. \qquad (7.7)$$

Jede dieser Fixkostenregelungen veranlaßt die Nutzer dazu, für die Zukunft besser zutreffende Bedarfsprognosen abzugeben und während der Nutzungszeit das Leistungsangebot möglichst stark zu nutzen. Hieraus ergibt sich ein weiterer *Selbstregelungseffekt* des Vergütungssystems.

10. Regelung von Preisveränderungen
Rechtzeitig vor Ablauf eines zuvor festgelegten *Preisbindungszeitraums*, der nicht kürzer als ein Jahr sein sollte, *kann* aus begründetem Anlaß auf Antrag eines der Vertragspartner mit aktuellen Kostensätzen für den Plan-Leistungsdurchsatz der folgenden Perioden eine neue Leistungspreisberechnung durchgeführt werden. Die resultierenden Leistungspreise werden zwischen Auftraggeber und Dienstleister verhandelt und neu vereinbart.

11. Dokumentation
Alle rechtlich und kaufmännisch wesentlichen Regelungen des Vergütungssystems müssen sorgfältig dokumentiert und von beiden Seiten abgezeichnet werden. Hierzu gehören

Verfahren der Betriebs- und Leistungskostenrechnung
Zuschlagssätze der Leistungspreiskalkulation
Leistungsverzeichnisse und Leistungspreise (7.8)
Mängellisten und Mängelabzüge
Konditionen und Zahlungsform.

Bei größeren Projekten und umfangreicheren Leistungen ist es unerläßlich, zur Betriebskostenrechnung und Preiskalkulation ein *Kalkulationsprogramm* zu entwickeln. Mit Hilfe eines solchen Programms lassen sich rasch *Sensitivitätsanalysen* für Parameteränderungen durchführen und unterschiedliche *Auslastungsszenarien* durchrechnen. Das Programm ist außerdem zur Berechnung der Fixkostenvergütung und neuer Leistungspreise bei Kosten- und Strukturänderungen geeignet.

7.6 Tarifsysteme und Logistikrabatte

Das dargestellte Vorgehen zur Entwicklung von *Vergütungssystemen* für Systemdienstleister ist auch geeignet zur Entwicklung von *Tarifsystemen* und zur *Preis-*

kalkulation für andere Logistikdienstleister, wie Speditionen, Paketdienstleister, Bahn, Luftfrachtunternehmen oder Containerdienste.

Das Ergebnis sind auch hier *Leistungsverzeichnisse* und *Tariftabellen* für die angebotenen Leistungen in Verbindung mit *allgemeinen Konditionen*, in denen Mengenrabatte, Gewährleistungsumfänge und Haftungsfragen geregelt sind.

1. Grundstruktur von Tarifsystemen

Typisch für Preise und Tarife der Logistik - wie auch für viele andere *Leistungstarife* - ist die Zusammensetzung des Preises für einen Leistungsauftrag aus einem Grundtarif und verschiedenen Leistungstarifen :

- Der *Grundtarif* wird pro Basiseinheit, pro Auftrag oder pro Auslieferung in Rechnung gestellt und deckt bestimmte *Basisleistungen*.
- Der *Leistungstarif* wird für bestimmte Leistungseinheiten in Rechnung gestellt und deckt die mit der Leistungseinheit verbundenen Kosten.

Der Preis für einen ausgeführten Auftrag errechnet sich nach dem einfachen *Schema* :

$$\textbf{\textit{Preis = Grundtarif} $\cdot$ \textit{Basiseinheit + Leistungstarif} $\cdot$ \textit{Leistungseinheiten.}} \quad (7.9)$$

Für *Bearbeitungsaufträge*, wie das Kommissionieren, das Bilden von Ladeeinheiten, das Be- und Entladen von Transportmitteln oder das Sortieren von Paketen, enthält der Grundtarif alle Kosten, deren Kostentreiber der einzelne Auftrag ist, und der Leistungstarif alle Kosten, die von der Anzahl der zu bewegenden und erzeugten Ladeeinheiten abhängen.

Für *Lageraufträge* werden mit dem Grundtarif die Auftragsbearbeitung sowie das Ein- und Auslagern einer Ladeeinheit abgegolten. Mit dem Leistungstarif wird das Lagern der Ladeeinheit für eine bestimmte Lagerdauer bezahlt. Bei einer für alle Lageraufträge in definierten Grenzen gleichbleibenden Lagerdauer oder einer konstant vorzuhaltenden Lagerkapazität kann der Lagerpreis mit dem Preis für das Ein- und Auslagern zu einem *Umschlagpreis* [DM/LE] zusammengefaßt werden.

Für *Frachtaufträge* und für *Transportaufträge* können mit dem Grundtarif die Anfahrt, das Bereitstellen des Transportmittels, die Benutzung von Stationen und Umschlagpunkten und andere auftragsabhängige Leistungen, wie das Be- und Entladen, in Rechnung gestellt werden.

Gebräuchliche Tarifsysteme für die Fahrt einer Transporteinheit [TE] oder die Beförderung einer Anzahl Ladeeinheiten [LE] sind :

- *Grundtarif* [DM/TE oder DM/LE] plus *Entfernungstarif* [DM/TE-km oder DM/LE-km].
- *Relationspreise* in DM pro TE oder pro LE für definierte *Transportrelationen* $A_i \rightarrow B_j$.
- *Zonentarife* in DM pro TE oder pro LE für definierte *Entfernungszonen* um den Startpunkt.

Die Benutzung des öffentlichen Straßennetzes durch Kraftfahrzeuge ist über die Kraftfahrzeugsteuer als Grundgebühr und über die zur Fahrleistung proportionale Kraftstoffsteuer als Leistungsgebühr ebenfalls nach dem einfachen Schema (7.9) geregelt.

Weitere Beispiele für Transporttarife nach dem Schema (7.9) sind Taxitarife, Frachttarife, Flugpreise, Schiffstarife und Fahrpreise der Bahn (s. *Abschnitt 19.14*).

2. Logistikrabatte und Mengenrabatte

Häufig werden auf die angebotenen Leistungspreise *Rabatte* gewährt. Weit verbreitet, aber betriebswirtschaftlich riskant sind alle Formen von nutzungsunabhängigen *Pauschalrabatten* auf den Leistungspreis oder noch schlimmer auf den Wert der gelieferten Ware.

Logistisch sinnvoll sind jedoch *Logistikrabatte* und *Mengenrabatte*, die zur Sicherung einer bessseren Auslastung beitragen, indem sie eine inhaltlich oder mengenmäßig klar vorgegebene Leistungsnutzung belohnen :

- *Logistikrabatte* für Aufträge sind von der Anzahl Ladeeinheiten pro Auftrag abhängig und werden eingeräumt, um die Bestellung ganzer Verpackungseinheiten, artikelreiner Ganzpaletten, voller Transporteinheiten, ganzer Wechselbrücken oder ganzer Sattelaufliegerinhalte zu bewirken.
- *Mengenrabatte* für Kunden hängen von der Anzahl Ladeeinheiten, Transporte oder Leistungseinheiten ab, die ein Kunde innerhalb einer Periode bestellt hat und sollen zur Lieferantentreue und zur besseren Auslastung der bereitgehaltenen Ressourcen beitragen.

Die Höhe der *Rabattsätze* muß in einer wirtschaftlichen Relation stehen zu den aus der Vermeidung von Anbrucheinheiten oder der ansteigenden Leistungsinanspruchnahme resultierenden Kosteneinsparungen. Hierfür lassen sich keine allgemein gültigen Sätze angeben. Die unterschiedlichen Rabattsätze können nur fallweise durch entsprechende Modellkalkulationen ermittelt werden.

8 Zeitdisposition

Die Zeit ist die vierte Dimension der Logistik. Die *Strukturen* der Systeme werden durch *Raumkoordinaten* und *Entfernungen* determiniert, die *Ablaufe* durch *Zeitpunkte* und *Zeitspannen*. Die *Prozesse* sind durch Raum und Zeit bestimmt.

Das Bewußtsein der Menschen für die Zeit hat sich in den letzten hundert Jahren revolutionär gewandelt [71]. In der Logistik hat sich die Einstellung gegenüber der Zeit erst im Zuge der *Just-In-Time-Bewegung* (JIT) grundlegend verändert [72; 73; 223].

Daß *Lieferzeiten* und *Termintreue* wichtige *Wettbewerbsfaktoren* sind, ist inzwischen allgemein bekannt [36; 72]. Die Konsequenzen aus dieser Kenntnis aber werden in der Praxis nur zögernd umgesetzt [73]. *Terminzusagen* gegenüber dem Konsumenten sind oft unverbindlich und ungenau. *Termintreue* wird entgegen dem Grundsatz *Pünktlichkeit vor Schnelligkeit* nach wie vor geringer bewertet als kurze Zustellzeiten. Eine Verkürzung der *Lieferzeiten* gilt vielfach als teures Marketinginstrument, wird aber nur selten als Chance zur Kostensenkung gesehen.

Die *zeitlichen Handlungsspielräume*, *Einflußfaktoren* und *Optimierungsmöglichkeiten* in den Leistungsketten sind bisher nicht ausreichend erkannt. Ihre Nutzung zur Optimierung von Durchlaufzeiten, Verbesserung der Termintreue und Senkung der Kosten ist Aufgabe des *Zeitmanagements* [72; 73].

Im diesem Kapitel werden *Zeitpunkte* und *Zeitspannen* der Logistik definiert, die Zusammensetzung und Einflußfaktoren der *Durchlaufzeiten* für Aufträge und Material analysiert und *Strategien zur optimalen Zeitnutzung* entwickelt. Ergebnisse sind *Handlungsmöglichkeiten* für das Zeitmanagement und *Zeitdispositionsstrategien* zur Optimierung von Liefer- und Leistungszeiten.

8.1 Zeitpunkte und Zeitspannen

Zeitpunkte und *Termine* werden durch eine *Zeitangabe* fixiert. Zeitangaben beziehen sich stets auf einen bestimmten *Zeitnullpunkt* t_0, wie den Anfang eines Kalenderjahres, den Beginn des Geschäftsjahres oder den Tagesanfang.

Zeitangaben zur Fixierung eines *Zeitpunktes* t sind:

Kalenderjahr [KJ]
Kalendermonat [KM]
Kalenderwoche [KW]

$$\begin{array}{l}\text{Kalendertag [KT]}\\ \text{Tageszeit [TZ]}\\ \text{Anzahl Zeiteinheiten ab } t_0.\\ \text{Anzahl Perioden ab } t_0\end{array} \tag{8.1}$$

Wichtige *Zeitpunkte* der Logistik, der Planung und des Projektmanagement sind:

- *Anfangstermine* t_A: Startzeitpunkte, Zeitnullpunkte, Anfangszeiten, Abholzeiten und Abfahrzeiten;
- *Endtermine* t_E: Abschlußzeitpunkte, Fertigstellungstermine, Anlieferzeiten, Ankunftszeiten oder maximale Haltbarkeitsdaten (MHD);
- *Zwischentermine* t_Z: Anfangs- und Endzeitpunkte bestimmter Teilvorgänge oder einzelner Abschnitte der Prozeßkette;
- *Ecktermine* für Entscheidungen oder Ereignisse und *Meilensteine* für bestimmte Aufgaben, Planungsschritte und Realisierungsphasen.

Soweit die *zeitlichen Rahmenbedingungen* nicht die Termine vorgeben, sind die Zeitpunkte *freie Parameter*, die sich zur *Optimierung* der Planung und Disposition nutzen lassen.

Zeitspannen sind Zeitabstände zwischen zwei Zeitpunkten ohne festen Anfangszeitpunkt. *Zeitabstände* τ, *Zeitdauern* T und *Zeitbedarf* werden in *Zeiteinheiten* [ZE] gemessen, wie:

$$\begin{array}{l}\text{Sekunde [s]}\\ \text{Minute [min]}\\ \text{Stunde [h]}\\ \text{Tag [d]}\\ \text{Woche [W]}\\ \text{Monat [M]}\\ \text{Jahr [a].}\end{array} \tag{8.2}$$

Wichtige *Zeitspannen von Leistungsstellen und Prozeßketten* sind:

- *Vorgangszeiten* τ, wie Fertigungszeiten, Prozeßzeiten, Fahrzeiten, Spielzeiten, Einlagerzeiten, Auslagerzeiten, Basiszeiten, Leistungszeiten, Wartezeiten und Lagerdauern;
- *Durchlaufzeiten* T_{DZ}, wie Auftragsdurchlaufzeiten, Materialdurchlaufzeiten, Lieferzeiten, Laufzeiten, Nachschubzeiten und Transportzeiten.
- *Nutzungsdauer* T_{ND} von Gebäuden, Maschinen, Anlagen, Transportmitteln und Betriebseinrichtungen.

Die *technische und wirtschaftliche Nutzungsdauer* ist maßgeben für die *Nutzbarkeit* und damit für die *Betriebskosten* (s. *Abschnitt 6.4*).

Spezifische Zeitlängen der Logistik sind die *Transportzeit* und die *Lagerdauer*:

- Die *Transportzeit* T_{TR} ist die Zeit von der Übernahme bis zur Ablieferung des Transportguts und wird bestimmt von den *Transportstrategien (s. Kapitel 18)*.

- Die *Lagerdauer* T_{LD} ist die Zeit von der Ablage bis zur Entnahme der Ladeeinheit auf einem Lagerplatz und wird bestimmt von den *Nachschub- und Bestandsstrategien (s. Kapitel 11).*

Transportzeiten lassen sich bei bekannter Länge und Beschaffenheit des Transportwegs aus Geschwindigkeit, Beschleunungs- und Bremswerten des Transportmittels und aus der Anzahl und Dauer der Haltevorgänge errechnen.

Maßgebend für die *Lagerbarkeit* wie auch für die zulässige *Transportzeit* von Waren und Produkten ist deren *maximale Haltbarkeitsdauer.*

Von besonderer Bedeutung für die Logistik sind Taktzeiten, Zykluszeiten und Bemessungszeiten:

- *Taktzeiten* τ sind die Zeitabstände zwischen zwei aufeinander folgenden Ereignissen, Vorgängen, Ankünften, Aufträgen oder Abfertigungen.
- *Zykluszeiten* T_{Zyk} sind Zeitabstände, in denen definierte Ereignisse, wie Bedarfsspitzen, wiederkehren oder in denen bestimmte Aktivititäten, wie die Disposition, durchzuführen sind.
- *Bemessungszeiten* oder *Periodenlängen* T_{PE} sind Zeiteinheiten zur Messung von Ankunftsraten, Durchsatzleistungen und Abfertigungsraten, von Geschwindigkeiten, Frequenzen oder Lagerumschlag.

Einige Zeitspannen, wie die Vorgangszeiten und die Leistungszeiten, sind durch die Anforderungen und *Rahmenbedingungen* vorgegeben, andere, wie Lebensdauern, Transportzeiten und Jahreszyklen, durch Natur, Volkswirtschaft oder Technik bestimmt. Viele Zeitspannen aber, wie Taktzeiten, Lieferzeiten, Transportzeiten, Lagerdauer und Dispositionszyklen, sind beeinflußbar oder, wie die Bemessungszeiten und Periodenlängen, frei wählbar. In jedem Projekt gilt es daher, die beeinflußbaren Zeiten herauszufinden und sie zur Optimierung von Durchlaufzeiten und Kosten zu nutzen.

Bei einer Zeitdauer kann es sich um einen *Mittelwert* T_{mit}, einen *Minimalwert* T_{min} oder einen *Maximalwert* T_{max} handeln. Wenn nichts vermerkt ist, sind im folgenden mit $T = T_{mit}$ die Mittelwerte gemeint.

Für die Angabe von Zeitpunkten und die Festlegung von Bemessungszeiten und Periodenlängen ist folgender *Genauigkeitsgrundsatz* maßgebend:

- Art und *Genauigkeit* der Zeitmessung werden vom Verwendungszweck der Zeitangabe bestimmt.

So muß die Genauigkeit für die Angabe von Zeitpunkten und Zeitspannen der geforderten *Termintreue* oder *Termingenauigkeit* entsprechen. Ein zu genaues Zeitmaß kann eine unerrreichbare Pünktlichkeit vortäuschen und unnötigen Aufwand verursachen. Ein zu grobes Zeitmaß hat negative Konsequenzen für Durchlaufzeiten und Termintreue. Wer Lieferzeiten in Wochen mißt, sieht Abweichungen von einer Woche als normal an. Wer Liefertermine in Kalendertagen angibt, wird kaum stundengenau liefern.

Damit sich *Ist-Zeitwerte* zufriedenstellend messen und *Planzeiten* ausreichend genau angeben lassen ist der *Zeiteinheitengrundsatz* zu beachten:

- Die *Zeiteinheit* zur Angabe einer Zeitlänge sollte eine Größenordnung von 1 bis 10 % der gemessenen Durchlauf-, Vorgangs- oder Prozeßzeit für die betreffende Prozeßkette haben.

Spielzeiten von Fördermitteln werden daher in der Regel in *Sekunden* angegeben und gemessen, *innerbetriebliche Transportzeiten* in *Minuten*, *außerbetriebliche Beförderungzeiten* auf der Schiene, der Straße oder in der Luft in *Stunden* und Fahrzeiten von Seeschiffen in *Tagen*.

Zur Messung von *Taktzeiten* und von *Vorgangszeiten* ist die *Sekunde* die geeignetste Zeiteinheit, denn wenn sich Einzelvorgänge sehr oft wiederholen, bewirken wenige Sekunden den Mehr- oder Minderbedarf vieler Mitarbeiter oder Geräte.

8.2 Periodeneinteilung

Die *Periodeneinteilung* ist ein erster und weitreichender Schritt der *Zeitplanung*. Sie ist eine *Intervalleinteilung* oder *Skalierung* des Planungszeitraums in gleiche Zeitabschnitte, die als *Perioden* bezeichnet werden. Der *Planungszeitraum* ist die Zeitspanne zwischen einem bestimmten Kalenderdatum und dem *Planungshorizont*.

In der *Langfristplanung* von Großunternehmen und der öffendlichen Hand wird mit Planungszeiträumen von mindestens 5 Jahren, vielfach auch von 10 Jahren, in der *Verkehrswegeplanung* sogar mit 20 oder 50 Jahren gerechnet. Die rollierende *Mittelfristplanung*, wie die *Geschäftsjahresplanung* und die *Absatzplanung* der Unternehmen, arbeitet mit Planungszeiträumen von 1, 2 oder 3 Jahren [14].

Die Zeiträume der kurzfristigen Planung ergeben sich aus dem *Grundsatz*:

- Für die *Kurzfristplanung, Prognoserechnung, Terminplanung* und *Auftragsdisposition*, muß ein Zeitraum betrachtet werden, der länger ist als die längste Auftragsdurchlaufzeit.

In *Industrieunternehmen* mit Lieferzeiten von mehreren Wochen bis zu einigen Monaten erstreckt sich die *rollierende Kurzfristplanung* über einen Zeitraum von mindestens 12 Monaten. In kleineren *Gewerbebetrieben*, wie im Handwerk und in Reparaturbetrieben, mit Liefer- oder Servicezeiten von einigen Tagen bis zu mehreren Wochen umfaßt der rollierende Planungszeitraum 5 Wochen bis 6 Monate.

Logistikdienstleister, wie Speditionen, Paketdienstleister, Bahn und Post, müssen in der Kurzfristplanung mit Planungszeiträumen von einem Tag bis zu maximal 2 Wochen arbeiten, um den kurzfristig schwankenden Anforderungen folgen zu können.

Die *Periodeneinteilung* ist für die Bedarfsprognose, Planung und Disposition von großer Tragweite (s. *Kapitel* 9, 10 und 11). Die zweckmäßige Periodeneinteilung ergibt sich aus der Aufgabe. Sie muß sorgfältig bedacht werden. Häufig wird die Periodeneinteilung aus der Vergangenheit fortgeschrieben, aus anderen Planungen übernommen oder unbedacht festgelegt. Hierdurch können Handlungsmöglichkeiten verspielt und wichtige Entscheidungen vorzeitig fixiert werden.

Für die Systemdimensionierung, Terminplanung, Auftragsdisposition, Prognoserechnung und Leistungsvergütung ist es erforderlich den betrachteten Planungszeitraum in eine Folge gleich langer Perioden PE_i, i = 1,2 ..... N_{PE} aufzuteilen. Eine Periode PE_i ist eine Zeitspanne bestimmter Länge mit einem *Periodenanfang* t_i, der durch eine *Zeitangabe* (8.1) gegeben ist. Die *Periodenlänge* T_{PE} wird in *Zeiteinheiten* (8.2) gemessen.

Je nach benötigter Planungsgenauigkeit und abhängig von der Problemstellung werden die einzelnen Perioden in *Unterperioden* aufgeteilt. Übliche *Periodelängen* und *Periodeneinteilungen* sind:

- *Kalenderjahr, Geschäftsjahr* oder *Planungsjahr* mit Unterteilung in
  Quartale QU_i, i = 1, 2, 3, 4
  Kalendermonate KM_i, i = 1, 2 ..., 12
  Kalenderwochen KW_i, i = 1,2 ..., 52 (8.3)
  Kalendertage KT_i, i = 1,2 ..., 365.
- *Monate* mit Unterteilung in
  Monatstage MT_i, i = 1,2 ... 20/21. (8.4)
- *Wochen* mit Einteilung in
  Wochentage WT_i, i = 1,2 ... 6. (8.5)
- *Tage* mit Unterteilung in
  Stunden ST_i, i = 1,2 ... 24. (8.6)

Die *Feinheit der Periodeneinteilung* bestimmt den *Fehler von Prognoserechnungen* (s. *Abschnitt 9.8*). Auch die *Genauigkeit der Terminplanung* und die *erreichbare Termintreue* hängen von der Periodeneinteilung ab. So verwendet die Bahn eine Periodeneinteilung in Stunden mit einer Unterteilung in Minuten, da die *Fahrpläne* der Züge auf die Minute genau sein sollen.

In vielen Unternehmen wird die *Auftrags-* und *Bestandsdisposition* zyklisch durchgeführt und der Dispositionszyklus an die *Periodenfrequenz* $\nu_{PE} = 1/T_{PE}$ gekoppelt. Die eingehenden Aufträge werden in einem *Auftragsspeicher* gesammelt und einmal, zweimal oder mehrmahls pro Periode zur Bearbeitung eingeplant. Der Bestände werden in einem festen Zyklus – täglich, wöchentlich oder monatlich – überprüft und bei Unterschreiten des Meldebestands nachdisponiert (s. *Abschnitt 11.11*). Da Durchlaufzeiten und Bestände von der *Dispositionsfrequenz* abhängen, gilt die *Regel*:

- Bei zyklischer Auftrags-, Nachschub- und Bestandsdisposition lassen sich die Auftragsdurchlaufzeiten und Lagerbestände durch Verfeinerung der Periodeneinteilung und Erhöhung der Dispositionsfrequenz reduzieren.

Die Möglichkeit zur Verkürzung der Auftragsdurchlaufzeit durch Erhöhung der Taktfrequenz ist in der *Informatik* besser bekannt als in der Logistik. So wurden die Taktfrequenzen der PC in den letzten Jahren immer weiter erhöht und dadurch das Leistungsvermögen und die Antwortzeiten verbessert. Bei der Zeitplanung und Disposition in der Logistik aber wird die Freiheit zur Festlegung von Periodenlänge und Taktfrequenz nicht immer konsequent genutzt.

8.3
Betriebszeiten und Arbeitszeiten

Der zweite Schritt der Zeitplanung ist die Regelung der Betriebszeiten. Die Betriebszeit ist eine Abfolge von Zeitabschnitten $T_{BZ}(j)$, $j = 1,2 \ldots N_{BZ}$, mit festen Anfangszeitpunkten t_j und fester oder variabler Betriebsdauer $T_{BZ}(j)$. *Betriebszeiten* werden durch folgende Zeitangaben geregelt:

- *Betriebskalender* mit den *Kalenderdaten* der *Betriebstage* [BT] pro Jahr oder pro Woche
  $N_{AT} = 250$ bis 300 BT/Jahr (8.7)
  $N_{AT} = 4$ bis 7 BT/Woche.
- *Anfangszeitpunkte* und *Anzahl Schichten* pro Woche oder pro Arbeitstag
  $N_{Sch} = 5$ bis 28 Schichten/Woche
  $N_{Sch} = 1$ bis 4 Schichten/BT. (8.8)
- *Anfangszeitpunkte* und *Anzahl Betriebsstunden* pro Woche, Arbeitstag oder Schicht
  $N_{BSt} = 28$ bis 168 Betriebsstunden/Woche
  $N_{BSt} = 28$ bis 168 Betriebsstunden/BT (8.9)
  $N_{Bst} = 5$ bis 10 Betriebsstunden/Schicht.

Die Betriebszeitpläne müssen mit den *Arbeitszeitplänen* des eingesetzten Personals abgestimmt sein. Der Arbeitszeitplan umfaßt eine allgemeine *Arbeitszeitregelung* und einen betriebsspezifischen *Personaleinsatzplan.* In der Arbeitszeitregelung werden der Urlaubsanspruch und die Anzahl Arbeitstage festgelegt, die eine *Vollzeitkraft* (VZK) oder eine *Teilzeitkraft* (TZK) pro Jahr, pro Woche und pro Tag zu leisten hat. Der Personaleinsatzplan regelt die Anwesenheit der einzelnen Mitarbeiter an den Wochentagen und in den Schichten.

Die Summe der Betriebszeiten einer Planungsperiode $T_{BZ} = \Sigma\, T_{BZ}(j)$ ist die *Gesamtbetriebszeit.* Der Anteil der Gesamtbetriebszeit T_{BZ} an der Periodenlänge T_{PE}

$$\eta_{BZ} = T_{BZ} \,/\, T_{PE} \qquad [\%] \qquad (8.10)$$

ist der *Zeitnutzungsgrad* der Betriebszeitregelung.

Für die weit verbreitete Betriebszeitregelung einer Wocheneinteilung mit 5 Arbeitstagen, 2 Schichten pro Tag und 7 Stunden pro Schicht, also mit 14 Betriebsstunden pro Arbeitstag ist der Zeitnutzungsgrad $\eta_{BZ} = 5 \cdot 14/(7 \cdot 24) = 41{,}7\,\%$. Das bedeutet: In weniger als 42 % der Zeit kann der betreffende Betrieb Leistungen produzieren und Aufträge bearbeiten. In den restlichen 58 % der Zeit bleiben die Ressourcen ungenutzt und die Aufträge liegen.

Für die Betriebszeitregelung gibt es folgende *Betriebszeitstrategien:*

- *Bedarfsabhängige Betriebszeiten*: Beginn und Dauer des Betriebs werden vom Leistungsbedarf bestimmt. Transportfahrten finden abhängig vom Transportaufkommen statt. Lieferaufträge werden rund um die Uhr angenommen. An- und Auslieferungen sind zu allen Zeiten möglich.
- *Planabhängige Betriebszeiten*: Der Betrieb findet zu geregelten Zeiten nach einem festen *Betriebszeitplan* statt. Transporte werden nach *Fahrplänen* durch-

geführt. Der Logistikbetrieb hat feste Arbeitszeiten. Die Auftragsannahme hat bestimmte *Annahmezeiten*. An- und Auslieferzeiten sind zeitlich genau festgelegt. Für die Läden, Filialen und Märkte des Einzelhandels gelten feste *Ladenöffnungszeiten*.

Voraussetzungen für planabhängige Betriebszeiten sind ein für längere Zeit im voraus absehbarer Leistungsbedarf, ein konstanter oder in gleichen Zyklen wiederkehrender Leistungsbedarf sowie weitgehend gleichbleibende oder planbare Leistungsinhalte. Wenn diese Voraussetzungen erfüllt sind, können die Betriebzeiten abhängig von dem zu erwartenden Leistungsbedarf und dem daraus abgeleiteten Arbeitsanfall und Zeitbedarf im voraus geplant werden (s. *Abschnitt 9.10*). Diese Voraussetzungen sind zum Beispiel im öffentlichen Nahverkehr weitgehend erfüllt. Daher können die Fahrpläne und Frequenzen von Bahnen und Bussen auf den Beförderungsbedarf abgestimmt werden.

Die Festlegung der Betriebszeiten ist eine unternehmerische Entscheidung mit weitreichenden Konsequenzen. Ziele einer flexiblen Betriebszeitregelung sind eine *maximale Nutzung* der Ressourcen, *minimale Durchlaufzeiten* und *Flexibilität* gegenüber Bedarfsschwankungen.

Grundsätzlich sind die Anfangszeiten und die Länge der Betriebszeiten in bestimmten Grenzen *frei wählbare Parameter*, die es erlauben, den zeitlichen und mengenmäßigen Bedarf kostenoptimal und flexibel zu erfüllen. In der Praxis aber wird dieser zeitliche *Handlungsspielraum* durch eine Reihe von *Restriktionen* und *Regulierungen* erheblich eingeschränkt, wie

- tarifliche Arbeitszeit- und Urlaubsregelungen,
- gesetzliche Feiertage,
- Bestimmungen für Feiertags- und Nachtarbeit und für Überstunden,
- branchenspezifische Beschränkungen der Maschinenlaufzeiten,
- Ladenschlußgesetze,
- Fahrverbote für den gewerblichen Güterverkehr,
- Mitbestimmungsrechte bei Arbeitszeitregelungen und Betriebsurlaub.

Diese Restriktionen gehen in einzelnen Branchen und Ländern, wie etwa in der deutschen Textilindustrie, soweit, daß durch einen zu geringen Zeitnutzungsgrad die internationale Wettbewerbsfähigkeit verlorengeht und die Branche zum Sterben verurteilt ist. Der internationale Wettbewerbsdruck hat jedoch in den letzten Jahren eine allgemeine Tendenz zur *Deregulierung* ausgelöst und eine *Lockerung* der Betriebszeitrestriktionen bewirkt.

Während in der Vergangenheit die Arbeitszeitregelungen mit den Mitarbeitern sehr wesentlich die Regelung der Betriebszeiten einschränkten, werden in Zukunft die Markt- und Kundenanforderungen die Betriebszeitregelung bestimmen, von der sich wiederum flexible Arbeitszeitregelungen ableiten. Unternehmen, die diesen Wandel konsequent und rasch vollziehen, haben die besten Wettbewerbschancen.

8.4 Flexibilisierung und Synchronisation

Flexibilisierung und Synchronisation der Betriebszeiten sind *Zeitstrategien* zur Reduzierung der Durchlaufzeiten und zur Verbesserung der Effizienz. Zur Realisierung dieser Zeitstrategien ist eine Flexibilisierung der individuellen Arbeitszeit erforderlich.

1. Flexibilisierung der Betriebszeitdauer
Die Länge der Betriebszeiten innerhalb der einzelnen Perioden wird abhängig vom Leistungsbedarf ausgedehnt oder verkürzt, entweder durch Anpassung der Anzahl Arbeitstage oder Schichten pro Woche oder durch Variation der Anzahl Arbeitsstunden pro Tag oder Schicht. Ohne zusätzliche Ressourcen zu installieren, lassen sich durch Flexibilisierung der Betriebszeitdauer:

- das Leistungsvermögen von Leistungsstellen mit fester Grenzleistung einem veränderlichen Bedarf anpassen,
- die Arbeitszeit der Mitarbeiter besser nutzen, da sich Wartezeiten wegen fehlender Aufträge vermindern lassen,
- die Einsatzdauer der Transportmittel einem wechselnden Transportaufkommen besser anpassen,
- eine Produktion auf Lager vermeiden, wenn diese bisher zur Beschäftigung der anwesenden Mitarbeiter erforderlich war.

Eine flexible Betriebszeitdauer ist für das Dienstleistungsgewerbe, insbesondere für die Logistik, von größter Bedeutung, da hier kein *Arbeiten auf Vorrat* möglich ist und der Leistungsbedarf besonders stark schwanken kann. Aber auch die Industrie, voran die Automobilindustrie und deren Zulieferer, geht heute zu bedarfsabhängigen Betriebszeiten über und schafft auf diese Weise die *atmende Fabrik*.

Nachteile bedarfsabhängiger Betriebszeiten – vor allem bei stark schwankendem Bedarf – sind die *Vorhaltekosten* für den Betriebsmittelbedarf in Spitzenzeiten und eine *geringe Betriebsmittelauslastung* in bedarfsschwachen Zeiten. Bei extremen saisonalen Bedarfsschwankungen sind daher auch bei flexiblen Betriebszeiten entweder längere Lieferzeiten oder eine Produktion auf Lager unvermeidlich (s. *Kapitel* 10 und 11).

2. Synchronisation des Betriebsbeginns
Der Betriebsbeginn wird für parallel arbeitende oder voneinander abhängige Leistungsstellen aufeinander abgestimmt sowie für aufeinander folgende Leistungsstellen einer Leistungskette gegeneinander versetzt. Dadurch ist es möglich,

- *Auftragsdurchlaufzeiten* zu *verkürzen*, da ein Auftrag nicht mehr am Ende der Betriebszeit oder Periode in einer Leistungsstelle liegen bleibt, sondern in der nächsten Leistungsstelle sofort weiterbearbeitet wird,
- *Transportzeiten* und *Lieferzeiten* zu reduzieren, da längere *Liegezeiten* in den Umschlagpunkten entfallen,

- *Wartezeiten* von Mitarbeitern zu Beginn der Betriebszeit zu *vermeiden*, die bei gleichen Arbeitszeiten in allen Leistungsstellen entstehen, wenn eine Leistungsstelle erst nach Abschluß eines bestimmten Leistungspensums einer vorangehenden Leistungsstelle mit der Arbeit beginnen kann.

Beispielsweise kann mit dem tagesaktuellen Kommissionieren von *Auftragsserien* erst begonnen werden, wenn die Eingangsbearbeitung einer ausreichenden Anzahl am gleichen Tag eingehender Aufträge abgeschlossen ist und der Rechner einen entsprechenden *Batchlauf* ausgeführt hat, der die Kommisisonieraufträge generiert.

Wenn ein 24-Stunden-Service gefordert ist, muß in einem Logistikzentrum der Versand der fertig kommissionierten Waren auch nach Abschluß der regulären Arbeitszeit möglich sein. Die Abstimmung der Vorlaufzeiten, Hauptlaufzeiten und Nachlaufzeiten der Transportfahrten ist eine notwendige Voraussetzung für kurze Gesamtlaufzeiten in der Frachtspedition.

3. Flexible Arbeitszeiten
Durch Wochen- und Jahresarbeitszeitverträge ist es heute möglich, die Mitarbeiter bei einer *persönlichen Arbeitszeit*, die im Jahresmittel deutlich unter 40 Stunden pro Woche liegen kann, flexibel und bedarfsabhängig einzusetzen und dadurch lange Betriebszeiten zu erreichen. Bei der Optimierung der Betriebszeiten durch Betriebszeitstrategien sind folgende *Grundsätze* zu beachten:

- Administrative Leistungsstellen ohne unmittelbaren Kundenkontakt müssen sich in ihren Betriebszeiten nach den operativen Leistungsstellen richten und nicht umgekeht.
- In personalintensiven Leistungsbereichen, insbesondere in administrativen Organisationseinheiten, verbessert ein erhöhter Zeitdruck kurzzeitig das Leistungsvermögen, kann aber langfristig zum Nachlassen der Leistung und zum Absinken der Leistungsqualität führen.

Die Personalbesetzung administrativer Leistungsstellen braucht daher nicht auf kurzzeitige, für nur wenige Stunden oder Tage auftretende Leistungsspitzen ausgelegt zu sein. Sie sollte aber ausreichen, um das *durchschnittliche Arbeitsvolumen* einer Periode ohne permanenten Zeitdruck bewältigen zu können.

8.5 Auftragsdurchlaufzeit einer Leistungsstelle

Die *Auftragsdurchlaufzeit* T_{ADZ} durch eine Leistungsstelle ist die Zeitspanne zwischen Eintreffen eines Leistungsauftrages und dem Abschluß der Leistungsproduktion.

Die Auftragsdurchlaufzeit einer einzelnen Leistungsstelle setzt sich zusammen aus Wartezeiten, Rüstzeit, Leistungszeit und Verfahrenszeit:

Auftragsdurchlaufzeit = Wartezeit + Rüstzeit + Leistungszeit + Verfahrenszeit

oder

$$T_{\mathrm{ADZ}} = T_{\mathrm{WZ}} + T_{\mathrm{RZ}} + T_{\mathrm{LZ}} + T_{\mathrm{VZ}}. \tag{8.11}$$

Die *Rüstzeit* T_{RZ} ist die Zeit, die benötigt wird, um eine Leistungsstelle für die Durchführung eines anstehenden Auftrags vorzubereiten und nach Ablauf der Leistungszeit für einen nachfolgenden Auftrag freizumachen. Rüstzeiten sind beispielsweise:

Auftragsannahmezeiten
Vor- und Nachbereitungszeiten
Materialbereitstellungszeiten (8.12)
Umschaltzeiten
Lastaufnahme- und Lastabgabezeiten
Basiszeiten beim Kommissionieren
Be- und Entladezeiten
Datenerfassungszeiten.

Der Zeitbedarf für die Vor- und Nacharbeiten ist bei der Durchlaufzeitberechnung (8.11) nur soweit zu berücksichtigen, wie diese nicht im *Zeitschatten* während der Leistungszeit eines anderen Auftrags durchgeführt werden. Der *Zeitschatten* wird beispielsweise bei der Strategie der *Parallelisierung* zur Senkung der Durchlaufzeiten genutzt (s. *Abschnitt 8.11*)

Die *Leistungszeit* T_{LZ} ist die Zeit, die eine einsatzbereite Leistungsstelle zur Erzeugung der im Auftrag geforderten Leistung benötigt. Typische Leistungszeiten für *operative Leistungsprozesse* sind:

Produktionszeiten
Fertigungszeiten
Montagezeiten
Abfüllzeiten
Reparaturzeiten (8.13)
Demontagezeiten
Bearbeitungszeiten
Ein- und Auslagerzeiten
Greifzeiten
Wegzeiten
Fahrzeiten.

Leistungszeiten *administrativer* und *kreativer Leistungsprozesse* sind beispielsweise:

Datenverarbeitungszeiten
Auftragsbearbeitungszeiten
Denkzeiten
Dispositionszeiten (8.14)
Planungszeiten
Konstruktionszeiten
Entwicklungszeiten.

Die *Verfahrenszeit* T_{VZ} ist eine verfahrenstechnisch bedingte Zeitdauer, die verstreichen muß, bevor am Auftragsgegenstand der nächsten Bearbeitungsschritt ausgeführt werden darf. Verfahrenszeiten sind beispielsweise:

Trockenzeiten
Aushärtungszeiten
Ablagerungszeiten (8.15)
Reifezeiten
Gärungszeiten.

Die Summe von *minimaler Rüstzeit* $T_{RZ\,min}$, *minimaler Leistungszeit* $T_{LZ\,min}$ und *minimaler Verfahrenszzeit* $T_{VZ\,min}$ ohne die Wartezeit ist die *minimale Auftragsdurchlaufzeit* einer Leistungsstelle:

$$T_{ADZmin} = T_{RZmin} + T_{LZmin} + T_{VZmin}. \qquad (8.16)$$

Die *Wartezeit* T_{WZ} ist der Anteil der Durchlaufzeit, der nicht durch Rüst-, Leistungs- und Verfahrenszeiten in Anspruch genommen wird. Sie ist gleich der Differenz zwischen der tatsächlichen und der minimalen Auftragsdurchlaufzeit. Wartezeiten ergeben sich aus

- *Ausfallzeiten* wegen Betriebsunterbrechung, Störung oder fehlender Personalbesetzung der Leistungstelle.
- *Totzeiten* infolge fehlender Daten, Informationen, Entscheidungen oder Anweisungen.
- *Nacharbeitszeiten* zur Behebung von Fehlern und Mängeln am Auftragsgegenstand
- *Stauzeiten* infolge der Belegung der Leistungsstelle durch vorangehende Aufträge.
- *Blockierzeiten* infolge eines Rückstaus aus einer nachfolgenden Leistungsstelle.
- *Materialbeschaffungszeiten*, die anfallen, wenn das zur Auftragsausführung benötigte Material erst noch beschafft oder hergestellt werden muß.
- *Unterbrechungszeiten* wegen Ausfalls oder Nichtverfügbarkeit einer vorangehenden Leistungsstelle.
- *Pufferzeiten*, die von der Auftragsplanung zum *Ansammeln* von Aufträgen, zur optimalen *Auslastung* oder zur wirtschaftlichen *Mehrfachnutzung* der Ressourcen für *konkurrierende Aufträge* disponiert werden.

Bei mangelhafter Wartung und schlechter Betriebsführung können Ausfallzeiten, Totzeiten und Nacharbeitszeiten die Leistungszeiten um ein Vielfaches überschreiten. Sie sind jedoch grundsätzlich beherrschbar. In gut geführten Betrieben haben diese Wartezeiten in der Summe einen deutlich kleineren Anteil an der Auftragsdurchlaufzeit als die Summe der Rüst- und Leistungszeiten.

Weitaus gravierender wirken sich die *Stauzeiten*, *Blockierzeiten*, *Materialbeschaffungszeiten* und *Pufferzeiten* auf die Auftragsdurchlaufzeit aus. Die Summe dieser Wartezeiten kann sehr viel größer sein als die Summe der Basis- und Leistungszeiten.

8.6 Durchlaufzeiten von Leistungsketten

Die *Auftragsdurchlaufzeit* T_{ADZ} durch eine Leistungskette ist die Zeitspanne zwischen dem *Auftragseingang* am Anfang der Auftragskette und der *Fertigstellung* des materiellen oder immateriellen Leistungsergebnisses am Ende der Auftragskette.

Der Auftrag kann ein *Fertigungsauftrag*, ein *Lieferauftrag*, ein *Nachschubauftrag*, ein *Transportauftrag*, ein *Zustellauftrag*, ein *Beförderungsauftrag* oder ein anderer *Leistungsauftrag* sein. Richtet sich der Auftrag an ein Handelsunternehmen, das Waren verkauft, oder einen Industriebetrieb, der Produkte herstellt, ist die Auftragsdurchlaufzeit gleich der *Lieferzeit* T_{ADZ}, die zwischen Auftragserteilung und Erhalt der Waren oder Produkte durch den Kunden vergeht [73].

Maßgebend für die Lagerdispostion ist die *Nachschubzeit* oder *Beschaffungszeit* T_{BZ}, die zwischen Ausgang eines Nachschubauftrags und Eintreffen des Nachschubs im Lager vergeht. Richtet sich der *Nachschubauftrag* zur Lagerauffüllung an eine *interne Leistungsstelle* des gleichen Untenehmens, ist die Nachschubzeit eine *interne Beschaffungszeit*, wird das Lager von einer *externen Stelle* beliefert, ist die Nachschubzeit eine *externe Beschaffungszeit.*

Dabei ist zu unterscheiden zwischen der *Erstbeschaffungszeit* T_{EBZ}, die den *Vorbereitungsprozeß* einer erstmaligen Eigenfertigung oder den *Einkaufsprozeß* einer Erstbeschaffung umfaßt, und der *Wiederbeschaffungszeit* T_{WBZ} für eine *Wiederholfertigung* der eigenen Produktion oder für den Abruf aus einem bestehenden *Rahmenvertrag* mit einem Lieferanten. Die Wiederbeschaffungszeit ist in der Regel wesentlich kürzer als die Erstbeschaffungszeit.

Ist der Auftrag ein *Beförderungsauftrag* an eine Spedition oder an einen Logistikdienstleister, ist die Auftragsdurchlaufzeit gleich der *Laufzeit* T_{LZ} oder der *Transportzeit* T_{TZ} zwischen Abholort und Zustellort. Handelt es sich um einen *Leistungsauftrag*, ist die Auftragsdurchlaufzeit die *Servicezeit* T_{SZ}.

Im einfachsten Fall betrifft der Auftrag nur *eine* Leistungsstelle. Dann gelten für die Auftragsdurchlaufzeit die Ausführungen des vorangehenden Abschnitts. Meist sind jedoch mehrere Leistungstellen oder Leistungsbereiche an der Ausführung eines Auftrags beteiligt. Mehrpositionsaufträge, Fertigungsaufträge oder Montageaufträge, zu deren Durchführung mehrere Artikel, Zukaufteile oder Vorarbeiten benötigt werden, durchlaufen mit den von ihnen ausgelösten Materialströmen *parallel* und *nacheinander* eine Reihe von administrativen und operativen Leistungsstellen.

Wenn von einem Auftrag zwei oder mehr *parallele Leistungstellen* in Anspruch genommen werden, gibt es, wie in *Abb. 8.1* dargestellt, *mehrere Teilleistungsketten*, die im Verlauf der Auftragsausführung zusammenlaufen und am Ende das fertige Produkt, die vollständige Leistung oder den kompletten Auftrag ergeben. Die an der Auftragsdurchführung beteiligten Leistungsketten münden in einer *Endleistungstelle*, die den externe Auftrag fertiggestellt. Typische Endleistungsstellen sind die Endmontage der Fertigung, der Warenausgang eines Betriebs und die Empfangsstelle einer Lieferung.

An der Durchführung eines externen Auftrags, der sich aus verschiedenen Teilleistungen, Artikeln oder Vorprodukten zusammensetzt, sind außer der Auftragskette mehrere Logistikketten beteiligt. Die Auftragskette beginnt mit der *Auftragsbearbeitungsstelle*, deren *auftragsspezifischer* Leistungsprozeß durch den betreffenden Auftrag ausgelöst wird und setzt sich fort mit den Logistikketten, die an der Ausführung beteiligt sind. Die Logistikketten starten entweder mit einer *Produktionsstelle*, deren *freie Produktionskapazizät* für die benötigte Auftragsmenge reserviert wird, oder mit einer *Lagerstelle*, aus deren *freiem Lagerbestand* die für den Auftrag benötigte Auftragsmenge entnommen wird.

Solange die *freie Produktionskapazität* oder der *Lagerbestand* ausreicht zur Deckung der für die externen Aufträge benötigten Mengen, sind die den Produktions- und Lagerstellen vorangehenden Leistungsstellen vom zeitkritischen *Auftragsprozeß* entkoppelt. Produktionsstellen mit freier Kapazität und Lagerstellen mit *freiem Bestand* ausreichender Höhe sind daher *Entkopplungsstellen* der Auftragskette.

An der Durchführung eines Auftrags sind also, wie in *Abb. 8.1* gezeigt, Leistungsstellen beteiligt, die auftragspezifisch arbeiten, und Entkopplungsstellen, die vorangeschaltete, nicht auftragspezifisch arbeitende Leistungsstellen von den auftragsspezifisch arbeitenden Leistungsstellen trennen. Durch die Entkopplungsstellen läuft die *Auftragsprozeßgrenze.* Die vor der Auftragsprozeßgrenze liegenden Leistungsstellen arbeiten *anonym* auf Vorrat. Ab der Auftragsprozeßgrenze arbeiten die Leistungsstellen *auftragsspezifisch.*

Die Auftragskette, deren Summe der Durchlaufzeiten am größten ist, ist die *zeitkritische Leistungskette* oder *Hauptleistungskette.* Die Hauptleistungskette bestimmt die Auftragsdurchlaufzeit. Die zeitunkritischen Leistungsketten sind *Nebenleistungsketten* oder *Zulieferketten* für Material, Teile und Module, die *rechtzeitig* für den Hauptprozeß bereitgestellt werden müssen.

Durch eine Verkürzung der Durchlaufzeiten oder das Zwischenschalten einer Entkopplungsstation in der Hauptleistungskette, aber auch durch eine Verlängerung der Durchlaufzeiten in einer Nebenleistungskette, kann die Hauptleistungskette zur einer Nebenleistungskette werden. Umgekehrt kann eine Nebenleistungskette zur Hauptleistungskette werden, wenn sie nicht mit einem ausreichenden Vorlauf beginnt.

Für *komplexe Leistungsprozesse*, wie die Durchführung von Großprojekten, der Aufbau von Anlagen und Systemen oder die Abläufe auf einer Großbaustelle, ist es zweckmäßig, alle Leistungsstellen und ihre gegenseitige Verknüpfung in einem speziellen Programm, z.B. *MS-Project*, zu erfassen, das nach einem geeigneten *Netzplanverfahren,* wie *PERT* oder *CPM,* aus den Verknüpfungen und den Zeiten der Einzelvorgänge die zeitkritische Leistungskette – auch *kritischer Pfad* genannt – errechnet und die *Engpaßstellen* ausweist [74].

Die Auftragsdurchlaufzeit T_{ADZ} ist gleich der Summe der *Auftragsdurchlaufzeiten* $T_{ADZ\,i}$ durch die Leistungsstellen LS_i, i =1,2...N, aus der sich die Hauptleistungskette zusammensetzt:

$$T_{ADZ} = \sum_{i=1}^{N} T_{ADZi}\,. \tag{8.17}$$

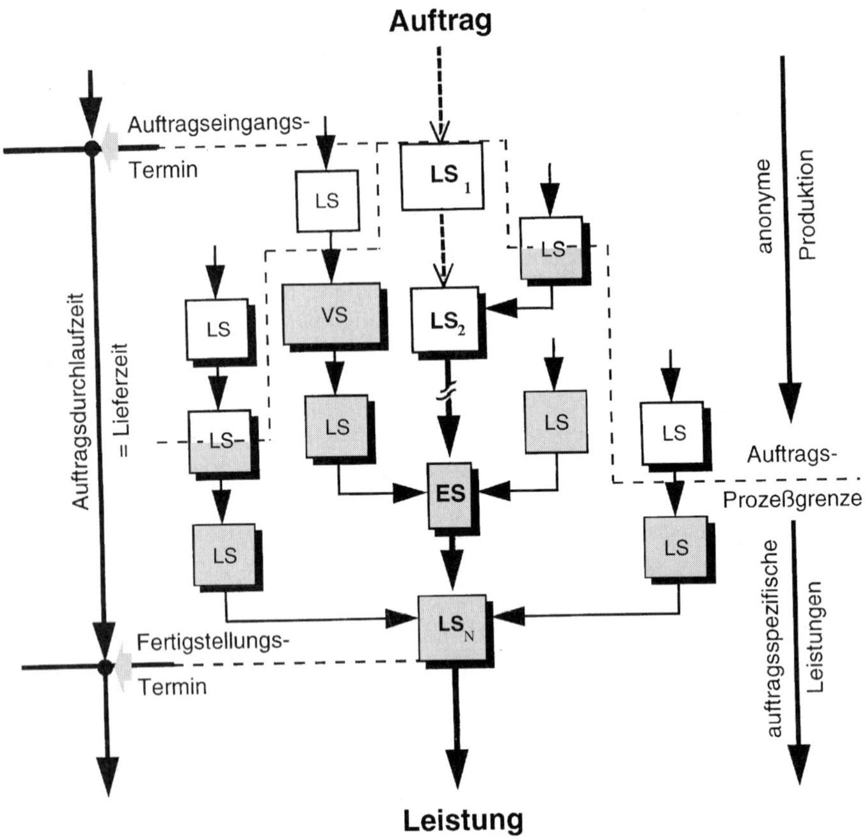

Abb. 8.1 Auftragsprozeß mit parallelen Leistungsketten

LS_i : Leistungsstellen
ES Engpaßstelle
VS Verschwendungsstelle
⟶ Hauptleistungskette = zeitkritische Leistungskette
→ Nebenleistungs- oder Zulieferketten
---- Auftragsprozeßgrenze

Die *minimale Auftragsdurchlaufzeit* T_{ADZmin} ist gleich der Summe der minimalen Durchlaufzeiten aller Leistungsstellen der Hauptleistungskette:

$$T_{ADZmin} = \sum_{i=1}^{N} T_{ADZmini} = \sum_{i=1}^{N} (T_{RZmini} + T_{LZmini} + T_{VZmini}), \tag{8.18}$$

also gleich der Summe der minimalen Rüstzeiten, Leistungszeiten und Vorgangszeiten der zeitkritischen Prozeßkette.

Die Auslegung der zeitkritischen Leistungskette und das Festlegen der Entkopplungsstationen sind wichtige Schritte der *Prozeßgestaltung* und *Systemplanung*. Hierbei sind folgende *Regeln* zu beachten:

- Durch das Zwischenschalten ausreichend dimensionierter *Entkopplungsstationen* lassen sich die auftragspezifischen Leistungsketten verkürzen und die Auftragsdurchlaufzeit reduzieren.
- Je weiter zum Ende der Hauptleistungskette eine Entkopplungstation zwischengeschaltet wird, je später also das Material, die Teile und die entstehenden Produkte einem bestimmten Auftrag zugeordnet werden, desto kürzer sind die Lieferzeiten.
- Bei jeder Verkürzung der Hauptleistungskette ist zu prüfen, ob dadurch nicht eine Nebenleistungskette zur zeitkritischen Auftragsleistungskette wird.

Von der Möglichkeit zur Verkürzung der Lieferzeiten durch möglichst späte *Individualisierung* der Erzeugnisse wird beipielsweise in der *Fahrzeugindustrie* Gebrauch gemacht. Durch den Einsatz von werksnah angesiedelten *Teile- und Modullieferanten*, die nach einem *rollierenden Absatzplan* parallel zum Montageprozeß Teile und Module fertigen und diese nach Abruf in auftragspezifischer Reihenfolge kurzfristig und termingerecht am Montageband bereitstellen, läßt sich die Lieferzeit eines PKW ab Werk auf wenige Tage reduzieren.

Voraussetzung für derart kurze Lieferzeiten ist allerdings, daß die Absatzplanung dem Bedarf entspricht und der Auftragseingang nicht für längere Zeit die Montagekapazität übersteigt. Die Wahrscheinlichkeit, daß die rollierende Absatzplanung für die Teile und Module den tatsächlichen Bedarf trifft, nimmt mit zunehmender Variantenvielfalt ab. Unerläßliche Bedingungen für kurze Lieferzeiten sind daher ein konsequentes *Variantenmanagement* und eine ausreichend verläßliche *Prognostizierbarkeit* des Bedarfs.

8.7 Materialdurchlaufzeit

Die *Materialdurchlaufzeit* T_{MDZ} ist die Zeitspanne zwischen *Materialeingang* und *Materialausgang* einer Logistikkette. Der Materialdurchlauf bindet Umlaufkapital, kostet Zinsen, benötigt Lager- oder Pufferplatz und ist mit Risiken verbunden.

Der Materialdurchlauf für auftragsspezifisch beschafftes oder produziertes Material wird durch einen *externen Auftrag* ausgelöst. Hierfür gilt die Bedingung:

- Die Materialdurchlaufzeit für *auftragsspezifisches Material* muß kürzer sein als die geforderte Lieferzeit.

Wenn diese Bedingung nicht erfüllbar ist, können kürzere Lieferzeiten nur durch Bevorratung des Materials und der Zulaufteile mit den zu langen Beschaffungszeiten erfüllt werden.

Zinsen und Lagerplatzkosten steigen linear mit der Materialdurchlaufzeit. Außerdem erhöhen sich die Kapitalbindung, die Zinskosten und das Lagerrisiko mit zunehmender Wertschöpfung beim Durchlaufen der Leistungskette.

Aus dem Ziel der *Kostensenkung* resultiert daher der *Grundsatz*:

- Wenn ein Lagern unerläßlich ist, sollte das Material möglichst *am Anfang* der Leistungskette in einer geringen Stufe der Wertschöpfung gelagert werden.

Dieser Planungsgrundsatz steht im Widerspruch zu der Regel des letzten Abschnitts, nach der zur Verkürzung der *Auftragsdurchlaufzeit* ein Lager als Entkopplungsstation möglichst *am Ende* der Hauptleistungskette liegen sollte. Dieser *Zielkonflikt* zwischen Kostensenkung und Auftragsdurchlaufzeit ist nur projektspezifisch lösbar (s. *Abschnitt 8.12*).

Ziel der *Bestandsdisposition* für Lager zur *Entkopplung von Produktionsprozessen* ist:

- Der Bestand des Lagers muß so disponiert werden, daß bei Einhaltung der geforderten Lieferfähigkeit und Lieferzeiten die *Prozeßkosten* der gesamten Logistikkette minimal sind.

Ein analoges Ziel gilt für die Bestandsdisposition in den *Lieferketten des Handels*:

- Die Warenbestände in den Filialen und die Bestände in den vorgeschalteten Reservelagern müssen so disponiert werden, daß bei *minimalen Prozeßkosten* für die gesamte Lieferkette eine *marktgerechte Warenverfügbarkeit* in den Filialen erreicht wird.

Nicht *auftragsspezifisches Material* wird aufgrund einer *Absatzprognose* oder *Produktionsplanung* nach einem *internen Auftrag* im voraus beschafft oder produziert und solange auf *Lager* genommen, bis es für einen externen Auftrag benötigt wird. Die Materialdurchlaufzeit für *Lagermaterial* ist daher größer als die Lieferzeit. Die Differenz zwischen der Materialdurchlaufzeit und der Lieferzeit ist die *Lagerzeit* des Materials. Die Lagerzeit von Material oder Ware, die im voraus beschafft oder hergestellt wurden, ist eine *Wartezeit auf Lieferaufträge*.

Durch *Vorabbeschaffung* oder *Lagerfertigung* von Verbrauchsmaterial, Teilen oder Modulen, für die noch keine externen Aufträge vorliegen, lassen sich die Lieferzeiten verkürzen. Außerdem sind dadurch größere Bestellmengen mit günstigeren *Beschaffungskosten* oder größere Fertigungslose mit geringeren *Herstellkosten* erreichbar.

Der Preis für die Senkung der Beschaffungs- oder Herstellungskosten und für die Reduzierung der Lieferzeiten durch Vorabbeschaffung oder Lagerfertigung sind die *Lagerprozeßkosten*, die sich zusammensetzen aus *Lagerplatzkosten*, *Zinskosten* und *Risikokosten* (s. *Kapitel* 11).

8.8 Zeitdisposition und Termintreue

Lieferzeiten und Termintreue hängen ab von den Durchlaufzeiten der Leistungsstellen, die an einem Auftrag beteiligt sind, von den Schwankungen der einzelnen Durchlaufzeiten und von der zeitlichen Auftragsdisposition.

Die Durchlaufzeit durch eine Leistungsstelle kann sich infolge stochastisch bedingter Wartezeiten und schwankender Leistungszeiten gegenüber der minimalen Durchlaufzeit (8.18) mehr oder weniger verlängern.

Die Durchlaufzeiten werden vor allem durch stochastisch schwankende Wartezeiten, die infolge von Staueffekten auftreten, verlängert. Mit ansteigender Auslastung einer Leistungsstelle nehmen die Länge und die Schwankungen der Wartezeiten rasch zu (s. *Abschnitt* 13.5). Größe und Schwankung der Durchlaufzeiten hängen daher von der Anzahl der im Auftragspuffer und der in Arbeit befindlichen Aufträge ab.

Aus der Überlagerung der Verteilungen von Wartezeiten und Leistungszeiten ergibt sich die in *Abb. 8.2* dargestellte *Durchlaufzeitverteilung*, die nach rechts *schiefverteilt* ist. *Mittelwert* und *Schwankungsbreite* dieser Verteilung lassen sich durch *Messung* der Durchlaufzeiten, durch *Berechnung* der Durchlaufzeitverteilung aus Wartezeit- und Leistungszeitverteilungen oder durch *Simulation* ermitteln.

Für jede Durchlaufzeitverteilung gibt es eine

- *X %-Durchlaufzeit* XDZ, die mit einer Wahrscheinlichkeit X eingehalten wird.

Um bei schwankender Durchlaufzeit einen vorgegebenen Liefertermin LT mit einer *Termintreue* X einzuhalten, muß mit dem Auftrag spätestens zum *letzmöglichen Starttermin*begonnen werden. Dieser ist gegeben durch

$$ST_{max} = LT - XDZ \geqq AET. \tag{8.19}$$

Wenn die Zeitspanne (LT-AET) zwischen dem geforderten *Liefertermin* LT und dem *Auftragseingangstermin* AET größer ist als die X%-Durchlaufzeit, gibt es einen *zeitlichen Handlungsspielraum*. Dieser ist für die in *Abb. 8.2* dargestellten *Zeitstrategien* der *Vorwärtsterminierung*, der *Rückwärtsterminierung* und der *freien Terminierung* nutzbar.

1. Vorwärtsterminierung

Mit der Auftragausführung wird begonnen, sobald die Leistungsstelle frei ist. Die Aufträge werden in der *Reihenfolge des Auftragseingangs* ausgeführt.

Nach Fertigstellung bleibt das Auftragsergebnis für die Dauer einer *Nachpufferzeit* NP = LT – AET – XDZ bis zum Liefertermin liegen. Hierfür wird Puffer- oder Lagerplatz benötigt.

2. Rückwärtsterminierung

Mit der Ausführung eines Auftrags wird erst zum letztmöglichen Starttermin (8.19) begonnen. Die einzelnen Aufträge werden in der zeitlichen *Reihenfolge ihrer Spätetsstarttermine* ausgeführt.

Vor der Ausführung befindet sich der Auftrag für eine *Vorpufferzeit* VP = LT – AET – XDZ in einem *Auftragspuffer*. Der Auftrag wird grade rechtzeitig – *just in time* – fertiggestellt.

Ein wesentlicher *Vorteil* der Rückwärtsterminierung ist, daß nach der Auftragsfertigstellung kein Lager- oder Pufferplatz benötigt wird. Diesem Vorteil steht das *Risiko der Terminüberschreitung* gegenüber.

3. Freie Termininierung

Mit der Auftragsbearbeitung wird zu einem *Starttermin* ST begonnen, der zwischen Auftragseingangstermin und Späteststarttermin liegt.

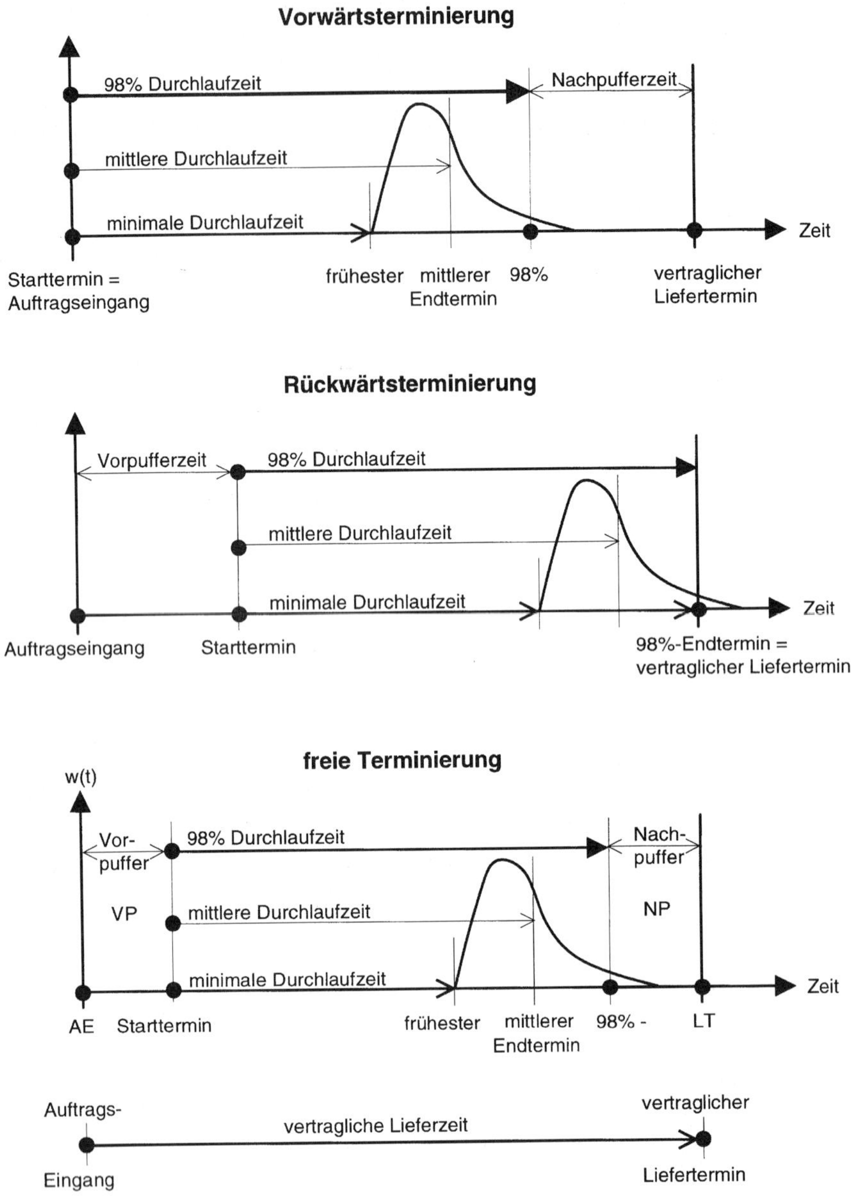

Abb. 8.2 Zeitdispositionsstrategien und Termintreue einer einzelnen Leistungsstelle
w(t) : Durchlaufzeitverteilung

Bis zur Ausführung wartet der Auftrag für eine *Vorpufferzeit* im Auftragspuffer. Die Vorpufferzeit ist in den Grenzen $0 < VP < LT - AET - XDZ$ frei wählbar. Nach Fertigstellung liegt das Ergebnis für eine *Nachpufferzeit* $NP = LT - VP - AET - XDZ$ auf einem Lager- oder Pufferplatz.

Bei freier Terminierung und ausreichendem Auftragseingang ensteht ein *Auftragsbestand* AB(t), der sich im Verlauf der Zeit verändert, wenn *Auftragseingang* AE(t) oder *Produktionsleistung* PL(t) zeitabhängig sind (*s. Abschnitt 10.5*).

Bei freier Terminierung ist es möglich, die einzelnen Aufträge aus dem Auftragsbestand kostenoptimal zu *Sammelaufträgen* zu bündeln. Der Starttermin und die Ausführungsreihenfolge von Einzel- oder Sammelaufträgen können unter Berücksichtigung des Auftragsbestands so disponiert werden, daß neben der Termintreue die Auslastung, die Effizienz, die Prozeßkosten oder andere Zielgrößen erreicht werden (s. *Kapitel* 10).

8.9 Zeitdisposition mehrstufiger Leistungsketten

Wenn ein Auftrag eine Kette von Leistungsstellen durchlaufen muß, gibt es für jede einzelne Leistungsstelle die Möglichkeit der Vorwärtsterminierung, der Rückwärtsterminierung oder der freien Terminierung. Außerdem besteht in bestimmten Grenzen die Freiheit zur Festlegung der *Zwischenstarttermine* ST_i für die einzelnen Leistungsstellen. Zur Erläuterung zeigt *Abb. 8.3 oben* eine durchgängige *Rückwärtsterminierung* einer Leistungskette mit *Vorpufferzeiten* VP_i für eine angenommene *Termintreue* der einzelnen Leistungsstellen von 98 % und *Abb. 8.3 unten* eine *Just-In-Time Disposition ohne Vorpufferzeiten.*

Die Auftragsdisposition hat also für eine Leistungskette die Möglichkeit, die *Vorpuffer* und die *Zwischenstarttermine* frei zu wählen und dadurch mehrere Logistikziele optimal zu erfüllen. Dabei sind für die Zwischenstarttermine ST_i folgende Grenzen einzuhalten:

$$ST_i + XDZ_i \leqq ST_{i+1} \qquad \text{für alle } i = 0 \ldots N. \tag{8.20}$$

XDZ_i sind die X%-Durchlaufzeiten für eine Termintreue von X_i der Leistungsstellen LS_i. ST_0 ist der Eingangstermin der ersten Leistungsstelle LS_0 und ST_N der Eingangstermin der letzten Leistungsstelle LS_N.

Die minimale X%-Durchlaufzeit XDZ_{min} für den Gesamtauftrag ist die gleich der Summe der X_i%-Durchlaufzeiten XDZ_i der einzelnen Leistungsstellen:

$$XDZ_{min} = \sum_i XDZ_i \leqq LZ_{soll} = LT - AET, \tag{8.21}$$

Diese muß kleiner sein als die geforderte Lieferzeit LZ_{soll}. Wenn diese Bedingung nicht erfüllt bar ist, kann der Liefertermin nicht mit der geforderten Termintreue eingehalten werden. Dann muß vom Auftraggeber entweder eine geringere Liefertreue akzeptiert oder ein späterer Liefertermin vereinbart werden.

Die *Termintreue* ist gleich der Wahrscheinlichkeit, daß eine bestimmte Liefer- oder Durchlaufzeit eingehalten wird. Daher ist, wenn in Beziehung (8.21) das

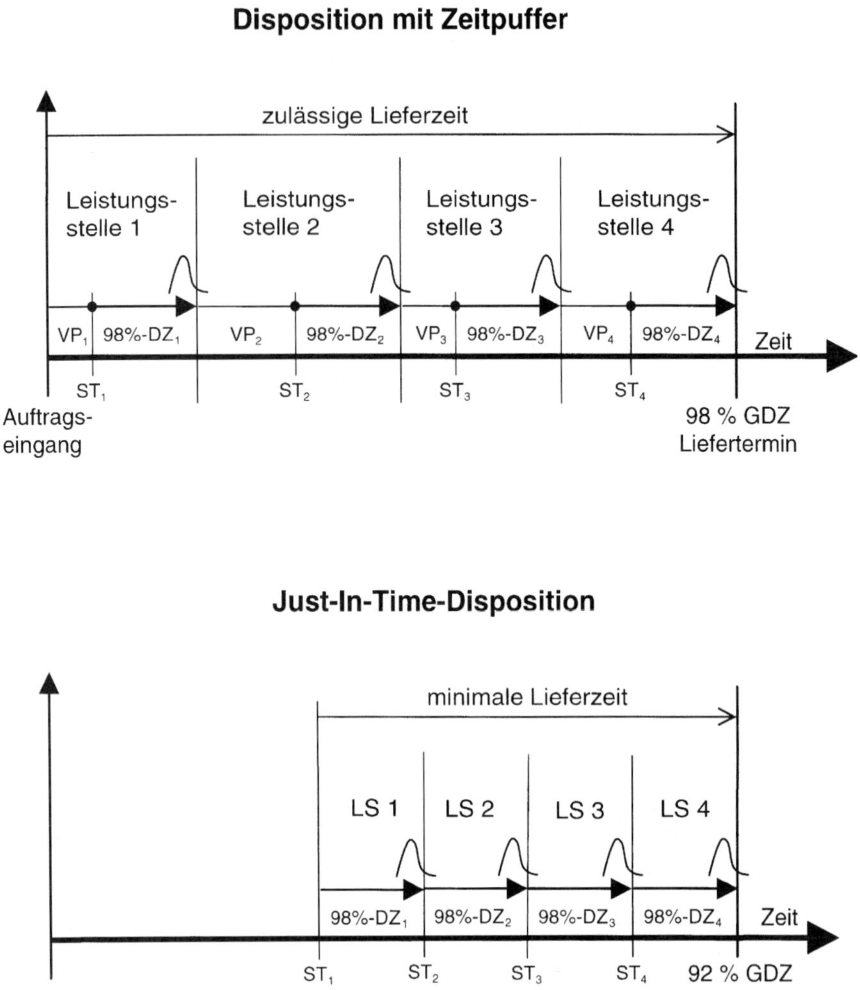

Abb. 8.3 Rückwärtsterminierung in einer Leistungskette mit und ohne Zeitpuffer

LS_i Leistungsstellen
GDZ Gesamtdurchlaufzeit
ST_i Starttermine
DZ_i Durchlaufzeit von LS_i
VP_i Vorpufferzeiten

Gleichheitszeichen gilt, die Gesamttermintreue der Leistungskette gleich dem Produkt der Termintreue der einzelnen Leistungsstellen

$$\eta = \eta_1 \cdot \eta_2 \ldots \eta_n . \tag{8.22}$$

Hieraus folgt der allgemeine *Grundsatz*:

- Damit die Termintreue für den Gesamtauftragsdurchlauf $X = \eta$ ist, muß die *mittlere Termintreue* der nacheinander an diesem Auftrag beteiligten Leistungsstellen $X_i \geq \eta^{1/n}$ sein.

Solange das Produkt der Termintreue der einzelnen Leistungsstellen größer als die geforderte Gesamttermintreue ist und in Bedingung (8.21) das Ungleichheitszeichen gilt, sind für die zeitliche Disposition der Starttermine und der Vorpufferzeiten nachfolgende *Zeitdispositionsstrategien* möglich.

1. Zentrale Disposition mit Push-Prinzip

Die *zentrale Auftragsdisposition* erfaßt – wie in *Abb. 8.4* dargestellt – die externen Aufträge, zerlegt sie in interne *Subaufträge* für die beteiligten Leistungsstellen, bestimmt für jede Leistungsstelle unter Berücksichtigung des aktuellen Auftragsbestands nach *Strategien zur optimalen Auslastung* die Starttermine und Vorpufferzeiten und übergibt die Subaufträge *nacheinander* an die erste, die zweite und alle weiteren Leistungsstellen.

Durch die zugeteilten Subaufträge wird das Geschehen in den Leistungsstellen *angeschoben*. Die Leistungsstellen warten auf Aufträge der Auftragsdisposition und geben das Auftragsergebnis unverzüglich an die nächste Stelle weiter, wenn es fertiggestellt ist.

Die Auftragskette arbeitet nach dem *Push-Prinzip*. Die Zwischenprodukte lagern, wenn überhaupt, in den Empfangsstellen.

2. Zentrale Disposition mit Pull-Prinzip

Wie bei der Zentraldisposition nach dem Pull-Prinzip erfaßt und disponiert die *zentrale Auftragsdisposition* die externen Aufträge. Die Subaufträge werden jedoch in diesem Fall gleichzeitig an alle Leistungsstellen der Auftragskette mit der Maßgabe verteilt, das Auftragsergebnis erst weiterzugeben, wenn dies von der folgenden Leistungsstelle verlangt wird.

Auf diese Weise wird der Auftragsgegenstand beginnend bei der letzten Leistungsstelle durch die Auftragskette *gezogen*. Die Auftragskette arbeitet nach dem *Pull-Prinzip*. Die Zwischenprodukte lagern bei den Abgabestellen.

In beiden Fällen, beim Push-Prinzip wie beim Pull-Prinzip, überwacht die Auftragsdisposition die Einhaltung aller Termine, beschafft das benötigte Material, sorgt für die erforderlichen Betriebsmittel und regelt die Zwischenlagerung. Bei Störungen, Ausfällen oder Verzögerungen muß die Auftragsdisposition eingreifen und notfalls umdisponieren. Die Auftragsdisposition kann außer den *externen Kundenaufträgen* bei Bedarf auch *interne Lageraufträge* einplanen, die nicht durch aktuelle Kundenaufträge abgedeckt sind (s. *Kapitel* 10).

3. Zentrale Engpaßterminierung

Unter Nutzung des zeitlichen Spielraums zwischen Auftragseingang und Liefertermin werden von der Auftragszentrale nach den in *Kapitel* 10 dargestellten *Bearbeitungs- und Abfertigungsstrategien* zuerst die *Engpaßstellen der Hauptleistungskette* so mit den Aufträgen eines Auftragsbestands belegt, daß das Lei-

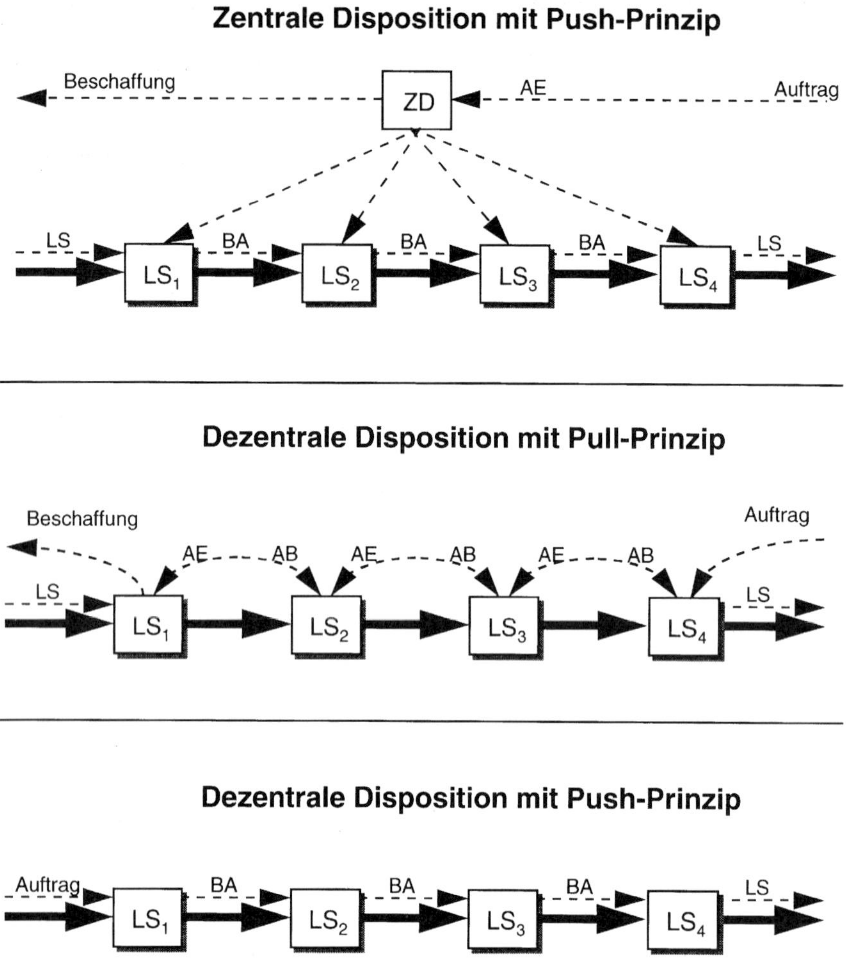

Abb. 8.4 Zentrale und dezentrale Disposition mit Push- und Pull-Prinzip

→	Materialfluß	--->	Datenfluß
LS_i	Leistungsstellen	ZD	Zentrale Auftragsdisposition
AE	Auftragseingang	AB	Auftragsbestätigung
BA	Begleitauftrag	LS	Lieferschein

stungsvermögen der Engpaßstellen optimal genutzt wird. Die Terminierung der Aufträge für die übrigen Leistungsstellen der Haupt- und Nebenauftragsketten leitet sich aus der optimalen zeitlichen Belegung der Engpaßstellen ab. Sie erhalten ihre Aufträge entweder nach dem Push-Prinzip von der zentralen Auftragsdisposition oder dezentral nach Pull-Prinzip von der jeweils nachfolgenden Stelle.

Die zentrale Engpaßterminierung ist die Kernstrategie vieler PPS- und ERP-Systeme zur Produktionsplanung und Fertigungssteuerung [104; 234].

Der wesentliche *Vorteil* einer zentralen Auftragsdisposition ist, daß der zeitliche Handlungsspielraum zum Erzielen eines *Gesamtoptimums* genutzt werden kann. *Negative Auswirkungen* der durch eine zentrale Auftragsdisposition *fremdgeregelten Abläufe* sind fehlende Verantwortung, wenig Eigeninitiative, geringere Effizienz und unzureichende Motivation der Mitarbeiter. Das kann sich vor allem in Störfällen sehr nachteilig auswirken. Ein Ausweg aus diesem Nachteil ist eine *dezentrale Auftragsdisposition.*

4. Dezentrale Disposition mit Pull-Prinzip

Der externe Auftrag geht bei der *letzten Leistungstelle* ein, die den Gesamtauftrag fertigstellen muß. Diese disponiert unter Berücksichtigung ihres aktuellen Auftragsbestands *sofort* den Starttermin und die Vorpufferzeit des im eigenen Leistungsbereich liegenden Auftragteils und gibt entsprechend terminierte *Zulieferer-* oder *Vorarbeitsaufträge* an die voranliegenden Leistungsstellen weiter. Die vorangehenden Stellen verfahren mit den ihnen erteilten Aufträgen ebenso, bis die Auftragsprozeßgrenze erreicht ist.

Umgehend nach Einplanung und Prüfung der Lieferfähigkeit teilt jede Leistungsstelle der Empfangstelle einen machbaren Termin für den Auftrag mit. Nach Erhalt aller Auftragsbestätigungen von den vorangehenden Leistungsstellen plant die letzte Leistungsstelle den *verbindlichen Liefertermin* und teilt ihn dem Kunden mit. Jede Leistungsstelle entscheidet weitgehend selbständig über die Materialbeschaffung, die Bevorratung und den Ressourceneinsatz. Auf Störungen, Ausfälle und Verzögerungen reagieren die Leistungsstellen eigenverantwortlich.

Bei dieser Art der dezentralen Disposition *ziehen* die einzelnen Leistungsstellen aus den vorangehenden Stellen zunächst die *Auftragsbestätigung* und nach Erreichen des Fälligkeitstermins das *Auftragsergebnis.* Die einzelnen Leistungstellen stehen zueinander in einem *Kunden-Lieferanten-Verhältnis* und kontrollieren sich auf diese Weise gegenseitig. Die Leistungskette arbeitet nach dem *Pull-Prinzip.*

Die einfachste Realisierung des Pull-Prinzips ist das *Kanban-Verfahren*: Jede Leistungsstelle meldet den Zulieferstellen den Bedarf durch das Bereitstellen eines geleerten *Behälters* an einem vereinbarten Übergabeplatz. Eine Begleitkarte – auf Japanisch *Kanban* – gibt die Art und Nachschubmenge des benötigten Artikels an. Die Zulieferstelle nimmt nach Anlieferung eines Vollbehälters den Leerbehälter mit und erhält auf diese Weise den nächsten Auftrag.

Die dezentrale Disposition mit Pull-Prinzip wird in der *Fließfertigung* von Produkten eingesetzt, die in großer Variantenvielfalt nach spezifischen Kundenwünschen aus einer kleineren Vielfalt von Teilen und Modulen in kurzer Durchlaufzeit zu geringen Kosten herzustellen sind. Beispiele sind die Automobilindustrie und deren Zulieferer, die Hersteller von Haushaltsgeräten, die Produzenten von Unterhaltungselektronik und die Computerindustrie.

5. Dezentrale Disposition mit Push-Prinzip
Die dezentrale Disposition nach dem Push-Prinzip läuft, wie in *Abb. 8.4* gezeigt, analog zur dezentralen Auftragsdisposition nach dem Pull-Prinzip. Der externe Auftrag geht jedoch zusammen mit einem Auftragsgegenstand in der *ersten* Leistungsstelle der Leistungskette ein, die damit auch Auftragsannahmestelle ist.

Der Auftragsgegenstand kann ein Paket oder eine Sendung mit einem Transportauftrag sein, aber auch ein Vorprodukt, Material und Teile für einen Produktions- oder Montageauftrag. Die erste Leistungsstelle disponiert ihren eigenen Vorpuffer und Starttermin. Sie gibt ihr Auftragsergebnis nach *Vorankündigung* oder mit einem *Begleitauftrag* an die nächste Leistungsstelle zur Bearbeitung weiter.

Der vom Auftraggeber bestimmte Empfänger erhält das bestellte Auftragsergebnis, z.B. das Paket, den Sendungsinhalt oder das fertige Erzeugnis, zusammen mit einem *Lieferschein* von der letzten Leistungsstelle der Auftragskette. Auf diese Weise *schiebt* eine Leistungsstelle die Arbeit der nächst folgenden Leistungsstelle an. Die Leistungskette arbeitet nach dem *Push-Prinzip.*

Die dezentrale Disposition in Verbindung mit dem Push-Prinzip ist typisch für *Beförderungs- und Zustellaufträge* und wird von Post, Bahn, Paketdiensten und Spediteuren praktiziert. Das Verfahren wird aber auch in der *Werkstattfertigung* eingesetzt.

Vorteile der dezentralen Disposition sind die größere Eigenverantwortung und die daraus resultierende Motivation und höhere Effizienz der weitgehend unabhängig arbeitenden Leistungsstellen. Unter optimalen Voraussetzungen verläuft der gesamte Auftragsprozeß *selbstregelnd.* Administrative Kosten und Zeitverluste einer zentralen Auftragsdisposition entfallen.

Die vollständig dezentrale Disposition hat jedoch folgende *Nachteile*:

- Bei unvorhergesehen großen Bedarfsschwankungen und starken Veränderungen der Auftragsinhalte können sich die Reaktionszeiten bis zur Auftragsbestätigung und die Gesamtlieferzeit erheblich verlängern, wenn die einzelnen Leistungsstellen nicht vorbereitet sind.
- Neue Produkte oder andersartige Leistungen können nur nach längerer Vorplanung und Abstimmung ausgeführt werden.
- Die Leistungsstellen, die sich nahe der Auftragsannahmestelle befinden, verbrauchen ohne Rücksicht auf das Gesamtoptimum einen größeren Teil des zeitlichen Handlungsspielraums und belassen den übrigen Stellen zu wenig Spielraum.

Diese Nachteile und Probleme der rein dezentralen Auftragsdisposition sind nur unter folgenden *Voraussetzungen* beherrschbar:

- Die *Reaktionszeit* der Leistungsstellen auf Anfragen ist hinreichend kurz.
- Die *Durchlaufzeiten* der Aufträge durch die einzelnen Leistungsstellen ist nicht zu lang.
- Der *Bedarf* ist soweit im voraus bekannt oder so gut prognostizierbar, daß jede Leistungsstelle ihren Materialbedarf und ihre Ressourceneinsatz vorausplanen kann.

- Die Aufträge betreffen *Standardprodukte* oder *Standardleistungen*, deren Abläufe bekannt sind und deren Durchlaufzeiten in den Leistungsstellen wenig schwanken.
- *Generelle Regeln* für die Disposition von Pufferzeiten und Startterminen in den Leistungsstellen verhindern den suboptimalen Verbrauch des zeitlichen Handlungsspielraums.

Wenn diese Voraussetzungen für eine dezentrale Disposition nicht erfüllbar sind, muß sie von einer zentralen *Auftragsdisposition* unterstützt werden. Die zentrale Auftragsdisposition entwickelt übergreifende Strategien, gibt allgemeine Regeln für die Zusammenarbeit vor, übernimmt die mittel- und langfristige Planung der Ressourcen und stellt durch ein *Logistikcontrolling* sicher, daß Auslastung, Auftragsdisposition, Termineinhaltung und Kosten der Leistungsstellen im vorgegebenen Rahmen liegen.

In der Praxis finden sich die unterschiedlichsten Kombinationen von zentraler und der dezentraler Disposition und von Pull- und Push-Prinzip. Die Abschnitte der Leistungskette bis zur Auftragsprozeßgrenze werden einfacher zentral disponiert und arbeiten effizienter nach dem Push-Prinzip. Die auftragspezifischen Leistungsstellen disponieren besser dezentral und arbeiten rascher und effizienter selbständig nach dem Pull- oder Push-Prinzip.

8.10 Just-In-Time

Just-In-Time im eigentlichen Sinn des Wortes ist die *Rückwärtsterminierung einer Leistungskette ohne Zeitpuffer* zwischen den einzelnen Bearbeitungsstellen. Wie in *Abb. 8. 3* dargestellt, wird der jeweilige Auftrag von einer Leistungsstelle mit einer Termintreue η_i grade rechtzeitig fertiggestellt und an die nächste Leistungsstelle weitergegeben. *Grade rechtzeitig – Just In Time* – heißt, daß die Auftragsgegenstände, die auf eine Leistungsstelle oder einen Hauptleistungsprozeß zulaufen, nicht zwischengelagert werden müssen [72; 73].

Die *Just-In-Time-Strategie* ist anwendbar auf die Hauptleistungskette, beispielweise die Kern- oder Endmontage, wie auch auf Zulieferketten. Sie bietet folgende *Vorteile*:

- Die Gesamtauftragsdurchlaufzeit ist minimal.
- Puffer und Lager sind nicht erforderlich.

Diese Vorteile der Just-In-Time Strategie müssen jedoch mit folgenden *Nachteilen* erkauft werden:

- Eine Kostenoptimierung durch Nutzung vorhandener Zeitpuffer zur optimalen Kapazitätsauslastung ist nicht möglich.
- Die Wahrscheinlichkeit der Einhaltung einer Termintreue η für den Gesamtauftragsdurchlauf sinkt mit dem Produkt $\eta = \eta_1 \cdot \eta_2 \cdots \eta_n$ der Termintreue η_i der einzelnen Leistungsstellen

So ist die Termintreue der Gesamtdurchlaufzeit für das in *Abb. 8.3* dargestellte Beispiel von 4 Leistungsstellen einer Hauptleistungskette mit einer angenommenen Termintreue der einzelnen Stellen von 98 % nur $0{,}98^4 = 0{,}922 = 92{,}2$ %.

Just-In-Time im eigentlichen Sinn des Wortes ist daher nur unter folgenden *Voraussetzungen* sinnvoll einsetzbar:

- Termintreue und Ausfallsicherheit der beteiligten Leistungstellen sind hoch.
- Durch Auftragsbündelung sind keine wesentlichen Kosteneinsparungen erreichbar.

Diese Voraussetzungen von Just-In-Time sind in der *Fließfertigung* von Einzelprodukten mit *gleichbleibendem Durchsatz, wenig schwankenden Durchlaufzeiten, geringen Umrüstzeiten, hoher Verfügbarkeit* und *großer Fehlerfreiheit* der beteiligten Leistungsstellen erfüllbar. Das gilt beispielsweise für die Endmontage in der Automobilindustrie, für die Herstellung von Haushaltsgeräten und für die Produktion von Büromaschinen und Computern. In diesen und einigen weiteren Branchen konnten durch Just-In-Time – oft in Verbindung mit *Kanban* – teilweise spektakuläre Lieferzeitverkürzungen erreicht werden.

In anderen Branchen mit ungleichmäßigem Durchsatz und schwankenden Durchlaufzeiten der Einzelstationen hat sich Just-In-Time zur Durchlaufzeitminimierung und Vermeidung von Lager- und Pufferbeständen nicht bewährt oder als zu kostenaufwendig erwiesen. Aber auch in manchen Branchen, die Just-In-Time mit Erfolg eingeführt haben, ist inzwischen eine Abkehr von der minuten- oder stundengenauen Anlieferung und die Einführung der ein- oder mehrtagesgenauen Anlieferung zu verzeichnen. Auch *Zwischenpuffer* werden wieder zugelassen [36; 37].

Just-In-Time hat heute in der Logistik an Bedeutung verloren. Alle Versuche, Just-In-Time durch Auflockerung der strengen Terminbindung, Zulassen größerer Zwischenpuffer und Hinzunahme der übrigen Logistikziele zu einer *Just-In-Time-Philosophie* zu erweitern, führten zur allgemeinen Logistikaufgabe, nach der das benötigte Gut *zur rechten Zeit*, also *Just In Time*, am richtigen Ort bereitzustellen ist [72]. Der wichtigste Beitrag der Just-In-Time-Bewegung besteht darin, daß sie Bedeutung der Zeit für die Logistik bewußt gemacht hat.

8.11 Strategien zur Lieferzeitverkürzung

Außer Just-In-Time gibt es eine Vielzahl von Strategien zur Reduzierung von Durchlaufzeiten und Lieferzeiten, die sich nach ihrer *Kostenwirksamkeit* einteilen lassen in *kostensenkende*, *kostenneutrale* und *kostenerhöhende Zeitstrategien*.

Die wichtigsten *Strategien zur Durchlauf- und Lieferzeitverkürzung* sind in der Reihenfolge ihrer *Kostenwirksamkeit*:

- *Eliminieren*: Das Eliminieren von vermeidbaren Stufen der Auftragskette, das Reduzieren von Liegezeiten und Wartezeiten und das Streichen von Vorgängen oder Tätigkeiten, die nicht zur Wertschöpfung beitragen, sind Möglichkeiten zur Durchlaufzeitverkürzung, die meist auch zu einer Kostensenkung führen. Eliminierbare Wartezeiten und entbehrliche Vorgänge gibt es vor allem in den *administrativen Leistungsstellen*. Beispiele sind Wartezeiten auf Informationen, das Weiterführen von Karteien, auch wenn es Datenbanken gibt, das

Mehrfacherfassen gleicher Daten oder aufeinander folgende Ein- und Ausgangskontrollen (s. *Abschnitte 2.6* und *2.7*).

- *Entstören*: Das Beseitigen von *Störstellen* in der Hauptleistungskette, also von *Ausfallstellen, Fehlerstellen* und *Verzögerungsstellen*, ist eine meist kostensparende, kurzfristig durchführbare und in vielen Fällen äußerst wirksame Maßnahme zur Durchlaufzeitreduzierung für alle Aufträge (s. *Abschnitt 4.2*). Darüber hinaus werden durch das Entstören die Schwankungen der Durchlaufzeiten vermindert und damit die *Termintreue* verbessert.
- *Vereinfachen*: Durch die Vereinfachung von Abläufen und Verfahren lassen sich sowohl Durchlaufzeiten verkürzen als auch Kosten senken.
- *Standardisieren*: Nach dem Eliminieren überflüssiger Vorgänge und der Vereinfachung der Abläufe und Verfahren kann die Definition und Einführung von *Standardprozessen* für eine minimale Anzahl benötigter Abläufe zu weiteren Zeiteinsparungen und Kostensenkungen führen. Ebenso kann die Standardisierung von Teilen, Modulen und Produkten wie auch von Ladehilfsmitteln und Ladeeinheiten zur Einsparung von Zeit und Kosten beitragen.
- *Reihenfolgestrategien*: Bei freier Terminierung lassen sich durch *optimale Reihenfolge* und *zeitliche Disposition* der Aufträge nicht nur Durchlaufzeiten reduzieren sondern auch Auslastungen verbessern, Leistungen steigern und Kosten senken. Reihenfolge- und Zeitstrategien sind durch geeignete *Prozeß-Planungs- und Steuerungssysteme* (PPS) mit relativ geringen Kosten realisierbar (s. *Kapitel* 10).
- *Terminieren*: Das Vereinbaren eines verbindlichen Liefertermins und das Festlegen hieraus abgeleiteter verbindlicher Abliefertermine für die beteiligten Leistungsstellen bewirken ein terminbewußtes Arbeiten, eine höhere Termintreue und effektiv kürzere Auftragsdurchlaufzeiten. Das Terminieren ist bei dezentraler Disposition nicht unbedingt mit Mehrkosten verbunden. Die Terminierung darf sich jedoch nicht nur auf Eilaufträge beschränken.
- *Synchronisieren*: Der Betriebsbeginn für parallel arbeitende Leistungsstellen wird aufeinander abgestimmt und für aufeinander folgende Leistungsstellen gegeneinander versetzt. (s. *Abschnitt 8.4*). Das Synchronisieren ist eine relativ kostengünstige Strategie, die sich auf die Durchlaufzeit aller Aufträge positiv auswirkt. Beispiele für das Synchronisieren in der Logistik sind die aufeinander abgestimmten *Fahrpläne* der Bahn, die *grüne Welle* der Ampelschaltung im Straßenverkehr oder die *Regalbestückung* in den Filialen des Einzelhandels vor Beginn der Verkaufszeit.
- *Flexibilisieren*: Durch das Vorhalten flexibel einsetzbarer Ressourcen, durch flexible Personaldisposition mit Springereinsatz und durch bedarfsabhängige Betriebszeiten lassen sich Wartezeiten in Spitzenbelastungszeiten oder infolge von Veränderungen der Auftragsinhalte vermeiden. Die Flexibilität hat ihren Preis, ist aber in einigen Fällen geeignet, außer den Durchlaufzeiten auch die Gesamtkosten zu senken.
- *Parallelisieren*: Die Aufträge werden, soweit das möglich ist, in *Teilaufträge* zerlegt, die in parallelen Leistungsstellen gleichzeitig bearbeitet werden. Eine andere Möglichkeiten der Parallelisierung ist das Ausführen von Vor- oder Nacharbeiten im *Zeitschatten* anderer Aufträge. Das Parallisieren ist in vielen

Fällen kostenneutral und läßt sich kombinieren mit einer kostensparenden *Spezialisierung* der Leistungsstellen (s. *Kapitel* 10).

- *Entkoppeln*: Die Lieferzeit läßt sich ganz entscheidend reduzieren durch das Zwischenschalten von Entkopplungsstellen zur Verkürzung der zeitkritischen Leistungskette. Der Preis für das Entkoppeln ist jedoch eine *Lagerfertigung* in den vorangehenden Leistungsstellen, die mit Lagerhaltungskosten und Bestandsrisiken verbunden ist. Voraussetzung für das Entkoppeln ist daher eine gute *Prognostiziertbarkeit* des Bedarfs (s. *Kapitel* 9).
- *Flip-Flop-Prinzip*: Das Einrichten von zwei Stellen mit gleicher Funktion, von denen abwechselnd die eine Stelle arbeitet während sich die andere Stelle vorbereitet, ist eine wirksame, allerdings auch mit Mehrkosten verbundene Strategie zur Durchlaufzeitverkürzung..
- *Priorisieren*: Die einfachste Priorisierung ist das Vorziehen von *Eilaufträgen.* Hierdurch läßt sich die Durchlaufzeit der Eilaufträge erheblich verkürzen, solange ihr Anteil nicht wesentlich über 10 % liegt. Das Vorziehen der Eilaufträge wirkt sich jedoch meist nachteilig auf die Durchlaufzeiten und die Prozeßkosten der *Normalaufträge* aus. Das gilt vor allem, wenn die Eilaufträge mit *absoluter Priorität* ausgeführt und Arbeiten an bereits laufenden Aufträgen für die Eilaufträge unterbrochen werden. Eine Priorisierung ohne derart negative Auswirkungen ist das Ausführen von *Kundenaufträgen vor Lageraufträgen.*
- *Auflösen*: Kundenspezifische Einzelfertigung anstelle anonymer Serienfertigung, das Zerlegen größerer Aufträge in Teilaufträge, Direktauslieferung einzelner Sendungen anstelle der Sammelbelieferung in Zustelltouren und die Fertigung in kleineren Losgrößen sind geeignet zur Verkürzung der Durchlaufzeiten. Die *Auflösungsstrategien* wirken jedoch der kostensparenden Bündelung entgegen und sind in der Regel mit einem Kostenanstieg verbunden.
- *Beschleunigen*: Die Durchlaufzeit läßt sich reduzieren durch eine Erhöhung der Geschwindigkeit, der Taktfrequenz der Auftragsbearbeitung oder der Leistung einzelner Leistungsstellen. Das Beschleunigen, beispielsweise durch eine höhere Fahrgeschwindigkeit von Transportmitteln, ist meist mit größeren Kosten verbunden, kann aber neben der Laufzeitverkürzung auch eine Kosteneinsparung bewirken, wenn dadurch die Ressourcen besser ausgelastet werden, etwa durch erhöhten Umlauf der Transportmittel [222].
- *Engpaßbeseitigung*: Die Engpaßbeseitigung durch zusätzliche Ressourcen ist eine meist aufwendige, in vielen Fällen aber unvermeidliche Maßnahme zur nachhaltigen Senkung der Lieferzeiten aller Aufträge. Eine Kapazitätserhöhung führt vor allem in Spitzenbelastungszeiten zu einer erheblichen Reduzierung der Wartezeiten vor der Engpaßstelle und kann in vor- und nachgeschalteten Stellen wegen des Fortfalls von Unterbrechungs- und Wartezeiten Kosten einsparen (s. *Kapitel* 13).

Um die Wirksamkeit der Strategien zur Lieferzeitverkürzung sicherzustellen, ist ein *Zeitcontrolling* empfehlenswert [73]. Am einfachsten und wirkungsvollsten aber ist eine weitgehend dezentrale Auftragsdisposition in Verbindung mit einer selbstregelnden *Leistungs- und Qualitätsvergütung*, die alle an einem Auftrag beteiligten Leistungsstellen aus Eigeninteresse zur Leistungssteigerung, Termintreue und Kostensenkung veranlaßt. (s. *Kapitel* 7)

8.12 Optimale Durchlauf- und Lieferzeiten

Durchlaufzeiten und Leistungskosten sind voneinander abhängig. Extrem kurze Durchlauf- und Lieferzeiten sind meist mit hohen Vorhaltekosten, aufwendigen Zeitstrategien und dem Verzicht auf eine kostensparende Bündelung verbunden. Andererseits sind mit kurzen Lieferzeiten *Wettbewerbsvorteile* möglich und *höhere Preise* erzielbar, die die Mehrkosten ausgleichen oder übertreffen können.

Aber auch sehr lange Durchlauf- und Lieferzeiten sind teuer. Das Umlaufvermögen, die erforderlichen Lagerkapazitäten und der Pufferplatzbedarf in den Leistungsstellen steigen mit der Lieferzeit an und verursachen zunehmend Kosten. Hinzu kommen Umsatz- und Ertragseinbußen infolge nicht wettbewerbsfähiger Lieferzeiten.

Das Zusammenwirken dieser Effekte führt zu einer Abhängigkeit der Leistungskosten von der Durchlaufzeit, die idealtypisch in *Abb. 8.5* dargestellt ist. Hieraus ist ablesbar, daß es außer der technisch bedingten *minimalen Durchlaufzeit* eine *kostenoptimale Durchlaufzeit* gibt. Die kostenoptimale Durchlaufzeit läßt sich jedoch nur schwer ermitteln, da sie von vielen, teilweise nicht quantifizierbaren Faktoren abhängt. Darüber hinaus kann sich die Abhängigkeit der Kosten von der Durchlaufzeit durch eine Strategieänderung *sprunghaft* ändern.

Die Lieferzeiten von Industrie und Handel gelten häufig als zu lang [73]. Sobald die Nachfrage die kurzfristig verfügbare Kapazität überschreitet sind längere Lieferzeiten jedoch unvermeidlich, weil sich vor Engpaßstellen zunehmend Warteschlangen von unerledigten Aufträgen bilden. Daran läßt sich ohne Kapazitätsausweitung oder Betriebszeitverlängerung wenig ändern.

Wie vorangehend gezeigt wurde, sind lange Lieferzeiten aber sind *nicht notwendig* die Folge überlasteter Kapazitäten. Sie sind häufig ein Indiz für unwirtschaftliche oder schlecht aufeinander abgestimmte Prozesse und ein fehlendes Zeitmanagement. In Zeiten geringer Beschäftigung kann es sogar zu längeren Lieferzeiten kommen, wenn sich Leistungsstellen an der Arbeit festhalten und die Rüst- und Leistungszeiten ausdehnen.

Zur Verkürzung der Durchlauf- und Lieferzeit trägt grundsätzlich jede Reduzierung der Rüst-, Leistungs-, Reife- und Wartezeiten in der zeitkritischen Prozeßkette bei. Zahlreiche Untersuchungen in Industrie und Handel, insbesondere in der Automobilindustrie, haben ergeben, daß in den meisten Fällen die Summe der Wartezeiten um einen Faktor 5 bis 10 größer ist als die Summe von Rüst- und Leistungszeiten. Daher ist der wirksamste Hebel zur Senkung der Lieferzeiten ist eine Reduzierung der Wartezeiten [73].

Der größte Anteil der Wartezeiten wird durch Stauzeiten, Materialbeschaffungs- und Pufferzeiten verursacht. Stauzeiten sind die Folge einer hohen Auslastung. Materialbeschaffungszeiten fallen an, wenn das Lagerrisiko zu hoch ist. Pufferzeiten dienen zur optimalen Mehrfachnutzung teurer Ressourcen und zur

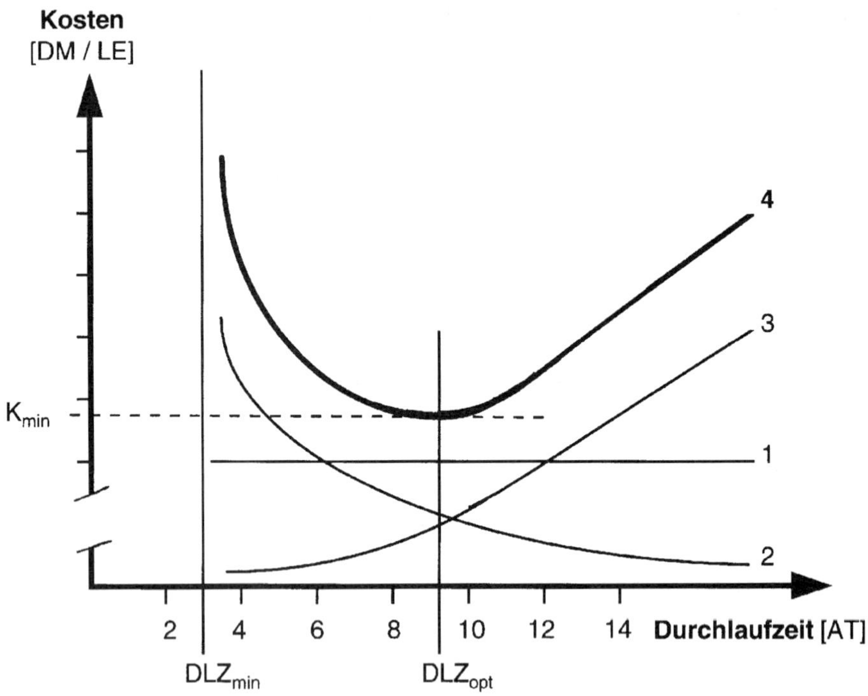

Abb. 8.5 Abhängigkeit der Leistungskosten von der Durchlaufzeit

1 = lieferzeitunabhängige Kosten
2 = Kostensenkung durch bessere Ressourcennutzung
3 = Kostenanstieg durch erhöhtes Umlaufvermögen, zusätzlichen Lager- und Pufferplatz, Erlöseinbußen und verlorene Aufträge
4 = Gesamtprozeßkosten
DZ_{min} : minimale Durchlaufzeit DZ_{opt} : optimale Durchlaufzeit

Abstimmung konkurrierender Aufträge. Stau-, Lager- und Pufferzeiten werden auch als *Liegezeiten* bezeichnet.

Die Liegezeiten sind Optimierungsparameter der *Auftragsdisposition* (s. *Kapitel* 10). Sie lassen sich zur Senkung der Kosten, zur Verbesserung der Auslastung oder zum Erreichen anderer Zielgrößen nutzen. Je mehr der Handlungsspielraum der Disposion durch enge Lieferzeitforderungen eingeschränkt wird, umso stärker reduzieren sich die Optimierungsmöglichkeiten.

Die vielfach gestellte Forderung nach kürzeren Lieferzeiten ist also nicht so einfach und folgenlos zu erfüllen, da das Ziel der Lieferzeitverkürzung teilweise mit dem Ziel der Kostenminimierung konkurriert. Mit Hilfe der vorangehend aufgeführten Zeitstrategien ist trotz dieses Zielkonflikts bis zu einem gewissen Punkt eine Senkung der Prozeßkosten durch Verkürzung der Durchlauf- und Lieferzeiten möglich.

9 Zufallsprozesse und Bedarfsprognose

Die Teilnehmer am Wirtschaftsprozeß entscheiden weitgehend frei über ihre *Beschaffungs-* und *Produktionsmengen* und nutzen ihre *Zeit*, wie es ihnen paßt. Käufer, Verbraucher und andere Abnehmer von Produkten und Leistungen, erteilen ihre Aufträge unabhängig voneinander in den von ihnen gewünschten Mengen zu den ihnen passenden Zeiten. Die Produzenten, Lieferanten und Dienstleister nutzen im Rahmen der zugesagten Liefertermine die Freiheit, die ihnen erteilten Aufträge optimal zu bündeln oder zu zerlegen und zu den für sie günstigsten Zeiten auszuführen. Sie produzieren möglichst in den für ihr Kostengefüge optimalen Mengen.

Das Leistungsvermögen und die Durchlaufzeiten der *Leistungsstellen*, in denen die Aufträge ausgeführt werden, können - abhängig von Art und Menge des Bedarfs - *stochastisch* schwanken. Weitere Schwankungen von Durchsatz und Laufzeiten der Leistungsstellen werden von zufallsabhängigen *Störungen* und *Ausfällen* bewirkt.

Das *unkorrelierte Zeitverhalten* der *Auftraggeber*, *Auftragnehmer* und *Leistungsstellen* und die *Abweichungen* der Bedarfsmengen von den Produktionsmengen bewirken in der gesamten Wirtschaft und in den Unternehmen *zufallsabhängige* oder *stochastische Prozesse* [11; 75; 76; 239]. Die *Stochastik* der Wirtschaftsprozesse hat auch auf die Logistik erhebliche Auswirkungen.

Typische Beispiele für *stochastische Logistikprozesse* sind das Eintreffen von Personen, das Vorbeifahren von Fahrzeugen, das Entstehen von Bedarf, der Auftragseingang und das Eintreffen von Informationen, deren *Mengen* und *Zeitabstände* Zufallsgrößen sind. Weitere Beispiele sind Lieferprozesse, Produktionsprozesse, Bedienungsvorgänge oder Abfertigungen, deren *Lieferzeiten, Taktzeiten, Durchlaufzeiten* oder *Abfertigungszeiten* zufallsverteilt sind.

Viele stochastische Prozesse verändern sich im Verlauf der Zeit. Sie sind *instationär*. Bei einem instationären stochastischen Prozeß sind die *systematischen Veränderungen*, die erst im Verlauf mehrerer *Perioden* erkennbar sind, von den *stochastischen Schwankungen* der einzelnen Prozeßereignisse überlagert, die in unmittelbar aufeinander folgenden Perioden auftreten.

Stationäre und instationäre stochastische Prozesse sind für die Logistik von besonderer Bedeutung. Sie bestimmen maßgebend:

- die *Möglichkeit* und *Qualität* von Bedarfsprognosen,
- die *Disposition* von Aufträgen, Lagernachschub und Beständen,
- die *Staueffekte* in Logistiksystemen,

- die *Termintreue* von Leistungsketten,
- die *Gestaltung* von Prozessen und Systemen,
- die *Dimensionierung* von Pufferplätzen, Staustrecken und Lagerkapazitäten,
- die *Bemessung* der Leistungen von Leistungsstellen und Transportknoten.

In diesem Kapitel werden die wichtigsten Eigenschaften von *zufallsabhängigen Prozessen* dargestellt und die mit den Prozessen verbundenen *stochastischen Ströme* analysiert. Hieraus werden die Voraussetzungen für *Mittelwertrechnungen* in der Logistik und die Bedingungen für die *Prognose* stochastischer Ströme hergeleitet. Abschließend werden Verfahren *zur logistischen Bedarfsprognose* dargestellt [76; 226].

9.1 Stochastische Ströme

Jede Ereignisfolge mit stochastisch veränderlichen Zeitabständen τ oder unkorreliert schwankenden Mengen m ist ein *zufallsabhängiger Prozeß*. Die zeitliche Folge der Ereignisse eines zufallsabhängigen Prozesses ist ein *stochastischer Strom* [75].

Maßgebend für die Gestaltung, die Steuerung und das Verhalten einzelner Leistungsstellen und der aus diesen aufgebauten Logistiksysteme sind die einlaufenden Auftrags-, Material- und Datenströme:

- *Auftragsströme* – auch *Auftragseingang* genannt – sind stochastische Ströme, bei denen das Ereignis das Eintreffen eines *Auftrags* oder eines *Abrufs* von einer oder mehreren *Bestelleinheiten* [BE], *Verkaufseinheiten* [VKE] oder *Verbrauchseinheiten* [VE] ist.

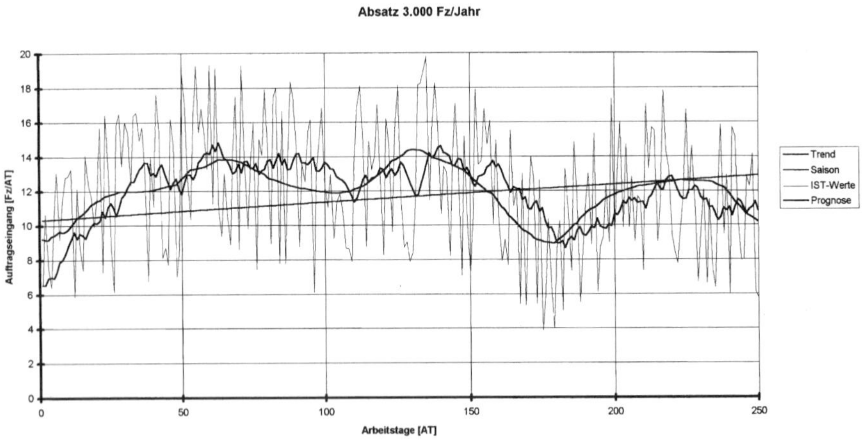

Abb. 9.1 Täglicher Auftragseingang einer Verkaufsniederlassung

Aufträge Einzelbestellungen für PKW des gleichen Typs
Tagesabsatz 12 Einzelbestellungen; Streuung ±3,5 Fz

- *Materialströme* – abhängig vom Gegenstand auch *Transportstrom, Verkehrsfluß, Personenstrom, Warenfluß* oder *Frachtstrom* genannt – sind stochastische Ströme, bei denen das Ereignis das Eintreffen einer oder mehrerer Transporteinheiten, Fahrzeuge, Personen, Artikeleinheiten, Warenstücke, Frachtsstücke oder anderer *Ladeeinheiten* [LE] ist.
- *Datenströme* – auch *Informationsfluß* genannt – sind stochastische Ströme, bei denen das Ereignis das Eintreffen eines oder mehrerer Datensätze, Belege, Dokumente, Kodierungen oder anderer *Informationseinheiten* [IE] ist.

Zur Erläuterung zeigt *Abb. 9.1* den Jahresverlauf des täglichen Auftragseingangs für einzelne Neufahrzeuge einer größeren Verkaufsniederlassung. Der Auftragseingang schwankt stochastisch von Tag zu Tag relativ stark und hat im Verlauf des Jahres einen saisonal veränderlichen Verlauf, der einen ansteigenden langfristigen Trend überlagert.

Im Unterschied zu den *kontinuierlichen Strömen* von homogenem Schüttgut, Flüssigkeiten oder Gasen sind die Auftrags-, Material- und Datenströme der Logistik in der Regel *diskrete Ströme*, bei denen in *unterbrochener Folge* diskrete *Mengeneinheiten* [ME] *einzeln* oder *pulkweise* ankommen. Daher unterscheiden sich die *Durchflußgesetze diskreter Ströme* grundlegend von den *Strömungsgesetzen homogener Ströme.*

Wenn τ_P [ZE] die *mittlere Taktzeit* der Ereignisse und m_P [ME/P] die *durchschnittliche Menge pro Ereignis* eines allgemeinen Prozesses P ist, dann ist die mittlere *Taktrate* des Prozesses

$$\lambda_\tau = 1/\tau_P \qquad [1/ZE]. \tag{9.1}$$

und die mittlere *Durchsatzrate, Stromstärke* oder *Intensität*

$$\lambda_P = m_P \cdot \lambda_\tau = m_P/\tau_P \qquad [ME/ZE]. \tag{9.2}$$

Abhängig von der Taktzeitverteilung und von der Menge pro Ereignis lassen sich folgende *Stromarten*, die in *Abb. 9.2* dargestellten sind, unterscheiden:

1. *Rekurrente Ströme*: Die Ereignisse treffen in zufallsabhängigen Zeitabständen *einzeln* und *unkorreliert* ein. Der Prozeß ist *zeitstochastisch* und $m_P = 1$. Die Taktrate ist gleich der Durchsatzrate.
2. *Schubweise rekurrente Ströme*: Die Ereignisse treffen in zufallsabhängigen Zeitabständen mit Schüben oder Pulks *gleicher Größe* ein. Der Prozeß ist ebenfalls zeitstochastisch, jedoch mit einem konstanten Inhalt $m_P > 1$. Die Durchsatzrate schubweiser Ströme ist größer als die Taktrate.
3. *Schubweise getaktete Ströme*: Die Ereignisse treffen in gleichbleibenden Zeitabständen mit Schüben oder Pulks stochastisch schwankender Größe ein. Der Prozeß ist *mengenstochastisch.*
4. *Schubweise stochastische Ströme*: Die Ereignisse treffen in zufallssabhängigen Zeitabständen mit Schüben oder Pulks stochastisch schwankender Größe ein. Es handelt es sich um einen *allgemeinen stochastischen Prozeß.*

Der in *Abb. 9.1* gezeigte Auftragseingang für einzelne Fahrzeuge ist beispielsweise ein rekurrenter Strom. Wenn pro Auftrag mehr als eine Mengeneinheit bestellt

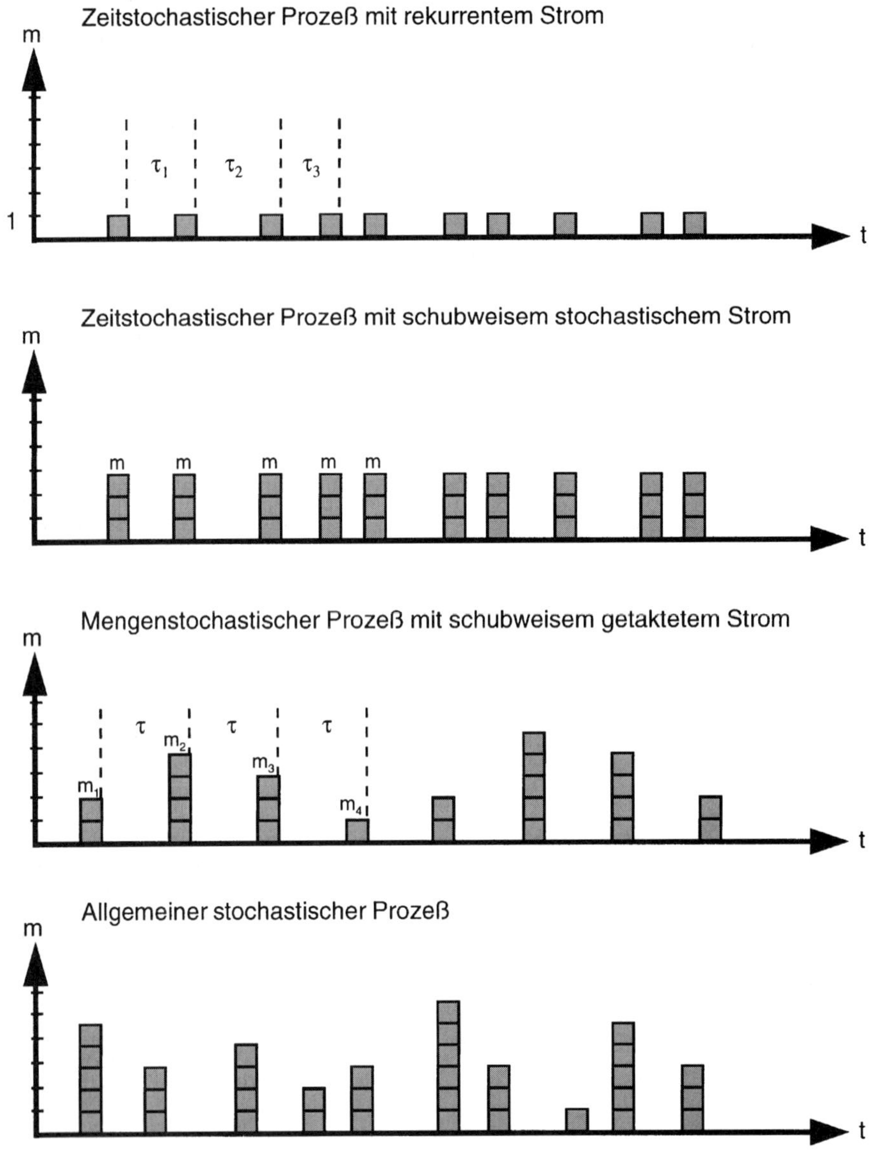

Abb. 9.2 Zufallsabhängige Prozesse und stochastische Ströme

τ_i Taktzeiten
m_i Pulkinhalte

wird, handelt es sich um einen schubweisen stochastischen Strom. Andere schubweise stochastische Ströme entstehen durch das Entladen stochastisch eintreffender Transporteinheiten, die eine wechselnde Anzahl von Ladeeinheiten enthalten, bei der schubweisen Abfertigung von Transporteinheiten an Transportknoten oder bei der Bearbeitung von Auftragsserien anstelle von Einzelaufträgen.

Solange die mittlere Taktzeit und die durchschnittliche Menge pro Ereignis zeitunabhängig sind, ist der stochastische Strom *stationär*. *Saisonale Veränderungen*, *Verbraucherverhalten*, *Bedarfsänderungen* oder ein *Produktlebenszyklus* können dazu führen, daß sich die Durchsatzrate im Verlauf der Zeit t verändert. Der stochastische Strom wird *instationär*:

$$\lambda_P = \lambda_P(t) . \tag{9.3}$$

Die Zeitabhängigkeit der Durchsatzrate kann, wie in dem Beispiel *Abb. 9.1*, durch eine zeitliche Veränderung der Taktrate, aber auch durch eine Änderung der Menge pro Ereignis oder durch gleichzeitige Veränderung beider Größen verursacht werden.

Bei einem *instationären stochastischen Strom* ist eine systematische zeitliche Veränderung überlagert von den zufallsabhängigen Schwankungen der Durchsatzrate. Die Auswirkungen der beiden Effekte sind unterschiedlich:

- *Die stochastischen Schwankungen* der Auftrags-, Material- und Datenströme verursachen in den Logistiksystemen vor den einzelnen Leistungsstellen kurzzeitige *Staueffekte* und bestimmen in der Lagerhaltung die Höhe der *Sicherheitsbestände*.
- *Die systematische zeitliche Veränderung* der Auftrags-, Material- und Datenströme ist maßgebend für die Kapazitäten, die zur Bewältigung der Spitzenanforderungen benötigt werden, und für die Höhe der Bestände, die zum Ausgleich von Bedarfsänderungen vorgehalten werden.

Zeitpunkte und Mengen der Einzelereignisse eines stochastischen Prozesses sind grundsätzlich nicht vorhersehbar. Bei Kenntnis der *Zeitverteilung* der Taktzeiten und der *Häufigkeitsverteilung* der Mengen ist jedoch die *Wahrscheinlichkeit* vieler Auswirkungen stochastischer Prozesse berechenbar.

Aus dem Zeitverhalten von Bedarfs- und Durchsatzmengen während eines zurückliegenden Zeitraums läßt sich unter bestimmten Voraussetzungen die weitere Entwicklung ableiten und der zukünftige Bedarf prognostizieren. Die Überlagerung der systematischen Zeitabhängigkeit durch die stochastischen Schwankungen erschwert jedoch die Prognose [76; 77].

9.2 Zeitverteilungen und Häufigkeitsverteilungen

Die Zufallsabhängigkeit *diskreter Ereignisgrößen*, die nur eine abzählbare Anzahl von Werten annehmen können, ist durch eine *Häufigkeitsverteilung* darstellbar. Die Zufallsabhängigkeit *stetiger Ereignisgrößen*, die ein *kontinuierliches Spektrum* von Werten annehmen können, läßt sich durch eine *Wahrscheinlichkeitsdichte* beschreiben [82].

Spezielle stetige Ereignisgrößen sind die *Zeiten* in der Logistik, wie die *Durchlaufzeiten* und die *Taktzeiten*. Diese sind stets positiv. Die Wahrscheinlichkeitsdichte stochastisch verteilter Zeitwerte ist eine *Zeitverteilung*. Zeitverteilungen sind nur für positive Argumente von Null verschieden.

Wahrscheinlichkeitsdichten und Zeitverteilungen sind wie folgt definiert [75; 75]:

- Das Produkt $w_P(\tau)\cdot d\tau$ der *Wahrscheinlichkeitsdichte* oder *Zeitverteilung* $w_P(\tau)$ mit der differentiellen Zeitspanne $d\tau$ ist die Wahrscheinlichkeit dafür, daß der *Zeitwert* zwischen τ und $\tau + d\tau$ liegt.

Die Wahrscheinlichkeit, daß der Zeitwert τ kleiner ist als ein bestimmter Wert *T*, ist gegeben durch die *Verteilungsfunktion:*

$$W_P(T) = \int_0^T w_P(\tau)\cdot d\tau \ . \tag{9.4}$$

Alle Zeitverteilungen erfüllen die *Normierungsbedingung:*

$$W_P(\infty) = \int_0^\infty w_P(\tau)\cdot d\tau = 1 \, . \tag{9.5}$$

Die Wahrscheinlichkeit $W_P(\infty)$, daß der Zeitwert im Bereich $0 < \tau < \infty$ liegt, ist gleich 1.

Die Zeitwerte eines stochastischen Prozesses P streuen *zufallsabhängig* um einen *Mittelwert*:

$$\tau_P = \int_0^\infty \tau\cdot w_P(\tau)\cdot d\tau \qquad [ZE]. \tag{9.6}$$

Die *Schwankung, Streuung* oder *Standardabweichung* s_τ [ZE] der Zeiten um den Mittelwert (9.6) ist gleich der Wurzel aus der *Varianz*. Die Varianz ist gegeben durch:

$$s_\tau^{\ 2} = \int_0^\infty (\tau - \tau_P)^2 \cdot w_P(\tau)\cdot d\tau \tag{9.7}$$.

Ein *dimensionsloses Maß* für die Größe der zufallsabhängigen Schwankungen eines stochastischen Prozesses ist die *Variabilität*

$$V_\tau = (S_\tau / \tau_P)^2 \tag{9.8}$$

Die Wurzel aus der Variabilität $v_\tau = s_\tau/\tau_P$ ist der *Variationskoeffizient* [75].

Die *Abb. 9.3* zeigt einige Beispiele unterschiedlicher *Zeitverteilungen* zufallsabhängiger Prozesse in der Logistik:

- Die Verteilung der Bedienungszeiten einer Lagerfläche durch einen Stapler ist unter bestimmten Voraussetzungen eine *Rechteckverteilung*.
- Die Einzelspielzeiten eines Regalförderzeugs (RFZ) haben eine *Dreiecksverteilung* [21].
- Die Zeitabstände eines Fahrzeugstroms auf einer Fahrspur haben eine modifizierte *Exponentialverteilung* [78; 239].

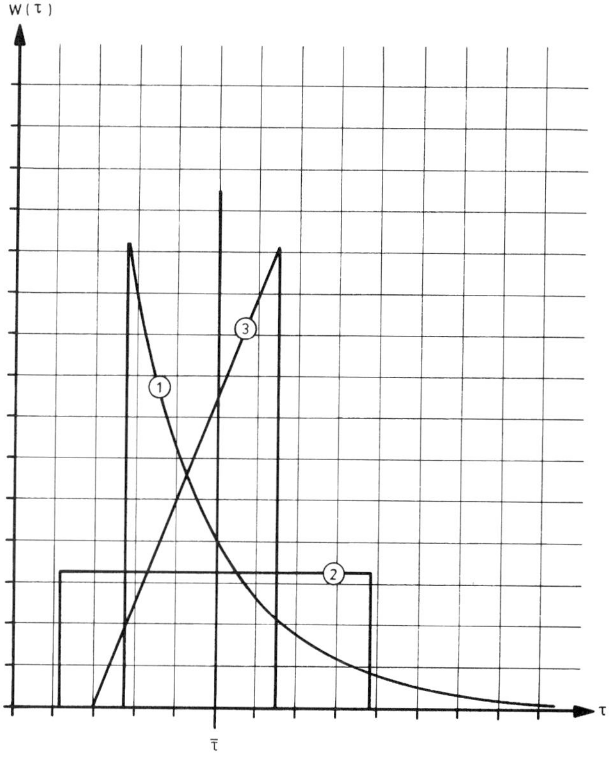

Abb. 9.3 Spezielle Zeitverteilungen der Logistik

Kurve 1 modifizierte Exponentialverteilung (Fahrzeuge einer Fahrspur)
Kurve 2 Rechteckverteilung (Staplerbedienung einer Lagerfläche)
Kurve 3 Dreieckverteilung (Regalbediengerät eines Hochregallager)

- Die Greifzeiten beim Kommissionieren sind annähernd *normalverteilt* [21; 50].
- Die Durchlaufzeiten durch eine Leistungsstelle haben eine *Schiefverteilung*, die auf der Zeitachse um die minimale Durchlaufzeit nach rechts verschoben ist (s. *Abb. 8.2*)

Für eine Bearbeitungsstation oder einen Transportknoten mit den *konstanten Abfertigungszeiten* τ_i und N verschiedenen *Abfertigungsarten*, die zufällig wechselnd in Anspruch genommen werden, haben die Taktzeiten diskrete Werte τ_i, i = 1,2.. N. Die Verteilung diskreter Zufallsgrößen ist eine *diskrete Häufigkeitsverteilung* $w(\tau_i)$. Weitere *diskrete Zufallsgrößen* der Logistik sind:

- die Menge pro Ereignis für mengenstochastische Prozesse
- die Ereignisanzahl pro Periode für allgemeine stochastische Prozesse,
- der Pulkinhalt schubweiser Ströme und der Inhalt von Sendungen,
- der Bestand eines lagerhaltigen Artikels mit regelmäßigem Bedarf,
- der Verbrauch eines Artikels in einer bestimmten Zeitspanne.

Die Häufigkeitsverteilung diskreter Zufallsgrößen ist analog zur Wahrscheinlichkeitsdichte stetiger Zufallsgrößen definiert:

- Die *Häufigkeitsverteilung* oder *Wahrscheinlichkeitsfunktion* $w_P(x_i)$ einer *diskreten Zufallsgröße* ist die Wahrscheinlichkeit für den Eintritt des *Wertes* x_i.

Im einfachsten Fall sind die diskreten Zufallswerte *ganze Zahlen* $x_i = i$ und die Funktionswerte der Häufigkeitsverteilung $w_P(x_i) = w_P(i)$ nur für $i = 1,2,...\infty$ definiert.

Die Wahrscheinlichkeit, daß der diskrete Wert x kleiner ist als ein bestimmter Wert x_n, ist gegeben durch die *Verteilungsfunktion*:

$$w_P(x_n) = \sum_{i<n} w_P(x_i) \tag{9.9}$$

Häufigkeitsverteilungen erfüllen die *Normierungsbedingung*:

$$\sum_{i=0}^{\infty} w_P(x_i) = 1 \tag{9.10}$$

Der *Mittelwert* m_P einer Zufallsgröße x mit der *Häufigkeitsverteilung* $w_P(x)$ ist gegeben durch:

$$m_P = \sum_{i=0}^{\infty} x_i \cdot w_P(x_i) \tag{9.11}$$

Die *Streuung* s_m der Zufallsgröße ist gleich der Wurzel aus der *Varianz*:

$$s_m{}^2 = \sum_{i=0}^{\infty} (x_i - m_P)^2 \cdot w_P(x_i) \tag{9.12}$$

Die *Variabilität* $V_m = (s_m/m_P)^2$ ist gleich dem Quadrat des *Variationskoeffizienten* $v_m = s_m/m_P$.

Die Häufigkeitskeitsverteilung einer Zufallsgröße läßt sich entweder durch Analyse des Prozesses *theoretisch* herleiten oder durch Zählung der Ereignisanzahlen *experimentell* ermitteln. Auch der Verlauf der Zeitverteilung eines stochastischen Prozesses kann, wie die Greifzeitverteilung, gemessen oder, wie die Dreiecksverteilung von RFZ-Spielzeiten, analytisch aus dem Prozeß abgeleitet werden. Während eine Auszählung zur Bestimmung einer Häufigkeitsverteilung in vielen Fällen noch mit vertretbarem Aufwand möglich ist, erfordert die Messung einer Zeitverteilung meist einen erheblichen Aufwand. Für instationäre Prozesse ist die Messung von Zeit- oder Häufigkeitsverteilungen nur selten durchführbar und für zukünftige Prozesse prinzipiell unmöglich.

Stochastische Prozesse führen in Logistiksystemen zu *Staueffekten*, wie die *Warteschlangen* und *Wartezeiten* vor einzelnen Stationen und die gegenseitige *Blockierung* aufeinander folgender Leistungsstellen. Analytische Untersuchungen und Simulationsrechnungen haben zu der Erkenntnis geführt [29; 61; 79]:

- Die meisten Staueffekte in Logistiksystemen hängen in erster Näherung von der *Taktrate* und der *Varianz* der Zuströme und der Abfertigung ab, aber nur unwesentlich vom Verlauf der Zeitverteilung und der Häufigkeitsverteilung.

Daher ist es für die Praxis in der Regel meist ausreichend, Zeitverteilungen und Häufigkeitsverteilungen durch geeignete *Standardverteilungen* zu approximieren, deren Mittelwert gleich dem gemessenen Mittelwert ist und deren Streuung und genereller Verlauf mit der Erfahrung annähernd übereinstimmen.

Der Versuch, Zeit- oder Häufigkeitsverteilungen durch eine *stochastische Simulation* zu bestimmen, stößt auf das Problem, daß hierzu die Zeit- und Häufigkeitsverteilungen der Eingabewerte benötigt werden. Auch bei der stochastischen Simulation logistischer Systeme werden daher für die Zeit- und Häufigkeitsverteilungen von Eingangsströmen und Abfertigungsraten wegen fehlender Kenntnis der tatsächlichen Verteilungen – häufig ohne nähere Angaben – *Standardverteilungen* angesetzt.

9.3 Stetige Standardverteilungen

Wegen ihrer besonderen Eigenschaften, die es erlauben, Warteschlangenprobleme explizit zu lösen und das Grenzleistungsvermögen von Transportknoten zu berechnen, sind die nachfolgend angegebenen und in *Abb. 9.4* dargestellten *stetigen Standardverteilungen*[1] zur *Approximation* der kontinuierlichen Zeitverteilungen zufallsabhängiger Logistikprozesse besonders geeignet [11; 75; 79; 82]:

1. Exponentialverteilungen

Die Wahrscheinlichkeitsdichte einer *einfachen Exponentialverteilung* ist die normierte *Exponentialfunktion*:

$$w_E(\tau,\tau_P) = (1/\tau_P)\cdot\exp[-\tau/\tau_P] \tag{9.13}$$

Die Streuung *s* der Exponentialfunktion ist gleich ihrem Mittelwert τ_P und die Variabilität gleich 1. Ein stochastischer Prozeß, dessen Zeitverteilung eine Exponentialfunktion ist, heißt *Poissonprozeß* [75].

Eine Exponentialverteilung ist zur Approximation immer dann sinnvoll, wenn die Taktzeiten eines Zufallsprozesses ab dem Wert Null mit *gleichmäßig* abnehmender Wahrscheinlichkeit jeden Wert annehmen können. Generell gilt der *Grundsatz*:

- Ist außer dem Mittelwert nichts über die Zeitverteilung bekannt, muß, wenn die Ergebnisse auf der sicheren Seite liegen sollen, mit einer Exponentialverteilung gerechnet werden.

1 Die nachfolgenden Formeln der Standardverteilungen sind z.B. in MS-EXCEL hinterlegt und einfach abrufbar. Damit entfällt das aufwendige Programmieren dieser Funktionen und das Nachschlagen von Einzelwerten in den Tabellen der Fachbücher für Statistik [82].

Abb. 9.4 Standard-Zeitverteilungen
k > 1 Erlang-Verteilung
k = 1 Exponentialverteilung
k → ∞ Dirac-Verteilung

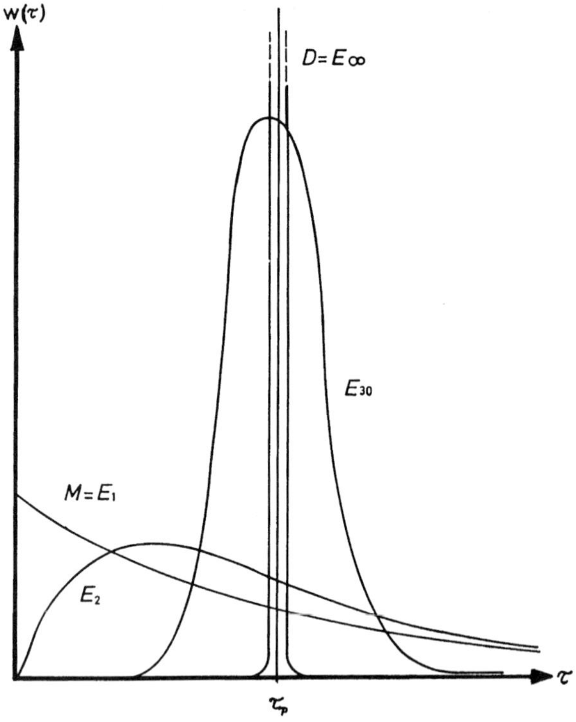

So kann in guter Näherung für die Verteilung der Taktzeiten von Auftragseingängen, Dateneingängen, Personenankünften oder Telefonanrufen eine einfache Exponentialverteilung angesetzt werden [11; 239]. Auch die Warteschlangen vor einzelnen Leistungsstellen sind näherungsweise exponentialverteilt [75].

Ladeeinheiten, Transporteinheiten oder Fahrzeuge, die *auf einer Spur* nacheinander einen Bezugspunkt passieren, haben wegen ihres technisch bedingten Mindestabstands und der endlichen Grenzleistung vorangehender Leistungsstellen einen *minimalen Zeitabstand* $\tau_0 > 0$. In diesen Fällen läßt sich die Zeitverteilung approximieren durch eine *modifizierte Exponentialverteilung* mit der Wahrscheinlichkeitsdichte [11; 79]:

$$w_E(\tau, \tau_P, \tau_0) = \begin{cases} 0 & \text{wenn } \tau < \tau_0 \\ \left(1/\left(\tau_P - \tau_0\right)\right) \cdot \exp\left[-\left(\tau - \tau_0\right)/\left(\tau_P - \tau_0\right)\right] & \text{wenn } \tau \geq \tau_0 \end{cases}. \qquad (9.14)$$

Der Nullpunkt der modifizierte Exponentialverteilung ist, wie in Abb. 9.3 dargestellt, auf der Zeitachse um die *Mindesttaktzeit* τ_0 nach rechts verschoben. Die Streuung ist $s = \tau_p - \tau_0$. Sie ist durch die mittlere Taktzeit τ_p und den minimalen Taktabstand τ_0 bestimmt.

Eine modifizierte Exponentialverteilung kann immer dann angesetzt werden, wenn die Taktzeiten des stochastischen Prozesses ab einem bestimmten Minimalwert τ_0 mit gleichmäßig abnehmender Wahrscheinlichkeit jeden Wert annehmen. Ein zufallsabhängiger Prozeß mit einer modifizierten Exponentialverteilung heißt *modifizierter Poissonprozeß* [79].

Für $\tau_0 \to 0$ geht die modifizierte Exponentialverteilung in die Exponentialverteilung (9.13) über. Im Grenzfall $\tau_0 \to \tau_p$ wird aus der modifizierten Exponentialverteilung eine diskrete *Dirac-Verteilung*. Die Dirac-Verteilung beschreibt einen *Prozeß* mit *konstanten Taktzeiten*.

Aus einer getakten Abfertigung oder aus einem getakteten Herstellungsprozeß, wie etwa einer Fließbandfertigung, resultieren *getaktete Ströme* oder *Diracströme*. Mit abnehmender Schwankung der Abfertigungszeiten wird auch die Zeitverteilung der Durchlaufzeiten einer Leistungsstelle zu einer Dirac-Verteilung.

2. Erlang-Verteilungen

Die Wahrscheinlichkeitsdichte einer *k-Erlang-Verteilung* ist [75]:

$$w_k(\tau, \tau_p) = (k/\tau_p)^k \cdot \tau^{k-1} \cdot \exp[-k \cdot \tau/\tau_p] / (k-1)!. \tag{9.15}$$

Der *Erlang-Parameter* k ist eine ganze Zahl größer 0 und gleich der reziproken Variabilität:

$$k = 1/V_P = (\tau_P/s)^2. \tag{9.16}$$

Der Erlang-Parameter ist also durch den Mittelwert τ_p und die Streuung s eindeutig fixiert.

Bei maximaler Variabilität $V_P = 1$, also für $k = 1$, geht die Erlang-Verteilung in die Exponentialverteilung (9.13) über. Für kleine Variabilitäten $V_P \ll 1$, also für $k \gg 1$, wird die Erlang-Verteilung asymptotisch zur *Normalverteilung* (9.19). Im Grenzfall verschwindender Variabilität, also für sehr große $k \to \infty$ wird aus der Erlang-Verteilung eine diskrete *Dirac-Verteilung*. Erlang-Verteilungen umfassen also als Grenzfälle die Exponential-, die Normal- und die Dirac-Verteilung.

Erlang-Verteilungen sind immer dann geeignet, wenn zusätzlich zum Mittelwert ein Anhaltswert für die Streuung bekannt ist. Das gilt für die *Taktzeiten* vieler Abfertigungs- oder Bedienungsstationen, wie Reparaturdienste, Mautstellen, Kassen, Ausgabestellen, Auskunftsstellen oder Auftragsannahmestellen. Die Verteilung der Durchlaufzeiten DZ durch eine oder mehrere aufeinander folgende Leistungsstellen mit stochastisch schwankenden Bearbeitungszeiten läßt sich durch eine *modifizierte Erlang-Verteilung* approximieren, die analog zur modifizierten Exponentialverteilung (10.14) auf der Zeitachse um die minimale Durchlaufzeit DZ_{min} der Leistungskette nach rechts verschoben ist (s. *Abb. 8.2*).

9.4 Diskrete Standardverteilungen

Zur Darstellung der Häufigkeitsverteilung diskreter Zufallsgrößen sind wegen ihrer besonderen mathematischen Eigenschaften folgende *diskrete Standardverteilungen* besonders geeignet [11]:

1. Binominalverteilung

Die *Binominalverteilung* ist gegeben durch die Funktion [82]:

$$w_B(x) = \left[N!/\left((N-x)!\cdot x!\right)\right]\cdot p^x \cdot (1-p)^{N-x}. \qquad (9.17)$$

mit den *Binominalkoeffizienten* [N!/((N-x)!·x!)] und der *Fakultät* N! = 1·2·3·..·N.

Die Binominalverteilung $w_B(x) = w_B(x; N; p)$ ist nur für positive ganzzahlige Werte x > 0 definiert und nach rechts schiefverteilt. Der *Mittelwert* der Binominalverteilung ist $m_B = N\cdot p$, die *Streung* $s = \sqrt{N\cdot p\cdot(1-p)}$ und die *Variabilität* $V_B = (1-p)/(p\cdot N)$.

Die Binominalverteilung gibt die Wahrscheinlichkeit an, daß ein *Ereignis* P, dessen Einzelausführung die Wahrscheinlichkeit p hat, bei N unabhängigen Ausführungen genau x-mal eintrifft. So ist beispielsweise $w_B(3;5;1/6) = 3{,}22\cdot 10^{-4}$ die Wahrscheinlichkeit, daß bei fünfmaligem Würfeln mit einem sechzahligen Würfel die gleiche Zahl dreimal vorkommt.

Die Binominalverteilung ist geeignet zur Approximation von Häufigkeitsverteilungen ganzzahliger positiver Zufallsgrößen mit relativ kleinem Mittelwert m_B und geringer Schwankung $s < m_B$. So sind beispielsweise die *Stückzahlen von*

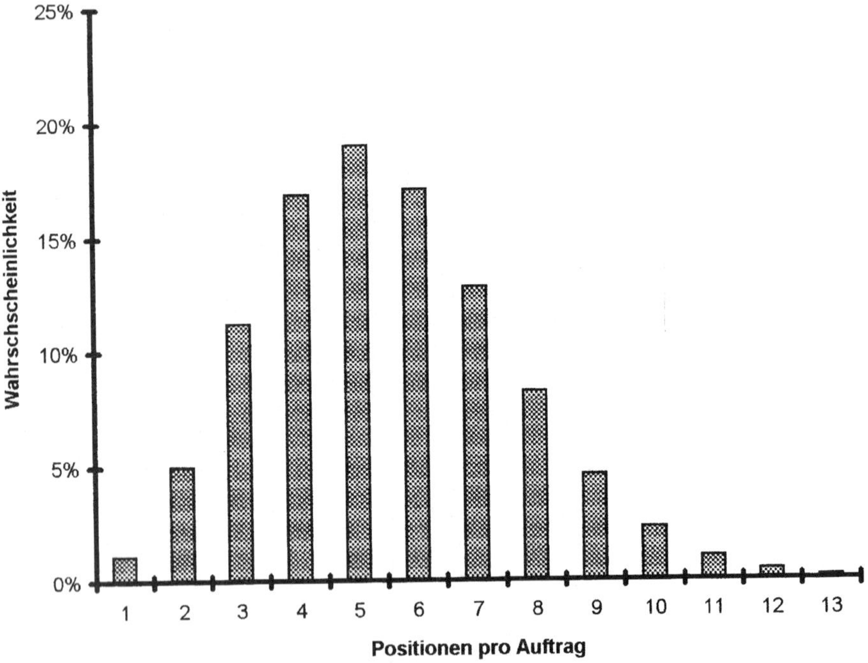

Abb. 9.5 Binominalverteilung

Beispiel: Häufigkeit der Positionsanzahl pro Auftrag
Mittelwert: 5,5 Positionen pro Auftrag

Sendungen, die *Pulklängen schubweiser Ströme*, die *Nachschubmengen von Lieferaufträgen* und die *Durchsatzmengen pro Periode* eines stochastischen Stroms in guter Näherung binominalverteilt.

2. Poissonverteilung
Durch den Grenzübergang $N \to \infty$ mit $p = 1/(1+N)$ bei konstantem Mittelwert $m = N \cdot p$ geht die Binominalverteilung in die *Poissonverteilung* über [82]:

$$w_P(x) = \left(m^x / x!\right) \cdot e^{-m}. \tag{9.18}$$

Die in *Abb. 9.5* dargestellte Poissonverteilung hat den Mittelwert m, die Streuung $s = m$ und die Variabilität $V_m = 1$.

Für die Approximation der Häufigkeitsverteilung diskreter Zufallsgrößen gilt der *Grundsatz*:

- Ist außer dem Mittelwert nichts über die Häufigkeitsverteilung einer diskreten Zufallsgröße bekannt, muß, wenn die Ergebnisse auf der sicheren Seite liegen sollen, mit einer Poissonverteilung gerechnet werden.

Die Anzahl der in einem festen Zeitraum eintretenden Einzelereignisse mit zufallsabhängigem Zeitabstand ist poissonverteilt, wenn die Zeitverteilung eine Exponentialfunktion ist [75].

9.5 Normalverteilung

Die wichtigste Verteilungsfunktion der Wahrscheinlichkeitsrechnung und Statistik und damit auch für die Analyse zufallsabhängiger Logistikprozesse ist die *Gauß-Verteilung* oder *Normalverteilung* [82, 251]. Die Normalverteilung ist zur Approximation sowohl von diskreten wie auch von stetigen Verteilungen geeignet. Sie ist definiert durch die *Dichtefunktion*:

$$w_N(x) = \exp\left[-\left(x/s - m/s\right)^2 / 2\right] \Big/ \sqrt{2\pi s^2}. \tag{9.19}$$

Hierin sind m der *Mittelwert* und s die *Streuung*.

Die Dichtefunktion (9.19) der Normalverteilung entsteht für große Mittelwerte $m \gg 1$ bei konstanter Streuung s asymptotisch aus der Binominalverteilung (9.17) sowie für große k-Werte aus der Erlang-Verteilung (9.15).

Wie in *Abb. 9.6* dargestellt, ist die Normalverteilung symmetrisch um den Mittelwert verteilt. Zu beachten ist jedoch, daß sie auch für negative Argumente von Null verschiedene Werte hat. Daher ist die Normierungsbedingung (9.5), die nur für positiv definite Wahrscheinlichkeitsdichten gilt, für die Normalverteilung bei kleinen Mittelwerten nicht erfüllt.

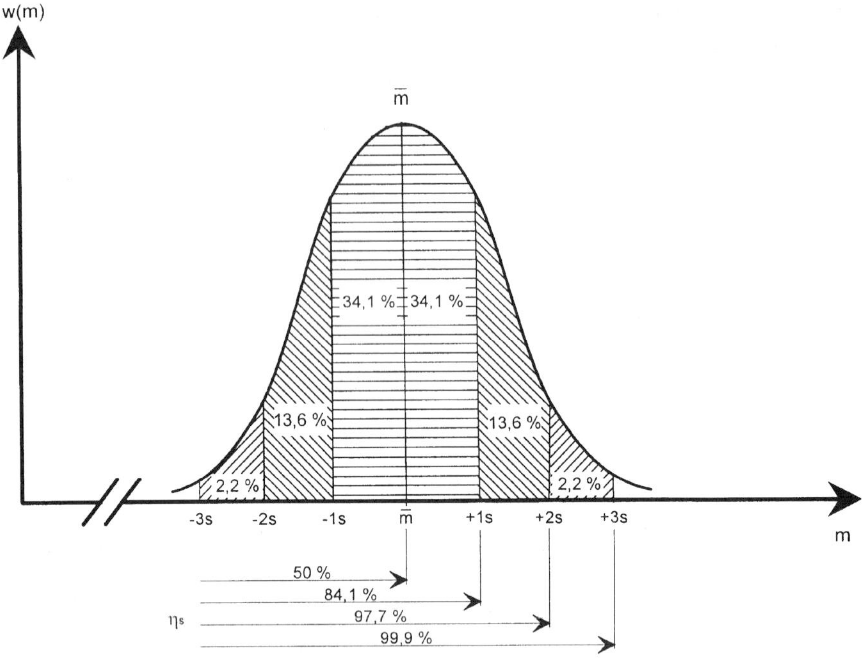

Abb. 9.6 Normalverteilung

Mittelwert *m* Streuung *s* Sicherheit η

Die *Verteilungsfunktion* der speziellen *Normalverteilung* mit dem Mittelwert $m = 0$ und der Streuung $s = 1$ ist die *Standardnormalverteilung* $\phi(\mathrm{x})$. Ihre Umkehrfunktion ist die *inverse Standardnormalverteilung*:

$$f(\eta) = \phi^{-1}(\eta)\,. \qquad (9.20)$$

Die Werte dieser Funktion werden auch als *Sicherheitsfaktor* bezeichnet, denn es gilt der *Satz*:

- Ist *m* der Mittelwert und *s* die Streuung einer normalverteilten Zufallsgröße x, dann liegen deren Werte mit der Wahrscheinlichkeit η unterhalb der Grenze $\mathrm{x} < m + \mathrm{f}(\eta) \cdot s$.

Dieser Satz wird beispielsweise genutzt zur Berechnung des *Sicherheitsbestands* in Abhängigkeit von der *Lieferfähigkeit* (s. *Abschnitt 11.8*) und der *Überlaufreserve* in der Lagerdimensionierung (s. *Abschnitt 16.1*). Einige Werte des Sicherheitsfaktors $\mathrm{f}(\eta)$ sind *Tabelle 11.5* angegeben. Weitere Werte lassen sich mit Hilfe der in MS-EXCEL hinterlegten Funktion STANDARDINVERS(η) berechnen.

Die große Bedeutung der Normalverteilung resultiert daraus, daß sie besonders gut geeignet ist zur Approximation der Wahrscheinlichkeitsdichte und der Häufigkeitsverteilung großer Zahlen, die sich aus einer Summe vieler unabhängiger Zufallsgrößen zusammensetzen. Das besagt das *Gesetz der großen Zahl* [82]:

- Die Summe

$$Z = \sum_{i=1}^{N} z_i . \tag{9.21}$$

einer großen Anzahl N unabhängiger Zufallsgrößen z_i mit den Varianzen s_i^2 ist approximativ normalverteilt und hat die Varianz

$$s_Z^{\ 2} = \sum_{i=1}^{N} s_i^{\ 2} . \tag{9.22}$$

Sind die Varianzen der einzelnen Zufallsgrößen alle gleich s^2, dann ist die Varianz des Summenwertes

$$s_Z^{\ 2} = N \cdot s^2 . \tag{9.23}$$

Bei maximaler Streuung $s = 1$ der N Zufallsgrößen resultiert aus Beziehung (9.23) für die Streuung des Summenwerts $s_Z = \sqrt{N}$.

Eine Verallgemeinerung des Gesetzes der großen Zahl ist das *Fehlerfortpflanzungsgesetz* [82]:

- Eine stetig differenzierbare Funktion $F(z_1,.z_i..,z_N)$ von N unabhängigen Zufallsgrößen z_i mit den Varianzen s_i^2 ist approximativ normalverteilt mit der Varianz

$$s_F^{\ 2} = \sum_{i=1}^{N} \left(\partial F/\partial z_i\right)^2 \cdot s_i^{\ 2} . \tag{9.24}$$

Mit Hilfe der Gesetze (9.23) und (9.24) lassen sich Variabilität und Streuung zusammengesetzter Zufallsgrößen berechnen, wie die Variabilität der Stromintensität, die Schwankung von Beständen oder die Streuung des Verbrauchs in der Wiederbeschaffungszeit.

Eine Konsequenz aus dem Gesetz der großen Zahl ist die *Zentralisierungsregel*:

- Die Schwankungen der Leistungsanforderungen in den dezentralen Bereichen eines Unternehmens sind größer als die Schwankung der summierten Leistungsanforderungen.

Diese Regel gilt für Auftragseingänge, Bestände, Personalbedarf und andere Anforderungen und begünstigt die Schaffung zentraler Funktionsbereiche.

Aus dem Gesetz der großen Zahl folgt auch ein hilfreicher *Kalkulationsgrundsatz* für die *Logistikkostenrechnung* und die *Investitionsplanung*:

- Die relative Genauigkeit einer Kostensumme aus vielen Einzelkosten ist weitaus besser als die Genauigkeit der Einzelkosten.

Daher ist auch bei nur grober Kenntnis vieler Teilkosten gleicher Größenordnung eine relativ genaue Gesamtkostenrechung möglich. Dieser Sachverhalt ist für Budgetkostenrechungen zur Investitionsentscheidung, für die Prozeßkostenrechung und für die Preiskalkulation von großer praktischer Bedeutung. Die Fehler der Gesamtkosten läßt sich mit Hilfe des Fehlerfortpflanzungsgesetzes (9.24) aus den geschätzten Fehlern der Einzelkosten errechnen.

9.6 Mittelwertrechnungen in der Logistik

Disposition und Dimensionierungsrechnungen werden in der Regel mit den *Mittelwerten* von Auftragseingang, Auftragstruktur, Leistungsdurchsatz, Grenzleistungen und anderer stochastischer Größen durchgeführt. Dabei wird häufig nicht beachtet, ob und wieweit das zulässig ist.

Der *Mittelwert* der Funktionswerte $F(x_i)$ einer stetig differenzierbaren Funktion $F(x)$ für eine Anzahl von Argumenten x_i ist:

$$F_m = (1/N) \cdot \sum_{i=1}^{N} F(x_i). \tag{9.25}$$

Wenn die einzelnen Argumente mit kleinen Differenzen $\Delta_i \ll x_i$ um einen Mittelwert x_m verteilt sind, wenn also

$$x_i = x_m + \Delta_i \tag{9.26}$$

ist, läßt sich der Mittelwert (9.25) in eine *Taylor-Reihe* nach zunehmenden Ableitungen $F^{(n)}(x) = dF^n/(dx)^n$ entwickeln. Die ersten Glieder der Taylor-Reihe sind:

$$F_m = (1/N) \cdot \sum_{i=1}^{N} \left(F(x_m) + F^{(1)}(x_m) \cdot \Delta_i + F^{(2)}(x_m) \cdot \Delta_i^{\,2}/2 + \ldots \right). \tag{9.27}$$

Da die Summe der Abweichungen vom Mittelwert gleich Null ist,

$$\sum_{i=1}^{N} \Delta_i = 0, \tag{9.28}$$

folgt aus der Reihenentwicklung (9.27) der *Approximationssatz*:

- Wenn die Krümmung der Funktion im Streubereich der Argumente um den Mittelwert gering ist, wenn also $F^{(2)}(x_m) \ll 1$, ist der Mittelwert F_m einer stetig differenzierbaren Funktion approximativ gleich dem Funktionswert $F(x_m)$ für den Mittelwert x_m der Argumente

$$F_m \approx F(x_m). \tag{9.29}$$

Eine Nutzanwendung ist der *Mittelwertsatz der Logistik:*

1. In *erster Näherung* kann mit den Mittelwerten der stochastischen Größen geplant, dimensioniert und disponiert werden.

2. In einer *Störungsrechnung* ist zu prüfen, welche Auswirkungen die stochastischen Schwankungen auf Staueffekte, Überlaufgefahr von Lagern, Lieferfähigkeit und Termintreue haben.

Nach einer Segmentierung der Aufträge, Sortimente und Ströme in lagertechnisch, transporttechnisch oder logistisch verwandte Klassen darf also für jede Klasse oder Gruppe mit dem *mittleren Auftrag*, einem *Durchschnittsartikel* oder einem *Durchschnittstrom* als *Repräsentant* gerechnet werden (s. *Abschnitt* 5.5).

Der Mittelwertsatz der Logistik gilt unter der Voraussetzung, daß die betreffende Funktion keine Sprünge aufweist. Das ist für die Betriebs- und Prozeßkosten, die meist linear oder reziprok linear von den Argumenten abhängen, nur solange zutreffend, wie Ganzzahligkeitseffekte vernachlässigbar sind. Die aus der *Ganzzahligkeit* des Ladeeinheiten- und Transportmittelbedarfs resultierenden Sprünge der Kostenfunktionen müssen daher durch eine *Ausgleichsfunktion* geglättet werden, deren Verlauf im Einzelfall zu bestimmen ist (s. *Kapitel* 12).

9.7 Durchsatzschwankungen

Der *mittlere Durchsatz* in einem festen *Zeitintervall* T [ZE] ist für einen stationären stochastischen Strom mit der Durchsatzrate λ_P:

$$\lambda_T = T \cdot \lambda_P \qquad [ME/ZE]. \tag{9.30}$$

Aufgrund der Stochastik des Prozesses schwankt der *gemessene Durchsatz* in aufeinander folgenden Zeitabschnitten gleicher Länge T zufallsabhängig mit einer *Durchsatzschwankung* $s_{\lambda T}$ um den mittleren Durchsatz (9.30). Wenn

$$M_N = \sum_{i=1}^{N} m_i \qquad [ME]. \tag{9.31}$$

die Summe der im Zeitraum T eintreffenden Ereigniseinheiten ME ist und

$$T_N = \sum_{i=1}^{N} \tau_i \qquad [ZE]. \tag{9.32}$$

die Summe der gemessenen Zeitabstände der Ereignisse, dann ist der gemessene Durchsatz im Zeitraum T gegeben durch:

$$\lambda_T = M_N / T_N \qquad [ME/ZE]. \tag{9.33}$$

Die Summen (9.31) und (9.32) erstrecken sich jeweils über die Anzahl N der Ereignisse in der Zeit T. Deren Mittelwert ist bei einer durchschnittlichen Menge m_P pro Ereignis:

$$N = T \cdot \lambda_P / m_P \qquad [ME]. \tag{9.34}$$

Mit Hilfe des Fehlerfortplanzungsgesetzes (9.24) ergibt sich für die Varianz des gemessenen Durchsatzes

$$\begin{aligned} s_{\lambda T}{}^2 &= \left(\partial\lambda_T / \partial M_N\right)^2 \cdot s_M{}^2 + \left(\partial\lambda_T / \partial T_N\right)^2 \cdot s_T{}^2 \\ &= \left(1/T_N{}^2\right) \cdot s_M{}^2 + \left(M_N{}^2 / T_N{}^4\right) \cdot s_T{}^2 . \end{aligned} \qquad (9.35)$$

Für die Varianz s_M^2 der Mengensumme (9.31) folgt aus dem Gesetz der großen Zahl (9.23)

$$s_M{}^2 = N \cdot s_m{}^2 \qquad (9.36)$$

Hierin ist s_m^2 die *Mengenvarianz* des stochastischen Stroms. $s_T{}^2$ ist die durch

$$s_T{}^2 = N \cdot s_\tau{}^2 . \qquad (9.37)$$

mit der *Taktzeitvarianz* $s_\tau{}^2$ des stochastischen Stroms gegebene Varianz der Zeitsumme (9.32). Durch Einsetzen der Beziehungen (9.36) und (9.37) in (9.35) ergibt sich unter Verwendung der mittleren Ereignisanzahl (9.34) der Satz:

- Die *Durchsatzschwankung* eines stochastischen Stroms mit der *Intensität* λ_P, der *Taktzeitvariabilität* $V_\tau = (s_\tau{}^2/\tau)^2$, der *mittleren Pulkmenge* m_P und der *Mengenvariabilität* $V_m = (s_m/m)^2$ in aufeinander folgenden Zeitintervallen der Länge T ist

$$s_{\lambda T} = \sqrt{m_P \cdot T \cdot \lambda_P \cdot \left(V_\tau + V_m\right)} = \sqrt{m_P \cdot \lambda_T \cdot \left(V_\tau + V_m\right)} \; . \qquad (9.38)$$

Von der Durchsatzschwankung in der Wiederbeschaffungszeit bei einem regelmäßigen stochastischen Verbrauch hängt beispielsweise die *Lieferfähigkeit* ab. Die Beziehung (9.38) ist daher nutzbar zur Berechnung des für eine vorgegebene Lieferfähigkeit erforderlichen *Sicherheitsbestands* (s. *Abschnitt 11.6*).

Wenn das Zeitintervall T gleich der Periodenlänge T_{PE} ist, für die der *Periodendurchsatz*

$$\lambda_{PE} = T_{PE} \cdot \lambda_P \qquad [ME/PE] \qquad (9.39)$$

eines stochastischer Stroms gemessen wird, ergibt sich aus Beziehung (9.38):

- Die *Variabilität des Periodendurchsatzes* λ_{PE} eines stochastischen Stroms mit der *Taktzeitvariabilität* V_τ, der *mittleren Pulkmenge* m_P und der *Mengenvariabilität* V_m ist

$$V_{PE} = \left(s_{\lambda PE} / \lambda_{PE}\right)^2 = m_P \cdot \left(V_\tau + V_m\right) / \lambda_{PE} \, . \qquad (9.40)$$

Für die Schwankung des Periodendurchsatzes eines *Poissonstroms* mit $V_\tau = 1$ und mit konstanter Menge m_P pro Ereignis, also mit $V_m = 0$, folgt aus (9.40) die einfache Beziehung:

$$s_{PE} = \sqrt{m_P \cdot T_{PE} \cdot \lambda_P} = \sqrt{m_P \cdot \lambda_{PE}} \, . \qquad (9.41)$$

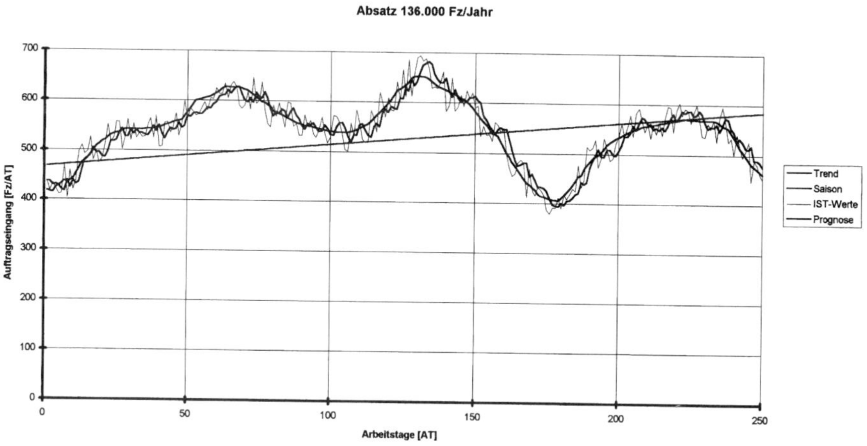

Abb. 9.7 Täglicher Auftragseingang eines Automobilwerks

Aufträge Einzelbestellungen für PKW aus 100 Verkaufsniederlassungen
Tagesabsatz 544 Einzelbestellungen; Streuung ±23,3 Fz

So ist beispielsweise die Streuung bei einem poissonverteilten Einzelstückdurchsatz von 100 Stück pro Periode gleich 10 Stück und der Variationskoeffizient 10 %. Bei einem Durchsatz von jeweils 4 Stück pro Ereignis erhöht sich die Schwankung des gleichen Periodendurchsatzes um einen Faktor 2 auf 20 Stück. Bei einem Einzelstückdurchsatz von 10.000 Stück pro Periode ist die Streuung gleich 100 Stück und der Variationskoeffizient nur noch 1 %.

Aus den Beziehungen (9.38), (9.40) und (9.41) ist ablesebar:

- Die *Schwankung* des Periodendurchsatzes eines stochastischen Stroms wächst mit der Wurzel aus dem Periodendurchsatz, der Periodenlänge, der Stromintensität und der Schublänge.
- Die *Variabilität* des Periodendurchsatzes nimmt umgekehrt proportional mit dem Periodendurchsatz, der Periodenlänge und der Stromintensität ab und proportional mit der Schublänge zu.

Die zufallsbedingten Schwankungen stochastischer Ströme und Ereignisfolgen mitteln sich also bei hinreichend großer Periodenlänge heraus, wenn die Periodenlänge deutlich kleiner ist als die Zeiträume, in denen sich systematische zeitliche Veränderungen abspielen.

Aus den Beziehungen (9.40) und (9.41) ergibt sich eine wichtige *Nutzanwendung*:

- Die Summation des sporadischen Bedarfs einer großen Anzahl von Bedarfsstellen ergibt einen regelmäßigen Bedarf.

Aufgrund dieser Regel kann es zu erheblichen Vorteilen führen, die dezentral eingehenden Bestellungen für überregional verkaufte Artikel in einer zentralen Auftragssammelstelle oder in einem Zentralrechner zusammenzuführen, dort zu analysieren und die weitere Bearbeitung zu disponieren. Die Vorteile einer solchen *Zentraldisposition* nehmen mit der Größe des Verkaufsgebiets eines Artikels zu. Daher ist bei der Bewertung der Effekte sorgfältig zu unterscheiden zwischen dem *lokalen*, *regionalen*, *nationalen* und *globalen Sortiment*.

Wenn beispielsweise bei 45 Händlern eines Fahrzeugherstellers, wie in *Abb. 9.1* dargestellt, täglich durchschnittlich 12 Einzelbestellungen für einen Fahrzeugtyp eingehen, dann ist nach Beziehung (9.41) die Streuung dieser Bestellungen $\sqrt{12} = 3{,}5$ oder 30 % der Tagesverkaufsmenge. Die Summe der Bestellungen bei allen 45 Händlern beträgt 544 Wagen pro Tag und hat den in *Abb. 9.7* dargestellten Verlauf. Die Streuung des Gesamtauftragseingangs erreicht mit $\sqrt{544} = 23{,}3$ nur 4,3 % der gesamten Tagesverkaufsmenge des Unternehmens. Bei einer derart geringen Streuung ist eine erheblich bessere Absatzanalyse, Verkaufsprognose und Auftragsdisposition möglich, als sie der einzelne Händler durchführen kann.

In der Versorgungslogistik mit lagerhaltiger Ware wird der gleiche Effekt zur Optimierung der Belieferung einer Vielzahl von Bedarfsstellen mit sporadischem Verbrauch genutzt:

- Die dezentralen Bedarfsstellen werden aus einem zentralen Lager bedient, dessen Verbrauch regelmäßiger und besser prognostizierbar ist als die dezentralen Einzelverbräuche.

Abgesehen von der besseren Nachschubdisposition lassen sich hierdurch die Sicherheitsbestände senken und eine höhere Lieferfähigkeit erreichen als bei dezentraler Lagerung der Bestände (s. *Abschnitt 11.8*). Ein typisches Beispiel ist die überregionale *Ersatzteilversorgung* aus einem Zentrallager [221].

9.8 Prognostizierbarkeit

Für die Planung von Logistiksystemen sowie für die Auftrags-, Nachschub- und Bestandsdisposition wird eine möglichst genaue Kenntnis der zukünftigen Entwicklung der Auftrags-, Material- und Datensströme benötigt.

Die zukünftige Entwicklung eines instationären stochastischen Stroms läßt sich nur prognostizieren, wenn die systematische zeitliche Veränderung einen *regelmäßig wiederkehrenden Verlauf* hat, der mit ausreichender Genauigkeit aus dem Periodendurchsatz vergangener Perioden ableitbar ist und sich in der Zukunft fortsetzt. Wenn der systematische zeitliche Stromverlauf keine wiederkehrende Regelmäßigkeit aufweist oder unvorhersehbare Einflüsse den zeitlichen Verlauf plötzlich verändern können, ist eine quantitative Prognose grundsätzlich nicht möglich [76].

Ein Maßstab für die Güte einer Prognose ist der Prognosefehler:

- Wenn $\lambda_{Pro}(t_i)$ der prognostizierte und $\lambda_{Ist}(t_i)$ der beobachtete Wert in der Periode t_i ist, ist der *Prognosefehler* für einen *Zeitraum* von n Perioden t_1 bis t_n

$$\Delta_{Prog} = \sqrt{\sum_i \left(\lambda_{Pro}(t_i) - \lambda_{Ist}(t_i)\right)^2 \Big/ (n-1)}\,, \qquad (9.42)$$

Sind die stochastischen Schwankungen unabhängig vom systematischen zeitlichen Verlauf, setzt sich der Prognosefehler zusammen aus der *stochastischen*

Streuung s_{PE}, die durch (9.40) gegeben ist, aus einem *verfahrensbedingtem Fehler* Δ_λ der Prognosewerte, der durch das Prognoseverfahren verursacht wird, und aus einem *systematischen Fehler* Δ_t der Prognosewerte, der aus dem systematischen Zeitverlauf resultiert. Nach dem Fehlerfortpflanzungsgesetz ist also die Größe des Prognosefehlers

$$\Delta_{Prog} = \sqrt{s_{PE}^2 + \Delta_\lambda^2 + \Delta_t^2} \ . \tag{9.43}$$

Aus dieser Abhängigkeit lassen sich folgende *Prognostizierbarkeitsbedingungen* ableiten:

1. Der Periodendurchsatz muß für soviele Perioden der Vergangenheit bekannt sein, daß ein systematischer Verlauf mit ausreichender Genauigkeit erkennbar und quantifizierbar ist.
2. Die stochastischen Schwankungen des Periodendurchsatzes müssen geringer sein als die benötigte Prognosegenauigkeit.

Aus der Abhängigkeit (9.38) der stochastisch bedingten Durchsatzschwankungen von der gewählten Periodenlänge und von der Stromintensität resultiert für die *Wahl der Periodenlänge* die Forderung:

- Die *Periodenlänge* muß so kurz sein, daß zeitliche Veränderungen so genau wie nötig erkennbar sind, und andererseits so lang, daß sich die stochastischen Schwankungen so weit wie möglich herausmitteln.

Aus dieser Forderung ergibt sich für die *Prognostizierbarkeit:*

- Wenn ein Strom so schwach ist, daß die stochastischen Schwankungen in einer Periodenlänge, die notwendig ist, um den systematischen Zeitverlauf zu erfassen, größer sind als die benötigte Prognosegenauigkeit, ist keine brauchbare Prognose möglich.

Die Genauigkeit, mit der sich die Stromintensität der nächsten Perioden bestenfalls prognostizieren läßt, hängt von der Variabilität des Periodendurchsatzes (9.40) ab. Bei geringer Variabilität ist die Prognosegenauigkeit hoch. Mit zunehmender Variabilität wird die Prognostizierbarkeit immer schlechter bis sie für Variabilitäten nahe 1 unmöglich ist.

Ein Maß für die Prognostizierbarkeit stochastischer Ströme ist der in *Abb. 9.8* dargestellte *Nullperiodenanteil.* Wenn $w_{PE}(\lambda)$ die Häufigkeitsverteilung des Periodendurchsatzes ist, dann ist $w_{PE}(0)$ die Wahrscheinlichkeit, daß in einer Periode *kein* Ereignis eintritt. Diese Wahrscheinlichkeit ist gleich dem *Nullperiodenanteil.*

Die Häufigkeitsverteilung $w_{PE}(\lambda)$ eines Periodendurchsatzes λ mit einer Variabilität $V < 1$ läßt sich approximieren durch die Binominalverteilung (9.17) mit den Parametern $p = 1-V$ und $N = \lambda/(1-V)$. Hieraus folgt:

- Der *Nullperiodenanteil* für einen Periodendurchsatz λ mit der Variabilität $V <$ 1 ist

$$w_{PE}(0) = V^{\lambda/1-V} \underset{\text{für } V \to 0}{=} e^{-\lambda} \ . \tag{9.44}$$

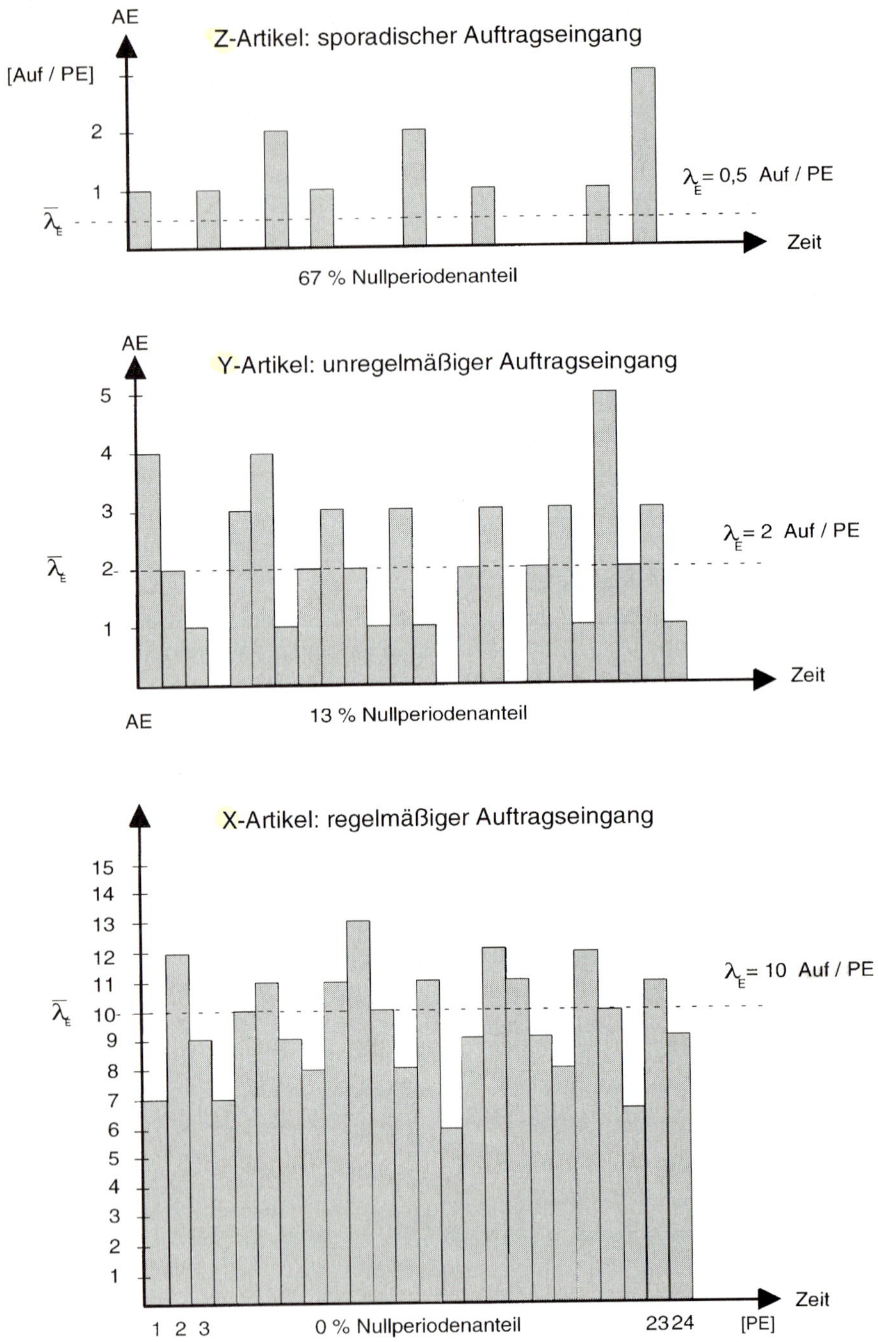

Abb. 9.8 Streuung und Nullperiodenanteil von X-, Y- und Z-Artikeln

Entsprechend ihrem Nullperiodenanteil lassen sich Ereignisse, Aufträge und Sortimente in drei *Klassen* einteilen [80; 81]:

1. *X-Ereignisse, X-Aufträge* oder *X-Artikel*: Der Nullperiodenanteil liegt nahe Null. Die *Ereignisse* sind *regelmäßig*. Für einen systematischen Zeitverlauf ist der zukünftige Verlauf *gut prognostizierbar.*
2. *Y-Ereignisse, Y-Aufträge* oder *Y-Artikel*: Der Nullperiodenanteil reicht bis bis zu 30 %. Die *Ereignisse* sind *unregelmäßig*. Auch bei systematischem Zeitverlauf ist der zukünftige Verlauf nur *ungenau prognostizierbar.*
3. *Z-Ereignisse, Z-Aufträge* oder *Z-Artikel*: Der Nullperiodenanteil liegt über 30 %. Die *Ereignisse* sind *sporadisch*. Ein systematischer Zeitverlauf ist kaum noch feststellbar. Der zukünftige Verlauf ist nur *sehr ungenau* oder *garnicht prognostizierbar.*

Aus Beziehung (9.44) ist ablesbar, daß der Nullperiodenanteil mit dem Periodendurchsatz und daher auch mit der Periodenlänge exponentiell abnimmt. Die XYZ-Klassifizierung hängt also von der Periodenlänge ab und korrelliert mit der ABC-Klassifizierung der Absatzmengen (s. *Abschnitt 5.7*).

9.9 Prognoseverfahren

Alle mathematischen Verfahren zur Prognose des zukünftigen Verlaufs einer Zeitreihe, eines stochastischen Stroms, eines Bedarfs oder eines Verbrauchs setzen voraus, daß sich der zeitliche Verlauf in einem bestimmten *Beobachtungszeitraum der Vergangenheit* für einen *Prognosezeitraum in der Zukunft* fortsetzt [76; 77; 226].

Wenn sich der systematische Zeitverlauf in einem aktuellen Beobachtungszeitraum nur wenig ändert, kann angenommen werden, daß der *Mittelwert* der zurückliegenden Perioden für einen Prognosezeitraum weiterhin erhalten bleibt, der nicht länger ist als der Beobachtungszeitraum. Dieser Mittelwert läßt sich entweder nach dem Verfahren des *gleitenden Mittelwerts* oder der *exponentiellen Glättung* berechnen.

Wenn sich aus einer Analyse zurückliegender Zeitreihen ableiten läßt, daß sich der systematische Zeitverlauf jeweils nach Ablauf einer bestimmten *Zykluszeit* wiederholt, ist das nachfolgend dargestellte *Zyklusverfahren* zur Prognose geeignet. Das Zyklusverfahren ist anwendbar zur Prognose zufallsabhängiger Wirtschaftprozesse, deren systematisches Zeitverhalten sich aus einem naturwissenschaftlichen, kalendarischen, kulturellen, geschäftlichen oder volkswirtschaftlichen *Fundamentalzyklus* erklären oder herleiten läßt:

- *Natürliche Fundamentalzyklen* sind die Umlaufzeiten von Erde und Mond, die hieraus abgeleiteten *Jahreszeiten* und die *Erzeugungszyklen* für Naturprodukte.
- *Kalendarischen Fundamentalzyklen*, die sich aus den natürliche Fundamentalzyklen ableiten, sind der *Tageszyklus*, der *Wochenzyklus*, der *Monatszyklus* und der *Jahreszyklus*.

Mit den natürlichen und den kalendarischen Fundamentalzyklen lassen sich viele der kulturellen, volkswirtschaftlichen und geschäftspolitischen Zyklen erklären und vorausberechnen:

- *Kulturelle Fundamentalzyklen* ergeben sich aus wiederkehrenden *Feiertagen*, wie *Weihnachten*, *Ostern*, das islamische *Ramadan* und *Schulferien*. Sie sind häufig mit kalendarischen Zyklen verknüpft.
- *Volkswirtschaftliche Fundamentalzyklen* sind die *Konjunkturzyklen*, deren Länge und Höhe nicht genau prognostizierbar sind, und die *Angebots- und Nachfragezyklen*, wie der sogenannte *Schweinezyklus*.
- *Geschäftspolitische Zyklen* sind die Folge von *Ladenöffnungszeiten*, *Betriebszeiten*, *Schichtplänen*, *Fahrplänen*, *Aktionszyklen*, *Katalogzyklen*, *Dispositionszyklen* oder *der Einteilung des Geschäftsjahrs*.

Anders als die extern bedingten Fundamentalzyklen lassen sich die geschäftspolitischen Zyklen von den Unternehmen beeinflussen oder verändern.

Bei einer Überlagerung eines zyklischen Zeitverlaufs durch stochastische Schwankungen kann das Zyklusverfahren mit einem der beiden Mittelwertverfahren kombiniert werden. Wenn keine ausreichenden Anhaltspunkte für ein zyklisches Verhalten vorliegen, ist anstelle der Mittelwert- und Zyklusverfahren, die sich in der Logistik bewährt haben, eine Prognose durch Ansatz einer *parametrisierten Modellfunktion*, wie der sogenannten *logistischen Funktion* möglich [251]. *Allgemeine Modellverfahren* werden vor allem in der *Absatzprognose* und für volkswirtschaftliche Vorhersagen eingesetzt [76; 77].

1. Gleitender Mittelwert

Nach dem Verfahren des gleitenden Mittelwerts wird der Durchsatz λ_{i+k} zukünftiger Perioden ab einem Gegenwartszeitpunt t_i gleich dem gemittelten Periodendurchsatz $\lambda_i(n)$ der letzten n zurückliegenden Perioden gesetzt:

$$\lambda_{i+k} = \lambda_i(n) = \sum_{j=i-n}^{i} \lambda_j / n \qquad \text{für } k \geq 1. \tag{9.45}$$

Jeweils nach Abschluß einer Gegenwartsperiode werden die Prognosewerte (9.45) unter Verwendung des letzten IST-Wertes erneut berechnet.

Bei einer stochastische Streuung s_{PE} des Periodendurchsatzes ist nach dem Gesetz der großen Zahl der *stochastisch bedingte Fehler* des prognostizierten Mittelwertes (9.45):

$$\Delta_\lambda(n) = s_{PE}/n. \tag{9.46}$$

Die *Glättungszahl* n des gleitenden Mittelwertes (9.45) muß möglichst groß gewählt werden, um den stochastischen Prognosefehler gering zu halten.

2. Exponentielle Glättung

Nach dem Verfahren der *exponentiellen Glättung* wird der Durchsatz λ_{i+k} zukünftiger Perioden ab einem Gegenwartszeitpunt t_i gleich dem *gewichteten Mittelwert* aus dem gemessenen Durchsatz λ_i und dem prognostizierten Durchsatz $\lambda_i(\alpha)$ der abgeschlossenen Periode gesetzt:

$$\lambda_{i+k} = \lambda_{i+1}(\alpha) = \alpha \cdot \lambda_i + (1-\alpha) \cdot \lambda_i(\alpha) \qquad \text{für } k \geq 1. \tag{9.47}$$

Der *Glättungsparameter* α ist eine reelle Zahl aus dem Intervall $0 < \alpha < 1$. Nach Abschluß einer Gegenwartsperiode werden die Prognosewerte (9.47) unter Verwendung des letzten IST-Wertes neu errechnet.

Durch sukzessives Einsetzen der Vergangenheitswerte $\lambda_i(\alpha)$ in die Definitionsgleichung (9.47) ergibt sich, daß durch die exponentielle Glättung der *gewichtete arithmetische Mittelwert*

$$\lambda_{i+1}(\alpha) = \alpha \cdot \sum_{j=0}^{i} (1-\alpha)^{i-j} \cdot \lambda_j \,. \tag{9.48}$$

aller Vergangenheitswerte gebildet wird. Der Einfluß eines vergangenen Wertes λ_j auf den Mittelwert (9.48) nimmt wegen des Faktors $(1-\alpha)^{i-j}$ exponentiell mit dem Periodenabstand (i-j) von der Gegenwartsperiode ab. Für Glättungsparameter nahe 1 nimmt der Einfluß der Vergangenheitswerte sehr rasch, für kleine Glättungsparameter sehr langsam ab.

Aus dem Fehlerfortpflanzungsgesetz folgt für den *stochastisch bedingten Fehler* des Prognosewerts der exponentiellen Glättung

$$\Delta_\lambda(a) = s_{PE} \cdot \alpha / (2-\alpha) \,. \tag{9.49}$$

Der stochastisch bedingte Fehler des Prognosewerts der exponentiellen Glättung ist also für kleine Glättungsparameter gering und für Glättungsparameter nahe 1 gleich der Streuung des Periodendurchsatzes. Um den stochastischen Prognosefehler gering zu halten, muß der *Glättungsparameter* α möglichst nahe 1 gewählt werden.

Die nach dem Verfahren des gleitenden Mittelwerts oder der exponentiellen Glättung berechneten Prognosewerte sind solange brauchbar, wie die systematischen zeitlichen Änderungen in den kommenden Perioden deutlich geringer sind als die stochastischen Schwankungen. Für Ströme mit systematisch veränderlichem Zeitverlauf erhöht sich der Prognosefehler (9.43) mit zunehmender Entfernung von der Gegenwart um die Abweichung Δt des systematischen zeitlichen Verlaufs vom konstanten Verlauf.

3. Zyklusverfahren für einfache Zyklen

Wenn sich das Zeitverhalten jeweils nach einer *Zykluszeit* T_Z wiederholt, wird die Zykluszeit so fein wie nötig unterteilt in eine Anzahl von N Perioden mit der *Periodenlänge* $T_{PE} = T_Z/N$ und den *Periodenendzeitpunkten* $t_{Zi} = t_{Zo} + i \cdot T_{PE}$, $i = 1,2,\ldots,N$.

Der Zeitverlauf eines zyklisch veränderlichen Stroms innerhalb einer Zykluszeit T_Z ist dann darstellbar in der Form

$$\lambda_{PE}(i) = \lambda_Z \cdot g_Z(i) \qquad [\text{ME/PE}]. \tag{9.50}$$

mit den *Zyklusgewichten* $g_Z(i)$ und der *zyklusbereinigten Stromintensität* λ_Z. Die Zyklusgewichte sind über einen vollen Zyklus auf 1 normiert. Es gilt also:

$$\sum_{i=1}^{N} g_Z(i) = 1. \qquad (9.51)$$

Die zyklusbereinigte Stromintensität ist gleich dem Mittelwert des Periodendurchsatzes im Verlauf eines Zyklus:

$$\lambda_Z = \sum_{i=1}^{N} \lambda_{PE}(i)/N \qquad [\text{ME/PE}]. \qquad (9.52)$$

Die *Zyklusgewichte* für einen Zyklus Z mit den *gemessenen* Periodendurchsätzen $\lambda_{PE}(i)$ sind:

$$g_Z(i) = \lambda_{PE}(i)/\lambda_Z \qquad (9.53)$$

In *Abb. 9.9* ist als Beispiel der auf diese Weise ermittelte Tages-, Wochen- und Jahresdurchsatz des Zentrallagers eines Handelsunternehmens dargestellt.

Zur Prognose wird zunächst für den Verlauf einer folgenden Periode der gemessene Verlauf der letzten abgeschlossenen Periode angesetzt. Wenn die systematische zeitliche Veränderung von stochastischen Schwankungen mit einer Streuung s_{PE} überlagert ist, sind die gemessenen Zyklusgewichte (9.53) der einzelnen Zyklen mit dem stochastischen Fehler s_{PE}/λ_Z behaftet.

Wenn die Zyklusgewichte eines Artikels mit schwachem Verbrauch von Zyklus zu Zyklus zu stark schwanken, ist es möglich, diese gleich den Zyklusgewichten einer ganzen Warengruppe oder anderer Produkte mit *analoger Verbrauchscharakteristik* aber deutlich höherem Periodenbedarf zu setzten, die wegen des höheren Bedarfs eine relativ geringe stochastische Streuung haben.

Anders, als bei diesem *Analogverfahren*, kann für den Periodenverlauf im nächst folgenden Zyklus auch der gleitende Mittelwert oder das gewichtete Mittel der Zyklusgewichte und der zyklusbereinigten Stromintensitäten aus mehreren zurückliegenden Zyklen angesetzt werden. Durch dieses *Kombinationsverfahren* läßt sich der stochastisch bedingte Fehler der Zyklusgewichte und der bereinigten Stromintensität auf die Größenordnung (9.46) oder (9.49) senken.[2]

4. Zyklusverfahren für überlagerte Zyklen

Wenn die systematische zeitliche Veränderung eines instationären stochastischen Stroms eine *Überlagerung* von zwei oder mehr wiederkehrenden Zyklen mit unterschiedlichen Zykluszeiten ist, beispielsweise von einem *Tag* T, einer *Wo-*

2 Das aus bekannten Verfahren abgeleitete *Kombinationsverfahren* zur Prognose zyklisch veränderlicher stochastischer Ströme verbindet die Vorteile des gleitenden oder gewichteten Mittelwerts mit den Vorteilen des einfachen Zyklusverfahren und erreicht nach wenigen Zyklen eine sehr gute Prognosegenauigkeit.

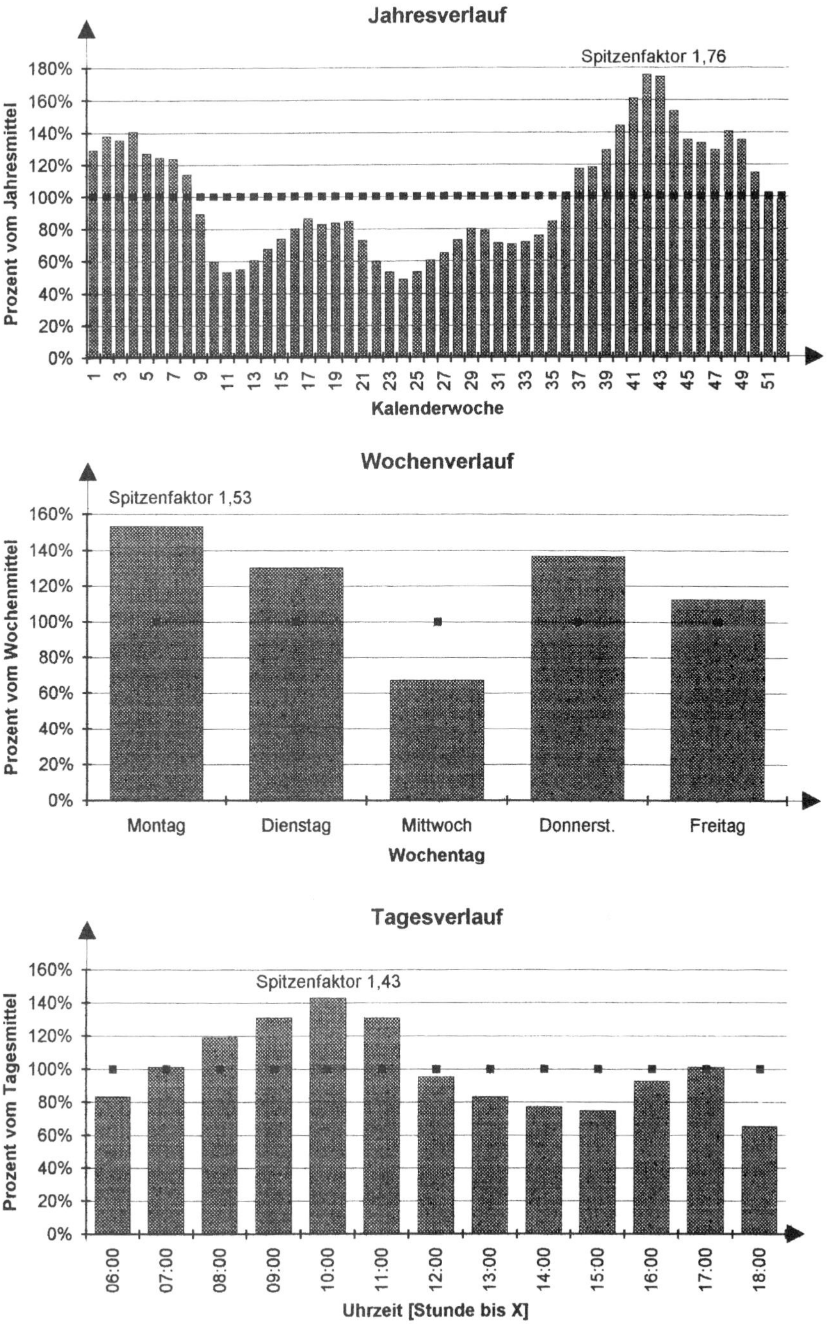

Abb. 9.9 Zyklusgewichte und Spitzenfaktoren des Jahres-, Wochen- und Tagesverlaufs der Versandanforderungen eines Handelslagers

che W und einem *Jahr* J, läßt sich der Strom darstellen als ein *Produkt der Einzelzyklen* [77]:

$$\lambda(i;k;l) = \lambda_0 \cdot g_T(i) \cdot g_W(k) \cdot g_J(l) \qquad [\mathrm{ME/PE}]. \tag{9.54}$$

Der *Tageszyklus* ist gegeben durch die *Tageszyklusgewichte* $g_T(i)$ für die einzelnen Stunden $i = 1,2,...24$ des Tages. Der *Wochenzyklus* wird durch die *Wochenzyklusgewichte* $g_W(k)$ für die einzelnen Wochentage $k = 1,2...7$ oder für Betriebstage $k = 1,2...5$ dargestellt. Der *Jahreszyklus* ist durch *Jahres-* oder *Saisonzyklusgewichte* $g_J(l)$ für die Kalenderwochen $l = 1,2....52$ oder für die Kalendermonate $l = 1, 2,...12$ gegeben.

Eine anderes Beispiel für überlagerte Zyklen ist das Produkt aus einem Tageszyklus mit Stundeneinteilung, einem Monatszyklus mit Tageseinteilung und einem Jahreszyklus mit Monatseinteilung. In einigen Fällen gibt auch ein Produkt aus einem Tageszyklus mit Stundeneinteilung und einem Jahreszyklus mit Kalender- oder Betriebstagen den zeitlichen Verlauf am besten wieder. Allgemein ergeben sich die Zykluszeiten aus dem in der Vergangenheit beobachteten Zeitverlauf. Die Periodeneinteilung der einzelnen Zyklen wird dagegen bestimmt durch den Verwendungszweck und die benötigten Genauigkeit der Prognose.

Die verschiedenen Zyklusgewichte lassen sich entweder nach dem Analogverfahren oder nach dem Kombinationsverfahren aus den gemessenen Zyklusgewichten zurückliegender Perioden errechnen und für die kommenden Zyklen prognostizieren. Zur weiteren Verbesserung der Prognose müssen die Zyklusgewichte für *irreguläre Zyklen*, beispielsweise für Wochen mit nur 4 Arbeitstagen, mit einem Feiertag oder vor Weihnachten, gesondert berechnet werden. Auch die zyklusbereinigte Stromintensität (9.52) wird nach dem Verfahren des gleitenden Mittelwerts oder der exponentiellen Glättung aus den Werten zurückliegender Zyklen errechnet und jeweils nach Abschluß eines Zyklus fortgeschrieben.

5. Modellprognoseverfahren

Für den zeitlichen Verlauf eines instationären Stroms wird bei diesem Verfahren eine *Modellfunktion* mit einer Anzahl freier *Parameter* angesetzt. Die freien Parameter der Modellfunktion werden aus den IST-Werten eines vergangenen Beobachtungszeitraums nach der *Methode der kleinsten Quadrate* so bestimmt, daß die mittlere Abweichung (9.42) zwischen den Werten der Modellfunktion und den IST-Werten minimal wird [76; 77; 82; 251].

Die Modellfunktion kann beispielsweise ein Produkt sein aus einer langsam veränderlichen *Trendfunktion* $\lambda_{Tr}(t)$, einer auf 1 normierten *Zyklusfunktion* $g_Z(t)$ und einer von Periode zu Periode stochastisch veränderlichen, ebenfalls normierten *Zufallsfunktion* $g_{Zuf}(t)$:

$$\lambda(t) = \lambda_{Tr}(t) \cdot g_Z(t) \cdot g_{St}(t). \tag{9.55}$$

Im einfachsten Fall hat die *Trendfunktion* $\lambda_{Tr}(t)$ einen linearen Verlauf

$$\lambda_{Tr}(t) = \lambda_o + c_1 \cdot t.$$

Allgemein wird für die Trendfunktion eine Summe von Potenzen $\Sigma\ c_n \cdot t_n$ mit Parametern c_n angesetzt. Für ein Produkt oder eine Leistung mit *endlicher Gesamt-*

absatzzeit ist die Trendfunktion eine *Absatzkurve* $\lambda_{Abs}(t)$, auch *Produktlebenskurve* genannt, die sich unter bestimmten Voraussetzungen aus der Absatzfunktion ähnlicher Produkte oder Leistungen ableiten läßt.

Die *Zyklusfunktion* $g_Z(t)$ kann, wie im Beispiel (9.54), das Produkt mehrerer *Einzelzyklusfunktionen* sein. Im allgemeinsten Fall ist die zyklische Funktion eine Fourierreihe aus trigonometrischen Funktionen

$$g_z(t) = \sum_n \left(a_n \cdot sin\left(n \cdot \omega \cdot t\right) + b_n \cdot cos\left(n \cdot \omega \cdot t\right)\right)$$

mit freien Parametern a_n, b_n und ω.

Zur Prognose instationärer stochastischer Ströme der Logistik wie auch des kurz- und mittelfristigen Bedarfs von Produkten oder Leistungen sind die allgemeinen Modellverfahren weniger gut geeignet als das Zyklusverfahren, da es für Modellverfahren kaum möglich ist, den stochastisch bedingten Prognosefehler abzuschätzen und die problemadäquate Periodeneinteilung festzulegen.

6. Prognose bei Mehrstückbedarf

Bei vielen Prognoseverfahren wird stillschweigend vorausgesetzt, daß es sich bei den zu prognostizierenden Ereignissen um einen rekurrenten Prozeß mit Einzelereignissen handelt, wie er in *Abb. 9.2* oben dargestellt ist. In den Prognoserechnungen wird das Eintreffen eines Mehrfachereignisses genauso wie das mehrfache Eintreffen eines Einzelereignisses behandet.

So wird zum Beispiel der Eingang eines Mehrstückauftrags über m_{VE} Verkaufseinheiten eines Artikels wie der Eingang von m_{VE} Einzelstückaufträgen mit einer Verkaufseinheit registriert. In der Zeitreihenanalyse zur Prognoserechnung wird also nicht zwischen Einzelstück- und Mehrstückaufträgen unterschieden. Das ist in der Auswirkung auf die Prognosegenauigkeit jedoch nur dann zulässig, wenn alle Aufträge stets die gleiche Menge anfordern und die Mengenvariabilität $V_m = 0$ ist.

Wenn die Auftragsmengen jedoch unterschiedlich sind und die *Mengenvariabilität* $V_m > 0$ ist, ist bei einer *Taktzeitvariabilität* V_τ die Durchsatzschwankung gemäß Beziehung (9.38) um den Faktor $(1+V_m/V_\tau)^2$ größer als bei gleichen Auftragsmengen oder Einzelstückaufträgen. Für schubweise stochastischen Poissonströme mit der Taktzeitvariabilität $V_\tau = 1$ und mit maximaler Mengenvariabilität $V_m = 1$ ist der Faktor gleich $\sqrt{2} = 1{,}41$ und die Streuung um 41,4 % größer als bei Einzelstückaufträgen. Entsprechend schlechter ist auch die Prognosegenauigkeit. Das ist beispielsweise bei der Berechnung der *Sicherheitsbestände* aus der gewünschten Lieferfähigkeit zu berücksichtigen (s. *Abschnitt 11.6*).

Bei einem *unkorreliertem Mehrstückbedarf*, wie ihn *Abb. 9.2* unten zeigt, sind die Zufallsverteilung und die Zeitabhängigkeit der Bedarfsmengen m_{VE} pro Auftrag und der Zeitabstände τ des Auftragseingangs voneinander unabhängig. In diesem Fall ist die Gesamtdurchsatzrate gemäß Beziehung (9.2) das Produkt $\lambda_P(t) = m_{VE}(t) \cdot \lambda_\tau(t)$ der mittleren Taktrate $\lambda_\tau(t)$ und der durchschnittlichen Bestellmenge $m_{VE}(t)$, die voneinander unabhängige Funktionen der Zeit sind. Der zukünftige Verlauf dieser beiden Funktionen läßt sich daher nach den vorangehend beschriebenen Verfahren aus den beobachteten Zeitreihen der Vergangenheit gesondert prognostizieren. Hieraus folgt die *Regel*:

- Bei stark schwankenden Auftragsinhalten ist eine gesonderte Analyse und Prognose von Auftragseingang und Auftragsinhalt erforderlich.

Die daraus resultierenden Vorhersagen und Dispositionsstrategien können von den Ergebnissen der undifferenzierten Einzelstückanalyse erheblich abweichen. Das wird von vielen Programmen zur Bedarfsprognose und Nachschubdisposition nicht berücksichtigt und führt zu falschem Schlüssen.

9.10 Bedarfsplanung und Bedarfsprognose

Die Bedarfsplanung bestimmt die Leistungsanforderungen und den Mengenbedarf der Produktions- und Leistungsstellen eines Unternehmens oder eines Betriebs für einen bestimmten Planungs- oder Dispositionszeitraum.

Dabei ist zwischen *Primärbedarf* und *Sekundärbedarf* zu unterscheiden [223]:

- Der *Primärbedarf* für Produkte und Leistungen wird von *externen Faktoren*, wie *Konsumentenverhalten*, *Wettbewerb*, *Jahreszeit* und *Konjunktur*, bestimmt und ist durch unternehmerische Maßnahmen nur *begrenzt beeinflußbar*.
- Der *Sekundärbedarf* für Produkte und Leistungen wird vom Primärbedarf *induziert*. Er läßt sich aus dem Primärbedarf aufgrund *technischer Zusammenhänge*, wie *Stücklisten* in Verbindung mit *Teiledurchlaufzeiten*, errechnen, durch *planerischen Maßnahmen*, wie Fahrpläne, Betriebszeitregelung und Kapazitäten, regeln oder durch *dispositive Maßnahmen*, wie die Auftrags-, Bestands- und Nachschubdisposition, beeinflussen.

Der Primärbedarf ist unter den vorangehend aufgeführten Voraussetzungen prognostizierbar. Der Einfluß *unternehmerischer Maßnahmen*, wie Werbeaktionen, eine Veränderung des Produkt- und Leistungsangebots oder eine andere Preispolitik, auf die zukünftige Bedarfsentwicklung läßt sich zwar aufgrund von Erfahrungen abschätzen und planen, ist jedoch nur mit begrenzter Verläßlichkeit vorausberechenbar. Ebensowenig lassen sich die quantitativen Auswirkungen von *Verhaltensänderungen* der Konsumenten und des Wettbewerbs prognostizieren.

Für Dienstleistungsunternehmen, die keine Leistungen auf Vorrat produzieren können, ist es unerläßlich, ihre Systeme, Strukturen und Kapazitäten *flexibel* für einen veränderlichen Bedarf einzurichten. Aber auch in Unternehmen, die Konsumgüter produzieren oder mit diesen handeln, verbreitet sich zunehmend die Erkenntnis, daß es besser ist, *möglichst flexibel* auf die sich ändernden Anforderungen zu reagieren und den Markt nach dem *Pull-Prinzip* zu bedienen, als nach einem *relativ starren Absatzplan* Güter zu beschaffen oder zu produzieren und sie nach dem *Push-Prinzip* in den Markt zu drücken.

Bei einem bekannten, prognostizierbaren, geplanten oder fest in Auftrag gegebenen Primärbedarf ist der Sekundärbedarf im Prinzip berechenbar und damit auch planbar. Spezielle Verfahren der *Sekundärbedarfsrechnung*, wie die *MRP-Verfahren* (*Material Requirements Planning*), berechnen und terminieren aus dem Primärbedarf unter Berücksichtigung der *Stücklisten*, der *Teilefertigungszeiten*, der *Lagerbestände* und der aktuellen *Bestände in der Pipeline* den Teilebedarf für die zukünftigen Perioden [223; 234].

Das gilt zum Beispiel für den Sekundärbedarf der Flugzeugindustrie, der Anlagenhersteller, der Bauunternehmen und für Großprojekte. Der zukünftige Teile- und Materialbedarf läßt sich in diesen Branchen aus dem aktuellen *Auftragsbestand*, dem *Fertigstellungszeitpunkt* für die Anlage oder das Gesamtprojekt und den Lieferzeiten der Teile, der Module, der Anlagenkomponenten und des übrigen Materials ableiten.

Wenn eine Leistung oder ein Artikel für mehrere unterschiedliche und voneinander unabhängige Primärbedarfe benötigt wird, ist die artikelgenaue Bedarfsplanung unter Umständen sehr aufwendig. Beispiele hierfür sind Lagerartikel, Roh-, Hilfs- und Betriebstoffe und Teile, die in unterschiedliche Fertigprodukte einfließen, sowie Produkte, die in verschiedenen Ausprägungen und Verpackungen auf mehreren Absatzmärkten vertrieben werden.

Es ist daher eine Frage der Zweckmäßigkeit und des Aufwands, ob der Bedarf einer Sekundärleistung oder eines Sekundärteils genau geplant oder wie ein unabhängiger Primärbedarf prognostiziert wird. Erkennbare Veränderungen des Primärbedarfs können dabei über *Korrelationsfaktoren* berücksichtigt werden. Die Bedarfsprognose unabhängig davon, ob es sich um einen Primär- oder einen Sekundärbedarf handelt, ist vor allem für die verbrauchsabhängige Nachschub- und Bestandsdisposition von anonym auf Lager gefertigten oder beschafften Artikeln zulässig, da ja grade durch den Lagerbestand Verbrauch und Beschaffung voneinander entkoppelt werden.

Zur logistischen Bedarfsprognose, wie auch für die Planung und Disposition, ist die *Feinheit der Periodeneinteilung* festzulegen. Die Periodeneinteilung ist abhängig von der Genauigkeit, die zur Planung oder Disposition benötigt wird, und ergibt sich daher aus der jeweiligen Aufgabenstellung. Wegen der Grenzen der Prognostizierbarkeit muß die Periodeneinteilung einerseits so grob wie möglich sein und andererseits so genau wie nötig. Hieraus folgt:

1. Für die *Planung und Disposition von Verkehrsanlagen* mit hohen Durchsatzraten, die sich – wie der Verkehr in Flughäfen, Bahnhöfen und auf den Straßen – in weniger als einer Stunde ändern, wird der *Tageszyklus* mit einer Periodeneinteilung von *10 Minuten* oder noch kürzer benötigt.
2. Für die *Planung und Disposition von Logistikbetrieben* muß der *Tageszyklus* mit der *Stundenabhängigkeit* der stochastischen Ströme, also der Ankunfts-, Durchsatz- und Abfertungsraten und der Material-, Transport- und Verkehrsströme, bekannt sein. Um alle wesentlichen *systematischen Änderungen* im Tagesverlauf zu erfassen und zugleich die *stochastischen Schwankungen* herauszumitteln, ist die *Stunde* die geeignete Periodenlänge.
3. Für die *Planung und Disposition von Produktionsbetrieben* mit Lieferzeiten von einer oder mehreren Wochen wird der *Jahreszyklus* mit der *Wochenabhängigkeit* des Bedarfs und der *Kalenderwoche* als Periodenlänge benötigt. Bei Lieferzeiten von einem oder mehreren Tagen wird der Jahreszyklus mit dem Wochenverlauf und zusätzlich der Wochenzyklus mit dem Wochentagsverlauf benötigt. Eine *Just-In-Time-Fertigung* muß – wie ein Logistikbetrieb – unter Umständen auch den stundengenauen Bedarf des Abnehmers berücksichtigen.
4. Für die *Nachschub- und Bestandsdisposition* kann die Periodenlänge bei *bedarfsabhängiger Disposition* so lang gewählt werden, wie die geforderte *Reak-*

tionszeit zur Bedienung der Abrufaufträge, und bei *zyklischer Disposition* so lang, wie der *Dispositionszyklus*. Zur Bedarfsprognose ist in der Regel eine Periodenlänge von einem *Tag* oder einer *Woche* ausreichend. Um die Streuung der stochastischen Schwankungen zu erfassen, die zur Berechnung des Sicherheitsbestands benötigt wird, ist als Bemessungsgrundlage der *Betriebstag* zu wählen (s. *Abschnitt 11.6*).

Die Periodeneinteilung zur Prognoserechnung ist nicht notwendig gleich der Periodeneinteilung der Betriebs- und Arbeitszeiten. Für die Periodeneinteilung der Betriebs- und Arbeitszeiten gibt es einen *zeitlichen Handlungsspielraum*, der – wie in *Kapitel 8* dargestellt – zur Verkürzung von Durchlaufzeiten, zur Senkung der Betriebskosten und zur Verbesserung des Service genutzt werden kann. Eine Veränderung der Betriebszeiten kann jedoch Rückwirkungen auf den Bedarf haben. So können eine Verlängerung oder Verschiebung der Ladenöffnungszeiten oder die Einführung bedarfsabhängiger Betriebszeiten zu einem Anstieg des Auftragseingangs führen.

Für *Sonderleistungen* zur Deckung eines einmaligen Bedarfs oder für *Sonderartikel* mit kurzzeitigem Bedarf, wie *Aktionsware*, *Modewaren* oder *Saisonartikel*, ist im allgemeinen keine verläßliche Prognose aufgrund vergangener Zeitreihen möglich. Der mögliche Absatz von Sonderleistungen und Sonderartikeln läßt sich nur mit Hilfe einer *Marktanalyse* ermitteln oder aufgrund von *Erfahrungen* abschätzen.

In einigen Branchen ist jedoch auch für kurzlebige Artikel und für Produkte mit befristeten Bedarf eine *bedingte Prognose* durch einen Vergleich mit dem *Lebenszyklus* ähnlicher Leistungen oder Artikel möglich. Beispielsweise wird im *Versandhandel* mit zunehmender Genauigkeit der voraussichtliche Absatz eines Artikels aus dem *Bestellverlauf* für vergleichbare Artikel nach Erscheinen früherer Kataloge hergeleitet. In der *Automobilindustrie* wird mit Hilfe früherer *Anlaufverkaufskurven* ähnlicher Fahrzeugtypen der Verkauf von Neueinführungen geplant.

Grundsätzlich sollten *Bedarfsprognosen* von *erfahrenen Vertriebsleuten* und *Disponenten* sowie alle hieraus abgeleiteten *Bedarfsplanungen* von *kompetenten Planern* geprüft und durchdacht werden, bevor aus ihnen Handlungen abgeleitet werden, die mit wesentlichen Kosten oder größeren Risiken verbunden sind.

Jedes Programm, das nach einem bestimmten Prognoseverfahren aus Vergangenheitswerten den zukünftigen Bedarf errechnet, muß außer dem prognostizierten Bedarf auch den *Prognosefehler* der letzten Vorhersage angeben. Wird der Prognosefehler deutlich größer als die stochastische Streuung oder nimmt er in den letzten Perioden stark zu, ist das ein *Alarmzeichen*, das den Disponenten zu einer sorgfältigen Prüfung des errechneten Prognosewerts und einer eventuellen Korrektur des hieraus abgeleiteten Beschaffungsvorschlags veranlassen soll.[3]

3 Viele APS-Standardprogramme zur Bedarfsprognose und Nachschubdisposition weisen Fehler und Schwächen auf. So wird meist stillschweigend eine Einzelstückbestellung vorausgesetzt. Das kann für schubweise Bestellungen zu Prognosefehlern und Fehldispositionen führen. Andere Programme machen keine laufenden Angaben zur Prognosegenauigkeit und sind daher mit größter Vorsicht einzusetzen.

9.11 Spitzenfaktoren und Dimensionierung

Maßgebend für die Auslegung und Dimensionierung von Logistiksystemen, Logistikzentren und Produktionssystemen sind die Anforderungen in *Spitzenbelastungszeiten.*

Bei einem zyklischem Bedarfsverlauf ist die Anforderung zur Spitzenzeit gleich dem mit einem *maßgebenden Spitzenfaktor* multiplizierten Durchschnittsbedarf λ_0. Der *maßgebende Spitzenfaktor* ist gleich dem Produkt der *maximalen Zyklusgewichte* aller Zyklen, die länger sind als die geforderte *Reaktionszeit* des betreffenden Systems. Hieraus folgt der allgemeine *Dimensionierungsgrundsatz:*

- Bei der Planung und Dimensionierung sind die Spitzenfaktoren aller zyklischen Veränderungen zu berücksichtigen, deren Zykluszeit größer ist als die maximal zulässigen Durchlaufzeiten, Lieferzeiten oder Leistungserfüllungszeiten.

So muß beispielsweise der Versandbereich eines Logistikzentrums oder einer Umschlaganlage in der Regel innerhalb von ein oder zwei Stunden auf die Versandanforderungen für bereitstehende Ware reagieren können. Die zulässige Auftragsdurchlaufzeit eines Logistikzentrums beträgt dagegen für einen großen Teil der Aufträge einen oder mehrere Tage.

Hieraus ergeben sich folgende *Dimensionierungsregeln für Logistikzentren und Umschlaganlagen:*

1. Für die Auslegung der Funktionsflächen und für den Personal- und Gerätebedarf im *Warenausgang und Versand* ist der Tagesspitzenfaktor des Jahresspitzentages maßgebend. Dieser *Versandspitzenfaktor* f_V ist gleich dem Produkt aus *Tagesspitzenfaktor* f_T, *Wochenspitzenfaktor* f_W und *Jahres-* oder *Saisonspitzenfaktor* f_S

$$f_V = f_T \cdot f_W \cdot f_S. \tag{9.56}$$

2. Für das *Leistungsvermögen* und den Geräte- und Personalbedarf in den übrigen Funktionsbereichen ist der Spitzenfaktor für den mittleren Tagesdurchsatz maßgebend. Dieser *Durchsatzspitzenfaktor* f_D für den Spitzentag des Jahres ist gleich dem Produkt aus dem *Wochenspitzenfaktor* und dem *Saisonspitzenfaktor*

$$f_D = f_W \cdot f_S. \tag{9.57}$$

3. Für die Auslegung der Lagerkapazitäten ist der Bestandsspitzenfaktor f_B maßgebend. Bei optimaler Nachschubdisposition ist, wie in Abschnitt 11.9 gezeigt wird, der *Bestandsspitzenfaktor* gleich der Wurzel aus dem Durchsatzspitzenfaktor

$$f_B = \sqrt{f_D}. \tag{9.58}$$

Als Beispiel zeigt *Abb. 9.9* den *Tagesverlauf*, den *Wochenverlauf* und den *Saisonverlauf* der Versandanforderungen eines Logistikzentrums für den stationären Handel. Das Produkt von Tages-, Wochen- und Jahresspitzenfaktor des Versands beträgt $f_V = 3{,}85$. Der Versand ist also in der Spitzenstunde des Jahres fast viermal so hoch wie im Jahresdurchschnitt. Für den Durchsatzspitzenfaktor errrechnet sich $f_D = 1{,}76 . 1{,}53 = 2{,}69$ und für den Bestandsspitzenfaktor $f_B = \sqrt{2{,}69} = 1{,}64$, also ein deutlich geringerer Spitzenfaktor als für den Tagesdurchsatz.

Wenn es möglich ist, einen Teil des Bedarfs der Spitzenzeiten vorzuproduzieren oder zu verschieben, lassen sich die Spitzenanforderungen glätten. Die *Abb. 3.4* zeigt für das gleiche Logistikzentrum wie Abb. 9.9 den Saisonverlauf von Durchsatz und Beständen pro Kalendermonat. Die Saisonspitzenfaktoren des Monatsverlaufs sind wegen der Glättung über die längere Periode deutlich geringer als die Saisonspitzenfaktoren bezogen auf die Kalenderwochen.

9.12 Testfunktionen zur Szenarienrechnung

Wie in *Abschnitt 9.10* ausgeführt, sind der zeitliche Verlauf und die absolute Höhe von Auftragseingang, Leistungsanforderungen und Bedarf grundsätzlich nicht mit ausreichender Sicherheit für einen längeren Planungszeitraum prognostizierbar oder planbar.

Nicht nur Dienstleistungsunternehmen, auch Hersteller und Handelsunternehmen von Konsumgütern müssen sich daher darauf einstellen, nach dem *Pull-Prinzip* zu arbeiten und *flexibel* auf die sich verändernden Anforderungen des Marktes und der Kunden zu reagieren. Nichts anderes besagen im Prinzip die aktuellen Schlagworte *Efficient Consumer Response* (ECR), *Continuous Replenishment* (CRP) und *Supply Chain Management* (SCM) [23; 47; 48; 223; 234; 236].

Daher ist es unerläßlich, das Leistungsvermögen und das Verhalten geplanter Logistiksysteme und Produktionsbetriebe, die mit größeren Investitionen verbunden sind und deren Realisierung längere Zeit erfordert, für unterschiedliche *Szenarien* der Leistungsanforderungen und der Absatzentwicklung zu untersuchen. Ebenso sollten Verfahren und Algorithmen der Auftragsdisposition vor der Implementierung für verschiedene Szenarien des Auftragseingangs getestet werden.

Für derartige Szenarienrechnungen sind geeignete *Testfunktionen* für den Auftragseingang oder andere Leistungsanforderungen zu konstruieren, die es erlauben, den Tages-, Wochen- oder Jahreszyklus durch Variation der Zyklusgewichte zu verändern, die stochastische Streuung zu verkleinern oder zu vergrößern und den langfristigen Trend durch eine größere oder geringere Steigung abzuändern.

Zur Untersuchung von Strategien der Auftragsdisposition, zur Simulation der Auswirkung von Nachschub- und Bestandsstrategien auf Lagerbestände und Nachschubmengen wie auch zur Überprüfung von unterschiedlichen Prognoseverfahren ist folgende *Testfunktion* geeignet :

$$\lambda(l) = \lambda_0 \cdot (1 + c_{Tr} \cdot l) \cdot g_J(l) \cdot (1 + \nu_\lambda \cdot f_{Zuf}(l)) \quad [Auf/PE]. \tag{9.59}$$

Hierin sind $g_J(l)$ veränderbare *Jahreszyklusgewichte* für eine Periodeneinteilung in Betriebstage $l = BT = 1,2...250$, in Kalenderwochen $l = KW = 1,2...52$ oder in Kalendermonaten $l = KM = 1,2....12$.

Die Zyklusgewichte $g_J(l)$ können entweder aus Erfahrungswerten übernommen oder als *Sinusfunktion* mit veränderbarer Frequenz ν_J angesetzt werden:

$$g_J(l) = \sin(2\pi\nu_J \cdot l/N). \tag{9.60}$$

Der Faktor c_{Tr} ist ein *Trendparameter*, durch dessen Veränderung sich ein mehr oder weniger starker Zuwachs oder Rückgang von Absatz oder Leistungsanforderungen simulieren läßt.

Die Funktion $f_{Zuf}(l)$ ist ein normierter *Zufallsgenerator*, der für jede Periode l eine neue Zufallszahl zwischen +1 und −1 mit dem Mittelwert 0 und der Streuung 1 erzeugt.

Mit dem *Variationskoeffizienten* $v_\lambda = s_\lambda/\lambda$ läßt sich die *stochastische Streuung* der Testfunktion (9.59) verändern. Bei einem *poissonverteiltem Einzelstückbedarf* ist der *Variationskoeffizient* aufgrund der Beziehung (9.41) gegeben durch:

$$\nu_\lambda = \left(\lambda_0 \cdot (1 + c_{Tr} \cdot l) \cdot g_J(l)\right)^{-1/2}. \tag{9.61}$$

Die *Abb. 10.3* bis *10.7* zeigen die Nutzung der Testfunktion (9.59) für die Untersuchung der Auswirkungen unterschiedlicher Strategien der Auftragsdispostion.

10 Auftragsdisposition und Produktionsplanung

Vor Ausführung der eingehenden Aufträge ist zu entscheiden, zu welcher Zeit, von welchen Leistungsbereichen, in welcher Form und in welcher Reihenfolge die Aufträge zu bearbeiten sind. Hieraus resultiert die *Aufgabe der Auftragsdisposition:*

- Die externen Aufträge sind so aufzulösen, zu bündeln, zu ordnen und als interne Aufträge auf die Leistungsbereiche und Leistungsstellen zu verteilen, daß bei Erfüllung der Auftragsanforderungen die verfügbaren Ressourcen *kostenoptimal* genutzt werden.

Die Auftragsdisposition können Disponenten, ein Rechner oder ein Disponent mit Rechnerunterstüzung ausführen [223; 234; 236]. Der Disponent, ob Mensch oder Rechner, arbeitet dabei nach bestimmten *Dispositionsstrategien*. Viele Dispositionsstrategien sind das Ergebnis längjähriger Erfahrung und des Probierens nach dem *Trial-and-Error-Verfahren*. Die bewährten Strategien sind teilweise in Form von *Arbeitsanweisungen* und *Dispositionsregeln* dokumentiert, häufig aber nur in den Köpfen der Disponenten vorhanden.

Die erforderliche Qualifikation der *Disponenten*, der Nutzen den sie stiften, aber auch der Schaden, den ein Disponent anrichten kann, sind nicht in allen Unternehmen ausreichend bekannt. In vielen Betrieben – auch von weltbekannten Unternehmen – liegt die Auftragsdisposition immer noch in den Händen einzelner Mitarbeiter. Wenn ein langjähriger Mitarbeiter in den Ruhestand geht, treten Probleme auf, weil der Disponent sein Wissen mitnimmt oder nicht rechtzeitig ein Nachfolger eingearbeitet wurde.

Um die Dispositionstätigkeit zu verbessern, die Strategien personenunabhängig zu dokumentieren und den Disponenten zu entlasten, ist es erforderlich, die sinnvollen Dispositionsstrategien und deren Parameter zu kennen, die *Strategiewirksamkeit* zu quantifizieren und zu vergleichen und die wirkungsvollsten Strategien auszuwählen und zu programmieren. Auf diese Weise ist es möglich, die Auftragsdisposition zunehmend einem Rechner zu übertragen. Für einfache Leistungs- oder Fertigungssysteme und gleichartige Aufträge kann ein Programm mit den richtigen Algorithmen die Disposition allein ausführen. Für komplexere Systeme und veränderliche Aufträge entlastet der Rechner den Disponenten von der Routinearbeit [223; 234; 236].

In *Kapitel 8* wurden bereits die *zeitlichen Handlungsmöglichkeiten* dargestellt und hieraus die *Zeitstrategien* der Auftragsdisposition abgeleitet. Die Beschaffungs-, Bestands- und Nachschubstrategien sind Gegenstand des folgenden *Kapitels 11*. In diesem Kapitel werden *Betriebsstrategien* für den optimalen Einsatz einzelner, paralleler und verketteter Leistungstellen behandelt, die sich in *Bearbeitungsstrategien*, *Zuordnungsstrategien*, *Abfertigungsstrategien* und *Fertigungsstrategien* einteilen lassen.

Aus den abstrakten Betriebsstrategien, die grundsätzlich in allen Fertigungs-, Logistik- und Leistungssystemen anwendbar sind, lassen sich für die Logistik konkrete Lager-, Kommissionier- und Transportstrategien ableiten. Deren Wirksamkeit und Einsetzbarkeit werden in den *Kapiteln 13* bis *19* analysiert.

In Verbindung mit den *Zeitstrategien* und den *Nachschubstrategien* lassen sich die Betriebsstrategien auch zur Auftragsdisposition verketteter Fertigungs- und Leistungssysteme mit parallelen Auftragsketten nutzen, wie sie *Abb. 8.1* zeigt. In der Fertigung sind die hier beschriebenen Betriebsstrategien einsetzbar für die Auftragsdisposition und Produktionsplanung von Werkstätten, Abfüll- und Verpackungsbetrieben sowie von Fertigungs- und Montagelinien. Die Betriebsstrategien sind auch nutzbar für die Disposition von administrativen Leistungsstellen, wie Büroarbeitsplätze, Schreibdienste und Call-Center. Auch die Arbeit der Auftragsdisposition selbst läßt sich nach diesen Strategien organisieren.

Die qualitative Auswirkung unterschiedlicher Betriebsstrategien auf bestimmte Zielgrößen, wie die *Auslastung* der Leistungsstellen, die *Auftragsdurchlaufzeit*, den *Lagerbestand* oder die *Prozeßkosten*, läßt sich meist relativ einfach beurteilen. Schwieriger ist schon die Quantifizierung der Abhängigkeit einer Zielgröße von den *Strategievariablen*. Die Strategieauswirkung auf die *Gesamtkosten* eines längeren Planungszeitraums läßt sich hingegen nur für begrenzte Systeme mit bestimmten Annahmen unter einschränkenden Voraussetzungen berechnen.

Die Wirksamkeit der Strategien, nach denen die *Auftragsdisposition* den aktuellen Auftragseingang bearbeitet, hängt von den *Fertigungsstrategien* ab, nach denen die *Produktionsplanung* die *Betriebszeiten* und *Kapazitäten* festlegt, um den mittelfristigen Bedarf wirtschaftlich zu bewältigen. Hierzu gehört vor allem die Entscheidung zwischen *Auftragsfertigung* und *Lagerfertigung*.

Zur Demonstration des Zusammenhangs zwischen *Auftragsdisposition* und *Produktionsplanung* wird nachfolgend ein *Algorithmus* entwickelt, mit dem sich für verschiedene Dispositions- und Fertigungsstrategien der *Auftragsbestand*, der *Lagerbestand* und die *Auftragsdurchlaufzeiten* in Abhängigkeit vom Auftragseingang und von der Produktionskapazität berechnen lassen. Mit Hilfe der angegebenen Berechnungsformeln werden Modellrechnungen durchgeführt zur Quantifizierung der Wirksamkeit unterschiedlicher Betriebstrategien.

Nicht weiter untersucht werden hier Betriebsstrategien für zentral gesteuerte komplexe Netzwerke aus parallel und hintereinander geschalteten Produktionsstellen, in denen Material oder Teile für mehrere Endprodukte erzeugt oder zusammengefügt werden. Das führt zu den *Produktions-Planungs- und Steuerungs-Systemen* (*PPS-Systeme*) und *Enterprise-Resource-Planning-Programmen* (*ERP-Programme*), deren weitere Behandlung den Rahmen dieses Buches sprengen würde [83; 84; 223; 234; 235; 236].

10.1 Leistungs- und Fertigungsstrukturen

In einer einzelnen Leistungs- oder Fertigungsstelle laufen, wie in *Abb. 1.6.* dargestellt, nacheinander folgende *Vorgänge* ab:

Auftragseingang
Speichern des Auftragsbestands
Leistungserzeugung (10.1)
Lagern der Fertigerzeugnisse
Auslauf der Leistungsergebnisse.

Ein Lagern oder Zwischenpuffern nach der Leistungserzeugung ist nur möglich, wenn die Leistungsergebnisse *lagerbare Objekte* oder *speicherbare Informationen* sind. Für Leistungsprozesse, deren Ergebnis, wie eine ausgeführte Transportleistung, nicht speicherbar ist, entfällt der Lagervorgang.

Wie in den *Abb. 1.3, 8.1* und *10.1* und dargestellt, können einzelne Leistungs- und Fertigungsstellen miteinander zu Fertigungs- oder Leistungssystemen mit unterschiedlicher *Leistungsstruktur* kombiniert, verkettet und vernetzt sein. Die gesamte Auftragsdisposition vereinfacht sich erheblich für Fertigungs- und Leistungssysteme, die nach dem *Entkopplungsprinzip* ausgelegt sind:

- Alle Teile eines Leistungsnetzwerks, die nicht aus verfahrenstechnischen Gründen direkt miteinander verbunden sein müssen, sind durch ausreichend bemessene Auftrags- und Fertigpuffer voneinander zu entkoppeln und soweit wie möglich dezentral zu steuern.

Wenn ein Leistungs- und Fertigungssystem nach dem Entkopplungsprinzip aufgebaut ist, läßt sich die Auftragsdisposition aufteilen in eine *zentrale Disposition* der externen Aufträge und in die *dezentrale Disposition* der internen Aufträge in den entkoppelten Leistungs- und Fertigungsbereichen (s. Abschnitt 2.2).

1. Einzelne Fertigungs- oder Leistungsstellen
Im einfachsten Fall ist zur Ausführung eines Auftrags nur eine Fertigungs- oder Leistungsstelle erforderlich, wie sie in *Abb. 10.1 oben* dargestellt ist. Dann reduzieren sich die Strategien der Auftragsdisposition auf die in *Abschnitt 8.8* behandelten und in *Abb.* 8.2 illustrierten *Zeitstrategien – Vorwärtsterminierung, Rückwärtsterminierung* und *freie Terminierung* – sowie auf die nachfolgend beschriebenen *Bearbeitungs-, Abfertigungsstrategien* und *Fertigungsstrategien.*

Beispiele für einzelne Fertigungsstellen sind *Abfüllstationen* der Getränkeindustrie, der Pharmaindustrie und der chemischen Industrie oder *Verpackungsstationen* der Konsumgüterindustrie(s. Abb. 3.5). Einzelne Leistungsstellen in der Logistik sind Ver- und Entladerampen, Warenannahmestellen, Packplätze oder Transportfahrzeuge.

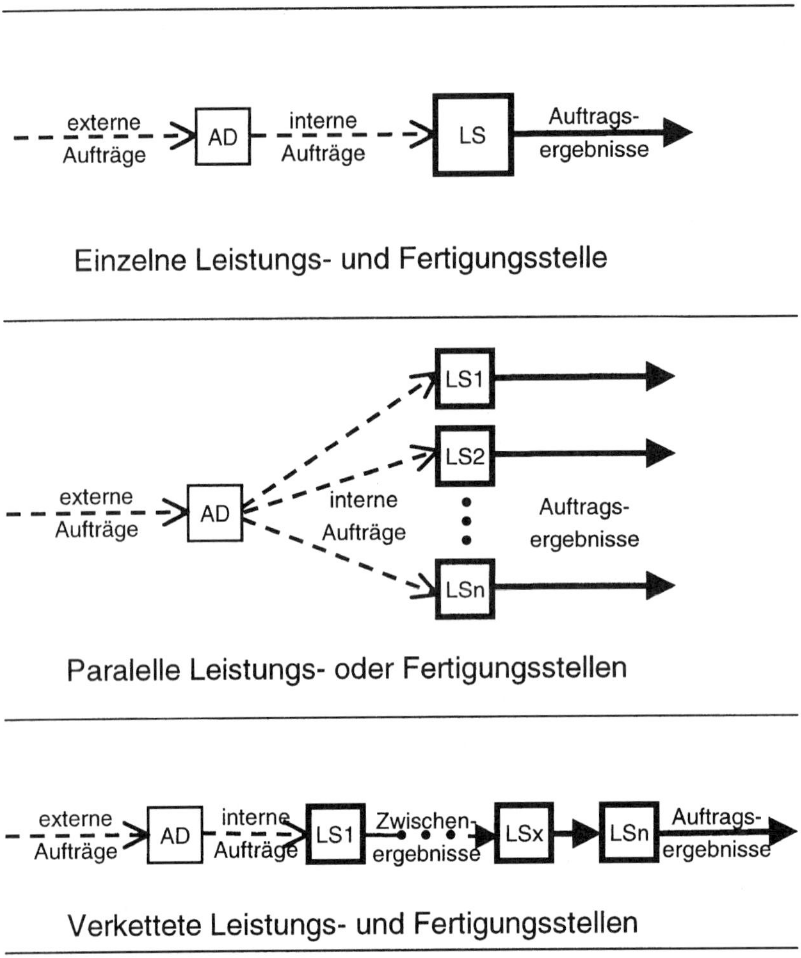

Abb. 10.1 Elementare Anordnungsmöglichkeiten der Leistungs- und Fertigungsstellen

Ergebnisse: Leistungen oder Produkte
AD: Auftragsdisposition
LS: Leistungs- oder Fertigungsstelle

2. Parallele Fertigungs- und Leistungsstellen
Bei begrenztem Leistungsvermögen einer Leistungsstelle und größerem Leistungsbedarf stehen – wie in *Abb. 10.1 mitte* dargestellt – für die Auftragsdurchführung in der Regel mehrere *parallele Leistungsstellen* zur Auswahl.

Wenn nicht vom Auftrag eine bestimmte Leistungsstelle vorgeschrieben ist, werden für die Auftragsdisposition paralleler Leistungsstellen *Zuordnungsstrategien* benötigt.

Einzelne und parallele Fertigungsstellen in der Produktion sind charakteristisch für die *Werkstattfertigung*. Beispiele für parallele Leistungsstellen in der innerbetrieblichen Logistik sind parallele Kommissionierbereiche und in der außerbetrieblichen Logistik die parallelen Transportketten (s. *Kapitel* 19).

3. Verkettete Leistungs- und Fertigungsstellen

Wenn zur Ausführung eines Auftrags, wie in *Abb. 10.1 unten* gezeigt, eine *Kette von Fertigungs- und Leistungsstellen* zu durchlaufen ist, kommen für die Auftragsdisposition die in *Abschnitt 8.9* beschriebenen Zeitstrategien, wie die *Push-Strategie*, die *Pull-Strategie* und die *Just-In-Time-Strategie* hinzu.

Verkettete Fertigungsstellen sind charakterisch für eine *Linienfertigung*. Beispiele für verkettete Fertigungsstellen sind Zigarettenmaschinen mit angeschlossener Verpackungsstation, Abfüllanlagen mit nachfolgender Verpackung und anschließender Palettierung oder *Fertigungslinien*, die aus einer Reihe von Maschinen oder Arbeitsplätzen bestehen. Beispiele für Leistungsketten in der Logistik sind die *Beschaffungs- und Lieferketten* (s. *Kapitel* 19).

4. Leistungsbäume

Wie in *Abb. 8.1* gezeigt, können an der Ausführung eines Auftrags mit nur einem Endprodukt oder einem Leistungsergebnis mehrere *parallele Prozeßketten* beteiligt sein, die zusammen einen *Leistungsbaum* bilden.

Von den parallelen Ketten eines Leistungsbaums ist die zeitkritische Leistungskette die *Hauptleistungskette*. Die anderen Leistungsketten sind *Nebenketten*, die in die Hauptkette münden. Für die Auftragsdisposition der Nebenketten eines *Leistungs- und Fertigungsbaums* werden zusätzlich geeignete *Zuführungs-* und *Nachschubstrategien* benötigt.

Beispiele für Leistungsbäume in der Fertigung sind die Endmontagebänder im Fahrzeugbau oder in der Druckmaschinenindustrie.

5. Vernetzte Fertigungs- und Leistungssysteme

Im allgemeinsten Fall ist zur Ausführung eines Auftrags ein *vernetztes Fertigungs-, Logistik oder Leistungssystem* erforderlich, wie es in *Abb. 1.3* dargestellt ist. Ein vernetztes System besteht aus einer größeren Anzahl von Leistungs- oder Fertigungsstellen, die alle an der Auftragsausführung beteiligt sind.

Beispiele vernetzter Leistungssysteme der Logistik sind Speditionsnetzwerke, Fluggnetze der Luftverkehrsgesellschaften, Frachtnetze von Paketdiensleistern oder das Beschaffungsnetz eines Automobilwerks.

Wenn die einzelnen Stationen, Leistungsbereiche und Leistungsketten durch Zwischenpuffer voneinander entkoppelt sind, erhalten nur die Hauptleistungsketten, die an der Ausführung eines externen Auftrags direkt beteiligt sind, von der Zentraldisposition terminierte interne Aufträge. Die Auftragsplanung oder Arbeitsvorbeitung einer Hauptleistungskette disponiert die eingehenden Aufträge nach den hier beschriebenen Dispositions- und Fertigungsstrategien und leitet aus ihnen, gegebenenfalls durch *Stücklistenauflösung*, Unteraufträge für die zugehörigen Nebenleistungsketten ab.

Die Nebenleistungsketten und alle Leistungsstellen, die vor der in *Abb. 8.1* gezeigten *Auftragsprozeßgrenze* liegen, arbeiten nach dem *Pull-Prinzip*. Sie erhalten ihre Aufträge jeweils von der nächst folgenden Leistungsstelle und erzeugen bei Bedarf ihrerseits interne Aufträge, die sie den vorangehenden Leistungsstellen direkt erteilen.

Wenn mehrere Hauptleistungsketten zur Auswahl stehen, benötigt die Zentraldisposition *Zuweisungsregeln* für die Verteilung der betreffenden Aufträge. *Zentralstrategien* zur Abstimmung und Koordination der dezentralen Leistungsbereiche sind nur erforderlich, wenn sich eine optimale Zusammenarbeit der dezentralen Bereiche nicht selbstregelnd ergibt. Das aber muß das Ziel der operativen Auftragsdisposition sein.

6. Produktions- und Lagersysteme

Kombinierte Produktions- und Lagersysteme, die – wie in *Abb. 10.2* dargestellt – aus einem *Produktionsbereich* und einem *Fertiglager* bestehen, sind in der Industrie weit verbreitet: Die Abfüllbetriebe der Konsumgüterindustrie, der Chemie und in der Pharmaindustrie arbeiten je nach Auftragslage abwechselnd für externe Aufträge oder auf Lager. Die Zigarettenindustrie und die Getränkeindustrie produzieren teilweise auf Lager und teilweise nach Kundenaufträgen. Auch die Automobilindustrie montiert die Fertigfahrzeuge zum Teil nach konkreten Aufträgen und zum Teil anonym auf Lager oder für Händler.

Ein kombiniertes Produktions- und Lagersystem ist ein *Zweikanalsystem* mit Rückkopplung, das zwei verschiedene *Auftragsketten* zur Auswahl bietet (s. auch Abb. 3.7): Die erste Auftragskette läuft von der Auftragsdisposition über einen Produktionsauftragspuffer direkt in die Produktion und danach durch einen eventuell erforderlichen Ausgangspuffer zum Empfänger. Die zweite Auf-

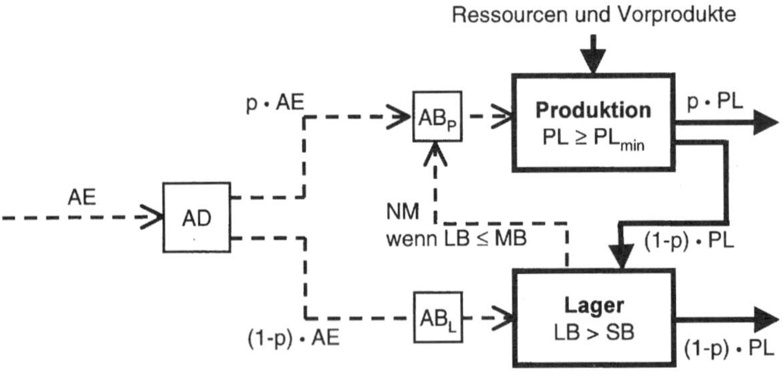

Abb. 10.2 Kombiniertes Produktions- und Lagersystem

AE	Auftragseingang	AD	Auftragsdisposition
AB_P	Produktionsauftragsbestand	AB_L	Lagerauftragsbestand
PL	Produktionsleistung	PL_{min}	Mindestleistung
LB	Lagerbestand	MB	Meldebestand
SB	Sicherheitsbestand	p	Anteil der Auftragsfertigung

tragskette läuft von der Auftragsdisposition über einen Lagerauftragspuffer in das Fertiglager und von dort zum Kunden. Die Lagerauftragskette induziert eine *interne Auftragskette* mit Nachschubaufträgen, wenn der Lagerbestand den Meldebestand unterschreitet.

Den beiden Auftragsketten entsprechen zwei *Logistikketten*: Die erste Logistikkette ist die Hauptleistungskette der Produktion, auf die aus den Nebenketten Vorprodukte, Material und Ressourcen zulaufen. Sie endet mit dem direkten Versand der Fertigprodukte an die Abnehmer. Die zweite Logistikkette umfaßt ebenfalls die Hauptkette der Produktion, verläuft aber über den Fertigpuffer und einen Zwischentransport weiter zum Lager und von dort nach einer bestimmten Lagerdauer zu den Abnehmern.

Entsprechend den beiden Auftragsketten sind für ein kombiniertes *Produktions- und Lagersystem* folgende *Betriebsarten* oder *Fertigungsstrategien* möglich:

- *Auftragsfertigung*: Alle eingehenden Aufträge werden an den Produktionsbereich zur Ausführung weitergeleitet. Die Produktion bearbeitet zu 100 % externe Aufträge. Abgesehen von einem Ausgangspuffer ist ein Fertigwarenlager nicht erforderlich.
- *Lagerfertigung*: Alle Aufträge werden an den Lagerbereich weitergeleitet und aus dem Fertigwarenbestand bedient. Die Produktion arbeitet zu 100 % für den Lagernachschub.
- *Auftrags- und Lagerfertigung*: Ein Teil der externen Aufträge wird an die Produktion und der restliche Teil an den Lagerbereich zur Ausführung gegeben. Die Produktion führt mit einem *Anteil* p ihrer Kapazität externe Aufträge und mit dem Anteil 1-p interne Lagernachschubaufträge aus.

Diese Fertigungsstrategien lassen sich mit den nachfolgenden *Dispositionsstrategien* und den in *Kapitel 11* dargestellten *Nachschubstrategien* kombinieren.

10.2 Bearbeitungsstrategien

Nach Überprüfung der Richtigkeit und Vollständigkeit des Auftragsinhalts beginnt die *Auftragsvorbereitung* mit der Zerlegung der externen Aufträge in Teilaufträge, die in einem zusammenhängenden Auftragsprozeß ausgeführt werden. Wenn zur Ausführung eines Teilauftrags eine Hauptleistungskette mit Nebenketten erforderlich ist, muß der Auftrag nach einer *Stückliste* weiter aufgelöst werden in *Komponenten*, *Teile* und *Module*, die aus den Nebenketten auf die Hauptkette zulaufen.

Auf die Zerlegung und Stücklistenauflösung der externen Aufträge folgt die Zuweisung der hieraus resultierenden *internen Aufträge* zu den Leistungsstellen oder Leistungsketten, von denen die Aufträge ausgeführt werden sollen. Für die dezentrale Auftragsdisposition besteht die Möglichkeit der *Einzelbearbeitung* oder der *Sammelbearbeitung* sowie der *Komplettbearbeitung* oder der *Teilbearbeitung* der internen Aufträge. Außerdem sind Kombinationen dieser *Bearbeitungsstrategien* möglich.

Bei der Leistungsproduktion ist zu unterscheiden zwischen einem *kontinuierlichem* und einem *diskontinierlichem Betrieb.* Diese *Betriebsarten* oder *Fertigungsstrategien* sind abhängig von der *Verfahrenstechnik* und von der *Relation des Auftragseingangs zur Produktionskapazität*:

- *Kontinuierlicher Betrieb*: Solange der Auftragseingang größer ist als die Produktionskapazität oder wenn aufgrund der Verfahrenstechnik ein ununterbrochener Prozeß erforderlich ist, werden die betreffenden Leistungs- und Fertigungsstellen durchlaufend betrieben.
- *Diskontinuierlicher Betrieb*: Wenn der Auftragseingang kleiner als die Produktionskapazität ist und die Verfahrenstechnik Unterbrechungen zuläßt, wird der Betrieb der Fertigungs- oder Leistungssstellen unterbrochen, solange keine Aufträge zu bearbeiten sind.

Für den diskontinuierlichen Betrieb muß der Start der Auftragsbearbeitung geregelt werden. Hierfür besteht die Möglichkeit der *Sofortausführung*, der *Terminausführung* und der *Vorabausführung.*

Die möglichen *Fertigungsstrategien* und ihre *Strategievariablen* sind in *Tabelle 10.1* einander gegenübergestellt. Die Tabelle enthält außerdem Angaben zu den qualitativen Auswirkungen der Fertigungsstrategien auf die Durchlaufzeiten und die Lagerbestände.

Die nachfolgend beschriebenen Bearbeitungsstrategien sind mit den *Strategievariablen* in *Tabelle 10.2* aufgeführt. In dieser Tabelle sind auch die qualitativen Auswirkungen der Bearbeitungstrategien auf die *Prozeßkosten*, die mittleren *Durchlaufzeiten* und die *Termintreue* bewertet [11; 104].

Fertigungsstrategie Strategievariable	**Durchlaufzeiten**	**Lagerbestand**
Auftragsfertigung Mindestlosgröße	-- bis ++ auslastungsabhängig	++ ohne Fertigbestand
Lagerfertigung Nachschubmenge	++ auslastungsunabhängig	-- bis o bedarfsabhängig
Kontinuierlicher Betrieb Laufzeiten	-- bis ++ bedarfsabhängig	-- bis o bedarfsabhängig
Diskontinuierlicher Betrieb Startzeiten	o bis ++ auslastungsabhängig	-- bis ++ Lager- bzw. Auftragsf.

Tab. 10.1 Auswirkungen der Fertigungsstrategien

optimale Zeilerfüllung: ++
gute Zielerfüllung: +
keine Auswirkung: o
nachrangige Zielerfüllung: -

Bearbeitungsstrategie Strategievariable	**Prozeßkosten**	**Durchlaufzeiten**	**Termintreue**
Einzelbearbeitung keine	-	++	-
Sammelbearbeitung Batchgröße	++	--	+
Komplettbearbeitung keine	-	++	+
Teilbearbeitung Teilungsanzahl, Teilmengen	++	-	+
Sofortausführung keine	-	+	o
Terminausführung Starttermin	+	o	+
Vorabausführung Starttermin oder Losgröße	+	++	++
Parallelbearbeitung Stationszahl, Teilmengen	+	++	+

Tab. 10.2 Bearbeitungsstrategien und Strategiewirksamkeit

1.1 Einzelbearbeitung

Jeder Auftrag wird in der zugewiesenen Leistungsstelle gesondert eingeplant und unabhängig von anderen Aufträgen ausgeführt. Die Einzelbearbeitung ist die einfachste Bearbeitungsstrategie und erfordert keinen zusätzlichen Organisationsaufwand.

Die *Vorteile* der Einzelbearbeitung sind kurze Durchlaufzeiten, die Möglichkeit kundenspezifischer Bearbeitungsfolgen und die sofortige Ausführbarkeit von *Eilaufträgen.* Ein weiterer Vorteil besteht darin, daß die Einzelaufträge nicht wie bei der Sammelbearbeitung nach Auftragsabschluß getrennt und sortiert werden müssen.

Diese Vorteile werden durch folgende *Nachteile* erkauft:

- *hohe Rüst-, Tot- und Wegzeitanteile* mit der Folge höherer Prozeßkosten,
- *größere Schwankungen* der Durchlaufzeiten und geringere Termintreue,

- *schlechtere Auslastung* der Betriebsmittel und Anlagen,
- *geringere Füllungsgrade* von Ladeeinheiten und Transportmitteln.

Eine Einzelbearbeitung ist unvermeidlich, wenn es keinen Auftragsbestand gleichartiger Aufträge gibt, die sich bündeln lassen, wenn eine Ausführung nach Dringlichkeit unbedingt notwendig ist oder wenn von den Abnehmern kürzeste Lieferzeiten gefordert sind.

1.2 Sammelbearbeitung

Eine Anzahl von c_B Aufträgen, die den gleichen Bearbeitungsprozeß haben, wird zu einem *Auftragsstapel* (*Batch*) zusammengefaßt, der als interner *Sammel-, Batch- oder Serienauftrag* eine oder mehrere Leistungsstellen durchläuft. Die Sammelbearbeitung setzt einen Auftragsbestand voraus.

Die *Batchgröße* c_B – in der Fertigung *Losgröße* oder *Chargengröße,* in der Logistik *Pulklänge* oder *Seriengröße* genannt – ist eine *Strategievariable*, die zur Optimierung von Kosten oder Durchlaufzeiten genutzt werden kann.

In der *Fertigung* wird die Sammelbearbeitung als *Losgrößenfertigung* bezeichnet. Bei hohen Rüstkosten muß die Losgröße für eine wirtschaftliche Produktion größer als sein als eine bestimmte *Mindestlosgröße*, die eine *untere Restriktion* für die Losgrößenfertigung darstellt.

In der *Logistik* wird die Strategie der Sammelbearbeitung auch als *Batchbetrieb*, *Serienbearbeitung* oder *schubweise Abfertigung* bezeichnet. Die Batchgröße oder Pulklänge ist nach oben durch das *Fassungsvermögens* der Transportmittel und das Aufnahmevermögen der Transportelemente oder Stationen begrenzt. Das Fassungsvermögen und das Aufnahmevermögen sind daher *obere Restriktionen* für den Batchbetrieb und die schubweise Abfertigung.

Die Sammelbearbeitung bietet eine Reihe von *Vorteilen*, die sich vor allem bei vielen Kleinaufträgen positiv auswirken:

- geringere anteilige Rüst-, Tot- und Wegzeitanteile,
- dadurch höhere Durchsatzleistungen und geringere Prozeßkosten,
- geringere Schwankungen der Durchlaufzeiten und bessere Termintreue,
- höhere Auslastung von Betriebsmitteln und Anlagen,
- besserer Füllungsgrad der Lade- und Transporteinheiten.

Die *Nachteile* der Sammelbearbeitung sind:

- organisatorischer Zusatzaufwand,
- längere Durchlaufzeiten,
- beschränkte Möglichkeit einer vorrangigen Bearbeitung von Eilaufträgen,
- Notwendigkeit der abschließenden Trennung und Sortierung der Einzelaufträge.

Durch die *Seriengröße*, die *Reihenfolge* der Aufträge innerhalb einer Serie und geeignete *Prioritäten* für die Bearbeitungsfolge mehrerer Serienaufträge ist es in Grenzen möglich, die Terminforderungen zu erfüllen *und* die Prozeßkosten zu optimieren.

Im Extremfall ergibt die Optimierung entweder eine Batchlänge $c_B = 1$, das heißt eine Einzelbearbeitung, oder die Batchlänge $c_B = \infty$, das heißt einen kontinuierlichen Betrieb.

2.1 Komplettbearbeitung
Jeder Auftrag wird in einer Leistungsstelle in einem Arbeitsgang vollständig ausgeführt. Die Komplettbearbeitung ist ohne zusätzlichen Organisationsaufwand durchführbar. Das Auftragsergebnis entsteht geschlossen. Die Auftragsdurchlaufzeit ist minimal.

Eine Komplettbearbeitung ist in der Regel für Eilaufträge unerläßlich oder aus verfahrenstechnischen Gründen notwendig. In vielen Fällen wird auch vom Auftraggeber eine Komplettbearbeitung gefordert. Ein Vorteil der Komplettbearbeitung ist, daß keine Teilmengen zwischengelagert und am Ende zusammengeführt werden müssen.

Für Großaufträge, deren Bearbeitung länger als eine Schicht dauert, kann die Komplettbearbeitung zu Mehrschichtbetrieb, Überstunden oder Wochenendarbeit und damit zu Mehraufwand führen. Außerdem wird die betreffende Leistungsstelle für längere Zeit blockiert.

Nach Abschluß eines Komplettauftrags gegen Ende einer Schicht oder eines Betriebstags kann für die Leistungsstelle eine *Restzeit* verblieben, die nicht mehr für andere Aufträge nutzbar ist. Dadurch verschlechtert sich unter Umständen die Auslastung und die Kapazitätsnutzung.

2.2 Teilbearbeitung
Wenn sich daraus Vorteile ergeben, wird ein Auftrag in zwei oder mehr Teilen ausgeführt, um zwischendurch andere Aufträge zu bearbeiten. *Strategieparameter* der Teilbearbeitung sind die *Teilungsanzahl*, in die ein Auftrag aufgeteilt wird, und die *Teilauftragsmengen*, die in einem Stück gefertigt werden. Restriktionen sind die *Restauftragsmenge* und die *Mindestauftragsmenge*, die in einem Stück ausgeführt werden müssen.

Eine Teilauftragsbearbeitung bietet folgende *Handlungsmöglichkeiten*:

- Vorziehen und Einschieben von Eilaufträgen,
- Unterbrechung bei Schichtende,
- Optimierung der Auslastung und Kapazitätsnutzung,
- Verminderung von Anbruch- und Verschnittverlusten,
- Füllungsgradoptimierung von Lade- und Transporteinheiten.

Nachteile der Teilauftragsbearbeitung sind:

- erhöhter Organisationsaufwand,
- Zwischenspeicherbedarf für Teilmengen,
- Zusammenführung der Teilauftragsmengen,
- längere Auftragsdurchlaufzeiten.

Eine Teilauftragsbearbeitung ist für *Großaufträge* oft aus technischen Gründen unvermeidlich, beispielsweise wenn die Transportmenge das Fassungsvermögen eines Transportmittels überschreitet oder wenn die geforderte Menge nicht in einem Arbeitsgang gefertigt werden kann.

3.1 Sofortausführung
Jeder zugeteilte Einzel- oder Sammelauftrag wird von der betreffenden Leistungs- oder Fertigungsstelle ausgeführt, sobald hierfür Kapazität frei ist. Die Sofortausführung impliziert eine Auftragsabfertigung nach der *First-Come-First-Go-Strategie.*

Bei einer Sofortbearbeitung bildet sich vor jeder Leistungs- und Fertigungsstelle eine *Auftragswarteschlange*, deren Länge von der Kapazitätsauslastung und von den Schwankungen des Auftragseingangs und der Abfertigungszeiten abhängt (s. *Abschnitt 13.5*). Hieraus resultieren stochastisch schwankende *Auftragsdurchlaufzeiten*, die sich negativ auf die Termintreue auswirken.

Wenn die Leistungs- oder Abfertigungskapazität deutlich größer als der Auftragseingang ist und die stochastischen Schwankungen von Auftragseingang und Abfertigung nicht zu groß sind, sichert die Sofortausführung kürzeste Auftragsdurchlaufzeiten. Sie verzichtet jedoch auf die Möglichkeiten und Vorteile anderer Abfertigungsstrategien.

Daher wird die Sofortausführung in der Regel beschränkt auf wichtige Eilaufträge, für die bei zulässiger Teilbearbeitung auch eine Unterbrechung weniger dringlicher Aufträge sinnvoll sein kann. Der Anteil der sofort auszuführenden Eilaufträge darf jedoch 5 % nicht überschreiten, um die Wirksamkeit der anderen Strategien nicht zu verwässern.

3.2 Terminausführung
Terminausführung heißt, daß die Aufträge nach einer *festen Zeitstrategie* ausgeführt werden. Eine feste Zeitstrategie determiniert die Abfertigungsreihenfolge und ist nur begrenzt kompatibel mit den Reihenfolgestrategien. Feste Zeitstrategien sind:

Vorwärtsterminierung
Rückwärtsterminierung (10.2)
Just-In-Time-Ausführung
Engpaßterminierung.

Diese Zeitstrategien sind in *Abschnitt 8.8* und *8.9* genauer beschrieben und in den *Abb.8.2* und *8.3* dargestellt.

Wie die Sofortausführung legt die Just-In-Time-Ausführung die Ausführungsreihenfolge der Aufträge vollständig fest. Die Vorwärtsterminierung, die eine spezielle Vorabausführungsstrategie ist, und die Rückwärtsterminierung lassen sich in Grenzen mit den Reihenfolgestrategien kombinieren. Die Engpaßterminierung ist am flexibelsten mit anderen Bearbeitungs- und Abfertigungsstrategien kombinierbar.

3.3 Vorabausführung
Vorabausführung heißt, daß eine Leistungs- oder Fertigungsstelle Aufträge ausführt, die entweder terminlich noch nicht fällig sind oder für die noch keine externen Aufträge vorliegen.

Eine Vorabausführung eines Leistungsauftrags ist beispielsweise die vorzeitige Durchführung eines Transportauftrags oder die Ablieferung einer Sendung vor dem vereinbarten Zustelltermin. Wenn für die vorab produzierte Ware oder Leistung keine externen Aufträge vorliegen, wenn also nach anonymen Lagernachschubaufträgen gearbeitet wird, ist die Vorabfertigung eine *Lagerfertigung* (s. *Abschnitt 11.2*).

Die vorzeitige Ausführung von Aufträgen mit lagerbarem Ergebnis erfordert einen nachgeschalteten *Puffer* oder ein *Lager*. Die Höhe des Puffer- oder Lagerbestands wird bestimmt vom zeitlichen Verlauf der Produktion und des Abgangs der Produkte (s. *Abb. 10.3* bis *10.7*).

Eine Vorabausführung ist entweder aus verfahrenstechnischen Gründen notwendig, um einen kontinuierlichen Betrieb zu erreichen, oder das Ergebnis einer gezielten Strategie, wie einer der *Zeitstrategien* (10.2) oder der *Nachschubstrategien*, die im folgenden Kapitel behandelt werden. *Ziele der Vorabausführung* von extern abgesicherten Aufträgen und der *Lagerfertigung* nach anonymen Nachschubaufträgen sind:

optimale Kapazitätsauslastung
minimale Rüst- und Prozeßkosten
hohe Lieferfähigkeit (10.3)
minimale Lieferzeiten
hohe Termintreue.

Diese Strategieziele hängen teilweise voneinander ab und lassen sich nicht alle gleichzeitig erreichen. Bei der Vorabausführung externer Aufträge ist der *Strategieparameter* der *Starttermin* und bei der Vorabausführung anonymer Lagernachschubaufträge die *Losgröße*.

10.3 Zuordnungsstrategien

Für die Zuordnung der internen Aufträge zu den parallelen Stationen oder Prozeßketten, die für eine Ausführung zur Auswahl stehen, gibt es unterschiedliche Strategien. Maßgebend für die *Zuordnungsstrategie*, nach der die zentrale Auftragsdisposition arbeitet, ist die Priorität der *Ziele*:

gleichmäßige Kapazitätauslastung
maximale Stationsauslastung
kleinster Auftragspuffer
minimale Wartezeit (10.4)
kürzeste Durchlaufzeit
geringste Bestände
minimale Prozeßkosten.

Um die jeweils zielführende Zuordnung vornehmen zu können, ist es erforderlich, laufend die Kapazitätsauslastung, die Länge der Auftragspuffer und die Höhe der Bestände zu verfolgen und für jeden neu hereinkommenden Auftrag die Länge der Durchlaufzeit und die Höhe der Prozeßkosten zu errechnen. Konkrete Zuordnungsstrategien für logistische Leistungsstellen sind in *Abschnitt 10.5* und in *Abschnitt 13.3* angegeben.

Bei zulässiger Auftragsteilung ist eine weitere Zuordnungsstrategie die

- *Parallelbearbeitung*: Der Auftrag wird in soviele Teile zerlegt, wie freie Leistungs- oder Fertigungsstationen zur Verfügung stehen, und von diesen gleichzeitig ausgeführt.

Strategieparameter der Parallelbearbeitung sind die *Anzahl der Parallelstationen* und die *Mengen der Teilaufträge*, die den Parallelstationen zugewiesen werden.

Der wesentliche Vorteil der Parallelbearbeitung ist die Möglichkeit einer erheblichen Verkürzung der Auftragsdurchlaufzeiten für Großaufträge. Zusätzlich lassen sich durch eine Aufteilung und Zuordnung von Großaufträgen zu Parallelstationen in manchen Fällen die Kosten senken.

Die Parallelbearbeitung ist jedoch mit Mehraufwand verbunden, der einen Teil der Kosteneinsparung aufzehren kann: die Teilaufträge sind auf mehrere Stellen zu verteilen; die parallele Ausführung muß koordiniert und synchronisiert werden; die resultierenden Auftragsergebnisse sind an einer Stelle zusammenzuführen und dort zu sammen, bis der letzte Teilauftrag fertiggestellt ist.

Die Parallelbearbeitung von Großaufträgen wird seit langem in der Fertigung und in der Logistik – insbesondere im Großanlagenbau und auf Großbaustellen – praktiziert. Von der Strategie der Parallelbearbeitung wird auch in *Hochleistungsrechnern* für die Abarbeitung von größeren Berechnungs- und Sortieraufträgen Gebrauch gemacht.

10.4 Abfertigungsstrategien

Soweit die Reihenfolge der Auftragsdurchführung nicht bereits durch Zeitstrategien und Bearbeitungsstrategien festgelegt ist, hat die dezentrale Auftragsdisposition einer Leistungs- und Fertigungsstelle die Handlungsfreiheit, durch unterschiedliche *Reihenfolgestrategien* und *Prioritätsregeln* die Kosten zu senken, die Leistung zu steigern, die Durchlaufzeit zu verkürzen oder andere Ziele zu erreichen.

Das Ergebnis der Reihenfolgediposition wird in der Automobilindustrie sehr anschaulich als *Perlenkette* bezeichnet. Die Perlenkette der Endmontage ist die bunte Reihenfolge der Fahrzeuge auf dem Montageband.

In *Tabelle 10.3* sind die nachfolgend beschriebenen *Abfertigungsstrategien* und ihre *Strategievariablen* zusammengestellt. Die Auswirkungen der Abfertigungsstrategien auf Durchsatzleistung, Warteschlangen und Wartezeiten werden in *Abschnitt 13.3* unter Anwendung der Grenzleistungsgesetze und der Warteschlangentheorie analysiert und quantifiziert.

Abfertigungsstrategie Strategievariable	**Prozeßkosten**	**Durchlaufzeiten**	**Termintreue**
First-In-First-Out Lieferzeitfolge	--	+	+
First-Come-First-Go Startzeitfolge	--	+	-
Dringlichkeitsfolge Dringlichkeitsklassen	-	+	++
Zeitbedarfsfolge an- oder absteigende Auftragsprozeßzeit	o	+	o
Rüstkostenfolge Reihenfolge	++	-	o
Rüstzeitfolge Reihenfolge	+	+	+
Wertfolge an- oder absteigender Auftragswert	+	--	o
Mengenfolge an- oder absteigende Auftragsmenge	+	--	o

Tab. 10.3 Wirksamkeit der Abfertigungsstrategien

1. First-In-First-Out und First-Come-First-Go

Bei der *First-In-First-Out-Strategie* – kurz FIFO – wird der Auftrag, der zuerst ankommt, *zuerst fertiggestellt*. Die *Reihenfolge der Fertigstellungstermine* ist gleich der Reihenfolge des Auftragseingangs.

Bei der *First-Come-First-Go-Strategie* – kurz FIGO – wird mit dem Auftrag, der zuerst ankommt, *zuerst begonnen*. Die *Reihenfolge der Starttermine* ist gleich der Reihenfolge des Auftragseingangs.

Wenn die Durchlaufzeiten paralleler Leistungsstellen gleich lang sind oder keine parallele Bearbeitung möglich ist, sind die FIGO-Fertigstellungstermine gleich den FIFO-Fertigstellungsterminen. Dann ist die FIFO-Strategie identisch mit der FIGO-Strategie.

2. Dringlichkeitsfolgen
Die Aufträge des Auftragsbestands werden in zwei oder mehr *Dringlichkeitskategorien* eingeteilt. Die dringlichen Aufträge werden vor weniger dringlichen Aufträgen ausgeführt, *Eilaufträge* vor *Normalaufträgen.*

Im Extremfall hat jeder Auftrag einen extern vorgegebenen Fertigstellungstermin, der die Reihenfolge der Starttermine bestimmt.

3. Zeitbedarfbedarfsfolgen
Die Aufträge des Auftragsbestands werden nach absteigender oder aufsteigender Durchlaufzeit, die entweder für den Leistungs- oder Fertigungsprozeß einer Station oder für das Durchlaufen einer längeren Prozeßkette benötigt wird, geordnet und in der Reihenfolge des *Zeitbedarfs* ausgeführt.

4. Rüstfolgestrategien
Die Aufträge eines Auftragsbestands werden so geordnet und nacheinander ausgeführt, daß die Summe der bei Auftragswechsel anfallenden *Rüstkosten* oder *Rüstzeiten* minimal ist.

Beispielsweise werden die Aufträge in einem Abfüllbetrieb, einer Druckerei oder einer Stoffärberei in *Hell-Dunkel-Folge* ausgeführt. Dunklere Farben folgen auf hellere Farben, um Reinigungszeiten oder Makulatur zu minimieren.

5. Wertfolgen
Aufträge mit hohem Auftragswert werden vor Aufträgen mit geringerem Wert ausgeführt, oder umgekehrt, geringwertige Aufträge vor hochwertigen Aufträgen:

Bei einer Auftragsfertigung erhöht die Ausführung in *absteigender Wertfolge* die Liquidität und spart Zinsen, wenn die Aufträge sofort fakturiert werden können.

Wenn auf Lager gefertigt wird oder die Aufträge erst zu einem späteren Termin fakturiert werden, vermindert die Ausführung in *aufsteigender Wertfolge* die Kapitalbindung und den Zinsaufwand.

6. Mengenfolgen
Aufträge mit großer Stückzahl oder großer Auftragsmenge werden vor Aufträgen mit kleinen Mengen oder Stückzahlen ausgeführt.

7. Wirksamkeit der Abfertigungstrategien
Wie die Bewertung in *Tabelle 10.3* zeigt, sind die drei Ziele *Kostensenkung*, *Durchlaufzeitverkürzung* und *Termintreue* durch die Abfertigungsstrategien unterschiedlich und nicht gleichzeitig erreichbar:

- Die Reihenfolgestrategien nach FIFO, FIGO und Dringlichkeit sind auf die Verkürzung der Durchlaufzeiten und die Termintreue ausgerichtet.
- Die Rüstkostenminimierung zielt auf eine Senkung der Prozeßkosten ab.
- Mit einer Minimierung der Rüstzeiten lassen sich Kosten und Durchlaufzeiten senken.
- Die Ausführung nach Zeitbedarf bewirkt bei leichter Kostensenkung eine bessere Termintreue.
- Eine Ausführung nach Wertfolge oder Menge kann Zinskosten sparen.

Die Wirksamkeit der Abfertigungsstrategien ist unterschiedlich und bei einigen Strategien, wie der Reihenfolge nach Zeit- oder Mengenbedarf, relativ gering. Bevor für die Realisierung einer Strategie Aufwand getrieben wird, ist daher der *Strategieeffekt* sorgfältig zu analysieren und wenn möglich zu quantifizieren.

10.5 Auftragsfertigung und Lagerfertigung

Zwischen Auftragsfertigung und Lagerfertigung wird in vielen Unternehmen nach qualitativen Kriterien oder aufgrund von Erfahrungen – entweder pauschal für bestimmte Artikel und Auftragsarten oder fallweise für einzelne Aufträge – entschieden. Nur in Ausnahmefällen werden für diese grundlegende Entscheidung *Modellrechnungen* durchgeführt oder programmierbare *Algorithmen* eingesetzt.

In *Abschnitt 11.2* werden die Auswirkungen der Entscheidung zwischen Auftragsbeschaffung und Lagerbeschaffung aus Sicht des Abnehmers analysiert und *Auswahlkriterien für lagerhaltige Artikel* hergeleitet. Hier wird ein *Algorithmus* zur Berechnung der wichtigsten Zielgrößen für unterschiedliche Fertigungs- und Dispositionsstrategien des Produzenten beschrieben.

Der Algorithmus wird für das in *Abb. 10.2* gezeigte, relativ einfache Produktions- und Lagersystem entwickelt und anhand eines Beispiels aus der Automobilindustrie erläutert. Eine Erweiterung des Algorithmus auf Leistungs- und Fertigungsbäume mit einer Hauptleistungskette und mehreren Nebenketten ist grundsätzlich möglich. Das beschriebene Verfahren – jeweils projektspezifisch angepaßt – hat sich in verschiedenen Beratungsprojekten in der Getränkeindustrie, der Chemie, der Zigarettenindustrie und der Automobilindustrie bewährt und zu erheblichen Verbesserungen und Einsparungen geführt.

Die wichtigste Eingabegröße der Modellrechnungen ist der *Auftragseingang* pro Periode

$$AE(i) \quad i=1,2,\ldots,\mathrm{N}_{\mathrm{PE}} \qquad [\mathrm{ME}/\mathrm{PE}] \qquad (10.5)$$

gemessen in den jeweiligen *Mengeneinheiten* [ME] der Produktion.

Der betrachtete *Planungs-* oder *Untersuchungszeitraum* kann ein *Tag*, eine *Woche*, ein *Jahr* oder ein noch längerer Zeitraum sein, der ab Beginn t_A aufgeteilt ist in N_{PE} *Perioden*

$$PE(i) = [t_\mathrm{A} + (i-1)\mathrm{T}_{\mathrm{PE}};\, t_\mathrm{A} + i\mathrm{T}_{\mathrm{PE}}] \qquad i=1,2,\ldots,\mathrm{N}_{\mathrm{PE}}. \qquad (10.6)$$

Die *Periodenlänge* T_{PE} ist eine *Stunde*, ein *Arbeitstag* oder eine andere zweckmäßige Zeitspanne (s. *Abschnitt 8.2*). Die nachfolgenden Modellrechnungen werden für einen Planungszeitraum von einem Jahr mit einer Periodeneinteilung in 250 Arbeitstage [AT] durchgeführt.

Für den Auftragseingang (10.5) kann mit echten Vergangenheitswerten oder mit einer Testfunktion gerechnet werden. In den Modellrechnungen wird die *Testfunktion* (9.59) verwendet, die den Vorteil hat, daß der *Trendverlauf*, das *Saisonverhalten* und die *Zufallsabhängigkeit* des Auftragseingangs gezielt verändert werden können. Damit lassen sich auch die Auswirkungen dieser externen Einflußfaktoren analysieren.

1. Produktionskapazität und Produktionsleistung

Die *Produktionskapazität* ist gleich der *maximalen Produktionsleistung* PL_{max} pro Periode, also die maximale Leistungsmenge, die in einer Periode produziert werden kann.

Die Produktionsleistung wird einerseits durch die *technische Grenzleistung* μ_P [ME/h] des Leistungs- oder Fertigungsbereichs und andererseits durch die *maximale Betriebszeit* BZ_{max} [h/PE] pro Periode bestimmt:

$$PL_{max} = \mu_p \cdot BZ_{max} \quad [ME/PE]. \tag{10.7}$$

Soweit arbeitsrechtlich möglich und verfahrenstechnisch zulässig, kann die *Produktionsleistung* $PL(i)$ in der Periode i durch eine *variable Betriebszeit* $BZ(i)$ dem Bedarf angepaßt werden. Damit ist:

$$PL(i) = \mu_p \cdot BZ(i) \quad [ME/PE]. \tag{10.8}$$

Bei größerem Auftragsbestand ist eine Leistungssteigerung durch Überstunden oder Mehrschichtbetrieb möglich. Bei nachlassendem Auftragseingang sind Kurzarbeit oder Ausfallschichten mögliche Anpassungsmaßnahmen.

Eine flexible Anpassung der Betriebszeiten an die aktuelle Auftragslage wird als *flexible Fertigung* oder *atmende Fabrik* bezeichnet. In einer atmenden Fabrik bestimmen der Auftragseingang und die Fertigungsstrategie die Produktionsfunktion $PL(i)$ und diese nach der Umkehrbeziehung

$$BZ(i) = PL(i) / \mu_p \quad [h/PE] \tag{10.9}$$

die Betriebszeiten.

In einer Fertigung mit einem *festen Betriebszeitplan*, der zu Beginn des Planungszeitraums auf den erwarteten Bedarf abgestimmt wird, begrenzen die geplanten *Betriebszeiten* $BZ(i)$ gemäß Beziehung (10.8) die Produktionsleistung $PL(i)$. Wenn in einem Zeitraum $[i_1; i_2]$ *Werksferien* vereinbart sind, ist für $i \in [i_1; i_2]$ die Produktionsleistung $PL(i) = 0$.

In vielen Fällen kann die Produktion nicht sofort oder noch in der gleichen Periode auf den Auftragseingang reagieren, sondern erst $x \geqslant 1$ Perioden später. Die *Reaktionszeit* x heißt auch *Einfrierzeit* (*freezing time*), weil nur bis zu x Perioden vor der Produktionsperiode eine Umdisposition möglich und danach die *Perlenkette* der Produktionsaufträge eingefroren ist.

In der Regel gibt es eine *Mindestbetriebszeit* BZ_{min} [h/PE], die für eine wirtschaftliche Produktion nicht unterschritten werden darf, und damit eine *minimale Produktionsleistung:*

$$PL_{min} = \mu_p \cdot BZ_{min} \quad [ME/PE]. \tag{10.10}$$

Nachdem die Produktion einmal wegen Auftragsmangel unterbrochen wurde, ist ein Wiederanlauf der Produktion wegen der damit verbundenen Anlauf- und Rüstkosten erst sinnvoll, wenn der Auftragsbestand eine bestimmte *Mindestlosgröße* LG_{min} [ME] erreicht hat.

In den den Modellrechnungen wird eine Automobilfabrik für Personenwagen [Fz] mit einer maximalen Produktionsleistung im Dreischichtbetrieb von 750 Fz/AT und einer Reaktionszeit von 1 Tag betrachtet. Die wirtschaftliche Mindestbetriebszeit ist der Einschichtbetrieb. Die minimale Produktionsleistung beträgt dann 250 Fz/Tag. Ein Produktionsstart ist ab einer Zweischichtproduktion von einer Woche sinnvoll, das heißt für eine Mindestlosgröße von 2.500 Fahrzeugen.

1. Auftragsfertigung

Mit einer *Produktionsleistung* $PL(i)$, einem *Produktionsauftragseingang* $AE_P(i)$ und einem Auftragsbestand $AB_P(i\text{-}1)$ am Periodenanfang ergibt sich der

- *Produktionsauftragsbestand* am Periodenende:

$$AB_p(i) = \text{MAX}\big(0; AB_p(i-1) + AE_p(i) - PL(i)\big) \quad [\text{ST}]. \tag{10.11}$$

Bei einer kombinierten Auftrags- und Lagerfertigung (s.u.) kann die Produktion in einer Periode größer sein ist als die Summe von Auftragsanfangsbestand und Auftragseingang. Dann sinkt der Auftragsbestand am Periodenende auf Null und es entsteht ein Fertigbestand.

Bei *konstanter Fertigung* ist die Produktionsleistung $PL(i)$ nach Beziehung (10.8) durch den Betriebszeitplan fest vorgegeben. Bei *flexibler Fertigung* beginnt die Produktion, wenn x Perioden zuvor der Produktionsauftragsbestand größer ist als die Mindestlosgröße. Sie läuft dann mit maximaler Leistung PL_{max} bis der Auftragsbestand $AB(i\text{-}x)$ zum Freezing-Zeitpunkt $i\text{-}x$ kleiner ist als die Produktionskapazität. In der darauf folgenden Periode wird der Restbestand $AB(i\text{-}x)$ abgearbeitet. Sinkt der Auftragsbestand damit unter die minimale Produktionsleistung PL_{min}, wird die Produktion solange unterbrochen, bis der Auftragsbestand wieder auf die Mindestlosgröße angestiegen ist.

Hieraus ergibt sich der *Algorithmus* für die

- *Produktionsleistung* bei flexibler Fertigung

$$PL(i) = \begin{cases} \text{MIN}\big(PL_{\text{max}}; AB_{\text{p}}(i-x)\big) & \text{wenn } AB_{\text{p}}(i-x) > LG_{\text{min}} \\ \text{MIN}\big(PL_{\text{max}}; AB_{\text{p}}(i-x)\big) & \text{wenn } AB_{\text{p}}(i-x-1) > AB_{\text{p}}(i-x) > PL_{\text{min}}. \\ 0 & \text{wenn } AB_{\text{p}}(i-x-1) < AB_{\text{p}}(i-x) > LG_{\text{min}}. \end{cases} \tag{10.12}$$

Die Produktionsdurchlaufzeit $DZ_P(i)$ zum Zeitpunkt i ist bei kontinuierlicher Produktion gleich der Reaktionszeit x plus der Zeit, in der der aktuelle Auftragsbestand (10.12) abgearbeitet wird. In den Zeiten ohne Produktion kommt die Wartezeit $(LG_{min}-AB_P(i))/AE_P(i)$ bis zum Erreichen der Mindestmenge hinzu. Hieraus folgt für die

- *Produktionsdurchlaufzeit*

$$DZ_p(i) = \begin{cases} x + AB_p(i)/PL_{max} & \text{wenn } AB_p(i-x) > LG_{min} \\ x + \left(LG_{min} - AB_p(i)\right)/AE_p(i) + AB_{min}/PL_{max} & \\ & \text{wenn } AB_p(i-x-1) < AB_p(i-x) < LG_{min} \\ x + AB_p(i)/PL_{max} & \text{wenn } AB_p(i-x-1) > AB_p(i-x) > PL_{min}. \end{cases} \tag{10.13}$$

Für das o.g. Berechnungsbeispiel aus der Automobilproduktion und zwei verschiedene Auftragseingänge ist in den *Abb. 10.3* und *10.4 oben* der mit *Beziehung* (10.12) errechneten Verlauf der *Produktionsleistung* dargestellt und *unten* der daraus nach *Beziehung* (10.11) resultierende *Auftragsbestand*. Für den Auftrags-

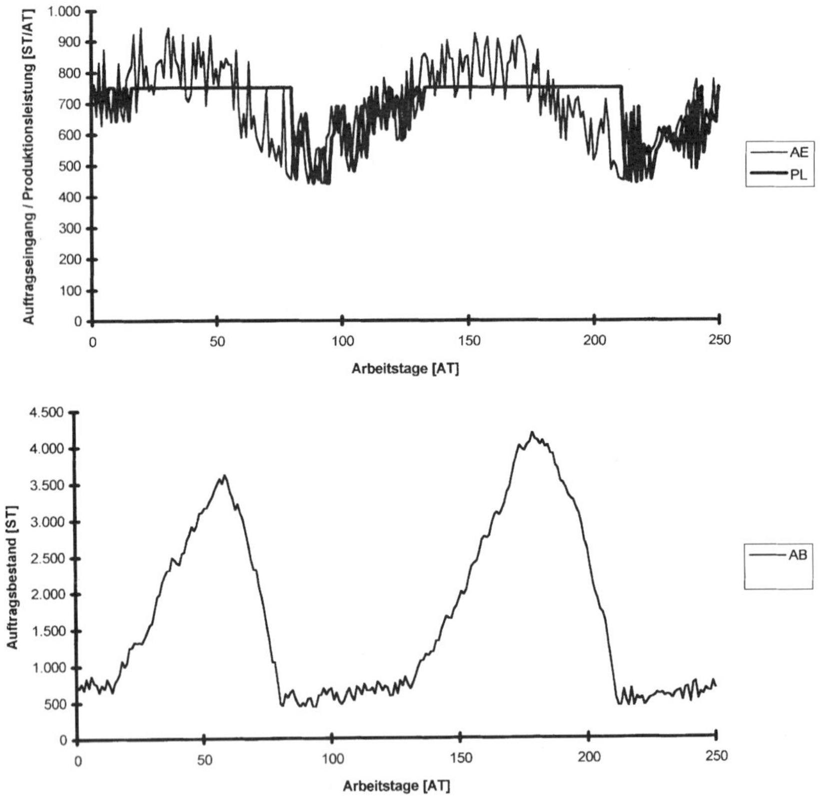

Abb. 10.3 Produktionsfunktion und Auftragsbestand bei kontinuierlicher flexibler Auftragsfertigung

AE	Auftragseingang	$AE_{mittel} = 700$ Fz/h
PL	Produktionsleistung	x = Reaktionszeit = 1 AT
PL_{min} = 250 FZ/AT		$PL_{max} = 750$ FZ/AT
AB	Auftragsbestand	

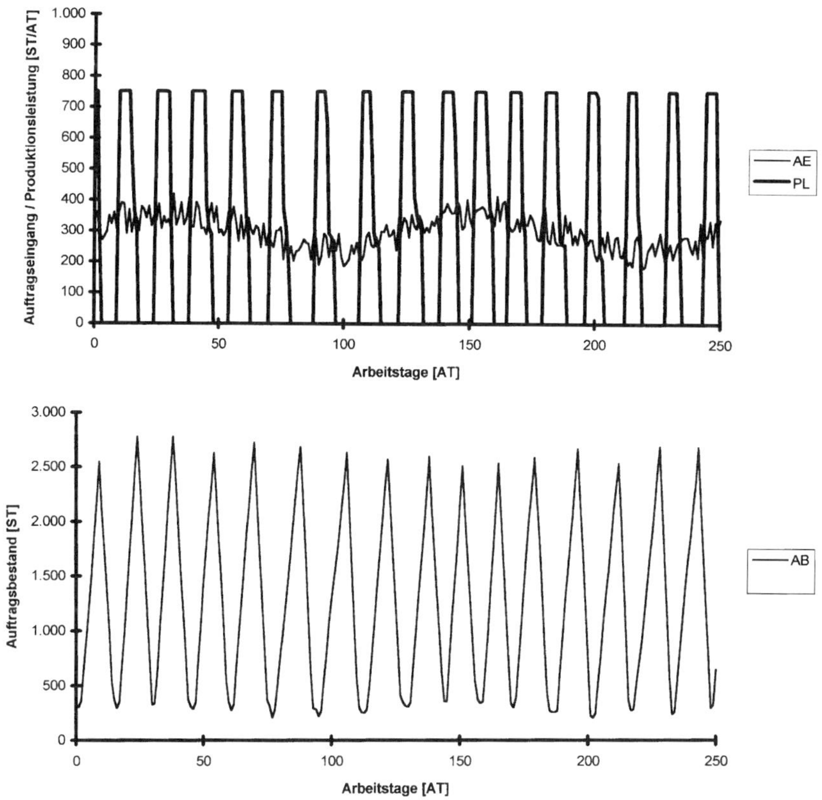

Abb. 10.4 Produktionsfunktion und Auftragsbestand bei diskontinuierlicher flexibler Auftragsfertigung

AE	Auftragseingang	AE_{mittel} = 250 Fz/h
PL	Produktionsleistung	x = Reaktionszeit = 1 AT
PL_{min} = 250 FZ/AT		PL_{max} = 750 FZ/AT
AB	Auftragsbestand	LG_{min} = Mindestlosgröße = 2.500 FZ

eingang wurde in diesen Modellrechnungen die *Testfunktion* (9.59) verwendet, die jeweils in den oberen Abbildungen zusammen mit den Produktionsfunktionen gezeigt ist.

Im ersten Fall, den *Abb. 10.3* zeigt, ist der mittlere Auftragseingang mit 700 Fz/AT so groß, daß der Auftragsbestand auch zu saisonschwachen Zeiten nicht unter die minimale Produktionsleistung absinkt. Daher ist eine *kontinuierliche Produktion* möglich, die vom 20. bis zum 75. Arbeitstag sowie vom 130. bis zum 223. Arbeitstag mit voller Kapazität arbeitet und sich in den Zwischenzeiten dem sinkenden Auftragsbestand anpaßt. In den Spitzenzeiten, in denen der Auftragseingang größer als die Fertigungskapazität ist, steigt der Auftragsbestand bis zu 4.000 Fahrzeuge. Danach sinkt er bei einer Reaktionszeit von 1 AT bis auf eine Tagesproduktion von 750 Fahrzeugen.

Für die Auftragsdurchlaufzeiten ergeben sich nach Beziehung (10.13) minimal 2 Arbeitstage, maximal 9 Arbeitstage und im Jahresmittel 6,8 Arbeitstage. Mit zunehmender Auslastung steigen die Auftragsdurchlaufzeiten an.

Im zweiten Fall mit einem mittleren Auftragseingang von 250 Fz/AT sinkt der Auftragsbestand, wie in *Abb. 10.4* dargestellt, immer wieder unter die minimale Produktionsleistung von 250 Fz/AT. Die Produktion bricht ab, nachdem der Auftragsbestand bis auf die Mindestproduktionsleistung abgearbeitet ist, und beginnt wieder, wenn der Auftragsbestand die Mindestlosgröße von 2.500 Fahrzeugen überschreitet. Daraus resulitiert eine *diskontinuierliche Produktion*. Für die Auftragsdurchlaufzeiten ergeben sich nach Beziehung (10.13) minimal 2 Arbeitstage, maximal 8 Arbeitstage und im Jahresmittel 3,9 Arbeitstage.

Wenn die Lieferzeiten der Auftragsproduktion für die Auftraggeber zu lang sind und dadurch Aufträge verloren gehen, ist ein möglicher Ausweg die Lagerfertigung.

2. Lagerfertigung

Bei reiner Lagerfertigung ergibt sich der Auftragseingang $AE_P(i)$ für die Produktion ausschließlich aus den Nachschubaufträgen für das Fertiglager.

Wenn der *Lagerbestand* $LB(i)$ in einer Periode i den *Meldebestand* MB unterschreitet, wird ein Nachschubauftrag mit einer *Nachschubmenge* $NM(\mathrm{i})$ ausgelöst, die entweder immer gleich groß oder bei optimaler Nachschubdisposition verbrauchsabhängig ist. Der *Meldebestand* ist gleich der Summe eines *Sicherheitsbestands* SB, der bei schwankendem Auftragseingang und veränderlichen Wiederbeschaffungszeiten eine geforderte *Lieferfähigkeit* sichert, und des Verbrauchs in der Wiederbeschaffungszeit, der vom externen Auftragseingang bestimmt wird. Verfahren und Formeln zur Berechnung der *optimalen Nachschubmenge* und des *Sicherheitsbestands* sind in *Kapitel* 11 angegeben.

Die *Wiederbeschaffungszeit* T_{WBZ} hängt ab von der *Produktionsdurchlaufzeit*, der in Periodenlängen T_{PE} gemessenen *Transportzeit* $TZ = z \cdot T_{PE}$ zwischen Produktion und Lager sowie von der Art der Nachschubauslieferung.

Für die Auslieferung an das Fertiglager sind folgende *Auslieferstrategien* möglich:

- *Geschlossene Nachschubauslieferung*: Die in einer oder aufeinander folgenden Prioden produzierte Nachschubmenge wird in einem *Fertigpuffer* (FP) angesammelt und erst an das *Fertiglager* (FL) ausgeliefert, wenn sie vollständig ist.
- *Kontinuierliche Nachschubauslieferung*: Die produzierte Nachschubmenge wird Stück für Stück, in vollen Lade- oder Transporteinheiten, oder jeweils am Ende einer Periode an das Fertiglager ausgeliefert.

Bei geschlossener Auslieferung ist die minimale Wiederbeschaffungszeit $T_{WBZ} = z + x + NM/PL_{max}$ und bei Auslieferung mindestens einmal pro Periode $T_{WBZ} = z + x$. Damit folgt bei einem *Lagerauftragseingang* $AE_L(i)$ für den

- *Meldebestand*

$$MB(i) = \begin{cases} SB + (z + x + NM / PL_{\max})AE_L(i) & \text{bei geschlossener Auslieferung} \\ SB + (z + x)AE_L(i) & \text{bei kontinuierlicher Auslieferung} \end{cases} \tag{10.14}$$

Bei optimaler Nachschubdisposition und reiner Lagerfertigung ergibt sich damit für den

- *Produktionsauftragsbestand* am Periodenende

$$AB_p(i) = \begin{cases} NM(i) & \text{wenn } LB(i-1) < LB(i) > MB \\ AB_p(i-1) - PL(i) & \text{wenn } LB(i-1) > LB(i) \\ 0 & \text{wenn } LB(i-1) > LB(i) < MB. \end{cases} \quad (10.15)$$

Aus dem Produktionsauftragsbestand (10.15) folgt mit dem Algorithmus (10.12) die Produktionsleistung.

Bei kontinuierlicher Nachschubauslieferung wird während der Produktionsphase laufend der Lagerbestand durch die Produktionsleistung $PL(i\text{–}z)$ der Tages $i\text{–}z$ aufgefüllt, an dem der Transport ans Lager abgeht. Gleichzeitig gehen vom Lagerbestand die Mengen des Auftrageingangs $AE(i)$ ab. Daher sind am Ende der Periode i

- *Fertigpufferbestand* $FB(i)$ und *Lagerbestand* $LB(i)$ bei *kontinuierlicher Auslieferung* an das Lager

$$\begin{aligned} &FB(i) = 0 \\ &LB(i) = LB(i-1) - AE_L(i) + PL(i-z). \end{aligned} \quad (10.16)$$

Bei geschlossener Nachschubauslieferung wird die fertig produzierte Nachschubmenge NM erst am Tag i der Fertigstellung aus dem Fertigpuffer an das Fertiglager geliefert. Sie kommt dort am Tag $i + z$ an und füllt den Lagerbestand wieder auf. Hieraus resultieren

- *Fertigpufferbestand* und *Lagerbestand* bei *geschlossener Auslieferung* an das Lager

$$\begin{aligned} &FB(i) = FB(i-1) + PL(i) - \text{WENN}\big(FB(i-1) + PL(i) = NM;\, NM;\, 0\big) \\ &LB(i) = LB(i-1) - AE_L(i) + \text{WENN}\big(FP(i-z-1) + PL(i) = NM;\, NM;\, 0\big). \end{aligned} \quad (10.17)$$

Für das Beispiel der Automobilproduktion zeigen die *Abb. 10.5* bei geschlossener Auslieferung und *Abb. 10.6* bei kontinuierlicher Auslieferung *oben* den mit diesen Beziehungen errechneten Verlauf der *Produktionsleistung* und *unten* den Verlauf des *Lagerbestands*. Aus dem Vergleich der beiden Modellrechnungen wie auch aus den Berechungsformeln ist ablesbar:

- Der Produktionsverlauf ist für beide Auslieferstrategien gleich, aber verschoben. Wegen der kürzeren Wiederbeschaffungszeit beginnt die Produktion für den Lagernachschub bei kontinuierlicher Auslieferung um $NM/2PL_{max}$ später.
- Der typische Sägezahnverlauf des Lagerbestands hat bei geschlossener Auslieferung senkrechte Anstiegsflanken und bei kontinuierlicher Auslieferung schräg verlaufende Anstiegsflanken.
- Der Lagerbestand ist bei kontinuierlicher Nachschubauslieferung fast um einen Faktor 2 geringer als bei geschlossener Nachschubauslieferung.

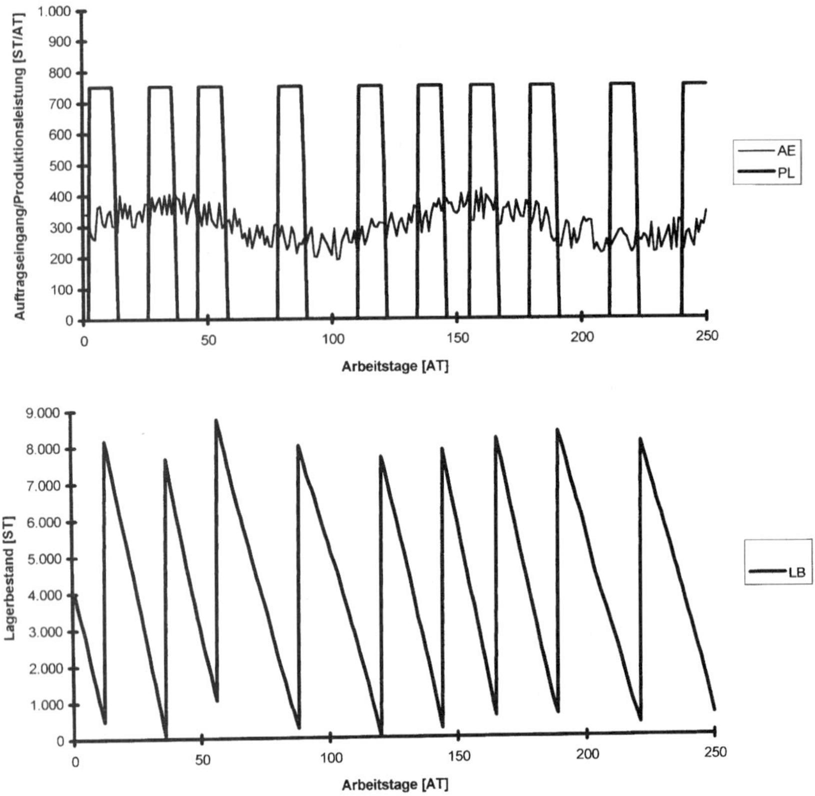

Abb. 10.5 Produktionsfunktion und Lagerbestand bei flexibler Lagerfertigung mit geschlossener Nachschubauslieferung

AE	Auftragseingang	$AE_{\text{mittel}} = 300$ Fz/h
PL	Produktionsleistung	$LG_{\text{min}} = 1.250$ FZ
$PL_{\text{min}} =$	250 FZ/AT	$PL_{\text{max}} = 750$ FZ/AT
LB	Lagerbestand	NM = Nachschubmenge = 8.000 FZ

- Der Unterschied zwischen geschlossener und kontinuierlicher Auslieferung verringert sich mit abnehmender Nachschubmenge und verschwindet, wenn der Nachschub in nur einer Periode produziert werden kann.

Wenn zwischen der Produktion und dem Fertiglager ein Transport stattfindet, ist die Auslieferung in vollen Lade- und Transporteinheiten kostenoptimal. Daraus ergibt sich die *optimale Nachschub- und Auslieferungsstrategie*:

- Die Nachschub- und Lagerkosten sind am günstigsten, wenn die Nachschubmenge eine ganzzahliges Vielfaches des Fassungsvermögens der Ladeeinheiten und der Transporteinheiten ist und in vollen Lade- und Transporteinheiten kontinuierlich von der Produktion an das Lager ausgeliefert wird.

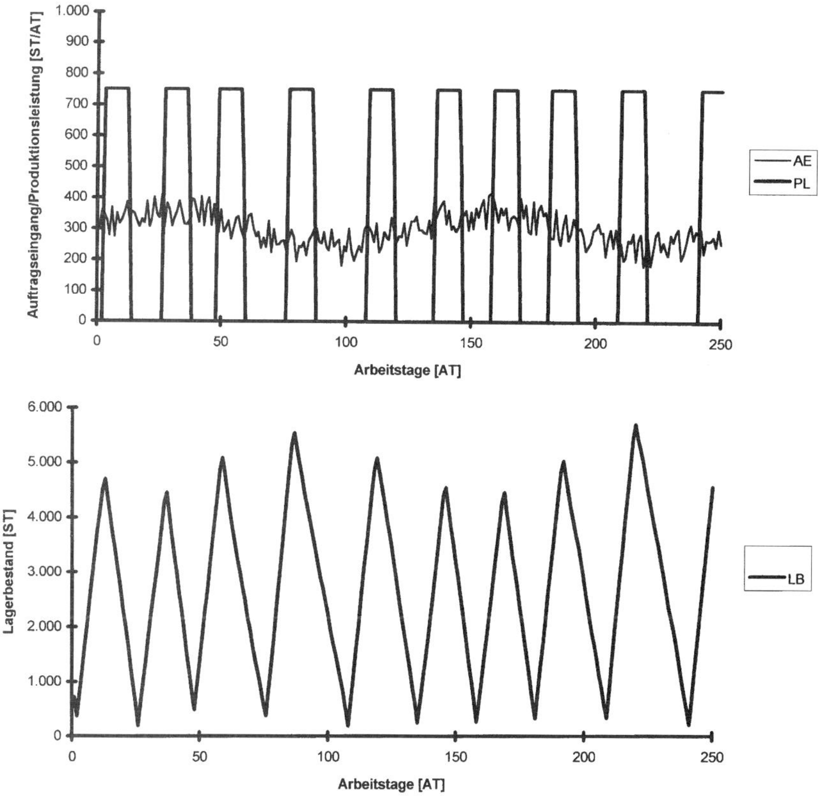

Abb. 10.6 Produktionsfunktion und Lagerbestand bei flexibler Lagerfertigung mit kontinuierlicher Auslieferung

AE	Auftragseingang	$AE_{mittel} = 300$ Fz/h
PL	Produktionsleistung	$LG_{min} = 1.250$ FZ
$PL_{min} =$	250 FZ/AT	$PL_{max} = 750$ FZ/AT
LB	Lagerbestand	NM = Nachschubmenge = 8.000 FZ

Strategieparameter zur weiteren Minimierung der Summe von Transportkosten für den Lagernachschub und Lagerkosten sind das *Fassungsvermögen* der eingesetzten Lade- und Transportmittel sowie die *Lagernachschubmenge* (s. *Kapitel* 11).

Bei reiner Lagerfertigung ist die Auftragsdurchlaufzeit gleich der Auftragsbearbeitungszeit im Fertiglager, die bei verfügbarem Lagerbestand in der Regel wenige Stunden bis maximal ein Tag beträgt und damit wesentlich kleiner als die Produktionsdurchlaufzeit ist. Hieraus folgt:

- Bei ausreichender Produktionsleistung und richtig bemessenem Sicherheitsbestand ermöglicht die Lagerfertigung minimale Lieferzeiten.

Minimale Lieferzeiten sind nur bei ausreichendem Lagerbestand möglich. Wenn die Produktion den Nachschub nicht rechtzeitig liefert und der Verbrauch in der Wiederbeschaffungszeit größer ist als der Lagerbestand $LB(i)$, entsteht ein

- *Lagerauftragsbestand*

$$AB_L(i) = \text{MAX}\big(0;\ AB_L(i-1) + AE_L(i) - LB(i)\big). \qquad (10.18)$$

Der Preis für die kurzen Lieferzeiten der Lagerfertigung sind die Mehrkosten, die gegenüber der Auftragsfertigung durch den Transport von der Produktion zum Fertiglager, das Einlagern, das Lagern und das Auslagern entstehen. Von diesen Mehrkosten fallen bei hochwertigen Erzeugnissen und großem Lagerbestand vor allem die *Zinskosten* für die Kapitalbindung und das *Absatzrisiko* ins Gewicht (s. *Abschnitt 11.2*).

3. Auftrags- und Lagerfertigung
Durch eine kombinierte Auftrags- und Lagerfertigung lassen sich die Vorteile der Auftragsfertigung und der Lagerfertigung nutzen und die Nachteile in Grenzen vermeiden.

Beim kombinierten Betrieb des Lager- und Fertigungssystems *Abb. 10.2* werden die externen Aufträge nach bestimmten *Zuteilungskriterien* zu einem Anteil p dem Produktionsbereich und zu einem Anteil 1-p dem Lagerbereich zur Ausführung zugewiesen. Damit teilt sich der externe Auftragseingang $AE(i)$ auf in einen *externen Produktionsauftragseingang*

$$AE_p(i) = p \cdot AE(i) \qquad (10.19)$$

und einen *Lagerauftragseingang*

$$AE_L(i) = (1-p) \cdot AE(i), \qquad (10.20)$$

deren Summe gleich dem *Gesamtauftragseingang* ist:

$$AE(i) = AE_p(i) + AE_L(i). \qquad (10.21)$$

Der Auftragsbestand der Produktion ergibt sich bei kombinierter Auftrags- und Lagerfertigung aus dem externen Produktionsauftragseingang (10.19) und den internen Lagernachschubaufträgen, die bei Erreichen des Meldebestands MB, also wenn $LB(i) < MB$ wird, erteilt werden. Daraus folgt für den

- *Produktionsauftragsbestand* bei kombinierter Auftrags- und Lagerfertigung

$$AB_p(i) = \text{MAX}\big(0; AB_p(i-1) + AE_p(i) - PL(i) + \text{WENN}(LB(i) < MB;\ MB;0)\big) \qquad (10.22)$$

Die Produktionsleistung bei kombinierter Auftrags- und Lagerfertigung errechnet sich mit dem allgemeinen Algorithmus (10.12) aus dem Produktionsauftragsbestand (10.22).

Nach Beziehung (10.14) ist der Meldebestand vom aktuellen Verbrauch und von der *Lagerproduktionsleistung* PL_L abhängig, die zur Fertigung des Lagernachschubs bereitgestellt wird. Damit die Wiederbeschaffungszeit für das Fertiglager nicht zu lang ist, muß für den Lagernachschub ein Anteil $p_L \geqslant p$ der maximal möglichen Produktionsleistung freigehalten werden. Die Produktionskapazität $PL_A(i)$ für die Auftragsfertigung ist daher während der Lagernachschubproduktion begrenzt durch

$$PL_A(i) \leqq (1-p_L)\cdot PL_{max}. \tag{10.23}$$

Mit Hilfe der angegebenen Formeln lassen sich die Auswirkungen des Auftragseingangs auf die Produktionsfunktion, den Auftragsbestand, den Lagerbestand und die Durchlaufzeiten für unterschiedliche Einflußfaktoren und Strategieparameter berechnen. Die Anzahl der *Einflußfaktoren*, wie Höhe, Saisonalität und Schwankung des Auftragseingangs, der *Strategieparameter*, wie die Nachschubmenge, die Produktionskapazität und die Reaktionszeit, und der *Handlungsmöglichkeiten*, wie Periodeneinteilung, Werksferien oder Verteilung zwischen Auftrags- und Lagerfertigung ist jedoch so groß, daß eine Darstellung und Diskussion auch nur der wichtigsten Abhängigkeiten den Rahmen sprengen würde.

Dem interessierten Leser wird empfohlen, mit den angegeben Formeln ein *Tabellenkalkulationsprogramm* zu schreiben, das soviele Zeilen hat, wie Perioden betrachtet werden, und damit selbst Modellrechnungen mit enstprechenden Parametervariationen durchzuführen. Mit einem solchen Tabellenkalkulationsprogramm wurden die in den *Abb. 10.3* bis *11.7* dargestellten Kurvenverläufe errechnet.

Die *Abb. 10.7* zeigt für das Beispiel der Automobilindustrie das Ergebnis der Tabellenkalkulation bei einer kombinierten Auftrags- und Lagerproduktion mit einer konstanten Produktionsleistung, die gleich dem durchschnittlichen Auftragseingang ist. Im Verlauf der kontinuierlichen Produktion ensteht in Zeiten, in denen der Auftragseingang größer ist als die Produktionskapazität, ein zunehmender Auftragsbestand, nachdem der Lagerbestand abgebaut ist. Wenn der Auftragseingang unter die Produktionsleistung sinkt, nimmt der Auftragsbestand wieder ab. Danach baut sich aus der Überschußproduktion ein zunehmender Lagerbestand auf.

Aus den angegebenen Beziehungen und Modellrechnungen lassen sich folgende *Zuweisungsregeln* für die Auftragsfertigung und die Lagerfertigung herleiten und ihre Auswirkungen quantifizieren:

- *Großaufträge* eignen sich besser für die Auftragsfertigung, kleinere Aufträge besser für die Auslieferung ab Lager.
- *Eilaufträge* und *Sofortaufträge* sind vorteilhafter ab Lager auszuliefern.
- *Terminaufträge* werden bei gleichmäßig hohem Auftragseingang auf Termin gefertigt und direkt ausgeliefert und bei geringem oder schwankendem Auftragseingang in Zeiten geringerer Auslastung vorgefertigt und über das Lager ausgeliefert.
- Bei einer *Mehrvariantenfertigung* sind gängige und geringerwertige Varianten mit prognostizierbarem Bedarf günstiger auf Lager zu produzieren und seltene oder hochwertigere Varianten mit sporadischem Bedarf besser nach Kundenauftrag.

In der Konsumgüterindustrie werden beispielsweise Großaufträge mit Aktionsware gleich nach der Produktion in die termingerecht bereitgestellten Sattelaufliegerfahrzeuge verladen und am Fertigwarenlager vorbei direkt zu den *Regio-*

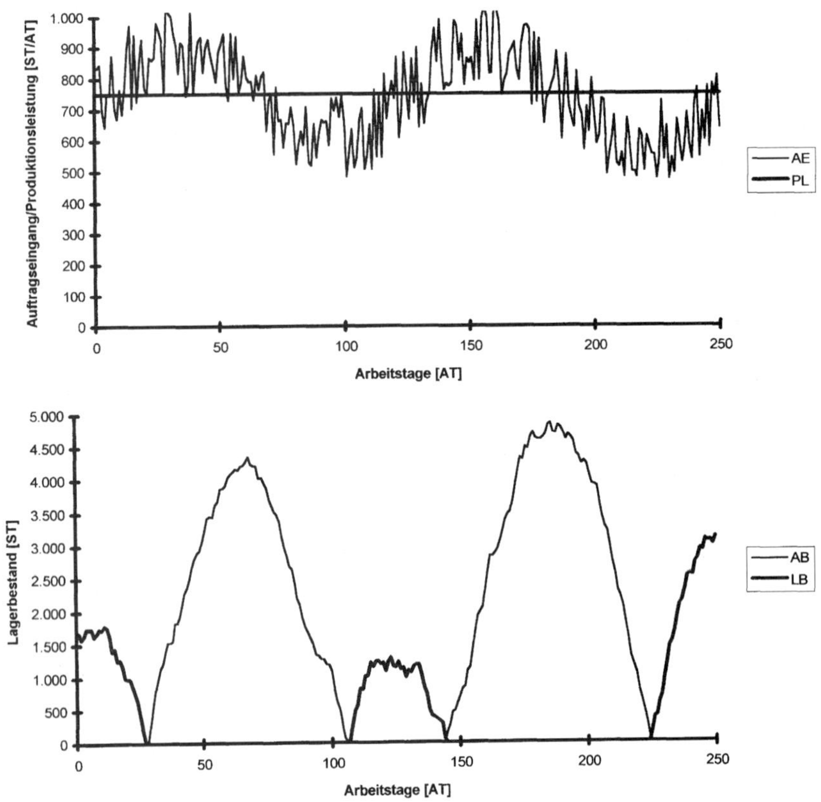

Abb.10.7 Produktionsfunktion, Auftragsbestand und Lagerbestand bei kombinierter Auftrags- und Lagerfertigung

AE	Auftragseingang	AE_{mittel}	= 750 Fz/h
PL	Produktionsleistung =	$PL_{\max}$	= 750 FZ/AT
AB	Auftragsbestand	*LB*	Lagerbestand

nallagern oder *Crossdockingstationen* des Handels transportiert. Abgesehen von den dadurch ersparten Kosten für den Zwischentransport und die Überlagernahme lassen sich mit der *Direktlieferstrategie* die Schwankungen des Lagerauftragseingangs reduzieren und die Lagerbestände senken. Nicht selten stehen jedoch einer kurzfristigen Einführung der Direktauslieferung organisatorisch oder datentechnisch fest installierte Abläufe im Wege, die sich nur mit größerem Aufwand verändern lassen.

10.6 Strategiekombinationen

In Abhängigkeit von den Leistungsanforderungen, Rahmenbedingungen und Zielen des einzelnen Unternehmens oder eines speziellen Projekts lassen sich mit den beschriebenen Algorithmen und den Angaben der *Tabellen 10.1, 10.2* und *10.3* geeignete Fertigungs-, Zuordnungs- und Abfertigungsstrategien auswählen und miteinander kombinieren. Die angegebenen Strategievariablen und die in den nachfolgenden Kapiteln entwickelten Berechnungsverfahren ermöglichen in vielen Fällen eine Quantifizierung und Optimierung der Strategieeffekte.

Soweit die Strategien miteinander verträglich sind, können auch Strategiekombinationen eingesetzt werden. Das kann in der *Auftragsdisposition* und *Produktionsplanung* auf folgende Art geschehen:

- *Feste Auftragsdisposition*: Alle bis zum Periodenbeginn eingegangenen Aufträge werden nach festen Dispositionsstrategien eingeplant und unabhängig vom weiteren Auftragseingang wie geplant ausgeführt. Bei einem gut vorhersehbaren und strukturell gleichbleibendem Auftragseingang können die wirksamsten Strategien im voraus ausgewählt, die Strategievariablen optimiert und als *Dispositionsalgorithmen* auf einem Rechner implementiert werden.
- *Rollierende Auftragsdisposition*: Zu Periodenbeginn, zu Tagesanfang oder vor Schichtbeginn, im Extremfall bei Eintreffen eines zusätzlichen Auftrags werden *alle* Aufträge des *Auftragsbestands* zusammen mit den inzwischen eingetroffenen Aufträgen neu disponiert. Soweit mit der Auftragsbearbeitung noch nicht begonnen wurde, kann das zu einer *Umdisposition* der früheren Aufträge führen.

Die *rollierende Auftragsdisposition* ist relativ aufwendig und läßt sich bei größerem Auftragsbestand und vielen Bearbeitungsstationen nur mit einem Rechner durchführen.

Für eine Neugestaltung der Auftragsdisposition und Produktionsplanung hat sich ein Vorgehen in folgenden *Arbeitsschritten* als zweckmäßig erwiesen:

1. Analyse und Optimierung der bestehenden Leistungs- und Fertigungsstrukturen.
2. Erfassung und Dokumentation der Leistungs- und Fertigungskapazitäten.
3. Auswahl und Festlegung der *Fertigungsstrategien* und *Betriebsparameter* unter Berücksichtigung der für den gesamten Planungszeitraum zu erwartenden Bedarfsmengen und Auftragsstrukturen.
4. *Abgrenzung der Aufgaben* zwischen der zentralen und der dezentralen Auftragsdisposition.
5. Auswahl geeigneter *Zeitstrategien*, *Bearbeitungsstrategien* und *Zuordnungsstrategien* für die *zentrale* Auftragsdisposition.
6. Analyse, Quantifizierung und Auswahl der Zeit- und Abfertigungsstrategien für die Auftragsdisposition und Auftragsvorbereitung in den *dezentralen* Leistungs- und Fertigungsbereichen für die kurzfristigen Bedarfsmengen und Auftragsstrukturen.

Die nach diesem Vorgehen entwickelten Strategien und Dispositionsparameter sind in Form von *Arbeitsanweisungen* und *Regeln* für die Disponenten zu dokumentieren, besser noch als Dispositionsalgorithmen in einem *Auftragsdispositions- und Produktionsplanungsprogramm* (ADP) zu implementieren.

Die am Markt angebotenen Standardprogramme zur Auftragsdisposition und Produktionsplanung ermöglichen nicht immer die Realisierung aller sinnvollen Strategien. Sie müssen daher vor dem praktischen Einsatz sorgfältig geprüft, aufgabenspezifisch angepaßt und durch Zusatzprogramme erweitert werden [234; 235; 236].

11 Bestands- und Nachschubdisposition

Bestände sind notwendig zum Ausgleich von temporären Abweichungen zwischen Verbrauch und Produktion sowie zur Sicherung der Versorgung bei Produktions- und Lieferunterbrechungen. Sie sind erforderlich zur Erfüllung von Leistungs- oder Serviceanforderungen und geeignet zur Optimierung der bestandsabhängigen Logistikkosten.

Warenbestände binden Kapital, kosten Zinsen, benötigen Lagerplatz und sind mit Risiken verbunden. Daher versuchen viele Unternehmen – insbesondere in Zeiten *schwacher Konjunktur* – durch Vorgabe hoher Drehzahlen einen Bestandsabbau zu erzwingen, ohne die daraus möglicherweise resultierenden Kostensteigerungen und Leistungsminderungen ausreichend zu berücksichtigen.[1] In anderen Unternehmen steigen die Bestände – vor allem in Zeiten *guter Konjunktur* – über das benötigte Maß hinaus an.

Beide Verhaltensweisen sind Folgen einer allgemeinen *Unsicherheit* und *Unkenntnis* der Verfahren, Strategien und Auswirkungen der *Bestands- und Nachschubdisposition*. Die *Unkenntnis* besteht trotz einer kaum noch überschaubaren Vielzahl theoretischer Arbeiten, Fachbücher und Veröffentlichungen auf diesem Gebiet [14; 86; 87; 88; 89; 90; 91; 91; 92]. Viele Arbeiten untersuchen ohne Anwendungsbezug unterschiedliche Nachschubstrategien und enthalten stark vereinfachende, unpraktikable oder falsche Formeln zur Berechnung von Nachschubmengen und Sicherheitsbeständen. Die *Unsicherheit* resultiert auch aus den unplausiblen Bestellvorschlägen der Dispositionsprogramme, die mit ungeeigneten Formeln oder mit falschen Dispositionsparametern rechnen [234; 235; 236].

Neben der allgemeinen Unkenntnis sind in vielen Fällen folgende *Schwachpunkte* die Ursache für zu hohe oder zu geringe Bestände:

- geteilte Verantwortung für Bestände und bestandsabhängige Kosten
- fehlende Kriterien zur Auswahl lagerhaltiger Artikel
- übertriebene Anforderungen an die Lieferfähigkeit
- unzureichende, spekulative oder zu optimistische Bedarfsprognose
- unzulängliche Dispositionsverfahren.

---

1 Das kann soweit gehen, daß unbedingt benötigte Produktionslager als „Werksentkopplungsmodule“ bezeichnet werden, um das Vorhandensein von Lagern vor dem Vorstand zu verbergen.

Die ersten drei Schwachpunkte lassen sich durch *strategische Maßnahmen* der Bestands- und Nachschubdisposition beheben:

1. *Verantwortung nur einer Stelle für die Bestände und* die bestandsabhängigen Kosten.
2. *Gezielte Auswahl der lagerhaltigen Artikel* in allen Stufen der Logistikkette.
3. *Bedarfsgerechte Festlegung* der *Lieferfähigkeit* für lagerhaltige Artikel.

Zur Unterstützung der *strategischen Dispositionsentscheidungen* werden in diesem Kapitel die Aufgaben, Ziele und Merkmale von *Puffern Lagern* und *Speichern* analysiert, deren verschiedene Funkionen unterschiedliche Dispositionsverfahren erfordern, und *Auswahlkriterien für lagerhaltige Artikel* entwickelt.

Nachdem festgelegt ist, in welcher Stufe der Logistikkette welche Waren mit welcher Lieferfähigkeit gelagert werden sollen, beginnt die *operative Aufgabe* der Bestands- und Nachschubdisposition:

- Nachschub und Bestände sind so zu disponieren, daß bei *minimalen Kosten* eine vorgegebene *Lieferfähigkeit* gewährleistet ist.

Die *operative Bestands- und Nachschubdisposition* umfaßt die *Teilaufgaben:*

1. Bestimmung der *Dispositionsparameter* für die lagerhaltigen Artikel,
2. Rollierende Prognose oder Abschätzung des zukünftigen *Bedarfs,*
3. Aktuelle Berechnung der optimalen *Nachschubmenge,*
4. Regelmäßige Überprüfung der *Sicherheitsbestände.*

Nachfolgend werden die hierfür benötigten *Dispositionsparameter* und *Prozeßkostensätze* definiert und die *Logistikkostenfunktion* für den Nachschub- und Lagerprozeß aufgestellt. Aus dieser wird eine allgemeine Formel zur Berechnung der *kostenoptimalen Nachschubmenge* hergeleitet. Nach Definition der *permanenten* und der *mittleren Lieferfähigkeit* wird der erforderliche *Sicherheitsbestand* berechnet. Aus der Verbrauchsabhängigkeit der optimalen Bestände ergeben sich Konsequenzen für die *Zentralisierung von Beständen.*

Abschließend werden praktikable *Nachschubstrategien* dargestellt und miteinander verglichen. Mit Hilfe eines *Tabellenprogramms zur Bestands- und Nachschuboptimierung* werden die *Einflußfaktoren* auf die Bestandshöhe und die Prozeßkosten untersucht. Hieraus ergibt sich eine Reihe von *Maßnahmen zur Bestandsoptimierung.*

11.1
Puffern, Lagern, Speichern

Die Gründe für Material- und Warenbestände in den Logistikketten sind vielfältig. Für die Planung des Platzbedarfs sowie für die Bestands- und Nachschubdisposition ist es zweckmäßig, nach den in *Tabelle 11.1* aufgeführten *Funktionen, Zielen* und *Merkmalen* die Bestandsarten *Puffern, Lagern* und *Speichern* zu unterscheiden.

In der Praxis werden diese drei *Bestandsarten* nicht immer klar getrennt und die Begriffe *Puffern, Lagern* und *Speichern* unterschiedlich oder synonym verwendet. In einigen Fällen haben Bestände auch mehrere Funktionen. So ist der Übergang vom Puffern zum Lagern und vom Lagern zum Speichern fließend und abhängig von der Disposition.

1. Puffern

Puffern ist das *Bereithalten* eines möglichst geringen *Arbeitsvorrats* eines oder weniger Artikel für die Produktion, Verarbeitung oder Abfertigung. Aufgabe ungeregelter oder gezielt disponierter Pufferbestände ist die Sicherung einer gleichmäßig hohen Auslastung einer Leistungsstelle mit stochastisch schwankendem Zulauf und Verbrauch.

Ein Pufferverbestand, der für *längere Zeit* oder *unbefristet* vorgehalten wird, schwankt wie in *Abb. 11.1* dargestellt zufallsabhängig um einen *Mittelwert* m_B, dessen Höhe so bemessen ist, daß es nicht zu einer Unterbrechung der Versorgung kommt. Die *Liegezeit* des Materials oder des einzelnen Warenstücks ist relativ *kurz*.

	PUFFERN	LAGERN	SPEICHERN
Funktionen	**Bereithalten** zum Verbrauch zur Verarbeitung zur Bearbeitung zur Abfertigung	**Bevorraten** von Handelsware von Produktionsbedarf von Fertigwaren von Ersatzteilen	**Aufbewahren** zur Produktion zum Transport zur Aktionsauslieferung zum Sortieren
	Stau permanenter Warteschlangen	Lagern von Reservemengen	Speichern temporärer Warteschlangen
Ziele	Auslastungssicherung Unterbrechungsschutz minimaler Platzbedarf	sofortige Verfügbarkeit optimale Lieferfähigkeit minimale Prozeßkosten	Kapazitätsnutzung minimale Kosten maximaler Erlös
Bedarf	**permanent**	**permanent**	**temporär**
Bestandshöhe	minimal stochastisch um Mittelwert schwankend	optimal stochastisch abfallender Sägezahnverlauf	vorbestimmt ansteigend , konstant abfallend
Artikelspektrum	minimal	breit	gering
Liegezeit	kurz	mittel bis lang	vorbestimmt
Disposition	**zufallsabhängige Staueffekte**	**verbrauchsabhängig Pull-Prinzip**	**planabhängig Push-Prinzip**
Einflußfaktoren	Varianz von Zulauf und Verbrauch Verfügbarkeit der Lieferstelle	geforderte Lieferfähigkeit Verbrauch Nachschub Prozeßkosten	Produktionsplan Absatzplan Lade- und Tourenplan Zykluszeiten

Tab. 11.1 Funktionen, Ziele und Merkmale von Puffen, Lagern und Speichern

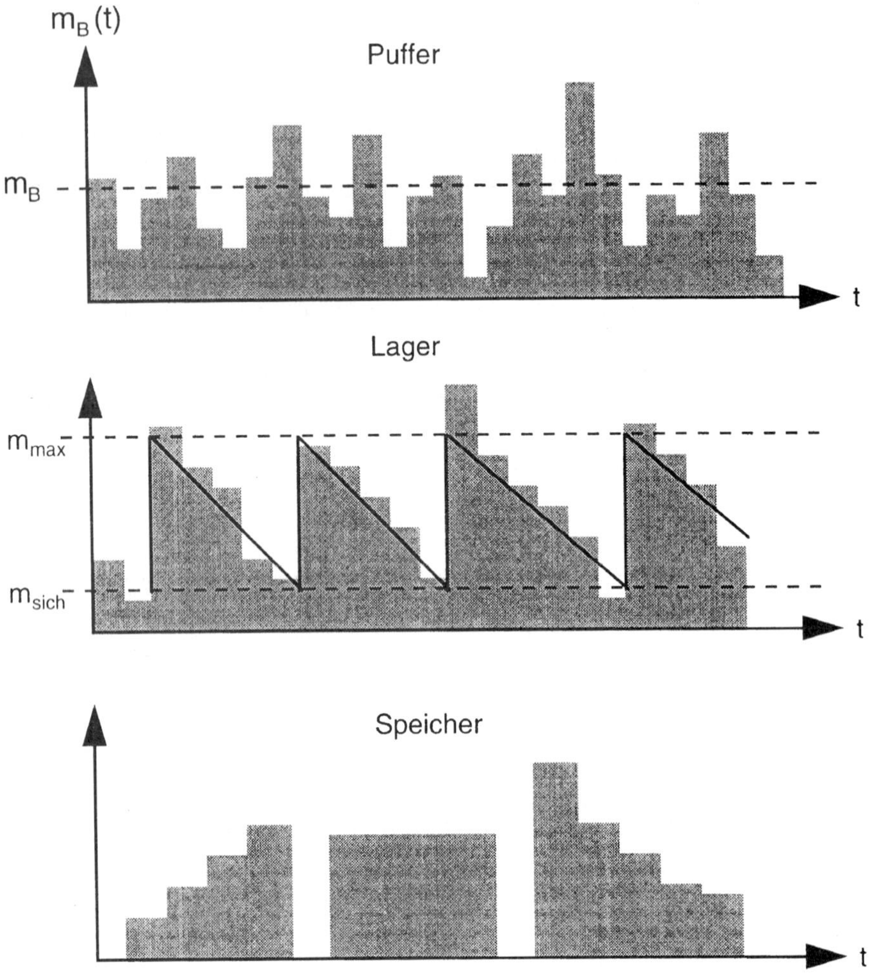

Abb. 11.1 Bestandsverlauf für Puffer, Lager und Speicher

$m_B(t)$ aktueller Bestand in Ladeeinheiten
m_{max} durchschnittlicher Maximalbestand
m_{min} durchschnittlicher Minimalbestand

Zu unterscheiden sind Puffer mit Disposition und Puffer ohne Disposition. Beispiele für *Puffer mit Disposition* sind:

- *Material- und Teilepuffer* vor Bearbeitungsstationen, Produktionsmaschinen und Arbeitsplätzen zur Entkopplung störungs- und ausfallgefährdeter Leistungsstellen und zur Sicherung eines unterbrechungsfreien Betriebs.
- *Warenpuffer* vor Kommissionierplätzen und in den Verkaufstheken oder Regalen von Läden, Märkten und Handelsfilialen zur Sicherung einer vorgegebenen Warenverfügbarkeit.

Für *Puffer mit Disposition* ist der Nachschub *verbrauchsabhängig*. Die Nachschubdisposition arbeitet nach dem *Pull-Prinzip*, wobei in der Regel ein minimaler Platzbedarf in unmittelbarer Nähe der Bedarfs- oder Abfertigungsstelle angestrebt wird.

Beispiele für *Puffer ohne Disposition* mit einen permanenten stochastischen Zulauf und Verbrauch sind *Warteschlangen* vor Leistungsstellen und Transportknoten mit zufallsabhängigem Zulauf oder stochastisch schwankendem Bedarf. Bei den *Puffern ohne Disposition*, deren Zulauf *unabhängig von der Abfertigung* ist, bestimmt sich die Höhe der Pufferbestände aus der Stärke und Variabilität des einlaufenden Stroms und der Größe und den Schwankungen des Leistungsvermögens der Abfertigungsstelle nach den in *Kapitel 13* behandelten *Staugesetzen*.

2. Lagern

Lagern ist das *Bevorraten der Bestände* einer größeren Anzahl *von Artikeln* oder eines breiten Sortiments *mit* länger *anhaltendem Bedarf*.

Wie in den *Abb. 10.5, 10.6, 11.1* und *11.4* dargestellt, sinkt der Lagerbestand eines Artikels von einem *Maximalbestand* sägezahnartig bis ein *Mindestbestand* erreicht ist, der durch eine *Nachschubmenge* wieder bis zum Maximalbestand aufgefüllt wird. Die *Lagerdauer* der einzelnen Verbrauchseinheit ist relativ lang. Die Summe der Bestände aller Artikel eines Lagers schwankt weniger stark als die Bestände der einzelnen Artikel.

Ziele des Lagerns sind die sofortige *Verfügbarkeit* der Lagerware, die Sicherung einer *vorgegebenen Lieferfähigkeit*, die *Glättung saisonaler Bedarfsschwankungen* zur besseren *Produktionsauslastung* und die *Optimierung der dispositionsabhängigen Logistikkosten. Beispiele* für Lagerbestände sind

- *Produktionsversorgungslager* mit Roh-, Hilfs- und Betriebsstoffen,
- *Zwischenlager* für Teile, Halbfertigprodukte und Module,
- *Fertigwarenlager, Auslieferungslager* und *Ersatzteillager* der Industrie.
- *Zentrallager, Regionallager* und *Filiallager* von Handelsunternehmen mit regelmäßig nachbestellter *Stapelware* oder *Dispositionsware*, deren Bedarf prognostizierbar ist.
- *Vorratslager* der Konsumenten.

Lagerbestände sind grundsätzlich frei disponierbar. Die optimale Nachschubdisposition der Lagerbestände wird vom Bedarf bestimmt und arbeitet nach dem *Pull-Prinzip*. Die Höhe der Bestände ist abhängig vom Dispositionsverfahren, von Art und Höhe des Verbrauchs, von der Wiederbeschaffungszeit und den Mindestmengen der Lieferstelle sowie von den Rüst-, Nachschub- und Lagerkosten.

3. Speichern

Speichern ist das *Ansammeln* und *Aufbewahren* von Material oder Ware zur Produktion, zum Transport, zum Verkauf oder zum Sortieren für einen *begrenzten Zeitraum. Ziele* des Speicherns sind die *optimale Nutzung* von Fertigungs- oder Transportkapazitäten zu minimalen Kosten, der *Ausgleich von Erzeugungszyklen* oder das Erzielen maximaler Erlöse durch günstige *Beschaffung* in großer Menge.

In einem Speicher wird in der Regel nur der Bestand relativ weniger Artikel angesammelt und aufbewahrt. Der Speicherbestand eines Artikels wird – wie in *Abb. 11.1* dargestellt – entweder aus *Teilanlieferungen* aufgebaut und zu einem vorgegebenen Zeitpunkt komplett ausgeliefert, in gleicher Menge für eine bestimmte Zeit aufbewahrt und dann in einem Schub vollständig ausgeliefert oder zu einem festen Zeitpunkt komplett angeliefert und in *Teilauslieferungen* abgebaut. Beispiele für *Speicherbestände* sind:

- *Vorräte von Naturrohstoffen*, die zur Erntezeit entstehen und im Verlauf eines Jahres verbraucht werden.
- *Aktionsware* des Handels, die mit einem bestimmten Vorlauf beschafft und zum Aktionszeitpunkt sehr rasch ausgeliefert wird.
- Projektspezifisch beschafftes Material und hergestellte Teile für eine Gesamtanlage oder ein Bauvorhaben, die auf einer *Speicherfläche* gesammelt und dann verbaut werden.
- *Frachtgut*, das an einem Umschlagpunkt angesammelt wird bis das Fassungsvermögen eines Transportmittels oder der Abfahrtszeitpunkt erreicht ist.
- *Temporäre Warteschlangen* vor Leistungsstellen oder Transportknoten mit zyklischer Abfertigung.
- *Schubweise angelieferte Ware*, die auf die Weiterverteilung wartet.
- Warenstücke, Behälter oder Ladeeinheiten die in einem *Sortierspeicher* gesammelt werden, um sie nach Zielorten oder anderen Kriterien zu ordnen.

Die Höhe der Speicherbestände wird bestimmt von einem Absatzplan, einem Produktionsplan, einem Fahrplan, einer Sortierstrategie oder einem Abfertigungszyklus. Die *Liegezeit* im Speicher ist meist vorbestimmt. Die Disposition von Speicherbeständen ist *planabhängig* und arbeitet in der Regel nach dem *Push-Prinzip*.

So kann ein *Teil* einer Warenmenge, die für eine Verkaufsaktion beschafft und in einem Zentrallager angesammelt wurde, nach einem festen *Verteilungsschlüssel* bei Beginn der Aktion an die Filialen ausgeliefert werden. Der restliche Aktionsbestand dient als Bedarfsreserve und wird an die Filalen mit dem besten Abverkauf nachgeliefert. Anteil und Verteilungsschlüssel der Erstverteilung für Aktionsware sind wichtige *Stategieparameter* von Verkaufsaktionen.

Nicht nur Material und Waren, auch *Aufträge* und *Daten* lassen sich speichern, puffern und lagern. Durch gebündelte Ausführung gesammelter Aufträge oder durch das Arbeiten aus einem permanenten *Auftragspuffer* können – ebenso wie durch eine Lagerfertigung – Auslastung und Herstellkosten optimiert werden. Vor der Bestandsdisposition muß daher die *Auftragsdisposition* entscheiden, welche Aufträge auf Lager und welche kundenspezifisch ausgeführt werden sollen (*s. Kapitel* 10).

Eine besondere Form des Speicherns ist das längere *Aufbewahren* von Gütern, Waren, Dokumenten, Büchern, Filmen, Datenträgern, Bildern und Wertgegenständen bis zu einem Zeitpunkt, zu dem sie wieder benötigt oder genutzt werden. Beispiele für *Aufbewahrungsspeicher*, die besondere Zugriffs- und Sicherheitsanforderungen erfüllen müssen, sind Archive, Depots, Möbellager und Tresore.

11.2 Auswahlkriterien für lagerhaltige Artikel

Ein produzierendes Unternehmen muß regelmäßig prüfen, ab welcher Fertigungsstufe welche Artikel kundenspezifisch hergestellt und welche Materialien, Teile und Fertigwaren anonym auf Lager beschafft oder gefertigt werden. Entsprechend muß sich ein Handelsunternehmen entscheiden, welche Artikel in welcher Stufe der Logistikkette permanent auf Lager gehalten und welche Artikel auf Kundenauftrag bei den Lieferanten bestellt werden sollen. Allgemein stellt sich für jede Stufe der Logistikketten die Frage, ob und für welche Artikel zwischen eine *Lieferstelle* und eine *Kundenstelle* eine *Lagerstelle* geschaltet werden soll (s. *Abb. 11.2*).

Die Lieferstelle, die das Produkt selbst herstellt oder ihrerseits die Ware aus einem Lager liefert, kann ein *externer Lieferant* oder eine *interne Betriebsstelle* sein. Die von der Lieferstelle *kundenspezifisch* hergestellte oder beschaffte Ware wird als *Kundenware*, die von der Lieferstelle *anonym* auf Lager gelieferte Ware als *Lagerware* bezeichnet.

Maßgebend für die Entscheidung, ob Kundenware oder Lagerware hergestellt oder beschafft wird, sind der *Service*, den der Kunde benötigt oder der ihm geboten werden soll, die *Kosten* für den Direktbelieferungsprozeß im Vergleich zu den Kosten für den Nachschub- und Lagerprozeß sowie das *Absatzrisiko*, das mit der Lagerhaltung verbunden ist.

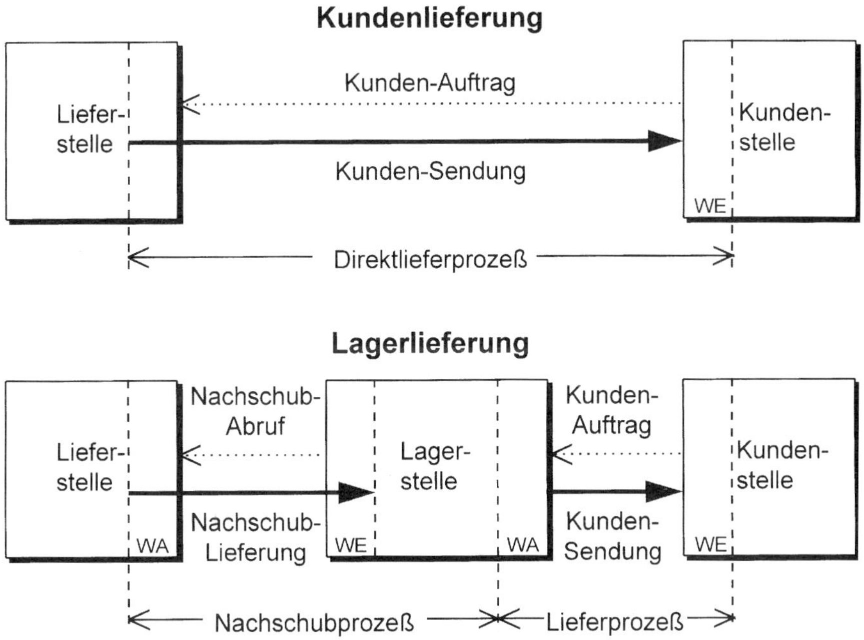

Abb. 11.2 Kundenlieferung und Lagerlieferung

1. Serviceauswirkungen
Für Lagerware ist der Servicegrad optimal: Die benötigte *Lieferfähigkeit* läßt sich durch einen ausreichend bemessenen *Sicherheitsbestand* gewährleisten. Die *Lieferzeit* wird allein von der Auftragsdurchlaufzeit und der Versandzeit der Lagerstelle bestimmt und kann daher extrem kurz sein.

Der Servicegrad für Kundenware ist dagegen *ungewiß* und *schwankend*. Bei kundenspezischer Fertigung ist die *Lieferzeit* abhängig von der Auslastung der produzierenden Lieferstelle. Bei kundenspezifischer Beschaffung aus einem Lieferantenlager wird der Servicegrad von dessen Lieferfähigkeit und der Zustellzeit der gewählten Belieferungskette bestimmt.

2. Kostenauswirkungen
Die Stückkosten der Fertigung sind vom Produkt, vom Fertigungsverfahren und von den *Rüstkosten* pro Auftrag abhängig. Die *Stückkosten* einer produzierenden Lieferstelle sind daher für Kundenaufträge mit geringen Mengen höher als für Lageraufträge mit großen Mengen.

Bei einer Kundenauftragsfertigung besteht zwar die Möglichkeit, zur Senkung der anteiligen Rüstkosten Einzelaufträge zu sammeln bis eine *Mindestmenge* erreicht ist, die in einem Durchgang gefertigt wird. Die *Serienbearbeitung* der Kundenaufträge aber verlängert bei geringem Auftragseingang und kleinen Kundenaufträgen die Lieferzeit.

Auch eine Lieferstelle, die nicht selbst produziert, hat *Auftragsbearbeitungskosten*, die jedoch in der Regel deutlich geringer sind als die Rüstkosten der Fertigung. Bei externen Lieferstellen schlagen sich die Rüstkosten und die Auftragsbearbeitungskosten in der Vorgabe von *Mindestlosgrößen* und *Mindestabnahmemengen* oder in *Preiszuschlägen für Mindermengen* nieder.

Bei Kundenfertigung entstehen Lagerhaltungskosten nur, wenn der Kundenauftrag vorgefertigt und bis zur Auslieferung zwischengelagert wird. Lagerware verursacht dagegen stets Lagerhaltungskosten. Deren Höhe ist abhängig von der geforderten Lieferfähigkeit, dem Beschaffungspreis, dem Volumen und dem Gewicht der Ware sowie von der *Nachschubmenge*. Die Gesamtprozeßkosten für die Belieferung über ein Lager lassen sich jedoch durch Nachschub in *optimalen Losgrößen* minimieren.

3. Absatzrisiko
Jeder Warenbestand, der nicht durch einen Kundenauftrag abgesichert ist, birgt das Risiko in sich, daß ein Teil der Ware keinen Abnehmer findet.

Bei *Kundenware* besteht ein Absatzrisiko nur, wenn diese ohne Abnahmeverpflichtung des Kunden im voraus gefertigt wird. Das ist in einigen Branchen üblich, beispielsweise in der Textilindustrie und bei Zulieferbetrieben der Automobilindustrie, die nach ungesicherten *Blockaufträgen* oder *Rahmenvereinbarungen* kundenspezifische Ware fertigen.

Für anonyme *Lagerware* ist das Absatzrisiko unvermeidlich. Es ist daher ein wichtiges Entscheidungskriterium für die Lagerhaltigkeit. Das Absatzrisiko für Lagerware hängt ab von

ZIELFUNKTION		KUNDENLIEFERUNG	LAGERHALTUNG
SERVICE	**Lieferfähigkeit**	**ungesichert, schwankend**	**optimal**
	Einflußfaktoren	Fertigungslosgröße Auslastung	Sicherheitsbestand
	Lieferzeit	**ungesichert, schwankend**	**minimal**
	Einflußfaktoren	Fertigungslosgröße Auslastung	Auftragsbearbeitung
KOSTEN	**Lagerprozeßkosten**	**minimal**	**mittel bis hoch**
	Einflußfaktoren	Liefertermin Auftragsdisposition	Nachschubmenge Lieferfähigkeit Stückpreis, Volumen, Gewicht Saisonalität und Stochastik
	Fertigungskosten	**mittel bis hoch**	**optimal**
	Einflußfaktoren	Produkt und Verfahren Rüst- und Auftragskosten Seriengröße und Lieferzeit Saisonalität und Stochastik	Produkt und Verfahren Rüst- und Auftragskosten Nachschubmenge
ABSATZRISIKO		**minimal**	**mittel bis hoch**
	Einflußfaktoren	nur bei Vorfertigung ohne Abnahmenverpflichtung	Alterung und Verderblichkeit Innovation und Mode Verwendungsbreite Bestandsreichweite

Tab. 11.2 Auswirkungen und Einflußfaktoren von Kundenlieferung und Lagerfertigung
Kundenfertigung und Lagerfertigung der Industrie
Kundenbestellung und Lagersortiment im Handel
Lagerprozeßkosten: Kosten für Bestellung + Transport + Einlagern + Lagern + Bestand
Fertigungskosten: Kosten für Rüsten + Produzieren + Material

- der *Innovationszeit* des betreffenden Artikels, die für modische Waren oder Computerprodukte besonders kurz ist,
- der *Alterungsgefahr* oder *Verderblichkeit* der Ware, wie sie z.B.für Lebensmittel besteht,
- der *Absetzbarkeit* der Ware, die von der *Verwendbarkeit*, der *Abnehmerzahl* und den *Märkten* bestimmt wird,
- der *Bestandsreichweite*, das heißt, der Relation des Lagerbestands zum Verbrauch.

Dem Absatzrisiko steht in einigen Fällen eine hohe *Gewinnchance* gegenüber, beispielsweise bei Ersatzteilen oder bei spekulativ oder kostengünstig beschaffter Ware [221]. In jedem Fall aber muß das Absatzrisiko, das nach zu langer La-

	KUNDENLIEFERUNG	LAGERHALTUNG
HAUPTKRITERIEN	**Kundenware**	**Lagerware**
Unterkriterien	Bestellartikel	Bestandsartikel
PRODUKT	**speziell**	**universell**
Stückpreis	mittel bis hoch	gering bis mittel
Stückvolumen	mittel bis groß	klein bis mittel
Verwendungsbreite	gering	groß
SERVICE	**ungewiß**	**optimal**
Lieferzeit	schwankend	minimal
Lieferfähigkeit	ungesichert	bedarfsgerecht
BEDARF	**temporär**	**permanent**
Prognostizierbarkeit	schlecht	gut
Auftragsgröße	groß	klein
ABSATZRISIKO	**hoch**	**gering**
Innovationszeit	kurz	lang
Verderblichkeit	groß	gering
OPTIMIERUNGSSTRATEGIE	**Auftragsbündelung**	**Nachschubbündelung**
Strategievariable	Seriengröße	Nachschublosgröße

Tab. 11.3 Einsatzkriterien und Optimierungsstrategien für Kundenlieferung und Lagerhaltung

Industrie: Kundenfertigung und Lagerfertigung
Handel: Kundenbestellung und Lagerbeschaffung

gerdauer oder erkennbarer Unverkäuflichkeit zu *Abschriften* führt, bei der Bestandsdisposition durch einen angemessenen *Risikozins* kalkulatorisch berücksichtigt werden. Hierfür gilt die Regel:

- Der *Lagerrisikozins* liegt für modische Waren und andere Artikel mit zeitlich begrenzter Verkäuflichkeit, wie Computer, zwischen 10 und 15 % p.a. und für Artikel mit mehrjähriger Verkäuflichkeit und Einsetzbarkeit zwischen 3 und 5 % p.a.

Um das Absatzisiko des Lagerbestands zu begrenzen, kann auch für jeden Artikel eine maximal *zulässige Reichweite* RW_{zul} [PE] festgelegt werden, der die Nachschubmenge und den Sicherheitsbestand begrenzt, wenn sich aus der geforderten Lieferfähigkeit oder der Bestellmengenrechnung ein Bestand ergibt, dessen Reichweite höher ist als die maximal zulässige Reichweite.

Die qualitativen *Auswirkungen* von Kundenlieferung oder Lagerhaltung und die damit verbundenen *Einflußfaktoren* auf Service, Kosten und Absatzrisiko sind in *Tabelle 11.2* zusammengestellt. Hieraus ergeben sich die in *Tabelle 11.3* aufgeführten *Entscheidungskriterien*.

Danach gelten folgende *Abgrenzungsregeln* zwischen Kundenliefung und Lagerhaltung:

1. Die *Kundenlieferung* ist *unvermeidlich*, wenn das Produkt sehr *speziell*, nur für wenige oder nur einen Kunden geeignet ist.
2. Eine *Kundenlieferung* ist *anzustreben*, wenn der Bedarf temporär, der Stückpreis hoch, die Auftragsmenge, das Volumen oder das Gewicht groß und das Absatzrisiko hoch ist.
3. Die *Lagerhaltung* ist *unvermeidlich*, wenn eine kurze Lieferzeit und eine hohe Lieferfähigkeit Voraussetzungen sind für die Absetzbarkeit der Ware.
4. Eine *Lagerhaltung* ist *vorteilhaft*, wenn der Gewinn im Vergleich zum Absatzrisiko hoch, der Bedarf vorhersehbar und die Kosten für den Nachschub- und Lagerprozeß geringer sind als die Kosten für den Direktlieferprozeß.

Während die ersten drei Abgrenzungsregeln relativ allgemein und qualitativ sind, ist zur Anwendung der letzten Abgrenzungsregel eine vergleichende *Prozeßkostenrechnung* durchzuführen. Hierzu werden die *Dispositionsgrößen* des betreffenden Artikels und die *Prozeßkostensätze* für die betrachtete Logistikkette benötigt.

11.3 Disposition ein- und mehrstufiger Lagerstellen

Einstufige Lagerstellen sind durch vorangehende und nachfolgende Produktions- oder Bearbeitungsstellen von anderen Lagerstellen der Logistikkette getrennt. Beispiele für einstufige Lagerstellen sind *Produktionslager*, die ohne Zwischenpuffer direkt die Maschinen versorgen, und *Verkaufsbestände* in Märkten und Filialen, aus denen der Kunde bedient wird.

Wenn in einer Logistikkette mehrere Lagerstellen unmittelbar aufeinander folgen, handelt es sich um *mehrstufige Lagerstellen*. Beispiele für *zweistufige Lagerstellen* sind *Materialpuffer* unmittelbar an den Maschinen mit vorgeschalteten *Reservelagern*. Ein Beispiel für *interne dreistufige Lagerstellen* ist ein *Kommissioniersystem* mit *Zugriffsbeständen* auf den Bereitstellplätzen, *Nachschubbeständen* auf den Nachschubplätzen, die in unmittelbarer Nähe der Bereitstellplätze angeordnet sind, und *Vorratsbeständen* in einem getrennten Reservelager. Ein Beispiel *externer dreistufiger Lagerstellen* ist das *Fertigwarenwarenlager* eines Produzenten, das ein *Zentrallager* eines Handelsunternehmens beliefert, aus dem die *Verkaufsbestände* in den Filialen aufgefüllt werden.

Für die Bestandsdisposition müssen alle Größen der betrachteten Logistikkette *vollständig* und *aktuell* bekannt sein, die Einfluß haben auf die Nachschub- und Lagerhaltungskosten. Für jede einzelne Lagerstelle sind das die *Kostensätze*

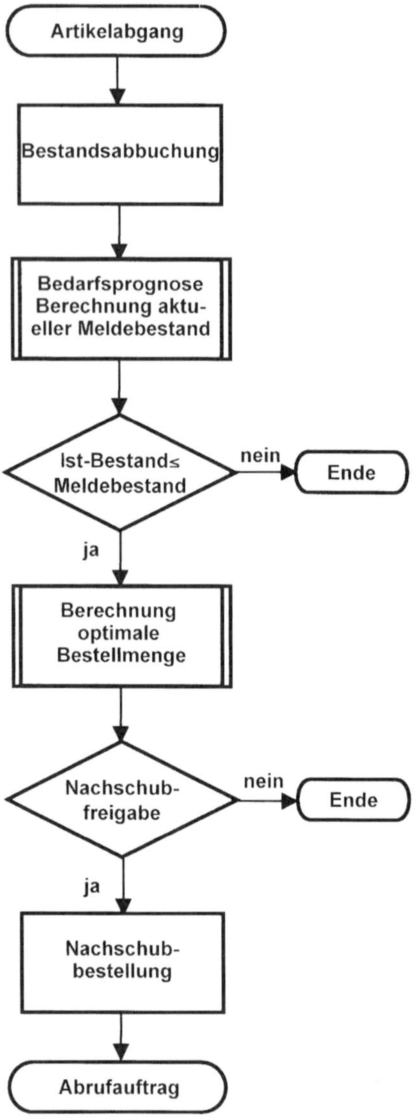

Abb. 11.3 Einzeldisposition von Nachschub und Bestand nach dem Meldebestandsverfahren

für den Nachschub- und Lagerprozeß sowie die *Artikellogistikdaten*, die *Verbrauchswerte* und die *Nachschubgrößen*.

Der Ablauf der *bestandsabhängigen Nachschubdisposition* einer Lagerstelle für einen einzelnen Artikel ist *Abb. 11.3* dargestellt. Die maximale *Bestandshöhe* und der *Meldebestand* werden von der Nachschubmenge und vom Sicherheitsbestand bestimmt, die voneinander unabhängige *Strategievariable* der Nachschub- und Bestandsdisposition sind:

- Die *Nachschubmenge* ist die *Strategievariable der Nachschubdisposition* und geeignet zur kostenoptimalen Bündelung des Nachschubbedarfs.
- Der *Sicherheitsbestand* ist die *Strategievariable der Bestandsdisposition* und erforderlich zur Erfüllung der benötigten Lieferfähigkeit.

Bei *mehrstufigen Lagerstellen* sind die Nachschubgrößen der nachfolgenden Lagerstelle gleich den Verbrauchswerten der vorangehenden Lagerstelle. Hieraus folgt das in *Abb. 8.4 Mitte* gezeigte Prinzip der *Nachschubdisposition nach dem Pull-Prinzip* für mehrstufige Lagerstellen:

- Bestände und Nachschubmengen in mehrstufigen Lagerketten werden zuerst für die letzten Lagerstellen, dann mit den Nachschubmengen der letzten Stellen als Verbrauchsmengen für die vorangehenden Lagerstellen und so fort bis zu den ersten Lagerstellen disponiert.

Die schrittweise Disposition kann entweder von einer zentralen Auftragsdisposition, von einem Rechner oder dezentral von den einzelnen Lagerstellen durchgeführt werden. Sie führt in der gesamten Logistikkette *selbstregelnd* zu optimalen Nachschubmengen und Beständen, wenn jede Stelle mit den jeweils optimalen Meldebeständen und Nachschubmengen disponiert, deren Berechnung nachfolgend dargestellt wird.

Ein Wechsel der Transportmittel oder der Ladeeinheiten wirkt sich über die Kostensätze für den Nachschub und für das Lagern auf die Disposition und die Bestände aus. Wird für eine bestandsführende Bedarfsstelle ein *anderer Beschaffungsweg* gewählt, ergeben sich infolge der dadurch veränderten Dispositionsgrößen und Prozeßkostensätze in allen Lagerstufen einschließlich der Bedarfsstelle selbst andere Bestände und Nachschubmengen.

So ergeben sich durch eine *Transportbündelung* im Zulauf und in der Auslieferung erhebliche Kosteneinsparungen und Serviceverbesserung bei der Belieferung vieler Bedarfsstellen mit geringem Einzelverbrauch aus einem *Zentrallager* im Vergleich zur *Regionallagerbelieferung*.

Die wechselseitige Abhängigkeit der Bestände in den *Lieferketten* von den Herstellern bis zum *Point of Sales* (POS) des Handels hat seit einiger Zeit größere Aufmerksamkeit gefunden. Die sich hieraus ergebenden Optimierungsmöglichkeiten werden unter dem Schlagwort *Efficient Consumer Response* (ECR) propagiert. Der Anstoß für ECR resultiert aus der besseren und schnelleren datentechnischen Verbindung der Unternehmen durch *Electronic Data Interchange* (EDI) und einer leistungsfähigeren Software zur *Prognose* und Bestandsdisposition. Was jedoch in vielen ECR-Projekten fehlt, ist die Anwendung der richtigen *Dispositionsstrategien*, die konsequente Nutzung der *Strategievariablen* und die Kenntnis der hierfür benötigten *Dispositionsparameter* [16; 23; 47; 48, 94; 95; 96; 97; 98; 234; 236].

11.4 Dispositionsparameter

Die Dispositionparameter der Bestands- und Nachschubdisposition umfassen die *Artikellogistikdaten*, die *Verbrauchswerte* und die *Nachschubgrößen*, die Einfluß auf die Höhe der Bestände haben. Nur wenn alle diese Dispositionsparameter vollständig und hinreichend genau bekannt sind, ist eine *optimale Bestands- und Nachschubdisposition* möglich.

1. Artikellogistikdaten

Zur Disposition von Aufträgen, Beständen und Transporten werden die logistischen *Artikelstammdaten* benötigt (s. *Abschnitt 12.7)*:

- *Mengeneinheit* [ME = WST, kg, l, m, m^2, m^3...] des *Artikels* [Art].
- *Volumen* v_{VE} [l/VE], *Gewicht* g_{VE} [kg/VE] und *Inhalt* c_{VE} [ME/VE] der *Verbrauchseinheit* oder *Verkaufseinheit* [VE]
- *Beschaffungswert* P_{VE} [DM/VE] pro Verbrauchseinheit (s. *Abschnitt 11.6*)
- *Kapazität* C_{LE} [VE/LE] der zur Nachschublieferung und Einlagerung verwendeten *Ladeeinheiten* [LE].
- Geforderte *permanente Lieferfähigkeit* η_{lief} oder *mittlere Lieferfähigkeit* $\eta_{Mlief.}$

Darüber hinaus ist zur Bestandsdisposition eine gute Warenkenntnis erforderlich, die Beschaffenheit, Herkunft und Verwendungszweck der Artikel umfaßt.

In vielen Unternehmen sind die *Artikellogistikdaten* nicht vollständig erfaßt oder nicht in den *Artikelstammdaten* im Rechner hinterlegt. Das ist ein Grund dafür, daß bestimmte Dispositionsstrategien nicht durchführbar sind oder der Rechner falsche Bestellvorschläge macht.

2. Verbrauchsdaten

Aus dem Verbrauch der zurückliegenden Perioden lassen sich bei *hinreichend regelmäßigem Bedarf* nach den in *Kapitel* 9 dargestellten *Prognoseverfahren* für einen längeren Prognosezeitraum folgende *Verbrauchsdaten* ableiten:

- *Periodenverbrauch* λ_{VE} [VE/PE] und *Verbrauchsstreuung* s_{VE} [VE] in Verbrauchseinheiten,
- *Auftragsmenge* m_V [VE/VAuf] und *Mengenstreuung* s_m pro Verbrauchsauftrag,
- *Mindestmenge* m_{Vmin} [VE/VAuf] pro *Verbrauchsauftrag* [VAuf].

Aus dem Periodenverbrauch oder Absatz λ_{VE} [VE/PE] der Verbrauchseinheiten und deren Inhalt c_{VE} [ME/VE] ergibt sich der *Verbrauch in Mengeneinheiten* ME:

$$\lambda_{ME} = c_{VE} \cdot \lambda_{VE} \qquad [\text{ME/PE}]. \qquad (11.1)$$

Wird der zukünftige Periodenverbrauch mit Hilfe eines Rechnerprogramms aus dem zurückliegenden Verbrauch ermittelt, ist es notwendig, daß der Disponent die Prognosewerte regelmäßig beurteilt und nach seiner Erfahrung und Absatzkenntnis entweder bestätigt oder korrigiert.

Wenn die Streuung des Periodenverbrauchs nicht bekannt oder nur schwer meßbar ist, kann ein Poissonprozeß angenommen und gemäß Beziehung (9.40) mit der *maximalen Streuung* $s_{VE} = \sqrt{2 \cdot m_V \cdot \lambda_{VE}}$ gerechnet werden (s. *Abschnitt 9.7*).

3. Nachschubgrößen

Eine in Grenzen frei wählbare *Strategievariable der Nachschubbündelung* ist die

- *Nachschubmenge* m_N [VE/NAuf] pro *Nachschubauftrag* [NAuf].

Für externe Lieferstellen ist die Nachschubmenge gleich der *Bestellmenge*, für interne Produktionsstellen gleich der *Fertigungslosgröße*.

Aus der mittleren Nachschubmenge und dem durchschnittlichen Periodenverbrauch ergeben sich die *Nachschubfrequenz*

$$f_N = \lambda_{VE} / m_N \qquad [1/PE] \qquad (11.2)$$

und die *Zykluszeit*

$$T_N = 1/f_N \qquad [PE]. \qquad (11.3)$$

Frequenz und Zykluszeit des Nachschubs sind also keine unabhängigen Dispositionsparameter sondern durch den Periodenverbrauch und die Nachschubmenge bestimmt.

Die zur Anlieferung der Nachschubmenge m_N benötigte *Anzahl Ladeeinheiten* mit einem Fassungvermögen C_{LE} [VE/LE] ist:

$$M_N = [m_N / C_{LE}] \qquad [LE], \qquad (11.4)$$

wobei die eckigen Klammern [...] das *Aufrunden* auf die nächst größere ganze Zahl bedeuten. Wie in *Abb. 12.10* dargestellt, ist die Abhängigkeit des Ladeeinheitenbedarfs von der Nachschubmenge eine unstetige *Treppenfunktion*.

Für unterschiedliche Nachschubmengen, die nicht gleich einem ganzzahligen Vielfachen der Ladeeinheitenkapazität sind, ist der *mittlere Ladeeinheitenbedarf* für eine Nachschubmenge m_N (s. Abschnitt 12.5):

$$M_N = \begin{cases} m_N / C_{LE} + (C_{LE} - 1)/2C_{LE} & \text{wenn } m_N > C_{LE} \\ 1 & \text{wenn } m_N \le C_{LE}. \end{cases} \qquad (11.5)$$

Wenn $m_N > C_{LE}+1$ ist, enthält jede Nachschubanlieferung eine Ladeeinheit, die durchschnittlich zu einem Anteil $(C_{LE}-1)/2C_{LE}$ leer ist. Wenn $m_N \leq C_{LE}$ ist, wird stets eine ganze Ladeeinheit benötigt. Für Beziehung (11.5) läßt sich in geschlossener Form schreiben:

$$M_N = \mathrm{MAX}\left(1;\ m_N / C_{LE} + (C_{LE} - 1)/2C_{LE}\right) \ [LE]. \qquad (11.5)$$

Der Leeranteil $(C_{LE}-1)/2C_{LE}$ und die aus diesem resultierenden Zusatzkosten für Transport und Lagerung teilweise leerer Ladeeinheiten können zum Verschwinden gebracht werden durch eine *Mengenanpassungsstrategie*, nach der die Nachschubmenge auf ein ganzzahliges Vielfaches des Fassungsvermögens einer Ladeinheit ab- oder aufgerundet wird.

Die *zulässige Nachschubmenge* kann durch eine vorgegebene *Mindestnachschubmenge* m_{Nmin} [VE/NAuf] nach unten begrenzt sein:

$$m_N \ge m_{Nmin} \qquad [VE/NAuf]. \qquad (11.6)$$

Die Mindestmenge für den Nachschub ist entweder eine vom Lieferanten vorgegebene *Mindestbestellmenge* oder ein von der Produktion vorgegebenes *minimales Fertigungslos*. Jede vorgegebene Mindestmenge muß infrage gestellt und die mit ihrer Aufhebung verbundenen Mehrkosten ermittelt werden, wenn dadurch eine Senkung der Prozeßkosten möglich erscheint.

Maßgebend für den *Meldebestand* und für den *Sicherheitsbestand* sind der Periodenverbrauch sowie

- die Länge T_{WBZ} [PE] und die Streuung s_{WBZ} [PE] der *Wiederbeschaffungszeit.*[2]

Die Wiederbeschaffungszeit ist die Beschaffungszeit für die Mindestnachschubgröße bei wiederholter Bestellung. In der rollierenden Nachschubmengenrechnung darf nicht mit der Erstbeschaffungszeit und auch nicht mit einer mengenabhängigen Beschaffungszeit gerechnet werden.

Bei einem Absatz λ_{VE} [VE/PE] ist die *Verbrauchsmenge in der Wiederbeschaffungszeit:*

$$m_{WBZ} = T_{WBZ} \cdot \lambda_{VE} \quad [VE]. \qquad (11.7)$$

Länge und Streuung der Wiederbeschaffungszeit lassen sich für etablierte Lieferanten durch eine Auswertung der Lieferzeiten für vergangene Nachschubbestellungen ermitteln. Neue Lieferanten müssen sich in einer *Rahmenvereinbarung* für die Abrufbelieferung zu verläßlichen Lieferzeiten verpflichten.

11.5 Bestandsgrößen

Wenn die Nachschubmenge bis zum Erreichen eines Mindestbestands gleichmäßig verbraucht und regelmäßig neuer Nachschub angeliefert wird, hat der Bestand im Mittel den in *Abb. 11.4* dargestellten sägezahnartigen Zeitverlauf. Aufgrund der *Stochastik* des Verbrauchs und wegen der *Ganzzahligkeit* der Verbrauchseinheiten ist der Zeitverlauf des aktuellen Bestands eine unregelmäßige *Treppenfunktion*. Aus dem Zusammenwirken mehrerer stochastischer Einflüsse resultiert die in *Abb. 11.1* und *Abb. 11.4* gezeigte Streuung des Bestands um den mittleren Verlauf.

Der *Minimalbestand* m_{min} [VE] variiert im Verlauf der Zeit um einen Sicherheitsbestand, der die *Strategievariable der Bestandsdisposition* ist:

- Der *Sicherheitsbestand* m_{sich} [VE] *verhindert*, daß infolge stochastischer Bedarfsschwankungen oder unsicherer Lieferzeiten der Lagerbestand vor Eintreffen des Nachschubs auf Null sinkt und dadurch *Lieferunfähigkeit* eintritt.

Die Höhe des Sicherheitsbestands – auch *eiserner Bestand* genannt – wird bestimmt von der geforderten Lieferfähigkeit. Er hängt von der Streuung des Verbrauchs und der Wiederbeschaffungszeit ab, ist aber unabhängig von der Nachschubmenge (s. *Abschnitt 11.8*). Bei einem vorgegebenen Sicherheitsbestand m_{sich} und korrekter Nachschubdisposition ist der Minimalbestand m_{min} im langzeitigen Mittel gleich den Sicherheitsbestand m_{sich}.

2 Wiederbeschaffungszeit, Durchsatzraten und andere zeitabhängige Größen müssen durchgängig auf die gleiche Zeiteinheit, z. B. auf einen Kalendertag, einen Betriebstag oder die Periodenlänge bezogen sein.

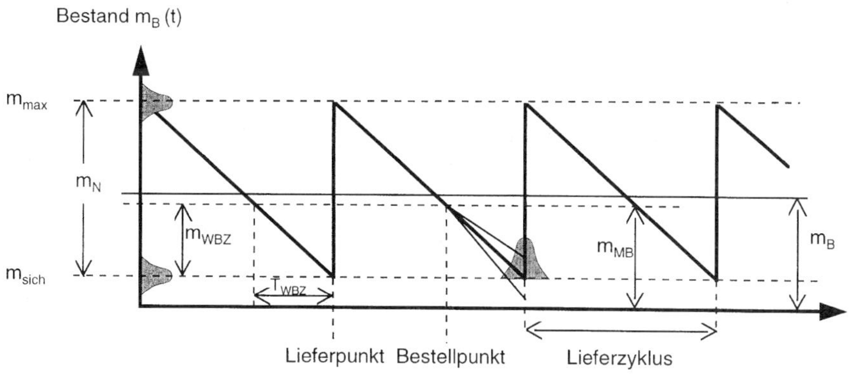

Abb. 11.4 Bestandsverlauf bei gleichbleibendem Verbrauch [29]

$m_B(t)$	aktueller Bestand
m_{sich}	Sicherheitsbestand = Mindestbestand
m_{max}	durchschnittlicher Maximalbestand
m_N	Nachschubmenge
$m_B = m_{sich}+m_N/2$	mittlerer Bestand
m_{WBZ}	Verbrauch in der Wiederbeschaffungszeit
$m_{MB} = m_{sich}+m_{WBZ}$	Meldebestand

Der *aktuelle Bestand* $m_B(t)$ schwankt also zwischen dem *Sicherheitsbestand* und einem *Maximalbestand* m_{max}:

$$m_{sich} < m_B(t) < m_{max} \quad [\text{VE}]. \qquad (11.8)$$

Für den *Maximalbestand* gilt bei einer Nachschubmenge m_N:

$$m_{max} = m_{sich} + m_N \quad [\text{VE}]. \qquad (11.9)$$

Aus den Beziehungen (11.8) und (11.9) folgt:

- Der *durchschnittliche Lagerbestand* ist gleich der Summe von Sicherheitsbestand und halber Nachschubmenge:

$$m_B = m_{sich} + m_N / 2 \quad [\text{VE}]. \qquad (11.10)$$

Die Nachschubmenge und der Sicherheitsbestand sind also zwei Hebel, von denen die Bestandshöhe abhängt. Von diesen beiden Hebeln wird der Sicherheitsbestand in seiner Auswirkung häufig unterschätzt, nicht immer korrekt festgelegt und nur selten aktualisiert.

Zur Unterbringung eines Bestands m_B in Ladeeinheiten mit dem Fassungsvermögen C_{LE} werden $M_B = [m_B/C_{LE}]$ ganze Ladeeinheiten benötigt. Wenn nicht nur volle Ladeeinheiten nachgeliefert und verbraucht werden, ist der

- *mittlere Bestand in Ladeeinheiten* mit Fassungsvermögen C_{LE}

$$M_B = \text{MAX}\left(1;\ (m_{sich} + m_N / 2) / C_{LE} + (C_{LE} - 1) / 2C_{LE}\right) \quad [\text{LE}], \qquad (11.11)$$

denn im Mittel ist pro Artikelbestand eine Ladeeinheit zu $(C_{LE}-1)/2C_{LE}$ leer. Nur wenn für Nachschub *und* Verbrauch die *Mengenanpassungsstrategie* der Rundung auf ganze Ladeeinheiten befolgt wird, entfällt der Zusatz $(C_{LE}-1)/2C_{LE}$. Der *Lagerplatzbedarf* N_{LP} [LE-Plätze] zur Unterbringung der Ladeeinheiten des Bestands für einen Artikel in einem Lager hängt ab von der *Art der Lagerung*, wie Einzel- oder Mehrplatzlagerung, und von der *Lagerordnung*, wie feste oder freie Lagerordnung (s. *Abschnitt 16.4*).

Der *Lagerplatzbedarf* bei *Einzelplatzlagerung* ist:

$$N_{LP} = [(m_{sich} + f_{LO} \cdot m_N) / C_{LE}] \qquad [\text{LE} - \text{Plätze}] \tag{11.12}$$

mit dem *Lagerordnungsfaktor*

$$f_{LO} = \begin{cases} 1/2 & \text{für } \textit{freie Lagerordnung} \\ 1 & \text{für } \textit{feste Lagerordnung.} \end{cases} \tag{11.13}$$

Ohne Mengenanpassungsstrategie ergibt sich hieraus der *mittlere Lagerplatzbedarf bei Einzelplatzlagerung*

$$N_{LP} = \text{MAX}\left(1; (m_{sich} + f_{LO} \cdot m_N) / C_{LE} + (C_{LE} - 1) / 2C_{LE}\right). \tag{11.14}$$

Der *Lagerplatzbedarf bei Mehrplatzlagerung* mit einer Platzkapazität $C_P > 1$, zum Beispiel für Blocklager oder Durchlauflager, errechnet sich nach den in *Kapitel* 16 angegebenen Beziehungen.

Aus dem Durchschnittsbestand leiten sich verschiedene *Lagerkenngrößen* ab:

- Die *mittlere Bestandsreichweite* RW_B [PE] ist gleich der *Verbrauchszeit* des mittleren Bestands bei Fortsetzung des bisherigen Verbrauchs

$$RW_B = m_B / \lambda_{VE} \qquad [\text{PE}]. \tag{11.15}$$

Die *Sicherheitsbestandsreichweite* RW_{sich} und die *maximale Reichweite* RW_{max} eines Artikels ergeben sich entsprechend, indem in die Beziehung (11.15) anstelle des Durchschnittsbestands der Sicherheitsbestand bzw. der Maximalbestand eingesetzt wird.

Die Reichweite des Bestands unterscheidet sich von der *Liegezeit* oder *Lagerdauer* der einzelnen Artikeleinheit. Diese hängt von der *Entnahmestrategie*, wie *First-In-First-Out* (FIFO) oder *Last-In-Last*-Out (LIFO), und vom Verbrauch ab. Die tatsächliche Lagerdauer läßt sich erst bei Auslagerung der Ware feststellen, wenn der Einlagerzeitpunkt vermerkt wurde.

Aus der Begrenzung des Absatzrisikos für den Lagerbestand durch eine maximal *zulässige Reichweite* RW_{zul} ergibt sich als obere Grenze für Nachschubmenge und Sicherheitsbestand die *Risikorestriktion*:

$$m_{sich} + m_N < RW_{zul} \cdot \lambda_{VE}. \tag{11.16}$$

Eine derartige Risikorestriktion, die eine Überalterung der Bestände verhindert, fehlt in vielen Dispositionsprogrammen.

Die reziproke mittlere Reichweite ist der

- *Lagerumschlag*

$$U_B = \lambda_{VE} / m_B = 1 / RW_B \qquad [1/\text{PE}]. \tag{11.17}$$

Der auf ein Jahr bezogene Lagerumschlag wird als *Lagerdrehzahl* [1/Jahr] bezeichnet. Der Lagerumschlag darf nicht mit der *Nachschubfrequenz* verwechselt werden. Aus den Definitionsgleichungen (11.2) und (11.17) ist ablesbar:

- Der Lagerumschlag unterscheidet sich von der Nachschubfrequenz um den Faktor $m_N/m_B = 2m_N/(2m_{sich}+m_N)$.

Bei geringem Sicherheitsbestand ist der Lagerumschlag nahezu doppelt so groß wie die Nachschubfrequenz. Bei gleicher Nachschubfrequenz verringert sich der Lagerumschlag mit zunehmendem Sicherheitsbestand. Hieraus folgt die Regel:

- Ein Lagerumschlag, der kleiner ist als die Nachschubfrequenz, ist ein Indiz für zu hohe Sicherheitsbestände.

Die Angabe der Bestandsreichweite und des Lagerumschlags kann sich auf einzelne Artikel beziehen, aber auch auf den Bestand eines ganzen Lagers oder eines Sortiments. Bestandsreichweite und Lagerumschlag aber sind nur für ein homogenes Sortiment, das die Bedingungen des Mittelwertsatzes der Logistik erfüllt, sinnvolle Kennzahlen. Je heterogener das Sortiment und je unterschiedlicher die Artikel in einem Lager sind, umso unsinniger wird die Betrachtung der pauschalen Bestandsreichweite oder Lagerdrehzahl.

Spätestens bei Erreichen oder Unterschreiten des Meldebestands muß ein Nachschubauftrag erteilt werden, damit die Lagerstelle lieferfähig bleibt.

- Der *Meldebestand* m_{MB} [VE] ist gleich der Summe von Sicherheitsbestand und Verbrauchsmenge in der Wiederbeschaffungszeit

$$m_{MB} = m_{sich} + T_{WBZ} \cdot \lambda_{VE} \qquad [VE]. \qquad (11.18)$$

Der *Bestellzeitpunkt* t_{BP} ist der Zeitpunkt, für den $m_B(t_{BP}) = m_{MB}$ ist, zu dem also der Meldebestand erreicht wird.

Bei instationärem Verbrauch $\lambda_{VE} = \lambda_{VE}(t)$ verändern sich Sicherheitsbestand und Verbrauch in der Wiederbeschaffungszeit im Verlauf der Zeit. Daher muß der Meldebestand bei jeder *Bestandsprüfung* mit den aktuellen Werten der Verbrauchsprognose neu berechnet werden (s. *Abb. 11.3*).

11.6
Kostensätze der Nachschub- und Lagerprozesse

Die von der Bestands- und Nachschudisposition abhängigen *Lagerlogistikkosten* setzen sich zusammensetzen aus den *Nachschubkosten* und den *Lagerhaltungskosten*.

Die *Nachschubkosten* umfassen alle Kosten für den Nachschubprozeß, der sich von der Nachschubdisposition bis zur Einlagerung des Nachschubs in den Lagerplatz erstreckt. Sie setzen sich aus den *Nachschubauftragskosten*, den *Zutransportkosten* und den *Einlagerkosten* zusammen. Die *Lagerhaltungskosten* sind die Summe der *Zinskosten für den Bestandswert* und der *Lagerplatzkosten zur Unterbringung der Bestandsmenge*.

Zur Kalkulation und Optimierung der Lagerlogistikkosten werden die Kostensätze der beteiligten Leistungsprozesse benötigt.

1. Nachschubauftragskosten k_{NAuft} [DM/NAuf]
Die *Nachschubauftragskosten* sind die Summe

$$k_{NAuf} = k_{LAAuf} + k_{LIAuf} + k_{TRSend} \qquad [DM/NAuf] \qquad (11.19)$$

folgender *Kostenanteile*:

- *Auftragskosten der Lagerstelle* k_{LAAuf} für die Nachschubdisposition, das Erstellen des Abrufauftrags, den Informationsaustausch mit der Lieferstelle, die Sendungsannahme und die Eingangserfassung pro Nachschubanlieferung.
- *Auftragskosten der Lieferstelle* k_{LIAuf} für die Auftragsannahme, das *Rüsten* in der Fertigung, die Auftragsbearbeitung, die Disposition von Fertigung, Lager, Warenausgang und Versand sowie für die Rechnungsstellung und Kommunikation mit der Lagerstelle.
- *Transportkosten pro Sendung* k_{TRSend}, die bei *Einzeltransport* des Nachschubs eines Artikels von der Lieferstelle zur Lagerstelle in voller Höhe anfallen und bei gebündeltem Transport des Nachschubs für mehrere Artikel anteilig entstehen.

Die Auftragskosten der Lieferstelle fallen *explizit* nur bei den internen Lieferstellen an. Sie sind jedoch ebenso wie die Transportkosten bei *Belieferung frei Lagerstelle* in den Lieferpreisen der externen Lieferanten enthalten.

Bei entsprechenden Konditionen werden sie in Form von *Mindermengenzuschlägen*, *Großmengenrabatten* oder *Logistikrabatten* gesondert in Rechnung gestellt (s. *Abschnitt 7.6*). Wenn sich die Auftragskosten der Lieferstelle durch das Dispositionsverhalten der Lagerstelle verändern, müssen diese bei der Bestandsdisposition durch korrigierte Prozeßkostensätze berücksichtigt werden.

2. Spezifische Transportkosten k_{TrLE} [DM/LE]
Die Transport- oder Frachtkosten pro Ladeeinheit für den Transport zwischen Lieferstelle und Lagerstelle sind abhängig von den gewählten Ladeeinheiten, von der Entfernung zwischen Lieferstelle und Lagerstelle, von der Transportart und von der Kapazität der eingesetzten Transportmittel (s. *Kapitel* 18).

Sie werden wie die Transportkosten pro Sendung maßgebend beeinflußt von der Summe der Nachschubmengen aller Artikel, die von derselben Lieferstelle in einer Transportsendung angeliefert werden, also vom Ausmaß der *Transportbündelung* (s. *Kapitel* 19).

3. Spezifische Einlagerkosten k_{Lein} [DM/LE]
Die Kosten pro Ladeeinheit für das Einlagern der einzelnen Ladeeinheit vom Wareneingang auf den Lagerplatz sind Bestandteil der Nachschubkosten. Sie können grundsätzlich auch den Transportkosten zugerechnet werden.

4. Beschaffungspreis P_{VE} [DM/VE]
Benötigt wird entweder der Beschaffungspreis pro Mengeneinheit P_{ME} [DM/ME] oder pro Verbrauchseinheit P_{VE} [DM/VE]. Mit dem Inhalt der Verbrauchseinheit

c_{VE} [ME/VE] folgt der Preis pro Mengeneinheit aus dem Preis pro Verbrauchseinheit nach der Beziehung:

$$P_{ME} = P_{VE} / c_{VE} \qquad [DM / ME]. \qquad (11.20)$$

Der Beschaffungspreis ist bei Fremdbezug der *aktuelle Netto-Einkaufspreis* pro Verbrauchseinheit abzüglich aller Rabatte und Skonti, der für die zu erwartende Nachschubmenge gilt. Bei Eigenfertigung ist der Beschaffungspreis gleich den *Herstellkosten ohne Rüstkostenanteil* und *ohne Gemeinkostenzuschläge*.

In der Dispositionsrechnung darf für den Beschaffungspreis nicht mit dem Verkaufspreis, mit den Vollkosten oder mit überholten Einkaufspreisen gerechnet werden, auch wenn die bilanzielle Bestandsbewertung hiervon abweicht.[3]

5. Lagerzinssatz z_L [% pro PE]

Der Lagerzinssatz ist die Summe

$$z_L = z_K + z_R \qquad [\% \text{ pro PE}] \qquad (11.21)$$

des Kapitalzinssatzes z_K, mit dem die Kapitalbindung durch den *Bestandswert* zu verzinsen ist, und eines *Risikoszinssatzes* z_{Risk}, durch den das *Abwertungsrisiko* wegen Schwund, Alterung und Unverkäuflichkeit sowie eine eventuelle *Bestandsversicherung* kalkulatorisch berücksichtigt werden.

Eventuelle Zahlungsfristen der Lieferstelle sind ohne Einfluß auf die Zinskosten des Lagerkapitals, da vor Ablauf der Zahlungsfrist freigesetztes Lagerkapital anderweitig zinssparend einsetzbar ist.

6. Spezifische Lagerplatzkosten k_{LPl} [DM/LE·PE]

Die Lagerplatzkosten pro Ladeeinheit und Periode beziehen sich auf die Lagerzeit einer Ladeeinheit und unterscheiden sich – allein schon wegen der verschiedenen Maßeinheit – grundlegend von den Ein- und Auslagerkosten, die sich auf die durchgesetzte Ladeeinheit beziehen.

Die Lagerplatzkosten sind ebenso wie die Einlager- und Auslagerkosten abhängig von der *Art der Ladeeinheiten* und von der *eingesetzten Lagertechnik*, jedoch unabhängig vom Wert des Inhalts der Lagereinheit. Hieraus folgt:

- Es ist es falsch, die Lagerplatzkosten, wie allgemein üblich, mit einem Prozentsatz des Bestandswertes oder unter Einbeziehung der Ein- und Auslagerkosten zu kalkulieren.

Für ausgewählte Ladeeinheiten, Transportarten und Lagertechniken sind einige Prozeßkostensätze in *Tabelle 11.4* zusammengestellt. Hieraus geht hervor, wie unterschiedlich die Prozeßkostensätze sein können. Daher müssen die zur Disposition benötigten Prozeßkostensätze stets für den konkreten Einsatzfall neu ermittelt und laufend aktualisiert werden.

Die zur kostenoptimalen Disposition benötigten internen und externen Prozeßkostensätze sind nicht einfach zu ermitteln. Sie dürfen nicht aus allgemeinen

---

3 Siehe Fußnote 5.

		LEISTUNGSKOSTEN				
LEISTUNGSART	**Leistungs-Einheit**	**kleinere Lager** von	bis	**größere Lager** von	bis	Preis-Einheit
Auftragskosten	Lagerstelle					
Disposition + Abruf	N-Auftrag	6,00	8,00	5,00	7,00	DM/N-Auftrag
Eingangserfassung	N-Auftrag	15,00	25,00	8,00	12,00	DM/N-Auftrag
Einlagern	einschließlich interner Transport vom WE zum Lager					
Behälter	Behälter	0,50	0,70	0,30	0,45	DM/Beh
Palette	Palette	4,50	6,00	2,50	4,00	DM/Pal
Lagern	Einzelplatzlagerung					
Behälter	Beh-KTag	0,07	0,12	0,04	0,05	DM/Beh-KTag
Palette	Pal-KTag	0,50	0,80	0,25	0,35	DM/Pal-KTag
Auslagern	ohne Kommissionieren und ohne Transport zum WA					
Behälter	Behälter	0,40	0,50	0,20	0,35	DM/Beh
Palette	Palette	3,00	4,00	1,50	2,50	DM/Pal
Lagerzinssatz		**9,0%**	**20,0%**	**7,0%**	**17,0%**	pro Jahr
Kapitalbindung	-	4,0%	12,0%	4,0%	12,0%	pro Jahr
Lagerrisiko	-	5,0%	8,0%	3,0%	5,0%	pro Jahr

Ladeeinheiten	Einheit	**Volumen** außen	innen	Einh	**Außenabmessungen** Länge	Breite	Höhe
Behälter	l/LE	74	63	mm	600	400	310
Palette	l/LE	1.008	860	mm	1.200	800	1.050

Tab. 11.4 Ausgewählte Kostensätze für Nachschub und Lagern

Prozeßkosten der Leistungsarten ohne Gemeinkostenzuschläge, Preisbasis 1998
1 Jahr = 365 Kalendertage (KTage) = 250 Betriebstage (BTage)

Kennzahlen abgeleitet oder ungeprüft von anderen Unternehmen übernommen werden. Deshalb enthalten die Eingabefelder der Dispositionsprogramme für die Prozeßkostensätze häufig keine oder falsche Werte. Unkorrekte Prozeßkostensätze aber verfälschen die Nachschubmengenrechnung.

11.7 Lagerlogistikkosten

Ziele der Bestands- und Nachschubdisposition sind die *Sicherung einer geforderten Lieferfähigkeit* und die Minimierung der dispositionsabhängigen Logistikkosten, die mit dem Nachschub- und Lagerprozeß verbunden sind. Diese *Lagerlogistikkosten* sind die Summe der *Nachschubkosten* K_N und der *Lagerhaltungskosten* K_L:

$$K_{NL}(m_N) = K_N(m_N) + K_L(m_N) \qquad [DM/PE], \qquad (11.22)$$

Mit den zuvor angegebenen Zusammenhängen und Prozeßkostensätzen ergibt sich bei einem Verbrauch λ_{VE}, einer Nachschubmenge m_N und einer Nachschubfrequenz $f_N = \lambda_{VE}/m_N$ für die *Nachschubkosten*:

$$K_N(m_N) = (\lambda_{VE} / m_N)\cdot\left(k_{NAuf} + (k_{TrLE} + k_{Lein})\cdot[m_N / C_{LE}]\right). \qquad (11.23)$$

Für eine Nachschubmenge m_N und einen Sicherheitsbestand m_{Nsich} sind die *Lagerhaltungskosten*:

$$KL(m_N) = P_{VE}\cdot z_L\cdot(m_{sich} + m_N / 2) + k_{LPl}\cdot\left[(m_{sich} + f_{LO}\cdot m_N) / C_{LE}\right]. \qquad (11.24)$$

Hierin bedeuten die eckigen Klammern das Aufrunden auf die nächst größere ganze Zahl.

Die hieraus ohne den Ganzzahligkeitseffekt resultierende Abhängigkeit der Lagerlogistikkosten (11.22) von der Nachschubmenge ist für ein Beispiel in *Abb. 11.5* dargestellt. Aus dieser Darstellung wie auch aus den Beziehungen (11.22) bis (11.24) ist ablesbar:

- Die *Nachschubkosten* sinken umgekehrt proportional mit der Nachschubmenge m_N.
- Die *Lagerhaltungskosten* steigen proportional mit dem Sicherheitsbestand und der Nachschubmenge.
- Die *Lagerlogistikkosten* sinken mit zunehmender Nachschubmenge zunächst ab, steigen dann mit weiter zunehmender Nachschubmenge an und haben bei einer *optimalen Nachschubmenge* m_{Nopt} einen Minimalwert, der gleich den *optimierten Logistikkosten* ist.
- Der Verlauf der Lagerlogistikkosten ist in einem größeren Bereich um die optimale Nachschubmenge relativ flach.

Wegen des flachen Kurvenverlaufs im Bereich des Minimums hängt die Höhe der minimalen Lagerlogistikkosten nicht sehr empfindlich vom genauen Wert der optimalen Nachschubmenge ab. Das hat für die Berechnung der optimalen Nachschubmenge und für die Nachschubdisposition folgende Konsequenzen:

- Die Berechnung der optimalen Nachschubmenge braucht nicht besonders genau zu sein.
- Ein berechneter Optimalwert für die Nachschubmenge muß nicht akribisch eingehalten werden, vor allem dann nicht, wenn durch ein Auf- oder Abrunden volle Lade- oder Transporteinheiten erreichbar sind.

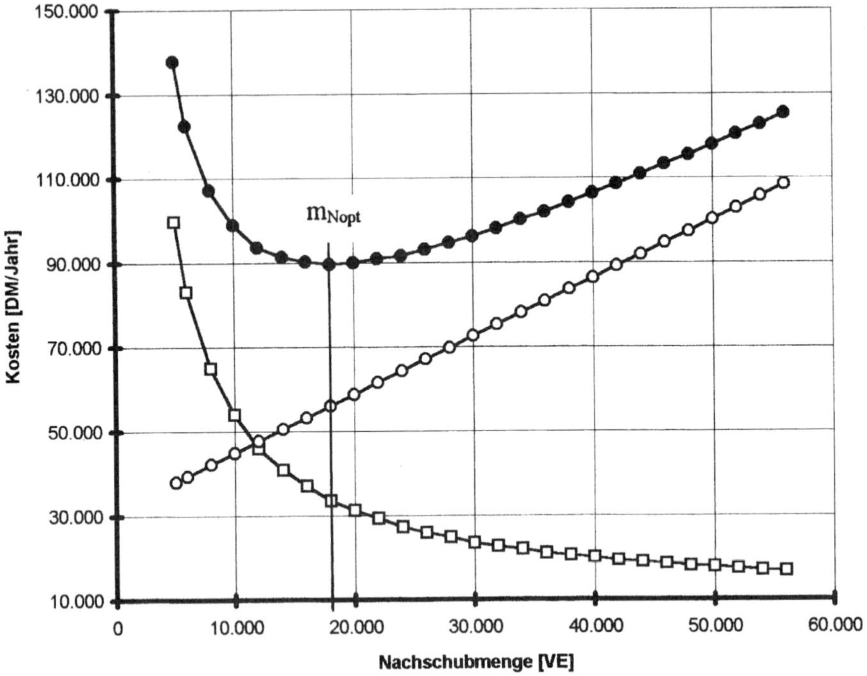

Abb. 11.5 Lagerlogistikkosten als Funktion der Nachschubmenge
Beispiel : Fertigwarenlager für Zigaretten
Parameter : s. Tabellen 11.4 und 11.7
Quadrate: Nachschubkosten
Kreise : Lagerhaltungskosten
Punkte : Nachschubkosten + Lagerhaltungskosten

- Die Ungenauigkeit einzelner Dispositionsparameter und Prozeßkostensätze wirkt sich relativ wenig auf die optimale Nachschubmenge und die optimierten Lagerlogistikkosten aus.
- Die Ungenauigkeit mehrerer Dispositionsparameter und Prozeßkostensätze mittelt sich nach dem Fehlerausgleichsatz teilweise heraus.

Die Unempfindlichkeit der optimalen Nachschubmenge und der optimierten Lagerlogistikkosten gegenüber Veränderungen und Ungenauigkeiten der Parameter und Kostensätze erleichtert zwar die theoretische Lösung des Optimierungsproblems, rechtfertigt aber nicht das Fortlassen oder die falsche Berücksichtigung wichtiger Einflußgrößen, wie der Lagerplatzkosten.

Die optimale Nachschubmenge läßt sich analytisch nur berechnen, wenn die Kostenfunktion $K_{NL}(m_N)$ *stetig differenzierbar* ist. Für Ladeeinheiten mit $C_{LE} > 1$ sind die Lagerlogistikkosten (11.22) jedoch eine *Treppenfunktion* der Nachschubmenge, die keine stetige Ableitung hat (s. *Abb. 12.10*). Wenn $m_N > C_{LE}$ ist, ergibt sich mit Beziehung (11.5) für die *mittlere Nachschubmenge* in Ladeeinheiten und Beziehung (11.14) für den *mittleren Lagerplatzbedarf* für die *mittleren Nachschubkosten*

$$K_{Nm} = (k_{TrLE} + k_{Lein}) \cdot \lambda_{VE} / C_{LE} + \\ (k_{NAuf} + (k_{TrLE} + k_{Lein})(C_{LE} - 1) / 2C_{LE}) \cdot \lambda_{VE} / m_N . \tag{11.25}$$

und für die *mittleren Lagerhaltungskosten*

$$K_{Lm} = P_{VE} \cdot z_L \cdot (m_{sich} + m_N / 2) + k_{LPl} \cdot \big((m_{sich} + f_{LO} \cdot m_N) / C_{LE} \\ + (C_{LE} - 1) / 2C_{LE}\big). \tag{11.26}$$

Die Summe $K_{NLm}(m_N) = K_{Nm}(m_N) + K_{Lm}(m_N)$ ist stetig nach der Nachschubmenge m_N differenzierbar. Durch Nullsetzen der Ableitung der Kostenfunktion $K_{NLm}(m_N)$ und Auflösung nach m_N ergibt sich für die

- *Kostenoptimale Nachschubmenge*

$$\mathbf{m_{Nopt}} = \sqrt{2 \cdot \lambda_{VE} \cdot \big(k_{NAuf} + (k_{TrLE} + k_{Lein})(C_{LE} - 1) / 2C_{LE}\big) / (P_{VE} \cdot z_L + 2f_{LO} \cdot k_{LPl} / C_{LE})} \tag{11.27}$$

Wenn die Nachschubmenge mindestens gleich dem Verbrauch in der Wiederbeschaffungszeit sein soll, muß zusätzlich $m_{Nopt} \geqslant T_{WBZ} \cdot \lambda_{VE}$ sein.

Darüber hinaus ist die Nachschubmenge aufgrund der *Mindestbestellmengenforderung* (11.6) und der *Risikorestriktion* (11.16) eingeschränkt auf den Bereich:

$$m_{Nmin} < m_{Nopt} < RW_{zul} \cdot \lambda_{VE} - m_{sich} . \tag{11.28}$$

Mit Beziehung (11.10) und der optimalen Nachschubmenge (11.27) folgt der

- Optimale mittlere Lagerbestand

$$\mathbf{m_{Bopt} = m_{sich} + m_{Nopt} / 2.} \tag{11.29}$$

Durch Einsetzen der optimalen Nachschubmenge (11.27) in die Kostenfunktion (11.22) ergeben sich die *optimierten Lagerlogistikkosten*

$$K_{Lopt} = K_{LN}(m_{Nopt}). \tag{11.30}$$

Die Berechnungsformel (11.27) für die optimale Nachschubmenge geht für $C_{LE} = 1$ und $k_{LPl} = 0$, also bei Vernachlässigung der Ladeeinheitenkapazität und der Lagerplatzkosten, in die bekannte *Andler-Formel* über [11; 14; 16; 80; 86; 87; 88; 99; 100; 101].[4] Für Ladeeinheiten mit einer Kapizät $C_{LE} > 1$ und Lagerplatzkosten, die im Ver-

4 Die in Deutschland übliche Bezeichnung *Andler-Formel* ist eigentlich ungerechtfertigt: *Andler* selbst verweist in seiner diesbezüglichen Arbeit aus dem Jahr 1929 auf andere, frühere Veröffentlichungen zur Losgrößenoptimierung und hat die betreffende Formel übernommen [100]. In Amerika und England wird die klassische Losgrößenformel als *Harris-* oder *Wilson-Formel* bezeichnet [16]. Die erste Losgrößenformel wurde nach Kenntnis des Verfassers von dem Amerikaner *F. Harris* im Jahr 1913 veröffentlicht [91].

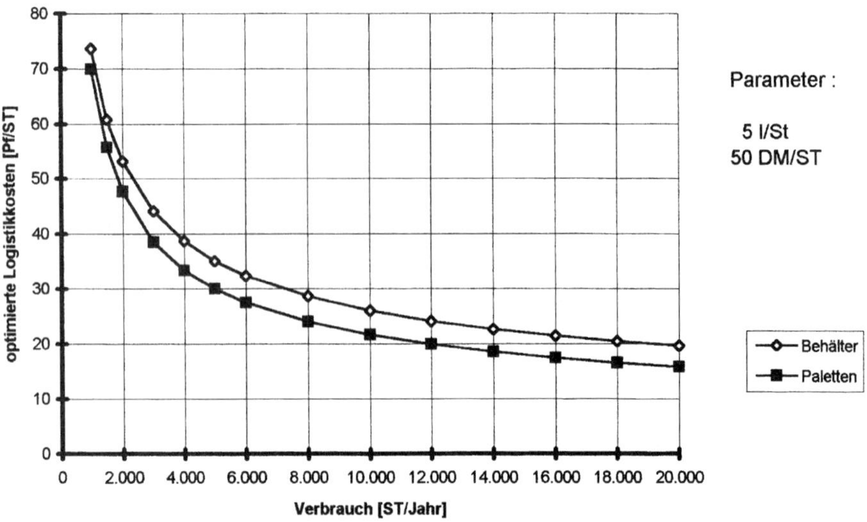

Abb. 11.6 Verbrauchsabhängigkeit der optimierten Lagerlogistikkosten
Beispiel : Handelswarenlager
Parameter : Ladungsträger (s. *Tabelle 11.4*)

gleich zu den Zinskosten nicht vernachlässigbar sind, aber unterscheidet sich die allgemeine Nachschubformel (11.27) von der Andler-Formel in mehrfacher Hinsicht.

Eine wichtige Konsequenz aus der *Nachschubformel* (11.27) ebenso wie aus der Andler-Formel ist:

- Die optimale Nachschubmenge steigt proportional mit der Wurzel aus dem Verbrauch.

Weitere Konsequenzen aus der *allgemeinen Nachschubformel* (11.27), die in den üblichen Bestellmengenrechnungen nach der Andler-Formel nicht beachtet werden, sind:

1. Die Lagerlogistikkosten, die optimale Nachschubmenge und der optimale Lagerbestand hängen von der Art und Kapazität der verwendeten *Ladeeinheiten* ab (s. *Abb. 11.6*). Die Verwendung zu großer Ladeeinheiten führt z.B. zu einem hohen Anteil von *Anbrucheinheiten* und dadurch zu Mehrkosten.
2. Lagerplatzkosten, optimale Nachschubmenge und optimaler Lagerbestand hängen von der *Lagerordnung* ab. Bei fester Lagerordnung und relativ geringen Sicherheitsbeständen sind die Lagerplatzkosten deutlich höher als bei freier Lagerordnung.
3. Nicht nur der Wert sondern auch das *Volumen der Lagerware* bestimmt die Lagerhaltungskosten, die optimale Nachschubmenge und den optimalen Bestand (s. *Abb. 11.7*).

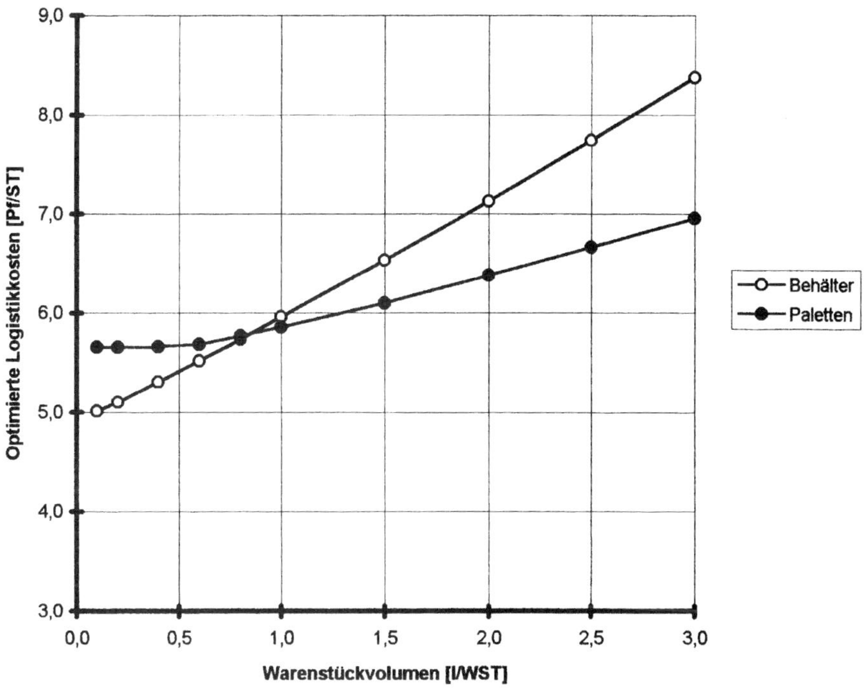

Abb. 11.7 Optimierte Lagerlogistikkosten als Funktion des Stückvolumens
Parameter: Ladungsträger

4. Ohne *Auffüllstrategie* erhöhen sich die Lagerlogistikkosten. Bei geringen Nachschubmengen und Beständen können die Mehrkosten für Anbrucheinheiten nicht unwesentlich zu den Lagerlogistikkosten beitragen.
5. Die betriebswirtschaftlich übliche, jedoch grundsätzlich falsche Kalkulation der Lagerplatzkosten mit einem Lagerkostensatz in Prozent vom Bestandswert führt zu überhöhten Beständen von billigen und großvolumigen Artikeln.
6. Die optimale Nachschubmenge und der optimale Bestand hängen von der Höhe der Prozeßkostensätze ab. Mit Ansteigen der spezifischen Auftragskosten, Transportkosten und Einlagerkosten nehmen Nachschubmenge und Bestand zu. Bei hohem Warenwert, ansteigenden Zinsen und größeren Lagerplatzkosten werden Nachschubmenge und Bestand geringer.

Da die Leistungskosten auslastungsabhängig sind, ist zu entscheiden, mit welchen Kostensätzen zu rechnen ist (s. *Abschnitt 6.9*). Für die Nachschubmengenrechnung gilt:

- Wenn es sich um *externe Leistungen* handelt, muß mit den aktuellen Leistungspreisen gerechnet werden, die auf Vollkostenbasis kalkuliert sind und sich im Verlauf der Zeit aufgrund von Angebot und Nachfrage ändern können.

- Für *interne Leistungen* müssen die Leistungskostensätze auf Vollkostenbasis für die maximal mögliche Leistung und Kapazitätsnutzung der Produktion, des Lagers und des Transportsystems kalkuliert werden.

Wird statt mit den *Vollauslastungskostensätzen* mit auslastungsabhängigen Kostensätzen kalkuliert, ergeben sich bei geringer Auslastung höhere Kostensätze und dadurch nach der allgemeinen Nachschubformel eine Senkung der Inanspruchnahme. Bei einer hohen Auslastung resultieren geringere Prozeßkostensätze mit dem Effekt zunehmender Inanspruchnahme. Dieser unsinnige Effekt läßt sich verhindern durch die Strategie *saisonabhängiger Prozeßkostensätze*:

- In Zeiten geringer Auslastung werden die Prozeßkostensätze gesenkt und bei Annäherung an die Grenzleistung erhöht.

So werden durch eine Anhebung der Rüstkosten bei Annäherung an die Grenzen der Produktionskapazität eine Abnahme der Nachschubfrequenz, größere Losgrößen, geringere Rüstzeitverluste und eine Steigerung der Produktionskapazität erreicht.[5] Ebenso verhindert ein Heraufsetzen der spezifischen Lagerplatzkosten mit zunehmendem Füllungsgrad ein Überlaufen des Lagers. Eine Senkung der spezifischen Lagerplatzkosten bei geringem Füllungsgrad bewirkt eine bessere Lagernutzung und günstigere Nachschubkosten.

11.8 Lieferfähigkeit und Sicherheitsbestand

Die Lieferfähigkeit – auch *Lieferbereitschaftsgrad* genannt – ist die *Wahrscheinlichkeit*, daß ein lagerhaltiger Artikel lieferbar ist.

Bei *Mehrstückaufträgen* ist die Lieferfähigkeit nur dann gegeben, wenn die angeforderte Menge vollständig geliefert werden kann. Eine abgeschwächte Form der Lieferfähigkeit ist die *Teillieferfähigkeit*, die erfüllt ist, wenn mindestens eine Artikeleinheit lieferbar ist.

Eine Verschärfung ist dagegen die Auftragslieferfähigkeit für *Mehrpositionsaufträge*, die fordert, daß die bestellten Mengen aller angesprochenen Artikel lieferbar sind. Hierfür gilt:

- Die *Auftragslieferfähigkeit* für Mehrpositionsaufträge ist gleich dem Produkt der Lieferfähigkeiten der betreffenden Artikel.

Wenn z.B. die Lieferfähigkeit der einzelnen Artikel eines Sortiments 98 % beträgt, dann ist die Auftragslieferfähigkeit für Aufträge mit durchschnittlich 5 Positionen nur $(98\ \%)^5 = 0{,}98^5 = 0{,}90 = 90\ \%$.

---

5 Produktionsgetriebene Unternehmen tendieren dazu, in auslastungsschwachen Zeiten verstärkt auf Lager zu produzieren, um dadurch die Fertigung weiter auszulasten und vermeintlich den Deckungsbeitrag zu verbessern. Dabei wird jedoch übersehen, daß Lagerware maximal zu Herstellkosten ohne Deckungsbeitrag zu bewerten ist. Ein Deckungsbeitrag wird erst durch den Verkauf der Ware erwirtschaftet. Wenn also absehbar ist, daß der Markt die Ware nicht abnimmt, muß die Produktion sofort gedrosselt werden.

Für alle diese Arten der Lieferfähigkeit ist zu unterscheiden zwischen permanenter und mittlerer Lieferfähigkeit:

- Die *permanente Lieferfähigkeit* η_{lief} muß zu allen Zeitpunkten gewährleistet sein.
- Die *mittlere Lieferfähigkeit* η_{Mlief} muß im langzeitigen Mittel gesichert sein.

Für *Ersatzteile*, *Produktionsteile* und andere Artikel mit hohen *Fehlmengenkosten* ist eine *permanente Verfügbarkeit* erforderlich, deren Höhe sich aus einer Abschätzung der *Ausfallkosten* in Relation zu den Mehrkosten für den Sicherheitsbestand ergibt. Für *lieferkritische Artikel* sind daher relativ hohe Sicherheitsbestände zu bevorraten. Für *lieferunkritische Artikel*, wie *Handelsware* oder *Konsumgüter*, auf die der Abnehmer auch warten kann und deren temporäre Nichtverfügbarkeit keinen oder nur geringen Schaden verursacht, genügt es, die *mittlere Verfügbarkeit* auf einem geschäftspolitisch gewünschten Stand zu halten.

In der Regel wird zwischen der permanenten und der mittleren Lieferfähigkeit nicht unterschieden. Daher wird für lieferunkritische Artikel häufig eine zu hohe permanente Lieferfähigkeit gefordert mit der Folge, daß die Sicherheitsbestände überhöht sind und unnötige Mehrkosten für die Lagerhaltung entstehen.

1. Sicherheitsbestand für permanente Lieferfähigkeit

Das Bevorraten eines Sicherheitsbestandes ist eine *Sicherheitsstrategie* gegen Lieferunfähigkeit oder positiv gesagt, zur Sicherung einer geforderten Lieferfähigkeit. Der *Sicherheitsbestand* soll mit einer Wahrscheinlichkeit, die gleich der geforderten Lieferfähigkeit ist, verhindern, daß infolge stochastischer Bedarfsschwankungen oder unsicherer Lieferzeiten der Lagerbestand vor Eintreffen des Nachschubs auf Null sinkt und dadurch *Lieferunfähigkeit* eintritt.

Bei unkorreliert um einen Mittelwert λ_{VE} [VE/PE] schwankendem Periodenverbrauch ist die Verbrauchsmenge in der Wiederbeschaffungszeit T_{WBZ} [PE] – wie in *Abb. 11.4* angedeutet – mit einer *Streuung* s_{WBZ} [VE] um einen Mittelwert m_{WBZ} [VE] *normalverteilt*. Die Normalverteilung des Verbrauchs in der Wiederbeschaffungszeit ergibt sich unabhängig von der Verteilungsfunktion der Taktzeiten, der Verbrauchsmengen und der Wiederbeschaffungszeiten aus dem Gesetz der großen Zahl (s. *Abschnitt 9.5*). Daher gilt:

- Bei einem mittleren Verbrauch $m_{\text{WBZ}} = T_{\text{WBZ}} \cdot \lambda_{\text{VE}}$ in der Wiederbeschaffungszeit T_{WBZ}, der mit einer Streuung s_{WBZ} stochastisch schwankt, ist der zur Sicherung einer *permanenten Lieferfähigkeit* η_{lief} erforderliche *Sicherheitsbestand*

$$\mathbf{m_{sich} = f_{sich}(\eta_{lief}) \cdot s_{WBZ}} \qquad \textbf{[VE].} \qquad (11.31)$$

Der *Sicherheitsfaktor* f_{sich} ist gegeben durch die *inverse Standardnormalverteilung* (9.20). Seine Abhängigkeit von der geforderten Lieferfähigkeit ist für übliche Sicherheitsgrade der *Tabelle 11.5* zu entnehmen. Aus dem Funktionswert $f_{\text{sich}}(50\%) = 0$ folgt die Aussage:

- Ohne Sicherheitsbestand ist die permanente Lieferfähigkeit 50 %.

Sicherheitsgrad	Sicherheitsfaktor
50,0%	0,00
80,0%	0,84
85,0%	1,04
90,0%	1,28
95,0%	1,64
98,0%	2,05
99,0%	2,33
99,9%	3,09

Tab. 11.5 Sicherheitsfaktoren für unterschiedliche Sicherheitsgrade
Sicherheitsgrad = Lieferfähigkeit, Überlaufsicherheit u.a.

Die Streuung s_{WBZ} des Verbrauchs in der Wiederbeschaffungszeit kann durch Analyse der Verbrauchsschwankungen in den zurückliegenden Wiederbeschaffungszeiten ermittelt werden.

Bei *konstanter Wiederbeschaffungszeit* läßt sich die Streuung des Verbrauchs in der Wiederbeschaffungszeit aus der Streuung s_{VE} des Periodenverbrauchs λ_{VE} ableiten. Wenn T_{PE} [ZE] die Periodenlänge ist, dann ist $N_{WBZ} = T_{WBZ}/T_{PE}$ die Anzahl Perioden, die in der Wiederbeschaffungszeit verstreichen. Daher gilt nach dem Gesetz der großen Zahl (9.22):

$$s_{WBZ} = \sqrt{T_{WBZ} / T_{PE}} \cdot s_{VE} . \qquad (11.32)$$

Um die Höhe des benötigten Sicherheitsbestands beurteilen und beeinflussen zu können, ist es erforderlich, die *Ursachen* der Verbrauchsschwankungen in der Wiederbeschaffungszeit genauer zu kennen. Die Verbrauchsschwankungen werden durch drei voneinander unabhängige *Effekte* bewirkt (s. *Kapitel* 9):

1. Schwankungen der Zeitabstände τ zwischen den einzelnen Verbrauchsanforderungen, die durch eine *Taktvariabilität* $V_\tau = (s_\tau/\tau_V)^2$ gegeben sind, führen zu einem stochastisch schwankenden Periodenverbrauch λ_{VE}.
2. Schwankungen der Verbrauchsmenge pro Bedarf um einen Mittelwert m_V, die durch eine *Mengenvariabilität* $V_m = (s_m/m_V)^2$ gegeben sind, haben zusätzliche stochastische Veränderungen des Periodenverbrauchs zur Folge.

3. Schwankungen der Wiederbeschaffungszeit T_{WBZ} mit der *Zeitvariabilität* $V_T = (s_T/T_{WBZ})^2$ bewirken eine Schwankung des Verbrauchs in der Wiederbeschaffungszeit.

Wenn die Wiederbeschaffungszeit konstant ist und nur die ersten beiden Effekte zusammenwirken, ist die Streuung des Verbrauchs in der Wiederbeschaffungszeit durch Beziehung (9.37) mit $T = T_{WBZ}$ gegeben. Schwankt auch die Wiederbeschaffungszeit mit einer Variabilität $V_T > 0$, erhöht sich die Streuung des Verbrauchs in der Wiederbeschaffungszeit auf [75]:

$$s_{WBZ} = \sqrt{\lambda_{VE} \cdot T_{WBZ} \cdot m_V \cdot (V_\tau + V_m) + \lambda_{VE}{}^2 \cdot T_{WBZ}{}^2 \cdot V_T} \ . \tag{11.33}$$

Durch Einsetzen in Beziehung (11.31) folgt:

- Bei einem Periodenverbrauch λ_{VE} mit einer Taktzeitvariabilität V_τ, einer mittleren Verbrauchsmenge pro Bedarf m_V und einer Mengenvariabilität V_m ist der *Sicherheitsbestand*

$$\mathbf{m_{sich}} = \mathbf{f_{sich}}(\eta_{lief}) \cdot \sqrt{\lambda_{VE} \cdot \mathbf{T_{WBZ}} \cdot \left(\mathbf{m_V} \cdot (V_\tau + V_m) + \lambda_{VE} \cdot \mathbf{T_{WBZ}} \cdot V_T\right)} \ , \tag{11.34}$$

wenn die *permanente Lieferfähigkeit* η_{lief} betragen soll und die Wiederbeschaffungszeit mit der Zeitvariabilität V_T um einen Mittelwert T_{WBZ} schwankt.

Aus der allgemeinen Beziehung (11.34) ist ablesbar:

- Der Sicherheitsbestand ist unabhängig von der Nachschubmenge.
- Der Sicherheitsbestand nimmt mit der geforderten Lieferfähigkeit überproportional zu.
- Der Sicherheitsbestand wächst mit der Wurzel aus dem Periodenverbrauch.
- Bei Mehrstückverbrauch erhöht sich der Sicherheitsbestand um die Wurzel aus der mittleren Verbrauchsmenge.
- Der Sicherheitsbestand nimmt mit der Mengenvariabilität zu.
- Für längere Wiederbeschaffungszeit mit großen Schwankungen ist ein höherer Sicherheitsbestand erforderlich als für kurze Wiederbeschaffungszeiten mit geringen Schwankungen.

Die Abhängigkeit des Sicherheitsbestands für die permanente Lieferfähigkeit vom Periodenverbrauch und von der Wiederbeschaffungszeit ist in *Abb. 11.8* dargestellt.

Der über die Sicherheitsbestände bewirkte Einfluß von Wiederbeschaffungszeit und Termintreue auf den Lagerbestand wird bei den Bemühungen zur Bestandssenkung nicht immer ausreichend berücksichtigt. Beide Einflußmöglichkeiten aber sollten konsequent genutzt werden, denn auf das Verhalten der Zulieferer kann der Lagerbetreiber meist einen wesentlich größeren Einfluß nehmen als auf das Bestellverhalten von Kunden und Verbrauchsstellen.

Der zeitliche Auftragseingang ist in der Regel *poissonverteilt*. Die Taktvariabilität V_τ ist dann gleich 1. Damit vereinfacht sich die allgemeine Beziehung (11.34) auf [75]:

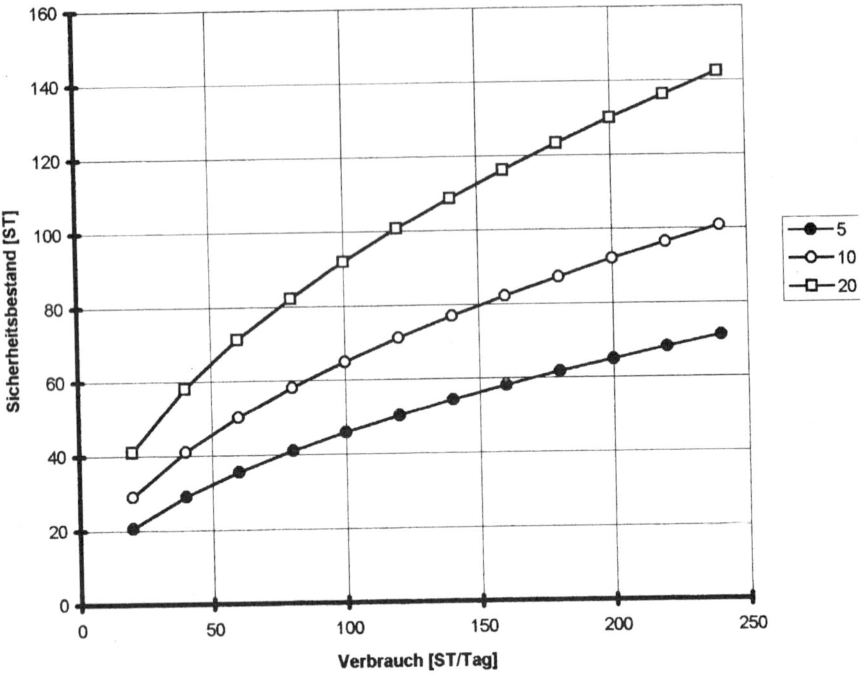

Abb. 11.8 Verbrauchsabhängigkeit des Sicherheitsbestands

Wiederbeschaffungszeit	10, 10, 20 Arbeitstage
Lieferfähigkeit	permanent 98 %
Einzelstückverbrauch	

$$m_{sich} = f_{sich}(\eta_{lief}) \cdot \sqrt{\lambda_{VE} \cdot T_{WBZ} \cdot \left(m_V \cdot (1 + V_m) + \lambda_{VE} \cdot T_{WBZ} \cdot V_T\right)} \ . \tag{11.35}$$

Zur Erläuterung sei als Beispiel ein Artikel mit einem prognostizierten Bedarf von $\lambda_B = 100$ VE pro Betriebstag betrachtet, dessen Auftragseingang poissonverteilt ist. Die mittlere Menge pro Bedarf beträgt $m_V = 12$ VE und die Schwankung ± 6 VE. Die Mengenvariabilität ist dann $V_m = (6/12)^2 = 0{,}25$. Die Wiederbeschaffungszeit sei im Mittel 10 Betriebstage mit einer Unsicherheit von ± 3 Tagen. Dann ist die Zeitvariabilität $V_T = (3/10)^2 = 0{,}09$. Wenn die permanente Lieferfähigkeit $\eta_{lief} = 95$ % sein soll, errechnet sich aus Beziehung (11.35) der Sicherheitsbestand $m_{sich} = 1{,}64 \cdot \sqrt{1.000 \cdot (12 \cdot (1+0{,}25) + 1.000 \cdot 0{,}09)} = 531$ VE. Dieser entspricht einem mittleren Bedarf von 5,3 Tagen.

Die mittlere Bestellmenge und deren Variabilität lassen sich grundsätzlich durch eine Analyse früherer Bedarfsanforderungen ermitteln. Ist das nicht möglich und über die Verteilung der Bestellmengen nichts bekannt, kann auch hierfür eine Poissonverteilung angenommen und die Mengenvariabilität $V_m = 1$ gesetzt werden.

In vielen Fällen ergibt die Auftragsanalyse, daß die Höhe der mittleren Bestellmenge und die Mengenvariabilität durch wenige Großaufträge bestimmt werden. Wenn das so ist, lassen sich Sicherheitsbestand und optimale Nachschubmenge durch folgende *Auswahlstrategie* senken:

- Voraussehbare Aufträge mit großen Stückzahlen werden, soweit es die Lieferzeitforderungen zulassen, nicht ab Lager geliefert sondern kundenspezifisch gefertigt oder beschafft.

Für einen Einzelstückverbrauch mit poissonverteiltem Auftragseingang ist die Mengenvariabilität $V_m = 0$. Daher gilt:

- Der Sicherheitsbestand für einen poissonverteilten *Einzelstückverbrauch* ist bei *schwankender Wiederbeschaffungszeit*

$$m_{sich} = f_{sich}(\eta_{lief}) \cdot \sqrt{\lambda_{VE} \cdot T_{WBZ} \cdot (1 + \lambda_{VE} \cdot T_{WBZ} \cdot V_T)} \ . \qquad (11.36)$$

und für *konstante Wiederbeschaffungszeit*

$$m_{sich} = f_{sich}(\eta_{lief}) \cdot \sqrt{\lambda_{VE} \cdot T_{WBZ}} \ . \qquad (11.37)$$

Die zur Sicherung einer geforderten Lieferfähigkeit bei schwankender Wiederbeschaffungszeit oder bei einem Mehrstückverbrauch notwendige Erhöhung des Sicherheitsbestands wird in vielen Programmen zur Bestandsdisposition nicht korrekt berücksichtigt.

2. Sicherheitsbestand bei mittlerer Lieferfähigkeit

Solange der Bestellpunkt nicht erreicht ist, ist ein Lagerbestand vorhanden und die Lieferfähigkeit 100 %. Erst nach Unterschreiten des Meldebestands kann der Restbestand während der Wiederbeschaffungszeit infolge stochastischer Bedarfsschwankungen oder schwankender Lieferzeiten vor Eintreffen des Nachschubs auf Null sinken und *Lieferunfähigkeit* eintreten.

Beträgt die permanente Lieferfähigkeit η_{lief}, dann ist die Wahrscheinlichkeit der Lieferunfähigkeit in der Wiederbeschaffungszeit $1-\eta_{lief}$. Die mittlere Dauer der Lieferunfähigkeit pro Nachschubvorgang ist daher $(1-\eta_{lief}) \cdot T_{WBZ}$. Die Lieferunfähigkeit tritt mit der Nachschubfrequenz $f_N = \lambda_{VE}/m_N$ für eine mittlere Dauer $(1-\eta_{lief}) \cdot T_{WBZ}$ ein. Andererseits kann die mittlere Lieferfähigkeit nicht kleiner sein als die permanente Lieferfähigkeit. Hieraus folgt:

- Bei einer permanenten Lieferfähigkeit η_{lief}, einer Wiederbeschaffungszeit T_{WBZ}, einem Periodenverbrauch λ_{VE} und einer mittleren Nachschubmenge m_N ist die *mittlere Lieferfähigkeit*

$$\eta_{Mlief} = \mathrm{MAX}\left(\eta_{lief};\ 1-(\lambda_{VE}/m_N) \cdot (1-\eta_{lief}) \cdot T_{WBZ}\right). \qquad (11.38)$$

Ist zum Beispiel der Periodenverbrauch 5.000 VE/Jahr, die Nachschubmenge 500 VE und die Wiederbeschaffungszeit 14 Kalendertage = 14/365 Jahre, so resultiert aus Beziehung (11.38) bei einer permanenten Lieferfähigkeit von 90 % eine mittlere Lieferfähigkeit von 96,2 %. Selbst für einen Sicherheitsbestand 0, d.h. bei einer permanenten Lieferfähigkeit von nur 50 %, ergibt sich in diesem Fall immer noch eine mittlere Lieferfähigkeit von 61,4 %.

Durch Auflösung der Gleichung (11.38) nach η_{lief} ergibt sich:

- Wenn eine mittlere Lieferfähigkeit η_{Mlief} ausreicht, genügt der Sicherheitsbestand für die permanente Lieferfähigkeit

$$\eta_{\text{lief}} = \text{MIN}\big(\eta_{\text{Mlief}};\ 1 - m_N \cdot (1 - \eta_{\text{Mlief}}) / (\lambda_{VE} \cdot T_{WBZ})\big). \tag{11.39}$$

So ergibt sich aus (11.39) für das oben betrachtete Beispiel, daß für eine mittlere Lieferfähigkeit von 95 % ein Sicherheitsbestand ausreicht, der für eine permanente Lieferfähigkeit von nur 87 % erforderlich ist. Da der Sicherheitsfaktor $f_{\text{sich}}(87\%) = 1{,}13$ um 32 % kleiner ist als der Sicherheitsfaktor $f_{\text{sich}}(95\%) = 1{,}64$, bedeutet die Forderung einer mittleren Lieferfähigkeit von 95 % anstelle einer permanenten Lieferfähigkeit von 95 % in diesem Fall eine Reduzierung des Sicherheitsbestands um 32 %.

Allgemein folgen aus den Beziehungen (11.38) und (11.39) die *Regeln:*

- Die mittlere Lieferfähigkeit ist bei gleichem Sicherheitsbestand für geringe Nachschubfrequenz und kurze Wiederbeschaffungszeit erheblich höher als die permante Lieferfähigkeit.
- Mit zunehmender Wiederbeschaffungszeit und abnehmender Nachschubmenge, also mit Erhöhung der Nachschubfrequenz, nimmt die mittlere Lieferfähigkeit bis auf den Wert der permanenten Lieferfähigkeit ab.
- Die Sicherheitsbestände lassen sich deutlich senken, wenn statt der permanenten Lieferfähigkeit eine mittlere Lieferfähigkeit gleicher Höhe ausreicht.

Anders als der Sicherheitsbestand für die permanente Lieferfähigkeit ist der Sicherheitsbestand für die mittlere Lieferfähigkeit abhängig von der Nachschubmenge.

3. Kosten der Lieferfähigkeit

Sicherheit hat ihren Preis. Das gilt auch für die Sicherung der Lieferfähigkeit durch das Halten von Sicherheitsbeständen. Die Kosten zur Sicherung einer permanenten Lieferfähigkeit sind gleich den Kosten für die dauernde Lagerung des erforderlichen Sicherheitsbestands. Diese setzen sich zusammen aus den Lagerzinskosten und den Lagerplatzkosten:

$$K_{\text{sich}} = (P_{LE} \cdot z_L + k_{LPI} / C_{LE}) \cdot m_{\text{sich}} \qquad [\text{DM/PE}]. \tag{11.40}$$

Damit sind die *spezifischen Sicherheitskosten* pro durchgesetzte Verbrauchseinheit

$$k_{\text{Lsich}} = (P_{LE} \cdot z_L + k_{LPI} / C_{LE}) \cdot m_{\text{sich}} / \lambda_{VE} \qquad [\text{DM/VE}]. \tag{11.41}$$

In Verbindung mit der allgemeinen Beziehung (11.34) für den Sicherheitsbestand sind hieraus folgende Abhängigkeiten ablesbar:

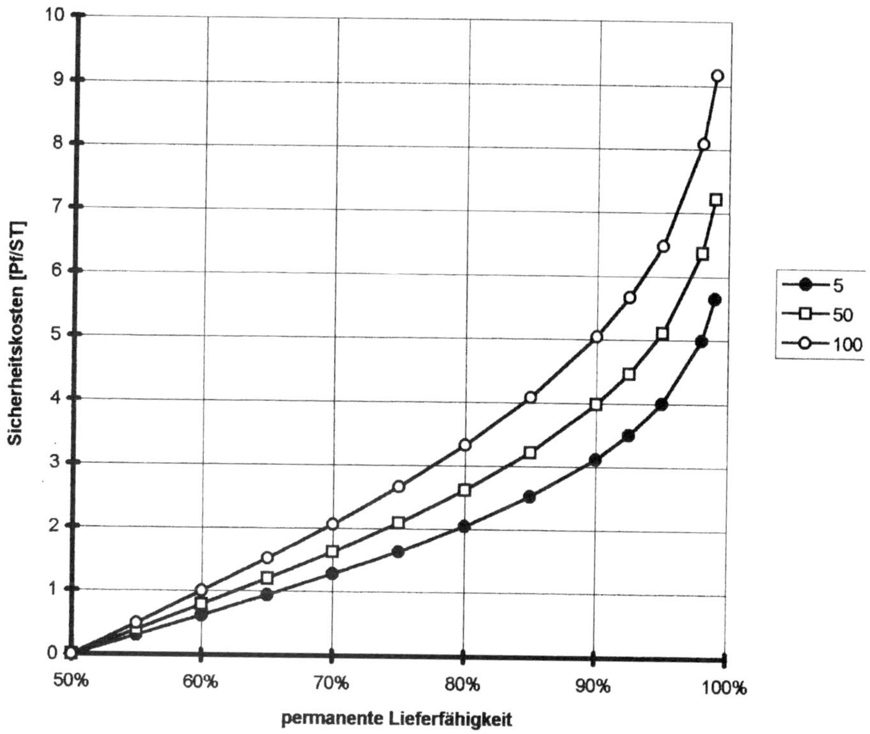

Abb. 11.9 Abhängigkeit der Sicherheitskosten von der permanenten Lieferfähigkeit

Parameter: Stückvomunen 5, 10, 100 l/ST
Wiederbeschaffungszeit 2 Wochen

- Die Kosten zur Sicherung der Lieferfähigkeit wachsen mit der geforderten permanenten Lieferfähigkeit rasch an (s. *Abb. 11.9*).
- Die spezifischen Sicherheitskosten sinken umgekehrt proportional mit der Wurzel aus dem Periodenverbrauch.
- Die Sicherheitskosten steigen mit Länge und Unsicherheit der Wiederbeschaffungszeit.
- Die Kosten der Lieferfähigkeit nehmen mit dem Preis und dem Volumen der Verbrauchseinheiten zu.

Die Kosten zur Sicherung der Lieferfähigkeit sind eine Art *Versicherungsprämie.* Vertrieb oder Kunden, die 100 % Lieferfähigkeit fordern, sollten darüber aufgeklärt werden, daß es hundertprozentige Lieferfähigkeit nicht gibt, da sie unbezahlbar ist.

Die Sicherheitskosten (11.41) sind über den Sicherheitsbestand von der geforderten Lieferfähigkeit η_{lief} abhängig. Die *Nichtlieferfähigkeit* tritt mit der Wahrscheinlichkeit $\eta_{\text{Nlief}} = 1-\eta_{\text{lief}}$ ein. Hieraus läßt sich folgendes Verfahren zur *Optimierung der Sicherheitskosten* ableiten [11]:

- Wenn k_{fehl} [DM/VE] die *Fehlmengenkosten* der Nichtlieferfähigkeit sind, ist die *kostenoptimale Lieferfähigkeit* $\eta_{lief\ opt}$ die Lösung der Gleichung $k_{Lsich}(\eta_{lief\ opt}) = (1-\eta_{lief\ opt})\cdot k_{fehl}$.

Die Fehlmengenkosten als Folge einer Nichtlieferfähigkeit sind bei Handelsware der entgangene Gewinn, für Zulieferteile der Fertigung die Kosten der Produktionsunterbrechung und für Ersatzteile die Stillstandskosten bis zum Eintreffen des Fehlteils [221].

Auch wenn sich die Fehlmengenkosten nicht einfach bestimmen lassen und daher abgeschätzt werden müssen, ist durch das Verfahren der Optimierung der Sicherheitskosten eine objektive Bestimmung der benötigten Lieferfähigkeit möglich. Ohne ein solches Verfahren kann die Lieferfähigkeit nur mit einer gewissen Willkür nach Ermessen festgelegt werden.

Das Verfahren zur Bestimmung der optimalen Lieferfähigkeit aus den Fehlmengenkosten wurde beispielsweise mit Erfolg für die Bevorratung von Ersatz- und Verschleißteilen in den Wartungs- und Instandsetzungswerken der Bahn eingeführt. Bei teilweise gegenüber dem IST-Zustrand erhöhten, in einigen Fällen auch reduzierten Sicherheitsbeständen ließen sich damit die betroffenen Gesamtprozeßkosten um mehr als 25 % senken und mehrere Millionen DM pro Jahr einsparen.

11.9
Verbrauchsabhängigkeit von Beständen und Logistikkosten

Der mittlere Lagerbestand ist nach Beziehung (11.29) gleich der Summe von Sicherheitsbestand und halber Nachschubmenge. Nach Beziehung (11.27) und (11.34) sind die optimale Nachschubmenge und der Sicherheitsbestand proportional zur Wurzel aus dem Periodenverbrauch. Daher gilt:

- Bei optimaler Nachschubdisposition von Artikeln mit regelmäßigem Verbrauch ist der *optimale Lagerbestand* proportional zur Wurzel aus dem *Periodenverbrauch*

$$m_{Bopt} = F_L \cdot \sqrt{\lambda_{VE}} \;. \tag{11.42}$$

Der Proportionalitätsfaktor F_L ist ein *Lagerstrukturfaktor*, der abhängig ist von den Dispositionsparametern, den Kostensätzen und der geforderten Lieferfähigkeit des betreffenden Lagers.

Aus der Proportionalität (11.42) folgen die *Planungsregeln*:

- Wenn der Absatz eines Artikels mit regelmäßigem Bedarf um einem bestimmten Faktor steigt, dann erhöht sich der Lagerbestand bei optimaler Disposition und gleichbleibender Lieferfähigkeit nur um die Wurzel aus diesem Faktor.
- Der *Bestandsspitzenfaktor* f_{Bsais}, um den sich der mittlere Bestand eines Artikel gegenüber dem Jahresdurchschnittsbestand erhöht, ist bei optimaler Disposition gleich der Wurzel aus dem *Verbrauchsspitzenfaktor* f_{Vsais}, um den der Verbrauch in der Saisonspitze höher ist als im Jahresmittel:

$$f_{Bsais} = \sqrt{f_{Vsais}} \;. \tag{11.43}$$

Diese Planungsregeln sind nutzbar zur Bechnung der Bestände für steigenden oder abnehmenden Absatz und für die korrekte Berücksichtigung von *Saisonschwankungen* bei der Lagerplanung. So ist bei einer Verdoppelung des Verbrauchs nur mit einem Anstieg des mittleren Lagerbestandes um einen Faktor $\sqrt{2} = 1{,}41$, also nur um 41 % zu rechnen, wenn die Bestände optimal disponiert werden.

Abgesehen von den Effekten der Anbrucheinheiten folgt aus den Beziehungen (11.22), (11.27) und (11.30) für die Verbrauchsabhängigkeit der *spezifischen Lagerlogistikkosten* bei optimaler Bestandsdisposition:

$$k_{\mathrm{Lopt}} = \mathrm{K}_{\mathrm{Lopt}} / \lambda_{\mathrm{VE}} = k_0 + k_1 / \sqrt{\lambda_{\mathrm{VE}}} \qquad [\mathrm{DM/VE}]. \qquad (11.44)$$

Der konstante Kostenanteil k_0 umfaßt die vom Periodenbedarf unabhängigen spezifischen Transport- und Einlagerkosten. Der variable Kostenanteil mit dem Faktor k_1 wird von den Auftrags- und Lagerhaltungskosten bestimmt, deren Anteil an den spezifischen Logistikkosten bei optimaler Nachschubdisposition mit zunehmendem Durchsatz geringer wird. Aus diesem Zusammenhang, der in den *Abb. 11.10* und *11.11* dargestellt ist, ergibt sich:

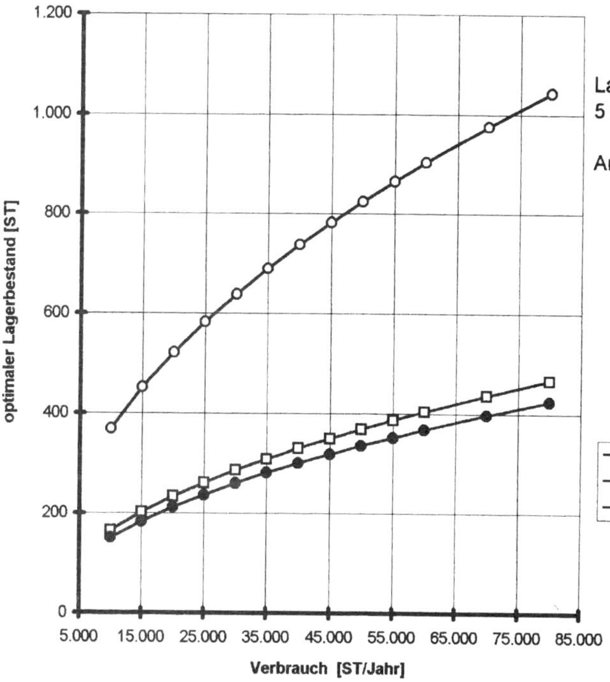

Abb. 11.10 Verbrauchsabhängigkeit des optimalen Lagerbestands bei zentraler und dezentraler Lagerung

dezentral	Summenbestand in 5 Lagern gleicher Größe
zentral o. KV:	Zentrallager ohne Kostenverbesserung
zentral m. KV:	Zentrallager mit Kostenverbesserung

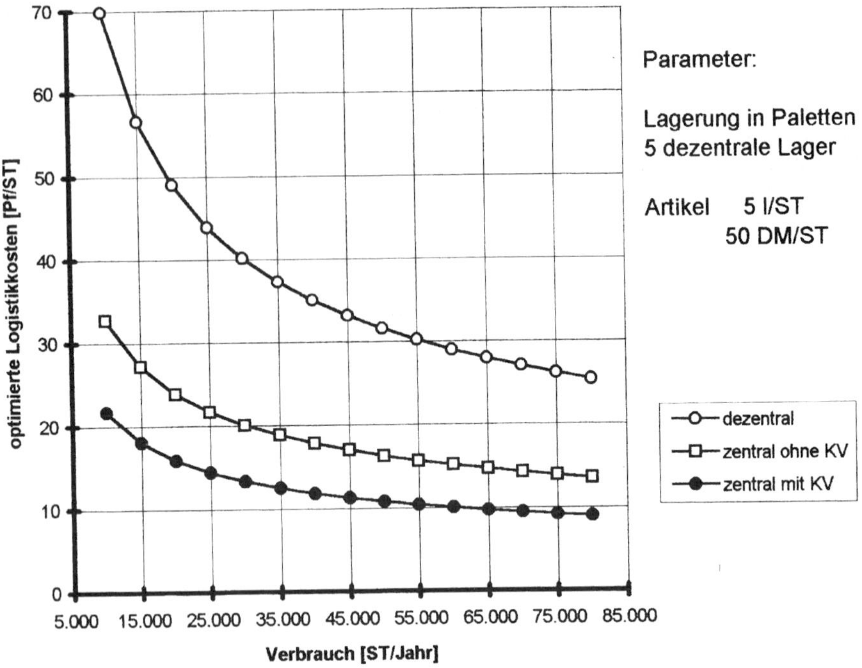

Abb. 11.11 Verbrauchsabhängigkeit der Lagerlogistikkosten bei zentraler und dezentraler Lagerung

Voraussetzung: Optimale Nachschub- und Bestandsdisposition

- Die spezifischen Lagerlogistikkosten sinken bei optimaler Bestands- und Nachschubdisposition umgekehrt proportional mit der Wurzel aus dem Verbrauch asymptotisch bis auf einen kleinsten Wert, der gleich der Summe der spezifischen Transport- und Einlagerkosten ist.

Wegen des unterproportionalen Anstiegs der Bestände und der Degression der spezifischen Nachschub- und Lagerhaltungskosten mit dem Verbrauch sind die Nachschub- und Lagerhaltungskosten sehr viel geringer, wenn der Gesamtverbrauch eines Artikels mit regelmäßigem Bedarf aus einem *Zentrallager* statt aus mehreren *dezentralen Lagern* beliefert wird.

Eine weitere Kostenverbesserung ergibt sich bei einer Zentralisierung von Lagern, Kommissionieren und Umschlag aus den möglichen Einsparungen bei den Lieferstellen. Auch die Einsparungen durch Bündelung der Transporte, die allerdings durch die Mehrkosten für das zusätzliche Be- und Entladen im zentralen Umschlagpunkt und für längere Transportwege teilweise wieder kompensiert werden, begünstigen in vielen Fällen das zentrale Lagern und Umschlagen der Ware. Hierauf beruht ein wesentlicher Effekt der *Logistikzentren* (s. *Abb. 1.14*).

11.10 Zentralisierung von Beständen

Zur Optimierung der Logistikkette, zur Auswahl optimaler Lieferwege und zur Kalkulation der Einsparungen, die durch eine Bestandsbündelung erreichbar sind, ist es erfordlich, die durch eine Zentralisierung mögliche *Bestandsreduzierung* zu quantifizieren.

Wenn λ_{Ai} die Verbräuche des Artikels A in den Lagern L_i der *dezentralen Verbrauchsstellen* VS_i, i = 1... N, sind, ist der *Gesamtverbrauch* des Artikels

$$\lambda_A = \sum_{i=1}^{N} \lambda_{Ai} \qquad [\text{VE/PE}]. \tag{11.45}$$

Den dezentralen Verbräuchen entsprechen bei optimaler Disposition gemäß Beziehung (11.42) die Einzelbestände in den *dezentralen Lagern*:

$$m_{BAi} = F_{DL} \cdot \sqrt{\lambda_{Ai}}\,, \tag{11.46}$$

wobei der *Lagerstrukturfaktor* F_{DL} von den Dispositionsparametern, den Kostensätzen und der geforderten Lieferfähigkeit der dezentralen Lager abhängt. Einem zentralisierten Verbrauch (11.45) entspricht bei optimaler Disposition der *Zentralbestand*:

$$m_{ZBA} = F_{ZL} \cdot \sqrt{\lambda_A} \tag{11.47}$$

mit dem Lagerstrukturfaktor F_{ZL} des Zentrallagers. Durch Auflösung von (11.46) nach λ_{Ai} und von (11.47) nach λ_A und Einsetzen der Ergebnisse in (11.45) folgt der *Zentralisierungssatz für den Artikelbestand*:

- Durch das Zusammenfassen in einem Zentrallager mit optimaler Nachschubdisposition reduziert sich die Summe der dezentralen Artikelbestände

  $$m_{DBA} = \sum_i m_{BAi} \tag{11.48}$$

  bei optimaler Bestands- und Nachschubdisposition auf einen *Zentrallagerbestand*

  $$\mathbf{m_{ZBA} = (F_{ZL} / F_{DL})^2 \cdot \sqrt{\sum_i m_{BAi}{}^2}}\;. \tag{11.49}$$

Der Zentrallagerbestand m_{ZB} eines *Artikelsortiments* mit den Einzelbeständen m_{BAi} in den dezentralen Lagern L_i ergibt sich durch Summation von (11.48) über alle Artikel:

$$m_{ZB} = \sum_A m_{ZBA} = (F_{ZL} / F_{DL})^2 \cdot \sum_A \sqrt{\sum_i m_{BAi}{}^2}\;. \tag{11.50}$$

Unter der Voraussetzung, daß die Artikel in allen dezentralen Lagern die gleiche relative Gängigkeit haben, ist die Summe über A mit der Wurzel und der Summe über i vertauschbar. Dann folgt der *Zentralisierungssatz für den Sortimentsbestand*:

- Sind die Summen der Einzellagerbestände der Artikel A eines Sortiments mit *gleicher relativer Gängigkeit* in den dezentralen Lagern L_i, i = 1,2...N,

$$m_{DBi} = \sum_A m_{BAi} \ , \qquad (11.51)$$

dann ist die *Gesamtsumme* der dezentralen Bestände des Sortiments

$$m_{DB} = \sum_i m_{DBi} \qquad (11.52)$$

und der *Zentrallagerbestand* des gleichen Sortiments bei optimaler Disposition:

$$\mathbf{m_{ZB} = (F_{ZL} / F_{DL})^2 \cdot \sqrt{\sum_i m_{DBi}^2}} \ . \qquad (11.53)$$

Bei extremen Unterschieden der relativen Gängigkeit der einzelnen Artikel in den dezentralen Lagern ist der mit Beziehung (11.53) errechnete Zentrallagerbestand bis zu 30 % geringer als der mit der korrekten Beziehung (11.50) errechnete Sortimentsbestand im Zentrallager.

Die Vorausssetzung gleicher relativer Gängigkeit der Artikel in den dezentralen Lagern ist jedoch in vielen Fällen zumindest für Teilsortimente recht gut erfüllt. Daher gilt in guter Näherung der *Wurzelsatz für die Zentralisierung von Lagerbeständen,* auch *Square Root Law* genannt [102]:

- Bei optimaler Bestands- und Nachschubdisposition und gleicher relativer Gängigkeit der Artikel in den dezentralen Lagern ist der Zentrallagerbestand gleich der Wurzel aus der Quadratsumme der Bestände in den dezentralen Lagern multipliziert mit $(F_{ZL}/F_{DL})^2$.

Bei gleichen Lagerstrukturfaktoren F_{ZL} und F_{DL} ergibt sich nach dieser Regel beispielsweise für das Zusammenfassen von 3 dezentralen Lagern mit den Einzelbeständen $m_{DB1} = 300$, $m_{DB2} = 400$ und $m_{DB3} = 500$ VE und dem Summenbestand $m_{DB} = 1.200$ VE ein Zentrallagerbestand $m_{ZB} = \sqrt{300^2+400^2+500^2} = 707$ VE. Durch eine Lagerzentralisierung ist also in diesem Fall eine Bestandsreduktion um 41 % möglich.

Für dezentrale Lager mit gleichem Bedarf und gleichen Lagerstrukturfaktoren $F_{ZL} = F_{DL}$ vereinfacht sich die Zentralisierungsregel für Bestände zu der *Faustregel*:

- Durch eine Zentralisierung der Bestände aus N_L dezentralen Lagern mit den gleichen Sortimenten und den gleichen Verbräuchen läßt sich der Gesamtbestand in einem Zentrallager bei optimaler Bestands- und Nachschubdisposition um einen Faktor $1/\sqrt{N_L}$ gegenüber dem Summenbestand der dezentralen Lager senken.

Diese einfache Zentralisierungsregel wird in der Praxis meist angewendet, ohne die einschränkenden Voraussetzungen zu beachten, wie die Gleichheit der dezentralen Lager und Sortimente, die optimale Bestandsdisposition und gleiche Strukturfaktoren. Das kann zu überhöhten Einsparungserwartungen, falscher Bestandsplanung und Fehlentscheidungen führen, die sich nach dem Bau eines Zentrallagers nicht mehr korrigieren lassen. So resultiert aus einer Zusammenlegung von nicht überlappenden Sortimenten auch bei optimaler Disposition keine Bestandsreduzierung.

Die Strukturfaktoren für kleine dezentrale Lager und große Zentrallager unterscheiden sich in der Regel aus folgenden Gründen:

- Infolge des höheren Durchsatzes reduzieren sich bei gleicher Technik die spezifischen Einlager- und Lagerplatzkosten eines Zentrallagers im Vergleich zu den entsprechenden Kosten dezentraler Lager.
- In einem größeren Zentrallager sind die Leistungskosten durch den Einsatz rationeller Lager und Fördertechnik deutlich geringer als in kleinen dezentralen Lagern. So kann das Zentrallager ab einer bestimmten Mindestkapazität weitaus kostengünstiger als automatisches Hochregallager statt als manuell bedientes Staplerlager ausgeführt werden.
- Im Zentrallager lassen sich wegen der höheren Bestände Lagereinheiten mit größerer Kapazität einsetzen. Das führt zu einer weiteren Senkung der Leistungskosten.

Die Auswirkung dieser Effekte auf die Prozeßkostensätze für zentrale und dezentrale Lager ist z.B. aus Tabelle 11.4 ablesbar.

Infolge der Rationalisierungseffekte der Zentrallagerung kann der Strukturfaktor F_{ZL} für ein Zentrallager um 10 % bis 20 % kleiner sein als der Strukturfaktor F_{DL} dezentraler Lager. Damit wird der Faktor $(F_{ZL}/ F_{DL}) \approx 0{,}7$ bis 0,8 und es folgt:

- Zentrallagerbestand eines Artikel ist um einen Faktor 0,7 bis 0,8 niedriger als der Bestand, der sich aus den Beziehungen (11.50) und (11.53) ohne diesen Faktor ergibt.

Abb. 11.10 zeigt die Bestandssenkung in Abhängigkeit vom Verbrauch für das Beispiel einer Zusammenlegung von 5 dezentralen Lagern gleicher Größe in einem Zentrallager ohne und mit einer Kostenverbesserung im Zentrallager.

Auch wenn sich durch die Belieferung aus einem Zentrallager die Lieferzeiten für die Verbrauchsstellen im Vergleich zur Direktbelieferung durch die Lieferanten erheblich verkürzen lassen, werden die dezentralen Verbrauchsstellen VS_i in vielen Fällen zur Überbrückung der Nachlieferzeit weiterhin minimale *Pufferbestände* m_{DPi} bevorraten. Diese Pufferbestände werden nach dem in *Abschnitt 11.11* dargestellten Bereitstellverfahren in der Regel nicht mit einzelnen Warenstücken sondern mit einer optimalen Auffüll- oder Nachschubmenge schubweise nachgefüllt. Ein solcher schubweiser Warenabruf durch die angeschlossenen Verbrauchsstellen aber führt im Zentrallager aufgrund der Beziehung (11.37) entweder zu erhöhten Sicherheitsbeständen oder zu einer Reduzierung der Lieferfähigkeit.

Die Summe $m_{DP} = \Sigma m_{DPi}$ der in den dezentralen Verbrauchsstellen vorgehaltenen Pufferbestände, wie beispielweise der *Verkaufsbestände* in den Filialen des Handels, muß bei der Ermittlung der Bestandsreduzierung durch Einrichtung eines Zentrallagers berücksichtigt werden. Eine Bestandsreduzierung ergibt sich daher nur, wenn die Summe des Zentrallagerbestands m_{ZB} und der mimimalen Pufferbestände m_{DP} kleiner ist als die Summe der dezentralen Lagerbestände m_{DB} ohne Zentrallagerung, wenn also:

$$m_{ZB} + m_{DP} < m_{DB}. \qquad (11.54)$$

Entscheidend für die Lagerzentralisierung ist jedoch nicht allein die Bestandsreduzierung oder die Verbesserung der Lieferfähigkeit, sondern die Senkung der Prozeßkosten. Die *Abb. 11.11* zeigt für ein Beispiel, wie hoch die Senkung allein der internen Nachschub- und Lagerhaltungskosten durch die Zentralisierung und zusätzlich durch die Kostendegression und effizientere Technik des Zentrallagers sein kann. Eine Zentralisierung der Bestände von Artikeln mit regelmäßigem Bedarf bringt daher für geeignete Sortimente erheblich höhere Einsparungseffekte der Logistikkosten als allgemein erwartet.

Andererseits vermindern sich die Einsparungen in der gesamten Logistikkette, die sich von den Lieferanten bis zu den Bedarfsstellen erstreckt, bei Einrichtung eines Zentrallagers um die *Mehrkosten für den Transport*, die aus einer größeren Entfernung des Zentrallagers von den Bedarfsorten resultieren. Um den Gesamteffekt von Logistikzentren richtig zu bewerten, ist es daher notwendig, die gesamte betroffene Logistikkette einschließlich der außerbetrieblichen Transporte zu betrachten (s. *Kapitel* 19).

11.11 Nachschubstrategien

Abhängig vom *Kriterium der Nachschubauslösung* lassen sich drei grundlegend verschiedene *Verfahren der Nachschubdisposition* unterscheiden:

Bereitstellverfahren (b)
Meldebestandsverfahren (s) (11.55)
Zykluszeitverfahren (t).

Das Auslösekriterien für den Nachschub ist beim Bereitstellverfahren der Verbrauch der *Bereitstellmenge* b, beim Meldebestandsverfahrens das Erreichen des *Meldebestands* s und beim Zykluszeitverfahrens ein *Dispositionszeitpunkt* t.

Bei jedem dieser drei Dispositionsverfahren gibt es für die Nachschubmenge die *Optionen*:

Mindesnachschubmenge (m)
optimale Nachschubmenge (q)
Auffüllmenge auf einen Sollbestand (S). (11.56)

Durch Kombination der drei *Dispositionsverfahren* b, s und t mit den drei *Nachschuboptionen* m, q und S ergeben sich 9 unterschiedliche *Nachschubstrategien*: (b,m), (b,q) und (b,S); (s,m), (s,q) und (s,S); (t,m), (t,q) und (t,S).[6] Die wichtigsten *Merkmale* und *Eignungskriterien* dieser Nachschubstrategien sind in *Tabelle 11.6* zusammengestellt.

6 Üblicherweise werden nur die zwei Auslösekriterien s und t mit den beiden Nachschuboptionen q und S zu den 4 Standardstrategien (s,q), (s,S), (t,q) und (t,S) kombiniert [81; 104].

	NACHSCHUBSTRATEGIEN		
	Bereitstellverfahren	**Meldebestandsverfahren**	**Zykluszeitverfahren**
MERKMALE	verbrauchsabhängig	bestandsabhängig	zeitabhängig
Kontroll-Zeitpunkt	bei Entnahme oder bei Anlieferung	bei Bedarfsbuchung	zu festen Dispositionszeiten
Nachschub-Auslösung	Leerung Bereitstellmenge oder Leerplatz im Vorpuffer	Erreichen Meldebestand in Verbindung mit Bestand anderer Artikel	Erreichen Bestellpunkt in Verbindung mit Bestand anderer Artikel
Nachschub-Menge	(b,q) : volle Ladeeinheit (b,S): Pufferplatzkapazität (b,m) : Mindestmenge	(s,q) : optimale Menge (s,S): Auffüllen Sollbestand (b,m) : Mindestmenge	(t,q) : optimale Menge (t,S): Auffüllen Sollbestand (b,m) : Mindestmenge
Vorteile	minimaler Bestand selbstregelnd	opimaler Bestand selbstregelnd	Nachschubabstimmung für mehrere Artikel
Nachteile	erhöhte Nachschubkosten	erschwerte Nachschubabstimmung	erhöhter Bestand fremdgeregelt
Bestandsart	Arbeitspuffer	Nachschublager	Verkaufsbestände
Platzangebot	gering	ausreichend	pro Artikel begrenzt
Platzkosten	sehr hoch	günstig	hoch
Nachschubzeit	sehr kurz	kurz bis lang	kurz
Schwankungen	unzulässig	zulässig	bedingt zulässig

Tab. 11.6 Merkmale und Eignungskriterien von Nachschubstrategien

b: freier Pufferplatz s: Meldebestand t: Bestellzeitpunkt
m: Mindestmenge q: Nachschubmenge S: Sollbestand

1. Bereitstellverfahren

Bereitstellverfahren sind speziell geeignet zum selbstregelnden Nachfüllen des *Bereitstellpuffers* einer Verbrauchsstelle. Die Verbrauchsstelle kann eine Maschine, ein Arbeitsplatz, ein Montageband, ein Kommissionierplatz, eine Versandrampe, das Verkaufsregal einer Handelsfiliale oder eine andere Stelle mit kontinuierlichem Bedarf sein.

Die Gestaltung eines Bereitstellpuffers und der Ablauf des Nachschubs sind in *Abb. 11.12* dargestellt. Grundprinzip ist, daß in einem Vorpuffer in unmittelbarer Nähe der Verbrauchsstelle eine *Nachschubeinheit* wartet, die nach Verbrauch des Inhalts der *Zugriffseinheit* auf den Bereitstellplatz nachrückt.

Bei einer verbrauchsabhängigen Bereitstellung bestehen die beiden *Nachschuboptionen:*

1. Bei jeder *Entnahme* wird geprüft, ob der Bereitsstellplatz noch Verbrauchseinheiten enthält. Wenn der Bereitstellplatz geleert ist, wird eine volle Nachschubeinheit angefordert.

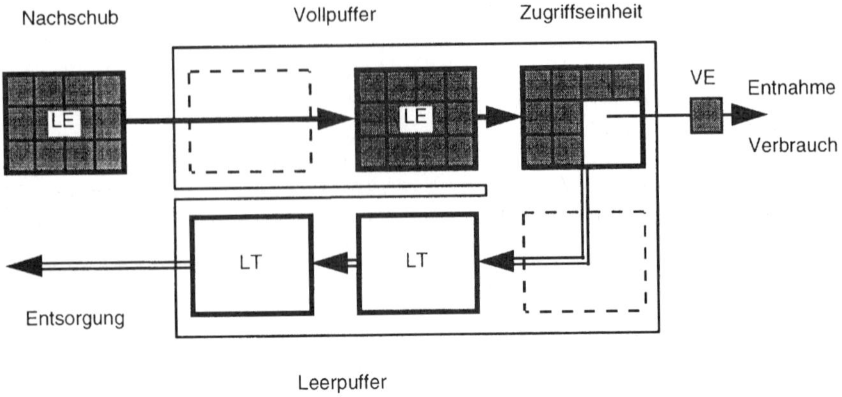

Abb. 11.12 Bereitstellpuffer und Nachschubversorgung

Vollpufferkapazität	3 Ladeeinheiten LE
Leerpufferkapazität	3 Ladungsträger LT
Ladeeinheitenkapazität	12 Verbrauchseinheiten VE

2. Bei jeder *Anlieferung* einer Nachschubeinheit wird kontrolliert, ob im Vorpuffer Platz ist. Die freien Pufferplätze werden mit Nachschubeinheiten aufgefüllt.

Bei der ersten Nachschuboption arbeitet das *Bereitstellverfahren* nach dem sogenannten *Flip-Flop-Prinzip*. Der Vorratsbestand wird dabei auf *minimalem Niveau* gehalten und zugleich ein unterbrechungsfreies Arbeiten gesichert. Geschieht der Abruf einer Nachschubeinheit mit Hilfe einer Behälterbegleitkarte, wird das Flip-Flop-Prinzip auch als *Kanban-Verfahren* bezeichnet (s. *Abschnitt 8.9*).

Die *minimale Nachschubmenge* für das Flip-Flop-Prinzip ist gleich dem *Bedarf in der Wiederbeschaffungszeit*, der sich nach Beziehung (11.7) aus dem Verbrauch und der Wiederbeschaffungszeit errechnen läßt. Die *erste Nachschubeinheit* muß zusätzlich einen *Sicherheitsbestand* enthalten, der nach Beziehung (11.36) die benötigte *Versorgungssicherheit* gewährleistet. Da der Platz am Verbrauchsort meist knapp ist und die Platzkosten hoch sind, ist die aus Beziehung (11.27) resultierende kostenoptimale Nachschubmenge in vielen Fällen nicht wesentlich größer als die minimale Nachschubmenge.

Um die Anzahl der Nachschubtransporte zu minimieren, muß das Fassungsvermögen der eingesetzten Ladungsträger mindestens so groß sein, daß sie die optimale Nachschubmenge plus Sicherheitsbestand aufnehmen können. Damit nicht zuviel Luft transportiert und gepuffert wird, darf das Fassungsvermögen auch nicht wesentlich größer sein. Hieraus resultiert die *Dimensionierungsregel*:

- Das *Fassungsvermögen der optimale Ladungsträger* für das *Flip-Flop-Verfahren* ist gleich der *Mindestnachschubmenge*

$$C_{LE} \approx m_{Nmin} = m_{sich} + T_{WBZ} \cdot \lambda_{VE} \qquad [VE/LE]. \qquad (11.57)$$

Bei dieser Bemessung der Ladungsträger kann der Nachschub stets in vollen Ladeeinheiten ausgeführt werden.

Bei der *zweiten Nachschuboption* muß der *Vollpuffer* mindestens eine volle Ladeeinheit und der *Leerpuffer* mindestens einen leeren Ladungsträger aufnehmen können (s. *Abb. 11.12*). Wenn keine Ladungsträger eingesetzt werden, beispielsweise bei Bereitstellung der einzelnen Verbrauchseinheiten in einem *Durchlaufkanal*, ist kein Leerpuffer erforderlich. Die *Vollpufferkapazität* C_P [LE] muß dann mindestens gleich dem Wert (11.57) sein, um den Verbrauch in der Wiederbeschaffungszeit plus dem Sicherheitsbestand aufnehmen zu können.

Wenn die optimale Nachschubmenge deutlich größer ist als die minimale Nachschubmenge (11.57), muß die Kapazität C_P so groß bemessen sein, daß der Puffer die optimale Nachschubmenge aufnehmen kann. Die *optimale Nachschubmenge* ist dann gleich der *Auffüllmenge*

$$m_{Nauf} = C_p - m_B(t), \qquad (11.58)$$

2. Meldebestandsverfahren

Das Meldebestandsverfahren ist besonders geeignet für *Nachschub- und Reservelager.* Immer wenn eine Bedarfsmeldung eingeht, wird geprüft, ob durch diese der Meldebestand (11.18) unterschritten wird. Wenn das der Fall ist, gibt es die zwei *Nachschuboptionen*:

- *Bestellpunktabhängige Einzeldisposition*: Gemäß dem in *Abb. 11.3* dargestellten Ablauf wird nach Erreichen des Meldebestands für jeden einzelnen Artikel eine Nachschubbestellung in Höhe der *optimalen Nachschubmenge* (11.27) unabhängig vom Nachschubbedarf anderer Artikel ausgelöst.
- *Bestellpunktabhängige Sammeldisposition*: Wenn ein Artikel den Meldebestand erreicht hat, wird gemäß dem in *Abb. 11.13* dargestellten Ablauf für alle Artikel der *gleichen Lieferstelle* geprüft, ob die *Sollbestandsdifferenz*

$$\Delta_B(t) = m_{Bsoll} - m_B(t) \qquad (11.59)$$

zwischen dem aktuellen *IST-Bestand* $m_B(t)$ und einem *Sollbestand* m_{Bsoll} größer ist als die Mindestnachschubmenge m_{Nmin}. Für eine optimalen Teil dieser Artikel wird bei der gleichen Lieferstelle eine *Sammelbestellung* in Höhe der Sollbestandsdifferenzen (11.59) ausgelöst.

Das Auffüllen des Bestands weiterer Artikel des gleichen Lieferanten auf den Sollbestand bietet gegenüber der unabhängigen Einzelbestellung die Möglichkeit einer optimalen *Bündelung* von Nachschubtransporten wie auch von Produktionsaufträgen:

- Wenn mit der Lieferstelle oder dem Lieferanten eine *Rabattstaffel* für größere Bestellauftragswerte vereinbart wurde, kann durch eine Sammelbestellung der Maximalrabatt ausgeschöpt werden.
- Bei ausreichendem Gesamtbedarf aus einer Lieferstelle können Anzahl und Nachschubmengen der gleichzeitig in einer Nachschubbestellung berücksichtigten Artikel so gewählt werden, daß sich in Summe *volle Ladeeinheiten* oder besser noch *ganze Ladungen*, beispielsweise volle Wechselbrücken oder volle Sattelauflieger, ergeben.
- Bei Artikeln, die aus den gleichen Einsatzstoffen von derselben Fertigungsstelle ohne große Umrüstzeit nachproduziert werden, beispielsweise Spirituosen, die aus einem Produkt in der gleichen Abfüllanlage in unterschiedliche Flaschentypen abgefüllt werden, besteht die Möglichkeit zur gebündelten Produktion und damit einer Verminderung der anteiligen Rüstzeit.

Die gebündelte Nachschublieferung ist mit geringeren anteiligen Auftrags- und Transportkosten für den einzelnen Artikel verbunden. Das führt nach der allgemeinen Nachschubformel (11.27) zu einer geringeren optimalen Nachschubmenge und einer höheren optimalen Nachschubfrequenz. Der *optimale Sollbestand* ist daher näherungsweise gleich der Summe von Sicherheitsbestand und optimaler Nachschubmenge für den Einzelnachschub:

$$m_{Bsoll} = m_{sich} + m_{Nopt}, \tag{11.60}$$

auch wenn eine vorgezogene Bestellung effektiv eine höherer Nachschubfrequenz bewirkt als die optimale Nachschubfrequenz $f_{Nopt} = \lambda_{VE}/m_{Nopt}$ der unabhängigen Einzelbestellung.

Ist die verfügbare Lagerkapazität für den einzelnen Artikel durch eine *Platzkapazität* C_P begrenzt, die kleiner ist als die Sollbestandsdifferenz (11.60), beispielsweise, weil im Lager eine *Festplatzordnung* besteht, dann ist die Nachschubmenge für die Sammeldisposition gleich der *Auffüllmenge* (11.58).

Das Meldebestandsverfahren erfordert *bei jedem Verbrauch eine Bestandskontrolle* und ist daher bei manueller Durchführung mit relativ hohem Aufwand verbunden. In dem Maße aber, wie Bedarfsabbuchung und Bestandskontrolle zusammen mit der Bestelleingabe automatisch von einem *Materialwirtschaftssystem* in der EDV durchgeführt werden, das *ausreichend verläßliche Bedarfswerte* prognostiziert, gilt:

- Das *Meldebestandsverfahren* ist eine *optimale Nachschubstrategie*, wenn die Nachschubmenge nach Beziehung (11.27) und der Sicherheitsbestand nach (11.36) oder (11.39) mit *aktuellen Dispositionsparametern* und *Prozeßkostensätzen* errechnet werden.

Aus der Optimierung von Nachschubmenge und Sicherheitsbestand, die zu den angegebenen Berechnungsformeln geführt hat, ergibt sich, daß durch das Meldebestandsverfahren die Forderung einer angemessener Lieferfähigkeit bei kostenoptimaler Bestandshöhe erfüllt wird.

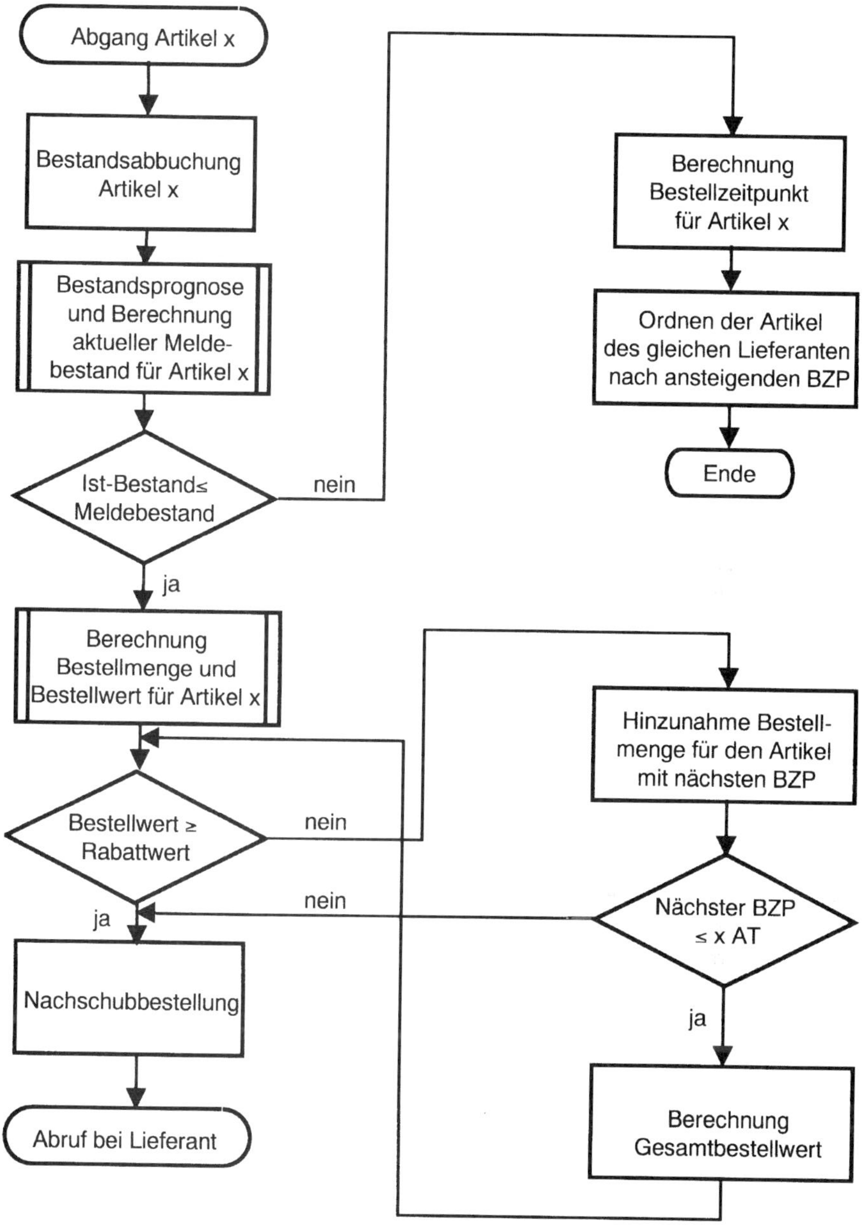

Abb. 11.13 Bestellpunktabhängige Sammeldisposition von Nachschub und Bestand für mehrere Artikel einer Lieferstelle

BZP : Bestellzeitpunkt in Arbeitstagen (AT) ab IST-Zeitpunkt
x : maximale Vorgriffszeit in Anzahl AT

3. Zykluszeitverfahren

Die Nachschubdisposition nach dem Zykluszeitverfahren ist besonders geeignet, wenn die Disposition ohne Rechnerunterstützung manuell durchgeführt wird oder wenn ein Lieferant nur zu bestimmten Zeiten Nachschub liefert.

Damit der Lieferant in regelmäßigen Touren liefern kann und der Disponent nicht bei jeder Einzelbestellung tätig werden muß, werden Disposition und Nachschublieferungen nach dem Zykluszeitverfahren zu bestimmten Zeitpunkten nach einem vorgegebenen *Dispositionszyklus* durchgeführt. Ein Dispositionszyklus ist definiert durch

- die *Dispositionszykluszeit* T_D [PE], die *Dispositionszeitpunkte* $t_{Di} = t_{D0} + i \cdot T_D$, $i = 0,1,2\ldots$, und die *Dispositionsfrequenz* $f_D = 1/T_D$.

Gebräuchlich sind die *monatliche Nachschubdisposition* an einem bestimmten Tag des Monat, die *wöchentliche Diposition* an einem festen Wochentag, die *tägliche Disposition* zu einer bestimmten Tageszeit oder die *stündliche Disposition*.

Beim Zykluszeitverfahren bestehen folgende *Nachschuboptionen*:

- *Zyklische Einzeldisposition*: Zum Dispositionszeitpunkt wird für alle Artikel unabhängig voneinander geprüft, ob ihr Bestand bis zum nächsten Dispositionszeitpunkt den Meldebestand (11.18) unterschreiten wird, und für diese Artikel eine Nachschubbestellung in Höhe der optimalen Nachschubmenge (11.27) ausgelöst.
- *Zyklische Sammeldisposition*: Gemäß dem in *Abb. 11.14* dargestellten Ablauf wird zum Dispositionszeitpunkt für alle Artikel der *gleichen Lieferstelle* gemeinsam geprüft, ob die *Sollbestandsdifferenz* (11.59) größer ist als die Mindestnachschubmenge m_{Nmin}. Für einen geeigneten Teil dieser Artikel wird bei der betreffenden Lieferstelle eine gebündelte Gesamtbestellung der Sollbestandsdifferenzen (11.59) ausgelöst.

Bei der zyklischen Disposition erhöht sich der mittlere Bestand pro Artikel gegenüber der Disposition zum optimalen Bestellzeitpunkt auf

$$m_{Bzykl} = m_{Bopt} + \lambda_{VE} \cdot T_D / 2 , \qquad (11.61)$$

da die optimale Nachschubmenge im Mittel um eine halbe Periodenlänge zu früh bestellt und geliefert wird. Hieraus folgt:

- Bei einer Nachschubdisposition optimaler Nachschubmengen nach dem Zykluszeitverfahren ist die mittlere Bestandsreichweite um eine halbe Periodenlänge größer als bei der Nachschubdisposition optimaler Nachschubmengen nach dem Meldebestandsverfahren.

Bei monatlicher zyklischer Disposition erhöht sich also die Lagerreichweite im Mittel um 10 Arbeitstage und bei wöchentlicher Disposition um 2 bis 3 Tage. Im Grenzfall einer sehr kurzer Dispositionsfrequenz $T_D \to 0$ geht das Zykluszeitverfahren effektiv in das Meldebestandsverfahren über. Zwei wichtige *Konsequenzen* hieraus sind:

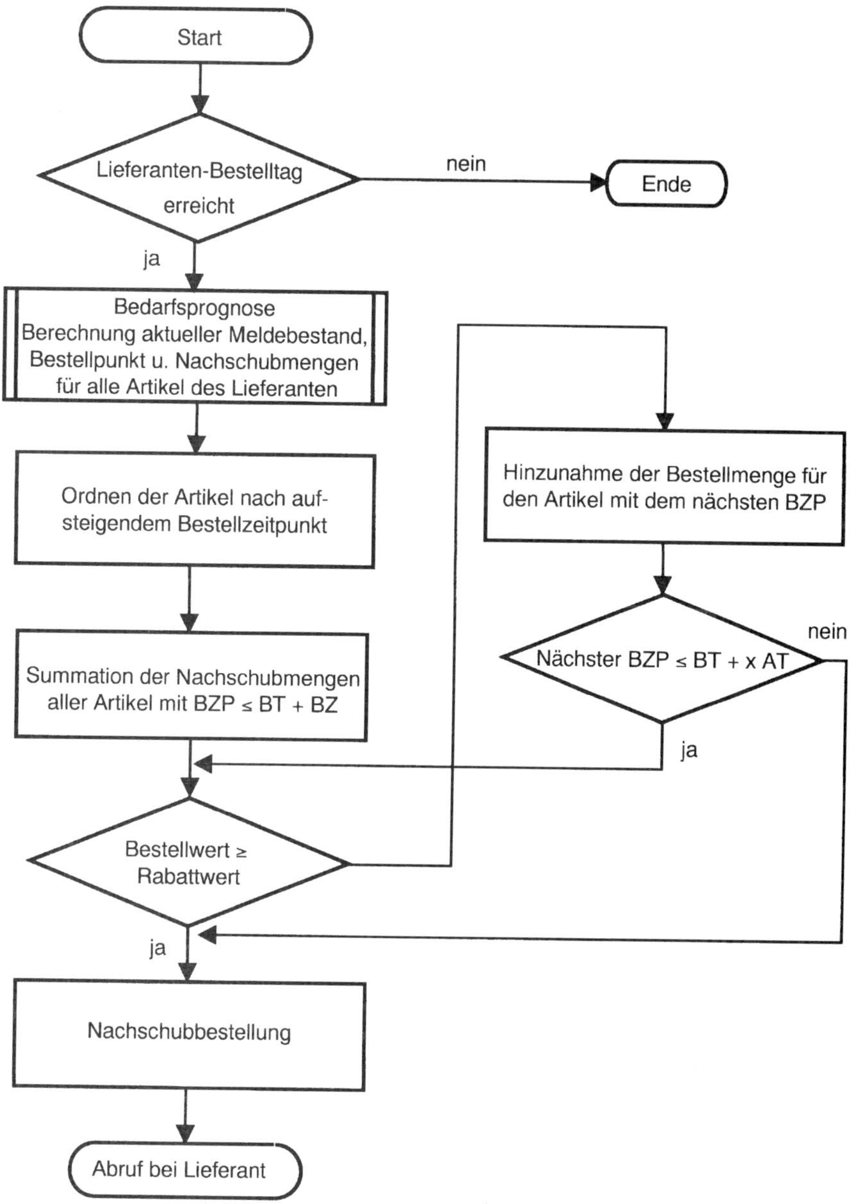

Abb. 11.14 Zyklische Sammeldisposition von Nachschub und Bestand für mehrere Artikel einer Lieferstelle
BT : Bestelltag der betreffenden Lieferstelle
BZ : Bestellzykluszeit
BZP : Bestellzeitpunkt in Arbeitstagen (AT) ab IST-Zeitpunkt
x : maximale Vorgriffszeit in Anzahl AT

- Wenn der Nachschub nach dem Zykluszeitverfahren disponiert wird, muß der Dispositionszyklus so kurz wie möglich sein, um Überbestände zu vermeiden.
- Durch Übergang von der monatlichen auf die wöchentliche Disposition läßt sich die mittlere Reichweite um 8 Arbeitstage und durch Übergang von der wöchentlichen auf die tägliche Disposition um 2 Arbeitstage verkürzen.

Aufgrund dieser Erkenntnis, allein durch Umstellung von monatlicher auf wöchentliche Disposition, konnten die Lagerbestände in einem Großunternehmen der chemischen Industrie um mehr als ein Drittel gesenkt und jährliche Kosten in zweistelliger Millionenhöhe eingespart werden.

Durch das zyklische Auffüllen auf den Sollbestand ist – ebenso wie beim Meldebestandsverfahren – eine optimale Nachschubbündelung möglich. Mit einer zyklischen Sammeldisposition werden die Bestände unvemeidlich noch etwas höher als bei der zyklischen Einzeldisposition.

Wenn die verfügbare Lagerkapazität für den einzelnen Artikel durch eine vorgegebene *Platzkapazität* C_P begrenzt ist, z. B., weil im Verkaufsregal eine *Festplatzordnung* besteht, ist die Nachschubmenge gleich der *Auffüllmenge* (11.58). Um eine unwirtschaftliche Nachschubdisposition oder zu hohe Bestände zu vermeiden, ist also bei der Auffüllstrategie darauf zu achten, daß die Platzkapazität annähernd gleich der optimalen Nachschubmenge plus dem Sicherheitsbestand ist.

11.12
Disposition bei instationärem Bedarf

Bei *instationärem Verbrauch* müssen Sicherheitsbestand, optimale Nachschubmenge und Meldebestand unter Verwendung der aktuellen *Prognosewerte* für den zukünftigen Bedarf laufend neu errechnet werden. Entsprechend sind vorgegebene Platzkapazitäten und verwendete Ladungsträger regelmäßig zu überprüfen und bei deutlichen Abweichungen von der optimalen Größe zu korrigieren. Andernfalls kommt es zu Fehldispositionen, einem Absinken der Lieferfähigkeit und überhöhten Logistikkosten.

Eine optimale Nachschub- und Bestandsdisposition ist bei instationärem Bedarf also nur möglich, wenn dieser mit ausreichender Genauigkeit prognostizierbar ist (s. *Abschnitte 9.8* und *9.9*). Hieraus folgt für die maximale Bestandsreichweite bei instationärem Bedarf die *Dispositionsregel*:

- Der Bestand darf nicht größer sein als der Bedarf für einen verläßlichen Prognosezeitraum.

Ohne EDI-Verbindung mit dem Verbrauchsort, der über einen eigenen Puffer- oder Lagerbestand verfügt, erfährt die Lieferstelle von einer Verbrauchsänderung erst, wenn die nächste Nachschubbestellung eintrifft. Die Zeitdifferenz dieser Informationsverzögerung ist im Mittel gleich der halben Reichweite der letzten Nachschubmenge. Infolge der Informationsverzögerung aber hinkt die Anpassung der Bestände stets hinter der aktuellen Veränderung des Bedarfs her.

Speziell für lagerhaltige Artikel mit einem hohen saisononalen Spitzenbedarf, der sich mit ausreichender Genauigkeit aus dem Bedarfsverlauf der Vergangenheit prognostizieren läßt, besteht die Möglichkeit einer *Antizipationsstrategie*:

- Der über den Jahresdurchschnittsverbrauch hinausgehende Bedarf der Saisonzeit wird vorgefertigt, um die Belastung der Produktion zu vergleichmäßigen und um die Kapazitäten während der Saison für die kundenspezifische Fertigung freizuhalten.

Neue Möglichkeiten zur rechtzeitigen Anpassung der Bestände an einen sich ändernden Verbrauch ergeben sich also aus einem *elektronischen Datenaustausch* (EDI) zwischen Lieferstelle, Lagerstelle und Verbrauchsstelle. Bei elektronischem Datenaustausch entfällt die Informationsverzögerung. Dadurch lassen sich Nachschub und Bestand aller Liefer- und Lagerstellen einer Versorgungskette ohne Zeitverzug *synchron* auf den Verbrauch am Ende der Kette einstellen [85].

11.13 Strategien zur Bestandsoptimierung

Eine wirksame und wirtschaftliche Senkung von Beständen ist nur möglich, wenn bekannt ist, welche Einflußfaktoren sich in welcher Art und Stärke auf die Bestandshöhe und die davon abhängigen Logistikkosten auswirken. Ohne diese Kenntnis ist eine Diskussion über Bestandshöhen sinnlos [80].

Zur Berechnung der Abhängigkeit der optimalen Nachschubmenge, des Sicherheitsbestands, des Meldebestands und des Lagerbestands von der Lieferfähigkeit, den Dispositionsparametern und den Kostensätzen ist das am Ende dieses Kapitels in *Tabelle 11.7* wiedergegebene *Programm zur Bestands- und Nachschuboptimierung* geeignet. Die *Ergebnisfelder* dieses in EXCEL ausgeführten Tabellenprogramms enthalten die zentralen *Dispositionsformeln* (11.22), (11.27) bis (11.30) und (11.34), die auf die entsprechenden *Eingabefelder* zugreifen. Mit Hilfe dieses Programms wurden unter Verwendung der Kostensätze aus *Tabelle 11.4* für mehrere Beispiele die in den *Abb. 11.4* bis *11. 11* dargestellten funktionalen Abhängigkeiten berechnet.

Aus diesen Kurven, den vorangehend hergeleiteten Formeln und den zuvor erläuterten Planungsregeln und Gesetzmäßigkeiten ergibt sich eine Reihe von *Strategien zur Bestandsoptimierung*. Diese lassen sich unterscheiden in *Bestandssenkungsstrategien* mit dem Ziel einer Reduzierung allein der Lagerhaltungskosten und *Bestandsoptimierungstrategien* zur Senkung aller bestandsabhängigen Logistikosten. Eine Bestandsoptimierung kann unter Umständen auch zu einer Erhöhung der Bestände führen.

Die wirksamsten *Bestandssenkungsstrategien* ohne negative Auswirkungen auf die übrigen Logistikkosten sind:

- *Bereinigung des lagerhaltigen Sortiments* durch Überprüfung der Notwendigkeit der Lagerhaltigkeit.
- *Übergang zur Auftragsfertigung* oder zur *kundenspezifischen Bestellung* für nicht notwendig lagerhaltige Artikel oder für Großmengenaufträge.

- Verbesserte *Verfahren zur Prognose* des zukünftigen Verbrauchs und laufende *Kontrolle der Prognosewerte* unter Verwendung aktueller Informationen vom Point of Sales des Endverbrauchs in allen Stufen der Versorgungskette.
- Begrenzung der Nachschubmengen durch Vorgabe *maximal zulässiger Reichweiten.*
- Disposition *optimaler Nachschubmengen.*
- *Verkürzung der Dispositionsfrequenz* bei zyklischer Disposition.
- *Reduzierung der Wiederbeschaffungszeiten.*
- *Minimierung der Schwankungen* der Wiederbeschaffungszeiten durch Auswahl zuverlässiger Lieferanten und verläßlicher Belieferungswege.
- *Überprüfung der geforderten Lieferfähigkeit* auf Angemessenheit und Anpassung an den tatsächlichen Bedarf.
- *Übergang* von der permanenten *zur mittleren Lieferfähigkeit* für unkritische Artikel.
- Korrekte Berechnung und permanente *Überprüfung der Sicherheitsbestände.*

Ein Indiz für überhöhte Sicherheitsbestände ist ein Lagerumschlag, der kleiner ist als die Nachschubfrequenz. *Indizien* für nicht optimale Nachschubdisposition sind:

1. Die Spitzenfaktoren des saisonalen Bestandsverlaufs sind größer als die Wurzel aus den Spitzenfaktoren des saisonalen Verbrauchs (s. Beziehung (11.42)
2. Die Lorenzkurve der Bestände für Dispoware liegt oberhalb der Lorenzkurve der Verbräuche eines nachdisponierbaren Sortiments. (s. *Abb. 5,* und *5.4* in *Abschnitt 5.8*).

Versuche zur Bestandsenkung durch Vorgabe ungeprüfter oder pauschaler *Benchmarks*, wie maximale Reichweite und minimaler Lagerumschlag, für das ganze Unternehmen, für ein komplettes Sortiment oder ein gesamtes Lager sind keine Bestandsoptimierungsstrategien. Sie führen bestenfalls zu Kostenverschiebungen, in vielen Fällen aber zu einer Erhöhung der Logistikkosten in anderen Abschnitten der Logistikkette.

Bestandsoptimierungsstrategien, deren Wirksamkeit jedoch für jeden Anwendungsfall sorgfältig zu prüfen ist, sind:

- Verwendung *korrekter Dispositionsformeln* und Einsatz *geeigneter Dispositionsstrategien.*
- Regelmäßige Überprüfung und Aktualisierung der Dispositionsparameter und Kostensätze, die zur Berechnung der optimalen Nachschubmenge verwendet werden.
- *Nachschubdisposition der Bestände* in mehrstufigen Lagerstellen *nach dem Pull-Prinzip.* Da Artikelwert und Lagerkosten im Verlauf einer Logistikkette zunehmen, verschieben sich die Bestände durch die Disposition nach dem Pull-Prinzip vom Ende der Logistikkette auf die voranliegenden Lagerstellen.
- *Runden* der Nachschubmengen *auf volle Ladeeinheiten.*
- *Bündelung des Nachschubs* für Artikel aus einer Lieferstelle und Abstimmung auf die Transportmittelkapazität.

DISPOSITIONSZEITEN	Dispositionszeitraum	Jahr	Dauer:	250 Betriebstage
	Dispositionsstrategie	s;q	Zykluszeit:	0 BTage
ARTIKELDATEN	**MB 600**		Mengeneinheit :	**Zigarette** = ME
	Verbrauchseinheit [VE]	**Stange**	Inhalt:	200 ME/VE
	Einkaufspreis/Herstellkosten			24,15 DM/VE
	Ladeeinheit [LE]	**Palette**	Kapazität:	1.200 VE/LE
	Lieferbereitschaft	99,5% mittel		99,0% permanent
	Maximale Reichweite			125 BTage
VERBRAUCHSWERTE	**Verbrauch**	150.000.000 ME/Jahr		3.000 VE/BTag
	Auftragsmenge		Mittelwert	2.500 VE/VAuf
	Variabilität	0,04	Streuung	500 VE/VAuf
NACHSCHUBGRÖSSEN	**Mindestmenge**			15.000 VE/NAuf
	Wiederbeschaffungszeit		Mittelwert	3 BTage
	Variabilität	0,00	Streuung	0 BTage
	Optimale Nachschubmenge			**18.000 VE/NAuf**
	Runden auf volle LE	ja		**15,0 LE/NAuf**
KOSTENSÄTZE	**Nachschubauftragskosten**		Lagerstelle	20,00 DM/NAuf
			Lieferstelle	575,00 DM/NAuf
	Transportkosten		Sendung:	20,00 DM/NAuf
	Lieferstelle-Lagerstelle		Beförderung:	10,00 DM/LE
	Lagerkosten		Einlagern:	4,00 DM/LE
			Lagern:	0,50 DM/LE*BTag
	Lagerordnungsfaktor		freie Lagerordnung	1/2
	Gesamtauftragskosten			615,00 DM/NAuf
		Kapital	**Risiko**	**Gesamt**
	Lagerzinssatz	8,0%	3,0%	**11,0%** pro Jahr
BESTANDSGRÖSSEN	**Sicherheitsbestand**		Verbrauchseinheiten:	**11.253 VE**
			Ladeeinheiten:	9,4 LE
	Lagerbestand		maximale Menge:	29.253 VE
			mittlere Menge:	**20.253 VE**
			Ladeeinheiten:	**16,9** LE
	Meldebestand			**20.253** VE
	Bestandswert			**489.118 DM**
LOGISTIKKOSTEN	Nachschubkosten			34.375 DM/Jahr
	Lagerhaltungskosten			55.975 DM/Jahr
	Logistikkosten			**90.350 DM/Jahr**
	Prozeßkosten = spezifische Logistikkosten			**0,120 DM/VE**
	davon		Sicherheitskosten	0,041 DM/VE

Tab. 11.7 Programm zur Bestands- und Nachschuboptimierung

- Belieferung einer großen Anzahl von Verbrauchsstellen mit geringem Einzelbedarf über einen oder mehrere *Umschlagpunkte* in vollen Transportmitteln.
- Zentralisierung von Beständen in einem oder mehreren *Logistikzentren*.

Die beiden letzten Strategien erfordern eine differenzierte Logistikkostenrechnung für die Gesamtheit aller Artikel über alle Belieferungswege von den Lieferanten bis zu den Verbrauchsstellen. Dabei sind auch die Logistikkosten der Lieferanten zu berücksichtigen, soweit diese von den Nachschubmengen und der Nachschubstrategie der Verbrauchs- und Lagerstellen abhängig sind. Durch eine Bündelung der Belieferung über Umschlagpunkte oder aus bestandsführenden Logistikzentren lassen sich im Vergleich zur Direktbelieferung nur für ausgewählte Lieferanten und Artikelgruppen Logistikkosten einsparen.

Eine weitere Voraussetzung für eine kostensenkende Nachschubbündelung und Bestandsreduzierung durch Zentralisierung ist, daß die Warenströme und Zentrallagerbestände der Artikel, für die eine Kostensenkung durch Zentralbelieferung möglich erscheint, zusammen eine *kritische Masse* erreichen, für die sich der Bau und Betrieb eines rationellen Umschlag- oder Logistikzentrums lohnt (s. *Abschnitt 6.8*).

Die in diesem Kapitel dargestellten Strategien zur Bestands- und Nachschubdiposition und die entwickelten Berechnungsformeln für die optimale Nachschubmenge und den angemessenen Sicherheitsbestand wurden in zahlreichen Beratungsprojekten mit Erfolg genutzt. In unterschiedlichen Branchen, wie in der Automobilindustrie, der Zigarettenindustrie, der Getränkeindustrie und in der Energieversorgung, sowie im stationären Handel konnten dadurch in kurzer Zeit erhebliche Bestandssenkungen und Kosteneinsparungen, teilweise in zweistelliger Millionenhöhe, erreicht werden.

12 Logistikeinheiten und Logistikstammdaten

Logistikeinheiten sind materielle Objekte, die in unterschiedlicher Größe und Zusammensetzung die verschiedenen Stationen der Logistikketten durchlaufen. Die Logistikstammdaten der Objekte und Stationen werden zur Planung, Steuerung und Optimierung der Logistikketten benötigt.

Wie in *Abb. 12.1* dargestellt, werden lose Waren, Produkte, Sendungen, Frachtstücke, Leergut oder andere *Fülleinheiten* zum Fördern, Heben und Lagern in *Ladungsträgern* zu *Ladeeinheiten* gebündelt. Für den außerbetrieblichen Transport werden Logistikeinheiten in *Transporthilfsmitteln* zu *Transporteinheiten* zusammengefaßt.

Über kürzere Entfernungen führen Flurförderzeuge oder Förderanlagen den Transport der Ladeeinheiten durch. Über größere Entfernungen befördern Transportmittel die Ladeeeinheiten zwischen den Versandstellen, den Logistikstationen und den Empfangsstellen. In den Logistikstationen werden die Ladeeinheiten mit den Fülleinheiten auf Stauflächen für kurze Zeit gepuffert und in Lagersystemen für längere Zeit gelagert.

Hieraus resultiert die *Aufgabe der Ladeeinheitenoptimierung* [105; 108]:

- Für ein gegebenes Spektrum von Fülleinheiten sind durch richtige Auswahl, Zuordnung, Befüllung und Kennzeichnung von Ladungsträgern optimale Ladeeinheiten zu bilden, in denen die Fülleinheiten eine Logistikkette mit geringstem Aufwand durchlaufen können.

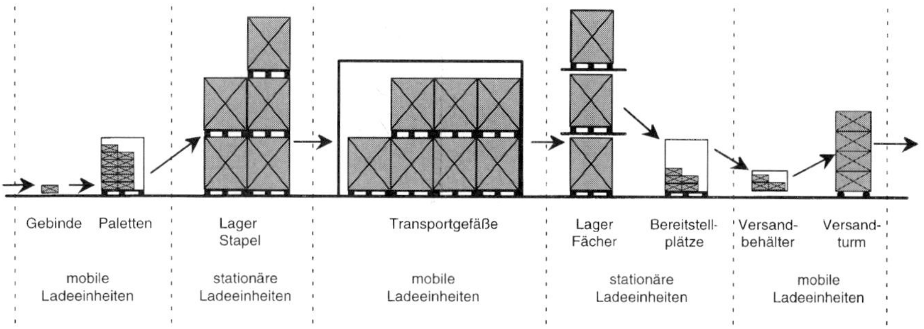

Abb. 12.1 Fülleinheiten und Ladeeinheiten in der Logistikkette

In diesem Kapitel werden die Funktionen der Ladeeinheiten analysiert und die Logistikstammdaten von Fülleinheiten und Ladeeinheiten definiert.

Zur Berechnung der Anzahl der Ladeeinheiten, die für eine bestimmte *Füllmenge* benötigt werden, ist die Kenntnis der *Ladeeinheitenkapazität* erforderlich. Schwerpunkt dieses Kapitels ist daher die Berechnung der Kapazität und des Füllungsgrads von Ladeeinheiten. Kapazität und Füllungsgrad der Ladeeinheiten sind abhängig von der *Menge* und *Beschaffenheit* der Fülleinheiten. Sie werden außerdem von der *Pack-* und *Füllstrategie* bestimmt.

Mit den resultierenden Berechnungsformeln lassen sich die Auswirkungen unterschiedlicher Pack- und Füllstrategien auf den Ladeeinheitenbedarf, den Füllungsgrad und die Volumennutzung quantifizieren. Sie sind grundlegend für die Dimensionierung und Optimierung von Lager-, Kommissionier- und Transportsystemen.

Im letzten Abschnitt des Kapitels wird das Konzept einer *Logistikdatenbank* mit den hierfür benötigten Logistikstammdaten beschrieben.

12.1 Funktionen der Ladeeinheiten

Als *Fülleinheiten* [FE] werden die zusammengefaßten Logistikeinheiten und als *Ladeeinheiten* [LE] die resultierenden Logistikeinheiten in den verschiedenen Stufen der *Verpackungshierarchie* bezeichnet. In *Abb .12.2* sind die *unternehmenspezifischen Verpackungsstufen* und *Ladeeinheiten* eines Unternehmens der Konsumgüterindustrie dargestellt. *Tabelle 12.1* enthält die Bezeichnungen der Logi-

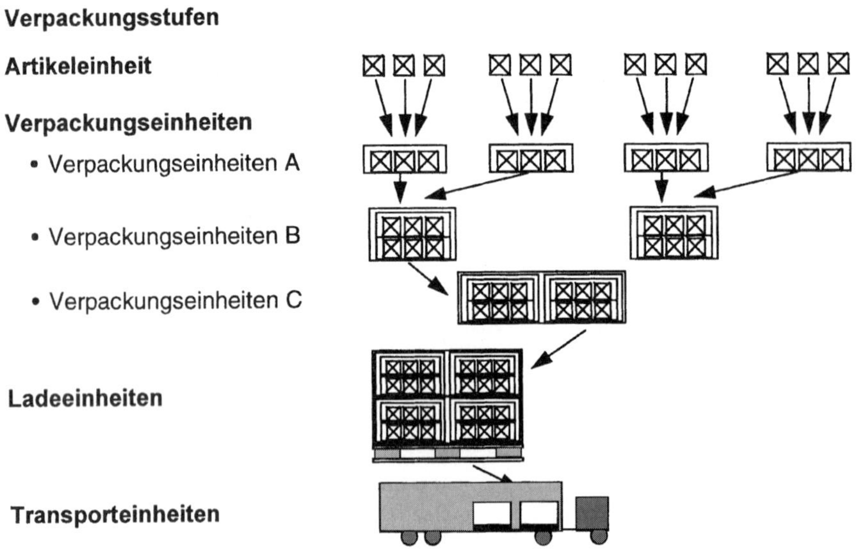

Abb. 12.2 Logistikeinheiten und Verpackungsstufen eines Unternehmens der Konsumgüterindustrie

stikeinheiten in den *Verpackungsstufen* einer *allgemeinen Verpackungshierarchie.*[1]

Logistikeinheiten können auch ohne Verpackung versandt oder ohne Ladungsträger gelagert und transportiert werden. Dann ist die Logistikeinheit einer unteren Verpackungsstufe gleich der Ladeeinheit einer höheren Verpackungsstufe.

Das *Bündeln* von *Fülleinheiten* zu *Ladeeinheiten* bietet folgende *Vorteile* und *Optimierungsmöglichkeiten* [105; 106; 107; 109; 110; 111]:

- Durch standardisierte *Verpackungen* und *Gebinde* lassen sich Güter und lose Waren, die zur Handhabung, zum Stapeln oder für den Versand ungeeignet sind, *handhabbar, stapelbar* und *beförderungsfähig* machen.
- *Genormte Verpackungseinheiten* sind Voraussetzung für den Einsatz von *Handhabungsrobotern* und automatischen *Kommissioniersystemen.*
- Durch *Ladungsträger* können Gebinde oder Güter, die wegen ihrer Beschaffenheit zur Lagerung nur schlecht oder garnicht geeignet sind, *lagerfähig* gemacht werden.
- *Genormte Lagereinheiten* sind die Voraussetzung für moderne *Lagertechnik* und *automatische Lagersysteme.*
- Das Zusammenfassen einer größeren Anzahl von Fülleinheiten zu wenigen Ladeeinheiten führt zu einer Senkung der anteiligen Handling-, Lager- und Transportkosten.
- Durch normierte und aufeinander abgestimmte Ladeeinheiten lassen sich die *Übergänge* zwischen Lager-, Kommissionier- und Fördersystemen sowie der *Umschlag* zwischen inner- und außerbetrieblichen Transportsystemen *beschleunigen* und *rationalisieren.*
- Durch das Bilden von *Transporteinheiten* lassen sich Frachtgut, Ladungen und andere Fülleinheiten, die wegen ihrer Beschaffenheit für den Transport schlecht oder ungeeignet sind, *transportfähig* machen und einer bestimmten *Transporttechnik* anpassen.
- *Genormte* und aufeinander *abgestimmte* Fülleinheiten, Ladeeinheiten und Transporteinheiten ermöglichen *Befüllungsstrategien* und *Stapelschemata* mit *minimalem Packungsverlust* und *optimaler Volumennutzung.*
- *Ladungsträger* und *Transporthilfsmittel* bieten Schutz gegen Beschädigung, Sichern den Inhalt vor Diebstahl und Schwund und machen Umverpackungen entbehrlich.

Diesen Vorteilen und Handlungsmöglichkeiten des Einsatzes von Lade- und Transporteinheiten stehen allerdings auch *Nachteile* gegenüber:

- Das *Befüllen, Sichern, Kennzeichnen* und *Entleeren* der Lade- und Transporteinheiten sind mit zusätzlichem *Aufwand* verbunden.

---

1 Für die Bezeichnung von Logistikeinheiten und Ladungsträgern gibt es unterschiedliche Begriffe, die vielfach branchenabhängig sind [111; 112]. *Tabelle 1* enthält einen Normierungsvorschlag für die Oberbegriffe. Die zur Erläuterung angegebenen Beispiele sind jedoch aufgrund der unterschiedlichen Begriffsverwendung in der Logistik teilweise mehrdeutig.

VS Bezeichnung Inhalt	Verpackungsstufe und Logistikeinheit Ladungsträger	Maßeinheit Inhalt/Kapazität
0 Ware Lose Ware	**Mengeneinheit** (Maßeinheit) Schüttgut, Feststoff, Flüssigkeit, Gas Meterware, Flächenware, Massenware	**ME** *l*, m^3, kg, t m, m^2, m^3, Stück
1 Artikel [Art] Verpackte Ware	**Verkaufseinheit** (Artikeleinheit) Warenstück, Packung, Sack Faß, Flasche, Dose, Display, Tray	**VKE** [WST/VKE] [ME/VKE]
2 Umverpackung [Uvp] Lieferauftrag Bestellung	**Verpackungseinheit** (Gebinde) Paket, Tray, Karton, Kasten, Kiste Palette, Kanister, Tank, Silobehälter	**VPE** C_{VPE} [VKE/VPE]
3 Sendung [Snd] Versandauftrag	**Versandeinheit** (Packstück, Colli) Paket, Karton, Behälter, Klappbox Rollbehälter, Palette, Kiste, Container	**VE** C_{VE} [VPE/VE]
4 Ladung [Ldg] Fracht Partie	**Ladungseinheit** (Frachtstück) Paket, Kiste, Palette, Container Unit Load Device (ULD Luftfracht) 20- und 40-Fuß-Container	**LE** C_{LE} [VE/LE]
5 Transport [Trp]	**Transporteinheit** (Transportgefäß) Wechselbrücke, Sattelauflieger, Silofahrzeug LKW-, Schiffs., Flugzeug-Laderaum Waggon, Silowagen, Kesselwagen	**TE** C_{TE} [LE/TE]

Tab. 12.1 Verpackungsstufen und Logistikeinheiten
VS: Verpackungsstufe

- Anschaffung, Wartung und Reinigung der Ladungsträger und Transporthilfsmittel verursachen *Kosten*.
- Lade- und Transporthilfsmittel müssen zur Befüllung bereitgestellt und nach der Verwendung entsorgt oder als *Leergut* zum nächsten Einsatzort gebracht werden.

- Wenn die Innenmaße der *Ladeeinheit* und die Außenmaße der *Fülleinheiten* maßlich nicht aufeinander abgestimmt sind, kommt es zu *Packungsverlusten*.
- Wenn die Füllmenge kein ganzahliges Vielfaches der Kapazität einer Ladeeinheit ist, entstehen *Anbrucheinheiten* und *Füllungsverluste*.
- Das Eigenvolumen der Ladungsträger und Transporthilfsmittel hat *Laderaumverluste* und das Eigengewicht *Nutzlastverluste* zur Folge.
- Das *Ansammeln* ausreichender Mengen zur wirtschaftlichen Füllung sowie das Befüllen und Entleeren der Ladeeinheiten erfordern *Zeit*. Dadurch verlängern sich Durchlaufzeiten, Lieferzeiten und Transportzeiten.

Es ist Aufgabe der Logistik, diese Nachteile des Einsatzes von Ladungsträgern und Transporthilfsmittel zu minimieren, damit die Vorteile aus der Bündelung und Normierung optimal zum tragen kommen. [105, 106, 107, 108; 109].

12.2 Fülleinheiten und Füllaufträge

Fülleinheiten können elementare oder zusammengesetzte Logistikeinheiten sein:

- *Elementare Logistikeinheiten* durchlaufen eine betrachtete Logistikketten unverändert.
- *Zusammengesetzte Logistikeinheiten* werden in der Logistikkette unter Verwendung von Packmitteln, Ladungsträgern oder Transportmitteln aufgebaut und wieder aufgelöst.

Elementare Fülleinheiten der *Verpackungsstufe* 0 sind *lose Waren*, wie Schüttgut, Feststoffe, Flüssigkeiten oder Gase, *unverpackte Waren*, wie Meterware, Flächenware oder Massenware und *einzelne Warenstücke* [WST], Maschinen oder Anlagenteile.

Fülleinheiten der ersten Verpackungsstufe sind die *Verkaufseinheiten* [VKE] oder *Artikeleinheiten* [AE], die lose oder unverpackte Ware enthalten. In der zweiten Verpackungsstufe werden hieraus mit Hilfe von *Packmitteln* auftragsabhängige *Verpackungseinheiten* [VPE] oder *Gebinde* [Geb] gebildet. Diese werden in der dritten Verpackungsstufe durch *Versandverpackungen, Klappboxen, Behälter* oder *Paletten* zu sendungsbestimmten *Versandeinheiten* [VE] oder *Packstücken* [PST] zusammengefaßt.

Lagereinheiten [LE] entstehen durch Bündeln von Fülleinheiten in einem Behälter, auf einer Palette oder in einem anderen *Ladehilfsmittel* zum Zweck der *Lagerung*. Für die Beförderung werden Fülleinheiten unter Einsatz von *Ladungsträgern*, wie Paletten, Gitterboxpaletten oder ISO-Container, in *Ladungseinheiten* zusammengefaßt. *Transporteinheiten* [TE] entstehen durch das Beladen von *Transporthilfsmitteln* oder *Transportgefäßen*, wie Container, Wechselbrücken, Sattelauflieger oder Waggons (s. *Kapitel* 19).

Fülleinheiten besonderer Art sind *Lebewesen*, wie Vieh oder Pferde. Auch *Personen*, die von Automobilen, Eisenbahnen, Flugzeugen oder Schiffen befördert werden, sind logistisch betrachtet Fülleinheiten.

1. Füllaufträge

Die Anforderungen an das Befüllen von Ladeeinheiten werden durch Füllaufträge vorgegeben. Füllaufträge regeln das Verpacken, Palettieren, Lagern, Kommissionieren, Versenden und das Beladen für den Transport.

Die *Kenndaten eines Füllauftrags* [FA] sind:

- *Auftragsart*: Verpackungsauftrag, Palettierauftrag, Lagerauftrag, Kommissionierauftrag, Versandauftrag oder Beladeauftrag;
- *Fülleinheiten* [FE]: Beschaffenheit, Inhalt, Außenmaße und Gewicht der Fülleinheiten, wie der Artikeleinheiten eines Packauftrags, der Packstücke einer Sendung oder der Ladeeinheiten einer Ladung;
- *Positionsanzahl* n_{FA} [Pos/FA]: Anzahl Positionen eines Füllauftrags, wie die Artikelanzahl eines Kommissionier- oder Packauftrags, die Anzahl Aufträge eines Versandauftrags oder die Anzahl Sendungen eines Beladeauftrags;
- *Positionsmengen* m_{FAi} [FE/Pos]: Anzahl Fülleinheiten der Auftragspositionen $i = 1, 2 \ldots n_{FA}$.

Aus der Positionsanzahl n und den Positionsmengen resultiert die *Füllmenge* eines Auftrags:

$$m_{FA} = \sum_{i=1}^{n} m_{FAi} \qquad [FE/FA]. \tag{12.1}$$

Abhängig von Anzahl und Inhalt der Auftragspositionen lassen sich *artikelreine, sendungsreine, artikelgemischte, auftragsgemischte* und *sendungsgemischte Füllaufträge* unterscheiden.

Logistikketten, Logistiksysteme und Logistikzentren müssen meist für eine Vielzahl von Artikeln mit unterschiedlicher Beschaffenheit und zeitlich veränderlichen Bestandsmengen sowie für Aufträge mit unterschiedlichen Anzahlen von Positionen und Mengen ausgelegt und flexibel nutzbar sein. Zur Berechnung der Anzahl Ladeeinheiten, die in den Logistikketten bewegt, gelagert oder benötigt werden, ist es in manchen Fällen unvermeidlich und unter bestimmten Voraussetzungen zulässig, anstelle der Vielzahl im einzelnen meist unbekannter Füllaufträge *Cluster* hinreichend gleichartiger Füllaufträge zu betrachten und mit den *Mittelwerten der Auftragskenndaten* der *Auftragscluster* zu rechnen.

2. Kenndaten der Fülleinheiten

Maßgebend für das Befüllen der Ladeeinheiten sind folgende *Stammdaten* der Fülleinheiten:

- *Inhalt* m_{FE} [ME/FE]: Menge [ME] oder Anzahl [ST] der in einer Fülleinheit enthaltenen Artikeleinheiten, Warenstücke, Verkaufseinheiten oder anderer Logistikeinheiten;
- *Außenmaße*: *Länge* l_{FE} [mm], *Breite* b_{FE} [mm], *Höhe* h_{FE} [mm] quaderförmiger Fülleinheiten und *Durchmesser* d_{FE} [mm] zylindrischer oder kugelförmiger Fülleinheiten.
- *Gewicht* g_{FE} [kg/FE]: Gesamtgewicht von Inhalt und Verpackung der Fülleinheit.

Aus den Kennwerten der einzelnen Fülleinheiten lassen sich die *minimalen, mittleren* und *maximalen Werte* einer größeren Anzahl von Fülleinheiten errechnen. Für Fülleinheiten, die von der Quader-, Zylinder- oder Kugelform abweichen, kann für viele logistische Fragestellungen zur Mittelwertbestimmung mit den Maßen der *Hüllquader* gerechnet werden.

Das Befüllen von Ladeeinheiten wird durch folgende *Pack- und Füllrestriktionen* für die Fülleinheiten eingeschränkt:

- *Belastbarkeit* $g_{\mathrm{FE\,bel}}$ [kg/FE]: maximal zulässige Gewichtsbelastung einer Fülleinheit;
- *Stapelfaktor* $C_{\mathrm{FE\,y}}$: maximal zulässige Anzahl übereinander stapelbarer Fülleinheiten;
- *Stapelrichtung*: vorgeschriebene *Oberseite, Standfläche* oder *Außenfläche*;
- *Schachtelfaktor* und *Schachtelmaße*: Maximalzahl ineinander schachtelbarer *Hohlkörper* und Außenabmessungen der entstehenden *Verbundeinheit*.

Wie in *Abb. 12.3* dargestellt, ist durch *logistikgerechte Ladungsträger* ein platzsparendes Ineinanderschachteln möglich oder durch *logistikgerechte Formge-*

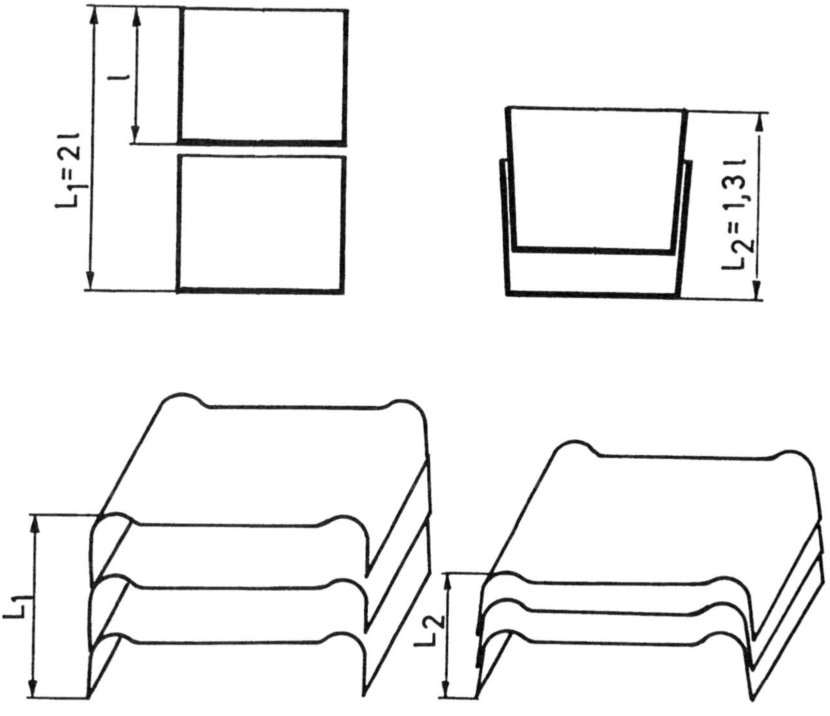

Abb. 12.3 Logistikrechte Ladungsträger und Formgebung [9]

Oben: unverschachtelte und verschachtelte Behälter
Unten: unverschachtelte und verschachtelte Preßteile

bung, etwa von Preßteilen, eine raumsparendes Aufeinanderstapeln [9]. Der dadurch enstehende Stapel ineinander verschachtelter Fülleinheiten kann logistisch als *Verbundeinheit* betrachtet werden, deren Inhalt gleich dem Schachtelfaktor ist.

Wenn die Höhen nicht durch eine *Stapelvorschrift* vorgegeben sind, gilt für die Abmessungen einer Menge von Fülleinheiten, deren minimale Höhe $h_{FE\,min}$ ist:

$$l_{FE} \geq b_{FE} \geq h_{FE} \geq h_{FE\,min}. \tag{12.2}$$

Aus den Abmessungen einer quaderförmigen Fülleinheit ergibt sich das *Fülleinheitenvolumen*

$$V_{FE} = l_{FE} \cdot b_{FE} \cdot h_{FE}, \tag{12.3}$$

aus dem Gewicht und dem Volumen das *spezifische Gewicht* des Füllguts

$$\gamma_{FE} = g_{FE} / V_{FE} \qquad \left[g/cm^3 \right]. \tag{12.4}$$

Fülleinheiten, deren Volumen im Vergleich zum Innenvolumen der Ladeeinheit sehr klein ist, wie Muttern, Schrauben, Granulat oder Sand, sind *Schüttgut*. Im Extremfall ist das Füllgut ein homogener *Feststoff*, eine *Flüssigkeit* oder ein *Gas* mit Fülleinheiten molekularer Größe.

3. Mittlere Abmessungen von Fülleinheiten

Für die Berechnung der mittleren Kapazität von Ladeeinheiten für Fülleinheiten mit *unterschiedlichen Abmessungen* müssen die mittleren Abmessungen und das mittlere Gewicht der Fülleinheiten bekannt sein. Diese Mittelwerte lassen sich aus den Logistikstammdaten der Fülleinheiten errechnen, oder wenn diese nicht bekannt sind, durch *Ausmessen* oder *Auslitern* einer repräsentativen Stichprobe von Fülleinheiten ermitteln. Das Auslitern einer größeren Anzahl von Fülleinheiten oder Artikeleinheiten ist jedoch recht zeitaufwendig.

In vielen Fällen ist das mittlere Volumen der Fülleinheiten bekannt oder aus dem Durchschnittsgewicht und dem spezifischen Gewicht über die Beziehung (12.4) berechenbar. Dann lassen sich die mittleren Abmessungen der Fülleinheiten bei hinreichender Gleichverteilung aus dem mittleren Volumen berechnen. Wenn die minimale Höhe im Vergleich zu den vorkommenden Längen und Breiten klein ist, wenn also $h_{FE} \ll l_{FE}, b_{FE}$ ist, gilt bei Gleichverteilung zwischen den Grenzen (12.2) für die mittleren Abmessungen:

$$b_{FE} = \left(l_{FE} + h_{FE} \right) / 2 \text{ und } h_{FE} = b_{FE}/2. \tag{12.5}$$

Durch Auflösen dieser Gleichungen ergibt sich $b_{FE} = 2/3 \cdot l_{FE}$ und $h_{FE} = 1/3 \cdot l_{FE}$ und damit für das *Verhältnis der mittleren Seitenlängen*:

$$\boldsymbol{l_{FE} : b_{FE} : h_{FE} = 3:2:1} \tag{12.6}$$

Wenn $h_{FE} \ll l_{FE}, b_{FE}$ ist, ergibt eine Mittelwertrechnung unter Berücksichtigung der Restriktion (12.2) für das mittlere Volumen der Fülleinheiten:

$$V_{FE} = 4/3 \cdot l_{FE} \cdot b_{FE} \cdot h_{FE}. \tag{12.7}$$

Nach dieser Beziehung ist bei sehr unterschiedlichen Abmessungen das mittlere Volumen v_{FE} der Fülleinheiten um 1/3 größer als das Volumen einer Fülleinheit mit den mittleren Abmessungen. Durch Auflösen der Gleichungen (12.6) und (12.7) nach den mittleren Seitenlängen ergibt sich der *Satz*:

- Eine größere Anzahl von Fülleinheiten mit dem mittleren Volumen v_{FE} und Maßen, die in den Grenzen (12.1) mit $h_{FEmin} \ll l_{FE}, b_{FE}$ gleichverteilt sind, hat die *mittleren Abmessungen*

$$_{E} = 3/2 \cdot v_{FE}^{1/3} \qquad b_{FE} = v_{FE}^{1/3} \qquad h_{FE} = 1/2 \cdot v_{FE}^{1/3} . \tag{12.8}$$

In einer *Simulationsrechnung* für 1.000 Fülleinheiten wurden mehrmals von einem Zufallsgenerator Quaderabmessungen erzeugt, nach der Größe geordnet und über die Gesamtheit gemittelt. Die Simulation ergab für die mittleren Seitenlängen in Übereinstimmung mit der theoretischen Vorhersage (12.6) die Verhältnisse $l_{FE} : b_{FE} = 1{,}50 \pm 0{,}01$ und $b_{FE} : h_{FE} = 2{,}00 \pm 0{,}02$.

Das Ausmessen der Längen, Breiten und Höhen einer *Stichprobe* von mehr als 3.000 Artikeleinheiten eines Kaufhaussortiments ergab ein Verhältnis der mittleren Länge zur mittleren Breite von 1,7 und der mittleren Breite zur mittleren Höhe von 2,4. Die im Vergleich zu den theoretischen Werten größeren experimentellen Werte erklären sich aus der Ungleichverteilung der Abmessungen und der endlichen minimalen Höhe der Artikel des Kaufhaussortiments [112]. Die relativ geringe Abweichung des experimentellen Seitenverhältnisses vom theoretischen Wert zeigt aber auch, daß es ohne allzu große Fehler zulässig ist, näherungsweise mit den Werten der Beziehungen (12.6) und (12.8) zu rechnen.

12.3 Ladeeinheiten und Ladungsträger

Ladeeinheiten werden durch Zusammenfassen von Logistikeinheiten mittels eines Ladungsträgers gebildet. Die *Ladungsträger* können genormte oder spezielle Lade- oder Transporthilfsmittel sein, sich aber auch auf das Verpacken, Umwickeln oder Umreifen eines Stapels oder Blocks von Fülleinheiten reduzieren oder vollständig entfallen [106; 109; 111; 112].

Zur Herleitung von Formeln für die Berechnung von Kapazität und Füllungsgrad ist folgende abstrakte *Definition der Ladeeinheit* geeignet:

- Eine Ladeeinheit ist ein Raum mit bestimmten Abmessungen, der zur Aufnahme von Fülleinheiten geeignet ist.

Diese Definition, die *Abb. 12.4* veranschaulicht, umfaßt *mobile Ladeeinheiten*, die sich bewegen lassen, wie auch *stationäre Ladeeinheiten*, die sich an festen Plätzen befinden.

Die mobilen Ladeeinheiten haben – auch wenn sie über Straßen und Schienen rollen – bezüglich Kapazität und Füllungsgrad die gleichen Eigenschaften wie die stationären Ladeeinheiten. Sie werden daher auch als *rollendes Lager* bezeichnet.

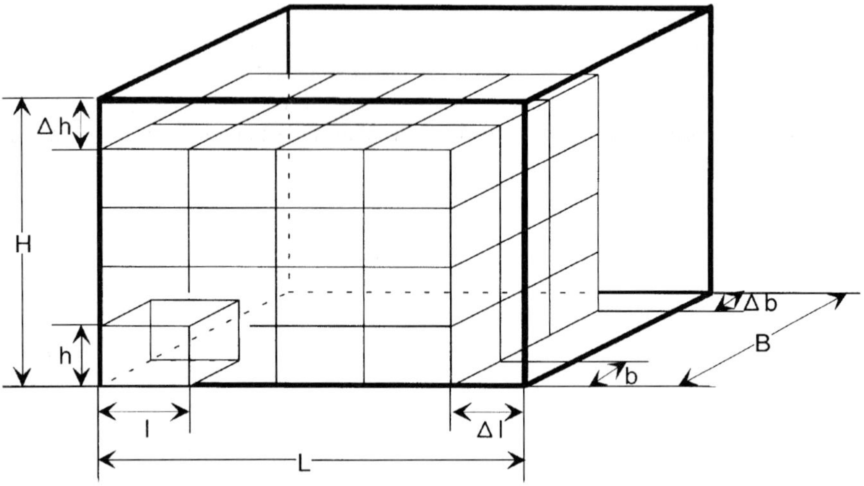

Abb. 12.4 Ladeeinheiten und Fülleinheiten

l, b, h: Außenmaße der Fülleinheiten
L, B, H: Innenmaße der Ladeeinheit
Δ_λ, Δ_b, Δ_h: Restlängen bei Parallelpackung

1. Stationäre Ladeeinheiten
Stationäre Ladeeinheiten sind Teilräume, die an festen Orten zum Lagern, Puffern und Bereitstellen von Lagereinheiten voneinander abgegrenzt sind. Sie werden entsprechend ihrer Funktion als *Lagerplatz*, *Pufferplatz* oder *Bereitstellplatz* bezeichnet (s. *Kapitel* 16).

Beispiele für stationäre Ladeeinheiten sind:

- *Abstellflächen* in Wareneingang, Warenausgang, Umschlaganlagen und Produktion;
- *Bereitstell- und Pufferplätze* vor und hinter Arbeitsplätzen und Maschinen;
- *Bodenflächen* einer Halle oder eines Freigeländes zur *Block-* oder *Flächenlagerung*;
- *Fachbodenplätze* eines *Fachregallagers*;
- *Lagerfächer* in Ein- und Mehrplatzlagern;
- *Lagerkanäle* von Einfahrregalen, Durchlauflagern oder Kanallagern;
- *Staubahnen* von Sortierspeichern oder in Stetigfördersystemen;
- *Park- und Abstellflächen* für PKW, LKW, Wechselbrücken oder Container;
- *Pufferstrecken* in spurgeführten Fahrzeugsystemen;
- *Abstellgleise* in Eisenbahnanlagen.

Semistationäre Ladeeinheiten sind begrenzt bewegliche Logistikeinheiten, wie Schubladen oder Plätze in Umlauflagern, Verschieberegalen und Paternosterlagern.

2. Mobile Ladeeinheiten

Mobile Ladeeinheiten lassen sich bewegen, befördern, stapeln und transportieren. Sie können auch einen eigenen Antrieb haben. Abhängig von Einsatz und Funktion lassen sich die mobilen Ladeeinheiten einteilen in Verpackungs- und Versandsandeinheiten, in Lager- und Ladungseinheiten sowie in passive und aktive Transporteinheiten:

- *Verpackungseinheiten* [VPE] sind mit Warenstücken oder Artikeleinheiten gefüllte *Packmittel* und *Gebinde*, wie Pakete, Trays oder Kartons.
- *Versandeinheiten* [VE] sind zum Zweck des *Versands* mit Logistikeinheiten befüllte *Versandhilfsmittel*, wie Ein- und Mehrwegbehälter, Paletten oder Frachtcontainer.
- *Lagereinheiten* [LE] sind für die *Lagerung* in einem *Lagerhilfsmittel*, wie *Behälter, Tablar, Palette, Kassette* oder *Lagergestell*, zusammengefaßte Logistikeinheiten.
- *Ladungseinheiten* [LE] sind für den *Transport* auf einem *Lade- oder Transporthilfsmittel*, wie einer Paletten oder in einem Luftfrachtcontainer, verladenene Logistikeinheiten.
- *Passive Transporteinheiten* [TE] sind beladene *Transportgefäße* ohne eigenen Antrieb, wie ISO-Container, Wechselbrücken, Sattelauflieger oder Waggons.
- *Aktive Transporteinheiten* [TE] sind beladene *Transportmittel* mit eigenem Antrieb.

Wie bei der bekannten *Puppe in der Puppe* kann eine größere Ladeeinheit kleinere Ladeeinheiten enthalten, in denen sich wiederum noch kleinere Ladeeinheiten befinden. Diese in *Abb. 12.2* dargestellte *Selbstähnlichkeit* ist typisch für die Ladeeinheiten in der Logistikkettte.

Tabelle 12.2 enthält die *Kenndaten* häufig eingesetzter Ladungsträger und Ladeeinheiten. Die *Abb. 12.5* und *12.6* zeigen die Abmessungen von *Sattelaufliegern*

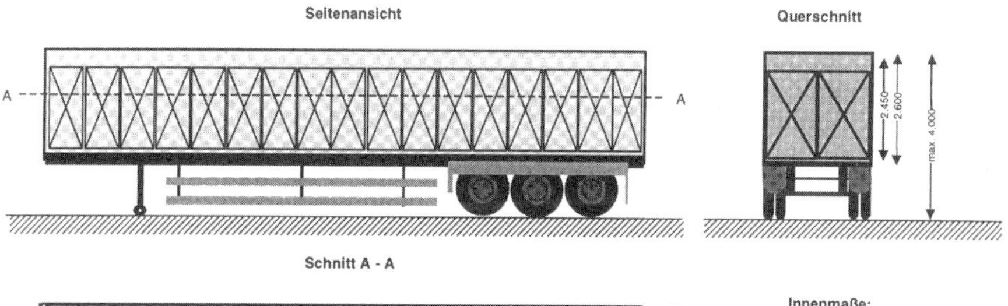

Abb. 12.5 Sattelaufliegerbrücke mit CCG1-Paletten

Querladekpazität 2·17 = 34 CCG1-Paletten/SA
Längsladekapazität 3·11+2 = 35 CCG1-Paletten/SA

			Außenmaße				Innenmaße				Volumeneffizienz
Ladeeinheit		**Abkürz.**	**Länge**	**Breite**	**Höhe**	**Volumen**	**Länge**	**Breite**	**Höhe**	**Volumen**	
Ladungsträger	Größe	LE	l [mm]	b [mm]	h [mm]	v [l]	L [mm]	B [mm]	H [mm]	V [l]	neff
Karton		**Kart**									
Normkarton	klein		400	300	400	48	380	280	380	40	84,2%
	normal		600	300	400	72	580	280	380	62	85,7%
	groß		650	450	450	132	630	430	430	116	88,5%
Behälter		**Beh**									
Industrieklappbox	klein	INDU-Box	400	300	235	28	365	280	215	22	77,9%
	groß	INDU-Box	600	400	335	80	558	350	315	62	76,5%
EURO-Faltbox	klein	EURO-Box	400	300	207	25	370	270	198	20	79,6%
	groß	EURO-Box	600	400	307	74	570	370	298	63	85,3%
Tablar	standard	**Tab**	1.260	320	460	185	1.260	320	420	169	91,3%
Palette		**Pal**									
Halbpalette	hoch	HalbPal	800	600	1.950	936	800	600	1.800	864	92,3%
EURO-Palette	flach	FlachPal	1.200	800	600	576	1.200	800	450	432	75,0%
	mittel	CCG1	1.200	800	1.050	1.008	1.200	800	900	864	85,7%
	hoch	CCG2	1.200	800	1.950	1.872	1.200	800	1.800	1.728	92,3%
Industrie-Palette	hoch	INDU-Pal	1.200	1.200	1.950	2.808	1.200	1.200	1.800	2.592	92,3%
Container		**CONT**									
ISO-Container	20-Fuß	20"-CONT	6.058	2.438	2.438	36.008	5.867	2.330	2.197	30.033	83,4%
	40-Fuß	40"-CONT	12.192	2.438	2.438	72.467	11.998	2.330	2.197	61.418	84,8%
Transportmittel		**TM**									
Wechselbrücke	Koffer	WB	7.150	2.500	2.600	46.475	7.050	2.460	2.400	41.623	89,6%
Sattelauflieger	Koffer	SAL	14.150	2.550	2.600	93.815	14.000	2.435	2.450	83.521	89,0%

Tab. 12.2 Standardisierte Ladungsträger und Ladeeinheiten
Mittlere Volumeneffizienz: 85%

und *Wechselbrücken*. Diese normierten *Transportgefäße* setzen sich im europäischen Straßenverkehr immer weiter durch, da ihre Innenmaße recht gut auf die *Standardpalettengrößen* CCG1 und CCG2 abgestimmt sind [113].

Die verschiedenen Typen, die technische Ausführung, die Abmessungen und weitere Kenndaten von Standardverpackungen, Normbehältern, Mehrwegverpackungen, Ladungsträgern, Paletten, Ladehilfsmitteln und Transportmitteln sind in einschlägigen *VDI-*, *DIN-* und *ISO-Richtlinien* beschrieben und spezifiziert [111; 113; 114; 116].

Die Organisation von *Behälter-* oder *Palettenpools* sowie des Kreislaufs von Mehrwegverpackungen, ISO-Containern und leeren Transportgefäßen sind Gegenstand der *Leergutlogistik*. Auch für die Leergutlogistik sind die in diesem Buch dargestellten Strategien und Verfahren grundlegend [113; 116; 117; 118]. Dabei haben die *ökologischen Ziele*, die sich u.a. in der *Verpackungsordnung* [119] niederschlagen, ein besonderes Gewicht (s. *Abschnitt 3.4*).

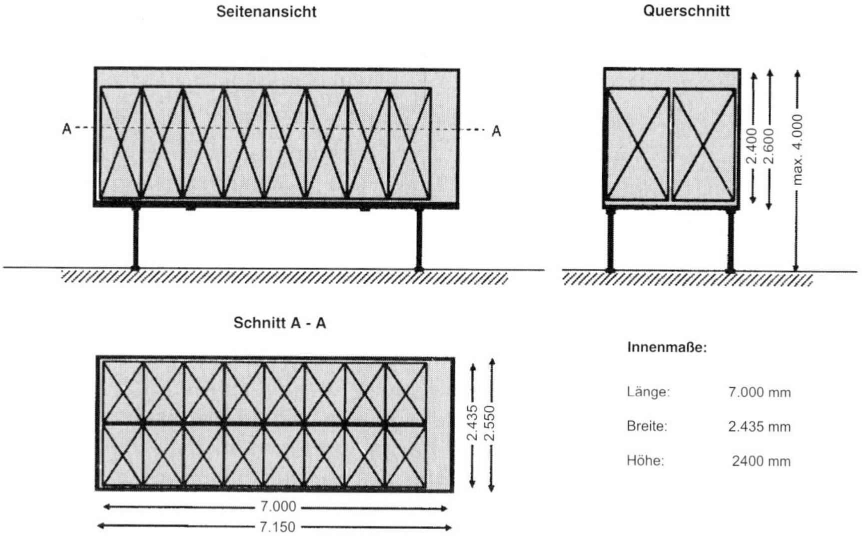

Abb. 12.6 Wechselbrücke mit CCG1-Paletten

Querladekpazität	2·8 = 16 CCG1-Paletten/WB
Längsladekapazität	3·5+2 = 17 CCG1-Paletten/SA

3. Kenndaten der Ladeeinheiten

Der Platzbedarf, die Lagerung und der Transport einer Ladeeinheit hängen von folgenden *Stammdaten* ab:

- *Inhalt, Füllmenge* oder *Beladung* m_{LE} [FE/LE]: Anzahl der in einer Ladeeinheit enthaltenen Fülleinheinheiten [FE];
- *Außenmaße*: *Ladeeinheitenlänge* l_{LE} [mm], *Ladeeinheitenbreite* b_{LE} [mm] und *Ladeeinheitenhöhe* h_{LE} [mm] bei Quaderform und *Durchmesser* d_{LE} [mm] bei zylindrischer Form;
- *Gesamtgewicht* g_{LEges} [kg/LE]: Gewicht der vollen Ladeeinheit mit Ladungsträger.

Für die Kapazität und den Packungsgrad der Ladeeinheiten sind folgende *Stammdaten* maßgebend:

- *Innenmaße* oder *Laderaummaße*: *Beladelänge* L_{LE} [mm], *Beladebreite* L_{LE} [mm] und *Beladehöhe* H_{FE} [mm] quaderförmiger Laderäume sowie weitere Maße irregulärer Laderäume.
- *Nutzlast, Füllgewicht, Tragfähigkeit* oder *Lastgewicht* G_{LE} [kg/LE]: maximal zulässiges Gewicht der Beladung einer Ladeeinheit.

Weitere wichtige Eigenschaften der Ladeeinheiten sind

- *Belastbarkeit* $g_{LE\,bel}$ [kg/LE]: maximal zulässige Gewichtsbelastung einer vollen Ladeeinheit;

- *Stapelfaktor* $C_{LE\,y}$: maximal zulässige Anzahl aufeinander stapelbarer Ladeeinheiten;
- *Befüllbarkeit*: Anzahl und Lage der Seiten, von denen aus die Ladeeinheit befüllt und geleert werden kann.

Abhängig von der Befüllbarkeit lassen sich unterscheiden:

- Ladeeinheiten mit *einseitiger Befüllung und Entleerung*, wie Behälter, Sattelauflieger, ISO-Container oder Lagerkanäle mit einer offenen Seite;
- Ladeeinheiten mit *gegenseitiger Befüllung und Entleerung*, wie Durchlaufkanäle, Füllschächte, Staubahnen oder Pufferstrecken mit Öffnungen an zwei entgegengesetzten Seiten
- Ladeeinheiten mit *mehrseitiger* Befüllung und Entleerung, wie Paletten oder andere Ladungsträger mit mehr als zwei zugänglichen Seiten.

In *Abb.12.7* sind für einseitig und gegenseitig befüllbare Ladeeinheiten mögliche *Packstrategien* dargestellt. *Abb. 12.8* zeigt eine von fünf Seiten befüllbare EURO-Palette, die nach einem optimalen *Packschema* mit Kartons beladen ist.

Für quaderförmige Ladeeinheiten folgt aus den Außenabmessungen das *Außenvolumen* oder *Bruttovolumen* der Ladeeinheit

$$\mathrm{v}_{\mathrm{LE}} = l_{\mathrm{LE}} \cdot b_{\mathrm{LE}} \cdot h_{\mathrm{LE}} \,. \tag{12.9}$$

und aus den Innenabmessungen das *Innenvolumen* oder *Nettovolumen*, auch *Laderaum* oder *Nutztraum* genannt

$$\mathrm{V}_{\mathrm{LE}} = L_{\mathrm{LE}} \cdot B_{\mathrm{LE}} \cdot H_{\mathrm{LE}} \,. \tag{12.10}$$

Das Verhältnis von Nettovolumen zum Bruttovolumen ist die *Volumeneffizienz* der Ladeeinheit:

$$\eta_{\mathrm{Veff}} = \mathrm{V}_{\mathrm{LE}} / \mathrm{v}_{\mathrm{LE}} \qquad [\%] \,. \tag{12.11}$$

Das Verhältnis von Nutzlast zum zulässigen Gesamtgewicht ist die *Gewichtseffizienz*

$$\eta_{\mathrm{Geff}} = \mathrm{G}_{\mathrm{LE}} / \mathrm{g}_{\mathrm{LEges}} \qquad [\%] \,. \tag{12.12}$$

Aus *Tabelle 12.2* ist ablesbar, daß die Volumeneffizienz der gebräuchlichsten Ladeeinheiten zwischen 75 % und 93 % liegt und im Mittel 85 % beträgt. Sie ist relativ unabhängig von der Größe der Ladeeinheiten. Die Gewichtseffizienz liegt für Ladehilfsmittel im Bereich 94 % bis 96 % und für Transporthilfsmittel im Bereich von 80 bis 95 %.

Das *Eigengewicht* des Ladungsträgers verursacht einen *technischen Gewichtsverlust* $\eta_{\mathrm{Gver}} = 1 - \eta_{\mathrm{Geff}}$. Die *Eigenabmessungen* des Ladungsträgers bewirken den *technischen Volumenverlust* $\eta_{\mathrm{Vver}} = 1 - \eta_{\mathrm{Veff}}$. Technischer Gewichtsverlust und Volumenverlust werden von der *Konstruktion* und vom *Material* des Ladungsträgers bestimmt.

Aus den Stammdaten der einzelnen Ladeeinheiten lassen sich die *minimalen*, *mittleren* und *maximalen Werte* einer größeren Anzahl von Ladeeinheiten errechnen.

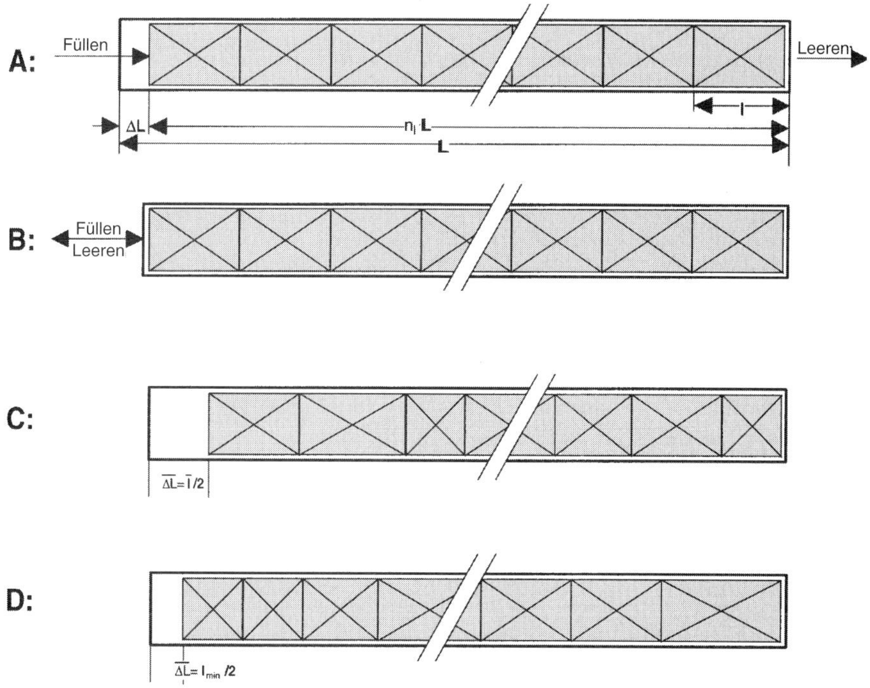

Abb. 12.7 Eindimensional befüllte Ladeeinheiten

A: Längspackung ohne Längenanpassung bei gleichen Fülleinheiten
Kapazität $C = [L/l]$, Restlänge $\Delta L = L - [L/l] \cdot l$

B: Längspackung mit Längenanpassung bei gleichen Fülleinheiten
Kapazität $C = [L/l] = N_l$, Restlänge $\Delta L = 0$

C: ungeordnete Längspackung von ungleichen Fülleinheiten
Mittlere Kapazität $C = L/l + l/2$, Mittlere Restlänge $\Delta L = l/2$

D: geordnete Längspackung von ungleichen Fülleinheiten
Mittlere Kapazität $C = L/l_{min} + l/2$, Mittlere Restlänge $\Delta L = l_{min}/2$

4. Kapazität und Packungsgrad

Die *Kapazität* der Ladeeinheiten ist maßgebend für den Bedarf an Ladeeinheiten, die zur Unterbringung einer bestimmten *Verlademenge* oder *Füllmenge* benötigt wird:

- Die *Kapazität* oder das *Fassungsmögen* einer Ladeeinheit C_{LE} [FE/LE] ist die maximale Anzahl Fülleinheiten, die sich mit einer bestimmten *Packstrategie* unter Beachtung der *Packrestriktionen* in eine Ladeeinheit einfüllen läßt.

Bei *gewichtsbestimmter Ladung*, das heißt für $[G/g] < [V/v]$, wird die *maximale Kapazität* einer Ladeeinheit durch die zulässige Nutzlast und bei *volumenbestimmter Ladung*, das heißt für $[V/v] < [G/g]$, vom Laderaum begrenzt. Daher ist die *maximale Ladeeinheitenkapazität*

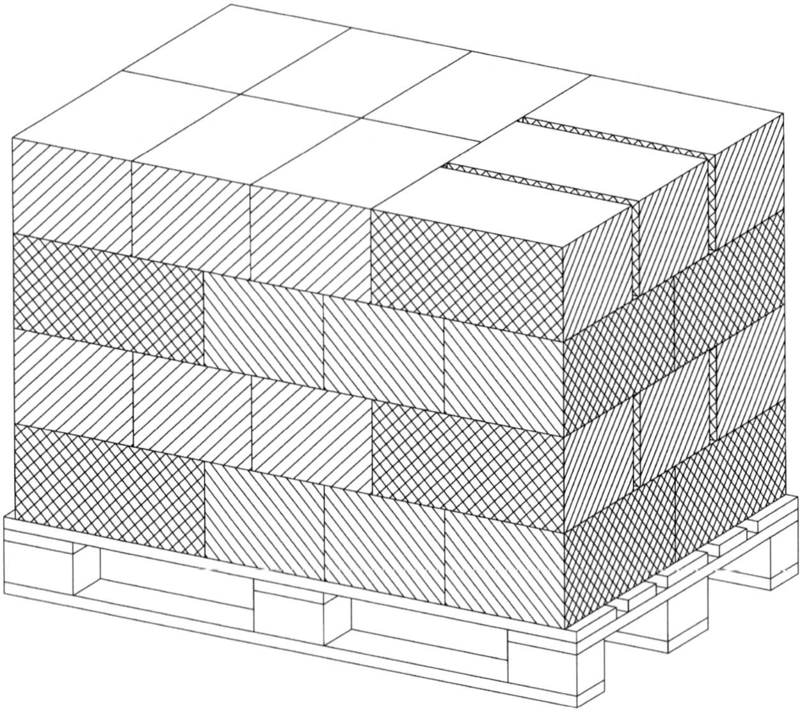

Abb. 12.8 Optimales Packschema von Kartons auf einer CCG1-Palette

$$C_{max} = \mathrm{MIN}\left(\left[G/g\right];\left[V/v\right]\right) \qquad \left[FE/LE\right]. \tag{12.13}$$

Hier wie in den folgenden Formeln bedeuten die eckigen Klammern [...] ein *Abrunden* des Klammerinhalts auf die nächst kleinere ganze Zahl.

Weiterhin wird auf die Indizes FE und LE verzichtet, wenn die Bedeutung der Größen ohne Indizierung aus dem Zusammenhang klar ist. Die kleinen Buchstaben *l*, *b*, *h*, v und *g* bezeichnen Außenmaße, Volumen und Gewicht der Fülleinheiten. Die großen Buchstaben *L*, *B*, *H*, V und *G* sind die Innenabmessungen, das Laderaumvolumen und die zulässige Nutzlast der Ladeeinheiten. Wenn das Befüllen mit ungleichen Fülleinheiten betrachtet wird, sind mit den gleichen Buchstaben die entsprechenden *Mittelwerte* für eine größere Gesamtheit gemeint.

Wenn die Beladung allein vom Gewicht bestimmt wird, ist zur Optimierung der Laderaumnutzung keine Packstrategie erforderlich. Wird für einen Teil einer größeren Lademenge die Kapazität vom Volumen und für einen Teil vom Gewicht bestimmt, kann der Ladeeinheitenbedarf durch eine *Ladungsverteilungsstrategie* minimiert werden (s. *Abschnitt 16.5.5*).

Bei volumenbestimmter Kapazität hängt die Volumennutzung und damit die Kapazität der Ladeeinheiten von der *Packstrategie* ab. Deren *Wirksamkeit* wird gemessen durch den *Packungsgrad*:

- Der *Packungsgrad* ist der Anteil des Innenvolumens V_{LE} der Ladeeinheit, der bei voller Nutzung der Kapazität C_{LE} vom Volumen $C_{LE} \cdot v$ der Fülleinheiten ausgefüllt wird:

$$\eta_{pack} = C_{LE} \cdot v / V \qquad [\%]. \tag{12.14}$$

Der *Packungsverlust* ist der bei voller Nutzung der Kapazität unausgefüllte Anteil des Innenvolumens und ergibt sich aus dem Packungsgrad:

$$\eta_{pverl} = 1 - \eta_{pack} \qquad [\%]. \tag{12.15}$$

Durch Umkehrung von Beziehung (12.14) folgt für einen bekannten Packungsgrad η_{pack} die *effektive Ladeeinheitenkapazität*

$$C_{eff} = \eta_{pack} \cdot V / v. \tag{12.16}$$

Ziel jeder Packstrategie ist eine Maximierung der effektiven Ladeeinheitenkapazität. Da eine komplizierten Packstrategie meist mit einem höheren Aufwand verbunden ist, muß sie zu einer besseren effektiven Kapazität führen als eine einfachere Packstrategie.

5. Ladeeinheitenbedarf und Füllungsgrad

Der *Ladeeinheitenbedarf* ist die *minimale Anzahl Ladeeinheiten*, die zur Unterbringung einer bestimmten *Füllmenge* benötigt wird. Der *Ladeeinheitenbedarf* für eine *Füllmenge* m_{FA} [FE], die in gleichartigen Ladeeinheiten mit der *Kapazität* C verladen wird, ist daher:

$$\mathbf{M_{FA}} = \{\mathbf{m_{FA}} / \mathbf{C}\} \qquad [\mathbf{LE}]. \tag{12.17}$$

Die geschweiften Klammern {...} bezeichnen in den Formeln ein *Aufrunden* des Klammerinhalts auf die nächst höhere ganze Zahl.

Ein Maß für die Wirksamkeit einer Füllstrategie ist der Füllungsgrad der Ladeeinheiten:

- Der *mittlere Füllungsgrad* ist das Verhältnis des tatsächlichen Inhalts zum maximal möglichen Inhalt aller Ladeeinheiten eines Füllauftrags

$$\eta_{füll} = m_{FA} / (M_{FA} \cdot C) \qquad [\%]. \tag{12.18}$$

Bei optimaler Füllung ist $\eta_{füll} = 100$ %. Wenn die Füllmenge kein ganzzahliges Vielfaches der Kapazität ist, ensteht pro Füllauftrag mindestens eine *Anbrucheinheit*, deren Inhalt kleiner als die Kapazität ist. Infolge der Anbrucheinheiten ist $\eta_{füll} < 100$ %.

Umgekehrt ist bei einem mittleren Füllungsgrad $\eta_{füll}$ von Ladeeinheiten mit der Kapazität C der Ladeeinheitenbedarf

$$M_{FA} = m_{FA} / (\eta_{füll} \cdot C). \tag{12.19}$$

Bei vorgebener Füllmenge und Ladeeinheitenkapazität wird der Füllungsgrad von der *Füllstrategie* bestimmt. Ziel jeder Füllstrategie ist eine Minimierung des Ladeeinheitenbedarfs durch Maximierung des Füllungsgrads.

12.4 Packstrategien

Fülleinheiten mit Abmessungen, die wesentlich kleiner als die Innenmaße der Ladeeinheit sind, können wie Schüttgut *ungeordnet* in Ladeeinheiten abgefüllt werden. Aus den Lücken zwischen den einzelnen Fülleinheiten und den Innenwänden der Ladeeinheit resultiert ein *Packverlust*, der umso größer ist, je ungeordneter, sperriger und größer die Fülleinheiten in Relation zur Ladeeinheit sind.

Durch *Anordnen* der Fülleinheiten nach geeigneten *Packstrategien* lassen sich die Packverluste minimieren und das Innenvolumen einer Ladeeinheit maximal zu nutzen.

- Eine *Packstrategie*, *Beladestrategie* oder *Staustrategie* ist ein Verfahren zum Stapeln von Fülleinheiten in oder auf einem Ladungsträger mit dem Ziel einer maximalen Nutzung des verfügbaren Laderaums unter Beachtung vorgebener Packrestriktionen.

Packstrategien sind typische *Ordnungsstrategien*, deren Strategievariablen die Anordnungsmöglichkeiten der Fülleinheiten in einer Ladeeinheit sind.

Das Ergebnis einer *Packstrategie* ist entweder eine allgemeine *Packvorschrift* mit bestimmten *Regeln* für das Anordnen, Stapeln und Stauen der Fülleinheiten oder ein individuelles *Packschema*, das heißt, eine bestimmte räumliche Anordung der Fülleinheiten in der Ladeeinheit, wie das in *Abb. 12.8* gezeigte *Palettierschema* für Kartons. Im Unterschied zu einem Packschema ist eine Packvorschrift ein *Algorithmus*, aus dem sich allgemeingültige Formeln zur Berechnung der Kapazität herleiten lassen.

1. Packrestriktionen

Beim Befüllen einer Ladeeinheit mit unteilbaren Fülleinheiten sind folgende *allgemeine Packrestriktionen* zu beachten:

- *Ganzzahligkeitsbedingung*: Eine Ladeeinheit kann nur ein *ganze Anzahl* von Fülleinheiten enthalten.
- *Gewichtsbeschränkung*: Das Füllgewicht muß kleiner sein als die *Nutzlast* der Ladeeinheit.
- *Maßbegrenzung*: Die größte Abmessung der Fülleinheiten muß kleiner sein als das größte Innenmaß, die zweitgrößte Abmessung kleiner als das zweitgrößte Innenmaß und die kleinste Abmessung kleiner als das kleinste Innenmaß der Ladeeinheit.

In den meisten Fällen besteht zusätzlich eine *Maßbegrenzung der Ladeeinheiten*: Die Außenmaße der beladenen Ladeeinheit dürfen bestimmte Maximalmaße nicht überschreiten.

Die Beladehöhe von Ladeeinheiten, die durch das Befüllen *dreidimensionaler Ladungsträger*, wie Behälter, Gitterboxen und Container, gebildet werden, ist konstruktiv festgelegt. Für *flache Ladungsträger*, wie Paletten oder Bodenlagerplätze, ist hingegen die *Beladehöhe* in Grenzen frei wählbar [105; 113]. Sie wird entweder durch eine *maximale Beladehöhe* H_{max}, durch die zulässige *Nutzlast* oder die *Stapelbarkeit der Fülleinheiten* begrenzt. Die Beladehöhe ist daher eine zur Optimierung nutzbare Variable [105]. Für einige Ladeeinheiten, beispielsweise für Paletten mit zulässigem Lastüberstand oder für die Bodenlagerplätze eines Blocklagers, sind außer der Höhe auch die Länge und die Breite der Ladeeinheit nutzbare Optimierungsparameter.

Wenn verschiedene Ladungsträger mit unterschiedlicher Konstruktion oder Abmessung verfügbar sind, besteht eine weitere *Optimierungsmöglichkeit* in der *Auswahl* der Ladeeinheiten und in der *Zuordnung* des Füllguts zu den im Einsatz befindlichen Ladungsträgern. Hierfür werden geeignete *Auswahl-* und *Zuweisungsstrategien* benötigt (s. *Kapitel 16* und *Kapitel 19*).

Spezielle Packrestriktionen, die sich nur auf einzelne Fülleinheiten oder bestimmte Ladeeinheiten beziehen, sind:

- *Stapelrestriktionen*: Die Fülleinheiten dürfen wegen begrenzter *Belastbarkeit* oder *Kippgefahr* nur in beschränkter Anzahl übereinander gestellt werden.
- *Höhenvorgaben*: Eine Seite der Fülleinheiten ist als Oberseite vorgegeben und dadurch eine Kante als Höhenrichtung ausgezeichnet.
- *Anordnungsrestriktionen*: Eine Seite der Fülleinheiten muß, z.B. zum Lesen einer Kodierung, in einer bestimmten Richtung oder an einer zugänglichen Außenseite angeordnet sein.
- *Sicherheitsanforderungen*: Die Fülleinheiten müssen, beispielsweise, um ein Umkippen, ein Verrutschen oder eine Schieflage zu vermeiden, in der Ladeeinheit gleichmäßig verteilt sein, oder, um eine bessere Ladungssicherheit zu erreichen, in zueinander verdrehten oder miteinander verschränkten Lagen gestapelt werden.

Hinzu kommen fallweise *technische Restriktionen*, wie spezielle Stapel- oder Lagervorschriften für Langgut, Flachgut oder Sperrigteile.

2. Packoptimierung

Die Aufgabe der Packoptimierung ist die Lösung eines *mehrdimensionalen Verschnittproblems* [120]. Zur Durchführung der Packoptimierung gibt es heute leistungsfähige *Packoptimierungsprogramme*, die nach unterschiedlichen OR-Verfahren arbeiten [121, 122]:

Beispielsweise werden nach dem Verfahren der *Vollenumeration* durch systematische Permutation für vorgegebene Fülleinheiten und Ladeeinheiten alle möglichen Packungsschemata erzeugt. Aus den zulässigen Lösungen, die alle Packrestriktionen erfüllen, wird durch Vergleich der Packungsgrade das *optimale Packungsschema* ausgewählt. Die zur Packoptimierung durch Vollenumeration benötigte Rechenzeit nimmt mit der Kapazität der Ladeeinheiten rasch zu, denn die Anzahl N_{PS} aller möglicher Packungsschema liegt bei dreidimensionaler Befüllung zwischen $3! \leqq N_{PS} \leqq 3! \cdot C!$. Der hohe Rechenaufwand für eine exakte

Packoptimierung ist allerdings für einen leistungsfähigen Rechner von untergeordneter Bedeutung.

Packoptimierungsprogramme sind einsetzbar zur Ermittlung des optimalen *Packschemas* für *gleiche Fülleinheiten* und zur Ermittlung eines optimalen *Stauschemas* für *unterschiedliche Fülleinheiten.* Wenn mehrere Pack- und Füllrestriktionen zu beachten sind, kann in vielen Fällen das optimale Pack- oder Stauschema nur mit Hilfe eines Packoptimierungsprogramms generiert werden.

Ein Pack- oder Stauschema, das nach einem OR-Verfahren generiert wird, ist jeweils nur für den betrachteten Einzelfall optimal. Daher ist die Anwendbarkeit der Packoptimierungsprogramme beschränkt auf die operative Ermittlung von optimalen Pack-und Stauschemata für definierte Füllaufträge.

Allgemeingültige Berechnungsformeln für die *mittlere Kapazität* und den *durchschnittlichen Ladeeinheitenbedarf* bei unterschiedlichen Fülleinheiten und Füllmengen lassen sich hingegen mit Hilfe von Packoptimierungsprogrammen nicht herleiten. Die Abhängigkeit der Kapazität und des Ladeeinheitenbedarfs von den Fülleinheiten und der Füllmenge aber muß für die Gestaltung und Optimierung von Lieferketten und Logistiksystemen bekannt und quantifizierbar sein. Hierfür werden nachfolgend allgemeine Packstrategien mit Packvorschriften entwickelt und für diese Formeln zur Berechnung von Kapazität und Packungsgrad bei gleichen und unterschiedlichen Fülleinheiten hergeleitet.

3. Packstrategien für gleiche Fülleinheiten

Die einfachste Strategie zur Packoptimierung gleicher quaderförmiger Fülleinheiten in einem ebenfalls quaderförmigen Laderaum ist die in *Abb. 12.4* dargestellte *Packstrategie* 1:

- *Parallelpackung mit fester Seitenausrichtung*: Beginnend in einer unteren Ecke der Ladeeinheit werden die Fülleinheiten mit ihren Seitenflächen in einer vorgegebenen Ausrichtung parallel zu den Innenflächen der Ladeeinheit lückenlos nebeneinander, hintereinander und übereinander angeordnet.

Bei Seitenausrichtung der Fülleinheiten mit l parallel zu L, b parallel zu B und h parallel H ist die *Kapazität* der Ladeeinheit mit der *Packstrategie* 1:

$$C(l,b,h) = [L/l] \cdot [B/b] \cdot [H/h] \qquad [\mathrm{FE/LE}]. \tag{12.20}$$

Der *Packungsgrad* folgt durch Einsetzen von (12.20) in Beziehung (12.14). Für Parallelpackungen mit anderer Seitenausrichtung ergeben sich die Kapazität und der Packungsgrad aus den Beziehung (12.20) und (12.14) durch entsprechende Vertauschung von l, b und h bei festgehaltenem L, B und H.

Wenn nur die Höhenrichtung fest vorgegeben und die Anordnung in Längs- und Breitenrichtung frei ist, läßt sich die Packstrategie 1 verbessern zur *Packstrategie* 2A:

- *Parallelpackung mit höhenbeschränkter Seitenpermutation*: Von den Packschemata, die mit der Parallelpackung für die zwei möglichen Anordnungen resultieren, wird das Packschema mit dem besseren Packungsgrad gewählt.

Die *Kapazität* der Ladeeinheiten mit der *Packstrategie* 2A ist

$$C_{2A} = \mathrm{MAX}\Big(C\big(l,b,h\big);C\big(b,l,h\big)\Big). \tag{12.21}$$

Hierin sind $C(l,b,h)$ und $C(b,l,h)$ die durch Beziehung (12.20) gegebenen Kapazitäten bei fester Seitenausrichtung.

Wenn die Seitenausrichtung durch keine Höhen- oder Seitenrestriktion beschränkt wird, ist ein weiterer Schritt zur Optimierung die *Packstrategie* 2B:

- *Parallelpackung mit vollständiger Seitenpermutation*: Von den maximal 6 möglichen Ausrichtungen der Seitenflächen der Fülleinheiten in Relation zu den Seitenflächen der Ladeeinheit wird die Seitenausrichtung mit dem besten Packungsgrad ausgewählt.

Mit der *Packstrategie* 2B ist die *Kapazität* der Ladeeinheit

$$C_{2B} = \mathrm{MAX}\Big(\mathrm{PERM}\big(C\big(l,b,h\big)\big)\Big). \tag{12.22}$$

Hierin sind (12.23)

$$\mathrm{PERM}\big(C\big(l,b,h\big)\big) = \big(C\big(l,b,h\big);C\big(l,h,b\big);C\big(b,l,h\big);C\big(b,h,l\big);C\big(h,b,l\big);C\big(h,l,b\big)\big).$$

alle *Permutationen* der Maße l, b, h in der Kapazität $C(l,b,h)$, die durch (12.20) gegeben ist.

Wie in *Abb.12.7* für die Längsrichtung dargestellt, ergibt sich bei der Parallelpackung in jeder Raumrichtung eine *Restlänge*, die minimal 0 und maximal gleich den Fülleinheitmaßen l, b und h ist, im Mittel also $l/2$, $b/2$ und $h/2$ beträgt. Wenn die Maße der Ladeeinheiten und/oder der Fülleinheiten nicht festgelegt sind, lassen sich die Restlängen der Fülleinheiten, die bei gleicher Ausrichtung nicht nutzbar sind, vermeiden durch die

- *Strategie der Maßanpassung*: Die Innenmaße der Ladeeinheit und die Außenmaße der Fülleinheiten werden im Verhältnis ganzer Zahlen n_l, n_b und n_h festgelegt, so daß

$$L = n_l \cdot l \qquad B = n_b \cdot b \qquad H = n_h \cdot h. \tag{12.24}$$

Die Kapazität der Ladeeinheiten ist bei optimaler Maßanpassung

$$C = n_l \cdot n_b \cdot n_h. \tag{12.25}$$

Die Strategie der Maßanpassung führt zu einem Packungsgrad $\eta_{\text{pack}} = 100\%$. Sie läßt sich in der Praxis entweder nutzen zur *Optimierung der Fülleinheitabmessungen* bei vorgegebener Ladeeinheit oder zur *Optimierung der Ladeeinheitenabmessungen* bei vorgegebenen Abmessungen der Fülleinheiten. Die wechselseitige Abstimmung der Innen- und Außenabmessungen von Ladeeinheiten und Fülleinheiten hat zur Entwicklung der genormten *Standardeinheiten* geführt, die in *Tabelle 12.2* zusammengestellt sind.

Wenn die Abmessungen der Fülleinheiten und Ladeeinheiten fest vorgegeben sind und die Relation (12.24) nicht erfüllt ist, kann versucht werden, den Packraum durch die Packstrategien 3A und 3B zu nutzen. Die *Packstrategie* 3A ist die

- *Parallelpackung mit Restraumnutzung bei fester Höhenrichtung*: Wenn für die Restlänge $L/l - l \cdot [L/l] > b$ ist, wird nach Durchführung der Parallelpackstrategie in *Längsrichtung* ein weiterer Stapel errichtet, in dem Länge l und Breite b der Fülleinheiten vertauscht sind.

Für $l > b$ ist die *Kapazität* der Ladeeinheit mit Packstrategie 3A:

$$C(l,b,h) = [L/l] \cdot [B/b] \cdot [H/h] + [(L - l \cdot [L/l])/b] \cdot [B/l] \cdot [H/h]. \tag{12.26}$$

Die *Packstrategie* 3B ist die

- *Parallelpackung mit Restraumnutzung bei freier Höhenrichtung* mit den Schritten:

  Schritt 1: Wenn für die *Restlänge* $L/l - l \cdot [L/l] > b$ oder h ist, wird nach Durchführung der Parallelpackstrategie in *Längsrichtung* ein weiterer Stapel errichtet, in dem Länge und Breite oder Länge und Höhe der Fülleinheiten vertauscht sind.

  Schritt 2: Wenn die *Restbreite* $B/b - b \cdot [B/b] > l$ oder h ist, wird nach Durchführung der Parallelpackstrategie in *Querrichtung* ein weiterer Stapel errichtet, in dem Breite und Höhe oder Breite und Länge der Fülleinheiten vertauscht sind.

  Schritt 3: Wenn die *Resthöhe* $H/h - h \cdot [H/h] > l$ oder b ist, wird nach Durchführung der Parallelpackstrategie in *Höhenrichtung* eine weitere Lage aufgestapelt, in der Höhe und Breite oder Höhe oder Länge der Fülleinheiten vertauscht sind.

Mit l > b > h ist die *Kapazität* der Ladeeinheit mit *Packstrategie* 3B:

$$\begin{aligned} C(l,b,h) = {} & [L/l] \cdot [B/b] \cdot [H/h] + [(L - l \cdot [L/l])/b] \cdot \\ & \cdot [B/l] \cdot [H/h] + [(B - b \cdot [B/b])/h] \cdot [L/l] \cdot [H/b]. \end{aligned} \tag{12.27}$$

Die Packstrategien der Parallelpackung mit Restraumnutzung lassen sich kombinieren mit der Strategie der Seitenpermutation zur *Packstrategie* 4A:

- *Parallelpackung mit Restraumnutzung und höheneingeschränkter Seitenpermutation.*

und zur *Packstrategie* 4B:

- *Parallelpackung mit Restraumnutzung und uneingeschränkter Seitenpermutation.*

Die Kapazität der Ladeeinheiten ergibt sich für die *Kombinationsstrategien* 4A und 4B mit Hilfe der Beziehung (12.22), wobei jedoch für die Kapazität $C(l,b,h)$ die Beziehung (12.26) bzw. (12.27) einzusetzen ist.

Die Packoptimierung läßt sich systematisch weiter fortsetzen durch *sukzessives Drehen* von zwei, drei und mehr kompletten *Längs-, Quer- oder Höhenschichten* um 90 Grad, durch *Drehen einzelner Längs-, Quer- oder Hochstapel* und durch Kombination der Ergebnisse dieser Strategien mit den Strategien der Seitenpermutation und der Restraumnutzung. Für die *kombinierten Packstrategien* lassen sich ebenfalls Berechnungsformeln angeben, die mit der Anzahl der Drehungen und Permutationen immer länger werden. Wegen des dafür erforderlichen Platz-

Rang	Nr.	Packstrategie	Restriktionen	Packungsgrad Mittelwert	Abweichung vom Optimum
1.	OPT	Optimale Packung	keine	92,8%	0,0%
2.	4B	Parallelpackung + Restraumnutzung + Seitenpermutation	keine	90,4%	2,7%
3.	2B	Parallelpackung + Seitenpermutation	keine	88,5%	4,9%
4.	4A	Parallelpackung + Restraumnutzung + Seitenpermutation	Höhe	86,2%	7,7%
5.	2A	Parallelpackung + Seitenpermutation	Höhe	83,6%	11,0%
6.	3B	Parallelpackung + Restraumnutzung	keine	81,6%	13,7%
7.	3A	Parallelpackung + Restraumnutzung	Höhe	77,5%	19,8%
8.	1	Parallelpackung	Höhe	75,7%	22,7%

Tab. 12.3 Packungsgrade für unterschiedliche Packstrategien

Berechnungsergebnisse für je 50 unterschiedliche Füllaufträge zum Beladen von Paletten unterschiedlicher Abmessungen mit quaderförmigen Paketen

mittleres Packstückvolumen	18 l/Gebinde
mittleres Ladeeinheitenvolumen	1.323 l/Palette
Füllstücke mit Seitenausrichtung	l>b
mittlere Seitenrelation	l:b = 1,46

bedarfs wird hier auf die Angabe dieser Berechnungsformeln verzichtet, die sich der interessierte Leser analog zu den obigen Beziehungen selbst herleiten kann.

Die Formeln lassen sich verwenden für ein Programm zur Berechnung von Kapazität und Füllungsgrad bei unterschiedlichen Packstrategien in Abhängigkeit von den Abmessungen der Fülleinheiten und der Ladeeinheiten. Mit Hilfe eines solchen *Packoptimierungsprogramms* wurden die *Tabelle* 12.3 angegebenen mittleren Packungsgrade mit den beschriebenen Packstrategien für 50 verschiedene Versandkartons errrechnet. Zum Vergleich ist in der Tabelle außerdem die Abweichung des mittleren Packungsgrad einer bestimmten Packstrategie vom Packungsgrad des jeweils optimalen Stapelschemas angegeben, das durch Vollenumeration ermittelt wurde [120; 121; 123].

Die *Tabelle 12.4* enthält die Ergebnisse einer Zufallssimulation der Abmessungen von 50 quaderförmigen Fülleinheiten, die nach den beschriebenen Packstrategien in Ladeeinheiten mit einem Volumen, das 100 mal so groß ist wie das mittlere Volumen der Fülleinheiten, verladen wurden.

Aus den beiden Tabellen und weiteren Simulationsrechungen, bei denen alle relevanten Parameter, wie das Volumenverhältnis V/v, die Seitenausrichtung und das Innenseitenverhältnis $L : B : H$, systematisch variiert wurden, ergeben sich folgende *Gesetzmäßgkeiten* und *Regeln*:

- Mit zunehmendem Volumenverhältnis V/v, also mit abnehmender Fülleinheitsgröße und zunehmender Ladeeinheitengröße, nehmen die Packungsgrade zu und die Unterschiede zwischen den Packstrategien ab.
- Die Packstrategie 4B der Parallelpackung mit Restraumnnutzung und Seitenpermutation führt für Volumenverhältnisse V/v > 100, d.h. für Fülleinheiten, deren Abmessungen im Mittel mindestens um den Faktor 5 kleiner sind als die

Rang	Nr.	Packstrategie	Restriktion	Packungsgrad Simulation	Verschnittfaktor	Packungsgrad Theorie
1.	OPT	Optimimale Packung	keine	87,7%	0,20	87,6%
1.	4B	Parallelpackung + Restraumnutzung + Seitenpermutation	keine	87,3%	0,20	87,6%
2.	4A	Parallelpackung + Restraumnutzung + Seitenpermutation	Höhe	84,3%	0,25	84,7%
3.	3B	Parallelpackung + Restraumnutzung	keine	81,6%	0,30	81,8%
3.	2B	Parallelpackung + Seitenpermutation	keine	82,8%	0,30	81,8%
4.	3A	Parallelpackung + Restraumnutzung	Höhe	75,9%	0,40	76,3%
4.	2A	Parallelpackung + Seitenpermutation	Höhe	77,2%	0,40	76,3%
5.	1	Parallelpackung	Höhe	72,8%	0,50	71,0%

Tab. 12.4 Mittlerer Packungsgrad und Verschnittfaktoren von Packstrategien zum Befüllen von Ladeeinheiten
Simulation: mittlerer Packungsgrad für 50 verschiedene Füllaufträge mit quaderförmigen Füllstücken
Theorie: mittlerer Packungsgrad nach Beziehung (13.36)
Relativer Laderaum V/v = 100
Mittlere Seitenrelation l:b = 1,6; b:h = 2,2

Innenmaße der Ladeeinheit, zu mittleren Packungsgraden, die mit maximal 0,5 % nur unwesentlich vom mittleren Packungsgrad der optimalen Packstrategie abweichen.

- Die optimale Packstrategie kann im Vergleich zur Packstrategie 4B, abhängig vom Einzelfall, für relativ große Fülleinheiten mit V/v < 10, d.h. für Fülleinheitenabmessungen größer als 1/3 der Ladeeinheitenmaße, im Mittel zu Verbesserungen des Packungsgrads um mehr als 10 % führen .
- Eine Höhenrestriktion verschlechtert den erreichbaren Packungsgrad für Volumenrelationen V/v > 100 um weniger als 5 % und für V/v < 10 im Mittel um 5 bis 10 %.
- Die einfache Packstrategie 2B der Parallelpackung mit Seitenpermutation ergibt im Mittel nahezu die gleichen Packungsgrade wie die Strategie 3B der Parallelpackung mit Restraumnutzung. Beide Packstrategien sind also nahezu gleichwertig.
- Für Volumenrelationen V/v > 100 führen die einfachen Packstrategien 2B und 3B zu Packungsgraden, die im Mittel bis zu 5 % geringer sind als der Pakkungsgrad des optimalen Packschemas.
- Für Volumenrelationen V/v < 10 sind die Packungsgrade der einfachen Strategien 2B und 3B im Mittel bis zu 10 % schlechter als der Packungsgrad des optimalen Packschemas
- Die einfache Packstrategie 1 der reinen Parallelpackung ist für Volumenrelationen V/v bis 1.000 um 10 bis 20 % schlechter als die optimale Packstrategie. Sie ist daher nur ausreichend für relativ kleine Fülleinheiten mit einem Volumenverhältnis V/v deutlich über 1.000.

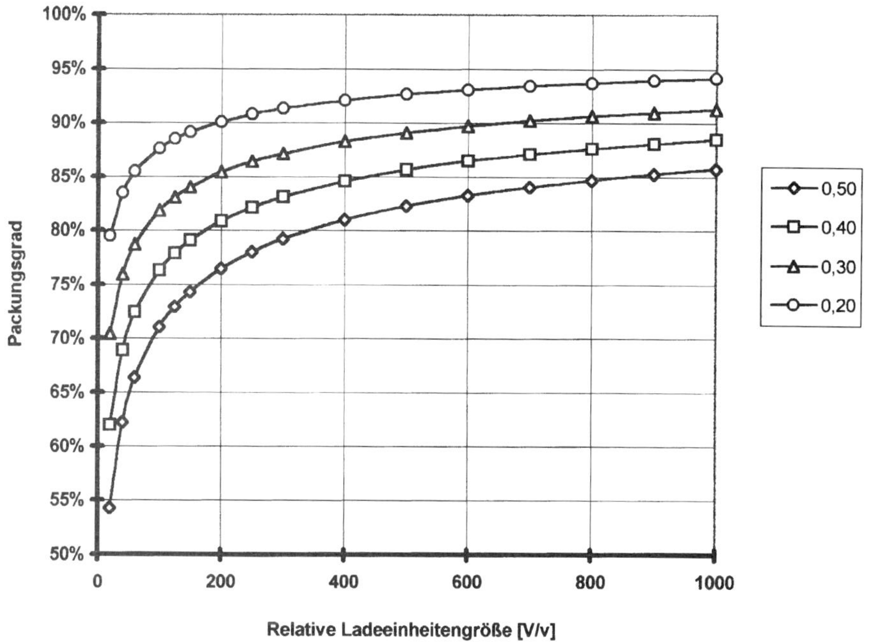

Abb. 12.9 Packungsgrad als Funktion der Ladeeinheitengröße
Parameter: Verschnittfaktoren verschiedener Packstrategien

Für die erreichbare Volumennutzung ist vor allen anderen Einflußfaktoren das Verhältnis V/v der Größe des Laderaums zur Größe der Fülleinheiten, also die *relative Laderaumgröße* maßgebend (s. *Abb. 12.9*).

4. Mittlere Kapazität und Packungsgrad

Zur Auswahl, Dimensionierung und Optimierung von Ladeeinheiten in Logistiksystemen mit Fülleinheiten unterschiedlicher Abmessungen werden Berechnungsformeln für die *Mittelwerte* von Kapazität und Packungsgrad der Ladeeinheiten benötigt. Dafür wird zunächst eine Vielzahl von Füllaufträgen betrachtet, die in sich gleiche Fülleinheiten enthalten, deren Fülleinheiten von Auftrag zu Auftrag aber unterschiedlich sind.

Die nachfolgenden Berechnungsformeln beziehen sich jeweils auf eine *hinreichend homogene Gesamtheit von Fülleinheiten*, deren Einzelabmessungen um die Mittelwerte l, b und h so weit streuen, daß die unstetige *Ganzzahligkeitsfunktion* [...] mit ausreichender Genauigkeit durch eine *Mittelwertsfunktion* ersetzt werden kann. Das ist der Fall, solange die Streuung der Einzelabmessungen größer ist als ein Viertel der Mittelwerte. Andererseits sind die maximalen Fülleinheitabmessungen durch die Innenmaße der Ladeeinheit begrenzt.

Wenn die Abmessungen der Fülleinheiten um weniger als ein Viertel der Mittelwerte schwanken, kann näherungsweise mit den Ganzzahligkeitsfunktionen gerechnet werden, in die für diesen Fall jeweils die Mittelwerte einzusetzen sind.

Die Ganzzahligkeitsfunktion hat allerdings den Nachteil, daß sie nicht differrenzierbar und daher für analytische Optimierungsrechungen ungeeignet ist.

Für unterschiedliche Längen l der Fülleinheit liegen die durch das Abrunden entstehenden ganzen Zahlen [L/l] zufallsverteilt in dem Intervall

$$L/l-1 \leqq [L/l] \leqq L/l. \tag{12.28}$$

Daher ist im Mittel

$$[L/l] = L/l - 1/2. \tag{12.29}$$

Die Beziehung (12.29) besagt, daß durch das ganzzahlige Abrunden im Mittel der Betrag 1/2 verloren geht. Der mittlere *Verschnittverlust*, das heißt die mittlere *Restlänge* beträgt also bei eindimensionaler Beladung $0{,}5 \cdot l$. Analog gilt für die Mittelwerte der Breiten- und Höhenverhältnisse:

$$[B/b] = B/b - 1/2 \quad \text{und} \quad [H/h] = H/h - 1/2. \tag{12.30}$$

Wie in den *Abb. 12.4* und *12.7* dargestellt, besagen diese Formeln, daß aus der Unterteilbarkeit der Fülleinheiten *Restlängen* resultieren, die im Mittel gleich den halben Kantenlängen der Fülleinheiten in der betreffenden Richtung sind.

Durch Einsetzen der Beziehungen (12.29) und (12.30) anstelle der Ausdrücke mit den eckigen Klammern in die Formel (12.20) ergibt sich für die *mittlere Kapazität* der Ladeeinheit bei dreidimensionaler Befüllung nach der einfachen Parallelpackungsstrategie mit Fülleinheiten unterschiedlicher Abmessungen:

$$C(l,b,h) = (1-0{,}5\cdot l/L)\cdot(1-0{,}5\cdot b/B)\cdot(1-0{,}5\cdot h/H)\cdot V/v. \tag{12.31}$$

Nach Beziehung (12.7) ist im Mittel $b = 3/4 \cdot v/(l \cdot h)$. Wird dieser Ausdruck für die mittlere Breite einer Fülleinheit in Beziehung (12.31) eingesetzt, folgt durch Nullsetzen der partiellen Ableitung nach l bei festgehaltenem h und v, daß die Kapazität ein Maximum erreicht, wenn $l/b = L/B$ ist. Ebenso folgt durch Variieren von l bei festem b und v, daß die Kapazität für $l/h = L/H$ maximal ist. Analoge Berechnungen lassen sich auch für die übrigen Packstrategien durchführen. Hieraus folgt der Satz:

- Die mittlere Kapazität ist bei einer Befüllung ohne Packrestriktionen am größten, wenn das Seitenverhältnis der Fülleinheiten gleich dem Seitenverhhältnis der Ladeeinheiten ist

$$l:b:h = L:B:H. \tag{12.32}$$

Wenn nicht grade eine Innenlänge der Ladeeinheit ein ganzzahliges Vielfaches einer Kante der Fülleinheit ist, ergibt sich ein optimaler Packungsgrad mit der

- *Seitenausrichtungsstrategie*: Beginnend an einer unteren Ecke der Ladeeinheit werden die Fülleinheiten mit der längsten Kante parallel zur längsten Innenseite der Ladeeinheit und mit der zweitlängste Kante parallel zur zweitlängsten Innenseite der Ladeeinheit aufgestapelt.

Unter Berücksichtigung der Relation (12.6) für das mittlere Seitenverhältnis der Fülleinheiten folgt aus (12.32) die *Regel*:

- Das *optimale Seitenverhältnis* uneingeschränkt befüllbarer Ladeeinheiten mit dem geringsten mittleren Packungsverlust für eine Vielzahl unterschiedlicher Fülleinheiten ist

$$L:B:H = 3:2:1. \tag{12.33}$$

Aus *Tabelle 12.2* ist zu entnehmen, daß die Grundmaße L und B vieler Standardbehälter und Normpaletten dieser Regel entsprechen [106; 111].

Aus den Beziehungen (12.8) und (12.32) folgen für unkorrellierte Längen, Breiten und Höhen der Fülleinheiten und der Ladeeinheiten bei optimalem Seitenverhältnis, im Mittel die Beziehungen

$$L/l = B/b = H/h = (V/v)^{1/3}. \tag{12.34}$$

Durch Einsetzen dieser Beziehungen in die Formel (12.31) und in die entsprechenden Formeln für die Kapazität der übrigen Packstrategien ergibt sich:

- Die *mittlere Kapazität* einer uneingeschränkt befüllbaren Ladeeinheit mit dem Innenvolumen V ist für unterschiedliche Fülleinheiten mit dem mittleren Volumen v

$$C = \left(1 - f_{str} \cdot (v/V)^{1/3}\right)^3 \cdot V / v. \tag{12.35}$$

Nach Beziehung (13.14) ist damit der *mittlere Packungsgrad:*

$$\eta_{pack} = \left(1 - f_{str} \cdot (v/V)^{1/3}\right)^3. \tag{12.36}$$

Der *Verschnittfaktor* f_{str} hängt von der Packstrategie ab. Bei Befüllung einer Ladeeinheit nach der einfachsten Parallelpackstrategie liegt der Verschnittfaktor zwischen 0 und 1 und ist im Mittel 0,5. Für die übrigen Packstrategien ergeben sich aus Analysen und Simulationsrechnungen die *Verschnittfaktoren:*

Nr.	*Packstrategie*	*Restriktion*	*Verschnittfaktor* f_{str}
1	Paralellpack	keine	0,50
2A	Parallelpack + Seitenpermutation	Höhe	0,40
3A	Parallelpack + Restraumnutzung	Höhe	0,40
2B	Parallelpack + Seitenpermutation	keine	0,30
3B	Parallelpack + Restraumnutzung	keine	0,30
4A	Parallelpack + Restraumn. + Seitenperm.	Höhe	0,25
4B	Parallelpack + Restraumn. + Seitenperm.	keine	0,20
OPT	Optimale Packung	keine	0,20.

Mit diesen Verschnittfaktoren errrechnen sich aus Beziehung (12.36) mittlere Packungsgrade, die für größere Ladeeinheiten mit V/v > 20 weitgehend unabhängig von der relativen Laderaumgröße V/v mit einer Genauigkeit von besser als 2 % mit den simulierten mittleren Packungsgraden übereinstimmen.

So zeigt *Tabelle 12.4* für die Volumenrelation V/v = 100 den Vergleich der mittleren Packungsgrade, die sich aus einer Simulationsrechnung ergeben, mit den theoretischen Werten aus Beziehung (12.36). In *Abb. 12.9* ist die mit Hilfe der Beziehung (12.36) berechnete Abhängigkeit des durchschnittlichen Packungsgrads von der Größenrelation V/v für unterschiedliche Verschnittfaktoren dargestellt.

5. Beladestrategie für gemischte Befüllung

Wenn die Fülleinheiten eines Füllauftrags unterschiedliche Abmessungen haben und in den Ladeeinheiten gemischt werden dürfen, läßt sich die mittlere Restlänge in den drei Raumrichtungen durch Befüllen der Ladeeinheiten mit Fülleinheiten in absteigender Größe reduzieren. Wie in *Abb. 12.7 C* dargestellt, ergibt sich dadurch in Längsrichtung eine von $l/2$ auf $l_{min}/2$ verminderte mittlere Restlänge, wenn l die mittlere und l_{min} die kürzeste Länge der Fülleinheiten sind.

Aus dieser Überlegung resultiert die *Beladestrategie für gemischte Befüllung ohne Reihenfolgerestriktion* mit den Schritten:

Schritt 1: Die Fülleinheiten des Auftrags werden nach absteigender Größe geordnet.

Schritt 2: Die Fülleinheiten mit dem größten Volumen werden nach der Parallelpackstrategie mit Seitenpermutation in die hierfür benötigte Anzahl Ladeeinheiten eingefüllt.

Schritt 3: Aus der verbleibenden Menge werden die Fülleinheiten mit dem größten Volumen ausgewählt, die grade noch in die Resträume der teilbefüllten Ladeeinheiten hineinpassen und in die Resträume nach der Parallelpackstrategie mit Restraumnutzung gepackt.

Schritt 4: Der Schritt 3 wird mit den nächst kleineren Fülleinheiten fortgesetzt, bis sich keine der verbleibenden Fülleinheiten mehr in den Resträumen unterbringen läßt.

Schritt 5: Mit den übrigen Fülleinheiten werden die Schritte 1 bis 4 solange durchlaufen bis alle Fülleinheiten in Ladeeinheiten eingefüllt sind.

Mit dieser Mehrschrittstrategie werden die Resträume mindestens so gut genutzt, wie beim Befüllen der Ladeeinheiten mit gleichen Fülleinheiten, deren Abmessungen gleich den mittleren Abmessungen der ungleichen Fülleinheiten sind. Wegen der kleinen Fülleinheiten sind die Restlängen im Mittel kleiner als bei einer Befüllung mit gleichen Fülleinheiten. Hieraus folgt die *Regel*:

- Die mittlere Kapazität und der durchschnittliche Packungsgrad einer Ladeeinheit sind bei *gemischter Befüllung mit ungleichen Fülleinheiten* nach der Mehrschrittstrategie ohne Reihenfolgerestriktion ebenfalls mit den Beziehungen (12.35) und (12.36) berechenbar.

Bei gemischter Befüllung mit ungleichen Fülleinheiten liegt der Verschnittfaktor im Bereich:

$$0{,}10 \leq f_{str} \leq 0{,}20. \tag{12.37}$$

Wird für das Befüllen der Ladeeinheiten mit unterschiedlichen Fülleinheiten eine bestimmte Reihenfolge vorgegeben, die die möglichen Packstrategien einschränken, vermindert sich der erreichbare Packungsgrad.

Wenn sich die Abmessungen der vorkommenden Fülleinheiten um mehr als einen Faktor 10 voneinander unterscheiden, ist es notwendig, durch geeignete *Clusterung* die Gesamtheit der Fülleinheiten in Gruppen hinreichend homogener Fülleinheiten aufzuteilen und die Gestaltung, Dimensionierung und Optimierung für jede dieser Gruppen gesondert durchzuführen. Eine derartige Clusterung der Artikel- oder Fülleinheiten und die Zuordnung optimaler Ladeeinheiten sind weitere *Bündelungs- und Ordnungsstrategien* zur Planung und Optimierung von Logistiksystemen.

12.5 Füllstrategien und Ladeeinheitenbedarf

Ziel der Packstrategien ist eine optimale Nutzung des Laderaums einer Ladeeinheit, um die Kapazität zu maximieren. Das Ziel der Füllstrategien ist die Minimierung des Abruchverlusts eines Füllauftrags, um den Ladeeinheitenbedarf zu minimieren:

- Eine *Füllstrategie* ist ein Verfahren zum Verteilen der Fülleinheiten eines Auftrags auf eine minimale Anzahl von Ladungsträgern unter Beachtung vorgebener *Füllrestriktionen.*

Füllstrategien sind ebenfalls *Ordnungsstrategien. Strategievariablen* sind die Verteilungsmöglichkeiten der Fülleinheiten eines Auftrags auf die Ladeeinheiten.

1. Füllrestriktionen

Beim Befüllen von Ladeeinheiten sind zusätzlich zu den Packrestriktionen bestimmte Füllrestriktionen zu beachten. Eine häufig vorkommende *Füllrestriktion* ist die

- *Positionsreine Befüllung*: Die einzelnen Ladeeinheiten dürfen nur Fülleinheiten der gleichen Position des Füllauftrags enthalten.

Wenn die Positionen eines Füllauftrags einzelne Artikel betreffen, bedeutet die positionsreine Befüllung *Artikelreinheit*: Die einzelnen Ladeeinheiten dürfen jeweils nur die Fülleinheiten eines Artikels enthalten. Artikelgemischte Ladeeinheinheiten sind unzulässig.

Enthalten die Positionen des Füllauftrags einzelne Auftragsinhalte, ist Positionsreinheit gleichbedeutend mit *Auftragsreinheit*: Der Inhalt eines Auftrags darf nicht zusammen mit dem Inhalt anderer Aufträge in eine Ladeeinheit gefüllt werden. Auftragsgemischte Ladeeinheiten sind unzulässig, artikelgemischte Ladeeinheiten erlaubt.

Wenn die Füllauftragspositionen einzelne Sendungsinhalte betreffen, heißt Positionsreinheit *Sendungsreinheit* der Ladeeinheiten: Die Frachtstücke einer Sendung dürfen nicht zusammen mit den Frachtstücken anderer Sendungen in eine Ladeeinheit gefüllt werden. Sendungsgemischte Ladeeinheiten sind unzulässig, auftragsgemischte und artikelgemischte Ladeeinheiten erlaubt.

Eine weitere *Füllrestriktion* ist die

- *Reihenfolgerestriktion*: Die Fülleinheiten müssen in einer vorgegebenen Reihenfolge zugänglich sein und entsprechend eingefüllt werden.

Eine Reihenfolgerestriktion ist zum Beispiel die Beladefolge eines Transportmittels nach der Reihenfolge der Zielorte, um ein Umstapeln der Ladung beim Entladen zu vermeiden. Ein anderes Beispiel ist die Befüllung von Versandeinheiten zur Nachschubversorgung von Filialen in der Reihenfolge der Verkaufstheken, um die Entnahme zu erleichtern. Eine Reihenfolgerestriktion für das Befüllen von Lagerfächern ergibt sich aus dem FIFO-Prinzip (s. *Abschnitt 16.4*).

2. Füllstrategie für gewichtsbestimmte Ladung

Bei gewichtsbestimmter Ladung mit $G/g > V/v$ folgt aus der Unteilbarkeit und der begrenzten Belastbarkeit der Fülleinheiten sowie aus der Gewichtsbeschränkung der Ladeeinheiten die:

- *Füllstrategie für gewichtsbestimmte Ladung*: Bis zum Erreichen der Nutzlast sind die schweren, großen, kompakten und belastbaren Fülleinheiten zuerst und die leichten, sperrigen, kleinen und belastungsempfindlichen Fülleinheiten weiter oben zu stapeln.

Die Füllstrategie für gewichtsbestimmte Ladung ist in analogen Schritten durchzuführen, wie die im letzten Abschnitt unter Punkt 5 beschriebene Beladestrategie für gemischte Befüllung. Dabei werden die Fülleinheiten im ersten Schritt nach absteigendem Gewicht geordnet.

Aus den Beziehungen (12.13) und (12.17) folgt für den *Ladeeinheitenbedarf* zur Unterbrindung der Füllmenge m_{FA} [FE] bei gewichtsbestimmter Ladung

$$M_{FA} = \left\{ m_{FA} / \left[G/g \right] \right\} \qquad [LE]. \qquad (12.38)$$

Hierin ist G die zulässige Nutzlast und g das mittlere Fülleinheitengewicht. Die *eckigen Klammern* bedeuten wie zuvor ein *Abrunden* auf die nächst kleinere ganze Zahl, die *geschweiften Klammern* ein *Aufrunden* auf die nächst größere ganze Zahl.

3. Mengenanpassung und Kapazitätsanpassung

Ein optimaler Füllungsgrad von 100 % wird erreicht, wenn beim Verladen einer Füllmenge keine Anbrucheinheiten entstehen. Wenn die Füllmengen verändert werden dürfen, lassen sich Anbrucheinheiten verhindern durch die

- *Mengenanpassungsstrategie*: Die Füllmenge oder Liefermenge m_{FA} wird auf ein ganzzahliges Vielfaches $N_{FA} \cdot C$ der Ladeeinheitenkapazität C auf- oder abgerundet.

Die *Mengenanpassungsstrategie* wird in der Praxis vielfach genutzt: Die *Losgrößen* der Produktion werden auf ein ganzzahliges Vielfaches einer Palettenkapazität festgelegt, die *Nachschubmengen* auf den Inhalt ganzer Ladeeinheiten gerundet oder die *Versandmengen* für das gleiche Ziel angesammelt, bis die Kapazität einer Transporteinheit gefüllt ist.

Wenn die Füllmenge nicht veränderbar ist, aber die Kapazität der Ladeeinheiten angepaßt, ausgewählt oder verändert werden kann, besteht eine andere Möglichkeit zur Vermeidung oder Reduzierung der Anbruchverluste durch die

- *Kapazitätsanpassungsstrategie*: Die Kapazität der eingesetzten Ladeeinheiten wird so ausgewählt oder festgelegt, daß ein ganzzahliges Vielfaches $N_{FA} \cdot C$ der Ladeeinheitenkapazität gleich der Füllmenge m_{FA} ist.

Für Packaufträge bedeutet die Kapazitätsanpassung die mengenabhängige Auswahl der Packmittel. Für Palettieraufträge besteht die Möglichkeit zum Einsatz von Paletten unterschiedlicher Abmessungen und Beladehöhen. Bei Transportaufträgen werden entsprechend der Ladungsgröße Transportmittel mit passender Kapazität ausgewählt.

Wenn alle Ladeeinheiten vollständig gefüllt sind, ist der Ladeeinheitenbedarf gleich der ganzen Zahl N_{FA}:

$$m_{FA}/C \le M_{FA} \le (m_{FA}-1)/C+1. \tag{12.39}$$

Mit der Kapazitätsanpassung gelingt ist es in der Regel nicht immer, Anbrucheinheiten vollständig zu vermeiden, sondern nur, den Füllungsgrad der Anbrucheinheiten im Vergleich zum Füllungsgrad ohne Kapazitätsanpassung deutlich zu verbessern. Eine weitere Verbesserung des Füllungsgrads ist durch Kombination der Kapazitätsanpassung mit der Mengenanpassung möglich.

3. Ladeeinheitenbedarf ohne Mengen- und Kapazitätsanpassung

Wenn keine Mengen- oder Kapazitätsanpassung möglich und die Streuung der Füllmengen eines betrachteten Auftragsclusters größer ist als ein Viertel der Ladeeinheitenkapazität ist, liegt der gemäß Beziehung (12.17) durch Aufrunden errechnete Ladeeinheitenbedarf M_{FA} zufallsverteilt im Intervall

$$m_{FA}/C \le M_{FA} \le (m_{FA}-1)/C+1. \tag{12.40}$$

Durch Mittelung über die Intervallgrenzen (12.40) folgt hieraus unter Berücksichtigung der Tatsache, daß pro Füllauftrag mindestens eine Ladeeinheit benötigt wird, der *Satz*:

- Ohne Gewichtsbegrenzung, Mengenanpassung und Kapazitätsanpassung ist der *mittlere Ladeeinheitenbedarf* für eine Füllmenge m_{FA} bei einer Kapazität C

$$\mathbf{M_{FA} = MAX(1; m_{FA}/C + (C-1)/2C) \qquad [LE].} \tag{12.41}$$

Für Füllaufträge mit mehreren Positionen folgt:

- Ohne Gewichtsbegrenzung, Mengenanpassung und Kapazitätsanpassung ist der *mittlere Ladeeinheitenbedarf* für Füllaufträge mit der Füllmenge m_{FA} und N Positionen, die *positionsrein* in Ladeeinheiten der Kapazität C zu befüllen sind,

$$M_{FA} = MAX\left(1; m_{FA}/C + N\cdot(C-1)/2C\right) \qquad [LE]. \tag{12.42}$$

Die Formeln (12.41) und (12.42) resultieren aus dem anschaulich einsichtigen Sachverhalt, daß bei positionsreiner Befüllung ohne Mengenanpassung pro Position eine *Anbrucheinheit* entsteht, deren Inhalt zwischen 1 und C liegt und im Mittel (C-1)/2 beträgt. Der *Anbruchverlust* ist pro getrennt zu beladender Füllauftragsposition im Mittel (C-1)/2C einer Ladeeinheit.

Für C = 1 ensteht kein Anbruchverlust. Für C = 2 ist der mittlere Anbruchverlust pro Position 1/4 einer Ladeeinheit. Für große Kapazität $C \gg 1$ ist (C–1)/2C = 0,5 und der mittlere Anbruchverlust pro Position eine halbe Ladeeinheit.

Abb. 12.10 zeigt für eine Ladeeinheitenkapazität C = 5 FE/LE die mit Formel (12.17) für konstante Füllmengen und mit Formel (12.41) für veränderliche Füllmengen errechneten Abhängigkeiten des Ladeeinheitenbedarfs von der Füllmenge. Die Funktion (12.41) für variable Füllmengen ist im Bereich $m_{FA} > (C-1)/2$ eine mittlere Grade durch die Treppenfunktion (12.17) für feste Füllmengen und im Bereich $m_{FA} \leq (C-1)/2$ identisch mit der Treppenfunktion.

Wenn die Füllstücke mehrerer Artikel oder Aufträge *gemischt* in die Ladeeinheiten gefüllt werden dürfen, ist die Summe der zusammen einfüllbaren Artikel

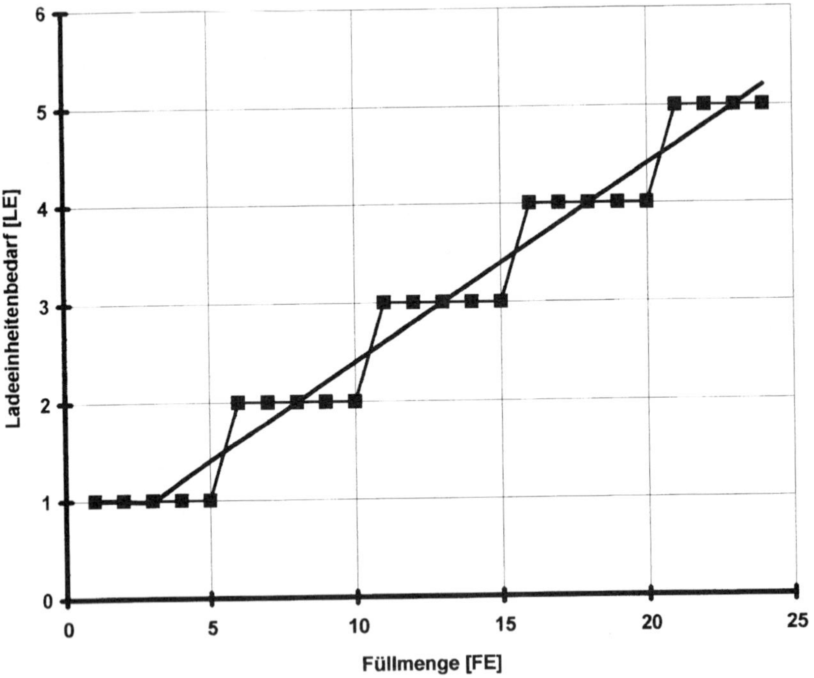

Abb. 12.10 Ladeeinheitenbedarf als Funktion der Füllmenge

Ladeeinheitenkapazität: C = 5 FE/LE
Treppenfunktion: LE-Bedarf bei definierter Füllmenge nach Bez. (12.17)
Gradenverlauf: mittlere LE-Bedarf bei variabler Füllmenge nach Bez. (12.41)

oder Aufträge eine Füllauftragsposition, für die Berechnungsformel (12.41) anwendbar ist. Enthält eine Füllauftragsposition N_A Artikel, dann verteilt sich der Anbruchverlust der Füllposition auf die N_A Artikel. Der mittlere Anbruchverlust pro Artikel ist dann $((C-1)/2C)/N_A$.

Durch Einsetzen der Beziehung (12.42) in die Definitionsgleichung (12.18) des mittleren Füllungsgrads folgt:

- Ohne Gewichtsbegrenzung, Mengenanpassung und Kapazitätsanpassung ist der *mittlere Füllungsgrad* für Füllaufträge mit der Füllmenge m_{FA} und N Positionen, die *positionsrein* in Ladeeinheiten der Kapazität C zu befüllen sind,

$$\eta_{\text{füll}} = m_{FA} \big/ \text{MAX}\big(C; m_{FA} + N \cdot (C-1)/2\big) \quad [\text{LE}]. \tag{12.43}$$

Aus dieser Funktion sind folgende *Gesetzmäßigkeiten* ablesbar, die in den *Abb. 12.11* und *12.12* für unterschiedliche Ladeeinheitenkapazitäten dargestellt sind:

- Der Füllungsgrad nimmt mit zunehmender *Kapazität* der Ladeeinheiten ab, da der Anbruchverlust pro Füllauftrag immer größer wird.
- Der Füllungsgrad verbessert sich mit zunehmender *Füllmenge*, da der Anbruchverlust pro Füllauftrag mit der Füllmenge abnimmt.

Diese Abhängigkeiten lassen sich durch die Berechnungsformel (12.43) quantifizieren. Sie sind für die Auswahl und Dimensionierung von Ladeeinheiten von grundlegender Bedeutung.

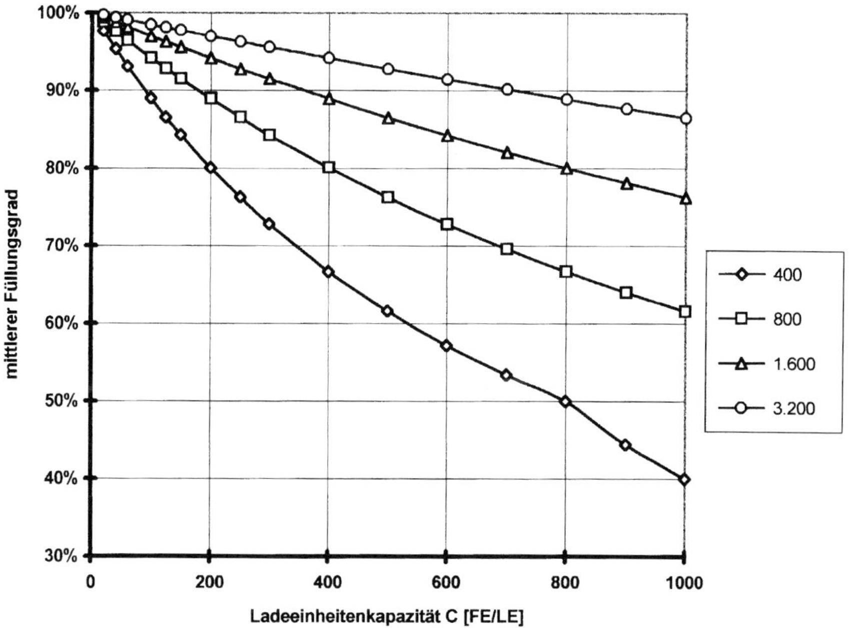

Abb. 12.11 Kapazitätsabhängigkeit des Füllungsgrads von Ladeeinheiten
Parameter: mittlere Füllmenge pro Füllauftrag [FE/FA]

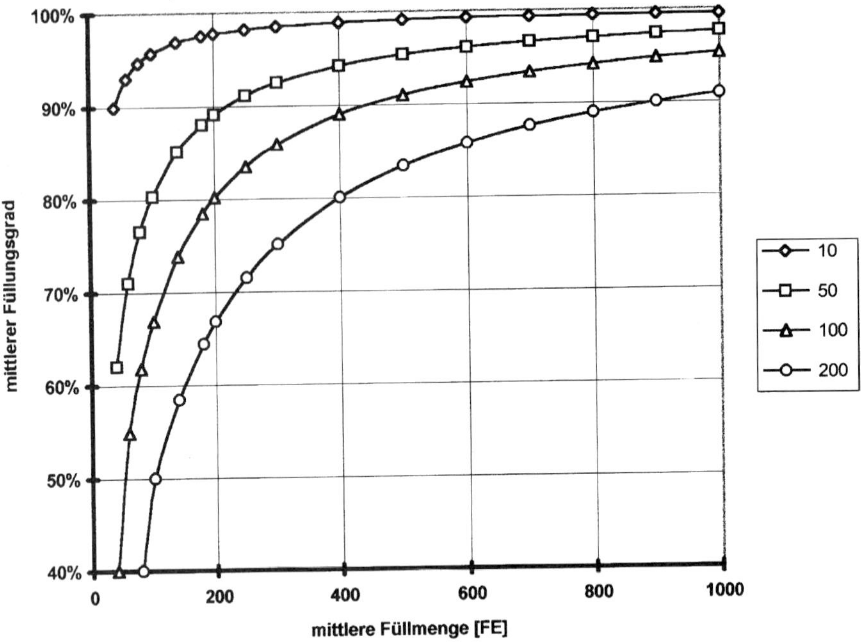

Abb. 12.12 Füllmengenabhängigkeit des Füllungsgrads von Ladeeinheiten
Parameter: Kapazität der Ladeeinheiten [FE/LE]

4. Optimale Ladungsverteilung

In der Luftfracht, in der Seefracht und in Speditionen besteht eine gemischte Ladung häufig aus einer *Teilmenge* m_A [FE], für die das Fassungsvermögen der Ladeeinheiten gewichtsbestimmt ist, und einer *Teilmenge* m_B [FE], für die das Fassungsvermögen volumenbestimmt ist.

Für das Befüllen von Ladeeinheiten mit dem Laderaum V_{LE}, der Nutzlast G_{LE} und der *spezifischen Nutzlast* $\gamma_{LE} = G_{LE}/V_{LE}$ mit Fülleinheiten, deren mittleres Volumen v_A, Gewicht g_A und *spezifisches Gewicht* $\gamma_A = g_A/v_A > \gamma_{LE}$ ist, ist die *gewichtsbestimmte Kapazität:*

$$C_A = \left[G_{LE}/g_A\right]. \tag{12.44}$$

Für das Befüllen mit den Fülleinheiten der Teilladung B, deren mittleres Volumen v_B, Gewicht g_B und *spezifisches Gewicht* $\gamma_B = g_B/v_B < \gamma_{LE}$ ist, ist bei einem Packungsgrad η_{pack} die *volumenbestimmte Kapazität:*

$$C_B = \eta_{pack} \cdot V_{LE}/v_B\,. \tag{12.45}$$

Der gesamte *Ladeeinheitenbedarf* ist *bei separater Beladung:*

$$M_{sep} = \left\{m_A/C_A\right\} + \left\{m_B/C_B\right\}. \tag{12.46}$$

Von den $\{m_A/C_A\}$ gewichtsbestimmten Ladeeinheiten ist bei separater Beladung die Nutzlast voll ausgelastet aber ein Teil des Laderaums nicht gefüllt. Von den $\{m_B/C_B\}$ volumenbestimmten Ladeeinheiten ist der Laderaum voll genutzt aber ein Teil der Nutzlast unausgelastet.

Bei *gemischter Beladung* mit C_{Aopt} Fülleinheiten der Teilladung A und mit C_{Bopt} Fülleinheiten der Teilladung B werden sowohl die Nutzlast G_{LE} wie auch der effektive Laderaum $\eta_{pack} \cdot V_{LE}$ der Ladeeinheiten vollständig genutzt, wenn gleichzeitig folgende Bedingungen erfüllt sind:

$$\begin{aligned} C_{Aopt} \cdot g_A + C_{Bopt} \cdot g_B &= G_{LE} \\ C_{Aopt} \cdot v_A + C_{Bopt} \cdot v_B &= \eta_{pack} \cdot V_{LE} . \end{aligned} \tag{12.47}$$

Durch Auflösen dieses Gleichungssystems nach C_{Aopt} und C_{Bopt} folgt:

- Die Nutzlast G_{LE} und der effektive Laderaum $\eta_{pack} \cdot V_{LE}$ einer Ladeeinheit werden maximal genutzt mit den *optimalen Teilladungskapazitäten*

$$\begin{aligned} \mathbf{C_{Aopt}} &= \eta_{\mathbf{pack}} \cdot \left((\gamma_{LE} - \gamma_B) / (\gamma_A - \gamma_B) \right) \cdot \left(\mathbf{V_{LE}} / \mathbf{v_A} \right) \\ \mathbf{C_{Bopt}} &= \eta_{\mathbf{pack}} \cdot \left((\gamma_A - \gamma_{LE}) / (\gamma_B - \gamma_A) \right) \cdot \left(\mathbf{V_{LE}} / \mathbf{v_B} \right) . \end{aligned} \tag{12.48}$$

Wenn eine gemischte Beladung der Ladeeinheiten mit Fülleinheiten der Teilladungen A und B zulässig ist und für die spezifischen Gewichte der beiden Teillasten und die spezifische Nutzlast die Relation

$$\gamma_A > \gamma_{LE} > \gamma_B . \tag{12.49}$$

gilt, läßt sich der Ladeeinheitenbedarf durch optimale Ladungsverteilung minimieren. Die *Ladungsverteilungsstrategie* besteht aus folgenden Schritten:

Schritt 1: Die Ladeeinheiten werden mit den optimalen Teilladungskapazitäten (12.48) beladen bis entweder die Teilmenge m_A aller schweren oder die Teilmenge m_B aller leichten Fülleinheiten verladen ist. Die dadurch enstehende Anzahl gemischt befüllter Ladeeinheiten ist

$$M_{AB} = \mathrm{MIN}\left(\left\{ m_A / C_{Aopt} \right\} ; \left\{ m_B / C_{Bopt} \right\} \right) . \tag{12.50}$$

Schritt 2: Wenn die verbleibende Restmenge $(m_A - M_{AB} \cdot C_{Aopt})$ der Teilladung A größer 0 ist, wird diese in zusätzliche Ladeeinheiten verladen. Die dadurch entstehende Anzahl nur mit A-Fracht beladener Ladeeinheiten ist

$$M_A = \mathrm{MAX}\left(0; \left\{ \left(m_A - M_{AB} \cdot C_{Aopt} \right) / C_A \right\} \right) . \tag{12.51}$$

Schritt 3: Wenn die verbleibende Restmenge $(m_B - M_{AB} \cdot C_{ABopt})$ der Teilladung B größer 0 ist, wird diese in zusätzliche Ladeeinheiten verladen. Die dadurch entstehende Anzahl nur mit B-Fracht beladener Ladeeinheiten ist

$$M_B = \mathrm{MAX}\left(0; \left\{ \left(m_B - M_{AB} \cdot C_{Bopt} \right) / C_B \right\} \right) . \tag{12.52}$$

Die insgesamt bei *optimaler Ladungsverteilung* entstehende Anzahl Ladeeinheiten ist also:

$$M_{opt} = M_{AB} + M_A + M_B . \tag{12.53}$$

Für ein Beispiel zeigt *Abb. 12.13* den mit Hilfe der Beziehungen (12.44) bis (12.55) berechneten Ladeeinheitenbedarf bei separater und bei optimaler Beladung in Abhängigkeit vom Mengenverhältnis der gewichtsbestimmten zur volumenbestimmten Teilladung. Hieraus sind folgende *Dispositionsregeln* ablesber:

- Bei einem *optimalen Mengenverhältnis*

  $$(m_A/m_B)_{opt} = C_{Aopt}/C_{Bopt} = (\gamma_{LE} - \gamma_B)/(\gamma_A - \gamma_{LE}) \tag{12.54}$$

  der Teilladungen A und B mit den spezifischen Gewichten $\gamma_A > \gamma_{LE} > \gamma_B$ läßt sich durch Ladungsverteilung der Ladeeinheitenbedarf um 20 % und mehr reduzieren.

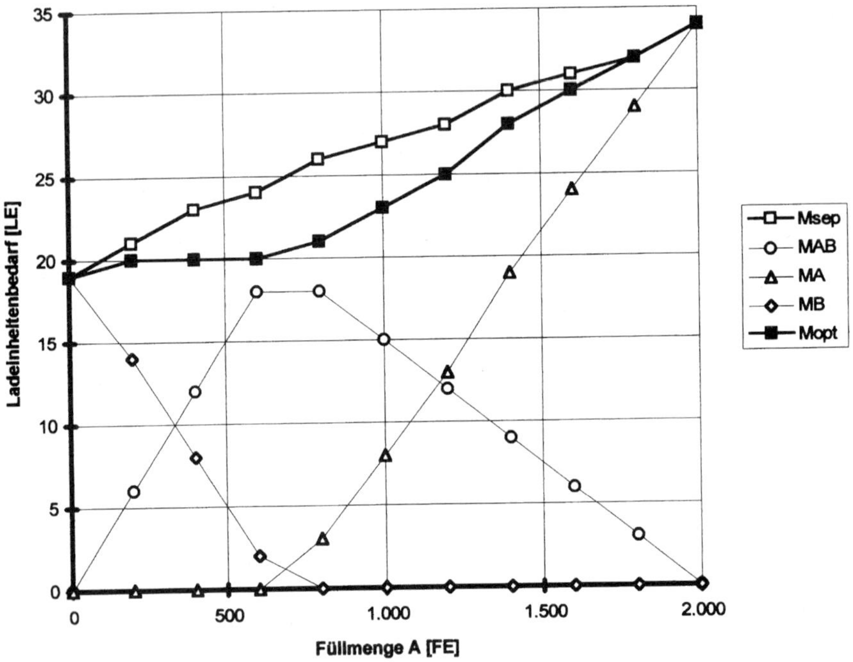

Abb. 12.13 Ladeeinheitenbedarf bei seperater und optimaler Ladungverteilung als Funktion der Füllmenge

Füllmenge: $m_{AB} = m_A + m_B = 2.000$ Fülleinheiten
M_{sep}: LE-Bedarf bei seperater Befüllung der leichten und schweren FE
M_{opt}: LE-Bedarf bei optimaler Ladungsverteilung
M_{AB}: LE-Anzahl mit gemischter Befüllung
M_A: LE-Anzahl nur mit schweren A-Frachtstücken
M_B: LE-Anzahl nur mit leichten B-Frachtstücken

- Die durch optimale Ladungsverteilung erreichbare Reduzierung des Ladeeinheitenbedarfs nimmt mit dem Unterschied der spezifischen Gewichte der Teilladungen zu.

Diese Zusammenhänge sind erfahrenen Spediteuren bekannt. Sie versuchen daher bei einer Übermenge volumenbestimmter Ladung, zusätzlich gewichtsbestimmte Ladung zu akquirieren und bei einer Übermenge gewichtsbestimmter Ladung, zusätzliche volumenbestimmte Ladung zu bekommen, um die verfügbaren Ladekapazität maximal zu nutzen. Die vorangehenden Formeln ermöglichen eine Berechnung des optimalen Mengenverhältnisses (12.54) und eine optimale Beladung mit den Teilladungskapazitäten (12.48).

12.6 Volumenoptimale Ladeeinheiten

Bei der Gestaltung, Planung und Optimierung von Logistikketten und Logistiksystemen wie auch im operativen Betrieb sind immer wieder folgende Fragen zu beantworten:

- Wie groß sollen die zu verwendenden Ladeeinheiten sein?
- Wieviele unterschiedliche Ladeeinheitengrößen werden benötigt?
- Welche der vorgegebenen Ladeeinheiten sind für welche Füllaufträge einzusetzen?

Maßgebend für die Optimierung der Logistikketten sind die *Prozeßkosten* und für die Auslegung der Logistiksysteme die *Gesamtbetriebskosten*. Die Prozeßkosten und die Betriebskosten sind von der Anzahl, vom Volumen und vom Gewicht der Logistikeinheiten, zusätzlich aber von vielen weiteren Einflußfaktoren abhängig.

Die Kosten steigen in der Regel mit der Anzahl, dem Volumen und dem Gesamtgewicht der Ladeeinheiten. Die Anzahl der Ladeeinheiten nimmt bei volumenbestimmter Beladung mit dem Volumen ab. Daher gibt es *kostenoptimale Ladeeinheiten*. Deren Größe läßt sich jedoch, wenn überhaupt, nur aus den projektspezifischen Kosteneinflußfaktoren und Zusammenhängen berechnen. Beispiele für die Optimierungsmöglichkeiten durch richtige Auswahl und Dimensionierung der Ladeeinheiten werden in den weiteren Kapiteln behandelt (z.B. *Abb. 17.38*).

Eine wichtiges, wenn auch nicht alleiniges Ziel der Auswahl und Dimensionierung der Ladeeinheiten ist die Minimierung des Gesamtvolumens der für bestimmte Füllaufträge oder Auftragscluster benötigten Ladeeinheiten, d.h. die Bestimmung der *volumenoptimalen Ladeeinheit*. Für die volumenoptimale Ladeeinheit ist die Volumennutzungsgrad maximal.

- Der *Volumennutzungsgrad* η_V der Ladeeinheiten eines Füllauftrags ist gleich der Nutzung des gesamten Nettovolumens $M_{FA} \cdot V_{LE}$ der M_{FA} Ladeeinheiten mit dem Einzelladeraum V_{LE} durch das Gesamtladevolumen $m_{FA} \cdot v_{FE}$ der m_{FA} Fülleinheiten mit dem Einzelvolumen v_{FE}:

$$\eta_V = m_{FA} \cdot V_{FE} / \left(M_{FA} \cdot V_{LE} \right). \tag{12.55}$$

Mit der Definitionsgleichung (12.14) des Packungsgrads η_{pack} und der Definitionsgleichung (12.18) des Füllungsgrads $\eta_{füll}$ folgt aus Gleichung (12.55) der *Satz*:

- Der Volumennutzungsgrad der Ladeeinheiten eines Füllauftrags ist gleich dem Packungsgrad multipliziert mit dem Füllungsgrad:

$$\eta_V = \eta_{pack} \cdot \eta_{füll}. \qquad (12.56)$$

Der mittlere Pakungsgrad nimmt gemäß (12.36) mit zunehmendem Volumen der Ladeeinheiten ab, während der mittlere Füllungsgrad nach Beziehung (12.43) mit ansteigender Kapazität, also mit zunehmendem Volumen immer schlechter wird.

Durch Einsetzen der Beziehung (12.36) für den mittleren Packungsgrad und der Beziehung (12.43) für den mittleren Füllungsgrad in Beziehung (13.56) folgt mit Beziehung (12.16) für die Abhängigkeit der mittleren Volumennutzung vom *relativen Laderaumvolumen*

$$x = V/v. \qquad (12.57)$$

die Beziehung:

$$\eta_V(x) = \frac{2 \cdot m_{FA} \cdot \left(1 - f_{str} \cdot x^{-1/3}\right)^3}{2 \cdot m_{FA} + x \cdot \left(1 - f_{str} \cdot x^{-1/3}\right)^3}. \qquad (12.58)$$

Die mit Beziehung (12.58) berechnete Abhängigkeit des Volumennutzungsgrads von der relativen Ladeeinheitengröße x ist für ein Beispiel in *Abb. 12.14* dargestellt. Aus dem funktionalen Zusammenhang zwischen Volumennutzungsgrad und Ladeeinheitenvolumen folgt der Satz:

- Ohne Mengen-, Kapazitäts- oder Maßanpassung gibt es eine *optimale Ladeeinheitengröße* $x_{opt} = (V/v)_{opt}$, für die die Volumennutzung der Ladeeinheiten eines Füllauftrags maximal ist.

Für die Größe x_{opt} der volumenoptimalen Ladeeinheit folgt durch Ableitung der Funktion (12.58) nach x und Nullsetzen die Bestimmungsgleichung:

$$2 \cdot f_{str} \cdot m_{FA} \cdot x^{-4/3} - 9 \cdot f_{str}^{\;2} \cdot x^{-2/3} + 6 \cdot f_{str} \cdot x^{-1/3} - 1 = 0. \qquad (12.59)$$

Diese Gleichung höherer Ordnung ist nicht explizit lösbar. Eine exakte numerische Lösung der Gleichung (12.59), die mit Hilfe einer Zielwertsuche errechnet wurde, ergibt für zwei verschiedene Verschnittfaktoren den in *Abb. 12.15* dargestellten Verlauf der volumenoptimalen Ladeeinheitengröße x_{opt} in Abhängigkeit von der mittleren Füllmenge m_{FA}. Eine *Näherungslösung* der Gleichung (12.59), die für die meisten Anwendungszwecke ausreicht, ist

$$x_{opt} = \left(2{,}3 \cdot f_{str} \cdot m_{FA}\right)^{3/4} \quad \text{für} \quad f_{str} > 0. \qquad (12.60)$$

Unter Berücksichtigung der Tatsache, daß der Laderaum der Ladeeinheit größer sein muß als das Fülleinheitenvolumen, folgt hieraus bei einem Verschnittfaktor $f_{str} > 0$ für den

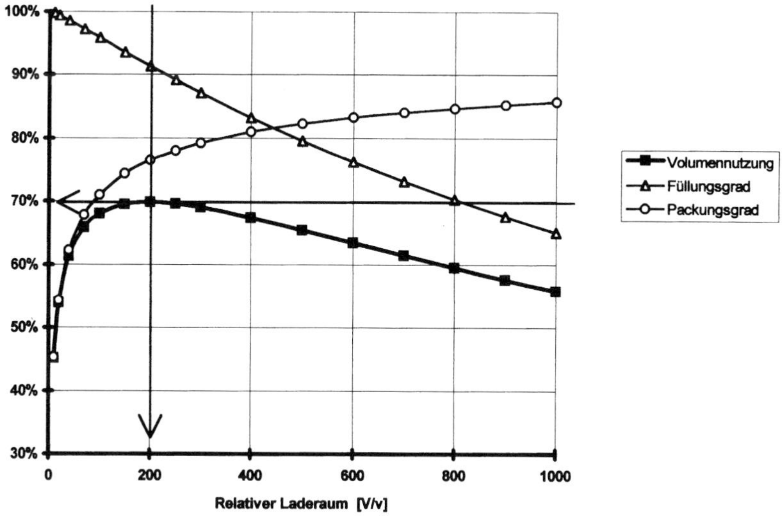

Abb. 12.14 Packungsgrad, Füllungsgrad und Volumennutzungsgrad in Abhängigkeit vom relativen Laderaum

Parameter: Mittlere Füllmenge $m_{FA} = 800$ FE
Verschnittfaktor $f_{ver} = 0{,}50$

Ergebnis: Volumenoptimale Ladeeinheitengröße $V_{LE} = 200\ v_{FE}$
Optimaler Volumennutzungsgrad $\eta_{LE} = 70\%$

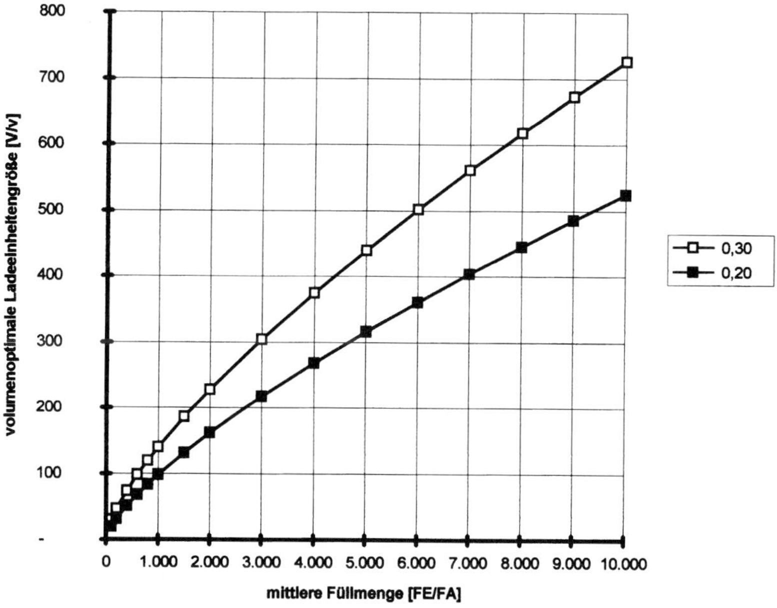

Abb. 12.15 Abhängigkeit der optimalen Ladeeinheitengröße von der mittleren Füllmenge

Parameter: Verschnittfaktor $f_{ver} = 0{,}20$ und $0{,}30$

- *Laderaum der volumenoptimalen Ladeeinheit*:

$$V_{opt} = v \cdot MAX\left(1; \left(2,3 \cdot f_{str} \cdot m_{FA}\right)^{3/4}\right). \qquad (12.61)$$

Aus dem funktionalen Zusammenhang (12.57) und mit dem Laderaum (12.61) der volumenoptimalen Ladeeinheiten ergeben sich folgende *Regeln* für die Auswahl und Dimensionierung von Ladeeinheiten:

- *Dimensionierungsregel für volumenoptimale Ladeeinheiten*: Wenn keine Mengen- oder Maßanpassung möglich ist, hat die volumenoptimale Ladeeinheit für Füllaufträge eines Auftragsclusters mit einer mittleren Füllmenge m_{FA} das Innenvolumen (12.61).
- *Auswahlregel für volumenoptimale Ladeeinheiten*: Von zwei zur Auswahl stehenden Ladeeinheiten, von denen die eine ein kleineres und die andere ein größeres Volumen als das optimale Innenvolumen (12.61) hat, ist die mit der besseren Volumennutzung zu wählen.

Nach diesen Zuweisungsregeln sind Fülleinheiten mit geringem Stückvolumen und geringer Menge in kleinen Ladeeinheiten unterzubringen, Fülleinheiten mit geringem Stückvolumen und hohem Bestand oder mit großem Volumen und geringer Menge in mittelgroßen Ladeeinheiten und Fülleinheiten mit großem Stückvolumen und großer Menge in großen Ladeeinheiten. Diese Zusammenhänge sind anschaulich einleuchtend und qualitativ weitgehend bekannt.

Die vorangehenden Beziehungen zur Berechnung der mittleren Volumennutzung aber machen die *Zuordnungsregeln* für die Praxis nutzbar. Dabei ist jedoch zu beachten, daß für die Kosten nicht allein die Größe der Ladeeinheiten maßgebend ist und im Einzelfall andere Einflußgrößen vorrangig sein können.

12.7 Logistikstammdaten

Trotz der grundlegenden Bedeutung der Logistikstammdaten werden diese nicht in allen Unternehmen erfaßt, nicht in allen DV-Stammdateien vollständig hinterlegt oder nicht laufend aktualisiert. Hieraus kann die Verwendung falscher Versandverpackungen, der Einsatz ungünstiger Ladungsträger, die Fehlbelegung der Lagerbereiche und die Nutzung kostenungünstiger Logistikketten resultieren [32; 33].

Korrekte und vollständige Logistikstammdaten werden benötigt für die Kalkulation

- verursachungsgerechter Leistungskosten und Leistungspreise,
- der Logistikkosten von Artikeln, Warengruppen und Aufträgen,
- der Logistikkosten einzelner Lieferanten und der gesamten Beschaffung,
- der Logistikkosten einzelner Kunden und der gesamten Distribution.

Sie sind außerdem Voraussetzung für die

- Auswahl und Zuordnung optimaler Ladungsträger und Transportmittel,
- Realisierung von Pack- und Füllstrategien zur Bildung optimaler Ladeeinheiten,

- Bestimmung optimaler Beschaffungs-, Belieferungs- und Transportketten,
- Kalkulation des Ladungsträger- und Transportmittelbedarfs,
- Berechnung von Leistungen und Personalbedarf des Kommissionierens,
- Verursachungsgerechte Vergütung von Logistikleistungen,
- Zuweisung optimaler Lager- und Kommissionierbereiche,
- Gestaltung, Dimensionierung und Optimierung von Logistiksystemen.

Um für alle diese Verwendungszwecke die Logistikdaten im Rechner verfügbar zu halten, ist eine *Logistikdatenbank* erforderlich [33]. Eine Logistikdatenbank ist eine *relationale Datenbank* mit *Referenztabellen* und *Verzeichnissen*, die jeweils zusammengehörige Stammdaten enthalten. Ein bestimmte Stammdatensatz ist nur in einer Referenztabelle hinterlegt, auf die allen anderen Tabellen und Programme zugreifen.

Die Logistikdatenbank eines Industrie- oder Handelsunternehmenes umfaßt folgende Haupt- und Unterverzeichnisse:

- *Auftrags- und Artikellogistikdaten* mit

  Auftragslogistikdaten (12.62)
  Artikellogistikdaten

- *Standortlogistikdaten* mit

  Lieferantenlogistikdaten
  Betriebslogistikdaten (12.63)
  Verkaufsstellenlogistikdaten

- *Logistikeinheitenverzeichnisse* mit

  Ladeeinheitenverzeichnis
  Verpackungsverzeichnis
  Ladehilfsmittelverzeichnis
  Transportmittelverzeichnis (12.64)
  Verkaufsplatzverzeichnis
  Lagerplatzverzeichnis.

- *Leistungskostenverzeichnis* mit

  Handlingkosten
  Lagerleistungskosten
  Transportleistungskosten (12.65)
  Frachtkosten
  Administrative Leistungskosten

Nachfolgend werden die Inhalte dieser Verzeichnisse, deren Struktur sich in der Praxis bewährt hat, näher erläutert. Die angegebenen Logistikkenndaten müssen unternehmensspezifisch ergänzt und angepaßt werden muß [31; 32; 33]. *Abb. 12.16* zeigt die Stammdatensätze und Verzeichnisse der Logistikdatenbank eines Handelsunternehmens.

Außer den Logistikdaten enthalten die logistischen Stammdaten und Verzeichnisse technische, kommerzielle und andere Daten, die hier nicht behandelt

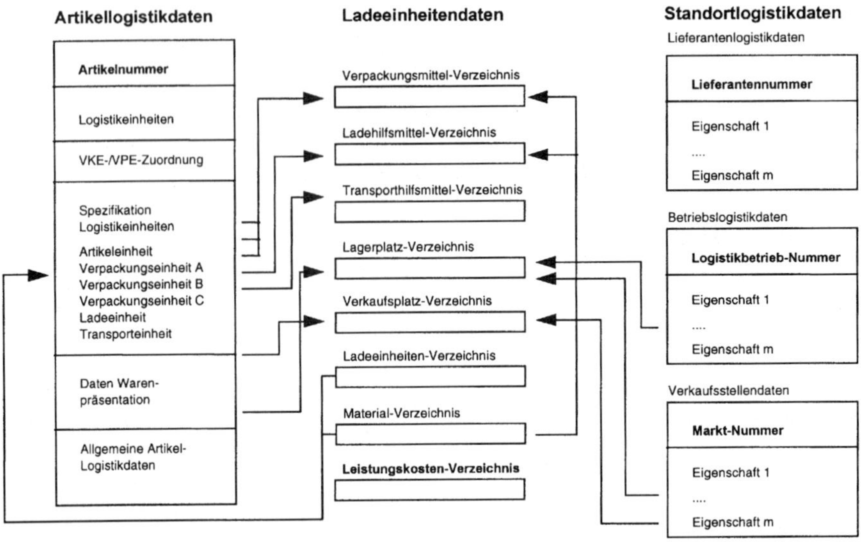

Abb. 12.16 Stammdatensätze und Verzeichnisse der Logistikdatenbank eines Handelsunternehmens

werden. Die Verzeichnisse und Stammdatensätze der Logistik beziehen sich wiederum teilweise auf kommerzielle Stammdaten und technische Datenverzeichnisse, wie *Preisverzeichnisse*, *Materialverzeichnisse* und *Etikettenverzeichnisse*.

1. Auftrags- und Artikellogistikdaten

Die Auftragslogistikdaten spezifizieren die mit einem Auftrag verbundenen logistischen Leistungsanforderungen und lösen die Prozesse in den Logistikketten vom Herstell- oder Versandort bis zum Empfangsort aus (s. *Abschnitt 2.1*).

Dementsprechend umfassen die *Auftragslogistikdaten*:

- *Adressen* der Lieferstelle und der Empfangsstelle
- *Artikelnummern* der zu liefernden Artikel oder zu fertigenden Produkte.
- *Liefermengen* Anzahl zu liefernder Artikel- oder Produkteinheiten
- *Zeitanforderungen*: Abholtermin, Lieferzeit oder Zustelltermin.

Für reine Leistungsaufträge tritt an die Stelle der Artikelnummer eine *Leistungsspezifikation* oder eine *Leistungsnummer*, die sich auf ein *Leistungsverzeichnis* bezieht. Die geforderten Leistungsmengen sind in *Leistungseinheiten* angegeben.

Die Artikellogistikdaten umfassen alle Informationen und Daten eines Artikels, die zur Durchführung der Logistikprozesse benötigt werden. *Artikellogistikdaten* sind daher die erforderlichen Daten und Angaben über:

- *Artikelnummer* EAN-Nummer oder interne Artikelnummer
- *Herkunft* Adresse der Lieferstelle oder des Lieferanten
- *Bezeichung* Name oder übliche Bezeichnung

- *Beschaffenheit* Aggregatzustand, Materialart, Gefahrgutklasse, Brandklasse
- *Artikelleinheiten* Maßeinheit für lose Ware (m, m^2, m^3, Liter, kg, t) Mengeneinheit für verpackte Ware (VKE, VPE....)
- *Liefereinheiten* in denen der Artikel angeliefert und ausgeliefert wird; Beschaffenheit, Verpackung, Inhalt, Maße, Gewicht und Packrestriktionen
- *Ladeeinheiten* in denen die Liefereinheiten versandt werden; Ladungsträger, Inhalt, Maße, Gewicht, Pack-und Füllrestriktionen
- *Vorschriften* Artikelspezifische Vorgaben für Handling, Lager, Transport und andere Logistikprozesse
- *Beschaffungsquellen* Adressen der Lieferstellen oder Lieferanten,
- *Lagerhaltigkeit* Auftragsfertigungsartikel, Lagerartikel mit eigenem Bestand oder aus fremden Bestand
- *Lieferfähigkeit* für lagerhaltige Artikel
- *Beschaffungszeit* Erstbeschaffungzeit, Wiederbeschaffungszeit.
- *Wert* Einkaufspreis oder Erzeugungskosten (EK) Verkaufspreis oder Verrechnungspreis (VP)

Alle Informationen, für die ein gesondertes Verzeichnis existiert, beschränken sich auf die Angabe eines enstsprechenden *Kennworts* oder einer *Kennummer.*

Zusätzlich zu den *quantifizierbaren Daten* und den *standardisierten Informationen*, die durch *Kennworte* und *Kennzahlen* angeben werden, gibt es auftrags- und artikelspezifische Abgaben, die fallweise in Form beschreibender Hinweise einzugeben sind.

1. Standortlogistikdaten

Die Logistikdaten eines Standorts umfassen alle Daten und Informationen, die Auswirkungen haben auf die logistische Leistungserfüllung.

Zu den *Lieferantenlogistikdaten* gehören:

- *Auslieferadressen* des oder der Lieferstandorte
- *Warenausgang* Anzahl Tore, Fläche und Pufferkapazitäten, Ausgangskontrolle
- *Belieferungsketten* zur Auswahl stehende Belieferungswege und Belieferungsformen
- *Logistikkondition* Preisstellung für die verschiedenen Belieferungsketten
- *Logistikeinheiten* von der Lieferstelle eingesetzte Ladungsträger und Transporthilfsmittel
- *Zeitangaben* Betriebszeiten, Lieferzeiten, Abholzeiten, Zustellzeiten.

Die *Betriebslogistikdaten* betreffen die logistischen Gegebenheiten in den eigenen Betrieben, Lagern und Logistikstandorten des Unternehmens außer den Verkaufsstellen. Sie umfassen Angaben über:

- *Wareneingang* Anzahl Tore, Fläche und Pufferkapazitäten, Erfassung und Kontrolle

- *Lagerbereiche* Lagertypen, Kapazitäten und Grenzleistungen der vorhandenen Lager
- *Kommissionierung* Arten, Kapazitäten und Grenzleistungen der Kommissionierung
- *Warenausgang* Anzahl Tore, Fläche und Pufferkapazitäten, Ausgangskontrollen
- *Logistikeinheiten* im Betrieb einsetzbare Ladungsträger und Logistikeinheiten
- *Zeitangaben* Betriebszeiten, Standardlieferzeiten, Abholzeiten.

Die Verkaufsstellen eines Unternehmens, wie die Verkaufsniederlassungen, Läden, Filialen oder Märkte, sind Logistikstandorte, die speziell auf den *Kunden* und für den *Verkaufserfolg* ausgelegt sind. Die *Logistikdaten der Verkaufsstellen* spezifizieren die logistischen Gegebenheiten in diesen Leistungsbereichen und umfassen Angaben über:

- *Wareneingang* Anzahl Tore, Fläche und Pufferkapazitäten, Erfassung und Kontrolle
- *Reservelager* Lagertypen, Kapazitäten und Grenzleistungen der Reservelager
- *Verkaufsplätze* Arten und Kapazität der Verkaufsplätze zur Warenbereitstellung
- *Logistikeinheiten* in der Verkaufsstelle einsetzbare Ladungsträger und Logistikeinheiten
- *Zeitangaben* Betriebszeiten, Verkaufszeiten.

Auch bei den Standortlogistikdaten beschränken sich alle Informationen, für die ein gesondertes Verzeichnis existiert, auf die Angabe eines enstsprechenden *Kennworts* oder einer *Kennummer.*

3. Logistikeinheitendaten
Die Verzeichnisse der Logistikeinheitendaten werden zweckmäßig aufgeteilt in

- Verzeichnisse *elementarer Logistikeinheiten*:

  Artikeleinheiten
  Verpackungseinheiten

- Verzeichnisse *zusammengesetzter Logistikeinheiten.*

  Verkaufseinheiten, Verbrauchseinheiten oder Abgabeeinheiten
  Einkaufseinheiten, Bestelleinheiten oder Nachschubeinheiten
  Bereitstelleinheiten und Lagereinheiten
  Handlingeinheiten und Entnahmeeinheiten
  Verpackungseinheiten und Versandeinheiten
  Frachteinheiten, Ladungseinheiten und Transporteinheiten.

- Verzeichnisse der *Ladungsträger*:

  Packmittel: Flaschen, Fässer, Säcke, Beutel, Rollen, Dosen, Fässer Trays, Kartons, Pakete

Ladehilfsmittel:	Schubladen, Behälter, Kassetten, Tablare und Paletten
Transporthilfsmittel:	Container, Wechselbrücken, Sattelauflieger, Waggons
Transportmittel:	Flurförderzeuge, Lastzüge, Lastwagen, Schienenfahrzeuge, Binnenschiffe, Seeschiffe, Flugzeuge

- Verzeichnisse der *Lagerplätze*:

Lagerplätze:	Boden-, Block-, Regal-, Behälter-, Palettenlagerplätze
Verkaufsplätze:	Schubfächer, Fachböden, Haken, Theken, Bodenplätze u.a.

Unabhängig vom Inhalt werden zur Spezifikation der in den Betrieben und Logistikketten vorkommenden Logistikeinheiten folgende *Logistikeinheitendaten* benötigt:

• *Identnummer*	Kennummer der Logistikeinheit
• *Bezeichnung*	technisch-funktionaler Name
• *Einsatzorte*	Angabe der betreffenden Standorte und Logistikketten
• *Form*	Würfel, Quader, Zylinder, Kugel, Hüllkörper u.a.
• *Ladungsträger*	Ladungsträger gemäß *Ladungsträgerverzeichnis*
• *Vorschriften*	spezifische Vorschriften wie Lastaufnahmepunkte und Vorgaben für Logistikprozesse
• *Außenmaße*	Länge, Breite, Höhe, Durchmesser und Volumen des maximalen Außenkörpers gefüllter Ladeeinheiten
• *Gewichte*	Maximalgewicht, Minimalgewicht, Durchschnittsgewicht gefüllter Ladeeinheiten einschließlich Ladungsträger
• *Kapazität*	Innenmaße, Laderaum, Nutzlast Maximalzahl definierter Fülleinheiten
• *Restriktionen*	Belastbarkeit, Stapelfaktor, Stapelrichtung und Befüllbarkeit
• *Kodierung*	Art und Größe der Kodierung gemäß *Kodierungsverzeichnis,* Inhalt und Anbringungsort der Kodierung.

Diese allgemeinen Kenndaten der Logistikeinheiten sind für spezielle Einheiten, wie die Ladungsträger, zu ergänzen um technische Daten, wie Material, Wiederverwendbarkeit, Entsorgungsvorschriften, Beschaffungspreis, Eigentümer usw.

4. Leistungskostensätze

In den Verzeichnissen der logistischen Leistungskosten sind alle *Leistungskostensätze* und *Leistungspreise* gespeichert, die zur Kalkualtion von Artikel- und Auftragslogistikkosten sowie von optimalen Nachschubmengen und Losgrößen benötigt werden.

Die Anwendungsmöglichkeiten, die Struktur und die Herkunft der Kostensätze und Preise der Unterverzeichnisse (12.65) sind in den vorangehenden *Kapiteln 7 Logistikkosten* und *8 Leistungsvergütung* sowie in den nachfolgenden Kapiteln dargestellt und erläutert.

13 Grenzleistungen und Staueffekte

Leistungs- und Logistiksysteme sind Netzwerke von *Stationen*, die durch *Transportverbindungen* miteinander verknüpft sind und von Logistikobjekten durchlaufen werden (s. *Abb.1.3*). Die *Logistikobjekte* [LO] oder *Abfertigungseinheiten* [AE] können Produkte, Waren, Sendungen, Ladeeinheiten, Personen und Transporteinheiten aber auch Aufträge, Belege, Informationen und Daten sein. In den Abfertigungs-, Produktions- und Leistungsstellen des Systems werden die Objekte verbraucht, abgefertigt oder erzeugt.

Die *Leistungs- und Durchsatzfähigkeit* der einzelnen Stationen und Verbindungen bestimmt das *Leistungs- und Durchsatzvermögen* des Gesamtsystems. *Warteschlangen* in den Stationen und auf den Verbindungen verlängern die Durchlaufzeiten der Logistikobjekte von den Eingängen und Quellen des Logistiksystems zu den Ausgängen und Senken. Für die optimale Gestaltung und Dimensionierung eines neuen Systems sowie für die Bewertung, den Vergleich und die Verbesserung vorhandener Systeme ist daher die Kenntnis der *Grenzleistungen* und *Staueffekte* der Stationen und Verbindungen erforderlich, aus denen sich die Systeme zusammensetzen [29; 78; 79; 124].

Hierfür werden in diesem Kapitel das *Durchsatzverhalten* der Stationen von Leistungs- und Logistiksystemen analysiert, Formeln zur Berechnung der *technischen Grenzleistungen* hergeleitet und *Abfertigungsstrategien* beschrieben. Für die verschiedenen Stationstypen und Abfertigungsstrategien werden *Grenzleistungsgesetze* entwickelt und anhand ausgewählter Beispiele erläutert.

Wenn der Zulauf die Grenzleistung einer Station erreicht oder überschreitet, kommt es zu *Warteschlangen*, *Rückstaus* und *Blockierungen*. Die Auswirkungen und die Quantifizierung dieser *Staueffekte* sind Gegenstand eines weiteren Abschnitts.

Durch Störungen und Ausfälle wird die *technische Grenzleistung* der Systemelemente auf eine *verfügbare Grenzleistung* reduziert. In einem weiteren Abschnitt werden daher die *Zuverlässigkeit* und *Verfügbarkeit* von Elementen, Leistungsketten und Systemen behandelt. Die angegebenen Definitionen und Berechnungsformeln sind grundlegend für den *Funktionstest* und die *Abnahme* von Leistungsketten und Systemen mit diskontinuierlicher Belastung [125]. In den letzten beiden Abschnitten werden *Funktions- und Leistungsanalysen* und Tests zur *Abnahme von Systemen* dargestellt.

13.1 Leistungsdurchsatz

Wie die *Abb. 1.3* zeigt, laufen in die i = 1,2...N_E *Eingangsstationen* ES_i eines Leistungssystems N_E *Einlaufströme* λ_{Ei} [LO_i/ZE] hinein und aus den j = 1,2...N_A *Ausgangsstationen* AS_j insgesamt N_A *Auslaufströme* λ_{Ej} [LOj/ZE] heraus, die aus gleichartigen oder unterschiedlichen Logistikobjekten [LO] bestehen. Hinter den Einlaufstationen verteilen sich die Ströme $\lambda_n(t)$, die in der Regel zeitabhängig sind, auf die verschiedenen Leistungs- und Logistikstationen, in denen sie zusammenlaufen, verzweigt werden, enden oder andere Ströme erzeugt werden.

Produktionssysteme, Logistiksysteme und Transportsysteme sind Subsysteme der Leistungsysteme eines Unternehmens, einer Branche oder einer Volkswirtschaft. Sie unterscheiden sich voneinander durch das Ausmaß der Veränderung, die im System mit oder an den Logistikobjekten stattfindet (s. *Kapitel* 1 und 15):

- Wenn die einlaufenden materiellen Objekte im System technisch verändert oder aus ihnen andere Objekte erzeugt werden, wenn also anders beschaffene Objekte das System verlassen, ist das Leistungssystem ein *Produktionssystem.*
- Wenn die einlaufenden materiellen Objekte das System nach unbestimmter Zeit in gleicher oder anderer Zusammensetzung technisch unverändert verlassen, handelt es sich um ein reines *Logistiksystem.*
- Wenn die Einlaufströme aus Lade- oder Transporteinheiten bestehen und diese das System an einem anderen Ort inhaltlich unverändert verlassen, ist das Logistiksystem ein *Transportsystem* (s. *Kapitel* 18).

Das Durchsatz- und Leistungsvermögen eines Produktions-, Logistik- oder Transportsystems wird durch die Durchsatz- oder Leistungsfähigkeit eines oder weniger Engpaßelemente begrenzt. *Engpaßelemente* sind die Stationen einer Leistungskette, die bei dem geforderten Durchsatz am höchsten ausgelastet sind.

Das Durchsatz- und Leistungsvermögen eines Systems oder einer Station bezieht sich stets auf eine bestimmte *Zeiteinheit* [ZE] oder *Bemessungszeit*, deren Länge von den gestellten Anforderungen abhängt. Maßgebend für die Auslegung und Dimensionierung eines Leistungs- und Logistiksystems sind in der Regel der Durchsatz und Leistungsbedarf in der *Spitzenstunde* des *Spitzentages* des Planungszeitraums (s. *Abschnitt 9.11*). Hieraus folgt die *Bemessungsregel*:

- Die *Strombelastungen* λ [LO/h oder AE/h], mit denen Leistungsberechnungen, Auslastungsanalysen und Stauuntersuchungen durchgeführt werden, beziehen sich in der Regel auf die Zeiteinheit einer *Stunde* [h].

Außerdem ist zu berücksichtigen, ob die Leistungs- und Durchsatzströme *stationär* oder *zeitabhängig, getaktet* oder *stochastisch* sind. Dabei ist zu unterscheiden zwischen *rekurrenten Strömen*, in denen die Logistikobjekte *einzeln* und *unabhängig* voneinander eintreffen, und *schubweisen Strömen*, in denen die Logistikobjekte in *Schüben* oder *Pulks* gleicher oder unterschiedlicher Größe ankommen (s. *Abschnitt 9.1*).

13.2 Elementarstationen und Transportelemente

Die Stationen und Verbindungen, aus denen ein Leistungs- und Logistiksystem aufgebaut ist, lassen sich nach unterschiedlichen Gesichtspunkten klassifizieren (s. *Abschnitt 1.3*). Grundlegend für die Berechnung der Grenzleistungen und Staueffekte ist die Unterscheidung zwischen elementaren und zusammengesetzten Stationen (s. *Abb. 1.3* und *1.5*):

- Eine *Elementarstation* hat nur *eine* zentrale *Abfertigungszone*, in die alle ankommenden Ströme hineinlaufen und aus der alle ausgehenden Ströme herauskommen. Sie läßt sich ohne Verlust ihrer Funktion nicht in einfachere Stationen zerlegen.
- Eine *zusammengesetzte Station* hat *mehrere* parallele oder nacheinander geschaltete *Abfertigungszonen*. Sie läßt sich zerlegen in aneinandergrenzende Elementarstationen.

In den Leistungs- und Logistiksystem sind die Stationen weiter voneinander entfernt und durch Transportverbindungen miteinander verknüpft, die die Entfernungen überbrücken. Die Leistungs- und Durchsatzfähigkeit aber ergibt sich für zusammengesetzte Stationen ebenso wie für die Systeme aus den Grenzleistungen der konstituierenden Stationen und Verbindungen.

Daher beschränkt sich die weitere Untersuchung zunächst auf die unterschiedlichen *Typen von Elementarstationen:*

- Eine *Elementarstation* vom *Typ* (n,m) mit der *Ordnung* $o = n + m$ erzeugt in einer *Abfertigungszone* aus *n Einlaufströmen* λ_{Ei} [LO_i/h], i = 1,2,...*n*, die an den Eingangsstellen E_i in die Station einlaufen, *m Auslaufströme* λ_{Aj} [LO_j/h], j = 1,2,...*m*, die an den Ausgangsstellen A_j das Element verlassen.

Die einfachsten Elementarstationen sind die Quellen, die Senken und die Bedienungsstationen. Elementarstationen eines Transportsystems sind die *irreduziblen Transportknoten* oder *Transportelemente* [78; 124]:

- Ein *Transportelement* vom *Typ* (n,m) mit der *Ordnung* $o = n + m$ überführt in einer *Umschaltzone* die Transporteinheiten [TE] von *n Einlaufströmen* λ_{Ei} [TE/h], i = 1,2,...*n*, die über die *Eingangspunkte* E_i einlaufen, in m Auslaufströme λ_{Aj} [TE/h], j = 1,2,...*m*, die an den Ausgangspunkten A_j das Element verlassen.

Die einfachsten Transportelemente sind die *Verbindungen*:

- Eine *Transportverbindung* ist ein Element der Ordnung 2 vom Typ (1;1), das einen Strom von Lade- oder Transporteinheiten über eine *Transportweglänge* s [m] von einem Einlaufpunkt E zu einem Ausgangspunkt A befördert.

Die *Abb. 13.1* zeigt in aufsteigender Ordnung die *Struktur* einiger einfacher Elementarstationen. In *Abb. 13.9* ist die Struktur einer Elementarstation, eines Transportelements oder eines Transportknotens der Ordnung $n+m$ von Typ (n,m) dar-

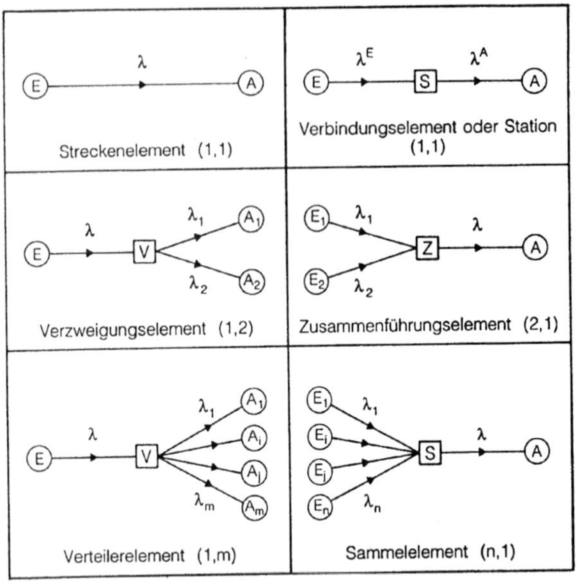

Abb. 13.1 Einfache Systemelemente in aufsteigender Ordnung
E_i Eingangspunkte A_j Ausgangspunkte

gestellt. Beispiele für die *technische Ausführung* von Stationen und Transportelementen zeigen die weiteren Abbildungen.

1. Quellen

Quellen sind Elementarstationen vom Typ $(0,m)$, aus denen m Auslaufströme λ_{Aj} herauskommen. Eventuell vorhandene Einlaufströme einer Quelle werden zunächst nicht näher betrachtet.

Beispiele für Quellstationen erster Ordnung sind

Eingangsstationen
Rohstofflagerstellen
Produktionsstellen
Montagestellen (13.1)
Abfüllstationen
Palettierautomaten
Entladestellen,

wenn diese nur einen Ausgang haben. Haben die Quellstationen (13.1) zwei oder mehr Ausgänge, die gleichartige oder unterschiedliche Logistikeinheiten in mehrere Richtungen abgeben, handelt es sich um Quellen höherer Ordnung.

Quellen geben die auslaufenden Objekte in einem oder mehreren *Quellströmen* λ_{Aj} [LO/h] ab. Der Quellstrom oder die Erzeugungsrate λ wird von der *Takt-*

zeit τ [s/LO] des Erzeugungsprozesses und der *Pulklänge c* [LO], das heißt von der Anzahl Objekte bestimmt, die in einem Schub erzeugt wird.

Zwischen Stromintensität, Taktzeit und Pulklänge besteht der Zusammenhang:

- Bei einer in Sekunden gemessen mittleren Taktzeit τ [s] und einer mittleren *Pulklänge c* ist die auf eine Stunde bezogene *Stromintensität*

$$\lambda(c) = 3600 \cdot c / \tau \qquad [\mathrm{LO/h}]. \tag{13.2}$$

Da alle Ströme, die ein betrachtetes System durchlaufen, über eine Eingangsstation aus einer *externen Quelle* oder aus einer *internen Quelle* kommen, müssen für die Leistungsberechnung und die Stauanalyse die Größe und die Eigenschaften aller einlaufenden und aller im System erzeugten Ströme bekannt sein.

Die Quellströme können zeitlich konstant sein oder sich mit der Zeit verändern. Abhängig davon, ob die Taktzeiten konstant oder stochastisch veränderlich sind, und davon, ob die Objekte die Quelle einzeln oder in Pulks verlassen, ist ein Quellstrom ein *rekurrenter*, ein *stochastischer* oder ein *schubweiser Strom* (s. *Abb. 9.2* in *Abschnitt 9.1*).

Die maximal mögliche Erzeugungsrate einer Quelle, die sich nach Beziehung (13.2) aus der *minimalen Taktrate* τ_{min} ergibt, ist die *Grenzleistung* der Quelle:

$$\mu(c) = \lambda_{max}(c) = 3600 \cdot c / \tau_{min} \qquad [\mathrm{LO/h}]. \tag{13.3}$$

Für die Auslegung und Dimensionierung von Leistungs- und Logistiksystemen, die wie viele Produktionssysteme und die meisten Transport- und Verkehrssysteme nach dem Push-Prinzip arbeiten, gelten die *Dimensionierungsregeln* (s. *Abschnitt 8.9*):

1. *Leistungsanforderungen bei Push-Betrieb*: Wenn die Abläufe vom *Push-Prinzip* bestimmt werden, ergeben sich die maximalen Leistungsanforderungen an die Stationen des Systems aus den Grenzleistungen der Quellen.
2. *Systemauslegung bei Push-Betrieb*: Für den Push-Betrieb ist das System mit seinen einzelnen Stationen beginnend bei den Eingängen und internen Quellen *den durchlaufenden Strömen folgend* bis zu den Ausgängen und Senken auszulegen und zu dimensionieren.

Da materielle Objekte nicht aus dem Nichts entstehen, haben alle Quellen bis auf die Rohstofflagerstellen einen oder mehrere Eingänge, in die das benötigte Material, Aufträge oder Transporteinheiten einlaufen, die wie in *Abb. 13.2* B dargestellt zu entladen sind. Ob auch die Eingangsströme einer Quellstation berücksichtigt werden, hängt von der Problemstellung und von der Systemabgrenzung ab:

- Eine *Quellstation* vom Typ (n,m) der Ordnung $o = n + m$ ist eine Quelle mit m Ausgangsströmen, bei der n Eingangströme berücksichtigt werden.

So ist beispielsweise eine Abfüllstation für Getränke in Flaschen, die als Leergut zugeführt, abgefüllt und zu je 24 Stück in Kästen abgepackt werden, eine Quellstation der Ordnung 4 vom Typ (3,1). Die drei Einlaufströme sind das Füllgut, die

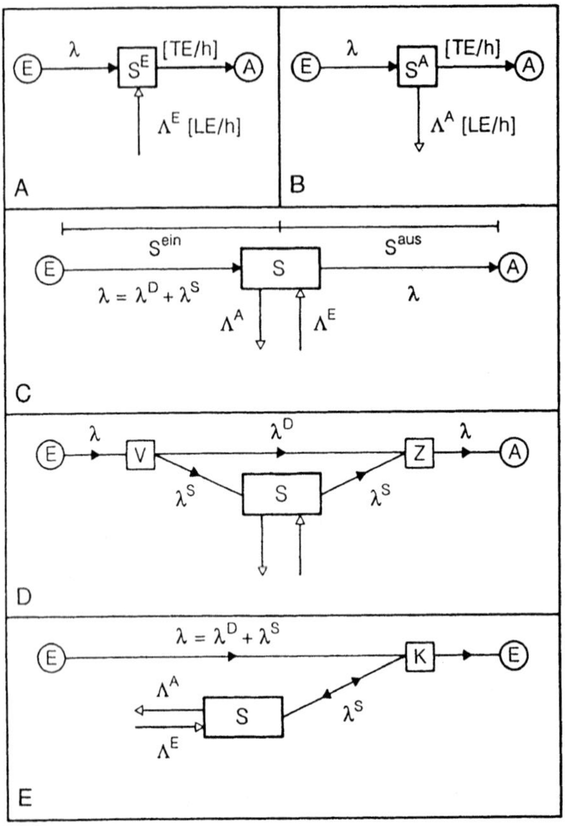

Abb. 13.2 Übergangsstationen zwischen Transportsystemen
A : Beladestation auf der Fahrstrecke (*on-line-station*)
B : Entladestation auf der Fahrstrecke (*on-line-station*)
C : Be- und Entladestation auf der Fahrstrecke (*on-line-station*)
D : Seitliche Be- und Entladestation neben der Strecke (*of-line station*)
E : Rückseitige Be- und Entladestation neben der Strecke (*of-line station*)
Λ : Ladeeinheitenströme [LE/h]
λ : Transporteinheitenströme [TE/h]

leeren Flaschen und die leeren Kästen. Der Auslaufstrom besteht aus den vollen Getränkekästen mit je 24 Flaschen.

2. Senken

Senken sind Elementarstationen vom Typ (n;0), in denen n Einlaufströme λ_{Ei} [LO_i/h] enden und deren eventuell vorhandene Auslaufströme zunächst unberücksichtigt bleiben.

Beispiele für Senken sind:

Ausgangsstationen
Verbrauchsstellen
Beladestellen
Verpackungsstationen
Verarbeitungsstationen (13.4)
Depalettierstationen
Demontagestellen
Deponien
Endlager
Lagerstationen.

Als Beispiel zeigt *Abb. 13.2* unter A eine Beladestation, in der die einlaufenden Ladeeinheiten in Transporteinheiten verladen werden und auf diese Weise das System verlassen.

Senken absorbieren oder verbrauchen die einlaufenden Objekte einzeln oder schubweise mit einer *Verbrauchsrate* oder einem *Abnahmestrom* λ. Der Abnahmestrom wird gemäß Beziehung (13.2) von der Taktzeit τ [s/LO] und der *Pulklänge* c [LO] des Verbrauchs- oder Abnahmeprozesses bestimmt.

Für die Auslegung und Dimensionierung von Leistungs- und Logistiksystemen, die nach dem Pull-Prinzip betrieben werden, wie Beschaffungssysteme, Versandsysteme und Kommissioniersysteme, gelten die *Dimensionierungsregeln* (s. *Abschnitt 8.9*):

1. *Leistungsanforderungen bei Pull-Betrieb*: Wenn die Abläufe vom *Pull-Prinzip* bestimmt werden, ergeben sich die Leistungsanforderungen an die übrigen Stationen des Systems aus den maximalen Verbrauchsraten, Abnahmeströmen und Bedarf der Senken.
2. *Systemauslegung bei Pull-Betrieb*: Für den Pull-Betrieb ist das gesamte System mit seinen Stationen von den Ausgängen und den Senken her *entgegen den Strömen* bis hin zu den Eingängen und Quellen auszulegen und zu dimensionieren.

Da bei einem Betrieb nach dem Pull-Prizip alle Ströme, die in das System einlaufen oder in einer internen Quelle erzeugt werden, am Ende in einer internen oder externen Senke verschwinden, müssen die Größe und Eigenschaften der maximalen Aufnahmeströme aller Senken bekannt sein.

Materielle Objekte können nicht rückstandslos verschwinden. Daher haben alle Senken mit Ausnahme der Endlager und Deponien einen oder mehrere Ausgänge, aus denen mit einem bestimmten Zeitverzug erzeugte Güter, Abfall, Leergut oder zuvor eingelagerte Ladeeinheiten herauskommen. Analog wie bei den Quellen ist die Berücksichtigung der Ausgangsströme einer Senkenstation abhängig von von der Problemstellung und von der Systemabgrenzung:

- Eine *Senkenstation* vom Typ (n,m) der Ordnung $o = n + m$ ist eine Senke mit n Eingangsströmen, bei der m Ausgangsströme berücksichtigt werden.

Eine Senkenstation ist von der Auslaufseite her gesehen eine Quellstation. Umgekehrt ist eine Quellstation von der Einlaufseite her gesehen eine Senkenstation.

Die in *Abb. 13.2* unter A, B und C gezeigten Be- und Entladestationen ebenso wie Palettier- und Depalettierstationen sind Beispiele für derartige kombinierte Quell- oder Senkenstationen.

3. Bedienungsstationen
Bedienungsstationen sind Elementarstationen zweiter Ordnung vom Typ (1;1), in die ein Einlaufstrom einläuft und aus denen ein Auslaufstrom herauskommt.

Wie in der Prinzipdarstellung *Abb. 13.3* gezeigt, wird in einer *Bedienungsstation* an oder mit den einlaufenden Objekten mit einer *Taktzeit*, die gleich der *Bearbeitungszeit* oder *Vorgangszeit* des Bedienungsprozesses ist, einzeln oder schubweise eine Veränderung durchgeführt, eine Serviceleistung erbracht oder eine Erfassung vorgenommen (s. *Abschnitt 8.5*).

In einer *unstetigen Bedienungsstation* kommen die einzelnen Objekte für den Bedienungsvorgang zum Stillstand. In einer *stetigen Bedienungsstation* bewegen sich die Objekte während des Bedienungsvorgangs.

Beispiele für *Bedienungsstationen* sind:

Servicestationen
Abfertungsstationen
Mautstationen
Arbeitsplätze
Etikettierstationen (13.5)
Kontrollpunkte
Erfassungsstationen
Meß- und Prüfsstellen
Lesestationen.

Die maximale Strombelastbarkeit einer Bedienungsstation ist gleich der *Abfertigungsgrenzleistung*. Für die Berechnung der Grenzleistung gilt:

- Die Grenzleistung einer Elementarstation mit einer mittleren *Abfertigungszeit* τ_{ab} [s] ist bei Abfertigung mit einer mittleren *Pulklänge c* [LO]

$$\mu(c) = \lambda_{max}(c) = 3600 \cdot c / \tau_{ab} \qquad [LO/h]. \qquad (13.6)$$

Bei *Einzelabfertigung* ist $c = 1$ und bei *paarweiser Abfertigung* $c = 2$. Bei konstanter *schubweiser Abfertigung* hat c einen festen Wert.

Bei *getakteter Abfertigung* sind die Taktzeiten gleichbleibend. Bei *stochastischer Abfertigung* schwanken die Taktzeiten zufallsabhängig um einen Mittelwert. Im allgemeinsten Fall schwanken Taktzeiten *und* Pulklänge um bestimmte Mittelwerte (s. *Abb. 9.2*).

4. Stetige Verbindungen
In einer stetigen Verbindung – auch *Streckenelement* genannt – können die Lade- oder Transporteinheiten den Transportweg vom Eingang bis zum Ausgang durchlaufen ohne anzuhalten. Zum Halt kommen die Einheiten auf einer stetigen

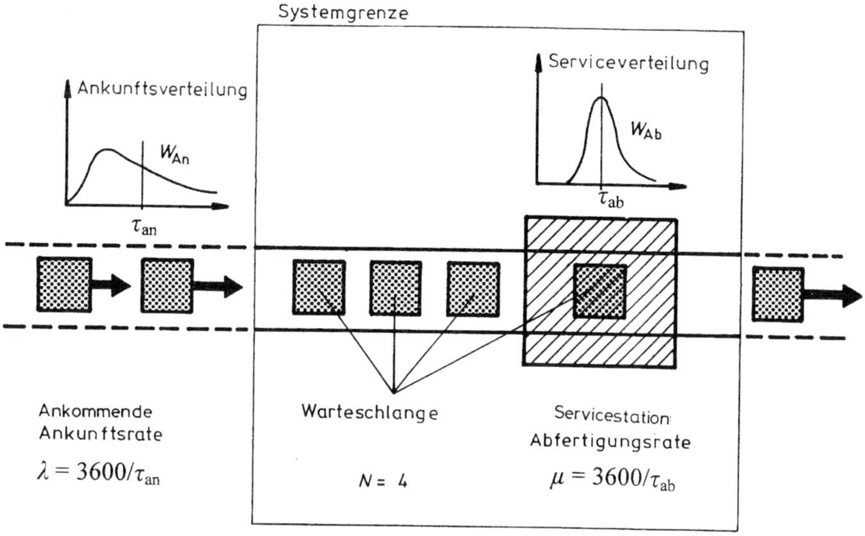

Abb. 13.3 Bedienungsstation oder Wartesystem vom Typ $W_{an}/W_{ab}/1$

W_{an}	Ankunftsverteilung
W_{ab}	Abfertigungs- oder Serviceverteilung
λ	Ankunftsrate oder Einlaufstrom
τ_{an}	Ankunftstaktzeit
μ	Abfertigungsrate oder Grenzleistung
τ_{ab}	Abfertigungs- oder Servicezeit

Transportverbindung nur bei einem *Rückstau* aus einem der nachfolgenden Elemente oder bei einer *Störung.*

Stetige Verbindungen in *Fördersystemen* zum Befördern von *Ladeeinheiten* oder *passiven Transporteinheiten* sind [29; 124; 127]:

Röllchenbahnen
Rutschen
Rollenbahnen
Gurtbänder (13.7)
S-Förderer
Kreisförderer.

Zur Illustration zeigt *Abb. 13.4* einen *S-Förderer,* der häufig als leistungsstarke Vertikalverbindung in Stetigfördersystemen für Paletten oder leichtes Stückgut eingesetzt wird.

Stetige Verbindungen in *Fahrzeugsystemen,* in denen *aktive Transporteinheiten* verkehren, wie Stapler, Schleppzüge, Hängebahnen, Kraftfahrzeuge oder Eisenbahnzüge, sind [115; 126]

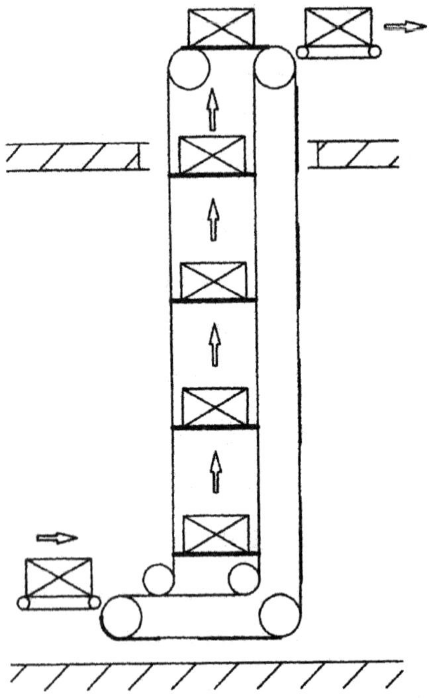

Abb. 13.4 Beispiel eines vertikalen Stetigförderers
S-Förderer für Pakete, Behälter oder Paletten

Fahrspuren
Fahrtrassen (13.8)
Schienen.

Ist $a_{\min}$ [m] der *minimale Endpunktabstand* von zwei aufeinander folgenden Lade- oder Transporteinheiten [TE] und v_S [m/s] die *aktuelle Fahrgeschwindigkeit* auf der Verbindungsstrecke, dann ist die Taktzeit auf der Transportstrecke

$$\tau_S = a_{\min} / v_S \qquad [\text{TE/h}]. \qquad (13.9)$$

Durch Einsetzen von Beziehung (13.9) in Beziehung (13.6) folgt die *Grenzleistungsformel für stetige Verbindungen*:

- Die *Grenzleistung einer stetigen Verbindung* mit der Fahrgeschwindigkeit v_S [m/s] und einem minimalen Endpunktabstand $a_{\min}$ [m] ist bei Einzeldurchfahrt

$$\boldsymbol{\mu = 3600 \cdot v_S / a_{\min}} \qquad \textbf{[TE/h].} \qquad (13.10)$$

Streckenelement	Ladeinheit LE	Endpunkt-abstand [m]	Geschwin-digkeit [m/s]	**Grenzleistung** **[LE/h]**
Rollenbahn	EURO-Palette	1,4	0,30	**771**
	Normbehälter	0,7	0,50	**2.571**
Tragkettenförderer	EURO-Palette	1,5	0,20	**480**
	Normbehälter	1,5	0,50	**1.200**
Bandförderer	EURO-Palette	1,5	0,30	**720**
	Normbehälter	0,7	0,80	**4.114**
Kreisförder	EURO-Palette	2,5	0,20	**288**
	Normbehälter	1,0	0,40	**1.440**
S-Förderer	EURO-Palette	2,0	0,20	**360**
	Normbehälter	0,6	0,40	**2.400**

Tab. 13.1 Grenzleistungen stetiger Verbindungselemente in Fördersystemen
Tabellenkalkulationsprogramm mit Formel (13.10)
EURO-Palette: l × b × h = 1.2000 × 800 × 1.800 mm
Normbehälter: l × b × h = 600 × 400 × 300 mm

Wenn die Verbindung von Pulks mit je c Transporteinheiten durchfahren wird, ist die rechte Seite von (13.10) mit c zu multiplizieren und für $a_{\text{min}}(c)$ der minimale Endpunktabstand der Pulks einzusetzen.

In *Fördersystemen* ist der minimale Endpunktabstand zweier aufeinander folgender Einheiten gleich der *Länge der Transporteinheiten* l_{TE} [m] plus einem geometrisch oder technisch bedingten *Konstruktionsabstand* l_{konstr} [m], der im günstigsten Fall gleich 0 ist [78]:

$$a_{\text{min}} = l_{\text{LE}} + l_{\text{konstr}} \qquad [\text{m}]. \qquad (13.11)$$

Tabelle 13.1 enthält die mit Hilfe der Beziehungen (13.10) und (13.11) aus den technischen Kenndaten errechneten Grenzleistungen der wichtigsten stetigen Verbindungselemente von *Fördersystemen* für Paletten und Behälter.

In *Fahrzeugsystemen* ist der minimale Endpunktabstand der Transporteinheiten abhängig von der Art der *Abstandsregelung*, der *Länge der Transporteinheiten* l_{TE} [m] und vom *Sicherheitsabstand* l_{sich} [m] zwischen den Transporteinheiten.

Um bei einem Unfall eines voranfahrenden Fahrzeugs einen Aufprall zu verhindern, muß der Sicherheitsabstand so groß sein wie die Länge des *Bremswegs* l_{br} [m]:

$$l_{sich} = l_{br} \qquad [\mathrm{m}]. \qquad (13.12)$$

Bei einer *Fahrzeuggeschwindigkeit* v_S [m/s], einer *Reaktionszeit* t_o [s] und einer maximal zulässigen *Notbremskonstanten* b_n^- [m/s²] ist der *Bremsweg* oder sogenannte *Bremsschatten*, der jedem Fahrzeug vorauseilt:

$$l_{br} = v_S \cdot t_0 + v_S^2 / 2b_n^- \qquad [\mathrm{m}]. \qquad (13.13)$$

Bei *aktiver Abstandsregelung* verhindert die Fahrzeugsteuerung oder der Fahrer durch rechtzeitiges Abbremsen, daß der Abstand zum voranfahrenden Fahrzeug, der durch Abstandmessung permanent kontrolliert wird, den Sicherheitsabstand unterschreitet. Daher ist in diesem Fall der *minimale Endpunktabstand* einzeln aufeinander folgender Transporteinheiten:

$$a_{min} = l_{TE} + v_S \cdot t_0 + v_S^2 / 2b_n^- \qquad [\mathrm{m}]. \qquad (13.14)$$

Bei *passiver Abstandsregelung* oder *Blockstreckenregelung* ist der Fahrweg in *Blockstrecken* unterteilt, deren Länge mindestens gleich der Länge der Transporteinheiten plus dem Bremsweg ist. Eine Blockstreckensteuerung hindert eine Transporteinheit solange an der Einfahrt in die nächste Blockstrecke, wie sich in dieser noch eine andere Transporteinheit befindet. Daher ist in diesem Fall der *minimale Endpunktabstand* einzeln aufeinander folgender Transporteinheiten

$$a_{min} = 2 \cdot l_{TE} + v_S \cdot t_0 + v_S^2 / 2b_n^- \qquad [\mathrm{m}]. \qquad (13.15)$$

Der Vergleich der Beziehungen (13.14) und (13.15) zeigt, daß der Mindestabstand bei passiver Abstandsregelung größer ist als bei aktiver Abstandsregelung. Daher ist die maximale Durchsatzleistung bei aktiver Abstandsregelung größer als mit einer Blocksteuerung.

Durch Einsetzen der Beziehung (13.14) für den minimalen Endpunktabstand in die allgemeine Grenzleistungsformel (13.10) folgt die *Grenzleistungsformel für Streckenelemente* in Fahrzeugsystemen:

- Die *Grenzleistung eines Streckenelements*, das von Transporteinheiten der *Länge* l_{TE} [m], die eine *Notbremskonstante* b_n^- [m/s²] und eine *Reaktionszeit* t_o [s] haben, mit einer *Fahrgeschwindigkeit* v_S [m/s] *einzeln* durchfahren wird, ist

$$\boldsymbol{\mu_S(v_S) = 3600 / (t_0 + l_{TE} / v_S + v_S / 2b_n^-)} \qquad [\mathbf{TE/h}]. \qquad (13.16)$$

In *Abb. 13.5* ist die mit Hilfe dieser Beziehung errechnete Geschwindigkeitsabhängigkeit der *Streckengrenzleistung* einer Fahrspur für Straßenfahrzeuge unter-

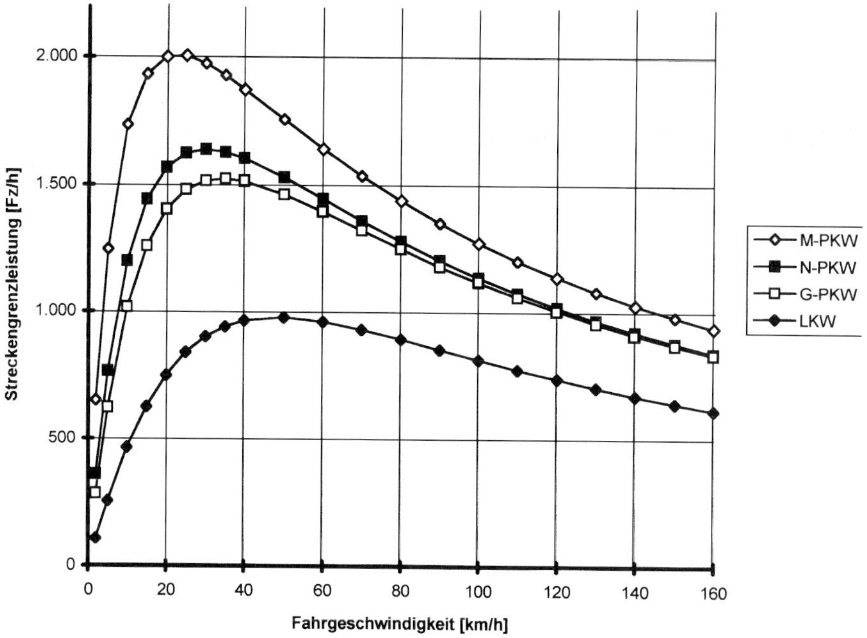

Abb. 13.5 Geschwindigkeitsabhängigkeit der Streckengrenzleistung einer Fahrsspur für Straßenfahrzeuge
M-PKW: Mini-PKW
N-PKW: Normal-PKW
G-PKW: Groß-PKW
LKW: Lastzug
Technische Kenndaten s. Tabelle 13.2

schiedlicher Länge dargestellt.[1] Hieraus geht hervor, daß die Streckengrenzleistung mit zunehmender Fahrgeschwindigkeit zunächst rasch ansteigt und nach Erreichen eines Maximums langsam wieder abfällt. Für kurze Fahrzeuge ist die optimale Grenzleistung deutlich größer als für lange Fahrzeuge. Allgemein folgt aus der Beziehung (13.16) der *Zusammenhang*:

- Die Grenzleistung eines Streckenelements ist von der Fahrgeschwindigkeit abhängig und hat ein Maximum bei der *durchsatzoptimalen Geschwindigkeit*

$$v_{Sopt} = \sqrt{2 \cdot l_{TE} \cdot b_n^-} \qquad [m/s]. \qquad (13.17)$$

1 Aus der Fahrschulregel, daß der Abstand zum vorherfahrenden Fahrzeug mindestens gleich der halben Tachoanzeige in Meter sein soll, ergibt sich – ohne Berücksichtigung der Fahrzeuglänge – mit Beziehung (13.10) eine geschwindigkeitunabhängige Durchsatzleistung pro Fahrspur von 2000 Fz/h. Messungen der Verkehrsleistung stark befahrener Straßen ergeben jedoch deutlich geringere Werte [128; 129].

Streckenelement	Fahzeug-Typ TE	Fahrzeug-länge [m]	Tot-zeit [s]	Optimale Geschwind. [m/s]	Notbrems-konstante [m/s²]	**Grenzleistung [TE/h]**
Hängebahnschiene	Elektrofahrzeug	1,5	0,5	1,2	0,5	**1.221**
FTS-Fahrtrasse	FTS-Fahrzeug	2,5	0,7	1,9	0,7	**1.067**
Fahrbahn	Schleppzug	8,0	1,0	4,0	1,0	**720**
Straßenfahrspur	Mini-PKW	2,5	1,0	6,3	8,0	**2.011**
	Normal-PKW	5,0	1,0	8,4	7,0	**1.640**
	Groß-PKW	6,5	1,0	8,8	6,0	**1.456**
	Lastzug	18,0	1,0	13,4	5,0	**977**

Tab. 13.2 Grenzleistungen von Streckenelementen in Fahrzeugsystemen

Tabellenkalkulationsprogramm mit Formeln (13.16) und (13.17)
1m/s = 3,6 km/h; 1km/h = 0,28 km/s

Die leistungsoptimale Geschwindigkeit steigt hiernach mit der Fahrzeuglänge und der Notbremskonstanten an. Sie liegt im Straßenverkehr – abhängig von den Anteilen der verschiedenen Fahrzeugtypen – bei ca. 30 km/h.

Aus der Abhängigkeit (13.16) ergibt sich die Möglichkeit einer *bedarfsabhängigen Leistungsregelung* durch Anpassung der Fahrgeschwindigkeit an den aktuellen Durchsatz. Diese *Optimierungsmöglichkeit* wird zum Beispiel im Straßenverkehr genutzt, indem auf viel befahrenen Strecken die Grenzleistung durch eine belastungsabhängige Geschwindigkeitsregelung der aktuellen Verkehrsbelastung angepaßt wird.

Die *Tabelle 13.2* enthält die Grenzleistungen der Streckenelemente verschiedener Fahrzeugsysteme, die sich mit Beziehung (13.16) bei der jeweils leistungsoptimalen Geschwindigkeit (13.17) aus den angegebenen technischen Kenndaten ergeben. Die leistungsoptimale Geschwindigkeit ist jedoch in der Regel nicht gleich der kostenoptimalen Geschwindigkeit [222].

5. Unstetige Verbindungen

Unstetige Verbindungen oder *Verbindungselemente* sind Stationen, in denen die Lade- oder Transporteinheiten von einem intermittierend arbeitenden *Umsetzelement* mit einer *Kapazität* c_U [LE oder TE] über einen Verbindungsweg der *Länge s* [m] befördert werden. Beispiele für *Verbindungselemente* sind

Verschiebewagen
Drehscheiben
Schwenktische
Umsetzer

Hub- und Senkstation (13.18)
Aufzüge
Shuttlefahrzeuge.

Auch *Transportfahrzeuge*, die an einem Beladeort starten, nach einem Fahrweg s den Entladeort erreichen und nach dem Entladen zum Ausgangsort zurückkehren, können zur Berechnung der maximalen Beförderungsleistung als Umsetzelement betrachtet werden.

Die minimale Taktzeit, mit der $c \leqq c_U$ Einheiten von einem Verbindungselement abgefertigt werden können, ist gleich der Summe der *Einlaufzeit* oder *Beladezeit* $t_{bel}(c)$, der doppelten *Wegzeit* $t_{weg}(s)$ des Umsetzelements für die Hin- und Rückfahrt und der *Auslaufzeit* oder *Entladezeit* $t_{ent}(c)$:

$$\tau_v(c;s) = t_{bel}(c) + 2 \cdot t_{weg}(s) + t_{ent}(c) \qquad [s]. \qquad (13.19)$$

Die *Wegzeit* für die Fortbewegung über eine Strecke der Länge s [m] mit einer *Maximalgeschwindigkeit* v_m [m/s] und der mittleren *Bremsbeschleunigungskonstanten* $b_m = 2\,b^+b^-/(b^++b^-)$ [m/s²] ist (s. *Abschnitt 16.10*):

$$\mathbf{t_{weg}(s) = MAX(2\sqrt{s/b_m}\,;\quad s/v_m + v_m/b_m)} \qquad \mathbf{[s].} \qquad (13.20)$$

Wegen des Zeitbedarfs für die Rückfahrt geht die Wegzeit (13.20) in die Taktzeit (13.19) doppelt ein.

Wenn s_{ein} der *Einlaufweg*, s_{aus} der *Auslaufweg* und die t_o die *Totzeit* für Schalt- und Reaktionsvorgänge ist, folgt mit Beziehung (13.20) für die *Einlaufzeit* $t_{ein}(c) = t_o + t_{weg}(s_{ein})$ und für die *Auslaufzeit* $t_{aus}(c) = t_o + t_{weg}(s_{aus})$, die für das Einlaufen bzw. Auslaufen der $c \leqq c_U$ Einheiten benötigt wird. Bei schubweiser Abfertigung sind der Einlaufweg und der Auslaufweg mindestens gleich der maximalen Länge $c{\cdot}l_{TE}$ eines Pulks. Wenn die c Ladeeinheiten nicht in einem Schub ver- und entladen werden, sind die Beladezeit und die Entladezeit größer als die Einlaufzeit und die Auslaufzeit eines Pulks.

Durch Einsetzen von (13.19) in Beziehung (13.6) folgt:

- Die *Grenzleistung* einer *unstetigen Verbindung*, eines *Verbindungselements* oder eines *Transportmittels*, das die *Ladekapazität* c_U, die *Beladezeit* $t_{bel}(c)$ und die *Entladezeit* $t_{ent}(c)$ hat und für einen *Verfahrweg* s die *Wegzeit* $t_{weg}(s)$ benötigt, ist bei Abfertigung von Schüben der mitteren Pulklänge $c \leqq c_U$

$$\boldsymbol{\mu_v(c;s) = 3600\,c\,/\,(t_{bel}(c) + 2t_{weg}(s) + t_{ent}(c))} \qquad \mathbf{[TE/h].} \qquad (13.21)$$

Die Abhängigkeit der Grenzleistung von der Länge des Verfahrwegs ist für das Beispiel eines Verteilerwagens für Paletten mit unterschiedlicher Kapazität in *Abb. 13.6* dargestellt. Die *Tabelle 13.3* enthält die Grenzleistungen weiterer unstetiger Verbindungen von Fördersystemen für Paletten und leichtes Stückgut, die mit Hilfe der Beziehung (13.21) aus den technischen Kenndaten berechnet wurden.

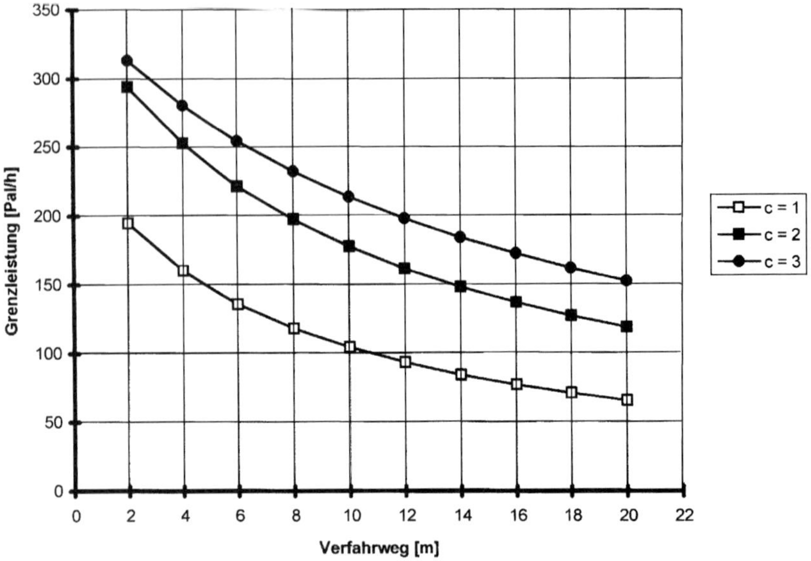

Abb. 13.6 Abhängigkeit der Grenzleistung eines Verteilerwagens von der Länge des Verfahrwegs

c Kapazität des Verteilerwagens [Pal], Technische Kenndaten s. Tabelle 13.3

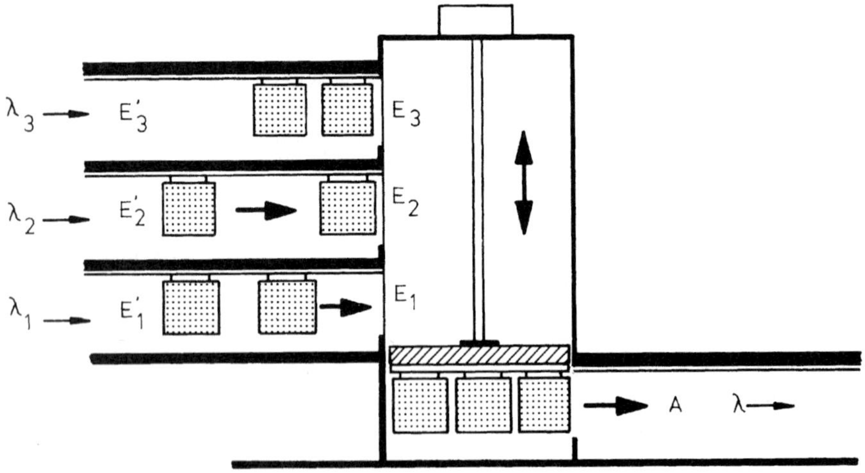

Abb. 13.7 Absenkstation einer Einschienenhängebahn mit einer Abfertigungskapazität für $c_A = 3$ Fahrzeuge

Verbindungselement	Ladeeinheit	Abfertigungs-kapazität	Ein- und Auslaufzeit	Geschwin-digkeit	Bremsbe-schleunigung	Verfahrweg	**Grenzleistung**
Lastaufnahme	LE	[LE/Fahrt]	[s]	[m/s]	[m/s²]	[m]	**[LE/h]**
Verschiebewagen	EURO-Pal	1	12,0	0,20	0,3	4,0	**68**
mit Rollenbahn oder Tragketten	EURO-Pal	2	20,0	0,20	0,3	4,0	**117**
	Behälter	2	6,0	0,50	0,5	4,0	**300**
mit Teleskopgabel	EURO-Pal	1	22,0	0,50	0,5	4,0	**90**
	EURO-Pal	1	22,0	0,50	0,5	8,0	**64**
Verteilerwagen	EURO-Pal	1	12,0	1,00	0,8	4,0	**160**
mit Rollenbahn oder Tragketten	EURO-Pal	1	12,0	1,00	0,8	8,0	**118**
	EURO-Pal	2	20,0	1,00	0,8	4,0	**236**
Hubstation	EURO-Pal	1	12,0	0,20	0,3	3,0	**83**
mit Rollenbahn oder Tragketten	EURO-Pal	1	12,0	0,20	0,3	6,0	**49**
	EURO-Pal	2	20,0	0,20	0,3	3,0	**140**
	Behälter	2	6,0	0,50	0,5	3,0	**360**

Tab. 13.3 Grenzleistungen unstetiger Verbindungselemente in Fördersystemen
Tabellenkalkulationsprogramm mit Formel (13.21)
EURO-Palette : $l \times b \times h = 1.200 \times 800 \times 1.800$ mm
Normbehälter: $l \times b \times h = 600 \times 400 \times 300$ mm

Aus Beziehung (13.21), der *Abb. 13.6* und den tabellierten Grenzleistungen ist ablesbar:

- Den stärksten Einfluß auf die Grenzleistung eines Verbindungselements oder Transportfahrzeugs haben die Ladekapazität und die Länge des Transportwegs.

Hieraus folgt, daß sich das Leistungsvermögen unstetiger Verbindungselemente und intermittierend arbeitender Förderelemente vor allem durch eine vergrößerte Ladekapazität c_U und eine Verkürzung des Transportwegs steigern läßt. Weitere Verbesserungsmöglichkeiten sind die Verkürzung der Be- und Entladezeiten, größere Brems- und Beschleunigungswerte und – bei größeren Entfernungen – eine höhere Fahrgeschwindigkeit.

6. Verzweigungs- und Zusammenführungselemente

Wie das Beispiel der in *Abb. 13.7* dargestellten Absenkstation einer Hängebahn zeigt, haben die unstetigen Verbindungen (13.18) in vielen Fällen mehrere Eingänge oder mehrere Ausgänge. Dann sind sie *Verzweigungselemente*, *Zusammenführungselemente* oder *Transportelemente höherer Ordnung*.

Verzweigungselemente sind Transportelemente der Ordnung 3 vom Typ (1;2) mit einem Eingang und zwei Ausgängen, die einen *Einlaufstrom* $\lambda_E = \lambda_{A1} + \lambda_{A2}$

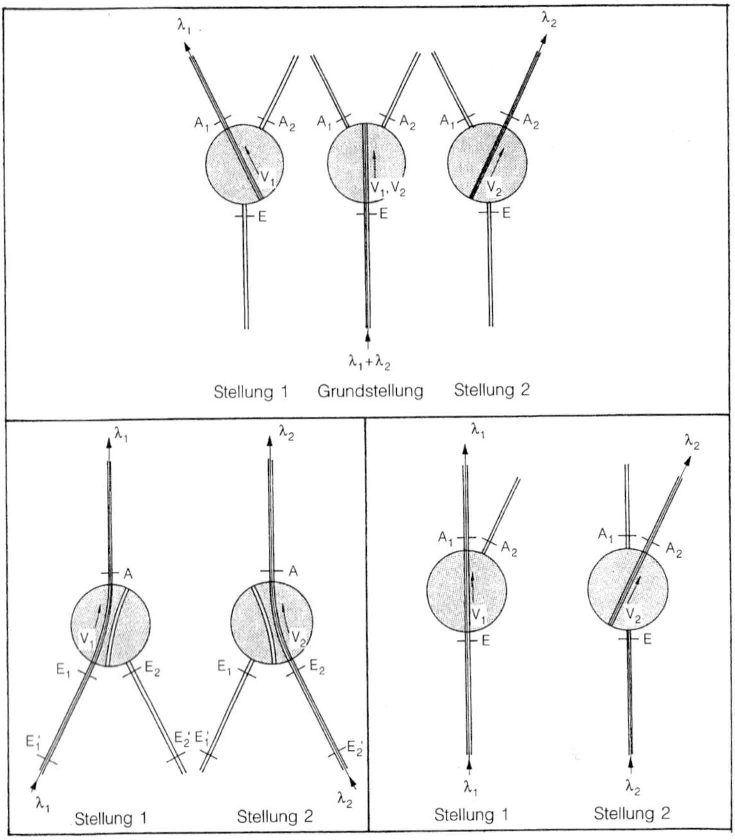

Abb. 13.8 Unstetige, halbstetige und stetige Verzweigungs- und Zusammenführungselemente einer Hängebahn

in zwei *partielle Auslaufströme* λ_{A1} und λ_{A2} aufteilen. Beispiele für Verzweigungselemente sind

Weichen
Schwenktische
Drehscheiben (13.22)
Fahrbahnverzweigungen
Umsetzer

sowie die alle Verbindungslemente (13.18) mit zwei Ausgängen.

Zusammenführungselemente sind Transportelemente der Ordnung 3 vom Typ (2;1) mit zwei Eingängen und einem Ausgang, die zwei *partielle Einlaufströme* λ_{E1} und λ_{E2} zu einem *Auslaufstrom* $\lambda_A = \lambda_{E1} + \lambda_{E2}$ vereinigen. Beispiele für Zusammenführungselemente sind die in umgekehrter Richtung arbeitenden Verzweigungselemente (13.18) und (13.22).

Die *Abb. 13.8* zeigt die Verzweigungs- und Zusammenführungselemente einer *Hängebahn*. Hieraus ist ersichtlich, daß es *stetige*, *halbstetige* und *unstetige* Verzweigungselemente und Zusammenführungselemente gibt, abhängig davon ob die Verbindungen in die Verzweigungs- und Zusammenführungsrichtungen *stetig* oder *unstetig* sind.

Bei den unstetigen Verbindungsrichtungen ist die Umschaltzone ein intermittierend arbeitendes *Umschaltelement*, das – wie in *Abb. 13.7* dargestellt – eine bestimmte *Kapazität* $c_U \geqq 1$ hat und $c \leqq c_U$ gleichzeitig einlaufende Einheiten zu einem Auslaufpunkt umsetzt.

Die technisch maximal durchsetzbaren partiellen Ströme sind die *partiellen Grenzleistungen* μ_1 und μ_2, die bei schubweiser Abfertigung von der mittleren Pulklänge $c \leqq c_U$ abhängen. Für stetige Verbindungsrichtungen läßt sich die partielle Grenzleistung mit Hilfe der Beziehungen (13.10) und (13.16) und für unstetige Verbindungsrichtungen mit Hilfe von Beziehung (13.21) aus den technischen Kenndaten berechnen.

Bei mehr als zwei Ausgängen wird aus einem Verzweigungselement ein *Verteilerelement*; mit mehr als zwei Eingängen ist ein Zusammenführungselement ein *Sammelelement*. Diese speziellen Transportlemente höherer Ordnung sind ebenfalls in *Abb. 13.1* dargestelt.

7. Transportelemente höherer Ordnung

Beispiele für Transportelemente höherer Ordnung mit $n > 2$ Eingängen und/oder $m > 2$ Ausgängen sind:

Verteilerwagen
Drehscheiben
Aufzüge
Hub- und Senkstationen (13.23)
Regalbediengeräte
Krane
Kreuzungen
Kreuzungsweichen
Mehrfachweichen.

Zwischen den n Eingängen E_i und den m Ausgängen A_j eines Transportelements höherer Ordnung fließen durch stetige oder unstetige Verbindungen $n \cdot m$ partielle Ströme λ_{ij}.

Die *Partialströme* λ_{ij} laufen, wie in *Abb. 13.9* dargestellt, als Bestandteile der n Einlaufströme

$$\lambda_{Ei} = \sum_j \lambda_{ij} \quad . \tag{13.24}$$

in die Umschaltzone ein und werden dort umgewandelt in die m Auslaufströme

$$\lambda_{Ai} = \sum_i \lambda_{ij} \quad . \tag{13.25}$$

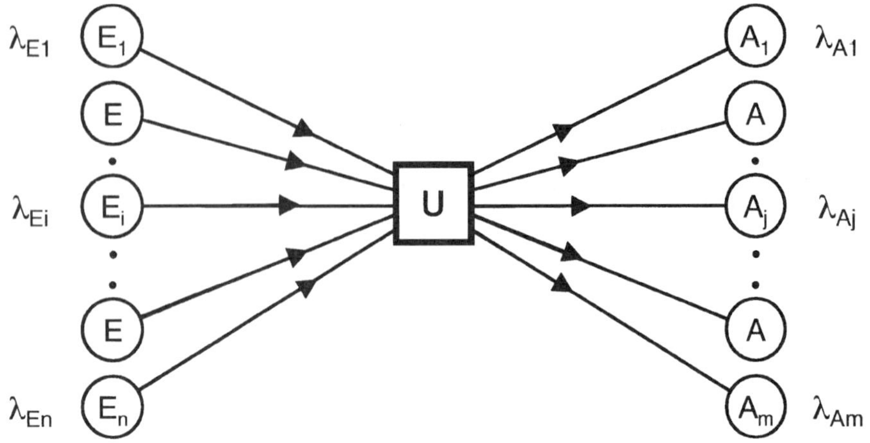

Abb. 13.9 Irreduzibler Transportknoten (Transportelement) der Ordnung $o = n + m$ vom Typ (n,m)

Der *Gesamtstrombelastung* des Transportelements ist also

$$\lambda = \sum_{ij} \lambda_{ij} = \sum_{i} \lambda_{Ei} = \sum_{j} \lambda_{Aj} \ . \tag{13.26}$$

Für die maximalen Durchsatzleistungen in den verschiedenen Verbindungen des Transportelements gilt das *partielle Grenzleistungsgesetz*:

- Jeder *Partialsstrom* λ_{ij} ist nach oben begrenzt durch die *partielle Grenzleistung* λ_{ij} der entsprechenden Verbindung $E_i \rightarrow A_j$

$$\lambda_{ij} \leqq \mu_{ij} \tag{13.27}$$

Das partielle Grenzleistungsgesetz besagt, daß alle *partiellen Stromauslastungen* kleiner als 100 % sein müssen, daß also

$$\rho_{ij} = \lambda_{ij} / \mu_{ij} \leqq 1 \qquad \text{für alle i und j.} \tag{13.28}$$

Wie bei den Verzweigungen und Zusammenführungen lassen sich die Transportelemente entsprechend den vorkommenden Verbindungsarten einteilen in *stetige, teilstetige* und *unstetige Transportelemente.* Die partiellen Grenzleistungen sind für die stetigen Verbindungsrichtungen mit Hilfe der Beziehungen (13.10) oder (13.16) und für die unstetigen Verbindungsrichtungen mit Hilfe von Beziehung (13.21) zu berechnen.

Ein Transportelement wird nicht nur durch die Partialströme ausgelastet, sondern auch durch die *Wechselzeiten*, die beim Funktionswechsel von einer Verbindung zu einer anderen Verbindung auftreten:

- Die *Wechselzeit* oder *Zwischenzeit* $z_{ij\,kl}$ [s] ist die Zeit, die bei Funktionswechsel eines Transportelements von einer Verbindung $E_i \rightarrow A_j$ zu einer anderen

Verteilerelement Sammelelement	Ladeeinheiten-Typ LE	Abfertigungs-Kapazität [LE]	Verfahrweg [m]	Umschaltzeit [s]	**Grenzleistungen** Durchlauf [LE/h]	Abzweig [LE/h]
Rollenbahn-Drehtisch-Rollenbahn	EURO-Paletten	1	2,0	0,0	**600**	**140**
	EURO-Paletten	2	2,0	0,0	**600**	**210**
	Normbehälter	1	1,0	0,0	**3.000**	**300**
	Normbehälter	2	1,0	0,0	**3.000**	**450**
Rollenbahn-Hubtisch-Tragkette	EURO-Paletten	1	0,0	0,0	**650**	**180**
	Normbehälter	1	0,0	0,0	**3.000**	**450**
Rollenbahn-Verschiebewagen	EURO-Paletten	1	4,0	0,0	**700**	**70**
	Normbehälter	1	1,5	0,0	**3.000**	**220**
	Normbehälter	2	1,5	0,0	**3.000**	**400**
Rollenbahn-Weiche-Rollenbahn	Normbehälter	1	0,0	9,0	**1.800**	**1.800**
Rollenbahn-Gurttransfer-Rollenbahn	Normbehälter	45 Grad	0,0	1,7	**3.000**	**2.700**
Rollenbahn-Bandabweiser-Rollenbahn	Normbehälter	45 Grad	0,0	1,8	**3.000**	**2.320**
Rollenbahn-Kettenausschleuser	Normbehälter	90 Grad	0,0	0,0	**3.000**	**1.360**
	Normbehälter	45 Grad		0,0	**3.000**	**2.700**
Rollenbahn-Puscher-Rollenbahn	Normbehälter	1	0,0	0,0	**2.400**	**600**

Tab. 13.4 Grenzleistungen von Verteiler- und Sammelelementen in Paletten- und Behälterfördersystemen

EURO-Palette: $l \times b \times h = 1.200 \times 800 \times 1.800$ mm
Normbehälter: $l \times b \times h = 600 \times 400 \times 300$ mm

Verbindung $E_k \rightarrow A_l$ zwischen dem Einlauf der letzten Einheit des Stroms λ_{ij} und dem frühest möglichen Auslauf der ersten Einheit des Stroms λ_{kl} verlorengeht.

Die Wechselzeit der Transportelemente entspricht der *Rüstzeit*, die bei einem Funktionswechsel einer Produktionsstelle oder einer Elementarstation auftritt.

Die Wechselzeit zwischen zwei stetigen Verbindungsrichtungen ist gleich der *Räum- und Schaltzeit*, die zwischen dem Einlauf der letzten Einheit einer Richtung und dem Auslauf der ersten Einheit der nächsten Richtung benötigt wird.

Bei einer Drehweiche, wie sie *Abb. 13.8* zeigt, ist die Wechselzeit gleich der Drehzeit des Weichentellers in die neue Durchlaßrichtung plus der Fahrzeit für den Weg vom Einlaufpunkt zum Auslaufpunkt. Bei einer einspurigen Fahrstrecke mit Gegenverkehr, wie sie an Baustellen häufig vorkommt, ist die Wechselzeit gleich der Zeit zwischen der Einfahrt des letzten Fahrzeugs in der einen Richtung und der Ausfahrt des ersten Fahrzeugs der Gegenrichtung.

Die Wechselzeit zwischen zwei unstetigen Verbindungsrichtungen ist 0, wenn sie in den Schatten der Taktzeit (13.19) fällt.

In *Tabelle 13.4* sind die Grenzleistungen und Wechselzeiten einiger Transportelemente von Paletten- und Behälterfördersystemen angegeben.

Wenn $\nu_{ij\,kl}$ [1/h] die *Umschaltfrequenz* zwischen den Verbindungen $E_i \to A_j$ und $E_k \to A_l$ ist, geht pro Stunde, also pro 3.600 s, insgesamt die Zeit $\nu_{ij\,kl} \cdot z_{ij\,kl}$ [s] für das Wechseln verloren. Hieraus folgt:

- Die *Wechselzeitbelastung* eines Transportelements mit den *Wechselzeiten* $z_{ij\,kl}$ [s] und den *Umschaltfrequenzen* $\nu_{ij\,kl}$ [1/h] ist

$$\rho_w = \sum_{ij} \sum_{kl} \nu_{ij\,kl} \cdot z_{ij\,kl} / 3600. \qquad (13.29)$$

Wahrend der Wechselzeitbelastung (13.29) kann eine Station nicht für die eigentlich benötigte Durchsatzfunktion genutzt werden.

13.3 Abfertigungsstrategien

Im Gegensatz zu den Grenzleistungen und Wechselzeiten, die konstruktionsabhängig und daher nur schwer veränderbar sind, lassen sich die Umschaltfrequenzen während des Betriebs durch geeignete *Abfertigungsstrategien* verändern und dem Bedarf anpassen:

- Eine *Abfertigungsstrategie* regelt, in welcher *Anzahl* und *Priorität* die einlaufenden Einheiten abgefertigt und auf die verschiedenen Ausgangsrichtungen verteilt werden.

Wie fast alle Strategien in der Logistik ergeben sich die Abfertigungsstrategien aus den drei Grundstrategien *Bündeln*, *Ordnen* und *Sichern* und ihren *Gegenstrategien* (s. *Abschnitt 5.2*). Mit einer Abfertigungsstrategie lassen sich unterschiedliche *Ziele* verfolgen, wie:

- *Auslastungsziele*

  maximale Auslastung der Station (13.30)

- *Leistungsziele*

  maximaler Durchsatz in allen Verbindungsrichtungen (13.31)
  maximaler Durchsatz für bestimmte Verbindungsrichtungen

- *Zeitziele*

  minimale Abfertigungszeiten für alle Verbindungsrichtungen (13.32)
  minimale Abfertigungszeiten für bestimmte Verbindungsrichtungen

- *Stauziele*

  minimale Warteschlangen und Wartezeiten (13.33)
  kein Blockieren vorangehender Stationen

- *Sicherheitsziele*

  größtmögliche Störungs- und Ausfallsicherheit
  maximale Verkehrssicherheit (13.34)
  minimale Unfallgefahr für personenbesetzte Fahrzeuge.

Diese Ziele sind in der Regel nicht kompatibel und lassen sich nicht durch die gleichen Strategien erreichen. Daher müssen die angestrebten Ziele vor der Auswahl der Abfertigungsstrategien klar definiert und in ihrer Rangfolge festgelegt werden (s. *Kapitel 5.1*).

Die Auswirkung der verschiedenen Abfertigungsstrategien auf die maximal möglichen Durchsatzleistungen einer Elementarstation oder eines Transportelements lassen sich mit Hilfe der *Grenzleistungsgesetze* quantifizieren.

1. Auslastungsstrategien

Wenn die *Abfertigungskapazität* eines Transportelements $c_U > 1$ ist, können bis zu c_U Einheiten gleichzeitig abgefertigt werden. Für Stationen mit $c_U > 1$ muß daher die Anzahl der Einheiten, die in einem Pulk in die Abfertigungs- oder Umschaltzone einlaufen, durch eine *Auslastungs-* oder *Bündelungsstrategie* geregelt werden. Mögliche Auslastungsstrategien sind:

- *Einzelabfertigung*: Die ankommenden Einheiten laufen nacheinander einzeln in die Abfertigungs- oder Umschaltzone, werden dort *einzeln* abgefertigt und in die geforderte Auslaufrichtung umgesetzt.
- *Konstante Pulkabfertigung*: Die ankommenden Einheiten laufen in Schüben *gleicher Pulklänge* $c \leqq c_U$ in die Abfertigungs- oder Umschaltzone, werden dort *gemeinsam* abgefertigt und in die geforderte Auslaufrichtung umgesetzt
- *Variable Pulkabfertung*: Die ankommenden Einheiten laufen in Schüben *wechselnder Pulklänge* $c \leqq c_U$ in die Abfertigungs- oder Umschaltzone, werden dort *gemeinsam* abgefertigt und in die geforderte Auslaufrichtung umgesetzt.

Eine *Einzelabfertigung* ist unvermeidlich, wenn die Abfertigungs- oder Umschaltzone zu einer Zeit nur eine Einheit aufnehmen und abfertigen kann. Sie hat den Vorteil minimaler Abfertigungszeit aber den Nachteil einer geringeren Grenzleistung.

Die maximale Auslastung einer Station mit einer Aufnahmekapazität $c_U > 1$ wird mit der *konstanten Pulkabfertigung* erreicht, wenn $c = c_U$ ist. Bei geringer Strombelastung führt diese Strategie jedoch dazu, daß die ersten eintreffenden Einheiten länger warten müssen, bevor die zur Vollauslastung geforderten c Einheiten aufgelaufen sind. Die Folge sind also lange effektive Durchlaufzeiten. Wenn jede Abfertigung mit Kosten verbunden ist, wird jedoch mit der Abfertigung maximaler Pulklängen Geld gespart.[2]

Um längere Wartezeiten zu vermeiden und die effektiven Durchlaufzeiten gering zu halten, wird eine Station mit einer Kapazit $c_U > 1$ besser nach der Strategie der *variablen Pulkabfertigung* betrieben. Nach jeder Abfertigung werden aus der nächsten vorgegeben Einlaufrichtung die inzwischen eingetroffenen $c \leqslant c_U$ Einheiten abgefertigt. Mit dieser Regelung wird die Station mit zunehmender Belastung immer höher ausgelastet.

Bei niedriger Belastung ist allerdings mit dieser Strategie die Auslastung gering. Dafür aber sind die effektiven Durchlaufzeiten erheblich kürzer als bei der konstanten Pulkabfertigung. Im Vergleich zur Einzelabfertigung aber sind die Durchlaufzeiten auch bei der variablen Pulkabfertigung länger, da für den Ein- und Auslauf und meist auch für die Bearbeitung und das Umsetzen von mehr als einer Einheit mehr Zeit benötigt wird als für eine einzelne Einheit.

2. Vorfahrtstrategien

Bei Stationen mit mehr als einem Eingang muß zusätzlich zur Pulklänge die *Priorität* der Abfertigung geregelt sein. Zur Prioritätsregelung von Elementarstationen und Transportelementen sind folgende *Ordnungsstrategien* oder *Vorfahrtregelungen* geeignet:

- *Gleichberechtigte Abfertigung* (*First-Come-First-Served FCFS*): Die ankommenden Einheiten werden in der Reihenfolge ihres Eintreffens abgefertigt.
- *Einfache Vorfahrt* (z.B. *Vorfahrtstraße*): Die Einheiten aus einer nachberechtigten Einlaufrichtung dürfen nur in die Abfertigungzone einlaufen, wenn zwischen zwei aufeinander folgenden Einheiten aus den bevorrechtigten Richtungen eine ausreichend große *Grenzzeitlücke* (13.37) vorkommt.
- *Absolute Vorfahrt* (z.B. *Stopstraße*): Alle Einheiten aus einer nachberechtigten Einlaufrichtung müssen an ihrem Einlaufpunkt anhalten und warten, bis zwischen zwei aufeinander folgenden Einheiten aus den bevorrechtigten Richtungen eine ausreichend große *Grenzzeitlücke* vorkommt.

Beide Vorfahrtstrategien setzen eine Priorisierung der Einlaufrichtungen in einer *Vorfahrtsrangfolge* voraus:

$$\lambda_{E1} \text{ vor } \lambda_{E2} \text{ vor } \lambda_{E3} \text{ vor } \lambda_{E4} \text{ vor } \ldots\ldots \text{ vor } \lambda_{En} . \tag{13.35}$$

Bei der Zusammenführung von zwei Strömen wird der vorfahrtberechtigte Strom als *Hauptstrom* λ_H und der benachteiligte Strom als *Nebenstrom* λ_N bezeichnet. Dann gilt:

$$\lambda_H \quad \text{vor} \quad \lambda_N . \tag{13.36}$$

Das heißt nicht, daß der Nebenstrom kleiner als der Hauptstrom ist.

Damit mindestens eine Nebenstromeinheit ohne Behinderung des Hauptstroms einlaufen kann, muß der Zeitabstand zwischen zwei Einheiten des Hauptstroms größer sein als die Summe der minimalen Taktzeiten von Hauptstrom und Nebenstrom und der Wechselzeiten vom Hauptstrom zum Nebenstrom und wieder zurück. Die benötigte *Grenzzeitlücke* ist daher:

2 Das Dilemma ist jedem Reisenden bekannt, der schon einmal auf eine Fähre oder ein Fahrzeug getroffen ist, das erst abfährt, wenn genügend Passagiere da sind.

$$t_{\text{grenz}} = \tau_H + \tau_N + z_{HN} + z_{NH} = \tau_H + \tau_N + z. \qquad (13.37)$$

Bei absoluter Vorfahrt ist die *Gesamtwechselzeit* $z = z_{HN} + z_{NH}$ um die *Brems-* und *Anfahrzeit* der haltenden Nebenstromeinheit größer als die Gesamtwechselzeit der einfachen Vorfahrt.

Mit der einfachen und der absoluten Vorfahrt wird zu Lasten der Gesamtdurchsatzleistung und auf Kosten der effektiven Durchlaufzeiten der nachberechtigten Richtungen für die bevorrechtigten Richtungen eine kürzere Durchlaufzeit erreicht. Die absolute Vorfahrt bietet gegenüber den beiden anderen Vorfahrtregelungen eine größere Funktionssicherheit und gewährleistet im Straßenverkehr eine geringere Unfallgefahr.

Von den drei Vorfahrtstrategien ist die einfache Vorfahrt mit dem geringsten Aufwand zu realisieren. Wegen der erforderlichen Messung der Grenzzeitlücke ist die steuerungstechnische Realisierung der absoluten Vorfahrt in der Regel aufwendiger und mit höheren Kosten verbunden. Für die gleichberechtigte Abfertigung besteht bei hoher Strombelastung das Problem, die Anzahl und die Ankunftszeiten der wartenden Einheiten zu erfassen.

3. Steuerungsstrategien

Die größtmögliche Sicherheit gegen Störungen und Unfälle bieten die *Steuerungsstrategien*:

- *Konstante zyklische Abfertigung* (*Feste Ampelregelung*): Jede Einlaufrichtung E_i wird mit der *Bedienungsfrequenz* ν_i [1/h] für eine *gleichbleibend lange Zykluszeit* T_{Zi} [s] geöffnet, in der nur die Einheiten aus dieser Richtung abgefertigt werden.
- *Flexible zyklische Abfertigung* (*Flexible Ampelregelung*): Jede Einlaufrichtung E_i wird mit der *Bedienungsfrequenz* ν_i [1/h] für eine *bedarfsabhängige Zykluszeit* $T_{Zi}(\lambda_i)$ [s] geöffnet, in der nur die Einheiten aus dieser Richtung abgefertigt werden.

Strategieparameter der zyklischen Abfertigung sind die *Bedienungsfrequenzen*, die *Zykluszeiten* und die *Reihenfolge* der Einlaufrichtungen innerhalb eines Gesamtzyklus. Wenn jede Einlaufrichtung E_i pro Zyklus n_i mal bedient wird, ist die *Gesamtzykluszeit*:

$$T_Z = \sum_i n_i \cdot T_{zi} \qquad [s]. \qquad (13.38)$$

Damit ist die *Gesamtbedienungsfrequenz*

$$\nu_Z = 3600 / T_Z \qquad [1/h]. \qquad (13.39)$$

und die Bedienungsfrequenz der Einlaufrichtung E_i

$$\nu_i = n_i \cdot \nu_z \qquad [s]. \qquad (13.40)$$

Die zyklische Abfertigung gewährleistet im Vergleich zu den Vorfahrtstrategien die größte Störungssicherheit und die geringste Unfallgefahr. Sie ist jedoch mit einer Leistungseinbuße verbunden, die von den *Umschaltfrequenzen* und den *Wechselzeiten* abhängt.

Aus den Beziehungen (13.29), (13.38) und (13.39) ist ablesbar:

- Mit kurzen Zykluszeiten lassen sich hohe Bedienungsfrequenzen und kurze Wartezeiten erreichen, dafür aber ist der Leistungsverlust hoch.
- Mit längeren Zykluszeiten vermindert sich der Leistungsverlust, zugleich aber sinken die Bedienungsfrequenzen und steigen die Wartezeiten an.

Die steuerungstechnische Realisierung der zyklischen Abfertigung ist aufwendiger und teurer als für die Vorfahrtstrategien. Wegen der erforderlichen Messung der Strombelastungen und der Regelung der Frequenzen ist die flexible Ampelregelung noch aufwendiger als die feste Ampelregelung.

Ein wesentlicher Nachteil der zyklischen Abfertigung sind die systematischen *Warteschlangen*, die sich während der *Sperrzeiten* auf den Zulaufstrecken bilden. In der Sperrzeit können die Warteschlangen bis in voranliegende Stationen anwachsen und diese blockieren, wenn die Zykluszeiten aufeinander folgender Stationen nicht synchronisiert sind.

4. Parallel- und Reihenbetriebsstrategien

Außer durch geeignete Abfertigungsstrategien für die einzelnen Stationen lassen sich Leistungsvermögen, Durchlaufzeiten und Betriebskosten eines Systems, das aus parallelen und nacheinander geschalteten Stationen besteht, durch übergreifende *Systemstrategien* optimieren. Eine Systemstrategie regelt die Belastung und den Funktionsablauf *mehrerer Stationen*.

Für die unterschiedlichen Logistiksysteme, wie die Umschlag-, Transport-, Lager- und Kommissioniersysteme, gibt es eine Vielzahl *spezieller Systemstrategien*, die in den nachfolgenden Kapiteln behandelt werden. In fast allen Leistungs- und Logistiksystemen aber kommen die folgenden Parallel- und Reihenbetriebsstrategien zum Einsatz.

Wenn in einem System, wie in *Abb. 13.10* dargestellt, nach einer Verzweigungsstelle mehrere Abfertigungsstationen oder Prozeßketten zur Auswahl stehen, die alle die gleiche Funktion bieten, das gleiche Ergebnis erzeugen oder zum selben Ziel führen, sind – abgesehen vom reinen Zufallsbetrieb ohne Strategie – folgende *Parallelbetriebsstrategien* möglich

- *Zyklische Einzelzuweisung*: Die ankommenden Einheiten werden in zyklischer Folge einzeln auf die parallelen Stationen oder Prozeßketten verteilt.
- *Zyklische Pulkzuweisung*: Die ankommenden Einheiten werden in zyklischer Folge pulkweise auf die parallelen Stationen oder Prozeßketten verteilt, wobei die Pulklänge konstant oder auslastungsabhängig sein kann.
- *Auslastungsabhängige Einzelzuweisung*: Die ankommenden Einheiten werden jeweils der Station oder Prozeßkette zugewiesen, die zum Zeitpunkt des Eintreffens am geringsten ausgelastetet ist und daher die kürzeste Warteschlange hat.
- *Auslastungsabhängiges Auffüllen*: Die ankommenden Einheiten werden der ersten Station mit freier Staukapazität zugewiesen. Bei ansteigendem Zustrom werden nacheinander weitere Stationen hinzugenommen. Bei abnehmendem Strom werden Stationen geräumt.

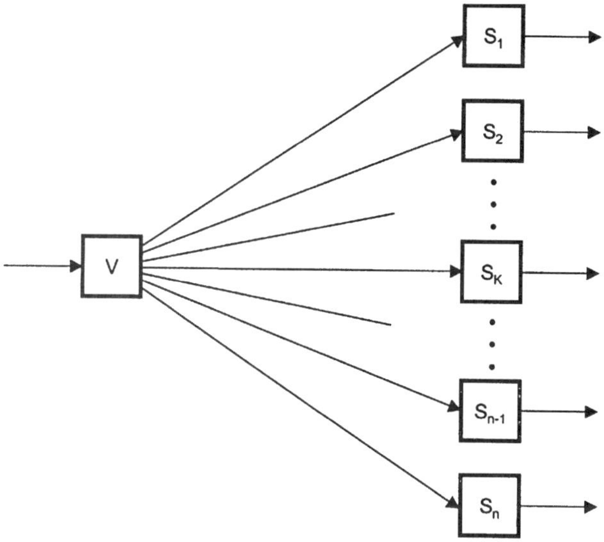

Abb. 13.10 Parallele Abfertigungsstationen oder Leistungsketten
V : Verzweigungs- und Zuteilungsstelle
S_k Abfertigungsstation oder Prozeßketteneingang

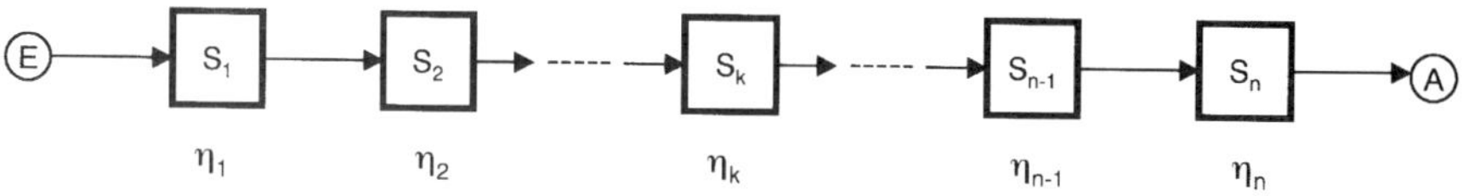

Abb. 13.11 Einfache Leistungskette, Logistikkette oder Transportkette
S_k Stationen (Leistungsstellen, Abfertigungsstationen, Transportelemente)
η_k Funktionssicherheiten (Zuverlässigkeit oder Verfügbarkeit)

Für die Steuerung des Durchlaufs der Einheiten durch eine Prozeßkette, Logistikkette oder Transportkette, die – wie in *Abb. 13.11* dargestellt – aus einer Reihe aufeinander folgender Stationen besteht, gibt es die *Reihenbetriebsstrategien*:

- *Freier Durchlauf*: Die ankommenden Einheiten laufen unabhängig voneinander auf die einzelnen Stationen zu und werden dort nach den zuvor beschriebenen Abfertigungsstrategien abgefertigt.
- *Gedrosselter Einzeldurchlauf*: Stochastisch verteilt ankommende Einheiten, deren zeitlicher Abstand τ_E kleiner ist als die längste Abfertigungszeit τ_{max} der Stationen in der Leistungskette, werden von einer *Einlaßdrossel* erst durchgelassen, wenn $\tau_E = \tau_{max}$ ist.
- *Gedrosselter Pulkdurchlauf (Engpaßbelegung)*: Die ankommenden Einheiten werden von einer *Einlaßstelle* in Pulks gruppiert, deren Länge c_E gleich der

maximalen Abfertigungskapazität c_{max} und deren zeitlicher Abstand τ_E gleich der längsten Abfertigungszeit τ_{max} in der Prozeßkette ist.

- *Geregelter Durchlauf* („Grüne Welle"): Die Zykluszeiten der aufeinander folgenden Stationen der Prozeßkette sind so aufeinander abgestimmt, daß ein längerer Pulk von Einheiten die gesamte Kette ohne Halt durchlaufen kann [128; 130].

Die Parallel- und Reihenbetriebsstrategien haben unterschiedliche Auswirkungen auf die Leistung, die Durchlaufzeiten, die Funktionssicherheit und die Prozeßkosten. Die Auswahl unter den möglichen Strategien hängt daher von der Zielsetzung und den Prioritäten ab. Hierzu ist eine sorgfältige Analyse und Quantifizierung der *Strategieeffekte* erforderlich, die mit Hilfe der folgenden Grenzleistungs- und Staugesetze möglich ist [75; 79].

13.4 Grenzleistungsgesetze

Damit eine Elementarstation oder ein Transportelement die benötigten Abfertigungs- und Durchsatzleistungen erbringen kann und vor keinem der Einlaufpunkte ein endloser Stau anwächst, muß die *Gesamtauslastung* ρ, die gleich der Summe der partiellen *Stromauslastungen* und der *Wechselzeitbelastung* ist, zu allen Betriebszeiten kleiner als 1 sein:

$$\rho = \sum_{ij} \rho_{ij} + \rho_W < 1. \tag{13.41}$$

Durch Einsetzen von Beziehung (13.28) für ρ_{ij} und von Beziehung (13.29) für ρ_W folgt hieraus das *allgemeine Grenzleistungsgesetz*:

- Notwendige Bedingung für die Leistungsfähigkeit einer Elementarstation oder eines Transportelements mit den partiellen *Grenzleistungen* λ_{ij} [LO/h] und den *Umschaltzeiten* $z_{ij\,kl}$ [s], das von den Partialströmen λ_{ij} [LO/h] durchflossen und mit den Umschaltfrequenzen $\nu_{ij\,kl}$ [1/h] umgeschaltet wird, ist

$$\rho = \sum_{i=1}^{n} \sum_{j=1}^{m} \lambda_{ij} / \mu_{ij} + \sum_{i,k=1}^{n} \sum_{j,l=1}^{m} \nu_{ij\,kl} \cdot z_{ij\,kl} / 3600 \quad < \quad 1. \tag{13.42}$$

Das Grenzleistungsgesetz (13.42) ist eine notwendige Funktionsbedingung für alle Stationen und Transportelemente, in deren Abfertigungs- und Umschaltzone sich zu gleicher Zeit nur die Einheiten *einer* Verbindungsrichtung befinden dürfen. Wenn die Abfertigungs- und Umschaltzone den gleichzeitigen Durchlauf der Ströme aus mehr als einer Einlaufrichtung zuläßt, erstrecken sich die Summen in Beziehung (13.42) nur über die Einlaufrichtungen, deren Ströme nicht gleichzeitig fließen können.

Für Abfertigungsstationen und Transportelemente, deren Abfertigungs- und Umschaltzone eine *Kapazität* $c_U > 1$ hat, setzen sich die Partialströme λ_a zusammen aus Stromanteilen $\lambda_a(c)$ mit *richtungsreinen Schüben* der Länge $c = 1, 2, \ldots, c_U$.

Die partielle Auslastung $\rho_a = \lambda_\alpha/\lambda_\alpha$ in der Grenzleistungsbeziehung (13.42) ist in diesem Fall gleich der Summe

$$\lambda_a / \mu_a = \sum_{c=1}^{c_U} \lambda_a(c) / \mu_a(c) \qquad \text{mit } \alpha = \text{i,j}. \tag{13.43}$$

Die von der Pulklänge abhängigen partiellen Grenzleistungen $\lambda_\alpha(c)$ lassen sich mit Hilfe der vorangehenden Beziehungen berechnen.

Die Wahrscheinlichkeit, daß *c* Einheiten des Partialstroms λ_α aufeinander folgen, ist $(\lambda_\alpha/\lambda)^c$. Die Wahrscheinlichkeit, daß die nächst folgende Einheit nicht zum Partialstrom λ_a gehört, ist $(\lambda-\lambda_\alpha)/\lambda$. Das Produkt dieser beiden Wahrscheinlichkeiten ist die Folgenwahrscheinlichkeit:

- Die *Folgewahrscheinlichkeit*, daß in einem stochastisch durchmischten Gesamtstrom λ, der sich aus den Partialströmen λ_α zusammensetzt, genau c Einheiten eines Partialstroms aufeinander folgen, ist also

$$w_a(c) = (\lambda_a / \lambda)^c \cdot (\lambda - \lambda_a) / \lambda. \tag{13.44}$$

Die *Folgewahrscheinlichkeit* (13.44) ist allgemein nutzbar zur Berechnung der relativen Häufigkeit der Folgen von *c* Lade- oder Transporteinheiten gleicher Art in einem zufallsgemischten Strom, beispielsweise von Fahrzeugen gleicher Farbe in einem Verkehrsstrom [78/2].

Mit der Folgenwahrscheinlichkeit folgt für die Stromanteile λ_α(c) in der Grenzleistungsformel (13.43):

$$\lambda_a(c) = \begin{cases} w_a(c) \cdot \lambda & \text{für } c < c_U \\ (\lambda_a / \lambda)^c \cdot \lambda & \text{für } c = c_U \end{cases}. \tag{13.45}$$

Für die verschiedenen Elementarstationen, Transportelemente und Abfertigungsstrategien ergeben sich aus den allgemeinen Grenzleistungsgesetzen (13.42) und (13.43) *spezielle Grenzleistungsgesetze.*

Nachfolgend werden die Grenzleistungsgesetze für Verzweigungs- und Zusammenführungselemente bei unterschiedlichen Abfertigungsstrategien behandelt. Die hieraus resultierenden Aussagen und Zusammenhänge gelten grundsätzlich auch für Elementarstationen und Transportelemente höherer Ordnung [78; 124].

Für einige Transportelemente wurde zum Test der analytischen Grenzleistungskurven eine *digitale Simulation* durchgeführt [61]. Die Simulationsergebnisse, die in den nachfolgenden Diagrammen eingetragen sind, bestätigen die analytischen Berechnungen mit Hilfe der Grenzleistungsgesetze.

1. Grenzleistungsgesetz für Zusammenführungen und Verzweigungen
Bei Einzelabfertigung reduziert sich das allgemeine Grenzleistungsgesetz (13.42) für Verzweigungselemente mit einem Eingang und zwei Ausgängen sowie für Zusammenführungselemente mit zwei Eingängen und einem Ausgang auf die Forderung:

$$\lambda_1 / \mu_2 + \lambda_1 / \mu_2 + \nu \cdot z / 3600 < 1 \,. \tag{13.46}$$

Dabei sind die Partialströme λ_i für ein Zusammenführungselement die Anteile des *Einlaufstroms*

$$\lambda_E = \lambda = \lambda_1 + \lambda_2 \tag{13.47}$$

und für ein Verzweigungselement die Anteile des *Auslaufstroms*

$$\lambda_A = \lambda = \lambda_1 + \lambda_2 \,. \tag{13.48}$$

Da bei nur zwei Betriebsstellungen die Hinschaltfrequenz gleich der Rückschaltfrequenz ist, sind für die Grenzbelastbarkeit des Elements nur die *Umschaltfrequenz*

$$\nu = \nu_{12} = \nu_{12} \,. \tag{13.49}$$

und die *Summe der Wechselzeiten*

$$z = z_{12} + z_{12} \,. \tag{13.50}$$

maßgebend. Bei Pulkabfertigung sind die partiellen Auslastungen λ_i/μ_i gemäß Beziehung (13.43) zu zerlegen in Stromanteile mit richtungsreinen Schüben gleicher Länge.

2. Belastungsgrenzen bei zyklischer Abfertigung

Bei zyklischer Abfertigung der Einlaufströme eines Zusammenführungselements ist die Umschaltfrequenz durch Beziehung (13.39) gegeben. Damit folgt aus dem Grenzleistungsgesetz (13.46) der Satz:

- Bei zyklischer Abfertigung mit der *Zykluszeit* T_Z [s], der *Wechselfrequenz* $\nu = 3600/T_Z$ [1/h] und der *Wechselzeit* z [s] sind die Partialströme eines Zusammenführungslements begrenzt durch die Bedingung

$$\lambda_1 / \mu_2 + \lambda_1 / \mu_2 + z / T_Z < 1 \,. \tag{13.51}$$

Für das in *Abb. 13.8* dargestellte Beispiel einer beidseitig stetig arbeitenden Hängebahndrehweiche zeigt *Abb. 13.12* die aus dem Grenzleistungsgesetz (13.51) mit den angegebenen partiellen Grenzleistungen resultierenden *Grenzleistungskurven.*

Die *Grenzleistungskurve* (13.51) für die maximal zulässigen *Belastungszustände* $(\lambda_1; \lambda_2)$ ist eine Grade. Im Grenzfall sehr großer Zykluszeiten verläuft die Grade zwischen den beiden Achsenschnittpunkten $(\lambda_1; 0)$ und $(0; \lambda_2)$. Mit abnehmender Zykluszeit und zunehmender Zyklusfrequenz verschiebt sich die Grenzleistungsgrade in Richtung auf den Nullpunkt. Die Leistungseinbuße infolge die Wechselzeitbelastung wird immer größer [78].

3. Belastungsgrenzen bei gleichberechtigter Abfertigung

Bei *Einzelabfertigung* gleichberechtigter Ströme ist die Wahrscheinlichkeit w_{ij} einer Umschaltung von Partialstrom λ_i auf Partialstrom λ_j gleich der bedingten

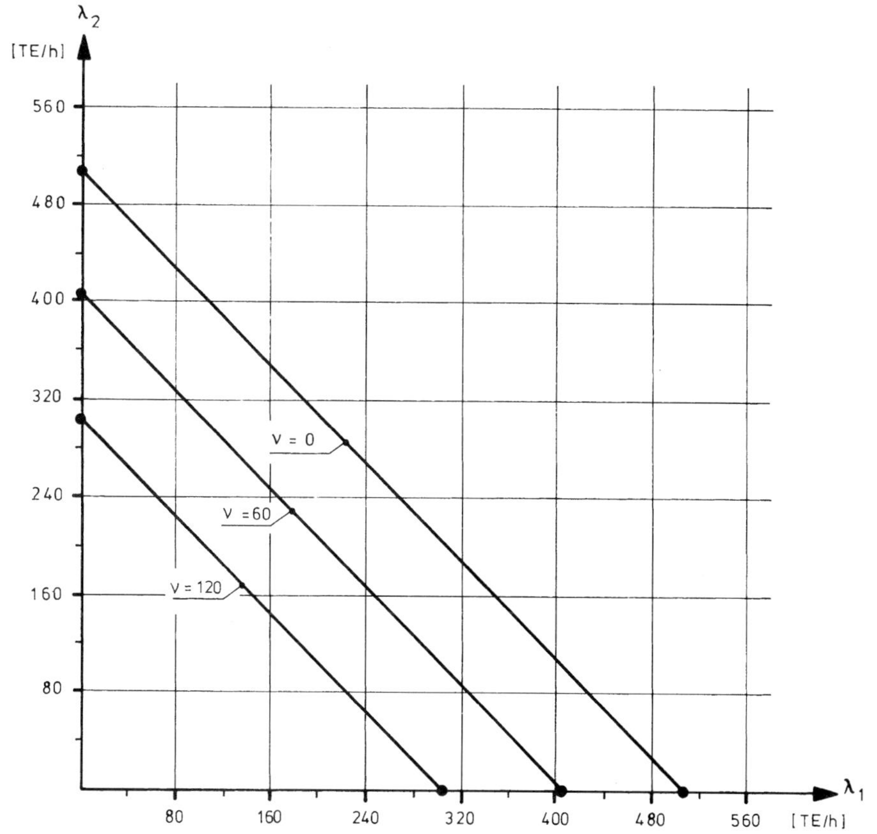

Abb. 13.12 Grenzleistungsgraden eines stetigen Zusammenführungs- oder Verzweigungselements bei zyklischer Abfertigung
ν [1/h] Umschaltfrequenz
übrige Parameter s. *Abb. 13.13*

Wahrscheinlichkeit, daß die nächste nach einer Einheit des Partialstroms λ_i ankommende Einheit dem Partialstrom λ_j angehört.

Die Wahrscheinlichkeit, daß eine Einheit eines stochastisch durchmischten Gesamtstroms $\lambda = \sum \lambda_i$ dem Partialstrom λ_i angehört, ist λ_i/λ. Die Wahrscheinlichkeit, daß die nächstfolgende Einheit dem Partialstrom λ_j angehört, ist λ_j/λ. Die *Umschaltwahrscheinlichkeit* ist gleich dem Produkt dieser beiden Wahrscheinlichkeiten:

$$w_{ij} = (\lambda_i / \lambda) \cdot (\lambda_j / \lambda). \qquad (13.52)$$

Die Umschaltfrequenz, das heißt die Anzahl Umschaltungen von Partialstrom λ_i auf Partialstrom λ_j und umgekehrt, wird damit

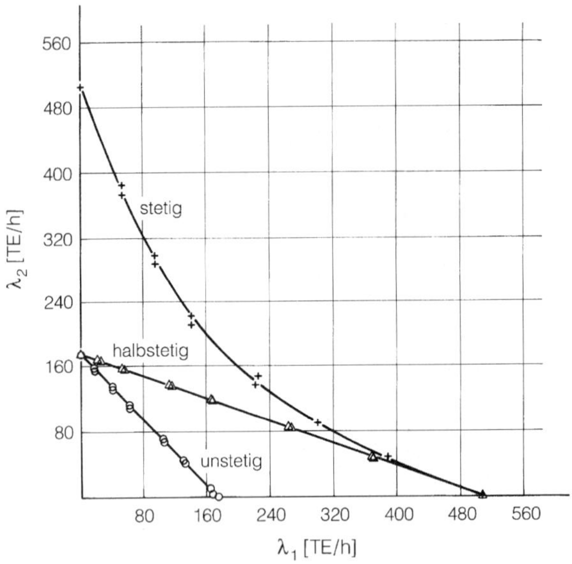

Abb. 13.13 Grenzleistungskurven für Zusammenführung und Verzweigung bei gleichberechtigter Abfertigung

Stetige Verbindung	$\mu_{stet} = 507$ TE/h; $z = 12$ s
Unstetige Verbindung	$\mu_{unst} = 173$ TE/h; $z = 0$ s
Kreuze, Kreise, Dreiecke	Simulationsergebnisse

$$v_{ij} = w_{ij} \cdot \lambda = \lambda_i \cdot \lambda_j / \lambda \tag{13.53}$$

Für nur zwei Einlaufströme oder zwei Auslaufströme ist $\lambda = \lambda_1 + \lambda_2$. Durch Einsetzen von (13.53) in (13.49) und (13.46) folgt damit:

- Bei gleichberechtigter Abfertigung stochastischer Ströme λ_i [LO/h] in einem Zusammenführungs- oder Verzweigungslement mit der Wechselzeit z [s] sind die Partialströme begrenzt durch die Bedingung

$$\lambda_1 / \mu_2 + \lambda_1 / \mu_2 + (\lambda_1 \cdot \lambda_2 / (\lambda_1 + \lambda_2)) \cdot z / 3600 \; < \; 1. \tag{13.54}$$

Für das in *Abb. 13.8* dargestellte Beispiel unterschiedlicher Drehweichen einer Hängebahn zeigt *Abb. 13.13* die aus dem Grenzleistungsgesetz (13.54) mit den angegebenen partiellen Grenzleistungen resultierenden *Grenzleistungskurven.*

Für die stetigen Zusammenführungs- und Verweigungselemente ist die Grenzleistungskurve eine um 45 Grad gedrehte Hyperbel, deren Durchbiegung von der Größe der Wechselzeit bestimmt wird. Die Abweichung der Hyperbel von der Verbindungsgraden der Punkte (λ_1; 0) und (0; λ_2) ist der Leistungsverlust infolge der Umschaltbelastung.

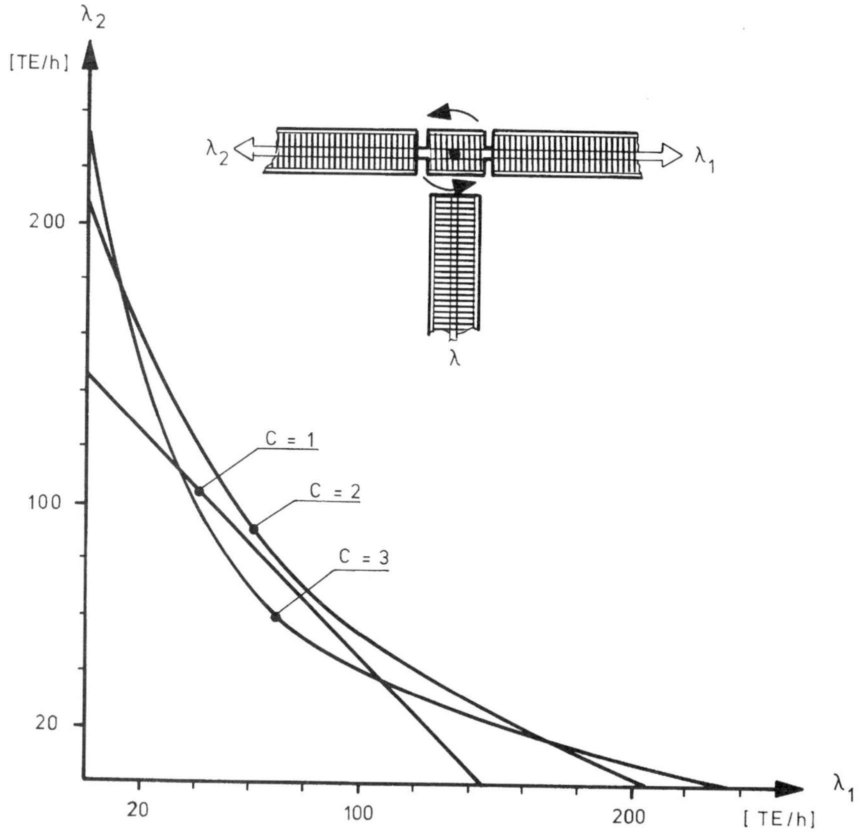

Abb. 13.14 Grenzleistungskurven einer unstetigen Verzweigung mit Abfertigungskapazität $c = 1, 2$ und 3 LE

Rollenbahn- Drehtisch- Rollenbahn für Paletten mit den Grenzleistungen für
$c = 1$: $\mu_1(1) = \mu_2(1) = 144$ Pal/h
$c = 2$: $\mu_1(1) = \mu_2(1) = 118$ Pal/h; $\mu_1(2) = \mu_2(2) = 207$ Pal/h
$c = 3$: $\mu_1(1) = \mu_2(1) = 100$ Pal/h; $\mu_1(2) = \mu_2(2) = 178$ Pal/h
$\mu_1(3) = \mu_2(3) = 231$ Pal/h

Bei den halbstetigen und bei den unstetigen Elementen sind die Grenzleistungskurven Verbindungsgraden zwischen den beiden Achsenschnittpunkten $(\lambda_1; 0)$ und $(0; \lambda_2)$, da die Wechselzeit Null ist. Da jedoch die Grenzleistung in der unstetigen Verbindungsrichtung deutlich geringer ist als in der stetigen Verbindungsrichtung, liegen beide Grenzleistungsgraden weit unter der Grenzleistungskurve der stetigen Elemente.

Für das Beispiel einer halbstetigen Rollenbahndrehweiche mit Kapazität für c_U Paletten ergeben sich mit der Zerlegung (13.45) der Partialströme in Anteile gleicher Schublänge aus dem Grenzleistungsgesetz (13.54) die *Abb. 13.14* dargestellten Grenzleistungskurven [78]. Hieraus ist ablesbar, daß ein größeres Fassungsvermögen des Drehtisches nicht für alle Belastungszustände (λ_1; λ_2) zu einer Verbesserung der Durchsatzleistung führt. Im Bereich gleicher Partialströme ist die Wahrscheinlichkeit längerer richtungsreiner Schübe gering und die Drehzeit größer als für einen Drehtisch mit der Kapazität $c_U = 1$.

4. Belastungsgrenzen bei Vorfahrt
Bei einer Zusammenführung mit Vorfahrt sind nicht alle Zeitlücken zwischen den vorfahrtberechtigten Einheiten des Hauptstroms ausreichend für ein behinderungsfreies Einschleusen der nachberechtigten Einheiten des Nebenstroms. Alle Zeitlücken im Hauptstrom, die kleiner sind als die benötigte Grenzzeitlücke (13.37), gehen für die Leistungsnutzung verloren. Daher ist das Grenzleistungsgesetz (13.54) in diesem Fall nur eine notwendige aber keine hinreichende Bedingung für die Leistungsfähigkeit einer Zusammenführung.

Aus einer genauen Analyse der Zeitlückenverteilung resultiert für Hauptströme, wenn deren Taktzeiten annähernd eine *modifizierte Exponentialverteilung* haben (s. *Abschnitt* 9.2 und *Abb.* 9.2), das *Grenzleistungsgesetz für Vorfahrt* [78/3]:

- Der *maximal mögliche Nebenstrom* λ_N einer einspurigen Zusammenführung mit den partiellen *Grenzleistungen* λ_N und λ_H und der *Wechselzeit z* ist *bei* einem *vorfahrtberechtigten Hauptstrom* λ_H mit poissonverteilten Zeitlücken

$$\lambda_N < \exp\left(-(\lambda_H \mu_H z / 3600)/(\mu_H - \lambda_H)\right) \Big/ \left[\exp((\lambda_H \mu_H / \mu_N)/(\mu_H - \lambda_H)) - 1\right]. \quad (13.55)$$

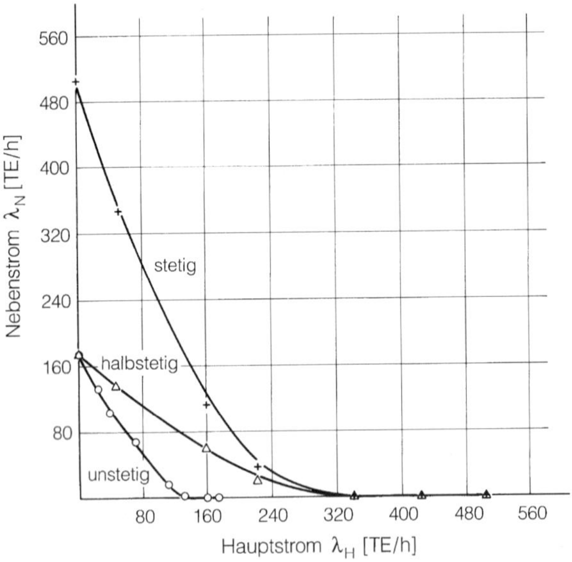

Abb. 13.15 Grenzleistungskurven stetiger, halbstetiger und unstetiger Zusammenführungen bei absoluter Vorfahrt

Parameter	*Abb.13.13*
Kreuze, Kreise, Dreiecke	Simulationsergebnisse

Für die in *Abb. 13.8* dargestellten stetigen, halbstetigen und unstetigen Hängebahnweichen zeigt *Abb. 13.15* die aus dem Grenzleistungsgesetz (13.55) resultierenden *Grenzleistungskurven bei Vorfahrt*. Aus dem Diagramm und aus der Grenzleistungsformel (13.55) sind folgende *Regeln* ablesbar:

- Die Durchlaßfähigkeit für den Nebenstrom wird durch eine Vorfahrtregelung im Vergleich zur gleichberechtigten stochastischen Abfertigung erheblich reduziert.

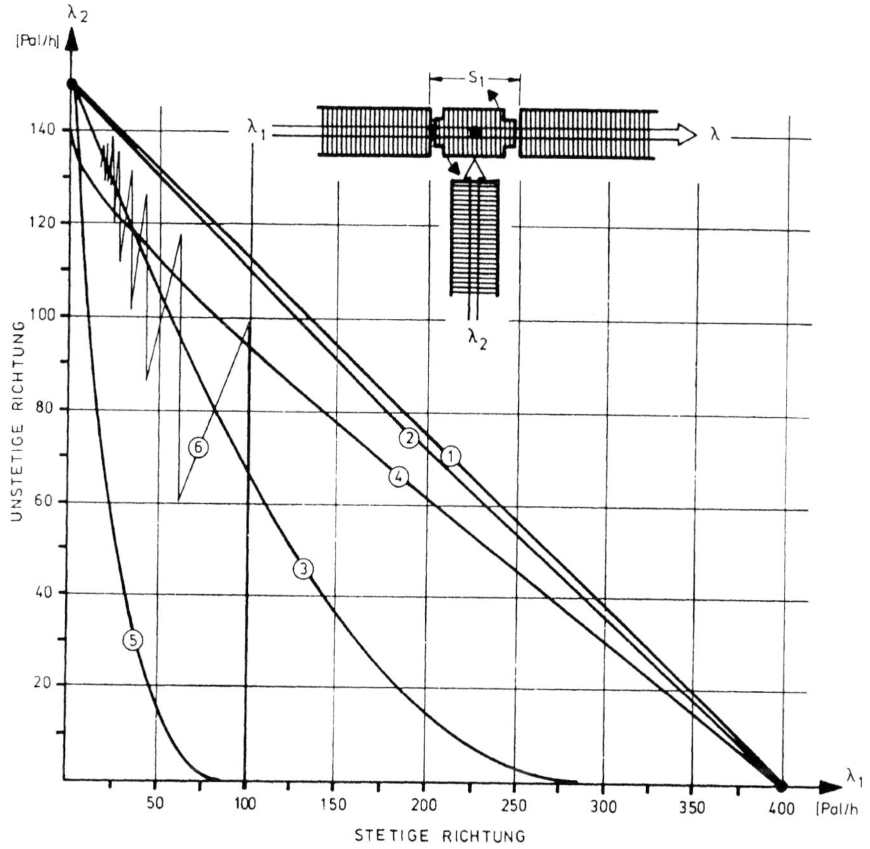

Abb. 13.16 Grenzleistungskurven für verschiedene Abfertigungsstrategien Rollenbahn- Drehtisch- Rollenbahn für Paletten

Parameter:	μ_1 = 400 TE/h; μ_2 = 150 TE/h; z = 1,25 s
Kurve 1	zyklische Abfertigung mit Umschaltfrequenz $\nu \ll 60$ 1/h
Kurve 2	gleichberechtigte Einzelabfertigung
Kurve 3	absolute Vorfahrt rekurrenter Ströme mit λ_1 vor λ_2
Kurve 4	absolute Vorfahrt rekurrenter Ströme mit λ_2 vor λ_1
Kurve 5	absolute Vorfahrt rekurrenter Ströme mit λ_2 vor λ_1 und τ_1 = 20 s
Kurve 6	absolute Vorfahrt mit getaktetem Hauptstrom λ_1

- Die Durchlaßfähigkeit nimmt mit ansteigendem Hauptstrom rasch ab und sinkt nahezu auf Null, lange bevor der Hauptstrom die Grenzleistung erreicht hat.

Dieser Effekt ist jedem Autofahrer bekannt, der einmal an einer hochbelasteten Vorfahrtstraße auf eine ausreichende Lücke zum Einschleusen gewartet hat. Ein anderes Beispiel sind Sekretärinnen, die ihren Chef stets absolut vorrangig bedienen und daher fast nie ausreichend Zeit für Aufträge anderer Mitarbeiter haben.

Die Leistungsminderung durch eine Vorfahrtregelung wird in der *Verkehrsplanung* nicht ausreichend beachtet, solange mit der bekannten Formel von *Harders* gerechnet wird, die die Mindestabstände der Fahrzeuge vernachlässigt und daher bei hoher Hauptstrombelastung eine weitaus zu große Durchlaßfähigkeit für den Nebenstrom ergibt [128; 130].

Eine Konsequenz aus dem Grenzleistungsgesetz (13.55) ist das *Vorfahrtsprinzip*:

- Der stärkere Strom sollte Vorfahrt haben vor dem schwächeren Strom.

Je gleichmäßiger die Lücken im Hauptstrom verteilt sind, umso mehr weicht das Durchlaßverhalten einer Zusammenführung von der stetigen Grenzleistungskurve (13.55) ab. Bei *getaktetem Hauptstrom* hat die Grenzleistungskurve einen *sprunghaften Verlauf*, wie er für das Beispiel einer halbstetigen Zusammenführung einer Rollenbahn als *Kurve 6* in *Abb. 13.16* gezeigt ist. Dieses Diagramm enthält außerdem einen Vergleich der Grenzleistungskurven für die unterschiedlichen Abfertigungsstrategien.

13.5
Staueffekte und Staugesetze

Wenn die Gesamtbelastung einer Station die Belastungsgrenze erreicht oder überschreitet, kommt es vor den Einlaufpunkten zu *Wartezeiten*, *Warteschlangen* und *Rückstaus*, die voranliegende Stationen blockieren können. Diese Staueffekte können durch einen *stochastischen* oder einen *systematischen Stau* verursacht werden:

- Ein *stochastischer Stau* entsteht *unterhalb* der zulässigen Belastungsgrenze, wenn der Zulauf oder die Abfertigung stochastisch sind.
- Ein *systematischer Stau* entsteht *oberhalb* der zulässigen Belastungsgrenze unabhängig davon, ob der Zulauf oder die Abfertigung getaktet oder stochastisch sind.

Die Analyse der Einflußfaktoren und die Berechnung von Größe und Auswirkungen stochastischer Staus sind Gegenstand der *Warteschlangentheorie* [75; 132; 133; 134]. Die Theorie der Warteschlangen liefert Formeln zur Berechnung der Staueffekte, die in der Regel recht kompliziert sind und deren Voraussetzungen in der Praxis häufig nicht erfüllt sind oder sich kaum überprüfen lassen.

Wegen der generellen Ungenauigkeit der Leistungsanforderungen und der Unkenntnis der genauen Taktzeitverteilungen genügen in der Logistik zur Berechnung und Abschätzung der zu erwartenden Staueffekte für viele Anwendungsfälle einfache *Näherungsformeln*, die sich unter relativ allgemeinen Voraussetzungen aus den exakten Formeln der Warteschlangentheorie herleiten lassen [29; 79].

Bei richtiger Dimensionierung und korrektem Betrieb eines Logistiksystems sind die stochastischen Staus bei *Einzelabfertigung* von relativ untergeordneter Bedeutung. Ein systematischer Stau, der auch bei schubweiser Ankunft und gebündelter Abfertigung entsteht, kann hingegen wesentlich größere Auswirkungen haben. Die systematischen Staus aber werden in der Warteschlangentheorie, wenn überhaupt, nur am Rande behandelt.

1. Klassifizierung der Wartesysteme

In der Warteschlangentheorie ist zur Kurzbezeichnung eines allgemeinen Wartesystems, wie es in *Abb. 13.10* dargestellt ist, mit einer *Ankunftsverteilung* W_{an}, n parallelen Abfertigungsstationen und der *Abfertigungsverteilung* W_{ab} die *Kendall-Notation* gebräuchlich [75]:

$$W_{an} \,/\, W_{ab} \,/\, n \tag{13.56}$$

Ein Wartesystem mit nur einer Bedienungsstationen zeigt *Abb. 13.3*. Das einfachste und daher am häufigsten betrachtete Wartesystem M/M/1 ist eine einzelne Bedienungsstation mit exponentialverteilten Ankunfts- und Abfertigungszeiten, die als *Poissonströme* oder als *Markov-Prozeß* bezeichnet werden.

Das System M/D/1 hat eine exponentialverteilte Ankunftsverteilung und eine getaktete Abfertigung, die auch als *Dirac-Verteilung* bezeichnet wird. Das System D/M/1 hat einen getakteten Zulauf und eine exponentialverteilte Abfertigung. Die Zulaufverteilung und die Abfertigungsverteilung des Systems $E_k/E_l/1$ sind *Erlangverteilungen* und des Systems G/G/1 sind allgemeine Zufallsverteilungen [75].

Für Wartesysteme vom Typ $E_k/E_l/1$ gibt es explizite Formeln zur Berechnung der Staueffekte [75]. Aus diesen Formeln ist ableitbar, daß die Staueffekte vor einer Abfertigungsstation in erster Näherung nur von der *Systemauslastung* und der *Systemvariabilität* abhängen [79].

- Die *Systemvariabilität* ist der Mittelwert der *Einlaufvariabilität* $V_E = (s_E/\tau_E)^2$ und der *Abfertigungsvariabiltität* $V_A = (s_A/\tau_A)^2$:

$$V = (V_E + V_A)\,/\,2. \tag{13.57}$$

Hieraus folgt weiterhin der Satz:

- Stochastisch bedingte Staueffekte treten nur auf, wenn die *Systemvariabilität* größer 0 ist.

Um die Staueffekte für Wartesysteme vom Typ G/G/n mit $n > 1$ Parallelstationen berechnen zu können, muß zusätzlich zu den Mittelwerten und den Variabilitäten des Zulaufs und der Abfertigung die *Abfertigungsstrategie* bekannt sein.

Aus den nachfolgend angegebenen Näherungsformeln zur Berechnung der Staueffekte für Systeme vom Typ G/G/1 und G/G/n ergeben sich grundlegende *Auslegungsregeln* für stochastisch belastete Logistik- und Transportsysteme. Außerdem lassen sich mit Hilfe der Näherungsformeln die Auswirkungen verschiedener Abfertigungsstrategien abschätzen.

Wenn diese Auslegungsregeln berücksichtigt und die Abfertigungsstrategien richtig genutzt werden, sind die einzelnen Stationen eines logistischen Netzwerks ausreichend voneinander entkoppelt und eine schwierige stochastische Netzwerksanalyse unnötig.

2. Systemvariabilität

In *bestehenden Systemen* läßt sich die *Variabilität* oder *relative Varianz* $V_E = (s_E/\tau_E)^2$ eines stationären Einlaufstroms $\lambda_E = 3600/\tau_E$ grundsätzlich durch eine Messung der Zeitabstände τ zwischen den Endpunkten aufeinander folgender Einheiten ermitteln (s. *Abschnitt 9.2*). Solche Messungen sind in jedoch der Praxis sehr aufwendig, aus betrieblichen Gründen häufig kaum durchführbar oder, weil der Strom instationär ist, nur begrenzt brauchbar [129]. Für *neue Systeme* ist die Verteilung der Einlauftaktzeiten unbekannt und nur unter bestimmten Annahmen prognostizierbar.

Im *Straßenverkehr* wurde in zahlreichen Messungen für die Taktzeiten zwischen Personenwagen, die auf einer Fahrspur einander folgen, eine *modifizierte Exponentialverteilung* beobachtet [128; 129; 130]. Auch in vielen anderen Fällen gibt eine modifizierte Exponentialverteilung die Zufallsverteilung der Zeitabstände ausreichend genau wieder (s. *Abb. 9.2*).

Wenn die Taktzeiten eines Einlaufstroms eine modifizierte Exponentialverteilung mit der *minimalen Taktzeit* τ_{Eo} haben, ist die *Zulaufgrenzleistung* $\lambda_E = 3600/\tau_{Eo}$. Für die *Einlaufvariabilität* gilt dann (s. *Abschnitt 9.3*):

$$V_E = (s_E + \tau_E)^2 = (\tau_E - \tau_{E0} / \tau_E)^2 = (1 - \lambda_E / \mu_E)^2 . \tag{13.58}$$

Im Grenzfall $\lambda_E \to 0$ folgt aus Beziehung (13.58) die Einlaufvariabilität $V_E = 1$, das heißt eine maximale Zulaufstreuung, und für den Grenzfall $\lambda_E \to \lambda_E$ die Einlaufvariabilität $V_E = 0$, das heißt ein getakteter Zulauf mit minimaler Taktzeit.

Für mehrere Einlaufströme λ_{Ei} mit den Zulaufgrenzleistungen λ_{Ei}, die in einer Station gleichberechtigt abgefertigt werden, ist die *Variabilität* der Einlaufströme näherungsweise gleich dem gewichteten Mittel der Variabilität (13.58) für die partiellen Ströme

$$V_E \approx \sum_i (\lambda_{Ei} / \lambda) \cdot V_{Ei} . \tag{13.59}$$

Die Variabilität der Grenzleistung einer Abfertigungsstation läßt sich bei bekannter Verteilung der Abfertigungszeiten mit Hilfe der Beziehung (9.7) und (9.8) aus *Abschnitt 9.2* berechnen. Bei einer *Rechtecksverteilung* der Abfertigungszeiten, wie sie in *Abb. 9.2* dargestellt ist, sind die Taktzeiten τ_a zwischen einer minimalen Taktzeit τ_{min} und einer *maximalen Taktzeit* τ_{max} gleichverteilt. In diesem Fall ergibt sich für die *Abfertigungsvariabilität*:

$$V_A = 1/3 \cdot ((\tau_{max} - \tau_{min}) / (\tau_{max} + \tau_{min}))^2 . \tag{13.60}$$

Im Grenzfall $\tau_{min} = 0$ ist die Streuung der Abfertigungszeiten maximal und die Variablität der Rechteckverteilung $V_A = 1/3$. Im Grenzfall $\tau_{max} = \tau_{min}$ ist Abfertigung getaktet und die Variabilität $V_A = 0$.

Ein Transportelement, das in jeder Funktion F_α eine konstante Taktzeit τ_α hat und mit der partiellen Grenzleistung $\lambda_\alpha = 3600/\tau_\alpha$ arbeitet, hat eine diskrete Abfertigungsverteilung, deren Streuung sich mit Hilfe von Beziehung (9.12) berechnen läßt. Bei einer partiellen Strombelastung λ_α der Funktionen F_α ist die *mittlere Grenzleistung* einer solchen Abfertigungsstation:

$$\mu = \left(\sum_a (\lambda_a / \lambda) \cdot (1/\mu_a) \right)^{-1} \quad [\mathrm{AE/h}]. \tag{13.61}$$

Für die *Abfertigungsvariabilität eines Transportelements* folgt damit:

$$V_A = \sum_a (\lambda_a / \lambda) \cdot (1 - \mu / \mu_a)^2 . \tag{13.62}$$

Sind die partiellen Grenzleistungen für alle Funktionen gleich, ist die Abfertigungsvariabilität 0 und die Abfertigung durch das Transportelement getaktet.

Wenn sich die Systemvariabilität weder messen noch mit den angegebene Formeln berechnen läßt, genügt es in vielen Fällen, die Systemvariabiltät nach folgenden *Regeln* abzuschätzen:

- Im *günstigsten Fall* eines getakteten Zulaufs mit getakteter Abfertigung ist die Systemvariabilität 0.
- Im *ungünstigsten Fall* eines poissonverteilten Zulaufs mit poissonverteilter Abfertigung ist die Systemvariabilität 1.
- Im *mittleren Fall*, der bei stochastischem Zulauf und getakteter Abfertigung, bei getaktetem Zulauf und stochastischer Abfertigung oder bei einer Zulauf- und Abfertigungsvariabiltät 1/2 eintritt, ist die Systemvariabilität 1/2.

Wenn die Variabilität des Zulaufs und der Abfertigung unbekannt sind, kann überschlägig mit der *mittleren Systemvariabiltät* 1/2 gerechnet werden. Da die Zulaufströme bei Annäherung an die Grenzbelastbarkeit in den meisten Fällen zunehmend getaktet sind und die Abfertigungsvariabilität in der Praxis meist deutlich kleiner als 1 ist, liegt der Ansatz einer mittleren Systemvariabilität in der Regel auf der sicheren Seite.

3. Staugesetze für stochastische Staus

Die Gesamtanzahl aller Einheiten, die vor dem Einlaufpunkt warten und sich in der Abfertigung befinden, hat zu einem Zeitpunkt t einen *ganzzahligen Wert* $N(t)$, der allgemein als *Warteschlangenlänge* oder kurz als *Warteschlange* bezeichnet wird. Die *momentane Warteschlange* $N(t)$ ist eine stochastisch schwankende Zufallsgröße, deren exakter Wert für einen bestimmten Zeitpunkt t nicht vorausberechenbar ist.

Für den Fall der gleichberechtigten Einzelabfertigung stationärer Ströme lassen sich aus den Ergebnissen der Warteschlangentheorie folgende *Staugesetze* ableiten, deren Genauigkeit für die Planungspraxis ausreichend ist [79]:

- Die *mittleren partiellen Warteschlangen* auf den Zuführungsstrecken *vor* den Einlaufpunkten E_i haben bei gleichberechtigter Abfertigung die Länge

$$N_{Wi}^{*} = (\lambda_{Ei} / \lambda) \cdot (1-\rho+V\rho) \cdot \rho^2 / (1-\rho) \qquad [AE] \qquad (13.63)$$

- Die *Summe der Warteschlangen*, die im Mittel insgesamt auf den Zuführungsstrecken *vor* den Einlaufpunkten warten, ist bei gleichberechtigter Abfertigung

$$N_{W}^{*} = \sum_{i} N_{Wi} = (1-\rho+V\rho) \cdot \rho^2 / (1-\rho) \qquad [AE]. \qquad (13.64)$$

- Die *Gesamtwarteschlange aller Einheiten*, die sich im Mittel insgesamt vor und in der Station befinden, ist bei gleichberechtigter Abfertigung

$$N_{W} = (1-\rho+V\rho) \cdot \rho / (1-\rho) \qquad [AE]. \qquad (13.65)$$

- Die Gesamtwarteschlange schwankt im Verlauf der Zeit um den Mittelwert (13.65) mit der *Streubreite*

$$s_N \approx \sqrt{V \cdot \rho \cdot N_W} \qquad [AE]. \qquad (13.66)$$

- Die *mittlere partielle Wartezeit* der Einheiten, die auf der Zuführungsstrecke vor einem Einlaufpunkt E_i auf den Eintritt in die Abfertigungszone warten, ist bei gleichberechtigter Abfertigung [3]

$$Z_{Wi} = 3600 \cdot N_{Wi}^{*} / \lambda \qquad [s]. \qquad (13.67)$$

Hierin ist λ [AE/h] die *Gesamtstrombelastung* (13.26), ρ die *Gesamtauslastung*, die bei stochastischer Einzelabfertung durch Beziehung (13.42) gegeben ist, und V die *Systemvariabilität* (13.57).

Bei einer Zusammenführung mit Vorfahrt entsteht nur auf der nachberechtigten Nebenstrecke eine Warteschlange. In diesem Fall ist in den Beziehungen (13.63) bis (13.66) anstelle der Gesamtbelastung ρ die Partialbelastung $\rho_N = \lambda_N/\lambda_N$ des Nebenstromzulaufs und für die Variabilität $V = 1$ einzusetzen. Die vom Hauptstrom λ_H abhängige Nebenstromgrenzleistung $\lambda_N(\lambda_H)$ ist durch den Ausdruck auf der rechten Seite der Grenzleistungsformel (13.55) gegeben [79].

Für die in *Abb. 13.3* dargestellte Bedienungsstation zeigt *Abb. 13.17* die mit Hilfe der Beziehung (13.65) errechnete Abhängigkeit der mittleren Warteschlange von der Auslastung bei einer Systemvariabität 0,60. Die eingetragenen Punkte und Kreise sind das Ergebnis einer digitalen Simulation für zwei unterschiedliche Zulauf- und Abfertigungsvariabiltäten [61]. In *Abb. 13.18* ist die aus Beziehung (13.65) resultierende funktionale Abhängigkeit der mittleren Warteschlange von der Systemvariabilität dargestellt.

3 Der Zusammenhang (13.67) zwischen Wartezeit und Warteschlangenlänge wird auch *LITTLE'Gesetz* genannt.

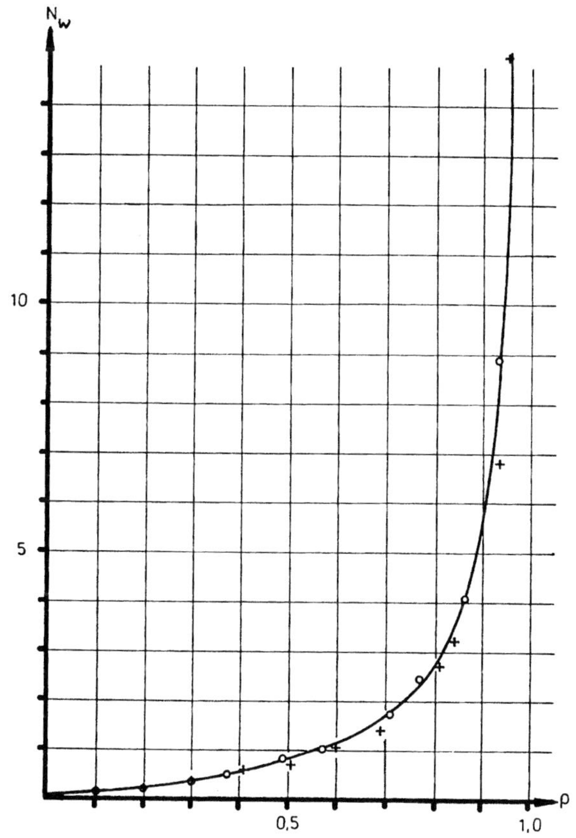

Abb. 13.17 Auslastungsabhängigkeit der mittleren Warteschlange
Systemvariabilität $V = (V_E + V_A)/2 = 0{,}6$
Kreuze Simulationsergebnisse für $V_E = 0{,}2$ und $V_A = 1{,}0$
Kreise Simulationsergebnisse für $V_E = 1{,}0$ und $V_A = 0{,}2$

Die auch für andere Verteilungen und Variabilitäten durchgeführten Simulationsrechnungen ergeben in guter Übereinstimmung mit den Ergebnissen der analytischen Näherungsrechnung folgende *Gesetzmäßigkeiten* [60; 61; 135]:

- Bei Auslastungen unter 50 % sind die Warteschlangen im Mittel kleiner als 1 und die Staueffekte auch bei maximaler Systemvarianz vernachlässigbar.
- Mit Annäherung an die Belastungsgrenze nehmen die Warteschlangen und damit auch die übrigen Staueffekte immer rascher zu.
- Die Staueffekte steigen *überproportional mit der Auslastung* und *linear mit der Systemvariabilität* an.
- Bei maximaler Systemvaribilität beginnt der steile Anstieg der Warteschlangen ab einer Auslastung von etwa 85 % und bei mittlerer Systemvariabilität ab einer Auslastung von 90%.

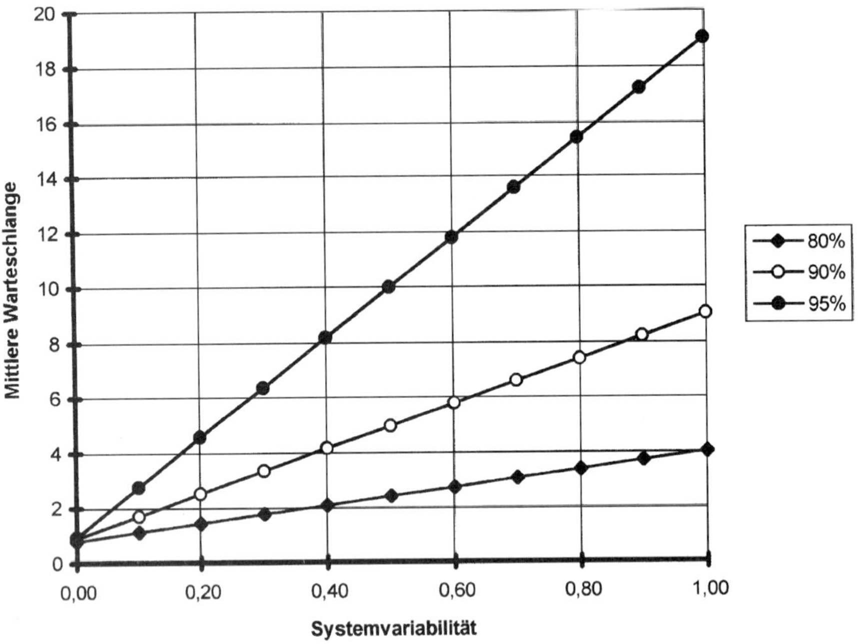

Abb. 13.18 Abhängigkeit der Warteschlange von der Systemvariabilität
Parameter:Auslastungsgrad

- Die Streuung der momentanen Warteschlange um den stationären Mittelwert nimmt mit der Auslastung und der Variabilität zu. Die momentane Warteschlange kann sich kurzzeitig auf hohe Werte aufschaukeln, aber auch bis auf 0 zurückgehen.
- Bei gleicher Systemvariabilität hat die spezielle Verteilung der Einlauf- und Abfertigungszeiten keinen praktisch bedeutsamen Einfluß auf die Staueffekte.

Zur Illustration der Zusammenhänge und als Beispiel für die Anwendbarkeit zeigt *Abb. 13.19* die mittlere Länge der Warteschlange vor einem halbstetigen Verzweigungselement mit Drehweiche als Funktion der partiellen Stromauslastung in Abzweigrichtung. Die Kurven wurden für unterschiedliche Auslastungen in Durchlaufrichtung mit Formel (13.65) berechnet. Die eingetragenen Punkte sind Ergebnisse einer digitalen Simulation [61]. Die Simulationsergebnisse stimmen gut mit dem Ergebnis der analytischen Näherungsrechnung überein.

4. Rückstau- und Blockierwahrscheinlichkeit
Auf dem Verbindungselement zwischen dem Ausgangspunkt einer Station und dem Eingangspunkt einer nachfolgenden Station können, wie in *Abb. 13.20* dargestellt, maximal R Einheiten gestaut werden. Wenn die Warteschlangenlänge die *Rückstaukapazität* R übersteigt, wird die vorangehende Station blockiert. Daraus resultiert eine reduzierte *Auslastbarkeit* dieser Station.

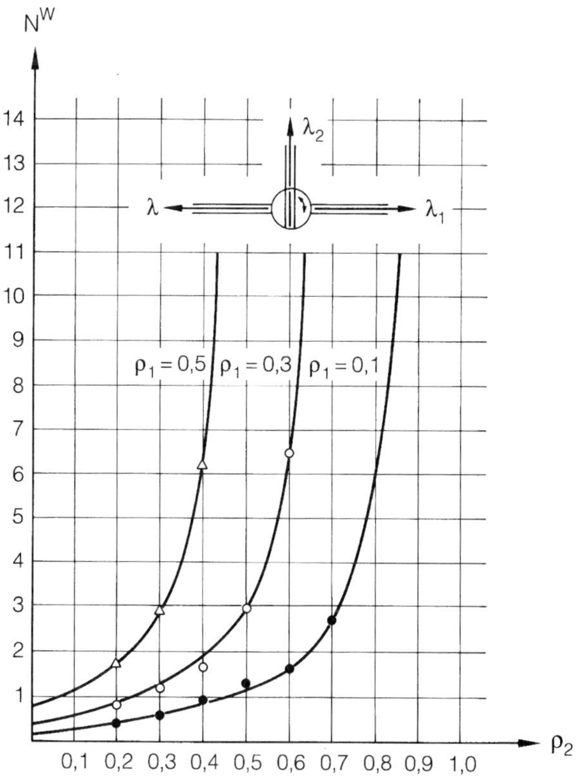

Abb. 13.19 Mittlere Warteschlange vor einer halbstetigen Verzweigung als Funktion der partiellen Auslastung in Abzweigrichtung

Parameter: partielle Auslastung in Durchlaufrichtung
Punkte, Dreiecke, Kreise: Simulationsergebnisse

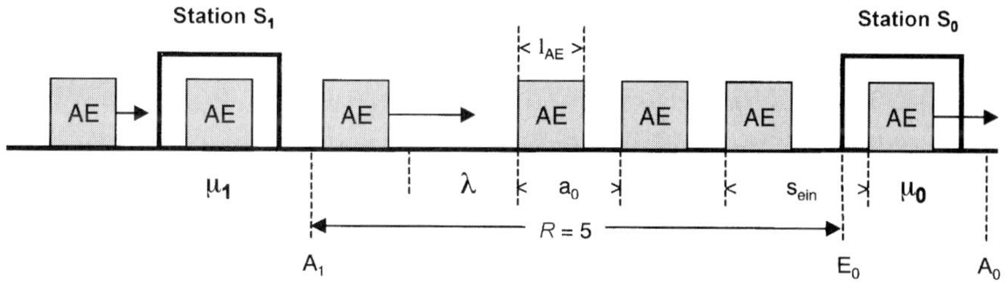

Abb. 13.20 Abfertigungsstationen in Reihenschaltung mit Zwischenpuffer für 5 Abfertigungseinheiten

R Staukapazität
AE Abfertigungseinheiten
l_{AE} Länge der Abfertigungseinheiten
a_0 Stauplatzlänge
s_{ein} Einlaufweg

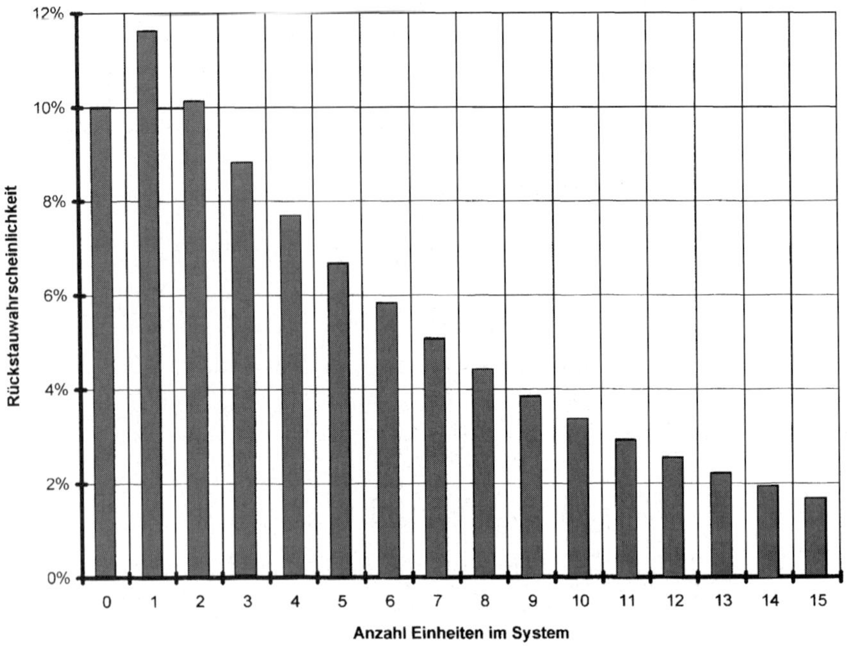

Abb. 13.21 Wahrscheinlichkeitsverteilung der momentanen Warteschlange (Rückstauwahrscheinlichkeit)

Systemvariabilität $V = 0{,}75$ Auslastung ρ = 90%
Mittlere Warteschlange $N_W = 7$ AE

Die Auslastungsreduzierung ist gleich der Blockierwahrscheinlichkeit der voranliegenden Station durch die folgende Station. Die *Blockierwahrscheinlichkeit* B_R ist die Wahrscheinlichkeit, daß die Warteschlange vor einer Station länger ist als die Rückstaukapazität *R* auf der Verbindung bis zur voranliegenden Station.

Die Blockierwahrscheinlichkeit ergibt sich aus der *Rückstauwahrscheinlichkeit* P_N. Diese ist gleich der Wahrscheinlichkeit, daß sich vor und in dem Wartesystem genau *N* Einheiten befinden.

Bei Einzelabfertigung eines stationären rekurrenten Stroms ist die *Rückstauwahrscheinlichkeit* für eine Systemvariabilität *V* und eine Gesamtauslastung ρ näherungsweise [51]:

$$P_N = ((1-\rho)/V)\cdot\left(\rho V/(1-\rho+\rho V)\right)^N \qquad \text{wenn } N \geqq 1. \qquad (13.68)$$

Die Wahrscheinlichkeit, die Abfertigungszone besetzt vorzufinden, ist gleich der Gesamtauslastung ρ der Abfertigungsstation. Die Wahrscheinlichkeit, die Station unbesetzt vorzufinden, ist daher:

$$P_N = 1-\rho \qquad \text{wenn } N = 0. \qquad (13.69)$$

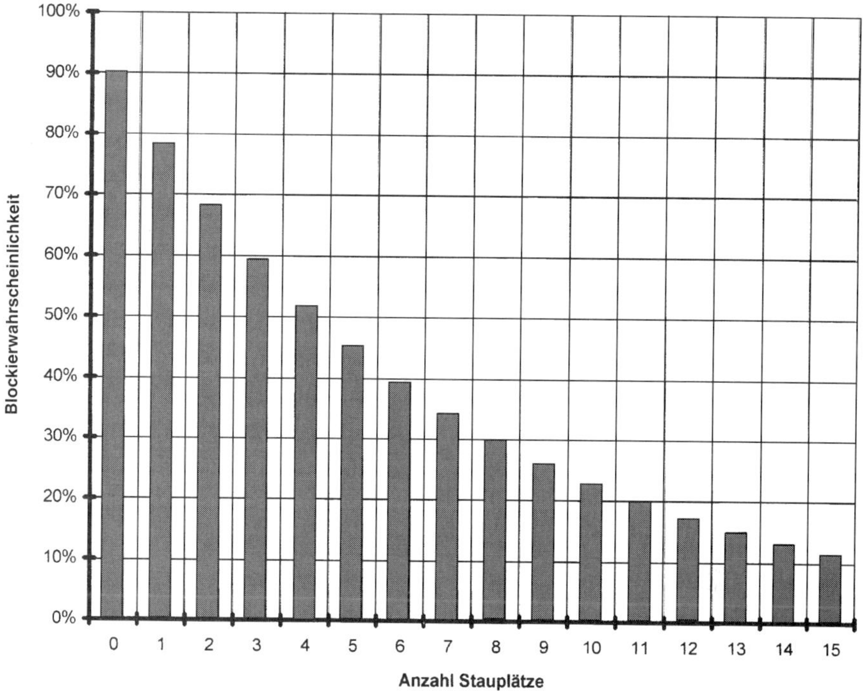

Abb. 13.22 Blockierwahrscheinlichkeit als Funktion der Staukapazität
Systemvariabilität $V = 0{,}75$ Auslastung $\rho = 90\%$
Mittlere Warteschlange $N_W = 7$ AE

Abb. 13.21 zeigt für eine Systemvariabilität $V = 0{,}75$ die mit Hilfe der Beziehungen (13.68) und (13.69) errechnete Rückstauwahrscheinlichkeit als Funktion der Warteschlangenlänge.

Die Rückstauwahrscheinlichkeit ist zugleich die Wahrscheinlichkeit, daß sich eine Einheit für eine Wartezeit $Z_W(N) = 3600\ N/\lambda$ vor dem Einlaßpunkt befindet, bis sie in die Abfertigungszone eingelassen wird.

Aus Beziehung (13.68) folgt:

- Die *Blockierwahrscheinlichkeit* oder *Überlaufwahrscheinlichkeit* für eine Rückstaukapazität R ist bei Einzelabfertigung eines rekurrenten stationären Einlaufstroms, einer Gesamtauslastung ρ und einer Systemvariabilität V

$$B_R = \sum_{N=R+1}^{\infty} P_N = \rho \cdot (\rho V / (1 - \rho + V \cdot \rho))^R. \qquad (13.70)$$

Die Näherungformeln (13.68) und (14.70) für die Rückstau- und für die Blockierwahrscheinlichkeit werden durch entsprechende Simulationen ebenfalls sehr gut bestätigt [61; 79].

Die Abb. 13.22 zeigt für eine Systemvariabilität $V = 0{,}75$ die mit Beziehung (13.70) berechnete Blockierwahrscheinlichkeit als Funktion Staukapazität. Hieraus ist ablesbar, daß die Warteschlange eine Staukapazität von 7 AE-Plätzen mit einer Wahrscheinlichkeit von 30 % und eine Staukapazität von 11 Plätzen immer noch mit einer Wahrscheinlichkeit von 20 % überschreitet.

Die Beziehung (13.70) bedeutet:

- Die Blockierungswahrscheinlichkeit nimmt exponentiell mit der Anzahl der Stauplätze zwischen zwei aufeinander folgenden Stationen ab.

Hieraus ergeben sich die *Auslegungsregeln*:

- Wenn technisch möglich und wirtschaftlich vertretbar, sind aufeinanderfolgende Stationen oder Abschnitte einer Prozeßkette, die hoch ausgelastet sind und eine große Variabilität haben, durch einen Puffer voneinander zu entkoppeln, dessen Staukapazität deutlich größer ist als die mittlere Warteschlange.
- Staueffekte in einer Kette von Stationen lassen sich durch Vorschalten einer *Drosselstelle* senken, die den stochastisch zulaufenden Strom taktet und die Einlaufvarianz reduziert.

In der *Tabelle 13.5* ist ein *Programm zur Berechnung der Staueffekte* für Abfertigungsstationen abgedruckt, das die vorangehenden Formeln in einem EXCEL-Tabellenkalkulationsprogramm enthält. Nach Eingabe des Zulaufstroms, der Abfertigungsgrenzleistung sowie der minimalen und maximalen Taktzeiten für den Zulauf und die Abfertigung berechnet das Programm die Auslastung und die Systemvariabilität und hieraus die mittlere Warteschlange, die mittlere Wartezeit und die Rückstauwahrscheinlichkeit für die eingegebene Staukapazität. Dieses Programm hat sich bei der Stauanalyse von Fördersystemen und anderen Abfertigungsstellen in der Praxis sehr gut bewährt.

Als Beispiel enthält die *Tabelle 13.5* die Eingangsdaten eines *Palettierautomaten*, auf den Einzelkartons aus der Zigarettenproduktion zulaufen. Der Palettierautomat benötigt minimal 40 s, im Mittel 90 s und maximal 150 s für das Auftapeln der Kartons zu einer volle Palette nach vorgegebenen Packschemata. Ein Palettierauftrag umfaßt 24 bis 72 Kartons, die vor dem Palettierautomat in den Staubahnen eines *Sortierspeichers* sortenrein angesammelt werden.

Die Taktzeit, mit der der Inhalt einer Palette von den 24 parallel arbeitenden Zigarettenmaschinen fertiggestellt werden, ist mimimal 0 s, im Mittel 120 s und maximal 3000 s. Die zulaufenden *Logistikobjekte* LO sind in diesem Fall die im Sortierspeicher gesammelten *Pulks* mit den Kartons für eine Palette, denen *Palettieraufträge* entsprechen, die nach dem Ansammeln eines Paletteninhalts von der Prozeßsteuerung generiert werden.

Aus der Stauanalyse resultiert, daß bei einer Auslastung von 90 % im Mittel 6,3 Palettieraufträge durchschnittlich 9,7 min auf den Zulauf in den Palettierautomat warten. Die installierte Staukapazität des Sportierspeichers für R = 24 Palettieraufträge wird mit einer Wahrscheinlichkeit 3,3 % überschritten. Mit der gleichen Wahrscheinlichkeit wartet ein Palletierauftrag, also ein fertiger Pulk mit Kartons, im Sortierspeicher länger als die maximal zulässige Wartezeit von 36 min.

WARTESYSTEM

		Zulauf			Abfertigung	
		Palettieraufträge	[AE]		Palettierautomat	
Durchsatz bzw. Grenzleistung		36	AE//h		40	AE//h
Auslastung				90,0%		
Taktzeit	mittel	100	s/AE		90	s/AE
	minimal	0	s/AE		40	s/AE
	maximal	3.000	s/AE		150	s/AE
Variabilität	Einlauf	1,00	Abfertigung		0,50	
		Systemvarabilität		0,75		
Staukapazität			maximal	24	AE	
Wartezeit			maximal	36,0	Minuten	

STAUEFFEKTE

		Abfertigungseinheiten vor Abfertigung		Abfertigungseinheiten im System	
Warteschlange	mittel	6,3	AE	7,0	AE
Wartezeit	mittel	607	s	697	s
		10,1	min	11,6	min

Überlaufwahrscheinlichkeit	mit	3,3%	Wahrscheinlichkeit
	wird die Staukapazität von	24	AE überschritten
	warten Abfertigungseinheiten länger als	36,0	min

Tab. 13.5 Tabellenkalkulationsprogramm für Staueffekte
Abfertigungseinheit (AE): Palettierauftrag = Paletteninhalt
Eingabefelder: unterstrichen

Infolge der Rückstaus kam es während des Betriebs mit einer unzulässigen Häufigkeit von über 3 % zum Stillstand einzelner Zigarettenmaschinen. Aufgrund der durchgeführten Stauanalyse wurde beschlossen, einen zusätzlichen Palettierautomaten zu installieren. Dadurch sinkt die Rückstauwahrscheinlichkeit auf unter $3 \cdot 10^{-7}$.

5. Staueffekte bei Parallelabfertigung

Wartesysteme vom Typ G/G/n mit Abfertigung eines stochastischen Stroms durch n Parallelstationen kommen in der Praxis recht häufig vor. Beispiele für derartige *Parallelabfertigungssysteme*, deren Struktur in *Abb. 13.10* dargestellt ist, sind [11; 75]:

Call-Center
Schalter von Banken, Post und Bahn
Mautstellen auf Autobahnen
Paß- und Zollkontrollstellen (13.71)
Schreibdienste
Wareneingangstore
Fahrzeugpools.

Wenn der ankommende Strom λ nach der Strategie der *zyklischen Einzelzuweisung* auf n Stationen, die alle die *gleiche Grenzleistung* μ haben, verteilt wird, ist jede einzelne Station mit dem Strom $\lambda_n = \lambda/n$ belastet. Die mittlere Auslastung der einzelnen Stationen ist dann $\rho_n = \lambda/(n\mu)$. Wenn der Einlaufstrom ein Poissonstrom mit $V_E = 1$ ist, dann sind die Einlaufströme für die n Einzelstationen nach der zyklischen Aufteilung n-Erlangströme mit der Variabilität $V_{En} = 1/n$ (s. *Bez. (9.15)* [75; 136]).[4] Die mittlere Gesamtwarteschlange vor den n Stationen ist daher bei *zyklischer Einzelzuweisung*:

$$N_W(n)^* = n \cdot N_{Wn} = n \cdot (1-\rho_n + V_n \cdot \rho_n) \cdot \rho_n^2 / (1-\rho_n). \tag{13.72}$$

Für das Wartesystem M/M/n mit maximaler Zulauf- und Auslaufvariabilität ist die Systemvariabilität $V_n = (1+1/n)/2$.

Mit einem Gesamtzulaufstrom $\lambda = 220$ AE/h, der auf $n = 4$ Stationen mit den gleichen Grenzleistungen $\lambda_n = 60$ AE/h zyklisch aufgeteilt wird, ist die Stationsauslastung $\rho_n = 91{,}7$ %. Für die mittlere Gesamtwarteschlange vor den 4 Stationen resultiert in diesem Fall aus Beziehung (13.72) $N_W(n{=}4) = 26{,}5$ AE.

Mit der Strategie des *auslastungshängigen Auffüllens* wird dafür gesorgt, daß bei einer Stationsgrenzleistung λ die ersten $n(\lambda)$ = ABRUNDEN(λ/μ) Stationen zu 100 % ausgelastet sind und eine weitere Station die Auslastung $\rho_n = (\lambda - n(\lambda)\cdot\mu)/\mu$ hat. Vor den voll ausgelasteten Stationen warten stets soviele Einheiten, wie dort Warteplätze installiert sind. Vor der letzten, teilausgelasteten Station warten insgesamt soviele Einheiten, wie sich mit Hilfe von Beziehung (13.64) für die Auslastung ρ_n dieser Station ergibt.

Bei der Auffüllstrategie genügt es, daß vor den einzelnen Stationen jeweils ein Warteplatz angeordnet ist, der nachgefüllt wird, sobald eine Einheit in die Abfertigungszone eingelassen wird. Alle ankommenden Einheiten, die keinen freien Warteplatz vorfinden, werden vor dem Verteilpunkt zurückgehalten, bis ein Warteplatz frei wird. Damit folgt für die mittlere *Gesamtwarteschlange bei auslastungsabhängigem Auffüllen* die Näherungsbeziehung:

4 Der Verfasser dankt *Prof. D. Arnold* für den Hinweis auf diesen Zusammenhang und das Problem der Staueffekte vor parallelen Abfertigungsstationen.

$$N_W(n)^* \approx \begin{cases} \text{MIN}\left(n(\lambda)+1;(1-\rho_n+V\cdot\rho_n)\cdot\rho_n^2/(1-\rho_n)\right) & \text{wenn } n(\lambda)<\text{n}-1 \\ n(\lambda)+(1-\rho_n+V\cdot\rho_n)\cdot\rho_n^2/(1-\rho_n). & \text{wenn } n(\lambda)\geq\text{n}-1. \end{cases} \tag{13.73}$$

Hierin ist $n(l)$ = ABRUNDEN(l/μ) und $r_n = (l-n(l)\cdot\mu)/\mu$. In dem betrachteten Beispiel mit der Belastung λ= 220 AE/h ist die Anzahl der voll ausgelasteten Stationen $n(220)$ = ABRUNDEN(220/60) = 3 und die Auslastung der bei dieser Belastung benötigten vierten Station $\rho_n = (220-3\cdot60)/60 = 0{,}67$. Damit ergibt sich bei maximaler Systemvariabilität $V = 1$ für die mittlere Gesamtwarteschlange $N_W(n{=}4) = 3 + 1{,}3 = 4{,}3$ AE.

Der Vergleich der Ergebnisse zeigt, daß die Auffüllstrategie im Vergleich zur zyklischen Einzelzuweisung im Mittel 3,7 statt dauernd alle 4 Stationen belastet und dabei die mittlere Warteschlange nur 4,3 statt 26,5 Abfertigungseinheiten beträgt. Das setzt allerdings voraus, daß bei ansteigendem Zulaufstrom die Zahl der besetzten Abfertigungsstationen erhöht und bei abnehmendem Zulaufstrom die Zahl der besetzten Stationen reduziert wird.

Mit diesem Beispiel sollen die grundsätzlichen Möglichkeiten unterschiedlicher Abfertigungsstrategien für Parallabfertigungssysteme gezeigt werden. Die Vielzahl der Strategien und die unterschiedlichen Abfertigungssituationen erfordern jedoch eine tiefer gehende Analyse, die den Rahmen dieses Buches sprengen würde [29; 75].

6. Staugesetze für systematische Staus

Bei einem zeitlich veränderlichen Zulaufstrom $\lambda_Z(t)$ und einer zeitabhängigen Abfertigungsleistung von $\lambda_A(t)$ baut sich nach Ablauf einer Zeit T vor dem Einlaufpunkt eine Warteschlange auf mit einer Länge

$$N_W(\text{T}) = N_{W0} + \int_0^{\text{T}} \left(\lambda_Z(\text{t}) - \mu_A(\text{t})\right)\text{dt}. \tag{13.74}$$

Hierin ist N_{W0} die Länge der Warteschlange zum Anfangszeitpunkt 0. Das Integral (13.74) ist nicht für alle möglichen Zeitverläufe des Zustroms und der Abfertigung lösbar.

Für den Fall, daß im Mittel $\lambda_Z < \mu_A$ ist, das heißt, daß im zeitlichen Mittel der Zustrom kleiner ist als die Abfertigungsleistung, kann infolge der stochastischen Schwankungen von Zulauf oder Abfertigung die Zulauffrequenz immer wieder kurzzeitig die Abfertigungsfrequenz überschreiten. Dadurch ensteht eine Warteschlange mit schwankender Länge. Die Verteilung und die mittlere Länge dieser stochastischen Warteschlange, die sich nach länger anhaltendem *stationären Zulauf und stationärer Abfertigung* ergibt, lassen sich mit den vorangehenden Beziehungen berechnen.

Ist im Mittel $\lambda_Z > \mu_A$ ist, übersteigt also der Zustrom permanent die Grenzleistung, ist das Integral (13.74) explizit lösbar, wenn $\lambda_Z(t)$ und $\mu_A(t)$ integrierbare Funktionen der Zeit sind. Für die einfachsten, aber praktisch besonders wichtigen Fälle ergeben sich aus (13.74) die *Staugesetze für systematische Staus*:

- Bei einem konstant anhaltenden Zulauf λ_Z und einer unzureichenden konstanten Abfertigung mit einer Grenzleistung $\mu_A < \lambda_Z$ wächst die Warteschlange nach einer Zeit T von einem Anfangswert 0 im Mittel an auf den Wert

$$N_W(T) = (\lambda_Z - \mu_A) \cdot T. \tag{13.75}$$

- Bei *unterbrochener Abfertigung*, also für $\mu_A = 0$, und konstantem rekurrenten Zulauftrom λ_Z erreicht die Warteschlange nach einer Zeit T die mittlere Länge

$$N_W(T) = \lambda_Z \cdot T. \tag{13.76}$$

- Bei einem *rekurrenten Zulaufstrom* λ_Z mit der Variabilität V_Z ist die Streuung der nach der Zeit T aufgelaufenen Warteschlange um den Mittelwert (13.76)

$$s_N = \sqrt{V_Z \cdot \lambda_Z \cdot T} = \sqrt{V_Z \cdot N_W(T)}. \tag{13.77}$$

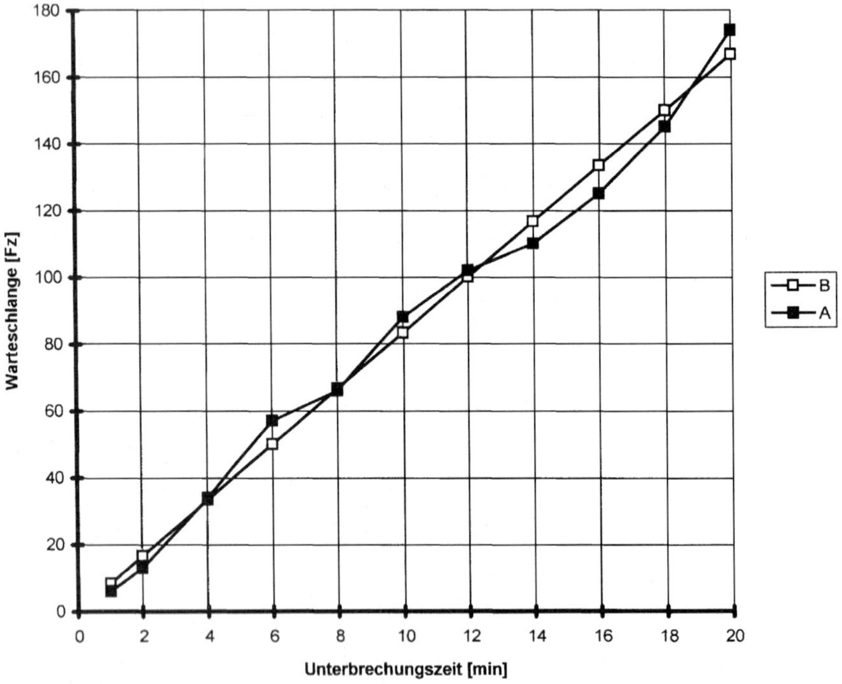

Abb. 13.23 Länge einer systematischen Warteschlange als Funktion der Unterbrechungszeit für rekurrenten und getakteten Zulauf

Kurve A: poissonverteilter Zulauf mit $V_z = 1$
Kurve B: getakteter Zulauf mit $V_z = 0$
Zulauf: 500 Fz/h

Für einen allgemeinen stochastischen Zulaufstrom mit Pulks, deren Länge und Zeitabstände zufallsabhängig schwanken, ist die Streuung der systematischen Warteschlange durch Beziehung (9.38) in *Abschnitt 9.7* gegeben.

Bei poissonverteilten Zulauftaktzeiten mit maximaler Einlaufvariabilität $V_Z = 1$ ist die Streuung der in ungleichmäßigen Sprüngen anwachsenden Warteschlange gleich der Wurzel aus der mittleren Warteschlangenlänge, also $s_N = \sqrt{N_W}$. Bei getaktetem Zulauf mit $V_Z = 0$ ist die Streuung der anwachsenden Warteschlange 0. Als Beispiel zeigt *Abb. 13.23* den Anstieg einer Warteschlange von Fahrzeugen in Abhängigkeit von der Dauer der Rotphase einer Straßenverkehrsampel.

Die relativ einfachen Staugesetze für systematische Staus sind in der Logistik vielseitg anwendbar. So läßt sich bei *zyklischer Abfertigung* mit Hilfe von Beziehung (13.76) der während der Sperrzeit T entstehende mittlere Stau und mit Hilfe der Beziehung (13.77) dessen Streuung errechnen [135]. Wenn auf eine Station mit konstanter Abfertigungsrate ein schubweiser Strom mit Pulks konstanter Länge zuläuft, ist der dadurch enstehende Rückstau mit Hilfe der Beziehung (13.75) berechenbar.

Haben die Lade- oder Transporteinheiten im Stau den Endpunktabstand a_S, dann ist die Länge der Warteschlange nach einer Zeit T

$$L_S(T) = a_S \cdot N_W(T) = a_S \cdot (\lambda_Z - \mu_A) \cdot T. \tag{13.78}$$

Hieraus resultiert für die *Stauausbreitungsgeschwindigkeit*

$$v_S = \partial L_S(T) / \partial T = a_S \cdot (\lambda_Z - \mu_A). \tag{13.79}$$

Wird beispielsweise die Durchlaßfähigkeit einer Fahrspur, auf der 1.200 Fz/h fahren, an einem bestimmten Punkt – etwa durch eine Verkehrskontrolle – auf 100 Fz/h gedrosselt, dann wächst der Stau von diesem Punkt aus entgegen der Fahrtrichtung mit einer Stauausbreitungsgeschwindigkeit von 6,6 km/h, wenn die Fahrzeuge im Stau einen mittleren Endpunktabstand von 6 m haben.

7. Auslastbarkeit

Die Auslasbarkeit einer Abfertigungsstation, eines Transportelements oder eines Teilsystems ist die maximal zulässige Auslastung, bei der noch alle Funktionen mit der benötigten Durchsatzleistung blockierungsfrei erbracht werden.

Wenn die Staukapazität auf den Zulaufstrecken begrenzt ist oder eine maximal zulässige Durchlaufzeit die Wartezeit begrenzt, ist die Auslastbarkeit aufgrund der Staueffekte kleiner als die maximale Auslastung, die aus den Grenzleistungsgesetzen resultiert.

Aus der vorangehenden Analyse der Staueffekte folgen die *Auslegungsgrundsätze* [79]:

- Die *Auslastbarkeit* eines Systemelements oder eines Transportelements bestimmt sich einerseits aus der Blockierwahrscheinlichkeit, die eine nachfolgende Station bei begrenztem Stauraum bewirkt, und andererseits aus der maximal zulässigen Blockierung der vorangehenden Stationen.

- Die *Staukapazität* auf der Verbindung zwischen zwei aufeinander folgenden Stationen muß mindestens so groß sein wie die mittlere Warteschlange, die sich bei der geplanten Gesamtauslastung vor der zweiten Station ausbildet.

Die Auslastbarkeit folgt durch Auflösung von Beziehung (13.65) für die zulässige mittlere Warteschlange $N_W(\rho) = N_{Wzul}$ nach der Auslastung ρ. Für $V = 1$ ergibt sich auf diese Weise:

- Bei einer zulässigen mittleren Warteschlange N_{Wzul} und maximaler Systemvariabilität ist die *Auslastbarkeit* der Abfertigungsstation

$$\rho_{aus}(N) = N_{Wzul} / (1 + N_{Wzul}). \tag{13.80}$$

Wenn beispielsweise eine mittlere Warteschlange von 5 Abfertigungseinheiten zulässig ist, folgt bei maximaler Systemvariabilität, das heißt für $V = 1$, eine Auslastbarkeit von 83 %. Das Beispiel zeigt, daß infolge der Staueffekte die Auslastbarkeit einer Station nicht unerheblich reduziert werden kann. Mit abnehmender Systemvariabilität nimmt jedoch die Auslastbarkeit zu.

Wenn eine bestimmte Staukapazität R nur mit einer Wahrscheinlichkeit p überschritten werden darf, beispielsweise weil die Grenzleistung einer vorangehende Station maximal um p = 2 % reduziert werden darf, dann muß die zulässige Auslastbarkeit $\rho_{aus}(R)$ durch numerische Auflösung der Gleichung (13.70) mit $B_R(\rho) = p$ nach ρ bestimmt werden.

Wenn eine bestimmte Wartezeit Z mit einer Wahrscheinlichkeit q eingehalten werden soll, muß zunächst die für diese Zeitbegrenzung maximal zulässige Warteschlange N errechnet und für diese durch Auflösung der Beziehung (13.68) mit $P_N(\rho) = p = (1-q)$ nach ρ die Auslastbarkeit bestimmt werden.

Derartige Berechnungen zur Abschätzung der Auslastbarkeit sind unerläßlich für Systeme mit hoher Auslastung und geringer Staukapazität. Ein Beispiel sind konventionelle Kommisioniersysteme, wo in einer Gasse zu Spitzenzeiten mehrere Kommissionierer arbeiten, die sich bei Anfahrt des gleichen Fachs gegenseitig behindern können (s. *Abschnitt 17.11* und *Abb. 17.32*).

13.6 Zuverlässigkeit und Verfügbarkeit

Zuverlässigkeit und Verfügbarkeit sind Kenngrößen der *Funktionssicherheit* eines Systemelements, einer Leistungskette oder eines Systems. Die *Zuverlässigkeit* ist die Wahrscheinlichkeit, *daß* eine Funktion zu einem beliebigen Bedarfszeitpunkt ausgeführt wird. Die *Verfügbarkeit* gibt an, in welchem *Anteil der Betriebszeit* die Funktion richtig ausgeführt wird.

Die Zuverlässigkeit und die Verfügbarkeit von Stationen, Leistungsketten und Systemen mit *diskontinuierlicher Belastung* sind wie folgt definiert [125;137]:

- Die *Zuverlässigkeit* $\eta_{\alpha zuv}$ eines Systemelements, einer Leistungskette oder einer Systems für eine Funktion F_α ist die Wahrscheinlichkeit, daß die betreffende Funktion von dem Element, der Kette oder dem System während der planmäßigen *Betriebszeit* störungsfrei und korrekt ausgeführt wird.

- Die *Verfügbarkeit* $\eta_{\alpha ver}$ eines Systemelements, einer Leistungskette oder einer Systems für eine Funktion F_α ist die Wahrscheinlichkeit, das Element, die Kette oder das System während der planmäßigen *Betriebszeit* solange in betriebsfähigem Zustand anzutreffen, daß eine störungsfreie und korrekte Ausführung der betreffenden Funktion möglich ist.

Aus der Zuverlässigkeit folgt die *Unzuverlässigkeit* oder *Störungswahrscheinlichkeit*:

$$\eta_{\alpha unz} = 1 - \eta_{\alpha zur}. \tag{13.81}$$

Aus der Verfügbarkeit ergibt sich die *Nichtverfügbarkeit* oder *Ausfallwahrscheinlichkeit*:

$$\eta_{\alpha nver} = 1 - \eta_{\alpha ver}. \tag{13.82}$$

Zur *Messung* von Zuverlässigkeit und Verfügbarkeit sind alle Funktionen F_α des Elements, der Prozeßkette oder des Systems für eine statistisch ausreichend lange *Testzeit* T_{test} mit den geplanten *Belastungsströmen* λ_α zu betreiben.

Die *Gesamtanzahl* der in dieser Zeit durchgeführten Tests der Funktion F_α ist dann

$$n_{\alpha\, gesamt} = \lambda_\alpha \cdot T_{test}. \tag{13.83}$$

Während der Testzeit werden für jede Funktion F_α gesondert alle auftretenden Störungen und Ausfälle erfaßt und zusammen mit den gemessenen *Unterbrechungszeiten* oder *Ausfallzeiten* $\tau_{i\alpha\, aus}$, $i = 1, 2, \dots, n_{\alpha\, falsch}$, in einem *Störungsprotokoll* dokumentiert [125]. Aus der gezählten *Anzahl aller Störungen* $n_{\alpha\, falsch}$ der Funktion F_α und der *Gesamtanzahl durchgeführter Funktionstest* $n_{\alpha\, gesamt}$ folgt die *Anzahl richtiger Funktionserfüllungen*

$$n_{\alpha\, richtig} = n_{\alpha\, gesamt} - n_{\alpha\, falsch} \tag{13.84}$$

Damit ist die

- *gemessene partielle Zuverlässigkeit* des Elements, der Leistungskette oder des Systems

$$\eta_{zuv\,\alpha} = \mathbf{n}_{\alpha\mathbf{richtig}} / \mathbf{n}_{\alpha\mathbf{gesamt}} = \mathbf{n}_{\alpha\mathbf{richtig}} / (\mathbf{n}_{\alpha\mathbf{richtig}} + \mathbf{n}_{\alpha\mathbf{falsch}}) \tag{13.85}$$

Durch Summation der gemessenen Ausfallzeiten $\tau_{aus\,\alpha\, i}$ ergibt sich die *Gesamtausfallzeit* für die Funktion F_α:

$$T_{\alpha\, aus} = \sum_i \tau_{i\,\alpha\, aus}. \tag{13.86}$$

Die *mittlere Ausfallzeit* – auch *Mean Time To Restore* (*MTTR*) genannt – ist damit:

$$\tau_{\alpha\, aus} = MTTR_\alpha = T_{aus\,\alpha} / n_{\alpha\, falsch}. \tag{13.87}$$

Aus der Gesamtausfallzeit folgt die *Gesamteinschaltzeit* in der Funktion F_α:

$$T_{\alpha\,ein} = T_{test} - T_{\alpha\,aus}. \qquad (13.88)$$

Die *mittlere störungsfreie Einschaltzeit* zwischen zwei Ausfällen wird *Mean Time Between Failure MTBF* genannt. Sie ist

$$\tau_{ein\,\alpha} = MTFB_\alpha = T_{\alpha\,ein} / n_{f\,\alpha}. \qquad (13.89)$$

Aus der Gesamtausfallzeit und der Gesamteinschaltzeit errechnet sich die

- *gemessene partielle Verfügbarkeit* des Elements, der Leistungskette oder des Systems in der Funktion F_α

$$\eta_{\alpha\,\mathbf{ver}} = \mathbf{T}_{\alpha\,\mathbf{ein}} / (\mathbf{T}_{\alpha\,\mathbf{ein}} + \mathbf{T}_{\alpha\,\mathbf{aus}}) = \mathbf{MTFB}_\alpha / (\mathbf{MTTR}_\alpha + \mathbf{MTFB}_\alpha). \qquad (13.90)$$

Für längere Leistungsketten und komplexe Systeme ist eine Messung der Zuverlässigkeit und Verfügbarkeit in der Praxis kaum durchführbar, da es in der Regel nicht möglich ist, die erforderlichen technischen, betrieblichen und belastungsmäßigen Voraussetzungen für eine statistisch ausreichend lange Testzeit zu schaffen. Die Störungen und Ausfallzeiten und damit die Zuverlässigkeit und Verfügbarkeit einzelner Systemelemente lassen sich hingegen während des laufenden Betriebs leichter erfassen. Aus diesen Meßwerten können bei Kenntnis der Strombelastungen die Zuverlässigkeit und Verfügbarkeit für die Prozeßketten und für das Gesamtsystem berechnet werden.

Die voranstehenden und nachfolgenden Definitionen und Berechnungsformeln sind grundlegend für *Funktionstests* und *Abnahmen* von Prozeßketten und Systemen mit diskontinuierlicher Belastung durch *diskrete Ströme* (s. *Abschnitt 9.7*). Für die *Abnahme von förder- und lagertechnischen Systemen* gibt es spezielle *VDI- und FEM-Richtlinien*, die auf den 1976 vom Verfasser entwickelten Berechnungsformeln aufbauen. In diesen sind weitere Einzelheiten und Voraussetzungen für die Messung von Zuverlässigkeit und Verfügbarkeit geregelt [125; 137].

1. Verfügbarkeit der Systemelemente

Da alle partiellen Funktionen von einem Systemelement in der gleichen Abfertigungszone und in einem Transportelement vom gleichen Umschaltelement erbracht werden, unterbrechen Störungen und Ausfälle einer Funktion für die Dauer der Ausfallzeit den Durchsatz für alle Funktionen.

Hieraus folgt:

- Durch Störungen und Ausfälle der partiellen Funktionen eines Systemelements werden die technisch maximal möglichen partiellen Grenzleistungen μ_α um den Faktor *Gesamtverfügbarkeit* η_{ver} auf die *verfügbaren partiellen Grenzleistungen* reduziert

$$\mu_{\alpha\,\mathbf{ver}} = \eta_{\mathbf{ver}}(\lambda) \cdot \mu_\alpha. \qquad (13.91)$$

Für Systemelemente wird also nur die Gesamtverfügbarkeit benötigt. Diese läßt sich ohne die Funktionsunterscheidung α mit Hilfe der Beziehungen (13.86) und (13.90) aus der Gesamtausfallzeit T_{aus} und der Testzeit $T_{test} = T_{aus} + T_{ein}$ errechnen.

Eine nach den Funktionen getrennte Erfassung der Störungen und Ausfallzeiten ist für die Systemelemente also nicht erforderlich.

Aus den Definitionen und Beziehungen (13.81) bis (13.90) folgt die:

- Abhängigkeit der Verfügbarkeit von der Strombelastung, der mittleren Ausfallzeit und der Zuverlässigkeit η_{zuv}

$$\eta_{ver}(\lambda) = \mathbf{MAX}\left(0;1;1-\lambda\cdot\tau_{aus}\cdot(1-\eta_{zuv})\right). \tag{13.92}$$

Für das Beispiel eines Regalbediengeräts ist die Abhängigkeit der Verfügbarkeit von der Strombelastung, von der mittleren Ausfallzeit und von der Zuverlässigkeit in den *Abb. 13.24*, *13.25* und *13.26* dargestellt. Aus dem Zusammenhang (13.92) und den *Abb. 13.24*, *13.25* und *13.26* ist ablesbar:

- Mit abnehmender Zuverlässigkeit, zunehmender mittlerer Ausfallzeit und ansteigender Strombelastung sinkt die Verfügbarkeit.

Die Abhängigkeit der Verfügbarkeit von der Strombelastung resultiert daraus, daß bei hoher Belastung die Funktionsfähigkeit häufiger getestet wird. In dem Beispiel des Regalbediengeräts – s. *Abb. 13.24* – sinkt die Verfügbarkeit bei einer

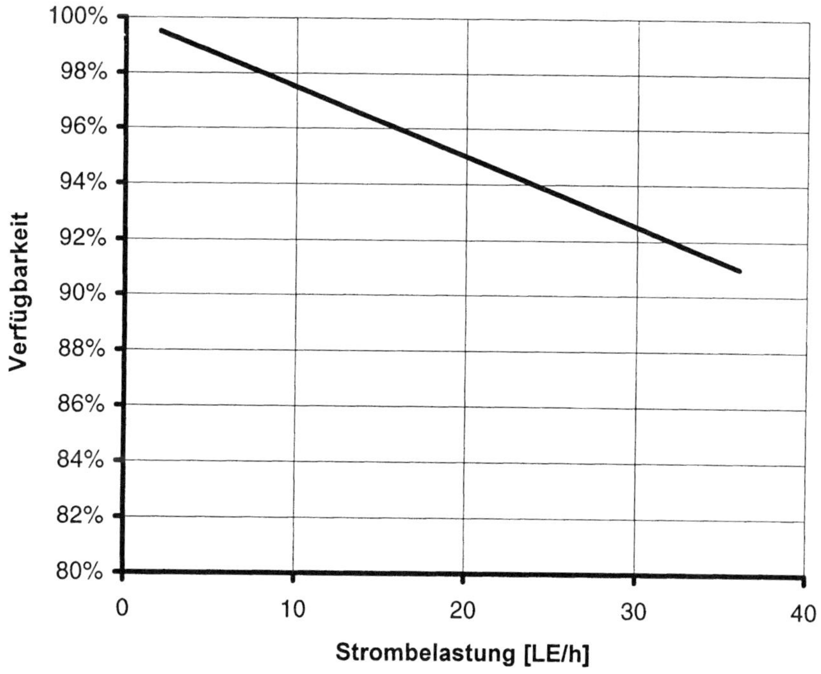

Abb. 13.24 Abhängigkeit der Verfügbarkeit eines Systemelements von der Strombelastung

Beispiel:	Regalbediengerät
Grenzleistung	$\mu_{RBG} = 36$ Pal/h
Zuverlässigkeit	$\eta_{ver} = 99{,}0\%$
Mittlere Ausfallzeit	$\tau_{aus} = 15$ min

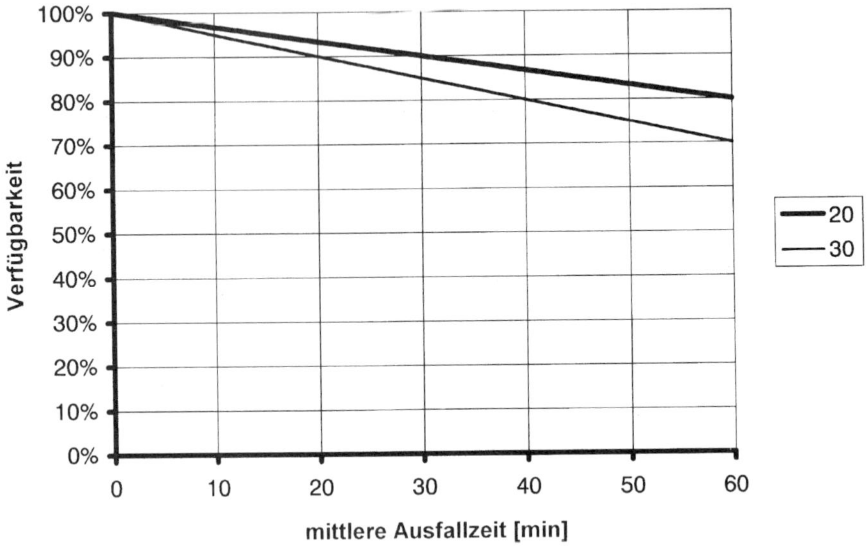

Abb. 13.25 Abhängigkeit der Verfügbarkeit eines Systemelements von der mittleren Ausfallzeit

Parameter Strombelastung 20 und 30 Pal/h
Übrige Parameter s. Abb. 13.24

Zuverlässigkeit von 99,0 % und einer mittleren Ausfallzeit von 15 min mit zunehmender Strombelastung bis zum Erreichen der Grenzleistung, die hier 36 LE/h beträgt, auf 91,0 %.

Der Einfluß der Strombelastung, die allein vom Betreiber und nicht vom Hersteller abhängt, auf die Verfügbarkeit ist vor allem bei der Dimensionierung von Hochleistungssystemen zu beachten, wird aber häufig übersehen.

Eine Konsequenz der Abhängigkeit (13.92) der Verfügbarkeit von der mittleren Ausfallzeit und von der Zuverlässigkeit ist der *Gestaltungsgrundsatz*:

- Durch Senkung der mittleren Ausfallzeiten und durch Verbesserung der Zuverlässigkeit läßt sich die Verfügkarkeit erhöhen.

Die *Ausfallzeit* setzt sich zusammen aus einer *Ausfallerkennungszeit*, der *Wartezeit auf Fachpersonal*, der *Fehlersuchzeit*, einer eventuellen *Ersatzteilbeschaffungszeit*, der eigentlichen *Reparaturzeit*, der *Testzeit* und und der *Wiedereinschaltzeit*. Die Dauer der einzelnen Anteile der Ausfallzeiten wird sowohl vom Betreiber wie auch vom Hersteller beeinflußt.

Herstellerabhängig Einflußfaktoren auf die Ausfallzeiten sind:

Konstruktion und Steuerung
Wartungs- und Reparaturfreundlichkeit

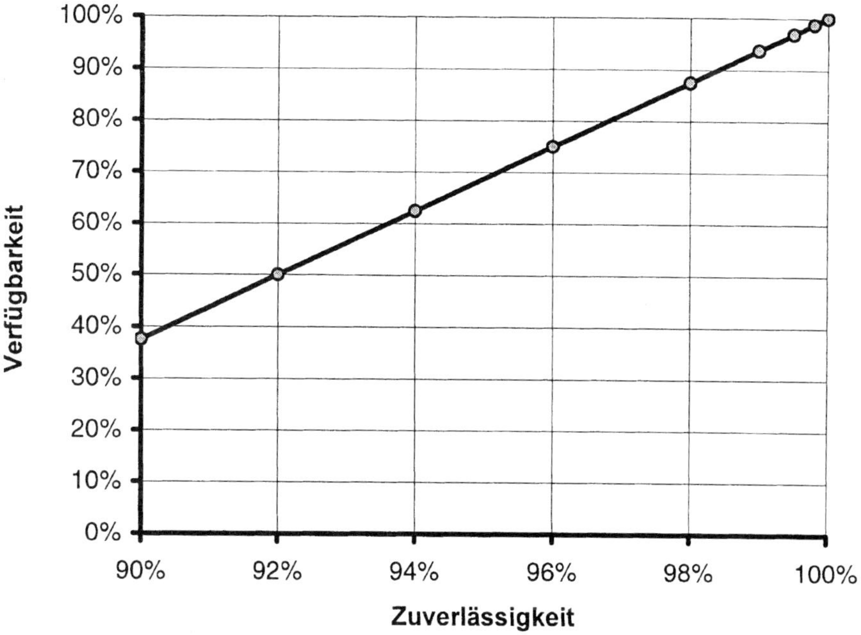

Abb. 13.26 Abhängigkeit der Verfügbarkeit eines Systemelements von der Zuverlässigkeit
Strombelastung $\lambda_{RBG} = 20$ Pal/h
Mittlere Ausfallzeit $\tau_{aus} = 15$ min
Übrige Parameter s. Abb.13.24

Vollständigkeit der Ersatzteilempfehlung (13.93)
Qualität und Vollständigkeit der Dokumentation
Einweisung und Schulung des Betriebspersonals.

Betreiberabhängige Einflußfaktoren auf die Länge der Ausfallzeiten sind:

Aufmerksamkeit des Betriebspersonals
Qualifikation und Verfügbarkeit des Wartungspersonals
Einhaltung der Wartungsvorschriften (13.94)
Verfügbarkeit von Ersatzteilen
Art der Notfallorganisation
Schadensort.

Wegen der Vielzahl der Einflußfaktoren ist es oft schwierig, für die Abnahme von Systemen aber unabdingbar, die *Verantwortung* für die wichtigsten Einflußfaktoren auf die Ausfallzeit zwischen Hersteller und Betreiber eindeutig zu regeln [125].

2. Zuverlässigkeit der Systemelemente
Die Zuverlässigkeit eines diskontinuierlich belasteten Systemelements wird von seiner *Betriebszuverlässigkeit* bestimmt. In der *Zuverlässigkeitstheorie*, die sich

vorwiegend mit kontinuierlich belasteten Elementen und Systemen befaßt, wird die Betriebszuverlässigkeit auch als *Zuverlässigkeitsfunktion* oder einfach als Zuverlässigkeit bezeichnet wird [138; 139; 140; 141; 142; 149]. Wenn Verwechslungsgefahr besteht, wird die Zuverlässigkeit bei diskontinuierlicher Belastung als *Funktionszuverlässigkeit* bezeichnet und die Zuverlässigkeit bei kontinuierlicher Belastung als *Betriebszuverlässigkeit.*

Die *Betriebszuverlässigkeit* $R(t)$ ist die Wahrscheinlichkeit, daß ein Systemelement für eine Zeitdauer t der *kontinuierlichen Belastung* richtig und störungsfrei arbeitet. Sie nimmt bei stochastischem Störungsanfall mit der *Belastungszeit t* exponentiell ab:

$$R(t) = R_0 \cdot \exp(-t/t_m). \tag{13.95}$$

Hierin ist R_0 die *Einschaltwahrscheinlichkeit,* das heißt, die Wahrscheinlichkeit eines erfolgreichen Einschaltens. t_m ist die *mittlere Laufzeit* bis zum Auftreten einer Störung.

Die mittlere Laufzeit zwischen zwei Störungen bei kontinierlicher Belastung wird in der Zuverlässigkeitstheorie ebenfalls als *Mean Time Between Failure* MTBF bezeichnet. Sie ist kleiner als die mittlere störungsfreie Einschaltzeit (13.89) bei diskontinuerlicher Belastung und daher von dieser zu unterscheiden.

Für Elemente, die jeweils erst bei Bedarf eingeschaltet werden, ist die Einschaltwahrscheinlichkeit $R_0 < 1$. Für permanent eingeschaltete Elemente, wie ein Förderband oder die Prozeßsteuerung, ist $R_0 = 1$.

Bei diskontinuierlichem Betrieb ist die Dauer der kontinuierlichen Belastung gleich der Zeit, die ein Systemelement zur Ausführung der Funktion benötigt, also gleich der *Durchlaufzeit* der in einem Schub einlaufenden Abfertigungseinheiten. Hieraus folgt:

- Die *Funktionszuverlässigkeit* diskontinierlich belasteter Systemelemente, Elementarstationen und Transportelemente nimmt exponentiell mit der *Stationsdurchlaufzeit* ab.
- Die *Betriebszuverlässigkeit* permanent belasteter Systemelemente, wie der Prozeßsteuerung, der Transportfahrzeuge und der Ladungsträger, nimmt exponentiel mit der *Einschalt-* oder *Einsatzdauer* ab.

Die Funkionszuverlässigkeit und die Betriebszuverlässigkeit der Systemelemente werden sowohl vom Hersteller wie auch vom Betreiber beeinflußt. *Herstellerabhängige Einflußfaktoren auf die Zuverlässigkeit* sind:

Konstruktion und Steuerung
Güte des Materials
Sorgfalt und Kontrolle der Montage (13.96)
Dauer und Qualität der Inbetriebnahme
Ausgereiftheit und Bewährtheit.

Betreiberabhängige Einflußfaktoren auf die Zuverlässigkeit sind:

Dauer der Nutzung
Qualität und Regelmäßigkeit der Wartung

Sicherung gegen Beschädigungen
Beachtung der Bedienungsanweisungen (13.97)
Intensität und Dauer der Belastung
Beschaffenheit der Abfertigungseinheiten.

Die Anbieter von Lager-, Förder- und Transportsystemen sollten in ihren Produktspezifikationen die garantierten Funktionssicherheiten und Verfügbarkeitswerte von Standardelementen bei definierter Durchsatzleistung angeben, um die Berechnung der Verfügbarkeit von Transportketten und Transportsystemen und entsprechende Abnahmevereinbarungen zu ermöglichen. Das ist jedoch bisher noch immer nicht die Regel.

3. Funktionssicherheit von Leistungs- und Prozeßketten

Leistungssysteme, Logistiksysteme und Transportsysteme werden von den Eingängen und internen Quellen bis zu den Ausgängen und internen Senken von Auftrags- und Logistikketten durchzogen, die aus eine Reihe von elementaren Leistungsstellen, Abfertigungselementen und Transportlementen bestehen. Eine solche Leistungskette ohne Redundanz zeigt *Abb. 13.11.*

Aus der Multiplikationsregel der Wahrscheinlichkeitsrechnung folgt:

- Die *Funktionssicherheit,* also die *Prozeßzuverlässigkeit* η_{zuv} oder die *Prozeßverfügbarkeit* η_{ver} einer Prozeßkette PK_α, die aus n hintereinandergeschalteten Stationen und Systemelementen $SE_{k\alpha}$, $k = 1, 2 \dots n_\alpha$, mit den Funktionssicherheiten $\eta_{k\alpha}$ besteht, ist

$$\eta_\alpha = \eta_{1\alpha} \cdot \eta_{2\alpha} \cdot \eta_{3\alpha} \cdots \eta_{n\alpha} = \prod_{k=1}^{n} \eta_{k\alpha}. \tag{13.98}$$

Soweit es sich bei den Stationen der Prozeßkette um Elementarstationen oder Transportelemente handelt, ist in das Wahrscheinlichkeitsprodukt (13.98) die Gesamtfunktionssicherheit einzusetzen und nicht die partielle Funktionssicherheit, da auch die übrigen, nicht von der Prozeßkette PK_α genutzten Partialfunktionen die Elemente belasten. Hieraus folgt das *Wechselwirkungsprinzip*:

- Die Prozeßzuverlässigkeit und die Prozeßverfügbarkeit sind nicht nur vom Durchsatz der Leistungskette selbst sondern auch von der gleichzeitigen Belastung der Systemelemente durch andere Leistungsketten abhängig.

Aufgrund des Wechselwirkungsprinzips genügt es in der Regel nicht, nur die einzelnen Leistungsketten für sich zu betrachten. Zusätzlich muß auch das Zusammenwirken der verschiedenen Leistungsketten im System berücksichtigt werden (s. *Abschnitt 1.3*).

Eine weitere Konsequenz der Abhängigkeit (13.98) ist das *Komplexitätsprinzip*:

- Mit zunehmender Länge einer Leistungskette, also mit steigender Anzahl beteiligter Systemelemente, nehmen Prozeßzuverlässigkeit und Prozeßverfügbarkeit ab.

So ist beispielsweise die Prozeßverfügbarkeit einer Leistungskette mit 10 Elementen, deren Einzelverfügbarkeit jeweils 99,0 % beträgt, nur $(0,99)^{10} = 90,4$ %.

Außer Leistungsstellen, Abfertigungsstationen und Transportelementen trägt in der Regel auch die übergeordnete *Prozeßsteuerung* zur Erfüllung der Gesamtfunktion einer Leistungskette bei. Daher ist die *Funktionssicherheit der Prozeßsteuerung* η_{PS} ein gesonderter Faktor des Wahrscheinlichkeitsprodukts (13.98).

Die *Prozeßzuverlässigkeit einer Transportkette* ist die *Missionswahrscheinlichkeit* [138]:

- Die *Missionswahrscheinlichkeit* ist die Wahrscheinlichkeit, daß eine rechtzeitig abgehende Sendung oder Transporteinheit den Bestimmungsort zur vereinbarten Zeit mit vollständigem Inhalt unbeschädigt erreicht.

Wenn bei einem Transportprozeß primär die Einhaltung der geforderten Laufzeit gesehen wird und die korrekte und schadensfreie Zustellung als selbstverständlich gilt, wird die Prozeßzuverlässigkeit einer Transportkette als *Termintreue* bezeichnet.

In einem Fahrzeugsystem führt der Ausfall eines Fahrzeugs ebenso zu einer Störung des Transportprozesses wie der Ausfall der Transportelemente oder der Transportsteuerung. Bei einer Transportkette TK_{AB} von A über die Transportelemente TE_k, k = 1, 2,..., n, nach B, die von einzelnen Fahrzeugen [Fz] durchlaufen wird, ist daher die *Betriebszuverlässigkeit des Fahrzeugs* η_{Fz} für die Durchlaufzeit von A nach B ein weiterer Faktor in dem Produkt (13.98). Entsprechend ist in Fördersystemen zum Transport von Ladeeinheiten die *Betriebszuverlässigkeit der Ladeeinheiten* η_{LE} ein zusätzlicher Faktor im Produkt (13.98).

Wegen des Komplexitätsprinzips ist es ratsam, die Leistungsketten möglichst kurz zu machen. Hierfür gelten folgende *Gestaltungsmöglichkeiten*:

- *Auftrennen in Teilleistungsketten* durch Einbau einer *Entkopplungsstelle*, wie eine Lagerstation oder eine Produktionsstelle mit frei verfügbarem Bestand, die den Vorprozeß vom zeitkritischen Auftragsprozeß abkoppelt (s. *Abschnitte 8.6* und *8.10*).
- *Entkoppeln von Leistungsketten* durch einen *Zwischenpuffer*, dessen *Staukapazität* groß genug ist, um die zulaufenden Einheiten für die Dauer einer Störung in der nachfolgenden Kette aufzunehmen, und dessen *Inhalt* ausreicht, um den Folgeprozeß bei Störung des vorangehenden Teilprozesses weiter zu versorgen.
- *Nutzung oder Aufbau von Redundanzketten* gleicher Funktion, die parallel zu einem hochbelasteten oder besonders störanfälligen Abschnitt einer Leistungskette verlaufen.

Das Entkoppeln von Teilleistungsketten durch einen *Zwischenpuffer* ist ein übliches Verfahren in der Fertigungstechnik, das bei der Verkettung von Maschinen angewandt wird, um bei einem kurzzeitigen Ausfall einer vorangeschalteten oder nachfolgenden Maschine eine Produktionsunterbrechung zu vermeiden.

Wenn bei einer Produktionsleistung λ_2 [PE/h] der Maschine M_2 maximal eine Unterbrechungszeit τ_{1aus} [h] der vorangeschalteten Maschine M_1 überbrückt werden soll, muß der Inhalt des Zwischenpuffers $\lambda_2 \cdot \tau_{1aus}$ betragen. Um den Produktionsausstoß λ_1 [PE/h] der Maschine M_1 für eine maximale Unterbrechungszeit τ_{2aus} [h] der Maschine M_2 aufnehmen zu können, muß der Puffer zwischen M_1

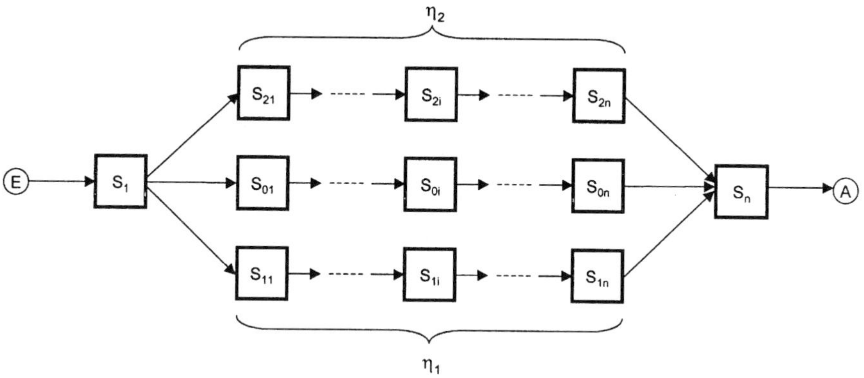

Abb. 13.27 Prozeßkette mit zweifacher Redundanz

PK_0	Hauptkette
PK_1 und PK_2	Ausweichketten
S_{rk}	k-te Station der Parallelkette PK_r

und M_2 die Kapazität $\lambda_2 \cdot \tau_{2aus}$ haben. Bei stochastischer Schwankung des Zulaufs $\lambda = \lambda_1 = \lambda_2$ oder der Abfertigung muß der Zwischenpuffer außerdem die mittlere Warteschlange aufnehmen können, die sich vor der zweiten Maschine bildet und durch Beziehung (13.64) gegeben ist. Hieraus folgt die *Auslegungsregel*:

- Ein *Zwischenpuffer* zur Entkopplung einer Station S_1 mit der möglichen Ausfallzeit τ_{1aus} von einer Station S_2 mit der möglichen Ausfallzeit τ_{2aus} muß bei einer Durchsatzleistung λ die *Staukapazität* haben

$$C_{ZP} = \lambda \cdot (\tau_{aus1} + \tau_{aus2}) + (1 - \rho + V\rho) \cdot V \cdot \rho^2 / (1 - \rho) \quad [\text{AE}]. \tag{13.99}$$

Wie in *Abb. 13.27* für n = 2 dargestellt, hat eine Prozeßkette PK_0 mit *n-facher Redundanz* für einen bestimmten Teil der Gesamtkette n Ausweichmöglichkeiten auf parallele Prozeßketten PK_r, r = 1, 2,... n, mit gleicher Funktion und ausreichender Leistungsreserve. Wenn eine Parallelkette PK_r einen Anteil $p_r < 1$ des Durchsatzes einer Prozeßkette aufnehmen kann, bietet diese Kette eine *Teilredundanz*. Wenn $p_r = 1$ ist und die Parallelkette im Störungsfall den gesamten Durchsatz der Hauptkette PK_0 übernehmen kann, bietet die Kette eine *Vollredundanz*.

Die Wahrscheinlichkeit, daß eine parallele Kette mit der Funktionssicherheit η_r und dem Aufnahmefähigkeit p_r die Objekte des Stroms im Störungsfall übernehmen kann, ist gleich $p_r \cdot \eta_r$. Die Wahrscheinlichkeit, daß sie diese nicht übernehmen kann ist daher $(1-p_r \cdot \eta_r)$. Die Wahrscheinlichkeit, daß keine der parallelen Ketten die Objekte des Stroms im Störungsfall übernehmen kann, ist gleich dem Produkt aller Nichtübernahmewahrscheinlichkeiten $(1-p_r \cdot \eta_r)$. Daraus folgt:

- Die *Funktionssicherheit einer redundanten Prozeßkette* PK_α mit n Parallelketten AK_r, die die Funktionssicherheiten η_r und die Aufnahmefähigkeiten p_r haben, ist

$$\eta_\alpha = \left(1 - \prod_{r=0}^{n}(1 - p_r \cdot \eta_r)\right) \cdot \eta_{0\alpha} . \qquad (13.100)$$

Hierin ist η_{0_α} die Funktionssicherheit des redundanten Abschnitts PK_0 der Prozeßkette PK_α. Diese läßt sich nach Beziehung (13.98) aus dem Produkt der Funktionssicherheiten der Stationen der nichtredundanten Restkette errechnen.

Wenn die Verfügbarkeit der nichtredundanten Restkette η_{over} 100 % ist, folgt beispielsweise aus (13.100) für die in *Abb. 13.27* gezeigte Prozeßkette, in der alle Parallelketten die Verfügbarkeit η_r = 90 % haben, bei *Vollredundanz*, daß heißt für $p_0 = p_1 = p_2 = 1$, die Prozeßverfügbarkeit $\eta_{ver} = (1-(1-0{,}90)^3) = 0{,}999 = 99{,}9$ %.

Bei einer Hauptkette mit $p_0 = 1$ und einer *Teilredundanz* der Parallelketten mit $p_1 = p_2 = 0{,}5$ ist die Prozeßverfügbarkeit $\eta_{ver} = (1-(1-0{,}90)(1-0{,}5 \cdot 0{,}90)^2) = 0{,}970$ = 97,0 %. Die Prozeßverfügbarkeit bei Teilredundanz ist damit geringer als bei Vollredundanz, aber immer noch deutlich besser als die Prozeßverfügbarkeit ohne Redundanz, die nur 90,0 % beträgt.

4. Funktionssicherheit von Systemen

Jeder Funktion F_α eines Teil- oder Gesamtsystems entspricht eine Prozeßkette PK_α, die n_α der N_S Stationen des Systems mit der Strombelastung λ_α durchläuft. Wenn die *Gesamtstrombelastung* des Systems

$$\lambda = \sum_\alpha \lambda_\alpha \qquad (13.101)$$

ist, wird die Funktion F_α mit der *Nutzungswahrscheinlichkeit* $p_\alpha = \lambda_\alpha/\lambda$ beansprucht. Die Funktionssicherheit des Gesamtsystems ist gleich dem mit den *Nutzungswahrscheinlichkeiten* p_α gewichteten Mittelwert der Prozeßsicherheiten η_α, die sich mit Hilfe der Beziehungen (13.98) und 13.100) aus den Funktionssicherheiten der Systemelemente berechnen lassen.

Hieraus folgt:

- Die *Systemzuverlässigkeit* eines Systems mit den Prozeßketten PK_α, den partiellen Strombelastungen λ_α und den Prozeßzuverlässigkeiten $\eta_{\alpha zuv}$ ist

$$\eta_{Sys\,zuv} = \sum_\alpha (\lambda_\alpha / \lambda) \cdot \eta_{\alpha zuv} . \qquad (13.102)$$

- Die *Systemverfügbarkeit* eines Systems mit den Prozeßketten PK_α, den partiellen Strombelastungen λ_α und den Prozeßverfügbarkeiten $\eta_{\alpha ver}$ ist

$$\eta_{Sys\,ver} = \sum_\alpha (\lambda_\alpha / \lambda) \cdot \eta_{\alpha ver} . \qquad (13.103)$$

Zur Demonstration der Berechnung einer Gesamtverfügbarkeit aus den Verfügbarkeiten der Systemelemente mit Hilfe der Beziehung (13.103) zeigt *Abb. 13.28* eine *Verfügbarkeitsanalyse* für zwei verschiedene Ausführungsformen des Zu- und Abfördersystems eines Hochregallagers. Die Verfügbarkeitsanalyse ergibt, daß bei gleicher Belastung die Systemverfügbarkeit eines getrennten Zu- und Ab-

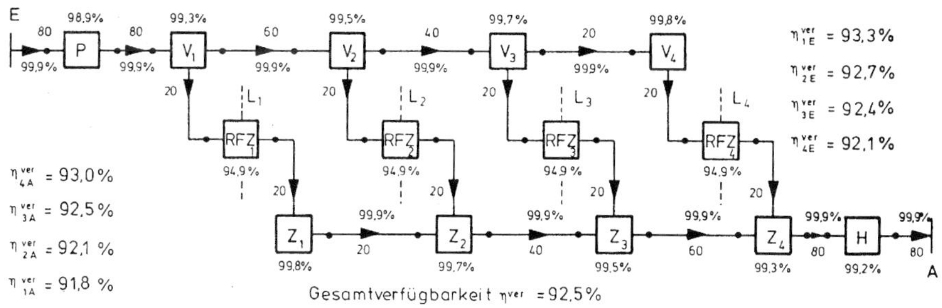

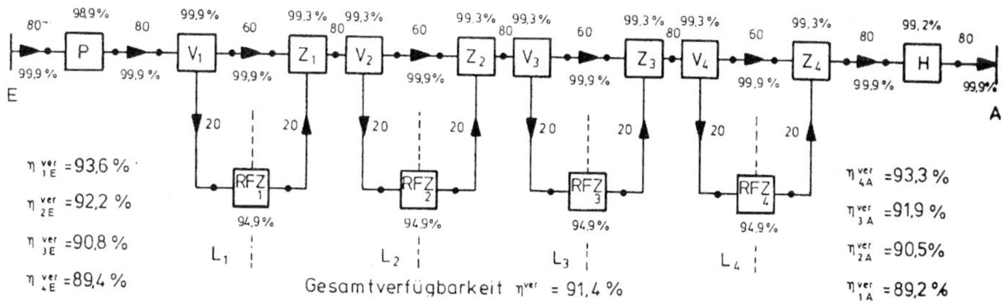

Abb. 13.28 Verfügbarkeitsanalyse des Zu- und Abfördersystem eines automatischen Hochregallagers

Oben getrenntes Zu- und Abfördersystem
Unten kombiniertes Zu- und Abfördersystem
Systemelemente Profilkontrolle
V_i Verzweigungselemente
Z_i Zusammenführungselemente
RFZ_i Regalförderzeuge
L_i Lagergassen
H Hubstation

fördersystems mit 92,5 % um 1,1 % besser ist die Systemverfügbarkeit von 91,4 % eines kombinierten Zu- und Abfördersystems [137].

Aus der Beziehung (13.102) ergibt sich nach Einsetzen von Beziehung (13.98) für die Prozeßverfügbarkeiten mit den durch Beziehung (13.85) gegebenen Zuverlässigkeiten $\eta_{\alpha\ \mathrm{zuv}}$ der betroffenen Systemelemente nach längerer Umrechnung der einfache Satz [137]:

- Werden von einem Leistungs-, Logistik- oder Transportsystem während einer längeren Betriebszeit die angeforderten Funktionen n_{richtig} mal richtig und n_{falsch} mal falsch oder gestört ausgeführt, dann ist die *Systemzuverlässigkeit*

$$\eta_{Sys\,zuv} = n_{richtig} / (n_{richtig} + n_{falsch}). \qquad (13.104)$$

Analog folgt aus Beziehung (13.103) nach Einsetzen von Beziehung (13.98) für die Prozeßverfügbarkeiten mit den durch Beziehung (13.90) gegebenen Verfügbarkeiten η_{kver} der betroffenen Systemelemente [125; 137]:

- Haben die N Systemelemente SE_k eines Leistungs-, Logistik- oder Transportsystems, die jeweils von einem Anteil λ_k des Gesamtdurchsatzes λ belastet sind, während einer Gesamtbetriebszeit T die Gesamtausfallzeiten $T_{k\,aus}$, dann ist die *Systemverfügbarkeit*

$$\eta_{Sys\,ver} = \left(T - \sum_{k=1}^{N} (\lambda_k / \lambda) \cdot T_{k\,aus} \right) / T \qquad (13.105)$$

Die Gewichte $g_K = \lambda_K/\lambda$ sind die *Strombelastungsfaktoren* der Systemelemente SE_k.

Mit den Beziehungen (13.104) und (13.105) lassen sich die Systemzuverlässigkeit und die Systemverfügbarkeit eines Gesamtsystems direkt aus den gemessenen Störungen und Ausfallzeiten errechnen. Die damit gewonnenen pauschalen Kennzahlen für die Funktionssicherheit des Systems besagen jedoch nichts darüber, welche der Prozeßketten und Systemelemente wie gut oder schlecht arbeiten. Die Systemzuverlässigkeit und die Systemverfügbarkeit sind daher nur bedingt brauchbare Kennzahlen für die Funktionssicherheit eines Systems und zur vertraglichen Regelung einer Systemabnahme allein nicht ausreichend. Zusätzlich müssen zwischen Auftraggeber und Auftragnehmer *Mindestwerte* für die Zuverlässigkeit und Verfügbarkeit aller funktionskritischen Systemelemente vertraglich festgelegt werden.

13.7 Funktions- und Leistungsanalyse

Um bei der Inbetriebnahme böse Überraschungen und kostspielige Änderungen zu vermeiden, ist vor der Realisierung eines geplanten Logistiksystems eine sorgfältige Funktions- und Leistungsanalyse durchzuführen.

Wenn ein bestehendes System seine Leistungsgrenzen erreicht hat oder stärker genutzt werden soll, hilft eine solche Analyse, *Engpässe* zu erkennen, *Schwachstellen* auszuweisen und Maßnahmen zur *Steigerung der Leistungsfähigkeit* zu planen.

Die *Arbeitsschritte* einer *Funktions- und Leistungsanalyse* sind:

1. Erstellen des *Strukturdiagramms* des Logistik- und Transportsystems mit allen Elementarstationen und Transportelementen und den zwischen diesen bestehenden Verbindungen.
2. Aufstellen des *Strombelastungsdiagramms* durch Eintragen aller in die Stationen einlaufenden und auslaufenden Leistungs- und Durchsatzströme in das Strukturdiagramm.
3. Aufstellen des *Leistungsdiagramms* durch Eintragen der partiellen Grenzleistungen für alle Elementarstationen, Verbindungen und Transportelemente in das Strukturdiagramm.

4. Erfassung und Überprüfung der *Abfertigungsstrategien* an den Stationen und Transportknoten sowie der *Systemstrategien* für Teilsysteme und Gesamtsystem.
5. Berechnung der *Auslastungen* von Stationen, Verbindungen und Transportknoten aus den Strombelastungen und den Grenzleistungen unter Anwendung der Grenzleistungsgesetze und Eintragung der Auslastungswerte in ein *Auslastungsdiagramm.*
6. Berechnung oder Abschätzung der *Staueffekte* vor den Stationen und Transportknoten mit Hilfe der Staugesetze und Eintragung der errechneten Warteschlangen und Blockierungswahrscheinlichkeiten in das resultierende *Staudiagramm.*
7. *Überprüfung der Funktions- und Leistungsfähigkeit* des Systems anhand des Auslastungsdiagramms und des Staudiagramms.
8. Erstellen eines *Verfügbarkeitsdiagramms* durch Eintragung der Verfügbarkeit der einzelnen Stationen, Verbindungen und Transportelemente.
9. *Verfügbarkeitsanalyse* durch Berechnung der *Prozeßverfügbarkeit* für die Auftrags- und Logistikketten und der *Systemverfügbarkeit* für das Gesamtsystem sowie Ermittlung der *funktionskritischen Elemente.*

Ein Logistiksystem oder Transportsystem kann die geforderten Durchsatzleistungen nur erbringen, wenn folgende *Funktionskriterien* erfüllt sind:

- Keine Station und kein Transportelement darf bei Normalbetrieb eine Auslastung über 85 % und in der Spitzenzeit von über 95 % haben.
- Die mittleren Warteschlangen vor den Stationen und Transportelementen müssen auch in der Spitzenzeit kleiner sein als die Staukapazität der zuführenden Verbindungen.

Wenn vor einzelnen Stationen die mittlere Warteschlange größer als die Staukapazität ist, muß die Blockierwahrscheinlichkeit für die vorangehend Station berechnet werden, um zu prüfen, ob deren Auslastung die Blockierung verkraftet.

Die Überprüfung der Funktions- und Leistungsfähigkeit nach diesen Kriterien zeigt rasch und lückenlos alle Engpaßstellen des Systems:

- *Engpaßstellen* sind Elementarstationen, Verbindungen und Transportelemente, die zu Spitzenzeiten zu mehr als 95 % ausgelastet sind oder deren Warteschlangen die Leistung voranliegender Stationen unzulässig beeinträchtigen.

Engpaßstellen sind die leistungsschwächsten Glieder der Leistungs- und Transportketten und begrenzen das Leistungs- und Durchsatzvermögen des Systems. Die Analyse hochbelasteter Systeme ergibt, daß ihre Leistungsfähigkeit in der Regel nur durch ein oder wenige Engpaßelemente begrenzt wird [144]. Bei diesen Engpaßelementen müssen die ersten Maßnahmen zur Steigerung der Leistungsfähigkeit des Gesamtsystems ansetzen.

Zur Engpaßbeseitigung bestehen folgende *Handlungsmöglichkeiten*:

- *Aufbohren des Engpasses*: Steigerung der Grenzleistungswerte durch erhöhte Abfertigungskapazität, verkürzte Ein- und Auslaufzeiten oder reduzierte Abfertigungszeiten.

- *Umgehung des Engpasses*: Ausweichen auf redundante Leistungs- und Transportketten, die die gleiche Funktion bieten und nicht so hoch ausgelastet sind.
- *Doppelung der Engpaßstation*: Einbau einer Parallelstation mit gleichen Funktionen.
- *Veränderung der Abfertigungsstrategie*: Gleichberechtigte Abfertigung anstelle von Vorfahrt oder Austausch von Haupt- und Nebenstrom.

In *Abb. 13.29* ist das Strukturdiagramm einer *Behälterförderanlage* in einem realisierten Kommissioniersystem mit statischer Bereitstellung dargestellt, das für eine Funktions- und Leistungsanalyse erstellt wurde. Die gepickte Ware wird in die vom Fördersystem zugeführten Auftragsbehälter abgelegt, die nach Ablage der letzten Austragsposition in die Packerei befördert werden. Engpaßelemente dieses Systems sind die Zusammenführungselemente Z auf dem Sammelkreisel, der entlang den Regalstirnseiten verläuft, sowie die Pickstationen S in den Regalgassen, die zu Rückstau in eine voranliegende Pickstation führen können.

Funktionskritische Elemente eines Logistiksystems sind alle Stationen, deren Ausfall zum Erliegen von mehr als 20 % der regulär geforderten Funktionen oder zu einer Leistungseinbuße von über 20 % führt. Die funktionskritischen Elemente ergeben sich aus dem Leistungs- und Verfügbarkeitsdiagramm des Systems durch schrittweises Nullsetzen der Verfügbarkeit der einzelnen Systemelemente und Berechnung der daraus resultierenden Funktions- und Leistungseinbußen.

Ausfallstellen sind Stationen und Transportelemente mit einer einer Verfügbarkeit unter 90 %. Sie blockieren vorangehende Stationen durch häufige oder länger dauernde Unterbrechungen, führen zur Unterauslastung nachfolgender Leistungsstellen und verursachen Lieferzeitverzögerungen und Terminüberschreitungen.

Die *Abb. 13.28* zeigt das Ergebnis einer *Leistungs- und Verfügbarkeitsanalyse* für zwei verschiedene *Zu- und Abfördersystemen* eines *automatischen Hochregallagers* [124; 125]. Für das System mit getrenntem Zu- und Abfördersystem sind die *Engpaßelemente* das erste Verzweigungselement des Zufördersystems und das letzte Zusammenführungselement des Abfördersystems. Engpaßelemente des kombinierten Zu- und Abfördersystem sind alle Verzweigungs- und alle Zusammenführungselemente. *Funktionskritische Elemente* sind in beiden Fällen die Regalbediengeräte, deren Verfügbarkeit bei voller Belastung hier wie in vielen anderen Fällen nur 95 % beträgt, bei guter Gerätekostruktion und regelmäßiger Wartung aber über 98 % liegen kann.

Wenn die *Durchlaufzeiten* zwischen den Eingangsstationen ES_i und den Ausgangsstationen AS_j eines Systems bestimmte Werte nicht überschreiten dürfen, sind zusätzlich zum Auslastungs- und Staudiagramm *Durchlaufzeitdiagramme* des Systems zu erarbeiten. Hierzu sind alle Leistungs-, Transport- und Auftragsketten gesondert darzustellen (s. *Kapitel* 19).

Für jede dieser Prozeßketten sind die Transportzeiten der Verbindungen, die Wartezeiten vor den Stationen und die Abfertigungs- oder Durchlaufzeiten der Elementarstationen und Transportelemente zu errechnen und aufzusummieren zur Gesamtdurchlaufzeit. Die errechneten *Gesamtdurchlaufzeiten* T_{ij} der ver-

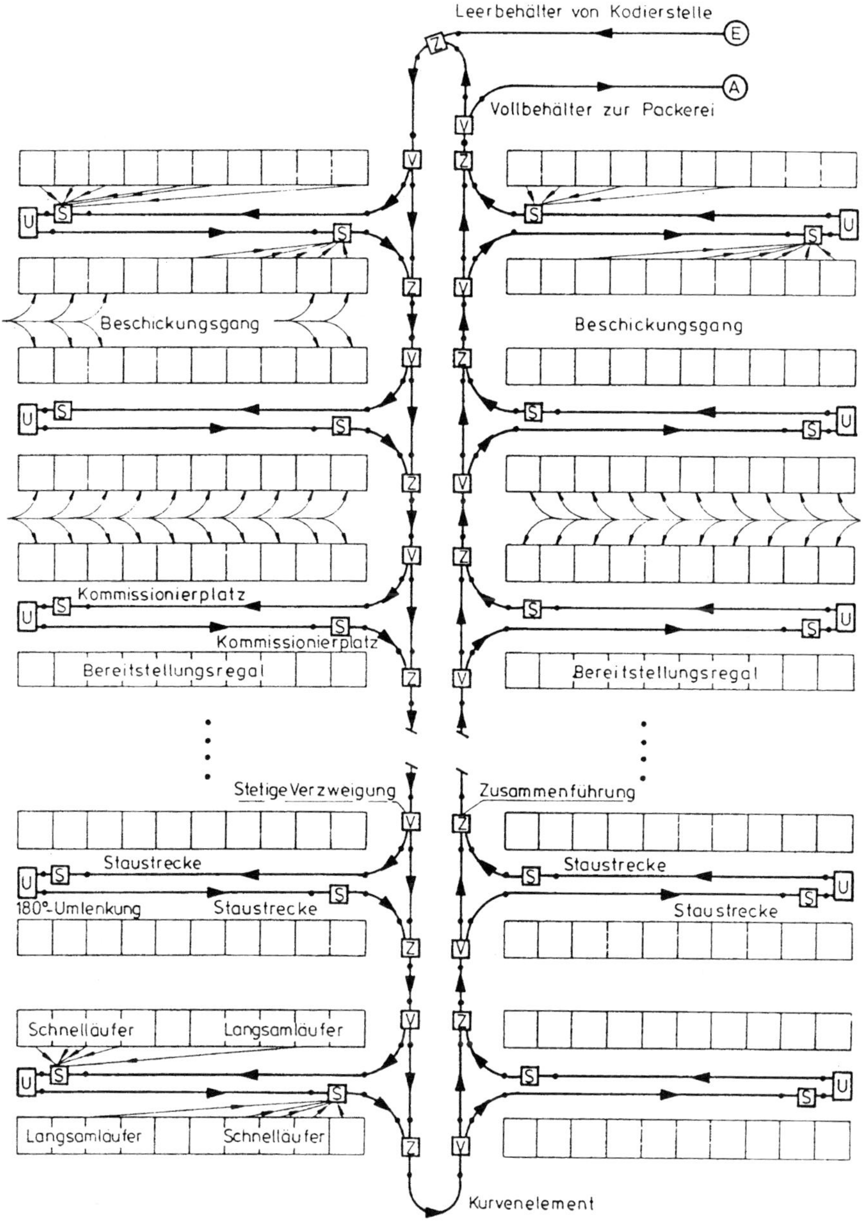

Abb. 13.29 Strukturdiagramm einer Behälterförderanlage in einem Kommissioniersystem

Systemelemente	V_i	Verzweigungselemente
	Z_i	Zusammenführungselemente
	U	Umlenkscheibe
	S	Pickstation

schiedenen Prozeßketten von den Eingängen zu den Ausgängen sind dann mit den Vorgabewerten zu vergleichen (s. *Abschnitt 8.6*).

Aus der vorangehenden Analyse von Grenzleistungen, Staueffekten und Verfügbarkeit ergibt sich, daß für die Planung und Auslegung von Logistiksystemen und Leistungsketten ein Vorgehen in folgenden *Auslegungsschritten* zweckmäßig ist:

1. Im *ersten Schritt* werden die Leistungs- und Durchsatzanforderungen als stationär, die Prozesse als getaktet, die Durchlaufzeiten als konstant und alle Stationen als funktionssicher betrachtet. Die Grenzleistungen der Leistungsstellen, Prozeßketten und Systeme werden so ausgelegt, daß sie mit einer Schwankungsreserve von 10 % für die Mittelwerte der Belastung zur Spitzenstunde ausreichen.
2. Im *zweiten Schritt* wird für das geplante System unter Berücksichtigung der technischen Zuverlässigkeit der Elemente eine *Funktions- und Leistungsanalyse* bei *stochastischer Belastung* durchgeführt, um die Engpaßstellen, Schwachstellen und funktionskritischen Elemente zu erkennen.
3. Im *dritten Schritt* werden die Grenzleistungen der Engpaßelemente dem Bedarf bei stochastischer Belastung angepaßt. Die resultierenden Staueffekte werden durch ausreichend dimensionierte Lager oder Pufferstrecken entschärft. Die Prozesse werden durch Verbesserung der Verfügbarkeit der funktionskritischen Elemente oder durch Redundanzketten funktionssicher gemacht.

Soll das System mit unterschiedlichen Belastungen betrieben werden, ist die Funktions- und Leistungsanalyse für verschiedene *Belastungsszenarien* durchzuführen. Wenn sich die Belastungszenarien in weniger als einer Stunde ändern und die stochastischen Schwankungen der Leistungs- und Durchsatzanforderungen hoch sind, sollte nach der analytischen Auslegung und Optimierung eine *digitale Simulation* des Systems durchgeführt werden.

Eine digitale Simulation eines Systems, das nach analytischen Verfahren dimensioniert und optimiert wurde, macht die Wechselwirkungen und Folgen der kurzzeitigen dynamischen und stochastischen Veränderungen deutlich. Soweit die dabei erkennbaren Staueffekte funktionskritisch sind, müssen sie durch erhöhte Grenzleistungen, weitere Staustrecken und veränderte Betriebsstrategien behoben werden [59; 60; 61].

13.8 Abnahme von Anlagen und Systemen

Analog zum Vorgehen der Funktions- und Leistungsanalyse wird auch die *Abnahme* einer gelieferten Anlage, eines förder- und lagertechnischen Gesamtsystems oder eines anderen Logistiksystems durchgeführt [125].

Nachdem der *Auftragnehmer* die Fertigstellung gemeldet und der *Auftraggeber* die erforderlichen Betriebsmittel, Stapler, Paletten und Mitarbeiter bereitgestellt hat, wird ein *Funktions- und Leistungstest* durchgeführt:

- Im *Funktionstest* werden die zugesicherten Eigenschaften und Funktionen der einzelnen Systemelemente, der Anlagenteile und des Gesamtsystems geprüft und getestet.

- Im anschließenden *Leistungstest* wird das System mit den vetraglich vereinbarten Durchsatzleistungen belastet.

Nachdem der Funktions- und Leistungstest mit einer *Mindestverfügbarkeit* von 80 % erfolgreich abgeschlossen ist, wird die Anlage dem Auftraggeber zur Nutzung übergeben. Andernfalls hat der Lieferant die Pflicht zur Nachbesserung binnen angemessener Zeit, in der Regel innerhalb von wenigen Wochen. Nach Behebung der festgestellten Mängel wird der Funktions- und Leistungstest wiederholt.

Nach erfolgreichem Funktions- und Leistungstest beginnt die *Probezeit*, die maximal gleich der *Gewährleistungszeit* ist. In der Probezeit werden laufend alle auftretenden Störungen, Störungsursachen und Unterbrechungszeiten vom Betreiber erfaßt und daraus nach den in *Abschnitt 13.6* angegebenen Beziehungen die Verfügbarkeit aller kritischen Einzelelemente, der wichtigsten partiellen Funktionen und der Gesamtanlage errechnet.

Wenn die vertraglich vereinbarten Verfügbarkeitswerte nachhaltig erreicht sind, wird ein Verfügbarkeitstest durchgeführt [137]:

- Für den *Verfügbarkeitstest* wird die Anlage für eine statistisch ausreichend lange Zeit, die in der Regel 1 bis 10 Tage beträgt, mit mindestens 70 % der Soll-Leistung belastet.

Während des Verfügbarkeitstests werden von Vertretern des Auftraggebers und des Auftragnehmers gemeinsam alle Störungen, Ursachen und Unterbrechungszeiten erfaßt und ausgewertet. Werden am Ende der Testzeit mit den vom Auftragnehmer zu vertretenden Störungen und Unterbrechungszeiten die vertraglich zugesicherten Verfügbarkeitswerte erreicht oder überschritten, ist die Anlage endgültig abgenommen.

Andernfalls ist die Lieferfirma zur *Nachbesserung* verpflichtet. Wenn diese nicht in angemessenere Zeit – maximal in 6 Monaten – gelingt, hat der Auftraggeber das Recht zur *Minderung* oder zur *Wandlung*, wenn eine Mängelbeseitigung nicht möglich ist.

14 Vertrieb und Logistik

Nach herkömmlicher Auffasung der Betriebswirtschaft gehört die Distribution zu den Aufgaben des Vertriebs [14; 229]. Die zunehmende Fachkompetenz, die Durchgängigkeit der Prozesse und die Potentiale der Logistik machen es jedoch erforderlich, zur Sicherung der *Wettbewerbsfähigkeit* Logistik und Vertrieb organisatorisch voneinander zu trennen.

Der Vertrieb kann sich mit *Marketing* und *Verkauf* darauf konzentrieren, die Märkte zu erschließen, neue Kunden zu gewinnen und zu auskömmlichen Preisen Aufträge hereinzuholen. Die Logistik ist dafür verantwortlich, daß die Aufträge zu möglichst günstigen Kosten ausgeführt und termingerecht ausgeliefert werden.

Aus der Trennung von Logistik und Vertrieb ohne genaue Regelung der Zusammenarbeit können jedoch Konflikte, Ressentiments, Unverständnis und Widerstände resultieren, die den angestrebten Wettbewerbsvorteil verhindern. Voraussetzung für den gemeinsamen Erfolg von Logistik und Vertrieb ist daher, daß beide Seiten folgende *Grundsätze der Zusammenarbeit* einhalten, die auch für die Zusammenarbeit zwischen anderen Unternehmensbereichen gelten:

- Respekt vor den Aufgaben und Leistungen des Partners,
- Kenntnis der Ziele, Möglichkeiten, Probleme und Rahmenbedingungen,
- ausreichende Freiheitsspielräume zur Lösung der übertragenen Aufgaben,
- keine Über- oder Unterstellung sondern gleichberechtigte Partnerschaft,
- kritische Offenheit im Innenverhältnis, Einvernehmen nach außen,
- gegenseitige Unterstützung zum Nutzen der Kunden und des Unternehmens.

Ausgehend von den *Kernkompetenzen* des Vertriebs wird in diesem Kapitel dargestellt, welche *Nahtstellen* zwischen Logistik und Vertrieb bestehen, wie die Logistik den Vertrieb wirkungsvoll unterstützen kann und wo der Vertrieb die Notwendigkeiten und Möglichkeiten der Logistik berücksichtigen sollte.

14.1 Kernkompetenzen des Vertriebs

Kernkompetenzen und zentrale *Aufgaben* des Vertriebs sind [14]:

Erkundung des Marktbedarfs
Analyse der Wettbewerbssituation

Planung des Liefer- und Leistungsprogramms
Festlegung des Servicegrads
Organisation der Vertriebswege
Führung der Verkaufsorganisation
Absatz- und Verkaufsplanung
Werbung und Verkaufsförderung
Preiskalkulation und Angebotskalkulation
Anfragebearbeitung und Angebotsausarbeitung
Kundenbetreuung und Beratung
Auftragsverhandlung und Vertragsabschluß.

Um diese Aufgaben, deren Ziel das *Schaffen von Nachfrage* und das *Verkaufen des Liefer- und Leistungsprogramms* ist, zu erfüllen, verfügt der Vertrieb über *Außendienstmitarbeiter*, eine *Verkaufsorganisation*, einen *Vertriebsinnendienst* und einen *Marketingbereich.*

Die Verkaufsorganisation ist abhängig von der Art des Geschäfts und besteht in der Regel aus einem Netz von *Filialen, Verkaufsstellen, Niederlassungen, Geschäftsstellen, Vertretungen, Händlern* oder *Franchisepartnern.*

Zu den Aufgaben des *Vertriebsinnendienstes* gehören die *Anfragebearbeitung* und die *Auftragsannahme* mit der kommerziellen Auftragsprüfung, der Auftragserfassung und der Eingabe der Auftragsdaten in die DV. Nach Abstimmung und Bestätigung von Leistungsumfang, Preis und Lieferbedingungen wird ein Kundenauftrag zu einem verbindlichen externen Auftrag, der an die *Auftragsdisposition* weitergeleitet wird.

Das *Marketing* umfaßt die Planung, Auslösung und Überwachung aller Maßnahmen, die auf das Verkaufen der Güter und Leistungen eines Unternehmens gerichtet sind [230]. Wird auch das Erfüllen der Nachfrage, also die Ausführung der Aufträge, dem Marketing zugerechnet, umfaßt Marketing das gesamte Unternehmen. Das aber ist ein zu weit gehender Anspruch.[1] Auch eine Einbeziehung der Distribution als *Marketing-Logistik* in das Marketing ist unzweckmäßig, denn damit wird am Ausgang der Produktion die Durchgängigkeit der *Logistikketten* von den Lieferanten und der *Auftragskette* von den Kunden durch das Unternehmen bis zu den Kunden unterbrochen [19].

14.2 Auftragsdisposition

Die *Auftragsdisposition* zur Ausführung der bestellten Leistungen und die Disposition der Beschaffung und der Fertigung gehören nicht zu den Kernkompetenzen des Vertriebs. Die *Auftragsabwicklung* sollte daher auch nicht, wie in vielen

1 Nach einer ausklingenden Zeit, in der Marketingleute alle Unternehmensaktivitäten dem Marketing unterordnen wollten, versuchen heute manche Logistiker, die Logistik über alles zu stellen. Beides ist ein Zeichen von mangelndem Verständnis und fehlender Kenntnis der Leistungsbeiträge anderer Unternehmensbereiche.

Unternehmen üblich, zusammen mit dem Angebotswesen und der Auftragsannahme dem *Vertriebsinnendienst* unterstellt sein.

Die *Auftragsdisposition*, deren Aufgaben in den *Kapiteln* 2, 8 und 10 beschrieben sind, ist der Dreh- und Angelpunkt zwischen Beschaffung, Produktion und Vertrieb. Sie erzeugt aus den externen Aufträgen nach geeigneten Dispositionsstrategien interne Aufträge für die Leistungsbereiche der Beschaffung, der Lieferanten, der Produktion, der Lager und des Versands, die am Auftragsprozeß beteiligt sind.

Nach Regeln und Prioritäten, die von der Unternehmensleitung in Abstimmung mit Vertrieb, Einkauf und Fertigung vorgegeben werden, entscheidet die Auftragsdisposition über

Eigenfertigung oder Fremdbeschaffung
Lagerfertigung oder Auftragsfertigung
Einsatz begrenzter Ressourcen
Nachschubmengen und Bestandshöhen
Beschaffungs- und Belieferungswege.

Diese Entscheidungen können zu Konflikten zwischen Vertrieb, Einkauf und Fertigung führen, die sich am besten lösen lassen, wenn die Auftragsdisposition der Unternehmenslogistik zugeordnet wird und keinem Bereich direkt unterstellt ist, der unmittelbar an der Auftragsdurchführung beteiligt ist (s. *Abschnitt 2.8*).

Wie auch die anderen Unternehmensbereiche, die Kundenkontakt haben, muß sich die Auftragsdisposition an den *Abstimmungsgrundsatz* halten:

- Der Vertrieb ist umgehend über alle wichtigen Kundenkontakte und kundennahen Aktivitiäten zu informieren und vor einer Änderung der kommerziellen Vereinbarungen einzuschalten.

Wird von diesem Grundsatz abgewichen, nimmt der Kunde den Repräsentanten des Vertriebs nicht mehr ernst. Dadurch verringern sich die Chancen für Anschlußaufträge, die der Vertrieb mit jedem Kundenkontakt verfolgt.

14.3 Liefer- und Leistungsprogramm

Der Vertrieb hat die *Sortimentsverantwortung*. Dazu gehören nicht nur der Sortimentsaufbau und die Aufnahme neuer Artikel, sondern auch die Prüfung, welche Artikel aus dem Sortiment genommen werden können und wo Sonderaktionen zum Abverkauf von Überbeständen notwendig sind. Ohne regelmäßige Bereinigung ufert das Sortiment aus. Der Anteil unverkäuflicher Ladenhüter und langsam drehender C-Artikel nimmt zu. Die Bestände wachsen an.

Dem Vertrieb fällt es schwer, von sich aus Artikel auslaufen zu lassen und Bestände von unverkäuflicher Ware abzuwerten. Daher muß die Unternehmenslogistik den Vertrieb bei der *Sortimentsanalyse* und *Sortimentsbereinigung* unterstützen. Hierfür muß sie dem Vertrieb *ABC-Analysen* von Aufträgen und Beständen liefern, die ausweisen, wo das Sortiment ausufert, mit welchen Artikeln die wesentlichen Umsätze erzielt werden, welche Bestände in Relation zum Absatz zu hoch sind und welche Artikel kaum noch verkauft werden (s. *Abschnitte* 5.7 und 5.8).

Die ABC-Analyse der verkauften Varianten eines Produkts aus vielen Komponenten gibt Hinweise, ob die Produktvarianten vom Markt angenommen werden und welche Einschränkungen der *Variantenvielfalt* möglich sind. Das *Variantenmanagement*, das mit diesen Informationen arbeitet, kann erhebliche Kosteneinsparungen bewirken [223].

Die Logistik berät den Vertrieb bei der Entscheidung, welche Artikel günstiger auf Lager gefertigt und welche besser nach Kundenaufträgen ausgeführt werden. Auch zur Planung und Markteinführung neuer *Produkte* kann die Logistik wirkungsvoll beitragen.

1. Verpackungslogistik

Die *Verpackungslogistik* [108] hat dafür zu sorgen, daß

- das *Material*, das für Produkte und Verpackungen eingesetzt wird, kostengünstig zu entsorgen, wiederverwendbar oder recyclebar ist [119],
- die *Form* des Produkts und die *Abmessungen* der Verpackung aufeinander und auf die eingesetzten Lade- und Transporthilfsmittel abgestimmt sind, so daß Volumenverluste minimiert, Lagerung und Transport gesichert und der Verpackungsrücklauf gering ist,
- die *Handlingkosten* beim Kommissionieren, beim Verladen und bei der Regalbefüllung in den Verkaufsstellen möglichst gering sind.

Durch Vorgabe logistisch optimaler *Verkaufs*- und *Nachschubmengen*, die ein *ganzzahliges Vielfaches* des Inhalts einer Umverpackung, einer Ladeeinheit, einer Palette oder einer Transporteinheit sind, lassen sich Mischpaletten, Anbrucheinheiten und die Feinkommissionierung vermeiden und damit die Distributionskosten reduzieren (s. *Kapitel* 12).

2. Trays und Displays

Trays und Displays sind spezielle Logistikeinheiten zur rationellen Verkaufsbereitstellung von abgepackter Ware in den Filialen, Märkten und Verkaufsgeschäften des Lebensmittel- und Konsumgütereinzelhandels. Mit artikelreinen oder artikelgemischten Logistikeinheiten zur direkten Verkaufsbereitstellung entfällt das zeitraubende und aufwendige Handling einzelner Verkaufseinheiten. Warenvereinnahmung und Warenbereitstellung in den Verkaufsfilialen finden mit größeren Ladeeinheiten statt. Die Vereinzelung wird dem Kunden überlassen.

Ein *Tray* ist eine *artikelreine Umverpackung* mehrerer Verkaufseinheiten zur *Bereitstellung im Regal*. Es besteht aus einem flachen Untersatz, wie einem Kartonboden, auf dem die Pakete, Tüten oder Blisterpackungen nebeneinander stehen, und ist für den Transport mit einer Schutzhaube gesichert, die vor dem Einräumen in das Regal abgenommen wird. Die Grundmaße der Trays sind auf die Standardmaße der Fachböden in den Verkaufsregalen und auf die Maße der EURO-Palette abgestimmt. Länge mal Breite sind zum Beispiel 200×200, 200×400, 400×400 und 400×600 mm.

Ein *Display* ist eine *Ladeeinheit*, in der Verkaufseinheiten unterschiedlicher Artikel auf einem Ladungsträger zur *Verkaufspräsentation* zusammengepackt sind. Als Ladungsträger werden meist halbe EURO-Paletten, sogenannte *Chep-Paletten*, mit den Grundmaßen 600×800 mm eingesetzt. Der Aufbau besteht aus Kartonteilen, die die Artikeleinheiten zusammenhalten und werbewirksam bedruckt sind.

Ein Vorteil des Displays besteht darin, daß der Lieferant die werbewirksame Aufmachung seiner Waren für alle Verkaufsstellen einheitlich vorgeben kann. Ein Nachteil sind die Kosten, die mit der Disposition und Herstellung der Displays verbunden sind. Displays werden vorwiegend für *Aktionen* eingesetzt.

Die größten Logistikeinheiten zur Verkaufsbereitstellung sind *artikelreine Ganzpaletten*, die im Verkaufsraum auf dem Boden stehen und von denen der Kunde die Verkaufsverpackungen direkt entnimmt. Artikelreine Ganzpaletten werden für schnelldrehende Artikel und für Aktionsware eingesetzt.

14.4 Lieferservice und Logistikqualität

Der Lieferservice ist ein wichtiger, in manchen Märkten sogar der entscheidende Wettbewerbsfaktor [19]. Es gehört zu den größten Fehlern in einem Unternehmen, wenn eine Ware, für die aufwendig geworben wurde, nicht lieferfähig ist.

Der *Lieferservice* umfaßt die

- angemessene *Lieferfähigkeit* lagerhaltiger Ware,
- rechtzeitige *Verfügbarkeit* kundenspezifisch gefertigter Ware,
- wettbewerbsfähige *Lieferzeiten*,
- Erfüllung spezieller *Kundentermine*.

Der Vertrieb legt unter Berücksichtigung der Kundenwünsche, der Marktgegebenheiten und der Wettbewerbssituation *Standards* für *Lieferservice* und *Logistikqualität* fest. Maßstab für die Logistikqualität eines Unternehmens sind die zwischen Logistik und Vertrieb vereinbarten *Qualitätsstandards*. Abweichungen von den Standards sind *Qualitätsmängel*. Diese werden in *Mängelsstatistiken* erfaßt und vom Logistikcontrolling dem Vertrieb gemeldet (s. *Abschnitt* 5.2).

Darüber hinaus kann die Logistik dem Vertrieb kostenneutrale Serviceverbesserungen vorschlagen und die Mehrkosten für zusätzlich geforderte Serviceleistungen angeben. Die Logistik muß jedoch darauf achten, daß vom Vertrieb kein *logistischer Overkill* betrieben wird, wie die flächendeckende oder pauschale Zusage eines 24-Stunden-Auslieferservice, der nur von wenigen Kunden benötigt und honoriert wird.

14.5 Vertriebswege und Distributionsstruktur

Der *Vertriebsweg* bestimmt, über welche *Verkaufsmittler* das Liefer- und Leistungsprogramm des Unternehmens an welche *Kundengruppen* verkauft wird.

Mögliche Vertriebswege sind der Verkauf über

- eigene Filialen und Verkaufsstellen an den Endverbraucher,
- den Großhandel an den Einzelhandel,
- Großkundenbetreuer an Handelsketten,
- Direktverkauf an Maschinenfabriken und Erstausstatter (OEM-Kunden),
- Regionalvertretungen an örtliche Wiederverkäufer und Verbraucher,
- eine Organisation selbstständiger Händler oder Franchisepartner.

Die Distribution umfaßt die *Lagerung*, die *Kommissionierung* und den *Transport* der *Fertigwaren* aus der Eigenproduktion und des fremdbeschafften *Handelssortiments* bis zum Ort der Übernahme durch den Kunden. Dafür gibt es unterschiedliche Lieferketten, deren Gestaltung in *Kapitel* 19 behandelt wird. Die *Distributionsstruktur* mit der *Gebietseinteilung* und den *Standorten* von *Fertigwarenlagern, Logistikzentren* und *Umschlagstationen* und die *Lieferketten* werden bestimmt von den Lieferbedingungen, wie *Frei Haus* oder *Ab Werk*, von der Beschaffenheit der Ware, den Liefermengen, den Entfernungen und von den Lieferzeiten.

In vielen Unternehmen orientieren sich die Distributionsstruktur und die Belieferungswege an den Vertriebswegen. Die Distributionsgebiete und Zustellregionen sind deckungsgleich mit den historisch gewachsenen Vertretungsgebieten und Verkaufsregionen. Die Auslieferlager befinden sich häufig an den Standorten der Vertriebsniederlassungen. Die Aufgaben und Ziele von Vertrieb und Logistik sind jedoch unterschiedlich. Hieraus folgt:

- Vertriebswege und Belieferungwege müssen nicht übereinstimmen oder parallel verlaufen.
- Optimale Distributionsgebiete sind nicht deckungsgleich mit optimalen Vertriebsregionen.
- Die optimalen Standorte von Fertigwarenlagern, Logistikzentren und regionalen Auslieferlagern sind nicht gleich den optimalen Standorten der Vertriebsstützpunkte.

Ebensowenig, wie sich der Einkauf oder die Dispositionstelle des Kunden am Bedarfsort der Ware befinden müssen, ist es erforderlich, daß sich Vertriebsniederlassungen, Vertreterstandorte und Verkaufsstellen am gleichen Ort befinden wie die Lager- und Versandstellen. So ist eine optimale europaweite Vertriebsorganisation nach Ländern und Sprachregionen organisiert, während eine optimiertes europaweites Distributionssystem aus grenzüberschreitenden *EURO-Regionen* besteht, die an den *Ballungsgebieten* von Bevölkerung und Industrie sowie an den *Hauptverkehrswegen* ausgerichtet sind (S. Abb. 19.20).

14.6 Preiskalkulation und Logistikkosten

Zur Kalkulation der Listenpreise von Artikeln und der Verkaufspreise für Einzelangebote müssen neben den Herstell- und Beschaffungskosten die Auftrags- und Artikellogistikkosten bekannt sein. Außerdem muß der Vertrieb für Verhandlungen mit Kunden über die *Lieferbedingungen* die Kostendifferenz zwischen Lieferung *frei Haus* und Lieferung *ab Werk* kennen.

Hierfür wird eine *Logistikkostenrechung* benötigt, die die *Leistungskosten* für selbst erbrachte Logistikleistungen kalkuliert und die *Leistungspreise* für fremdbeschaffte Logistikleistungen kennt. Für eine verursachungsgerechte Verteilung angefallener oder geplanter Logistikkosten auf die einzelnen Artikel oder Aufträge werden die *Logistikstammdaten* der Artikel und der Aufträge benötigt. Nur wenn die Logistikstammdaten vollständig verfügbar sind, ist eine Kalkulation korrekter *Logistikstückkosten* und *Auftragslogistikkosten* möglich (s. *Kap.* 7).

Logistikstammdaten und korrekte Logistikkosten sind heute erst in wenigen Unternehmen vollständig verfügbar. Vielfach wird für Kommissionierung, Lagerung und Transport noch mit pauschalen Zuschlagssätzen in Prozent vom Warenwert kalkuliert. Das kann zu Auftragsverlusten infolge überhöhter Logistikkosten, nicht kostendeckenden Preisen und falschen Vertriebsentscheidungen führen. Korrekte Logistikkosten tragen dazu bei, eine Fehlleitung von Ressourcen zu verhindern.

Weitere Beiträge kann die Unternehmenslogistik zur Preiskalkulation beitragen, wenn sie über eine *Prozeßkostenrechnung* verfügt, die die Material-, Produktions- und Leistungskosten der gesamten Leistungskette von der Beschaffung bis zur Auslieferung erfaßt und den Produkten oder verkauften Leistungen verursachungsgerecht zuordnet.

14.7 Servicebereiche der Logistik

Zur Unterstützung des Vertriebs und zur Förderung des Geschäfts ist die Logistik verantwortlich für alle Servicebereiche, die logistische Dienstleistungen erbringen oder eng mit der Warendistribution verbunden sind. Hierzu gehören die Werbemittel- und Druckschriftenlogistik, die Service- und Ersatzteillogistik, die Logistik in den Verkaufsstellen und die logistische Beratung des Verkaufs und der Kunden.

1. Werbemittel- und Druckschriftenlogistik

Um Waren kaufen und verkaufen zu können, müssen Kunden und Verkaufsvermittler durch Muster und Werbemittel gewonnen sowie durch Druckschriften, Kataloge und Preislisten über das Liefer- und Leistungsprogramm des Unternehmens informiert werden. Nach dem Verkauf sind Kunden, Aktionäre und Geschäftspartner mit Geschäftsberichten, Unternehmensmitteilungen und Dokumentationen über Anlagen, Produkte und Ersatzteile zu versorgen.

Die Distribution der Werbemittel und Druckschriften ist keine Kernkompetenz des Vertriebs und in der Regel auch nicht der Unternehmenslogistik. Sie kann daher von der Logistik zusammen mit der Fertigwarendistribution organisiert oder unabhängig davon an einen hierauf spezialisierten Logistikdienstleister vergeben werden.

Die optimale unternehmensspezifische Lösung der Werbemitel- und Druckschriftenlogistik wird vom Umfang, vom zeitlichen Anfall und von der Art der Werbemittel und Druckschriften bestimmt.

2. Ersatzteil- und Servicelogistik
Ein Industrieunternehmen, das anspruchsvolle technische Produkte, wie Fahrzeuge, elektronische Geräte oder hochwertige Maschinen herstellt, muß eine leistungsfähige *Serviceorganisation* haben. Bei der Kaufentscheidung für die Primärprodukte wird die *Ersatzteilversorgung* immer wichtiger. In einigen Branchen, wie der Aufzugsindustrie, werden gewinnbringende Deckungsbeiträge nur im Service- und Ersatzteilgeschäft erwirtschaftet.

Wenn der *After-Sales-Service* eng mit der Verkaufstätigkeit verbunden ist und die Chancen für Anschlußaufträge fördert, sind Aufbau und Führung der *Serviceorganisation* Aufgaben des Vertriebs. Die *Ersatzteildistribution* und die *Werkstattlogistik* haben jedoch meist besondere logistische Anforderungen zu erfüllen, wie hohe *Teileverfügbarkeit* und extrem kurze *Wiederbeschaffungszeiten.* Sie gehören daher zum Aufgabenbereich der Logistik [221; 249].

3. Verkaufsstellenlogistik
Die werbliche Gestaltung, das Angebot, die Warenpräsentation und die eigentliche Verkaufstätigkeit in den Verkaufsstellen und Fililalen liegen in der Verantwortung des Vertriebs.

Auch die Logistik fängt beim Kunden an. Voraussetzung für den erfolgreichen Verkauf ist daher eine leistungsfähige Logistik in den Verkaufsstellen.

Aufgaben der Verkaufsstellenlogistik sind:

- Disposition von Reservebeständen und Nachschub für die Verkaufsbestände,
- Organisation und Technik der Warenanlieferung,
- Warenannahme und Eingangskontrolle
- wegoptimale und griffgünstige Aufstellung der Verkaufsregale,
- platzsparende Unterbringung der Zugriffsreserven,
- Nachfüllen der Verkaufsregale durch eigene Mitarbeiter oder externe Regalpfleger (Rack Jobber),
- Organisation von Waren- und Datenfluß im Kassenbereich,
- Erfassung der Verkäufe und Aufträge am *Point of Sales* (POS),
- Entsorgung von Ladungsträgern, Verpackungsmaterial und zurückgegebenen Waren,
- Organisation eines Zustelldienstes für die Kunden.

Zeitaufnahmen und Analysen des Mitarbeitereinsatzes in Kaufhäusern und Handelsmärkten zeigen, daß 30 bis 40 % der Zeit auf logistische Tätigkeiten entfällt. Zusätzliche Zeit wird für administrative Tätigkeiten und das Kassieren benötigt. Der eigentliche Verkauf und die Kundenberatung erscheinen dagegen mit einem Zeitanteil von weniger als 35 % nachrangig. Diese typischen Kennzahlen zeigen die Potentiale, die in der Logistik der Verkaufsstellen bestehen. Darüber hinaus steht die Verkaufsstellenlogistik in enger Wechselwirkung mit der gesamten Unternehmenslogistik.

4. Logistikberatung

Als typische Querschnittsfunktion muß die Unternehmenslogistik die Durchgängigkeit der Logistikprozesse von den Vorlieferanten bis zu den Endkunden organisieren, kontrollieren und sichern. Sie kann und soll jedoch nicht in allen Abschnitten der Logistikkette operativ tätig und auch nicht in allen Bereichen, in denen logistische Aufgaben anfallen und Fragen zu lösen sind, verantwortlich sein (s. *Abschnitt 2.9*).

In den Bereichen, die außerhalb des Verantwortungsbereichs der Unternehmenslogistik liegen, muß die Unternehmenslogistik jedoch logistische Fachberatung und Unterstützung anbieten. Diese umfassen:

- Beratung des Verkaufs und der Kunden in allen Fragen der Belieferung, wie Lieferzeiten, Lieferfrequenzen, Anliefertermine und Disposition von Nachschub und Beständen (ECR und CRP),
- Unterstützung des Vertriebs bei Verhandlungen mit Kunden über *Logistikkonditionen* und *Logistikrabatte*,
- Logistische Beratung des Vertriebs bei der Festlegung von *Verkaufsstandorten* und *Vertretungsgebieten* und bei der Organisation der *Vertretertouren*,
- Beratung des Einkaufs bei Verhandlung und Festlegung der Beschaffungsketten,
- Beratung der Lieferanten bei Aufbau und Optimierung der Belieferungsketten, insbesondere bei Aufbau einer neuen Lieferbeziehung und bei Einführung neuer Produkte,
- Entwicklung von logistischen Standardbedingungen für Einkauf und Verkauf,
- Kalkulation von Logistikkosten und Unterstützung der Preiskalkulation,
- Logistische Beratung der Unternehmensleitung bei der Vorbereitung und Durchführung von Kooperationen und Akquisitionen.

Der eigene Logistikbereich eines Unternehmens kann nicht für alle diese Aufgaben und Fragen permanent besetzt sein und muß daher bei Bedarf logistisch kompetente Unternehmensberatungen hinzuziehen.

Teil 2

Netzwerke, Systeme und Lieferketten

15 Logistiknetzwerke und Logistiksysteme

Das Logistiknetzwerk jedes Unternehmens ist Teil eines weltumspannenden Netzwerks, das von den Logistiksystemen der Speditionen, Verkehrsbetriebe, Eisenbahnen, Luftfahrtgesellschaften, Schiffahrtslinien und anderer Unternehmen aufgespannt wird. Das globale Logistiknetzwerk hat viele Eigentümer und Benutzer. Es dient vielen Zwecken und Interessen.

Zentrale Aufgaben des *Netzwerksmanagements* sind die Abgrenzung des unternehmenseigenen Logistiknetzwerks und die Regelung der Beziehungen zu den Netzwerken der Lieferanten, Kunden und Logistikdienstleister. Die Unternehmenslogistik muß entscheiden, welche der geschäftsbedingten Logistikaufgaben den Lieferanten und Kunden überlassen, welche in eigener Regie ausgeführt oder zugekauft und welche als komplette Leistungspakete an Systemdienstleister vergeben werden. Die Grenzen des eigenen Logistiknetzwerks hängen davon ab, wie das Unternehmen seine *Kernkompetenzen* definiert und welche Bedeutung die Logistik für das Erreichen der Unternehmensziele hat.

Die beiden *Kernaufgaben der Unternehmenslogistik* sind daher:

1. Für die benötigten Logistikleistungen sind *Logistiksysteme* so zu gestalten, zu dimensionieren, zu organisieren, zu realisieren, zu betreiben oder zu beschaffen, daß sie die *Leistungsanforderungen* bei Einhaltung der *Restriktionen* optimal erfüllen.
2. Die eingesetzten Logistiksysteme sind so zu einem leistungsfähigen *Logistiknetzwerk* zu verknüpfen, zu koordinieren und zu managen, daß die *Auftrags-* und *Logistikprozesse* des Unternehmens optimal ablaufen.

Für diese Doppelaufgabe der Unternehmenslogistik wurden im *Teil 1* die *Grundlagen* und *Strategien* sowie die allgemeinen organisatorischen, technischen und kommerziellen *Handlungsmöglichkeiten* dargestellt. Im nachfolgenden *Teil 2* werden die Auslegung, Dimensionierung und Optimierung der *Lager-*, *Kommissionier-* und *Transportsysteme* behandelt, Verfahren zur Auswahl *optimaler Lieferketten* und zur Gestaltung von *Logistiknetzwerken* entwickelt und hieraus das Vorgehen zum erfolgreichen *Einsatz von Logistikdienstleistern* abgeleitet.

15.1 Intralog, Extralog und Interlog

Ein Logistiknetzwerk ist eine Anzahl von Quellen und Senken, die durch Transportsysteme miteinander verbunden sind (s. *Abb. 1.3*). Das Logistiknetzwerk wird von Waren-, Güter- und Personenströmen durchlaufen, die durch Informations- und Datenströme ausgelöst, gesteuert und kontrolliert werden.

Analog zur Unterscheidung zwischen *Intranet*, *Extranet* und *Internet* der Informations- und Kommunikationsnetzwerke lassen sich die Logistiknetzwerke nach den in *Tabelle 15.1* aufgeführten Merkmalen einteilen in *Intralog*, *Extralog* und *Intralog*:

- *Intralog-Netze* sind die innerbetrieblichen Logistiknetzwerke innerhalb der einzelnen Betriebsstätten eines Unternehmens.
- *Extralog-Netze* sind die außerbetrieblichen Logistiknetzwerke zwischen den Betriebsstätten der Unternehmen.
- *Interlog-Netze* sind die Logistiknetze aller Unternehmen und Wirtschaftsteilnehmer.

	Intralog	Extralog	Interlog
Merkmale			
Abgrenzung	Innerbetriebliches Logistiknetzwerk einer Betriebsstätte	Außerbetriebliches Logistiknetzwerk eines Unternehmens	Unternehmensübergreifende Logistiknetzwerke mit vielen Teilnehmern
Betriebsstandorte	einer	mehrere	viele
Vernetzung	gering	mittel	hoch
Logistikketten	innerbetrieblich	zwischenbetrieblich	überbetrieblich
Quellen	Wareneingang Produktionsstellen	Lieferanten andere Betriebsstätten	Unternehmen Haushalte
Senken	Verbrauchsstellen Warenausgang	Kunden andere Betriebsstätten	Unternehmen Haushalte
Teilsysteme	Maschinensysteme Lagersysteme Kommissioniersysteme Förder- und Transportsysteme	Beschaffungssysteme Distributionssysteme Entsorgungssysteme Intramodale Transportsyteme	Interlog-Systeme Extralog-Systeme Verkehrssysteme Speditionssysteme
Betreiber			
Betriebsstätten	Unternehmen	Dienstleister	Dienstleister
Betriebsmittel	Unternehmen/Dienstleister	Unternehmen/Dienstleister	Dienstleister
Trassennetz	Unternehmen	Verkehrsbetriebe/Staat	Verkehrsbetriebe/Staat
Transportmittel	Unternehmen/Dienstleister	Unternehmen/Dienstleister	Dienstleister

Tab. 15.1 Merkmale der Logistiknetzwerke

Unternehmen: Industrie- und Handelsunternehmen
Dienstleister: Logistikdienstleister, Speditionen, Umschlagbetriebe usw.
Verkehrsbetriebe: Eisenbahnen, Schiffahrtsgesellschaften, Luftfahrtgesellschaften
Haushalte: Privathaushalte, Gastronomie, Verwaltungen, Krankenhäuser u.a.

Logistiknetzwerke sind Systeme mit vielfacher Funktion, die sich aus Teil- und Subsystemen mit nur einer oder wenigen Funktionen zusammensetzen.

Das *Interlog* besteht aus den Logistiknetzwerken der Industrie- und Handelsunternehmen, der Dienstleister und der Verkehrsbetriebe. Das Logistiknetzwerk eines Unternehmens setzt sich zusammen aus aus den Intralog-Netzen der einzelnen Betriebsstätten, die sich von den Eingängen zu den Ausgängen erstrecken, und dem Extralog-Netz, das von den Lieferanten über die Betriebsstätten bis zu den Kunden oder Abnehmern des Unternehmens reicht.

Subsysteme des Extralog sind die Beschaffungs- oder Versorgungssysteme der Betriebe, die Distributions- oder Verteilsysteme für die Fertigwaren und die Entsorgungsysteme für Produktions- und Verpackungsreste. *Teilsysteme* des Intralog sind die Maschinensysteme, Lagersysteme, Kommissioniersysteme, Bereitstellsysteme, Umschlagsysteme und innerbetrieblichen Transportsysteme.

15.2 Systemaufbau und Systemhierarchien

Jedes System besteht aus Systemelementen und einer System- oder Prozeßsteuerung. Die Systemelemente sind so miteinander verbunden und ihre Funktionen werden von der Prozeßsteuerung so koordiniert, daß die Aufträge vom System korrekt und zuverlässig ausgeführt werden.

Die Systemelemente können *Leistungsstellen*, *Teilsysteme*, *Subsysteme* oder *Maschinensysteme* sein, die ihrerseits wieder aus Systemelementen zusammengesetzt sind. Hieraus resultiert eine *Hierarchie der Systeme* [233]:

1. *Logistiknetzwerke* setzen sich zusammen aus den
2. *Extralog-Systemen* und *Intralog-Systemen* der Unternehmen, die aus
3. *Lager-*, *Kommissionier-*, *Umschlag-* und *Transportsystemen* aufgebaut sind, die aus
4. *Teil- und Subsystemen* bestehen, deren Elemente
5. *Leistungsstellen* sind, die *Räume*, *Betriebsmittel* und *Personen* umfassen, oder
6. *Maschinensysteme*, die aus aus *Teilen*, *Komponenten* und *Modulen* zusammengesetzt sind.

In abstrakter Form zeigt *Abb. 1.3* die Auflösung eines Logistiknetzwerks in einzelne Logistiksysteme oder eines Logistiksystems in einzelne Leistungsstellen und Subsysteme.

Aus der Systemhierarchie resultiert eine *Steuerungshierarchie* für die Prozeßsteuerung. *Abb. 18.6* zeigt beispielsweise die *Steuerungsebenen* der hierarchisch aufgebauten Prozeßsteuerung eines Transportsystems.

Die weitere Auflösung der Teile, Komponenten und Module in ihre Elemente und die Fortsetzung der Systemhierarchie nach unten ist nicht mehr Aufgabe der Logistik sondern anderer Fachdisziplinen, wie die Fördertechnik, der Fahrzeugbau, der Schiffbau, der Flugzeugbau und der Maschinenbau, die auf die Konstruktion und Herstellung der betreffenden technischen Anlagen und Maschinensysteme spezialisiert sind (s. *Abschnitt 3.10*).

Die Hierarchie der Systeme, der Systemaufbau aus Subsystemen und Elementen und die Verkopplung der Systemebenen durch eine hierarchisch aufgebaute Systemsteuerung sind der Schlüssel für die systematische Gestaltung, Dimensionierung und Optimierung der Logistiksysteme und für ein erfolgreiches Netzwerkmanagement. Dabei ist zu unterscheiden zwischen der *horizontalen Vernetzung* von Systemen in der gleichen Hierarchieebene und der *vertikalen Vernetzung* zwischen Systemen unterschiedlicher Hierarchieebenen.

Von anderen horizontal vernetzten Systemen der gleichen Ebene und aus den höheren Hierarchieebenen, mit denen ein System vertikal vernetzt ist, resultieren die *Aufträge* und *Leistungsanforderungen* an das System. Die unterlagerten Hierarchieeebenen bestimmen das *Leistungsvermögen* des Systems und erhalten ihre Aufträge aus übergeordneten Systemen.

15.3 Leistungsanforderungen und Leistungsvermögen

Maßgebend für die Planung und den Aufbau eines neuen Systems ebenso wie für die Bewertung vorhandener Systeme sind die *Leistungsanforderungen*. Die Leistungsanforderungen resultieren aus der Anzahl und dem Inhalt der *Aufträge*, die Betreiber oder Benutzer dem System erteilen:

- Die Aufträge an das System spezifizieren die *Menge*, die *Beschaffenheit* und die *Qualität* der geforderten Produkte und Leistungen.

Aufträge an Logistiksysteme sind *Beförderungsaufträge*, *Transportaufträge*, *Lageraufträge*, *Kommissionieraufträge* und *Lieferaufträge*.

Aus einem geforderten oder zu erwartenden *Auftragseingang* λ_{AE} [Auf/PE] pro Periode PE und einem mittleren *Auftragsinhalt* m_A [LE/Auf] von *Leistungs- oder Logistikeinheiten* LE resultiert ein *Leistungs- oder Mengendurchsatz*

$$\lambda_{LE} = m_A \cdot \lambda_{AE} \qquad [LE/PE]. \qquad (15.1)$$

Aus einem zeitabhängigen Auftragseingang $\lambda_{AE}(t)$ ergibt sich eine Zeitabhängigkeit des Leistungs- und Mengendurchsatzes $\lambda_{LE}(t)$. Aus einem stochastischen Auftragseingang folgt ein stochastisch schwankender Durchsatz.

Zeitabhängige und stochastisch schwankende Durchsatzanforderungen führen zu Auftragsbeständen oder zu Warenbeständen, für die das System eine ausreichende *Pufferkapazität* bieten muß. Zusätzlich hat die *Auftragsdisposition* die Möglichkeit, einen Teil der geforderten oder geplanten Liefermengen vor dem Lieferzeitpunkt auszuführen und auf Lager zu fertigen. Aus den *dynamischen Durchsatzanforderungen* an ein Logistiksystem und den *Strategien* der Auftrags- und Bestandsdisposition ergibt sich der *Kapazitätsbedarf* C [LE], das heißt die *statische Leistungsanforderung* an die Lager- und Pufferkapazität des Systems.

Den *Leistungsanforderungen*, die festlegen, was ein gesuchtes oder vorhandenes System unter welchen Bedingungen *leisten soll*, steht das *Leistungsvermögen* gegenüber, das angibt, was ein bestimmtes System unter gegebenen Bedingungen *leisten kann*.

Das *dynamische Leistungsvermögen* eines Leistungs- oder Logistikystems ist gegeben durch die maximalen *Durchsatzwerte* oder *Grenzleistungen* μ_{LE} [LE/PE] der Leistungs- und Logistikeinheiten, für die das System ausgelegt ist. Das *statische Leistungsvermögen* eines Logistiksystems ist die *Puffer- und Lagerkapazität* C_{LE} [LE], das heißt, die maximale Anzahl von Logistikeinheiten, die im System gepuffert oder gelagert werden kann.

Das Leistungsvermögen eines Systems wird bestimmt vom *Leistungsvermögen der Systemelemente*, von der *Systemstruktur* und von den *Betriebsstrategien*, nach denen die Prozeßsteuerung die Aufträge ausführt. Außer von diesen *systeminternen Einflußfaktoren* hängt das Leistungsvermögen des Systems von *externen Einflußfaktoren* ab, wie die Größe und Struktur der Aufträge und die Stochastik und zeitliche Veränderlichkeit des Auftrageingangs. Die internen und externen Einflußfaktoren müssen für die Bewertung und Optimierung eines bestehenden Systems ebenso bekannt sein wie für die Planung und Realisierung eines neuen Systems.

15.4 Systemplanung und Systemoptimierung

Aufgabe der *Systemplanung* ist die Entwicklung eines Systems, das die gestellten *Leistungsanforderungen* bei gegebenen *Randbedingungen* zu minimalen *Leistungskosten* erfüllt. Die *Systemoptimierung* hat die Aufgabe, die Leistungskosten eines vorhandenen Systems zu senken oder das Leistungsvermögen des Systems zu verbessern.

Die *Leistungskosten* k_{LE} [DM/LE] sind die *Betriebskosten* $K(\lambda_{LE})$ [DM/PE] in einer Periode PE (PE = Tag, Woche, Monat oder Jahr) bezogen auf die erbrachte *Systemleistung* λ_{LE} [LE/PE]:

$$k_{LE} = K(\lambda_{LE}) / \lambda_{LE} \qquad [\text{DM/PE}]. \qquad (15.2)$$

Wenn ein System mehrere *Leistungsarten* mit den *Leistungseinheiten* LE_i und dem Durchsatz λ_{LEi} [LEi/PE] erbringt, müssen die Gesamtbetriebskosten $K(\lambda_{LE1}; \lambda_{LE2}; ...; \lambda_{LEn})$ möglichst verursachungsgerecht in eine Summe $K = \Sigma K(\lambda_{LEi})$ *partieller Betriebskosten* $K(\lambda_{LEi})$ aufgeteilt und aus diesen nach Beziehung (15.2) die *partiellen Leistungskosten* k_{LEi} kalkuliert werden.

Die Betriebskosten werden im wesentlichen bestimmt von den Abschreibungen, Zinsen und Wartungskosten für Gebäude, Maschinen, Anlagen und Betriebsmittel, vom Personalbedarf und vom Material, Energie- und Treibstoffeinsatz. Sie setzen sich zusammen aus *fixen Kosten* $K_{fix}(\mu_{LE})$, die unabhängig vom Leistungsdurchsatz anfallen, und *variablen Kosten* $K_{var}(\lambda_{LE})$, die vom Leistungsdurchsatz abhängen. Die Fixkosten hängen vom Mechanisierungsgrad und vom Leistungsvermögen μ_{LE} [LE/PE] des Systems ab (s. *Kapitel* 6 und 7).

Wenn die durchschnittliche *Systemauslastung*

$$\rho = \lambda_{LE} / \mu_{LE} \qquad [\%]. \qquad (15.3)$$

im Verlauf einer Betriebsperiode gering ist, steigen die Leistungskosten infolge des hohen Fixkostenanteils. Das System ist dann entweder überdimensiert oder wegen stark schwankender Leistungsanforderungen zur *Vorhaltung von Spitzenkapazität* gezwungen.

Aus diesem betriebswirtschaftlichen Zusammenhang folgt für die Systemplanung und Optimierung das *Verfahren der stufenweisen Annäherung*:

1. Das System ist zunächst unter Annahme eines *gleichmäßigen stationären Auftragseingangs* ohne stochastische Schwankungen so auszulegen, zu dimensionieren und zu optimieren, daß es den Leistungsdurchsatz, der für einen vorgegebenen Planungszeitraum zu erwarten ist, mit ausreichenden Leistungsreserven erfüllen kann.
2. Aus den Systemen, die den *stationären Leistungsanforderungen* genügen, werden die Lösungen mit den geringsten Leistungskosten ausgewählt.
3. Für die wirtschaftlich interessanten Lösungsmöglichkeiten werden die Auswirkungen eines *zeitlich veränderlichen* Auftragseingangs und Leistungsbedarfs untersucht, die Betriebsstrategien und das Leistungsvermögen dem Bedarf zur *Spitzenstunde des Spitzentags* der Planungsperiode angepaßt und danach erneut die Leistungskosten kalkuliert.
4. Die danach verbleibende wirtschaftlich interessanteste Lösung wird unter Berücksichtigung der zu erwartenden *stochastischen Schwankungen* von Auftragseingang und Leistungsbedarf einer *Funktions- und Leistungsanalyse* unterzogen, die in *Abschnitt 13.7* beschrieben ist. Mit den hieraus eventuell notwendigen Veränderungen resultiert die technisch und wirtschaftlich *optimale Systemlösung.*

Dieses Vorgehen entspricht dem in der Physik bekannten *Verfahren der stufenweisen Störungsrechnung.* Danach läßt sich ein mathematisch nicht explizit lösbares Problem durch schrittweise Annäherung mit zunehmender Genauigkeit lösen: Im ersten Schritt wird unter Vernachlässigung von Störungseinflüssen höherer Ordnung zunächst eine Lösung für die Haupteinflußfaktoren errechnet. Die weiteren Einflüsse werden in den nächsten Berechnungsschritten in der Reihenfolge ihrer Bedeutung berücksichtigt. Das Störungsverfahren führt am Ende mit der benötigten Genauigkeit zur gesuchten Lösung.

Entsprechend dem hierarchischen Aufbau der Logistiksysteme läßt sich die Systemplanung und Systemoptimierung auf allen Hierarchiebenen, also für die Netzwerke, die Logistiksysteme und deren Subsysteme, nach dem in *Abb. 15.1* dargestellt *iterativen Planungs- und Optimierungsverfahren* durchführen.

Nach einer Erfassung der Leistungsanforderungen und Planungsgrundlagen führt das Verfahren über eine Analyse und Bewertung der vorhandenen oder der zur Auswahl stehenden Logistikketten und Systemvarianten zur Konzeption einer Systemlösung, die den gestellten Anforderungen genügt.

Am schnellsten zum Ziel führen dabei die *Systemplanungsgrundsätze*:

- Erst die Logistikketten analysieren und auswählen, danach die zur Realisierung der benötigten Logistikketten erforderlichen Strukturen und Netzwerke gestalten und optimieren.
- Auf die Entwicklung der Netzwerke und Systeme folgt die Gestaltung der Auftragsprozesse und der Daten- und Informationsflüsse zur Disposition, Auslösung, Steuerung und Kontrolle von Auftragsdurchführung und Warenfluß.

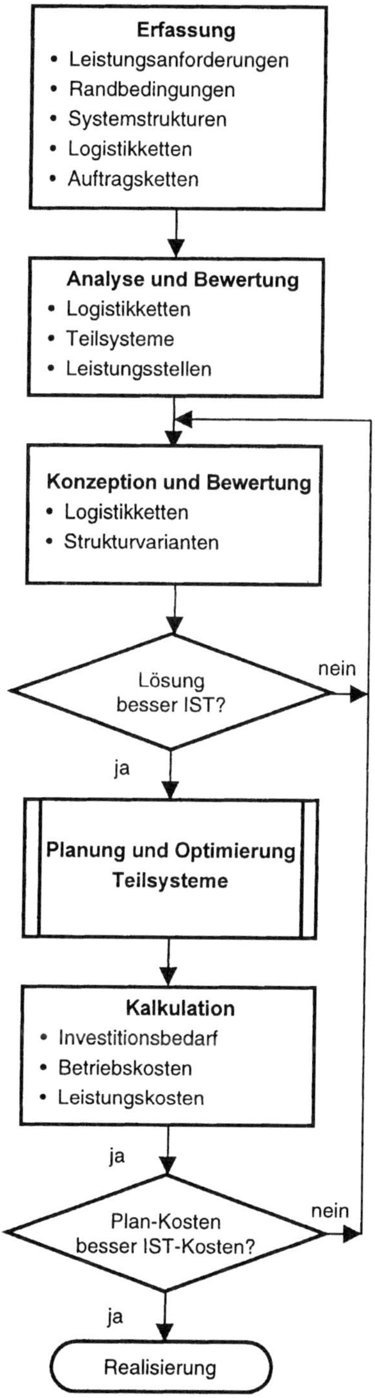

Abb. 15.1 Planung und Optimierung von Systemen

Für Logistiknetzwerke sind die Teilsysteme einzelne Logistiksysteme, wie Lager-, Kommissionier-, Umschlag- und Transportsysteme

Für Logistiksysteme sind die Teilsysteme einzelne Leistungsstellen, Maschinensysteme, Förderanlagen und Regalbediengeräte.

- Aufbau, Erfordernisse und Strategien von Netzwerk, Auftragsprozessen, Lieferketten und Logistiksystemen bestimmen die Anforderungen an die DV-Systeme, wie SCM, APM, ERP, PPS, WWS, TLS und LVS.

Die begrenzten Funktionalitäten der Standardsoftware dürfen nicht die Ausschöpfung der Potentiale und Handlungsmöglichkeiten der Logistik hindern [234; 235; 236].

Wenn die entwickelte Lösung die Leistungsanforderungen gegenüber dem IST-Zustand nicht zu deutlich reduzierten Kosten erbringen kann, müssen die zunächst als vorgegeben angenommenen unterlagerten Systeme optimiert oder neu geplant werden.

Die Planung und Optimierung der Teilsysteme verläuft wie ein *Unterprogramm* analog zu dem Vorgehen in der überlagerten Hierarchieebene. Das kann entsprechend wieder die Planung und Optimierung funktionskritischer oder kostenbestimmender Leistungsstellen, Maschinensysteme oder Elemente erforderlich machen.

Nach diesem iterativen Planungs- und Optimierungsverfahren werden in den folgenden Kapiteln die Lager-, Kommissionier- und Transportsysteme analysiert und Formeln zur Berechnung des Leistungsvermögens aus den Grenzleistungen ihrer Elemente hergeleitet. Für Lager- und Kommissioniersysteme, deren Aufbau und Struktur von den Kapazitäts- und Durchsatzanforderungen geprägt ist, wird zuerst eine *statische Dimensionierung* und danach eine *dynamische Dimensionierung* durchgeführt, deren Ergebnisse am Ende aufeinander abzustimmen sind. Für ausgewählte Systemlösungen und typische Beispiele aus der Planungspraxis werden die Auswirkung der Einflußfaktoren auf das Leistungsvermögen und die Leistungskosten berechnet.

Die Ergebnisse der Systemanalyse auf der *Ebene der Logistiksysteme* fließen auf der *Ebene der Logistiknetzwerke* in die Auswahl und Optimierung der Logistikketten und die Gestaltung der Intralog- und Extralog-Netzwerke ein.

Auf allen Ebenen der Logistiksysteme gelten auch bei komplex erscheinder Aufgabenstellung folgende *Planungs- und Gestaltungsprinzipien* [7]:

- *Einfachheitsprinzip*: Die einfachste Lösung mit den kürzesten Logistikketten, der kleinsten Anzahl von Parallelsystemen und der geringsten Automatisierung ist häufig auch die beste und kostengünstigste Lösung. Sie setzt den Maßstab für alle anderen möglichen Lösungen.
- *Entkopplungsprinzip*: Ein Gesamtsystem ist so auszulegen und zu dimensionieren, daß Rückstaus und Rückkopplungen der Teil- und Subsysteme im Normalbetrieb unwahrscheinlich sind. Bei Einhaltung des Entkopplungsprinzips lassen sich die voneinander entkoppelten Teil- und Subsysteme jeweils für sich gestalten und optimieren.
- *Näherungsprinzip*: Die mathematischen Formeln und Algorithmen zur Dimensionierung und Optimierung brauchen nicht genauer zu sein als die Eingabewerte, die Planungsgrundlagen und die Leistungsanforderungen.

Übermäßig komplizierte Systeme mit allzu eng verkoppelten Teilsystemen und Elementen sind nicht mehr beherrschbar und störungsanfällig. Sie lassen sich auch mit Hilfe noch so genauer Berechnungs- und Simulationsverfahren nicht entscheidend verbessern.

Zwei weitere Grundsätze für die Systemgestaltung und Optimierung folgen daraus, daß der Transport, das Lagern und der Umschlag der Waren und Güter wesentlich aufwendiger und teuerer sind als der Austausch, das Speichern und die Verarbeitung von Daten und Informationen. Auf der Ebene der Logistiksysteme gilt der Grundsatz der

- *Dominanz des Warenflusses*: Primär bestimmt der Material- und Warenfluß das Logistiksystem und nicht der Informations- und Datenfluß.

Auf der Ebene des Logistiknetzwerks eines Unternehmens gilt der Grundsatz der

- *Dominanz der Logistikketten*: Die Logistikketten und nicht die Auftragsketten bestimmen die Struktur des Logistiknetzwerks eines Unternehmens.

Jede Auftragskette mündet nach dem Durchlaufen organisatorischer Leistungsstellen an einer operativen *Umwandlungsstelle* in eine Logistikkette, in der die physische Ausführung des Auftrags beginnt. Die Umwandlungsstelle ist die in *Abschnitt 8.6* beschriebene und in *Abb. 8.1* dargestellte *Entkopplungsstelle* zwischen dem anonymen und dem auftragsspezifischen Abschnitt der betreffenden Logistikkette.

15.5 Optimierter Istzustand und optimale Lösung

Für die Systemplanung und die Verbesserung der Unternehmenslogistik bestehen zwei extreme *Lösungsmöglichkeiten*:

- *Optimierter Istzustand*: Innerhalb der vorhandenen Strukturen werden an den bestehenden Standorten mit minimalem Investitionsaufwand primär durch organisatorische Maßnahmen, Optimierung der Prozesse und verbesserte Betriebsstrategien die Kosten gesenkt und die Leistungsfähigkeit den erwarteten Anforderungen angepaßt.
- *Optimale Lösung auf grüner Wiese*: Nach grundlegender Neugestaltung der Prozesse und Strukturen werden an optimalen Standorten neue Betriebe aufgebaut, die frei von den Restriktionen der alten Standorte optimal geplant und mit modernster Technik ausgestattet sind.

Die optimale Lösung auf grüner Wiese sollte stets mit dem optimierten Istzustand und nicht nur mit dem meist unzulänglichen Ausgangszustand verglichen werden. Häufig lassen sich bereits durch eine Optimierung der innerbetrieblichen Abläufe und Systeme mit geringen Investitionen die Kosten soweit senken und die Leistungsfähigkeit so verbessern, daß der Unterschied zur vollständig neuen Lösung auf grüner Wiese wirtschaftlich nicht mehr attraktiv ist.

Wenn die Gebäude und Anlagen an den vorhandenen Standorten bereits abgeschrieben sind, trotzdem aber weiter genutzt werden können, sind die Fixkosten für den optimierten Istzustand in der Regel erheblich geringer als für die Lösung auf grüner Wiese. In diesen Fällen übertrifft die Fixkostendifferenz häufig die mit einer Lösung auf grüner Wiese erreichbaren Einsparungen der variablen Betriebskosten. Dann ist die langfristig optimale Lösung auf grüner Wiese nur in wirtschaftlichen Aufbauschritten erreichbar.

Auch wenn die Lösung auf grüner Wiese nicht sofort realisierbar oder gegenwärtig unwirtschaftlich ist, sollte ein Unternehmen diese Lösung kennen. Aus der Kenntnis der optimalen Lösung auf grüner Wiese resultieren die *Benchmarks*, an denen sich die Unternehmenslogistik in den bestehenden Strukturen und Betrieben zu messen hat. Außerdem muß die Struktur- und Standortentwicklung langfristig an der optimalen Lösung auf grüner Wiese ausgerichtet werden.

16 Lagersysteme

In den Unternehmen und Logistikbetrieben gibt es zahlreiche Lager, die falsch geplant, nicht richtig dimensioniert oder schlecht organisiert sind. Indizien und Folgen sind *geringe Füllungsgrade, schlechte Flächen- und Raumnutzung, Platzmangel* oder *Engpässe* bei der Ein- und Auslagerung.

Die Probleme resultieren weniger aus der Lagertechnik, die seit langem bewährt ist, sondern aus der Unkenntnis der *Einsatzkriterien, Dimensionierungsverfahren, Optimierungsmöglichkeiten* und *Betriebsstrategien* für die unterschiedlichen Lagersysteme. Weitere Probleme, wie die falsche Auswahl und Nutzung verfügbarer Lagersysteme, ergeben sich aus der Unkenntnis der Einflußfaktoren auf die *Lagerkosten* und der fehlenden Differenzierung zwischen *Platzkosten* und *Durchsatzkosten.*

Die *Verfahren, Techniken* und *Strategien* des Lagerns ergeben sich aus der *Lageraufgabe*:

- *Lagern* ist das *Aufbewahren* und *Bereithalten* der Bestände einer Anzahl von Artikeln.

Unvermeidlich mit diesem *Kernprozeß* des Lagerns verbunden ist das Ein- und Auslagern. Der *Lagerprozeß* setzt sich daher zusammen aus den *Teilprozessen*:

1. *Einlagern* der *Lagereinheiten* mit einem *Lagergerät*,
2. *Aufbewahren* und *Bereithalten* der Lagereinheiten auf den *Lagerplätzen*,
3. *Auslagern* der Lagereinheiten mit dem Lagergerät.

Zusatzfunktion vieler Einheitenlager ist das *Kommissionieren ganzer Ladeeinheiten*, das heißt, das *geordnete Auslagern* und *Zusammenstellen* der ausgelagerten Ladeeinheiten nach vorgegebenen Aufträgen (s. *Kapitel* 17).

Aus den verschiedenen Möglichkeiten der *Gestaltung* und *Anordnung* der *Lagerplätze* ergeben sich die unterschiedlichen *Lagerarten.* Die Ausführung der Lagerplätze, der Regale, der Lagergeräte, der Zu- und Abfördertechnik und der Lagersteuerung ist abhängig von der eingesetzten *Lagertechnik.* Maßgebend für die *Organisation* und den *Betrieb* eines Lagers sind die *Lagerverwaltung* und die *Lagerbetriebsstrategien.* Wenn zur Lagerung der Bestände mehrere Lager mit unterschiedlichen *Lagerkostensätzen* zur Auswahl stehen, werden darüber hinaus *Lagernutzungsstrategien* benötigt.

In diesem Kapitel werden die *Lageranforderungen* definiert, die möglichen *Verfahren* und *Techniken* zum Lagern diskreter Ladeeinheiten dargestellt und die

Betriebsstrategien für *Lagersysteme* analysiert. Die hieraus abgeleiteten *Vor-* und *Nachteile* der Verfahren, Techniken und Strategien sind zur *Auswahl* und *Gestaltung* von Lagersystemen nutzbar. Die primär technische Auslegung von Lagern, Mischbetten, Bunkern und Silos für Schütt- und Massengut sowie von Tanklagern für Flüssigkeiten und Gase wird hier nicht behandelt.

Für die *statische Lagerdimensionierung* werden Formeln entwickelt, mit denen sich der *Lagerfüllungsgrad*, der *Platzbedarf* und der *Flächenbedarf* in Abhängigkeit von der Platzkapazität, der Lagerart und den Betriebsstrategien berechnen und optimieren lassen. Zur *dynamischen Lagerdimensionierung* werden die Grundlagen der Spielzeitberechnung dargestellt und Formeln zur Berechnung der Ein- und Auslagerleistung und des Gerätebedarfs abgeleitet. Aus den funktionalen Abhängigkeiten ergeben sich *Einsatzkriterien* für die unterschiedlichen Lagerarten, *Zuweisungkriterien* für die Lagerbelegung und Möglichkeiten zur *Leistungssteigerung* von Lagersystemen.

Diese Grundlagen der Lagerdimensionierung sind maßgebend für die *Lagerplanung* und für die *Kalkulation* der *Lagerkosten*. Anhand von Modellrechnungen für 4 verschiedene Palettenlagersysteme werden die *Einflußfaktoren* der Lagerkosten dargestellt. Zum Abschluß werden die Konsequenzen für die *Beschaffung von Lagerleistungen* erörtert.

Neben den *Einheitenlagern* für gleichartige Ladeeinheiten werden auch *Bereitstellager* zum Kommissionieren mit dynamischer Bereitstellung berücksichtigt. Von den *Kommissionierlagern* für Teilmengen und von den *Sortierspeichern* werden nur die Lageraspekte behandelt.

16.1 Lageranforderungen

Zur Auswahl, Auslegung und Dimensionierung eines neuen Lagersystems ebenso wie zur Fremdvergabe müssen die *Lageranforderungen* für den *Planungshorizont* vollständig bekannt sein. Diese umfassen *Auftragsanforderungen*, *Durchsatzanforderungen* und *Bestandsanforderungen*.

Die *Durchsatzanforderungen* ergeben sich aus den *Lageraufträgen* einer *Planungsperiode* [PE], die in der Regel ein repräsentatives Betriebsjahr umfaßt. Bei bekannter Bestands- und Nachschubdisposition resultieren die *Bestandsanforderungen* aus den Lagerabrufen. Sie lassen sich aber auch aus dem Bestand zu Periodenbeginn und dem Durchsatz im Periodenverlauf errechnen.

1. Auftragsanforderungen
Die Auftragsanforderungen ergeben sich aus den *Lageraufträgen* der internen oder externen Nutzer eines Lagers und den *Nachschubaufträgen* zur Bestandsauffüllung.

- Ein *Einlagerauftrag* [EAuf] fordert das Einlagern einer bestimmten *Einlager-* oder *Nachschubmenge* M_E [LE/EAuf] eines *Lagerartikels* A.

Die Ladeeinheiten der Einlagermenge sind in einem bestimmten *Abholbereich* aufzunehmen, in geeignete Lagerplätze einzulagern und dort aufzubewahren, bis sie von einem Auslagerauftrag angefordert werden.

- Ein *Auslagerauftrag* [AAuf] oder *Lagerabruf* fordert das Auslagern einer *Auslager-* oder *Abrufmenge* M_A [LE/AAuf] vom *aktuellen Bestand* $M_B(t)$ [LE] eines lagerhaltigen Artikels.

Die ausgelagerten Ladeeinheiten sind in einem vorgegebenen *Bereitstellbereich* abzustellen.

Weitere Auftragsanforderungen sind die Bereitstellzeit und die Auftragsdurchlaufzeit:

- Die *Bereitstellzeit* oder *Zugriffszeit* pro Ladeeinheit, T_B [s/LE], ist die Summe der *Spielzeit* des Lagergeräts für den Auslagervorgang und der *Transportzeit* vom Lagerbereich zum Bereitstellbereich.
- Die *Auftragsdurchlaufzeit* $T_{Auf} = M_A \cdot T_B$ [s/AAuf] eines Auslagerauftrags ist das Produkt der Auslagermenge M_A mit der *Bereitstellzeit* T_B [s/LE] pro Ladeeinheit.

Infolge der unterschiedlichen Entfernungen der Lagerplätze vom Bereitstellbereich schwanken die einzelnen Bereitstellzeiten stochastisch um eine *mittlere Bereitstellzeit* $T_{B\,mitt}$.

Die Bereitstellzeiten und die Auftragsdurchlaufzeiten erhöhen sich um die *Wartezeiten*, die aus der vorrangigen oder gleichzeitigen Bearbeitung mehrerer Auslageraufträge und den stochastisch schwankenden Bereitstellzeiten resultieren. In Spitzenbelastungszeiten können die Bereitstellzeiten und Auftragsdurchlaufzeiten infolge dieser *Staueffekte* erheblich ansteigen.

Die Gesamtzahl der Lageraufträge einer Planungsperiode λ_{LAuf} [LE/PE], also der Einlageraufträge λ_{EAuf} [LE/PE] und der Auslageraufträge λ_{AAuf} [LE/PE], betrifft insgesamt N_A *Lagerartikel*, die sich *permanent* oder *temporär* im Lager befinden.

Ein *Lagerartikel* kann der Artikel eines lagerhaltigen *Warensortiments* oder eines *Aktionsprogramms* sein. Der *Lagerartikel* kann aber auch die Ware eines *Kundenauftrags* umfassen, die im Lager angesammelt oder zwischengelagert wird, oder ein *Versandauftrag* sein, für den Ware in einem Pufferlager oder Sortierspeicher aus mehreren Lager- und Kommissionierbereichen zusammengeführt und bereitgestellt wird. Auch *abgestellte Transporteinheiten*, wie Sattelauflieger, Wechselbrücken und Waggons, oder *geparkte Fahrzeuge* mit oder ohne Beladung, wie Flurförderzeuge, Hängebahn-Fahrzeuge und Pkw, sind logistisch gesehen Lagerartikel.

Für bestimmte Lagersysteme ist außer der Bereitstellzeit die *Räumzeit* für den gesamten Lagerbestand eine kritische Anforderung. So sollte die Räumzeit für Pkw-Parksysteme nicht mehr als eine halbe Stunde betragen. Die Räumzeit für einen Lagerbestand wird bestimmt von der mittleren Auslagerzeit und der Anzahl gleichzeitig einsetzbarer Lagergeräte.

2. Durchsatzanforderungen

Die Durchsatzanforderungen bestimmen den *Geräte-* und *Personalbedarf* eines Lagers. Sie resultieren aus den Einlageraufträgen λ_{AAuf} und den Auslageraufträgen λ_{EAuf} pro Periode:

- Die *mittlere Einlagerleistung* ist

$$\lambda_{E\,mittel} = M_E \cdot \lambda_{EAuf} \qquad [LE/PE]. \qquad (16.1)$$

- Die *mittlere Auslagerleistung* ist gegeben durch

$$\lambda_{A\,mittel} = M_A \cdot \lambda_{AAuf} \qquad [LE/PE]. \qquad (16.2)$$

Solange der Lagerbestand im Verlauf einer Periode nicht auf- oder abgebaut wird, sind die mittlere Einlagerleistung und Auslagerleistung für die gesamte Planungsperiode gleich dem *Lagerdurchsatz*

$$\lambda_D = \lambda_{E\,mittel} = \lambda_{A\,mittel} \qquad [LE/PE]. \qquad (16.3)$$

Im Verlauf eines Jahres oder eines Betriebstages aber können sich Einlagerleistung und Auslagerleistung voneinander unterscheiden und vom mittleren Lagerdurchsatz abweichen. Daher müssen zur Lagerdimensionierung wie auch zur Personal- und Gerätebedarfsrechnung die *stündliche Einlagerleistung*

$$\lambda_E \qquad [LE/h] \qquad (16.4)$$

und die *stündliche Auslagerleistung*

$$\lambda_A \qquad [LE/h] \qquad (16.5)$$

für die *Spitzenstunde* des *Spitzentages* des Jahres bekannt sein. Die stündliche Einlager- und Auslagerleistung wird bestimmt von der *Anzahl der Betriebstage* pro Jahr, von der *Anzahl der Betriebsstunden* pro Tag und von den *Durchsatzspitzenfaktoren* f_{Dsais}, die aus dem zeitlichen Verlauf $\lambda_{LAuf}(t)$ des Eingangs der Lageraufträge ableitbar sind.

Zur Zeit der Spitzenbelastung lassen sich soviele Ein- und Auslagerungen in *kombinierten Ein- und Auslagerspielen* durchführen, wie paarweise zur Ausführung anstehen. Hieraus folgen:

- die für externe Aufträge benötigte *kombinierte Ein- und Auslagerleistung*

$$\lambda_{EA} = \mathrm{MIN}(\lambda_E; \lambda_A) \qquad [LE/h], \qquad (16.6)$$

- die *zusätzlich benötigte Einlagerleistung*

$$\lambda_{Ezus} = \lambda_E - \mathrm{MIN}(\lambda_E; \lambda_A) \qquad [LE/h], \qquad (16.7)$$

- die *zusätzlich benötigte Auslagerleistung*

$$\lambda_{Azus} = \lambda_A - \mathrm{MIN}(\lambda_E; \lambda_A) \qquad [LE/h]. \qquad (16.8)$$

Für ein Lager, das außer zum Lagern auch zur dynamischen Bereitstellung von Ladeeinheiten für das Kommissionieren dient, erhöht sich die benötigte Ein- und Auslagerleistung (16.6) um die interne *Bereitstelleistung* λ_B [LE/h] für das Kommissionieren. Die Bereitstellungen für das Kommissionieren lassen sich stets in kombinierten Spielen ausführen, da mit jeder Auslagerung auch eine Rücklagerung verbunden ist. Damit ist

- die für externe und interne Aufträge *insgesamt benötigte kombinierte Ein- und Auslagerleistung*

$$\lambda_{Ages} = \lambda_B + \mathrm{MIN}(\lambda_E; \lambda_A) \qquad [LE/h]. \qquad (16.9)$$

Die insgesamt benötigte Durchsatzleistungen (16.9) und die zusätzlich benötigten Ein- und Auslagerleistungen (16.7) und (16.8) bestimmen den *vorzuhaltenden Gerätebedarf* und die *Personalbesetzung* des Lagers in Zeiten der Spitzenbelastung.

3. Bestandsanforderungen
Neben der *Beschaffenheit* und den *Eigenschaften* der Lagerartikel sind folgende *Bestandsanforderungen* maßgebend für den *Lagerplatzbedarf*:

- *Anzahl der Lagerartikel* N_A, die das *Lagersortiment* bilden;
- *Lagereinheiten* [LE] mit *Außenabmessungen* l_{LE}, b_{LE}, h_{LE} [mm], *Außenvolumen* v_{LE} [l/LE], *Durchschnittsgewicht* g_{LE} [kg/LE] und *Maximalgewicht* g_{LEmax} [kg/LE];
- *Maximaler Ladeeinheitenbestand* pro Artikel (*Artikelmaximalbestand*)

$$M_{Bmax} = M_S + M_N \qquad [\text{LE/Art}]. \qquad (16.10)$$

- *Mittlerer Ladeeinheitenbestand* pro Artikel (*Artikeldurchschnittsbestand*)

$$M_B = M_S + M_N / 2 \qquad [\text{LE/Art}]. \qquad (16.11)$$

Hier sind M_S [LE] der Sicherheitsbestand und M_N [LE] die mittlere Nachschubmenge des Artikels.

Die Artikel eines *homogenen Lagersortiments* werden in gleichartigen Ladeeinheiten gelagert. Für ein homogones Lagersortiment werden zur Lagerdimensionierung nur die *Mittelwerte* der Bestands- und Durchsatzanforderungen über alle Lagerartikel benötigt.

Ein *inhomogenes Lagersortiment*, für das *unterschiedliche Ladeeinheiten* verwendet werden, muß in *Artikelgruppen mit gleichen Ladeeinheiten* unterteilt werden, zum Beispiel in Bestände in *Behältern*, auf *Industrie-Paletten* und auf *EURO-Paletten* mit unterschiedlichen *Beladehöhen*. Die Bestände mit den unterschiedlichen Ladeeinheiten können entweder *getrennt* in mehreren parallelen *homogenen Lagern* mit in sich gleichartigen Plätzen gelagert werden, die speziell für die verschiedenen Ladeeinheiten ausgeführt sind, oder gemeinsam in einem *inhomogenen Lager* mit unterschiedlichen Plätzen oder mit universell nutzbaren gleichartigen Plätzen.

Für die Lagerdimensionierung ist es wichtig, zwischen temporär und permanent lagernden Beständen zu unterscheiden (s. *Abschnitt 11.1*):

- Der Bestand eines *temporär lagerhaltigen Artikels* ist nur für eine begrenzte Zeit zu lagern. Dieser *Push-Bestand* oder *Speicherbestand* wurde unabhängig vom aktuellen Bedarf in das Lager hineingeschoben.
- Von einem *permanent lagerhaltigen Artikel* ist im Lager während einer längeren Zeit ein Bestand vorrätig. Der Nachschub eines *Pull-Bestands* oder *Dispositionsbestands* wird abhängig vom aktuellen Bedarf in das Lager hineingezogen.

In der Praxis kann es auch zu einer *Überlagerung* der Pull-Bestände und der Push-Beständen kommen, wenn, wie in vielen Handels- und Fertigwarenlagern, zusätzlich zum bedarfsabhängigen Pull-Bestand eines permanent lagerhaltigen Artikels für befristete Zeit ein Push-Bestand des gleichen Artikels zu lagern ist. Ursache dafür kann die Vorratsproduktion eines gängigen Artikels für eine bevorstehende Saison sein oder die Vorausbeschaffung von *Aktionsware* für eine geplante Verkaufsaktion.

Ein *Push-Bestand* wird entweder in einem Schub eingelagert und nach einer *festen Lagerdauer* in gleicher Menge wieder ausgelagert oder in mehreren Schüben aufgebaut und zu einem *bestimmten Zeitpunkt* vollständig abgebaut oder in einem Schub eingelagert und nach kurzer Zeit in wenigen Schüben ausgelagert. Im einfachsten Fall besteht der Push-Bestand nur aus einer Ladeeinheit, beispielsweise in einem Parkhaus aus einem Pkw.

Der *Pull-Bestand* eines permanent lagerhaltigen Artikels mit regelmäßigem Bedarf läßt sich sich aus den Lagerabrufaufträgen einer Periode errechnen, wenn die Bestands- und Nachschubstrategie bekannt ist (s. Kapitel 11). Ein aktueller Bestand $M_B(t)$ wird mit einer bedarfs- und prozeßkostenabhängigen *Nachschubfrequenz* durch *Nachschubaufträge* [NAuf] mit *Nachschubmengen* M_N [LE/NAuf] aufgefüllt und durch stochastisch eingehende *Auslageraufträge* [AAuf] mit kleineren *Auslagermengen* M_A [LE/AAuf] sukzessive abgebaut. Daraus ergibt sich der für *Pull-Bestände* charakteristische *sägezahnartige Bestandsverlauf* (s. Abb. 11.4).

Der Maximalbestand M_{Bmax} eines solchen Artikels ist die Summe eines *Sicherheitsbestands* M_S und der *Nachschubmenge* M_N, die gleich der Einlagermenge ist. Der Maximalbestand bestimmt den Lagerplatzbedarf bei *fester Lagerordnung*. Der Durchschnittsbestand M_B ist die Summe von Sicherheitsbestand und halber Nachschubmenge und bestimmt den Lagerplatzbedarf bei *freier Lagerordnung*.

- Die *Summe der Maximalbestände* von N_A Artikeln ist:

$$M_{Bmax\,ges} = N_A \cdot M_{Bmax} = N_A \cdot (M_S + M_N) \qquad [LE/Art]. \qquad (16.12)$$

- Der *mittlere Gesamtbestand* für N_A permanent lagerhaltige Artikel ist:

$$M_{Bges} = N_A \cdot M_B = N_A \cdot (M_S + M_N / 2) \qquad [LE/Art]. \qquad (16.13)$$

Der *aktuelle Gesamtbestand* $M_{Bges}(t)$ eines Sortiments mit vielen Artikeln schwankt stochastisch um den Mittelwert (16.13). Er kann sich außerdem im Verlauf des Jahres *saisonal* verändern. Daher genügt es nicht, ein Lager nur für den mittleren Gesamtbestand eines Jahres auszulegen.

Saisonale Bestandsänderungen müssen durch einen *Bestandsspitzenfaktor* f_{Bsais} berücksichtigt werden, der sich aus einer Analyse des Jahresverlaufs der Bestände ergibt. Bei nachdisponierbaren Beständen und optimaler Nachschubdispostion ist der saisonale Bestandsspitzenfaktor gleich der Wurzel aus dem Durchsatzspitzenfaktor (s. *Abschnitt* 11.9, *Bez.* (11.43)).

Bei der Auslegung eines Lagers mit *freier Lagerordnung* muß darüber hinaus für die stochastisch bedingten Bestandsschwankungen eine ausreichend bemessene *Atmungsreserve* eingeplant werden. Für Lagersortimente mit großer Artikelzahl und unkorreliertem Nachschub ergibt sich für die stochastische Schwankung des Gesamtbestands eine *Normalverteilung*. Die Streuung des Gesamtbestands läßt sich daher nach dem Gesetz der großen Zahl aus der Streuung der aktuellen Bestände der einzelnen Artikel errechnen (s. Abschnitt 9.5).

Wenn die Sicherheitsbestände wesentlich kleiner als die Maximalbestände sind, was in einem Dispositionslager im allgemeinen der Fall ist, ist die *Varianz des Artikelbestands* $s_A{}^2 = M_B{}^2/12$ und nach Beziehung (9.23) die *Varianz des Gesamtbestands:*

$$s_B^2 = N_A \cdot s_A^2 = M_{Bges}^2 / 12 N_A . \quad (16.14)$$

Aus der saisonalen Veränderung und der stochastischen Schwankung des Gesamtbestands resultiert damit die *Kapazitätsauslegungsregel:*

- Wenn der mittlere Gesamtbestand bei freier Lagerordnung mit einer *Überlaufsicherheit* $\eta_{\text{Überl}}$ Platz finden soll, muß das Lager ausgelegt werden für einen *effektiven Gesamtbestand*

  $$M_{Beff} = f_{Bsais} \cdot f_{\text{Überl}} \cdot M_{Bges} \qquad [\text{LE}]. \quad (16.15)$$

  mit dem *saisonalen Bestandsspitzenfaktor* f_{Bsais} und dem *Überlauffaktor*

  $$f_{\text{Überl}} = 1 + f_{sich}(\eta_{\text{Überl}}) / \sqrt{12 \cdot N_A} . \quad (16.16)$$

Der *Sicherheitsfaktor* $f_{sich}(\eta_{sich})$ ist durch die inverse *Standardnormalverteilung* gegeben und für übliche Sicherheitsgrade der *Tabelle* 11.5 zu entnehmen. Für ein Sortiment mit 100 Artikeln und eine geforderte Überlaufsicherheit von 98 % ergibt sich beispielsweise der Überlauffaktor $f_{\text{Überl}} = 1 + 2{,}05/\sqrt{12 \times 100} = 1{,}06$. Das Lager muß also in diesem Fall mit einer Atmungsreserve von 6 % des Gesamtbestands ausgelegt werden.

3. Lagerdauer und Lagerumschlag

Entscheidend für die Lagerauswahl und die Lagerzuweisung sind außer den Durchsatz- und Bestandsanforderungen die sich hieraus ableitende *Liegezeit* und die *Reichweite* der zu lagernden Bestände.

Die genaue Lagerdauer eines Push-Bestands ist häufig bereits zum Zeitpunkt der Einlagerung bekannt oder absehbar. Die Lagerdauer der einzelnen Ladeeinheiten eines Pull-Bestands ist zum Zeitpunkt der Einlagerung grundsätzlich nicht bekannt.

Die *mittlere Lagerdauer* eines Pull-Bestands ergibt sich aus dem Durchsatz λ_D einer längeren Periode und dem Durchschnittsbestand M_B nach der Beziehung:

$$T_L = M_B / \lambda_D \qquad [\text{PE}]. \quad (16.17)$$

Der *Lagerumschlag* – auch *Drehzahl* genannt – ist gleich der reziproken mittleren Lagerdauer $U_L = 1/T_L$ [pro Periode]. Gemäß Beziehung (16.17) ändert sich die mittlere Lagerdauer bei gleichem Bestand, wenn sich der Periodendurchsatz verändert.

Für die Lagerplanung und die Lagerzuweisung sind zu unterscheiden:

- *Kurzzeitlager* und *Pufferlager*, in denen ein Bestand nur für einige Stunden oder Tage angesammelt, abgestellt oder bereitgehalten wird

- *Vorratslager* und *Dispositionslager*, deren Bestände eine Lagerdauer oder Reichweite von mehreren Tagen oder Wochen haben
- *Langzeitlager* und *Speicher*, in denen die Bestände viele Wochen oder Monate lagern.

Wenn die *Aufbewahrungszeit* weniger als einen Tag beträgt und das Bereithalten vorrangig ist, wird das Lager zum *Zwischenpuffer*, wenn das Sortieren die wichtigste Funktion ist, zum *Sortierspeicher.*

16.2 Lagerplätze und Lagerarten

Jedes Lager besteht aus einer Anzahl von N_{LP} *Lagerplätzen* [LP]. Ein Lagerplatz kann einen oder mehrere *Stellplätze* [SP] haben, die wiederum eine oder mehrere Ladeeinheiten aufnehmen können. Die *Lagerplatzkapazität* C_{LP} [LE/LP] ist die maximale Anzahl der Ladeeinheiten, die auf einem Lagerplatz untergebracht werden kann.

Zur Angabe der Dimensionen eines Lagers werden die in *Abb. 16.1* für das Beispiel eines Hochregallagers dargestellten *Lagerkoordinaten* verwendet:

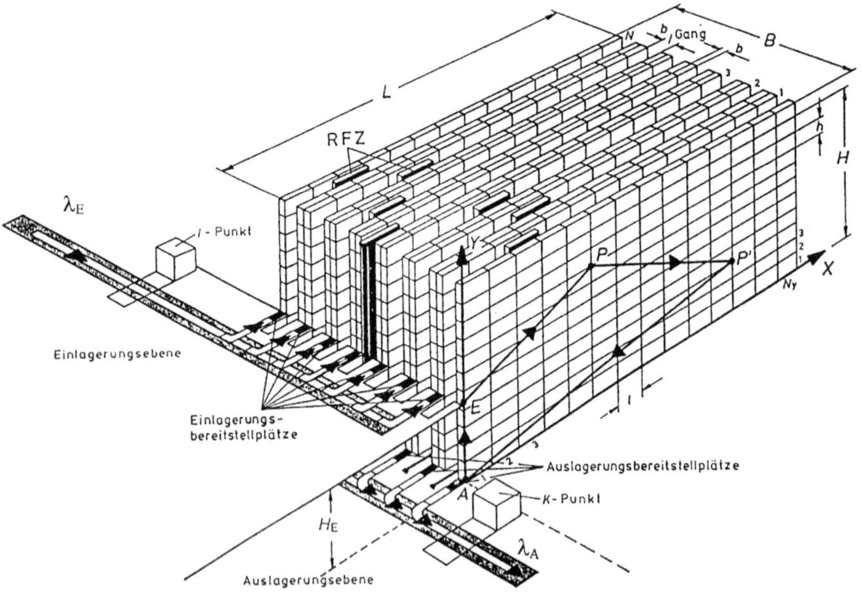

Abb. 16.1 Prinzipdarstellung eines automatischen Regallagers mit räumlich getrennten Zu- und Abfördersystemen

Lagerkoordinaten: x-Koordinate: horizontal parallel zum Gang
y-Koordinate. vertikal senkrecht zum Gang
z-Koordinate: horizontal senkrecht zum Gang

x-Koordinate: Horizontalrichtung parallel zum Bedienungsgang
y-Koordinate: Vertikalrichtung senkrecht zur Lagergrundfläche
z-Koordinate: Horizontalrichtung senkrecht zum Bedienungsgang.

Mit l_{LP} wird die *Länge* eines Lagerplatzes in x-Richtung, mit b_{LP} *Tiefe* eines Lagerplatzes in z-Richtung und mit h_{LP} die *Höhe* eines Lagerplatzes in z-Richtung bezeichnet.

Die *Stapellänge* C_x ist die Maximalzahl Lagereinheiten, die in einem Fach nebeneinander stehen, der *Stapelfaktor* C_y die Maximalzahl Lagereinheiten, die in einem Fach übereinander gestellt werden, und die *Stapeltiefe* C_z die Maximalzahl Lagereinheiten, die in einem Fach hintereinander stehen kann. Damit ist die *Lagerplatzkapazität*:

$$C_{LP} = C_x \cdot C_y \cdot C_z \qquad [LE/LP]. \qquad (16.18)$$

Die Lagerplatzkapazität bestimmt den *Kapazitätsbedarf* für einen vorgegebenen Bestand und die *Zugänglichkeit* zu den Lagereinheiten.

Bei der Auswahl und Dimensionierung eines Lagers sind zu unterscheiden:

- *Einzelplatzlager* mit der Platzkapazität $C_{LP} = 1$ LE. Auf jedem Lagerplatz kann genau eine Ladeeinheit stehen, die sich im *direkten Zugriff* befindet.
- *Mehrfachplatzlager* mit einer Platzkapazität $C_{LP} > 1$ LE. Auf einem Lagerplatz können mehrere Ladeeinheiten untergebracht werden, von denen jeweils nur die oberste der Auslagerseite zugewandte Einheit ohne Umlagern direkt erreichbar ist.

In einem *homogenen Lager* haben alle Lagerplätze die gleiche Kapazität und die gleichen Grundmaße. In einem *inhomogenen Lager* haben die Lagerplätze unterschiedliche Kapazität oder voneinander abweichende Maße für unterschiedliche Ladeeinheiten (s. *Abb. 16.4*).

Für die *Ausführung der Stellplätze* in den Lagerplätzen gibt es folgende Alternativen:

- *Unbewegliche Stellplätze*: Die Ladeeinheiten bleiben zwischen Ein- und Auslagerung unbewegt auf den Stellplätzen stehen.
- *Bewegliche Stellplätze*: Die Ladeeinheiten werden zwischen Ein- und Auslagerung innerhalb des Lagerplatzes von einem Einlagerstellplatz zu einem Auslagerstellplatz bewegt.

Für die *Anordnung der Lagerplätze* bestehen die beiden Möglichkeiten:

- *Ebene Platzanordnung*: Die Lagerplätze sind in einer *Ebene* nebeneinander angeordnet.
- *Räumliche Platzanordnung*: Die Lagerplätze sind neben- und übereinander angeordnet.

In *stationären Lagern*, wie den Blocklagern und Regallagern, sind die Lagerplätze fest an einem Ort fixiert. In *mobilen Lagern*, wie den Verschieberegallagern und Umlauflagern, sind die Lagerplätze beweglich.

Für die Ver- und Entsorgung der Lagerplätze gibt es zwei verschiedene *Bedienungsmöglichkeiten*, die eine unterschiedliche *Erreichbarkeit* der Stellplätze zur Folge haben:

- *Räumlich kombinierte Ein- und Auslagerung* der Ladeeinheiten von einer Seite der Lagerplätze, die in diesem Fall als *Einschubplätze* bezeichnet werden.
- *Räumlich getrennte Einlagerung und Auslagerung* von den zwei Seiten eines Lagerplatzes, der als *Durchschubplatz* bezeichnet wird.

Unter Berücksichtigung der *Mobilität* der Lagerplätze ergeben sich aus der Kombination der *Ausführungsalternativen* der Stellplätze mit den *Anordnungsmöglichkeiten* der Lagerplätze sechs grundlegend verschiedene *Lagerarten* mit praktischer Bedeutung:

1. *Blockplatzlager* mit unbeweglichen Stellplätzen und stationären Lagerplätzen in ebener Anordnung.
2. *Sortierspeicher* mit beweglichen Stellplätzen und stationären Lagerplätzen in ebener Anordnung.
3. *Fachregallager* mit unbeweglichen Stellplätzen und stationären Lagerplätzen in räumlicher Anordnung.
4. *Kanalregallager* mit beweglichen Stellplätzen und stationären Lagerplätzen in räumlicher Anordnung.
5. *Verschieberegallager* mit mobilen Lagerplätzen in räumlicher Anordnung.
6. *Umlauflager* mit mobilen Lagerplätzen in horizontaler oder vertikaler Anordnung.

Die meisten dieser Lagerarten können mit räumlich kombinierter oder räumlich getrennter Ein- und Auslagerung ausgeführt und technisch unterschiedlich gestaltet werden. Sie haben bestimmte *Vor- und Nachteile*, aus denen sich *Einsatzkriterien* zur Vorauswahl der grundsätzlich für eine bestimmte Lageraufgabe geeigneten Lager ergeben [29; 89; 127; 145; 146].

1. Blockplatzlager

In einem *Blockplatzlager* sind, wie in *Abb. 16.2* gezeigt, auf einer Bodenfläche zu einer oder beiden Seiten des Bedienungsgangs nebeneinander unbewegliche Blocklagerplätze angeordnet.

Die Blocklagerplätze werden in der Regel aus kombinierten Ein- und Auslagergassen mit Hilfe eines *Frontstaplers* oder eines verfahrbaren *Stapelgeräts* bedient. Die räumlich getrennte Ein- und Auslagerung von zwei Seiten des Blockplatzes erfordert doppelt soviele Gassen. Durch eine Bedienung der Stellplätze *von oben* mit einem *Hallen-*, *Brücken-* oder *Stapelkran* lassen sich die breiten Fahrwege auf schmale Bedienungsgänge reduzieren.

Beispiele *konventioneller Blockplatzlager* (BPL) sind:

- Containerlager mit Front- oder Seitenstaplern in Verladebetrieben für Schiffe und Bahn
- Blocklager mit Frontstaplern und breiten Fahrwegen für stapelfähige Paletten oder Gestelle

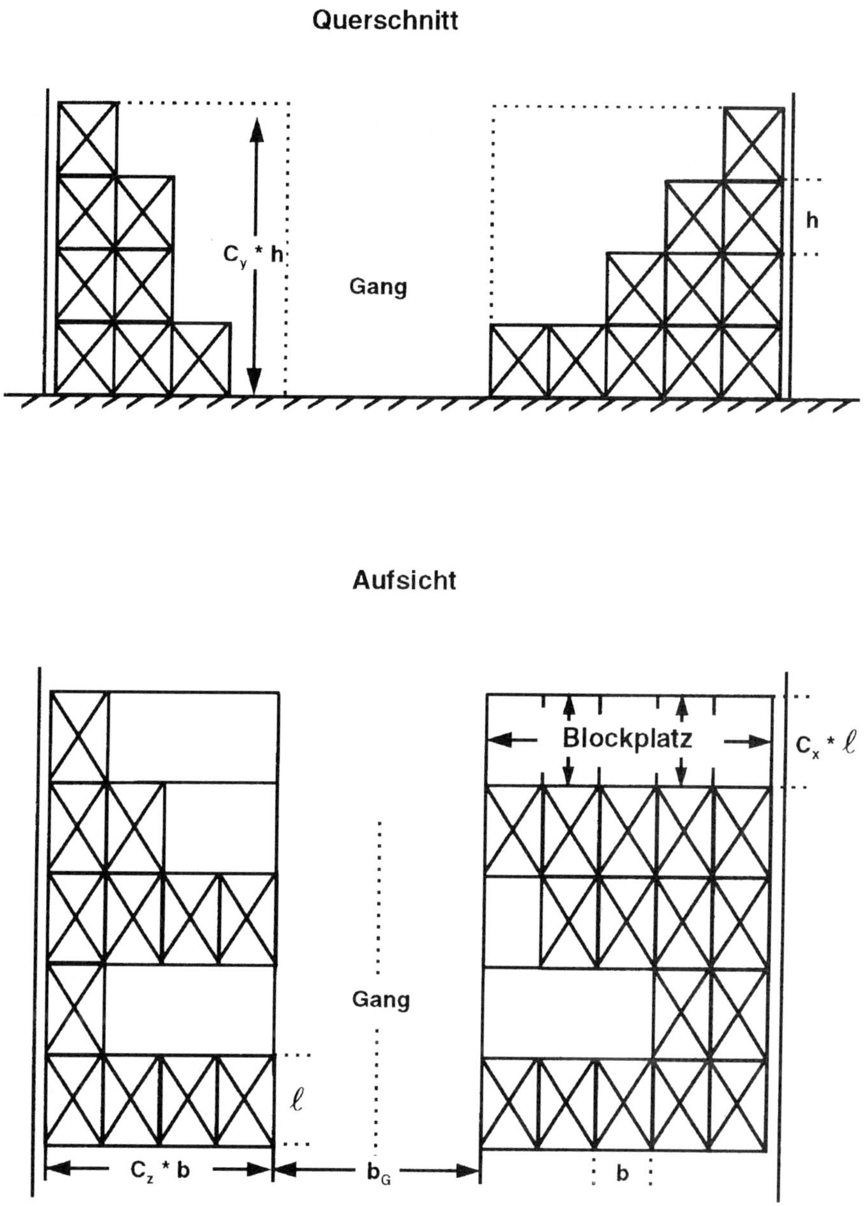

Abb. 16.2 Blocklagerplätze

C_x = Stapellänge ; C_y = Stapelfaktor ; C_z = Stapeltiefe

- Kranbediente Blocklager für Coils, Papierrollen oder Langgut
- Pufferflächen für Behälter und Paletten mit allseitiger Zugänglichkeit und Staplerbedienung
- Parkplätze für Fahrzeuge zu ebener Erde oder in mehrgeschossigen Parkhäusern.

Die *Vorteile* konventioneller Blocklager sind:

- *keine Investition* für Regale
- *kurze Zugriffszeiten*
- bei ausreichender Anzahl Lagergeräte *kurze Räumzeit*
- *einfache Veränderbarkeit* der Platzaufteilung.

Nachteile der Blocklagerung sind:

- *begrenzter Füllunggrad* bei artikelreiner Platzbelegung
- *fehlender Einzelzugriff*
- *Verletzung des FIFO-Prinzips* bei kombinierten Ein- und Auslagergängen
- bei großem Lagerbestand *lange Fahrwege* für die Lagerbedienung
- *Verdrückungsgefahr* bei zu hoher Stapelung
- *geringe Flexibilität* bei sich ändernder Bestandsstruktur.

Aufgrund dieser Vor- und Nachteile sind Blockplatzlager besonders geeignet

- für die *Langzeitlagerung* gleichartiger Ladeeinheiten, die mindestens dreifach stapelbar sind, wie Paletten, Gitterboxen, Lagergestelle und Container;
- zur Lagerung auf Freiflächen und in vorhandenen Hallen mit geringer lichter Höhe;
- für Artikel mit einem mittleren Bestand von deutlich mehr als 10 Ladeeinheiten oder einer Anliefermenge von mehr als 20 Ladeeinheiten pro Artikel;
- zur *Kurzzeitlagerung* und als *Zwischenpuffer* im Wareneingang, in der Produktion und im Warenausgang
- zur Lagerung von großen *Push-Beständen* weniger Artikel.

Eine spezielle technische Ausführungsform des Blockplatzlagers ist das *Einfahrregal*. In einem Einfahrregal werden *stapelempfindliche Ladeeinheiten* durch seitlich an Regalstehern befestigte Auflageriegel vertikal voneinander getrennt. Die Ladeeinheiten können wie beim konventionellen Blockplatzlager mehrfach hintereinander lagern [127].

Der Lagerplatz in einem Einfahrregal kann bei ausreichender Raumhöhe einen größeren Stapelfaktor haben als das konventionelle Blocklager. Hieraus folgt:

- Der Einsatz eines Einfahrregals ist sinnvoll, wenn eine vorgebene Hallenhöhe aufgrund eines begrenzten Stapelfaktors der Ladeeinheiten nicht vollständig genutzt wird.

Die Einsatzvoraussetzungen für die Blocklagerung sind häufig nicht erfüllt, die Plätze falsch dimensioniert oder die Bestände nicht den richtigen Plätzen zugewiesen. Daher gibt es viele Blockplatzlager und Einfahrregale mit geringem Füllungsgrad und schlechter Raumnutzung.

2. Sortierspeicher

In einem Sortierspeicher sind die Lagerplätze einzelne *Einschubkanäle*, *Durchlaufbahnen* oder *Staustrecken*, die, wie in *Abb. 16.3* dargestellt, *ebenerdig* nebeneinander angeordnet.

Wenn die Ladeeinheiten nicht selbst beweglich sind, enthalten die Kanäle eine fördertechnische Ausrüstung, mit der die einzelnen Ladeeinheiten oder Ladeeinheitenstapel in Kanalrichtung von einem Stellplatz zum anderen bewegt werden.

Sortierspeicher mit *Durchlaufbahnen* werden *räumlich getrennt* von zwei Seiten durch ein geeignetes Lagergerät bedient. Sortierspeicher mit *Einschubkanälen* werden *räumlich kombiniert* von einer Seite ver- und entsorgt.

Beispiele für *Sortierspeicher* (SSP) sind [93; 124]:

- *Sortierspeicher* für Paletten oder Behälter, die artikelrein gepuffert, sendungsrein sortiert und für den Versand bereitgestellt werden.
- *Staustrecken* und *Staubahnen* in Fördersystemen.
- *Parkspuren* und *Abstellstrecken* in Fahrzeugsystemen.
- *Gleisharfen* zur Zugbildung aus Waggons.

Vorteile der Sortierspeicher sind:

- *gute Zugänglichkeit*
- *Automatisierungsfähigkeit*
- *Einhaltung des FIFO-Prinzips* bei Durchlaufkanälen.

Nachteile von Sortierspeichern sind:

- *hohe Investitions-* und *Betriebskosten* für die Fördertechnik
- *großer Flächenbedarf*
- *begrenzter Füllunggrad* bei artikelreiner Kanalbelegung
- *fehlender Einzelzugriff*
- *Verletzung des FIFO-Prinzips* bei Einschubkanälen
- *geringe Flexibilität* bei sich ändernder Bestandsstruktur.

Außer für das reine Sortieren sind Sortierspeicher als *Kurzzeitpuffer* im Wareneingang, in der Produktion und im Warenausgang geeignet. Für die Dispositions- und Langzeitlagerung sind sie zu teuer.

3. Fachregallager

Fachregallager bestehen aus einzelnen *Fachmodulen* (FM), die – wie in *Abb. 16.4* gezeigt – einen oder mehrere Lagerplätze enthalten. Die Fachmodule sind – wie in *Abb. 16.5* dargestellt – in einer *Regalkonstruktion* nebeneinander und übereinander zu *Regalscheiben* zusammengefügt. Je zwei Regalscheiben bilden zusammen mit der *Regalgasse* ein *Gangmodul* (GM).

Die meisten Fachregallager sind als *Einzelplatzlager* ausgeführt. Bei einfach tiefer Lagerung befinden sich alle Ladeeinheiten im *Direktzugriff*. Damit ist die Ver- und Entsorgung aus dem gleichen Gang unter Einhaltung des FIFO-Prinzips möglich.

Bei hohen Beständen pro Artikel können auch *doppelt-* und *mehrfachtiefe Lagerplätze* sinnvoll sein, in denen zwei oder mehr Stellplätze hintereinander ange-

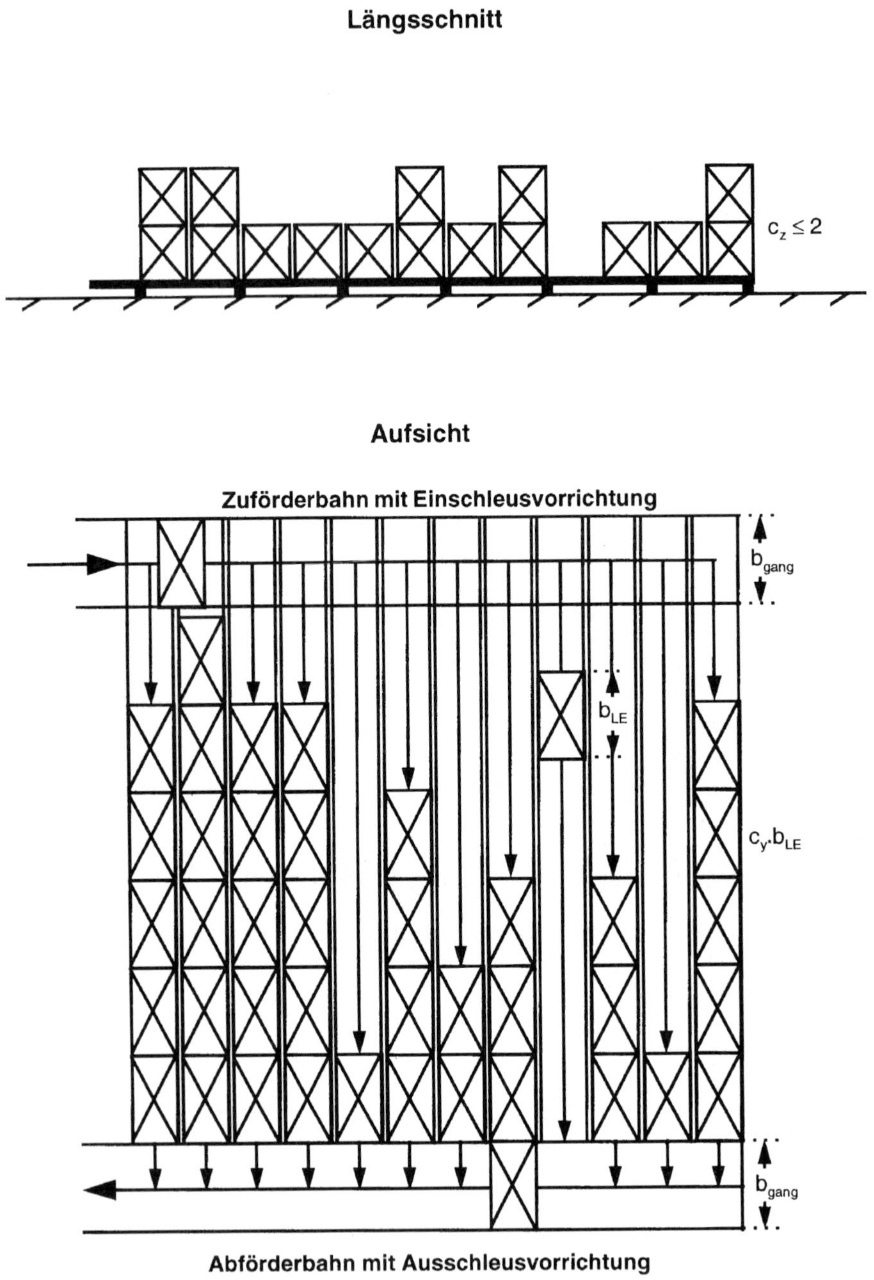

Abb. 16.3 Sortierspeicher mit räumlich getrennter Ein- und Auslagerung

Kanalkapazität $C_{LK} = C_x \cdot C_z = 6 \cdot 2 = 12$ LE

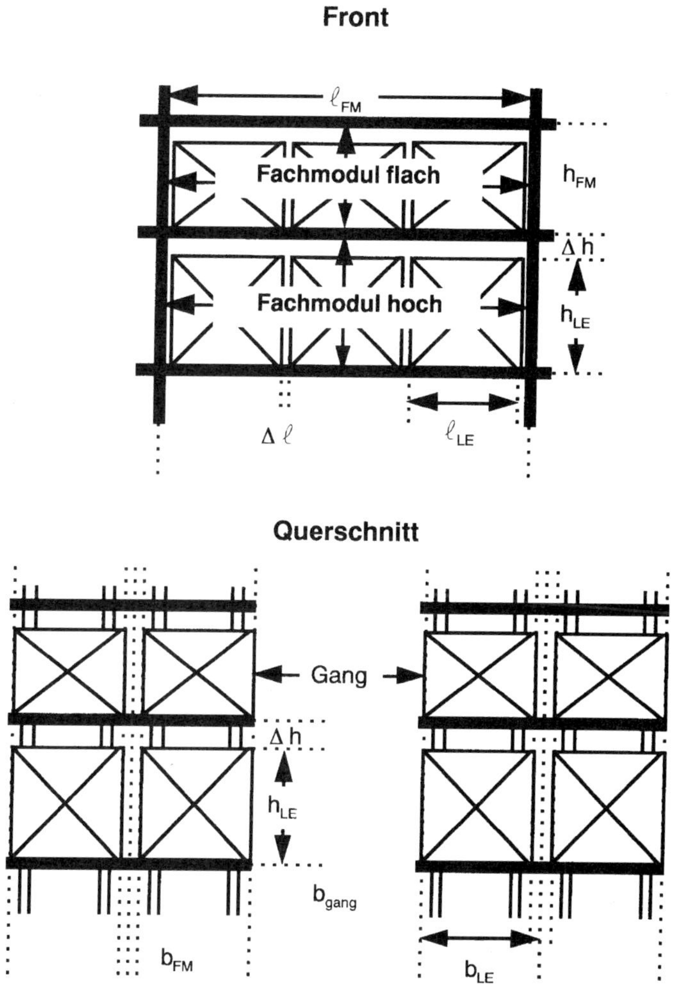

Abb. 16.4 Fachmodul eines Regallagers mit Einzelplätzen

Außenmaße der Ladeeinheiten :	l_{LE}, b_{LE}, h_{LE}
Fachfreimaße:	$\Delta l, \Delta b, \Delta h$
Außenmaße der Fachmodule:	l_{FM}, b_{FM}, h_{FM}

ordnet sind, oder *Mehrfachstapelplätze*, in denen zwei oder mehr Ladeeinheiten aufeinandergestellt werden.

Das Lastaufnahmemittel auf dem Lagergerät muß dafür so konstruiert sein, daß trotz der doppelt tiefen Regalfächer keine doppelt breite Bedienungsgasse benötigt wird, denn bei doppelt breiten Bedienungsgassen ist die Raumnutzung infolge des geringeren Füllungsgrads schlechter als bei der einfach tiefen Lage-

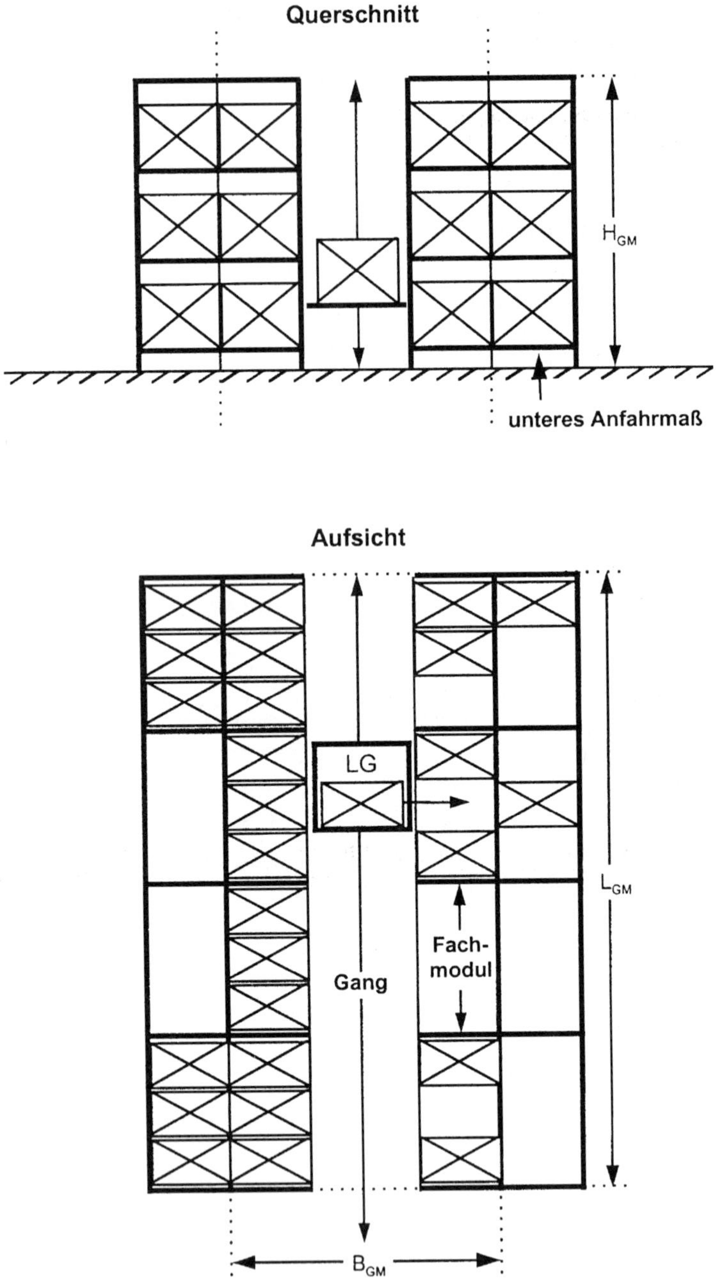

Abb. 16.5 Gangmodul eines Regallagers mit Einzelplätzen

Maße des Gangmoduls : L_{GM}, B_{GM}, H_{GM}
Lagergerät: LG

rung. Auch für Fachregallager mit mehrfach tiefer Lagerung ganzer Ladeeinheiten ist nur die räumlich kombinierte Ein- und Auslagerung sinnvoll.
Typische Beispiele für Fachregallager sind [145; 146]:

- manuell bediente *Fachbodenlager* (FBL)
- konventionelle *Staplerlager* (STL)
- staplerbediente *Schmalganglager* (SGL)
- halbautomatische und automatische *Hochregallager* (HRL)
- automatische *Kleinbehälterlager* (AKL).

Die wesentlichen *Vorteile* der Fachregallager sind:

- *Einzelzugriff* auf jede Ladeeinheit bei einfach tiefer Lagerung
- *Füllungsgrade bis 100 %* bei Einzelplatzlagerung und freier Lagerordnung
- *gute Flächennutzung* bei größerer Regalhöhe
- *kurze Fahrwege* für die Lagerbedienung
- *geringe Zugriffszeiten*
- *flexible Nutzbarkeit* bei wechselnder Bestandstruktur
- *kurze Räumzeit* bei ausreichender Anzahl Lagergeräte.

Diese Vorteile müssen jedoch erkauft werden durch *Investitionen* für

- die Regale, die mit der Regalhöhe zunehmen,
- die Lagergeräte, die mit der Gerätehöhe rasch ansteigen,
- die Zu- und Abfördertechnik.

Trotz der erforderlichen Investitionen ist das Fachregallager in vielen Fällen die *platzsparendste* und *wirtschaftlichste Lösung.*

Besonders geeignet sind Fachregallager bei *geringen Beständen pro Artikel,* beispielsweise für Artikel mit einem Lagerbestand von weniger als 10 Paletten, oder bei *geringem Lagerdurchsatz* mit einem Umschlag weniger als 6 pro Jahr. Daher werden automatische Hochregallager und Kleinbehälterlager auch als *Bereitstellungssysteme* für das Kommissionieren mit dynamischer Bereitstellung eingesetzt.

4. Kanalregallager

In einem Kanalregallager sind, wie in *Abb. 16.6* dargestellt, mehrere Durchlaufbahnen oder Einschubkanäle in einem Regal *wabenartig* nebeneinander und übereinander angeordnet. Die Ladeeinheiten können wie im Sortierspeicher im Kanal verschoben werden. Sie werden bei *Einschubkanälen* auf einer Seite, bei *Durchlaufkanälen* auf entgegengesetzten Seiten der Lagerkanäle von einem Lagergerät ein- und ausgelagert.

Beispiele für Kanalregallager sind [145]:

- aktive *Durchlauflager* (DLL) mit Rollenbahnen oder Tragkettenfördern für passive Ladeeinheiten.
- passive *Kanallager* (KNL) für mobile Ladeeinheiten auf *Rolluntersätzen.*
- *Kompaktlager* (KPL), in denen die Ladeeinheiten durch unterfahrende *Verfahrwagen* oder von einem *Satellitenfahrzeug* eines Regalbediengeräts im Kanal versetzt werden.

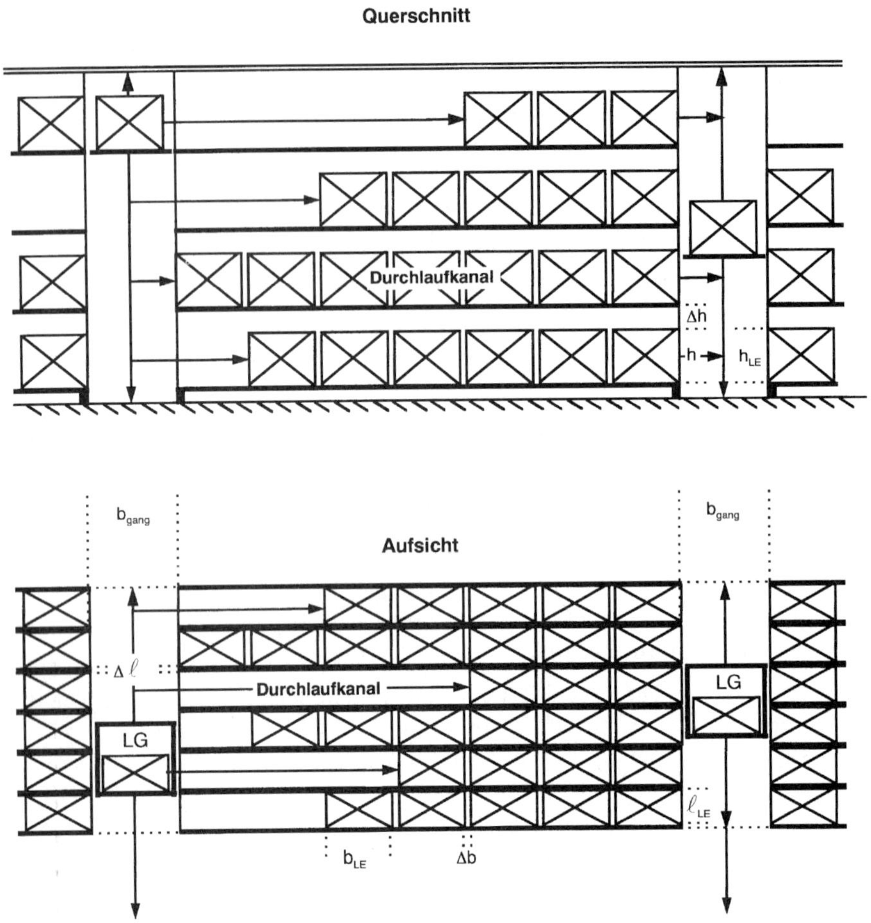

Abb. 16.6 Kanalregallager mit räumlich getrennter Ein- und Auslagerung

Kontruktions- und Fachfreimaße	Δl, Δb, Δh
Kanalkapazität	$C_{LK} = C_z = 7$ LE

Vorteile der Kanalregallager sind

- *kompakte Bauweise* und gute Raumnutzung,
- *gute Automatisierbarkeit*,
- *Einhaltung des FIFO-Prinzips* bei Durchlaufkanälen.

Diese Vorteile eines Kanalregallagers müssen erkauft werden mit vergleichsweise hohen *Investitionen* und *Betriebskosten* für die Fördertechnik in den Kanälen, für die Regale und für die Lagerbediengeräte. Bei automatischen Kanallagern kommen noch die Kosten für das Zu- und Abfördersystem und die Steuerung hinzu, bei den passiven Kanallagern außerdem die Kosten für die Rolluntersätze.

Die Kanallager haben die gleichen Nachteile wie die Sortierspeicher. Vor allem der begrenzte Füllungsgrad schränkt bei artikelreiner Kanalbelegung die Nutzung der Kanalkapazität ein. Weitere *Nachteile* der Kanalregallager sind:

- *schlechte Zugänglichkeit* der Ladeeinheiten in dicht übereinander liegenden Kanälen
- *lange Zugriffs-* und *Räumzeiten*.

Kanalregallager sind für die Langzeitlagerung, wenn überhaupt, nur als Kompaktlager mit Satellitenfahrzeugen geeignet. Für die Lagerung von Pull-Beständen ist ein Kanalregallager nur in Ausnahmefällen wirtschaftlicher als ein Fachregallager.

Zur *Kurzzeitpufferung* und zur *Versandbereitstellung* kann hingegen ein Durchlauflager bei hohen Artikel- oder Auftragsbeständen, artikelgemischter Kanalbelegung oder begrenzter Raumhöhe eine geeignete Lösung sein.

Ein spezieller Einsatzbereich für Durchlauflager ist das Lagern und Bereitstellen von Zugriffs- und Reserveeinheiten für das Kommissionieren mit statischer Bereitstellung. Dabei kann die Beschickung über automatische Lagergeräte und die davon räumlich getrennte Entnahme ganzer Ladeeinheiten mit dem Stapler oder von Hand erfolgen (s. *Kapitel* 17).

5. Verschieberegallager

Bei einem Verschieberegallager sind die *Regalscheiben* (RS) mit den Lagerfächern ebenso aufgebaut wie bei einem stationären Fachregallager. Die einzelnen Regalscheiben sind jedoch auf Rollen senkrecht zur Bedienungsgasse gegeneinander verschiebbar [127]. Dadurch läßt sich die Anzahl der Bedienungsgassen reduzieren.

Die *anteilige Gangzahl* pro Lagerplatz ist bei einem Verschieberegallager mit N_{RS} Regalscheiben und N_G Gassen $n_{gang} = N_G/N_{RS} \ll 1/2$. Damit ist der Raumbedarf für ein Verschieberegallager kleiner als für ein Fachregallager gleicher Kapazität mit einer anteiligen Gangzahl 1/2 oder 1.

Die wesentlichen *Vorteile* eines Verschieberegallagers sind:

- *kompakte Lagerung*
- *minimaler Raumbedarf*.

Dem stehen jedoch als *Nachteile* gegenüber:

- *schlechte Zugänglichkeit* der einzelnen Lagerplätze
- *lange Zugriffszeiten*
- *Investition* für die Verschiebetechnik
- *aufwendige Automatisierung*
- *begrenzte Ein- und Auslagerleistung*.

Wegen des geringen Raumbedarfs bei begrenzter Ein- und Auslagerleistung und wegen der langen Zugriffszeiten eignen sich Verschieberegale vor allem zur *Langzeitlagerung* von Beständen, auf die nur selten zugegriffen wird. Spezielle Einsatzbereiche von Verschieberegalen sind daher *Archive* für Akten, Dokumente oder elektronische Datenträger.

6. Umlauflager

In einem *konventionellen Umlauflager* werden die Lagerfächer für das Ein- und Auslagern zu einem stationären Zugriffsplatz bewegt. Solange kein Zugriff erfolgt, ruht das Lagergut.

Konventionelle Umlauflager gibt es in zwei verschiedenen *Bauarten* [29]:

- *Paternosterlager* (PNL) mit *vertikal* umlaufenden Fördersträngen, an denen *Lagertröge* mit den Einzelfächern befestigt sind. Der Zugriff auf die Lagerfächer erfolgt von der Seite.
- *Karussellager* (KRL) mit *horizontal* umlaufender Förderkette, an der bewegliche *Lagergestelle* hängen. Der Zugriff findet in der Regel an der Regalstirnseite statt.

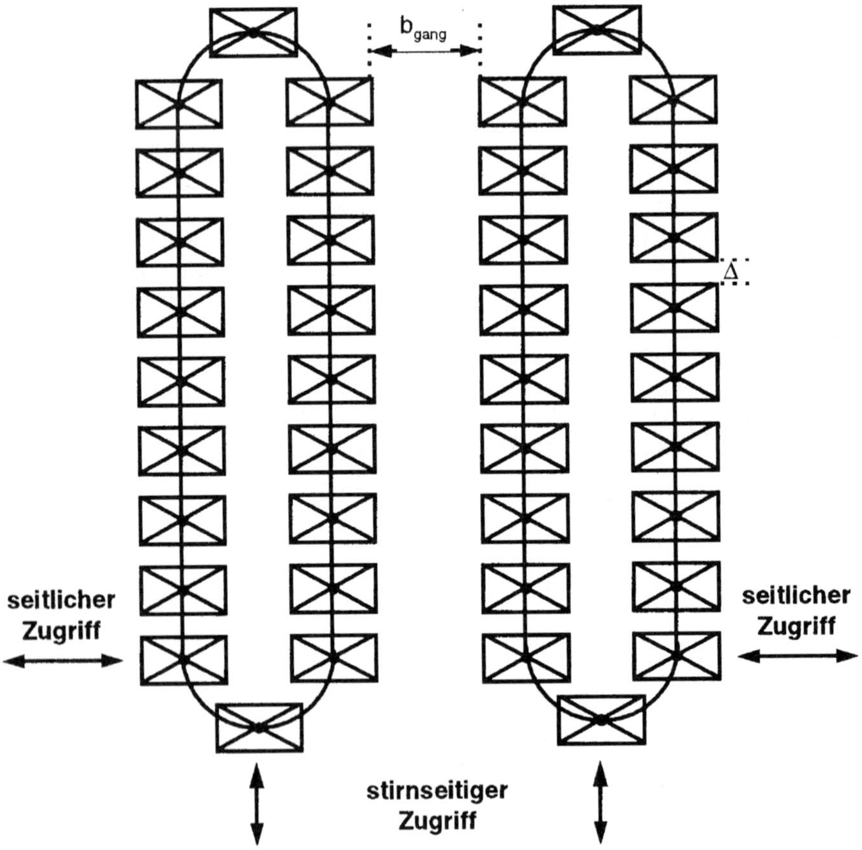

Abb. 16.7 Umlauflager

Paternosterlager: vertikaler Umlauf mit seitlichem Zugriff
Karussellager: horizontaler Umlauf mit stirnseitigem Zugriff

Die wesenlichen *Vorteile* dieser Umlauflager, deren Prinzip in *Abb. 16.7* dargestellt ist, sind:

- kompakte Lagerung
- Fortfall der Bedienungsgänge.

Wegen der Freimaße und der Konstruktion der Umlauftechnik ist der Raumbedarf vieler Umlauflager trotz der Gangeinsparung größer als der Raumbedarf eines Fachregallagers mit gleicher Kapazität.

Nachteile der Umlauflager sind:

- schlechte Zugänglichkeit der Lagerplätze
- lange Zugriffszeiten
- Investition für die Umlauftechnik
- begrenzte Ein- und Auslagerleistung.

Einsatzbereiche für Paternoster- oder Karussellager sind Kleinteilellager, Ersatzteillager, Werkzeuglager, Dokumentenlager und Karteien. Ein historisches Einsatzbeipiel eines Umlauflagers ist ein *Park-Paternoster* für Pkw, der bereits in den zwanziger Jahren in den USA gebaut wurde.

Infolge der aufgeführten Nachteile sind Umlauflager als reine Einheitenlager und Pufferlager ungeeignet. Unter bestimmten Voraussetzungen sind Umlauflager einsetzbar als *Bereitsstellsystem* für das stationäre Kommissionieren von Teilmengen.

Außer den konventionellen Umlauflagern, in denen die Ladeeinheiten nur für den Zugriff bewegt werden, gibt es *dynamische Umlauflager*, in denen die Ladeeinheiten nach der Aufgabe permanent auf einer Fördertechnik umlaufen, bis sie an den Abgabestellen in der gewünschten Reihenfolge ausgeschleust oder abgezogen werden. Beispiele für dynamische Umlauflager sind *Sortierkreisel* (STK), *Umlaufsspeicher* (USP) und *Kreissorter* (KRS). Dynamische Umlauflager sind spezielle *Fördersysteme*, die sich in Einsatz und Dimensionierung grundlegend von den anderen Lagersystemen unterscheiden (s. *Abschnitt 18.6*).

16.3 Lagertechnik

Jedes Lager setzt sich zusammen aus mehreren Lagergewerken, die zur Ausführung der spezifischen Lagerfunktion benötigt werden. Funktionsspezifische *Lagergewerke* sind:

Ladeeinheiten und *Ladungsträger*,
Lagerplätze und *Regale*,
Lagergeräte mit *Lastaufnahmemitteln*,
Zu- und Abfördersystem, (16.19)
Lagersteuerung und *Lagerverwaltung*
Wareneingang und *Warenausgang*,
Lagerbau.

Zusätzliche Gewerke eines Lagers ohne lagerspezifische Funktion sind *Sprinkler- und Rauchabzugsanlagen, Klima- und Heizungsanlagen, haustechnische Anlagen* und *Sozialräume* für das Lagerpersonal.

Die einzelnen Gewerke, aus denen sich ein Lagersystem zusammensetzt, lassen sich technisch unterschiedlich realisieren. Infolge der Vielfalt der technischen Ausführungsmöglichkeiten ergibt sich aus den sechs zuvor dargestellten Lagerarten eine große Anzahl von Lagersystemen.

Die Konstruktion und die technische Realisierung der Lagergewerke sind nicht Aufgaben der Logistik sondern des Stahlbaus, des Maschinenbaus, der Fördertechnik, der Steuerungstechnik und der Bautechnik. Aufgaben der *Lagerplanung* als Spezialgebiet der Logistik sind die Auswahl und Kombination der verfügbaren technischen Lösungen für die einzelnen Lagergewerke zu einem funktionssicheren, leistungsfähigen und kostengünstigen Lagersystem.

Für den *Platzbedarf* und die *Funktionssicherheit* eines Lagersystems sind die optimale Abstimmung der *Freimaße*, der *Toleranzen* und der *Positioniergenauigkeit* entscheidend. Maßgebend für die *Ein- und Auslagergrenzleistung* sind die *mittleren Fahrwege* zwischen den Abholbereichen, den Lagerplätzen und den Bereitstellbereichen, die *technischen Leistungsdaten* der Lagergeräte sowie die von der Steuerung benötigten *Tot- und Positionierzeiten.*

1. Lagereinheiten und Ladungsträger

Die zu lagernden Ladeeinheiten oder *Lagereinheiten* bestehen meist aus einem *Ladungsträger*, der die Artikeleinheiten enthält. Gleichförmige Artikeleinheiten, wie Blechcoils, Papierrollen, Hänger, Wechselbrücken, Waggons oder Fahrzeuge, können jedoch auch ohne Ladungsträger gelagert werden (s. *Kapitel* 12).

Ladungsträger, Ladehilfsmittel, Lagerbehälter oder *Container* sind erforderlich zur Aufnahme ungleichförmiger Artikel, zur Bildung gleichartiger Ladeeinheiten und zur Mengenbündelung. Gebräuchliche Lagerhilfsmittel sind genormte *Container, Flachpaletten, Boxpaletten, Lagergestelle, Kassetten, Tablare* und *Kleinbehälter.*

Die Ausführung der Lagerhilfsmittel und die Abmessungen der Lagereinheiten bestimmen sehr wesentlich die Lagerart und die Lagertechnik. Maßgebend für die Größe der Lagerplätze und die Breite der Gänge sind die *Außenmaße* einschließlich der maximal zulässigen *Lastüberstände* in allen drei Raumrichtungen und die *Abstellrestriktionen* der Ladeeinheiten.

So wird in automatischen Palettenlagern in der Regel ein beidseitiger Lastüberstand bis zu ± 50 mm zugelassen. Dadurch vergrößern sich die Grundmaße einer 800 x 1.200 mm EURO-Palette effektiv auf 900 x 1.300 mm und die Grundfläche der Ladeeinheit um 22 %. Die Lastüberstände wirken sich auf die Abmessungen und die Kosten des gesamten Lagersystems aus, werden aber häufig nicht ausreichend beachtet und daher unnötig groß angesetzt.

Die senkrechte Ausrichtung und damit die Höhe der Ladeeinheiten h_{LE} ist meist fest vorgegeben, während die Orientierung der Länge l_{LE} und Breite b_{LE} zum Gang frei ist. Bei *Langgut*, für das die Länge wesentlich größer als der Durchmesser, beispielsweise bei Rohren und Stangen, wie auch bei *Flachgut*, für das Länge und Breite deutlich größer sind als die Dicke, wie Bleche, Glasscheiben, Holzplatten oder Türen, besteht die Freiheit, die Lagereinheit mit ihrer längsten Kante flachkant *liegend* oder hochkant *stehend* zu lagern.

2. Lagerplätze und Regale

Im einfachsten Fall sind die *unbeweglichen Stellplätze* eines *Blockplatzlagers* markierte Plätze in einer Halle oder auf einer Freifläche, die sich bei Bedarf mit wenig Aufwand verändern lassen.

Bei den *Fachregalagern* sind die unbeweglichen Stellplätze in *Lagerregalen* mit Fachböden aus Holz oder Blech, mit seitlichen Auflagewinkeln oder mit parallel zum Gang verlaufenden *Auflageriegeln* aus Stahl angeordnet.

Die *beweglichen Stellplätze* der Sortierspeicher und Kanalregallager für *passive Ladeeinheiten*, wie Paletten oder Behälter, können als Schwerkraft-Rollen- oder Röllchenbahnen oder als angetriebene Tragkettenförderer oder Rollenbahnen ausgeführt werden. Die Ladeeinheiten können auch auf unbeweglichen Stellplätzen stehen und von einem Verschiebewagen oder Satellitenfahrzeug im Kanal versetzt werden, das unterhalb der Stellplätze verfährt.

Wenn *mobile Ladeeinheiten*, wie Rollpaletten oder Wagen, gelagert werden, sind als Lagerplatz Schienen mit Zugvorrichtungen ausreichend. Bei aktiven Ladeeinheiten mit eigenem Antrieb, wie Fahrzeugen, ist der Lagerplatz eine *Standschiene*, eine *Parkspur* oder ein *Parkplatz*.

Spezielle Gestaltungsparameter der Fachregallager sind die *Fachteilung*, das heißt die Anzahl Ladeeinheiten zwischen zwei Regalstehern, die *Fachhöhe*, die *Fachtiefe* und die *Auflagekonstruktion* für die Ladeeinheiten. Die Breite der Regalsteher und die Höhe der Auflagekonstruktion resultieren aus dem Gewicht und den Abmessungen der Ladeeinheiten sowie aus der Statik und dem Material der *Regalkonstruktion*.

Zwischen je zwei Ladeeinheiten sowie zwischen den Ladeeinheiten und der Regalkonstruktion müssen ausreichend bemessene *Fachfreimaße* vorhanden sein, um trotz der Ungenauigkeit und Toleranzen der Ladeeinheiten und der Regale ein störungsfreies Ein- und Auslagern zu gewährleisten (s. *Abb.* 16.4). Die Fachfreimaße sind umso größer, je geringer die *Positioniergenauigkeit* der Lagergeräte und je größer die *Regaltoleranzen* sind.

So betragen beispielsweise die Fachfreimaße zwischen den Ladeeinheiten und den Regalstehern nach der Richtlinie FEM 9.831 für automatische Palettenlager 100 mm [153]. Dadurch erhöht sich der effektive Platzverbrauch einer EURO-Palette um ca. 10 %. Weiterer Platz wird für die Steher und die Auflageriegel der Regalkonstruktion verbraucht. Bei Einbau einer Sprinkleranlage wird zusätzlicher Platz für die Rohrzuführungen und die Sprinklerköpfe benötigt.

Aus den *Fachfreimaßen* und den *Konstruktionsmaßen* der Regale ergeben sich die *Platzmaßdifferenzen* Δx, Δy und Δz in den drei Raumrichtungen zwischen den effektiven *Abmessungen* l_{SP}, b_{SP} und h_{SP} der Stellplätze und den Außenmaßen der Ladeeinheiten einschließlich Lastüberstand.

Ein *freier Gestaltungsparameter* aller Lagerarten ist die *Orientierung der Ladeeinheiten* zum Bedienungsgang. Für Ladeeinheiten mit unterschiedlichen Abmessungen in allen drei Raumrichtungen und ohne Abstellrestriktionen gibt es 4 unterschiedliche Orientierungsmöglichkeiten, die sich aus der Kombination folgender *Abstellvarianten* ergeben:

- *Längslagerung*: Die Ladeeinheiten stehen mit der Längskante $l_{LE} \geqslant b_{LE}$ parallel zum Gang.
- *Querlagerung:* Die Ladeeinheiten stehen mit der Längskante $l_{LE} \geqslant b_{LE}$ senkrecht zum Gang.

jeweils kombiniert mit

- *Flachkantlagerung:* Die Ladeeinheiten sind mit der langen Kante liegend abgelegt.
- *Hochkantlagerung:* Die Ladeeinheiten sind mit der langen Kante stehend aufgestellt.

Bei Blockplatzlagern für Ladeeinheiten mit einer Breite unter 800 mm ist in der Regel eine Längslagerung notwendig, damit die Breite der Blockplätze für das Hineinfahren des Staplers ausreicht [146].

Bei anderen Lagern aber ist die Orientierung der Ladeeinheiten eine freier Gestaltungsparameter, der sich zur Optimierung der Flächen- und Raumnutzung sowie zur Minimierung der Lagerkosten nutzen läßt. Da es dabei in der Regel zu einem *Zielkonflikt* zwischen Raum- oder Grundflächenbedarf einerseits und Gerätebedarf andererseits kommt, kann diese Optimierung nur im konkreten Einzelfall mit Hilfe eines geeigneten Lagerdimensionierungsprogramms durchgeführt werden [147].

3. Lagergeräte und Lastaufnahmemittel

Ein Lagergerät befördert eine einzulagernde Ladeeinheit von einem *Einlagerübergabeplatz* zum Lagerplatz und eine auszulagernde Ladeeinheit vom Lagerplatz zu einem *Auslagerübergabeplatz.*

Maßgebend für die Ein- und Auslagerleistung eines Lagersystems sind die *Konstruktion*, das *Fahrverhalten*, die *Ganggebundenheit*, das *Lastaufnahmemittel* (LAM), die *Kapazität* C_{LG} [LE/LG] und die *Anzahl* N_{LG} der eingesetzte Lagergeräte. Die technischen *Kenndaten* und die *Richtpreise* für einige gebräuchliche Lagergeräte und Lastaufnahmemittel sind in den *Tabellen* 16.1 und 16.2 zusammengestellt.

Nach dem *Fahrverhalten* lassen sich unterscheiden:

- *Eindimensional verfahrende Lagergeräte*, wie *Hubwagen*, *Frontstapler* und *Seitenstapler*. Diese bewegen die Last in einer *additiven Fahr- und Hubbewegung.*
- *Zweidimensional verfahrende Lagergeräte*, wie *Schmalgangstapler* und *Regalbediengeräte*. Sie befördern die Ladeeinheiten in einer *simultanen Fahr- und Hubbewegung.*
- *Dreidimensional arbeitende Lagergeräte*, wie *Brückenkrane*, *Hallenkrane* und *Stapelkrane*, die die Last auf einem *räumlich verlaufenden Weg* bewegen.
- *Kombinierte Lagergeräte* mit *Lagerbedienwagen*, *Verteilerwagen* oder *Satellitenfahrzeugen* und *Hubstationen* oder *Vertikalförderzeugen.*

Die Lagerbedienwagen oder Satellitenfahrzeuge werden mit und ohne Last von einer Hubstation oder einem anderen Vertikalförderzeug zwischen den Lager-

LAGERGERÄT (LG) Ladeeinheiten	Kapazität LE/LG	Hubhöhe bis ca.	Gangbreite EURO-Pal.	Fahrt Geschwind. Beschleun.	Hub Geschwind. Beschleun.	Richtpreis 1997 TDM
Hochubwagen	1	4,5 m	3,0 m	2,0 m/s	0,2 m/s	40 bis 60
Paletten			3,4 m	0,7 m/s²	0,1 m/s²	
Gabelstapler	1 bis 4	6,5 m	3,0 m	3,0 m/s	0,3 m/s	40 bis 60
Paletten			3,4 m	1,0 m/s²	0,3 m/s²	
Schubmaststapler	1	7 m	2,2 m	2,5 m/s	0,5 m/s	40 bis 60
Paletten			2,5 m	1,0 m/s²	0,3 m/s²	
Schmalgangstapler	1 bis 2	14 m	1,5 m	2,5 m/s	0,35 m/s	140 bis 180
Paletten			1,8 m	1,0 m/s²	0,5 m/s²	
Regalbediengeräte	1 bis 2	40 m	1,5 m	3,5 m/s	1,0 m/s	300 bis 500
RGB für Paletten				0,5 m/s²	0,5 m/s²	
AKL für Kleinbehälter	1 bis 8	8 m	1,0 m	2,5 m/s²	1,5 m/s²	100 bis 150
Verteilerwagen	1 bis 2	-	1,0 m	bis 6 m/s	-	40 bis 50
Paletten, Behälter			1,4 m	1,0 m/s²	-	
Satellitenfahrzeug	1	-	0	1,0 m/s	-	30 bis 40
Paletten				0,5 m/s²	-	
Stapelkran	-	8 m	0	1,0 m/s	0,3 m/s	200 bis 300
Langgut, Coils u.a.				0,3 m/s²	0,2 m/s²	

Tab. 16.1 Kenndaten und Richtpreise von Lagergeräten

Gangbreite: Längs- bzw. Quereinlagerung EURO-Paletten 800×1.200 mm
Richtpreise: Stand 1997, mit Elektroantrieb und mitfahrender Steuerung
Alle Angaben sind Richtwerte

ebenen umgesetzt. Auf den Lagerebenen verfahren Lagerbedienwagen oder Satellitenfahrzeuge horizontal zu den Lagerfächern und in die Lagerkanäle.

Voraussetzung für die Automatisierung eines Lagers ist eine genaue *Spurführung* der Lagergeräte. Technische Möglichkeiten sind die *mechanische Spurführung* mit Fahr- und Führungsschienen, die *induktive Spurführung* mit Leitdraht, die *optische Spurführung* mit Markierungslinien oder Orientierungsmarken und die *akustische Spurführung* mit Orientierungspunkten zur Koppelnavigation.

Das Fahrverhalten, die Art der Spurführung und die Konstruktion haben eine mehr oder minder große *Ganggebundenheit* der Lagergeräte zur Folge [146]:

LASTAUFNAHMEMITTEL LAM	Ladeeinheiten LE	Kapazität LE/LAM	Lagergeräte	Fachtiefe bis ca.	Facheinfahrt Geschwind. m/s	 Beschleun. m/s^2
Starre Gabel	Paletten	bis zu 4	Hubwagen Stapler	2 m	0,3 m/s	0,2 m/s^2
Schwenkschubgabel	Paletten	bis zu 2	Schmalgang- Stapler	2 m	0,3 m/s	0,2 m/s^2
Seitengreifer	Kartons Fässer	bis 2 bis 4	Stapler RBG	1,5 m	0,5 m/s	0,2 m/s^2
Teleskopgabel	Paletten	bis 2	Stapler RBG	2,0 m	0,5 m/s	0,3 m/s^2
Teleskoptisch	Tablare Behälter	1 bis 2	RBG	1,5 m	1,0 m/s	0,8 m/s^2
Schub- und Zugvorrichtung	Tablare	1	RBG	1,5 m	1,5 m/s	1,0 m/s^2
Rollentisch **Tragkettenförderer**	Paletten Behälter	1 bis 2 1 bis 4	RBG Verteilerwagen	-	0,4 m/s	0,3 m/s^2

Tab. 16.2 Kenndaten verschiedener Lastaufnahmemittel

- *Gangunabhängige Lagergeräte*, wie Hubwagen, Gabelstapler, Schmalgangstapler und andere Flurförderzeuge, können die Lagergassen unbeschränkt wechseln und den Lagerbereich verlassen.
- *Gangumsetzbare Lagergeräte*, wie kurvengängige Regalbediengeräte und Regalbediengeräte mit Umsetzgerät, können mit reduzierter Geschwindigkeit auf vorgegebebener Spur den Regalgang wechseln, aber den Lagerbereich nicht verlassen.
- *Ganggebundene Lagergeräte*, wie Regalbediengeräte ohne Umsetzeinrichtung, können den Regalgang nicht verlassen. Sie bedienen nur die Lagerfächer in einer Lagergasse.

Der Gangwechsel erfordert relativ viel Zeit. Bei hoher *Gangwechselfrequenz* ν_{GW} [1/h] wird daher die Ein- und Auslagerleistung erheblich reduziert.

Die *Lastaufnahmemittel* können die Ladeeinheiten von *unten*, von *oben*, *stirnseitig* oder *längseitig* aufnehmen. Sie unterscheiden sich außerdem in der Durchführung des *Lastspiels*:

- *Lastaufnahmemittel mit Leerspiel*, wie starre und schwenkbare Gabeln, unterfahrende Teleskopgabeln und Teleskoptische, seitliche Greifarme und Klemmbacken oder von oben einklinkende Container-Spreader, machen bei jeder Lastaufnahme eine leere Hinbewegung und bei jeder Lastabgabe eine leere Rückbewegung.

- *Lastaufnahmemittel ohne Leerspiel*, wie Zug- und Schubvorrichtungen oder Rollentische und Tragkettenförderer zur Bedienung von Kanallagern, führen bei Lastaufnahme und Lastabgabe jeweils nur eine Nutzlastbewegung durch.

Mit einem Lastaufnahmemittel ohne Leerspiel sind erheblich höhere Ein- und Auslagerleistungen erreichbar. Maßgebend für das Leistungsvermögen eines Lagergeräts ist außer der Art des Lastspiels die Kapazität des Lagergeräts:

- Die *Kapazität* C_{LG} [LE/LG] eines Lagergeräts ist gleich der Anzahl Ladeeinheiten, die das Gerät gleichzeitig beförden kann.

Sie ist das Produkt der Anzahl n_{LAM} [LAM/LG] Lastaufnahmemittel pro Gerät und der Kapazität C_{LAM} [LE/LAM] pro Lastaufnahmemittel:

$$C_{LG} = n_{LAM} \cdot C_{LAM} \qquad [\mathrm{LE/LG}]. \tag{16.20}$$

Regalförderzeuge für Paletten werden heute mit einer Kapazität bis zu 4 Paletten pro RFZ, Regalbediengeräte für Kleinbehälter mit einer Kapazität bis zu 8 Behälter pro RBG gebaut. Die für mehrere Lastaufnahmemittel erforderlichen Mehrkosten sind jedoch häufig größer als die damit erreichbare Leistungssteigerung [21].

4. Zu- und Abfördersystem

Das *Zufördersystem* eines Lagers befördert die einzulagernden Ladeeinheiten aus einem *Abholbereich* zum Einlagerübergabeplatz, nachdem sie an einem *I-Punkt* identifiziert und von der Lagerverwaltung erfaßt wurden. In *automatischen Lagern* müssen die Ladeeinheiten zwischen I-Punkt und Einlagerbereitstellplatz zur Überprüfung ihrer Außenmaße eine *Konturenkontrolle* durchlaufen, hinter der die nicht maßhaltigen Ladeeinheiten wieder ausgeschleust werden.

Das *Abfördersystem* befördert die vom Lagergerät ausgelagerten Ladeeinheiten vom Auslagerübergabeplatz zu einem *Bereitstellbereich.* Dort verlassen die Ladeeinheiten ab einem *K-Punkt* die Zuständigkeit der Lagerverwaltung.

Gangunabhängige Lagergeräte können die Ladeeinheiten aus dem *Abholbereich*, beispielsweise aus dem Wareneingang, zur Einlagerung selbst abholen und nach der Auslagerung im *Bereitstellbereich* außerhalb des Lagers abstellen. Lager mit *gangunabhängigen Lagergeräten* benötigen daher in der Regel kein Zu- und Abfördersystem.

Lager mit *gangabhängigen Lagergeräten* müssen hingegen durch ein Zu- und Abfördersystem ver- und entsorgt werden. In ausgedehnten Lagern und bei großer Entfernung des Abholbereichs oder des Bereitstellbereichs vom Lagerbereich kann auch bei gangunabhängigen Lagergeräten ein gesondertes Zu- und Abfördersystem sinnvoll sein.

In *manuell bedienten Lagern* mit ganggebundenen Geräten, beispielsweise mit Schmalgangstaplern, können *Verteilstapler* (VTS) die Funktion des Zu- und Abfördersystems übernehmen. Sie bringen die Ladeeinheiten von und zu *Übergabeplätzen* an der Regalstirnseite, die dafür zweckmäßig als *Kragarmplätze* ausgebildet sind.

Für die Kombination und Anordnung der Zu- und Abfördersysteme *automatischer Lager* gibt es zwei *Möglichkeiten* [29; 127; 148]:

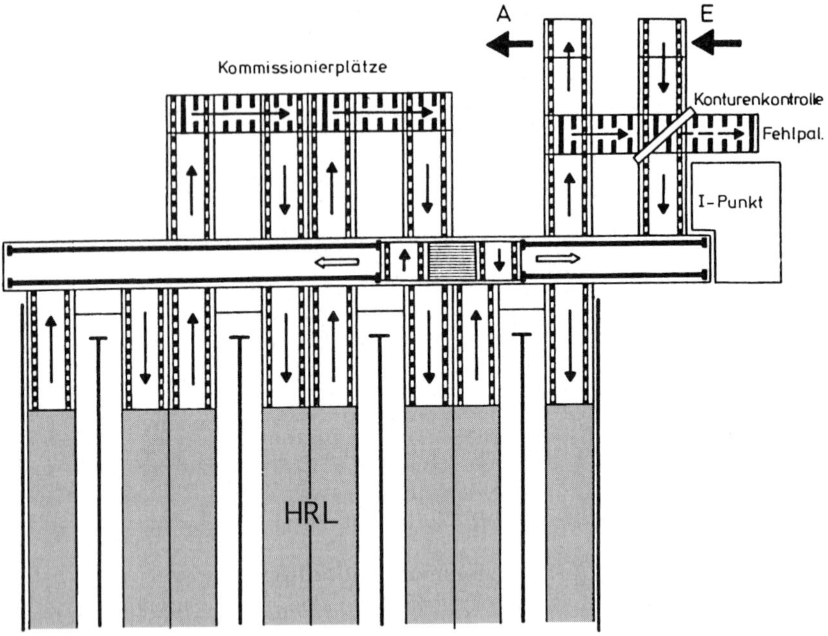

Abb. 16.8 Räumlich kombiniertes Zu- und Abfördersystem eines automatischen Hochregallagers mit Verteilerwagen in einer Ebene

- *Getrennte Zu- und Abfördersyteme* auf zwei Ebenen oder an zwei Regalseiten.
- *Kombinierte Zu- und Abfördersyteme* in einer Ebene an einer Regalseite.

Getrennte Zu- und Abfördersyteme bieten zusätzlichen Platz, der beispielweise zur Anordnung von Kommissionierarbeitsplätzen mit dynamischer Bereitstellung genutzt werden kann. Sie sind jedoch mit höherem Aufwand verbunden. Bei einem kombinierten Zu- und Abfördersystem entfallen bei Doppelspielen die Leerfahrten zwischen den Auslager- und Einlagerübergabeplätzen. Außerdem ist der fördertechnische und bauliche Aufwand geringer.

Für die Zu- und Abfördersysteme automatischer Lager gibt es eine Vielzahl technischer Ausführungsmöglichkeiten [148]:

Verschiebehubwagen
Verteilerwagen
Tragkettenförderer
Rollenbahnen
Elektrohängebahnen (EHB)
fahrerlose Transportfahrzeuge (FTS)

und *Kombinationen* dieser Fördertechniken. Als Beispiel sind zwei Lösungen für das kombinierte Zu- und Abfördersystem eines automatischen Hochregallagers in *Abb. 16.8* und *Abb. 16.9* dargestellt.

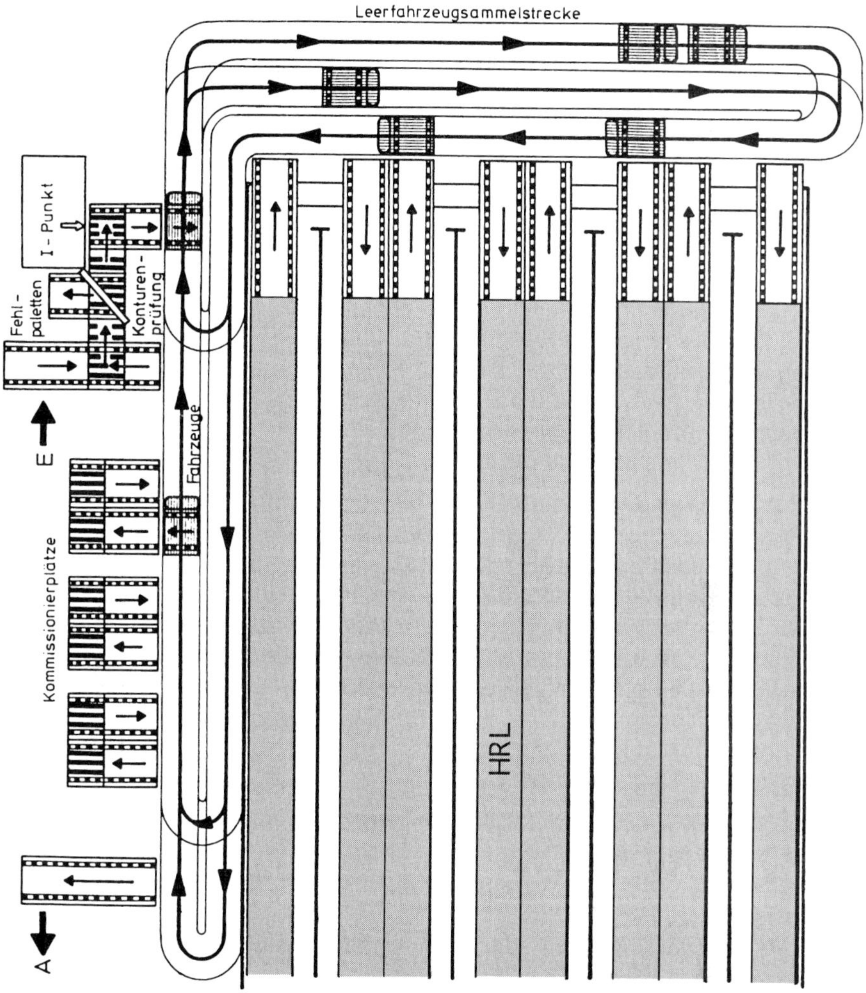

Abb. 16.9 Fahrzeugsystem zur kombinierten Ver- und Entsorgung eines automatischen Hochregallagers in einer Ebene

Fahrzeugtechnik: FTS-Fahrzeuge oder Elektrohängebahn

Die Zu- und Abförderstrecken von und zu den Auf- und Abgabeplätzen der Lagergeräte sind meist als *Verschiebehubwagen* oder *Tragkettenförder* mit mehreren *Stauplätzen* ausgebildet. Die *Stauplatzkapazität* auf den *Stichbahnen* vor den Regalen ist maßgebend für die *Auslastbarkeit* der Lagergeräte und für die *Entkopplung* der stochastisch schwankenden Lagerspielzeiten von dem ebenfalls stochastisch schwankenden Ein- und Auslagerbedarf (s. *Abschnitt 13.5*).

5. Lagersteuerung und Lagerverwaltung
Aufgaben der Lagersteuerung sind die *Steuerung* und *Positionierung* der Lagergeräte und der Fördertechnik.

Die Steuerung der ganggebundenen Lagergeräte und der stationären Fördertechnik automatischer Lager ist in der Regel aus *Speicher-Programmierbaren Steuerungsmodulen* (SPS) aufgebaut. Für die Zielsteuerung gangunabhängiger Lagergeräte, Verteilerstapler und Transportfahrzeuge gibt es spezielle *Staplerleitsysteme* (SLS) und *Transportleitsysteme* (TLS) mit *Datenfernübertragung* (DFÜ) über Funk oder Infrarot.

Für die Positionierung der Lagergeräte gibt es zwei verschiedene Verfahren:

- *Absolutpositionierung*: Bei der Absolutpositionierung orientiert sich die Steuerung des Lagergeräts an einer Positioniermarke unmittelbar am Zielplatz.
- *Relativpositionierung*: Bei der Relativpositionierung orientiert sich die Steuerung an Positioniermarken, die am Mast des Gerätes und entlang dem Verfahrweg angebracht sind.

Das *Positionierverfahren* hat erheblichen Einfluß auf die *Funktionssicherheit*. Der *Zeitbedarf* für die Positionierung wirkt sich auf die Lagerleistung aus.

Die Absolutpositionierung hat den Vorteil einer größeren Genauigkeit und Toleranzunabhängigkeit, erfordert jedoch einen höheren Aufwand und ist langsamer. Die Relativpositionierung ist von den Regaltoleranzen und der Gerätejustierung abhängig, erfordert aber einen geringeren Aufwand und kann schneller arbeiten. Technisch optimal aber auch aufwendiger ist eine Kombination beider Positionierverfahren.

Die Lagersteuerung erhält ihre Anweisungen von der Lagerverwaltung. Aufgaben der *Lagerverwaltung* sind:

- *Annahme*, *Speicherung* und *Ausführungsüberwachung* der anstehenden Ein- und Auslageraufträge,
- *Platzzuweisung* der einzulagernden Ladeeinheiten nach optimalen *Belegungsstrategien*,
- *Bestandsverwaltung* aller Ladeeinheiten, die sich zwischen dem *I-Punkt* der Einlagerung und dem *K-Punkt* der Auslagerung befinden,
- *Anweisung* und *Koordination* der Ein- und Auslagerungen durch die Lagergeräte und die Fördertechnik nach optimalen *Bewegungstrategien*.
- *Erzeugung von Transportaufträgen* für ein Stapler- oder Transportleitsystem.

Die Aufgaben der Lagerverwaltung können von einem *Lagerverwalter* oder von einem *Lagerverwaltungssystem* (LVS) ausgeführt werden. Für die spezifischen Aufgaben der Lagerverwaltung gibt es heute leistungsfähige *Lagerverwaltungsrechner* (LVR) mit entsprechender *Standardsoftware*.

Viele der angebotenenen *Lagerverwaltungssysteme* bieten jedoch nicht die Möglichkeit zur Realisierung aller benötigten Lagerstrategien. Andere Lagerverwaltungssysteme enthalten überflüssige und im Einzelfall sinnlose Strategien und Funktionen. Daher ist es ratsam, vor der Beschaffung eines Lagerverwaltungssystems die für das spezielle Lager benötigten Funktionen und Lagerstrategien in einem *Lastenheft* zu spezifizieren.

Der Lagerverwaltungsrechner arbeitet entweder *Off Line*, das heißt ohne direkte Verbindung mit anderen Systemen, oder *On Line*, das heißt, im Verbund mit übergeordneten Systemen, beispielsweise mit einem *Warenwirtschaftssystem* (WWS) oder einem *Auftragsabwicklungssystem* (z.B. SAP), und mit unterlagerten Systemen, wie mit einem *Staplerleitsystem* und mit der *Anlagensteuerung*. Die übergeordneten und unterlagerten Systeme können auch einen Teil der Lagerverwaltungsaufgaben übernehmen. Bei der Funktionsaufteilung zwischen dem Lagerrechner und den über- und untergeordneten Systemem ist jedoch darauf zu achten, daß keine unzulässig langen *Totzeiten* entstehen.

Die *Totzeiten*, die zwischen den Bewegungsschritten einer Ladeeinheit vom *I-Punkt* zum Lagerplatz und vom Lagerplatz zum *K-Punkt* von der Lagersteuerung und vom Lagerverwaltungssystem zur Durchführung von Datenabfragen, zur Datenauswertung und zur Erzeugung von Anweisungen benötigt werden, verlängern die Spielzeiten. Bei hoher Belastungsfrequenz, falscher Funktionsteilung zwischen den Systemen und unzureichender Auslegung der Hard- und Software und der Elektronik können die Totzeiten mehrere Sekunden betragen und die Durchsatzleistung eines Lagers erheblich beeinträchtigen.

6. Wareneingang und Warenausgang

Die Funktions- und Leistungsfähigkeit eines Lagers hängt sehr wesentlich von der Gestaltung und Dimensionierung des Wareneingangs und des Warenausgang ab. Ein falsch geplanter oder schlecht organisierter Warenein- und Warenausgangsbereich kann zu gravierenden Funktionsstörungen und Engpässen führen.

Der Wareneingang und der Warenausgang eines Lagers, das sich in einem gesonderten Lagerbau befindet, besteht aus *Rampen*, *Toren*, *Bereitstellflächen* und anderen *Funktionsflächen* für Kontrollen, Ladungssicherung, Steuerstand und Lagerverwaltung.

Für den Wareneingang und den Warenausgang eines Lagers gibt es folgende *Anordnungs- und Kombinationsmöglichkeiten*:

- *Getrennter Wareneingang und Warenausgang* auf benachbarten oder auf gegenüberliegenden Seiten des Gebäudes.
- *Nebeneinander liegender Wareneingang und Warenausgang* an einer Gebäudeseite mit der Möglichkeit zur bedarfsabhängigen Nutzung der Tormodule im Zwischenbereich.
- *Kombinierter Warenein- und Warenausgang* mit Tormodulen, die abwechselnd oder bedarfsabhängig zum Entladen und Beladen genutzt werden.

Ein vollständig kombinierter Warenein- und Warenausgangsbereich ermöglicht kombinierte Ein- und Auslagerspiele und eine flexible Nutzung der *Tormodule* zu unterschiedliche Tageszeiten für den Wareneingang oder für den Warenausgang. Die Torbereiche des Warenein- und Warenausgangs sollten, wie in *Abb. 16.10* dargestellt, *modular* konzipiert sein. Außer dem modularen Aufbau sind bei der Planung folgende *Dimensionierungsgrundsätze* zu beachten:

- Die *Anzahl* N_{TM} der benötigten *Tormodule* resultiert aus der Frequenz der An- und Auslieferfahrzeuge zur Zeit der Spitzenbelastung, den Be- und Entladezeiten und den Bearbeitungszeiten der Warenannahme und im Versand.

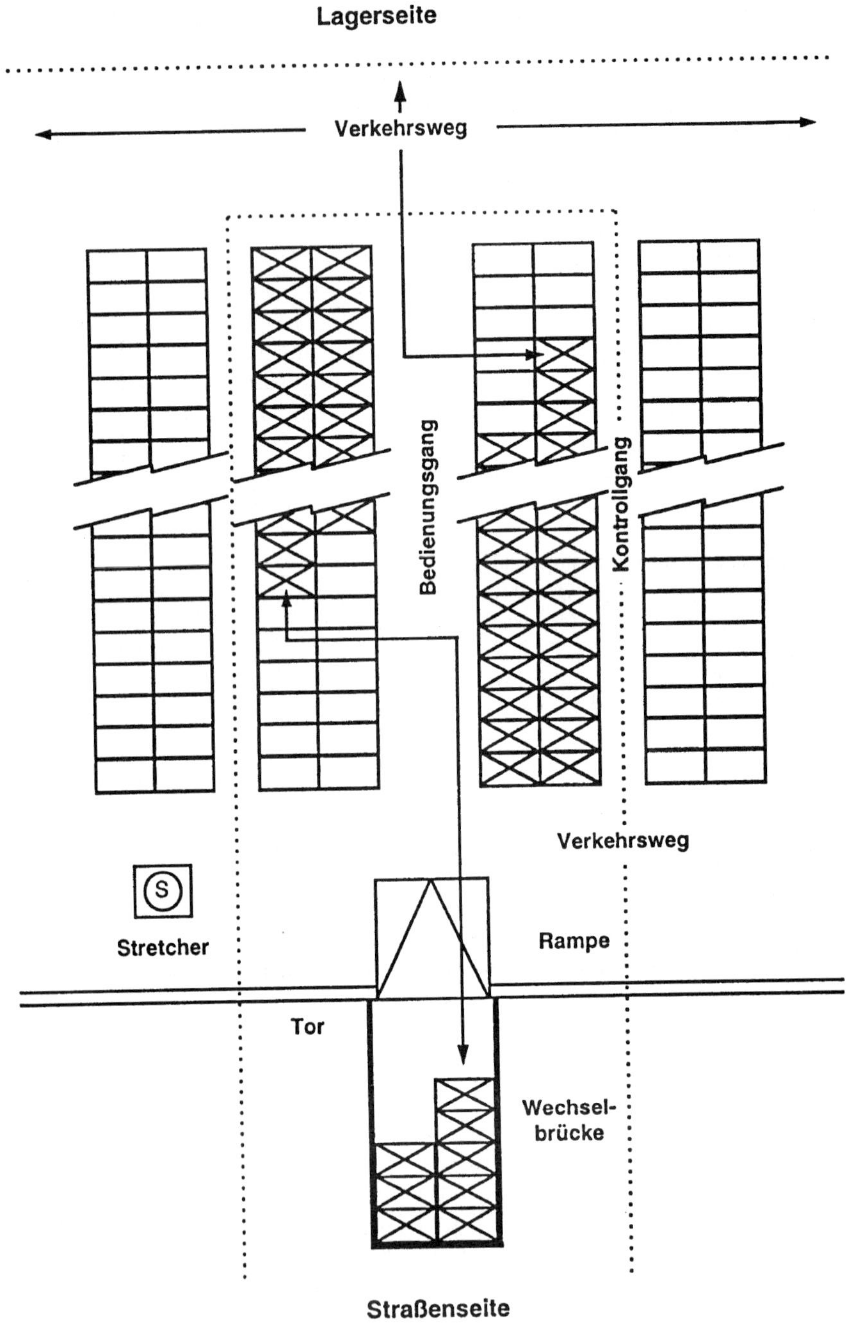

Abb. 16.10 Tormodul im Wareneingang oder Warenausgang

Parameter: Pufferplätze pro Tormodul

- Die *Anzahl* N_{BP} und die *Anordnung der Bereitstell- und Pufferplätze* pro Tormodul werden einerseits bestimmt von den *Durchsatzmengen* und den *Bearbeitungszeiten* im Wareneingang und Warenausgang und andererseits von der benötigten *Entkopplung* zwischen den innerbetrieblichen und von den außerbetrieblichen Logistikketten, die an der Rampe des Lagers zusammentreffen.

Wareneingangspuffer und Warenausgangspuffer können weitgehend entfallen, wenn die ankommenden Ladeeinheiten aus angedockten Sattelaufliegern oder Wechselbrücken ohne Absetzen direkt eingelagert und die ausgehenden Ladeeinheiten, wie in Abb. 18.20 dargestellt, direkt verladen werden. Diese Arbeitsweise vermindert zugleich der Handlingaufwand, erfordert aber eine perfekte Organisation und Abstimmung der inner- und außerbetrieblichen Logistikketten.

7. Lagerbau

Viele Lager, wie Containerlager oder Materiallager, befinden sich auf einer *Freifläche* oder in einem *Multifunktionsbau*, beispielsweise in einer Produktionshalle. Für größere Lager wird in der Regel ein gesonderter Lagerbau errichtet. Der Lagerbau kann eine konventionelle *Halle*, ein *Stockwerksbau* oder ein *spezialisierter Lagerbau* sein, wie die Hochregalsilos oder automatische Parkhäuser.

Ein *Stockwerksbau* ist für Lager mit größerem Durchsatz schlecht geeignet, da die Geschosse durch Aufzüge miteinander verbunden sind, die zusätzliche Transportbewegungen erfordern. Ein *Hochregalsilo* auf einer Bodenplatte aus Beton mit dach- und wandtragender Regalkonstruktion ist für Bauhöhen ab 20 m und Lagerkapazitäten ab etwa 5.000 Palettenplätze deutlich leistungsfähiger und vielfach auch kostengünstiger als ein Regallager gleicher Kapazität, das frei in einer Halle steht.

Wenn möglich, sollten die Lagerart und die Lagertechnik den Lagerbau bestimmen und der Lagerbau keine Abweichung von der optimalen Lagerung bewirken. Ein Lager ist daher von innen nach außen zu planen, nicht von außen nach innen. In vielen Fällen aber ist ein bestimmter Baukörper als Lagerhülle vorgegeben, aus dessen Abmessungen, lichter Höhe und Stützenraster sich *Restriktionen* ergeben, die suboptimale Lagerlösungen erzwingen.

Restriktionen, die bei jeder Lagerplanung und Dimensionierung zu berücksichtigen sind, ergeben sich aus den *Sicherheitsvorschriften* für das Bedienungspersonal und das Lagergut:

- Große Lager mit einer hohen *Brandlast* müssen in mehrere *Brandabschnitte* zulässiger Größe aufgeteilt werden.
- Innerhalb eines Brandabschnitts darf der *Fluchtweg* bis zum nächsten Ausgang eine bestimmte Länge nicht überschreiten.

Die Größe der Brandabschnitte ist abhängig von der *Gefahrgutklasse* des Lagergutes und von der Höhe der *Versicherungsprämien*. Sie liegt in einer Größenordnung von 1.200 bis 6.000 m². Der *maximale Fluchtwegradius* beträgt nach deutschen Vorschriften 35 m.

16.4 Lagerbetriebsstrategien

Leistung und Kosten eines bestehenden Lagersystems hängen von den Strategien ab, mit denen das Lager betrieben wird. Bei der Neuplanung eines Lagers lassen sich durch richtige Lagerbetriebsstrategien die Investitionen reduzieren und die zukünftigen Betriebskosten senken. In vorhandenen Lagern können durch geeignete Lagerstrategien die Durchsatzleistung und die Platznutzung verbessert werden.

Abhängig von Aufgabe und *Zielsetzung* lassen sich die *Lagerbetriebsstrategien* unterscheiden in *Belegungsstrategien* und *Bewegungsstrategien.*

1. Belegungsstrategien
Die Belegungsstrategien bestimmen, auf welchen Plätzen und in welchen Lagerzonen welche Artikel gelagert und bereitgestellt werden müssen, um eine möglichst gute Platznutzung und kurze Wege für die Ein- und Auslagerung zu erreichen.

Die wichtigsten Belegungsstrategien sind:

- *Schnelläuferkonzentration*: Um die mittleren Fahrwege der Lagergeräte zu senken, werden die Ladeeinheiten schnellumschlagender Artikel in Plätzen nahe dem Ein- und Ausgang gelagert.
- *Feste Lagerplatzordnung*: Für den maximal zu erwartenden Lagerbestand jedes Artikels werden Lagerplätze fest reserviert, die nicht durch Ladeeinheiten anderer Artikel belegt werden dürfen.
- *Freie Lagerplatzordnung*:[1] Frei werdende Lagerplätze werden für die nächste einzulagernde Ladeeinheit genutzt, unabhängig davon, welcher Artikel darin enthalten ist.
- *Zonenweise feste Lagerordnung*: Bestimmte *Lagerzonen* sind für die Lagerung definierter Warengruppen reserviert oder bestimmte *Lagerplätze* oder *Fachmodule* nur für eine Sorte von Ladeeinheiten geeignet.
- *Gleichverteilungsstrategie*: Um eine *maximale Zugriffsicherheit* zu gewährleisten, wird der Lagerbestand eines Artikels gleichmäßig auf mehrere Lagergassen verteilt.
- *Platzanpassung*: Kleine Lagerplätze werden mit kleinen Lagereinheiten und geringem Artikelbestand, große Lagerplätze mit großen Lagereinheiten und hohem Artikelbestand belegt (s. *Abschnitte 12.5* und *12.6*).
- *Artikelreine oder chargenreine Platzbelegung*: Lagerplätze mit mehreren Stellplätzen werden nur mit einem Artikel oder einer Produktionscharge belegt.
- *Artikelgemischte Platzbelegung*: Lagerplätze mit mehreren Stellplätzen dürfen mit den Ladeeinheiten von bis zu N_{AP} verschiedenen Artikeln belegt werden.
- *Minimieren von Anbruchlagerplätzen*: In einem Mehrfachplatzlager werden, um den Füllungsgrad zu verbessern und mehr als einen Anbruchlagerplatz

1 Die freie Lagerplatzordnung oder kurz freie Lagerordnung wird häufig auch als *chaotische Lagerordnung* bezeichnet, obgleich bei dieser Belegungsstrategie von *Chaos* nicht die Rede sein kann.

pro Artikel zu vermeiden, die Ladeeinheiten aus teilgefüllten Lagerfächen stets zuerst ausgelagert.

Der Effekt einer *Schnellläuferkonzentration* wird meist überschätzt. Die Umschlagleistung kann durch eine Schnellläuferkonzentration in großen Lagern mit langen Wegen bei Einzelspielbetrieb bestenfalls um 15 % erhöht werden, wenn die ABC-Verteilung des Sortiments stark ausgeprägt ist. In den meisten Fällen aber liegt der Schnellläufereffekt deutlich unter 10 % [21].

Bei *fester Lagerplatzordnung* sind in Lagern mit Pull-Beständen, mehr als 100 Artikeln und geringen Sicherheitsbeständen bis zu doppelt soviele Plätze belegt wie bei freier Lagerplatzordnung. Für die Platzverwaltung bei freier Lagerordnung sind heute Standardprogramme und leistungsfähige Lagerverwaltungsrechner verfügbar. Daher ist die feste Platzordnung nur im Bereitstellbereich von Kommissionierlagern sinnvoll, nicht aber in Einheitenlagern und für Reserveplätze.

Auch die *zonenweise feste Lagerordnung* führt effektiv zu einem erhöhten Platzbedarf. Der Platzmehrbedarf gegenüber der vollständig freien Lagerordnung ist dabei umso größer, je kleiner das Platzangebot und je größer die Anzahl der Lagerzonen ist. Daher sollten nur soviele gesonderte Lagerzonen wie unbedingt notwendig geschaffen werden.

Die *artikelgemischte Platzbelegung* wird bei Platzknappheit in Mehrfachplatzlagern, vor allem in Blockplatzlagern und Kanallagern, als *Notlösung* eingeführt, bei Langzeitbeständen aber auch gezielt eingeplant. Die artikelgemischte Platzbelegung ist jedoch mit zusätzlichen Lagerbewegungen verbunden, die einen erhöhten Gerätebedarf zur Folge haben können, denn:

- Wenn ein Lagerplatz in freier Mischung mit den Ladeeinheiten von N_{AP} unterschiedlichen Artikeln belegt ist, sind im Mittel $(N_{AP}-1)/2$ Ladeeinheiten umzulagern, um an eine bestimmte Ladeeinheit heranzukommen.

Außerdem kann die artikelgemischte Platzbelegung *Unübersichtlichkeit*, Probleme der Platzverwaltung und *Inventurdifferenzen* verursachen.

Soweit Umlagerungen nicht in betriebschwachen Zeiten durchgeführt werden können, ist eine Umlagerung in einem Palettenlager mindestens um einen Faktor 30 teurer als die täglichen Lagerplatzkosten pro Ladeeinheit. Daher ist die artikelgemischte Platzbelegung bei einer Lagerdauer unter 30 Tagen in der Regel nicht sinnvoll. Wenn das Lager und die Platzkapazität richtig dimensioniert sind, ist ein Verzicht auf die artikelgemischte Platzbelegung ohne Raumverlust möglich.

2. Bewegungsstrategien

Die Bewegungsstrategien legen fest, in welcher Reihenfolge welche Ein- und Auslagerungen vom Fördersystem und von den Lagergeräten durchgeführt werden, damit unter Einhaltung vorgegebener *Restriktionen* eine möglichst hohe Einlager-, Auslager- oder Durchsatzleistung erreicht wird.

Die wichtigsten *Restriktionen* der Bewegungsstrategien sind die *Auslagerprinzipien*:

- *Strenges FIFO-Prinzip*: Beim strengen FIFO-Prinzip müssen die einzelnen Ladeeinheiten in der Reihenfolge ihrer Einlagerung ausgelagert werden. Das strenge FIFO-Prinzip erzwingt z.B. Durchschubkanäle mit räumlich getrennter Ein- und Auslagerung.
- *Schwaches FIFO-Prinzip* (*First-In-First-Out-Prinzip*): Um eine Überalterung und das Entstehen von Ladenhütern zu verhindern, müssen beim schwachen FIFO-Prinzip die Ladeeinheiten einer früheren vor den Ladeeinheiten einer späteren *Einlagercharge* ausgelagert werden. Das einfache FIFO-Prinzip verbietet bei Mehrfachplatzlagern mit räumlich kombinierter Ein- und Auslagerung das Zulagern in Lagerfächer, in denen sich noch Ladeeinheiten einer früheren Einlagercharge des gleichen Artikels befinden.
- *LIFO-Prinzip* (*Last-In-First-Out-Prinzip*): Bei einseitig zugänglichen Lagerplätzen müssen die zuletzt eingelagerten Ladeeinheiten zuerst ausgelagert werden.

Die wichtigsten *Bewegungsstrategien* sind:

- *Einzelspielstrategie*: Wenn der Wareneingang vorrangig ist, werden nur Einlagerspiele, wenn der Warenausgang vorrangig ist nur Auslagerspiele durchgeführt. Um die Ein- oder Auslagerleistung zu steigern, werden zu Lasten der Durchsatzleistung längere Leerfahrten der Lagergeräte in Kauf genommen
- *Doppelspielstrategien*: Um die Durchsatzleistung zu verbessern, werden die für einen Bedienungsgang anstehenden Ein- und Auslagerungen in kombinierten Ein- und Auslagerspielen ausgeführt (s. *Abb. 16.1*). Wenn nur ein Einlagerauftrag und ein Auslagerauftrag anstehen, wird das Einlagerfach in der Nähe des Auslagerfachs gewählt. Wenn mehrere Auslageraufträge anstehen, werden jeweils die Ein- und Auslageraufträge kombiniert, deren Fächer am nächsten beieinander liegen. Dadurch wird der *Leerfahrtanteil* der Lagergeräte reduziert. Die einzelnen Einlagerungen und Auslagerungen dauern jedoch etwas länger.
- *Fahrwegstrategien*: Lagergeräte mit einer Kapazität $C_{LG} > 1$ LE fahren in einer kombinierten Ein- und Auslagerfahrt auf einem möglichst kurzen Fahrweg nacheinander C_{LG} Einlagerfächer und C_{LG} Auslagerfächer an. Eine bewährte Fahrwegstrategie ist beispielsweise die *Streifenstrategie* (s. Abb. 16.19) [21].
- *Umlagerstrategien*: Zum Freiräumen verdeckter Ladeeinheiten in Mehrfachplatzlagern mit artikelgemischter Platzbelegung werden Umlagerungen in Zeiten durchgeführt, in denen keine Ein- oder Auslagerungsaufträge anstehen.
- *Gangwechselstrategie*: Um einerseits den Leistungsverlust durch den Gangwechsel der Lagergeräte zu minimieren und andererseits unzulässig lange Ein- und Auslagerzeiten zu vermeiden, werden die Ein- und Auslageraufräge für eine bestimmte *Zykluszeit* T_{GW} gesammelt, nach Lagergassen geordnet und von den betreffenden Lagergeräten in zyklischer Gangfolge ausgeführt. Die minimale *Gangwechselfrequenz* $\nu_{GW} = 1/T_{GW}$ wird von der maximal zulässigen Ein- und Auslagerzeit bestimmt.
- *Zuförderstrategien*: Um eine größere Anzahl Ladeeinheiten möglichst schnell einzulagern, werden diese entweder einzeln den Lagergassen in *zyklischer Fol-*

ge zugewiesen oder *schubweise* jeweils dem Gang, auf dessen Zuförderbahn am meisten Platz ist.
- *Abförderstrategien*: Die am dringendsten benötigten Ladeeinheiten erhalten beim Einschleusen von der Auslagerstichbahn in die Abförderstrecke *absolute Vorfahrt*.

Die Belegungsstrategien und die Bewegungsstrategien sind nicht alle miteinander verträglich. So reduziert die Schnellläuferstrategie den Effekt der Fahrwegstrategien, da sich Fahrwege nicht mehrfach einsparen lassen. Hieraus folgt der *Grundsatz*:

- Um unnötigen Programmieraufwand zu vermeiden und längere Totzeiten für rechenintensive Algorithmen zu verhindern, dürfen nur wirklich effektive und miteinander verträgliche Strategien realisiert werden.

Vor einer Realisierung der Lagerstrategien muß daher sorgfältig geprüft werden, welche der möglichen Strategien einen ausreichenden Effekt bringen und wieweit die interessanten Strategien miteinander kompatibel sind.

16.5 Füllungsgrad und Lagerplatzbedarf

Bei einer Lagerplatzkapazität C_{LP} [LE/LP] ist die mittlere Anzahl Lagerplätze, die bei *artikelreiner Platzbelegung* zur Lagerung von M_B Ladeeinheiten pro Artikel benötigt werden, gegeben durch:

$$N_{LP\,frei} = MAX\left(1; M_B / C_{LP} + (C_{LP} - 1)/2C_{LP}\right) \qquad [LP/Art]. \qquad (16.21)$$

Solange der Bestand des Artikels größer als 0 ist, wird mindestens ein Lagerplatz belegt. Bei Beständen, die größer als die Platzkapazität sind, ist pro Artikel ein Lagerplatz im Mittel zu einem Anteil $(C_{LP}-1)/2C_{LP}$ leer. Daher erhöht sich der Platzbedarf pro Artikel um $(C_{LP}-1)/2C_{LP}$. Für Einzelplatzlager mit $C_{LP} = 1$ entfällt der anteilige Platzverlust. Für Mehrfachplatzlager mit großer Platzkapazität $C_{LP} \gg 1$ ist der Leerplatzverlust im Mittel gleich einer halben Lagerplatzkapazität (s. *Abschnitt* 12.5).

Die N_{LP} Lagerplätze können maximal $N_{LP} \cdot C_{LP}$ Ladeeinheiten aufnehmen. Bei *freier Lagerordnung* enthalten die Plätze aber nur M_B Ladeeinheiten. Hieraus folgt:

- Der durchschnittliche *Füllungsgrad* der Plätze eines Lagers mit *artikelreiner Platzbelegung* und *freier Lagerordnung* ist

$$\eta_{L\,frei} = M_B / (N_{LP} \cdot C_{LP}) = M_B / MAX\left(C_{LP}; M_B + (C_{LP} - 1)/2\right). \qquad (16.22)$$

Für Einzelplatzlager ist die Platzkapazität $C_{LP} = 1$ und daher der Füllungsgrad bei freier Lagerordnung 100 %. Für Mehrfachplatzlager ist $C_{LP} > 1$ und der mittlere Füllungsgrad kleiner als 100 %. Wie in *Abb.* 16.11 dargestellt, nimmt der Füllungsgrad von Mehrfachplatzlagern mit der Platzkapazität ab. Andererseits steigt der Füllungsgrad bei gleicher Platzkapazität, wie *Abb.* 16.12 zeigt, mit dem Bestand pro Artikel an.

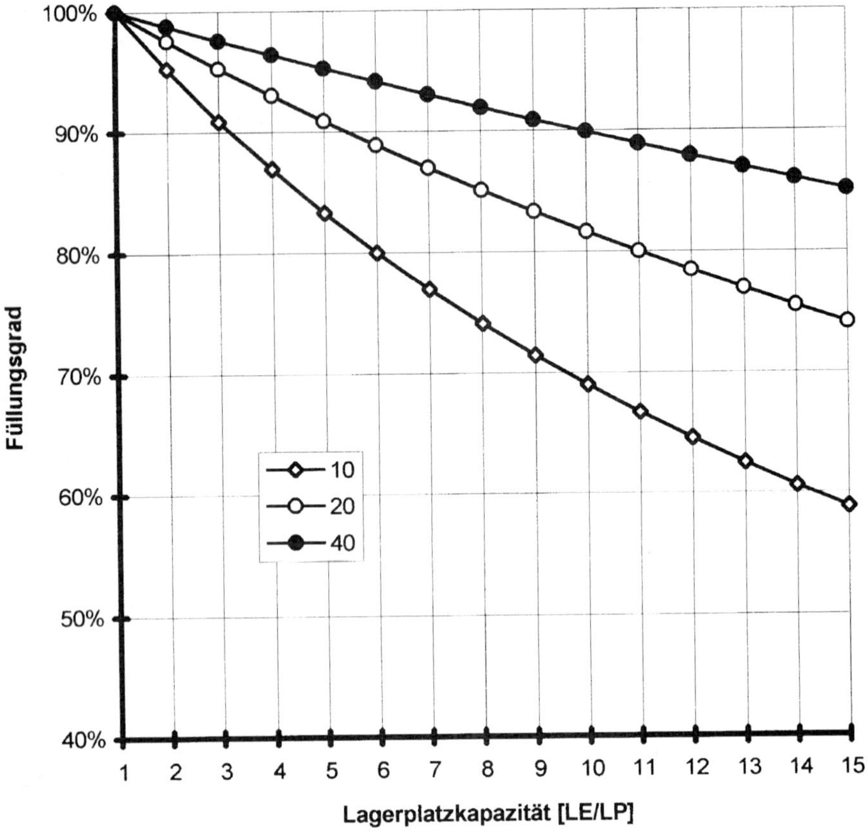

Abb. 16.11 Lagerfüllungsgrad als Funktion der Platzkapazität

Parameter: Durchschnittsbestand pro Artikel $M_B = 10, 20, 40$ LE
freie Lagerordnung, artikelreine Platzbelegung

Bei *fester Lagerordnung* sind pro Artikel soviele Lagerplätze blockiert, wie zur Lagerung des Maximalbestands (16.10) erforderlich sind. Daher ist die mittlere Anzahl Lagerplätze, die bei *fester Lagerordnung* und artikelreiner Platzbelegung zur Lagerung von Artikeln mit einem Maximalbestand M_{Bmax} benötigt wird:

$$N_{LPfest} = MAX\left(1; M_{Bmax} / C_{LP} + (C_{LP} - 1)/2C_{LP}\right) \quad [LP/Art]. \tag{16.23}$$

Daraus folgt:

- Mit einem Durchschnittsbestand pro Artikel M_B und einem Maximalbestand M_{Bmax} ist der durchschnittliche *Füllungsgrad* der Plätze eines Lagers mit *artikelreiner Platzbelegung* und *fester Lagerordnung*

$$\eta_{L\,fest} = M_B / (N_{LPfest} \cdot C_{LP}) = M_B / MAX\left(C_{LP}; M_{Bmax} + (C_{LP} - 1)/2\right). \tag{16.24}$$

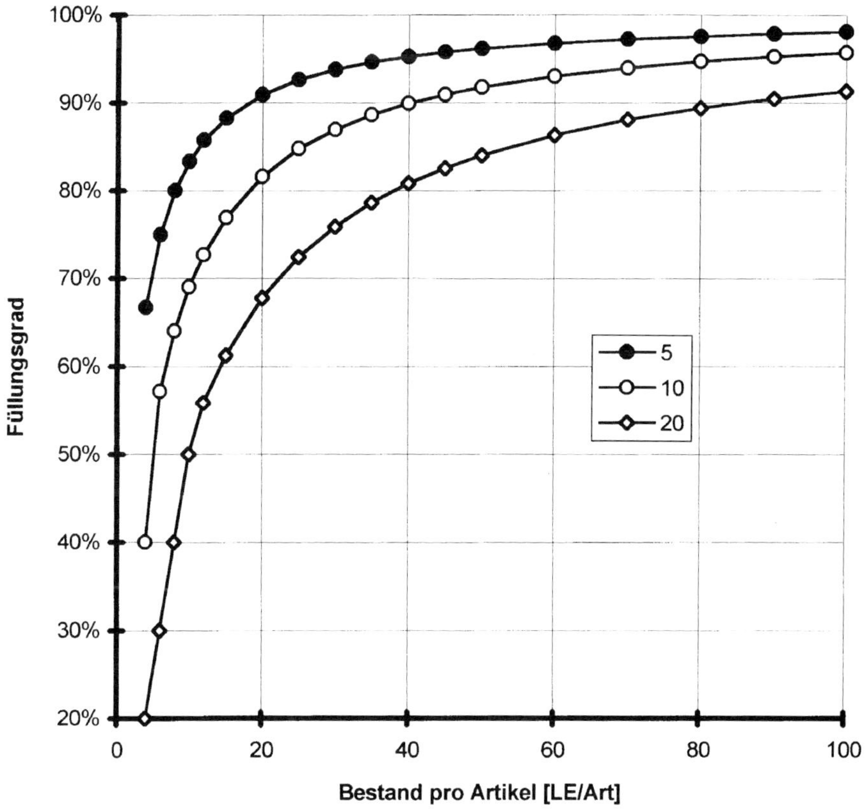

Abb. 16.12 Lagerfüllungsgrad als Funktion des Artikelbestands

Parameter: Platzkapazität $C_{LP} = 5, 10, 20$ LE
freie Lagerordnung, artikelreine Platzbelegung

Der *Maximalbestand* und der *Durchschnittsbestand* sind nach den Beziehungen (16.10) und (16.11) vom *Sicherheitsbestand* M_S und von der *Nachschubmenge* M_N pro Artikel abhängig.

Bei fester Lagerordnung ist der Füllungsrad auch für Einzelplatzlager mit $C_{LP} = 1$ kleiner als 100 %. Für Mehrfachplatzlager verschlechtert sich der Füllungsgrad bei fester Lagerordnung im Vergleich zur freien Lagerordnung. Wie *Abb.* 16.13 zeigt, ist die Verschlechterung des Füllungsgrads bei fester Lagerordnung am größten, wenn der Sicherheitsbestand gering ist. Wenn der Sicherheitsbestand hoch ist, sich also die Bestände während der Lagerzeit kaum verändern, verschwindet der Unterschied des Füllungsgrads zwischen fester und freier Lagerordnung. Hieraus folgt:

- Eine feste Lagerordnung ist, wenn überhaupt, nur sinnvoll für Lagerbestände pro Artikel, deren Höhe sich während der Lagerdauer kaum verändert, die also das Lager in der gleichen Menge verlassen, in der sie angeliefert wurden.

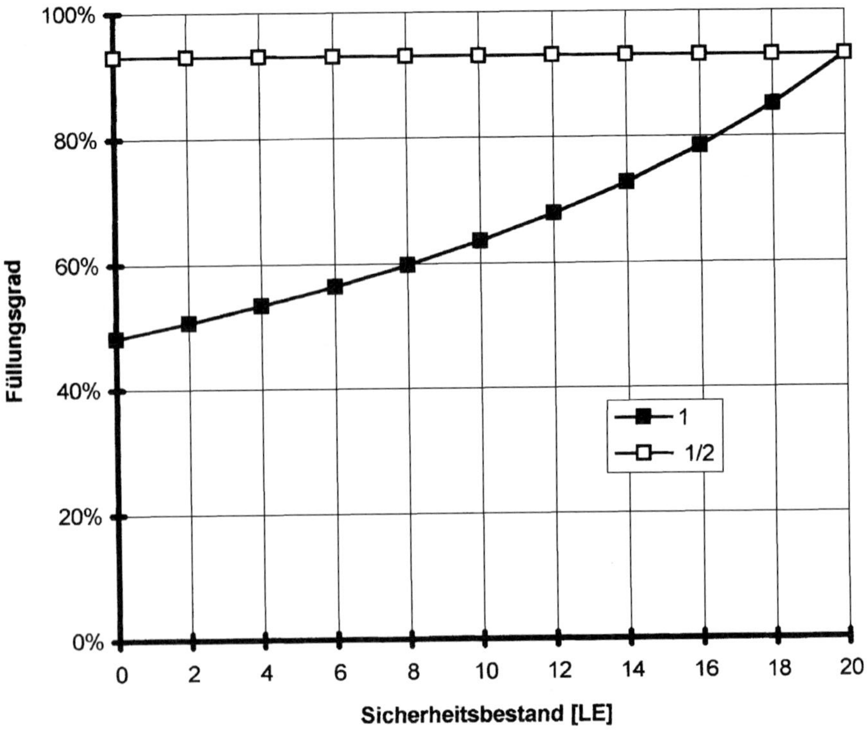

Abb. 16.13 Lagerfüllungsgrad als Funktion des Sicherheitsbestands

Parameter: feste Lagerordnung $f_{LO} = 1$
freie Lagerordnung $f_{LO} = 1/2$
Platzkapazität $C_{LP} = 5$ LE
Durchschnittsbestand $M_B = 20$ LE/Art

Um die Beziehungen (16.21) bis (16.24) für beide Arten der Lagerordnung und den allgemeinen Fall der artikelgemischten Platzbelegung zusammenzufassen, ist es zweckmäßig, einen *Lagerordnungsfaktor* einzuführen, der wie folgt definiert ist:

$$f_{LO} = \begin{cases} 1/2 & \text{für freie Lagerordnung} \\ 1 & \text{für feste Lagerordnung.} \end{cases} \tag{16.25}$$

Bei *artikelgemischter Lagerordnung* darf ein Lagerplatz mit den Ladeeinheiten von N_{AP} verschiedenen Artikeln belegt werden. Infolgedessen reduziert sich der anteilige Leerplatzverlust um den Faktor $1/N_{AP}$, denn er verteilt sich auf N_{AP} Artikel. Damit folgen aus den Beziehungen (16.21) bis (16.24) unter Verwendung der Beziehungen (16.10) und (16.11) die *allgemeinen Lagerdimensionierungsformeln* [149]:

- Der *Lagerplatzbedarf* für einen mittleren Bestand M_B und einen Sicherheitsbestand M_S pro Artikel ist bei einer Platzbelegung mit durchschnittlich N_{AP} verschiedenen Artikeln und einer Lagerplatzkapazität C_{LP}

$$N_{LP} = MAX\big(1/N_{AP};(M_S + 2f_{LO}\cdot(M_B - M_S))/C_{LP} + (1/N_{AP})(C_{LP}-1)/2C_{LP}\big) \quad [LP/Art]. \tag{16.26}$$

- Der erreichbare mittlere *Lagerfüllungsgrad* ist

$$\eta_L = M_B/(N_{LP}C_{LP}) = M_B/MAX\big(C_{LP}/N_{AP}; M_S + 2f_{LO}\cdot(M_B - M_S) + (1/N_{AP})(C_{LP}-1)/2\big). \tag{16.27}$$

- Der *Gesamtlagerplatzbedarf* für einen *Gesamtbestand* M_{Bges} von N_A Artikeln, die einen *Gesamtsicherheitsbestand* M_{Sges} haben, ist bei einer Platzbelegung mit bis zu N_{AP} Artikeln und einer Lagerplatzkapazität C_{LP}

$$N_{LP\,gest} = MAX\big(N_A/N_{AP}; (M_{Sges} + 2f_{LO}\cdot(M_{Bges} - M_{Sges}))/C_{LP} + (N_A/N_{AP})(C_{LP}-1)/2C_{LP}\big) \quad [LP]. \tag{16.28}$$

Für stochastisch schwankende und saisonabhängige Bestände ist in Beziehung (16.28) für den Gesamtbestand M_{Bges} der *effektive Gesamtbestand* M_{Beff} einzusetzen, der nach Beziehung (16.15) zu berechnen ist.

Die Dimensionierungsformeln (16.26) bis (16.28) sind universell nutzbar zur Dimensionierung und Optimierung aller Lagerarten. *Lagerdimensionierungsprogramme*, die ohne diese Berechnungsformeln arbeiten, sind unvollständig und zur Lageroptimierung ungeeignet.

Die *100%-Lagerkapazität* ist gleich der Anzahl Ladeeinheiten-Stellplätze bei 100% Füllungsgrad und gegeben durch:

$$K_L = N_{LP}\cdot C_{LP}. \tag{16.29}$$

Die *effektive Lagerkapazität* ist gleich der Anzahl effektiv nutzbarer Ladeeinheiten-Stellplätze, die gegenüber der 100%-Lagerkapazität um den Lagerfüllungsgrad (16.27) reduziert ist:

$$K_{L\,eff} = \eta_L\cdot K_L = \eta_L\cdot N_{LP}\cdot C_{LP}. \tag{16.30}$$

Aus den Funktionen (16.27) und (16.30) sind folgende *Gesetzmäßigkeiten* ablesbar:

- Die effektive Lagerkapazität ist für ein Mehrfachplatzlager kleiner als die 100%-Lagerkapazität.
- Die Abweichung der effektiven Lagerkapazität von der 100%-Kapazität ist der *Kapazitätsverlust* infolge der begrenzten Nutzbarkeit der Lagerplätze.
- Der Kapazitätsverlust steigt bei vorgegebener Lagerplatzkapazität mit abnehmendem mittleren Bestand pro Artikel an.

Diese Abhängigkeiten sind bei der Lagerplanung wie auch bei der Kalkulation der Platzkosten zu berücksichtigen. Weil die quantitative Auswirkung von Artikelbestand und Platzkapazität auf den Lagerfüllungsgrad nicht allgemein bekannt ist, gibt es viele Durchlauflager und Blocklager, deren Plätze trotz fehlender Lagerkapazität fast ebenso viel Luft wie Ladeeinheiten enthalten.

Für eine artikelgemischte Platzbelegung, also für $N_{AP} > 1$, ist aus der allgemeinen Beziehung (16.27) für den Füllungsgrad ablesbar:

- Die *artikelgemischte Lagerplatzbelegung* verbessert den Füllungsgrad, ist aber bei jedem Zugriff auf ein Lagerfach, das mit den Ladeeinheiten von N_{AP} Artikeln belegt ist, im Mittel mit $(N_{AP}-1)/2$ Umlagerungen verbunden.

Durch eine artikelgemischte Platzbelegung ist es also möglich, den Füllungsgrad und damit die effektive Kapazität eines *existierenden Mehrfachplatzlagers* bei erhöhtem Handlingaufwand zu verbessern. Eine artikelgemischte Platzbelegung sollte bei der Planung eines *neuen Lagers*, wenn überhaupt, nur für Langzeitbestände mit einer Lagerdauer von mindestens 30 Tagen vorgesehen werden.

16.6 Grundflächenbedarf pro Ladeeinheit

Der 100%-Grundflächenbedarf pro Ladeeinheit ist der *Nettogrundflächenbedarf* für die Lagerplätze und die Bedienungsgänge, ohne den Flächenbedarf für die stirnseitigen *Anfahrmaße*, bezogen auf die 100%-Lagerkapazität. Er ist abhängig von den Stellplatzmaßen, der Breite der Bedienungsgänge, der Anzahl Lagerebenen, der Anzahl Gänge pro Lagerfach und der Lagerplatzkapazität.

Der Stellplatz in einem Lagerplatz hat in Gangrichtung die effektive *Stellplatzlänge* l_{SP} und senkrecht zum Gang die effektive *Stellplatztiefe* b_{SP}. Die effektiven Stellplatzmaße resultieren, wie in den *Abb.* 16.4 und 16.6 skizziert, aus den Außenmaßen der Ladeeinheiten einschließlich *Lastüberstand*, den benötigten *Freimaßen* und den anteiligen *Konstruktionsmaßen* der Lagertechnik [153]. Für verschiedene Lagerarten zur Palettenlagerung sind *Richtwerte* für die Stellplatzmaße in *Tabelle* 16.3 zusammengestellt.

Die *Breite der Bedienungsgänge* b_{gang} ergibt sich aus den Maßen und der Orienterung der Ladeeinheiten zum Gang, der Konstruktion und dem Fahrverhalten des Lagergeräts und dem zur Sicherheit erforderlichen *Gangfreimaß*. Richtwerte für die Gangbreiten einiger Lagergeräte für Paletten sind in *Tabelle* 16.1 aufgeführt.

Die *Anzahl der Lagerebenen* übereinander ist bei ebener Anordnung der Lagerplätze auf einer Freifläche oder in einer eingeschossigen Halle mit $N_y = 1$ fest vorgegeben. Bei räumlicher Anordnung der Lagerplätze ist die Anzahl der Lagerebenen $N_y > 1$ ein *freier Parameter*, der zur Lageroptimierung nutzbar ist.

Auch die *Anzahl der Bedienungsgänge* N_G, auf die sich die Lagerplätze verteilen, ist ein *freier Parameter* der Lagerdimensionierung. Die *anteilige Gangzahl* pro Lagerplatz ist die Anzahl Bedienungsgänge bezogen auf die Anzahl Lagerplätze N_{LPz} in z-Richtung, das heißt, senkrecht zu den Gängen:

$$n_{gang} = N_G / N_{LPz} . \qquad (16.31)$$

LAGERTYP	Paletten Richtung zum Gang	Stellplatzmaße Länge [mm]	Tiefe [mm]	Bedienungsgänge Breite z.B. [mm]	anteilige Gangzahl	Stapelfaktor Paletten aufeinander	Ebenen überein. bis zu	Lagerhöhe bis ca. [m]	Flächenbedarf optimiert effektiv [m²/Palette]
Blockplatzlager	längs	1.300	850	3.000	1/2	2 bis 6	1	4 bis 6	0,4 bis 1,8
Einfahrregallager	längs	1.400	850	3.000	1/2	1	6	6 bis 8	0,3 bis 0,6
Durchlauflager	quer	1.000	1.200	3.000	2	1 oder 2	4	3 bis 8	0,25 bis 0,6
Staplerlager	quer	950	1.300	2.500	1/2	1	8	6 bis 8	0,4 bis 0,6
Schmalganglager	quer	950	1.300	1.800	1/2	1 oder 2	10	8 bis14	0,2 bis 0,4
Hochregallager	quer	950	1.300	1.500	1/2	1 oder 2	30	16 bis 40	0,07 bis 0,2

Tab. 16.3 Effektive Stellplatzmaße und Grundflächenbedarf pro Palette für verschiedene Palettenlagertypen

Ladeeinheiten: CCG1-Paletten
Abmessungen: 800×1.200×1.050 mm
Gangbreiten s. Tabelle 16.1

Für Lager, deren Plätze stationär zu beiden Seiten eines kombinierten Ein- und Auslagergangs angeordnet sind, ist die anteilige Gangzahl 1/2. Für Durchlauflager mit getrennter Beschickung und Entnahme ist die anteilige Gangzahl 2.

Mit diesen Parametern ist der effektive Grundflächenbedarf für einen Lagerplatz mit der *Stapellänge* C_x und der *Stapeltiefe* C_z in einem Lager mit N_y *Lagerebenen*:

$$F_{LP} = (C_x \cdot l_{SP}) \cdot (C_z \cdot b_{SP} + n_{gang} \cdot b_{gang}) / N_y . \tag{16.32}$$

Bezogen auf die maximal mögliche Anzahl Ladeeinheiten pro Lagerfach folgt hieraus:

- Der 100%-*Grundflächenbedarf pro Ladeeinheit* ist für ein Lager mit N_y *Lagerebenen*, einer *Lagerplatzkapazität* $C_{LP} = C_x \cdot C_y \cdot C_z$ und dem *Stapelfaktor* C_y

$$F_{LE}(C_{LP}) = F_{LP} / C_{LP} = l_{SP} \cdot (b_{SP} + n_{gang} \cdot b_{gang} / C_z) / (N_y \cdot C_y). \tag{16.33}$$

Der Grundflächenbedarf pro Ladeeinheit nimmt also bei 100 % Lagerplatznutzung mit der Anzahl Lagerebenen und mit der Lagerplatzkapazität ab. Andererseits aber sinkt auch der Lagerfüllungsgrad gemäß Beziehung (16.27) mit der Platzkapazität. Daher werden mit zunehmender Platzkapazität mehr Stellplätze benötigt.

Der Grundflächenbedarf für einen Artikel mit dem Durchschnittsbestand M_B und dem Sicherheitsbestand M_S ist gleich der Anzahl hierfür benötigter Lagerplätze (16.26) multipliziert mit dem Grundflächenbedarf pro Lagerplatz (16.32). Bezogen auf den Durchschnittsbestand M_B folgt damit:

- Der *effektive Grundflächenbedarf pro Ladeeinheit* in einem Lager mit N_y *Lagerebenen* und einer *Lagerplatzkapazität* C_{LP} ist für einen Durchschnittsbestand M_B und einen Sicherheitsbestand M_S pro Artikel

$$F_{LE\,eff}(M_B, C_{LP}) = N_{LP}(M_B, C_{LP}) \cdot F_{LP}(C_{LP}) / M_B = F_{LP}(C_{LP}) / \eta_L(C_{LP}). \quad (16.34)$$

Für die wichtigsten praktischen Anwendungsfälle folgt aus der universell gültigen Beziehung (16.34) durch Einsetzen der Beziehungen (16.26) für den Platzbedarf pro Artikel und (16.32) für den Grundflächenbedarf pro Lagerplatz:

- Der *effektive Grundflächenbedarf pro Ladeeinheit* für ein Lager mit N_y *Lagerebenen, freier Lagerordnung*, $f_{LO} = 1/2$, *artikelreiner Platzbelegung*, $N_{AP} = 1$, *Stapellänge* C_x, *Stapeltiefe* C_z, *Stapelfaktor* C_y und einem *Durchschnittsbestand* M_B pro Artikel, der größer ist als die Lagerplatzkapazität C_{LP}:

$$F_{LE\,eff} = \left(M_B + (C_x \cdot C_y \cdot C_z - 1)/2\right) \cdot l_{SP} \cdot \left(C_z \cdot b_{SP} + n_{gang} \cdot b_{gang}\right) / (C_y \cdot C_z \cdot N_y \cdot M_B). \quad (16.35)$$

Als Beispiel ist in *Abb.* 16.14 der mit Beziehung (16.35) errechnete effektive Grundflächenbedarf pro Palette für ein Blockplatzlager in einer Ebene, also mit $N_y = 1$, und mit kombinierten Ein- und Auslagergängen, das heißt, mit der anteiligen Gangzahl $n_{gang} = 1/2$, als Funktion der Stapeltiefe C_z dargestellt.

Aus dem Kurvenverlauf *Abb. 16.14* und den Funktionen (16.34) und (16.35) sind folgende *Abhängigkeiten* und *Auswirkungen* ablesbar:

1. Der effektive Grundflächenbedarf pro Ladeeinheit nimmt für Mehrfachplatzlager mit der Stapeltiefe C_z zunächst ab und steigt ab einer *optimalen Stapelplatztiefe*, für die der effektive Grundflächenbedarf ein Minimum hat, mit zunehmender Stapeltiefe wieder an.
2. Der effektive Grundflächenbedarf pro Ladeeinheit nimmt bei Mehrfachplatzlagern mit zunehmendem Stapelfaktor C_y ab, wobei sich die optimale Lagerplatzkapazität zu kleineren Werten verschiebt.
3. Der effektive Grundflächenbedarf nimmt bei konstanter Lagerplatzkapazität mit zunehmendem Ladeeinheitenbestand pro Artikel ab.
4. Der effektive Grundflächenbedarf steigt linear mit der Stapellänge C_x an, ist also für $C_x = 1$, das heißt, für Lagerplätze und Lagerkanäle, die in Gangrichtung nebeneinander nur eine Ladeeinheit enthalten, am kleinsten.
5. Bei falscher Dimensionierung der Lagerplatzkapazität können Grundfläche und umbauter Raum von Mehrfachplatzlagern, wie Blocklagern, Durchlauflagern und Kompaktlagern, um 25 % bis 40 % über den optimalen Werten liegen.
6. Bei Zuweisung der falschen Lagerplätze mit einer vom Optimum abweichenden Kapazität können Platznutzung und Füllungsgrad in einem Mehrfachplatzlager um 25 % und mehr vom Optimum abweichen.
7. Für Einzelplatzlager besteht das Problem der Optimierung der Stapeltiefe und der optimalen Platzzuweisung nicht, da die Stapeltiefe eines Einzelplatzlagers definitionsgemäß 1 LE ist.

Aufgrund der gravierenden Auswirkungen der Lagerplatzkapazität auf den effektiven Grundflächenbedarf, den umbauten Raum, den Lagerfüllungsgrad und da-

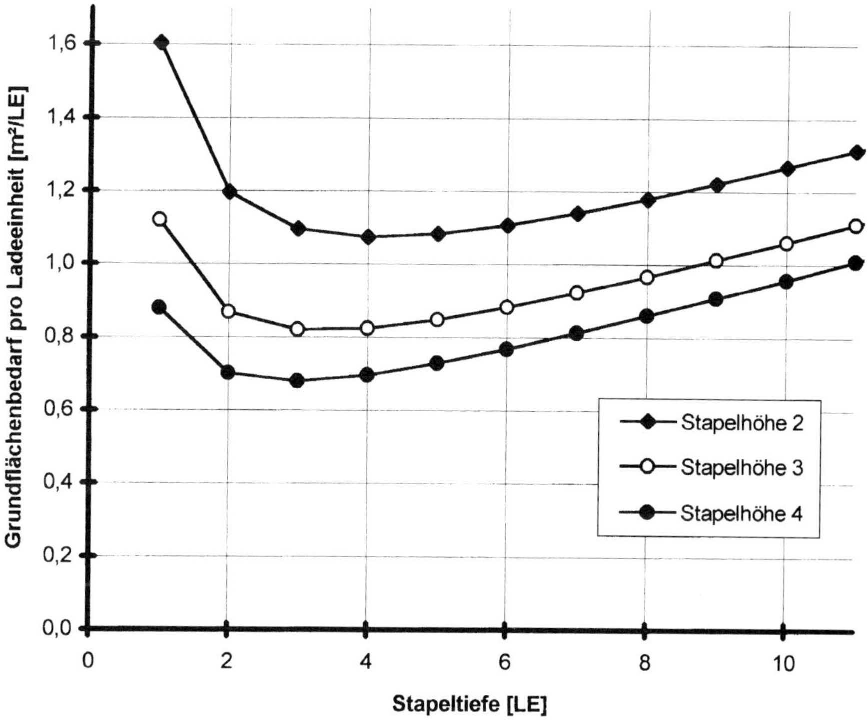

Abb. 16.14 Effektiver Grundflächenbedarf pro Ladeeinheit als Funktion der Stapeltiefe

Parameter:		
	Blockplatzlager	für Europaletten
	Stellplatzmaße	850 mm x 1.250 mm
	Gangbreite	b_{gang} = 3.000 mm
	Stapelfaktor	C_y = 2, 3, 4 LE/Stapel
	Durchschnittbestand	M_B = 10 Paletten pro Artikel
	freie Lagerordnung, artikelreine Platzbelegung	

mit auf die Lagerplatzkosten ist es für *Mehrfachplatzlager* notwendig, vor der eigentlichen Lagerdimensionierung die Lagerplatzkapazität zu optimieren.

16.7 Lagerplatzoptimierung für Mehrfachplatzlager

Die optimale Lagerplatzkapazität $C_{LP\ opt}$ eines Mehrfachplatzlagers ist das Produkt der *optimalen Stapellänge* $C_{x\ opt}$ mit dem *optimalen Stapelfaktor* $C_{y\ opt}$ und der *optimalen Stapeltiefe* $C_{z\ opt}$:

$$C_{LP\ opt} = C_{x\ opt} \cdot C_{y\ opt} \cdot C_{z\ opt} \tag{16.36}$$

Die optimale Lagerplatzkapazität resultiert aus den folgenden drei *Stapelregeln*, die sich aus den Beziehungen (16.34) und (16.35) herleiten lassen.

Die 1. *Stapelregel* folgt aus dem linearen Anstieg des effektiven Grundflächenbedarfs mit der Stapellänge:

- Die *optimale Stapellänge*, also die optimale Anzahl der in Gangrichtung in einem Fach nebeneinder angeordneten Stellplätze ist

$$C_{x\,opt} = 1\ \text{LE}. \tag{16.37}$$

Die 2. Stapelregel ergibt sich daraus, daß der effektive Flächenbedarf pro Ladeeinheit gemäß Beziehung (16.34) mit zunehmendem Stapelfaktor nur solange abnimmt, wie dieser größer als der Artikelbestand ist. Andererseits ist der Stapelfaktor nach oben begrenzt durch einen *technischen Stapelfaktor* $C_{y\,tech}$ [LE], der gleich der Anzahl Ladeeinheiten ist, die maximal aufeinander gestapelt werden können. Der technischen Stapelfaktor wird bestimmt von der Stapelfähigkeit der Ladeeinheiten, der lichten Höhe des Lagerfachs und der Art der Lastaufnahme durch das Lagergerät.

Damit folgt die 2. *Stapelregel:*

- Der *optimale Stapelfaktor* ist bei einem vorgegebenen technischen *Stapelfaktor* $C_{z\,tech}$ und einem Durchschnittsbestand M_B pro Artikel

$$C_{y\,opt} = \text{MAX}(C_{y\,tech};\ M_B). \tag{16.38}$$

Die 3. *Stapelregel* folgt durch partielle Ableitung der Funktion (16.35) nach der Stapeltiefe C_z, Nullsetzen der partiellen Ableitung, $\partial F_{LEeff}/\partial C_z = 0$, und Auflösung dieser Gleichung nach C_z:

- Die *optimale Stapeltiefe* für die Lagerung von Artikeln mit einem mittleren Bestand M_B und einem Stapelfaktor C_y in einem Lager mit *freier Lagerordnung, artikelreiner Platzbelegung*, einer effektiven Stellplatztiefe b_{SP}, der anteiligen Gangzahl n_{gang} und der Gangbreite b_{gang} ist

$$\mathbf{C_{z\,opt}} = \sqrt{(2M_B - 1)\cdot n_{gang}\cdot b_{gang} / (C_y \cdot b_{SP})}\ . \tag{16.39}$$

Entsprechende Formeln zur Berechnung der optimalen Stapeltiefe ergeben sich für *feste Lagerordnung* und *artikelgemischte Platzbelegung* aus der partiellen Ableitung der allgemeineren Funktion (16.34) für den effektiven Grundflächenbedarf [162].

Aus der Funktion (16.39) sind folgende *Abhängigkeiten* und *Auswirkungen* ablesbar:

1. Die optimale Stapelplatztiefe ist unabhängig von der Anzahl der Lagerebenen, da die Aufgabe der Flächenoptimierung für jede Lagerebene gleich ist.
2. Die optimale Stapelplatztiefe nimmt mit der Wurzel des Artikelbestands zu, denn für größere Bestände können wegen des besseren Füllungsgrads die Lagerfächer zur Kompensation des Gangflächenverlustes tiefer gemacht werden.
3. Mit zunehmender Gangbreite und anteiliger Gangzahl steigt die optimale Gangzahl an, da der größere Gangflächenverlust durch tiefere Lagerplätze kompensiert werden muß.

4. Für große Stapelfaktoren ist die optimale Stapeltiefe geringer und die Grundflächennutzung besser als für kleine Stapelfaktoren.

Mit Hilfe der Beziehungen (16.36) bis (16.39) läßt sich für jeden Artikel mit bekanntem Durchschnittsbestand die optimale Lagerfachkapazität errechnen, wobei der mit Beziehung (16.39) errechnete Wert *ganzzahlig* zu runden ist.

Für einen mittleren Bestand von $M_B = 10$ EURO-Paletten eines Artikels mit dem Stapelfaktor $C_y = 4$ Paletten, der in einem Blocklager mit einer Stapelplatztiefe $b_{SP} = 800+50 = 850$ mm, einer Gangbreite $b_{gang} = 3.000$ mm und kombinierten Ein- und Auslagergängen, d.h. mit $n_{gang} = 1/2$, zu lagern ist, errechnet sich beispielsweise mit Hilfe der Beziehung (16.39) die optimale Blockplatztiefe $C_{z\,opt} = \sqrt{(2\cdot10\text{-}1)(1/2\cdot3000)/(4\cdot850)} = 2{,}9$ Paletten. Der optimale Blockplatz für diesen Artikelbestand hat also eine Tiefe von 3 Paletten und eine Platzkapazität $C_{BPopt} = 3\cdot4 = 12$ Paletten. Der optimierte effektive Platzbedarf ist 0,7 m^2 pro Palette (s. *Abb. 16.14*).

Durch Auflösen der Funktion (16.39) nach dem mittleren Bestand ergeben sich die folgenden *Zuweisungsregeln für Bestände und Einlagermengen* zu Lagerplätzen unterschiedlicher Kapazität:

- Der *Grenzbestand* zwischen Lagerplätzen der Stapeltiefe C_y und der Stapeltiefe C_z+1 ist

$$M_{grenz}(C_z) = C_y \cdot b_{SP} \cdot (C_z + 1/2)^2 / (2n_{gang} \cdot b_{gang}) \tag{16.40}$$

- In die Lagerplätze mit der Stapeltiefe C_y sind bei artikelreiner Platzbelegung alle Artikel zu lagern mit einem mittleren Bestand im Intervall

$$M_{grenz}(C_z - 1) < M_B \leqq M_{grenz}(C_z). \tag{16.41}$$

- Bei Eingang einer Einlagermenge M_B in ein Mehrfachplatzlager ist zunächst der mittlere Bestand während des Verbrauchs zu errechnen. Aus diesem Bestand sind dann mit Hilfe der Zuweisungsregel (16.41) die optimalen Lagerplätze zu bestimmen, in denen die Einlagermenge zu lagern ist.

Für nachdisponierbare Ware mit gleichmäßigem Verbrauch ist der mittlere Bestand einer Einlagermenge M_E, die nicht in Plätze mit Ladeeinheiten einer früheren Einlagercharge zugelagert werden darf, $M_B = M_E/2$. Für Einlagermengen, die das Lager in gleicher Menge wieder verlassen, ist der mittlere Bestand $M_B = M_E$.

In der *Tabelle 16.4* sind die mit Hilfe der der Beziehungen (16.41) errechneten Grenzbestände aufgeführt, nach denen die Einlagermengen abhängig von Bestandshöhe und Stapelfaktor den unterschiedlich tiefen Lagerplätzen eines Blocklagers für EURO-Paletten zugewiesen werden können. Entsprechende Tabellen lassen sich auch für andere Mehrfachplatzlager mit unterschiedlich großen Lagerplätzen, wie Durchlauflager und Kanallager, errechnen, um sie im Wareneingang zu verwenden. Besser noch ist es, die Formel (16.41) im Lagerverwaltungsrechner zu programmieren und bei jeder anstehenden Einlagerung die jeweils optimalen Lagerplätze zu errechnen.

Stapelfaktor 2		
Lagermenge Anzahl LE		**Stapeltiefe** LE
von	bis	Cz opt
1	1	1
2	4	2
5	7	3
8	11	4
12	17	5
18	24	6
25	32	7
33	41	8

Stapelfaktor 3		
Lagermenge Anzahl LE		**Stapeltiefe** LE
von	bis	Cz opt
2	2	1
3	5	2
6	10	3
11	17	4
18	26	5
27	36	6
37	48	7
49	61	8

Stapelfaktor 4		
Lagermenge Anzahl LE		**Stapeltiefe** LE
von	bis	Cz opt
3	3	1
4	7	2
8	14	3
15	23	4
24	34	5
35	48	6
49	64	7
65	82	8

Tab. 16.4 Zuweisung optimaler Blocklagerplätze für Paletten

Lagerstrategien:	artikelreine Platzbelegung, freie Lagerordnung, Längslagerung	
Lagermenge.	mittlerer Artikelbestand während der Lagerzeit	
Gangbreite:	3.000 mm	
Grundmaße:	Ladeeinheiten	Stapelplätze
Länge:	1.200 mm	1.300 mm
Breite:	800 mm	850 mm

Aus der Zuweisungsregel (16.40) ergibt sich die Möglichkeit, ein Mehrfachplatzlager durch Schaffung von Lagerplätzen mit unterschiedlicher Tiefe zu optimieren:

- Der Gesamtbestand wird aufgeteilt in Teilbestände mit gleichem Stapelfaktor, deren mittlere Bestände in den Intervallen (16.41) mit $C_z = 1, 2, 3...$ liegen, und für diese Teilbestände der Lagerplatzbedarf mit Hilfe der Beziehung (16.28) errechnet.

Ein nach diesem Verfahren optimiertes Blockager mit unterschiedlich tiefen Blockplätzen benötigt für einen Bestand mit ausgeprägter ABC-Verteilung bei sonst gleicher Ausführung 10 bis 20 % weniger Grundfläche als ein für den Durchschnittsbestand aller Artikel optimiertes Blocklager mit nur einer Blockplatztiefe.

Durch Einsetzen der optimalen Stapelplatztiefe (16.39) in die Funktion (16.35) für den effektiven Grundflächenbedarf ergibt sich für den *optimierten effektiven Grundflächenbedarf* bei optimaler Lagerplatztiefe:

$$F_{LE\,opt} = F_{LE\,eff}(C_{z\,opt}) \qquad [m^2 / LE]. \qquad (16.42)$$

Für das Beispiel des Blockplatzlagers, dessen effektiver Grundflächenbedarf als Funktion der Stapeltiefe in *Abb. 16.14* dargestellt ist, zeigt die *Abb. 16.15* die mit Beziehung (16.42) errechnete Abhängigkeit des optimierten effektiven Grundflächenbedarfs vom mittleren Bestand pro Artikel. Hieraus ist erkennbar:

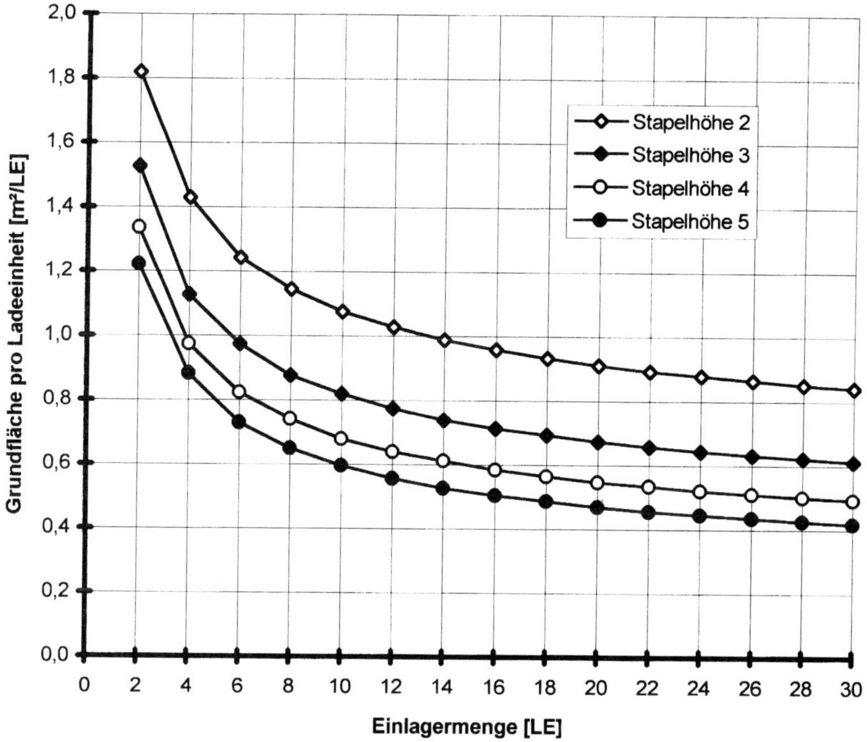

Abb. 16.15 Effektiver Grundflächenbedarf pro Ladeeinheit bei optimaler Stapeltiefe als Funktion der Einlagermenge

Parameter: s. *Abb. 16.14*

- Der optimale Grundflächenbedarf pro Ladeeinheit nimmt für ein Mehrfachplatzlager mit ansteigendem Bestand pro Artikel ab und erreicht asymptotisch den 100%-Grundflächenbedarf (16.33).

Die Optimierung des Grundflächenbedarfs nach dem zuvor beschriebenen Verfahren ist ein wichtiger Schritt der Planung und Dimensionierung eines Mehrfachplatzlagers, denn durch die Platzoptimierung wird nicht nur die Grundfläche sondern auch der umbaute Raum und die Länge der Fahrwege minimiert. Nur ein Mehrfachplatzlager mit optimierten Lagerplätzen kann auch in den übrigen Parametern kosten- und leistungsoptimal ausgelegt werden.

16.8 Lagerplanung und Lagerdimensionierung

Vor Beginn der Planung eines Lagerneubaus oder einer Lagererweiterung ist stets kritisch zu prüfen, ob die Höhe der zu lagernden Bestände erforderlich und wieweit durch eine *optimale Bestands- und Nachschubdisposition* eine Bestandsoptimierung möglich ist (s. *Kapitel* 11).

Gemäß *Abschnitt 3.2* umfaßt eine Lagerplanung die Phasen *Systemfindung, Layoutplanung* und *Detailplanung*. Die *Arbeitsschritte* der Systemfindung sind:

1. Ermittlung der *Planungsgrundlagen* mit den Auftrags-, Durchsatz- und Bestandsanforderungen.
2. *Segmentieren* der Lagerartikel in hinreichend homogene *Artikelgruppen* mit ähnlichen Lageranforderungen, gleichen Ladeeinheiten, gleichem Stapelfaktor und vergleichbarem mittleren Bestand pro Artikel.
3. *Vorauswahl* der grundsätzlich geeigneten und *Aussondern* der offensichtlich ungeeigneten Lagerarten nach den zuvor genannten Kriterien.
4. *Technische Grundkonzeption* der geeigneten Lagerarten mit Gestaltung und Bemessung der Stellplätze, Lagerfächer und Fachmodule, Auswahl der Lagergeräte, Bestimmung der Gangbreite und Auslegung des Zu- und Abfördersystems.
5. *Bestimmung der optimalen Lagerplatzkapazität* nach den Stapelregeln und *Berechnung des Lagerplatzbedarfs pro Artikelgruppe.*
6. *Statische Lagerdimensionierung* der technisch konzipierten Lager mit Optimierung der Anordnung von Lagerplätzen, Fachmodulen und Bedienungsgängen durch Nutzung freier *Gestaltungsparameter* und möglicher *Belegungsstrategien.*
7. *Dynamische Lagerdimensionierung* der statisch dimensionierten Lager mit Berechnung und Optimierung der erforderlichen Anzahl N_{LG} Lagergeräte durch Nutzung der *Gestaltungsparameter* und *Bewegungsstrategien.*
8. Konzeption der *Lagersteuerung* und des *Lagerverwaltungssystems* (LVS).
9. Berechnung der *Investition* und der *Betriebskosten* mit Hilfe von Richtpreisfaktoren und Richtkostensätzen.
10. *Gesamtoptimerung* der geeigneten Lager durch Variation der noch verbliebenen freien Parameter.
11. *Auswahl* des jeweils *optimalen Lagersystems* mit den geringsten Durchsatzkosten für die verschiedenen Artikelgruppen aus den geeigneten und optimierten Lagersystemen.

Nachdem auf diesem Wege für die verschiedenen Artikelgruppen das jeweils optimale Lagersystem gestaltet, dimensioniert und ausgewählt worden ist, werden in der *Layoutplanung* die modular aufgebauten Lagersysteme mit den Kommissioniersystemen, dem Wareneingang und Warenausgang und den übrigen Funktionsbereichen zu einer platz- und kostenoptimalen Gesamtanlage zusammengefügt. Entscheidend für den Erfolg der Layoutplanung ist der *modulare Aufbau* eines schrittweise ausbaufähigen Gesamtsystems.

Die Lagerplanung ist ein *iterativer Prozeß*, der sich rasch und zuverlässig mit Hilfe geeigneter Programme zur Dimensionierung und Optimierung für die verschiedenen Lagersysteme durchführen läßt. Diese *Tabellenkalkulationsprogramme* berechnen aus den Eingabewerten mit den hier angegebenen Berechnungsformeln die benötigten Ausgabewerte.

Eingabewerte sind die Lageranforderungen und die Richtpreise für die Lagergewerke. *Ergebnisse* sind die Lagerabmessungen, die Lagerkapazität und die

Durchsatzgrenzleistungen. *Zielwerte* sind die Lagerplatzkosten und die Durchsatzkosten. Die Ergebnisse werden in den beschriebenen Schritten mit Hilfe der zuvor und der nachfolgend entwickelten Formeln berechnet. Danach werden die Zielwerte unter Nutzung der *freien Gestaltungsparameter* optimiert.

Mit derartigen *Lagerplanungsprogrammen* lassen sich relativ einfach

- *Sensitivitätsrechnungen* für veränderte Anforderungen durchführen,
- *zeitliche Belastungsänderungen* simulieren,
- unterschiedliche *Szenarien* durchrechnen,
- *Systemvergleiche* durchführen,
- *Einsatzbereiche* von Lagerarten und Lagertechniken ermitteln,
- *Lagerplatzkosten* und *Durchsatzkosten* kalkulieren und minimieren,
- *Einflußfaktoren der Lagerkosten* untersuchen.

Leistungsfähige Lagerplanungsprogramme, die alle wichtigen Dimensionierungsparameter und Berechnungsformeln korrekt enthalten, sind unentbehrliche *Werkzeuge* (*DV-Tools*) der Lagerplanung. Sie sind auch zur *analytischen Simulation* geeignet und machen die zeit- und kostenaufwendige *stochastische Simulation* eines Lagersystems entbehrlich (s. Abschnitt 5.3).

Freie Gestaltungsparameter zur Lagerplanung und Optimierung sind:

- *Orientierungsrichtung* der Lagereinheiten [212]

  Längslagerung $l_{LE} \parallel L_{GM}$
  Querlagerung $l_{LE} \perp L_{GM}$

- *Lagerplatzparameter*

  Kapazität der Lagerplätze C_{LP}
  Kapazität der Fachmodule C_{FM}

- *Lagerraumparameter* (16.43)

  Anzahl Lagerebenen N_y
  Anzahl Bedienungsgänge N_G
  Anzahl Lagermodule N_{LM}
  Stirnseitige Pufferplätze N_{PP}

- *Geräteparameter*

  Kapazität der Lagergeräte C_{LG}
  Fahrgeschwindigkeiten v_x, v_y, v_z
  Beschleunigungswerte b_x, b_y, b_z.

Durch Variation dieser *Gestaltungsparameter* lassen sich die Lageranforderungen erfüllen und die Investition und die Betriebskosten eines Lagersystems optimieren. Außerdem bieten die freien Parameter *Handlungsspielräume* zur Einhaltung vorgegebener Restriktionen. Von den Gestaltungsparametern (16.43) lassen sich alle übrigen Lagerkenngößen ableiten. Soweit im Einzelfall zweckmäßig, können auch andere Kenngrößen, wie die horizontale Anzahl Fachmodule N_x, als freie Parameter und dafür einer der Parameter (16.43), z.B. die Anzahl der Lagerbenen N_y, als abhängige Kenngröße gewählt werden.

Eine Lagerplanung ist in der Praxis nicht so einfach, wie allgemein angenommen wird. Mit zunehmendem Detaillierungsgrad müssen immer mehr Besonderheiten der Lagersysteme und der Lagertechnik berücksichtigt werden. So läßt sich die Lagerkapazität durch eine Reihe von Detailmaßnahmen verbessern, wie die Nutzung der Anfahrmaße an den Regalstirnseiten zur Unterbringung zusätzlicher Lagerplätze oder die Überbrückung von Verkehrswegen mit Regalen. Die Durchsatzleistung kann durch Lagergeräte für mehrere Ladeeinheiten und durch optimale Fahrwegstrategien gesteigert werden.

Um die praktische Ausführbarkeit einer theoretisch möglichen Lösung beurteilen zu können, sind bereits in der Systemfindung und Layoutplanung technische *Sachkenntnis* und *Erfahrung* erforderlich. Andererseits darf der Lagerplaner nicht vor lauter Technik die Dimensionierung und Optimierung der Gesamtlösung aus dem Auge verlieren.

16.9 Statische Lagerdimensionierung

In der statischen Lagerdimensionierung werden die Anzahl und Anordnung der Lagerplätze, die zur Erfüllung der Bestandsanforderungen benötigt werden, so festgelegt, daß die *Investition* für die *statischen Lagergewerke* und die *Lagerplatzkosten* minimal sind.

Alle Lager lassen sich aus *Gangmodulen* [GM] aufbauen, die aus *Fachmodulen* [FM] mit *Lagerplätzen* [LP] bestehen und in unterschiedlicher *Anordnung* ein oder mehrere *Lagermodule* [LM] bilden. Mehrere Lagermodule, die jeweils einen *Brandabschnitt* oder einen *Fördertechnikabschnitt* bilden, werden mit anderen Funktionsbereichen, wie dem Kommissionierbereich, der Packzone, dem Wareneingang und dem Warenausgang, zu einem *Gesamtlayout* zusammengefügt.

Dabei sind folgende *Restriktionen* und *Randbedingungen* einzuhalten:

- Durch maximal *zulässige Grundflächenmaße* $L_{L\,max}$ und $B_{L\,max}$ sind die *Lagerlänge* L_L und die *Lagerbeite* B_L nach oben beschränkt:

$$L_L < L_{L\,max} \quad \text{und} \quad B_L < B_{L\,max}. \tag{16.44}$$

Auch die *Lagergrundfläche* ist damit begrenzt:

$$F_L < F_{L\,max} = L_{L\,max} \cdot B_{L\,max}. \tag{16.45}$$

- Durch eine *maximal zulässige Bauhöhe* $B_{L\,max}$ wird die *Lagerhöhe* H_L eingeschränkt:

$$H_L < H_{L\,max}. \tag{16.46}$$

- Für *manuell bediente Lager* sind infolge einer maximal zulässigen *Fluchtweglänge* $S_{F\,max}$ die Grundmaße eines Lagermoduls, der einen *Brandabschnitt* bildet, begrenzt:

$$S_F = \sqrt{(L_{LM}/2)^2 + (B_{LM}/2)^2} < S_{F\,max}. \tag{16.47}$$

- Die Anzahl der Lagergassen muß so groß sein, daß die Lagergeräte die Lagerplätze auf *kürzesten Wegen* unbehindert bedienen können und in einer Lagergasse nicht mehr als ein Lagergerät verkehrt. Dafür muß die Ganganzahl N_G gleich oder größer sein als die Anzahl der Lagergeräte N_{LG}, die aus der dynamischen Lagerdimensionierung resultiert:

$$N_G \geqq N_{LG}. \tag{16.48}$$

- Für *automatische Lager* ist die Anzahl der Lagergassen pro Fördertechnikabschnitt nach oben begrenzt durch die *maximale Gangzahl* $N_{G\,max}$, die durch das vor- und nachgeschaltete Fördersystem mit ausreichender Durchsatzleistung ver- und entsorgt werden kann:

$$N_G \leqq N_{G\,max}. \tag{16.49}$$

  So können beispielsweise mit einem Doppelverteilerwagen als Zu- und Abfördersystem, wie er in *Abb. 16.8* dargestellt ist, maximal 6 Regalbediengeräte eines Palettenhochregallagers ver- und entsorgt werden [148].
- Für *automatische Hochregallager* ist soweit sinnvoll anzustreben, daß die Anzahl der Gassen gleich der Anzahl der Lagergeräte ist, um kostspielige und platzraubende Umsetzgeräte und leistungsmindernde Gangwechsel zu vermeiden.
- *Kurvengängige Regalbediengeräte* oder Geräte mit *Gangumsetzer* sind nur bei geringem Lagerumschlag sinnvoll.

Eine begrenzte Lagergrundfläche kann bereits zu einem KO-*Kriterium* für Lager mit nur einer Lagerebene oder geringer Bauhöhe sein, wenn der *Nettogrundflächenbedarf* für den Lagerbereich $F_L = N_{LP} \cdot F_{Leff}$ größer ist als die verfügbare Grundfläche (16.45).

Die statische Lagerdimensionierung wird unter Berücksichtigung der projektspezifischen Restriktionen in den nachfolgend beschriebenen *Arbeitsschritten* durchgeführt:

1. Gestaltung der Fachmodule

In einem Fachmodul werden ein oder mehrere gleiche oder unterschiedliche Lagerplätze so zusammengefaßt, daß eine möglichst flächen- und raumsparende *konstruktive Einheit* entsteht, die sich mit geringem Aufwand auf dem Boden nebeneinander und in einem Regal übereinander anordnen läßt.

In einem Blocklager ist das Fachmodul gleich einem Blocklagerplatz. In einem Kanallager besteht ein Fachmodul abhängig von der gewählten Regalkonstruktion aus einem oder mehreren nebeneinander liegenden Kanälen.

In einem Fachregallager kann das Fachmodul, wie in *Abb. 16.4* dargestellt, nebeneinander mehrere Lagerplätze mit gleicher Höhe enthalten, die zum Beispiel für 3 EURO-Paletten 800x1.200 mm oder für 2 Industriepaletten 1.000x1.200 mm geeignet sind. Übereinander können Fachmodule mit unterschiedlicher Höhe angeordnet sein, zum Beispiel niedrige Fächer für CCG1-Paletten und hohe Fächer für CCG2-Paletten.

Die Unterbringung unterschiedlicher Paletten in Fachmodulen mit gleichen Außenmaßen macht den Nutzen des *Fachmodulkonzepts* deutlich:

- Ein Lager für unterschiedliche Ladeeinheiten läßt sich aus gleichartigen Fachmodulen aufbauen, wenn diese wahlweise für die verschiedenen Ladeeinheiten nutzbar oder umrüstbar sind.

Aus der Gestaltung der Fachmodule resultieren die *Außenmaße* l_{FM}, b_{FM}, h_{FM} und die *Kapazität* C_{FM} [LP/FM] eines Fachmoduls.

Die Anzahl der Fachmodule mit einer Kapazität C_{FM}, die zur Unterbringung der benötigten Anzahl Lagerplätze N_{LP} erforderlich sind, ist dann:

$$N_{FM} = [N_{LP} / C_{FM}] \qquad [FM], \qquad (16.50)$$

Die eckigen Klammern [..] in der Formel bedeuten ein *Aufrunden* auf die nächst höhere ganze Zahl.

2. Auslegung der Gangmodule

In einem Gangmodul werden N_x Fachmodule in Gangrichtung nebeneinander und N_y Fachmodule übereinander zu beiden Seiten eines Bedienungsgangs angeordnet. Mehrere parallel aneinander gefügte Gangmodule bilden einen *Lagerblock* (s. Abb. 16.16 und 16.17).

Bei ebener Fachmodulanordnung ist die Anzahl der Lagerebenen N_y und damit die vertikale Anzahl der Fachmodule gleich der *Anzahl der Geschosse* des Lagergebäudes. Bei einstöckigen Hallenbauten und ebener Lagerplatzanordnung ist also $N_y = 1$. Bei räumlicher Fachmodulanordnung ist die Anzahl Lagerebenen gleich der Anzahl *Regalebenen.*

Bei N_y Lagerebenen und N_G Lagergassen errechnet sich die *horizontale Anzahl Fachmodule* aus dem Fachmodulbedarf (16.50) nach der Beziehung

$$N_x = [N_{FM} / (2 \cdot N_y \cdot N_G)] \qquad [FM/GM]. \qquad (16.51)$$

Die *Maße eines Gangmoduls* sind damit:

$$\begin{aligned} L_{GM} &= N_x \cdot l_{FM} + L_{AM} \\ H_{GM} &= N_y \cdot h_{FM} + H_{AM} \\ B_{GM} &= 2 \cdot b_{FM} + B_G . \end{aligned} \qquad (16.52)$$

Hierin sind:

- L_{AM} die *horizontalen Anfahrmaße*, die sich zusammensetzen aus den vorderen und hinteren Anfahrmaßen, die an den Gangstirnseiten für die Geräteabmessungen, die Zu- und Abfördertechnik und einen eventuellen Gangwechsel der Lagergeräte benötigt werden.
- H_{AM} die *vertikalen Anfahrmaße*, die sich zusammensetzen aus den unteren und oberen Anfahrmaßen, die unterhalb der untersten Lagerebene und oberhalb der obersten Lagerebene als Freiraum für die Technik erforderlich sind.
- B_G die *anteilige Gangbreite*, die bei kombinierten Ein- und Auslagergängen gleich der Gangbreite $B_G = b_{gang}$ ist und bei räumlich getrennten Ein- und Auslagergängen gleich der Summe $B_G = b_{Egang} + b_{Agang}$ von Einlagergangbreite $b_{E\,gang}$ und Auslagergangbreite b_{Agang}.

Bei räumlich getrennter Ein- und Auslagerung erhöht sich die anteilige Gangbreite (16.52) für die Gangmodule, die an den Außenseiten eines Lagerblocks liegen, jeweils um eine Ein- oder Auslagergangbreite, je nachdem ob die Einlagergänge oder die Auslagergänge außen liegen.

3. Anordnung im Lagermodul

Für die Anordnung der Gangmodule in einem Lagermodul gibt es zwei *Standardanordnungen*:

- *Parallele Anordnung* aller N_G Gangmodule in *einem Lagerblock* mit einem *Verkehrsgang* der Breite b_{VG} für das Zu- und Abfördern der Ladeeinheiten, der frontseitig an den Regalstirnseiten verläuft (s. *Abb.16.16*).
- *Gegenüberliegende Anordnung* von *zwei Lagerblöcken* mit je $N_G/2$ Gangmodulen und einem innen liegenden Verkehrsgang für das Zu- und Abfördern (s. *Abb. 16.17*).

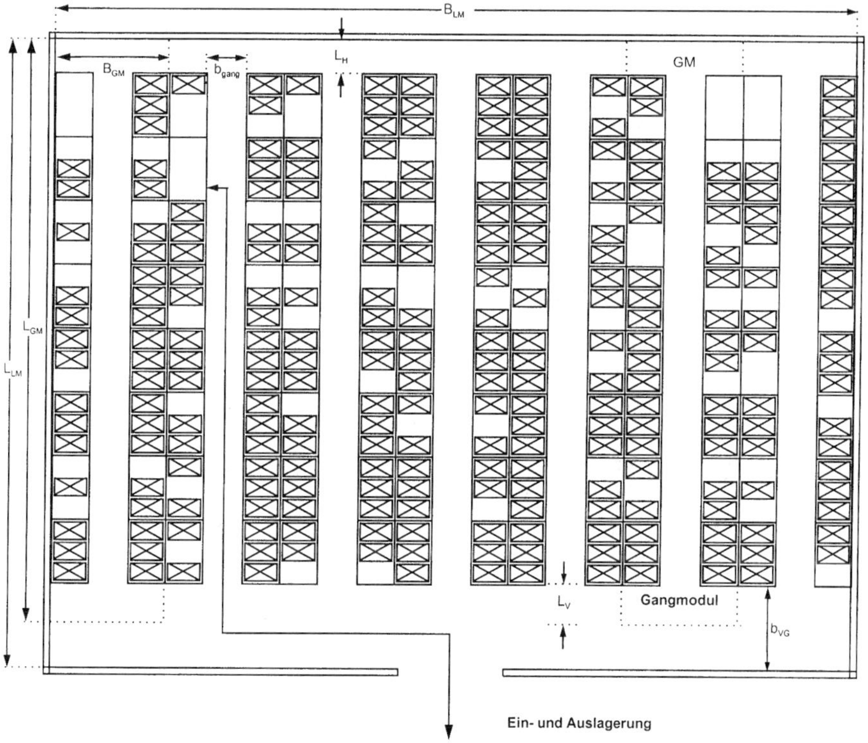

Abb. 16.16 Lagermodul mit paralleler Anordnung der Gangmodule

GM: Gangmodul
LM: Lagermodul
FM: Fachmodul
b_{VG}: Verkehrsgangbreite

Grundmaße und *Grundfläche* des *Lagermoduls* sind bei *paralleler Anordnung*

$$L_{LM\,par} = L_{GM} + b_{VG}$$
$$B_{LM\,par} = N_M \cdot B_{GM} \tag{16.53}$$

$$F_{LM\,par} = (L_{GM} + b_{VG}) \cdot N_G \cdot B_{GM} . \tag{16.54}$$

bei *gegenüberliegender Anordnung*

$$L_{LM\,geg} = 2 \cdot L_{GM} + b_{VG}$$
$$B_{LM\,geg} = N_M \cdot B_{GM} / 2 \tag{16.55}$$

$$F_{LM\,geg} = (L_{GM} + b_{VG} / 2) \cdot N_G \cdot B_{GM} . \tag{16.56}$$

Die *Höhe des Lagermoduls* H_{LM} ist in beiden Fällen gleich der Höhe H_{GM} des Gangmoduls, die durch Beziehung (16.52) gegeben ist. Damit ist der *umbaute Raum* des Lagers:

$$V_{LM} = L_{GM} \cdot B_{LM} \cdot H_{LM} . \tag{16.57}$$

Der Vergleich der Grundflächen (16.54) und (16.56) zeigt:

- Der Grundflächenbedarf ist bei der gegenüberliegenden Anordnung der Gangmodule infolge des gemeinsam genutzten Mittelgangs um

$$\Delta F_{LM} = b_{VG} \cdot N_G \cdot B_{GM} / 2 \tag{16.58}$$

geringer als bei der parallelen Anordnung der Gangmodule.

Bei kurzen Lagergassen und breiten Verkehrsgängen kann die Differenz (16.58) der Grundflächen und damit auch des umbauten Raums beträchtlich sein. Trotzdem haben diese beiden *Standardlageranordnungen* praktische Bedeutung. Für Blockplatzlager und konventionelle Fachregallager ist in vielen Fällen die gegenüberliegende Anordnung der Regalblöcke vorteilhafter. Für automatische Hochregallager und Schmalgangstaplerlager mit langen Gassen ist in der Regel eine paralle Anordnung sinnvoll.

Die Anordnung in der Fläche wird nicht allein vom Flächenbedarf und vom umbauten Raum sondern ebenso von der Verbindung des Lagerbereichs mit Wareneingang, Warenausgang, Kommissionierbereich und Produktion, von der Verkehrsanbindung und von anderen Randbedingungen bestimmt. In Kombination mit den übrigen Funktionsbereichen und weiteren Lagersystemen für andere Artikelgruppen kann daher auch eine von den beiden Standardanordnungen abweichende Anordnung der Lagerblöcke sinnvoll sein.

Wenn die Anzahl und die Maße der benötigten Gangmodule so groß sind, daß die Abmessungen eines einzigen Lagermoduls die zulässigen Maße eines Brandabschnitts oder eines Fördertechnikabschnitts überschreiten, ist es erforderlich, die Gangmodule in 2, 6, 8 oder mehr gleichgroßen Lagerblöcken zusammenzufassen und aus je ein oder zwei Lagerblöcken mehrere Lagermodule mit entsprechend kleineren Abmessungen zu bilden.

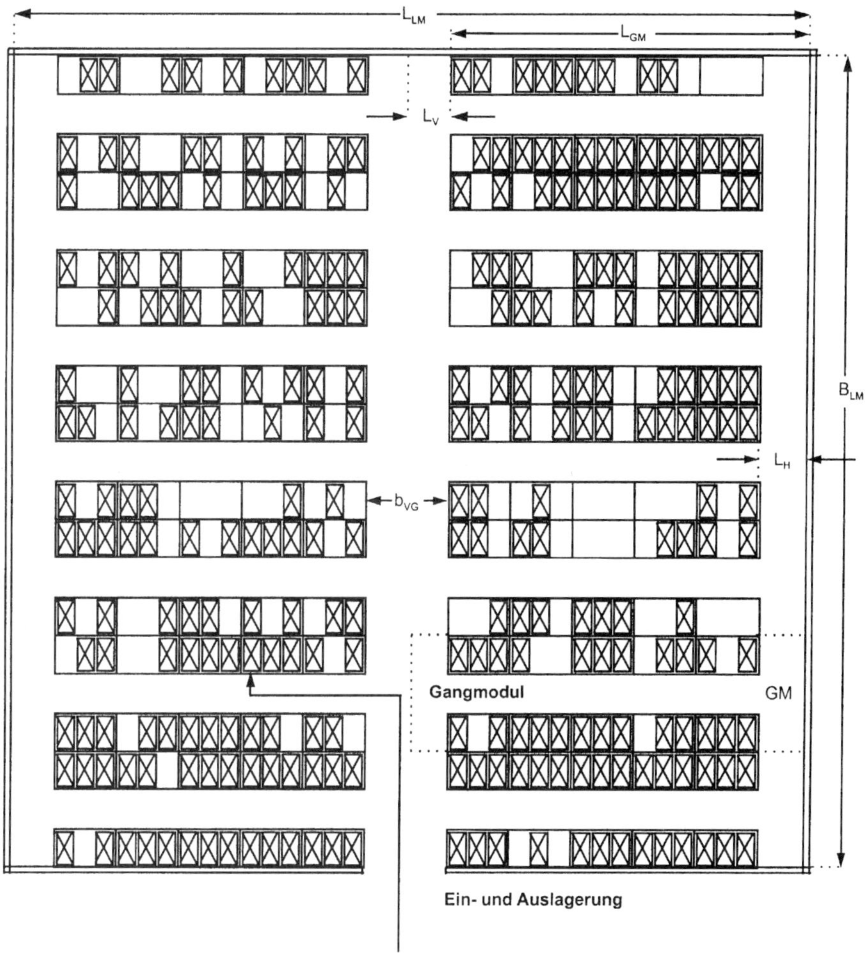

Abb. 16.17 Lagermodul mit gegenüberliegender Anordnung der Gangmodule

GM: Gangmodul
LM: Lagermodul
FM: Fachmodul
b_{VG}: Verkehrsgangbreite

16.10 Wegzeitberechnung und Geschwindigkeitsauswahl

Maßgebend für den Gerätebedarf eines Lagers sind die *Spielzeiten* der Lagergeräte für das Ein- und Auslagern. Diese hängen primär von den *Wegzeiten* für die Teilbewegungen in den drei Raumrichtungen ab.

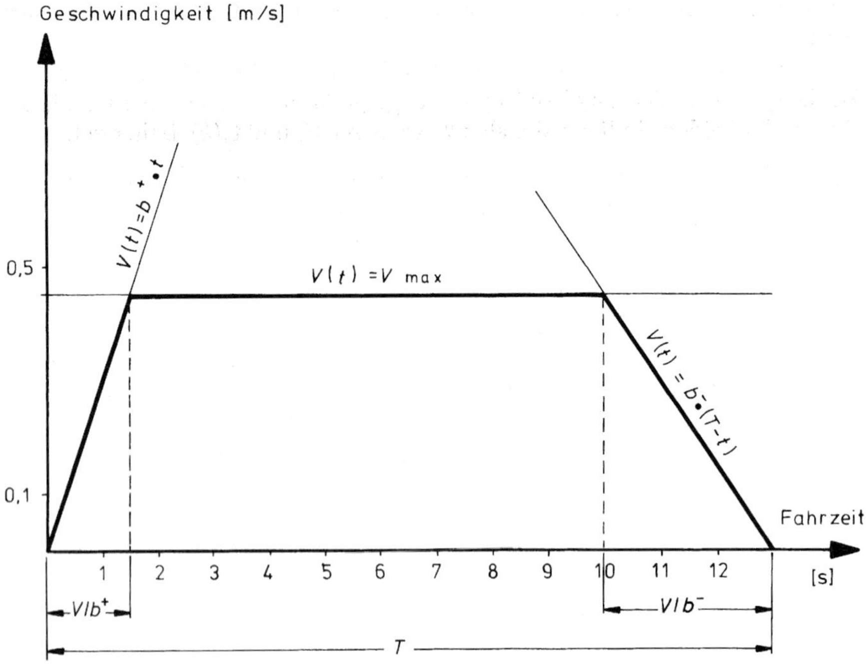

Abb. 16.18 Idealisierte Zeitabhängigkeit der Geschwindigkeit

b^+ : mittlere Anfahrbeschleunigungskonstante
b^- : mittlere Bremsbeschleunigungskonstante
v_m : maximale Geschwindigkeit

Aus der Zeitabhängigkeit der Geschwindigkeit, wie sie in idealisierter Form in *Abb. 16.18* dargestellt ist, folgt für den Wegzeitbedarf eines Lagergeräts, eines Flurförderzeugs oder eines Fahrzeugs mit eindimensionaler Fortbewegung [21]:

- Die *Wegzeit für eine eindimensionale Fortbewegung* über eine Strecke der Länge s [m] mit einer *Maximalgeschwindigkeit* v_m [m/s] und der mittleren *Bremsbeschleunigungskonstanten* $b_m = 2\,b^+b^-/(b^++b^-)$ [m/s²] ist

$$t_m(s) = \begin{cases} 2\cdot\sqrt{s/b_m} & \text{für } s \leqq v_m^2/b_m \\ s/v_m + v_m/b_m & \text{für } s \geqq v_m^2/b_m \end{cases} \qquad (16.59)$$

Anders geschrieben ist

$$\mathbf{t_m}(s) = \mathbf{MAX}\left(2\cdot\sqrt{s/\mathbf{b_m}}\,;\; s/\mathbf{v_m} + \mathbf{v_m}/\mathbf{b_m}\right) \qquad [\mathrm{s}]. \qquad (16.60)$$

Die *eindimensionale Wegzeitformel* (16.60) gilt mit m = x für horizontale *Fahrbewegungen*, mit m = y für vertikale *Hubbewegungen* und mit m = z für die *Facheinfahrbewegungen* eines Lagergeräts. Dabei kann mit ausreichender Genauigkeit mit dem Mittelwert der Geschwindigkeiten mit und ohne Last gerechnet werden.

Bei *simultaner Fortbewegung* über eine Weglänge l in x-Richtung und eine Weglänge h in y-Richtung benötigt ein Lagergerät oder Förderzeug jeweils die längere der beiden eindimensionalen Wegzeiten $t_x(l)$ und $t_y(h)$. Daher gilt:

- Die *Wegzeit für eine zweidimensionale Fortbewegung* über eine grade Strecke der Länge l mit der Geschwindigkeit v_x und der Bremsbeschleunigungskonstante b_x und *simultan* über eine dazu senkrechte Strecke der Länge h mit der Geschwindigkeit v_y und der Bremsbeschleunigungskonstanten b_y ist

$$\mathbf{t_{xy}(\mathit{l},\mathit{h}) = MAX\big(t_x(\mathit{l});\ t_y(\mathit{h})\big).} \tag{16.61}$$

Die *zweidimensionale Wegzeitformel* (16.61) ist anwendbar für simultan fahr- und hubfähige Regalbediengeräte, aber auch für die simultane Flächenbewegung eines Krans oder den Greifvorgang beim Kommissionieren [21].

Um überdimensionierte Antriebe zu vermeiden, sollten die Geschwindigkeiten nur so groß gewählt werden, daß in der Mehrzahl der Fahrten die Maximalgeschwindigkeit erreicht wird. Aus dieser Forderung leiten sich folgende *Auswahlregeln für die Geschwindigkeiten* von Flurförderzeugen und Regalbediengeräten in Lagersystemen ab [21]:

- Die *optimale Fahrgeschwindigkeit* ist bei einer maximalen Bedienungslänge L

$$v_x \approx 1/2 \cdot \sqrt{L \cdot b_x}\,. \tag{16.62}$$

- Die *optimale Hubgeschwindigkeit* ist bei einer maximalen Bedienungshöhe H

$$v_y \approx 1/2 \cdot \sqrt{H \cdot b_y}\,. \tag{16.63}$$

- Die *optimale Facheinfahrgeschwindigkeit* ist bei einer maximalen Einfahrtiefe B

$$v_z \approx 1/2 \cdot \sqrt{B \cdot b_z}\,. \tag{16.64}$$

Beispielweise ergibt sich aus (16.62) für eine maximale Bedienungslänge von L = 60 m bei einer Bremsbeschleunigungskonstanten $b_x = 0{,}5\ \text{m/s}^2$ die optimale Fahrgeschwindigkeit $v_x = 1/2 \cdot \sqrt{60 \cdot 0{,}5} = 2{,}7\ \text{m/s} = 160\ \text{m/min}$.

Das Lastaufnahmemittel eines Lagergeräts bewegt sich bei simultaner Fahrt mit maximaler Geschwindigkeit in x- und y-Richtung entlang der *Geschwindigkeitsgraden* $y = (v_y/v_x) \cdot x$. Wenn jeweils gleich viele Punkte einer Regalfläche mit maximaler Fahrgeschwindigkeit und maximaler Hubgeschwindigkeit angefahren werden, ist die mittlere Fahrzeit minimal [21].

Hieraus folgt die zusätzliche *Geschwindigkeitsauswahlregel*:

- Bei *simultaner Fahr- und Hubbewegung* ist die *optimale Hubgeschwindigkeit* für die Bedienung einer Regalfläche mit der Länge L und eine Höhe H

$$v_y = (H/L) \cdot v_x\,. \tag{16.65}$$

Bei einer optimalen Hubgeschwindigkeit (16.65) verläuft die Geschwindigkeitsgrade parallel zur Diagonalen der Regalfläche (s. *Abb. 16.1*).

Maßgebend für das Leistungsvermögen von Flurförderzeugen und Regalbediengeräten, die eine große Anzahl von Punkten entlang einer Strecke, auf einer

Fläche oder im Raum anfahren, sind nicht die Fahrzeiten zwischen den einzelnen Punkten sondern die *mittleren Fahrzeiten* bei gleichverteilter oder gewichteter Anfahrt der Gesamtheit aller Punkte.

Bei der Wegzeitberechnung für Geräte mit *eindimensionaler Fortbewegung* sind die Operationen der Fahrzeitberechnung und der Mittelwertbildung mit ausreichender Genauigkeit vertauschbar, wenn bei der Mehrzahl der Fahrten die Maximalgeschwindigkeit erreicht wird. Bei richtiger Geschwindigkeitsauswahl gilt daher:

- Die mittlere Wegzeit zwischen den Punkten einer Strecke ist bei eindimensionaler Fortbewegung gleich der Wegzeit für den mittleren Abstand zwischen diesen Punkten.

Für den mittleren Abstand von n beliebigen Punkten einer Strecke gilt folgender *Satz der mittleren Weglänge* [21]:

- Der *mittlere Weg* zwischen je zwei benachbarten von n geordneten Punkten einer Strecke der *Gesamtlänge S* ist

$$s_n = S/(n+1). \tag{16.66}$$

Für die Spielzeitberechnung wichtige Sonderfälle dieses Satzes sind:

1. Der mittlere Weg zwischen dem Ende und einem beliebigen Punkt einer Strecke der Länge *S* hat bei gleicher Anfahrhäufigkeit aller Punkte die Länge *S*/2.
2. Der mittlere Weg zwischen zwei beliebigen Punkten einer Strecke der Länge *S* hat bei gleicher Anfahrhäufigkeit aller Punkte die Länge *S*/3.

Daraus folgt speziell für die Facheinfahrt zur Lastaufnahme:

- Die *mittlere Einfahrtiefe* für Lagerplätze mit der Stapeltiefe C_z und der Stellplatztiefe b_{SP} ist

$$B = \begin{cases} (C_z + 1)\cdot b_{SP}/2 & \text{für Lastaufnahme innerhalb des Lagerfachs} \\ b_{SP} & \text{für Lastaufnahme am Ende des Lagerfachs.} \end{cases} \tag{16.67}$$

Bei der Wegzeitberechnung für Geräte mit *zweidimensionaler Fortbewegung* sind die Operation der Mittelwertbildung und der Fahrzeitberechnung *nicht* vertauschbar. Die Integration aller Einzelfahrzeiten (16.61) über eine Fläche der Länge L und der Höhe *H* ergibt mit einer Näherungsgenauigkeit von besser als 2 % [21; 29]:

1. Die mittlere Fahrzeit $t_1(E,P)$ zwischen einem Eckpunkt E und den Punkten P einer Fläche der Länge *L* und der Höhe *H* ist bei simultaner Hub- und Fahrbewegung, optimaler Geschwindigkeitsauswahl (16.65) und *gleicher Anfahrhäufigkeit* gleich dem Durchschnitt der beiden Fahrzeiten $t_{xy}(E,P_1)$ und $t_{xy}(E,P_2)$

$$t_1(E,P) = \left(t_{xy}(E,P_1) + t_{xy}(E,P_2)\right)/2 \tag{16.68}$$

vom Eckpunkt E zu den *Mittelwertpunkten* oder *Testanfahrpunkten*

$$P_1 = (2/3\cdot L;\ 1/5\cdot H) \qquad P_2 = (1/5\cdot L;\ 2/3\cdot H). \tag{16.69}$$

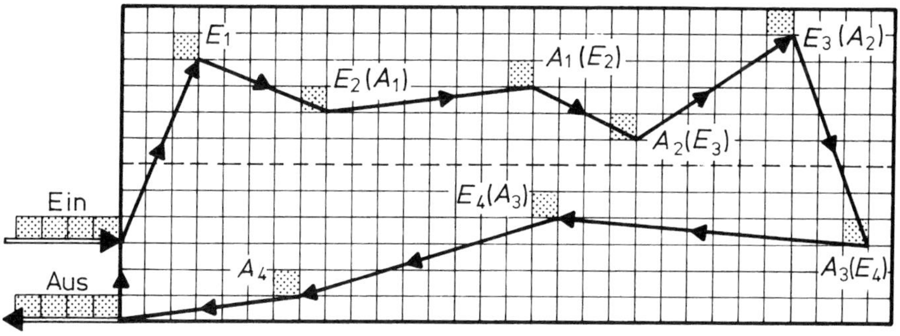

Abb. 16.19 Kombiniertes Ein- und Auslagerspiel nach der Zweistreifenstrategie
E_i : Einlagerfächer A_j: Auslagerfächer

2. Die mittlere Fahrzeit $t_2(P,P')$ zwischen zwei zufällig ausgewählten Punkten P und P´ der Fläche der Länge *L* und der Höhe *H* ist bei simultaner Hub- und Fahrbewegung gleich der Fahrzeit (16.61) zwischen den Mittelwertpunkten (16.69)

$$t_1(P,P') = t_{xy}(P_1,P_2) \tag{16.70}$$

Hierin ist die Wegzeit $t_{xy}(P_1,P_2)$ durch Beziehung (16.61) gegeben.

Aus dem Satz der mittleren Weglänge (16.66) folgt für die mittlere Fahrzeit von Lager- und Kommissioniergeräten mit *Mehrfachlastaufnahme* [21]:

- Die *mittlere Fahrzeit einer* n-*Punkte-Rundfahrt*, die am Eckpunkt einer Fläche der Länge *L* und der Höhe *H* anfängt und endet und nach der in *Abb. 16.19* dargestellten *Zweistreifenstrategie* zu n zufällig ausgewählten Punkten in der Fläche führt, ist bei simultaner Hub- und Fahrbewegung

$$t_n(L,H) = \begin{cases} t_y(3H/4) + t_y(H/2) + (n-1)\cdot t_x(2L/(n+2)) & \text{für } 3<n<6 \\ t_y(3H/4) + t_y(H/2) + t_y(H/4) + (n-2)\cdot t_x(2L/(n+2)) & \text{für } 6\le n<10 \\ t_y(3H/4) + t_y(H/2) + t_y(H/4) + (n-2)\cdot t_y(H/6) & \text{für } n>10. \end{cases} \tag{16.71}$$

Hierin sind die Wegzeiten $t_y(..)$ und $t_y(..)$ nach Beziehung (16.60) zu berechnen. Die Fahrzeit für den nicht durch die Beziehung (16.71) abgedeckten Fall n = 3 kann näherungsweise zwischen der nach Beziehung (16.71) für n = 4 berechneten Fahrzeit und der Doppelspielzeit nach Beziehung (16.69) interpoliert werden.

Die Genauigkeit der angebenen Wegzeitformeln ist für die Fahr- und Spielzeitberechnung in der Praxis ausreichend, da die Geschwindigkeiten und Beschleunigungskonstanten mit größeren Fehlern behaftet sind als die Näherungen.

16.11 Dynamische Lagerdimensionierung

In der dynamischen Lagerdimensionierung wird die Anzahl der Lagergeräte errechnet und das Zu- und Abfördersystem ausgelegt. Die Durchsatzleistung eines Lagers wird von den *Lagergeräten* und vom *Zu- und Abfördersystem* bestimmt.

Zur Optimierung der Durchsatzleistung sind die zuvor beschriebenen *Bewegungsstrategien* geeignet. Freie Parameter zur Erfüllung der *Durchsatzanforderungen* bei minimalen *Durchsatzkosten* sind die *Anzahl der Bedienungsgassen*, die *Anzahl der Lagerebenen* sowie die *Anzahl*, das *Fahrverhalten*, die *Geschwindigkeiten* und die *Kapazität der Lagergeräte.*

Restriktionen der dynamischen Dimensionierung sind:

- *Maximal zulässige Bereitstell- und Zugriffszeiten* pro Ladeeinheit

  $T_B \leqq T_{B\,max}$.

- *Maximal zulässige Durchlaufzeiten* für Auslageraufträge mit M_A Ladeeinheiten

  $T_{AAuf} = M_A \cdot T_B \leqq T_{A\,max}$.

- Extern geforderte *Lagerstrategien*, wie *FIFO* und *Gleichverteilung* auf die Lagergassen.

Die dynamische Lagerdimensionierung wird mit Hilfe der Wegzeitformeln unter Berücksichtigung der projektspezifischen Randbedingungen in folgenden *Arbeitsschritten* durchgeführt:

1. Berechnung der Lagerspielzeiten

Die *Einlagerspielzeit* ist die Zeit, die ein Lagergerät benötigt, um an einem *Einlagerübernahmeplatz* C_{LG} Ladeeinheiten aufzunehmen, mit diesen zu leeren Lagerplätzen zu fahren, sie dort einzulagern und nach der letzten Einlagerung leer zum Einlagerpunkt zurückzufahren.

Die *Auslagerspielzeit* ist die Zeit, die das Lagergerät benötigt, um leer zu einem oder mehreren Lagerplätzen zu fahren, dort bis zu C_{LG} Ladeeinheiten aufzunehmen, mit diesen zu einem *Auslagerübergabeplatz* zurückzufahren und dort die Ladeeinheiten abzugeben.

Die kombinierte *Ein- und Auslagerspielzeit* ist die Zeit, die ein Lagergerät benötigt, um am Einlagerübernahmeplatz C_{LG} Ladeeinheiten aufzunehmen, mit diesen nacheinander bis zu C_{LG} leere Lagerfächer anzufahren, die Ladeeinheiten dort einzulagern, auf dem weiteren Fahrweg C_{LG} Ladeeinheiten aufzunehmen, mit diesen zu einem *Auslagerübergabeplatz* zurückzufahren und dort die Ladeeinheiten abzugeben. Bei räumlich getrenntem Einlagerplatz und Auslagerplatz endet das kombinierte Ein- und Auslagerspiel mit einer Fahrt des Lagergeräts vom Abgabe- zum Aufnahmeplatz (s. *Abb. 16.19*).

Bei jedem Bewegungswechsel tritt im Verlauf eines Lagerspiels zwischen Fahrt, Hub und Facheinfahrt eine Totzeit auf. Die mittlere *Totzeit* t_0 [s] ist die Summe der Reaktions-, Schalt- und Positionierzeiten, die von der Lagersteuerung und der Lagerverwaltung im Mittel benötigt werden, bevor der nächste Vorgang beginnt. Nach heutigem Stand der Technik gelten folgende *Erfahrungswerte*:

- Für manuell bediente Geräte beträgt die mittlere Totzeit pro Bewegungswechsel, abhängig von Geschick und Übung des Bedieners, 1 bis 2 Sekunden.
- Für automatisch gesteuerte Lagergeräte beträgt die mittlere Totzeit pro Bewegungswechsel bei sorgfältiger Justierung 0,5 bis 1,0 Sekunde.

Bei falscher Justierung, schlechter Steuerung und überlastetem Lagerverwaltungsrechner kann die Totzeit auch deutlich größer sein und die Geräteleistung erheblich reduzieren.

Die Länge des Lastübernahmespiels hängt ab von der Art der Lastaufnahme, die in den Spielzeitformeln durch folgenden *Lastaufnahmefaktor* berücksichtigt werden kann:

$$f_{LA} = \begin{cases} 1 & \text{für Lastübernahme ohne Leerspie} \\ 2 & \text{für Lastübernahme mit Leerspiel.} \end{cases} \qquad (16.72)$$

Für ein Lagergerät mit nur einem Lastaufnahmemittel zur Aufnahme von C_{LA} Ladeeinheiten resultieren aus dem Funktionsablauf der Lagerspiele und den Wegzeitformeln bei *eindimensionaler Fortbewegung* folgende *Spielzeitformeln* für kombinierte Einlager- und Auslagerpunkte am unteren Ende eines Gangmoduls mit der Länge *L* und der Höhe *H*:

- Die *mittlere Einzelspielzeit* für getrennte Ein- oder Auslagerspiele ist bei *additiver Fortbewegung* des Lagergeräts

$$\tau_E = \tau_A = 4 \cdot t_o + 2 \cdot t_y(L/2) + 2 \cdot t_y(H/2) + 2 \cdot f_{LA} \cdot t_z(B). \qquad (16.73)$$

- Die *mittlere Doppelspielzeit* für kombinierte Ein- und Auslagerspiele im gleichen Gang ist bei *additiver Fortbewegung* des Lagergeräts

$$\tau_{EA} = 6 \cdot t_o + 2 \cdot t_x(L/2) + 2 \cdot t_y(H/2) + t_x(L/3) + t_y(H/3) + 4 \cdot f_{LA} \cdot t_z(B). \qquad (16.74)$$

- Die *mittlere Umlagerspielzeit* für Umlagerungen im gleichen Gang ist bei *additiver Fortbewegung* des Lagergeräts

$$\tau_U = 4 \cdot t_o + 2 \cdot t_x(L/3) + 2 \cdot t_y(H/3) + 2 \cdot f_{LA} \cdot t_z(B). \qquad (16.75)$$

In diesen Spielzeitformeln ist die Facheinfahrtiefe B durch Beziehung (16.67) gegeben. Die eindimensionalen Wegzeiten $t_i(..)$ lassen für i = x, y mit der Wegzeitformel (16.60) berechnen.

Für die mittleren Spielzeiten von Lagergeräten mit *zweidimensionaler Fortbewegung* ergeben bei optimaler Geschwindigkeit folgende Spielzeitformeln für die Bedienung einer Regalfläche mit der Länge *L*, der Höhe *H* und der mittleren Facheinfahrtiefe *B* bei Übernahme und Abgabe der Ladeeinheiten am gleichen unteren Regalende [21; 29; 207]:

- Die *mittlere Einzelspielzeit* für getrennte Ein- oder Auslagerspiele ist bei *simultaner Fahr- und Hubbewegung* des Lagergeräts

$$\tau_E = \tau_A = 2 \cdot t_o + t_{xy}(2L/3;\; H/5) + t_{xy}(L/5;\; H/3) + 2 \cdot f_{LA} \cdot t_z(B). \tag{16.76}$$

- Die *mittlere Doppelspielzeit* für kombinierte Ein- und Auslagerspiele im gleichen Gang ist bei *simultaner Fahr- und Hubbewegung* des Lagergeräts

$$\tau_{EA} = 3 \cdot t_o + t_{xy}(2L/3;\; H/5) + t_{xy}(L/5;\; H/3) + t_{xy}(14L/30;\; 14H/30) + 4 \cdot f_{LA} \cdot t_z(B). \tag{16.77}$$

- Die *mittlere Umlagerspielzeit* für Umlagerungen im gleichen Gang ist bei *simultaner Fahr- und Hubbewegung* des Lagergeräts

$$\tau_U = 2 \cdot t_o + t_{xy}(L/3;\; H/3) + 2 \cdot f_{LA} \cdot t_z(B). \tag{16.78}$$

Wenn die Ein- und Auslagerpunkte nicht an der gleichen Stelle liegen sondern getrennt angeordnet sind, erhöhen sich die Einzel- und Doppelspielzeiten um die Fahrzeit zwischen den Ein- und Auslagerpunkten, die mit den Wegzeitformeln (16.60) und (16.61) berechnet werden kann [29].

Liegen die Ein- und Auslagerpunkte nicht an der unteren Regalecke, sondern auf halber Höhe oder mittig unter dem Regal, verkürzen sich die mittleren Fahrwege. Die daraus resultierende Steigerung der Ein- und Auslagergrenzleistungen ist bei Anordnung auf halber Regalhöhe auch für hohe Lager kleiner als 5 % und erreicht bei Anordnung auf halber Länge bei sehr langen Lagern maximal 10 %. Derart geringe Effekte rechtfertigen allein keine besondere Anordnung der Ein- und Auslagerpunkte, es sei denn, diese bietet sich auch aus anderen Gründen an [150].

Mit einer *optimierten Doppelspielstrategie*, wie Einlagerung im *Hinfahrbereich* des Auslagerplatzes oder Auslagerung im *Rückfahrbereich* des Einlagerplatzes, läßt sich bei zweidimensionaler Fortbewegung bestenfalls die mittlere Fahrzeit $t_{xy}(14L/30;14H/30)$ zwischen dem Einlagerfach und dem Auslagerfach einsparen. Diese Fahrzeit beträgt bei Lagern mit großer Regalfläche bis zu 10 % der Doppelspielzeit. Das bedeutet, daß mit einer optimierten Doppelspielstrategie maximal eine Verbesserung der Durchsatzleistung von 10 % möglich ist.

Deutlich größere Durchsatzleistungen lassen sich hingegen durch den Einsatz von *Lageräten mit mehreren Lastaufnahmemitteln* erreichen. Hierfür resultieren mit der Wegzeitformel (16.71) folgende Spielzeitformeln:

- Die *mittlere Einlagerspielzeit* und die *mittlere Auslagerspielzeit* eines Lagergeräts mit $n > 2$ Lastaufnahmemitteln sind für *getrennte Ein- oder Auslagerfahrten* nach der in *Abb.* 16.19 dargestellten *Zweistreifenstrategie*

$$\tau_{En} = \tau_{An} = ((n+1) \cdot f_{LA} + n + 3) \cdot t_o + t_n(L;H) + (n+1) \cdot f_{LA} \cdot t_z(B). \tag{16.79}$$

- Die *mittlere Einlager- und Auslagerspielzeit* eines Lagergeräts mit $n > 2$ Lastaufnahmemitteln ist für *kombinierte Ein- und Auslagerfahrten* nach der in *Abb. 16.19* dargestellten Zweistreifenstrategie

$$\tau_{EAn} = ((2n+1) \cdot f_{LA} + 2n + 4) \cdot t_o + t_{2n}(L;H) + (2n+1) \cdot f_{LA} \cdot t_z(B). \tag{16.80}$$

In *Abb. 16.20* sind die mit Hilfe der Spielzeitformel (16.79) berechneten Ein- *oder* Auslagergrenzleistungen eines Regalförderzeugs zur Ein- und Auslagerung von

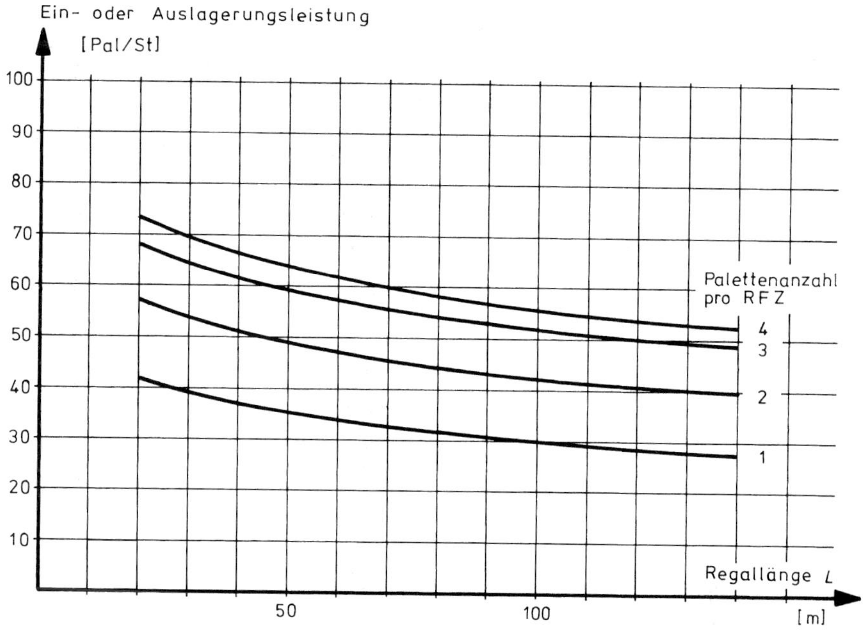

Abb. 16.20 Ein- oder Auslagergrenzleistung eines Regalbediengeräts mit simultaner Fahr- und Hubbewegung als Funktion der Regallänge

Parameter: Lastaufnahmekapazität des Regalbediengeräts
Strategie : Ein- und Auslagerrundfahrt nach Zweistreifenstrategie

EURO-Paletten mit n = 1, 2, 3 und 4 Teleskopgabeln in Abhängigkeit von der Regallänge L dargestellt.

Hieraus geht hervor, daß die Leistungssteigerung durch eine zusätzliche Teleskopgabel mit rund 40 % im Vergleich zu einer Teleskopgabel am größten ist. Die Leistungssteigerung wird mit weiteren Teleskopgabeln immer geringer. Da sich jedoch der Gerätepreis mit jedem Lastaufnahmemittel erhöht, muß in jedem Einzelfall sorgfältig geprüft werden, ob es bei hohen Durchsatzanforderungen vorteilhafter ist, Lagergeräte mit mehreren Lastaufnahmemitteln oder mehr Geräte mit nur einem Lastaufnahmemittel einzusetzen.

Für *gangumsetzbare Lagergeräte* wird zur Berechnung des Gerätebedarfs außer den Lagerspielzeiten die Gangwechselzeit benötigt.

- Die mittlere *Gangwechselzeit* eines gangumsetzbaren Lagergeräts ist bei einer Lagerlänge L und einem mittleren Umsetzweg B_U

$$\tau_{GW} = 3 \cdot t_o + 2 \cdot t_x(L/2) + t_u(B_u). \qquad (16.81)$$

Die Wegzeiten $t_i(..)$ lassen sich für i = x, u mit Hilfe der eindimensionalen Wegzeitformel (16.60) berechnen. Für die Geschwindigkeit v_u und die Beschleunigung b_u sind die entsprechenden technischen Werte der Umsetztechnik einzusetzen.

Der mittlere Umsetzweg ist bei Gangwechsel *ohne Strategie* gleich einem Drittel der Breite der von einem Gerät bedienten Anzahl Gangmodule, das heißt, es ist $B_u = N_{GM} \cdot B_{GM}/3$. Bei zyklischem Gangwechsel zwischen je zwei benachbarten Gängen ist der Umsetzweg gleich der Breite des Gangmoduls, also $B_u = B_{GM}$. Hieraus folgt:

- Bei Lagern mit gangumsetzbaren Lagergeräten und deutlich mehr Gassen als Lagergeräten kann durch einen zyklischen Gangwechsel die Durchsatzleistung des Lagers erheblich verbessert und bei großer Geräteanzahl der Gerätebedarf gesenkt werden.

Umlagerungen, Gangwechsel und Bewegungsstrategien werden bei der Lagerplanung häufig nicht angemessen berücksichtigt oder in ihren Auswirkungen auf die Durchsatzleistung falsch berechnet.

2. Berechnung des Gerätebedarfs
Ein Lagergerät kann im allgemeinen folgende *Teilfunktionen* erbringen:

E : gesondertes *Einlagern*
A : gesondertes *Auslagern*
EA: kombiniertes *Ein- und Auslagern* (16.82)
U : gesondertes *Umlagern*
GW: unproduktiver *Gangwechsel*

Die *partielle Auslastung* $\rho_i = \lambda_i/\mu_i$ einer dieser Teilfunktionen i = E, A, EA, U, GW wird bestimmt durch den *Leistungsdurchsatz* λ_i und die partielle Grenzleistung μ_i. Die Grenzleistung μ_i ist gleich der effektiven Leistung, mit der das Gerät allein die Teilfunktion i erbringen kann (s. *Kapitel* 13).

Die Summe der *partiellen Auslastungen* $\rho_i = \lambda_i/\mu_i$ kann zu keiner Zeit größer als 100 % sein. Hieraus folgt das

- *Grenzleistungsgesetz für ein Lagergerät:*

$$\lambda_E / \mu_E + \lambda_A / \mu_A + \lambda_{EA} / \mu_{EA} + \lambda_U / \mu_U + \nu_{GW} / \mu_{GW} \leq 1 \qquad (16.83)$$

Hierin ist λ_{EA} [LE/h] die in kombinierten Spielen durchzuführende Ein- und Auslagerleistung sowie λ_E die Einlagerleistung und λ_A die Auslagerleistung, die in getrennten Spielen auszuführen sind. Die gleichzeitig zu erbringende Umlagerleistung ist λ_U [LE/h] und die Gangwechselfrequenz ν_{GW} [1/h].

Die *partiellen Grenzleistungen* μ_i eines Lagergeräts für die Funktionen i = E, A, EA, U lassen sich aus den betreffenden *Spielzeiten* τ_i [s] und der *Gerätekapazität* C_{LG} [LE/LG] errechnen:

$$\mu_i = \eta_{ver} \cdot \eta_{aus} \cdot 3600 \cdot C_{LG} / \tau_i \qquad [\text{LE/h}]. \qquad (16.84)$$

Die *technische Verfügbarkeit* η_{ver} [%] und die *stochastische Auslastbarkeit* η_{aus} [%] reduzieren die maximal möglichen Leistungen eines Lagergeräts auf die effektiven Grenzleistungen (16.84).

Die technische Verfügbarkeit der Lagergeräte hängt ab von der Gerätekonstruktion, ihrer Belastung, der Wartung und weiteren Einflußfaktoren (s. *Ab-*

schnitt 13.6). Bedingung für einen wirtschaftlichen und zuverlässigen Lagerbetrieb ist:

- Die *technische Verfügbarkeit* muß für automatische Lagergeräte mindestens 98 % und für manuell bediente Geräte mindestens 95 % betragen.

Die stochastische Auslastbarkeit resultiert aus dem schwankenden Zulauf der Ein- und Auslageraufträge und aus den variablen Spielzeiten der Lagergeräte.

Die stochastische Auslastbarkeit ist abhängig von der *Anzahl der Pufferplätze* auf dem Zu- und Abfördersystem vor und nach den Übernahme- und Übergabeplätzen des Lagerbereichs. Aus der analytischen Berechnung mit Hilfe der Warteschlangentheorie wie auch aus der stochastischen Simulation dieses Wartesystems folgt die *Auslegungsregel* [79]:

- Um eine *stochastische Auslastbarkeit* der Lagergeräte besser als 97 % zu erreichen, müssen pro Gang mindestens 3 Zuführpufferplätze und 3 Abgabepufferplätze vorhanden sein.

Wird die Durchsatzleistung des gesamten Lagers, die durch die Beziehungen (16.6) bis (16.9) gegeben ist, zu gleichen Anteilen auf die N_{LG} Lagergeräte verteilt, dann ist die Durchsatzanforderung pro Gerät gleich $1/N_{LG}$ der Gesamtanforderung. Aus dem Grenzleistungsgesetz (16.83) und den Beziehungen (16.6) bis (16.8) folgt damit:

- Die für eine Einlagerleistung λ_E, eine Auslagerleistung λ_A und eine Umlagerleistung λ_U benötigte *Anzahl ganggebundener Lagergeräte* ist

$$N_{LG} = \big[\mathrm{MIN}(\lambda_E;\lambda_A)/\mu_{EA} + \big(\lambda_E - \mathrm{MIN}(\lambda_E;\lambda_A)\big)/\mu_E \\ + \big(\lambda_A - \mathrm{MIN}(\lambda_E;\lambda_A)\big)/\mu_A + \lambda_U/\mu_U\big]. \tag{16.86}$$

Das durch die eckige Klammern geforderte Aufrunden auf die nächste ganze Zahl besagt, daß die Geräteanzahl eine ganze Zahl ist. Diese Ganzzahligkeit kann bei einer geringen Zunahme der Leistungsanforderung einen sprunghaften Anstieg des Bedarfs um ein Lagerät bewirken.

Sind beispielsweise die Leistungsanforderungen 120 Einlagerungen, 160 Auslagerungen und 30 Umlagerungen in der Spitzenstunde des Spitzentages und haben die Geräte die effektiven Grenzleistungen $\mu_E = \mu_A = 35$ LE/h, $\mu_{EA} = 25$ LE/h und $\mu_U = 65$ LE/h, ergibt sich bei optimal kombinierten Ein- und Auslagerspielen gemäß den Beziehungen (18.6) bis (18.8) mit Hilfe von Beziehung (18.86) ein Bedarf von $N_{LG} = [120/25 + 40/35 + 30/65] = [6{,}4] = 7$ Lagergeräten.

Wenn es möglich ist, die Umlagerungen nicht in den Spitzenbelastungszeiten durchzuführen, entfällt in Beziehung (18.86) der Gerätebedarf λ_U/μ_U für die Umlagerungen. In dem betrachteten Fall reduziert sich damit der Bedarf auf $N_{LG} = [40/35 + 120/25] = [5{,}9] = 6$ Lagergeräte.

Wenn die Einlagerungen und die Auslagerungen in getrennten Einzelspielen und nicht in kombinierten Doppelspielen durchgeführt werden, ist der Gerätebedarf ohne Umlagerungen $N_{LG} = [120/35 + 160/35] = [8{,}0] = 8$ Lagergeräte. Ohne die Doppelspielstrategie erhöht sich also in diesem Fall der Gerätebedarf von 6 auf 8 Lagergeräte.

Für gangumsetzbare Lagergeräte mit einer *Gangwechselgrenzleistung* μ_{GW} [GW/h] und einer *Gangwechselfrequenz* ν_{GW} [GW/h] vermindert sich die produktiv nutzbare Zeit infolge der partiellen Auslastung für den Gangwechsel ν_{GW}/μ_{GW}. Aus dem Grenzleistungsgesetz (18.83) folgt:

- Für *gangumsetzbare Lagergeräte* erhöht sich der Ausdruck innerhalb der eckigen Klammern der Beziehung (18.86) für den Gerätebedarf um den Faktor

$$f_{GW} = 1/(1 - \nu_{GW} / \mu_{GW}). \qquad (16.87)$$

So erhöht sich der Gerätebedarf bei einer Gangwechsel-Grenzleistung $\mu_{GW} = 15$ GW/h und $\nu_{GW} = 2$ Gangwechseln pro Stunde und Gerät um den Faktor $f_{GW} = 1/(1-2/15) = 1{,}15$. In dem betrachteten Beispiel nimmt damit die Anzahl der benötigten Lagergeräte von 6 auf 7 zu.

Zu wenig beachtet wird in der Regel der Einfluß der *Betriebszeiten* und der *Spitzenfaktoren* auf den Gerätebedarf. Wenn es beispielsweise möglich ist, die Betriebszeit flexibel von 8 auf 16 Stunden oder mehr pro Tag zu erhöhen und durch organisatorische Maßnahmen die Leistungsanforderungen auf die gesamte Betriebszeit gleichmäßig zu verteilen, läßt sich die Durchsatzleistung eines vorhandenen Lagers bei gleicher Geräteanzahl um einen Faktor 2 und mehr erhöhen oder der Gerätebedarf eines geplanten Lagers um den gleichen Faktor reduzieren.

Bei der Betriebskostenrechnung für die verlängerte Betriebszeit ist allerdings zu berücksichtigen, daß sich Abschreibungen, Energiebedarf und Wartungskosten entsprechend erhöhen und der Personalbedarf kaum sinkt. Die Lagerdimensionierung ist daher keine rein technische sondern eine organisatorische, betriebswirtschaftliche und technische, also eine essentientell logistische Aufgabe.

3. Auslegung des Zu- und Abfördersystems

Bei Lagern mit *gangunabhängigen Lagergeräten*, die auch den Transport der Ladeeinheiten vom Abholbereich zum Lagerbereich und vom Lagerbereich zum Bereitstellbereich ausführen, müssen die Spielzeiten (16.73) bis (16.75) um die Wegzeit für die Transporte außerhalb des Lagerbereichs erhöht werden. Dadurch nehmen die Ein- und Auslagergrenzleistungen der Geräte ab und der Gerätebedarf zu.

Bei Lagern mit *gangabhängigen Lagergeräten* können entweder mehrere *Verteilerstapler* oder ein fest installiertes Zu- und Abfördersystem den Transport der Ladeeinheiten vom Abholbereich zum Lagerbereich und vom Lagerbereich zum Bereitstellbereich ausführen.

Die Anzahl der benötigten Verteilerstapler errechnet sich analog zur Anzahl der Lagergeräte nach der Beziehung (16.86) aus den mittleren Spielzeiten für den Zu- und Abtransport. Ebenso lassen sich die Anzahl der Verteilerwagen eines *Unstetigfördersystems* (s. *Abb. 16.8*) und der Fahrzeugbedarf eines automatischen *Fahrzeugsystems* errechnen (s. *Abb. 16.9*).

Ist das Zu- und Abfördersystem ein *Stetigfördersystem* wird die Durchsatzleistung von dem jeweils am stärksten belasteten *Engpaßelement* bestimmt (s. *Abb. 16.1*). Das Engpaßelement des Einlagersystems ist in der Regel das erste *Verzweigungselement* auf der Einlagerförderstrecke entlang der Regalstirnseite. Das Engpaßelement des Auslagersystems ist in der Regel das letze *Zusammenführungselement* auf der Auslagerförderstrecke.

Aus der *Engpaßanalyse* ergeben sich folgende *Grenzleistungsgesetze* zur Auslegung des Zu- und Abfördersystems eines Lagers:

- Für eine Einlagerleistung λ_E müssen die partiellen Grenzleistungen für Durchlaß μ_{dur} und Ausschleusen μ_{aus} des Engpaßelements des Zufördersystems so bemessen sein, daß

$$\lambda_E \cdot (1 - 1/N_{LG}) / \mu_{dur} + (\lambda_E / N_{LG}) / \mu_{aus} \leq 1. \tag{16.88}$$

- Für eine Auslagerleistung λ_A müssen die partiellen Grenzleistungen für Durchlaß μ_{dur} und Ausschleusen μ_{ein} des Engpaßelements des Abfördersystems so bemessen sein, daß

$$\lambda_A \cdot (1 - 1/N_{LG}) / \mu_{dur} + (\lambda_A / N_{LG}) / \mu_{ein} \leq 1. \tag{16.89}$$

Mit Hilfe der Grenzleistungsbeziehungen (16.88) und (16.89) läßt sich nach Einsetzen der Ein- und Auslagergrenzleistungen $N_{LG} \cdot \mu_E$ und $N_{LG} \cdot \mu_A$ von N_{LG} Lagergeräten anstelle von λ_E und λ_A und durch Auflösung nach N_{LG} die maximale Anzahl Lagergeräte berechnen, die sich durch ein Stetigfördersystem bedienen läßt, dessen Engpaßelemente die partiellen Grenzleistungen μ_{dur}, μ_{aus} und μ_{ein} haben. Damit ergibt sich die maximale Größe eines *Fördertechnikabschnitts*.

16.12 Investition der Lagergewerke

Für die Systemfindung und Layoutplanung genügt es, die Investitionen für das gesamte Lagersystem mit Hilfe von *Richtpreisfaktoren* für die einzelnen Lagergewerke zu berechnen. Im Zuge der Detail- und Ausführungsplanung muß die Investitionsrechnung durch Einzelkalkulationen präzisiert und durch Angebote der Hersteller untermauert werden.

Außerdem ist zu berücksichtigen, daß die Beschaffungspreise wegen der Kostendegression von Herstellung und Montage großer Stückzahlen mit zunehmender Größe des Lagers abnehmen. Diese Degression der Lagerinvestition läßt sich jedoch in der Planungsphase nur grob abschätzen und erst in der Ausschreibungsphase über konkrete Angebote quantifizieren.

Mit Ausnahme des Lagerverwaltungssystems lassen sich die funktionsspezifischen Lagergewerke in statische und dynamische Lagergewerke einteilen:

- Die *statischen Lagergewerke* sind für das Aufbewahren und Bereithalten der Lagereinheiten erforderlich und für die *Lagerplatzkosten* maßgebend.
- Die *dynamischen Lagergewerke* werden für das Ein- und Auslagern eingesetzt und verursachen die *Durchsatzkosten*.

Das *Lagerverwaltungssystem* dient sowohl den statischen wie auch den dynamischen Funktionen des Lagers. Der Beschaffungsaufwand für das Lagerverwaltungssystem (LVS) kann daher zur Hälfte der statischen und der dynamischen Lagerinvestition zugerechnet werden. Ebenso sind die Betriebskosten für das

LVS aufzuteilen. Die Investition P_{LVS} [DM] für die Hard- und Software des Lagerverwaltungssystems ist abhängig von den Anforderungen und der Größe des Lagers und gegenwärtig zwischen 200 und 700 TDM.

1. Investition der statischen Lagergewerke

Die *statischen Lagergewerke* mit ihren Einflußparametern und Richtpreisfaktoren sind:

- *Grundstück*: Die Grundstücksinvestition wird vom Grundstückspreis und den Erschließungskosten bestimmt. Sie steigt mit einem *Grundstücks- und Erschließungspreisfaktor* P_{GE} [DM/m^2] proportional mit der *Lagergrundfläche.*
- *Bodenplatte*: Die Investition für Fundament und Bodenplatte hängt von der Bodenbeschaffenheit, der Bauart und der Bodenbelastung ab und nimmt mit einem *Bodenplattenpreisfaktor* P_{BP} [DM/m^2] ebenfalls proportional mit der *Lagergrundfläche* zu.
- *Gebäude*: Die Investition für den Lagerbau ist von der Bauart, der Bauqualität und der Gebäudetechnik, wie Heizung und Klima, abhängig. Sie steigt für Hallenbauten mit einem *Hallenbaupreisfakor* P_{HB} [DM/m^2] weitgehend proportional mit der bebauten Fläche, mit einem *Wandpreisfaktor* P_{WA} [DM/m^2] proportional mit der Wandfläche und mit einem *Dachpreisfakor* P_{DA} [DM/m^2] proportional mit der überdachten Grundfläche.
- *Regalbau*: Die Investition für das Regal wird von der Lagerart, den Ladeeinheiten, den Fachmodulen und der Regalkonstruktion beeinflußt, bei beweglichen Stellplätzen zusätzlich von der Fördertechnik in den Lagerkanälen. Sie ist mit einem *Lagerplatzpreisfaktor* P_{LP} [DM/LP] weitgehend proportional zur *Anzahl* der *Lagerplätze* oder mit einem *Fachmodulpreisfaktor* P_{FM} [DM/FM] proportional zur *Anzahl der Fachmodule.*
- *Sprinkleranlage*: Die Investition für eine eventuell erforderliche Sprinkleranlage kann zum Zweck der Systemfindung und Budgetierung grob durch einen *Sprinklerpreisfaktor* P_{SP} [DM/LP] abgeschätzt werden. Sie ist abhängig von der *Brandklasse* des Lagerguts und steigt annähernd proportional zur *Anzahl der Lagerplätze.*

Für die Richtpreisfaktoren der statischen Lagergewerke von Palettenlagern sind in *Tabelle 16.5* einige Orientierungsgrößen zusammengestellt, die für Systemvergleiche brauchbar sind. Für die Kalkulation der absoluten Höhe der Lagerinvestition sind diese Werte nur mit Einschränkungen verwendbar. Das gilt vor allem für die Beschaffungskosten der Sprinkleranlage, die von der Brandklasse sowie von *Ausführung* der Sprinklerzentrale und des Auffangbeckens für das Löschwasser abhängen.

Mit den Richtpreisfaktoren und der anteiligen Investition für das Lagerverwaltungssystem ergibt sich für die *Investition der statischen Lagergewerke* folgende Abhängigkeit von den *Lagerparametern*:

$$I_{L\,stat} = F_L \cdot (P_{GE} + P_{HB} + P_{BP} + P_{DA}) + 2H_L \cdot (L_L + B_L) \cdot P_{WA} + N_{LP} \cdot (P_{LP} + P_{SP}) + N_{FM} \cdot P_{FM} + P_{LVS}/2 \qquad (16.90)$$

LAGERGEWERK	Richtpreisfaktor Bandbreite	Modellrechn.	Preiseinheit
Grundstück			
Industriebaugrundstück mit Erschließung ohne Verkehrsfl.	50 bis 150	100	DM/m²
Silobau			
Betonbodenplatte	400 bis 500	420	DM/m²
Außenwandverkleidung für Stahlkonstruktion	150 bis 200	175	DM/m²
Innenbrandwand Beton	100 bis 150	100	DM/m²
Dachkonstruktion und Dacheindeckung incl. RWA	250 bis 350	300	DM/m²
Zwischenetage mit Arbeitsbühne	150 bis 200	200	DM/m²
Lagerhalle (Höhe 6 bis 12 m)			
Fundament, Fußboden, Stützen, Dachkonstruktion, Haustechn.	200 bis 300	250	DM/m²
Außenwand	400 bis 500	450	DM/m²
Innenbrandwand	200 bis 250	250	DM/m²
Dacheindeckung incl. RWA	100 bis 150	130	DM/m²
Tormodul mit Überladebrücke und anteiliger Verkehrsfläche	200 bis 300	240	TDM/TM
Regalanlage			
Palettenregale freistehend (abhängig von Höhe und Gewicht)	40 bis 100	80	DM/PalPlatz
Palettenregale Silobau (dach- und wandtragend)	120 bis 180	150	DM/PalPlatz
Platzkennzeichnung Blocklager	20 bis 30	25	DM/Blockpl.
Sprinkleranlage			
Sprinklerköpfe, Rohrleitungen und Zentrale (ohne Becken)	60 bis 100	60	DM/PalPlatz
Zu- und Abfördersystem für Paletten (incl. Steuerung)			
Zu- und Abförderstrecken und Pufferplätze	40 bis 70	50	TDM/Gasse
Stetigfördersystem	10 bis 20	15	TDM/m
Lagerverwaltungssystem (Hard- und Software)			
Platzverwaltungs- und Staplerleitsystem	200 bis 700	500	TDM

Tab. 16.5 Richtpreisfaktoren für Lagergewerke

Orientierungspreise, Basis 1995 bis 1997
RWA: Rauch- und Wärmeabzugsanlage
Tormodul s. Abb. 16.10

Diese Abhängigkeit (16.90) zeigt:

- Die Investitionssumme für die statischen Lagergewerke steigt über die Anzahl der Lagerplätze N_{LP} und der Fachmodule N_{FM} proportional und über die Grundläche F_L und die Außenfläche $2H_L \cdot (L_L+B_L)$ unterproportional mit der effektiven Lagerkapazität.
- Die Investitionssumme für die statischen Lagergewerke ist nicht direkt von der installierten Durchsatzleistung des Lagers abhängig.

Die statische Lagerinvestition wird von der geforderten Durchsatzleistung nur indirekt über die ausgewählte Lagerart, die Anzahl der Lagergassen und das Layout beeinflußt.

Wird die Investition auf die Anzahl der effektiv lagerbaren Ladeeinheiten bezogen, ergibt sich aus der Abhängigkeit (16.90):

- Die statische *Lagerplatzinvestition*, das heißt, die statische Lagerinvestition pro effektiven Lagereinheitenplatz, nimmt bei allen Lagerarten mit zunehmender Lagerkapazität ab und ist von der installierten Durchsatzleistung weitgehend unabhängig.

Zu dieser *technischen Degression der Lagerplatzinvestion*, die sich über die Abschreibungen und Zinsen auch auf die Lagerplatzkosten auswirkt, tragen bei allen Lagerarten die anteilig immer weniger ins Gewicht fallenden Anfahrmaße, Verkehrswege und Volumenverluste bei. Zusätzlich wirkt sich bei Mehrfachplatzlagern der bei gleicher Artikelzahl mit ansteigendem Bestand zunehmende Füllungsgrad aus. Die statische Platzinvestition nimmt nicht weiter ab, wenn die maximale Bauhöhe der betreffenden Lagerart erreicht ist und mehr als ein Lagermodul dieser Höhe benötigt wird.

2. Investition der dynamischen Lagergewerke

Die *dynamischen Lagergewerke* mit ihren Einflußparametern und Richtpreisfaktoren sind:

- *Lagergeräte*: Die Investition für die Lagergeräte einschließlich zugehöriger Steuerung, Spurführung und Gangausrüstung verändert sich proportional zum Gerätebeschaffungspreis P_{LG} [DM/LG] und zur Anzahl N_{LG} der Lagergeräte.
- *Verteilerstapler*: Auch die Investition für die Verteilerstapler einschließlich zugehöriger Staplerleitgeräte ist proportional zum Gerätebeschaffungspreis P_{VT} [DM/LG] und zur Anzahl N_{VT} der Verteilertapler.
- *Zu- und Abfördersystem*: Die Investition für das Zu- und Abfördersystem einschließlich der zugehörigen Steuerungstechnik ist außer von der Anzahl der zu bedienenden Lagergänge von der technischen Ausführung und der geforderten Durchsatzleistung abhängig. Sie läßt sich daher nur grob über Richtpreisfaktoren, wie Preis pro Meter, Preis pro Antriebselement oder Preis pro Förderelement, kalkulieren. Zur Lageroptimierung eignet sich am besten der *Richtpreis pro Lagergasse* P_{FT} [DM/LG].

Richtpreisfaktoren für einige Lagergeräte und Verteilerstapler sind in *Tabelle 16.1* angegeben. Als Richtpreise für ein automatisches Palettenfördersystem können für Systemvergleiche und zur groben Kostenbudgetierung die in *Tabelle 16.5* angegebenen Werte angesetzt werden.

Für die *Investition der dynamischen Lagergewerke* ergibt sich damit folgende Abhängigkeit von den Richtpreisfaktoren und Lagerparametern:

$$I_{L\,dyn} = N_{LG} \cdot (P_{LG} + P_{FT}) + N_{VS} \cdot P_{VS} + P_{LVS} / 2. \qquad (16.91)$$

Abgesehen von den Sprüngen infolge der Ganzzahligkeit nimmt die Anzahl der Lagergeräte und der Verteilerstapler bei gleichbleibender Lagerkapazität nur unterproportional zur benötigten Durchsatzleistung zu, da mit zunehmender Geräteanzahl die Wege in den anteiligen Bedienungsbereichen der Geräte immer kürzer werden. Hieraus sowie aus der weitgehenden Durchsatzunabhängkeit der Investition für den Lagerverwaltungsrechner folgt:

- Die *Investitionssumme für die dynamischen Lagergewerke* steigt unterproportional mit der benötigten Durchsatzleistung.

Analog zur Lagerplatzinvestition ist die *Lagerdurchsatzinvestition* dadurch definiert, daß die dynamische Lagerinvestition (16.91) auf die während der Planbetriebszeit im Verlauf eines Jahres maximal durchsetzbare Anzahl Ladeeinheiten bezogen wird. Für diese ergibt sich ebenfalls eine lagertechnisch verursachte Kostendegression:

- Die *Lagerdurchsatzinvestition* nimmt bei gleicher Lagerkapazität mit zunehmender installierter Durchsatzleistung ab und steigt bei gleichbleibender Durchsatzleistung mit der Lagerkapazität an.

Die Lagerdurchsatzinvestition ist keine praktikable Größe und daher in der Lagerplanung ungebräuchlich. Wesentlich anschaulicher und für den Lagervergleich besser geeignet ist die

- Investition pro Lagerplatz

$$I_{LE} = I_L / K_{L\,eff} = (I_{L\,stat} + I_{L\,dyn}) / K_{L\,eff} \qquad [DM/LE\text{-}Platz]. \qquad (16.92)$$

In der Investition pro Lagerplatz wird die gesamte Lagerinvestition für die statischen *und* die dynamischen Lagergewerke allein auf die Anzahl der Lagerplätze und nicht auf den Durchsatz zu bezogen. Daher ist die Investition pro Lagerplatz von vielen Einflußfaktoren abhängig, die sich in ihren Auswirkungen nur schwer auseinanderhalten lassen.

Bei den Mehrplatzlagern, wie den Blockplatz- und Kanallagern, ist außerdem darauf zu achten, daß bei der Berechnung der Investition pro Lagerplatz die Gesamtinvestition auf die effektive Lagerkapazität (16.30) und nicht – wie es häufig getan wird – auf die 100 %-Lagerkapazität (16.29) bezogen wird. Andernfalls erscheinen Mehrplatzlager günstiger als sie tatsächlich sind.

3. Investitionsvergleich ausgewählter Lagersysteme

Zum Vergleich verschiedener Lagersysteme für Paletten sowie zur Veranschaulichung der Abhängigkeiten zeigen die *Abb. 16.21* bis *16.29* die Investitionen, Betriebskosten und Leistungskosten für ein *Blocklager* mit Staplerbedienung, ein *Palettenlager mit Schubmaststaplern*, ein manuell bedientes *Schmalgangstaplerlager* und ein *Hochregallager* mit automatischen Regalbediengeräten. Die *Leistungsanforderungen* und *Planbetriebszeiten* sowie die wichtigsten *technischen Kenndaten* dieser 4 Lagersysteme sind in *Tabelle 16.6* zusammengestellt.

Die Investitionen, Betriebskosten und Leistungskosten sind mit Hilfe von *Lagerdimensionierungsprogrammen* kalkuliert, die mit den zuvor entwickelten Formeln und Dimensionierungsverfahren arbeiten und die angegebenen Richtpreisfaktoren und Kostensätze verwenden. Die einzelnen Lagersysteme sind jeweils so dimensioniert und optimiert, daß die Gesamtbetriebskosten für die der Planung

	Nutzung	Blocklager BPL	Staplerlager STL	Schmalgangl. SGL	Hochregall. HRL	Einheit
			LAGERSYSTEME			
Leistungsanforderungen						
Lagersortiment	Spitze	1.000	1.000	1.000	1.000	Artikel
Durchsatzleistung	Spitze	960	960	960	960	Pal/BTag
Lagerbestand	Spitze	20.000	20.000	20.000	20.000	Paletten
Lagerdrehzahl	Spitze	12	12	12	12	pro Jahr
Ladeeinheiten	CCG1-Paletten mit Lastüberstand				Stapelfaktor : 3	
Länge	max	1.300	1.300	1.300	1.300	mm
Breite	max	900	900	900	900	mm
Höhe	max	1.050	1.050	1.050	1.050	mm
Volumen	max	1,23	1,23	1,23	1,23	m³/LE
Planbetriebszeiten						
Kalendertage		365	365	365	365	KTage/Jahr
Betriebstage		250	250	250	250	BTage/Jahr
Betriebszeit		12	12	12	12	h/BTag
Auslegung Lagerbereich						
Lagergeräte		5 FST	7 SMS	5 SGS+ 4 VTS	4 RBG	LG
Länge		63	42	44	112	m
Breite		300	254	146	17	m
Höhe		4,4	8,4	13,6	35,0	m
Bebaute Fläche		18.900	10.634	6.424	1.926	m²
Umbauter Raum		82.215	89.325	87.366	67.424	m³
Investition		**13.561**	**11.850**	**10.539**	**11.983**	TDM
pro Palettenplatz		678	593	527	599	DM/Pal
Betriebskosten	100%	**2.135**	**2.348**	**2.718**	**1.995**	TDM/Jahr
bei Auslastung	80%	1.945	2.091	2.356	1.848	TDM/Jahr
Fixkosten		1.186	1.063	907	1.259	TDM/Jahr
Variable Kosten		949	1.285	1.811	736	TDM/Jahr
Leistungskosten						
Durchsatzkosten	100%	3,80	5,31	7,56	3,61	DM/Pal
bei Auslastung	80%	3,89	5,40	7,65	3,82	DM/Pal
Lagerplatzkosten	100%	16,7	14,7	12,4	15,5	Pf/Pal-KTag
bei Auslastung	80%	20,5	18,1	15,2	19,1	Pf/Pal-KTag
Umschlagkosten	100%	8,90	9,78	11,33	8,31	DM/Pal
bei Auslastung	80%	10,13	10,89	12,27	9,62	DM/Pal
ROI bei Auslastung	80%	**7,4**	**5,0**	**0,0**	**2,8**	**Jahre**

Tab. 16.6 Kenndaten und Ergebnisse der Modellrechnung von Palettenlagersystemen

Blocklager: Blockplatzlager in Hallenbau mit Frontstaplern
Staplerlager: konventionelles Palettenregallager in Hallenbau mit Schubmaststaplern
Schmalganglager: manuell bedientes Schmalgangstaplerlager in Hallenbau mit Verteilerstaplern
Hochregallager: automatisches Hochregallager in Silobauweise mit Fördersystem jeweils ohne Warenein- und Warenausgang
Durchsatzkosten: spezifische Ein- und Auslagerkosten ohne Platzkosten

zugrunde gelegten Leistungsanforderungen minimal sind. Der Warenein- und Warenausgang bleibt bei den Modellrechungen unberücksichtigt, da er meist projektspezifisch auszulegen und in der Regel nicht systementscheidend ist.

Abb. 16.21 zeigt die Abhängigkeit der *Investition pro Palettenplatz* von der Lagerkapazität bei einer konstant gehaltenen Lagerdrehzahl von 12 pro Jahr. Aus

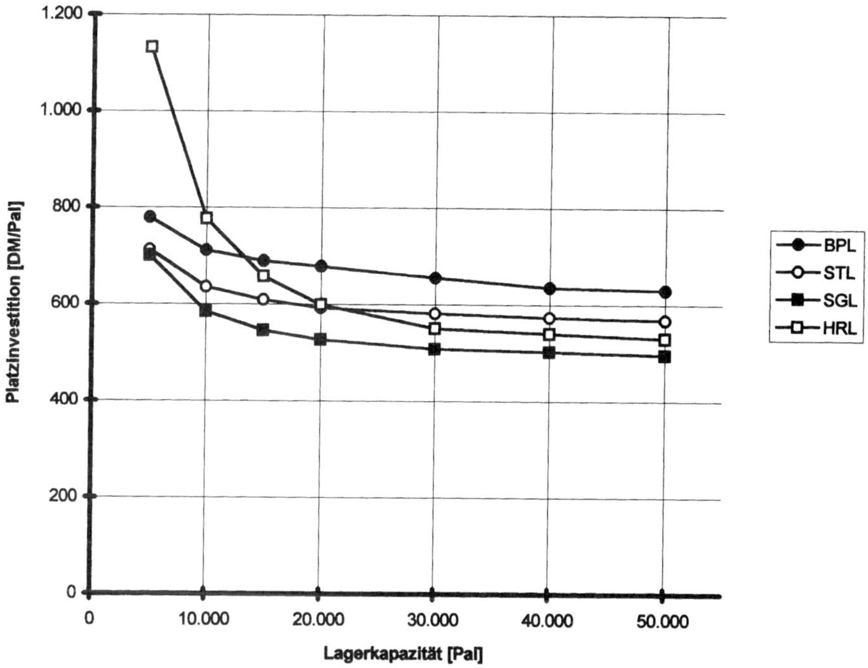

Abb. 16.21 Investition pro Palettenplatz als Funktion der Lagerkapazität

BPL :	Blockplatzlager mit Stapelfaktor 3
STL :	Staplerlager (Gangbreite 2,5 m)
SGL :	Schmalgangstaplerlager (Gangbreite 1,75 m)
HRL :	Hochregallager
Parameter :	Drehzahl 12 p.a.
	übrige Parameter s. *Tabelle 16.6*

dieser Abhängigkeit wie auch aus den zuvor hergeleiteten allgemeinen Zusammenhängen ist ableitbar:

- Für alle betrachteten Lagersysteme nimmt die Investition pro Palettenplatz mit ansteigender Lagerkapazität zunächst rasch und bei größerer Kapazität immer langsamer ab, bis sie einen asymptotischen Wert erreicht, der für die verschiedenen Lagersysteme in der Regel unterschiedlich ist.
- Für das Blockplatzlager und das Schmalgangstaplerlager erreicht die Investition pro Palettenplatz bereits ab ca. 20.000 Palettenplätze annähernd den asymptotischen Wert, für das automatische Hochregallager erst ab ca. 30.000 Palettenplätze.
- Für die zugrunde gelegten Leistungsanforderungen ist das Schmalgangstaplerlager bei allen Lagerkapazitäten die Lösung mit der geringsten Investition.
- Das Blockplatzlager erfordert bis zu einer Kapazität von 15.000 Palettenplätzen eine geringere Investition als das automatische Hochregallager, ist in der Investition aber stets ungünstiger als das Schmalgangstaplerlager.

- Die Investition für das automatische Hochregallager ist ab 15.000 Palettenplätzen günstiger als die Investition für das Blockplatzlager und erreicht ab 30.000 Palettenplätzen fast die Investitionshöhe des Schmalgangstaplerlagers.

Diese Abhängigkeiten und die relative Höhe der Investition pro Palettenplatz gelten weitgehend unabhängig von der Durchsatzleistung, also auch für andere Lagerdrehzahlen.

Aus Beziehung (16.91) aber folgt:

- Die absolute Höhe der Investition pro Palettenplatz ist stark abhängig von der installierten maximalen Durchsatzleistung und nimmt mit dieser deutlich zu.

Wegen der Abhängigkeit der Investition pro Palettenplatz von der Lagerart, von der Lagerkapazität und von der Durchsatzleistung führt es meist zu falschen Ergebnissen, wenn zur überschlägigen Investitionsabschätzung ein übernommener Richtwert für die Investition pro Palettenplatz einfach mit der benötigten Lagerkapazität multipliziert wird. Das ist nur zulässig, wenn die Kapazitäts- und Durchsatzanforderungen annähernd vergleichbar sind und das gleiche Lagersystem betrachtet wird.

16.13 Betriebs- und Leistungskosten

Maßgebend für Auswahl eines Lagersystems sind primär die Betriebskosten und weniger die Höhe der Investition. Wenn sich durch eine höhere Investitition die Betriebskosten senken lassen, ist die Lösung mit der höheren Investition immer dann günstiger, wenn der *Kapitalrückfluß* bei der erwarteten Auslastung in angemessener Zeit – in der Regel werden 3 bis 5 Jahre gefordert – gesichert ist.

Analog zu den Investitionen lassen sich die Betriebskosten K_L [DM/PE] eines Lagers aufteilen in die *statischen Betriebskosten* K_{LS} für den Betrieb der statischen Lagergewerke und die *dynamischen Betriebskosten* K_{LD} für den Betrieb der dynamischen Lagergewerke:

$$K_L = K_{LS} + K_{LD} \qquad [\text{DM/PE}]. \qquad (16.93)$$

Bezogen auf die kostentreibenden Leistungseinheiten ergeben sich aus den anteiligen Betriebskosten die *Leistungskosten* oder spezifischen *Prozeßkostensätze* des Lagers.

Die *Hauptkostentreiber* eines Lagers sind die *Platzkapazität* und der *Durchsatz*. Die entsprechenden Leistungskosten sind die spezifischen *Lagerplatzkosten* und die spezifischen *Durchsatzkosten*. Die gesamten Lagerbetriebskosten bezogen allein auf den Lagerdurchsatz sind die spezifischen *Umschlagkosten*.

Da die spezifischen Umschlagkosten auch die Lagerplatzkosten enthalten, ist der Umschlagkostensatz von der Lagerdauer der durchgesetzten Ladeeinheiten abhängig. Der Lagerplatzkostensatz ist hingegen vom Lagerdurchsatz und der Durchsatzkostensatz von der Platzbelegung weitgehend unabhängig. Daher gilt:

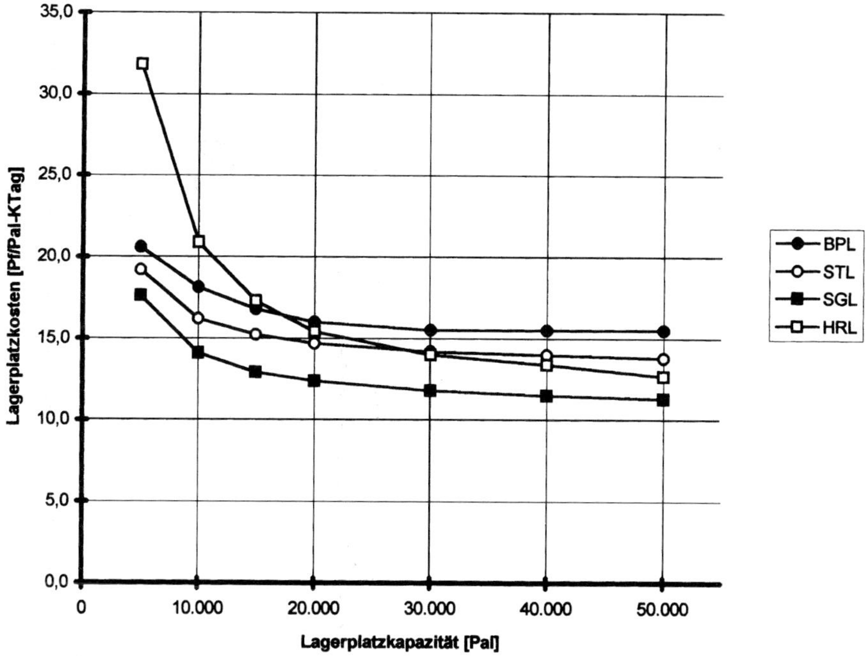

Abb. 16.22 Lagerplatzkosten als Funktion der Lagerkapazität

BPL :	Blockplatzlager mit Stapelfaktor 3
STL :	Staplerlager (Gangbreite 2,5 m)
SGL :	Schmalgangstaplerlager (Gangbreite 1,75 m)
HRL :	Hochregallager
Parameter :	Drehzahl 12 p.a.
	übrige Parameter s. *Tabelle 16.6*

- Für den Lagervergleich, für das Angebot und die Vergütung von Lagerleistungen sowie für die optimale Lagernutzung ist es erforderlich, die Lagerplatzkosten und die Durchsatzkosten gesondert zu kalkulieren.

Bei der Kalkulation der Betriebskosten und der daraus abgeleiteten Leistungskosten ist zu unterscheiden zwischen den *Plan-Kosten* für ein geplantes oder neu errichtetes Lager, das für bestimmte *Plan-Leistungen* ausgelegt ist, und den *Ist-Kosten* für ein bestehendes Lager, das mit *Ist-Leistungen* genutzt wird, die in der Regel von den Plan-Leistungen abweichen.

Bei der Kalkulation der in den *Abb. 16.22* bis *16.26, 16.28* und *16.29* dargestellten Plan-Leistungskosten mit Hilfe der zuvor beschriebenen *Lagerprogramme* wurde eine hundertprozentige Nutzung der installierten Plan-Leistungen über die gesamte Betriebszeit vorausgesetzt. Die Auswirkung einer Unterauslastung der installierten Leistung ist in *Abb. 16.29* gezeigt und wird nachfolgend gesondert betrachtet.

1. Lagerplatzkosten

Die *statischen Lagerbetriebskosten* K_{LS} [DM/PE] ergeben sich mit den entsprechenden *Richtkostensätzen* für Abschreibungen, Zinsen, Energie und Wartung aus den Investitionen (16.90) für die statischen Lagergewerke und den anteiligen Kosten für das Lagerverwaltungssystem.

Kostentreiber der statischen Betriebskosten eines Lagers für ganze Ladeeinheiten sind die während einer Abrechnungsperiode PE in Anspruch genommenen *Ladeeinheiten-Kalendertage* λ_P [LE-KTag/PE]. Bezogen auf diesen Kostentreiber ergeben sich aus den statischen Lagerbetriebskosten die

- *spezifischen Lagerplatzkosten* pro Ladeeinheit und Kalendertag

$$k_P = K_{LS} / \lambda_P \qquad [\mathrm{DM/LE-KTag}] \qquad (16.94)$$

Die Anzahl der in Anspruch genommenen Ladeeinheiten-Kalendertage ist gleich dem mittleren Lagerbestand M_{Bges} [LE], mit dem die angebotenen Lagerplätze im zeitlichen Mittel belegt sind, multipliziert mit der *Periodendauer* in Kalendertagen T_{PE} [KTage/PE]:

$$\lambda_P = M_{Bges} \cdot T_{PE} \qquad [\mathrm{LE-KTage/PE}]. \qquad (16.95)$$

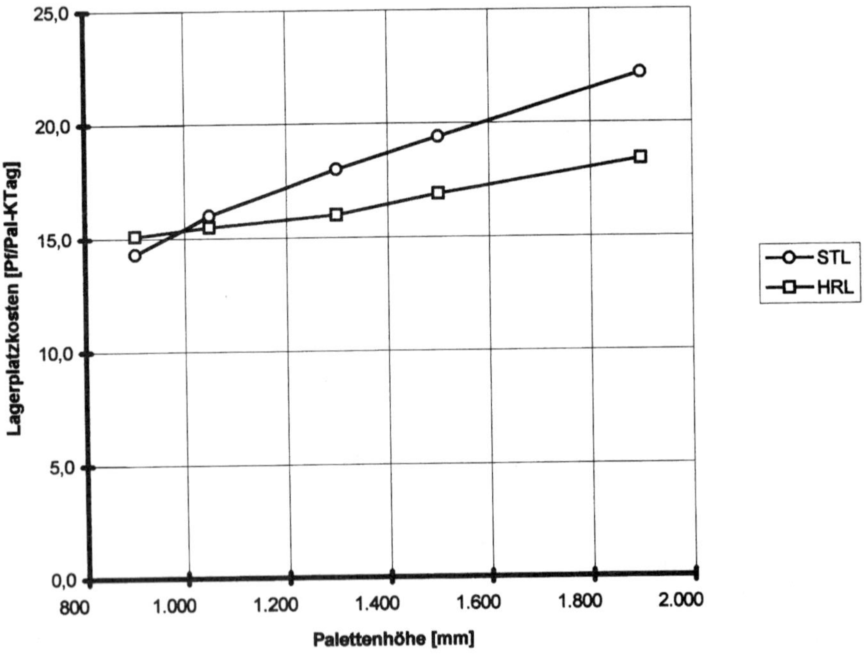

Abb. 16.23 Abhängigkeit der Lagerplatzkosten von der Palettenhöhe

STL: Staplerlager (Gangbreite 2,5 m)
HRL: Hochregallager
Parameter: Drehzahl 12 p.a.
20.000 Paletten, übrige Parameter s. *Tabelle 16.6*

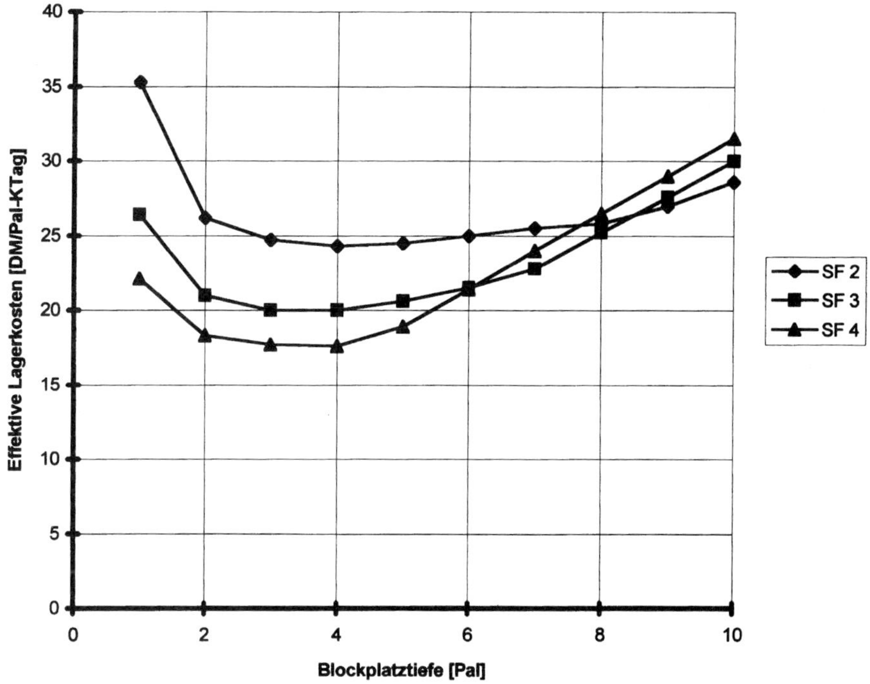

Abb. 16.24 Abhängigkeit der Lagerplatzkosten eines Blocklagers von der Lagerplatztiefe

SF i: Stapelfaktor i Paletten übereinander
Parameter: 20 Paletten pro Artikel, 20.000 Paletten
Übrige Parameter s. *Tabelle 16.6*

Die Abhängigkeit der Lagerplatzkosten von der effektiven Lagerkapazität bei konstant gehaltener Drehzahl ist für die in *Tabelle 16.6* spezifizierten Lagersysteme in *Abb. 16.22* dargestellt. Hieraus ist ablesbar:

- Die spezifischen Lagerplatzkosten nehmen mit der Lagerkapazität zunächst rasch und mit zunehmender Kapazität immer weniger ab, bis sie einen asymptotischen Wert erreichen.

Die Modellrechnungen ergeben außerdem:

- Die Lagerplatzkosten sind weitgehend unabhängig von der installierten Durchsatzleistung.
- Die Lagerplatzkosten hängen relativ wenig vom Volumen der Ladeeinheiten ab und steigen nur unterproportional mit dem Ladeeinheitenvolumen an.

Die aus weiteren Modellrechnungen resultierenden *Abb. 16.24* und *16.25* zeigen:

- Die Lagerplatzkosten eines *Mehrplatzlagers*, wie das Blockplatzlager, sind empfindlich von der *Lagerplatztiefe*, vom *Bestand pro Artikel* und vom *Stapel-*

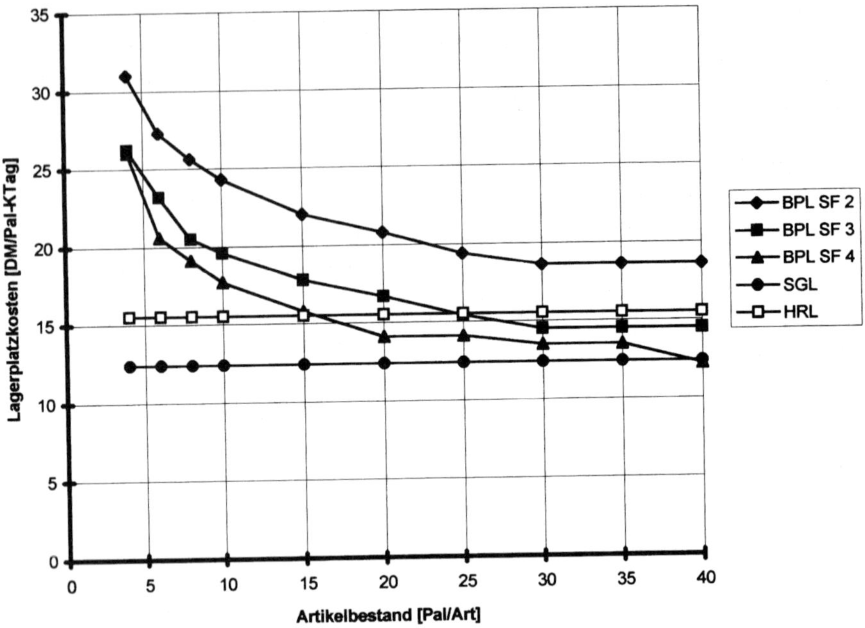

Abb. 16.25 Abhängigkeit der Lagerplatzkosten vom Artikelbestand bei optimaler Lagerdimensionierung

BPL SF i:	Blockplatzlager mit Stapelfaktor i Paletten übereinander
SGL:	Schmalgangstaplerlager
HRL:	Hochregallager
Parameter:	20 Paletten pro Artikel, 20.000 Paletten
	Übrige Parameter s. *Tabelle 16.6*

faktor abhängig, während die Platzkosten der Einplatzlager, wie das Schmalgangstaplerlager und das Hochregallager, von diesen Parametern unabhängig sind.

Hierin spiegeln sich die in den *Abb. 16.14* und *16.15* dargestellten Auswirkungen der Blockplatztiefe und des Stapelfaktors auf den effektiven Grundflächenbedarf pro Ladeeinheit wider. Die Modellrechnungen und ein Vergleich der *Abb. 16.14* und *16.24* zeigen außerdem:

- Die platzoptimale Stapelplatztiefe ist gleich der kostenoptimalen Stapelplatztiefe eines Mehrplatzlagers.

Wegen dieses Zusammenhangs führt das zuvor dargestellte Vorgehen der Lagerplatzoptimierung für Mehrplatzlager zum kostenoptimalen Lagersystem. Ohne eine derartige Lagerplatzoptimierung können die effektiven Lagerplatzkosten eines Mehrplatzlagers infolge der schlechten Raumnutzung erheblich höher sein als notwendig.

Bei den Mehrplatzlagern, wie den Blockplatz- und Kanallagern, müssen die Lagerplatzkosten stets auf die effektive Lagerkapazität (16.30) und nicht auf die 100 %-Lagerkapazität (16.29) bezogen werden, damit die Mehrplatzlager nicht günstiger erscheinen als sie sind.

2. Durchsatzkosten

Die *dynamischen Lagerbetriebskosten* K_{LD} [DM/PE] setzen sich zusammen aus Abschreibungen, Zinsen, Energie und Wartung für die dynamischen Lagergewerke einschließlich der anteiligen Kosten für das Lagerverwaltungssystem und aus den Personalkosten.

Die *Personalkosten* errechnen sich aus der Anzahl N_{VZK} [VZK] der für den Lagerbetrieb benötigten *Vollzeitkräfte* [VZK] und dem *Personalkostensatz* P_{VZK} [DM/VZK-Jahr]. Das Lagerpersonal besteht aus dem *Bedienungspersonen* für die Stapler und Lagergeräte, das auch mitarbeitende *Vorarbeiter* umfaßt, sowie aus den *Führungskräften*, dem *Wartungspersonal* und der *Leitstandbesetzung*. Das Personal der verschiedenen Qualifikationstufen ist mit unterschiedlichen Kostensätzen zu kalkulieren.

Für ein Lager mit einer *Tagesbetriebszeit* T_{BZ} [h/BTag] und insgesamt N_G personalbesetzten Geräten ist die *Anzahl der operativen Vollzeitkräfte* mit einer *Personalverfügbarkeit* η_{Pver} und einer *täglichen Arbeitszeit* T_{AZ} [h/BTag]:

$$N_{VZK} = [N_G \cdot (T_{BZ} / T_{AZ}) / \eta_{Pver}]. \qquad (16.96)$$

Die Personalverfügbarkeit ist das Produkt aus einem *Verteilzeitfaktor* und einem *Urlaubs- und Krankheitsfaktor*. Der Verteilzeitfaktor erfaßt die Zeitverluste für persönliche Verrichtungen, der z. B. nach REFA-Verfahren ermittelt wird, und bei guten Arbeitsbedingungen zwischen 80 und 90 % liegt [151]. Der Urlaubs- und Krankheitsfaktor berücksichtigt die Reduzierung der bezahlten Jahresarbeitszeit durch Urlaub und Krankheit und liegt in Deutschland für gewerbliche Mitarbeiter derzeit bei ca. 80 %.

Kostentreiber der dynamischen Betriebskosten sind die in der Abrechungsperiode durchgesetzten Ladeeinheiten λ_D [LE/PE] oder – bei einer Aufteilung in Ein- und Auslagerbetriebskosten – die *Einlagerleistung* λ_E [LE/PE] und die *Auslagerleistung* λ_A [LE/PE]. Werden die Betriebskosten für die dynamischen Lagergewerke K_{LD} [DM/PE] auf den Lagerdurchsatz λ_D [LE/PE] während der Betriebsperiode bezogen, ergeben sich die

- *spezifischen Durchsatz- oder Umschlagkosten* pro ein- und ausgelagerter Ladeeinheit.

$$k_D = K_{LD} / \lambda_D \qquad [DM/LE] \qquad (16.97)$$

Für bestimmte Problemstellungen, beispielsweise für die Berechnung optimaler Nachschublosgrößen aus den Nachschubprozeßkosten, ist es notwendig, die dynamischen Betriebskosten weiter aufzuteilen in Einlagerkosten und Auslagerkosten und diese auf die Einlagerleistung bzw. Auslagerleistung zu beziehen (s. Abschnitt 11.6). Damit ergeben sich die spezifischen *Einlagerkosten* k_E [DM/LE] und die spezifischen *Auslagerkosten* k_A [DM/LE].

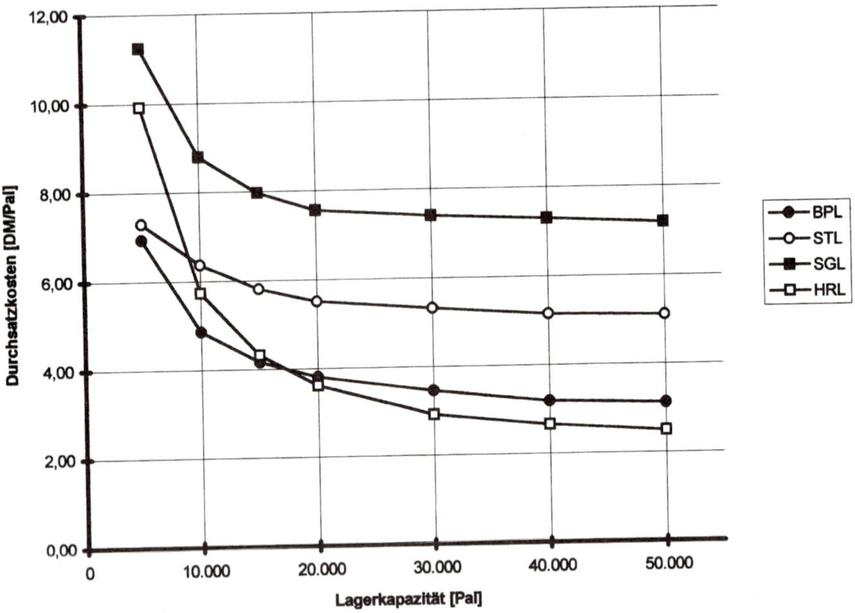

Abb. 16.26 Abhängigkeit der Durchsatzkosten von der effektiven Lagerkapazität

BPL :	Blockplatzlager mit Stapelfaktor 3
STL :	Staplerlager (Gangbreite 2,5 m)
SGL :	Schmalgangstaplerlager (Gangbreite 1,75 m)
HRL :	Hochregallager
Parameter :	20.000 Paletten; Drehzahl 12 p.a.
	übrige Parameter s. *Tabelle 16.6*

Die Abhängigkeit der Durchsatzkosten von der Lagerkapazität bei konstanter Drehzahl ist für die 4 zuvor betrachteten Lagersysteme in *Abb. 16.26* dargestellt. Die Abhängigkeit von der Drehzahl bei konstanter Lagerkapazität zeigt die *Abb. 16.27*. Nicht enthalten in den angegebenen Durchsatzkosten sind die Prozeßkosten für den Warenein- und Warenausgang, die je nach Anforderung und Funktionsablauf zwischen 2,50 und 3,50 DM pro Palette liegen (Kostenbasis 1998).

Aus den dargestellten Abhängigkeiten und weiteren Modellrechnungen folgt:

- Die spezifischen Durchsatzkosten sind wie die spezifischen Lagerplatzkosten von der Größe des Lagers abhängig, nicht aber von der Nutzung der Lagerplatzkapazität.
- Die spezifischen Durchsatzkosten verändern sich bei konstanter Lagerkapazität relativ wenig mit der Lagerdrehzahl und steigen nur bei Drehzahlen unter 10 pro Jahr deutlich an.

Die Degression der Durchsatzkosten mit der Größe des Lagers resultiert aus der Umlage der weitgend durchsatzunabhängigen Kosten für das Lagerverwaltungssystem, für die Leitstandbesetzung und für eine fest installierte Förder-

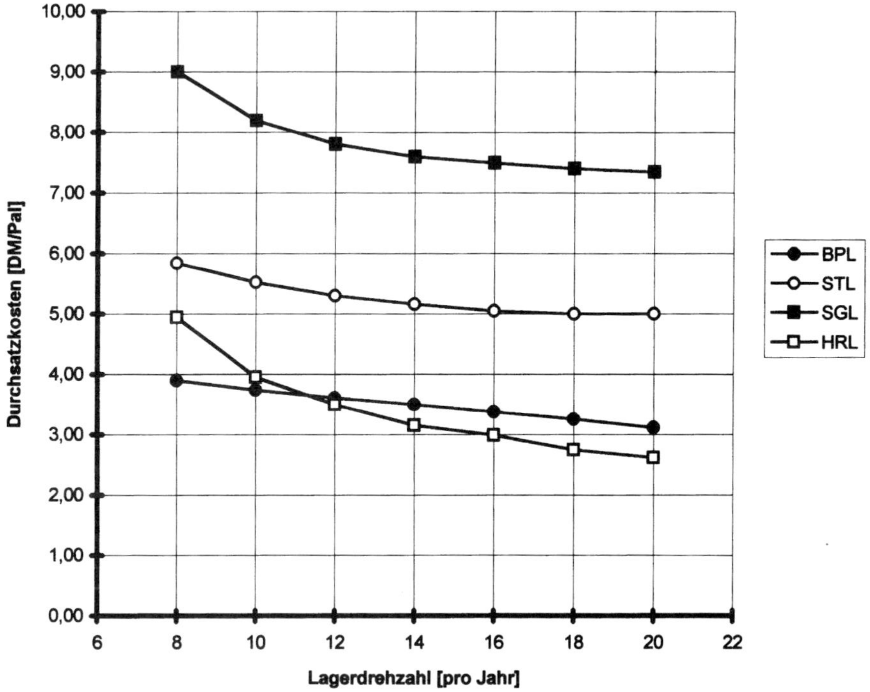

Abb. 16.27 Abhängigkeit der Durchsatzkosten von der Lagerdrehzahl

BPL :	Blockplatzlager mit Stapelfaktor 3
STL :	Staplerlager (Gangbreite 2,5 m)
SGL :	Schmalgangstaplerlager (Gangbreite 1,75 m)
HRL :	Hochregallager
Parameter :	20.000 Paletten, übrige Parameter s. *Tabelle 16.6*

technik auf einen größeren Durchsatz. Die Durchsatzkostendegression ist daher für Lager mit hoher Automatisierung größer als für Lager mit geringer Automatisierung.

3. Kostenvergleich ausgewählter Lagersysteme

Aus den in *Abb. 16.22* bis *16.28* gezeigten Abhängigkeiten der Leistungskosten und den Modellrechnungen ergeben sich für die untersuchten Lagersysteme folgende *Eigenschaften* und *Gesetzmäßigkeiten:*

- Für das *konventionelle Staplerlager* verändern sich die Lagerplatzkosten und die Durchsatzkosten vergleichsweise wenig mit der Kapazität und der Drehzahl des Lagers. Sie liegen jedoch ab 5.000 Palettenplätzen deutlich höher als die Kosten der anderen Fachregallager.
- Für das *Schmalgangstaplerlager* sind die Lagerplatzkosten bei allen Kapazitätsanforderungen geringer als für die anderen Lagersysteme. Die Durchsatzkosten sind dagegen im gesamten Kapazitätsbereich deutlich höher.

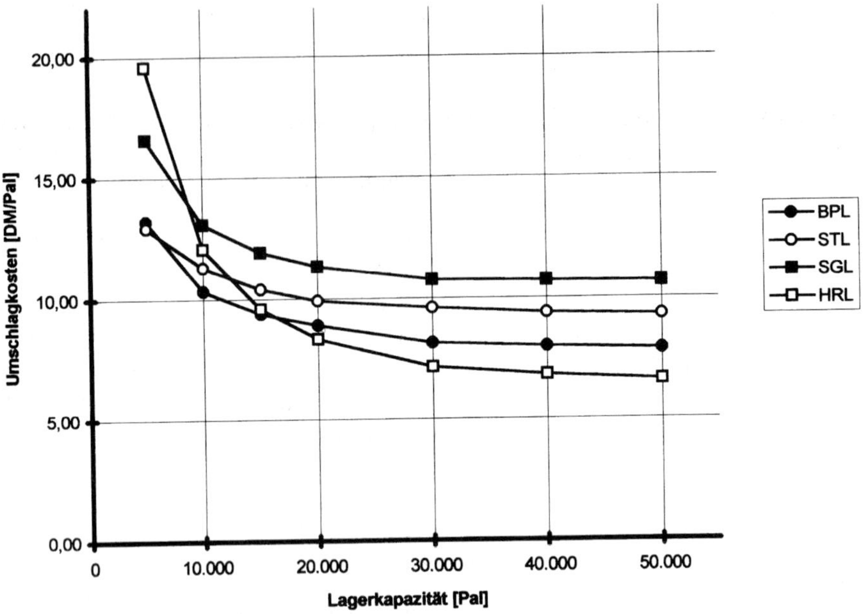

Abb. 16.28 Abhängigkeit der Umschlagkosten von der effektiven Lagerkapazität

BPL :	Blockplatzlager mit Stapelfaktor 3
STL :	Staplerlager (Gangbreite 2,5 m)
SGL :	Schmalgangstaplerlager (Gangbreite 1,75 m)
HRL :	Hochregallager
Parameter :	20.000 Paletten, übrige Parameter s. *Tabelle 16.6*

- Für das *Blocklager* sind die Lagerplatzkosten im gesamten Kapazitätsbereich höher als für das Schmalgangstaplerlager und für mehr als 20.000 Palettenplätze auch höher als für das Hochregallager. Die Durchsatzkosten des Blocklagers liegen hingegen erheblich unter den Durchsatzkosten des Schmalgangstaplerlagers und bis zu einer Kapazität von 20.000 Palettenplätzen auch unter den Durchsatzkosten des Hochregallagers.
- Für das *Hochregallager* sind die Lagerplatzkosten ab einer Lagerkapazität von mehr als 20.000 Palettenplätzen geringer als für das Blocklager. Sie erreichen asymptotisch annähernd den Wert des Schmalgangstaplerlagers. Die Durchsatzkosten des Hochregallagers zeigen die stärkste Degression und sind im Vergleich zu den anderen Lagersystemen ab etwa 20.000 Palettenplätzen am günstigsten.

In den *Abb. 16.28* ist die Abhängigkeit der *Umschlagkosten*, also der allein auf den Durchsatz bezogenen Gesamtbetriebskosten der vier untersuchten Lagersysteme dargestellt. Hieraus ist ablesbar:

- Bei großer Lagerkapazität und hoher Lagerdrehzahl sind die *Durchsatz-* oder *Umschlagkosten* eines automatischen Hochregallagers deutlich geringer als die entsprechenden Leistungskosten der anderen Lagersysteme.

Der allgemeine Vergleich der Lagerleistungskosten und ihrer Abhängigkeiten kann nicht die Lagerplanung für ein konkretes Projekt ersetzen sondern nur die Handlungsmöglichkeiten und Tendenzen aufzeigen. Ohne eine qualifizierte Lagerplanung und Kalkulation der Leistungskosten bleiben wesentliche Optimierungsmöglichkeiten ungenutzt. Infolgedessen werden allzu leicht falsche Entscheidungen getroffen.

4. Auslastungsabhängigkeit der Lagerleistungskosten

Wenn die installierten Lagerleistungen, also die bereitgehaltene Platzkapazität und die vorgehaltene Durchsatzfähigkeit des Lagers, nicht wie geplant genutzt werden, sind die Ist-Leistungskosten infolge der *Fixkostenremanenz* höher als die Plan-Leistungskosten.

Die statischen und die dynamischen Betriebskosten (16.93) setzen sich jeweils zusammen aus nutzungsunabhängigen *Fixkostenanteilen* K_{Pfix} und K_{Dfix} und aus nutzungsabhängigen variablen *Kostenanteilen* $K_{Pvar} = k_{Pvar} \cdot \lambda_P$ und $K_{Dfix} = k_{Dvar} \cdot \lambda_D$. Daher ist:

$$K_L = (K_{Pfix} + k_{Pvar} \cdot \lambda_P) + (K_{Dfix} + k_{Dvar} \cdot \lambda_D). \qquad (16.98)$$

Jeweils bezogen auf den betreffenden Leistungsdurchsatz ergibt sich hieraus die Nutzungsabhängigkeit der *Lagerleistungskosten*

$$k_i(\lambda_i) = k_{i\,var} + K_{i\,fix} / \lambda_i \qquad \text{für } i = P, D. \qquad (16.99)$$

Aus der Nutzungsabhängigkeit folgt für die *Auslastungsabhängigkeit* der Lagerleistungskosten:

- Bei einer Auslastung $\rho_i = \lambda_{iIst}/\lambda_{iPlan}$ der installierten Lagerleistung, also mit i = P der Lagerplatzkapazität und mit i = D der Durchsatzleistung, sind die spezifischen Leistungskosten

$$k_{i\,Ist}(\rho_i) = k_{iPlan} + (K_{ifix} / \lambda_{iPlan}) \cdot (\rho_i - 1) / \rho_i \qquad \text{für } i = P, D. \qquad (16.100)$$

Die Aufteilung der Betriebskosten der vier betrachteten Lagerbeispiele in die fixen und variablen Kosten sowie die hieraus resultierenden Leistungskosten bei 80 % und bei 100% Auslastung sind in *Tabelle 16.6* angegeben. *Abb. 16.29* zeigt die Abhängigkeit der spezifischen Umschlagkosten von der mittleren Nutzung der installierten Kapazität und Leistung während einer Betriebsperiode.

Aus der allgemeinen Auslastungsabhängigkeit der Leistungskosten (16.100), aus dem Funktionsverlauf *Abb.16.29* sowie aus weiteren Modellrechnungen ergeben sich die allgemeingültigen Aussagen (s. *Abschnitt 6.8*):

- Die spezifischen Platzkosten eines Lagers steigen mit abnehmender Nutzung der installierten Kapazität und die spezifischen Durchsatzkosten mit abnehmender Nutzung der installierten Durchsatzleistung zunächst relativ langsam und mit gegen Null gehender Auslastung immer rascher über alle Grenzen an.

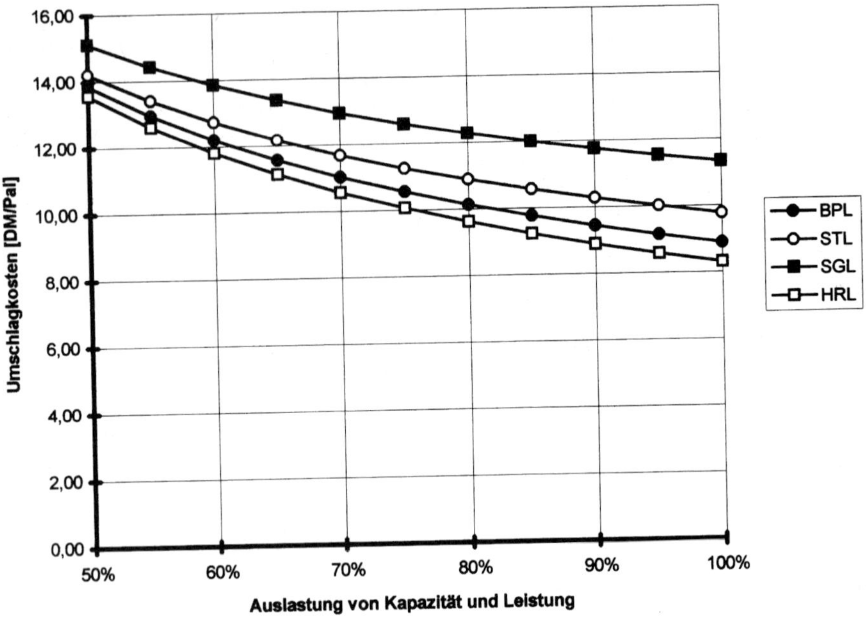

Abb. 16.29 Auslastungsabhängigkeit der Umschlagkosten

BPL :	Blockplatzlager mit Stapelfaktor 3
STL :	Staplerlager (Gangbreite 2,5 m)
SGL :	Schmalgangstaplerlager (Gangbreite 1,75 m)
HRL :	Hochregallager
Parameter :	20.000 Paletten, Drehzahl 12 p.a., übrige Parameter s. *Tabelle 16.6*

- Der Anstieg der Leistungskosten mit abnehmender Auslastung ist für Lager mit einem hohen Fixkostenanteil stärker als für Lager mit einem geringen Fixkostenanteil.
- Der Fixkostenanteil der Lagerplatzkosten ist weitgehend unabhängig vom Automatisierungsgrad sehr hoch und liegt für alle Lagerarten über 85 %.
- Der Fixkostenanteil der Durchsatzkosten ist für Lager mit hoher Automatisierung größer als für Lager mit geringer Automatisierung.

So beträgt der Fixkostenanteil der Durchsatzkosten für das Hochregallager bei den betrachteten Auslegungsanforderung ca. 24 %, für das Blockplatzlager ca. 9 % und für das Schmalganglager ca. 5 %, wenn vorausgesetzt wird, daß beim Blockplatzlager und beim Schmalgangstaplerlager Personal und Geräteanzahl flexibel der aktuellen Leistungsanforderung angepaßt werden können.

Hieraus folgen für die Lagerauswahl, die Lagernutzung und die Leistungspreiskalkulation die *Auslastungs- und Nutzungsgrundsätze:*

- Eine Unterauslastung der installierten Lagerkapazität hat bei allen Lagerarten einen erheblichen Anstieg der spezifischen Ist-Platzkosten zur folge.

- Eine schlechte Nutzung der Durchsatzleistung wirkt sich bei Lagern mit geringerer Automatisierung auf die spezifischen Ist-Durchsatzkosten nicht so stark aus wie bei Lagern mit hoher Automatisierung.
- Die installierte Lagerkapazität eines Lagers mit geringem Fixkostenanteil der Durchsatzkosten sollte möglichst gut belegt werden, auch wenn dabei die mögliche Durchsatzleistung geringer genutzt wird.
- Lager mit einem hohen Fixkostenanteil, wie die automatisierten Hochregallager, sind nur wirtschaftlich, wenn während der gesamten Planbetriebszeit sowohl die durchschnittliche Platznutzung wie auch die mittlere Durchsatzauslastung über 70 % liegen.
- Für stark schwankende Leistungsanforderungen und große Saisonspitzen des Lagerleistungbedarfs sind automatische Lager mit hohem Fixkostenanteil schlechter geeignet als manuell bediente Lager mit geringem Fixkostenanteil.

Diese Auslastungs- und Nutzungsgrundsätze sind vor allem für einen Lagerdienstleister von großer Bedeutung, der Lagerleistungen am Markt anbietet und hierfür den Bau eines neuen Lagers plant.

16.14 Beschaffung von Lagerleistungen

Jedes Unternehmen, das regelmäßig Lagerleistungen benötigt, steht vor der Grundsatzentscheidung, ob und in welchem Umfang es diese selbst erbringen soll oder am Markt beschafft und von einem Dienstleister ausführen läßt.

Für die *Fremdvergabe* der Lagerleistungen sprechen folgende Gründe (s. auch *Kapitel* 20):

- Der Aufbau und der Betrieb eines Lagers sind für einen Lagerdienstleister *Kernkompetenzen*, die er effizienter ausführt als ein Unternehmen, dessen Kernkompetenz auf anderen Gebieten liegt.
- Der Lagerdienstleister hat die Möglichkeit, durch den Bau eines größeren Lagers, das er für mehrere Kunden betreibt, technische und betriebswirtschaftliche Größeneffekte zu nutzen und günstigere Leistungskosten zu erreichen.
- Die Personalkosten sind im Lager- und Speditionsgewerbe geringer als in vielen anderen Branchen.
- Durch geschickte Preisgestaltung und guten Vertrieb kann ein Lagerdienstleister andere Kunden mit gegenläufigem Saisonbedarf akquirieren und dadurch insgesamt eine höhere und gleichmäßigere Auslastung seines Lagers erreichen.

Ein Dienstleister, der für einen oder mehrere Nutzer ein Lager betreibt, muß mit den Erlösen für die Lagerleistungen alle seine Kosten decken. Außerdem will er einen angemessenen Gewinn erwirtschaften. Daher sind die *Leistungspreise*, die ein Dienstleister seinen Kunden für die in Anspruch genommenen Lagerleistungen in Rechnung stellt, um die *kalkulatorischen Zuschläge* für Verwaltung, Vertrieb, Risiken und Gewinn höher als die Leistungskosten, zu denen die gleichen Leistungen im eigenen Unternehmen verrechnet werden.

Wettbewerbsfähige Lagerdienstleister kalkulieren heute – abhängig von Marktlage, Betriebsgröße und Vertragslaufszeit – mit einem *Vertriebs- und Gemeinkostenzuschlag* (VVGK) einschließlich Gewinnerwartung – aber ohne Auslastungsrisiko – zwischen 15 und 20 %. Wenn der Dienstleister ein Lager ausschließlich für den Bedarf eines oder weniger Kunden errichten soll, ist er hierzu in der Regel nur bereit, wenn die *Vertragslaufzeit* mindestens 5 Jahre, bei größeren Lagern eher 10 Jahre beträgt und er für die gesamte Laufzeit eine verbindliche *Nutzungszusage* erhält.

Bei der Kalkulation der Leistungspreise stellt die Berücksichtigung des *Auslastungsrisikos* das größte Problem dar. Das Risiko erhöhter Leistungskosten infolge einer Abweichung der tatsächlichen Nutzung von der geplanten Nutzung eines Lagers muß der *Lagerdienstleister* bei seiner Kalkulation durch einen entsprechenden *Risikozuschlag* berücksichtigen. Wenn ein Unternehmen, das am Markt Lagerleistungen anfragt, sich nicht festlegen will und keine verbindlichen Zusagen für die Mindestinanspruchnahme der Lagerkapazität *und* des Lagerdurchsatzes macht, ist unter Umständen mit Risikozuschlägen weit über 20 % zu rechnen.

Durch die Gemeinkosten-, Gewinn- und Risikozuschläge auf die kalkulierten Leistungskosten werden die Kostenvorteile des externen Dienstleisters teilweise oder vollständig kompensiert. Unter ungünstigen Umständen sind die resultierenden Leistungspreise des Dienstleisters sogar höher als die Leistungskosten bei Eigenbetrieb eines Lagers.

Aus diesen Gründen kann über die Frage *Eigenleistung* oder *Fremdbeschaffung* von Lagerleistungen letzlich nur nach einer differenzierten Ausschreibung entschieden werden. Die benötigten Leistungen, die Rahmenbedingungen, die Auslastungszusagen, die Vertragslaufzeit und weitere wichtige Vertragsbedingungen werden den Anbietern in einer *Ausschreibungsunterlage* vorgegeben, deren Qualität für den Erfolg der Ausschreibung entscheidend ist.

Besonders wichtig ist es, die anzubietenden *Leistungsumfänge* in der Ausschreibungsunterlage möglichst genau zu spezifizieren und die hiermit abgestimmte *Struktur der Leistungspreise* in einem *Preisblankett* bereits so vorzugeben, wie sie auch zur Vergütung vorgesehen sind. Das betrifft nicht nur die eigentlichen Lagerleistungen, sondern auch das damit verbundene Konfektioneren, Kommissionieren, Ver- und Entladen sowie andere Zusatzleistungen im Warenein- und Warenausgang.

Die Lagerart und die Lagertechnik aber sollten dem Lagerdienstleister nicht verbindlich vorgegeben werden, damit dieser eine optimale Lagerlösung entwikkeln kann, die den Einsatz vorhandener Ressourcen und anderer potentielle Nutzer berücksichtigt.

Da die Lagerleistungen und die Einflußfaktoren auf die Leistungspreise von Fall zu Fall unterschiedlich sind, gibt es für Preise von Lagerleistungen keinen transparenten Markt. Selbst wenn die Leistungsanforderungen und Randbedingungen vergleichbar sind, werden die Angebotspreise nicht allein von den Kosten sondern entscheidend von der aktuellen und der regionalen *Marktlage*, das heißt von *Angebot* und *Nachfrage* bestimmt.

Um trotzdem die Angebotspreise der Lagerdienstleister beurteilen und über Eigen- oder Fremdleistung entscheiden zu können, ist es erforderlich, parallel zur Ausschreibung die Leistungskosten bei eigener Durchführung der Lagerdienstleistungen zu kalkulieren. Wenn dafür ein neues Lager zu errichten ist, ist eine *Systemfindung und Layoutplanung* unerläßlich. Zur raschen und zuverlässigen Planung, Dimensionierung, Optimierung und Kostenkalkulation sind die zuvor beschriebenen Lagerplanungstools einsetzbar.

Wenn nach einem Preis-Leistungs-Vergleich unter Abwägung aller Vor- und Nachteile die Entscheidung für den Eigenbetrieb fällt, kann das Ergebnis der Systemfindung und Layoutplanung als Grundlage für die Ausschreibung an potentielle *Generalunternehmer* verwendet werden. Auch bei einer Generalunternehmer-Ausschreibung ist es ratsam, eine *herstellerunabhängige Vorplanung* durchführen zu lassen, um die angebotenen Lösungen technisch-wirtschaftlich besser beurteilen zu können.

16.15 Optimale Lagerauswahl

Wenn zur Lagerung eines Warenbestands in einem bestimmten Umkreis des Bereitstellorts mehrere Lager zur Auswahl stehen, ist zu entscheiden, in welchem dieser Lager eine anstehende Einlagermenge gelagert werden soll. Diese Entscheidung wird erschwert, wenn die verfügbaren Lager zum Teil eigene Lager mit unterschiedlichen Leistungskosten sind und zum Teil Lager von Dienstleistern mit verschiedenen Leistungspreisen und Auslastungszusagen.

Unter der Voraussetzung, daß bei der Einlagerung die voraussichtliche Lagerdauer bekannt ist, läßt sich die Lagerauswahl durch folgende *Lagerzuweisungsstrategie* lösen:

- Eine anstehende Einlagermenge wird dem Lager zugewiesen, das für die betreffende Menge *verfügbar* ist und bei der voraussichtlichen Lagerdauer die geringsten *Lagerprozeßkosten* hat.

Verfügbar sind für einen Einlagerauftrag alle Lager, die für die betreffende Lagerware technisch zulässig sind und deren ungenutzte Restkapazität zum Entscheidungszeitpunkt für die Einlagermenge ausreicht.

Die *spezifischen Lagerprozeßkosten* eines Lagerauftrags A mit M_E Ladeeinheiten betragen für ein Lager LA_i mit einem Lagerplatzkostensatz k_{Pi} [DM/LE-KTag] und einem Durchsatzkostensatz k_{Di} [DM/LE], das vom Bereitstellort der Ware mit *Zulauftransportkosten* in Höhe von k_{Zi} [DM/LE] erreichbar ist, bei einer voraussichtliche *Lagerdauer* von T_L Kalendertagen:

$$k_{Li}(T_L) = k_{Zi} + k_{Di} + k_{Pi} \cdot T_L \qquad [DM/LE]. \qquad (16.101)$$

Wenn sich an das Lagern eine Kommissionierung oder Versandbereitstellung anschließt und hierzu die Ladeeinheiten nach dem Auslagern vom Lager zu einen anderen Ort transportiert und dort bereitgestellt werden müssen, erhöhen sich die Lagerkosten (16.101) um die *Auslauftransportkosten* k_{Ai} [DM/LE] zwischen dem Lager und dem Bereitstellort.

Bei *eigenen Lagern* sind nur die *variablen Anteile* der *Plan-Leistungskosten* für die Lagerzuweisung maßgebend, da die Fixkosten unabhängig von der Lageraus-

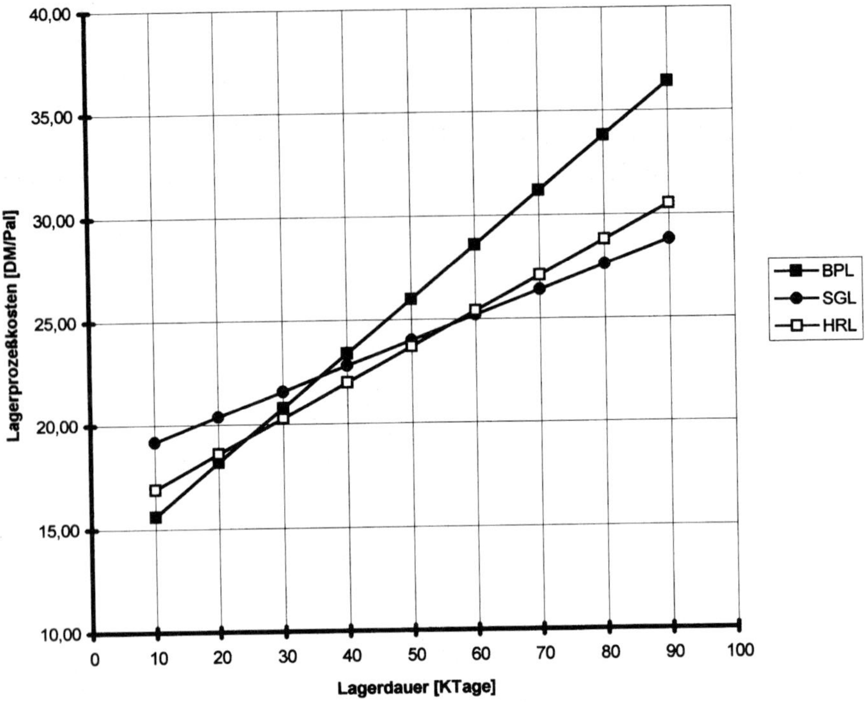

Abb. 16.30 Lagerkostenkennlinien von drei verfügbaren Palettenlagern

Kostensätze	Transportkosten	Durchsatzkosten	Lagerplatzkosten
Blockplatzlager	2,50 DM/Pal	10,50 DM/Pal	0,26 DM/Pal-KTag
Schmalganglager	3,50 DM/Pal	14,50 DM/Pal	0,12 DM/Pal-KTag
Hochregallager	8,00 DM/Pal	7,50 DM/Pal	0,17 DM/Pal-KTag

lastung anfallen. Bei *fremdbetriebenen Lagern* sind die Leistungskosten gleich den Leistungspreisen. Wenn jedoch dem Dienstleister innerhalb einer vereinbarten Periode, zum Beispiel in einem Kalenderjahr, eine bestimmte *Mindest- oder Durchschnittsauslastung* vertraglich zugesichert wurde, sind die Lagerkosten gleich 0 zu setzen, sobald sich abzeichnet, daß die zugesicherte Auslastung nicht erreicht wird.

Aus den Lagerkostensätzen ergibt sich durch die Lagerzuweisungsstrategie *selbstregelnd* eine *kostenoptimale Nutzung* aller verfügbaren Lager. Die Lager werden dabei in folgender Prioritätenfolge mit Lagermengen belegt:

1. Solange ein oder mehrere der verfügbaren *Fremdlager* nicht die zugesicherte Auslastung haben, wird der Einlagerauftrag dem unterausgelasteten Fremdlager mit den geringsten Transportkosten zugewiesen, vorausgesetzt diese sind geringer als die Summe der Transportkosten und der variablen Durchsatzkosten für die verfügbaren Eigenlager.

2. Wenn kein verfügbares Fremdlager unterausgelastet ist, wird der Einlagerauftrag dem verfügbaren *Eigenlager* mit den geringsten Transportkosten zugewiesen.
3. Wenn alle eigenen Lager voll sind, werden die Einlagermengen in dem verfügbaren *Fremdlager* mit den günstigsten Prozeßkosten gelagert.

Die *Lagerkostenkennlinien* (16.101) steigen linear mit der Lagerdauer an, wobei die spezifischen Lagerleitungskosten abhängig sind von den unterschiedlichen Kostensätzen der zur Auswahl stehenden Lager. In *Abb. 16.30* sind die Lagerkostenkennlinien von drei verschiedenen Lagern dargestellt, die sich mit den Kostensätzen eines Falls aus der Praxis ergeben.

Für die in *Abb. 16.30* dargestellte Kostensituation ergibt die Lagerzuweisungsstrategie, daß ein Einlagerauftrag mit einer voraussichtlichen Lagerdauer bis zu 25 Kalendertagen kostenoptimal im Blockplatzlager zu lagern ist, ein Lagerauftrag mit 25 bis 58 Kalendertagen Lagerdauer im Hochregallager und ein Lagerauftrag mit mehr als 58 Kalendertagen Lagerdauer im Schmalgangstaplerlager. Wenn in einem dieser Lager die Restkapazität nicht ausreicht, ist dieses nicht mehr verfügbar und die Zuweisungsentscheidung zwischen den beiden verbleibenden Lagern zu treffen. Die aktuelle Situation kann sich also abhängig vom Lagerfüllungsgrad ändern. Zusätzlich verändert sich die Kostenlage, wenn die Lagerleistungskosten auslastungsabhängig sind.

Simulationsrechnungen für einen konkreten Lagerverbund haben gezeigt, daß mit der dargestellten Lagerzuweisungsstrategie Kosteneinsparungen im Vergleich zur Lagerzuweisung ohne Strategie in einer Größenordnung von 20 % und mehr möglich sind.

Der Algorithmus der beschriebenen Lagerzuweisungsstrategie läßt sich in einem Warenwirtschaftssystem oder Lagerverwaltungssystem relativ einfach programmieren. Dadurch ist es möglich, für jeden anstehenden Einlagerauftrag aus der aktuellen Lagerbelegung und den Kostensätzen das jeweils optimale Lager zu errechnen und dem Disponenten vorzugeben.

Die Lagerkostenkennlinien sind nicht nur im praktischen Betrieb zur Lagerzuweisung bei mehreren verfügbaren Lagern geeignet, sondern auch in der *Planungsphase* nutzbar zur Auswahl eines geeigneten Lagersystems. Damit das richtige Lager für den richtigen Bestand genutzt wird, sind folgende *Lagerauswahlregeln* zu beachten:

- Für Lagerbestände mit kurzer Lagerdauer und hoher Drehzahl sind Lagersysteme mit geringen Durchsatzkosten geeignet, auch wenn die Lagerplatzkosten vergleichsweise hoch sind.
- Für Lagerbestände mit langer Lagerdauer und geringer Drehzahl sind Lagersysteme mit geringen Platzkosten vorteilhaft, auch wenn die Durchsatzkosten vergleichsweise hoch sind.

Schmalgangstaplerlager für Paletten haben relativ günstige Platzkosten und hohe Durchsatzkosten. Sie sind daher für die Langzeitlagerung besonders geeignet.

Automatischer *Hochregallager* haben mit zunehmender Größe abnehmende Durchsatzkosten bei etwas höheren Lagerplatzkosten. Sie sind daher besonders vorteilhaft für die Lagerung von Palettenbeständen mit hoher Drehzahl.

Blockplatzlager haben bei einem Stapelfaktor besser 2 und Artikelbeständen größer als 10 Paletten günstige Durchsatzkosten *und* geringe Platzkosten. Wenn diese Einsatzvoraussetzungen erfüllt sind, ist das Blockplatzlager sowohl für wenig umschlagende Langzeitbestände, für schnellumschlagende Kurzzeitbestände wie auch im mittleren Umschlagbereich gut geeignet. Damit verbunden ist der Vorteil einer hohen Nutzungsflexibilität.

Konventionelle Palettenregallager mit normal breiten Gängen und Staplerbedienung können ebenfalls recht günstige Durchsatzkosten bei etwas höheren Platzkosten als das Schmalganglager haben. Sie sind daher für Lagerbestände mit einer mittleren Drehzahl sowie für stark schwankende Leistungsanforderungen gut geeignet.

Für Pufferbestände mit einer sehr kurzen Lagerdauer bis zu einigen Tagen und bei begrenztem Raum können auch *Durchlauf- und Kanallager* von Vorteil sein, deren Platzkosten sehr hoch, deren Durchsatzkosten aber recht günstig sind.

Mit einem dieser 5 Lagertypen oder mit einer geeigneten Kombination läßt sich der praktische Bedarf zur Lagerung von Paletten stets kostengünstig abdekken. Für andere Lagertypen zur Palettenlagerung, wie Kompaktlager oder Verschieberegallager, besteht in besonderen Fällen wenig Bedarf.

Diese allgemeinen Einsatzbereiche der verschiedenen Lagertypen für Paletten, die sich aus den beiden Auswahlregeln, den Systemvergleichen und den vorangehenden Modellrechnungen ableiten, sind zur Vorauswahl in der Systemfindungsphase geeignet. Zur Entscheidung und Abgrenzung der Einsatzbereiche der Lagersysteme für Paletten oder anderer Ladeeinheiten sind die Kenntnis der konkreten Leistungsanforderungen, eine Lagerdimensionierung und eine Leistungskostenrechnung unerläßlich.

17 Kommissioniersysteme

Das Kommissionieren ist die schwierigste Aufgabe der innerbetrieblichen Logistik. Die Schwierigkeiten des Kommissionierens resultieren aus der Vielzahl der *Verfahren, Techniken,* und *Kombinationsmöglichkeiten*, aus den unterschiedlichen *Strategien*, nach denen sich Kommissioniersysteme aufbauen und organisieren lassen, sowie aus den vielen *Einflußfaktoren*, von denen *Auswahl, Dimensionierung, Investitionen* und *Kosten* abhängen.

Die *Verfahren, Techniken* und *Strategien* des Kommissionierens resultieren aus der *Kommissionieraufgabe* [21, 29; 50; 152; 155; 160; 165]:

- Das *Kommissionieren* ist das Zusammenstellen von Ware aus einem bereitgestellten Sortiment nach vorgebenen Aufträgen.

Werden ganze Ladeeinheiten nur *eines* Artikels angefordert, reduziert sich der Kommissionierauftrag auf einen Auslagerauftrag. Wenn ganze Ladeeinheiten von *mehreren* Artikeln angefordert werden, kommt das *Zusammenführen* an einem *Auftragssammelplatz* hinzu. Für das *Kommissionieren ganzer Ladeeinheiten* wird also nur ein *Einheitenlager* mit Fördertechnik oder Flurförderzeugen zur *Auftragszusammenstellung* benötigt (s. *Kapitel* 16).

Kommissionieraufträge für Teilmengen enthalten *Artikeleinheiten* oder *Gebinde*, die eine *Vereinzelung* der *Auftragsmenge* aus einer bereitgestellten *Artikelmenge* erfordern. Das *Kommissionieren von Teilmengen* ist die zentrale Aufgabe der *Kommissioniersysteme*. Deren *Kernprozeß* ist das Greifen zur *Vereinzelung, Entnahme* und *Abgabe* der Entnahmemenge.

Das *Greifen* – auch *Picken* genannt – wird von einem *Kommissionierer* durchgeführt, der eine *Person*, ein *Lagenpalettierer*, ein *Roboter* oder eine *Abzugsvorrichtung* sein kann. Der Greifvorgang benötigt in der Regel die meiste Zeit und verursacht die höchsten Kosten. Er läßt sich nur schwer mechanisieren und automatisieren.

Der gesamte *Kommissionierprozeß* setzt sich zusammen aus den *Teilprozessen*:

1. *Bereitstellung* von Ware in Bereitstelleinheiten,
2. *Fortbewegung* des Kommissionierers zum Bereitstellplatz,
3. *Entnahme* der geforderten Warenmenge aus den Bereitstelleinheiten,
4. *Abgabe* in Sammelbehälter, auf ein Fördersystem oder auf ein Transportgerät,
5. *Zusammenführen* der Sammelbehälter oder Waren an einem Sammelplatz,
6. *Beschickung* der Bereitstellplätze mit Nachschub.

Aus den räumlichen und zeitlichen Kombinationsmöglichkeiten der *Warenbereitstellung*, der *Entnahme* und der *Abgabe* resultieren die unterschiedlichen *Kommissionierverfahren*. Die verschiedenen *Kommissioniertechniken* ergeben sich aus den technischen Lösungsmöglichkeiten für die Bereitstellung, die Fortbewegung, das Greifen, die Abgabe, das Abfördern und die Informationsanzeige [21; 29; 50; 104; 127; 145; 152; 154; 155; 156].

Durch Verbindung der möglichen Kommissionier- und Beschickungsverfahren mit den verschiedenen Kommissioniertechniken und Lagersystemen entstehen elementare und kombinierte Kommissioniersysteme:

- *Elementare Kommissioniersysteme* sind die Verbindung eines *Sammelsystems*, das die Entnahme, das Ablegen und Zusammenführen der angeforderten Ware durchführt, mit einem *Beschickungssystem*, das die Bereitstellplätze mit Nachschub versorgt.
- *Kombinierte Kommissioniersysteme* sind aus mehreren elementaren Lager- und Kommissioniersystemen aufgebaut, die *nebeneinander* und *hintereinander* angeordnet sind (s. Abb. 17.7)

Für die *Organisation* und *Steuerung* der elementaren und der kombinierten Kommissioniersysteme gibt es eine Vielzahl von *Betriebsstrategien*, die sich in *Belegungs-*, *Bearbeitungs-*, *Bewegungs-*, *Entnahme-*, *Nachschub-* und *Leergutstrategien* einteilen lassen. Wenn es in einem Betrieb unterschiedliche Kommissioniersysteme gibt, werden zusätzlich *Nutzungs-* und *Zuweisungsstrategien* benötigt.

In diesem Kapitel werden die *Leistungsanforderungen* an Kommissioniersysteme definiert, die verschiedenen *Verfahren* und *Techniken* des Kommissionierens beschrieben sowie die elementaren Kommissioniersysteme und der Aufbau kombinierter Kommissioniersysteme dargestellt. Dabei werden die *Einsatzbereiche* der unterschiedlichen Kommissioniersysteme analysiert, qualitative *Einsatzkriterien* abgeleitet und Möglichkeiten zur *Leistungssteigerung* und *Kostensenkung* aufgezeigt.

Anschließend werden die *Betriebsstrategien* für Kommissioniersysteme dargestellt, ihre Auswirkungen untersucht und Verfahren zur *Leistungsberechnung* und *Dimensionierung* entwickelt. Hierzu werden Formeln zur Berechnung von *Wegzeiten* und *Greifzeiten* hergeleitet.

Mit diesem Instrumentarium ist möglich, Kommissioniersysteme systematisch zu planen und so zu optimieren, daß die *Leistungsanforderungen* bei Einhaltung aller *Randbedingungen* zu minimalen *Kommissionierkosten* erfüllt werden. Abschließend werden die *Kalkulation* der Kommissionierkosten behandelt und die wichtigsten *Einflußfaktoren* auf die Kosten analysiert.

17.1 Kommissionieranforderungen

Eine der häufigsten Ursachen für Probleme mit dem Kommissionieren ist die unzureichende Kenntnis der Anforderungen. Die Anforderungen an ein Kommissioniersystem werden durch die *Kommissionieraufträge* spezifiziert und durch Angabe der *Leistungsanforderungen* quantifiziert.

Die *Leistungsinhalte des Kommissionierens* lassen sich einteilen in:

- *Grundleistungen*

  Entnehmen der Artikelmengen
  Befüllen der Versandeinheiten (17.1)
  Zusammenstellen der Auftragsmengen.

- *Vorleistungen*

  Vorbereitung der Aufträge
  Bereitstellen des Sortiments
  Beschicken der Bereitstellplätze
  Nachschub von Reserveeinheiten (17.2)
  Lagern der Reserveeinheiten
  Disposition von Nachschub und Beständen.

- *Zusatzleistungen*

  Preisauszeichnung, Kodieren und Etikettieren der Ware
  Verpacken der Warenstücke oder Gebinde (17.3)
  Aufbau und Ladungssicherung der Versandeinheiten
  Kennzeichnung und Etikettieren der Versandeinheit

Die Vorleistungen sind notwendig, um ein unterbrechungsfreies Kommissionieren zu ermöglichen und werden von den Grundleistungen ausgelöst. Die Zusatzleistungen sind für das eigentliche Kommissionieren nicht zwingend erforderlich und können auch vor oder nach dem Kommissionieren durchgeführt werden. Beim Vergleich von Leistungen und Kosten des Kommissionierens müssen daher die geforderten Zusatzleistungen genau spezifiziert werden.

Der Leistungsumfang wird quantifiziert durch die *primären Leistungsanforderungen*, wie die *Sortimentsanforderungen* und die *Auftragsanforderungen*, und die *sekundären Leistungsanforderungen*, wie die *Durchsatzanforderungen* und die *Bestandsanforderungen*, die sich aus den primären Leistungsanforderungen ableiten. Die Leistungsanforderungen für den *Planungshorizont* lassen sich aus den *Ist-Anforderungen* mit *Hochrechnungsfaktoren* errechnen, die aus einer *Prognose* des Bedarfs in Abstimmung mit der Unternehmensplanung abgeleitet sind.

Die Leistungsanforderungen *schwanken stochastisch* und sind in der Regel *zeitlich veränderlich*. Die stochastischen Schwankungen, die sich aus zufallsabhängigen Einflüssen ergeben, lassen sich durch die *Mittelwerte* und *Varianzen* der Anforderungswerte erfassen.

Die systematischen zeitlichen Veränderungen im Verlauf des Jahres, der Woche und eines Tages sind bei der Dimensionierung durch entsprechende *Spitzenfaktoren* oder unterschiedliche *Belastungsfälle* zu berücksichtigen. Um die systematischen Veränderungen richtig zu erfassen und die stochastischen Schwankungen zu eliminieren, ist es für die Dimensionierung erforderlich, mit den *Stundendurchsatzwerten* zu rechnen.

Das Erfassen, Aufbereiten und Strukturieren der Leistungsanforderungen ist mit Entscheidungen verbunden, die für den Erfolg der Planung eines Kommissioniersystems entscheidend sein können. In vielen Fällen ist es daher notwendig, nach einer ersten groben Festlegung die Leistungsanforderungen im Verlauf der Planung weiter zu differenzieren und bei Bedarf auch neu zu strukturieren.

Als Beispiel sind in *Tabelle 17.1* die Jahresmittelwerte der Leistungsanforderungen für zwei verschiedene Kommissioniersysteme zusammengestellt. Zusätzlich benötigt werden die saisonalen Veränderungen und die Varianz der stochasti-

			Fertigwarenlager Industrie	Warenverteilzentrum Handelskonzern	
SORTIMENT			**Nonfood-Produkte**	**Handelssortiment**	
Artikelanzahl			**800**	**30.000**	
Anteil	A-Artikel		10%	10%	
	B-Artikel		40%	40%	
	C-Artikel		50%	50%	
ENTNAHMEEINHEITEN			**Kartons**	**Warenstücke**	
Durchsatzmenge			**18.750**	**252.000**	**EE/Tag**
Volumen			3,8	5,0	l/EE
Gewicht			1,9	2,5	kg/EE
AUFTRÄGE		Art	**Kundenaufträge**	**Nachschubaufträge**	
Durchlaufzeit		max.	4	8	Stunden
Auftragsdurchsatz			**250**	**1.500**	**Auf/Tag**
Positionen			15,0	12,0	Pos/Auf
Entnahmemenge			5,0	14,0	EE/Pos
POSITIONSDURCHSATZ			**3.750**	**18.000**	**Pos/Tag**
davon	A-Artikel		50%	60%	
	B-Artikel		30%	35%	
	C-Artikel		20%	5%	
BEREITSTELLEINHEITEN			**Paletten**	**Paletten und Behälter**	
Kapazität			209	freier Parameter	EE/BE
Durchsatz			90	aufteilungsabhängig	BE/Tag
VERSANDEINHEITEN			**Paletten**	**Paletten und Klappboxen**	
Kapazität			188	freier Parameter	EE/VE
Durchsatz			250	aufteilungsabhängig	VE/Tag

Tab.17.1 Typische Leistungsanforderungen an Kommissioniersysteme für zwei Fallbeispiele

schen Schwankungen dieser Werte. Außerdem sind die Aufträge eventuell in Groß- und Kleinaufträgen oder in Eil- und Normalaufträge zu unterteilen. Anhand dieser beiden Beispiele aus der Planungspraxis werden nachfolgend die allgemeinen Zusammenhänge erläutert und Modellrechnungen durchgeführt.

1. Sortimentsanforderungen

Die Sortimentsanforderungen spezifizieren die *Breite und Beschaffenheit des Artikelsortiments*, aus dem kommissioniert werden soll, die *Form der Bereitstellung* und die *Art der Entnahmeeinheiten:*

- *Artikelanzahl* N_S des Sortiments, das im Zugriff bereitzuhalten ist;
- *Beschaffenheit* der Artikel, wie Form, Sperrigkeit, Haltbarkeit, Wertigkeit, Gefahrenklasse und Brandklasse.
- *Artikeleinheiten* [AE] mit *Abmessungen* l_{AE}, b_{AE}, h_{AE} [mm], *Volumen* v_{AE} [l/VE] und *Gewicht* g_{AE} [kg/AE].
- *Bereitstelleinheiten* [BE] mit *Kapazität* C_{BE} [AE/BE oder EE/BE], *Abmessungen* l_{BE}, b_{BE}, h_{BE} [mm], *Volumen* v_{BE} [l/BE] und *Gewicht* g_{BE} [kg/BE].
- *Entnahmeeinheiten* [EE] mit *Inhalt* c_{EE} [AE/EE], *Abmessungen* l_{EE}, b_{EE}, h_{EE} [mm], *Volumen* v_{EE} [l/EE] und *Gewicht* g_{EE} [kg/EE].

In Kommissioniersystemen mit statischer Bereitstellung bestimmt die *Artikelanzahl* die Anzahl der Bereitstellplätze und damit die benötigte *Bereitstellänge* oder *Bereitstellfläche.*

Die *Artikeleinheiten* können einzelne *Warenstücke* [WST] oder *Gebinde* [Geb] sein, in denen Flüssigkeit, Pulver, Feststoffe oder auch mehrere Warenstücke abgepackt sind. Abhängig vom Verwendungszweck wird die Artikeleinheit auch als *Verkaufseinheit* [VKE] oder *Verbrauchseinheit* bezeichnet.

Die *Bereitstelleinheiten,* in denen die Artikeleinheiten für den Zugriff bereitgestellt werden, können Paletten oder Behälter sein, aber auch Anlieferkartons oder Einzelteile, die ohne Ladungsträger in einem *Fachbodenregal* oder *Durchlaufkanal* lagern.

In vielen Fällen sind die *Ladeeinheiten* für die Bereitstellung durch den Nachschub vorgegeben. Sind die Bereitstelleinheiten nicht vorgegeben, sind *Auswahl, Abmessungen, Ausrichtung* und *Zuweisungskriterien* der Bereitstelleinheiten für die unterschiedlichen Sortimentsgruppen *Gestaltungsparameter* zur Optimierung des Kommissioniersystems. Aus den Abmessungen der Bereitstelleinheiten und der Entnahmeeinheiten resultiert das *Fassungsvermögen pro Bereitstelleinheit* C_{BE} [EE/BE] (s. *Kapitel* 12).

Die *Entnahmeeinheiten* – auch *Kommissioniereinheiten* [KE], *Greifeinheiten* [GE] oder *Pickeinheiten* genannt – sind entweder die Artikeleinheiten selbst oder *Gebinde,* die mehrere Artikeleinheiten enthalten, wie Kartons [Kart], Schrumpfverpackungen, Überkartons oder Displays. Das Kommissionieren der einzelnen Artikeleinheiten wird auch als *Feinkommissionierung* bezeichnet [152].

Für ein *homogenes Sortiment* mit gleichartigen Artikeleinheiten genügt es, die *mittleren Abmessungen* und das *durchschnittliche Gewicht* der Entnahmeeinheiten zu kennen. Wenn sich die Artikeleinheiten stark unterscheiden, muß das Sortiment in mehrere, in sich ausreichend gleichartige homogene *Sortimentsgrup-*

pen eingeteilt werden, zum Beispiel in *Großteile*, *Kleinteile* und *Sperrigteile*, die in unterschiedlichen Ladeeinheiten gelagert und bereitgestellt werden.

Wenn sich der Mengendurchsatz der einzelnen Artikel stark unterscheidet, kann es sinnvoll sein, das Sortiment nach einer *ABC-Analyse* aufzuteilen in *Artikelgruppen* mit in sich ähnlicher Gängigkeit, die jeweils N_A A-Artikel, N_B B-Artikel und N_C C-Artikel umfassen. Die Artikelgruppen mit unterschiedlicher Gängigkeit können in den gleichen oder in unterschiedlichen Ladeeinheiten bereitgestellt werden, beispielsweise Artikel mit hohem Volumendurchsatz und Bestand in *Paletten* und mit geringerem Volumendurchsatz und Bestand in *Behältern*.

2. Auftragsanforderungen

Kommissionieraufträge können *externe Aufträge* sein, wie *Versandaufträge* und *Ersatzteilaufträge*, oder *interne Aufträge*, wie *Sammelauftäge* einer ersten Kommissionierstufe, *Teilaufträge* für parallele Kommissionierbereiche und *Versorgungsaufträge* für die Montage oder Produktion. Wenn für die Aufträge unterschiedliche *Durchlaufzeiten* oder *Termine* gefordert sind, ist eine Aufteilung in *Dringlichkeitsklassen*, wie *Sofortaufträge*, *Eilaufträge* und *Terminaufträge*, erforderlich.

Die Auftragsanforderungen spezifizieren *Anzahl*, *Inhalt* und *Struktur* der Aufträge, die zu kommissionieren sind:

- *Art der Kommissionieraufträge* [KAuf];
- *Auftragsdurchsatz* λ_{KAuf} [KAuf/PE] pro *Periode* [PE = Jahr, Tag oder Stunde];
- *Auftragspositionen* n_{Pos} [Pos/Auf], d.h. Artikelanzahl pro Auftrag;
- *Entnahmemenge* oder *Pickmenge* pro Position m_{EE} [EE/Pos];
- *Versandeinheiten* [VE] mit *Kapazität* C_{VE} [AE/VE oder EE/VE], *Abmessungen* l_{VE}, b_{VE}, h_{VE} [mm], *Volumen* v_{EE} [l/VE] und *Gewicht* g_{VE} [kg/VE];
- *maximale zulässige Auftragsdurchlaufzeit* $T_{K\,Auf\,max}$ [h].

Bei stochastisch schwankendem und zeitlich veränderlichen Auftragseingang müssen der *Mittelwert* und die *Varianz* des *Auftragsdurchsatzes* λ_{KAuf} für den *Spitzentag* des Jahres bekannt sein. Wenn die *Betriebszeiten* fest vorgegeben oder die Auftragsdurchlaufzeiten begrenzt sind, wird auch der stündliche Auftragseingang für die *Spitzenstunde* des Spitzentages zur Dimensionierung benötigt.

Für Aufträge, die sich nicht allzu stark voneinander unterscheiden, genügt es, die *durchschnittliche Auftragstruktur*, also die mittlere Anzahl Positionen und Entnahmemengen für alle Aufträge zu kennen. Wenn die Aufträge sehr unterschiedlich sind, müssen *Auftragscluster* mit in sich ähnlicher Struktur gebildet und separat betrachtet werden, beispielsweise *Großmengenaufträge* und *Kleinmengenaufträge* oder *Einpositionsaufträge* und *Mehrpositionsaufträge*.

Aus der mittleren Positionsanzahl und der Entnahmemenge pro Position errechnet sich die *durchschnittliche Auftragsmenge*:

$$m_A = n_{Pos} \cdot m_{EE} \qquad [\mathrm{EE/KAuf}], \tag{17.4}$$

Aus der Auftragsmenge und dem mittleren Volumen und Gewicht der Entnahmeeinheiten resultieren das *durchschnittliche Auftragsvolumen* und *Auftragsgewicht*:

$$V_A = n_{Pos} \cdot m_{EE} \cdot V_{EE} \qquad [l/\text{KAuf}]$$
$$G_A = n_{Pos} \cdot m_{EE} \cdot g_{EE} \qquad [\text{kg}/\text{KAuf}]. \tag*{17.5)}$$

Die *Versandeinheiten* können Paletten, Behälter, Klappboxen, Versandkartons oder andere Behälter sein. Wenn sich die *Versandanforderungen*, wie die zu verwendenden Verpackungen oder Versandeinheiten, unterscheiden, sind die Aufträge entsprechend zu klassifizieren und bei der Systemauslegung, Leistungsberechnung und Kostenkalkulation getrennt zu betrachten.

Sind die Versandeinheiten nicht vorgegeben, sind *Gestaltung*, *Auswahl*, *Abmessungen* und *Zuweisungkriterien* der Versandeinheiten zu den unterschiedlichen Auftragsgruppen weitere *Handlungsparameter*, die zur Optimierung des Kommissioniersystems genutzt werden können. Aus den Abmessungen der Versandeinheiten und der Entnahmeeinheiten resultiert das durchschnittliche *Fassungsvermögen der Versandeinheiten* C_{VE} [EE/VE] (s. *Kapitel* 12).

3. Durchsatzanforderungen

Die Durchsatzanforderungen lassen sich aus dem Auftragsdurchsatz, der Auftragsstruktur und den Sortimentsdaten errechnen. Für die Systemauslegung und die Dimensionierung werden benötigt der

- *Volumendurchsatz*

$$\lambda_V = V_A \cdot \lambda_{KAuf} \qquad [l/\text{PE}]. \tag{17.6}$$

und der

- *Mengendurchsatz*

  Positionen

$$\lambda_{Pos} = n_{Pos} \cdot \lambda_{KAuf} \qquad [\text{Pos}/\text{PE}]. \tag{17.7}$$

  Entnahmeeinheiten

$$\lambda_{EE} = m_{EE} \cdot \lambda_{Pos} \qquad [\text{EE}/\text{PE}]. \tag{17.8}$$

  Artikeleinheiten

$$\lambda_{AE} = c_{EE} \cdot \lambda_{EE} \qquad [\text{AE}/\text{PE}]. \tag{17.9}$$

Mit dem Fassungsvermögen C_{BE} [EE/BE] der *Bereitstelleinheiten* und dem Fassungsvermögen C_{VE} [EE/VE] der *Versandeinheiten* errechnet sich aus dem Durchsatz der Entnahmeinheiten der

- *Ladeeinheitendurchsatz*

  Bereitstelleinheiten

$$\lambda_{BE} = \lambda_{EE}/C_{BE} \qquad [\text{BE}/\text{PE}]. \tag{17.10}$$

  Versandeinheiten

$$\lambda_{BE} = \lambda_{EE}/C_{BE} + \lambda_{KAuf}\left(C_{VE} - 1\right)/2C_{VE} \qquad [\text{VE}/\text{PE}]. \tag{17.11}$$

Der Zusatzterm für den Durchsatz der Versandeinheiten resultiert daraus, daß pro Kommissionierauftrag eine Anbrucheinheit mit einem mittleren *Anbruchverlust* von $(C_{VE}-1)/2C_{VE}$ entsteht. Faßt beispielsweise eine zum Versand eingesetzte Klappbox im Mittel 8 Entnahmeeinheiten, ist also $C_{VE} = 8$ EE/VE, dann ist der Durchsatz der Versandbehälter im Mittel pro Kommissionierauftrag um $(8 - 1)/16 = 0{,}44$ Versandbehälter größer als der Vollbehälterdurchsatz, der in diesem Fall gleich ein Achtel des Durchsatzes der Entnahmeeinheiten ist. Analog erhöht sich auch der Durchsatz (17.10) der Bereitstelleinheiten infolge des Anbruchverlustes im Mittel um $(C_{BE}-1)/2C_{BE}$ Bereitstelleinheiten pro Nachschubauftrag, wenn der Nachschub nicht in ganzen Einheiten erfolgt (s. *Abschnitt 12.5*).

Bei der Leistungsberechnung und Dimensionierung von Kommissioniersystemen ist also zu beachten:

- Der Ladeeinheitendurchsatz erhöht sich infolge der Anbrucheinheiten, vor allem wenn die Auftragsmenge im Vergleich zum Fassungsvermögen der Ladeeinheiten klein ist.

Der Durchsatz der Bereitstelleinheiten ist gleich der *Nachschubleistung* für die Bereitstellplätze. Die Nachschub- oder Bereitstelleistung bestimmt maßgebend den *Gerätebedarf* des Beschickungssystems.

Mit größerem Fassungsvermögen der Bereitstelleinheiten reduziert sich die *Nachschubfrequenz* und damit der Gerätebedarf zur Beschickung der Bereitstellplätze. Zugleich aber nehmen auch die Bereitstellänge und damit die Kommissionierwege zu. Außerdem verringert sich der Füllungsgrad der Bereitstelleinheiten im Zugriff mit größerer Kapazität C_{BE}, denn sie sind im Mittel nur mit $(C_{BE}+1)/2$ Entnahmeeinheiten gefüllt.

Gegenläufig dazu aber werden mit zunehmender Größe der Ladeeinheiten der Packungsgrad besser und der anteilige Raumverlust durch die Fachfreimaße geringer. Es gibt daher eine *optimale Größe der Bereitstelleinheiten*, die von vielen Einflußfaktoren abhängt und projektabhängig zu bestimmen ist.

Wenn die Versandeinheit gleich der *Ablageeinheit* am Entnahmeplatz ist, bestimmt deren Durchsatz die *Abförder-* oder *Entsorgungsleistung* des Kommissionierbereichs und damit die Auswahl und Auslegung des Abfördersystems.

Durch ein größeres Fassungsvermögen der Versand- oder Ablageeinheiten lassen sich die Abförderleistung und damit der Aufwand für die Fördertechnik zur Entsorgung des Kommissionierbereichs reduzieren. Mit zunehmendem Fassungsvermögen C_{VE} aber verschlechtert sich der Füllungsgrad der Versand- oder Ablageeinheiten, da pro Kommissionierauftrag ein *Anbruchbehälter* entsteht, der im Mittel nur $(C_{VE}+1)/2$ Entnahmeeinheiten enthält. Aus diesen gegenläufigen Effekten folgt, daß es auch eine *optimale Größe der Versandeinheiten* gibt, die ebenfalls projektspezifisch bestimmt werden muß.

4. Bestandsanforderungen
Die Bestände im Kommissionierbereich sind so zu bemessen, daß bei kostenoptimalem Nachschub ein unterbrechungsfreies Kommissionieren mit kurzen Wegen gewährleistet ist. Aus dieser Zielsetzung folgen die *Auslegungsregeln* (s. *Abschnitte 11.2* und *11.8*):

- Im Kommissioniersystem muß für jeden Artikel mindestens der *Pull-Bestand* vorrätig sein, dessen Höhe von der Bestands- und Nachschubdisposition für den Kommissionierbereich bestimmt wird (s. *Abschnitt 11.1*).
- Wenn der Gesamtbestand eines Artikels den für das Kommissionieren benötigten Pull-Bestand übersteigt, darf davon nur soviel im Kommissionierbereich gelagert werden, wie ohne Behinderung des Kommissionierens möglich ist.

Darüber hinausgehende *Reserve-* oder *Push-Bestände* müssen in einem *Reservelager* gelagert werden, das vom Kommissioniersystem räumlich getrennt ist [158].

Für das Kommissionieren mit *statischer Bereitstellung* teilt sich der Bestand pro Artikel auf in

- eine *Zugriffseinheit*, die sich auf einem *Bereitstellpatz* im *Zugriff* befindet,
- eine *Zugriffsreserveeinheit*, die in der Nähe des Bereitstellplatzes untergebracht ist,
- *Reserveeinheiten*, die ebenfalls im Kommissioniersystem oder getrennt in einem *Reservelager* lagern.

Die Summe der Artikelbestände in den Zugriffseinheiten und Zugriffsreserveinheiten ist der Pull-Bestand des Kommissionierbereichs (s. *Abb. 17.8*).

Der *Platzbedarf* für den Pull-Bestand wird von der Artikelanzahl und der *Belegungsstrategie* für den Zugriffsbereich bestimmt. Der Platzbedarf für die Reserveeinheiten ist abhängig von der *Lagerordnung*. Bei *freier Lagerordnung* ist der Platzbedarf durch den mittleren Bestand, bei *fester Lagerordnung* durch den maximalen Bestand gegeben (s. *Abschnitt 16.5*).

17.2 Kommissionierverfahren

Um den Greifvorgang zu ermöglichen, müssen die in *Abb. 17.1* dargestellten *zentralen Elemente eines Kommissioniersystems* an einem Ort zusammenkommen:

- *Bereitstelleinheiten* B_i, $i = 1,2...N_S$, in denen ausreichende Warenmengen der N_S Artikel des Sortiments bereitgehalten werden.
- *Auftragsablagen* A_j, $j = 1,2...N_A$, auf die die Entnahmemengen m_{ji} aus den Bereitstelleinheiten B_i für N_A gleichzeitig bearbeitete Aufträge abgelegt werden.
- *Kommissionierer* K_k, $k = 1,2 ..... N_K$, die das Greifen durchführen.

Die grundlegenden *Kommissionierverfahren* ergeben sich aus den unterschiedlichen Möglichkeiten, die zentralen Elemente des Kommissioniersystems am *Greifort* zusammenzuführen, also daraus, an welchem Ort der Greifvorgang stattfindet, welche der Elemente sich permanent am Greifort befinden und welche sich zum Greifort bewegen.

Aus den möglichen Kombinationen, in denen jeweils zwei Elemente zusammen zu einem dritten stationären Element kommen können und in denen ein Element zu zwei stationären Elementen kommen kann, ergeben sich die 6 verschiedenen *Kommissionierverfahren*:

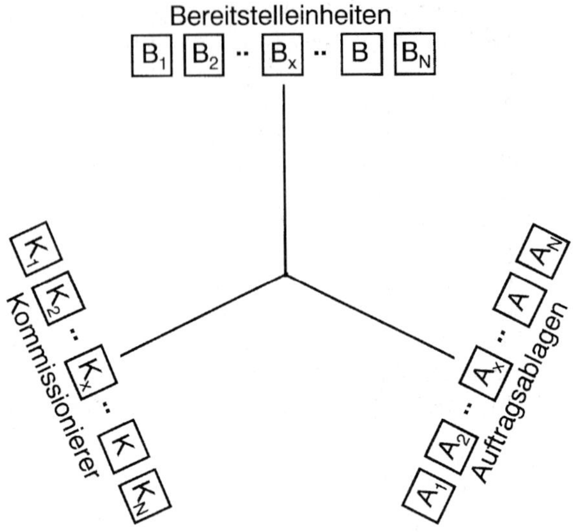

Abb. 17.1 Zentrale Elemente eines Kommissioniersystems

Bereitstelleinheiten B_i, i = 1,2 ...N_B
Auftragsablagen A_j, j = 1,2 ...N_A
Kommissionierer K_k, k = 1,2 ...N_K

- Kommissionierer kommen mit den Aufträgen zu den Bereitstelleinheiten
- Aufträge kommen zu den Kommissionierern bei den Bereitsstelleinheiten
- Bereitstelleinheiten kommen zu Kommissionierern und Aufträgen (17.12)
- Kommissionierer kommen mit Bereitstelleinheiten zu den Aufträgen
- Kommissionierer kommen zu den Aufträgen bei den Bereitstelleinheiten
- Bereitstelleinheiten kommen mit Aufträgen zu den Kommissionierern.

In den *Abb. 17.2* bis *17.6* sind verschiedene Realisierungsmöglichkeiten der wichtigsten dieser sechs grundlegenden Kommissionierverfahren dargestellt. Der Aufbau, die Funktion und die Einsatzvoraussetzungen sowie die Vor- und Nachteile der praktisch relevaten Kommissionierverfahren werden nachfolgend näher beschrieben.

Ein weiteres Kommissionierverfahren, das *stationäre Kommissionieren*, ergibt sich aus der Möglichlichkeit, jeweils einen Bereitstellplatz, einen Ablageplatz und einen Kommissionierer stationär an einem Ort zusammenzubringen. Die Kommissionierer sind in diesem Fall stationäre *Abzugsvorrichtungen*, die mit einem *Fördersystem* verbunden sind. Die Abzugsvorrichtungen ziehen die Warenstücke in der geforderten Anzahl von den stationären Bereitstellplätzen auf das Fördersystem, das sie bei *einstufiger Kommissionierung* direkt und bei *zweistufiger Auftragsbearbeitung* über einen *Sorter* zu den Auftragssammelplätzen in der Packerei oder im Versand befördert. An den Auftragssammelplätzen wird die Ware entnommen, in Versandeinheiten abgelegt oder verpackt.

1. Konventionelles Kommissionieren mit statischer Bereitstellung
Das konventionelle Kommissionieren ist jedem Konsumenten aus den Selbsbedienungsgeschäften bekannt. Beim konventionellen Kommissionieren mit statischer Bereitstellung - bei manueller Entnahme kurz *Mann zur Ware* genannt - befinden sich die Bereitstelleinheiten auf festen *Zugriffsplätzen*. Die Bereitstellung ist *statisch*. Die Kommissionierer kommen mit den Auftragsablagen oder Versandbehältern zu den Bereitstelleinheiten.

Die Zugriffsplätze mit den Bereitstellmengen sind -wie in *Abb. 17.2* für ein typisches Beispiel dargestellt - *platzsparend* und *wegoptimal* auf dem Boden nebeneinander oder in geeigneten Regalen übereinander angeordnet.

Die Kommissionierer bewegen sich mit den Aufträgen nacheinander zu den Bereitstellplätzen, die ihnen von einem *Beleg* oder einer *elektronischen Anzeige* angegeben werden, entnehmen die geforderten Mengen und legen sie auf dem Kommissioniergerät ab oder in die mitgebrachten Sammelbehälter. Nach Fertig-

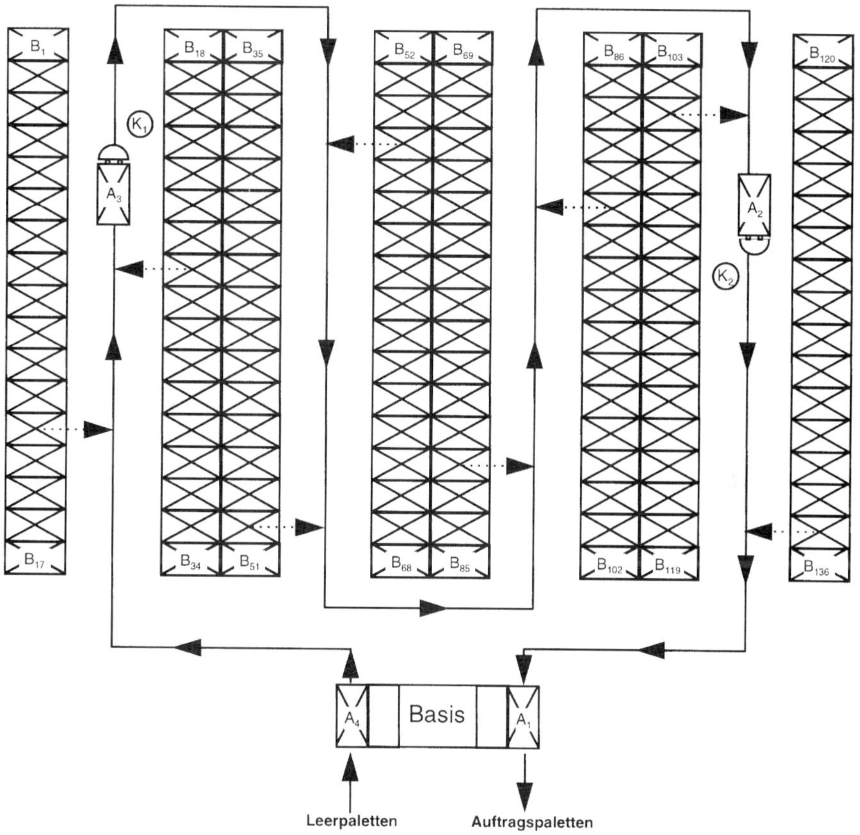

Abb. 17.2 Konventionelles Kommissionieren mit statischer Bereitstellung und räumlich kombinierter Beschickung und Entnahme

stellung aller mitgenommenen Aufträge wird die kommissionierte Ware an einem *Auftragssammelplatz*, der sogenannten *Basis* der Kommissioniertour, abgegeben.

Die *Vorteile* des konventionellen Kommissionierens sind:

- minimaler technischer Aufwand;
- einfache, auch ohne Rechnereinsatz realisierbare Organisation;
- kurze Auftragsdurchlaufzeiten;
- Möglichkeit der gleichzeitigen Bearbeitung von Eilaufträgen, Einzelaufträgen, Auftragsserien, Teilaufträgen und Komplettaufträgen;
- hohe Flexibilität gegenüber schwankenden Durchsatzanforderungen und Sortimentsveränderungen;
- Eignung für alle Arten von Waren, von kleinsten bis zu großen, schweren und sperrigen Warenstücken.

Wegen dieser Vorteile ist das konventionelle Kommissionieren bis heute am weitesten verbreitet. Dabei werden jedoch häufig die *Nachteile* übersehen oder unterschätzt:

- bei einem breiten Artikelsortiment und großen Bereitstelleinheiten lange Wege mit der Folge eines hohen Kommissionierer- und Gerätebedarfs;
- großer Grundflächenbedarf für die Warenbereitsstellung und für die Kommissioniergassen sowie bei räumlich getrennter Beschickung und Entnahme für die Beschickungsgänge;
- bei großen Artikelbeständen ist ein räumlich getrenntes Reservelager für die Überbestände erforderlich, aus dem der Kommissioniererreich mit Nachschub zu versorgen ist;
- Probleme der rechtzeitigen Nachschubbereitstellung nach dem *erschöpfenden Griff*, wenn das letzte Warenstück entnommen ist und für den gleichen Auftrag weitere Warenstücke benötigt werden;
- störende und aufwendige Entsorgung der geleerten Ladehilfsmittel – Paletten, Kartons oder Behälter – nach dem erschöpfenden Griff.

Viele dieser Nachteile lassen sich durch greifoptimale Gestaltung der Bereitstellplätze, durch wegoptimale Anordnung und Dimensionierung der Regale, durch geeignete Nachschub- und Wegstrategien sowie durch den Einsatz geeigneter Technik und Steuerung vermindern oder beseitigen. Daher ist das konventionelle Kommissionieren in vielen Fällen nach wie vor das geeignetste und wirtschaftlichste Kommissionierverfahren.

Besonders gut ist das konventionelle Kommissionieren geeignet für das

1. Kommissionieren von Paletten auf Paletten (*Pick to Pallet*) aus einem relativ schmalen Sortiment in einer Kommissionierzone mit Beständen bis zu 10 Paletten pro Artikel;
2. Kommissionieren aus einem breiteren Sortiment von kleinvolumigen Artikeleinheiten, die in Fachbodenregalen oder Durchlaufkanälen bereitgestellt werden.

Die erste Voraussetzung ist beispielsweise in den Zentrallagern von Industrie und Handel zur täglichen Versorgung der Filialen und des Einzelhandels mit *Konsumgütern* erfüllt. Die zweite Voraussetzung ist in der ersten Kommissionierstufe der *Versandhäuser* und im Pharmahandel gegeben.

Für quaderförmige Warenstücke mit geeigneter Verpackung, die auf Paletten mit artikelweise gleichbleibendem Packschema angeliefert werden, läßt sich das Kommissionieren von Paletten mit statischer Bereitstellung auf Paletten oder in Rollcontainer auch von einem *Portalroboter* oder einem verfahrbaren *Greifrober* ausführen.

2. Dezentrales Kommissionieren mit statischer Bereitstellung
Auch beim dezentralen Kommissionieren haben die Bereitstelleinheiten einen festen Platz. Die Kommissionierer arbeiten jedoch in *dezentralen Arbeitsbereichen*, in denen eine bestimmte Anzahl von Zugriffsplätzen befindet.

Wie in *Abb. 17.3* für ein Beispiel dargestellt, laufen die Aufträge mit oder ohne Sammelbehälter nacheinander auf einer Fördertechnik oder mit einem automatischen Flurförderzeug die betreffenden Kommissionierzonen an. Dort halten sie, bis die geforderte Warenmenge entnommen und abgelegt ist. Danach läuft der Auftrag zu einem nachfolgenden Kommissionierer, der den Bereitstellplatz für die nächste Auftragsposition bedient.

Die dezentral abgelegte Ware wird über ein Sammel- und Sortiersystem zu den Auftragssammelplätzen in der Packerei befördert oder – bei Befüllung der Versandbehälter nach dem *Pick & Pack-Prinzip* – direkt zum Versand transportiert (s. Abb. 13.29).

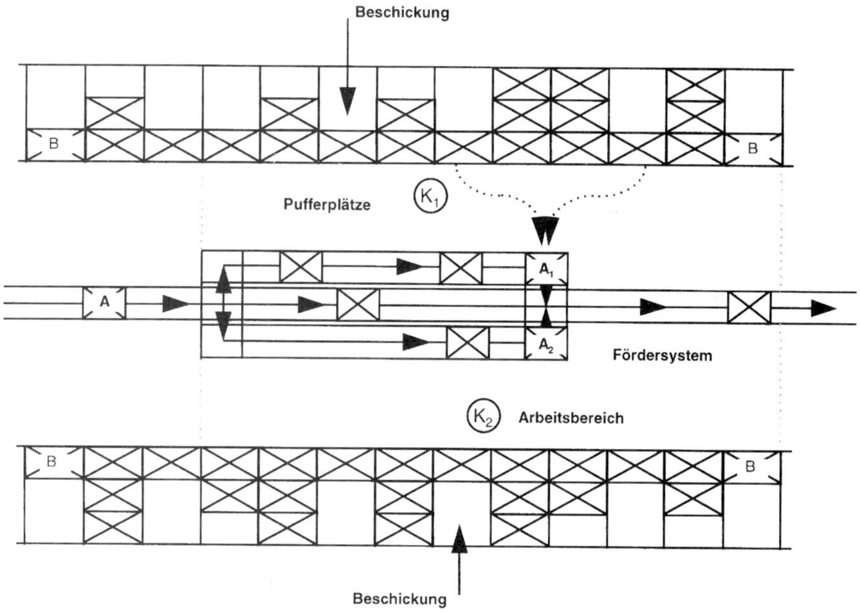

Abb. 17.3 Dezentrales Kommissionieren mit statischer Bereitstellung und räumlich getrennter Beschickung und Entnahme
Dezentrale Arbeitsbereiche mit Auftragssammelfördersystem

Die *Vorteile* des dezentralen Kommissionierens sind:

- kurze Wege und kontinuierliches Arbeiten,
- keine Rüstzeiten und Wartezeiten an einer zentralen Basis,
- höhere Pickleistung der Kommissionierer.

Diesen Vorteilen steht jedoch eine Reihe von *Nachteilen* gegenüber:

- gegenseitige Abhängigkeit der Kommissionierer in aufeinander folgenden Kommissionierzonen;
- geringere Flexibilität bei Schwankungen und Veränderungen der Leistungsanforderungen;
- räumliche Trennung der Beschickung von der Entnahme wegen der Fördertechnik in den Kommissioniergassen;
- hoher Grundflächenbedarf für die griffgünstige Warenbereitsstellung, die Kommissioniergassen, das Sammelfördersystems und die räumlich getrennte Beschickung;
- bei großen Artikelbeständen ist ein räumlich getrenntes Reservelager für die Überbestände erforderlich, aus dem der Kommissioniererreich mit Nachschub zu versorgen ist;
- gleichzeitiges Bearbeiten mehrerer Aufträge, das heißt *Batchbearbeitung* von *Auftragsserien*, oder *zweistufiges Kommissionieren.*
- infolge der Batchbearbeitung oder der zweistufigen Kommissionierung relativ lange Auftragsdurchlaufzeiten;
- bei kleinen Auftragsserien ungleichmäßige Auslastung und häufig längere Wartezeiten;
- Probleme mit dem erschöpfenden Griff und der Entsorgung der geleerten Ladehilfsmittel.

Diese Nachteile des dezentralen Kommissionierens – bei Ablage der Entnahmeeinheiten auf ein Förderband auch *Pick to Belt* genannt – lassen sich durch optimale Gestaltung, Anordnung und Dimensionierung der Bereitstellplätze und Ablageplätze nur bedingt vermindern.

Das dezentrale Kommissionieren kann bei gleichmäßig hohen Leistungsanforderungen, mehr als 10.000 Aufträgen pro Tag mit weniger als 5 Positionen pro Auftrag und einem breiten Sortiment kleinvolumiger Artikel – 10.000 Artikel und mehr – wirtschaftlicher sein als andere Kommissionierfahren.

Diese speziellen Voraussetzungen sind in Versandlagern für pharmazeutische Produkte, Kosmetikartikel, Computerbedarf und Büroartikel erfüllt. Daher ist das dezentrale Kommissionieren in diesen Branchen am weitesten verbreitet.

Weitere Einsatzmöglichkeiten dieses Verfahrens bestehen im Versandhandel zur *Hochleistungskommissionierung* kleinvolumiger Waren. Wegen seiner vielen Nachteile und der speziellen Einsatzvoraussetzungen ist das dezentrale Kommissionieren jedoch im Versandhandel wie auch in der übrigen Wirtschaft relativ selten zu finden.

3. Stationäres Kommissionieren mit dynamischer Bereitstellung
Das stationäre Kommissionieren mit dynamischer Bereitstellung ist im Prinzip jedem Konsumenten aus Läden mit *Thekenbedienung* vertraut, wo der Verkäufer einen Warenbehälter aus einem Regal holt, die gewünschten Artikel an der Theke entnimmt und den Behälter mit der Restmenge wieder zurückstellt.

Beim stationären Kommissionieren mit dynamischer Bereitsstellung – bei manueller Entnahme kurz *Ware zum Mann* genannt – findet der Greifvorgang an einem *festen Kommissionierarbeitsplatz* statt. Die Bereitstelleinheiten mit den angeforderten Artikeln werden – wie in *Abb. 17.4* dargestellt – aus einem *Bereitsstellager* über eine Fördertechnik ausgelagert und an den Kommissionierarbeitsplätzen solange bereitgestellt, bis die benötigten Warenmengen entnommen sind. Die Bereitstellung der Ware ist *dynamisch.*

Bei einer *Einzelauftragsbearbeitung* befinden sich im Ablagebereich des Kommissionierers die Sammel- oder Versandbehälter jeweils für nur einen Auftrag. Bei einer *einstufigen Serienbearbeitung* sind mehrere Behälter für die Aufträge einer Serie ablagegünstig aufgestellt. Der Kommissionierer legt nach den Vorgaben einer Anzeige die entnommenen Warenmengen für die einzelnen Aufträge in die angewiesenen Sammelbehälter ab. Fertig befüllte Sammelbehälter werden mit einem Flurförderzeug oder von einem Fördersystem zum Versand gebracht (s. Abb. 17.25).

Bei *zweistufiger Kommissionierung* werden bei jeder Bereitstellung die Artikelmengen für mehrere externe Aufträge, die zu einem *Sammelauftrag* gebündelt sind, gemeinsam entnommen und auf ein Abfördersystem gelegt, das sie zur zweiten Kommissionierstufe oder über einen Sorter in die Packerei befördert. Die nach der Entnahme in den Bereitstelleinheiten verbleibenden Restmengen werden in beiden Fällen zum nächsten Kommissionierarbeitsplatz weiterbefördert oder wieder eingelagert.

Die *Vorteile* des stationären Kommissionierens mit dynamischer Bereitstellung sind:

- weitgehender Fortfall der Wege für den Kommissionierer;
- Möglichkeit ergonomisch optimaler Arbeitsplatzgestaltung, wie die Ausstattung mit Greifhilfen für schwere oder sperrige Warenstücke;

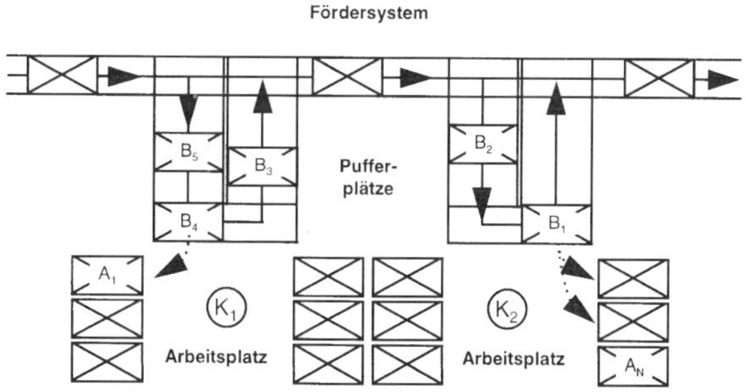

Abb. 17.4 Stationäres Kommissionieren mit dynamischer Bereitstellung Kommissionierarbeitsplätze mit Bereitstellungsfördersystem

- hohe Kommissionierleistungen;
- große Flexibilität bei Sortimentsveränderungen;
- geringere Probleme beim erschöpfenden Griff;
- einfache Entsorgung der geleerten Ladehilfsmittel;
- kompaktes und flächensparendes Bereitstell- und Reservelager;
- gegen unautorisierten Zugriff optimal gesicherte Warenbestände;
- geringer Platzbedarf wegen des Fortfalls der Kommissioniergassen;
- einfache Realisierbarkeit des *Pick & Pack-Prinzips*,
- Anordnung der Arbeitsplätze in der Nähe von Packerei oder Versand.

Wesentlichen *Nachteile* des stationären Kommissionierens mit dynamischer Bereitstellung sind:

- *hohe Investition* für das automatische Lager- und Bereitstellsystem sowie für die Zu- und Abfördertechnik zur Auslagerung und Rücklagerung,
- *hohe Kosten pro Bereitstellvorgang* (bei Paletten weit über 3,00 DM pro Bereitstellung);
- in Spitzenzeiten und bei zweistufiger Auftragsbearbeitung *lange Auftragsdurchlaufzeiten*;
- infolge der begrenzten Bereitsstelleistung *eingeschränkte Flexibilität* bei stark schwankenden Leistungsanforderungen;
- unter Umständen erforderliche *Ladungssicherung* für die rückzulagernden *Restmengen.*

Mit einem leistungsfähigen Bereitstellager und einer entsprechenden Prozeßsteuerung in Verbindung mit *Mehrschichtbetrieb* und *flexiblen Arbeitszeiten* lassen sich diese Nachteile jedoch zum Teil beherrschen.

Eine Möglichkeit zur Minimierung der erforderlichen Bereitstelleistung und damit der Investition in das Bereitstellsystem ist die *Bündelung von Aufträgen*, deren Positionen die gleichen Artikel ansprechen. Da die Zahl der Bereitstellungen pro Auftrag mit ansteigender Anzahl der gleichzeitig in Arbeit befindlichen Aufträge abnimmt, während die Auftragsdurchlaufzeiten mit der Batchgröße zunehmen, ist die *Batchgröße* ein wichtiger *Optimierungsparameter* der dynamischen Bereitstellung [62, 159].

Aus vielen Leistungs- und Kostenvergleichen folgt die allgemeine *Einsatzregel*:[1]

- Kommissioniersysteme mit dynamischer Bereitstellung sind geeignet bei *hohen Leistungsanforderungen* und *breitem Sortiment*, wenn eine *Serienbearbeitung* externer Aufträge möglich ist, die weitgehend gleiche Artikel ansprechen.

Auch wenn mit der Entnahme zeitaufwendige Zusatzarbeiten, wie Zählen, Eintüten, Abwiegen oder Zuschneiden, verbunden sind, wenn schwere und sperrige Teile den Einsatz von Handhabungsgeräten erfordern oder wenn hochwertige

1 Entgegen allgemeiner Auffassung ist der sogenannte *Kommissionierfaktor*, das heißt, das Verhältnis des Inhalts einer vollen Bereitstelleinheit zur mittleren Entnahmemenge, kein geeignetes Einsatzkriterium für die dynamische Bereitstellung [50; 152].

Ware gegen falschen Zugriff gesichert werden soll, ist die dynamische Bereitstellung eine gute Lösung.

Die dynamische Bereitstellung ist besonders zur artikelweisen Kommissionierung von Serienaufträgen in der ersten Stufe eines zweistufigen Kommissioniersystems geeignet. Das *zweistufige Kommissionieren* erfordert jedoch eine aufwendigere Organisation und Prozeßsteuerung sowie die Investition für die zweite Kommissionierstufe (s.u.).

Technische Voraussetzungen der dynamischen Bereitstellung sind gleichartige Ladeinheiten und eine ausreichende Stapelsicherheit der Warenstücke und Gebinde auf den Ladehilfsmitteln, die *Normpaletten*, *Tablare* oder standardisierte *Kleinbehälter* sein können.

Die weiteste Verbreitung hat das stationäre Kommissionieren mit dynamischer Bereitstellung bisher in Form der *Automatischen Kleinbehälter-Lagersysteme* – kurz *AKL-System* – gefunden, da hier die Bereitstellkosten im Vergleich zu den eingesparten Wegekosten besonders günstig sind (s. *Abb. 17.34*). Für das Kommissionieren von Paletten auf Paletten ist die dynamische Bereitstellung wegen der relativ hohen Bereitstellkosten und der vielen Restriktionen unter normalen Umständen nur in wenigen Fällen wirtschaftlich realisierbar.

Eine spezielle technische Ausführung des stationären Kommissionierens mit dynamischer Bereitstellung ist das in Abb. 16.7 gezeigte *Umlauflager*, in dem die Bereitstelleinheiten auf *mobilen Lagerplätzen* zu den Kommissionierplätzen kommen. Das Umlauflager ist zugleich Lager und Bereitstellsystem Es kann entweder als vertikal umlaufendes *Paternosterlager* oder als horizontal umlaufendes *Karussellager* ausgeführt sein [29]. Wesentliche *Nachteile* der Umlauflager sind die *begrenzte Lagerkapazität*, die *hohen Platzkosten*, der *Nachfüllaufwand* und die *Wartezeiten* zwischen den Bereitstellungen, die eine Größenordnung von 20 bis 60 s pro Position erreichen.

Einsatzbereiche für Paternoster- und Karussellager sind das Lagern und Kommissionieren von Kleinteilen, Ersatzteilen, Werkzeugen, Dokumenten und Karteien. Aber auch für das Lagern und Bereitstellen von *Langgut*, wie Stangenmaterial, Rohre oder Teppichrollen, sind Umlauflager geeignet.

4. Inverses Kommissionieren mit dynamischer Bereitstellung

Beim inversen Kommissionieren haben die Auftragsbehälter für die Dauer der Befüllung einen festen Ort. Der Greifvorgang findet am Auftragssammelplatz statt. Die Kommissionierer kommen mit den Bereitstelleinheiten zu den Auftragsplätzen. Die Warenbereitstellung ist also wie beim stationären Kommissionieren *dynamisch*.

Die Auftragsablageplätze mit den Sammelbehältern, Paletten oder Versandbehältern einer Auftragsserie sind – wie in *Abb. 17.5* dargestellt – nebeneinander auf dem Boden oder auf einem geeigneten Gestell *platzsparend* und *wegoptimal* angeordnet. Die Kommissionierer holen die Bereitstelleinheiten von einem Bereitstellplatz, der von einer Fördertechnik aus dem Lager versorgt wird, bewegen sich zu den angegebenen Auftragsplätzen, entnehmen die geforderten Warenmengen und legen sie in die Auftragsbehälter. In den Bereitstelleinheiten verbleibende Restmengen werden für die nächste *Auftragsserie* verwendet oder wieder eingelagert.

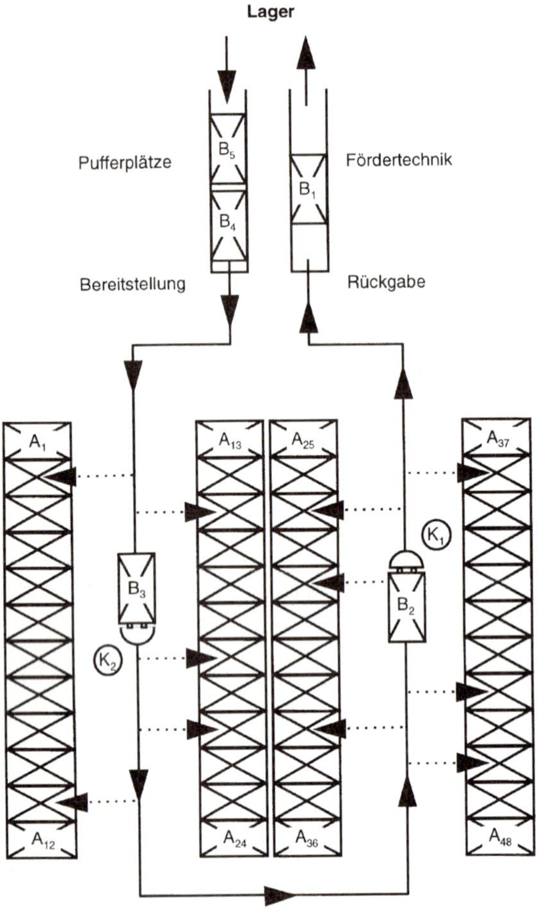

Abb. 17.5 Inverses Kommissionieren mit dynamischer Bereitstellung
Kommissionierkreisel für Palettenware

Der Prozeß des inversen Kommissionierens ist im Prinzip die *zeitliche Umkehr* oder *Inversion* des konventionellen Kommissionierprozesses, wobei die Rollen der Versandeinheiten und der Bereitstelleinheiten vertauscht sind. Da die Kommissionierer die Auftragsbehälter einer Serie im Verlauf ihrer Arbeit umkreisen, wird das Verfahren im Handel auch als *Kommissionierkreisel* oder *Kommissioniertango* bezeichnet.

Das noch relativ wenig verbreitete Verfahren des inversen Kommissionierens bietet folgende *Vorteile*:

- kurze Wege bei geringer Anzahl gleichzeitig bedienter Aufträge;
- hohe Leistung der Kommissionierer;
- hohe Flexibilität bei Sortimentsveränderungen;

- integriertes Bereitstellungs- und Reservelager;
- keine Probleme beim erschöpfenden Griff und mit der Entsorgung der geleerten Ladehilfsmittel;
- geringer Platzbedarf wegen des Fortfalls der Kommissioniergassen;
- zentrale Anordnungsmöglichkeit der Auftragssammelplätze nahe dem Versand;
- direkte Ablage der Warenstücke in die Versandeinheit;
- einfache Organisation des Kommissionierbereichs.

Die wesentlichen *Nachteile* des inversen Kommissionierens sind:

- erhöhter lager-, förder- und steuerungstechnischer Aufwand zur Auslagerung und Rücklagerung der Bereitstelleinheiten;
- Batchbearbeitung von *Auftragsserien* mit entsprechend aufwendiger Organisation und Prozeßsteuerung;
- infolge der Batchbearbeitung relativ lange Auftragsdurchlaufzeiten;
- begrenzte Flexibilität bei großen Schwankungen und Spitzen der Leistungsanforderungen.

Wie beim stationären Kommissionieren mit dynamischer Bereitstellung verlieren diese Nachteile jedoch in großen Logistikzentren an Bedeutung, die über ein leistungsfähiges Hochregallager und eine entsprechende Prozeßsteuerung verfügen und im flexiblen Mehrschichtbetrieb arbeiten können.

Besonders geeignet ist das inverse Kommissionieren bei einer begrenzten Anzahl von Aufträgen mit wenigen Positionen, die möglichst gleiche Artikel betreffen und große Mengen anfordern, und bei einem relativ breiten Sortiment von deutlich mehr als 1.000 Artikeln mit ausgeprägter ABC-Verteilung.

Optimierungsparameter ist auch hier wieder die *Batchgröße* der gleichzeitig bearbeiteten Aufträge, mit der sich die Zahl der Bereitstellungen minimieren läßt, wobei sich allerdings die Auftragsdurchlaufzeiten verlängern (s.u.).

Das inverse Kommissionieren von Paletten auf Paletten oder in Rolltürme mit Versandbehältern wird in den Logistikzentren des *Handels* für die Nachschubversorgung der Verkaufsfilialen, insbesondere für das *Kommissionieren von Aktionsware*, eingesetzt. Auch für das Zusammenstellen der Versandmengen aus täglich angelieferten artikelreinen Paletten in bestandslosen Umschlagpunkten, die nach dem *Transshipment-Prinzip* arbeiten, eignet sich das inverse Kommissionieren (s. Abschnitt 19.1).

In beiden Fällen läßt sich Anzahl der an einem Tag angesprochenen Artikel durch geeignete *Dispositionstrategien* für den Filialnachschub begrenzen, indem beispielsweise an einem Wochentag nur die Artikel ausgewählter Warengruppen ausgeliefert werden.

5. Mobiles Kommissionieren mit statischer Bereitstellung

Beim mobilen Kommissionieren mit statischer Bereitstellung sind die Zugriffsplätze mit den Bereitstelleinheiten und die Auftragsablageplätze mit den Auftragsbehältern stationär angeordnet. Zwischen diesen Plätzen bewegt sich der Kommissionierer oder verfährt das Kommissioniergerät.

Der Kommissionierer entnimmt die Warenmenge für einen oder mehrere Aufträge und legt sie in die Sammelbehälter. Nach der Füllung wird der Sammelbe-

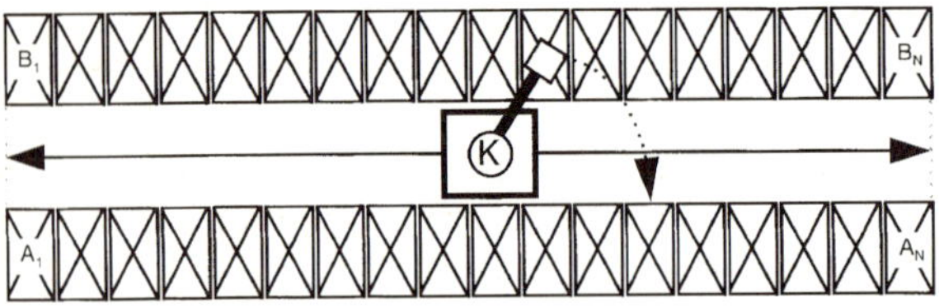

Abb. 17.6 Mobiles Kommissionieren mit statischer Bereitstellung

Kommissionierroboter oder Lagenpalettierer mit stationären Plätzen für Bereitstelleinheiten und für Versandeinheiten

hälter in die Packerei oder in den Versand befördert und ein leerer Sammelbehälter aufgestellt.

Dieses Kommissionierverfahren eignet sich, wie in *Abb. 17.6* dargestellt, vor allem für das *mechanische Kommissionieren* mit einem verfahrbaren *Kommissionierroboter*, einem *Portalroboter* oder einem *Lagenpalettierer*. Der Einsatz von Robotern ist jedoch beschränkt auf das Kommissionieren formstabiler, kubischer oder zylindrischer Standardgebinde mit nicht allzu zu unterschiedlichen Abmessungen.

Das mobile Kommissionieren unter Einsatz eines Roboters oder eines Lagenkommissionierers mit statischer Bereitstellung der Waren und Aufträge ist nur bei großen Durchsatzmengen, vielen Gebinden pro Position und hoher gleichmäßiger Auslastung im Mehrschichtbetrieb wirtschaftlich. Da diese Voraussetzungen nur selten erfüllt sind, ist das vollautomatische Kommissionieren relativ wenig verbreitet. Einige Einsatzbeispiele gibt es in der Konsumgüterindustrie [145; 154; 155; 156].

6. Stationäres Kommissionieren mit dynamischer Bereitstellung
Wenn die Bereitstelleinheiten zusammen mit den Auftragsablagen zu einem stationären Kommissionierplatz kommen, ist das eine Realisierung des letzten der sechs Kommissionierverfahrens. Dieses theoretisch denkbare Verfahren macht in der Praxis wenig Sinn, da es mit hohem steuerungs- und fördertechnischen Aufwand verbunden ist, ohne besondere Vorteile zu bieten.

17.3 Kommissioniertechnik

Die einzelnen Komponenten eines Kommissioniersystems lassen sich technisch unterschiedlich ausgestalten. Die Kombination der möglichen *technischen Alternativen* für

- *Bereitstellung* der Zugriffsmengen: *statisch* oder *dynamisch*
- *Fortbewegung* des Kommissionierers: *ein-* oder *zweidimensional* (17.13)
- *Entnahme* der Ware: *manuell* oder *mechanisch*
- *Abgabe* der Auftragsmengen: *zentral* oder *dezentral*

führt zu der in *Abb. 17.7* dargestellten *Klassifizierung der Kommissioniersysteme* mit 16 verschiedenen Grundsystemen.

Diese vom Verfasser 1973 vorgeschlagene und von mehreren VDI-Richtlinien übernommene Klassifizierung ist jedoch unvollständig [21; 152]. Sie erfaßt weder alle Kommissionierverfahren – beispielsweise fehlt das inverse Kommissionieren – noch alle technischen Varianten, wie die unterschiedlichen Techniken der Beschickung, der Ablage und der Informationsanzeige.

Die Gestaltungsmöglichkeiten und Ausführungsvarianten der Kommissioniertechnik sind sehr vielfältig und führen in Kombination mit den zuvor dargestellten Kommissionierverfahren zu weit über 1.000 unterschiedlichen Kommissioniersystemen. Von den theoretisch möglichen Kommissioniersystemen haben allerdings weniger als 50 praktische Bedeutung. Im konkreten Einzelfall sind davon meist nur wenige Lösungen wirtschaftlich [145; 154, 155; 156].

1. Bereitstellung

Für die *Gestaltung* der Bereitstellplätze gibt es folgende Möglichkeiten:

- Der *Bereitstellort* kann sich, wie in den *Abb. 17.2, 17.3* und *17.8* gezeigt, *statisch* an einem Platz befinden oder, wie in *Abb. 17.4* und *17.5* dargestellt, im Verlauf des Kommissionierprozesses *dynamisch* verändern.
- Die *Bereitstellplätze* sind *eindimensional* nebeneinander oder *zweidimensional* neben- und übereinander angeordnet, wobei die Bereitstelleinheiten mit ihrer Längsseite *längs* oder *quer* zum Kommissioniergang gestellt werden können.
- Die *Beschickung* kann, wie in *Abb. 17.2* gezeigt, *räumlich kombiniert* von der gleichen Seite wie das Kommissionieren oder, wie in den *Abb. 17.3, 17.8, 17.9* und *17.10* dargestellt, *räumlich getrennt* von der Rückseite der Bereitstellplätze stattfinden.

Bei der dynamischen Bereitstellung ist die Gestaltung der stationären Arbeitsplätze und der Informationsanzeige sowie die Auslegung des Bereitstellfördersy-

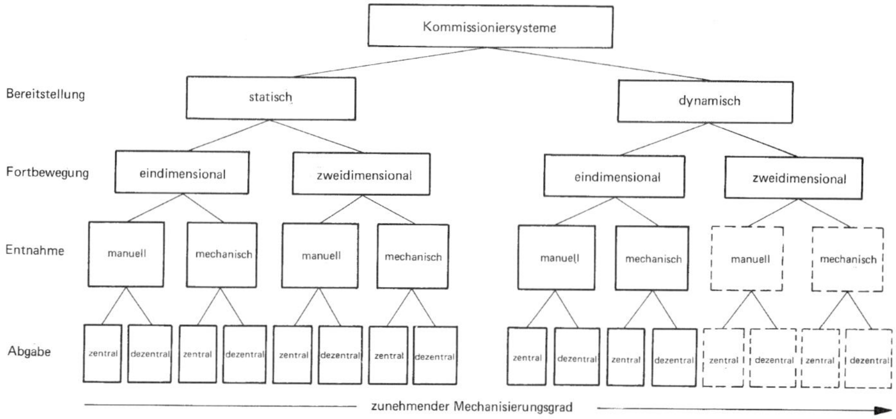

Abb. 17.7 Klassifizierung der elementaren Kommissioniersysteme

stems maßgebend für die Kommissionierleistung. Ein wichtiger Dimensionierungsparameter, von dem die *Auslastbarkeit* der Kommissionierer abhängt, ist dabei die *Anzahl der Stauplätze* vor und hinter den Bereitstellplätzen.

In den Kommissioniersystemen mit *statischer Bereitstellung* ist der *Bereitstellplatz* ein Platz auf dem *Boden*, in einem *Regalgestell* oder in einem *Fachbodenregal*. Die Bereitstelleinheit bleibt auf dem Bereitstellplatz unbewegt stehen, bis sie geleert ist.

Bei *räumlich getrennter Beschickung und Entnahme* befindet sich der Bereitstellplatz, wie in den *Abb. 17.8, 17.9* und *17.10* gezeigt, auf der Ausgangsseite eines *Durchlaufkanals, Durchschubkanals* oder *Durchlaufschachtes*, der von der Rückseite beschickt wird. Dadurch stehen hinter jeder Bereitstelleinheit eine oder mehrere Reserveeinheiten, die nach dem erschöpfenden Griff nachlaufen oder vorgezogen werden können.

Der *Nachteil* der räumlich getrennten Beschickung und Entnahme ist der zusätzliche Platzbedarf für die Nachschubgassen, deren *Gangbreite* b_{NG} von der Größe der Bereitstelleinheiten und der Technik der Nachschubgeräte bestimmt wird.

Bei *räumlich kombinierter Beschickung und Entnahme* entfallen die zusätzlichen Nachschubgassen. Zu entscheiden ist hier, ob für Beschickung und Kommissionieren das gleiche Gerät, wie zum Beispiel ein *Kommissionierstapler*, oder unterschiedliche Geräte eingesetzt werden, die nur auf das Lagern *oder* das Kommissionieren spezialisiert sind. Werden unterschiedliche Geräte eingesetzt, muß durch geeignete *Bewegungsstrategien* dafür gesorgt werden, daß diese möglichst nicht im gleichen Gang verkehren, um sich nicht gegenseitig zu behindern.

Der *Vorteil* der *räumlich kombinierten Beschickung und Entnahme* ist der geringere Platzbedarf. Die *Nachteile* sind:

- bei hohem Durchsatz reduzierte Kommissionierleistung infolge der gegenseitigen Behinderung von Nachschub und Kommissionierung,
- begrenzte Nachschubleistung ohne Automatisierungsmöglichkeit,
- kein unmittelbarer Nachschub nach dem erschöpfenden Griff.

Die Nachteile der kombinierten Lösung lassen sich jedoch teilweise durch geeignete Betriebsstrategien, wie die *freie Platzordnung* in Verbindung mit dem *Flip-Flop-Verfahren*, vermeiden oder reduzieren.

Aus den Vor- und Nachteilen ergeben sich die *Einsatzkriterien*:

- Die *räumliche Trennung* von Beschickung und Entnahme ist bei *hohem Durchsatz*, bei täglich *mehrfachem Nachschub*, für mehrere Kommissionierer pro Gang und bei ausreichendem Platz die bessere Lösung.
- Die *räumliche Kombination* von Beschickung und Entnahme ist bei geringem Durchsatz, maximal einem Kommissionierer pro Gang und begrenztem Platz die günstigere Lösung.

Eine genaue Grenze zwischen diesen beiden Möglichkeiten der Bereitstellung läßt sich ohne Kenntnis der projektspezifischen Anforderungen und Gegebenheiten nicht angeben.

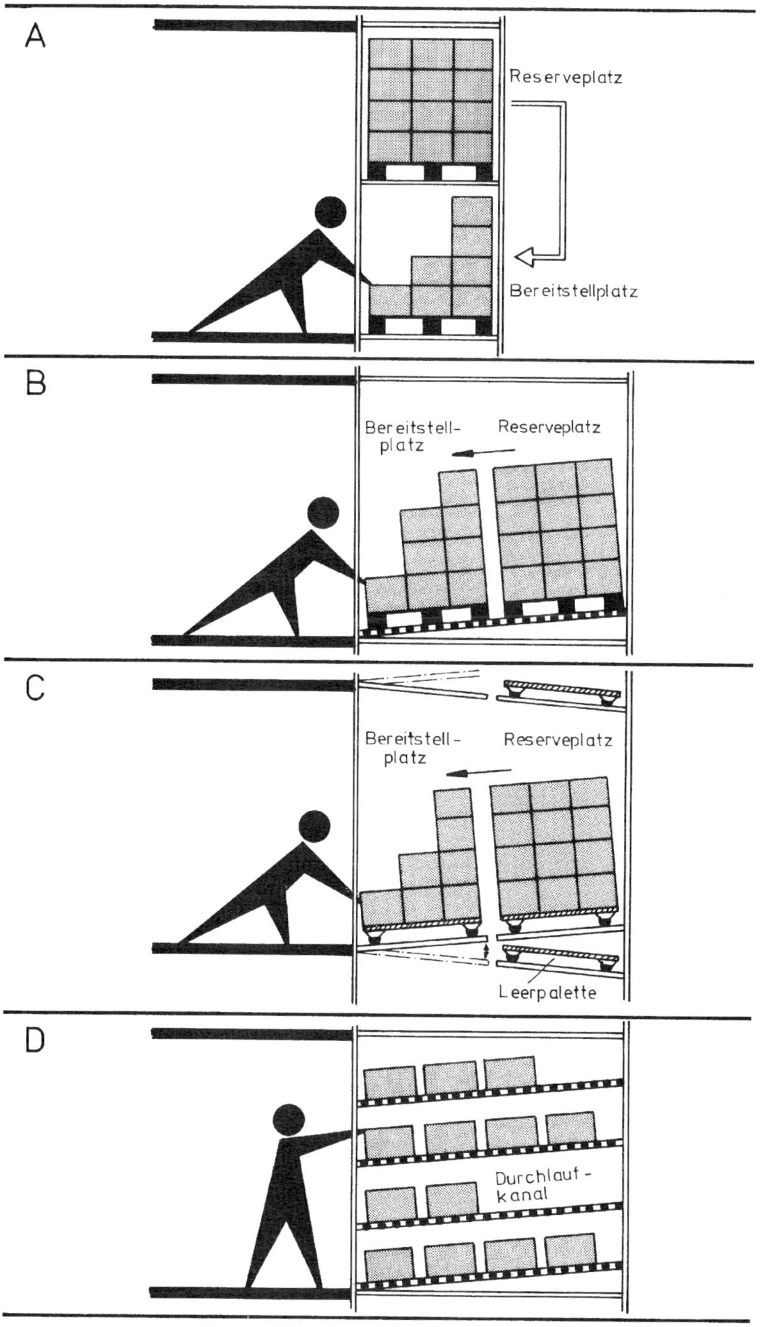

Abb. 17.8 Lösungsmöglichkeiten zur Bereitstellung der Zugriffsreserve bei räumlich getrennter Beschickung und Entnahme

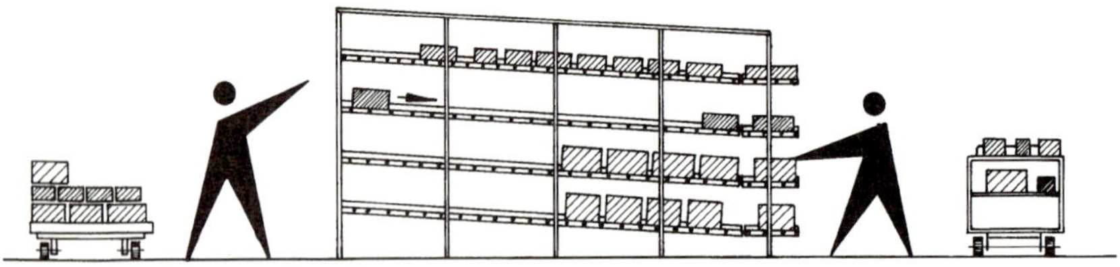

Abb. 17.9 Statische Bereitstellung von Einzelgebinden im Durchlaufregal mit getrennter Beschickung und Entnahme

Abb. 17.10 Statische Bereitstellung von Paletten mit automatischer Beschickung und manueller Entnahme

2. Fortbewegung

In den Kommissioniersystemen mit statischer Bereitstellung kommt der Kommissionierer zu den Bereitstellplätzen. Hierfür bestehen folgende Möglichkeiten [21; 29; 127, 154]:

- Der Kommissionierer geht, wie in *Abb. 17.11* dargestellt, *zu Fuß* mit einem *Handwagen* zur Aufnahme der Ware von Platz zu Platz.
- Der Kommissionierer *fährt* ebenerdig mit einem *Horizontalkommissioniergerät* [HKG] oder mit einem speziellen *Pick-Mobil* zu den Bereitstellplätzen.
- Der Kommissionierer fährt auf einem *Vertikalkommissioniergerät* [VKG], das sich in einer *additiven Fahr- und Hubbewegung* horizontal und vertikal fortbewegt.
- Der Kommissionierer befindet sich, wie in *Abb. 17.12* gezeigt, auf einem *Regalbediengerät* [RBG], das sich in einer *simultanen Fahr- und Hubbewegung* gleichzeitig horizontal *und* vertikal fortbewegen kann.

In den ersten drei Fällen ist die *Fortbewegung* des Kommissionierers *eindimensional*, im letzten Fall *zweidimensional*.

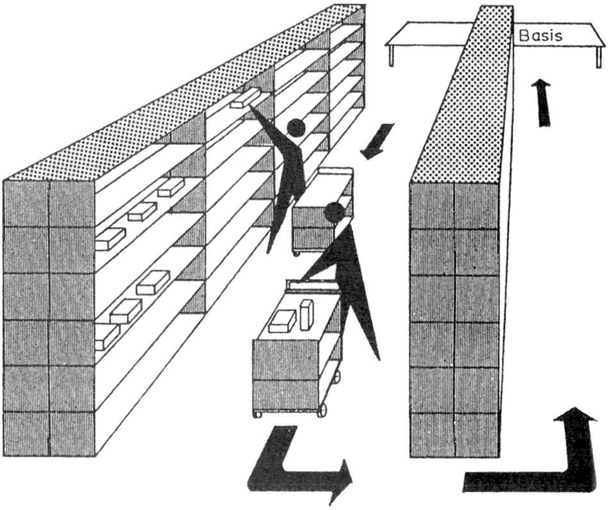

Abb. 17.11 Kommissioniersystem mit statischer Bereitstellung, eindimensionaler Fortbewegung, manueller Entnahme und zentraler Abgabe

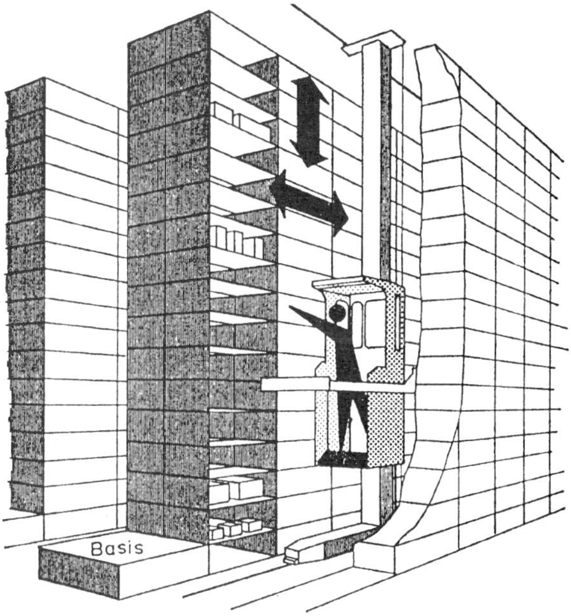

Abb. 17.12 Kommissioniersystem mit statischer Bereitstellung, zweidimensionaler Fortbewegung, manueller Entnahme und zentraler Abgabe

KOMMISSIONIERGERÄT Kommissioniereinheiten	Traglast bis ca.	Hubhöhe bis ca.	Gangbreite ca.	Fahrt Geschwind. Beschleun.	Hub Geschwind. Beschleun.	Richtpreis 1997 TDM
Zu Fuß ohne Handwagen Warenstücke, Kleingebinde	1 kg	-	1,0 m 1,5 m	2,1 m/s 1,4 m/s²	- -	-
Zu Fuß mit Handwagen Behälter, Gebinde, Warenstücke	40 kg	-	1,5 m 2,5 m	1,3 m/s 1,0 m/s²	- -	1 bis 3
Elektro-Handhubwagen Behälter, Gebinde, Warenstücke	1.200 kg 1 EURO	1,0 m	1,5 m 2,5 m	1,7 m/s 0,5 m/s²	0,05 m/s 0,2 m/s	6 bis 8
Horizontal-Kommissioniergeräte Behälter, Gebinde, Warenstücke	2.000 kg 2 EURO	0,5 m	1,5 m 2,5 m	2,5 m/s 0,7 m/s²	0,1 m/s 0,3 m/s²	30 bis 40
Vertikal-Kommissioniergeräte Behälter, Gebinde, Warenstücke	1.000 kg 1 EURO	5,5 m	3,2 m -	2,2 m/s 0,7 m/s²	0,2 m/s 0,5 m/s²	60 bis 80
Regalbediengeräte (RBG) Behälter, Gebinde, Warenstücke	1.000 kg 1 EURO	10 m	1,4 m -	2,0 m/s 0,5 m/s²	0,5 m/s 0,5 m/s²	100 bis 140

Tab. 17.2 Kenndaten und Richtpreise von Kommissioniergeräten

Gangbreite: ohne und mit Übermöglichkeit, Ablage auf EURO-Palette
Richtpreise: mit Elektroantrieb und Handbedienung
ohne Datenanzeige zum Kommissionieren

Die *zweidimensionale Fortbewegung* kann bei einer geringen Anzahl von Entnahmeorten in einer großen Zugriffsfläche gegenüber der eindimensionalen Fortbewegung zu *Wegzeiteinsparungen* führen.[2] Der wesentliche Vorteil der Kommissionierung von einem Regalbediengerät aber besteht in der *kompakten Bauweise* des Kommissioniersystems, die durch *Nutzung der Raumhöhe* und *schmale Bedienungsgassen* erreichbar ist.

Von der *Fortbewegungsart* und dem *Aufnahmevermögen* C_{KG} [SB/KG] für Sammelbehälter [SB] sowie von der *Geschwindigkeit* und *Beschleunigung* der *Kommissioniergeräte* hängt sehr wesentlich die *Komissionierleistung* ab. Die erforderliche *Gangbreite* und die erreichbare *Greifhöhe* beeinflussen dagegen den *Flächen- und Raumbedarf* des Kommissioniersystems. Diese *technischen Kenndaten* und die *Richtpreise* einiger *Kommissioniergeräte* [KG] sind in *Tabelle 17.2* zusammengestellt.

Mit Kommissioniergeräten, die mehrere Sammelbehälter oder Versandeinheiten aufnehmen können, läßt sich eine *einstufige Kommissionierung* von *Kleinse-*

2 Die sogenannte *Flächenanfahrdichte*, das heißt, die Anzahl Zugriffe pro Bereitstellfläche, ist allein kein geignetes Entscheidungskriterium zwischen der eindimensionalen und der zweidimensionalen Fortbewegung [50].

rien durchführen. Dadurch reduzieren sich – bei Vermeidung des doppelten Handling der zweistufigen Auftragsbearbeitung – die anteiligen Wegzeiten pro Position.

3. Entnahme

Die Entnahme ist wegen der damit verbundenen *Vereinzelung* der schwierigste Teil des Greifvorgangs. Für die Durchführung des Greifvorgangs gibt es folgende Möglichkeiten [21]:

- Das *manuelle Greifen* wird, wie in *Abb. 17.13* gezeigt, ohne technische Unterstützung von einem Menschen ausgeführt.
- Das *mechanische Greifen* wird vom Menschen mit einer *Greifhilfe* ausgeführt, zum Beispiel mit einem *Saugheber* oder einem anderen *Lastaufnahmemittel*, das von einem Dreh- oder Schwenkkran gehalten wird.
- Das *automatische Greifen* wird ohne direkte Mitwirkung eines Menschen von einem *Greifroboter*, einem *Lagenkommissioniergerät* oder einem *Kommissionierautomaten* ausgeführt (s. *Abb. 17.6*).
- Beim *automatischen Abziehen* werden die in einem *Durchlaufkanal* oder *Durchlaufschacht* bereitgestellten Entnahmeeinheiten von einer *stationären* oder *mobilen Abzugsvorrichtung* herausgezogen oder zum Herausrutschen gebracht, sodaß sie in einen *Sammelbehälter* oder auf ein *Förderband* fallen (s. *Abb. 17.14 E*).

Beim *manuellen* oder *mechanischen Kommissionieren* sind die *ergonomische Gestaltung* Greifplatzes, die *Abmessungen* des Zugriff- und Ablageraums sowie der *Abstand* und der *Winkel* zwischen Entnahme- und Ablageort entscheidend für das rationelle Greifen. Diese in *Abb. 17.13* dargestellten *Gestaltungsparameter* sind daher nutzbar zur Optimierung von Kommissioniersystemen mit manueller Entnahme.

Voraussetzungen für das automatische Kommissionieren ohne Mitwirkung des Menschen sind eine *hinreichende Gleichartigkeit*, eine *regelmäßige Form* und eine *geeignete Oberflächenbeschaffenheit* der Entnahmeeinheiten. Außerdem müssen die Entnahmeeinheiten entweder einzeln oder in gleichbleibender Stapelung bereitgestellt werden, damit sie der Kommissionierroboter zuverlässig fassen kann.

Wenn die Ware nicht bereits in geeigneter Form und Stapelung angeliefert wird, ist für das *Vorvereinzeln* bei der Beschickung ein *zusätzlicher Aufwand* erforderlich, der in vielen Fällen die Rationalisierung durch den Kommissionierautomaten aufzehrt. Das gilt beispielsweise für die sogenannten *Schachtkommissionieranlagen* für Kleinpackungen, die ähnlich wie Zigarettenautomaten mit einer automatischen Abzugsvorrichtung arbeiten [154].

Das automatische Kommissionieren *ungeordnet* bereitgestellter Warenstücke scheitert daran, daß der zuverlässige und schnelle „Griff in die Kiste" durch einen Automaten ein Problem ist, das mechanisch und steuerungstechnisch bis heute ungelöst ist. Aber selbst wenn alle technischen Voraussetzungen für den Einsatz eines Kommissionierautomaten erfüllt sind, ist das automatische Kommissionieren nur in wenigen Fällen wirtschaftlich. Nur wenn eine gleichmäßig hohe Aus-

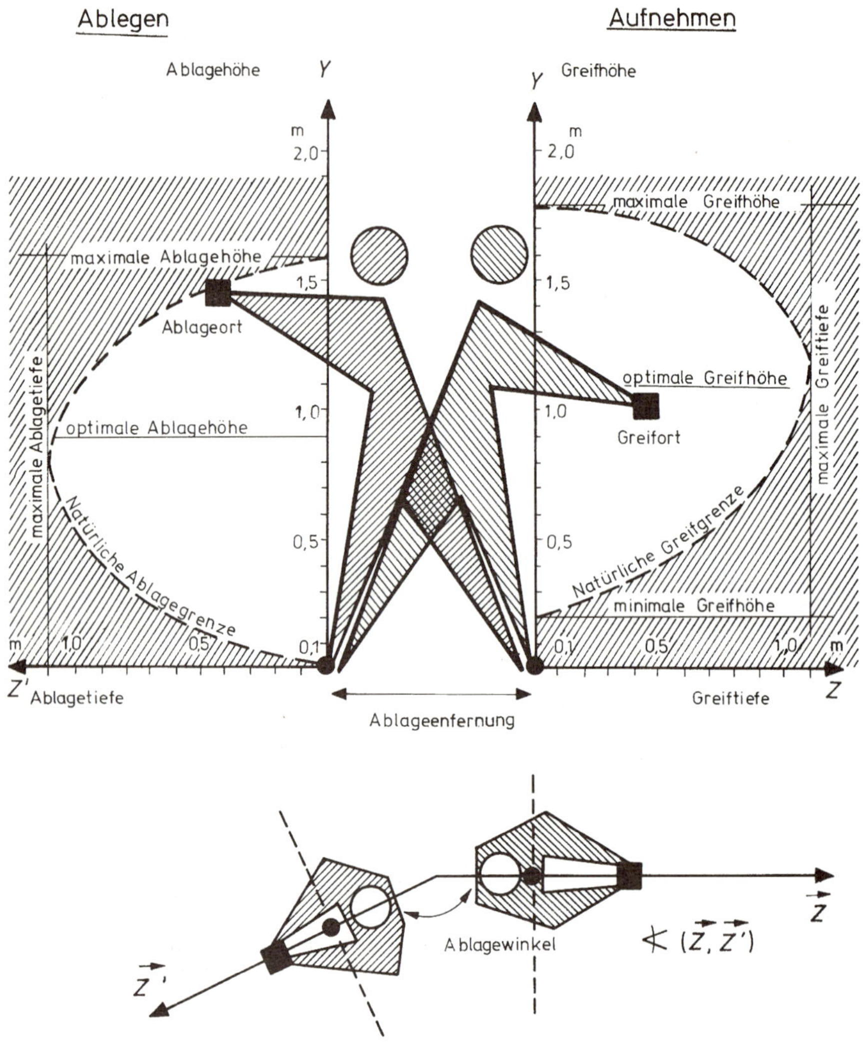

Abb. 17.13 Räumliche Einflußfaktoren des manuellen Greifvorgangs

Die Maßangaben beziehen sich auf Menschen mit 170 bis 180 cm Körpergröße
Ungünstige Greifbereiche sind schraffiert

lastung der Anlage für das ganze Jahr über mindestens zwei Schichten gewährleistet ist, kann unter bestimmten Umständen das automatische Kommissionieren im Vergleich zum manuellen Kommissionieren zu einer Kostensenkung führen [154].

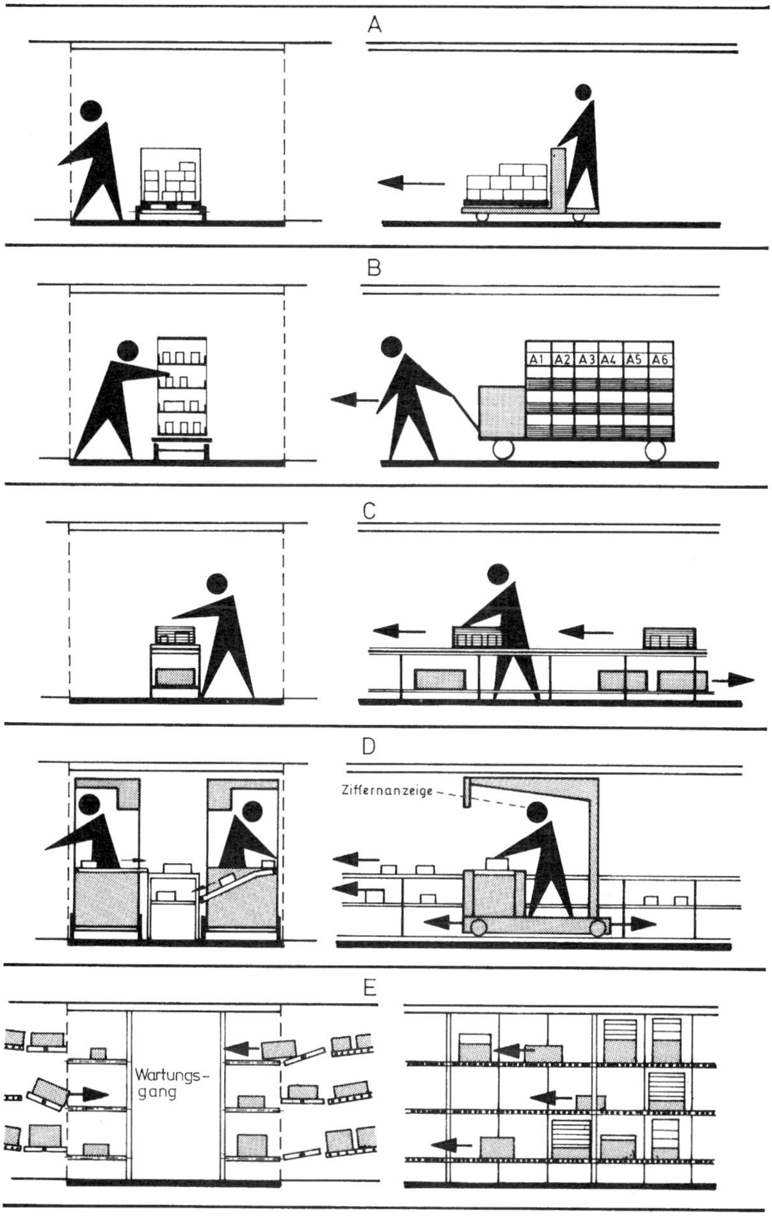

Abb. 17.14 Lösungsmöglichkeiten der Ablage beim Kommissionieren

A Konventionelles Komissionieren auf Palette mit Elektrogabelhubwagen
B Einstufige Serienkommissionierung in die Fächer eines Regalwagens
C Dezentrale Abgabe in Auftragsbehälter auf Förderanlage
D Belegloses Kommssionieren vom Pickmobil mit dezentraler Abgabe
E Automatische Kommissionieren mit Abzugsvorrichtungen

4. Ablage

Für die Lage des *Abgabeortes*, für die *Ablageform* sowie für die Gestaltung der *Sammelbehälter* und des *Abfördersystems* gibt es die in *Abb 17.14* dargestellten technischen Möglichkeiten:

- Der *Abgabeort* für die entnommenen Warenmengen ist entweder, wie in den *Abb. 17.2, 17.4* und *17.11* gezeigt, eine *zentrale Basisstation*, zu der die Ware vom Kommissionierer befördert wird, oder, wie in *Abb. 17.3* und *17.15* dargestellt, ein *dezentraler Abgabeplatz*.
- Die *Ablageform* können lose Warenstücke und Gebinde *ohne Behälter* sein, spezielle *interne Sammelbehälter* oder die *externen Versandeinheiten*.
- Zur *Abförderung* der Ablageeinheiten kann ein *Kommissionierwagen*, das *Kommissioniergerät* oder ein gesondertes *Fördersystem* eingesetzt werden.

Die *Abgabe* der Entnahmemengen *ohne Behälter* direkt auf ein Fördersystem, das an den Pickort herangeführt ist, hat den Vorteil, daß die Entnahmemenge nicht durch das Fassungsvermögen eines mitgebrachten Behälters begrenzt sind. Dadurch ist ein *kontinuierliches Arbeiten* des Kommissionierers möglich. Unter der Voraussetzung, daß die Kommissioniereinheiten förderfähig sind, läßt sich dieser Vorteil vor allem in der ersten Stufe des *zweistufigen Kommissionierens* nutzen.

Bei *Abgabe* der entnommenen Ware *in einen Behälter* können gleichzeitig mehrere Auftragspaletten oder mehrere Sammelbehälter in einem *Wabengestell* oder einer *Schrankpalette* zu- und abgeführt werden, wenn das Kommissioniergerät ein ausreichendes Aufnahmevermögen hat. Auf diese Weise ist das *einstufige Kommissionieren* von *kleineren Auftragsserien* möglich.

Der Einsatz *interner Sammelbehälter* hat ein doppeltes Handling der Warenstücke oder Gebinde zur Folge, einmal am Pick-Platz und danach in der Packerei oder im Versand. Das zweifache Handling läßt mit dem *Pick&Pack-Prinzip* vermeiden:

Abb. 17.15 Kommissioniersystem mit statischer Bereitstellung, eindimensionaler Fortbewegung, manueller Entnahme und dezentraler Abgabe

- Die kommissionierte Ware wird gleich am Pickplatz in die *externe Versandeinheit* abgelegt, also in den Versandbehälter, die Versandpalette oder den Versandkarton .

Das Pick&Pack-Verfahren hat sich, wo immer es durchführbar ist, als besonders wirkungsvolles Mittel zur Senkung von Personaleinsatz und Kommissionierkosten erwiesen.

5. Förder- und Sortiersysteme
Für das Zuführen von Nachschub und Leergut sowie für das Sammeln, den Abtransport, das Zusammenführen, das Verteilen und das Sortieren der Entnahmemengen werden Förder- und Sortiersysteme benötigt, soweit diese Aufgabe nicht von den Nachschub- und Kommissioniergeräten übernommen wird.

Für die Zuführung und den Abtransport von Paletten und schwerem Stückgut werden *Stetigförderanlagen* mit Rollenbahnen, Tragkettenförderen und Verschiebewagen, *Hängebahnanlagen* und *fahrerlose Transportsysteme* (FTS) eingesetzt, die bei mehrstöckigen Anlagen mit Hubstationen und Aufzügen kombiniert sind. Die Grenzleistung der *Palettenfördersysteme*, die von den Engpaßelementen und der Transportstrategie bestimmt wird, liegt im Bereich von 50 bis 200 Pal/h (s. *Tabellen 13.3* und *13.4*).

Zur Zuführung von Kleinbehältern und zum Abtransport von Sammelbehältern oder losen Teilen werden *Bandförderer* und *Rollenförderer* mit Verzweigungs- und Zusammenführungselementen und Vertikalförderern zu einem Fördersystem kombiniert. Die Grenzleistung der *Fördersysteme für leichtes Stückgut* liegt in der Regel im Bereich von 200 bis 3.000 Beh/h (s. *Tabelle 13.4*).

In zweistufig arbeitenden Kommissioniersystemen werden als *Sammelsysteme* auch *Hängekreisförderer* und *Paternoster* eingesetzt, in deren Schachtgondeln die Warenstücke auftragsbezogen abgelegt werden. Für das *Verteilen* der Behälter oder losen Warenstücke auf eine große Anzahl Pack- oder Sammelplätze sind *Hochleistungssorter*, wie *Schuh- oder Posi-Sorter*, *Kippschalensorter* und *Schwenkarmsorter*, mit Sortierleistungen bis zu 10.000 Einheiten/h im Einsatz (s. *Abb. 18.13, 18.14 und 19.2*).

Die Auswahl, Auslegung und Dimensionierung der Transport-, Förder- und Sortiersysteme, mit denen die elementaren Kommissioniersysteme und andere Funktionsbereiche zu einem Gesamtsystem verbunden werden, ist eine projektspezifische Aufgabe. Maßgebend für die Leistungsfähigkeit der Kommissionierer und die Durchsatzleistung des Gesamtsystems sind dabei die *Grenzleistungen der Engpaßelemente*, die daher besonders sorgfältig auszulegen und zu bemessen sind (s. *Kapitel* 18).

6. Packerei und Auftragszusammenführung
Der Kommissionierprozeß endet mit der Bereitstellung der versandbereit oder abholfähig zusammengestellten Auftragsmengen. Wenn nicht nach dem Pick&Pack-Prinzip gearbeitet wird, muß die unverpackte Ware nach dem Kommissionieren in der Packerei versandfertig gemacht und anschließend mit der bereits verpackt entnommenen Ware auf einem *Auftragssammelplatz* zusammengeführt werden.

Das Verpacken findet an *Packplätzen* statt, die parallel arbeiten. Deren *Anzahl* läßt sich aus dem *Durchsatz* und der *Struktur* der *Packaufträge* sowie aus dem Zeitbedarf für den Packvorgang errechnen. Der Zeitbedarf wird bestimmt von der ergomischen Gestaltung der Arbeitsplätze, der Bereitstellung des benötigten Packmaterials, der Zuführung der zu verpackenden Ware und dem Abtransport der fertigen Pakete.

Die zu verpackenden Warenstücke können entweder in einer *Rutsche*, auf einem *Staurollenförderer* oder auf einem *Ladungsträger* den Packplätzen zugeführt werden. Für ein unterbrechungsfreies Packen ist pro Packplatz eine Zuführstrekke, die Stauraum für mindestens zwei Aufträge bietet, ausreichend. Alterativ sind pro Packplatz zwei oder mehr parallele Zuführstrecken erforderlich, aus denen nach dem *Flip-Flop-Prinzip* gearbeitet wird.

Der Kommissionierbereich und die Packerei können fördertechnisch *direkt verbunden* sein oder durch das Zwischenschalten eines *stationären* oder *dynamischen Puffers* voneinander *entkoppelt* werden (s. *Abb. 18.13* u. *18.14*).

Bei einer direkten Verbindung und bei einem stationärem Puffer wird die Anzahl gleichzeitig kommisionierter Aufträge, also die *Batchgröße* einer Auftragsserie, von der Anzahl *Zielstationen* begrenzt, die zur Aufnahme der fertig kommissionierten Ware zur Verfügung stehen. Bei direkter Verbindung ist die Anzahl der Zielstationen gleich der Gesamtzahl der Zuführstrecken zu den Packplätzen, bei einem vorgeschalteten statischen Puffer, wie einem *Sortierspeicher*, gleich der Anzahl der Staubahnen (s. *Abb. 18.13*).

Bei einem dynamischen Puffer, also einem *Sortierkreisel*, in dem die kommissionierten Warenstücke umlaufen, bis sie zu den Packplätzen abgezogen werden, wird die Batchgröße vom Fassungsvermögen des Fördersytems begrenzt (s. *Abb. 18.14*).

Die *Anzahl* und das *Fassungsvermögen* der Zuführstrecken zu den Packplätzen, der Staubahnen eines stationären Puffers und der Fördertechnik eines Sortierkreisels sind daher wichtige *Gestaltungs-* und *Dimensionierungsparameter* eines vollständigen Kommissioniersystems mit angeschlossener Packerei.

Werden für den Versand oder Abtransport *Ladungsträger*, wie Paletten oder Behälter, eingesetzt, ist die verpackte Ware in den Ladungsträgern möglichst raumsparend aufzustapeln, abzulegen und zu verdichten. Das *Verdichten* kann auch das Aufeinanderstapeln mehrerer flach beladener Paletten zu sogenannten *Sandwichpaletten* umfassen. Je nach Versandart und Anforderung des Auftraggebers müssen die fertigen Ladeeinheiten *etikettiert* und durch *Umreifen*, *Wickelfolien* oder *Schrumpffolien* für den Transport *gesichert* werden.

Eine *Sendung* oder eine *Ladung*, die in einer Wechselbrücke, einem Sattelauflieger oder einem anderen Transportmittel versand wird, umfaßt in der Regel mehrere Kommissionieraufträge. Das *Zusammenführen* der fertig kommissionierten Aufträge und der hinzukommenden artikelreinen Ganzeinheiten zu verladefähigen Sendungen und Ladungen – entweder auf den Pufferflächen vor den Versandrampen oder direkt in den bereitstehenden Transportmitteln – und die *Vollständigkeitskontrolle* der Aufträge und Sendungen sind die letzten Arbeitsschritte der Auftragsbearbeitung in einem Logistikbetrieb.

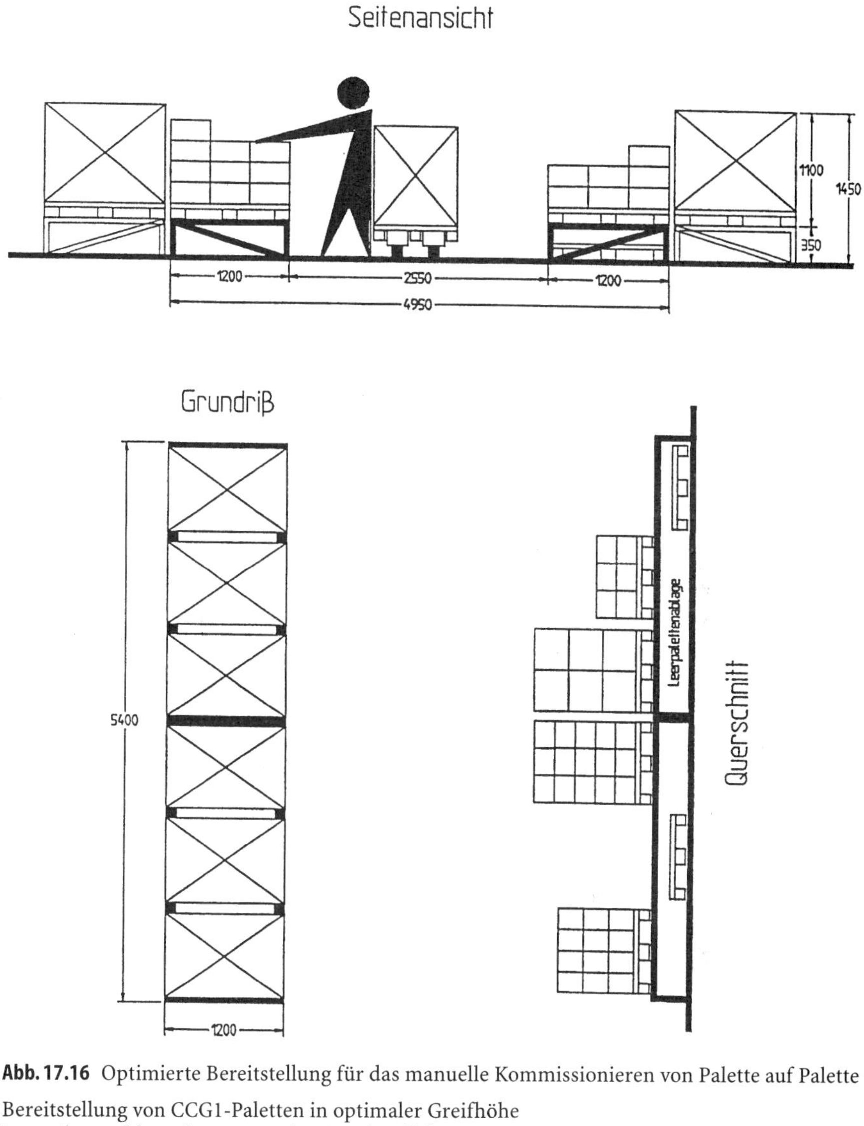

Abb. 17.16 Optimierte Bereitstellung für das manuelle Kommissionieren von Palette auf Palette

Bereitstellung von CCG1-Paletten in optimaler Greifhöhe
Leerpalettenablageplätze unter den Bereitstellplätzen
Flexibles Flip-Flop-Prinzip mit wechselnden Bereitstellplätzten

7. Kommissioniersteuerung

Aufgaben der Kommissioniersteuerung sind das *Auslösen*, *Steuern*, *Optimieren* und *Kontrollieren* der Prozesse in einem Kommissioniersystem.

Die Kommissioniersteuerung wird in den wesentlichen Funktionen und Entscheidungen entweder von *Aufsichtspersonen* übernommen, die durch ein Warenwirtschafts- oder Auftragsabwicklungssystem und die Steuerungstechnik der Geräte und Fördersysteme unterstützt werden, oder weitgehend autark von einem *Lagerverwaltungssystem* (LVS) oder einem *Kommissionierleitsystem* (KLS) ausgeführt, das die benötigten Informationen von über- und untergeordneten Systemen und externen Eingabestellen erhält.

Die Kommissioniersteuerung kann auch in ein *Warenwirtschaftssystem* (WWS) oder *Auftragsabwicklungssystem* (AWS) integriert sein oder von einem *Staplerleitsystem* (SLS) übernommen werden, das um die Funktionen der *Platzverwaltung* und *Informationsanzeige* erweitert ist. Mit einem Lagerverwaltungs- und Auftragsabwicklungssystem, das zugleich die Lagersteuerung und Lagerplatzverwaltung übernimmt, reduziert sich die Tätigkeit der Lagerleitung auf die *Personalführung* und die *Überwachung* der *Leistung* und *Qualität* aus einem *zentralen Leitstand*.

Abgesehen von der Personalentlastung ist der wichtigste *Vorteil* der Steuerung eines Kommissioniersystems mit Hilfe eines DV-Systems die Möglichkeit zur Realisierung von *Betriebsstrategien*, für die eine schnelle Erfassung und Verarbeitung vieler Daten nach bestimmten Algorithmen erforderlich ist. Außerdem lassen sich mit einem DV-System eine verzögerungsfreie Datenübertragung und Datenverarbeitung, das heißt ein *On-Line-Betrieb* realisieren, *geringere Fehlerquoten* erreichen und ein *belegloses Arbeiten* unterstützen.

Damit der Kommissionierer seine Arbeit durchführen kann, müssen ihm der nächste Zugriffsplatz, die angeforderten Artikel, die Entnahmemengen und der Ablageort bekannt gegeben oder angezeigt werden. Für die Bekanntgabe oder Anzeige dieser Informationen bestehen zwei Möglichkeiten [152; 160]:

- *Information mit Beleg* in Form von *Pickzetteln*, *Kommissionierlisten* oder *Auftragsbelegen*;
- *Information ohne Beleg* über geeignete Anzeigen.

Beim dezentralen Kommissionieren *mit Beleg* laufen die Auftragspapiere in den Sammelbehältern zu den Kommissionierarbeitsplätzen. Beim konventionellen und beim inversen Kommissionieren werden die Belege an der Basis übernommen und vom Kommissionierer mitgeführt. Beim *beleglosen Kommissionieren* kann die Anzeige entweder *stationär* an den Bereitstellplätzen angebracht oder als *mobiles* Anzeigeterminal auf dem Kommissioniergerät mitfahren [160].

Das sogenannte *Pick to Light* mit stationärer Anzeige ist optimal einsetzbar in Kommissionierarbeitsbereichen mit begrenzter räumlicher Ausdehnung, also beim dezentralen und stationären Kommissionieren. Bei weit mehr als 100 Artikeln, deren Bereitstellplätze entlang eines länger als 30 m Weges angeordnet sind, ist in den meisten Fällen die mobile Anzeige wirtschaftlicher als die stationäre Anzeige.

Das Lesen, Verarbeiten, Erfassen und Eingeben von Informationen zur Ausführung und Kontrolle kostet den Kommissionierer Zeit. Diese unproduktive *Totzeit* kann bei ungünstiger Anzeige, ungeeigneter Eingabetechnik und vielen Informationen länger sein, als die produktive Greifzeit. Bei *On-Line-Betrieb* mit einer Kommissioniersteuerung, die in ein übergeordnetes Auftragsabwicklungs- oder Warenwirtschaftssystem integriert ist, kommt die Gefahr hinzu, daß die *systembedingten Wartezeiten* auf die Informationsverarbeitung in Spitzenzeiten weit über 5 s ansteigen. Um das zu vermeiden, gilt die *Auslegungsregel*:

- Bei Kommissioniersystemen mit hohen Leistungsanforderungen, großem Informationsbedarf und On-Line-Betrieb ist eine *autarke Kommissioniersteuerung* erforderlich.

Außer der Geschwindigkeit der Informationsverarbeitung bestimmen die *Vollständigkeit,* die *Anordnung* und die *Lesbarkeit* der Informationen für den Kommissionierer maßgebend die *Totzeiten* und die *Fehlerquote.* Die Informationsanzeige hat daher erhebliche Auswirkungen auf Leistung, Qualität und Kosten des Kommissionierens.

17.4 Kommissionierqualität

Die Anzahl der nicht korrekt oder termingerecht ausgeführten Positionen oder Aufträge in Relation zur Gesamtzahl der Positionen oder Aufträge einer Periode ist ein Maß für die *Kommissionierqualität.* Die Kommissionierqualität kann durch *Nichtverfügbarkeit* der Ware am Pickplatz und durch *Kommissionierfehler* beeinträchtigt werden.

Die Sicherung der *Warenverfügbarkeit am Zugriffsplatz* ist Aufgabe der Nachschubsteuerung für den Kommissionierbereich und erfordert entsprechende *Nachschubstrategien* (s.u.). Die *permanente Verfügbarkeit* der Ware am Pickplatz läßt sich durch Eingabe jeder Leerung eines Zugriffsplatzes steuern und kontrollieren. Die Sicherung der Gesamtwarenverfügbarkeit einschließlich der Reservebestände aber ist Aufgabe der Bestands- und Nachschubdisposition für den Logistikbetrieb.

Typische *Kommissionierfehler* sind:

- Entnahme aus einer falschen Bereitstelleinheit,
- Verwechslung der Artikel,
- Entnahme der falschen Menge,
- Ablage in den falschen Auftragsbehälter, (17.14)
- falsche Etikettierung,
- Liegenlassen oder Vergessen einzelner Pickaufträge,
- zu späte Bereitstellung zum Abholen oder Versand.

Bei der der Messung Kommissionierqualität ist zu unterscheiden zwischen der *Positionsfehlerquote* und der *Auftragsfehlerquote*:

- Die *Positionsfehlerquote* $\eta_{P\ fehl}$ [%] ist die Relation der Anzahl fehlerhaft ausgeführter Pickpositionen zur Gesamtzahl der bearbeiteten Positionen.

- Die *Auftragsfehlerquote* $\eta_{A\ fehl}$ [%] ist die Relation der Anzahl Aufträge, die nicht vollständig und korrekt ausgeführt wurden, zur Gesamtzahl der Aufträge.

Solange Ware vorrätig ist, sollte die Positionsfehlerquote in allen Kommissioniersystemen deutlich unter 1 % liegen. Fehlerquoten kleiner als 0,1 % pro Position sind nur unter besonderen Voraussetzungen erreichbar.

Bei einer Positionsfehlerquote $\eta_{P\ fehl}$ ist die *Positionskommissionierqualität*, also die Wahrscheinlichkeit, daß eine Position fehlerfrei ausgeführt wird, $\eta_{P\ kom} = (1 - \eta_{P\ fehl})$. Die Wahrscheinlichkeit, daß ein Auftrag mit mehreren Positionen fehlerfrei ausgeführt wird, ist das Produkt der Wahrscheinlichkeit, daß die einzelnen Auftragspositionen korrekt ausgeführt werden. Hieraus folgt der *Satz*:

- Wenn die Aufträge im Mittel n Positionen haben und die Positionsfehlerquote $\eta_{P\ fehl}$ beträgt, ist die *Auftragskommissionierqualität* $\eta_{A\ kom} = (1 - \eta_{P\ fehl})^n$ und die *Auftragsfehlerquote* $\eta_{A\ fehl} = 1 - (1 - \eta_{P\ fehl})^n$.

Hieraus ergibt sich beispielsweise, daß für Aufträge mit im Mittel 5 Positionen und einer Positionsfehlerquote von 1,0 % die Auftragsfehlerquote 4,9 % beträgt. Das bedeutet:

- Für Kommissionieraufträge mit vielen Positionen ist es ungleich schwerer, eine hohe Auftragskommissionierqualität zu erreichen, als für Aufträge mit wenigen Positionen.

Die Kommissionierfehler können durch eine *Qualitätskontrolle* in der Packerei oder im Warenausgang erfaßt und kontrolliert werden. Besser aber, als die Fehler zu kontrollieren, ist es, Fehler zu vermeiden.

Kommissionierfehler lassen sich dadurch vermeiden oder vermindern, daß vom Kommissionierer bestimmte *Kontrollinformationen* angefordert werden, die er vor und nach jedem Pick *eingeben, abscannen* oder *quittieren* muß. Eine andere Möglichkeit ist eine *Kontrollwiegung* unmittelbar beim Ablegen der Entnahmemenge am Kommissionierplatz.

Ziel aller Bemühungen ist das *Null-Fehler-Kommissionieren* (*Zero Defect Picking*), auch wenn dieses Ziel grundsätzlich nicht erreichbar ist [157]. Da Fehler, wenn auch selten, immer auftreten können, muß die Organisation eines Kommissioniersystems nicht nur auf das Vermeiden von Fehlern ausgerichtet sondern auch auf das gelegentliche Vorkommen von Fehlern vorbereitet sein.

17.5
Kombinierte Systeme

Ein elementares Kommissioniersystem ist geeignet zum gleichzeitigen Kommissionieren einer kleinen Anzahl von Aufträgen aus einem begrenzten und hinreichend homogenen Sortiment mit geringem Artikelbeständen.

Bei großem Durchsatz, inhomogenem Sortiment und hohen Artikelbeständen ist es erforderlich, mehrere elementare Kommissioniersysteme *parallel* und *nacheinander* zu installieren, die nach gleichen oder unterschiedlichen Verfahren und Techniken arbeiten. Wie in *Abb. 17.17* dargestellt, werden die elementaren

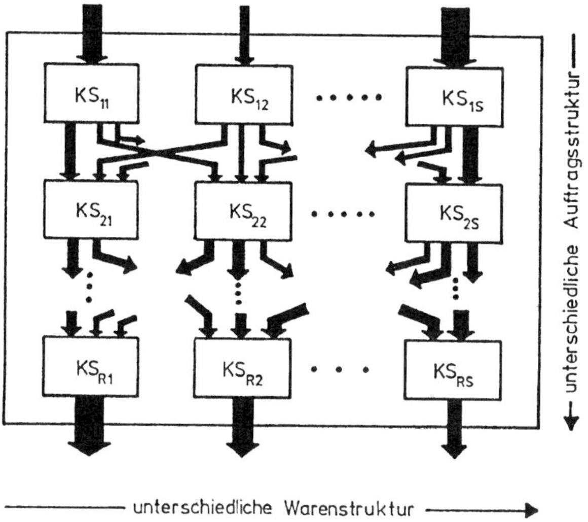

Abb. 17.17 Netzwerk aus parallel und nacheinander angeordneten elementaren Kommissioniersystemen

Kommissioniersysteme durch Fördertechnik und Informationssysteme zu einem *komplexen Netzwerk* von Lager- und Kommissioniersystemen verknüpft.

Generell gilt:

- Je unterschiedlicher die Warenbeschaffenheit, der Durchsatz und die Bestände des Sortiments sind, umso mehr *parallele* Lager- und Kommissioniersysteme sind erforderlich.
- Je größer der Durchsatz und die Bestände, je kleinvolumiger die Entnahmeeinheiten und je unterschiedlicher die externen Aufträge sind, umso geeigneter sind *mehrstufige* Lager- und Kommissioniersysteme.

Die Schwierigkeit der *Planung* eines Kommissioniersystems für Leistungsanforderungen mit großen Strukturunterschieden besteht darin, die angemessene Differenzierung und die richtige Kombination der benötigten Systeme zu finden. Für einen bestehenden *Logistikbetrieb* mit mehreren unterschiedlichen Kommissioniersystemen ergibt sich das Problem der optimalen Artikelzuweisung und Nutzung der einzelnen Systeme. Hierfür werden geeignete *Nutzungs-* und *Zuweisungsstrategien* benötigt.

1. Parallele Kommissioniersysteme

Für Sortimente mit *vielen gleichartigen Artikeln* ist es sinnvoll, ein großes Elementarsystem organisatorisch und auch räumlich in mehrere *Kommissionierzonen* aufzuteilen, die alle nach dem gleichen Verfahren arbeiten. Wie in den *Abb. 13.29, 16.16, 16.17, 17.18* und *17.19* gezeigt, können jeweils 2, 4 oder 6 Gassen eines konventionellen Kommissioniersystems zu *Kommissioniermodulen* oder *Kom-*

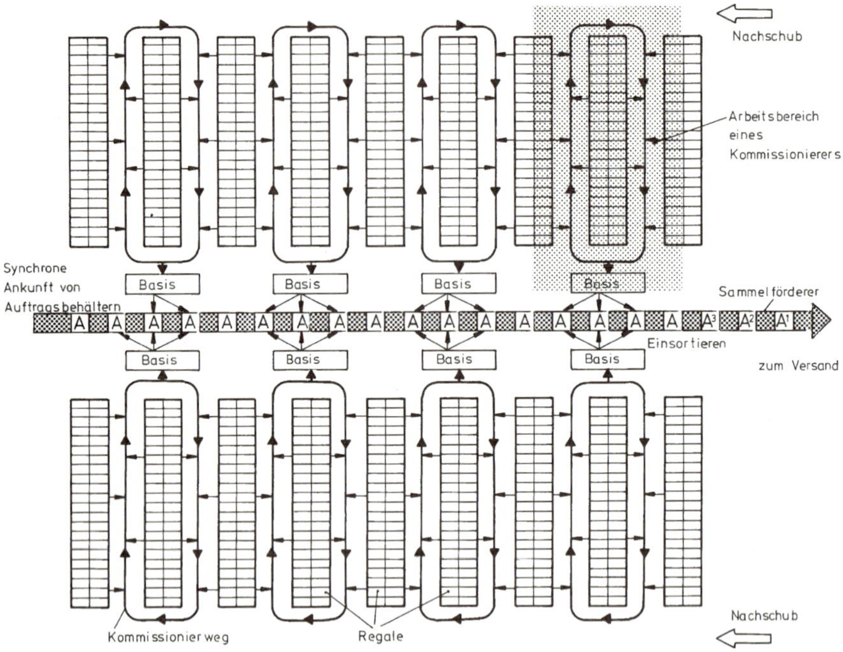

Abb. 17.18 Parallele Kommissionierzonen in der ersten Stufe eines zweistufigen Kommissioniersystems

missionierzonen zusammengefaßt werden, die jeweils einen Teil des Sortiments enthalten.

Wenn die Artikel von *unterschiedlicher Beschaffenheit* sind oder sich in der *Gängigkeit* stark unterscheiden, ist es sinnvoll, das Sortiment in Gruppen ähnlicher Beschaffenheit aufzuteilen und für jede dieser Artikelgruppen ein spezielles Kommissioniersystem zu schaffen. Eine typische Aufteilung dieser Art ist das Kommissionieren von

- *Kleinteilen* oder *Kleinmengen* in einer *Fachbodenanlage* oder einem *Kleinbehältersystem,*
- *Großteilen* oder *Großmengen* in einem *Palettensystem,*
- *Schwergut, Sperrigteilen* oder *Sonderware* in *Spezialsystemen.*

Je inhomogener das Sortiment ist, desdo mehr unterschiedliche Systeme können erforderlich sein. Zu viele spezialisierte Systeme haben jedoch den *Nachteil*, daß jedes für sich auf den *Spitzenbedarf* ausgelegt sein muß, die Auslastung sehr unterschiedlich sein kann und die externen Aufträge in viele Teilaufträge zerlegt werden müssen, die anschließend aus den getrennten Bereichen zusammenzuführen sind. Hieraus folgt der allgemeine *Planungsgrundsatz*:

- So wenig unterschiedliche und spezialisierte Kommissioniersysteme wie möglich, nur soviele wie unbedingt nötig.

Für alle Artikel, die wegen ihrer Beschaffenheit oder aufgrund *sachlicher Zuweisungskriterien* nicht in genau ein Kommissioniersystem passen, besteht bei parallelen Kommissioniersystemen die Optimierungsmöglichkeit der *durchsatzabhängigen Systemzuweisung*. So werden Artikel mit geringem Volumendurchsatz besser in einem Behältersystem und Artikel mit großem Volumendurchsatz am kostengünstigsten in einem Palettensystem kommissioniert.

2. Trennung von Lagern und Kommissionieren
Wenn der Gesamtbestand eines Sortiments mehr Ladeeinheiten füllt, als sich ohne Verlängerung der Wege im Zugriffsbereich unterbringen lassen, ist es für Kommissioniersysteme mit statischer Bereitstellung sinnvoll, einen Teil des Übervorrats in einem *getrennten Reservelager* zu lagern. Der *Übervorrat* ist der Teil des Gesamtbestands, der über den Inhalt einer *Anbrucheinheit* im Zugriff und einer vollen *Zugriffsreserveeinheit* pro Artikel hinausgeht.

In einem gesonderten Reservelager ausreichender Größe, das nur zum Lagern ausgelegt ist, sind die *Lagerplatzkosten* deutlich geringer als in einem Kommissioniersystem, das primär für das rationelle Kommissionieren ausgelegt ist. Ein dem Kommissioniersystem vorgeschaltetes Reservelager hat jedoch den Nachteil, daß die Nachschubeinheiten für das Kommissioniersystem unter Einsatz von Fördertechnik oder Staplern *umgelagert* werden müssen [158].

Hieraus folgt die *Regel*:

- Eine getrennte Lagerung der Reservemengen ist nur dann sinnvoll, wenn der gesamte Übervorrat erheblich größer ist, als die Kapazität der Reserveplätze im Kommissioniersystem.

Der Nachschub aus dem Reservelager wird über ein geeignetes Fördersystem nach dem *Pull-Prinzip* in *vollen Ladeeinheiten* in das Kommissioniersystem transportiert, sobald eine Zugriffseinheit aufgebraucht ist. Der Inhalt der Nachschubeinheit ist dabei nicht für bestimmte Aufträge reserviert.

3. Zweistufiges Kommissionieren
Beim zweistufigen Kommissionieren sind zwei Kommissioniersysteme oder ein Kommissioniersystem und ein Sortiersystem hintereinander geschaltet:

- In der *ersten Kommissionierstufe* werden die Bedarfsmengen für mehrere externe Aufträge, die zu einem *Batch-* oder *Serienauftrag* zusammengefaßt sind, *artikelbezogen* entnommen.
- In der *zweiten Kommissionierstufe* werden die Entnahmemengen der ersten Stufe *auftragsbezogen* kommissioniert oder sortiert.

Die Kommissioniersysteme der ersten Stufe können – wie in *Abb. 17.18* dargestellt – mehrere parallele konventionelle Kommissioniersysteme mit statischer Bereitstellung sein oder ein Kommissioniersystem mit dynamischer Bereitstellung.

Das Kommissionieren der zweiten Stufe wird von einem *Sammelfördersystem*, einer *Hängebahn* oder einem *Hängekreisförderer* in Verbindung mit einem *Verteilfördersystem* oder einem *Hochleistungssorter* ausgeführt, der die Warenstücke der ersten Stufe auf *Sammelplätze* verteilt, wo sie in Pakete verpackt oder auf Versandpaletten gestapelt werden. Die zweite Stufe kann aber auch ein anderes Kommissioniersystem, wie das inverse Kommissionieren, sein.

Durch das zweistufige Kommissionieren lassen sich bei statischer Bereitstellung in der ersten Stufe die anteiligen Weg-, Tot- und Basiszeiten verkürzen, denn pro Rundfahrt werden mehr Artikel angefahren und pro Halt größere Mengen entnommen. Bei dynamischer Bereitstellung lassen sich in der ersten Stufe die Bereitstellungen und Rücklagerungen vermindern und die anteiligen Rüstzeiten reduzieren, da aus einer Bereitstelleinheit größere Mengen für mehrere externe Aufträge entnommen werden.

Das zweistufige Kommissionieren hat jedoch den *Nachteil*, daß jede Entnahmeeinheit zweimal in die Hand genommen wird. Außerdem müssen die Entnahmemengen aus dem ersten System in das zweite System transportiert und dort auf die Auftragssammelplätze verteilt werden. Weitere Nachteile sind die längeren Auftragsdurchlaufzeiten und die erschwerte Bearbeitung von Eilaufträgen. Diese Nachteile der zweiten Kommissionierstufe können den Rationalisierungsgewinn der ersten Stufe weitgehend oder vollständig aufzehren.

Da die Nachteile der zweistufigen Kommissionierung bei den *Einpositionsaufträgen* besonders gravierend sind, werden für diese meist *Sonderabläufe* installiert.

Aufgrund seiner Vor- und Nachteile ist eine *Wirtschaftlichkeit* des zweistufigen Kommissionierens, wenn überhaupt, nur unter folgenden *Voraussetzungen* zu erwarten:

- viele Aufträge (> 1.000 pro Tag) mit wenigen Positionen (2 bis 5 Pos/Auf) und kleinen Entnahmemengen (bis 10 WST) aus einem breiten Sortiment (> 10.000 Artikel);
- Aufträge mit unterschiedlicher Struktur, vielen Positionen oder großen Entnahmemengen;
- planbarer Auftragseingang (ein oder zweimal pro Tag) und schubweiser Versand (bis zu vier Versandzyklen pro Tag);
- einfach greifbare, förderfähige Entnahmeeinheiten mit geringem Stückgewicht (< 7 kg);
- keine Eilaufträge und Sonderbearbeitung erforderlich;
- gleichmäßig hohe Auslastung über das gesamte Jahr für mindestens 8 Stunden pro Tag.

Diese Voraussetzungen sind zum Beispiel im *Versandhandel* und *Pharmagroßhandel* gegeben.

Auch wenn alle Voraussetzungen erfüllt sind, kann die Frage, ob das zweistufige Kommissionieren wirtschaftlicher ist als das einstufige, nur im Einzelfall durch einen Vergleich der *effektiven Kommissionierkosten* entschieden werden, nachdem für das einstufige und das zweistufige Verfahren jeweils ein optimales Konzept erarbeitet wurde.

4. Stollenkommissionerlager

Stollenkommissionierlager sind eine raumsparende Kombination von Kommissioniersystemen mit eindimensionaler Fortbewegung mit einem Schmalganglager oder einem Hochregallager.

Ein Stollenkommissionierlager ist, wie in *Abb. 17.19* dargestellt, aus einer Anzahl nebeneinander angeordneter Gangmodule aufgebaut. Jedes Gangmodul besteht aus einer *Nachschubgasse*, zwei *Regalscheiben* und seitlich davon auf mehreren Ebenen angeordneten *Kommissioniergängen*. Durch diese Anordnung entstehen tunnelartige *Kommissionierstollen*, die etwa 2,5 bis 3,0 m hoch und bis zu 60 m lang sind. Die Kommissionierstollen lassen sich auch zwischen zwei Regalscheiben oder an der Seite eines automatischen Hochregallagers anordnen.

In den Nachschubgassen verfahren mannbediente *Schmalgangstapler* oder automatische *Regalbediengeräte* zur Beschickung der Zugriffs- und Reserveplätze mit vollen *Paletten* oder *Behältern*. In den räumlich von den Nachschubgassen getrennten Kommissioniergängen arbeiten die Kommissionierer nach dem Verfahren der konventionellen oder dezentralen Kommissionierung mit statischer Bereitstellung.

Im *Zugriffsbereich* der Kommissionierer befinden sich in einem flexibel gestalteten *Fachmodul*, wie er für ein Beispiel in *Abb. 17.20* gezeigt ist, neben- und übereinander die *Bereitstellplätze*. In dem darüber liegenden Regalbereich sind die Zugriffsreserven abgestellt. Die Zugriffsplätze können auch, wie in den *Abb. 17.8* dargestellt, mit *Durchlaufkanälen* ausgerüstet sein.

Die Kommissionierer arbeiten jeweils in einer Ebene. Sie fahren mit einem *Handwagen*, in einem *Pick-Mobil* oder auf einem *Horizontalkommissioniergerät* beginnend an einer *zentralen Basis* nach den Vorgaben eines Pickbelegs oder einer mobilen Anzeige zu den Pickplätzen an beiden Seiten der Kommissionierstollen, entnehmen die angewiesenen Artikelmengen und beenden ihre *Rundfahrt* wieder an der Basis, wo sie die gefüllten Sammelbehälter oder Versandpaletten abgeben. Von dort werden die vollen Behälter und Paletten von Staplern oder durch ein Transportsystem zur Auftragssammelstelle in den Versand gebracht.

In den Kommissionierstollen kann auch ein Fördersystem zur *dezentralen Abgabe* der entnommenen Artikelmengen installiert sein, das die lose oder in Sammelbehältern abgelegte Ware in den Versand oder zur Packerei befördert.

Die Abmessungen und die Anzahl der Gangmodule, aus denen ein *Kommissioniermodul* besteht, sind durch die maximale *Fluchtweglänge* (< 35 m) und die zulässige Größe eines *Brandabschnitts* nach oben begrenzt.

Mehrere Kommissioniermodule können, wie in *Abb. 17.21* gezeigt, nach Bedarf nebeneinander und gegenüberliegend zu einem *Gesamtsystem* angeordnet werden, das zum Kommissionieren aus einem sehr breiten Sortiment von Artikeln in Paletten und Behältern geeignet ist.

Die *Hauptvorteile* der Stollenkommissionierlager sind:

- *gute Kommissionierleistungen* auch bei *breitem Sortiment* (> 1.000 Artikel);
- *hohe Flexibilität* gegenüber Anforderungsschwankungen und Sortimensveränderungen;
- *Automatisierbarkeit des Nachschubs*;
- *modularer Aufbau, kompakte Bauweise* und *stufenweise Ausbaumöglichkeit*.

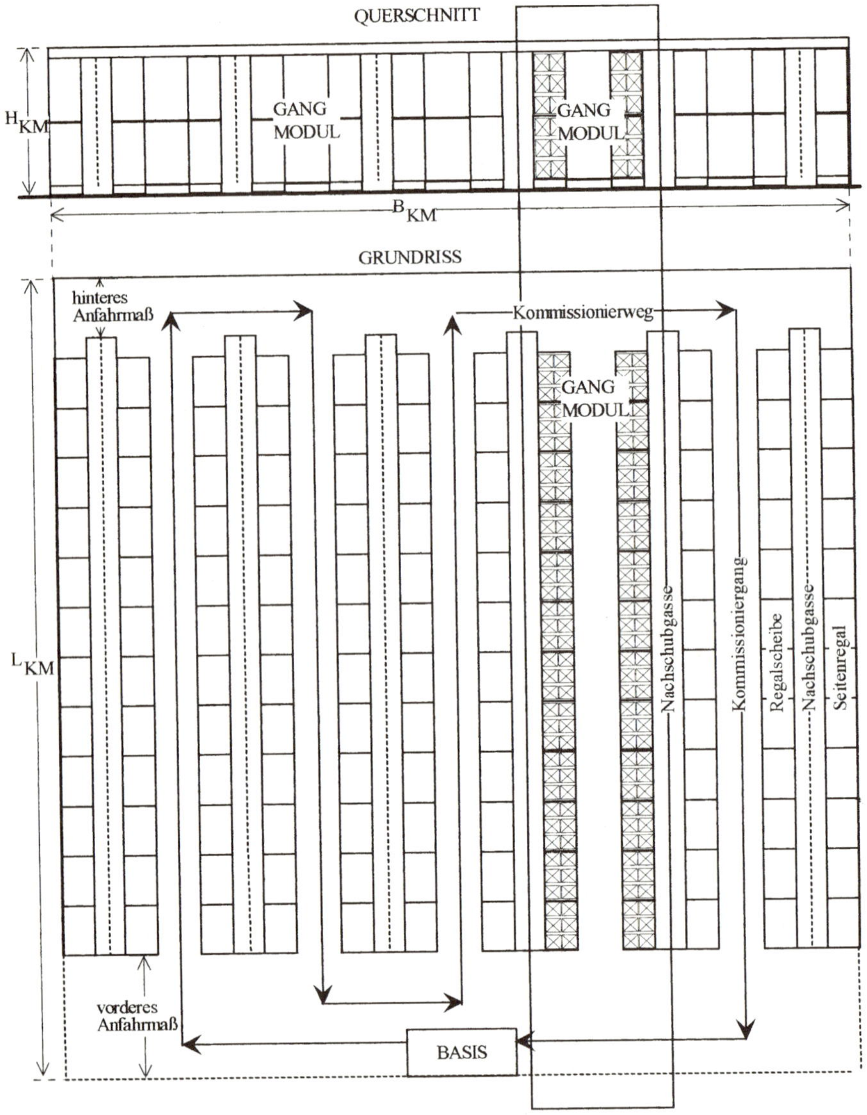

Abb. 17.19 Kommissioniermodul mit Gangmodulen eines Stollenkommissionierlagers mit zwei Ebenen

Beim Betrieb bestehender Stollenkommissionierlager aber haben sich *Nachteile* und *Einsatzgrenzen* gezeigt, die in der Planungsphase häufig übersehen oder unterschätzt werden. Die wesentlichen *Nachteile* von Stollenkommissionierlagern sind:

- problematische Sicherung der Zugriffsplätze;
- schlechte Zugänglichkeit der oberen Ebenen;

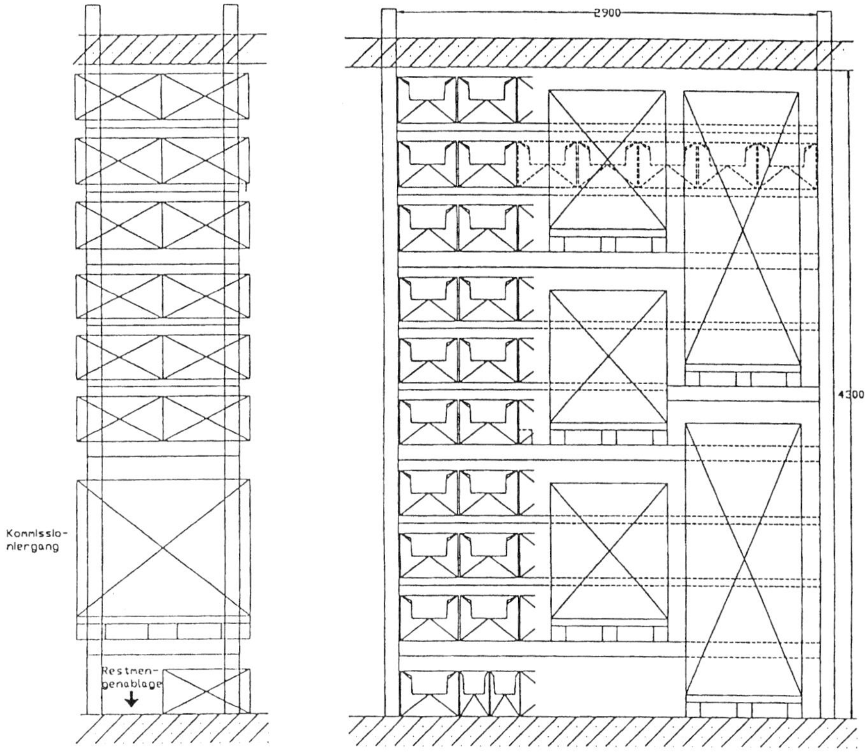

Abb. 17.20 Umrüstbarer Bereitstellmodul für Paletten oder Behälter

- Fluchtwege in den Regalen;
- begrenzte Nachschubleistung;
- Umlagerungen von den Reserveplätzen auf die Bereitstellplätze;
- Staueffekte und Wartezeiten der Kommissionierer;
- Umrüsten der Fachmodule bei Sortimentsänderungen;
- hohe Platzkosten;
- beschränkte Reserveplatzkapazität;
- Versorgung der oberen Kommissionierebenen mit leeren Sammelbehältern und Paletten;
- Entsorgen der geleerten Ladehilfsmittel von den Zugriffsplätzen;
- Abtransport der vollen Auftragsbehälter und Paletten aus den oberen Ebenen.

Um die Auswirkungen dieser Nachteile zu begrenzen und die damit verbundenen Probleme zu beherrschen, ist bereits bei der Planung und Auslegung zu beachten:

- Hohe Kommissionierleistungen und eine gute Platznutzung eines Stollenkommissionierlagers sind nur mit einer ausgefeilten, rechnergestützten *Kommissioniersteuerung* und optimalen *Betriebsstrategien* erreichbar.

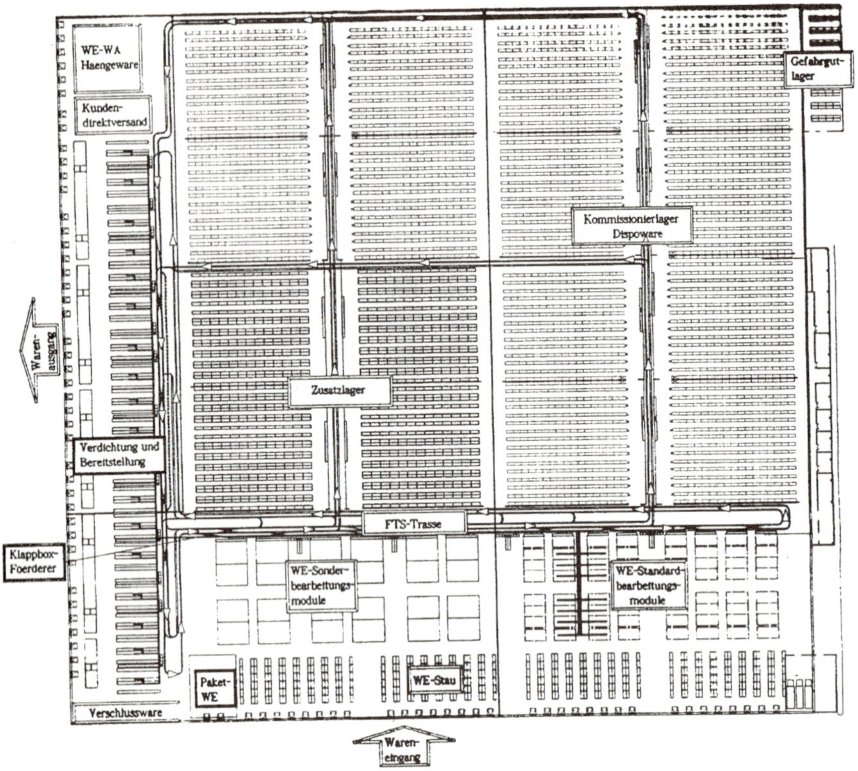

Abb. 17.21 Logistikzentrum des Handels für Paletten- und Behälterware
12 Kommissioniermodule (Stollenkommissionierlager) mit je 8 Gangmodulen für Artikel mit regelmäßigem Verbrauch (Dispoware oder Stapelware)
4 Lagermodule für Aktionsware mit Schmalgangstaplerbedienung
Prinzipdarstellung ZLU [250]

Eine unzureichende Planung und falsche Betriebsstrategien können bei den Stollenkommissionierlagern ebenso wie bei den anderen kombinierten Systemen zu erheblichen Problemen führen.

Große Stollenkommissionierlager, die aus 8 bis 16 Modulen mit je 6 bis 8 Kommissionierstollen in zwei Ebenen bestehen, wurden in den letzten 10 Jahren mehrfach von großen Kaufhauskonzernen zur Versorgung ihrer Filialen mit Stapelware für ein Sortiment von 30.000 bis 50.000 und mehr Artikeln gebaut. Auch einige Industrieunternehmen und Konsumgenossenschaften betreiben Stollenkommissionierlager.

Die Stollenkommissionierlager haben sich nach einigen Anfangsschwierigkeiten und Aufbau der erforderlichen Organisation recht gut bewährt. Es hat sich aber auch gezeigt, daß sie nur für einen Teil des Sortiments geeignet sind und für die anderen Sortimentsteile, wie für Aktionsware, Kleinteile und Großteile, andere Systeme benötigt werden. Auch wo ein Stollenkommissionierlager technisch geeignet ist, bleibt zu prüfen, ob nicht ein anderes Kommissioniersystem wirtschaftlicher ist.

17.6 Betriebsstrategien für Kommissioniersysteme

Leistung und Kosten eines *bestehenden* Lager- und Kommissioniersystems hängen entscheidend von der Organisation und den Betriebsstrategien ab. Bei der *Planung* eines *neuen* Lager- und Kommissioniersystems lassen sich durch richtige Strategien die Investitionen reduzieren und die zukünftigen Betriebskosten senken.

Die Betriebsstrategien für Lager- und Kommissioniersysteme lassen sich einteilen in:

Belegungsstrategien
Bearbeitungsstrategien
Bewegungstrategien
Entnahmestrategien
Nachschubstrategien
Leergutstrategien.

Von den Betriebsstrategien werden nachfolgend die *Kommissionierstrategien* dargestellt und ihre Effekte analysiert [21; 160; 161]. *Lagerstrategien* werden nur soweit behandelt, wie sie für das Kommissionieren von Bedeutung sind (s. *Abschnitt 16.4*).

Mit den verschiedenen Betriebsstrategien werden meist *unterschiedliche Ziele* verfolgt, deren *Priorität* die Auswahl unter den möglichen Strategien bestimmt. Nicht alle Strategien sind miteinander verträglich. *Inkompatible Strategien* heben sich in ihrer Wirkung ganz oder teilweise auf oder erreichen das gleiche Ziel auf unterschiedliche Art. Vor der Implementierung einer Kommissionierstrategie muß daher geprüft werden, ob der erreichbare *Strategieeffekt* den Aufwand rechtfertigt und ob nicht der Effekt einer anderen, wirkungsvolleren Strategie beeinträchtigt wird.

1. Belegungsstrategien

Die Belegungsstrategien legen fest, auf welchen Plätzen und in welchen Zonen welche Artikel gelagert und bereitgestellt werden. *Ziele* der Belegungsstrategien sind *gute Platznutzung*, *kurze Wege* und ein *geringer Nachschubaufwand*. Die wichtigsten *Belegungsstrategien* sind:

- *Feste Pickplatzordnung*: Für jeden Artikel ist, solange er sich im Zugriffssortiment befindet, ein bestimmter Zugriffsplatz reserviert.
- *Freie Pickplatzordnung*: Frei werdende Zugriffsplätze werden dem nächsten Artikel mit Platzbedarf zugewiesen und von diesem nur solange belegt, bis der Platz geleert ist.
- *Feste Reserveplatzordnung*: Auch die Reserveplätze werden bestimmten Artikeln fest zugewiesen.

- *Freie Reserveplatzordnung*: Freie Reserveplätze werden für die Reserveeinheiten eines beliebigen Artikels genutzt.
- *Zonenweise freie Platzordnung*: Bestimmte Bereitstellzonen sind für die Lagerung und Bereitstellung definierter Warengruppen reserviert; innerhalb einer Zone aber ist die Platzordnung frei.
- *Schnelläuferkonzentration*: Um die mittleren Wege zu senken, werden die Zugriffseinheiten schnellumschlagender Artikel bei statischer Bereitstellung nahe der Basis, bei dynamischer Bereitstellung nahe den Ein- und Auslagerplätzen des Bereitstellagers abgestellt.
- *Packoptimale Pickplatzfolge*: Um ein Verdrücken der Pickeinheiten zu vermeiden und einen guten Packungsgrad zu erreichen, sind die Pickplätze entlang dem Kommissionierweg nach abnehmendem Volumen und Gewicht und zunehmender Empfindlichkeit angeordnet (s. *Abschnitt 12.4*).
- *Greifoptimale Platzbelegung*: Schnellgängige und schwer zu entnehmende Artikel werden in optimaler Zugriffshöhe bereitgestellt, langsam gängige und leicht zu greifende Artikel im unteren und oberen Bereich (s. *Abb. 17.13*).
- *Trennung der Reserveeinheiten*: Die Zugriffsreserveeinheiten werden oberhalb des Zugriffsbereichs oder, bei räumlich getrennter Beschickung, in einer gegenüberliegenden Regalfläche gelagert. Übervorräte sind in einem gesonderten Reservelager untergebracht.
- *Starres Flip-Flop-Verfahren*: Im Zugriffsbereich werden jedem Artikel zwei nebeneinander liegende Bereitstellplätze fest zugeordnet. Wenn die Zugriffsseinheit durch den erschöpfenden Griff geleert wird, setzt der Kommissionierer seine Arbeit an der daneben stehenden Reserveeinheit fort.
- *Flexibles Flip-Flop-Verfahren*: Im Zugriffsbereich wird zusätzlich zu den Artikelzugriffsplätzen eine Anzahl weiterer Plätze frei gehalten, auf die bei Erreichen des Meldebestands eines Artikels die Zugriffsreserve gestellt wird. Dadurch verändert sich der Bereitstellplatz eines Artikels im Verlauf des Betriebs.
- *Artikelreine Platzbelegung*: Auf einem Bereitstellplatz befindet sich nur ein Artikel.
- *Artikelgemischte Platzbelegung:* Auf einem Bereitstellplatz oder in einer Bereitstelleinheit befinden sich die Einheiten mehrerer Artikel.
- *Durchsatzabhängige Systemzuweisung*: Abhängig vom erwarteten *Volumendurchsatz* wird ein Artikel jeweils dem Kommissioniersystem zugewiesen, das für den entsprechenden Durchsatz am wirtschaftlichsten ist.

Die *feste Pickplatzordnung* ist einfach zu organisieren und erlaubt es, die Zugriffseinheiten der Artikel nach einer vorgegebenen *Pickfolge* aufzustellen, beispielsweise nach ansteigendem Gewicht oder in einer vom Empfänger gewünschten Artikelfolge. So wird beispielsweise beim Kommissionieren des Filialnachschubs in Handelslagern eine *abteilungsreine Füllung* der Versandbehälter entsprechend der *Reihenfolge in den Verkaufsregalen* gefordert. Die feste Pickplatzordnung erfordert jedoch bei Saisonwechsel oder bei Sortimentsveränderungen aus anderen Gründen ein *Umordnen* des Pickbereichs [161].

Die *freie Pickplatzordnung* wird benötigt für eine flexible Platznutzung in Verbindung mit dem Flip-Flop-Verfahren. Mit einer *freien Reserveplatzordnung* läßt sich der Platzbedarf für die Reserveeinheiten erheblich reduzieren. Voraussetzungen für die freie Platzordnung sind jedoch eine *zuverlässige Platzverwaltung* und eine *flexibe Auftragsbearbeitung*.

Die *Trennung der Reserveeinheiten* von den Zugriffseinheiten ermöglicht bei der statischen Bereitstellung kleinere Zugriffsflächen und kürzere Wege. Ohne besondere Vorkehrungen, wie das Flip-Flop-Verfahren, kann es dabei jedoch nach dem erschöpfenden Griff zu einer Unterbrechung des Kommissionierens oder zu unvollständigen Aufträgen kommen.

Durch das *Flip-Flop-Verfahren* wird erreicht, daß der Kommissionierer nach dem erschöpfenden Griff die Auftragsbearbeitung ohne Unterbrechung an der rechtzeitig bereitgestellten Reserveeinheit fortsetzen kann, die dann zur Zugriffseinheit wird. Beim *starren Flip-Flop-Verfahren* verdoppelt sich jedoch die Länge der Bereitstellfront und damit der Kommissionierweg. Beim *flexiblen Flip-Flop-Verfahren* ist die Verlängerung der Bereitstellfront und der Kommissionierwege vom Zeitbedarf für den Nachschub abhängig. Bei richtiger Auslegung des Nachschubsystems genügt beim flexiblen Flip-Flop-Verfahren in der Regel eine Zugriffsplatzreserve von 10 % bis 20 %.

Abhängig von der ABC-Verteilung, der Sortimentsbreite, der Anordnung der Zugriffsplätze und der gewählten Bewegungsstrategie sind durch eine *Schnellläuferkonzentration* beim konventionellen Kommissionieren *Wegzeiteinsparungen* bis zu 30 % erreichbar und Leistungsverbesserungen bis zu 10 % möglich. Dem steht der *Nachteil* gegenüber, daß sich die Kommissionierer vor den dicht beeinander liegenden Bereitsstellplätzen der schnellgängien Artikel gegenseitig behindern können. Wegen dieser *Blockiergefahr*, aber auch, weil sich die Umschlagfrequenz eines Artikels im Verlauf der Zeit ändern kann, ist eine Schnellläuferkonzentration in konventionellen Kommissioniersystemen nur in Ausnahmefällen sinnvoll (s.u.).

Durch die in *Abb. 17.22* dargestellte *Auffüllstrategie* mit *flexibler Platzbelegung* ergibt sich *selbstregelnd* eine Konzentration der schnellumschlagenden Artikel in der Nähe der Basis und damit ein Teil des Schnelläufereffekts [161].

Mit der Strategie der *durchsatzabhängigen Systemzuweisung* wird dafür gesorgt, daß Artikel mit geringem Volumendurchsatz in kleinen Mengen, in Kleinbehältern oder als Einzelgebinde in Durchlaufkanälen bereitgestellt werden und wenig Bereitstellfläche belegen. Wegen des geringen Durchsatzes ist für diese Artikel die Nachschubfrequenz in Behältern oder als Einzelgebinde klein. Artikel mit hohem Volumendurchsatz werden dagegen in größeren Mengen und großen Ladeeinheiten bereitgestellt, die mehr Bereitstellfläche belegen, aber bei höherem Durchsatz eine geringe Nachschubfrequenz verursachen.

Strategieparameter der durchsatzabhängigen Platzzuweisung ist der *kritische Volumendurchsatz*, unterhalb dessen die Bereitstellung in Fachbodenregalen, in Durchlaufkanälen oder Kleinbehältern und oberhalb dessen die Bereitstellung auf Paletten wirtschaftlicher ist. Der kritische Volumendurchsatz ist projektabhängig und muß im Einzelfall errechnet werden. Hieraus ergeben sich *Zuweisungskriterien* für die Bereitstellung im täglichen Betrieb (s. *Abschnitt 12.6*).

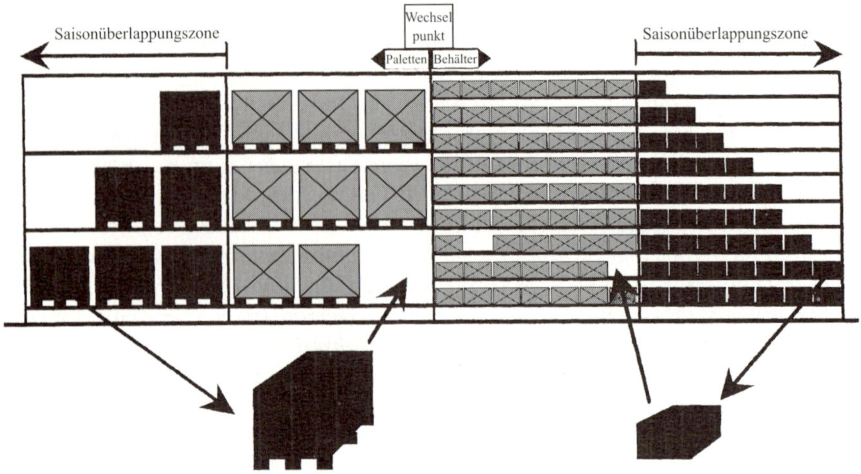

Abb. 17.22 Auffüllstrategie mit flexibler Platzbelegung für die Warenbereitstellung in Paletten und Behältern

2. Bearbeitungsstrategien

Die Bearbeitungsstrategien regeln die *Vorbereitung* und die *Ausführung* der externen Aufträge. Ziele sind die Einhaltung der geforderten *Durchlaufzeiten*, ein *rationelles Kommissionieren* und eine *gleichmäßige Auslastung* paralleler Arbeitsbereiche .

Bevor die externen Aufträge in die operativen Leistungsbereiche zur Ausführung gegeben werden, müssen sie in einer *Auftragsbearbeitungsstelle* oder vom *Rechner* geprüft, gesichtet und entsprechend den *Ausführungsstrategien* geordnet werden. Die Aufträge können nach folgenden Strategien bearbeitet werden [21; 152]:

- *Getrennte Echtzeitverarbeitung*: Jeder eingehende Auftrag wird sofort bearbeitet und an die betreffenden Kommissionierbereiche weitergeleitet.
- *Zeitgetaktete Stapelverarbeitung*: Die in einen bestimmten *Zykluszeitraum* T_S [h] eingehenden Aufträge werden gesammelt, danach gemeinsam bearbeitet und als *Auftragsstapel* (*Batch*) an die betreffenden Kommissionierbereiche gegeben.
- *Mengengetaktete Stapelverarbeitung*: Die eingehenden Aufträge werden gesammelt bis eine bestimmte *Stapelanzahl* n_S erreicht ist, die gemeinsam bearbeitet und als Stapel an die betreffenden Kommissionierbereiche weitergegeben wird.

Die *Echtzeitverarbeitung* (*Real-Time-Processing*) ist in konventionellen Kommissioniersystem mit relativ geringen Leistungsanforderungen üblich und für Eilaufträge auch in größeren Systemen notwendig. Sie bedeutet jedoch einen weitgehenden Verzicht auf leistungssteigernde Ausführungsstrategien. Außerdem bewirkt die Einzelbearbeitung eine stark schwankende Belastung der Kommissionierer. Bei großem Auftragseingang entstehen dadurch *Auftragswarteschlangen* vor den einzelnen Kommissionierbereichen und bei geringem Auftragseingang längere *Wartezeiten* der Kommissionierer.

Die *Stapelverarbeitung (Batch-Processing)* ermöglicht die Nutzung von Ausführungsstrategien zur Leistungssteigerung und führt zu einer gleichmäßigeren Auslastung der Kommissionierer. Sie hat jedoch den Nachteil, daß sich die Auftragsdurchlaufzeiten um die Zykluszeit oder Auftragssammelzeit verlängern.

Bei der *zeitgetakteten Stapelverarbeitung* enthalten die Auftragsstapel unterschiedlich viele Aufträge mit der Folge, daß die Ausführungszeiten voneinander abweichen. Da die Zykluszeit eine frei wählbare *Strategievariable* ist, lassen sich durch Anpassung der Zykluszeit auch kürzere Durchlaufzeiten einhalten bis hin zu einer Zykluszeit $T_S = 0$, die den Übergang zur Echtzeitverarbeitung bedeutet.

Bei der *mengengetakteten Stapelverarbeitung* ist die *Stapelanzahl* ein freier *Strategieparameter*, der sich unterschiedlichen Zielsetzungen, wie Durchlaufzeit und Kommissioniereffizienz, anpassen läßt. Die Ausführungszeiten der Auftragsstapel sind annähernd gleich lang.

Die einzelnen oder angesammelten Aufträge können von der Auftragsvorbereitung nach folgenden *Ausführungsstrategien* geordnet und an die Kommissionierbereiche zur Durchführung weitergegeben werden:

- *Einzelbearbeitung*: Alle Aufträge oder ausgewählte Aufträge, wie Eilaufträge, werden gesondert voneinander als *Einzelauftrag* ausgeführt.
- *Starre Serienbearbeitung* (*Fixed Batch*): Eine feste Anzahl *s* von Aufträgen wird zu einem *Sammel-* oder *Serienauftrag* gebündelt und gemeinsam ausgeführt. Erst, nachdem alle Aufträge der Serie fertig kommissioniert sind, wird mit einer neuen Serie begonnen.
- *Flexible Serienbearbeitung* (*Flowting Batch*): Im Kommissionierbereich befindet sich eine bestimmte Anzahl Aufträge gleichzeitig in Arbeit. Wenn ein Auftrag fertig kommissioniert und im Sortierspeicher oder in der Packerei eine Zielstation frei ist, wird mit dem Kommissionieren eines neuen Auftrags begonnen.
- *Nacheinanderbearbeitung*: Einzel- oder Sammelaufträge, die Artikel aus mehreren parallelen Kommissionierbereichen anfordern, durchlaufen als *Komplettauftrag* nacheinander die Bereiche.
- *Parallelbearbeitung*: Einzel- oder Sammelaufträge, die Artikel in mehreren Kommissionierbereichen ansprechen, werden in *Teilaufträge* zerlegt und in den betreffenden Bereichen parallel ausgeführt.
- *Priorisierung von Eilaufträgen*: Eilaufträge werden als Einzelaufträge in allen Kommissionierbereichen vorrangig ausgeführt.

Vorteile der *Einzelbearbeitung* sind minimale Auftragsdurchlaufzeiten und ein geringer Organisationsaufwand. Diese Strategie wird daher vor allem verfolgt, wenn es auf *kurze Lieferzeiten* ankommt. Nachteile sind eine ungleichmäßige Auslastung der Kommissionierer, geringere Kommissionierleistungen, vor allem aber der Verzicht auf Bündelungseffekte.

Entsprechend bietet die *Serienbearbeitung* die Nutzung dieser Bündelungseffekte, allerdings um den Preis längerer Auftragsdurchlaufzeiten und eines erhöhten Organisationsaufwands. Die Anzahl der gebündelter Aufträge, das heißt die *Serien-* oder *Batchgröße s*, ist ein frei wählbarer *Strategieparameter*, durch dessen Festlegung sich jeder gewünschte Kompromiß zwischen Durchlauflaufzeiten und Bündelungseffekten erreichen läßt bis hin zur Einzelauftragsbearbeitung, für die $s = 1$ zu setzen ist. Die Batchgröße s der Auftragsausführung muß dabei nicht notwendig gleich der Stapelanzahl n_S der vorangehenden Auftragsbearbeitung sein. Sie ist begrenzt durch die Anzahl und Kapazität der Zielstationen im Zwischenpuffer oder vor den Packplätzen.

Bei der starren Serienbearbeitung ist zwischen zwei aufeinander folgenden Auftragsserien eine *Serienwechselzeit* erforderlich, in der der Kommissionierbereich, das Abfördersystem und der Zwischenspeicher geräumt und für die nächsten Serie vorbereitet werden. Bei der flexiblen Serienbearbeitung entfällt diese Wechselzeit.

Die *Nacheinanderbearbeitung* ungeteilter Aufträge hat den Vorteil, daß nach dem Durchlauf des Auftrags durch alle Bereiche der Auftrag komplett ist. Wenn in die Versandeinheiten kommissioniert wird, können diese direkt zum Versand bereitgestellt werden. Ein weiterer Vorteil ist, daß jeweils *ein* Kommissionierer für das Auftragsergebnis verantwortlich ist, es sei denn, der teilbearbeitete Auftrag wird *staffettenartig* von einem Bereich zum nächsten weitergegeben.

Bei der Nacheinanderbearbeitung entsteht pro Auftrag maximal eine teilgefüllte Versandeinheit. Damit entfällt die Notwendigkeit einer Verdichtung im Versand. Ein weiterer Vorteil besteht in der einfachen Organisation. Nachteile der Nacheinanderbearbeitung aber sind die langen Auftragsdurchlaufzeiten, insbesondere von Aufträgen mit vielen Positionen aus mehreren Bereichen, und die ungleichmäßige Auslastung der Kommissionierer.

Durch eine *Parallelbearbeitung* von Teilaufträgen lassen sich kürzere Auftragsdurchlaufzeiten, eine bessere Auslastung der Kommissionierer und höhere Kommissonierleistungen erreichen. Bei Großaufträgen, die mehr Versandeinheiten füllen, als gleichzeitig in den Pickbereich gebracht werden können, ergibt sich die Parallelbearbeitung zwangsläufig. Nachteile der Paralellbearbeitung sind das Zusammenführen der Teilauftragsmengen und das Entstehen von mehr als einer teilgefüllten Versandeinheit pro Auftrag, die unter Umständen im Versand verdichtet werden müssen.

Durch eine *rechnergestützte Kommissioniersteuerung* lassen sich die Einzelbearbeitung und die Serienbearbeitung mit der Nacheinander- und der Parallelbearbeitung kombinieren und die Strategieparameter so festlegen, daß bei Einhaltung der geforderten Durchlaufzeiten die Vorteile der einzelnen Bearbeitungsstrategien maximal ausgeschöpft und die Nachteile weitgehend vermieden werden.

3. Entnahmestrategien

Wenn ein Artikel an mehreren Plätzen zum Picken bereitsteht, regeln die Entnahmestrategien, an welchem der Bereitstellplätze die Entnahme durchzuführen ist. Die wichtigsten Entnahmestrategien sind:

- *First-In-First-Out-Prinzip* (*FIFO*): Die Ladeeinheiten und Artikelbestände, die zuerst eingelagert wurden, werden zuerst entnommen.

- *Räumung von Anbruchmengen*: Wenn von einem Artikel mehrere Breitstelleinheiten im Zugriffsbereich stehen, wird zuerst die Bereitstelleinheit mit dem kleineren Inhalt geleert, auch wenn es dadurch zur *Positionsteilung* oder zu längeren Wegen kommt.
- *Mengenanpassung*: Wenn von einem Artikel mehrere Bereitstelleinheiten zur Auswahl stehen, wird auf die Einheit zugegriffen, deren Inhalt größer als die geforderte Entnahmemenge ist, auch wenn dadurch mehrere Anbrucheinheiten pro Artikel entstehen.
- *Mitnahme der Bereitstelleinheit*: Wenn die Entnahmemenge größer ist als die nach der Entnahme verbleibende Restmenge, wird die Überschußmenge auf eine nebenstehende Bereitstelleinheit des gleichen Artikels gelegt und die Bereitstelleinheit mit der verbleibenden Entnahmemenge mitgenommen.

Die Strategie der Mengeanpassung ist vor allem für die dynamische Bereitstellung von Bedeutung, da sie die zweifache Bereitsstellung bei der Entnahme großer Mengen verhindert. Bei der statischen Bereitstellung ist die Mengenanpassung nicht sinnvoll, da sie die Nachschubsteuerung erschwert und die Plätze im Zugriffsbereich länger blockiert.

Eine *Mitnahme der Bereitstelleinheit* ist in Verbindung mit dem starren Flip-Flop-Verfahren möglich, wenn der Platz auf der nebenstehenden Zugriffseinheit zur Aufnahme der abgeräumten Überschußmenge ausreicht. Auch bei dynamischer Bereitstellung ist die Mitnahme der Bereitstelleinheit durchführbar, wenn die Überschußmenge auf eine leere Palette oder in einen Leerbehälter abgelegt und darin zurückgelagert wird.

Vorteile der Mitnahmestrategie sind die *Reduzierung der Greifzeit* und die gleichzeitige *Entsorgung des Ladungsträgers*. Diese Vorteile wirken sich besonders bei großen Entnahmemengen aus. Die Mitnahmestrategie ist speziell einsetzbar bei der *Kommissionierung ganzer Lagen* von Kartons auf Paletten.

4. Bewegungsstrategien

Die *Bewegungsstrategien* oder *Fahrwegstrategien* legen fest, in welcher Reihenfolge und auf welchen Wegen sich der Kommissionierer zu den Entnahmeplätzen bewegen soll, damit er seinen Auftrag in kürzester Zeit ausführt.

Bei einer Kommissionierung mit dynamischer Bereitstellung werden *Bewegungsstrategien* nur für das vorangeschaltete Lager- und Bereitstellungssystems benötigt, nicht aber für die Kommissionierer an den Bereitstellplätzen (s. *Abschnitt 16.4*).

In den Kommissioniersystemen mit statischer Bereitsstellung führt die Suche nach dem kürzesten Weg auf das bekannte *Travelling-Salesman-Problem*, für dessen Lösung im *Operations-Research* unterschiedliche Verfahren entwickelt wurden [11; 13; 163]. Bei n Entnahmepositionen pro Rundfahrt gibt es bis zu $(n - 1)!/2$ verschiedene Wege, das sind beispielsweise für $n = 12$ mehr als 360 Millionen Wege. Von diesen theoretisch möglichen Wegen ist allerdings die größte Anzahl offensichtlich unsinnig.

Mit den bekannten OR-Verfahren benötigt ein leistungsfähiger Rechner zur Auswahl des kürzesten oder eines annähernd kürzesten Weges bei mehr als

10 Positionen eine längere Rechenzeit. Das stellt höhere Ansprüche an den Rechner und kann im *Echtzeitbetrieb* unzulässig lange *Totzeiten* zur Folge haben.

Hinzu kommt, daß der kürzeste Wege unpraktikabel sein kann, da er bei mehreren Kommissionierern im System zu störenden Begegnungen führt. Daher ist es für den *praktischen Betrieb* erforderlich, *Bewegungsstrategien* zu entwickeln, deren resultierende Wegzeiten im Mittel wenig – möglichst nicht mehr als 10 % – von der optimalen Wegzeit abweichen, die allgemein verständlich sind, eine *kurze Vorbereitungszeit* erfordern und bei vielen Kommissionieren einen *geordneten Verkehrsablauf* gewährleisten.

Zur Planung und Dimensionierung von Kommissioniersystemen sowie für die Vorausberechnung des Personalbedarfs muß die funktionale Abhängigkeit der mittleren Wegzeiten von den unterschiedlichen Einflußfaktoren bekannt sein. Der mittlere Weg für eine Vielzahl von Aufträgen, die auf dem jeweils kürzesten Weg kommissioniert werden, kann jedoch nur durch aufwendige und zeitraubende *stochastische Simulation* auf dem Rechner ermittelt werden.

Die verschiedenen *Einflußfaktoren* und ihre *Auswirkungen* auf die mittlere Wegzeit lassen sich auf diese Weise nur experimentiell und in ihren Wechselwirkungen nur unzureichend bestimmen [163]. Für die Planung, die Optimierung und den Betrieb muß daher für die verschiedenen Bewegungsstrategien die mittlere Wegzeit in Abhängigkeit von den unterschiedlichen Einflußfaktoren *analytisch* berechnet werden.

Für das konventionelle Kommissionieren mit statischer Bereitstellung und *eindimensionaler* Fortbewegung haben sich in der Praxis die folgende Bewegungsstrategien bewährt, deren Abläufe in *Abb. 17.23* dargestellt sind [164, 165]:

- *Durchgang-* oder *Schleifenstrategie*: Der Kommissionierer durchläuft oder durchfährt in einer Schleifenlinie nacheinander alle Kommissioniergänge seines Arbeitsbereichs, in denen sich Artikel für den auszuführenden Auftrag befinden, und läßt dabei alle Gänge aus, in denen keine Artikel zu entnehmen sind.
- *Stichgangstrategie ohne Gangwiederholung*: Der Kommissionierer bewegt sich entlang der Regalstirnseite und fährt mit seinem Kommissioniergerät oder Handwagen nacheinander in alle Gänge hinein, in denen sich Artikel für seinen Auftrag befinden, entnimmt dort die angeforderten Mengen *für alle Artikel* und kehrt danach zur gleichen Regalstirnseite zurück.
- *Stichgangstrategie mit Gangwiederholung*: Der Kommissionierer bewegt sich entlang der Regalstirnseite und geht nacheinander *für jeden Artikel gesondert* in die Gänge, in denen Artikel angesprochen sind, entnimmt dort die angeforderte Menge und kehrt danach zur gleichen Regalstirnseite zurück, wo er sie in den Kommissionierwagen oder auf ein Förderband ablegt.

Diese Bewegungstrategien lassen sich weiter differenzieren nach *Entnahme auf einer Gangseite* und *auf beiden Gangseiten* sowie in *Einweg-* und *Gegenverkehr.*

Die *Durchgangstrategie* bietet einen besonders einfachen und geordneten Ablauf. Gegenseitige Behinderungen und Begegnungen der Kommissionierer lassen sich durch *Einwegverkehr* in den Gängen vermeiden. Daher wird in den meisten konventionellen Kommissioniersystemen mit eindimensionaler Fortbewegung nach der *Durchgangstrategie* gearbeitet [164].

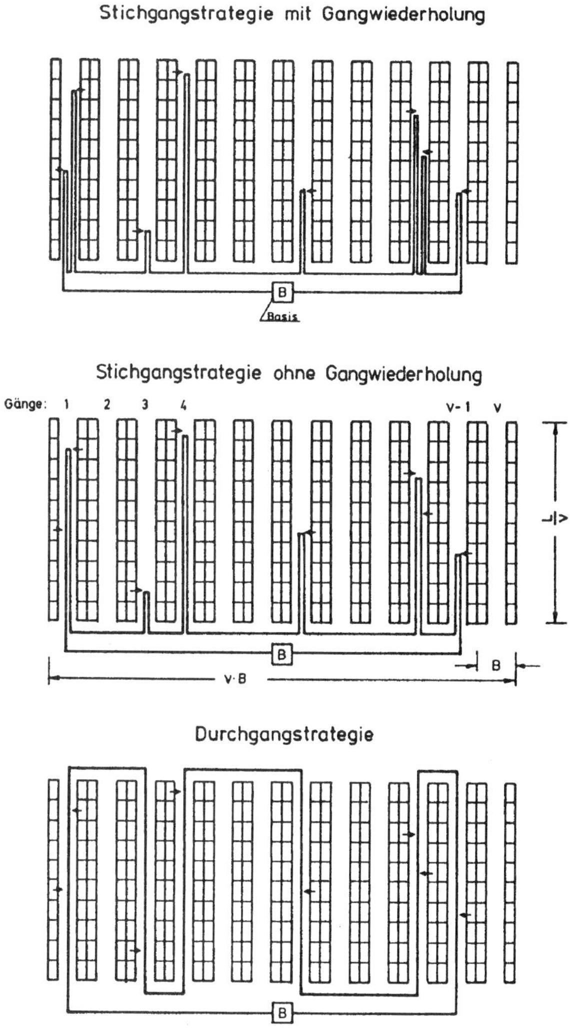

Abb. 17.23 Stichgangstrategien und Durchgangstrategie bei eindimensionaler Fortbewegung in Kommissioniergassen mit Kopfganganordnung
Strategieparameter: Anzahl Kommissioniergänge $N_{KG} = 12$

Die *Stichgangstrategie ohne Gangwiederholung* bietet sich an, wenn ein Gangwechsel nur an einer Stirnseite möglich ist, weil auf der anderen Stirnseite die Nachschubgeräte verkehren, aber auch bei Sortimenten mit stark *unterschiedlicher Gängigkeit*, wenn die A-Artikel an den Gangenden zur Basis konzentriert bereitgestellt werden.

Die *Stichgangstrategie mit Gangwiederholung* muß angewendet werden, wenn die Kommissioniergänge so schmal sind, daß der Kommissionierer nicht mit seinem Kommissioniergerät hineinfahren kann und daher die Entnahmemenge nach dem Ausfassen zu Fuß zum Gangende bringen muß. Das ist nur bei kleinen Entnahmeeinheiten möglich, die auch in größerer Zahl in der Hand befördert werden können. Dem Vorteil der Platzeinsparung durch die schmalen Gänge steht der Nachteil längerer Wegzeiten wegen der Gangwiederholung gegenüber [164].

Die Auswahl zwischen den drei Bewegungsstrategien der eindimensionalen Fortbewegung ist abhängig von den resultierenden *Wegzeiten*, die von der *Auftragsstruktur*, der *Bereitstellänge* und der *Platzanordnung* bestimmt werden (s.u.).

Bei *zweidimensionaler Fortbewegung* sind die Regalbediengeräte, mit denen die Kommissionierer von Fach zu Fach fahren, in der Regel *ganggebunden*. Eine einfache Bewegungsstrategie zur annähernd wegoptimalen Fortbewegung mit einem Regalbediengerät ist die erstmals von von *J. Miebach* vorgeschlagene [165]

- *N-Streifenstrategie*: Die Kommissionierfläche wird in 2 oder 4 horizontale *Streifen* aufgeteilt, in denen der Kommissionierer, wie in *Abb. 16.19 und 17.24* dargestellt, beginnend an der Basis in einer schlangenförmigen Auf- und Abbewegung nacheinander die einzelnen Fächer seines Auftrags anfährt, bis er am Ende zur Basis zurückkehrt.

Der *Strategieparameter* ist die *Streifenanzahl N*. Die mittlere Wegzeit für die Streifenstrategie ist mit Hilfe der Beziehung (16.71) aus *Kapitel 16* berechenbar. Simulationsrechnungen haben ergeben, daß der Wegzeitbedarf für den kürze-

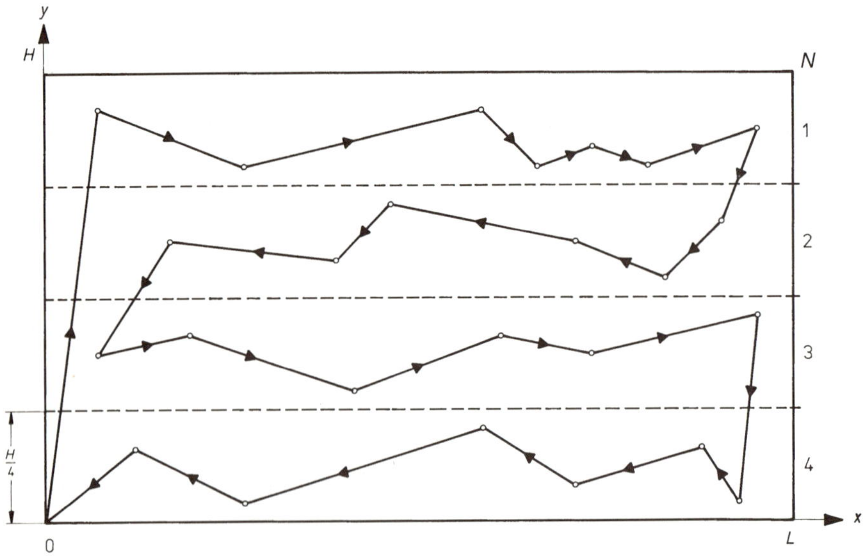

Abb. 17.24 Streifenstrategie bei zweidimensionaler Fortbewegung

Strategieparameter: Streifenanzahl N= 4

sten Weg weniger als 5 % von dem Wegzeitbedarf der Streifenstrategie abweicht, wenn die Streifenzahl bis zu etwa 25 Positionen pro Rundfahrt gleich 2 und ab 25 Positionen gleich 4 gewählt wird [21; 165].

5. Nachschubstrategien

Die Nachschubstrategien für den Kommissionierbereich haben zum Ziel, bei *minimalem Aufwand für den Nachschub* eine *hohe Verfügbarkeit der Bestände* auf den Zugriffplätzen zu sichern.

Die Nachschubsteuerung für den Zugriffsbereich setzt die Verfügbarkeit der benötigten Reservebestände voraus. Diese zu sichern ist Aufgabe der übergeordneten Bestands- und Nachschubdisposition des gesamten Lager- und Kommissioniersystems (s. *Kapitel* 11).

Für Kommissioniersysteme mit *dynamischer Bereitstellung* ist keine gesonderte Nachschubdisposition für den Bereitstellbestand erforderlich, da sich Bereitstell- und Resevebestand ununterscheidbar zusammen im Lager- und Bereitstellungssystem befinden.

Bewährte *Nachschubstrategien für die statische Bereitstellung*, die alle nach dem *Pull-Prinzip* arbeiten, sind:

- *Starres Flip-Flop-Verfahren*: Jeder Artikel hat im Zugriffsbereich mindestes zwei fest zugeordnete Bereitstellplätze, auf denen neben- oder hintereinander eine angebrochene Zugriffseinheit und eine volle Zugriffsreserveeinheit stehen. Sobald die Zugriffseinheit vom Kommissionierer geleert wurde, wird der Nachschub einer vollen Bereitstelleinheit ausgelöst. Während der Nachschub durchgeführt wird, setzt der Kommissionierer seine Arbeit ohne Unterbrechung an der nebenstehenden oder vorgezogenen Zugriffseinheit fort.
- *Flexibles Flip-Flop-Verfahren*: Zusätzlich zu je einem Zugriffsplatz pro Artikel gibt es im Zugriffsbereich eine ausreichende Anzahl Zugriffsreserveplätze. Sobald der Inhalt einer Zugriffseinheit einen bestimmten *Meldebestand* unterschreitet, wird der Nachschub einer Zugrifssreserveeinheit ausgelöst. Diese wird auf einem der freien Reserveplätze im Zugriffsbereich abgestellt. Nachdem der Kommissionierer die Zugriffseinheit vollständig geleert hat, kann er seine Arbeit nach einem Zwischenweg bei der rechtzeitig bereitgestellten Zugriffsreserveeinheit an einem anderen Platz fortsetzen.
- *Nachfüllverfahren*: Sobald der Inhalt des festen Zugriffsplatzes einen bestimmten *Meldebestand* unterschreitet, wird eine *Nachfüllmenge* angefordert, mit der die Zugriffseinheit oder das Zugriffsfach wieder aufgefüllt wird.

Das *starre Flip-Flop-Verfahren* ist die einfachste und sicherste Nachschubregelung für den Kommissionierbereich. Die Vorteile sind ein *unterbrechungsfreies Kommissionieren* und das *Vermeiden von Fehlmengen*. Bei nebeneinander angeordneten Zugriffs- und Reserveplätzen kommt als weiterer Vorteil die Möglichkeit zur Mengenanpassung und zur Mitnahme der Bereitstelleinheit hinzu. Außerdem besteht ausreichend Zeit zur Leergutentsorgung.

Das starre Flip-Flop-Verfahren mit Reserveeinheiten, die in *Durchlaufkanälen* hinter den Zugriffseinheiten stehen, ist die *optimale Nachschubstrategie* für das Kommissionieren eines breiten Artikelsortiments mit großem Durchsatz, da die

Wege minimal sind. Bei nebeneinander angeordneten Zugriffs- und Reserveplätzen erfordert das starre Flip-Flop-Verfahrens die verdoppelte Zugriffsfläche mit entsprechend längeren Wegen. Das starre Flip-Flop-Verfahren ist daher bei nebeneinander stehenden Zugriffs- und Reserveeinheiten auf das Kommissionieren aus einem relativ schmalen Sortiment beschränkt. Bei der Kommissionierung von Paletten liegt die Anwendungsgrenze bei etwa 100 bis 200 Artikeln.

Das *flexible Flip-Flop-Verfahren* reduziert den zusätzlichen Platzbedarf im Zugriffsbereich. Es erfordert jedoch eine *zuverlässige Verwaltung* der Bereitstellplätze, deren Artikelbelegung sich im Verlauf der Zeit ändert, und eine *genaue Verfolgung* des Inhalts der Zugriffseinheiten, um das Erreichen des *Meldebestands* rechtzeitig zu erkennen. Voraussetzung für das flexible Flip-Flop-Verfahren ist daher eine rechnergestützte Platzverwaltung und Kommissioniersteuerung.

Der *Meldebestand* ist die Menge, die mit ausreichender Sicherheit den Bedarf während *Nachschubzeit* T_N [h] für eine neue Bereitstelleinheit abdeckt. Er ist die Summe eines *Sicherheitsbestands* m_{sich}, der die stochastischen Schwankungen von Verbrauch und Nachschubzeiten ausgleicht, und des voraussichtlichen *Verbrauchs* $T_N \cdot \lambda_{EE}$ während der Nachschubzeit:

$$m_{MB} = m_{sich} + T_N \cdot \lambda_{EE} \qquad [EE]. \qquad (17.15)$$

Der Meldebstand hängt also von der Dauer des gesamten Nachschubvorgangs ab und muß bei Änderungen des *Stundenverbrauchs* λ_{EE} [EE/h] neu errechnet werden (s. *Kapitel* 11).

Wenn die Nachschubeinheit im Zugriffsbereich eintrifft, ist der Bestand auf dem alten Zugriffsplatz im Mittel auf den Sicherheitsbestand abgesunken. Nachdem auch der Sicherheitsbestand verbraucht ist, wird der erste Zugriffsplatz frei und nur noch ein Zugriffsplatz belegt. Hieraus folgt die *Auslegungsregel* (s. *Abschnitt 11.8*):

- Der *Zugriffsplatzbedarf pro Artikel* ist bei Nachschub nach dem flexiblen Flip-Flop-Verfahren

$$N_{ZP} = 1 + m_{sich} / C_{BE} \qquad [ZP/Art]. \qquad (17.16)$$

Auch beim *Nachfüllverfahren* wird der Nachschub durch das Erreichen eines Meldebestands ausgelöst. Im Unterschied zum Flip-Flop-Verfahren aber werden keine vollen Bereitstelleinheiten, sondern jeweils nur eine bestimmte *Nachfüllmenge* für den Zugriffsplatz oder das Zugriffsfach nachgeliefert. Die Nachfüllmenge sollte für Artikel mit regelmäßigem Verbrauch gleich der *optimalen Nachschublosgröße* gewählt werden (s. *Kapitel* 11). Wenn diese nicht bekannt ist, wird häufig die *Auffüllmenge* nachbestellt, die durch das Fassungsmögen des Bereitstellplatzes bestimmt ist. Das aber kann zu Ladenhütern und schlechten Drehzahlen führen.

Der Vorteil des Nachfüllverfahrens ist der *geringe Platzbedarf* im Zugriffsbereich, der jedoch mit einem *aufwendigeren Handling* der einzelnen Artikeleinheiten beim Nachfüllen erkauft wird. Haupteinsatzbereiche des Nachfüllverfahrens sind *Verkaufstheken* und *Verkaufsregale* sowie *Werkzeuglager* und *Ersatzteillager.*

6. Leergutstrategien

Voraussetzung der Nachschubbereitstellung ist die vorherige Entsorgung der geleerten Ladehilfsmittel, also von Behältern, Paletten und anderen Ladungsträgern.

Mögliche *Leergutentsorgungsstrategien* sind:

- *Leergutentsorgung durch den Kommissionierer*: Das Leergut wird nach dem erschöpfenden Griff vom Kommissionierer entnommen und mitgenommen.
- *Leergutentsorgung durch das Nachschubgerät*: Das Leergut wird im Zuge des Nachschubs vom Nachschubgerät entnommen und abtransportiert (s. *Abb. 17.8c*).
- *Gesonderte Leergutentsorgung*: Das Leergut wird vom Kommissionierer neben oder unter dem Bereitstellplatz abgestellt oder verbleibt auf dem Bereitstellplatz und wird von einem *Leergutentsorger* eingesammelt (s. *Abb 17.16*).
- *Leergutentsorgung durch Fördertechnik*: Bei der dynamischen Bereitstellung, aber auch bei einer statischen Bereitstellung in Durchlaufkanälen kann das Leergut durch ein Abfördersystem entsorgt werden (s. *Abb. 17.14c*).

Der Aufwand der Leergutentsorgung wird bei der Planung und Organisation von Kommissioniersystemen häufig unterschätzt und bereitet dann im laufenden Betrieb erhebliche Probleme.

Das gilt vor allem für die Entsorgung von Leerpaletten, die mit einem *Eigengewicht* über 15 kg nur schwer von einer Person zu handhaben sind. Bei einer Palettenkommissionierung mit hohem Volumendurchsatz kann daher mit einer Leergutentsorgung durch die Nachschubgeräte oder eine geeignete Fördertechnik die körperliche Belastung der Kommissionierer vermindert und die Kommissionierleistung deutlich verbessert werden.

Ebenso wie die Entsorgung des Leerguts muß der Nachschub leerer Sammelbehälter und Paletten für das Kommissionieren richtig organisiert sein und nach geeigeten Strategien gesteuert werden. Mögliche *Leergutnachschubstrategien* sind:

- *Stapelweise Leergutbereitstellung*: An der Basis oder an den Kommissionierarbeitsplätzen wird das zur Ablage der Entnahmengen benötigte Leergut in ausreichender Menge als Stapel bereitgestellt. Bei Erreichen eines Meldebestands wird vom Kommissionierer Leergutnachschub angefordert.
- *Auftragsweise Leergutbereitstellung*: Das für einen Kommissionierauftrag benötigte Leergut wird an einer zentralen Stelle auftragsweise kodiert auf ein Fördersystem gestellt und von diesem zu den Kommissionierarbeitsplätzen transportiert (*s. Abbildung* 17.14c).

Die *stapelweise Leergutbereitstellung* ist das einfachste und sicherste Verfahren, das technisch und organisatorisch den geringsten Aufwand erfordert. Das Leergut – Versandkartons, Sammelbehälter oder Leerpaletten – wird erst zum Einsatzzeitpunkt auftragsweise kodiert, gekennzeichnet oder durch Hineinlegen des Auftragsbelegs mit dem Auftrag „verheiratet“.

Die *auftragsweise Leergutbereitstellung* ist aufwendiger, unsicherer und beschränkt auf Kommissioniersysteme mit dezentraler Abgabe, in denen ohnehin schon ein Fördersystem zu den Bereitstellplätzen führt. Dabei besteht die Gefahr, daß die Kommissionierer ihre Arbeit nicht fortsetzen können, wenn die Leerbehälterzuführung aus irgendwelchen Gründen unterbrochen ist, sowie die Gefahr der *Verwechslung* der Auftragsbehälter bei der Ablage.

Von besonderer Bedeutung ist die Leergutbereitstellung für das Kommissionieren nach dem *Pick&Pack-Prinzip* mit Ablage der Entnahmeeinheiten direkt in die Versandeinheit. Die hierfür benötigten Kartons und Packmittel müssen entweder vom Kommissionierer auf seinem Gerät mitgebracht oder an den stationären Kommissionierarbeitsplätzen griffgünstig bereitgestellt werden.

Für *Einpositionsaufträge*, deren Packmittelbedarf der Kommissionierer am Entnahmeort selbst abschätzen kann, bereitet das kein Problem. Für *Mehrpositionsaufträge* muß der Leitrechner aus dem Volumen der gesamten Entnahmenge eines Auftrags die Größe des benötigten Kartons errechnen und dem Kommissionierer am ersten Entnahmeplatz vorgeben.

17.7 Planung von Kommissioniersystemen

Das Kommissionieren ist ein Teilprozeß der innerbetrieblichen Logistik, der in enger Abstimmung mit dem Lagern und Umschlagen der Waren und Güter stattfindet. Entsprechend ist die Planung der Kommissioniersysteme nur zusammen mit der Planung der Lager, des Wareneingangs, des Warenausgangs und der übrigen Funktionsbereiche eines Logistikbetriebs möglich (s. *Abschnitte 3.2* und *16.8*).

Da das Kommissionieren die meisten Handlungsmöglichkeiten bietet, ist es ratsam, zuerst das Kommissioniersystem zu planen und danach die Lager und übrigen Funktionsbereiche. Die *Systemplanung* zur Auswahl und Dimensionierung eines Kommissioniersystems wird zweckmäßig in folgenden *Arbeitsschritten* durchgeführt:

1. Ermittlung der *Kommissionieranforderungen*, also der Sortiments-, Auftrags-, Durchsatz- und Bestandsanforderungen, sowie der *Randbedingungen* und *Schnittstellen*.
2. *Segmentierung* des zu kommissionierenden Artikelsortiments in eine möglichst kleine Anzahl *Sortimentsklassen* mit ähnlicher *Beschaffenheit*, *Gängigkeit* und *Volumendurchsatz*.
3. *Analyse* und *Clusterung* der externen Kommissionieraufträge in *Auftragsklassen*, wie Ein- und Mehrpositionsaufträge, Klein- und Großaufträge oder Termin- und Eilaufträge.
4. *Vorauswahl* geeigneter Kommissionierverfahren, Elementarsysteme, Kombinationsmöglichkeiten und Betriebsstrategien für die verschiedenen Sortimentsklassen aufgrund der zuvor dargestellten Merkmale und Eignungskriterien.
5. *Systementwurf* mit technischer Konzeption von Beschickung, Bereitstellung, Zugriffsmodulen, Regalmodulen, Kommissionier- und Nachschubgeräten, Fördertechnik und Informationstechnik.
6. *Statische Dimensionierung* des Bereitstellbereichs unter Nutzung freier Gestaltungsparameter und geeigneter Belegungsstrategien.

7. *Dynamische Dimensionierung* der Kommissioniersysteme mit Berechnung und Optimierung der erforderlichen Kommissionierer, Kommissioniergeräte, Nachschubgeräte und Fördertechnik unter Nutzung von freien Parametern und Strategievariablen der Bearbeitungs-, Bewegungs- und Nachschubstrategien.
8. *Konzeption der Kommissioniersteuerung*, der Datenströme sowie der Informations- und Kommunikationsprozesse.
9. *Kalkulation der Investition, Betriebskosten* und *Kommissionierleistungskosten* auf der Basis von Richtpreisfaktoren und Richtkostensätzen.
10. *Auswahl der kostenoptimalen Kommissioniersysteme* für die verschiedenen Sortimentsklassen unter Berücksichtigung der *Kompatibilität* mit den vor- und nachgeschalteten Lagern und anderen Funktionsbereichen.

Nach der Entwicklung, Dimensionierung und Optimierung der Kommissioniersysteme werden die Lagersysteme, der Warenausgang, die Packerei, die Versandbereitstellung und der Wareneingang geplant. In der sich anschließenden *Layoutplanung* werden die *modular aufgebauten Lösungen* für die einzelnen Funktionsbereiche auf den verfügbaren Flächen geeignet angeordnet und durch *Transportwege* und *Fördersysteme* miteinander verbunden. Das Ergebnis ist eine platz- und kostenoptimalen *Gesamtanlage*.

Dieser *iterative Planungsprozeß* läßt sich mit Hilfe geeigneter *Dimensionierungsprogramme* rasch und fehlerfrei durchführen. Die *Kommissionierprogramme* zur Dimensionierung und Optimierung von Kommissioniersystemen errechnen für vorgebene Leistungsanforderungen unter Verwendung entsprechender *Dimensionierungsformeln* den Flächen- und Raumbedarf und die Kapazität sowie mit Hilfe von *Spielzeit-, Weg- und Greifzeitformeln* den Personal- und Gerätebedarf eines Kommissioniersystems. Außerdem sind verschiedene Betriebsstrategien mit den entsprechenden Strategievariablen wählbar (s. *Tab. 17.3*).

Mit *Richtpreisen* für die Investitionen und *Kostenfaktoren* für Personal, Abschreibungen und Zinsen werden der Investitionsbedarf und die Betriebskosten und hieraus die *Kommissionierleistungskosten* kalkuliert.

Die einzelnen *Programm-Module* für die elementaren Kommissioniersysteme lassen sich projektspezifisch den verschiedenen technischen Ausprägungen anpassen und für kombinierte Kommissioniersysteme miteinander verknüpfen. Wegen ihres grundlegend verschiedenen Aufbaus und der völlig anderen Betriebsstrategien sind für Systeme mit statischer und mit dynamischer Bereitstellung unterschiedliche Kommissionierprogramme erforderlich. Die Kommissionierprogramme sind ein *analytisches Abbild* der funktionalen Wirkungszusammenhänge des Kommissioniersystems auf dem Rechner.

Die Kommissionierprogramme sind auch zur Untersuchung der verschiedenen Einflußfaktoren und Strategievariablen geeignet. Mit Hilfe der Programme lassen sich unterschiedliche *Szenarien* des Betriebs oder der Nutzung *analytisch simulieren*, die *Kommissionerkosten* minimieren und *Sensitivitätsrechnungen* durchführen.

Das Arbeiten mit den Kommissionierprogrammen hat gezeigt, daß hin und wieder eine weniger geeignet erscheinende *Anfangslösung* nach der Optimierung ebenso gut oder besser ist als das Optimum einer zunächst favorisierten Lösung. Eine Lösungsauswahl noch vor der Dimensionierung und Optimierung allein nach dem Verfahren der *Nutzwertanalyse* oder aufgrund von *Kennzahlen*, wie sie von vielen Planern aus Gründen der Arbeitsersparnis propagiert wird, kann zum Verfehlen der optimalen Lösung führen. Ein solcher Fehler ist später kaum noch korrigierbar.

In vielen Fällen gibt es mehr als nur eine kostenoptimale Lösung. Zur Entscheidung wischen mehreren Lösungen mit annähernd gleichen Betriebskosten aufgrund von qualitativen Kriterien ist das Verfahren der *Nutzwertanalyse* gut geeignet [49; 50].

Mehr noch als die Lagerplanung erfordert die Planung eines Kommissioniersystems außer praxisbewährten Rechnertools technische *Sachkenntnis* und *Erfahrung*. Vor aller Technik und Vielzahl der Kombinationsmöglichkeiten darf jedoch nicht das Ziel einer leistungsfähigen und kostenoptimalen Gesamtlösung aus dem Auge verloren gehen.

17.8 Gestaltungs- und Optimierungsparameter

Entscheidend für den Erfolg der Planung eines Kommissioniersystems sind die vollständige Kenntnis und die richtige Nutzung der freien Gestaltungs- und Optimierungsparameter. Diese Parameter gehen in die Formeln zur Berechnung der Abmessungen, Weglängen, Wegzeiten, Greifzeiten und Kommissionierleistung ein und bestimmen maßgebend die Kommissionierkosten.

Soweit nicht extern vorgegeben, sind die *Gestaltungsparameter aller Kommissioniersysteme*:

Abmessungen der Bereitstelleinheiten
Zuordnungskriterien der Bereitstelleinheiten

Abmessungen der Sammelbehälter (17.17)
Zurordnungskriterien der Sammelbehälter,

Batchgröße der Serienaufträge n_S [Auf/Serie].

Aus den Abmessungen der Ladeeinheiten und Entnahmeeinheiten läßt sich das *Fassungvermögen* der Ladeeinheiten und damit nach den Beziehungen (17.10) und (17.11) der *Ladeeinheitendurchsatz* errechnen (s. *Kapitel* 12).

Zusätzliche *Gestaltungsparameter* und *Strategievariable* zur Dimensionierung und Optimierung von *Kommissioniersystemen mit dynamischer Bereitstellung* sind (s. *Abb. 17.7*):

Lage der Kommissionierarbeitsplätze
Besetzung der Arbeitsplätze

Anzahl Zulaufstauplätze vor dem Bereitstellplatz
Anzahl Auslaufplätze nach dem Bereitstellplatz (17.18)

Anzahl Abgabeplätze pro Arbeitsplatz
Abstand und Orientierung der Abgabeplätze.

Wenn die Parameter (17.17) und (17.18) festliegen, lassen sich aus den Kommissionierleistungsanforderungen die benötigte *Anzahl der Kommissionierplätze* N_{KP} und die *Bereitstelleistung* λ_B [BE/h] errechnen. Das vorangeschaltete Lager- und Bereitstellungssystem ist für die benötigte Bereitstelleistung und die zur Unterbringung der Bereitstell- und Reserveeinheiten erforderliche Kapazität ebenso wie ein Einheitenlager zu dimensionieren (s. *Kapitel* 16).

Zusätzliche *Gestaltungsparameter* und *Strategievariable* zur Dimensionierung und Optimierung konventioneller *Kommissioniersysteme mit statischer Bereitstellung* sind [62]:

Orientierung der Bereitstelleinheiten
Kapazität der Bereitstellplätze C_{BP}

Kapazität der Bereitstellmodule C_{BM}
Kapazität der Reservemodule C_{RM}

Anzahl Kommissioniergänge pro Kommissioniermodul N_{KG}
Anzahl Kommissionierebenen N_{KE}

Anzahl Nachschubgassen pro Kommissioniermodul N_{NG}
Anzahl Nachschubebenen N_{NE} (17.19)

Anzahl der Kommissioniermodule N_{KM}
Anordnung der Kommissioniermodule

Geschwindigkeit und Beschleunigung der Nachschubgeräte
Kapazität der Nachschubgeräte C_{NG}

Geschwindigkeit und Beschleunigung der Kommissioniergeräte
Kapazität der Kommissioniergeräte C_{KG}

Anzahl der Basisstationen
Lage der Basisstationen

Vollgutkapazität der Basis
Leergutkapazität der Basis

Beim *inversen Kommissionieren* sind anstelle der Bereitstellplätze die *Aufteilung* und die *Kapazität* der *Auftragssammelplätze*, die *Anzahl* und *Länge* der Kommissioniergassen und deren *Anordnung* in der Fläche die wesenlichen Gestaltungsparameter, mit denen sich Wegzeiten und Kommissionierkosten optimieren lassen.

17.9 Statische Dimensionierung

In der statischen Dimensionierung werden die *Anzahl* und die *Anordnung* der Kommissionierarbeitsplätze, Bereitstellplätze und Reserveplätze so festgelegt, daß sich alle Artikel möglichst platzsparend, griffgünstig und wegzeitoptimal im Zugriff befinden und die Bereitstellplätze einfach mit Nachschub versorgt werden können. Dabei sind die projektspezifischen *Restriktionen*, wie verfügbare

Abb. 17.25 Kommissionierplatzmodul zur dynamischen Bereitstellung für das Kommissionieren von Palettenware in Klappboxen

Flächen und *Gebäude* und *begrenzte Bauhöhe* sowie die *gesetztlichen Auflagen* für *Sicherheit* und *Arbeitsplatzgestaltung* zu berücksichtigen.

Besondere Einschränkungen für die Auslegung eines Kommissioniersystems mit statischer Bereitstellung ergeben sich aus der Forderung nach *Brandabschnitten begrenzter Größe* und aus der *maximalen Fluchtweglänge*. Die Fluchtweglänge ist gleich dem kürzesten Abstand zwischen einem Arbeitsplatz und dem nächsten Ausgang des Brandabschnitts. Sie darf in Deutschland nicht länger als 35 m sein.

Bei einem *Kommissioniersystem mit dynamischer Bereitstellung* reduziert sich die statische Dimensionierung auf den *modularen Aufbau* und die *optimale Anordnung* der stationären Kommissionierarbeitsplätze unter Berücksichtigung der Gestaltungsparameter (17.18). Ein Beispiel für die Auslegung eines *Kommissionierplatzmoduls* zur Kommissionierung von Paletten in Sammelbehälter auf Rolltürmen zeigt *Abb. 17.25*.

Ein *Kommissioniersystem mit statischer Bereitstellung* läßt sich aus *Bereitstellmodulen* (BM) und *Reservemodulen* (RM) aufbauen, die entlang eines *Kommissioniergangs* neben- und übereinander angeordnet sind und zusammen mit den *Nachschubgassen* einen *Gangmodul* (GM) bilden. Ein *Kommissioniermodul* (KM) besteht aus mehreren Gangmodulen (s. *Abb.* 17.19).

Die statische Dimensionierung wird am effizientesten in folgenden *Arbeitsschritten* durchgeführt:

1. Konzeption der Bereitstell- und Reservemodule

Die Konzeption der Bereitstellmodule ist ausschlaggebend für den Platzbedarf und die Leistungsfähigkeit des gesamten Kommissioniersystems. Die Bereitstellmodule müssen folgende *Anforderungen* erfüllen:

- Anordnung möglichst vieler Zugriffsplätze auf minimaler Zugriffsfläche,
- Platz für die Zugriffsreserven,
- griffgünstige Bereitstellung der Entnahmeeinheiten,
- gute Nachschubmöglichkeit für die Zugriffsplätze,
- Sicherung der Kommissionierer in Richtung der Nachschubgassen,
- Vorkehrung zur Leergutentsorgung,
- einfache Umrüstbarkeit bei Einsatz unterschiedlicher Bereitstelleinheiten.

Abb. 17.20 zeigt das Beispiel eines umrüstbaren Bereitstellmoduls für Behälter und Paletten, das diesen Anforderungen genügt und für ein Stollenkommissionierlager konzipiert wurde.

Aus dem Aufbau und der Konstruktion resultieren die *Länge* l_{BM}, die *Tiefe* oder *Breite* b_{BM} und die *Höhe* h_{BM} des Bereitstellmoduls. Das *Fassungvermögen* C_{BM} für Bereitstelleinheiten ist gleich der Summe

$$C_{BM} = C_{BMZ} + C_{BMR} \qquad [BE/BM]. \qquad (17.20)$$

der *Zugriffskapazität* C_{BMZ}, das heißt der Anzahl Plätze im Zugriffsbereich, und der *Reservekapazität* C_{BMR}, das heißt der Anzahl Reserveplätze pro Bereitstellmodul.

Die benötigte Anzahl Zugriffsplätze hängt von Anzahl der Artikel und von der Platzordnung ab. Mit dem *Platzordnungsfaktor*

$$f_{PO} = \begin{cases} 1 & \text{für feste Pickplatzordnung} \\ 2 & \text{für starre Flip-Flop-Ordnung} \\ 1 + m_{sich}/C_{BE} & \text{für flexible Flip-Flop-Ordnung} \end{cases} \qquad (17.21)$$

folgt die

- Anzahl Bereitstellmodule mit einer Zugriffskapazität C_{BMZ} [ZP/BM], die für das Kommissionieren aus einem Sortiment von N_S Artikeln benötigt wird,

$$N_{BM} = [f_{PO} \cdot N_S / C_{BMZ}]. \qquad (17.22)$$

Diese Anzahl von Bereitstellmodulen ist auf den beiden Seiten der Kommissioniergänge nebeneinander anzuordnen. Die insgesamt benötigte Länge der Kommissioniergänge, die sogenannte *Bereitstellänge*, beträgt daher

$$L_{BL} = N_{BM} \cdot l_{BM}/2, \qquad (17.23)$$

wenn die Länge pro Bereitstellmodul l_{BM} ist.

Die benötigte Bereitstellänge ist auf eine *optimale Anzahl* von Kommissioniergassen aufzuteilen. Zusätzlich sind soviele Reservemodule unterzubringen, daß insgesamt ausreichend Platz für mindestens 2 Bereitstelleinheiten pro Arikel vorhanden ist, von denen jeweils eine auf einem Zugriffsplatz steht.

Wenn die Reservekapazität der Bereitstellmodule nicht ausreicht, können in einem Regal oberhalb der Bereitstellmodule oder auf der Gegenseite der Nachschubgassen zusätzliche *Reservemodule* angeordnet werden, die ähnlich wie die Fachmodule eines Einheitenlagers zum Abstellen von Reserveeinheiten konzipiert sind (s. *Abschnitt 16.2*).

2. Gestaltung der Gangmodule und Kommissioniermodule

Ein *Gangmodul* besteht aus N_x Bereitstellmodulen, die zu beiden Seiten eines Kommissioniergangs mit der *Gangbreite* b_{KG} in x-Richtung nebeneinander angeordnet sind. Wie in *Abb. 17.19* dargestellt, setzt sich ein *Kommissioniermodul* in z-Richtung aus N_{GM} parallel angeordneten Gangmodulen zusammen, zwischen denen bei getrennter Beschickung und Entnahme die Nachschubgassen verlaufen .

Bei mehretagigen Kommissioniersystemen, wie den Stollenkommissionierlagern, liegen N_{KE} Kommissionierebenen in y-Richtung übereinander. Soweit es der Höhenabstand der Ebenen, der durch die Kommissioniertechnik und die Regalkonstruktion bestimmt wird, erlaubt, können zwischen den Kommissionierebenen und über der obersten Kommissionierebene Reservemodule eingefügt werden.

Mit N_{KE} *Kommissionierebenen*, einem *vertikalen Anfahrmaß* H_{AM}, das sich zusammensetzt aus den unteren und oberen Anfahrmaßen für die Nachschub- und Kommissioniergeräte, und einem *Abstand der Kommissionierebenen* h_{KE} ist die *Höhe eines Gangmoduls*

$$H_{GM} = H_{KM} = N_{KE} \cdot h_{KE} + H_{AM} \,. \tag{17.25}$$

Die Höhe der Gangmodule ist gleich der lichten Höhe H_{KM} des Kommissioniermoduls.

Bei einer benötigten Anzahl Bereitstellmodule N_{BM}, die durch Beziehung (17.22) gegeben ist, sowie bei N_{KG} Kommissioniergängen pro Kommissioniermodul, N_{KE} Kommissionierebenen und N_{KM} Kommissioniermodulen ist die *horizontale Anzahl Bereitstellmodule* pro Gang

$$N_x = \left\lceil N_{BM} / \left(2 N_{KG} N_{KE} N_{KM} \right) \right\rceil \qquad \left[\text{BM/Gang} \right], \tag{17.26}$$

wobei die eckigen Klammern ein *Aufrunden* auf die nächste ganze Zahl bedeuten.

Mit der *Länge* l_{BM} eines Bereitstellmoduls und dem *horizontalem Anfahrmaß* L_{AM}, das die Summe der vorderen und hinteren Anfahrmaße ist, wird damit die *Länge eines Gangmoduls* und damit auch eines Kommissioniermoduls

$$L_{GM} = L_{KM} = N_x \cdot l_{BM} + L_{AM} \,. \tag{17.27}$$

Bei getrennter Beschickung und Entnahme verlaufen auf der Rückseite der Bereitstellmodule die Nachschubgassen. Die innenliegenden Nachschubgassen eines Kommissioniermoduls bedienen jeweils zwei Gangmodule. Die beiden außen liegenden Nachschubgassen versorgen in der Regel nur einen Gangmodul (s. *Abb. 17.19*). Bei kombinierter Beschickung und Entnahme entfallen die Nachschubgänge.

Mit dem *Nachschubgangfaktor*

$$f_{NG} = \begin{cases} 0 & \text{für räumlich kombinierten Nachschul} \\ 1 & \text{für räumlich getrennten Nachschub,} \end{cases} \tag{17.28}$$

einer *Tiefe pro Bereitstellmodul* b_{BM} und einer *Nachschubgangbreite* b_{NG} ist damit die *Breite eines Gangmoduls* einschließlich der anteiligen Nachschubgangbreiten:

$$B_{GM} = 2 \cdot b_{BM} + f_{NG} \cdot b_{NG}. \tag{17.29}$$

Wenn die äußeren Nachschubgassen jeweils nur einen Kommissioniergang versorgen und sich an den beiden Außenwandflächen noch zwei *Seitenregale* mit Reservemodulen befinden, ist die *Breite des Kommissioniermoduls*

$$B_{KM} = N_{GM} \cdot (2b_{BM} + b_{KG}) + f_{NG} \cdot ((N_{GM} + 1) \cdot b_{NG} + 2b_{BM}), \tag{17.30}$$

Mit der Länge (17.27) und der Breite (17.30) ist der *Grundflächenbedarf für ein Kommissioniermodul:*

$$F_{KM} = L_{KM} \cdot B_{KM}. \tag{17.31}$$

In den Beziehungen (17.25) bis (17.31) sind die *Anzahl Kommissioniermodule*, die *Anzahl der Gangmodule* pro Kommissioniermodul und die *Anzahl der Kommissionierebenen* freie *Dimensionierungsparameter.*

Bei der Nutzung dieser Parameter besteht ein *Zielkonflikt* zwischen der optimalen Raum- und Flächennutzung und der minimalen Kommissionierweglänge. Zusätzlich sind die projektspezifischen *Randbedingungen* zu erfüllen und die allgemeinen *Sicherheitsvorschriften* einzuhalten.

Mit wenigen und langen Gängen wird die benötigte Grundfläche (17.31) minimal, da die Anfahrmaße anteilig nur wenig ins Gewicht fallen. Andererseits aber sind die Abmessungen eines Kommissioniermoduls, der einen Brandabschnitt bildet, begrenzt durch die maximal zulässige Fluchtweglänge von 35 m.

Hieraus resultieren *maximale Abmessungen* eines Kommissioniermoduls von ca. 70 × 70 m und eine *maximale Ganglänge* von etwa 60 m. Die maximale Ganglänge ist jedoch für das konventionelle Kommissionieren nicht immer wegoptimal, da bei kürzeren Gängen und wenigen Positionen pro Kommissionierauftrag die Wahrscheinlichkeit groß ist, Gänge auslassen und dadurch den Auftragsweg abkürzen zu können. Die *wegoptimale Ganglänge* ist daher gesondert zu berechnen (s.u.).

3. Gestaltung und Zuordung der Basisstationen

Bei zentraler Abgabe hat eine bestimmte Anzahl Gangmodule in einer Ebene eine oder mehrere *Basisstationen*, die stirnseitig vor den Gängen angeordnet sind. Die Basisstationen sind Ausgangs- und Endpunkt für die Rundfahrten der Kommissionierer.

Die Anzahl und die Anordnung der Basisstationen, die Anzahl der von diesen bedienten Gänge und damit die Gesamtzahl der in einem Kommissioniersystem benötigten Basisstationen sind weitere *Gestaltungsparameter*, die zur Systemoptimierung nutzbar sind.

Aus einer Analyse der stirnseitigen Wege ergibt sich die *Anordnungsregel*:

- Zur Minimierung der mittleren Wege müssen die Basisstationen möglichst nahe in der Mitte vor den zu bedienenden Gängen angeordnet sein.

In einem größeren Kommissioniersystem mit mehreren benachbarten Basisstationen gibt es zwei verschiedene *Basisanfahrstrategien*:

- *Feste Basis*: Jeder Kommissionierer hat eine feste Basis, an der er seine Aufträge erhält und seine Rundfahrten startet und endet.
- *Wechselnde Basis*: Der Kommissionierer gibt die Ware für einen ausgeführten Auftrag jeweils an der nächsten freien Basis ab und beginnt dort mit dem folgenden Rundlauf.

Durch wechselnde Basisstationen lassen sich unter Umständen die Wege von und zur Basis verkürzen und bei hoher Durchsatzleistung die *Basiswartezeiten* reduzieren. Eine wechselnde Basis erfordert jedoch eine rechnergestützte Kommissioniersteuerung, um die Kommissionierer an allen Basisstationen gleichmäßig mit Aufträgen zu versorgen.

Anzahl, Gestaltung, Anordnung und Organisation der Basisstationen sind maßgebend für die benötigte *Basiszeit* und haben Einfluß auf die Kommissionierleistung. Die Basis muß mit einem *Terminal* ausgestattet sein und über genügend *Kapazität* zur Bereitstellung von Leergut für das Kommissionieren und das Abstellen der gefüllten Auftragsbehälter verfügen.

Wenn viele Kommissionierer von der gleichen Basis aus arbeiten, kann durch einen zeitversetzten Arbeitsbeginn die Wahrscheinlichkeit für ein gleichzeitiges Zusammentreffen und damit die *Wartezeit an der Basis* erheblich reduziert werden (s. *Abschnitt 17.11*).

In großen Anlagen ist die Basis zur Zuförderung von Nachschub und Leergut und zum Abfördern der Auftragsbehälter über ein Fördersystem mit dem Waren- und Ausgang verbunden (s. *Abb. 17.21*). Die Auf- und Abgabestellen an der Basis müssen ergonomisch gestaltet und mit einer ausreichenden *Anzahl Pufferplätzen* versehen sein, um die Arbeit der Kommissionierer von den vor- und nachgelagerten Transporten zu entkoppeln.

17.10 Optimale Wegzeiten und Gangzahlen

Die Zeit, die ein Kommissionierer für die Fortbewegung von der Basis zu den Bereitstellplätzen und zurück zur Basis benötigt, ist abhängig von der Länge des Rundwegs, von der Geschwindigkeit und Beschleunigung sowie von der Anzahl der Bremsbeschleunigungsvorgänge im Verlauf dieses Weges. Die Rundweglänge hängt ab von der Fortbewegungsstrategie, von der Anzahl Positionen pro Auftrag, von der Anordnung, der Anzahl und der Länge der Gänge sowie von der Breite der Bereitstellmodule.

Maßgebend für die Weglänge und für die Anzahl der Bremsbeschleunigungen beim Gangwechsel ist die Anzahl der Gänge, in denen sich die angeforderten Artikel befinden. Für die Leistungsberechnung und Dimensionierung interessiert nicht die Anzahl der aufzusuchenden Gänge für den einzelnen Auftrag sondern die *mittlere Gangzahl* für eine Vielzahl von Aufträgen.

Eine Wahrscheinlichkeitsanalyse der möglichen Verteilungen von n Artikelpositionen auf N Bereitstellgänge ergibt den *Satz der mittleren Gangzahl* [40; 164, 166]:[3]

- Die *mittlere Anzahl Gänge*, in der die Artikel von Aufträgen, die im Mittel n *Positionen* haben, zu finden sind, ist bei *Gleichverteilung* der Artikel eines Sortiments über insgesamt N *Bereitstellgänge*

$$x = \left(1 - (1 - 1/N)^n\right) \cdot N. \qquad (17.32)$$

Für Gangzahlen größer als 10 gilt mit ausreichender Genauigkeit die *Näherungsformel*:

$$x = \left(1 - e^{-n/N}\right) \cdot N. \qquad (17.33)$$

Die mit Beziehung (17.32) errechnete Abhängigkeit der Gangzahl, die im Mittel aller Rundwege aufgesucht wird, von der Anzahl Auftragspositionen ist für drei verschiedene Bereitstellgangzahlen in *Abb. 17.26* dargestellt. Hieraus wie auch aus Beziehung (17.32) ist ablesbar:

- Wenn die Positionsanzahl wesenlich kleiner ist als die Anzahl der Bereitstellgänge, dann ist die mittlere Gangzahl gleich der Anzahl Positionen, da die n Positionen mit großer Wahrscheinlichkeit in unterschiedlichen Gängen liegen.
- Nähert sich die Anzahl Positionen der Anzahl Bereitstellgänge wird die mittlere Gangzahl kleiner als die Positionsanzahl, da immer häufiger mehrere Positionen in einem Gang zu finden sind. Bei n = N befinden sich die Positionen im Mittel in 0,63 · n Gängen.
- Mit weiter ansteigender Anzahl Positionen nähert sich die mittlere Gangzahl der Anzahl der Bereitstellgänge, da die angeforderten Artikel mit zunehmender Wahrscheinlichkeit über alle Gänge verteilt sind.

Mit der Beziehung (17.32) für die mittlere Gangzahl ist es möglich, die mittlere Weglänge und die mittleren Wegzeiten für die verschiedenen *Bewegungsstrategien* und *Ganganordnungen* analytisch zu berechnen.

Von der Vielzahl denkbarer *Ganganordnungen* lassen sich die meisten bereits aufgrund qualitativer Überlegungen und Vergleiche als ungeeignet oder wegungünstig ausscheiden. Stochastischen Simulationen und analytischen Berechnungen ergeben in Übereinstimmung, daß die in den *Abb. 17.19* und *17.23* dargestellte *parallele Anordnung der Gangmodule* – kurz *Kopfganganordnung* genannt – mit zentraler stirnseitiger Basis die wegoptimale und praktikabelste Lösung ist, wenn die Anzahl der Gänge richtig gewählt und mit der jeweils geeignetsten Bewegungstrategie gearbeitet wird [164; 165, 166].

Für eine *gegenüberliegende Anordnung der Gangmodule* mit einem zentralen Mittelgang – kurz *Zentralganganordnung* genannt – sind die mittleren Wege bei

---

3 Der Beweis der Formel (17.32) für die mittlere Gangzahl verläuft analog zu dem Beweis der Formel (17.83) für die mittlere Zeilenzahl von Sammelaufträgen [159]. Ebenso wie (17.83) läßt sich (17.32) verallgemeinern auf den Fall der Konzentration von A-Artikeln in bestimmten Gängen. Der Verfasser dankt *J. Schulte* für den Hinweis auf einen Fehler in der Arbeit [164] und seinen Beitrag zur Lösung des Problems der mittleren Gangzahl [166].

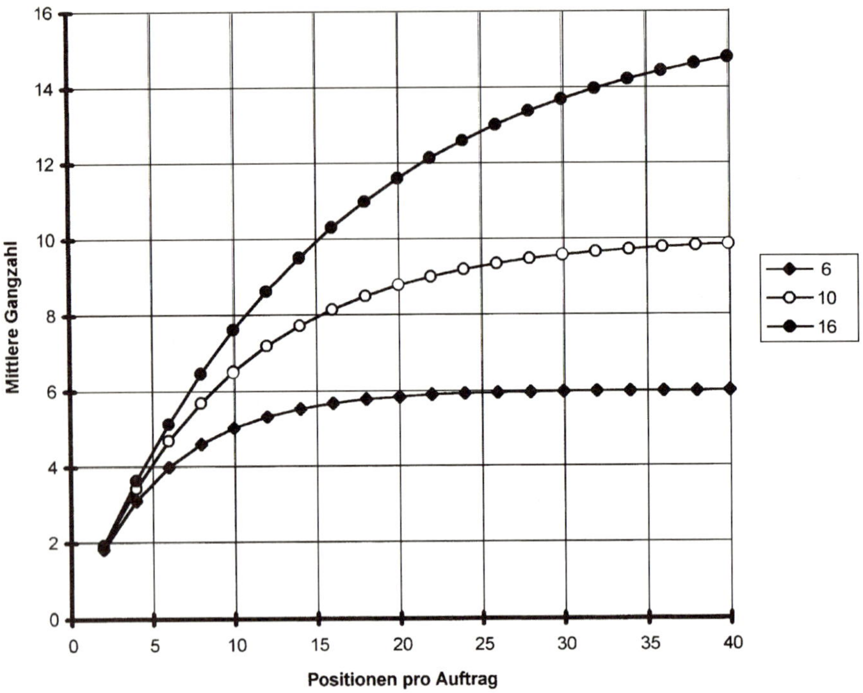

Abb. 17.26 Abhängigkeit der mittleren Gangzahl beim Kommissionieren von der mittleren Anzahl Positionen pro Auftrag

Parameter: Anzahl der Kommissioniergänge $N_{KG} = 6, 10, 16$

optimaler Gangzahl geringfügig länger als bei der Kopfganganordnung. Dafür ist die *Zentralganganordung* etwas *platzsparender*, da der Mittelgang für beide Gangblöcke genutzt wird (*s. Abschnitt* 16.9.3).

Von der Kopf- oder Zentralganganordnung abweichende Anordnungen der Kommissionergänge sind für ein neu zu errichtendes Lager- und Kommissioniersystem nicht sinnvoll, können aber bei vorgegebenen Flächen und Räumlichkeiten notwendig sein, um eine bessere Flächen- und Raumnutzung zu erreichen [166].

1. Wege und Zeiten bei Durchgangstrategie

Wenn alle Artikel gleichmäßig über die Gänge verteilt sind und die aufgerundete mittlere Gangzahl x kleiner als die Gangzahl N ist, werden bei einer Rundfahrt nach der Durchgangstrategie, wie sie in den *Abb. 17.2, 17.19* und *17.23* gezeigt ist, bei gradzahligem x genau x Gänge und für ungradzahliges x ein zusätzlicher Gang, also x + 1 Gänge in einer *Schlangenlinie* durchfahren.

Da für Positionszahlen n, die größer als die Gangzahl sind, die mittlere Gangzahl mit großer Wahrscheinlichkeit gleich der Zahl aller Gänge ist, gilt die *Auslegungsregel*:

- Beim Kommissionieren nach der *Durchgangstrategie* muß die Anzahl der Kommissioniergänge, die von einer Basis bedient wird, *grade* sein, damit für Aufträge, deren Artikel über alle Gänge verteilt sind, kein ungenutzter Rückweg entsteht.

In den Gängen der Länge L_{GM} wird im Mittel insgesamt ein Weg der Länge $(x + 1/2) \cdot L_{GM}$ zurückgelegt, wenn die aufgerundete mittlere Gangzahl x kleiner als die Gangzahl ist, und der Weg $N \cdot L_{GM}$, wenn die aufgerundete mittlere Gangzahl x gleich der Gangzahl ist.

Die Weglänge entlang den Stirnseiten ist bei x aufzusuchenden Gängen im Mittel $2 \cdot x/(x + 1)$ mal dem maximalen Weg $(N - 1) \cdot B_{GM}$ an der Stirnseite. Damit folgt:

- Die *mittlere Weglänge* beim Kommissionieren von n Auftragspositionen nach der *Durchgangstrategie* aus N parallelen Gangmodulen mit der Länge L_{GM} und der Breite B_{GM} ist

$$L(n) = \mathrm{MIN}(N; x + 1/2) \cdot L_{GM} + 2(x/(x+1)) \cdot (N - 1) \cdot B_{GM}. \tag{17.34}$$

Für den mittleren Weg zwischen zwei Entnahmeorten, dessen Länge L/n ist, wird bei einer maximalen *Fahrgeschwindigkeit* v und einer mittleren *Bremsbeschleunigungskonstanten* b die mittlere Fahrzeit $(L/n)/v + v/b$ benötigt (s. *Beziehung* (16.59), *Kapitel* 16).

Zusätzlich finden beim Gangwechsel an den Stirnseiten x Bremsbeschleunigungsvorgänge statt, für die pro Vorgang die Zeit v/b verlorengeht. Hieraus folgt:

- Die *mittlere Auftragswegzeit* für das Kommissionieren von n Positionen nach der *Durchgangstrategie* aus N parallelen Gangmodulen mit der Länge L_{GM} und der Breite B_{GM} ist

$$t_n(N) = L(N)/v + (x + n) \cdot v/b. \tag{17.35}$$

Hierin ist die mittlere Gangzahl x durch Beziehung (17.32) und die mittlere Weglänge $L(N)$ durch Beziehung (17.34) gegeben. Aus der mittleren Auftragswegzeit (17.35) folgt die anteilige *Wegzeit pro Position:*

$$\tau_{weg}(n) = t_n(N)/n \qquad [s/Pos]. \tag{17.36}$$

Die Abhängigkeit der Wegzeit pro Position von der Anzahl Auftragspositionen ist in *Abb. 17.27* für ein Beispiel aus der Praxis dargestellt, dessen Leistungsanforderungen in *Tabelle 17.1* angegeben sind. Die anteilige Wegzeit nimmt mit zunehmender Positionsanzahl ab, da sich der Auftragsweg auf immer mehr Positionen verteilt und die Wege zwischen den Stops kürzer werden.

Zusammen mit der *Greifzeit*, der *Basiszeit* und der *Rüstzeit* bestimmt die *Wegzeit pro Position* die Kommissionierleistung. Die Formeln (17.32) bis (17.36) werden daher benötigt zur Berechnung der Kommissionierleistung in einer bestimmten Anzahl Kommissioniergänge bei vorgegebener Auftragsstruktur.

Wenn ein neues Kommissioniersystem geplant wird oder die Möglichkeit besteht, die Ganganordnung zu verändern, ist die Gangzahl N ein *Gestaltungsparameter*, der zur Optimierung der mittleren Wegzeit genutzt werden kann.

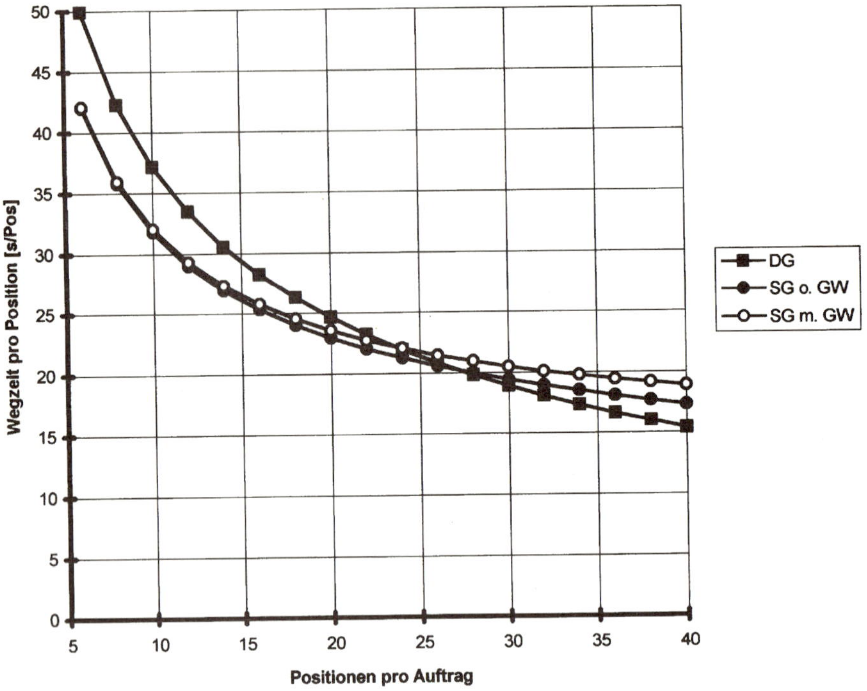

Abb. 17.27 Abhängigkeit der mittleren Wegzeit pro Position von der mittleren Anzahl Auftragspositionen für unterschiedliche Fortbewegungsstrategien

DG: Durchgangstrategie
SG o. GW: Stichgangstrategie ohne Gangwiederholung
SG m. GW: Stichgangstrategie mit Gangwiederholung
Parameter: s. Legende zu *Abb. 17.28*

Durch Aufteilung der insgesamt benötigten *Bereitstellänge* L_{BL}, die durch Beziehung (17.23) gegeben ist, auf N Gangmodule wird die Länge eines Gangmoduls:

$$L_{GM} = L_{BL}/N. \tag{17.37}$$

Nach Einsetzen von (17.37) in Beziehung (17.34) ergibt sich eine funktionale Abhängigkeit der mittleren Weglänge $L(N)$ von der Gangzahl N, deren Verlauf für das o.g. Beispiel *Abb. 17.28* zeigt. Die mittlere Weglänge steigt bei der Durchgangsstrategie mit zunehmender Gangzahl wegen der zusätzlichen stirnseitigen Wege zunächst leicht an, sinkt dann aber infolge der Wegeinsparungen durch das Auslassen von Gängen bis zu einer bestimmten Gangzahl N_{min} ab, um danach wegen der immer längeren stirnseitigen Weg wieder anzusteigen.

Insgesamt gilt jedoch:

- Bei der Durchgangstrategie verändert sich die mittlere Weglänge mit der Anzahl der Kommissioniergänge relativ wenig.

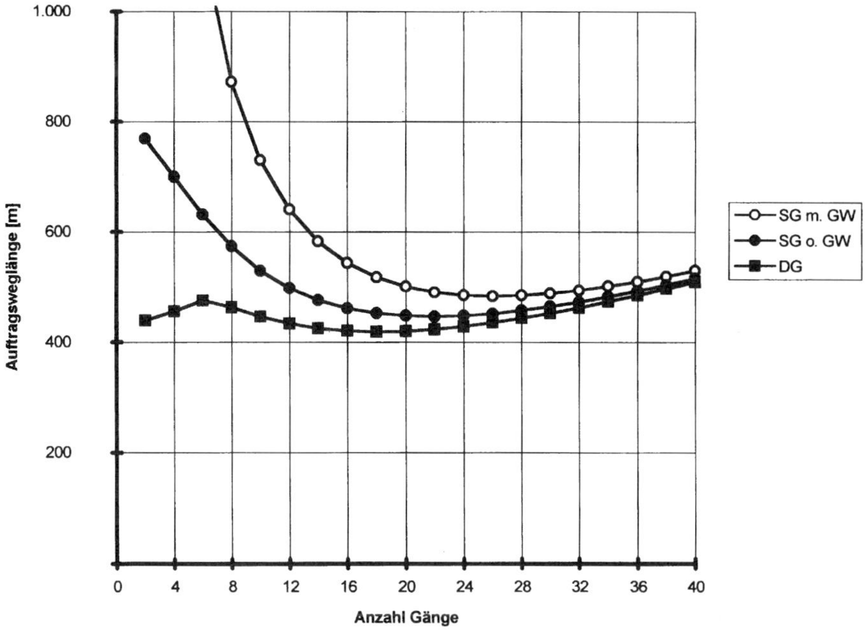

Abb. 17.28 Abhängigkeit der Auftragsweglänge von der Anzahl Kommissioniergänge für unterschiedliche Fortbewegungsstrategien bei Gleichverteilung aller Artikel *ohne* Schnelläuferkonzentration

Fahrwegstrategien Durchgangstrategie DG
Stichgangstrategie ohne Gangwiederholung SG o. GW
Stichgangstrategie mit Gangwiederholung SG m. GW:
Leistungsanforderungen: s. Tabelle 17.1, Spalte 1
Kommissioniersystem: s. Abb. 17.2 und 17.16
Parameter: Kommissioniergänge, Anzahl 12, Länge 36 m
Bereitstelleinheiten Paletten 800x1.200x1.050 mm
Versandeinheiten 800x1.200x1.050 mm
Gabelhubwagen für 2 Paletten

Wie *Abb. 17.28* zeigt, hat die mittlere Weglänge bei der Durchgangstrategie in der Regel zwei Minima, von denen das erste bei N = 2 liegt.

Die Gangzahl für das zweite Minimum läßt sich explizit nur näherungsweise bestimmen, da die mittlere Gangzahl nach Beziehung (17.32) ebenfalls von N abhängt. Mit dem Näherungsansatz $x \approx 0{,}63 \cdot n$, der im Bereich des Minimums näherungsweise richtig ist, ergibt sich durch Nullsetzen der partiellen Ableitung $\partial L(N)/\partial N$ nach der Gangzahl N und Auflösung nach N für die *Gangzahl am zweiten Minimum:*

$$N_{min} \approx \sqrt{0{,}3 \cdot n \cdot L_{BL} / B_{GM}} \qquad \text{wenn } n < N_{min}. \qquad (17.38)$$

Für das betrachtete Beispiel mit einer benötigten Bereitstellänge von insgesamt 432 m, einer Breite der Gangmodule von 5,1 m und im Mittel 15 Auftragspositionen ergibt sich aus Beziehung (17.38) für die Gangzahl am zweiten Minimum $N_{min} \approx 20$. Dieser Näherungswert stimmt recht gut mit dem genauen Minimumwert überein, der aus *Abb. 17.28* ablesbar ist.

Die mittlere Weglänge ist bei der Gangzahl (17.38) nur kürzer als bei zwei Gängen, wenn die Positionszahl n nicht größer ist als die Gangzahl N_{min} für das zweite Minimum. Andernfalls ist die *wegoptimale Gangzahl* gleich 2.

Weil bei der Durchgangstrategie jeder Gang vollständig durchfahren werden muß, auch wenn nur Artikel am Gangende zu entnehmen sind, bringt eine Bereitstellung der schnellgängigen A-Artikel im vorderen Gangbereich bei dieser Strategie keine Wegeinsparungen sondern nur den Nachteil, daß sich mehrere Kommissionierer in den häufig aufgesuchten Bereitstellungszonen gegenseitig behindern. Auch eine Bereitstellung aller A-Artikel in den mittleren 2 oder 4 Gängen bewirkt nur einen geringen Effekt, da die mittlere Weglänge bei der Durchgangstrategie nur relativ wenig von der Gangzahl abhängt [163; 166].

2. Wege und Zeiten bei Stichgangstrategie mit Gangwiederholung

Wenn alle Artikel gleichmäßig über die Gänge verteilt sind, bewegt sich der Kommissionierer nach der Stichgangstrategie mit Gangwiederholung, wie in *Abb. 17.23* gezeigt, n mal in die Gänge hinein. Er legt dabei jedesmal einen *Stichweg* der mittleren Länge $2 \cdot L_{GM}/2 = L_{GM}$ zurück.

Werden die A-Artikel, die einen Anteil p_A am Sortiment und den Anteil p_{Apos} an den Auftragspositionen haben, im vorderen Gangbereich mit der Länge $p_A \cdot L_{GM}$ bereitgestellt und die restlichen Artikel im hinteren Bereich, dann ist eine Position mit der Wahrscheinlichkeit p_{Apos} auf einem Stichweg der mittleren Länge $p_A \cdot L_{GM}$ erreichbar und mit der Wahrscheinlichkeit $(1 - p_{Apos})$ auf einem Stichweg der mittleren Länge $(p_A + 1) \cdot L_{GM}$.

Durch eine Konzentration der A-Artikel im vorderen Gangbereich verkürzen sich daher die mittleren Stichweglängen in der Gängen um den *Schnelläuferfaktor*

$$f_A = 1 + p_A - p_{Apos}. \tag{17.39}$$

Haben beispielsweise 20 % A-Artikel einen Anteil von 65 % an den Auftragspositionen, dann ist $p_A = 0{,}20$, $p_{Apos} = 0{,}65$ und der Schnelläuferfaktor $f_A = 0{,}55$. Das heißt, die Stichwege in die Gänge verkürzen sich in diesem Fall im Mittel um 45 %.

Die Weglänge entlang den Stirnseiten ist bei der Stichgangstrategie ebenso lang wie bei der Durchgangstrategie. Damit folgt:

- Die *mittlere Weglänge* beim Kommissionieren von n Auftragspositionen nach der *Stichgangstrategie mit Gangwiederholung* aus N parallelen Gangmodulen mit der Länge L_{GM} und der Breite B_{GM} ist

$$L(N) = f_A \cdot n \cdot L_{GM} + 2 \cdot (x/(x+1)) \cdot (N-1) \cdot B_{GM}. \tag{17.40}$$

Beim Hinein- und Hinausgehen aus den Gängen finden bei der Stichgangstrategie mit Gangwiederholung 2n Bremsbeschleunigungsvorgänge statt. Zusätzlich kommen beim Gangwechsel an den Stirnseiten und bei der Anfahrt der Basis x + 1 Bremsbeschleunigungsvorgänge vor. Hieraus folgt:

- Die *mittlere Auftragswegzeit* für das Kommissionieren von n Positionen nach der *Stichgangstrategie mit Gangwiederholung* aus N parallelen Gangmodulen mit der Länge L_{GM} und der Breite B_{GM} ist

$$t_n(N) = L(N)/v + (x+1+2n) \cdot v/b. \qquad (17.41)$$

Hierin ist die mittlere Gangzahl x wieder durch Beziehung (17.32) und die mittlere Weglänge $L(N)$ durch Beziehung (17.40) gegeben. Aus der mittleren Auftragswegzeit (17.41) folgt mit der Beziehung (17.36) die anteilige *Wegzeit pro Position* $t_{weg}(n)$, von der zusammen mit der Greifzeit, der Basiszeit und der Rüstzeit die *Kommissionierleistung* abhängt.

Nach Einsetzen der Abhängigkeit (17.37) der Länge pro Gangmodul von der Gangzahl in Beziehung (17.40) ergibt sich die funktionale Abhängigkeit der mittleren Weglänge $L(N)$ von der Gangzahl N. Die Gangzahlabhängigkeit der mittleren Weglänge ist für den Fall eines gleichmäßig verteilten Sortiments in *Abb. 17.28* und für den Fall einer Konzentration der 20 % A-Artikel mit einem Positionsanteil von 65 % im vorderen Gangbereich in *Abb. 17.29* dargestellt. Aus dem allgemeinen Funnktionsverlauf und den dargestellten Beispielen ist ablesbar:

- Die mittlere Weglänge hängt bei der *Stichgangstrategie* sehr empfindlich von der Anzahl Kommissioniergänge ab. Sie fällt mit zunehmender Gangzahl wegen der sich verkürzenden Wege in den Gängen und der ausgelassenen Gänge

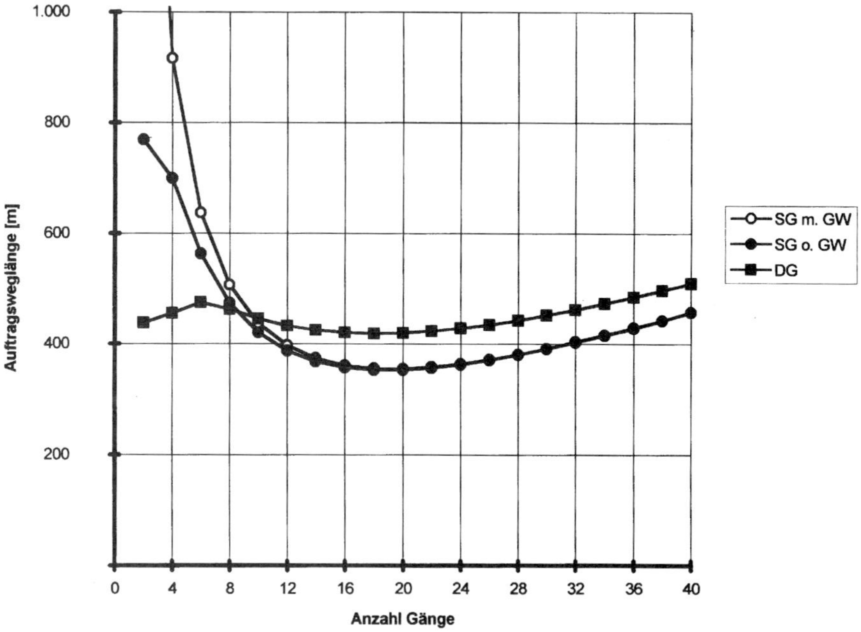

Abb. 17.29 Abhängigkeit der Auftragsweglänge von der Anzahl Kommissioniergänge für unterschiedliche Fortbewegungsstrategien *mit* Schnelläuferkonzentration der A-Artikel an den Gangenden

Parameter: s. Legende *Abb. 17.28*

bis zu einer *wegoptimalen Gangzahl* rasch ab und nimmt danach wegen der immer längeren stirnseitigen Wege wieder zu.

- Durch eine Konzentration der A-Artikel im vorderen Gangbereich läßt sich die mittlere Weglänge bei einer Stichgangstrategie deutlich reduzieren, wenn die Gängigkeit der A-Artikel wesentlich größer ist als die der übrigen Artikel.

Analog wie für die Durchgangstrategie ergibt sich mit der Näherung $x \approx 0{,}63 \cdot n$ durch Nullsetzen der partiellen Ableitung $\partial L(N)/\partial N$ nach der Gangzahl N und Auflösung nach N

- die *wegoptimale Gangzahl bei Stichgangstrategie mit Gangwiederholung*

$$N_{min} \approx \sqrt{0{,}5 \cdot n \cdot f_A \cdot L_{BL}/B_{GM}} \qquad \text{wenn } n < N_{min}. \qquad (17.42)$$

Für das betrachtete Beispiel ergibt sich mit Beziehung (17.42) ohne Schnellläuferkonzentration die optimale Gangzahl 25 (s. *Abb. 17.28*) und mit Schnellläuferkonzentration die optimale Gangzahl 19 (s. *Abb. 17.29*).

3. Wege und Zeiten bei Stichgangstrategie ohne Gangwiederholung

Wenn alle Artikel gleichmäßig über die Gänge verteilt sind, wird bei der Stichgangstrategie ohne Gangwiederholung in jedem Gang, aus dem im Mittel n/x Artikel angefordert werden, ein Weg der mittleren Länge $2 \cdot ((n/x)/(1 + n/x)) \cdot L_{GM}$ zurückgelegt.

Durch eine Konzentration der A-Artikel im vorderen Gangbereich verkürzen sich die mittleren Weglängen in der Gängen bei der Stichstrategie ohne Gangwiederholung *bestenfalls* um einen *Schnellläuferfaktor*

$$f_A = \mathrm{MIN}\left(1; 1 + p_A - p_{Apos}{}^{n/x}\right). \qquad (17.43)$$

Mit zunehmender Anzahl Artikel pro Gang wächst die Wahrscheinlichkeit, daß ein Artikel im hinteren Langsamläuferbereich liegt und die Stichweglänge bestimmt. Bei im Mittel n = 15 Auftragspositionen und insgesamt N = 20 Gängen ist nach Beziehung (17.32) die mittlere Gangzahl x = 10,7 und damit die mittlere Positionszahl pro Gang n/x = 1,86. Für 20 % A-Artikel mit einen Anteil von 65 % an den Auftragspositionen ist damit der Schnellläuferfaktor $f_A \geqq 0{,}75$. Das heißt: Die mittleren Stichwege in den Gängen verkürzen sich in diesem Fall bestenfalls um 25 %. Das sind 20 % weniger als bei der Stichgangstrategie mit Gangwiederholung.

Da die Weglänge entlang den Stirnseiten wieder ebenso lang ist wie bei der Durchgangstrategie, ergibt sich:

- Die *mittlere Weglänge* beim Kommissionieren von n Auftragspositionen nach der *Stichgangstrategie ohne Gangwiederholung* aus N parallelen Gangmodulen mit der Länge L_{GM} und der Breite B_{GM} ist

$$L(N) = f_A \cdot \left(2xn/(n+x)\right) \cdot L_{GM} + 2 \cdot \left(x/(x+1)\right) \cdot (N-1) \cdot B_{GM}. \qquad (17.44)$$

Beim Hinein- und Hinausgehen aus den Gängen finden bei der Stichgangstrategie ohne Gangwiederholung n + x Bremsbeschleunigungsvorgänge statt. Zusätzlich kommen beim Gangwechsel an den Stirnseiten und bei der Anfahrt der Basis x + 1 Bremsbeschleunigungsvorgänge vor. Hieraus folgt:

- Die *mittlere Auftragswegzeit* für das Kommissionieren von n Positionen nach der *Stichgangstrategie ohne Gangwiederholung* aus N parallelen Gangmodulen mit der Länge L_{GM} und der Breite B_{GM} ist

$$t_n(N) = L(N)/v + (2x+1+n)\cdot v/b. \tag{17.45}$$

Die mittlere Gangzahl x ist wieder durch Beziehung (17.32) gegeben und die mittlere Weglänge $L(N)$ durch Beziehung (17.44). Aus der mittleren Auftragswegzeit (17.41) folgt mit der Beziehung (17.36) die anteilige *Wegzeit pro Position* $t_{weg}(n)$, deren Abhängigkeit von der Positionszahl n in *Abb. 17.27* dargestellt ist.

Wie die *Abb. 17.28* und *17.29* zeigen, gelten für die Abhängigkeit der mittleren Weglänge von der Anzahl der Kommissioniergänge für die Stichgangstrategie *ohne* Gangwiederholung die gleichen Zusammenhänge, Funktionsverläufe und Aussagen, wie für die Stichgangstrategie *mit* Gangwiederholung. Wie zuvor folgt näherungsweise für

- die *wegoptimale Gangzahl bei Stichgangstrategie ohne Gangwiederholung*

$$N_{min} \approx \sqrt{0{,}4\cdot n\cdot f_A \cdot L_{BL}/B_{GM}} \qquad \text{wenn } n < N_{min}. \tag{17.46}$$

Für das betrachtete Beispiel ergibt sich aus Beziehung (17.46) ohne Schnellläuferkonzentration die optimale Gangzahl 22 und mit Schnellläuferkonzentration die optimale Gangzahl 19.

4. Strategievergleich und optimale Ganganordnung

Der Vergleich der mittleren Wegzeiten für die drei untersuchten Bewegungsstrategien und die *Abb. 17.27, 17.28* und *17.29* zeigen:

- Ohne Schnellläuferkonzentration ist die Durchgangstrategie mit und ohne Gangzahloptimierung deutlich günstiger als die Stichgangstrategien.
- Wenn die Gängigkeit des Sortiments sehr unterschiedlich ist, führt eine Bereitstellung der A-Artikel im vorderen Gangbereich in Verbindung mit einer Stichgangstrategie zu einer deutlichen Verkürzung der mittleren Wege, während sich bei der Durchgangstrategie dadurch keine Verbesserung ergibt.
- Für den Fall der Schnellläuferkonzentration weichen die mittleren Weglängen der Stichgangstrategie mit und ohne Gangwiederholung im Bereich der optimalen Gangzahl nur unwesentlich voneinander ab.
- Die mit Schnellläuferkonzentration bei optimaler Gangzahl kürzeren Wege der Stichgangstrategien im Vergleich zur Durchgangstrategie werden durch die häufigeren Brems- und Beschleunigungsvorgänge teilweise kompensiert, sodaß der Unterschied der Wegzeiten relativ wenig ins Gewicht fällt.
- Bei einem geringen Schnellläuferanteil mit relativ hoher Drehzahl ist die Stichgangstrategie nur für Aufträge mit wenigen Positionen vorteilhafter als die Durchgangstrategie.

Hieraus folgt die allgemeine *Planungsregel für konventionelle Kommissioniersysteme*:

- Ein Kommissioniermodul mit statischer Bereitstellung und eindimensionaler, nicht ganggebundener Fortbewegung der Kommissionierer ist mit einer parallelen oder gegenüberliegenden Anordnung der Gangmodule wegzeitoptimal, wenn für die Anzahl der Kommisioniergänge eine grade Zahl zwischen 2 und dem Wert (17.38) gewählt wird.

Ausgehend von einer solchen *Anfangslösung* können die Ganglänge und die Gangzahl den Gegebenheiten einer vorhandenen Halle, den Fluchtwegauflagen oder den Erfordernissen eines optimalen Gesamtlayouts angepaßt werden, ohne daß sich dadurch die Wegzeiten wesentlich verschlechtern.

Ergibt die Leistungsberechnung, daß sich in den einzelnen Gängen im Mittel nicht mehr als ein Kommissionierer befindet, kann es sinnvoll sein, die A-Artikel im vorderen Gangbereich zu konzentrieren und Aufträge mit wenigen Positionen, wie *Eilaufträge* oder *Einpositionsaufträge*, nach der Stichgangstrategie zu kommissionieren. Die übrigen Aufträge werden nach der Durchgangstrategie eingesammelt. Die Anzahl Positionen, ab der die Aufträge zeitgünstiger nach der Durchgangstrategie kommissioniert werden, läßt sich mit den *Wegzeitformeln* (17.35), (17.41) und (17.45) errechnen.

17.11 Kommissionierleistung und Kommissionierzeit

Die Arbeitsleistung eines Kommissionieres läßt sich auf verschiedene Weise messen:

- Die *Kommissionierleistung* $\mu_{K\,Pos}$ [Pos/h] ist die Anzahl *Positionen* oder *Auftragszeilen*, die ein Kommissionierer pro Stunde bearbeitet.
- Die *Pickleistung* $\mu_{K\,EE}$ [EE/h] ist die Anzahl *Picks* oder *Entnahmeeinheiten*, die ein Kommissionierer pro Stunde greift und ablegt.
- Die *Sammelleistung* $\mu_{K\,VE}$ [VE/h] ist die Anzahl *Versandeinheiten*, die ein Kommissionierer pro Stunde befüllt.

Bei *Leistungsvergleichen von Kommissioniersystemen* ist zu beachten [50]:

- Alle drei Leistungsmeßgrößen für das Kommissionieren hängen empfindlich von der *Auftragsstruktur*, vom *Kommissioniersystem*, von der *Kapazität* der Bereitstelleinheiten und Versandeinheiten sowie von der *Sortimentsbreite* ab.

Welche der Leistungsmeßgrößen im Einzelfall gewählt wird, ist eine Frage der Zweckmäßigkeit und der Vereinbarung.

Wenn ein Kommissionierer zur Ausführung eines Kommissionierauftrags mit n_{Pos} Positionen im Mittel die *Auftragskommissionierzeit* t_{AKom} [s] benötigt, dann ist die *mittlere Kommissionierzeit pro Position*

$$\tau_{Pos} = t_{A\,Kom}/n_{Pos} \qquad [s/Pos]. \tag{17.47}$$

und die *effektive Kommissionierleistung* eines Kommissionierers

$$\mu_{\mathrm{K\,Pos}} = \eta_{\mathrm{ver}} \cdot \eta_{\mathrm{aus}} \cdot 3600/\tau_{\mathrm{Pos}} \qquad [\mathrm{Pos/Kom\text{-}h}]. \qquad (17.48)$$

Hierin sind η_{aus} die *Auslastbarkeit* und η_{ver} die *Verfügbarkeit* des Kommissionierers (s.u.).

Aus der effektiven Kommissionierleistung (17.48) folgt bei einer mittleren Entnahmemenge pro Position m_{EE} [EE/Pos] die *Pickleistung* eines Kommissionieres

$$\mu_{\mathrm{K\,EE}} = m_{\mathrm{EE}} \cdot \mu_{\mathrm{Pos}} \qquad [\mathrm{Pos/Kom\text{-}h}]. \qquad (17.49)$$

Wenn die Auftragsmenge $m_A = m_{EE} \cdot n_{Pos}$ [EE/KAuf] in Versandeinheiten mit einer Kapazität C_{VE} [EE/VE] abgelegt wird, entstehen pro Auftrag im Mittel

$$n_{\mathrm{VE}} = \mathrm{MAX}\left(1; m_{\mathrm{EE}} \cdot n_{\mathrm{Pos}}/C_{\mathrm{VE}} + \left(C_{\mathrm{VE}} - 1\right)/2C_{\mathrm{VE}}\right) \qquad [\mathrm{VE/KAuf}]. \qquad (17.50)$$

Versandeinheiten, von denen jeweils die letzte nur zum Teil gefüllt ist. Damit wird die *Sammelleistung* eines Kommissionierers

$$\mu_{\mathrm{K\,VE}} = n_{\mathrm{VE}} \cdot \mu_{\mathrm{Pos}}/n_{\mathrm{Pos}} \qquad [\mathrm{VE/Kom\text{-}h}]. \qquad (17.51)$$

Wegen der teilgefüllten Versandeinheiten ist die Sammelleistung von der Auftragsmenge und vom Fassungsvermögen der Versandeinheiten abhängig. Daher ist die Messung der Leistung eines Kommissioniers in erzeugten Versandeinheiten pro Stunde in der Regel unzweckmäßig.

Die Anzahl der pro Auftrag geleerten Bereitstelleinheiten ist

$$n_{\mathrm{BE}} = m_{\mathrm{EE}} \cdot n_{\mathrm{Pos}}/C_{\mathrm{BE}} \qquad [\mathrm{BE/Auf}], \qquad (17.52)$$

wenn C_{BE} [EE/BE] der mittlere Inhalt der Bereitstelleinheiten ist. Die Anzahl geleerter Bereitstelleinheiten (17.52) gibt zugleich die Häufigkeit an, mit der im Verlauf der Kommissionierung eines Auftrags die Arbeit nach dem *erschöpfenden Griff* unterbrochen wird.

Um die Kommissionierleistung berechnen zu können, muß also die Kommissionierzeit pro Position ermittelt werden und die Auslastbarkeit und Verfügbarkeit des Kommissionierers bekannt sein. Die Kommissionierzeit ist die Summe einer *Wegzeit* τ_{weg}, einer *Rüstzeit* $\tau_{rüst}$, einer *Greifzeit* τ_{greif} und einer *Basiszeit* τ_{bas}:

$$\tau_{\mathrm{Pos}} = \tau_{\mathrm{weg}} + \tau_{\mathrm{rüst}} + \tau_{\mathrm{greif}} + \tau_{\mathrm{bas}} \qquad [\mathrm{s/Pos}]. \qquad (17.53)$$

Diese *Kommissionierzeitanteile* sind für die verschiedenen Kommissionierverfahren von sehr unterschiedlicher Größe. So ist der Wegzeitanteil für das Kommissionieren mit dynamischer Bereitstellung gleich 0. Beim Kommissionieren mit dezentraler Abgabe verschwindet hingegen der Basiszeitanteil.

Für das konventionelle und das inverse Kommissionieren mit eindimensionaler Fortbewegung ist der Wegzeitanteil $\tau_{weg} = \tau_{weg}(n_{pos})$ durch Beziehung (17.36) gegeben. Für das Kommissionieren mit zweidimensionaler Fortbewegung ist der Wegzeitanteil gleich der mittleren Fahrzeit $t_n(L,H)$ einer n-Punkte Rundfahrt, die durch *Beziehung* (16.71) in *Abschnitt 16.10* gegeben ist, geteilt durch die Positionsanzahl n_{Pos}.

Bei der Ermittlung der *Kommissionierzeitanteile* ist zu beachten, daß für die Leistungsberechnung und die dynamische Dimensionierung eines Kommissioniersystems nicht die exakten Zeiten der einzelnen Teilvorgänge sondern die *Mittelwerte* für eine Vielzahl von gleichartigen Ereignissen maßgebend sind. Diese Mittelwerte gelten für eine große Anzahl hinreichend gleichartiger Aufträge und Leistungsanforderungen. Wenn das Sortiment zu inhomogen oder die Aufträge sehr unterschiedlich sind, ist eine gesonderte Berechnung der Kommissionierzeiten für die unterschiedlichen Sortiments- und Aufragsklassen erforderlich.

Die Kommissionierzeitanteile (17.53) werden stets auf die Auftragsposition bezogen. Daher ist es notwendig den Zeitbedarf für alle Vorgänge, die nicht direkt von der Auftragsposition sondern von der Bereitstelleinheit [BE], der Entnahmeeinheit [EE], der Versandeinheit [VE] oder vom Kommissionierauftrag [KAuf] ausgelöst werden, auf die Position umzurechnen.

Wenn t_{BE} [s/BE] der Zeitbedarf für einen Vorgang ist, der pro Bereitstelleinheit anfällt, dann ist der anteilig auf die Position umgerechnete Zeitbedarf:

$$t_{Pos} = n_{BE} \cdot t_{BE} / n_{Pos} \qquad [s/Pos]. \qquad (17.54)$$

Hierin ist n_{VE} die durch Beziehung (17.50) gegebene Anzahl Versandeinheiten pro Auftrag. Analog ist der anteilige Zeitbedarf pro Position:

$$t_{Pos} = n_{VE} \cdot t_{VE} / n_{Pos} \qquad [s/Pos], \qquad (17.55)$$

wenn t_{VE} [s/VE] der Zeitbedarf für einen Vorgang ist, der pro Versandeinheit anfällt. In Beziehung (17.55) ist n_{BE} die durch Beziehung (17.52) gegebene Anzahl Bereitstelleinheiten pro Auftrag.

Den größten Einfluß auf die Kommissionierzeit und damit auch auf die Kommissionierleistung haben Vorgänge, die mit jeder Entnahme anfallen. Den nächstgrößten Einfluß haben Vorgänge, die mit jeder Auftragsposition verbunden sind. Die entnahme- und positionsabhängigen Vorgänge und deren Zeitbedarf sind daher mit besonderer Sorgfalt zu gestalten und zu quantifizieren. Die auftragsabhängigen und die ladeeinheitenbestimmten Vorgänge sind im Vergleich dazu meist von geringerem Gewicht, dürfen aber trotzdem nicht vernachlässigt werden.

1. Rüstzeit

Die *Rüstzeit pro Position* – auch *Positionsrüstzeit* genannt – ist die im Mittel pro Auftragszeile zur Vor- und Nachbereitung des Greifvorgangs am Pickplatz benötigte Zeit.[4] Die Rüstzeit kann die gleiche Größenordnung haben wie die Greifzeit. Sie wird benötigt für *Informationsvorgänge*, zur *Positionierung* und für *Handhabungsvorgänge*, die zusätzlich zum Greifen anfallen. Außerdem können *Wartezeiten* die Rüstzeit am Entnahmeplatz verlängern.

Informationsvorgänge sind erforderlich zur Anweisung und zur Kontrolle der Tätigkeiten am Entnahmeort. Sie umfassen:

---

4 Die Positionsrüstzeit wird vielfach auch *Totzeit* genannt. Die Rüstzeit pro Position aber umfaßt in der Regel mehr als die in der Regelungstechnik als Totzeit bezeichneten Reaktions- und Informationsverarbeitungszeiten.

Lesen des nächsten Entnahmeplatzes
Suchen und Identifizieren des Entnahmeplatzes
Eingeben von Kontrollinformationen (17.56)
Belegbearbeitung
Kodieren.

Das *Positionieren* bringt den Kommissionierer vor dem Greifen in die richtige Ausgangsposition und nach dem Greifen wieder in die Fahrposition. Auch das Zu- und Abfördern der Bereitstelleinheiten bei dynamischer Bereitstellung ist Bestandteil des Positionierens. Zum Positionieren gehören also abhängig vom Kommissionierverfahren und Kommissioniergerät:

Absteigen und Aufsteigen vom Gerät
Ausrichten des Arbeitsgeräts (17.57)
Zu- und Abfördern der Bereitstelleinheit
Hin- und Rückbewegung vom Bereitstellplatz.

Die *Handhabungsvorgänge*, die über das Greifen hinausgehen, sind ebenfalls vom Kommissionierverfahren und von der Kommissioniertechnik abhängig.

Der Zeitbedarf für Handhabungen am Entnahmeplatz ist auch davon abhängig, ob und in welchem Umfang dort das Packen durchgeführt wird. Beim Arbeiten nach dem *Pick&Pack-Verfahren* bestimmt vor allem die *Packzeit* die Positionsrüstzeit.

Neben dem Greifen auszuführende Handhabungsvorgänge am Entnahmeplatz können sein:

Aufstellen eines leeren Packmittels oder einer Versandeinheit
Verschließen des Packmittels oder der Versandeinheit
Kodieren und Beschriften (17.58)
Heraus- und Mitnehmen eines geleerten Ladungsträgers
Vorziehen oder Nachschieben der Zugriffsreserveeinheit
Öffnen von Bereitstell- und Verpackungseinheiten.

Wartezeiten am Entnahmeplatz, die den Kommisionierer an der Arbeit hindern, sind:

Wartezeit auf die Nachschubeinheit
Wartezeit auf Information (17.59)
Blockierzeiten durch andere Kommissionierer.

Zur Rüstzeit zählt auch die regelmäßig wiederkehrende Wartezeit auf den Nachschub. Die mittlere Wartezeit auf Nachschub einer neuen Bereitstelleinheit ist gleich der *Spielzeit*, die das Nachschubgerät für den Nachschubvorgang benötigt. Die *stochastisch bedingten Wartezeiten*, die aus den Schwankungen der Nachschubbereitstellung und der Informationsverarbeitung sowie aus der gegenseitigen Behinderung der Kommissionierer resultieren, werden in der *Auslastbarkeit* berücksichtigt (s.u.).

Der Zeitbedarf für die Rüstvorgänge am Entnahmeplatz ist von vielen *Einflußfaktoren* abhängig, wie die *Arbeitsbedingungen*, die *räumlichen Gegebenheiten*, Form, Inhalt und Qualität der *Informationsanzeige* sowie die *Aufmerksamkeit* und *Übung* der Kommissionierer. Diese Einflußfaktoren sind bei der Gestaltung der Entnahmeplätze und der Prozesse sorgfältig zu beachten und zur Optimierung nutzbar.

So lassen sich die Zeiten für die Belegbearbeitung einsparen durch geeignete Anzeigen am Bereitstellplatz oder auf dem Kommissioniergerät. Der Zeitbedarf für die Informationseingabe wird durch das Abscannen von Barcode-Etiketten erheblich verkürzt und zugleich sicherer gemacht. Das Warten auf die Nachschubeinheit nach dem erschöpfenden Griff läßt sich durch die *Flip-Flop-Nachschubstrategie* vermeiden.

Die Quantifizierung des Zeitbedarfs für die Vorgänge, die zur Rüstzeit beitragen, ist im Einzelfall nicht immer einfach. Am sichersten ist es, die Situation am Entnahmeplatz im Maßstab 1:1 aufzubauen und die Dauer der einzelnen Vorgänge mit der Stoppuhr zu messen. Andere bewährte Verfahren sind arbeitswissenschaftliche Methoden, wie *MTM* oder *Workfactor* [151; 167; 168].

Einige Rüstvorgänge am Entnahmeplatz können im *Zeitschatten* anderer Vorgänge stattfinden. So kann die Leerpalette während der Wartezeit auf die Nachschubpalette aus dem Bereitstellplatz entfernt werden. Von den gleichzeitig stattfindenden Vorgängen ist nur die Zeit des länger dauernden Vorgangs in der Rüstzeit zu berücksichtigen.

2. Greifzeit

Die Greifzeit, die der Kommissionierer zur Entnahme und Ablage der Entnahmemenge benötigt, ist die eigentliche *Leistungszeit.*

Den zeitlichen Ablauf des manuellen Greifprozesses, der in *Abb. 17.13* räumlich dargestellt ist, zeigt *Abb. 17.30*. Hiernach hängt die Greifzeit hängt ab vom Zeitbedarf der *Teilvorgänge*:

Hinlangen
Aufnehmen
Befördern (17.60)
Ablegen.

Mit dem Greifen können Zusatzarbeiten verbunden sein, wie

Abschneiden oder Zuschneiden
Abwiegen oder Verwiegen (17.61)
Abmessen oder Vermessen .

Hierfür ist in vielen Fällen das Herausnehmen einer größeren Menge aus der Bereitstelleinheit und ein Zurücklegen der Restmenge erforderlich.

Die Greifzeit hängt über folgende *räumliche Einflußfaktoren* sehr empfindlich von der Gestaltung des Entnahmeplatzes und von der Anordnung Bereitstelleinheiten ab:

minimale Greifhöhe $h_{gr\,min}$ [m]
maximale Greifhöhe $h_{gr\,max}$ [m]
mittlere Greiftiefe b_{gr} [m]

mittlerer Ablagewinkel γ_{ab} [m]
mittlere Ablageentfernung d_{ab} [m] (17.62)

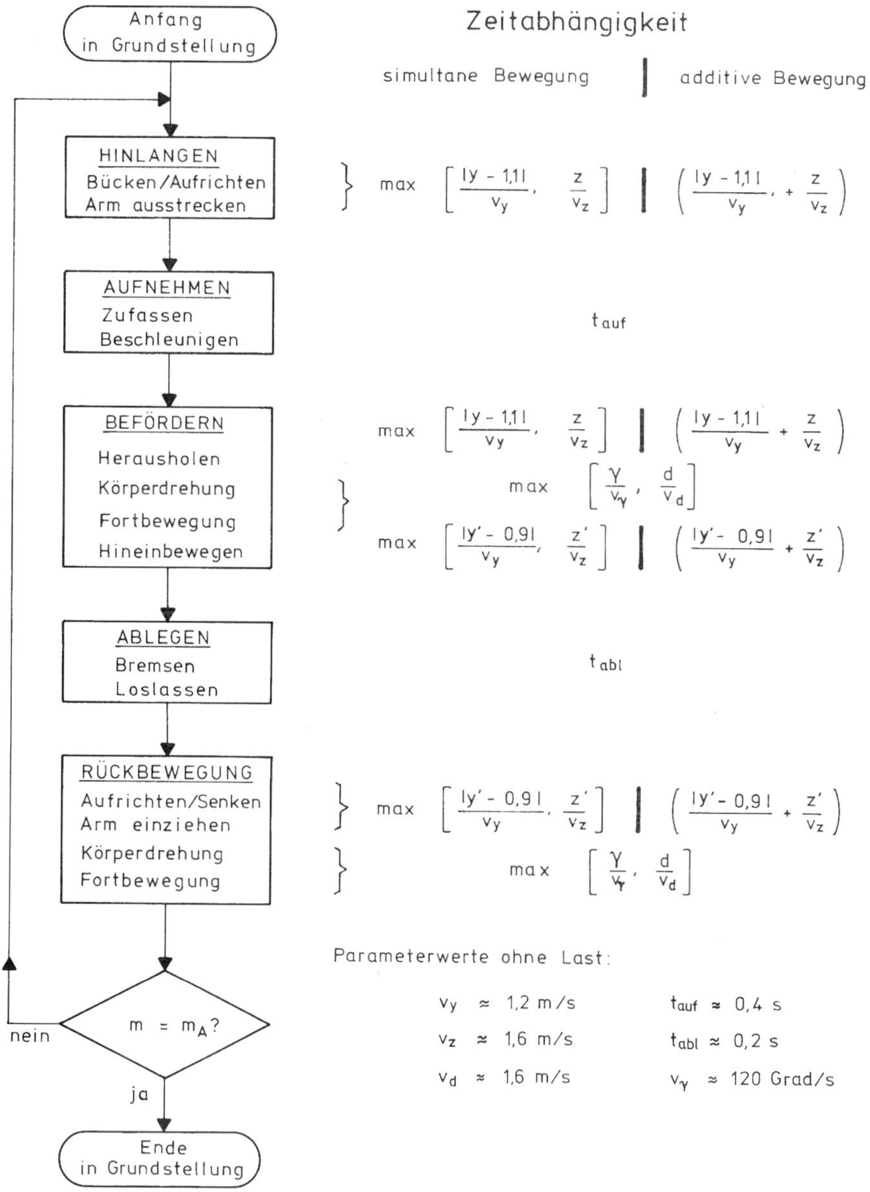

Abb. 17.30 Prozeßablauf und Zeitbedarf des Greifvorgangs

minimale Ablagehöhe $h_{\text{ab min}}$ [m]
maximale Ablagehöhe $h_{\text{ab max}}$ [m]
mittlere Ablagetiefe b_{ab} [m]. noch (17.62)

Weitere Einflußfaktoren auf die Greifzeit sind:

mittlere Entnahmemenge pro Position m_{EE} [EE/Pos]
mittleres Volumen pro Entnahmeeinheit v_{EE} [l/EE] (17.63)
mittleres Gewicht pro Entnahmeinheit g_{EE} [kg/EE].

Die gemessene Abhängigkeit der Greifzeit pro Entnahmeeinheit von den wichtigsten Einflußfaktoren (17.62) und (17.63) ist in *Abb. 17.31* dargestellt.

Abgesehen von der Ermüdung bei der Entnahme großer Mengen, die in der Verfügbarkeit berücksichtigt wird, ist die Greifzeit pro Position proportional zur Entnahmezeit pro Pickeinheit:

$$\tau_{greif} = m_{EE} \cdot \tau_{EE} \qquad [s/Pos]. \tag{17.64}$$

Die Entnahmezeit τ_{EE} [s/EE] ist für das *mechanische Kommissionieren* gleich der *Spielzeit für den Entnahmezyklus* des Roboters oder Pickgeräts. Diese hängt von der Geschwindigkeit, der Beschleunigung und den Distanzen in den drei Bewegungsrichtungen ab.

Beim *manuellen Kommissionieren* läßt sich die einzelne Entnahmezeit entweder in einem Versuchsaufbau oder am Arbeitsplatz messen oder mit Hilfe von arbeitswissenschaftlichen Verfahren, wie *MTM* oder *Worfaktor*, errrechnen [151; 167; 168].

Bei der Zeitbestimmung für den Greifvorgang ist zwischen einer *simultanen* und einer *additiven Bewegung* des Kommissionierers zu unterscheiden. Bei der Entnahme aus einem großen Fach oder von einer Palette und bei der Ablage auf eine freie Fläche oder eine Palette ist die Greifbewegung *simultan*. Bei Entnahme aus einem Fachbodenregal und bei Ablage in ein Wabengestell ist die Greifbewegung *additiv*.

Aus einer Analyse des manuellen Greifvorgangs sowie aus Messungen der Abhängigkeit von den Einflußfaktoren resultiert für eine *simultane Greifbewegung* nach einer Mittelung über die Greif- und Ablagehöhe für die mittlere Entnahmezeit bei Einzelpick und simultaner Greifbewegung die

- halbempirische Entnahmezeitformel

$$\tau_{EE} = 2 \cdot \left(1 + g_{EE}{}^2/110\right) \cdot \left(1 + v_{EE}{}^2/18.000\right) \cdot \Big(0,3 + \mathrm{MAX}\big(f(h_{gr})/1,2; b_{gr}/1,6\big) +$$
$$+ \mathrm{MAX}\big(f(h_{ab})/1,2; b_{ab}/1,6\big) + \mathrm{MAX}\big(\gamma_{ab}/120; d_{ab}/1,6\big)\Big) \quad [s/EE]. \tag{17.65}$$

Hierin ist

$$f(h) = \begin{cases} (h_{max} - h_{min})/2 & \text{wenn} \quad h_{min} < 1 < h_{max} \\ (h_{max} - h_{min})/2 - 1 & \text{wenn} \quad h_{min} > 1 \text{ oder } h_{max} < 1. \end{cases} \quad [m] \tag{17.66}$$

Für Teilvorgänge des Greifzyklus, die nicht simultan sondern additiv stattfinden, ist in Formel (17.65) der entsprechende Ausdruck MAX(a;b) durch die Summe (a+b) zu ersetzen.

Wenn die Entnahmeeinheiten nicht einzeln sondern jeweils zu x Stück in einem Zugriff entnommen und abgelegt werden, ist in Formel (17.65) anstelle von

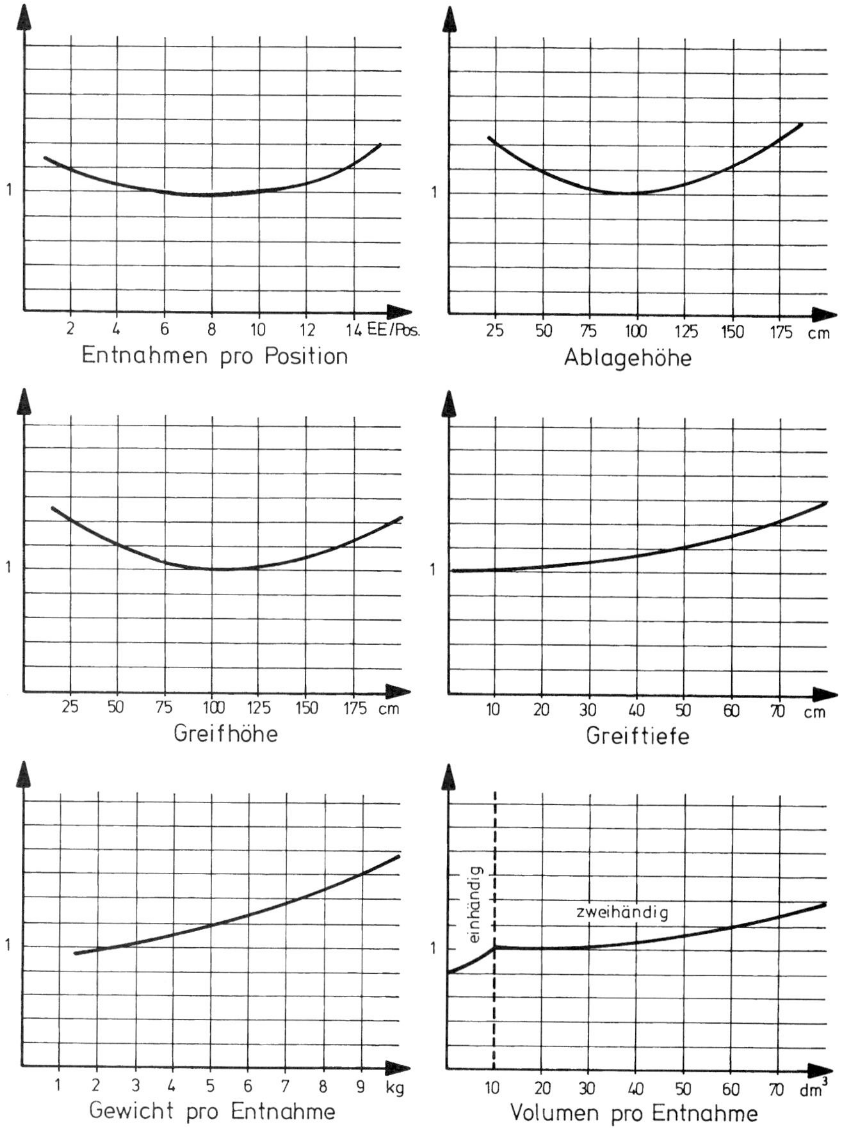

Abb. 17.31 Abhängigkeit der mittleren Greifzeit pro Entnahmeeinheit von den Einflußfaktoren (17.62) und (17.63)

g_{EE} mit $x \cdot g_{EE}$ und anstelle von v_{EE} mit $x \cdot v_{EE}$ zu rechnen und das Ergebnis durch x zu teilen.

Die mit Formel (17.65) errechneten mittleren Entnahmezeiten liegen in der Regel im Bereich zwischen 2 und 10 s pro Entnahmeeinheit. Sie hängen sehr empfindlich vom durchschnittlichen Volumen und Gewicht der Entnahmeeinheiten ab.

Die halbempirischen Entnahmezeitformel (17.65) hat sich für die Leistungsberechnung und Dimensionierung von Kommissioniersystemen in der Praxis vielfach bewährt hat und ist in folgenden *Grenzen* anwendbar [21]:

Greif- und Ablagehöhen bis 1,8 m
Greif- und Ablage tiefen bis 1,2 m (17.67)
Einzelstückgewichte bis 10 kg/EE
Einzelstückvolumen bis 50 l/EE.

Die mittlere Greifzeit pro Position resultiert durch Einsetzen der Formel (17.65) in (17.64).[5]

3. Basiszeit
Die *Basiszeit* oder *Auftragsrüstzeit* ist die Zeit, die sich ein Kommissionierer vor Beginn und nach Abschluß einer Kommissionierrundfahrt an der Basis aufhält. In Kommissioniersystemen ohne Basis, wie bei dynamischer Bereitstellung oder dezentraler Abgabe, entfällt die Basiszeit.

Zur Basiszeit tragen folgende *Vor- und Nachbereitungsarbeiten* bei:

Annahme und Abgabe von Auftragsbelegen
Ordnen von Pickbelegen nach der Wegstrategie
Übernahme leerer Sammel- oder Versandbehälter
Positionieren für die Übernahme und Abgabe (17.68)
Abgabe gefüllter Behälter
Zielkodierung und Etikettierung der Behälter.

Ob und mit welchem Zeitaufwand diese Vorgänge anfallen, hängt vom Kommissionierverfahren und von der Kommissioniertechnik ab. So entfallen beim *beleglosen Kommissionieren* die Zeiten für die Annahme, das Ordnen und die Abgabe von Pickbelegen. Die Übernahme von Leerbehältern kann im *Zeitschatten* der Vollbehälterabgabe durchgeführt werden.

Die Basiszeit muß *projektspezisch* durch Zeitmessung der Einzelvorgänge oder nach arbeitswissenschaftlichen Verfahren ermittelt werden. Nicht zur Basiszeit zählen die Wartezeiten, die bei großem Andrang mehrerer Kommissionierer an der Basis aus den stochastisch schwankenden Kommissionierzeiten resultieren. Diese werden in der *Auslastbarkeit* berücksichtigt.

Die Zeiten der einzelnen Vorgänge an der Basis fallen entweder pro Kommissionierauftrag oder pro Sammelbehälter an. Sie müssen daher anteilig auf die Position umgerechnet werden. Wenn für einen Vorgang an der Basis pro Kommissionierauftrag die Zeit t_{Abas} [s/KAuf] benötigt wird, ist die anteilige Basiszeit pro Position

$$\tau_{bas} = t_{Abas}/n_{Pos} \qquad [s/Pos]. \tag{17.69}$$

Der Zeitbedarf für einen Vorgang pro Versandeinheit ist nach Beziehung (17.55) umzurechnen.

5 Die Entnahmezeitformel (17.65) ergibt sich aus der vom Verfasser in [21] angegebenen halbempirischen Greifzeitformel durch Integration über alle erreichbaren Greifhöhen und Ablagehöhen.

4. Verfügbarkeit
Ein Kommissionierer, ob Mensch oder Maschine, ist nicht während der gesamten Anwesenheitszeit für die von ihm geforderte Leistung verfügbar. Die Arbeitszeit des Kommissioniers setzt sich daher zusammen aus produktiven Zeiten und unproduktiven Zeiten:

- In der *produktiven Zeit* T_{prod} führt der Kommissionierer die für das Kommissionieren erforderlichen Arbeiten und Vorgänge aus.
- Zur *unproduktiven Zeit* T_{unpr} des Kommissionierers zählen *technische Ausfallzeiten*, *persönliche Verteilzeiten* und Zeiten für *kommissionierfremde Nebentätigkeiten*.

Die *Urlaubs- und Krankheitszeiten* des Personals sowie die *Wartungszeiten* der Geräte zählen nicht zur unproduktiven Zeit, da sie außerhalb der Betriebszeit anfallen. Diese Zeiten sind jedoch in der Betriebskostenrechnung zu berücksichtigen.

Bei der Berechnung der Kommissionierleistung nach Beziehung (17.48) wird die unproduktive Zeit durch den Verfügbarkeitsfaktor η_{ver} berücksichtigt:

- Die *Verfügbarkeit* eines Kommissionierers ist das langzeitige Verhältnis der produktiven Zeit zur Anwesenheitszeit

$$\eta_{ver} = T_{prod} \Big/ \left(T_{unpr} + T_{prod} \right). \tag{17.70}$$

Die *Ausfallzeiten* eines Kommissioniergeräts oder eines Kommissionierroboters bewirken eine *technische Geräteverfügbarkeit*, die bei guter Konstruktion und vorbeugender Wartung nicht unter 98 % liegen sollte.

Die arbeitswissenschaftlich definierten *persönlichen Verteilzeiten* des Menschen hängen von den *Arbeitsbedingungen*, der *Motivation* und der *Mitarbeiterführung* ab [168]. Beim Kommissionieren kommt als weiterer Einflußfaktor die *Ermüdung* bei großen Entnahmemengen und hohem Gewichts- und Volumendurchsatz hinzu.

Vor allem bei dynamischer Bereitstellung kann ein permanentes Greifen großer Mengen und Gewichte, das nicht durch Wegzeiten unterbrochen wird, zu einer absinkenden Verfügbarkeit der Kommissionierer führen. Andererseits aber erholt sich ein Kommissionierer bei geringerer Auslastung und in den stochastisch bedingten Wartezeiten.

Für die Leistungsberechnung und Dimensionierung von Kommissioniersystemen kann mit folgenden *Erfahrungswerten* gerechnet werden:

$$\begin{array}{ll} \text{sehr gute Arbeitsbedingungen und geringe Belastungen} & \eta_{ver} \approx 90\ \% \\ \text{gute Arbeitsbedingungen und mittlere Belastungen} & \eta_{ver} \approx 85\ \% \\ \text{weniger gute Arbeitsbedingungen und hohe Belastung} & \eta_{ver} \approx 80\ \%. \end{array} \tag{17.71}$$

Diese Erfahrungswerte sind als Planwerte brauchbar, können jedoch im Einzelfall bei schlechter Führung und fehlender Leistungskontrolle deutlich unterschritten werden.

Wenn ein Kommissionierer mit einer *persönliche Verfügbarkeit* η_{Pver} auf einem Kommissioniergerät arbeitet, das eine *technische Verfügbarkeit* η_{Tver} hat, dann ist in der Leistungsberechnung (17.48) mit der *Gesamtverfügbarkeit* von Mensch und Technik zu rechnen. Diese ist gleich dem Produkt der Einzelverfügbarkeiten:

$$\eta_{ver} = \eta_{Pver} \cdot \eta_{Tver} \,. \tag{17.72}$$

Die Leistungsminderung durch eine schlechte Verfügbarkeit wird vielfach nicht ausreichend beachtet. In der Verbesserung der Arbeitsbedingungen, der Führung und der Kontrolle liegt daher oft ein größerer Hebel zur Leistungssteigerung und Kostensenkung des Kommissionierens als in der technischen Rationalisierung.

5. Auslastbarkeit

Die verfügbare Zeit eines Kommissionierers kann nur soweit produktiv genutzt werden, wie er nicht durch stochastisch bedingte Wartezeiten an der Arbeit gehindert ist. Stochastische Wartezeiten entstehen beim Kommissionieren vor den Pickplätzen, in den Gängen und an der Basis infolge der Blockierung durch andere Kommissionierer sowie durch Warten auf Information oder Nachschub, wenn die Abfertigungszeiten stochastisch schwanken.

Die stochastischen Wartezeiten reduzieren die Auslastbarkeit des Kommissionieres und damit die effektive Kommissionierleistung.

- Die *Auslastbarkeit* eines Kommissionierers ist das Verhältnis der Kommissionierzeit τ_{kom} zur Summe von stochastisch bedingten mittleren Wartezeiten τ_{wart} und Kommissionierzeit:

$$\eta_{aus} = \tau_{kom} / (\tau_{wart} + \tau_{kom}) \,. \tag{17.73}$$

Die beim Kommissionieren planmäßig auftretenden Abfertigungszeiten, deren Mittelwerte in der Kommissionierzeit enthalten sind, zählen nicht zur stochastischen Wartezeit.

Vor einer Abfertigungsstation mit einer stochastisch schwankenden Abfertigungsleistung

$$\mu = 3600/\tau_{ab} \qquad [1/h], \tag{17.74}$$

und einer *mittleren Abfertigungszeit* τ_{ab} [s], auf die ein stochastischer Strom λ zuläuft, entsteht eine *Warteschlange*, in der die neu Hinzukommenden warten müssen bevor sie drankommen.

Aus den Beziehungen (13.65) und (13.67) des *Abschnitts 13.5* folgt für ein *Wartesystem* mit der *Auslastung*

$$\rho = \lambda/\mu \tag{17.75}$$

die *mittlere Wartezeit*:

$$t_{wart} = \left((1 - \rho + V \cdot \rho) \cdot \rho / (1 - \rho) \right) \cdot \tau_{ab} \qquad [s]. \tag{17.76}$$

Der *Systemvariabilität V* ist bei maximaler Schwankung von Zustrom und Abfertigung gleich 1 und bei getaktetem Zustrom und getakteter Abfertigung 0. Wenn die Variabilität unbekannt ist, kann approximativ mit der *Systemvariabilität* $V = 1/2$ gerechnet werden (s. *Beziehung 13.57*).

Jeder Artikelbereitstellplatz ist im Prinzip eine Abfertigungsstation, zu der die Kommissionierer in stochastisch schwankenden Zeitabständen kommen und warten müssen, wenn sich dort noch ein anderer Kommissionierer befindet. Die mittlere Abfertigungszeit an den Pickplätzen ist

$$t_{P\,ab} = \tau_{rüst} + \tau_{greif} \qquad [s/Pos]. \tag{17.77}$$

Der mittlere Zustrom der Kommissionierer auf einen der N_S Artikelbereitstellplätze ist gleich $1/N_S$ des Auftragsdurchsatzes λ_{KAuf}. Wenn ein Kommissionierer zusammen mit seinem Gerät N_P Pickplätze blockiert, ist der Zustrom auf die N_P blockierten Pickplätze:

$$\lambda_P = N_P \cdot \lambda_{KAuf} / N_S \qquad [Pos/h]. \tag{17.78}$$

Durch Einsetzen der mit (17.77) resultierenden Abfertigungsleistung $\mu_P = 3600/\tau_{Pab}$ und des Zustroms (17.78) in die Beziehungen (17.74) und (17.76) ergibt sich die Berechnungsformel für die *mittlere Pickplatzwartezeit* τ_{Pwart} [s/Pos].

Auch eine Basisstation ist eine Wartestation, zu der die Kommissionierer in stochastisch schwankenden Zeitabständen kommen und warten müssen, solange dort vor ihnen andere Kommissionierer tätig sind. Die mittlere Abfertigungszeit an der Basis ist

$$\tau_{B\,ab} = n_{pos} \cdot \tau_{bas} \qquad [s/Kom]. \tag{17.79}$$

Bei N_B parallelen Basisstationen und einem Auftragsdurchsatz λ_{KAuf} ist der mittlere Kommissioniererzustrom auf eine der N_B Basisstationen

$$\lambda_B = \lambda_{KAuf} / N_B \qquad [Kom/h]. \tag{17.80}$$

Durch Einsetzen der resultierenden Abfertigungsleistung $\mu = 3600/\tau_{Bab}$ [KAuf/h] und des Zustroms (17.80) in die Beziehungen (17.74) und (17.76) ergibt sich die Berechnungsformel für die *mittlere Wartezeit* t_{Bwart} *der Kommissionierer vor der Basis.* Die Basiswartezeit pro Auftrag t_{Bwart} geteilt durch die Positionszahl n_{pos} ist die *mittlere Basiswartezeit* τ_{Bwart} pro Position.

Analog lassen sich auch die mittlere Wartezeit bei stochastisch schwankendem Nachschub oder zufallsabhängiger Informationsbereitstellung mit Hilfe der allgemeinen Wartezeitformel (17.76) aus der mittleren Abfertigungszeit berechnen.

Mit der Summe $\tau_{wart} = \tau_{Pwart} + \tau_{Bwart} + \ldots$ der Pickplatzwartezeit, der Basiswartezeit und eventuell weiterer Wartezeiten ergibt sich aus Beziehung (17.73) die Auslastbarkeit und durch Einsetzen in Beziehung (17.48) die Auswirkung der stochastisch bedingten Wartezeiten auf die effektive Kommissionierleistung. Für das in *Tabelle 17.1* angegebene Beispiel zeigt *Abb. 17.32* die analytisch berechnete Abhängigkeit der Auslastbarkeit von der Durchsatzleistung für den Fall einer und den Fall von zwei parallelen Basisstationen.

Aus den Berechnungsformeln und dem Planungsbeispiel lassen sich folgende allgemeinen *Zusammenhänge* ableiten:

- Die *Auslastbarkeit der Kommissionierer* ist bei geringer Auslastung des Gesamtsystems nur wenig und mit zunehmender Auslastung immer stärker vom Durchsatz abhängig.
- Bei Annäherung an den *Überlastzustand* sinkt die Auslastbarkeit auf Null.
- Entsprechend hängt die effektive Leistung pro Kommissionierer bei geringen Durchsatzanforderungen nur wenig vom Durchsatz ab.

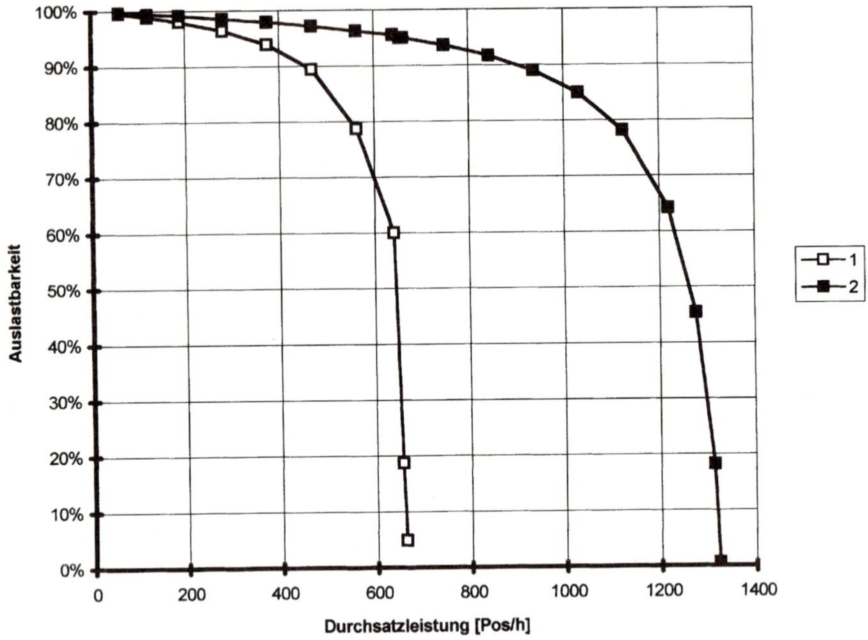

Abb. 17.32 Abhängigkeit der Auslastbarkeit vom Positionsdurchsatz

Parameter: Anzahl Basisstationen $N_{BS} = 1$ und 2
Übrige Parameter: s. Legende *Abb. 17.28*

- Mit zunehmendem Durchsatz nimmt die Kommissionierleistung infolge der gegenseitigen Behinderung der Kommissionierer an den Pickplätzen und an der Basis immer mehr ab.
- Die benötigte Anzahl Kommissionierer und Kommissioniergeräte steigt mit zunehmender Durchsatzleisung überproportional an.
- Bei nur einer Basis sind die Wartezeiten vor der Basis kritischer als die Wartezeiten an den Pickplätzen.
- Bei schmalem Sortiment, geringer Bereitstellfläche und zonenweiser Konzentration der A-Artikel kann es bei hohem Durchsatz vor den Pickplätzen zu erheblichen Wartezeiten kommen.
- Die Wegzeiteinsparungen durch eine Schnelläuferkonzentration in der Nähe der Basis werden bei hoher Durchsatzleistung überkompensiert durch die Wartezeiten in diesem Bereich.
- Je mehr Pickplätze ein Kommissionierer mit seinem Gerät blockiert, desto stärker reduziert sich die Auslastbarkeit infolge der Behinderung anderer Kommissionierer.

Für das betrachtete Beispiel wird der Überlastzustand bei einer Basisstation ab etwa 600 Positionen pro Stunde mit 18 Kommissionierern und bei zwei Basisstationen ab etwa 1.200 Positionen pro Stunde mit 32 Kommissionierern im System erreicht, die in beiden Fällen in 12 Gängen arbeiten.

Hieraus resultieren die *Planungsregeln:*

- Bei hohem Durchsatz ist die Einrichtung von zwei oder mehr parallelen Basistationen erforderlich, an denen mehrere Kommissionierer gleichzeitig abgefertigt werden können.
- Die schnellgängigen A-Artikel dürfen nicht in einer Zone konzentriert sondern müssen gleichmäßig über den gesamten Bereitstellbereich verteilt werden.

Wegen der empfindlichen Abhängigkeit der Kommissionierleistung von der Durchsatzleistung ist es unerläßlich, mit Hilfe der angegebenen Formeln die Auslastbarkeit zu berechnen. Wenn die Auslastbarkeit in Zeiten der Spitzenbelastung unter 80 % sinkt, muß die Betriebszeit verlängert oder das Kommissioniersystem umgestaltet werden, da sonst die Gefahr der Überlastung groß ist, die Leistung der Kommissionierer absinkt und die Kommissionierkosten unkalkulierbar ansteigen.

17.12 Auftragsbündelung und Zeilenreduktion

Abhängig von der gewählten Bearbeitungsstrategie sind die Kommissionieraufträge entweder *externe Einzelaufträge* oder *interne Sammelaufträge*, die aus einer Serie von *s* externen Aufträgen bestehen.

Bei einem Durchsatz der externen Aufträge λ_{EAuf} und einer *Batchgröße s* ist der *Durchsatz der Sammelaufträge:*

$$\lambda_{SAuf} = \lambda_{EAuf} / s \qquad [SAuf/h]. \qquad (17.81)$$

Bei einer *einstufigen Serienkommissionierung* bleiben die Sammelaufträge *unkonsolidiert*:

- Die Positionen eines Sammelauftrags sind gleich den Positionen der externen Aufträge.

Die Entnahmengen werden am Entnahmeort getrennt in die Sammel- oder Versandbehälter der einzelnen Aufträge abgelegt. Daraus folgt:

- Wenn die externen Aufträge im Mittel n_E Positionen mit einer durchschnittlichen Entnahmemenge m_E haben, dann haben die *unkonsolidierten Sammelaufträge* mit einer *Batchgröße s* die *gleichen Entnahmemengen* und die *s-fache mittlere Positionsanzahl*

$$n_S = s \cdot n_E \qquad [Pos/SAuf]. \qquad (17.82)$$

Bei der *zweistufigen Serienkommissionierung* wird jeder Sammelauftrag *konsolidiert*:

- Die Positionen der externen Aufträge einer Serie, die den gleichen Artikel betreffen, werden zu einer *Sammelauftragsposition* zusammengefaßt.

Dadurch reduziert sich die Anzahl der Positionen oder Zeilen eines konsolidierten Sammelauftrags gegenüber der Positionszahl (17.82) eines unkonsolidierten Sammelauftrags mit gleicher Batchgröße. Gleichzeitig erhöht sich die mittlere

Entnahmemenge der Sammelauftragspositionen gegenüber der mittleren Entnahmenge der Einzelauftragspositionen.

Vor allem aber gilt:

- Mit der Zeilenzahl der konsolidierten Sammelaufträge verringert sich die benötigte Bereitstelleistung für die dynamische Bereitstellung.

Werden die Aufträge so, wie wie sie hereinkommen, zu einer Serie zusammengefaßt, dann ist die Reduktion der Zeilenzahl der Sammelaufträge zufallsbestimmt und abhängig von der Wahrscheinlichkeit, daß die Zeilen der *s* externen Aufträge einer Serie die gleichen Artikel betreffen.

Die Überlappungswahrscheinlichkeit der Auftragszeilen kann grundsätzlich durch Auswertung einer großen Anzahl externer Aufträge ermittelt werden. Eine solche Auswertung aber ist stets projektspezifisch und läßt die Einflußfaktoren und Abhängigkeiten kaum erkennen.

Die Zeilenreduktion läßt sich jedoch auch *analytisch* berechnen. Aus einer Wahrscheinlichkeitsanalyse folgt der *Zeilenreduktionssatz* [159]:

- Wenn das Sortiment insgesamt $N = N_A + N_B + N_C$ Artikel mit N_A A-Artikeln, N_B B-Artikeln und N_C C-Artikeln umfaßt und die Einzelaufträge im Mittel $n = n_A + n_B + n_C$ Positionen haben, von denen im Mittel n_A die A-Artikel, n_B die B-Artikel und n_C die C-Artikel betreffen, dann ist die *mittlere Zeilenzahl der Sammelaufträge*, die durch Zusammenfassen von jeweils *s* Einzelaufträgen entstehen:

$$n_S = N_A \cdot \left(1-(1-n_A/N_A)^s\right) + N_B \cdot \left(1-(1-n_B/N_B)^s\right) + N_C \cdot \left(1-(1-n_C/N_C)^s\right). \qquad (17.83)$$

Werden beispielsweise 1.500 Einzelaufträge mit im Mittel 12 Positionen, die aus einem Handelssortiment mit 30.000 Artikeln und der in *Tabelle 17.1* angegebenen ABC-Verteilung zu kommissionieren sind, zu 2 konsolidierten Serien mit $s = 750$ Aufträgen zusammengefaßt, so ergeben sich für diese aus Beziehung (17.83) im Mittel 5.179 Auftragszeilen. Gemäß Beziehung (17.82) beträgt dagegen die Zeilenzahl der unkonsolidierten Sammelaufträge $750 \cdot 12 = 9.000$.

Die Reduktion der Zeilenzahl der konsolidierten Sammelaufträge gegenüber der Zeilenzahl der unkonsolidierten Sammelaufträge ist durch den *Zeilenreduktionsfaktor* gegeben:

$$r_S = n_S/(s \cdot n_E). \qquad (17.84)$$

Hierin ist die konsolidierte Zeilenzanzahl n_S mit Hilfe der Beziehung (17.83) zu berechnen.

In dem betrachteten Beispiel ist der Zeilenreduktionsfaktor $r_s = 5719/9000 = 0{,}64$. Die benötigte Bereitstelleistung wird durch die Konsolidierung der Zeilen einer Auftragsserie in diesem Fall um mehr als ein Drittel reduziert.

Für ein Handelssortiment mit 30.000 Artikeln und zwei verschiedene ABC-Verteilungen ist die Abhängigkeit des Zeilenreduktionsfaktors von der Seriengröße *s* in *Abb. 17.33* dargestellt. Hieraus wie aus der allgemeinen Beziehung (17.83) sind folgende *Abhängigkeiten* ablesbar:

- Die Zeilenreduktion durch Bündelung externer Aufträge zu konsolidierten Sammelaufträgen nimmt mit der Seriengröße und mit der Ungleichverteilung des Sortiments zu.
- Die Zeilenreduktion nimmt mit ansteigender Positionszahl der externen Aufträge zu und mit zunehmender Artikelanzahl ab.

Entsprechend der Zeilenreduktion steigt die mittlere Entnahmemenge pro Sammelauftragsposition an, denn allgemein gilt:

- Wenn die externen Aufträge eine mittlere Entnahmemenge m_E [EE/EPos] haben und der Zeilenreduktionsfaktor r_S ist, dann ist die *mittlere Entnahmemenge der konsolidierten Sammelaufträge*

$$m_S = m_E / r_S \qquad [EE/SPos]. \qquad (17.85)$$

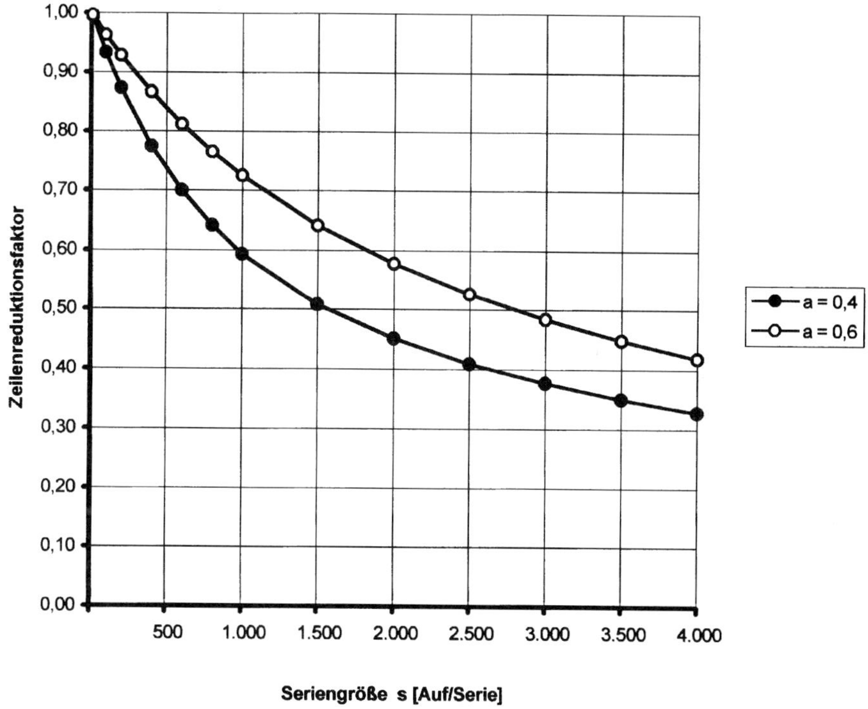

Abb. 17.33 Zeilenreduktion in Abhängigkeit von der Seriengröße

Sortimentsbreite	30.000 Artikel
Auftragsstruktur	12 Pos/Auftrag
Parameter	Asymmetriefaktor der Positionsverteilung a = 0,4 und 0,6

Die Formeln (17.83) und (17.85) zur Berechnung der Auftragsstruktur der konsolidierten Sammelaufträge sind Grundlage für die Leistungsberechnung und Dimensionierung von *zweistufigen Kommisioniersystemen* und von Kommissioniersystemen mit *dynamischer Bereitstellung*. Dabei ist die Seriengröße begrenzt durch die maximal zulässige Auftragsdurchlaufzeit für die externen Aufträge.

Unter bestimmten Voraussetzungen läßt sich der Bündelungseffekt durch eine geschickte Nachschubstrategie für die zu beliefernden Stellen positiv beeinflussen. So können für die Filialen eines Handelskonzerns, die aus einem Logistikzentrum beliefert werden, an den verschiedenen Wochentagen jeweils bestimmte Teilsortimente nachgeliefert und damit die an einem Tag angesprochene Artikelanzahl reduziert werden. Dadurch nimmt die Wahrscheinlichkeit zu, daß die Nachschubaufträge aus den Filialen an einem Tag die gleichen Artikel ansprechen.

17.13 Dynamische Dimensionierung

In der dynamischen Dimensionierung eines Kommissioniersystems werden die Anzahl der Kommissionierer, der Personalbedarf, der Gerätebedarf und die Zu- und Abfördersysteme so ausgelegt, daß die Auftrags- und Durchsatzanforderungen zu minimalen Kosten erfüllt werden.

Bei der Personalbedarfsrechnung ist zu unterscheiden zwischen der benötigten *Besetzung* mit Kommissionierern zu einem *Zeitpunkt* t, zu dem ein Durchsatz $\lambda(t)$ gefordert ist, und dem *Personalbedarf* für einen längeren *Betriebszeitraum* T_{BZ} mit mit einen mittleren Durchsatz.

- Wenn der einzelne Kommissionierer eine Pickleistung $\mu_{K\,EE}$ [EE/Kom-h] erbringt und zur Zeit *t* die Pickleistung $\lambda_{K\,EE}(t)$ [EE/h] benötigt wird, ist die hierfür erforderliche *Besetzungszahl* mit Kommissionierern

$$N_K(t) = \left[\lambda_{K\,EE}(t) / \mu_{K\,EE}\right]. \tag{17.86}$$

Die eckige Klammer [...] in der Formel bedeutet ein *Aufrunden* auf die nächste ganze Zahl, da die Anzahl der Kommissionierer ganzzahlig ist. Die benötigte Anzahl Kommissionierer, die Menschen oder Maschinen sein können, verändert sich also mit der Durchsatzleistung.

Damit ein Kommissioniersystem in Spitzenzeiten die geforderte Durchsatzleistung erbringen kann, muß die Anzahl der Kommissioniergeräte, der Kommissionierroboter wie auch der Nachschubgeräte auf den Bedarf der Spitzenstunde ausgelegt werden. Zusätzliche Geräte müssen als *Ausfallreserve* vorgehalten werden.

Für die Geräteausstattung gilt daher die *Auslegungsregel*:

- Die Anzahl der Geräte ist gleich der Besetzungsanzahl für die Spitzenstunde am Spitzentag des Jahres plus einer Reserve von 10 %, mindestens aber von einem Reservegerät.

Bei hochmechanisierten und automatisierten Anlagen ist ein Mehrschichtbetrieb Voraussetzung für die wirtschaftliche Nutzung. Bei großen Anforderungsschwankungen muß auch bei konventionellen Kommissioniersystemen versucht werden, zumindest in Spitzenzeiten im *flexiblen Mehrschichtbetrieb* zu arbeiten und weniger dringliche Aufträge auf Stunden oder Tage mit geringerer Auslastung zu verschieben.

Der Personalbedarf für einen längeren Betriebszeitraum hängt vom *Arbeitszeitmodell* ab. Bei maximal flexibiliserter *Arbeitszeitregelung* mit Teilzeitarbeit, Überstunden und Zeitausgleichskonten errechnet sich die Anzahl der *Vollzeitkräfte*, die im Verlauf eines Jahres zum Kommissionieren benötigt werden, aus der Besetzung N_K, die für den *mittleren Durchsatz* benötigt wird, aus der *Jahresbetriebszeit* T_{BZ} [h/Jahr] und aus der effektiven *Jahresarbeitszeit* T_{AZ} [h/Jahr] einer Vollzeitkraft nach der Beziehung:

$$N_{VZK} = T_{BZ} \cdot N_K / T_{AZ} \,. \tag{17.87}$$

Wenn die Arbeitszeiten der Mitarbeiter nicht flexibilisiert sind, ist der Bedarf an Vollzeitkräften aus der Besetzungszahl für den maximalen Durchsatz zu errechnen und entsprechend höher.

Die Anzahl der benötigten Nachschubgeräte für einen Durchsatz der Bereitstelleinheiten (17.10) und deren Personalbesetzung ergeben sich bei *statischer Bereitstellung* aus den Spielzeiten der eingesetzten Lagergeräte nach den in *Kapitel* 16 angegebenen Verfahren und Berechnungsformlen für das Einlagern und Umlagern. Bei der *dynamischen Bereitstellung* muß zur Dimensionierung des vorangeschalteten Lager- und Bereitstellsystems die benötigte *Bereitstellungsleistung* bekannt sein.

1. Dimensionierung konventioneller Kommissioniersysteme

Für konventionelle Kommissioniersysteme mit statischer Bereitstellung und zentraler Abgabe können maximal soviele externe Aufträge zu einem Sammelauftrag zusammengefaßt werden, wie Sammelbehälter oder Versandeinheiten zur getrennten Aufnahme der externen Auftragsinhalte auf einer Kommissionierrundfahrt mitgenommen werden können.

Hieraus folgt die *Auslegungsregel*:

- Wenn für einen externen Auftrag im Mittel n_{VE} Versandeinheiten benötigt werden und das Kommissioniergerät ein *Fassungvermögen* für C_{KG} Versandeinheiten hat, dann ist die *maximale Seriengröße*

$$s \le C_{KG} / n_{VE} \qquad [\text{EAuf/SAuf}]. \tag{17.88}$$

Die Anzahl Versandeinheiten n_{VE} [VE/EAuf] zur Aufnahme der Menge eines externen Auftrags ist für Versandeinheiten mit der Kapazität C_{VE} [EE/VE] durch Beziehung (17.50) gegeben.

Beispielsweise kann ein Kommissionierer in einem *Wabengestell*, das Fächer für 12 Kartons hat, im Mittel 6 externe Aufträge mitnehmen, wenn diese im Mittel 2 Kartons füllen. Aufgrund der Beziehung (17.36) reduziert sich dadurch die anteilige Wegzeit pro Position im Vergleich zur Einzelkommissionierung der externen Aufträge um einen Faktor 6.

Wenn der Inhalt eines externen Auftrags mehr als eine Versandeinheit füllt und das Fassungsvermögen des Kommissioniergerätes zu klein ist, um alle n_{VE} Sammelbehälter oder Versandeinheiten eines Auftrags aufzunehmen, muß der externe Auftrag in zwei oder mehr Teilaufträge zerlegt werden. Die Seriengröße (17.88) wird in diesem Fall kleiner als 1 und der Durchsatz der Sammelaufträge, die dann Teilaufträge sind, nach Beziehung (17.81) größer als der Durchsatz der externen Aufträge. Da die Teilaufträge jedoch nur in einem Teil der Gangmodule eingesammelt werden, erhöht sich bei richtiger Ablauforganisation durch eine Auftragsteilung nicht notwendig die Wegzeit pro Position.

2. Dimensionierung bei dezentraler Abgabe

Um eine gleichmäßige Auslastung der Kommissionierer zu erreichen, wird beim Kommissionieren mit statischer Bereitstellung und *dezentraler Abgabe* in *Auftragsserien* gearbeitet. Die Serienaufträge müssen in soviele *Teilaufträge* zerlegt werden, wie es dezentrale Kommissionierarbeitsplätze gibt. Die Anzahl dezentraler Arbeitsplätze wiederum ergibt sich aus der benötigten Besetzungszahl (17.86) für die Spitzenstunde mit dem höchsten Leistungsbedarf.

Die dynamische Dimensionierung von Kommissioniersystemen mit dezentraler Abgabe ist daher ein *iterativer Prozeß* mit folgenden *Schritten* (s. *Abb. 17.3* und *17.15*):

1. Die statisch dimensionierten Gangmodule mit den Bereitstellplätzen für die Artikel werden in einer *Anfangslösung* in eine bestimmte Anzahl N_{AB} *Arbeitsbereiche* aufgeteilt und deren maximale *Besetzung* mit Kommissionierern festgelegt.
2. Die *Arbeitsbereiche* werden *ergonomisch*, *fördertechnisch* und *informatorisch* optimal gestaltet.
3. Bei *starrer Serienbearbeitung* wird die Betriebszeit in *Zeitzyklen* – im Versandhandel *Rhythmen* genannt – eingeteilt, deren Länge durch die maximal zulässige Auftragsdurchlaufzeit und durch das Aufnahmevermögen der nachgeschalteten Fördertechnik begrenzt ist.
4. Bei *flexibler Serienbearbeitung* wird die *Batchgröße s* der gleichzeitig kommissionierten Aufträge so groß festgelegt, wie aufgrund der geforderten Auftragsdurchlaufzeiten und der Anzahl Zielstationen in der nachgeschalteten Fördertechnik zulässig.
5. Die Serienaufträge werden in soviele *Teilaufträge*, wie Arbeitsbereiche geplant sind, also in N_{AB} Aufträge zerlegt und für diese Teilaufträge die Kommissionierleistung und die Anzahl der benötigten Kommissionierer N_{Kmax} in der Spitzenstunde errechnet.
6. Wenn die errechnete Kommissioniereranzahl kleiner ist als die Planbesetzung der Anfangslösung, ist die Anzahl Arbeitsbereiche zu reduzieren und der zu bedienende Artikelbereich zu vergrößern, bis die Planbesetzung mit der Sollbesetzung übereinstimmt.
7. Wenn die errechnete Kommissioniereranzahl größer ist als die Planbesetzung der Anfangslösung, ist die Anzahl Arbeitsbereiche zu erhöhen und der zu bedienende Artikelbereich zu verkleinern, bis Planbesetzung und Sollbesetzung übereinstimmen.

Sind die nacheinander bearbeiteten Auftragsserien klein, entstehen Teilaufträge mit sehr unterschiedlichen Strukturen und stark wechselnder Frequenz. Dadurch sinkt die *Auslastbarkeit* der Kommissionierer in den dezentralen Arbeitsbereichen, wenn diese nicht über eine ausreichende Anzahl Pufferplätze für die Auftragsbehälter verfügen (s. *Abb. 17.3*).

Daher ist das Kommissionieren mit statischer Bereitstellung und dezentraler Abgabe nur sinnvoll, wenn die geforderten Auftragsdurchlaufzeiten nicht zu kurz sind und ein Arbeiten in ausreichend großen Serien nach der Strategie der *flexiblen Serienbearbeitung* möglich ist.

3. Dimensionierung bei dynamischer Bereitstellung

Wenn bei der dynamischen Bereitstellung *einstufig kommissioniert* wird, befinden sich an den parallelen Arbeitsplätzen Aufahmebehälter für eine bestimmte Anzahl externer Aufträge. In diesem Fall laufen die vom Bereitstellsystem ausgelagerten Ladeeinheiten nacheinander zu allen Arbeitsplätzen, an denen sich Aufträge für den betreffenden Artikel befinden.

Bei einstufiger Kommissionierung sind die *Schritte* zur Dimensionierung eines Kommissioniersystems mit dynamischer Bereitstellung (s. hierzu *Abb. 17.4, 17.25* und *17.34*):

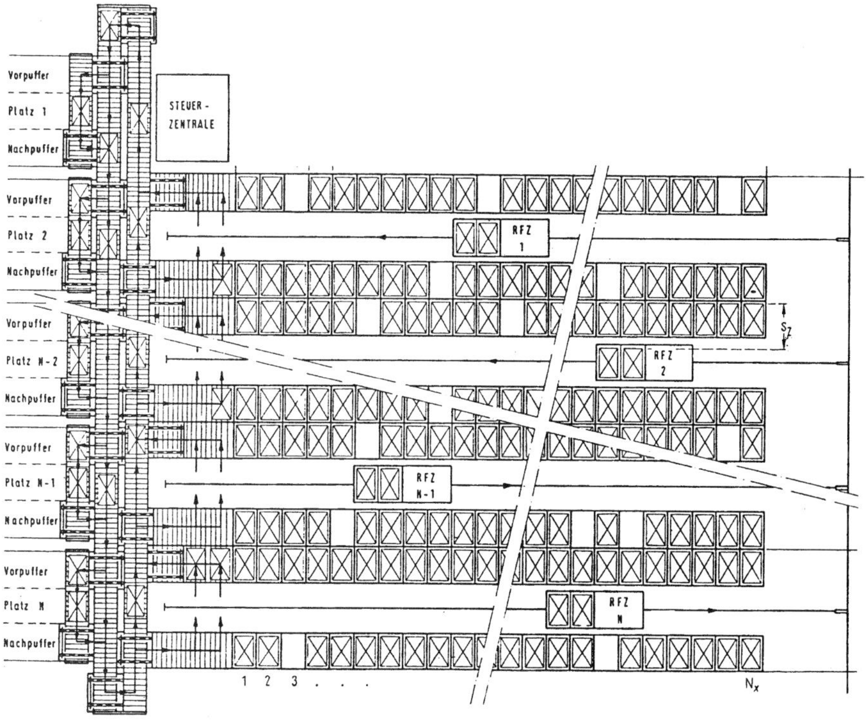

Abb. 17.34 Kommissioniersystem für Kleinteile mit dynamischer Bereitstellung durch ein automatisches Behälterlagersystem (AKL)

1. Zuerst werden die stationären *Arbeitsplätze ergonomisch, fördertechnisch* und *informatorisch* optimal gestaltet und die *Planbesetzung* pro Platz festgelegt.
2. Danach wird die Anzahl s_A der an einem Arbeitsplatz gleichzeitig zu bearbeitenden *externen Aufträge* festgelegt. Diese ist durch den Platzbedarf pro Versandeinheit begrenzt.
3. Dann wird für die externen Aufträge die *Kommissionierleistung* pro Arbeitsplatz und pro Kommissionierer berechnet.
4. Für den in der Spitzenstunde geforderten Durchsatz externer Aufträge werden nach Beziehung (17.86) die benötigte Anzahl Kommissionierer N_K und mit der Planbesetzung pro Kommissionierarbeitsplatz n_{KP} die *benötigte Anzahl Arbeitsplätze* errechnet:

$$N_{AP} = N_K / n_{KP} \qquad [\text{Kom/Platz}]. \tag{17.89}$$

5. Für die resultierende *Seriengröße*

$$s = s_A \cdot N_{AP}, \tag{17.90}$$

wird mit (17.83) die Zeilenanzahl n_S der Serienaufträge und damit aus dem externen Auftragsdurchsatz λ_{Eauf} die *benötigte Bereitstelleistung* errechnet:

$$\lambda_B = n_S \cdot s \cdot \lambda_{EAuf} / s = r_S \cdot n_E \cdot \lambda_{EAuf} \qquad [\text{BE/h}]. \tag{17.91}$$

6. Im *entscheidenden Schritt* der Dimensionierung wird das Bereitstellsystem für die Bereitstelleistung (17.91) und die benötigte Gesamtlagerkapazität nach den Verfahren aus Kapitel 16 dimensioniert
7. Im letzten Schritt muß das Zu- und Abfördersystem mit den Pufferplätzen auf den Zu- und Abförderstrecken der Kommissionierarbeitsplätze so ausgelegt werden, daß die benötigte Durchsatzleistung (17.91) möglich und eine hohe Auslastung der Kommissionierer gewährleistet ist.

So ergibt die Leistungsberechnung für das Nonfood-Beispiel der *Tabelle 17.1* im Einschichtbetrieb einen Bedarf von $N_{AP} = 6$ Arbeitsplätzen, an denen jeweils ein Kommissionierer Ware für $S_A = 4$ externe Aufträge entnimmt und auf Paletten ablegt. Die 250 externen Aufträge pro Tag mit im Mittel $n_E = 15$ Positionen können daher in 10,4 Serien abgearbeitet werden, die jeweils aus $s = 24$ externen Aufträgen bestehen. Für den Zeilenreduktionsfaktor (17.84) errechnet sich der Wert $r_s = 0{,}79$. Damit sind insgesamt $0{,}79 \cdot 15 \cdot 250 = 2.963$ Bereitstellungen erforderlich, das heißt bei einem 8-Stunden-Betrieb eine Bereitstelleistung von 370 Bereitstelleinheiten pro Stunde.

Im Fall der *zweistufigen Kommissionierung* mit dynamischer Bereitstellung wird die Bereitstelleinheit eines Artikels immer nur an *einen* Arbeitsplatz befördert, wo die angeforderte Menge für einen *konsolidierten Serienauftrag* entnommen und auf ein Transportsystem abgelegt wird. Die Dimensionierung wird bei zweistufer Kommissionierung analog zur dezentralen Abgabe in iterativen Arbeitsschritten durchgeführt. Dabei ist die Seriengröße ein freier Parameter. Die benötigte Bereitstelleistung läßt sich wieder nach Beziehung (17.91) mit der aus Beziehung (17.83) resultierenden mittleren Zeilenzahl errechnen.

Die Leistungs- und Funktionsfähigkeit von Kommissioniersystemen mit dynamischer Bereitstellung hängt kritisch von der richtigen Dimensionierung und

Abstimmung der Teilsysteme ab. Wegen der vielen Einflußfaktoren, der teilweise schwierigen Dimensionierungsformeln und der Vielzahl der Wechselwirkungen zwischen den Leistungsanforderungen und den Auslegungsgrößen sind die Dimensionierung und Optimierung von Systemen mit dynamischer Bereitstellung nur mit einem entsprechenden *Dimensionierungsprogramm* möglich.

17.14 Kommissionierleistungskosten

Die spezifischen *Kommissionierleistungskosten* oder *Pickkosten* sind die *Leistungskosten* des Kommissionierprozesses. Sie entsprechen den Stückkosten der Fertigung. Die Pickkosten ergeben sich durch Umlage der Betriebskosten des Kommissioniersystems auf die Leistungseinheiten, in denen das Ergebnis des Kommissionierens gemessen wird. Die *Betriebskosten* K_{kom} [DM/PE] umfassen alle Kosten, die in einer *Betriebsperiode* [PE = Jahr; Monat; Tag] für den Betrieb des Kommissioniersystem im Zuge der Leistungserbringung entstehen (s. *Kapitel* 6).

Die Betriebskosten eines Kommissioniersystems sind von folgenden *Leistungseinheiten* abhängig, die die *Kostentreiber* des *Kommissionierens* sind:

Auftrag	[Auf]	
Position	[Pos]	
Entnahmeeinheit	[EE]	(17.92)
Bereitstelleinheit	[BE]	
Versandeinheit	[VE].	

Die zugehörigen *Durchsatzgrößen* sind die Leistungsmengen pro Periode [PE]:

Auftragsdurchsatz	λ_{Auf}	[Auf/PE]	
Positionsdurchsatz	λ_{Pos}	[Pos/PE]	
Entnahmeeinheitendurchsatz	λ_{EE}	[EE/PE]	(17.93)
Bereitstelleinheitendurchsatz	λ_{BE}	[BE/PE]	
Versandeinheitendurchsatz	λ_{VE}	[VE/PE].	

Wenn die Auftragstruktur und die Kapazitäten der eingesetzten Ladeeinheiten bekannt sind, lassen sich vier dieser fünf Durchsatzgrößen mit Hilfe der Beziehungen (17.7) bis (17.11) aus dem Auftragsdurchsatz oder einer der anderen Durchsatzgrößen errechnen. Grundsätzlich ist es daher möglich, die Kommissionierkosten auf nur eine der Leistungseinheiten (17.92) zu beziehen.

Wenn die Leistung des Kommissioniersystems in den *Leistungseinheiten* LE gemessen wird, sind die spezifischen *Kommissionierkosten* k_{LE} [DM/LE] gleich den Betriebskosten bezogen auf den *Leistungsdurchsatz* λ_{LE} [LE/PE]:

$$k_{LE} = K_{kom}/\lambda_{LE} \qquad [DM/LE]. \qquad (17.94)$$

Abhängig vom Vertragsverhältnis zwischen dem *Betreiber* und dem *Nutzer* des Kommissioniersystems erhöhen sich die Kommisionierkosten um *Zuschläge* für Verwaltung, Vertrieb, Risiko und Gewinn. Mit dem *Verwaltungs- und Gemeinkostenzuschlag* des externen Dienstleisters resultieren aus den Leistungskosten, zu denen die Leistungen innerhalb eines Unternehmens verrechnet werden, die *Leistungspreise*, die ein externer Dienstleister für die in Anspruch genommenen Leistungen in Rechnung stellt (s. *Abschnitt 7.2*).

Die Betriebskosten eines Kommissioniersystems setzen sich zusammen aus einem *Fixkostenanteil* K_{fix} und einem *variablen Kostenanteil* K_{var}, der von den Durchsatzgrößen (17.93) abhängt. Für Kommissioniersysteme mit hohem Fixkostenanteil besteht ein großes *Auslastungsrisiko*. Es ist daher wichtig, den Anteil der fixen Kosten zu kennen, die unabhängig vom Leistungsdurchsatz sind, und diese von den variablen Kosten abzugrenzen, die sich mit der *Leistungsinanspruchnahme*, also mit dem Leistungsdurchsatz verändern.

Die variablen Kosten lassen sich aufteilen in Kostenanteile, die durch die Auftragsbearbeitung, die Positionsbearbeitung, die Entnahme, das Bereitstellen und das Erzeugen der Versandeinheiten verursacht werden. Die Kosten für das Einlagern auf die Zugriffsreserveplätze und das Umlagern von den Zugriffsreserveplätzen auf die Bereitstellplätze gehören bei statischer Bereitstellung ebenso zu den Bereitstellkosten wie die Kosten der Lagergeräte und des Fördersystems für die dynamische Bereitstellung.

Nicht zu den Kommissionierkosten zählen hingegen die Einlager-, Lager- und Auslagerkosten eines getrennten oder integrierten *Reservelagers*, aus dem das Kommissioniersystem mit Nachschub versorgt wird. Diese Kosten fallen auch für Ladeeinheiten an, die aus dem Lager direkt in den Versand gebracht werden. Daher ist die Bestandshöhe kein Kostentreiber des Kommissioniersystems sondern des gesondert zu betrachtenden Lagersystems.

Wenn die Abhängigkeit der variablen Kostenanteile von den Durchsatzgrößen (17.93) *linear* ist, lassen sich die Betriebskosten eines Kommissioniersystems wie folgt darstellen:

$$K_{kom} = K_{fix} + k_{Auf} \cdot \lambda_{Auf} + k_{Pos} \cdot \lambda_{Pos} + k_{EE} \cdot \lambda_{EE} + k_{VE} \cdot \lambda_{VE} + k_{BE} \cdot \lambda_{BE} . \quad (17.95)$$

mit den *Grenzkostensätzen*:

Auftragsgrenzkosten	k_{Auf}	[DM/Auf]	
Positionsgrenzkosten	k_{Pos}	[DM/Pos]	
Entnahmegrenzkosten	k_{EE}	[DM/EE]	(17.96)
Bereitstellgrenzkosten	k_{BE}	[DM/BE]	
Versandeinheitengrenzkosten	k_{VE}	[DM/VE].	

Die *Grenzkostensätze* (17.96) sind weitgehend unabhängig vom Leistungsdurchsatz. Ihre Höhe wird vom Kommissionierverfahren, der Kommissioniertechnik, der Organisation und den Betriebsstrategien bestimmt.

Grundsätzlich ist es möglich, die Fixkosten verursachungsgerecht auf die Grenzkostensätze aller Durchsatzgrößen (17.93) umzulegen und dadurch die *effektiven Leistungskosten* der fünf Leistungseinheiten (17.92) zu errechnen. Die Kalkulation und Abrechnung der Kommissionierkosten in dieser Differenzierung ist jedoch sehr aufwendig und wegen der Abgrenzungsschwierigkeiten zwischen den Teilfunktionen nicht immer eindeutig. Das gilt speziell für zweistufige Kommissioniersysteme, wo die Kosten der ersten Stufe nicht von den externen Aufträgen sondern von den Serienaufträgen abhängen, und für Systeme mit dynamischer Bereitstellung, in denen die Bereitstellkosten auf mehrere externe Auftragspositionen umgelegt werden müssen.

Den *Auftraggeber* interessiert nur das *Ergebnis des Kommissionierens*, das heißt, die anforderungsgerecht, vollständig und korrekt zusammengestellten externen Aufträge. Wie die geforderten Leistungen im einzelnen durchgeführt werden und welche Vorleistungen damit verbunden sind, ist Sache des Betreibers. Der Auftraggeber will daher auch nur den Leistungspreis für die maßgebenden externen Leistungseinheiten wissen, deren Durchsatz er veranlaßt hat und nachprüfen kann. Aus diesen Gründen, aber auch, um eine ausreichende Transparenz und Verständlichkeit zu bewahren, ist es sinnvoll, die Kommissionierkosten nur auf eine, unter Umständen auf zwei und maximal auf drei verschiedene *Leistungseinheiten* zu beziehen.

Die *maßgebenden Leistungseinheiten* oder *Hauptkostentreiber* haben den größten Einfluß auf die Kommissionierkosten. Die Hauptkostentreiber eines Kommissioniersystems sind die *Entnahmeeinheiten*, die *Positionen* und die *Versandeinheiten.*

Wenn als Leistungseinheit nur die Entnahmeeinheit [EE] gewählt wird, sind die Kommissionierkosten gleich den *effektiven Leistungkosten pro Entnahmeeinheit* k_{EEeff} [DM/EE]. Durch Eliminieren aller übrigen Leistungseinheiten mit Hilfe der Beziehungen (17.7) und (17.8) ergeben sich aus Beziehung (17.95) die

- *effektiven Kommissionierkosten* oder *Pickkosten*

$$k_{\mathrm{EEeff}} = \mathrm{K_{fix}}/\lambda_{\mathrm{EE}} + k_{\mathrm{EE}} + k_{\mathrm{Auf}}/\left(\mathrm{n_{Pos}m_{EE}}\right) + \\ k_{\mathrm{Pos}}/\mathrm{m_{EE}} + k_{\mathrm{BE}}/\mathrm{c_{BE}} + \left(k_{\mathrm{VE}}/\mathrm{c_{VE}}\right)\left(1 + \left(\mathrm{c_{EE}} - 1\right)/\left(2\mathrm{n_{Pos}m_{EE}}\right)\right). \tag{17.97}$$

Aus Beziehung (17.97) sind folgende *Abhängigkeiten* der Kommissionierkosten ablesbar, die grundsätzlich für alle Kommissioniersysteme gelten:

- Die Pickkosten fallen mit zunehmendem *Leistungsdurchsatz*, da sich die Fixkosten auf eine ansteigende Anzahl Leistungseinheiten verteilen (s. *Abb. 17.35*).
- Die Pickkosten nehmen mit steigender Anzahl *Auftragspositionen* ab, da die anteiligen Kosten für die Auftragsbearbeitung, die Bereitstellung, die Bildung der Versandeinheiten und – bei statischer Bereitstellung – für die Wege zwischen den Entnahmeplätzen geringer werden (s. *Abb. 17.36*).
- Die Pickkosten sinken mit ansteigender *Entnahmemenge* pro Position, da die anteiligen Kosten für die Auftragsbearbeitung, für die Positionsbearbeitung und für die Wege abnehmen (s. *Abb. 17.37*).
- Die Pickkosten sind abhängig von der *Kapazität* der Ladeeinheiten, die für die Bereitstellung und für den Versand eingesetzt werden (s. *Abb. 17.40*).

Die Degression der Kosten mit dem Leistungsdurchsatz ist für Kommissioniersysteme mit hohem Fixkostenanteil von entscheidender Bedeutung:

- *Hochinvestive Kommissioniersysteme* mit einem Fixkostenanteil weit über 50 % sind nur bei gleichmäßig hoher Auslastung im Mehrschichtbetrieb wirtschaftlich.

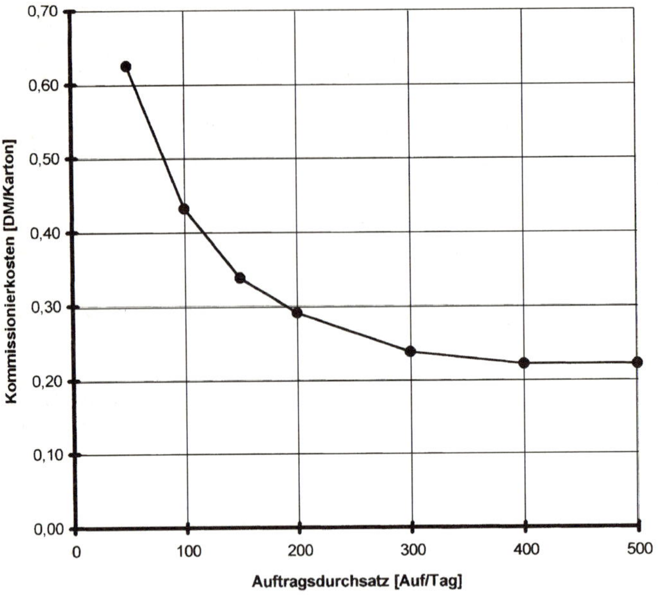

Abb. 17.35 Abhängigkeit der Kommissionierkosten vom Auftragsdurchsatz

Parameter: s. Legende *Abb. 17.28*

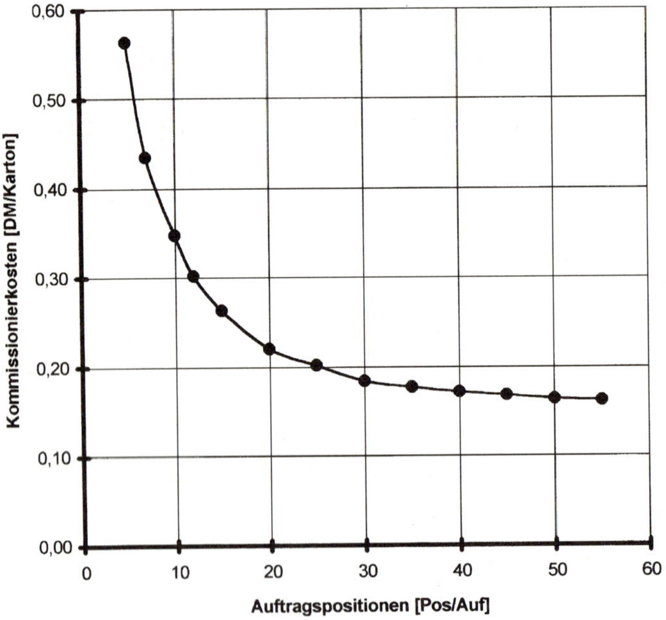

Abb. 17.36 Abhängigkeit der Kommissionierkosten von der Anzahl Auftragspositionen

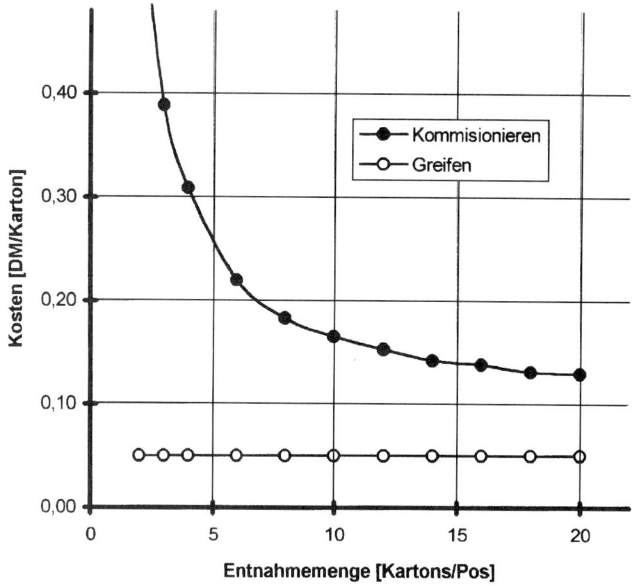

Abb. 17.37 Abhängigkeit der Kommissionierkosten von der Entnahmemenge pro Position

Das betrifft vor allem Systeme mit dynamischer Bereitstellung, vollautomatische Kommissioniersysteme und zweistufige Kommissioniersysteme mit Sorter.

Die aus Beziehung (17.97) ablesbare Abnahme der spezifischen Kommissionierkosten mit zunehmender Ladeeinheitenkapazität wird ab einer *optimalen Kapazität* kompensiert durch eine Zunahme der Fixkosten infolge des größeren Platzbedarfs und der aufwendigeren Fördertechnik (s. *Abb 17.40*).

17.15 Einflußfaktoren und Optimierungsmöglichkeiten

Die Einflußfaktoren auf Leistung und Kosten des Kommissionierens lassen sich einteilen in *externe Einflußfaktoren*, auf die der Planer und Betreiber keinen oder nur geringen Einfluß hat, und *interne Einflußfaktoren*, die der Planer und Betreiber weitgehend selbst bestimmen kann:

- *Externe Einflußfaktoren* sind die *Kommissionieraufträge* und *Leistungsanforderungen* der Auftraggeber, die *Beschaffungspreise* für Gebäude, Einrichtungen und Betriebsmittel sowie die *Kostenkennwerte* für Personal, Abschreibungen, Zinsen, Energie usw.
- *Interne Einflußfaktoren* sind das ausgewählte *Kommissioniersystem*, die eingesetzte *Technik*, die *Gestaltungs- und Dimensionierungsparameter* (17.17) bis (17.19), die *Betriebsstrategien* mit ihren *Strategievariablen* sowie die *Betriebs- und Arbeitszeiten*.

Die Auswirkungen der Einflußfaktoren auf Leistung und Kosten und die wechselseitigen Abhängigkeiten sind derart vielfältig, daß sie sich nur mit Hilfe eines *Kommissionier-Leistungs- und Kostenprogramms* (KLK-Programm) untersuchen lassen, in dem die zuvor entwickelten Berechnungsformeln und Optimierungsalgorithmen hinterlegt sind. Ein solches KLK-Programm für *Kommissioniersysteme mit statischer Bereitstellung* ist in *Tabelle 17.3*[6] wiedergegeben. Analoge KLK-Programme gibt es für *Kommissioniersysteme mit dynamischer Bereitstellung.*

1. Kommissionieren von Palette auf Palette
Als *Anwendungsbeispiel* für die vorangehend entwickelten Berechnungsformeln und Optimierungsalgorithmen wird ein konventionelles Kommissioniersystem statischer Bereitstellung betrachtet, wie es in den *Abb. 17.2* und *17.16* dargestellt ist, in dem Kartons unterschiedlicher Größe mit der Hand von Paletten auf Paletten kommissioniert werden. Die Leistungsanforderungen sind in *Tabelle 17.1* spezifiziert. Die wichtigste Kenndaten des Kommissionierystems sind in *Tabelle 17.3* und in der Legende zu *Abb. 17.28* angegeben.

Mit diesem relativ einfachen Kommissioniersystem sind bei geringer Investition hohe Kommissionierleistungen möglich. Maximale Kommissionierleistungen werden erreicht durch optimale Greifhöhen, Leeerpalettenablageplätze unter den Bereitstellplätzen, kurze Wege bei optimaler Ganganordnung, Bereitstellung nach dem flexiblen Flip-Flop-Verfahren und belegloses Arbeiten nach den Anweisungen eines Kommissionierleitsystems.

Für das Beispiel ergeben sich mit Hilfe des in *Tabelle 17.3* wiedergegeben KLK-Programms folgende *Zusammenhänge* und *Abhängigkeiten* der Kommissionierkosten, die in den *Abb. 17.35* bis *17.40* dargestellt sind:

- Die *Betriebskosten* betragen c.a. 1.230 TDM pro Jahr. Davon entfallen auf die *Fixkosten* für die Platz- und Flächenkosten der Bereitstellung, die Kommissioniergeräte und die Steuerung rund 40 %.
- Die *Kommissionierleistungskosten* – jeweils vollständig bezogen auf nur eine Leistungseinheit – liegen bei ca. 19,70 DM pro Auftrag, 26,3 Pf pro Paket, 1,30 DM pro Position oder 19,70 DM pro kommissionierte Palette.
- *Abb. 17.36* zeigt die starke Abhängigkeit der Kommissionierkosten von der Anzahl der *Auftragspositionen.*
- *Abb. 17.37* zeigt das Absinken der *Kommissionierkosten pro Karton* mit Zunahme der Entnahmemenge pro Position. Die allein durch den *Greifvorgang* verursachten Kosten liegen auch bei großen Entnahmemengen immer noch unter 50 % der Kommissionierkosten.
- Erst ab etwa 30 Positionen pro Auftrag und 15 Entnahmeeinheiten pro Position sind die Kommissionierkosten in diesem Beispiel weitgehend unabhängig von der Auftragsstruktur.

6 In dieser wie in anderen Tabellenkalkulationsprogrammen sind die *Eingabefelder* umrandet und *Parameterfelder* punktiert unterlegt. Die nicht umrandeten Zahlenfelder enthalten Ergebniswerte, die das Programm mit den im Text beschriebenen Formeln berechnet.

- In *Abb. 17.38* ist der Anstieg der Kommissionierkosten mit der *Gebindegröße* dargestellt. Die Kostenzunahme resultiert aus dem Anstieg der Greifzeit und dem zunehmenden Ladeeinheitendurchsatz.
- Die Abhängigkeit der Kommissionierkosten von der *Sortimentsbreite* ist in *Abb. 17.39* dargestellt. Mit zunehmender Artikelzahl werden die Wege länger, die Flächenkosten höher und die Kommissionierleistung geringer.

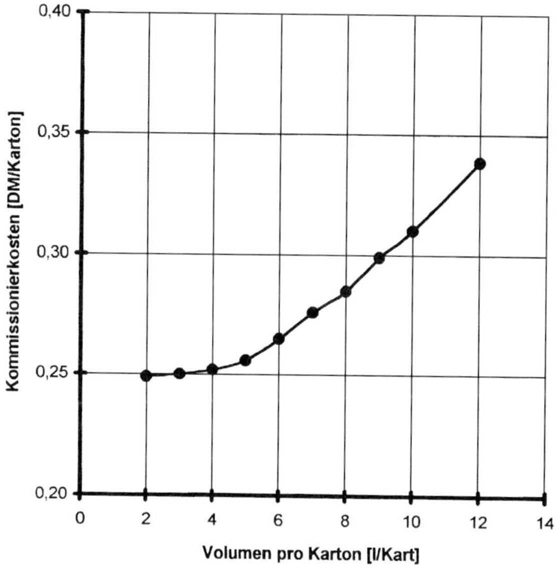

Abb. 17.38 Abhängigkeit der Kommissionierkosten von der Gebindegröße

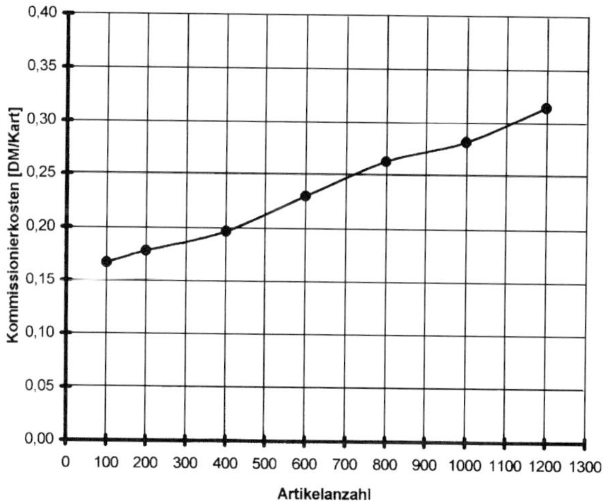

Abb. 17.39 Einfluß der Sortimentsbreite auf die Kommissionierkosten

- Den Einfluß der *Abmessungen der Versandpaletten* auf die Kosten zeigt *Abb. 17.40*. Die *optimale Höhe der Paletten* liegt für das betrachtete Beispiel zwischen 900 und 1.100 mm.

Die dargestellten Abhängigkeiten der Kommissionierkosten von den verschiedenen Einflußkatoren zeigen:

- Kommissionierleistungen und Kosten sind für ein *Benchmarking* nur geeignet, wenn die externen Einflußfaktoren der miteinander verglichenen Logistikbetriebe vollständig übereinstimmen.

Das hier als Beispiel betrachtete Kommissioniersystem für abgepackte *Konsumgüter* wurde mit Hilfe eines KLK-Programms dimensioniert, optimiert und vor einigen Jahren in einem Logistikzentrum realisiert. Die erreichten Kommissionierleistungen und Kosten entsprechen den vorauskalkulierten Werten. Auch andere Kommissioniersysteme, die mit Hilfe der dargestellten Verfahren, Dimensionierungsformeln und Kommissionierprogramme geplant wurden, haben sich in der Praxis bewährt und als besonders wirtschaftlich erwiesen.

2. Nutzungsstrategien
Wenn ein Logistikbetrieb mehrere unterschiedliche Lager- und Kommissioniersysteme hat, besteht das Problem, welche Artikel wo bereitgestellt und welche Aufträge in welchem Bereich kommissioniert werden sollen.

In der *Planungsphase* werden *Nutzungsstrategien* für die verschiedenen Kommissioniersysteme und Arbeitsbereiche benötigt. Hierzu gehören insbesondere Kriterien für die Aufteilung eines Sortiments, dessen Artikel wahlweise in Behäl-

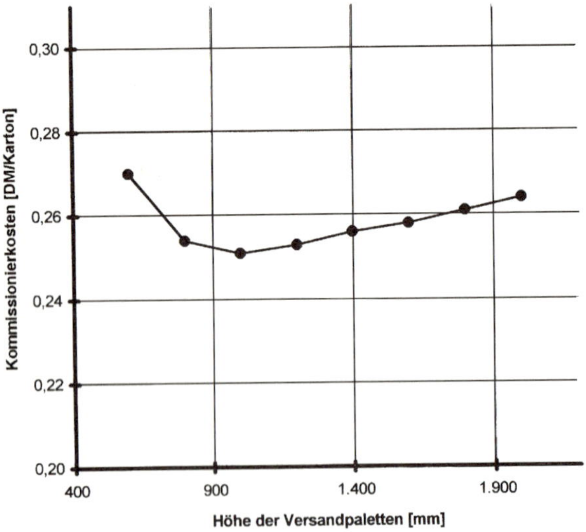

Abb. 17.40 Kommissionierkosten als Funktion der Größe der Versandeinheiten

tern oder auf Paletten gelagert und bereitgestellt werden können, auf die entsprechenden Kommissionierbereiche.

Für das in den *Abb. 17.19* bis *17.21* dargestellte Stollenkommissionierlager, das für die Leistungsanforderungen der 2. Spalte von *Tabelle 17.1* ausgelegt ist, zeigt *Abb. 17.41* die errechnete Abhängigkeit der Gesamtbetriebskosten von der Artikelverteilung auf Behälter und Paletten. Die *optimale Aufteilung* liegt in diesem Fall bei einer Bereitstellung von ca. 35 % A-Artikel auf Paletten und von ca. 65 % B-Artikeln in Behältern. Die *Grundfläche* der optimierten Lösung, deren *Betriebskosten* bei 105 *Vollzeitkräften* ca. 13,2 Mio. DM/Jahr betragen, ist ca. 35.000 m^2 und der *Investitionsbedarf* ca. 55 Mio. DM [62].

Als Alternative zu dieser konventionellen Lösung wurde für die gleichen Leistungsanforderungen ein Kommissioniersystem mit dynamischer Bereitstellung aus einem automtischen Hochregallager konzipiert. Die Optimierung der *Alternativlösung* unter Nutzung des Serieneffekts ergibt annähernd die gleichen *Betriebskosten* und den gleichen *Investitionsbedarf.* Im Jahresmittel werden jedoch nur 60 *Vollzeitkräfte* benötigt. Der Grundflächenbedarf beträgt 8.000 m^2, das

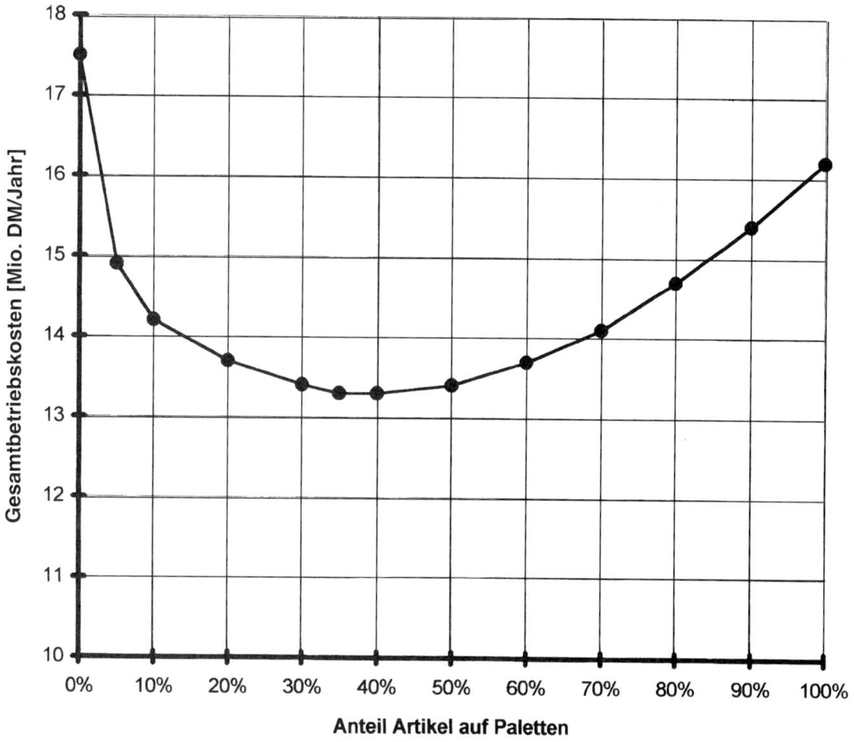

Abb. 17.41 Gesamtbetriebskosten eines optimierten Stollenkommissionierlagers für Stapelware zur Belieferung von Handelsfilialen als Funktion der Artikelverteilung auf Behälter und Paletten

heißt weniger als ein Viertel der konventionellen Lösung. Trotz dieser Vorteile ist die Systementscheidung am Ende für das Stollenkommissioniersystem gefallen, da es insgesamt die größere *Flexibilität* bietet, die für den Handel ein ganz besonderes Gewicht hat [62].

3. Zuweisungsstrategien
Bei mehreren zur Auswahl stehenden Lager- und Kommissionierbereichen werden für den laufenden Betrieb *Zuweisungsstrategien* benötigt, die regeln, in welchem System oder Bereich neu angelieferte und nachgelieferte Artikelmengen zu lagern und bereitzustellen sind. Für den Fall, daß ein Artikel in mehreren Systemen bereitgestellt wird, muß außerdem festgelegt werden, welche Aufträge wo kommissioniert werden sollen [161]. Die Zuweisungsstrategien müssen möglichst *selbstregelnd* und auf einem Rechner *implementierbar* sein .

Entscheidend für die Zuweisung der Artikel zu den Lager- und Kommissionierbereichen sind die Leistungskosten für die *innerbetrieblichen Logistiketten*, die für einen bestimmten Artikel zwischen Wareneingang und Wareausgang technisch möglich sind (*s. Abb. 1.12*). Maßgebend für die Auftragszuweisung sind die Prozeßkosten der möglichen Auftragsketten.

Zur Entwicklung von Zuweisungsstrategien ist es erforderlich, den Logistikbetrieb durch Verknüpfung der einzelnen Programme zur Leistungs- und Kostenkalkulation für den Wareneinang, die Lager, die Kommissionierbereiche und die übrigen Teilsysteme in einem integrierten *analytischen Kostenmodell* auf dem Rechner abzubilden. Mit einem solchen Gesamtprogramm lassen sich unter Berücksichtigung der Kapazitätsbegrenzungen die *optimalen innerbetrieblichen Logistikketten* für unterschiedliche Artikelgruppen und die *optimalen Auftragsketten* für verschiedene Auftragsklassen errechnen.

Sensitivitätsrechnungen mit Hilfe der Kostenmodelle für verschiedene existierende oder geplante Logistikbetriebe, die aus mehreren Lager- und Kommissionierbereichen bestehen, ergeben:

- Für die *Zuweisung des Lagersystems* sind die *Größe*, der mittlere *Bestand* und der *Durchsatz* der *Ladeeinheiten* eines Artikels maßgebend.
- Für die *Zuweisung des Kommissioniersystems* sind primär die *Größe der Entnahmeeinheiten* und der *Volumendurchsatz* des Artikels entscheidend.
- Für die kostenoptimale *Auftragszuweisung* sind die *Versandeinheiten*, die *Auftragsstruktur* und das *Auftragsvolumen* maßgebend.

Die optimale Systemnutzung durch geeignete Zuweisungsstrategien und richtige Festlegung der *Strategieparameter* bietet erhebliche *Potentiale* zur *Leistungssteigerung* und *Kostensenkung* [161]. Die entsprechenden *Grenzwerte* der Strategieparameter für die optimale Artikel- und Auftragszuweisung lassen sich jedoch nur projektspezifisch bestimmen.

ARTIKEL	**Konsumgüter**			**Sortiment**	800	Artikel
		davon	10%	A-Artikel mit	50%	der Posit.

LOGISTIKEINHEITEN							
			Länge		Breite	Höhe	
BE	**Nachschub-Palette CCG1**	Außenmaße:	800		1.200	1.050	mm
		Innenmaße:	800		1.200	900	mm
		Nutzungsgrad:	91%		Inhalt:	864	l/BE
		Verschnittfaktor	0,25		Kapazität:	209	EE/BE
EE	**Kartons mit mit EE**	Außenmaße:	250		150	100	mm
		Inhalt:	6	VKE/EE		3,8	l/EE
		Gewicht:	0,50	g/cm³		1,9	kg/EE
VE	**Versand-Palette CCG1**	Außenmaße:	1.200		800	1.050	mm
		Innenmaße:	1.200		800	900	mm
		Nutzungsgrad:	82%		Inhalt:	864	l/VE
		Verschnittfaktor	0,50		Kapazität:	188	EE/VE

AUFTRÄGE	**externe Kommissionieraufträge**		**int. Sammelaufträge**	
Aufträge pro Tag	250	Auf/Tag	125	KAuf/Tag
Positionen pro Auftrag	15,0	Pos/Auf	30,0	Pos/KAuf
Entnahmemenge pro Position	5,0	EE/Pos	5,0	EE/Pos
Auftragsvolumen	281	l/Auf	563	l/KAuf
Bereitstelleinheiten pro Auftrag	0,3	BE/Auf	0,7	BE/KAuf
Versandeinheiten pro Auftrag	1,0	VE/Auf	2,0	VE/KAuf

DURCHSATZ	**pro Tag**		**pro Stunde**	
Verkaufseinheiteneinheiten	112.500	VKE/Tag	14.063	VKE/h
Entnahmeeinheiten	18.750	EE/Tag	2.344	EE/h
Volumen	70,3	m³/Tag	9	m3/h
Gewicht	35	t/Tag	4	t/h
Bereitstelleinheiten	90	BE/Tag	11	BE/h
Auftragspositionen	3.750	Pos/Tag	469	Pos/h
Versandeinheiten	250	VE/Tag	31	VE/h

ARBEITSZEITEN	Jahresarbeitszeit:	250	AT/Jahr
	Tagesarbeitszeit:	8	h/Tag
	Schichtlänge:	8	h/Tag

PERSONALKENNZAHLEN	Verteilzeit:	15%	Verfügbarkeit:	85%
	Urlaub und Krankheit:	20%	Anwesenheit:	80%

Tab. 17.3 (*Blatt 1*) Tabellenprogramm zur Kommissionierleistungs- und Kostenrechnung

KOMMISSIONIERBEREICH		Länge	Tiefe	Höhe	
	Stellplätze	1	1	1	BE
Bereitstellmodul	Freimaße	100	100	200	mm
	Maße	900	1.300	1.250	mm
			Platzordnungsfaktor	1,2	
			Bedarf Bereitstellmodule	960	BM
			Bereitstellänge	432	m
Gangmodul			Kommissionergangbreite	2,5	m
			Nachschubgangbreite	0,0	m
			Breite Gangmodul	5,10	m
		vorne	hinten	gesamt	
	Anfahrmaße	5,0	3,0	8,0	m
Wegstrategien		Durchgang	Stichg.o.GW	Stichg.m.GW	
	Schnelläuferfaktor		79%	60%	
	Optimale Gangzahl	12,3	28,3	27,6	K-Gänge
	Gewählte Gangzahl	12	26	24	K-Gänge
	Mittlere besuchte Gangzahl	11,1	18,0	17,3	K-Gänge
	Ganglänge	36	17,1	18	m/K-Gang
	Kommissionierweg	521	544	546	m/Rundfahrt
	Gesamtwegzeit	562	611	624	s/Rundfahrt
Kommissioniermodule	Anzahl	1	1	1	K-Module
	Gangzahl	12	26	24	Gänge/KM
Flächenbedarf	K-Modul	2.693	3.328	3.182	m²/KM
	Gesamt	**2.693**	**3.328**	**3.182**	**m²**

GREIFPLATZ	**Entnahme**	Höhe	min (<1,1)	0,50	m
			max (>1,1)	1,40	m
		Tiefe	mittel	0,60	m
	Bewegung	Winkel	mittel	90	Grad
		Distanz	mittel	0,5	m
	Ablage	Höhe	min (<0,9)	0,40	m
			max (>0,9)	1,30	m
		Tiefe	mittel	0,40	m

KOMMISSIONIERGERÄT	Typ	**Elektro-Gehgabelhubwagen**		
	Kapazität	Anzahl Versandeinheiten	2	VE/Gerät
		Gerätelänge ohne VE	1,5	m
	Fahrt	Geschwindigkeit:	1,0	m/s
		Beschleunigung:	1,0	m/s²
	Hub	Geschwindigkeit:	0,3	m/s
		Beschleunigung:	0,2	m/s²
	Vertikalkommissionierung	ja = 1 nein = 0	0	
		Technische Verfügbarkeit	95%	

Tab. 17.3 (*Blatt 2*)Tabellenprogramm zur Kommissionierleistungs- und Kostenrechnung

KOMMISSIONIERZEIT				**51,8 s/Pos**
Fahrzeit			18,7 s/Pos	18,7 s/Pos
	Hubzeit		0,0 s/Pos	
Greifzeit	simultan (ja=1):	1	18,6 s/Pos	18,6 s/Pos
	Stück pro Zugriff:	1	25,0 s/Pos	
Totzeit	Lesen	3	s/Pos	9,3 s/Pos
	Suchen	0	s/Pos	
	Positionieren	5	s/Pos	
	Etikettieren	0	s/Pos	
	Belegbearbeiten	0	s/Pos	
	Auf- und Absteigen	0	s/Pos	
	Sonstige Tätigkeiten	0	s/Pos	
	Entsorgen Leer-BE	10	s/BE	
	Vorholen Voll-BE	0	s/BE	
Basiszeit	Positionieren	5	s/KAuf	5,2 s/Pos
	Belegabgabe	0	s/KAuf	
	Belegannahme	0	s/KAuf	
	Abgabe Voll-VE	20	s/VE	
	Ladungssicherung Voll-VE	30	s/VE	
	Kodieren VE	10	s/VE	
	Aufnahme Leer-VE	15	s/VE	
	Sonstiges	0	s/VE	

STAUEFFEKTE	blockierte Pickplätze	3	Basisanzahl	2	
	am	**Pickplatz**	**Basis**	**Summe**	
	Mittlere Wartezeit	0,4	2,2	2,6	s/Pos
Systemvariabilität	0,5		**Auslastbarkeit:**	**95,1%**	

KOMMISSIONIERLEISTUNG		**Stundenleistung**	**Schichtleistung**
pro Kommissionierer	Positionen:	56,2 Pos/h	449 Pos/Schicht
	Verkaufseinheiten:	1.685 VKE/h	13.476 VKE/Schicht
	Entnahmeeinheiten:	281 EE/h	2.246 KE/Schicht
	Versandeinheiten:	3,7 VE/h	30 VE/Schicht
	Weglänge:	1,0 km/h	8,3 km/Schicht

PERSONALBEDARF		**Schichtbesetzung**	**Tagesbedarf**
	Kommissionierer:	**8,3 MA/Schicht**	**8,3 MA/Tag**
	vorm Fach:	4,5 MA	4,5 MA
	in Fahrt:	3,0 MA	3,0 MA
	an Basis:	0,8 MA	0,8 MA
	Vollzeitkräfte	mit Urlaub und Krankheit	**11 VZK**

Tab. 17.3 (*Blatt 3*) Tabellenprogramm zur Kommissionierleistungs- und Kostenrechnung

PLATZKOSTEN	Platzinvestition:	140,00	DM/Stellplatz	134.400 DM
	Abschreibung:	10,0	Jahre	37.699 DM/Jahr
	Zinsen:	6,0%	pro Jahr	11.310 DM/Jahr
	Flächenmietkosten:	140,00	DM/m²/Jahr	376.992 DM/Jahr
			Platzkosten	**426.001 DM/Jahr**

GERÄTEKOSTEN	Elektro-Gehgabelhubwagen		Gerätebedarf:	**9 Geräte**
	Gerätepreis	9.000	DM/Gerät	81.000 DM
	Abschreibungsdauer:	5,0	Jahre	16.200 DM/Jahr
	Wartung- und Instandhaltung:	8,0%	pro Jahr	6.480 DM/Jahr
	Energie:	6,0%	pro Jahr	4.860 DM/Jahr
	Zinsen:	6,0%	pro Jahr	2.430 DM/Jahr
			Gerätekosten	**29.970 DM/Jahr**

STEUERUNGSKOSTEN	Zentrale+DFÜ	100.000	DM	181.000 DM
	Terminals	9.000	DM/Gerät	
	Abschreibung:	5,0	Jahre	36.200 DM/Jahr
	Wartung- und Instandhaltung:	10,0%	pro Jahr	18.100 DM/Jahr
	Zinsen:	6,0%	pro Jahr	5.430 DM/Jahr
			Steuerungskosten	**59.730 DM/Jahr**

PERSONALKOSTEN	Lohn + Nebenkosten	65.000	DM/Jahr	**pro Mitarbeiter**
			Effektive Kostensätze	47,79 DM/h
				0,80 DM/min
			Personalkosten	**715.000 DM/Jahr**

KOMMISSIONIERKOSTEN			**Betriebskosten**	**1.230.701 DM/Jahr**
	davon	fixe Kosten	40%	486.261 DM/Jahr
		variable Kosten	60%	744.440 DM/Jahr

Kommissionierkosten pro Leistungseinheit LE

LE	**Auftrag**	**VKE**	**EE**	**Position**	**VE**	**100 kg**
DM/LE	**19,69**	**0,044**	**0,263**	**1,31**	**19,69**	**14,00**

Tab. 17.3 (*Blatt 4*) Tabellenprogramm zur Kommissionierleistungs- und Kostenrechnung

18 Transportsysteme

Transportsysteme dienen der *Überwindung von Entfernungen*. Sie befördern *Transportgut* von den Eingangsstationen oder Quellen zu den Ausgangsstationen oder Senken eines Logistiknetzwerks oder eines Fertigungs-, Logistik- oder Leistungssystems. Das Transportgut kann *Massengut* oder *Stückgut* sein oder *Ladeeinheiten*, in denen Massen- oder Stückgut durch Ladehilfsmittel zusammengefaßt und vereinheitlicht ist [29; 115; 124; 126; 127; 169; 170; 177].

Aus der allgemeinen Logistikaufgabe – das rechte Gut zur rechten Zeit am richtigen Ort – resultiert für die Planer, Hersteller und Betreiber von Transportsystemen die *Transportaufgabe* [7]:

- Ein Transportsystem ist so zu gestalten, zu dimensionieren, zu organisieren und zu disponieren, daß ein bestimmter Beförderungsbedarf unter Berücksichtigung der räumlichen, zeitlichen und technischen Randbedingungen kostenoptimal erbracht wird.

Das *Gestalten* umfaßt die Auswahl technisch geeigneter Transportmittel und Transportelemente sowie das Zusammenfügen der Transportelemente zu einem Transportnetz. *Dimensionieren* ist das Festlegen von Lage und Längen der Transportwege sowie der Leistungskennzahlen der Transportmittel und Transportelemente. *Organisieren* heißt Konzeption und Aufbau der Transportsteuerung. Das *Disponieren* regelt den Einsatz der Transportmittel nach geeigneten Transportstrategien.

Räumliche Randbedingungen sind die *Standorte* $(x_i;y_i)$ der miteinander zu verbindenden *Stationen* S_i, $i = 1, 2, \ldots N_S$, und die Wege, Flächen und Durchfahrthöhen, in die sich das Transportsystem einfügen muß. *Zeitliche Randbedingungen* sind die vorgeschriebenen Abholzeiten, die geforderten Anlieferzeiten und die maximal zulässigen Transportzeiten. Die *technischen Randbedingungen* ergeben sich aus der Beschaffenheit des Transportguts sowie aus der Belastbarkeit der Transportmittel, der Transportwege und der Transportelemente (s. *Abschnitt 3.5*).

Dieses Kapitel behandelt die Gestaltung, Dimensionierung und Optimierung *intramodaler Transportsysteme*, die vom Eingang bis zum Ausgang mit der *gleichen Transporttechnik* arbeiten. Im ersten Abschnitt werden die Transportsysteme nach logistischen Kriterien klassifiziert und im folgenden Abschnitt die *Beförderungsaufträge* und der *Beförderungsbedarf* spezifiziert. Danach werden *Grundsstrukturen* und *Gestaltungsregeln* für *Transportnetze* behandelt, der Aufbau von *Transportsteuerungen* dargestellt und *Transportstrategien* beschrieben. Gegenstand der weiteren Abschnitte sind der *Aufbau* und die *Leistungsdaten* von *Fördersystemen* und *Fahrzeugsystemen*.

Schwerpunkt der folgenden Abschnitte sind Berechnungsformeln für die *Transportzeiten* und den *Fahrzeugbedarf*, die zur Dimensionierung und Optimierung von Fahrzeugsystemen benötigt werden [126]. Im Anschluß daran werden Algorithmen zur Berechnung *transportoptimaler Logistikstandorte* sowie die *Tourenplanung* und Bestimmung *optimaler Fahrwege* behandelt. Im letzten Abschnitt werden die Zusammensetzung und die Einflußfaktoren der *Transportkosten* diskutiert.

Die Ein- und Ausgangsstationen eines Transportsystems sind in der Regel *Übergänge* zu Transportsystemen anderer Art und Technik. Die Verknüpfung unterschiedlicher Transportsysteme durch *Transportübergänge* und *Umschlagstationen* zu *intermodalen Transportketten* und *globalen Netzwerken* und die Bestimmung der *optimalen Transportketten* durch diese Netzwerke sind Gegenstand des nächsten Kapitels.

18.1 Klassifizierung der Transportsysteme

In der Fachliteratur über Verkehrs- und Transportsysteme und in den Richtlinien DIN 30781 und DIN 25003 werden Transportsysteme primär nach *technischen Merkmalen* klassifiziert. Diese sind für die Konstruktion, den Aufbau und die Herstellung kennzeichnend [115; 127; 170; 189; 191]. Für die Logistik ist die *Transporttechnik* jedoch nur soweit von Bedeutung, wie sie die Einsatzmöglichkeiten, die Leistungsfähigkeit, die Betriebskosten und die Verfügbarkeit der Transportsysteme beeinflußt. Hierfür ist eine Klassifizierung der Transportsysteme nach *logistischen Kriterien* erforderlich.

Bei der Auswahl und Dimensionierung eines Transportsystems ist zu unterscheiden zwischen *Transportsystemen zur kontinuierlichen Beförderung* und *Transportsystemen zur diskontinuierlichen Beförderung*. Transportsysteme zur kontinuierlichen Beförderung sind die *Rohrleitungssysteme* für gasförmiges, flüssiges und festes Massengut und die *Bandförderanlagen* für Massenschüttgut, wie Kohle oder Erz [170].

Transportsysteme zur diskontinuierlichen Beförderung sind die *Fördersysteme* und die *Fahrzeugsysteme:*

- In einem *Fördersystem* wird das Transportgut mit oder ohne Ladungsträger auf einem *angetriebenen Transportnetz* von den Aufgabestationen zu den Abgabestationen befördert.
- In einem *Fahrzeugsystem* wird das Transportgut in *Transporteinheiten* mit eigenem Antrieb auf einem *antriebslosen Transportnetz* von den Versand- und Beladestationen zu den Empfangs- und Entladestationen befördert.

Die *Transporteinheiten* [TE] sind die kleinsten Einheiten, die unabhängig voneinander zwischen den Stationen eines Fahrzeugsystems verkehren. Sie bestehen aus *Transportmitteln* mit unterschiedlich gefülltem *Laderaum*, wie *Lastfahrzeuge*, *Schiffe* oder *Eisenbahnzüge*.

Die zu befördernde Ladungsmenge wird in *Ladeeinheiten* [LE] gemessen. Für homogenes Massengut ist die Ladeeinheit eine *Gewichtseinheit*, wie *kg* und *t*, oder eine *Volumeneinheit*, wie *l* oder m^3. Für diskretes Transportgut ist die Ladeeinheit durch Abmessungen, Volumen, Gewicht und Inhalt definiert ist (s. *Abschnitt 12.3*).

Fördersysteme sind in der Regel *offene Systeme*, in deren *Eingabestationen* E_i die *Ladeeinheitenströme* λ_{Ei} einlaufen, die nach der Beförderung das System als *Auslaufströme* λ_{Aj} durch die *Abgabestationen* A_j wieder verlassen. Die innerbetrieblichen Fahrzeugsysteme und die Schienentransportsysteme sind in der *Regel geschlossene Systeme*, in denen zwischen den Stationen eine konstante Anzahl von Transporteinheiten mit wechselnder Beladung verkehrt oder auf Einsatz wartet. Teilsysteme der innerbetrieblichen Fahrzeugsysteme und der Fahrzeugsysteme in öffentlichen Verkehrsnetzen sind *offene Systeme* mit einer wechselnden Anzahl von Transporteinheiten, die durch die Eingangsstationen einlaufen und durch die Ausgangsstationen auslaufen.

Für die verschiedenen Arten der Transportsysteme gelten die *allgemeinen Einsatzregeln*:

- *Rohrleitungssysteme* und *Bandförderanlagen* sind geeignet für den Transport eines *kontinuierlichen Massenstroms* über kurze, mittlere und große Entfernungen zwischen zwei oder wenigen Stationen mit unveränderlichem Standort.
- *Fördersysteme* sind geeignet für das Befördern von einheitlichem und gleichartigem Transportgut mit wenig schwankendem Beförderungsbedarf über kürzere Entfernungen zwischen einer Anzahl von Stationen mit unveränderlichen Standorten.
- *Fahrzeugsysteme* eignen sich für das Befördern von gleichem und unterschiedlichem Transportgut mit wechselndem Beförderungsbedarf über kurze, mittlere und große Entfernungen zwischen einer unterschiedlichen Anzahl von Stationen, deren Standort sich ändern kann.

Die hoch spezialisierten *Rohrleitungssysteme* werden zur Ver- und Entsorgung von Haushalten und Unternehmen und von verfahrenstechnischen Anlagen eingesetzt. *Förderbandsysteme* finden sich primär im Bergbau, in der Grundstoffindustrie und in Kraftwerksanlagen. Die anforderungsgerechte Konstruktion und Dimensionierung von Rohrleitungssystemen und von Förderbandanlagen sind Aufgaben der *Transporttechnik*, die hier nicht weiter behandelt werden.

Die *logistischen Merkmale* der Fördersysteme einerseits und der Fahrzeugsysteme andererseits sind in *Tabelle 18.1* einander gegenübergestellt. Die hieraus ableitbaren *Einsatzkriterien* dieser beiden grundlegend verschiedenen Klassen von Transportsystemen enthält *Tabelle 18.2*. Die Einsatzkriterien und Einsatzregeln der verschiedenen Systemarten begrenzen die Vielfalt der Lösungsmöglichkeiten für eine konkrete Transportaufgabe.

Die für definierte Ladeeinheiten ausgelegten, relativ unflexiblen, dafür aber vollautomatisierbaren *Fördersysteme* sind primär für Transportaufgaben der innerbetrieblichen Logistik geeignet. Die *Fahrzeugsysteme* finden sich sowohl in der innerbetrieblichen Logistik wie auch in der außerbetrieblichen Logistik. We-

Merkmale	Fördersysteme	Fahrzeugsysteme
Transporteinheiten	Ladeeinheiten ohne Antrieb	Fahrzeuge oder Züge mit Antrieb
Transportnetz	Förderelemente mit Antrieb	Strecken und Knoten ohne Antrieb
Geschwindigkeit	0,5 bis 10 km/h	1 bis über 500 km/h
Stationen	fest installiert	fest oder veränderlich
Relationen	2 bis 100	einige 100 bis viele 1.000
Streckenlängen	1 m bis wenige km	ab 10 m bis über 1.000 km
Transportzeiten	relativ lang	relativ kurz
Leistungsvermögen	fest installiert	nach Bedarf variabel
Funktionen	Befördern Sammeln und Verteilen Sortieren Puffern und Speichern	Transportieren Sammeln und Verteilen

Tab. 18.1 Merkmale von Fördersystemen und Fahrzeugsystemen

gen ihrer Flexibilität, der breiten Einsetzbarkeit und der vielseitigen Gestaltungsmöglichkeiten haben Fahrzeugsysteme die größte Bedeutung.

Aus der *Vergleichstabelle 18.1* ist ablesbar, daß sich Fördersysteme und Fahrzeugsysteme in den logistischen Eigenschaften, wie Entfernungen, Transportzeiten und Leistungsvermögen, deutlich voneinander unterscheiden. Trotz dieser Unterschiede zwischen den Systemenklassen gelten für die *Grenzleistungen* der Transportelemente, aus denen die Transportnetze aufgebaut sind, für die *Abfertigungsstrategien* an den Knotenpunkten sowie für die *Staueffekte* vor den Eingängen und in den Transportnetzen die gleichen Gesetzmäßigkeiten, die bereits in *Kapitel* 13 behandelt wurden. Die Unterschiede zwischen den Fördersystemen und den Fahrzeugsystemen ergeben sich aus dem *Systemaufbau* und aus der *Fahrzeugtechnik*.

Zwischen den klaren Einsatzdomänen der Systeme gibt es *konkurrierende Einsatzbereiche*, in denen die unterschiedlichen Transportsysteme gleichermaßen geeignet sind. In diesen Anforderungsbereichen ist zur Auswahl und Entscheidung ein Leistungs- und Kostenverleich der grundsätzlich geeigneten Systeme erforderlich.

Einsatzkriterien	Fördersysteme	Fahrzeugsysteme
Transportgut	einheitliche und gleichartige Ladeeinheiten	gleichartig oder verschieden mit/ohne Ladungsträger
Transportzeiten	relativ lang	kurz, mittel oder lang
Stationen	fest	veränderlich
Relationen	wenige	wenige bis viele
Entfernungen	kleiner 1 km	bis über 1.000 km
Ladungsaufkommen	gering bis mittel möglichst gleichmäßig	gering bis hoch gleichmäßig oder variabel
Einsatzbereiche	innerbetrieblich	innerbetrieblich außerbetrieblich

Tab. 18.2 Einsatzkriterien für Fördersysteme und Fahrzeugsysteme

18.2 Transportanforderungen

Die Bewegungen in einem Transportsystem werden ausgelöst durch *Beförderungsaufträge* oder *Transportaufträge*. Ein *Beförderungsauftrag* gibt vor, zu welcher *Abholzeit* $Z_{ab\ i}$ eine *Ladungsmenge* mit M_{LE} Ladeeinheiten an welchem *Abholort* S_i zu übernehmen ist und bis zu welcher *Anlieferzeit* $Z_{an\ j}$ die Ladung an welchem *Zielort* S_j abzuliefern ist.

Er spezifiziert außerdem die *Beschaffenheit der Ladung:*

- *Massengutladungen* bestehen aus unabgepackten festen, flüssigen und gasförmigen Stoffen.
- *Stückgutladungen* bestehen aus diskreten Ladeeinheiten, wie Pakete, Behälter, Paletten oder ISO-Container, mit bestimmten Außenmaßen, Volumen und Gewicht.

Zusätzliche Transportanforderungen resultieren aus der *Verderblichkeit*, der *Brandgefahr*, der *Explosionsgefahr*, der *Empfindlichkeit*, der *Schwundgefahr* und dem *Wert* der Ladung.

Die anstehenden Sendungen werden vom Auftraggeber, dem sogenannten *Versender*, oder vom Betreiber des Transportsystems so disponiert und zu Beförderungsaufträgen zusammengefaßt, daß die jeweils kostengünstigste *Liefer- und Transportkette* genutzt wird (s. *Kapitel* 19).

Ein aus der Versanddisposition resultierender Beförderungsauftrag kann aus einer einzelnen Ladeeinheit bestehen. Er kann ein Versandauftrag sein, dessen Versandmenge in mehreren sendungsreinen Ladeeinheiten verladen ist. Er kann aber auch durch *transportoptimale Zusammenfassung* von mehreren Versandaufträgen entstanden sein, die für den gleichen Zielort bestimmt sind und deren Versandmenge auf *sendungsreinen* oder *sendungsgemischten Ladeeinheiten* sendungsreinen Ladeeinheiten bereitgestellt wird (s. *Kapitel* 19).

Die geforderte *Transportzeit* resultiert aus der vorgegebenen Abholzeit und dem gewünschten Anlieferzeitpunkt:

$$T_{\text{tr ij}} = Z_{\text{an i}} - Z_{\text{ab j}} \qquad [\text{ZE}] \tag{18.1}$$

In der außerbetrieblichen Logistik sind in der Regel keine genauen Abhol- und Anlieferzeiten gefordert, sondern nur bestimmte *Zeitfenster* (Z_a, Z_b) oder eine *maximale Transportzeit* $T_{\text{tr max}}$.

Der *Beförderungsbedarf* $\lambda_{\text{BA ij}}$ ist gleich der Anzahl *Beförderungsaufträge* [BA], die pro Zeiteinheit [ZE = Stunde, Tag oder Woche] zwischen den Stationen S_i und S_j auszuführen ist. Aus dem Beförderungsbedarf und der *durchschnittlichen Ladungsmenge* M_{LE} [LE/BA] resultiert das Ladungsaufkommen:

- Das *Ladungsaufkommen* ist die Anzahl Ladeeinheiten, die pro Zeiteinheit von den Stationen S_i zu den Stationen S_j zu befördern ist, und gegeben durch die *Beförderungsmatrix*

$$\lambda_{\text{ij}} = M_{\text{LE}} \cdot \lambda_{\text{BA ij}} \qquad [\text{LE/ZE}]\,. \tag{18.2}$$

Die Elemente der Beförderungsmatrix (18.2) sind die *partiellen Beförderungsströme*. In einer Einlaufstation S_i trifft also ein *Einlaufstrom*

$$\lambda_{\text{Ei}} = \sum_j \lambda_{\text{ij}} \qquad [\text{LE/ZE}]\,. \tag{18.3}$$

ein, der zu den Auslaufstationen S_j zu befördern ist. An den Stationen S_j verlassen die *Auslaufströme*

$$\lambda_{\text{Aj}} = \sum_j \lambda_{\text{ij}} \qquad [\text{LE/ZE}]\,. \tag{18.4}$$

das Transportsystem.

Als *Zeiteinheit* [ZE] für die Bemessung der Beförderungsströme ist in vielen Fällen die Stunde [h] zweckmäßig, da sie einerseits lang genug ist, um stochastisch bedingte Anforderungsschwankungen herauszumitteln, und andererseits kurz genug, um tageszeitliche Veränderungen zu erfassen. Bei zeitlich veränderlichen Belastungsanforderungen muß das Transportsystem für die entsprechenden *Spitzenszenarien* ausgelegt werden, die durch die *Beförderungsmatrizen* in den Spitzenzeiten gegeben sind.

Die Belastungsmatrix für ein neu zu gestaltendes Transportsystem resultiert aus einer *Bedarfserfassung* und einer *Bedarfsprognose*. Sie ist daher mit stochastischen und prognosebedingten Fehlern in einer Größenordnung von mindestens ±5 % behaftet. Wegen der Ungenauigkeit der Belastungsmatrix brauchen auch die Formeln zur Berechnung des Leistungsvermögens und des Fahrzeugbedarfs nicht genauer als ± 5 % zu sein [7].

Zwei Stationen S_i und S_j, zwischen denen ein regelmäßiger Beförderungsbedarf besteht, bestimmen eine *Transportrelation* $S_i \rightarrow S_j$, für die eine *Beförderungsaufgabe* zu lösen ist. Wenn alle Beförderungsströme von einem *Versandpunkt* VP ausgehen und die Zielstationen S_j in einem begrenzten Gebiet liegen, handelt es sich um eine *Verteilaufgabe* VP $\rightarrow S_j$. Enden alle Ströme aus einem Gebiet in einem *Sammelpunkt* SP, liegt eine *Sammelaufgabe* $S_i \rightarrow$ SP vor. Sind in einem Betrieb Ladeeinheiten von mehreren Aufgabestationen auf viele Zielstationen zu verteilen, ist eine *Sortieraufgabe* zu lösen.

18.3 Netzgestaltung und Systemaufbau

Zwischen den Ausgängen und den Eingängen der Leistungsstellen eines Logistiksystems spannen Transportverbindungen ein *Transportnetz* auf, das durch Transportknoten verknüpft ist. Durch das Transportnetz fließen Ströme von Lade- und Transporteinheiten, die von der *Transportsteuerung* so durch das Netzwerk gelenkt werden, daß die vorgegebenen Beförderungs- und Transportaufträge erfüllt werden.

Sind die Versand- und Empfangsstationen bereits durch ein festes Transportnetz miteinander verbunden, besteht die Transportaufgabe darin, die anstehenden Beförderungsaufträge innerhalb der geforderten Transportzeiten zu möglichst geringen Kosten durchzuführen. Hierfür werden geeignete *Betriebsstrategien* und eine *Transportsteuerung* benötigt, mit der sich die wirkungsvollsten *Transportstrategien* durchführen lassen.

Wenn zwischen den Stationen noch kein Transportnetz besteht, sind aus den technisch verfügbaren Systemelementen passende Bausteine auszuwählen und aus diesen ein Transportsystem aufzubauen. Der Aufbau von Transportnetzen aus Transportelementen und die Anordnung der Strecken und Stationen führen auf Probleme, die in der *Graphentheorie* behandelt werden. Dabei entsprechen die Stationen und Transportelemente vom *Typ* (n,m) der *Ordnung* $n+m$, aus denen das Transportnetz besteht, den *Knotenpunkten* mit der *Valenz* $n+m$. Die Verknüpfungsstellen und Transportübergänge zwischen den Transportelementen entsprechen den *Kanten* eines *gerichteten Graphen.*

Die *Graphentheorie* klassifiziert, analysiert und quantifiziert die Strukturen und Verknüpfungen von Netzwerken [171; 172; 173; 174]. Für den praktischen Gebrauch in der Logistik lassen sich aus den Methoden und Ergebnissen der Graphentheorie und den Grenzleistungs- und Staugesetzen allgemeine *Regeln* für die Auswahl und Verknüpfung von Transportelementen sowie *Verfahren* zur Gestaltung von Transportnetzen herleiten. Die Untersuchung der möglichen Strukturen von Transportnetzen und die systematische Herleitung theoretisch abgesicherter und praktisch brauchbarer Auswahl- und Gestaltungsregeln sind wichtige Arbeitsfelder der Logistik, die noch nicht ausreichend erforscht sind [7; 169; 231].

1. Netzstrukturen
Abhängig von der Anordnung und Verknüpfung der Stationen, Transportknoten und Verbindungsstrecken hat ein Transportnetz eine der *elementaren Netzstrukturen*, die in *Abb. 18.1* dargestellt sind:

Linienstruktur,
Ringstruktur, (18.5)
Sternstruktur,

oder eine *Flächen-* oder *Raumnetzstruktur*, die aus den Grundstrukturen (18.5) zusammengesetzt ist.

Einige Beispiele für *Flächentransportnetze*, die durch die Verbindung von Linien- Kreis- und Sternnetzen entstehen, zeigt *Abb. 18.2*. Derartige Flächennetze sind typisch für *Verkehrssysteme* zur Erschließung ausgedehnter Gebiete. Übereinander liegende Linien-, Ring- und Flächennetze, die durch *Vertikalförderer* oder *Steigstrecken* miteinander verbunden sind, bilden ein *Raumnetz*. Durch räumliche Netze werden mehrgeschossige Gebäude oder innerstädtische Ballungsgebiete erschlossen. Die flächigen und räumlichen Transportnetze lassen sich durch *Verbin-*

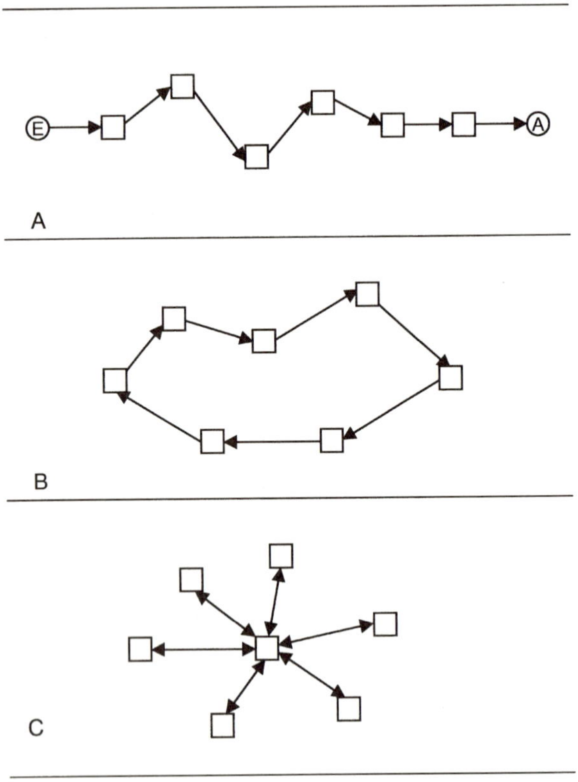

Abb. 18.1 Elementare Netzstrukturen
A: Linienstruktur
B: Ringstruktur
C: Sternstruktur
□ Stationen oder Transportknoten
→ Transportverbindungen

Abb. 18.2 Verknüpfte Flächennetzstrukturen

A: Linien-Stern-Netz
B: Sterncluster-Netz
C: Ring-Linien-Netz (Spinnennetz)

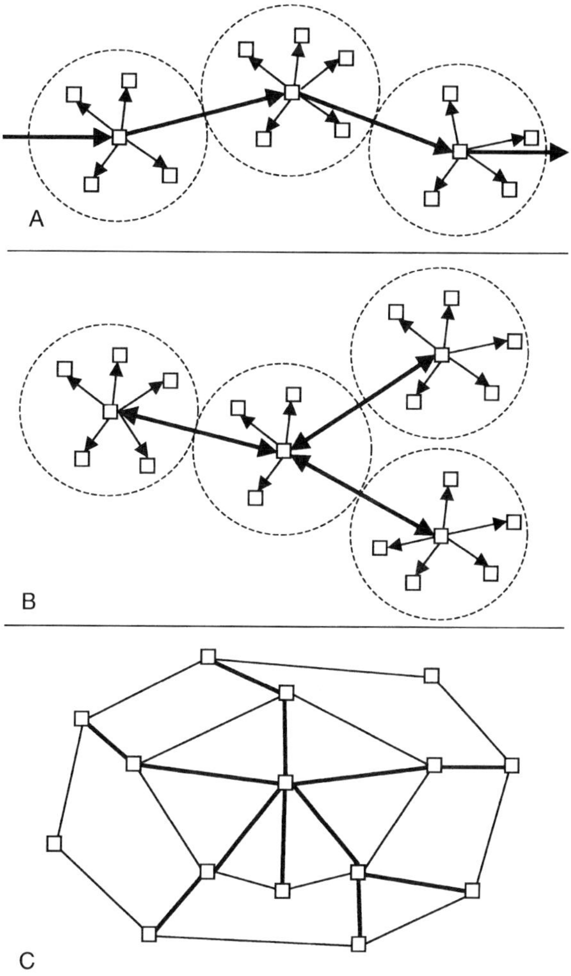

dungslemente, *Transportübergänge* und *Umschlagstationen* weiter verknüpfen zu intermodalen, lokalen, regionalen, nationalen und globalen *Logistiknetzwerken*.

Transportsysteme mit einer Linienstruktur bestehen aus einer Anfangsstation, einer Kette von Verbindungsstrecken, Transportknoten oder Zwischenstationen und einer Endstation. Die meisten Fördersysteme haben eine Linienstruktur oder sind aus linearen Teilstrukturen aufgebaut. Die einfachsten Linienfördersysteme sind Förderstrecken, die eine Reihe von Arbeitsplätzen oder Maschinen mit Werkstücken oder Material versorgen.

Auch Fahrzeugssysteme können eine Linienstruktur haben, entweder wenn eine Reihe von Stationen durch eine Transportstrecke miteinander verbunden ist

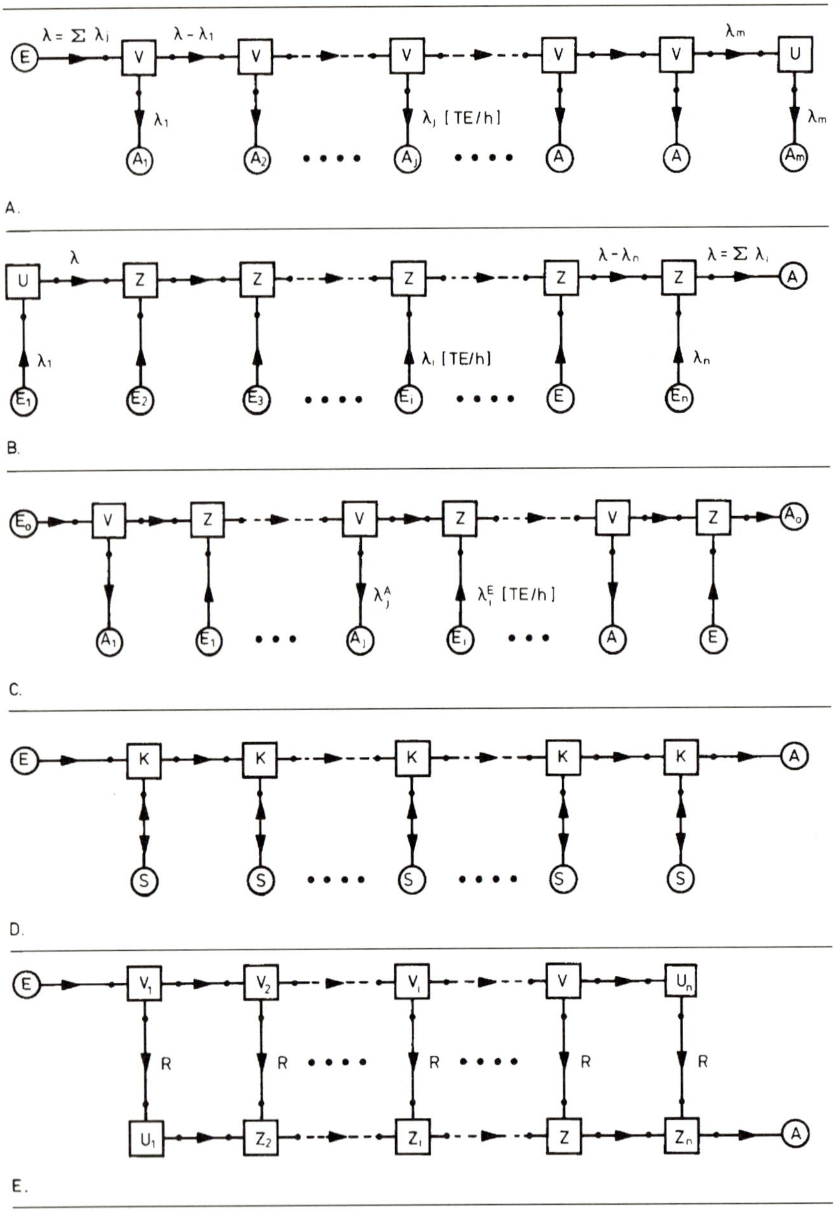

Abb. 18.3 Netzstrukturen linearer Transportsysteme

A : einspuriger Verteilerkamm
B : einspuriger Sammelkamm
C : teilweise kombinierter Verteiler- und Sammelkamm
D : vollständig kombinierter Verteiler- und Sammelkamm
E : Sortierspeicher mit n Staustrecken für R Transporteinheiten

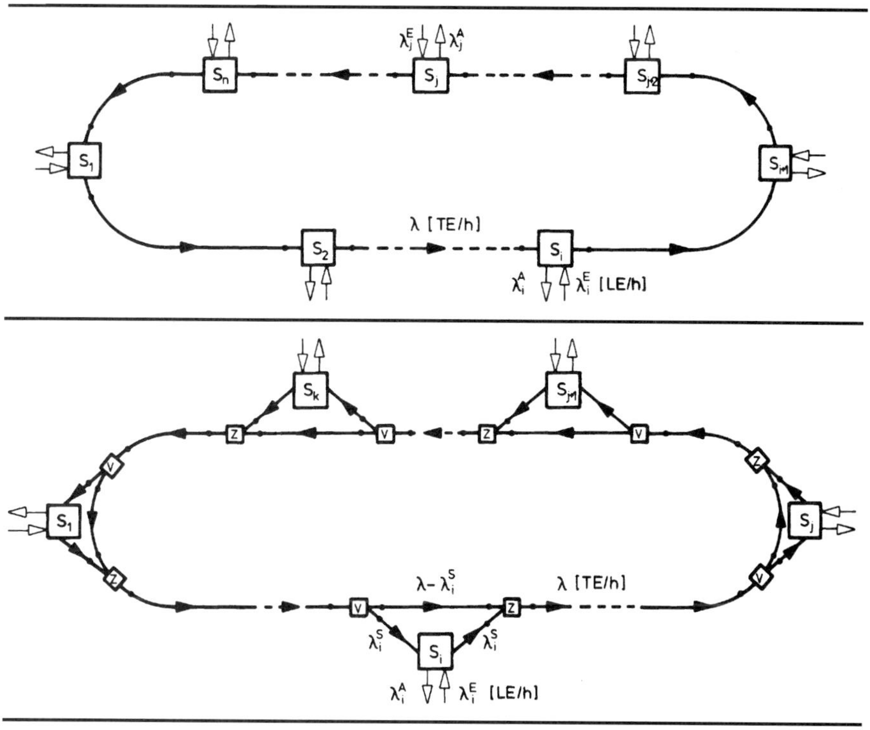

Abb. 18.4 Transportsysteme mit Ringnetzstruktur

oben : Ringnetz mit On-Line-Stationen ohne Maschen
unten : Ringnetz mit Off-Line-Stationen und Maschen

oder wenn das von den betrachteten Transporteinheiten befahrene *Teilnetz* eine Linienstruktur hat. Beispiele sind Linienverkehre von Autobussen oder Eisenbahnen.

Spezielle Ausprägungen von *Linientransportsystemen* sind die in *Abb. 18.3* dargestellten *linearen Netzstrukturen*:

- *Verteilerkämme* aus Streckenelementen und Verzweigungselementen,
- *Sammelkämme* aus Streckenelementen und Zusammenführungselementen,
- *Teilweise kombinierte Verteiler- und Sammelkämme* aus Streckenelementen, Verzweigungen und Zusammenführungen,
- *Vollständig kombinierte Verteiler- und Sammelkämme* aus Streckenelementen und reversiblen Verbindungselementen,
- *Sortierspeicher* mit Zuförderstrecke, Verzweigungen, Staustrecken, Zusammenführungen und Abförderstrecke.

Durch Verbindung des Endes mit dem Anfang eines Liniennetzes ensteht ein *Ringnetz* oder *Kreisnetz*. Einfache Ringssysteme mit *On-Line-* oder *Off-Line-Sta-*

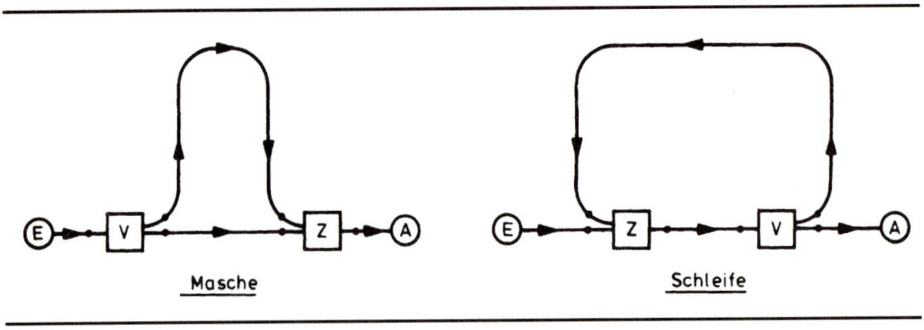

Abb. 18.5 Masche und Schleife in einem Transportnetz

tionen, deren Struktur die *Abb. 18. 4* zeigt, sind Kreisförderer, Sammel- und Verteilerkreise und Ringbahnlinien.

Wie in *Abb. 18.5* dargestellt, kann durch ein Verzweigungs- und ein Zusammenführungselement an einen Transportring oder eine Transportstrecke eine Masche oder eine Schleife angefügt werden. Eine *Masche* ist ein gleichgerichter Nebenkreis, eine *Schleife* ist gegenläufiger Nebenkreis einer Transportstrecke. Aus vermaschten und verschachtelten Kreisen enstehen ausgedehnte Ringsysteme, mit denen sich räumlich verteilte Stationen miteinander verbinden lassen. Als Beispiel zeigt *Abb. 18.21* das *vermaschte und verschachtelte Ringnetz* eines innerbetrieblichen Fahrzeugsystems. Ringnetzsysteme sind charakteristisch für geschlossene Transportsysteme und für bestimmte Transporttechniken, wie Hängebahnen, induktiv gesteuerte Flurförderzeuge und Schienenfahrzeugsysteme.

2. Gesamtnetzlänge und Entfernungsmatrix

Jedes Transportnetz setzt sich zusammen aus einer bestimmten Anzahl N_{TN} von *Transportelementen* TE_k, $k = 1, 2,..N_{TN}$, mit den *partiellen Funktionen* $F_{k\alpha}$, $\alpha = 1,2...n_k$.

Für Streckenelemente, Verbindungslemente und Stationen mit einem Eingang und einem Ausgang ist $n_k = 1$, da sie nur eine Funktion haben. Verzweigungen mit einem Eingang und zwei Ausgängen sowie Zusammenführungen mit zwei Eingängen und einem Ausgang haben jeweils zwei partielle Funktionen. Transportknoten der Ordnung $o = n+m$ haben $n_k = n \cdot m$ Funktionen (s. *Abschnitt 13.2*).

Die Längen der Wege durch die partiellen Funktionen $F_{k\alpha}$ eines Transportelements TE_k sind die *partiellen Durchfahrlängen* $l_{k\alpha}$. Die Summation der Durchfahrlängen aller Transportelemente einschließlich der Stationen, aus denen sich das Transportnetz zusammensetzt, ergibt die

- *Gesamtlänge eines Transportnetzes* mit den partiellen Durchfahrlängen $l_{k\alpha}$ durch die Transportelemente TE_k in den Funktionen $F_{k\alpha}$

$$L_{TN} = \sum_k \sum_a l_{ka} \ . \qquad (18.6)$$

Von der *Gesamtnetzlänge* (18.6) und von der Anzahl und Beschaffenheit der Transportelemente hängen die *Investition* und *Betriebskosten* des Transportnetzes ab.

Die Länge l_{ij} des *kürzesten Wegs* zwischen zwei Stationen S_i und S_j ist die Summe der partiellen Durchfahrlängen $l_{k\alpha}$ durch die N_{ij} Transportelemente, die von den Transporteinheiten auf diesem Weg durchlaufen werden:

$$l_{ij} = \sum_k l_{ka} \ . \tag{18.7}$$

Die kürzesten Weglängen l_{ij} sind Elemente der *Entfernungsmatrix* zwischen den Stationen des Transportnetzes.

3. Auswahlregeln und Gestaltungsgrundsätze

Zum Aufbau von Transportsystemen werden *Auswahlregeln für die Transportelemente* und *Gestaltungsregeln für das Transportnetz* benötigt. Die *Gestaltungsregeln* für das Netz sind von der *Struktur der Beförderungsmatrix* und vom *Typ des Transportsystems* abhängig. Die *Auswahlregeln* resultieren aus den Leistungsanforderungen an das Gesamtsystem, den *Grenzleistungen* der Transportelemente und dem *Stauvermögen* der Verbindungsstrecken.

Die Leistungsfähigkeit eines Transportsystems wird durch die Grenzleistungen und die Abfertigungsstrategien der *Engpaßelemente* und durch die *Staukapazität* der Transportstrecken begrenzt. Die Engpaßelemente und der Stauplatzbedarf lassen durch die in *Abschnitt 13.7* beschriebene *Funktions- und Leistungsanalyse* erkennen und mit Hilfe der Strategien, Grenzleistungsgesetze und Staugesetze der *Abschnitte 13.3, 13.4* und *13.5* richtig dimensionieren.

Fördersysteme, in denen die Transporteinheiten gleich den Ladeeinheiten sind, sind für den Durchsatz auszulegen, der durch die Belastungsmatrix (18.2) zur Spitzenstunde gegeben ist. Für Fahrzeugsysteme, deren Transportmittel eine *Beförderungskapazität* $C_{TE} > 1$ LE/TE haben, muß zunächst aus der Belastungsmatrix die *Transportmatrix* errechnet werden. Die Transportmatrix bestimmt die erforderliche *Netzleistung* und den *Fahrzeugbedarf*. Sie ist abhängig von der *Belastungsmatrix*, der *Beförderungskapazität* und der *Transportstrategie*.

Aus dem Ziel der Kostenminimierung leiten sich folgende *Gestaltungsgrundsätze für Transportnetze* ab:

möglichst kurze Verbindungswege,
möglichst wenig Knotenpunkte,
ausreichende Staukapazitäten,
geringe Steigungen, (18.8)
möglichst wenige Vertikalverbindungen,
minimale Gesamtnetzlänge,
einfachste Netzstruktur.

Zwischen den Gestaltungsgrundsätzen bestehen teilweise *Zielkonflikte*. So sind bei kürzester Gesamtnetzlänge mit einfachster Netzstruktur die Investition und die Betriebskosten für das Transportnetz minimal. Dafür sind viele Stationen nicht auf den kürzest möglichen Wegen erreichbar. Das aber hat im Vergleich zu einem dichteren Netz einen größeren Fahrzeugbedarf und höhere Kosten für die Transportfahrten zur Folge.

Die Lösung dieses Zielkonflikts hängt ab von der Relation der Kosten für das Netz und der Kosten für die Transportfahrten. Die Zielkonflikte zwischen den Gestaltungsgrundsätzen (18.8) lassen sich nur bei Kenntnis der speziellen Anforderungen und Randbedingungen lösen.

18.4 Transportsteuerung

Die Transportsteuerung hat die Aufgabe, die Bewegung der Lade- oder Transporteinheiten durch das Transportnetz auszulösen, zu kontrollieren, zu koordinieren und entsprechend der Gesamtbelastung zu steuern und zu regeln. Für diese Aufgabe verfügt eine Transportsteuerung mit einem *hierarchischem Steuerungsaufbau*, wie er in *Abb. 18.6* dargestellt ist, über folgende *Steuerungsbereiche* [124; 175; 176]:

mitfahrende Steuerungen der Transporteinheiten,
stationäre Einzelsteuerungen an den Transportelementen, (18.9)
zugeordnete Gruppensteuerungen für Teile des Transportsystems,
übergeordnete Zentralsteuerung des gesamten Transportsystems.

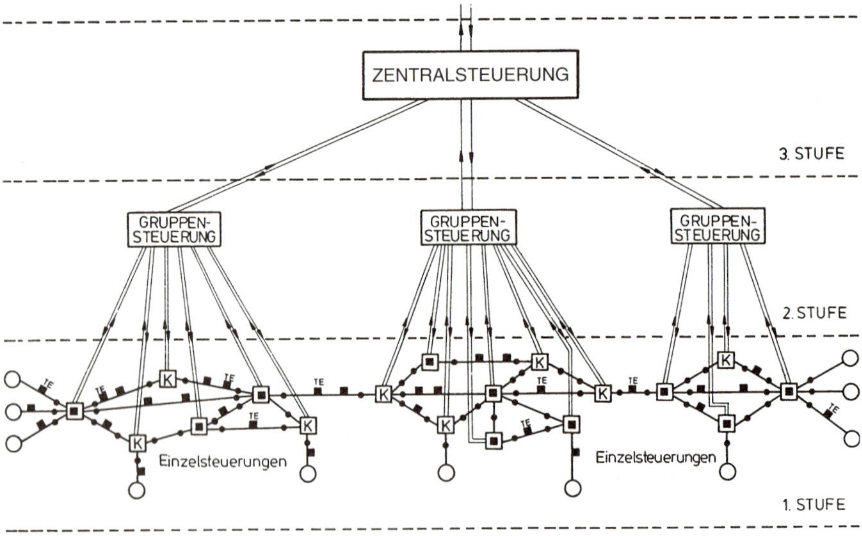

Abb. 18.6 Aufbau einer hierarischen Transportsteuerung

K: Transportknoten
TE: Transporteinheiten

Zusätzlich werden für den Austausch von Daten, Informationen und Anweisungen zwischen diesen Steuerungsbereichen *Datenübertragungssysteme* benötigt [29; 176].

1. Mitfahrende Steuerung
In einem *Fördersystem* ist die *mitfahrende Steuerung* in der Regel *passiv*. Sie besteht nur aus der *Kodierung* der Ladeeinheiten, die ein Strichcode (Barcode), eine Kodierleiste mit Reflektoren oder ein programmierbarer Chip sein kann. Die Kodierung wird von der stationären Steuerung gelesen [29].

In einem *Fahrzeugsystem* ist die mitfahrende Steuerung *aktiv*. Sie übernimmt abhängig vom Steuerungsaufbau bestimmte Teilfunktionen, wie die *Antriebsregelung*, die *Spurführung*, die *Abstandsregelung*, die *Durchfahrtregelung* durch Transportknoten oder die *Zielsteuerung* durch das gesamte Transportnetz. Dafür muß jedes Fahrzeug mit einer Fahrzeugkennung, mit Meßfühlern, Datenerfassungs- und Datenübermittlungseinheiten sowie mit einer *Fahrzeugsteuerung* oder einem *Fahrzeugleitrechner* ausgerüstet sein.

Bei *manueller Bedienung* führt der *Fahrer* einen Teil der Steuerungsfunktionen aus. Er wird dabei unterstützt durch die *Anzeigen* von Meßgeräten, wie Tacho und Kilometerzähler, oder von einem *Bordrechner* und geleitet durch *Anweisungen* der Zentralsteuerung, die ihm von *mobilen Terminals* angezeigt oder über *Mobilfunk* übermittelt werden. In *fahrerlosen Transportsystemen (FTS)* übernimmt der Leitrechner *alle* Steuerungsfunktionen des Fahrzeugs.

2. Einzel- und Gruppensteuerungen
Die *stationären Einzelsteuerungen* bestehen aus *Meßfühlern*, wie Schaltern, Kontakten, Lichtschranken und Leseeinrichtungen, zur Erfassung der durchlaufenden Lade- oder Transporteinheiten, aus *Stellgliedern* zum Umschalten zwischen den verschiedenen *Betriebszuständen* der Transportelemente und aus einer *Teilautomatik*, deren Funktionsumfang vom Steuerungsaufbau abhängt.

In größeren Anlagen wird die Steuerung von abgegrenzten *Teilsystemen*, beispielsweise von einer längeren Kette oder einer bestimmten Gruppe der Transportelemente durch eine *Gruppensteuerung* ausgeführt. Die Gruppensteuerung erhält Informationen und Anweisungen von der übergeordneten Zentralsteuerung, den stationären Einzelsteuerungen und den Fahrzeugsteuerungen und gibt ihrerseits Informationen und Anweisungen an die übrigen Steuerungsbereiche ab.

3. Zentralsteuerung
Eine übergeordnete *Zentralsteuerung* wird für Transportsysteme mit einem ausgedehnten Transportnetz, einer großen Anzahl von Transporteinheiten und vielen Stationen benötigt. Sie steuert, regelt und koordiniert die Transporte abhängig von der aktuellen Belastung nach vorgegebenen *Gesamtstrategien* und übernimmt übergeordnete Funktionen, wie die *Wegeverfolgung* der Transporteinheiten, die *Verkehrsüberwachung*, die *Staukontrolle* oder die Erfassung und Auswertung von *Störungen*.

Die Zentralsteuerung erhält ihre Befehle entweder vom Betreiber des Transportsystems über einen *Steuerstand* oder in Form von Transportaufträgen und

Anweisungen aus einem übergeordneten Warenwirtschafts-, Buchungs- oder Verwaltungssystem.

4. Steuerungsaufbau

Die Aufgabenteilung zwischen den Teilsteuerungen ist abhängig vom *Steuerungsaufbau*. Die Steuerung kann dezentral, zentral oder hierarchisch aufgebaut sein:

- Bei *dezentralem Steuerungsaufbau* übernehmen die stationären Einzelsteuerungen und die mitfahrenden Steuerungen alle Funktionen.
- Bei *zentralem Steuerungsaufbau* übernimmt eine Zentralsteuerung alle intelligenten Steuerungs-, Regelungs- und Entscheidungsfunktionen. Die Aufgabe der Einzelsteuerungen und der mitfahrenden Steuerungen reduziert sich auf die Erfassung und Weitergabe von Informationen und die Ausführung von Anweisungen.
- Bei *hierarchischem Steuerungsaufbau* hat die Transportsteuerung – wie in *Abb. 18.6* dargestellt – mehrere *Steuerungsebenen*, auf die die verschiedenen Steuerungsfunktionen zweckmäßig verteilt sind.

Für die Aufgabenteilung zwischen den einzelnen Steuerungsebenen gilt der *Dezentralisierungsgrundsatz* (s. *Abschnitt 2.3*):

- Alle Funktionen müssen so dezentral wie möglich und dürfen nur so zentral wie nötig und wirtschaftlich ausgeführt werden.

Neben dem Dezentralisierungsgrundsatz sind die Größe und Struktur des *Transportnetzes*, die *Verkehrsdichte*, die *Leistungsanforderungen*, der *Sicherheitsbedarf* und die *Transportstrategien* für die Gestaltung und den Aufbau der Transportsteuerung maßgebend.

5. Datenübertragung

Der Steuerungsaufbau und die Funktionsteilung bestimmen Menge und Inhalt des erforderlichen Datenaustausches zwischen den einzelnen Steuerungsbereichen und damit die Datenübertragungssysteme. Der Datenaustausch zwischen den stationären *Steuerungseinheiten* findet in der Regel über Leitungen, Kabel oder *Datenbus* statt. In ausgedehnten Systemen ist eine drahtlose Datenübetragung erforderlich.

Die *Kodierung* und die *Position* der Ladeeinheiten in einem Fördersystem wird von *Leseeinrichtungen*, die an den Ein- oder Ausgängen der Transportelemente installiert sind, mechanisch, optisch, induktiv oder mit Laserstrahl festgestellt und an die stationären Steuerungseinheiten übertragen [29].

In einem Fahrzeugsystem kommunizieren die Fahrzeugsteuerungen mit den stationären Einzelsteuerungen und mit der Zentralsteuerung über ein geeignetes *Datenfernübertragungssystem* (*DFÜ*). Für die Datenfernübertragung sind unterschiedliche Techniken möglich, wie *Infrarot* oder *Funk*, deren Einsatz von der Entfernung zwischen den Fahrzeugen, den stationären Empfängern und dem Standort der Zentralsteuerung abhängt [176].

In den außerbetrieblichen Fahrzeugsystemen findet der Informationsaustausch zwischen den Fahrzeugen und der Zentralsteuerung oder einem *Verkehrs-*

leitsystem zunehmend über *Mobilfunk* und *Satellitenkommunikation* statt. Dabei wird die *Standortbestimmung* der Fahrzeuge durch *Satellitennavigationssysteme*, wie das *Global Positioning System GPS* unterstützt.

18.5 Transportstrategien

Transportstrategien sind *Betriebstrategien*, nach denen die Transportsteuerung die anstehenden Beförderungs- und Fahraufträge ausführt, die Transporteinheiten zu den Zielen leitet und die Abfertigung an den Stationen und Transportknoten regelt.

Durch geeignete Transportstrategien lassen sich die Ziele der Logistik – *Leistungssteigerung*, *Qualitätssicherung* und *Kostensenkung* – oftmals billiger und schneller erreichen als durch eine verbesserte Technik. Transportstrategien bieten daher die beste Optimierungsmöglichkeit. Mit den Transportstrategien lassen sich folgende *Wirkungen* erzielen:

- Lösung der Transportaufgabe mit einem einfacheren Transportnetz,
- Verbesserung des Leistungsvermögens eines bestehenden Transportsystems,
- Senkung der benötigten Fahrzeuganzahl,
- Verbesserung der Funktions- und Verkehrssicherheit.

Die Transportstrategien lassen sich einteilen in *Stationsstrategien*, *Fahrwegstrategien*, *Leerfahrtstrategien* und *Verkehrsstrategien* [124; 178; 179; 180].

1. Stationsstrategien
Die Stationsstrategien regeln die Abfertigung der Beförderungsaufträge an den Stationen und das Beladen der Transporteinheiten mit den zur Beförderung anstehenden Ladungen.

Für die Abfertigung an den Verladestationen bestehen folgende Möglichkeiten:

- *Feste Abfertigungsreihenfolge* (*First-Come-First-Served FCFS*): Die ankommenden Ladeeinheiten werden in der Reihenfolge ihrer Ankunft von den nächsten in der Station eintreffenden Transporteinheiten übernommen. Dabei werden von einer Transporteinheit jeweils soviele Ladeeinheiten mitgenommen, wie hintereinander für die gleiche Richtung oder das gleiche Ziel bestimmt sind und die freie Kapazität zuläßt.
- *Freie Abfertigungsreihenfolge* (*Ladungsbündelung*): Die für eine Fahrtrichtung oder das gleiche Ziel an einer Station anstehenden Ladeeinheiten werden unabhängig von der Ankunftsreihenfolge gesammelt bis das freie Fassungsvermögen einer Transporteinheit erreicht ist und dann gemeinsam zum Bestimmungsort befördert.

Mit der Ladungsbündelung soll eine bessere Auslastung der Transporteinheiten und damit eine Kostensenkung bewirkt werden. *Voraussetzungen* sind, abgesehen von der Zulässigkeit der Reihenfolgevertauschung, entsprechende *Sortiereinrichtungen* und *Sammelpuffer* in den Verladestationen. Der wesentliche *Nachteil* der Ladungsbündelung sind längere Wartezeiten.

Beladestrategien zum Befüllen der Transportmittel sind:

- *Zielreine Beladung*: Ein Transportmittel wird nur mit Ladung für das gleiche Ziel beladen.
- *Zielgemischte Beladung*: Ein Transportmittel wird mit Ladungen für mehrere Ziele, die auf der gleichen Fahrtroute liegen, beladen.

Voraussetzung der zielgemischten Beladung ist entweder eine Beladung und Zugänglichkeit der Ladeeinheiten in den Transporteinheiten in der Abfolge der nacheinander anzufahrenden Ziele oder eine Möglichkeit zum Umstapeln der Ladung vor dem Entladen.

Die zielreine und die zielgemischte Beladung lassen sich kombinieren mit den *Abfertigungsstrategien*:

- *Fahrten ohne Zuladen*: Nur vollständig geleerte Transportmittel werden mit einer neuen Ladung beladen.
- *Fahrten mit Zuladen*: Mit $C \leq C_{TE}$ Ladeeinheiten teilgefüllte Transportmittel werden soweit zusätzlich beladen, wie es die *freie Kapazität* $C_{TE\ frei} = C_{TE} - C$ zuläßt.

Vorraussetzung für Fahrten mit Zuladen ist ein freier Zugriff auf die einzelnen Ladungen in den Verladestationen, um jeweils eine für die gleiche Zielrichtung bestimmte Ladung verladen zu können.

Die Strategien der *zielgemischten Beladung* und der *Fahrten mit Zuladung* zielen darauf ab, den Füllungsgrad der Transporteinheiten zu erhöhen. Sie haben jedoch nur die angestrebte Wirkung, wenn in den Stationen eine ausreichende Anzahl von Ladungen mit passender Größe für die gleiche Fahrtroute ansteht, wie die Ladung teilgefüllt ankommender Transporteinheiten.

2. Fahrwegstrategien

Fahrwegstrategien regeln die Reihenfolge, in der die Bestimmungsorte der Ladung einer Transporteinheit angefahren werden, und damit den Fahrweg.

Die Fahrwegstrategien lassen sich einteilen in:

- *Strategien minimaler Fahrwege*: Abhängig von Ladung und Zielorten wird der Fahrweg mit minimaler *Weglänge*, kürzester *Fahrzeit* oder geringsten *Fahrtkosten* gewählt.
- *Strategien maximaler Kapazitätsauslastung*: Abhängig vom gesamten Beförderungsbedarf werden die Transportmittel so eingesetzt, daß ihre Kapazität maximal genutzt wird.
- *Fahrplanstrategien*: Die Transportfahrten werden nach einem festen *Fahrplan* durchgeführt, der bei minimalen Fahrwegen für das erwartete Ladungsaufkommen eine maximale Kapazitätsnutzung anstrebt.

Die Fahrwege und Rundfahrten mit minimaler Weglänge, kürzester Fahrzeit oder geringsten Kosten lassen sich für einfache Transportsysteme mit wenigen Verbindungen nach dem Verfahren der Vollenumeration durch Vergleich aller möglichen Wege relativ rasch herausfinden. Für komplexe Transportnetze mit vielen Verbindungswegen zwischen den Stationen ist die Fahrwegoptimierung in begrenzter Rechenzeit nicht mehr exakt durchführbar.

Im *Operations Research* wurde hierfür eine Reihe *heuristischer Suchverfahren* entwickelt, die in kurzer Rechenzeit zu brauchbaren Näherungslösungen führen [11; 13; 181]. Einfacher und in vielen Fällen ausreichend ist die Auswahl eines annähernd optimalen Fahr- oder Verbindungsweges nach einer *analytischen Fahrwegstrategie*, wie die nachfolgend dargestellte *Streifenstrategie*.

Die Strategien maximaler Kapazitätsauslastung wie auch die meisten Fahrplanstrategien zielen auf eine Minimierung der Betriebskosten ab, arbeiten aber häufig zu Lasten der Benutzer oder Versender, da sie zu verlängerten Warte- und Fahrzeiten führen können. Voraussetzungen sind daher, daß die geforderten Beförderungszeiten ausreichend lang sind und daß in den Verladestationen genügend Pufferplatz für die wartenden Ladungen besteht.

3. Leerfahrtstrategien

Die Anzahl der leeren und teilgefüllten Transporteinheiten, die im Transportnetz eines Fahrzeugsystems umlaufen, wird durch *Leerfahrtstrategien* bestimmt, die den Einsatz der leeren Transporteinheiten regeln. Mögliche Leerfahrtstrategien sind:

- *Einzelfahrten*: Jedes Transportmittel bringt die übernommene Ladung zu ihrem Bestimmungsort und kehrt danach auf dem kürzesten Weg leer zur Ausgangsstation zurück, um dort die nächste Ladung zu übernehmen.
- *Kombinierte Fahrten*: Ein geleertes Transportmittel übernimmt am Entladeort eine für die Ausgangsstation bestimmte *Rückladung*.
- *Leerfahrtminimierung*: Ein geleertes Transportmittel übernimmt am Entladeort eine Ladung unabhängig von deren Bestimmungsort, und fährt, wenn dort keine Ladung ansteht, zur nächstgelegenen Station, in der eine Ladung auf Beförderung wartet.
- *Fahrplanmäßiges Kapazitätsangebot*: Die Fahrzeuge, ob leer oder voll, verkehren unabhängig vom aktuellen Beförderungsbedarf nach einem festen *Fahrplan*, der an einem prognostizierten Bedarf ausgerichtet ist.
- *Leerfahrzeugräumung*: Wenn bei abnehmendem Beförderungsbedarf an den Entladestationen mehr Transportmittel geleert als an den Versandstationen benötigt werden, fahren die leeren Transportmittel zum nächsten freien *Leerfahrzeugpuffer*.

Wenn in den Stationen kein ausreichender Warteraum für leere Transportmittel vorhanden ist, müssen an geeigneten Stellen im Transportnetz spezielle *Pufferstrecken* oder *Bahnhöfe* für Leerfahrzeuge geschaffen werden. Die Leerfahrzeugpuffer sind möglichst nahe bei den am meisten frequentierten Abgangsstationen anzuordnen.

4. Verkehrsstrategien

Verkehrsstrategien regeln und lenken die Ströme der Lade- oder Transporteinheiten so durch das Transportnetz, daß bei Einhaltung der zugesicherten Transportzeiten ein maximaler Durchsatz erreicht wird, ohne daß es dabei zu Kollisionen kommt.

Abhängig von ihrem Wirkungsbereich lassen sich die Verkehrsstrategien einteilen in *Knotenpunktstrategien*, *Teilsystemstrategien* und *Systemstrategien*. Die

Knotenpunkt- und Teilsystemstrategien sowie ihre Strategieparameter und Effekte wurden bereits in *Kapitel* 13, insbesondere in *Abschnitt* 13.3, behandelt. Bei den *Systemstrategien* sind zu unterscheiden:

- *Kombinationsstrategien* durch belastungsabhängigige Verbindung von Einzelstrategien zur Optimierung von Leistung, Kosten und Sicherheit.
- *Gesamtnetzstrategien*, wie Umleitungs-, Ausweich- und Räumungsstrategien bei Überlastung und Ausfall einzelner Stationen, Verbindungsstrecken oder Knotenpunkte.

Die Systemstrategien erfordern eine *Zentralsteuerung*, die das Geschehen in allen Teilen des Transportnetzes verfolgt.

Die Strategieparameter, Auswirkung und Einsatzkriterien der Systemstrategien sind noch nicht vollständig erforscht und lassen sich nur begrenzt mit analytischen Verfahren quantifizieren. Bei komplexen Systemen mit zeitlich rasch veränderlichen Belastungen ist zur Untersuchung der Wechselwirkungen der Einzelstrategien und der Auswirkungen von Systemstrategien eine *digitale Simulation* erforderlich (s. *Abschnitt* 5.3) [59; 60; 61; 178; 183; 231].

18.6 Fördersysteme

Bestandteile eines Fördersystems für den Transport diskreter Ladeeinheiten sind:

Fördergut
Förderhilfsmittel
Transportnetz (18.10)
Transportsteuerung.

Die *Beschaffenheit des Förderguts* bestimmt seine Förderfähigkeit, von der die einsetzbare Fördertechnik abhängt. Die wichtigsten *Einflußfaktoren auf die Förderfähigkeit* sind:

Bodenebenheit
Rutschfestigkeit
Abriebfestigkeit (18.11)
Standsicherheit
Stapelbarkeit.

Wenn das Transportgut selbst nicht förderfähig ist oder kleinere Fördermengen zu größeren Ladeeinheiten gebündelt werden sollen, werden *Förderhilfsmittel* eingesetzt, wie Behälter, Tablare, Paletten oder Rolluntersätze. *Nachteile* des Einsatzes von Förderhilfsmitteln sind das *Be- und Entladen*, die *Beschaffungskosten* und der *Leerbehältertransport* zu den Stationen, in denen mehr Leerbehälter benötigt werden als ankommende Vollbehälter geleert werden.

Für definierte *Abmessungsbereiche* und *Gewichtsklassen* des Förderguts gibt es verschiedene technische *Ausführungsarten* der Fördersysteme, die sich in Auslegung und Konstruktion unterscheiden [29; 124; 127; 148; 169; 170; 237;]:

- *Behälterfördersysteme* für Behälter und Kartons bis ca. 800 mm und 30 kg;
- *Palettenfördersysteme* für palettiertes Fördergut bis ca. 1.400 mm und 1.500 kg;
- *Spezialfördersysteme* für Fördergut mit größerem Gewicht und Volumen oder Sonderform.

Bei allen Ausführungsarten setzt sich das Transportnetz aus Auf- und Abgabestationen, Förderstrecken, Zusammenführungen, Verzweigungen und Förderelementen höherer Ordnung, wie Mehrfachweichen, Verteilerwagen und Regalbediengeräten, zusammen.

Bei den am häufigsten eingesetzten Behälter- und Palettenfördersystemen sind die einzelnen Förderelemente weitgehend standardisiert und normiert. Damit ist der *modulare Aufbau* unterschiedlicher Transportnetze aus wenigen gleichartigen *Standardbausteinen* möglich.

In den *Spezialfördersystemen*, die beispielsweise zur Gepäckbeförderung, für den Karosserietransport, als Produktionsband oder für Schwerlasten benötigt werden, sind die Förderelemente in der Regel Sonderkonstruktionen, die jeweils nur für ein Projekt gebaut werden.

Wenn *mobile Transporthilfsmittel*, wie Rolluntersätze, Rollpaletten oder Rollbehälter, eingesetzt werden, besteht das Transportnetz aus speziellen Fahr- und Führungsschienen und stationären Zugvorrichtungen, unterseitigen Antrieben oder Linearmotoren. *Nachteile* des Einsatzes mobiler Transporthilfsmittel sind das Be- und Entladen, die hohen Beschaffungskosten und der Verschleiß sowie der Leerbehälterrücktransport. Diese Nachteile wiegen nur in wenigen Fällen die *Vorteile* auf, die aus einer leichten und kompakten Bauweise der Trassen und einer unter Umständen höheren Transportgeschwindigkeit resultieren.

Die Förderstrecken eines Fördersystems sind entweder in nur eine Richtung verlaufende *Standardförderer*, die sich aus einzeln angetriebenen *Verbindungselementen* zusammensetzen, oder *Kreisförderer* mit umlaufender *Kette* oder *Endlosseil* und Zentralantrieb. Für Sortieraufgaben mit hoher Durchsatzleistung werden darüber hinaus spezielle *Sortersysteme* benötigt. Die Standardförderer, Kreisförderer und Sorter lassen sich durch *Transportübergänge* miteinander verbinden und zu komplexen Fördersystemen mit mehrfachen Funktionen kombinieren.

1. Standardfördersysteme

Technische Ausführungsarten der *stetigen Verbindungselemente* in den Standardfördersystemen sind [29; 124; 127; 237]:

Rutschen
Bandförderer
Gurtförderer
Röllchenbahnen

Rollenbahnen (18.12)
Tragkettenförderer
Plattenbandförderer
S-Förderer

In der Regel werden die Förderelemente direkt oder indirekt von Elektromotoren angetrieben. Auf Gefällestrecken genügt unter Umständen die Schwerkraft als Antrieb.

Die *Abb. 18.7* zeigt eine *Stetigförderstrecke*, die aus einer Kette von Bandförderelementen besteht, und eine Rollenbahnstrecke, deren Teilabschnitte einzeln an- und abschaltbar sind. Beide Ausführungsarten sind *staufähig* und können eine *Warteschlange* von Ladeeinheiten puffern, die durch Rückstau entsteht (s. Abschnitt 13.5).

Zwei verschiedene technische Ausführungsarten stetiger *Verzweigungen* in Behälterfördersystemen sind in *Abb. 18.8* dargestellt. *Abb. 18.9* zeigt zwei unterschiedliche technische Lösungen der *Zusammenführung* von zwei Rollenbahnstrecken.

Als Beispiel für ein Förderelement mit unstetigen Verbindungen zwischen den Ein- und Ausgängen zeigt *Abb. 18.10* einen Rollenbahn-Verteilerwagen. Weitere

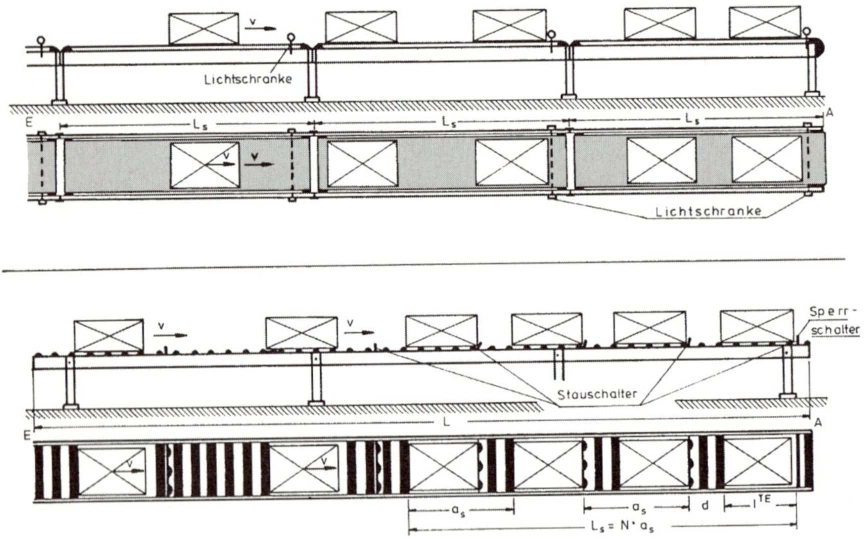

Abb. 18.7 Ausführungen von Stetigfördererstrecken

oben : Gurtförderstrecke aus abschaltbaren Stauelementen
unten: Rollenbahnstrecke aus Trenn- und Staueelementen

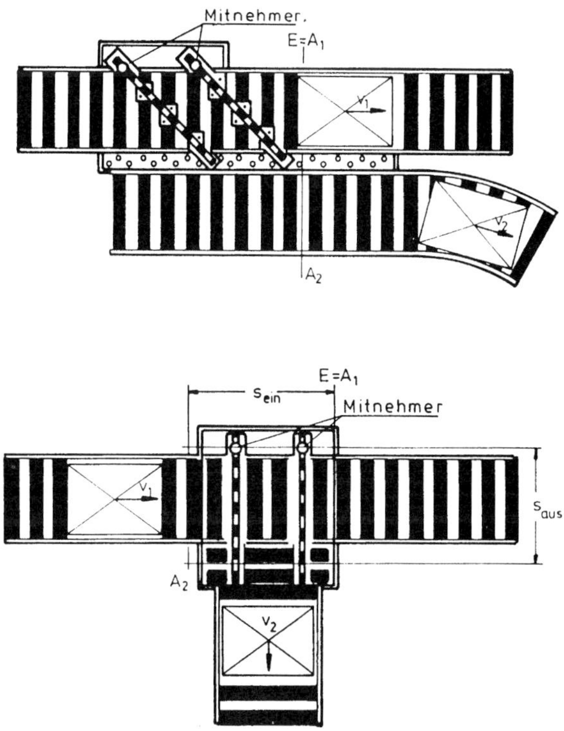

Abb. 18.8 Stetige Verzweigungselemente in Behälterfördersystemen

oben : Mitnehmender 45-Grad-Kettenausschleuser
unten: Mitnehmender 90-Grad-Kettenausschleuser

Förderelemente von Behälter-und Palettenfördersystemen zeigen die *Abb. 13.4, 13.14, 13.16, 16.8* und *17.31*.

Aus den *Grundstrukturen* (18.5) der Transportnetze mit den in *Abb. 18.3* und *18.4* dargestellten Ausprägungen werden durch Einsatz und geeignete Anordnung konkreter Fördereemente *fördertechische Teilsysteme*. Diese Teilsysteme lassen sich wieder durch Förderstrecken, unstetige Verbindungselemente und Vertikalförderer zu einem anforderungsgerechten Gesamtsystem zusammenfügen.

In *Abb. 18.11* ist beispielsweise die fördertechnische Ausführung eines Teilsystems dargestellt, das zur Beschickung und Entsorgung der Basisstationen eines ausgedehnten Kommissioniersystems mit Auftragsbehältern entwickelt wurde. Eine Besonderheit dieser Lösung ist, daß weiterlaufende Behälter die anhaltenden Behälter *überholen* können. Weitere Realisierungsbeispiele sind das in *Abb. 16.8* gezeigte Zu- und Abfördersystem eines automatischen Hochregallagers und das in *Abb. 17.34* dargestellte Bereitstellungssystem eines AKL.

Standardfördersysteme für Behälter und Paletten sind besonders geeignet zur Ver- und Entsorgung von Arbeitsplätzen in der Produktion, zur Verkettung von Maschinen, als Zu- und Abfördersysteme vollautomatischer Lager und zur Beschickung und Entsorgung von Kommissioniersystemen mit dynamischer Bereitstsellung oder dezentraler Abgabe.l

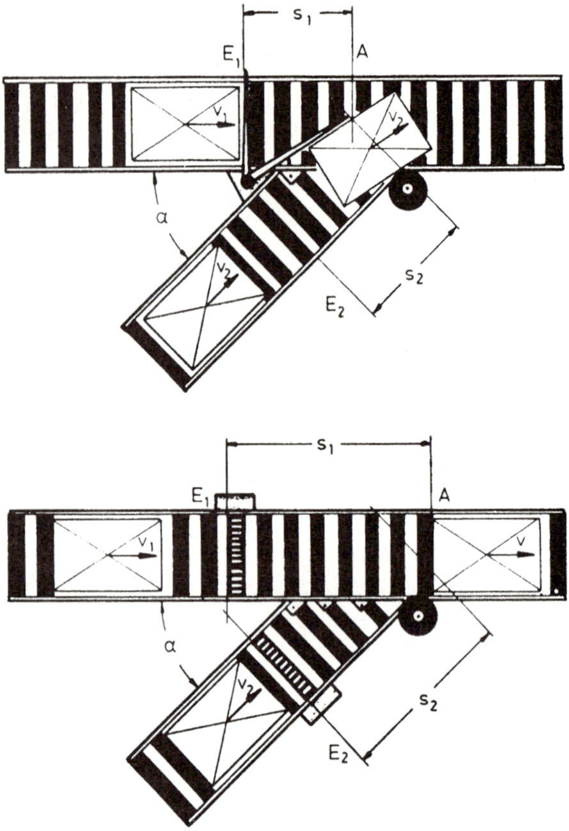

Abb. 18.9 Stetige Zusammenführungselemente in Behälterfördersystemen

oben: 45-Grad-Rollenbahneinschleuser mit Zweiwegesperre
unten: 45-Grad-Rollenbahneinschleuser mit Zuteilrollen

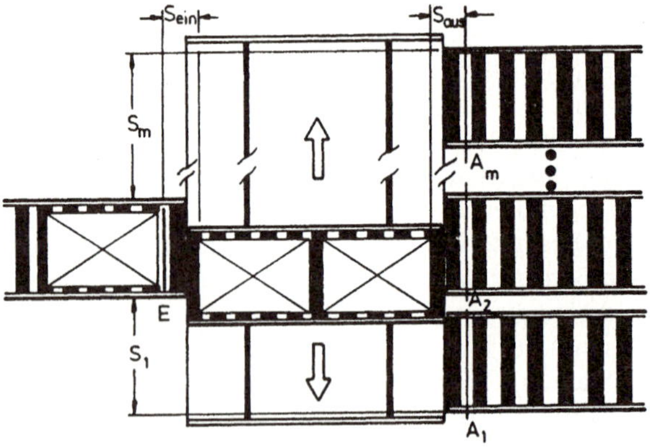

Abb. 18.10 Unstetiges Verteilerelement

Rollenbahn-Verteilerwagen

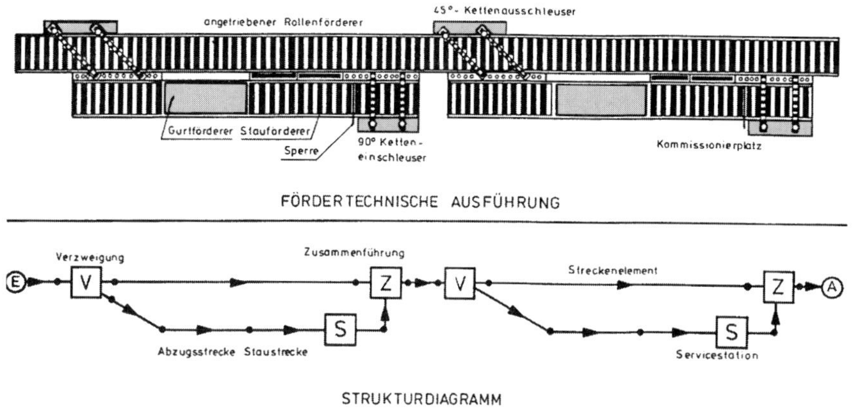

Abb. 18.11 Technische Ausführung und Strukturdiagramm eines Überholförderers zur Bereitstellung von Auftragsbehältern

2. Kreisfördersysteme

Ein Kreisfördersystem besteht aus einem umlaufenden *Zugmittel*, das eine Kette oder ein endloses Seil sein kann, und den am Zugmittel befestigten *Lastaufnahmemitteln* für die zu befördernden Ladeeinheiten.

Die Lastaufnahmemittel sind mit dem Zugmittel fest verbunden oder lassen sich für die Auf- und Abgabe und auf Staustrecken von dem weiterlaufenden Zugmittel lösen. Wenn das Zugmittel *unter Flur* geführt ist, werden die Lastaufnahmemittel von oben eingehängt. Wenn das Zugmittel *über Kopf* angeordnet ist, sind die Lastaufnahmemittel Gehänge oder Gondeln.

Beispiele für Kreisfördersysteme sind [29; 124]:

Unterflurschleppkettenförderer
Hängekreisförderer
Power & Free-Förderer
Kippschalenförderer
Cross-Belt-Förderer (18.13)
S-Förderer
Skilifte
Seilbahnen.

Als Beispiel zeigt *Abb. 18.12* einen über Kopf geführten *Power&Free-Förderer* mit Zugkette, Laufschiene und Gehängen zur Lastaufnahme. In *Abb. 18.14* ist ein Kippschalenförderer dargestellt, der als Sorter arbeitet.

Die *Netzstruktur* der Kreisfördersysteme wird bestimmt von dem umlaufenden Zugmittel. Charakteristisch ist daher die in *Abb. 18.4* gezeigte *Ringnetzstruk-*

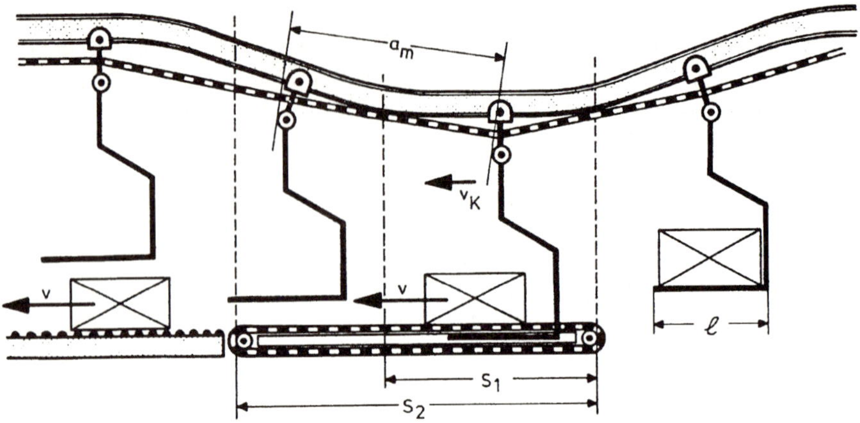

Abb. 18.12 Hängekreisförderer mit stetiger Lastabgabestation

tur mit einem geschlossenen Förderkreis und Auf- und Abgabestationen, die auf oder neben dem Kreis liegen.

Der Kreisförderer ist ein Stetigförderer, dessen *Streckengrenzleistung* nach Beziehung (13.10) von der Geschwindigkeit des Zugmittels und vom Endpunkabstand der Lastaufnahmemittel bestimmt wird. Die Leistung des gesamten Kreisfördersystems hängt außer vom Leistungsvermögen des Kreisförderers von den Grenzleistungen der Aufgabe- und Abnahmestationen ab.

Die Stationen des Kreisförderers sind häufig *Transportübergänge* zu Transportsystemen anderer Art. Die Be- und Entladeleistung der Stationen wird bestimmt von der Konstruktion und von der Anordnung. Die Stationen können entweder *On-Line* direkt an der Zugstrecke liegen oder *Off-Line* neben der Zugstrecke angeordnet sein. Bei den *Off-Line-Stationen* müssen die Lastaufnahmemittel vom Zugmittel gelöst werden. Sie können dann im Ruhezustand be- und entladen werden. Bei einer *On-Line-Station* muß die Lastaufnahme und Lastabgabe stetig und synchron mit dem umlaufenden Zugmittel stattfinden. *Abb. 18.12* zeigt eine *On-Line-Station* mit stetiger Lastabgabe eines Hängekreisförderers, der durch einen Tragkettenförderer mit anschließender Rollenbahn bedient wird.

Hängekreisförderer und *Power&Free-Förderer* werden ebenso wie die Hängebahnen eingesetzt zum Befördern von Blechteilen, Karrosserieteilen und Stangenmaterial in der Serienproduktion oder in Lackieranlagen, zur dynamischen Bereitstellung von *Packmitteln* sowie als Sammelförderer in zweistufigen Kommissioniersystemen.

Die *Unterflurschleppkettenförderer* konkurrieren mit den innerbetrieblichen Fahrzeugsystemen, insbesondere mit den FTS-Systemen. Sie sind geeignet für das *Crossdocking* in großen Umschlaghallen sowie zur Verbindung von Wareneingangstoren, Lagerbereichen und Warenausgangstoren in ausgedehnten Lager- und Kommissioniersystemen.

3. Sortersysteme

Sortersysteme sind spezielle Fördersysteme zum Trennen von *Sortiergut* nach Aufträgen und zum Verteilen des Sortierguts auf eine größere Anzahl von Zielstationen. Abhängig von der *Netzstruktur* und der *Speichermöglichkeit* ist zu unterscheiden zwischen *Liniensortern* und *Kreissortern* mit und ohne Zwischenpuffer [93; 124; 184].

Liniensorter ohne Zwischenpuffer sind einspurige Verteilerkämme, deren Netzstruktur in *Abb. 18.3 A* dargestellt ist. Sie bestehen aus einer Aufgabestelle oder Einlaufstation, einer Kette von Strecken- und Verzweigungselementen und ein- oder beidseitigen Sammelbahnen. Am Eingang der Sortierstrecke wird das einlaufende Sortiergut von der Sortersteuerung identifiziert. Von den Verzweigungselementen werden die für das betreffende Ziel bestimmten Einheiten in die Sammelbahnen ausgeschleust.

Je nach Leistungsanforderung und Beschaffenheit der Sortiereinheiten ist die Sortierstrecke eine konventionelle Rollenbahn mit Verzweigungselementen, ein Bandförderer mit Abweisern oder Pushern oder ein Plattenband mit beweglichen Schuhen zum dynamischen Ausschleusen. Die Sortierleistung eines Liniensorters ohne Zwischenpuffer wird von der Auschleusgrenzleistung der Verzweigungselemente bestimmt. Sie beträgt – abhängig von Bauart und Geschwindigkeit – für Sortiereinheiten [SE] bis zu 600 mm Länge und 30 kg Stückgewicht mit konventionellen Förderelementen 2.000 bis 6.000 SE/h und für *Hochleistungssorter* 8.000 bis zu 13.000 SE/h [93; 184]..

Haupteinsatzgebiete von Liniensortern ohne Zwischenspeicher sind die Umschlagpunkte von Paketdienstleistern – s. *Abb. 19.2* – und die zweite Kommissionierstufe in den Logistikzentren des Versandhandels.

Liniensorter mit Zwischenpuffer oder *Sortierspeicher* haben die in *Abb. 18.3* E dargestellte Netzstruktur. Sie setzen sich zusammen aus einer *Verteilerstrecke*, mehreren parallelen *Staubahnen* und einer *Abzugstrecke*. In den Staubahnen werden die zulaufenden Sortiereinheiten auftragsrein gesammelt. Die Einheiten vollständiger Aufträge werden bei *statischem Batchbetrieb* abgezogen, wenn die Einheiten aller Aufträge einer Serie, und bei *dynamischem Batchbetrieb*, wenn alle Einheiten eines Auftrags eingetroffen sind.

Zur Realisierung eines Sortierspeichers sind die zuvor beschriebenen Standardförderelemente geeignet. Als Ausführungsbeispiel zeigt *Abb. 18.13* einen Sortierspeicher, der aus der Produktion gemischt ankommende Fertigwarenkartons für das Palettieren sortenrein trennt. Sortierspeicher werden auch eingesetzt zur Auftragszusammenführung im Warenausgang von Produktions- und Logistikbetrieben.

Die Durchsatzleistung eines Sortierspeichers mit Zwischenpuffer ist abhängig von der Betriebsstrategie, von den Grenzleistungen der Ein- und Ausschleuselemente und von der maximalen Länge der Sortieraufträge, deren Anzahl und Länge von der *Staukapazität* der Staubahnen begrenzt wird. Die Sortierleistung erreicht Werte bis 3.000 SE/h und ist damit deutlich geringer als die Durchsatzleistung von Liniensortern ohne Zwischenpuffer [124].

Kreissorter ohne Zwischenpuffer sind spezielle Kreisförderer mit einzeln ansteuerbaren, schnell arbeitenden Lastaufnahmemitteln. Die am Zugmittel dicht

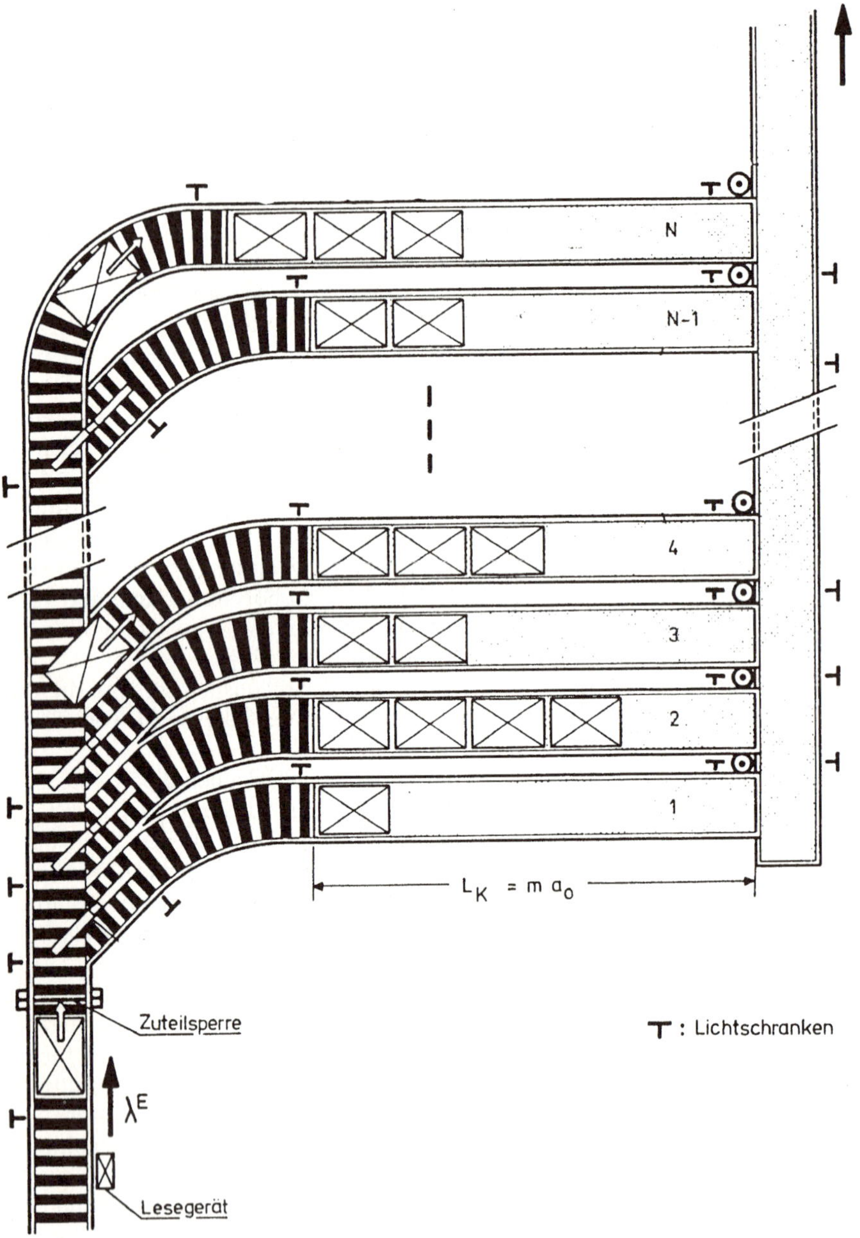

Abb. 18.13 Sortierspeicher für Behälter oder Kartons

hintereinander befestigten Lastaufnahmmittel können aufgesetzte Kippschalen, Gurtförderelemente oder Gondeln sein. Als Ausführungsbeispiel zeigt *Abb. 18.14* einen *Kippschalensorter* [93; 124; 184].

Das Sortiergut wird nach der *Identifizierung* an einer oder mehreren Aufgabestellen über Zuführungsstrecken auf die Lastaufnahmemittel aufgegeben. An den Zielstationen löst die Sortersteuerung das dynamische Abladen oder Abwerfen der Sortiereinheiten in die Zielbahnen oder Sammelrutschen aus.

Wenn die Grenzleistung der Aufgabestationen ausreicht, ist die maximale Sortierleistung gleich der Grenzleistung des zentralen Kreisförderers. Sie erreicht bei Hochleistungssortern bis zu 15.000 SE/h [184]. Kreissorter ohne Zwischenpuffer werden vor allem in zweistufigen Kommissioniersystemen des Versandhandels eingesetzt.

Kreissorter mit Zwischenspeicher oder *dynamische Umlaufspeicher* bestehen aus einer oder mehreren *Zuführungsstrecken*, einem *Speicherring* von Strecken-, Kurven- und Verzweigungselementen und einer Anzahl von *Zielbahnen*. In dem Speicherring laufen die zugeführten Sortiereinheiten solange um, bis alle Einheiten eines Sortierauftrags eingetroffen sind. Sobald eine Zielbahn frei ist, werden die Einheiten eines vollständigen Auftrags dorthin ausgeschleust.

Das Leistungsvermögen eines dynamischen Umlaufspeichers, der aus Stetigförderelementen oder als Kreisförder ausgeführt werden kann, ist gleich der Grenzleistung des Engpaßelements. Engpaß eines Umlaufspeichers ist das Einschleus- oder das Auschleuselement mit dem höchsten Durchsatz. Einsatzbereiche dynamischer Umlaufspeicher sind Zufördersysteme automatischer Tablarlager und Arbeitsspeicher vor Packzonen mit vielen parallelen Arbeitsplätzen.

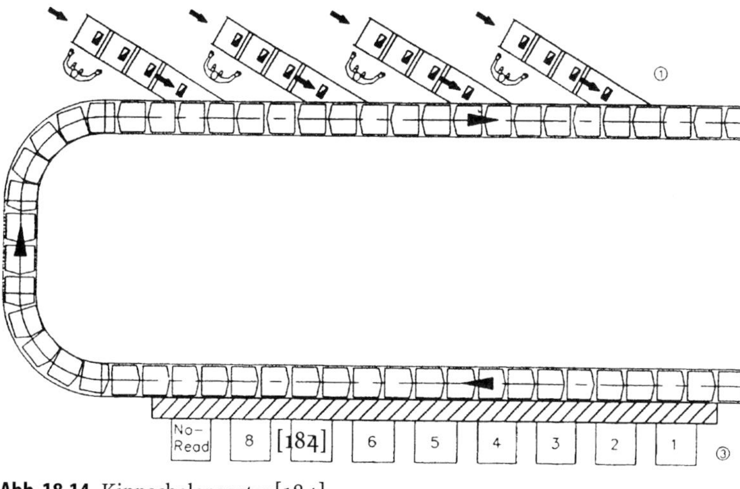

Abb. 18.14 Kippschalensorter [184]

1 Aufgabestationen
2 Kreisförderer mit Kippschalen
3 Sammelrutschen

18.7 Fahrzeugsysteme

Die Bestandteile eines Fahrzeugsystems sind:

Transportmittel
Stationen
Transportnetz (18. 14)
Transportsteuerung
Energieversorgung.

Die *Transportmittel* eines Fahrzeugsystems sind einzelne beladbare *Transportfahrzeuge* oder *Transportzüge*, die aus einem *Zugfahrzeug* und mehreren *Anhängern* bestehen. Sie bewegen sich mit oder ohne Beladung nach den Vorgaben der Transportsteuerung zwischen den Stationen durch das Transportnetz.

Eine *stationäre* oder *mitfahrende Energieversorgung* liefert die notwendige Energie für den Antrieb der Transportmittel.

1. Kennzahlen der Transportmittel
Folgende Leistungs- und Kostenkennzahlen der Transportmittel bestimmen die Leistungsfähigkeit, den Fahrzeugbedarf, die Wirtschaftlichkeit und die Zuverlässigkeit eines Fahrzeugsystems [222]:

- *Transportkapazität*: *Laderaum* V_{TE} [m³/TE], *Nutzlast* G_{TE} [kg/TE, t/TE] und *Fassungsvermögen* C_{TE} [LE/TE],
- *Laderaummaße*: Länge l_{LR}, Breite b_{LR} und Höhe h_{LR} [m] des nutzbaren Laderaums.
- *Fahrgeschwindigkeit*: Maximalgeschwindigkeit v_{max} und Reise- oder Effektivgeschwindigkeit v_{eff} [m/s; m/min oder km/h;],
- *Beschleunigungswerte*: Anfahrbeschleunigung b_{TE}^{+}, Bremsbeschleunigung b_{TE}^{-} und Notbremskonstante $b_{TE\,n}^{-}$ [m/s²],
- *Außenmaße*: Länge l_{TE}, Breite b_{TE} und Höhe h_{TE} [m] der voll beladenen Transportmittel.
- *Energiereichweite*: maximaler Fahrweg $s_{E\,max}$ [m] mit einer Füllung des Energiespeichers.
- *Energieverbrauch*: *Treibstoffverbrauch* [l/100 km] oder *Stromverbrauch* [kW/h].
- *Gesamtnutzbarkeit*: maximale *Laufleistung* [Fahr-Kilometer] oder *Nutzungsdauer* [Betriebsstunden]
- *Betriebszuverlässigkeit*: mittlere störungsfreie Laufzeit [h] oder Laufleistung [km]
- *Anschaffungspreise* von Fahrzeug und Anhängern.

Die Leistungs- und Kostenkennzahlen resultieren aus der Konstruktion, der Antriebsart, der Fahrzeugsteuerung und anderen technischen Merkmalen des Transportmittels. Die Leistungskennzahlen und Kostenkennwerte einiger ausgewählter *Verkehrsmittel* sind in den *Tabellen 18.3* und *18.4* angegeben.

VERKEHRSTRÄGER Transportmittel	Transporteinheit	Nutzlast t	Laderaum Länge m	Breite m	Höhe m	Fläche m²	Volumen m³	Kapazität Anzahl	LE
STRASSE									
Transporter	Laderaum	2,6	3,2	2,2	2,5	7	18	5	PalStp
Lastwagen	Ladekoffer	7,5	7,2	2,4	3,0	18	53	17	PalStp
Sattelauflieger-Zug	Sattelauflieger	27,0	13,6	2,5	3,0	34	102	34	PalStp
Wechselbrücken-Zug	2 Wechselbrücken	14,0	7,1	2,5	3,0	18	53	2 X 17	PalStp
SCHIENE									
Standardwaggon	4 oder 8 Achsen	50	14,6	2,6	2,8	38	106	36 2	PalStp TEU
Großraumwaggon	8 Achsen	100	26,0	2,6	2,8	68	189	60 4	PalStp TEU
Halbzug	Lok + Waggons	bis 1.600	bis 500	3,0				12 bis 16 60	Waggons TEU
Ganzzug	Lok + Waggons	bis 4.000	bis 1.000	3,0				17 bis 32 120	Waggons TEU
WASSER									
Europa-Binnenschiff	Container	3.000	75,0	10,0	6,0	750	4.500	bis 60	TEU
Feederschiff	Container	5.200	ca. 100	ca. 22				500	TEU
Überseeschiff mittel	Container	20.500	ca. 150	26 bis 28				1.500	TEU
Überseeschiff groß	Container	34.000	ca. 200	28 bis 30				2.500	TEU

Tab. 18.3 Kenndaten ausgewählter Transportmittel [184]
1 PalStp = 1 Euro-Palettenstellplatz
1 TEU = 1 20" -Container

Das Fassungsvermögen eines Transportmittels ist:

$$C_{TE} = C_{FZ} + N_{Hg} \cdot C_{Hg} \qquad [LE/TE], \tag{18.15}$$

wenn – wie in *Abb. 18.15* dargestellt – C_{Fz} [LE/Fz] die Kapazität des Fahrzeugs, C_{Hg} [LE/Hg] die Kapazität der Anhänger und N_{Hg} [Hg/TE] die Anzahl der Anhänger ist. Aus (18.15) folgt:

- Das *Fassungsvermögen* der Fahrzeuge und Anhänger und die *Anhängeranzahl* sind für die Planung *Optimierungsparameter* und im Betrieb *Dispositionsparameter*, mit denen sich die Kapazität der Transportmittel *flexibel* dem Beförderungsbedarf anpassen läßt.

Im einfachsten Fall ist $N_{Hg} = 0$ und de Transporteinheit ein beladbares Fahrzeug ohne Anhänger. Beispiele sind Stapler, Lastkraftwagen, Personenwagen, Schiffe oder Flugzuge. Für den Fall $C_{Fz} = 0$ ist – wie bei Eisenbahnzügen, Binnenschiffsschleppzügen und innerbetrieblichen Schleppzügen – die Zugmaschine nicht be-

VERKEHRSTRÄGER Transportmittel	Geschwind. effektiv	Reichweite max	Laufleistung Gesamtnutzung	Investition Neuwert	Treibstoff Verbrauch	Transportleistungspreise Grundpreis	 Stoppreis	 Wegpreis
STRASSE	km/h	km/Tag	Mio.km	TDM/Fahrzeug	l/100 km	DM/Fahrt	DM/Stop	DM/km
Transporter	50	400	0,8	55	14 bis 18	19,00	4,75	1,30
Lastwagen	60	500	1,2	115	20 bis 25	37,00	9,30	1,85
Sattelauflieger-Zug	60	800	1,5	250	35 bis 40	81,00	30,00	2,10
Wechselbrücken-Zug	60	800	1,5	260	35 bis 40	85,00	40,00	2,15
				Bereitstellung+Zugbildung		Fahrt	Traktion	Trasse
SCHIENE	km/h	km/Tag	Mio.km	TDM/Waggon	DM/Wag	DM/Wag-km	DM/Zug-km	DM/km
Zug mit Standardwaggons	30 bis 60	800	3,0	120	60,00	0,30	25,00	15,00
Zug mit Großraumwaggons	40 bis 80	1.000	3,0	180	90,00	0,40	30,00	15,00
WASSER	km/h	km/Tag	Mio.km	Mio.DM/Schiff	l/100 km	DM/Fahrt	DM/Stop	DM/km
Binnenschiff	15	300	1,0	5 bis 8	50			
Feederschiff	30	650	2,0	25 bis 28	250	9.600	2.400	41,90
Überseeschiff mittel	35	850	3,0	48 bis 50	550	40.300	13.400	45,80
Überseeschiff groß	40	950	3,0	65 bis 70	750	30.600	7.650	51,50

Tab. 18.4 Leistungs- und Kostenkennwerte ausgewählter Transportmittel
Leistungspreise: Richtwerte aus Midellkalkulationen Kostenbasis: 1997

Abb. 18.15 Fassungsvermögen eines Transportzugs mit Anhängern

Fahrzeugkapazität $C_{Fz} = 0$ LE
Hängerkapazität $C_{Hg} = 3$ LE
Hängeranzahl $N_{Hg} = 2$
Transportkapazität $C_{TM} = C_{Fz} + N_{Hg} C_{Hg} = 6$ LE
Beladung $M_{TE} = 5$ LE

ladbar und die Kapazität der Anhänger $C_{Hg} > 0$. Der allgemeine Fall $C_{Fz} > 0$, $N_{Hg} > 0$ und $C_{Hg} > 0$, liegt zum Beispiel bei einem Lastzug mit Anhängern vor.

2. Ausführungsarten der Transportmittel

Die große Ausführungsvielfalt der Transportmittel resultiert aus den unterschiedlichen Konstruktionen, technischen Bauarten und vielen Kombinationsmöglichkeiten der Komponenten von Transportfahrzeugen und Transportzügen. Die *Komponenten der Transportmittel* eines Fahrzeugssystems sind:

Fahrzeug
Anhänger
Lastaufnahmemittel (18.16)
Spurführung
Antrieb
Fahrzeugsteuerung.

Zur manuellen oder automatischen Auf- und Abgabe der Ladung können die Transporteinheiten mit *Lastaufnahmemitteln* ausgerüstet sein, deren Technik von der Beschaffenheit der Ladeeinheiten und von den stationären Einrichtungen in den Stationen bestimmt wird. Gebräuchliche *Lastaufnahmemittel* sind [190]:

Haken und Ketten
Spreader und Ladegeschirre
Schub-, Hub- und Teleskopgabeln (18.17)
Rollenbahnen und Tragketten
Lafetten
Greif-, Zug- und Schubeinrichungen.

Die Transportmittel der Fahrzeugsysteme lassen sich einteilen in *Hängebahnfahrzeuge, Flurförderzeuge* und *Verkehrsmittel.*

Hängebahnfahrzeuge sind Laufkatzen oder Gehänge mit unterschiedlichen Lastaufnahmemitteln, die an Fahrschienen über Kopf verfahren. Die *Vorteile* der Hängebahnen gegenüber den Flurförderzeugen sind die *Flurfreiheit*, die allerdings häufig durch Schutzgitter und Führungsschienen beeinträchtigt wird, und die *permanente Stromversorgung*, die eine große Reichweite der Hängebahnfahrzeuge ermöglicht.

Hängebahnen werden konkurrierend zu den Kreisförderern vorwiegend für innerbetriebliche Transporte von schweren oder sperrigen Lasten über mittlere Entfernungen bei gleichbleibenden Transportrelationen eingesetzt.

Der innerbetriebliche Transport ist auch der Haupteinsatzbereich der Flurförderzeuge. Häufig verwendete Flurförderzeuge sind:

Hubwagen
Gabelstapler
Kommissionierfahrzeuge
Van-Carrier (18.18)
Lastfahrzeuge
Unterfahrschlepper
Schleppzüge.

Ein besonders einfaches und vielseitig nutzbares Flurförderzeug ist der in *Abb. 18.16* dargestellte *Gabelhandhubwagen* für Paletten. Gabelhubwagen werden im

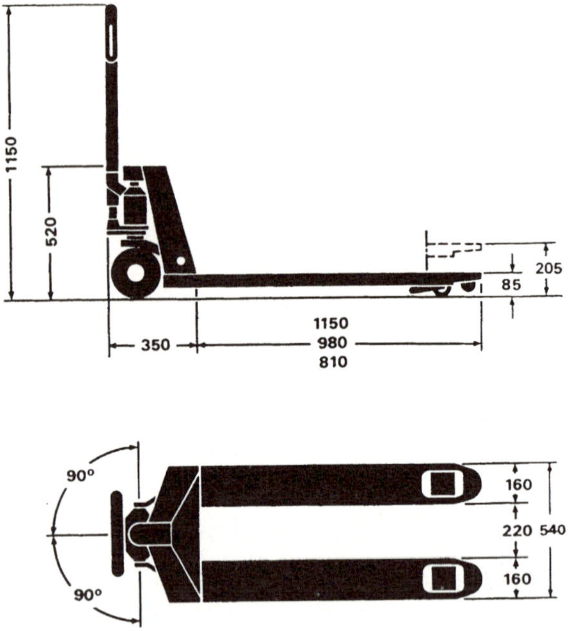

Abb. 18.16 Gabelhandhubwagen zum innerbetrieblichen Palettentransport

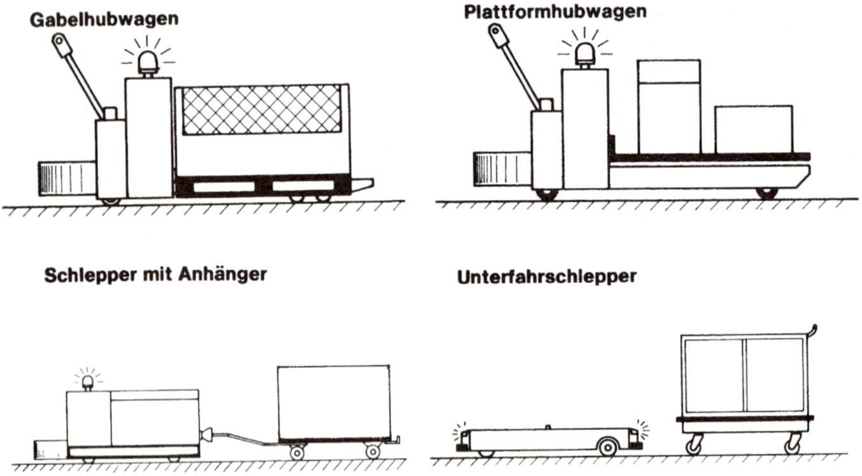

Abb. 18.17 Fahrerlose Transportfahrzeuge (FTS-Fahrzeuge)

Wareneingang und Warenausgang zum Entladen, Umsetzen und Beladen sowie für den innnerbetrieblichen Transport über kurze Entfernungen verwendet.

Die *Abb. 18.17* zeigt vier verschiedene Fahrzeugtypen von *Fahrerlosen Transport-Systemen*, kurz *FTS* genannt, die für unterschiedliche Lasten geeignet und

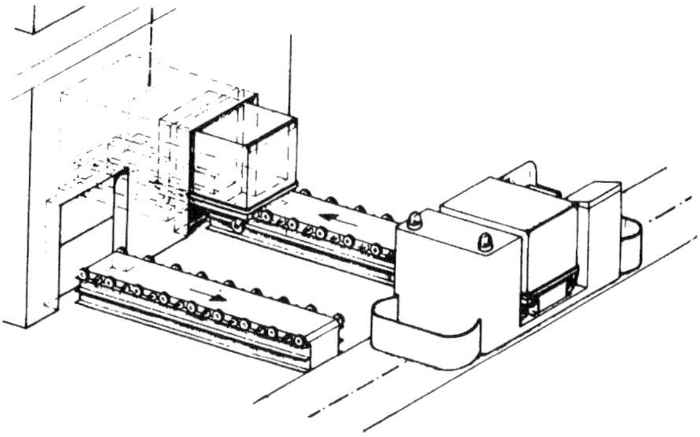

Abb. 18.18 FTS-Fahrzeug zum Transport von Roll-Containern mit automatischer Lastübergabe zu Rollenbahn und Hubstation

mit verschiedenen Lastaufnahmitteln ausgerüstet sind. Die FTS-Systeme konkurrieren im innerbetrieblichen Transport mit den mannbedienten Fahrzeugsystemen und den Hängebahnen, insbesondere wenn im Zwei- oder Dreischichtbetrieb gleichbleibend hohe Transportleistungen mit vielen, häufiger wechselnde Transportrelationen gefordert sind.

In *Abb. 18.15* ist ein *Schleppzug mit Anhängern* dargestellt. Haupteinsatzgebiete von Schleppzügen sind der innerbetriebliche Transport von Paletten und anderen Lasten über größere Entfernungen sowie der Gepäck- und Frachttransport auf Bahnhöfen und in Flughäfen. Das Schleppfahrzeug kann einen Elektro- oder Dieselantrieb haben und manuell oder automatisch gelenkt werden. Die Anhänger können zum automatischen Be- und Entladen mit unterschiedlichen Lastaufnahmemitteln ausgerüstet sein.

Als Beispiel für einen *Transportübergang* zwischen einem Fördersystem und einem innerbetrieblichen Fahrzeugsystem zeigt *Abb.18.18* ein FTS-Fahrzeug, das für den Transport und die automatische Lastaufnahme von Rollbehältern ausgerüstet ist.

Die *Abb. 18.19* zeigt jeweils ein Ausführungsbeispiel der *Verkehrsmittel*:

Straßenfahrzeug
Schienenfahrzeug
Schiff
Flugzeug. (18.19)

Verkehrsmittel werden primär im *außerbetrieblichen Transport* eingesetzt und bewegen sich auf den *Verkehrsträgern*:

Straße
Schiene
Wasser
Luft. (18. 20)

Als Beispiel für den automatischen Transportübergang zwischen einem innerbetrieblichen Fördersystem und einem außerbetrieblichen Fahrzeugsystem ist ins

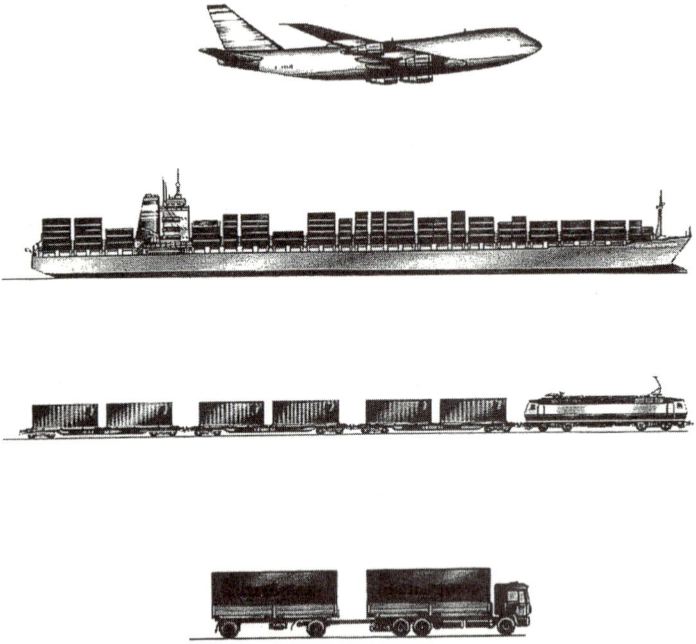

Abb. 18.19 Transportmittel auf Straße, Schiene, Wasser und in der Luft

Darstellung aus Firmenbroschüre *Kühne & Nagel*

Abb. 18.20 ein *Sattelaufliegerfahrzeug* dargestellt, das mit Tragkettenförderen zum automatischen Be- und Entladen von Paletten ausgerüstet ist. Ein solches Shuttle-Transportfahrzeug ist wirtschaftlich einsetzbar zwischen Produktion und Fertigwarenlagern, wenn der Transportweg nicht wesentlich größer als 100 km und der Betrieb mehrschichtig ist.

3. Spurführung und Fahrzeugnetze

Das Transportnetz, der Verkehrsablauf und die Transportstrategien hängen von der *Art der Spurführung* ab. Für diese bestehen folgende Möglichkeiten:

- *Feste Spurführung*: Die Fahrspur der Transportmittel ist durch eine *stationäre Spurführung* fest vorgegeben.
- *Freie Spurführung*: Die Fahrspur kann von der Fahrzeugsteuerung innerhalb eines bestimmten *Verkehrsraums* frei gewählt werden.

Bei *fester Spurführung* können die Fahrzeuge oder Züge die Fahrspur nur an den Knotenpunkten wechseln. Ein Überholen zwischen den Knotenpunkten ist nicht möglich. Die Geschwindigkeit der Fahrzeuge auf einer Fahrstrecke ist gleich. Die *Fahrspur* ist durch fest installierte Fahrschienen, Führungsschienen oder Leit-

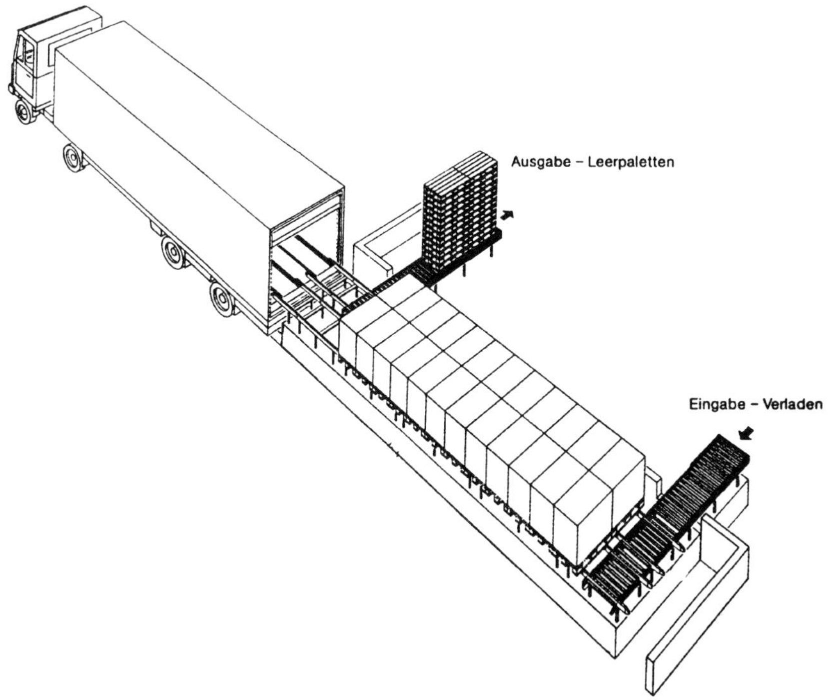

Abb. 18.20 Shuttle-Fahrzeug mit automatischer Palettenübergabestation

drähte oder durch optische, akustische oder elektronische Leitspuren räumlich fixiert.

Bei *freier Spurführung* sind *Spurwechsel*, *Spuränderungen* und *Überholvorgänge* an allen Punkten der Fahrtrasse möglich, soweit es die Verkehrslage und der Verkehrsraum zulassen. Daher können die Fahrzeuge bei freier Spurführung auf der selben Strecke unterschiedliche Geschwindigkeiten haben. Der *Verkehrsraum* ist durch eine Fahrbahn, Fahrtrasse oder Fahrrinne, durch eine Verkehrsfläche oder Wasserfläche oder durch einen vorgebenen Luftverkehrsraum begrenzt. Bis auf die Schienennetze der Bahn sind die *Verkehrsnetze* Transportnetze mit freier Spurführung.

Die *außerbetrieblichen Verkehrsnetze* – Straßennnetze, Binnenschiffahrtsnetze, Seeverkehrsnetze und Luftverkehrsnetze – sind das Ergebnis einer historischen Entwicklung, die vom Industrie- und Bevölkerungswachstum, der Verkehrspolitik, der Infrastrukturplanung und der Städteplanung beeinflußt ist. Neue Verkehrswege werden von der *Verkehrswegeplanung* vorbereitet und abhängig von Bedarf und Finanzierbarkeit gebaut. Die öffentlichen Verkehrsnetze sind weitgehend vorgegeben und durch Unternehmen oder Verkehrsteilnehmer kaum veränderbar.

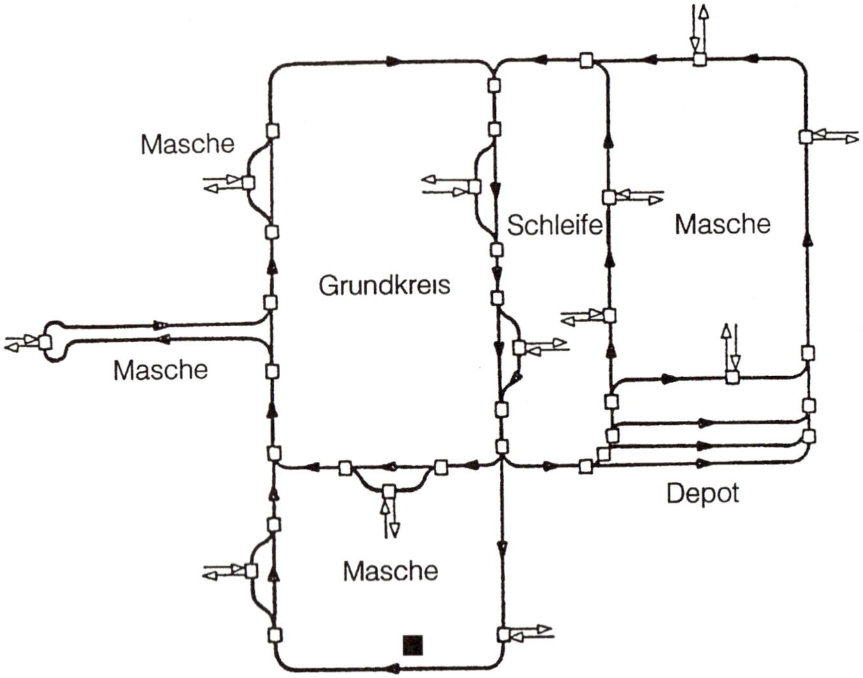

Abb. 18.21 Geschlossenes Transportnetz eines Fahrzeugsystems
Transportnetz eines FTS-Systems zur Ver- und Entsorgung eines Krankenhauses

Die flächendeckenden Verkehrsnetze in den Industrieländern bieten den Verkehrsteilnehmern jedoch eine große Wahlfreiheit für die *Fahrtrouten* zwischen den Stationen. Die weltumspannenden Verkehrsnetze zu Land, auf dem Wasser und in der Luft ermöglichen den Unternehmen den Aufbau *flexibler* oder *temporärer Logistiknetze*, die nur einen kleinen Teil der Verkehrsnetze nutzen. Diese *Handlungsspielräume* werden vom *Netzwerkmanagement* und in der *Tourenplanung* genutzt [175; 178].

Transportnetze mit fester Spurführung sind die *Schienennetze* von Eisenbahnen, Hängebahnen und innerbetrieblichen Schienfahrzeugen sowie die *Spurnetze* fahrerloser Transportsysteme. Als Beipiel zeigt *Abb. 18.21* das unterirdische Transportnetz eines FTS-Systems mit den in *Abb. 18.18* dargestellten Fahrzeugen zum Flächentransport von Containern, in denen die Stationen eines Krankenhauses über Aufzüge mit Wäsche, Mahlzeiten, Medikamenten und anderem Bedarf ver- und entsorgt werden.

Die Planung der *innerbetrieblichen Transportnetze* ist Aufgabe der *innerbetrieblichen Logistik* in Abstimmung mit der *Werks-* oder *Betriebsplanung*. Die Trassenführung der Verkehrswege und die Gestaltung der Schienen- und Spurnetze in den Werken und Betrieben resultieren aus dem Beförderungsbedarf zwischen den Leistungsstellen und den Betriebsbereichen. (s.u.)

4. Antriebstechnik und Energieversorgung
In den Transportmitteln kommen heute primär folgende *Antriebstechniken* zum Einsatz:

Gleichstrom- oder Drehstrommotor
Benzin-, Diesel- oder Gasmotor (18.21)
Düsentriebwerke.

Andere Antriebstechniken, wie die Windkraft oder die Dampfmaschine, sind von Dieselmotor und Elektroantrieb weitgehend verdrängt worden, oder befinden sich, wie der Gyroskopantrieb für Busse oder die Hybridantriebe, im Experimentierstadium.

Entscheidungskriterien für die Auswahl der Antriebstechnik eines Transportmittels sind Verfügbarkeit, Verbrauch und Kosten des *Energieträgers*, die benötigte *Antriebskraft*, die angestrebte *Fahrgeschwindigkeit* und *Beschleunigung* sowie die Art der *Energieversorgung*.

Für die *Energieversorgung* des Fahrzeugantriebs bestehen folgende Möglichkeiten:

- *Stationäre Energieversorgung* über Schleifleitungen, Stromschienen, Oberleitungen oder Schleppkabel.
- *Mitfahrende Energieversorgung* aus einem Treibstofftank, einer Batterie oder einem Akku oder durch einen mechanischen Energiespeicher, wie Gyroskop oder Feder.

Der *Vorteil* der *stationären Energieversorgung* ist, daß die Reichweite der Transportmittel nicht durch den Inhalt eines Energiespeichers begrenzt wird. Der Hauptnachteil sind die fest neben der Fahrspur installierten Versorgungsleitungen. Dadurch ist die stationäre Energieversorgung beschränkt auf spurgeführte Fahrzeugssysteme. Das heißt:

- Die *stationäre Energieversorgung* beschränkt die Beweglichkeit der Transportmittel auf feste Fahrspuren, ermöglicht aber den unterbrechungsfreien Einsatz der Fahrzeuge.

Eine *mitfahrende Energieversorgung* ist Voraussetzung für ein spurfreies Fahrzeugsystem. Sie erfordert keine festen Versorgungsleitungen entlang den Fahrwegen und ermöglicht dadurch eine größere *Beweglichkeit* der Transportmittel. Dieser Vorteil wird jedoch mit folgenden *Nachteilen* und *Einschränkungen* erkauft:

- Der Inhalt des mitfahrenden Energiespeichers begrenzt die *Reichweite* des Transportmittels.
- Energiespeicher und Energieinhalt benötigen Platz und haben ein *Eigengewicht*, das zu Lasten der Nutzlast geht und für dessen Beförderung Energie verbraucht wird.
- Zum Aufladen der Energiespiecher müssen in ausreichendem Abstand *Tankstellen* oder *Ladestationen* vorhanden sein, die eine eigene Versorgungslogistik benötigen.

- Das Tanken oder Aufladen erfordert Zeit, die für den Transporteinsatz verloren geht und die *Verfügbarkeit* der Transportmittel reduziert.

Hieraus folgt:

- Die *mitfahrende Energieversorgung* ermöglicht eine größere Bewegungsfreiheit der Transportmittel, begrenzt aber deren Reichweite und vermindert die Verfügbarkeit.

Die begrenzte Reichweite und die verminderte Verfügbarkeit sind *Restriktionen*, die bei der Systemauslegung und der Berechnung des Fahrzeugbedarfs sowie bei der Tourenplanung und Einsatzdisposition der Fahrzeuge berücksichtigt werden müssen.

18.8 Transportmatrix und Transportmittelbedarf

Damit ein Fahrzeugsystem eine Transportleistung erbringen kann, die durch eine *Beförderungsmatrix* λ_{ij} [LE/h] gefordert wird, müssen zwischen den Stationen S_i und S_j Transportströme fließen, die durch eine *Transportmatrix* $\lambda_{TE\,ij}$ [TE/h] gegeben sind. Die Transportmatrix wird benötigt zur Ermittlung der Verkehrsbelastung der Strecken und Knoten des Transportnetzes und zur Berechnung des Transportmittelbedarfs.

Die Transportströme zwischen den Stationen setzen sich zusammen aus einem *Voll-* oder *Ladungstransportstrom* $\lambda^{V}_{TE\,ij}$ von Transportmitteln *mit* Beladung und einem *Leertransportstrom* $\lambda^{L}_{TE\,ij}$ von Transportmitteln *ohne* Beladung:

$$\lambda_{TE\,ij} = \lambda^{V}{}_{TE\,ij} + \lambda^{L}{}_{TE\,ij} \qquad [TE/h]\,. \tag{18.22}$$

Die funktionale Abhängigkeit der *Ladungstransportströme* und der *Leertransportströme* vom Beförderungsbedarf λ_{ij} und vom Fassungvermögen C_{TE} der Transportmittel wird von den Transportstrategien bestimmt.

1. Ladungstransportströme

Wenn jedes Transportmittel maximal beladen ist, befördert es C_{TE} Ladeeinheiten. Daraus folgt:

- Für Transportmittel mit dem Fassungvermögen C_{TE} [LE/TE] und eine geforderte Beförderungsleistung λ_{ij} [LE/h] ist der *minimale Ladungstransportstrom*

$$\lambda^{V}{}_{TE\,ij} = \lambda_{ij}/C_{TE} \qquad [TE/h]\,. \tag{18.23}$$

Minimale Ladungstransportströme sind durch maximale Ladungsbündelung mit der Strategie zielreiner Fahrten bei freier Abfertigungsreihenfolge erreichbar, wenn die Transportzeiten nicht begrenzt sind.

Wenn für eine Transportrelation eine maximale Abfertigungswartezeit Z_{ij} [h] gefordert ist, müssen die Transportfahrten mit einer *Mindestfrequenz* $\nu_{ij\,min} = 1/Z_{ij}$ [1/h] stattfinden, auch wenn die in der Zeit Z_{ij} für das Ziel S_j ankommenden Ladeeinheiten das Transportmittel nicht voll auslasten. Hieraus folgt:

- Bei *freier Abfertigungsreihenfolge* durch Transportmittel mit dem *Fassungsvermögen* C_{TE} [LE/TE], maximalen *Abfertigungswartezeiten* Z_{ij} [h], *zielreinen Fahrten* und einem *Beförderungsbedarf* λ_{ij} [LE/h] sind die *Ladungstransportströme*

$$\lambda^{V}{}_{TE\,ij} = \mathbf{MAX}\left(\lambda_{ij}/C_{TE}\,;1/Z_{ij}\right) \qquad \left[TE/h\right]. \tag{18.24}$$

Bei fester Abfertigungsreihenfolge und zielreinen Fahrten können jeweils nur soviele Ladeeinheiten in einem Transportmittel befördert werden, wie nacheinander für die gleiche Zielrichtung ankommen. Für einen stochastisch durchmischt ankommenden Ladeeinheitenstrom ergibt sich die Anzahl zielrein aufeinander folgender Ladeeinheiten aus der *Folgenwahrscheinlichkeit* (13.45). Damit folgt [185]:

- Bei *fester Abfertigungsreihenfolge* durch Transportmittel mit dem *Fassungsvermögen* C [LE/TE], maximal zulässigen *Abfertigungswartezeiten* Z_{ij} [h], *zielreinen Fahrten* und *zielgemischten Beförderungsströmen* λ_{ij} [LE/h] sind die *Ladungstransportströme*

$$\lambda^{V}{}_{TE\,ij} = \mathbf{MAX}\left(\left(\left(1-\lambda_{ij}/\lambda_{Ei}\right)/\left(1-\left(\lambda_{ij}/\lambda_{Ei}\right)^{C}\right)\right)\cdot\lambda_{ij};1/Z_{ij}\right) \qquad \left[TE/h\right]. \tag{18.25}$$

Hierin sind λ_{Ei} die Einlaufströme (18.3) in die Stationen S_i. Bei einer Kapazität C = 1 LE/TE ist die Volltransportmatrix für beide Abfertigungsstrategien gleich der Belastungsmatrix.

Für zielgemischte Fahrten und für Fahrten mit Zuladen ergeben sich die Ladungstransportströme aus der Summation der erforderlichen Einzelfahrten. Die Anzahl der Einzelfahrten ist abhängig von der *Tourenplanung* (s. *Abschnitt 18.11*).

Fahrten mit Zuladung sind nur möglich, wenn ein Transportmittel eine Station teilgefüllt verläßt. Das kommt bei freier Abfertigungsreihenfolge immer dann vor, wenn sich in der maximalen Abfertigungswartezeit weniger als C_{TE} Ladeeinheiten für eine Zielrichtung ansammeln.

Für die Strategien der Fahrten mit Zuladung und der zielgemischten Fahrten gelten folgende *Einschränkungen*:

- Transportfahrten mit Zuladung haben nur einen positiven Effekt, wenn die Transportmatrix durch das Anfahren mehrerer Ziele deutlich kleiner wird als die Transportmatrix (18.24) für Fahrten ohne Zuladung.
- Zielgemischte Fahrten, die bei fester Abfertigungsreihenfolge eine volle Beladung der Transportmittel ermöglichen, sind nur sinnvoll, wenn die hiermit erreichbare Transportmatrix kleiner ist, als die Transportmatrix (18.25) für zielreine Fahrten.

Durch Beziehung (18.24) sind daher die maximalen Ladungstransportströme bei freier Abfertigungsreihenfolge und durch Beziehung (18.25) bei fester Abfertigungsreihenfolge gegeben. Für beide Abfertigungsstrategien kann daher das Fahrzeugsystem mit den Transportmatrizen (18.24) und (18.25) dimensioniert werden. Ein so ausgelegtes Fahrzeugsystem ist auch für andere Transportstrategien, wie zielgemischte Fahrten und Fahrten mit Zuladung, ausreichend bemessen [126].

2. Transportmatrix für einzelne und kombinierte Fahrten
Für die beiden einfachsten Leerfahrtzeugstrategien der einzelnen und der kombinierten Fahrten lassen sich die Leertransportströme und damit auch die Transportmatrix direkt berechnen. Bei Einzelfahrten ist der von einer Station S_j zu einer Station S_i zurückfließende Leertransportstrom gleich dem von der Station S_i zu der Station S_j hinfließenden Ladungstransportstrom

$$\lambda^{L}{}_{TE\,ij} = \lambda^{V}{}_{TE\,ij} \ . \tag{18.26}$$

Aus Beziehung (17.22) folgt damit die

- *Transportmatrix für einzelne Fahrten* mit leerer Rückfahrt

$$\boldsymbol{\lambda}_{TE\,ij} = \boldsymbol{\lambda}^{V}{}_{TE\,ij} + \boldsymbol{\lambda}^{V}{}_{TE\,ij} \ . \tag{18.27}$$

Bei kombinierten Fahrten ist der Transportstrom zwischen einer Station S_i zu einer Station S_i in beiden Richtungen jeweils gleich dem Maximum des hinfließenden und des rückfließenden Ladungstransportstroms. Daraus folgt die

- *Transportmatrix für kombinierte Fahrten* mit maximal genutzter Rückfahrt

$$\lambda_{TE\,ij} = \mathbf{MAX}\left(\lambda^{V}{}_{TE\,ij};\ \ \lambda^{V}{}_{TE\,ji}\right) . \tag{18.28}$$

Die Abhängigkeit der Transportströme (18.27) und (18.28) vom Fassungsvermögen und vom Beförderungsbedarf bewirkt, daß die *Transportmittelauslastung*

$$\eta_{TE\,ij} = \lambda_{TE\,ij} \big/ \left(C_{TE} \cdot \lambda_{ij}\right) . \tag{18.29}$$

bei freier Abfertigungsreihenfolge besser ist als bei fester Abfertigungsreihenfolge. Daher nimmt der Transportmittelbedarf bei freier Abfertigungsreihenfolge mit zunehmendem Fassungsvermögen rascher ab als bei fester Abfertigungsreihenfolge.

Aus dem Zusammenwirken von Abnahme des Transportmittelbedarfs, Zunahme der Lastübernahmezeit und Anstieg des Fahrzeugpreises mit dem Fassungsvermögen wurde die in *Abb. 18.22* dargestellte Abhängigkeit der Investition für die Fahrzeuge eines FTS-Systems für Paletten vom Fassungsvermögen bei freier und bei fester Abfertigungsreihenfolge berechnet. Dieses Praxisbeispiel zeigt, wie wirkungsvoll sich ein Transportsystem durch richtige Abfertigungsstrategie und optimale Festlegung des Fassungsvermögens verbessern läßt [185].

3. Strombelegung
Die *Strombelegung* oder *Verkehrsbelastung* ergibt sich, indem die Ströme der Transportmatrix so auf die Strecken und Knoten des Netzes umgelegt werden, daß sie auf kürzestem Weg von den Ausgangsstationen zu den Zielstationen fließen.

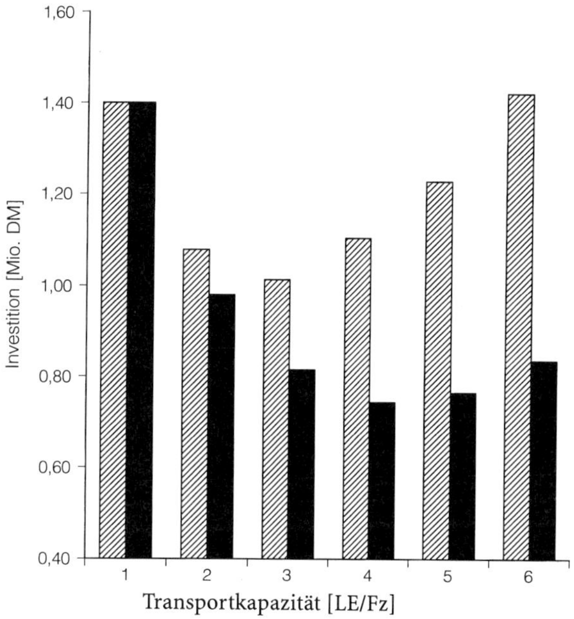

Abb. 18.22 Abhängigkeit der Transportmittelinvestition vom Fassungsvermögen der FTS-Fahrzeuge

Graue Balken: Feste Abfertigungsreihenfolge

Schwarze Balken: Freie Abfertigungsreihenfolge

Aus der Umlage der Transportströme resultiert die

- *Strombelegungsfunktion*

$$\varepsilon_{\mathrm{ij}\,ka} = \begin{cases} 1 & \text{wenn } \lambda_{\mathrm{TE\,ij}} \text{ das Element } TE_k \text{ in Funktion } F_{ka} \text{ durchläuft} \\ 0 & \text{wenn } \lambda_{\mathrm{TE\,ij}} \text{ das Element } TE_k \text{ in Funktion } F_{ka} \text{ nicht durchläuft,} \end{cases} \tag{18.30}$$

Mit Hilfe der Strombelegungsfunktion ergeben sich die

- *partiellen Transportströme* durch das *Transportelement* TE_k in der *Einzelfunktion* $F_{k\alpha}$

$$\lambda_{ka} = \sum_{\mathrm{i}} \sum_{\mathrm{j}} \varepsilon_{\mathrm{ij}\,ka} \cdot \lambda_{\mathrm{TE\,ij}} \tag{18.31}$$

Für die Transportstrategien der einzelnen und der kombinierten Fahrten mit den Transportmatrizen (18.27) bzw. (18.28) ist das Umlegen der Transportströme anhand einer Abbildung des Transportnetzes einfach relativ durchführbar, indem zwischen zwei Stationen jeweils der kürzeste Weg gewählt wird.

4. Strombelegung bei Leerfahrtminimierung

Für Transportsysteme mit *Redundanz*, in denen zwischen den Stationen mehrere Wege zur Auswahl stehen, und für Fahrten mit Zuladen oder für zielgemischte Fahrten fehlen bisher geeignete *Algorithmen* zur Bestimmung der Transportmatrix, zur Herleitung der Belegungsfunktion und damit auch zur Berechnung der Transportströme und des Transportmittelbedarfs.

Auch für die Strategie der *Leerfahrtminimierung* gibt es bisher keine explizite Formel zur Berechnung der Leertransportströme. Zur Dimensionierung werden für den Fall der Leerfahrtminimierung jedoch nur die *partiellen Transportströme* (18.31) benötigt.

Diese ergeben sich für die Strategie der Leerfahrtminimierung durch Umlegen der Ladungstransportströme (18.24) oder (18.25) auf die jeweils kürzesten Wege und anschließendes Ergänzen der Leefahrzeugströme. Wenn für eine Station S_i die *Leerfahrzeugdifferenz*

$$\Delta\lambda^{L}{}_{TE\,i} = \sum_{j}\left(\lambda^{V}{}_{TE\,ij} - \lambda^{V}{}_{TE\,ji}\right) . \tag{18.32}$$

positiv ist, hat die Station einen *Leerfahrzeugüberschuß*. Ist die Differenz (18.32) negativ, besteht an der Station ein *Leerfahrzeugbedarf*.

Das Verfahren der *Ergänzung der Leerfahrzeugströme* besteht darin, den Leerfahrzeugüberschuß auf den kürzesten Wegen von den Überschußstationen zu den Bedarfsstationen zu leiten. Hierfür wird – beginnend bei der Station mit dem größten Leerfahrzeugüberschuß – der Überschuß (18.32) auf die nächstgelegenen Stationen mit Leerfahrzeugbedarf verteilt. Da die Summe über die Leerfahrzeugdifferenzen (18.32) gleich Null ist, enstehen nach diesem Verfahren minimale Leertransportströme.

5. Durchlaufzeiten und Transportzeiten

Auf dem Weg von Station S_i zu Station S_j durchläuft ein Transportmittel nacheinander N_{ij} Transportelemente TE_k. Es legt dabei einen *Gesamtfahrweg* l_{ij} zurück, der sich aus den *partiellen Durchlauflängen* $l_{k\alpha}$ durch die einzelnen Elemente zusammensetzt (s. Beziehung (18.7)).

Die Zeit für die Fahrt durch eine Verbindungstrecke der Durchlauflänge $l_{k\alpha}$ mit der Fahrgeschwindigkeit v_α ohne Anhalten, Beschleunigen oder Abbremsen ist:

$$z_{Dka} = l_{ka} / v_a \ . \tag{18. 33}$$

Wenn am Anfang oder Ende der Verbindungstrecke eine Beschleunigung oder ein Abbremsen stattfindet, erhöht sich die Durchlaufzeit um die Beschleunigungs- und Bremszeiten. Die Durchlaufzeit für eine Wegstrecke, an deren Anfang und Ende das Transportmittel steht, also die Geschwindigkeit 0 hat, ist durch Beziehung (16.59) gegeben.

Die Durchlaufzeit durch eine Belade- oder Entladestation mit der *Einlaufzeit* t_{ein}, der *Lastübergabezeit* für C Ladeeinheiten $t_{LÜ}(C)$ und der *Auslaufzeit* t_{aus} ist:

$$z_{DLÜ} = t_{ein} + t_{LÜ}(C) + t_{aus} \ . \tag{18.34}$$

Wenn $z_{Dk\alpha}$ die *Durchlaufzeit* einer Transporteinheit durch das Transportelement TE_k in der partiellen Funktion $F_{k\alpha}$ ist, $z_{Wk\alpha}$ die mittlere partielle *Wartezeit* vor dem Transportelement und $\varepsilon_{ij\,k\alpha}$ die durch Beziehung (18.30) definierte Strombelegungsfunktion des Netzes ist, folgt für die

- *Transportzeit* von Station S_i zu Station S_j

$$T_{ij} = \sum_k \varepsilon_{ij\,ka} \cdot \left(Z_{D\,ka} + Z_{W\,ka} \right) \qquad [h]. \tag{18.35}$$

Das erste Transportelement dieser Summe ist die Beladestation und das letzte die Entladestation. Die *mittleren Wartezeiten* $Z_{W\,k\alpha}$ lassen sich bei bekannter Strombelastung mit Hilfe von Beziehung (13.67) aus *Kapitel 13* berechnen.

Für längere Fahrwege in Verkehrsnetzen wie auch zur Näherungsberechnung für innerbetriebliche Transportnetze genügt es, die Transportzeit zwischen den Stationen mit einer *Reise- oder Effektivgeschwindigkeit* v_{eff} zu berechnen, in der die Brems- und Beschleunigungszeiten auf den einzelnen Streckenabschnitten pauschal berücksichtigt sind. Dann gilt für die Transportzeiten ohne Wartezeiten die *Näherungsformel:*

$$T_{ij} \approx \left(n_{Stop} + 1 \right) \cdot t_{Stop} + l_{ij} / v_{eff} \qquad [\text{TE-Fahrt}]. \tag{18.36}$$

Hierin sind l_{ij} die Fahrwege zwischen den Stationen, n_{Stop} die Anzahl der Be- und Entladestops auf der Fahrt von S_i nach S_i einschließlich des Anfangs- und Endstops und t_{Stop} die mittlere Stopzeit.

Die Transportzeiten einschließlich der Wartezeiten sind um einen *Wartezeitfaktor* f_W größer als die reinen Transportzeiten (18.36). Der Wartezeitfaktor ist bei nur einem Fahrzeug im System gleich 1 und steigt mit der Auslastung des Transportsystems an (s. *Abb. 18.23*).

Aus den Transportzeiten (18.35) oder (18.36) folgt mit dem Ladungstransportstrom $\lambda^V_{TE\,ij}$ die *mittlere Nutzfahrzeit:*

$$T^V = \sum_i \sum_j \left(\lambda^V{}_{TE\,ij} / \lambda^V{}_{TE} \right) \cdot T_{ij} \ . \tag{18.37}$$

Die mittlere Nutzfahrzeit ist *Zielfunktion*, wenn eine Minimierung der Fahrzeiten in einem Transportsystem angestrebt wird. Das ist z.B. erreichbar durch das Einfügen von Abkürzungs- und Überholstrecken oder durch eine erhöhte Fahrgeschwindigkeit.

6. Berechnung des Transportmittelbedarfs nach dem Belegungsverfahren

Sind die Transportmatrix und die Transportzeiten bekannt, läßt sich der Transportmittelbedarf berechnen. Wenn von Station S_i zur Station S_j stündlich $\lambda_{TE\,ij}$ Fahrten mit einer Transportzeit T_{ij} [h] stattfinden, ist die Anzahl der im Einsatz befindlichen Transportmittel:

$$N_{TM\,ij} = \lambda_{TE\,ij} \cdot T_{ij} \qquad [\text{TE}]. \tag{18.38}$$

Durch Summation über alle Transportrelationen folgt hieraus für eine Transportmatrix $\lambda_{TE\,ij}$ und die Transportzeiten T_{ij} der

- *aktuelle Transportmittelbedarf* des Fahrzeugsystems

$$N_{TM} = \sum_i \sum_j \lambda_{TE\,ij} \cdot T_{ij} = N_{TE\,D} + N_{TE\,W} \quad [TE] . \tag{18.39}$$

Entsprechend der Zusammensetzung der Transportzeiten (18.35) aus Durchlaufzeiten und Wartezeiten ist die Anzahl der Transporteinheiten im System gleich einer Anzahl $N_{TE\,D}$ *durchlaufender Transporteinheiten*, die sich in einem der Transportelemente fortbewegen oder abgefertigt werden, und einer Anzahl $N_{TE\,W}$ *wartender Transporteinheiten*, die vor den Transportelementen auf Abfertigung warten (s. *Abb. 18.25*).

Für Transportmittel, deren *Verfügbarkeit* η_{ver} infolge technischer Störungen oder wegen des Zeitbedarfs für das Aufladen kleiner 1 ist, ist der

- *effektive Transportmittelbedarf*

$$N_{TM\,eff} = N_{TM} / \eta_{ver} \quad [TE] . \tag{18.40}$$

Der effektive Transportmittelbedarf ist größer als der aktuelle Transportmittelbedarf.

So ist der Bedarf eines FTS-Systems mit Elektrofahrzeugen, deren Verfügbarkeit infolge der Aufladezeiten nur 85 % beträgt, um 18 % größer als die Anzahl aktuell im Einsatz befindlicher Fahrzeuge. Wenn das Aufladen außerhalb der Betriebszeit oder in auslastungsschwachen Zeiten möglich ist, steigt die Verfügbarkeit auf die rein ausfallbedingte Verfügbarkeit, die in der Regel besser als 98 % ist. Der effektive Fahrzeugbedarf sinkt dann um 15 %.

7. Berechnung des Transportmittelbedarfs nach dem Rundfahrverfahren

Besteht das Transportsystem aus Fahrzeugen, Zügen, Schiffen oder Flugzeugen, die von einer Station S_0 starten und nach einem *Umlauf* oder einer *Rundfahrt* zu n Zielorten S_j wieder zum Ausgangspunkt zurückkehren, läßt sich die *Umlaufzeit* oder *Rundfahrzeit* T_R [ZE] eines Transportmittels nach Beziehung (18.36) aus der Stopzahl, der effektiven Reisegeschwindigkeit und der Länge des Rundfahrwegs l_R berechnen.

In der innerbetrieblichen Logistik wird die Rundfahrzeit auch als *Spielzeit* t_R [s] bezeichnet und meist in *Sekunden* gemessen. Im außerbetrieblichen Transport wird die Umlaufzeit für Straßenfahrzeuge, Eisenbahnzüge und Flugzeuge in *Stunden* und für Schiffe in *Tagen* angegeben.

Die Anzahl Rundfahrten, die ein Transportmittel mit der *Verfügbarkeit* η_{ver} pro Zeiteinheit ZE durchführen kann, ist die *effektive Rundfahrtleistung*. Diese ist gegeben durch:

$$\mu_{R\,eff} = \eta_{ver} / T_R \quad [\text{TE-Fahrten/ZE}] . \tag{18.41}$$

Durch Auflösen nach T_R und Einsetzen in die Beziehungen (18.38) und (18.40) folgt aus Beziehung (18.41):

- Für einen *Rundfahrtbedarf* λ_R [TE/PE] pro Betriebsperiode PE ist der *Transportmittelbedarf* bei einer effektiven *Rundfahrtleistung* des Transportmittels μ_R [TE/PE]

$$N_{\mathrm{TM\,eff}} = N_{\mathrm{TM}} / \eta_{\mathrm{ver}} \qquad [\mathrm{TE}]\,. \tag{18.42}$$

Das durch die eckigen Klammern angezeigte ganzzahlige Aufrunden auf die nächste ganze Zahl ist erforderlich, wenn ein Transportmittel zum Ende der *Betriebsperiode* PE, die im innerbetrieblichen Bereich eine Schicht und im außerbetrieblichen Transport ein Tag oder eine Woche sein kann, alle Rundfahrten beendet haben soll.

Die Dimensionierungsformel (18.42) wird in der innerbetrieblichen Logistik vielfach genutzt zur Berechnung des Bedarfs von Staplern, Lagergeräten oder Kommissionierern *(s. Kapitel 16* und 17). Im außerbetrieblichen Transport ist die Beziehung (18.42) zur Berechnung des Transportmittelbedarfs bei *Fahrplanbetrieb* geeignet (s.u.).

18.9 Auslegung und Dimensionierung von Fahrzeugsystemen

Für die Gestaltung und Optimierung innerbetrieblicher Fahrzeugsysteme wird häufig das Verfahren der *digitalen Simulation* propagiert [59; 60; 61]. Dabei wird in der Regel nicht gesagt, woher die zu simulierende Anfangslösung kommt. Die digitale Simulation ist jedoch nur ein *Modellversuch* zur Überprüfung der Leistungsfähigkeit und zur experimentellen Verbesserung einer bereits *existierenden Lösung* (s. *Abschnitt* 5.3).

Analytische Verfahren zur Gestaltung, Dimensionierung und Optimierung von Transportsystemen sind kaum bekannt. Daher gibt es nur wenige Untersuchungen der Auswirkungen der freien *Gestaltungsparameter* und der unterschiedlichen *Transportstrategien* auf die Leistung, den Fahrzeugbedarf und die Betriebskosten von Fahrzeugsystemen [126; 179; 180; 183; 185; 226].

Freie Parameter zur Gestaltung, Dimensionierung und Optimierung von Fahrzeugsystemen sind die *Netzparameter*

Streckenverlauf
Grundkreise
Maschen und Schleifen
Abkürzungstrecken
Parallelstrecken
Überholstrecken (18.43)
Gegenkreise
Nebenlinien
Stationsanordnung
Fahrtrichtung

und die *Fahrzeugparameter*

Fahrgeschwindigkeiten
Fassungsvermögen (18.44)
Lastübernahmezeit.

Die Fahrzeugparameter (18.44) sind in der Regel untereinander wie auch von den Leistungsanforderungen abhängig: Die Geschwindigkeit ist für Fahrzeuge mit geringerem Fassungsvermögen in der Regel größer als für Fahrzeuge mit großem Fassungsvermögen. Wenn nicht durch eine geeignete Ladetechnik dafür gesorgt wird, daß mehrere Ladeeinheiten gleichzeitig be- und entladen werden können, steigt die Lastübernahmezeit mit der Lademenge.

In der Planungspraxis bewährte analytische Verfahren zur Gestaltung, Dimensionierung und Optimierung von Fahrzeugsystemen, die von den Netzparametern (18.43) und den Fahrzeugparameterm (18.44) systematisch Gebrauch machen, sind das *Ringnetzauslegungsverfahren* für Ringtransportnetze, wie sie die *Abb. 18.1B, 18.4* und *18.21* zeigen, das *Liniennetzauslegungverfahren* für Liniennetze der in den *Abb. 18.1A* und *18.2A* gezeigten Art und die Kombination beider Verfahren für Ringliniennetze, für die in *Abb. 18.2C* ein Beispiel dargestellt ist [126].

Bei der Netzgestaltung werden die Standorte und der Beförderungsbedarf der Auf- und Abgabestationen zunächst als vorgegeben betrachtet. Die Stationen liegen optimal entweder direkt an Quellen und Senken mit einem großem Beförderungsbedarf oder in den *Transportschwerpunkten* von *Einzugsgebieten* mit einer größeren Anzahl von Quellen und Senken, von denen jede für sich nur einen geringen Beförderungsbedarf hat (*s. Abschnitt 18.10*).

1. Ringnetzauslegungsverfahren

Nach dem Ringnetzauslegungsverfahren, das für die Auslegung innerbetrieblicher Fahrzeugnetze besonders geeignet ist, sind folgende *Arbeitsschritte* iterativ zu durchlaufen:

1. Unter Berücksichtigung der räumlichen Randbedingungen werden die Stationen, zwischen denen ein permanenter Beförderungsbedarf besteht, durch eine *minimale Anzahl von Transportringen* kürzester Länge miteinander verbunden.
2. Die *Fahrtrichtung* in den Transportringen wird so festgelegt, daß die umlaufenden Fahrzeuge alle geforderten Transporte durchführen können.
3. Für diese *Ausgangslösung* und geeignete *Transportstrategien* wird mit den Beziehungen (18.22) bis (18.28) aus der Beförderungsmatrix und der Kapazität der Transportmittel die *Transportmatrix* berechnet.
4. Die Transportströme werden auf die Streckenelemente und Knotenpunkte des Transportnetzes umgelegt und so die *Strombelastung* ermittelt.
5. Mit einer *Funktions- und Leistungsanalyse* (s. *Abschnitt 13.7*) wird für die resultierende *Strombelastung* die Einhaltung der Grenzleistungs- und Staugesetze der Streckenelemente und Transportknoten überprüft.
6. Hierbei erkennbare *Engpässe* oder unzulässige *Staueffekte* werden durch Leistungssteigerung, Umgehung, Doppelung oder Änderung der Abfertigung beseitigt (s. *Kapitel 13*).
7. Unter Berücksichtigung der *Strombelastung* werden mit Hilfe von Beziehung (18.35) oder (18.36) die *Transportzeiten* berechnet und mit den geforderten Transportzeiten verglichen.
8. Wenn die Transportzeiten für einzelne Relationen länger als zulässig sind, werden passende *Abkürzungsstrecken* oder *Überholstrecken* in das Ringnetz eingefügt.

9. Für die aus dem Beförderungsbedarf errechnete Transportmatrix werden mit Hilfe von Beziehung (18.39) der *aktuelle Fahrzeugbedarf* und mit Beziehung (18.40) der *effektive Fahrzeugbedarf* errechnet.
10. Durch sukzessive *Variation der Netzparameter* (18.43), wie Hinzufügen oder Herausnehmen von *Abkürzungs-* und *Überholstrecken*, versuchsweise *Umkehr der Fahrtrichtung* im Netz und, soweit zulässig, durch *Veränderung der Stationsanordnung*, wird der Fahrzeugbedarf minimiert.
11. Durch schrittweise *Variation der Fahrzeugparameter* (18.44), wie Veränderung des Fassungsvermögens, der Fahrgeschwindigkeit und der Lastübernahmezeit, werden *Fahrzeugbedarf* und *Betriebskosten* weiter optimiert.

Zur rationellen Netzgestaltung und Netzoptimierung werden die zuvor entwikkelten Berechnungsformeln für die Transportzeiten und den Fahrzeugbedarf benötigt. Zwei FTS-Transportnetze, die nach diesem Verfahren gestaltet und optimiert wurden, zeigen die *Abb. 17.21* und *18.21*.

2. Liniennetzauslegungsverfahren

Das Liniennetzauslegungsverfahren ist speziell geeignet für die Auslegung von Bahnlinien und anderen Linienverkehrsnetzen. Die Arbeitsschritte dieses Verfahrens sind:

1. Je zwei weit voneinander entfernte Ausgangsstationen, zwischen denen ein großes Beförderungsaufkommen besteht, werden durch eine *Hauptlinie* mit Hin- und Rückfahrstrecke verbunden.
2. Soweit das ohne größere Umwege möglich ist, werden die Trassen der Hauplinien so gelegt, daß möglichst viele weitere Stationen mit geringerem Beförderungsbedarf an den Hauptstrecken liegen.
3. Jede Hauptlinie wird über die beiden Ausgangsstationen hinaus zu weiteren Außenstationen hin verlängert, von und zu denen ein Beförderungsbedarf besteht.
4. In senkrechter Richtung zu einer Hauptlinie werden noch nicht angeschlossene Stationen nacheinander erschlossen durch eine minimale Anzahl von *Zubringerlinien*, die in die Hauptlinie einmünden, oder von *Nebenlinien*, die an bestimmten *Umstiegspunkten* die Hauptstrecke kreuzen.
5. Soweit das ohne größere Umwege möglich ist, werden die Trassen der Zubringer- und Nebenlinien so gelegt und über die Endstationen hinaus verlängert, daß die restliche Stationen mit geringerem Beförderungsbedarf an einer der Linien liegen.
6. Die aus den Beförderungsströmen zwischen allen Stationen, die auf diese Weise miteinander verbundenen sind, mit der Transportkapazität C_{TE} der eingesetzten Züge oder Transportfahrzeuge errechneten Ladungstransportströme (18.24) werden auf den kürzesten Wegen auf die Haupt-, Zubringer- und Nebenlinien umgelegt. Hieraus resultieren die partiellen Transportströme (18.31) durch die Teilabschnitte der Haupt-, Zubringer- und Nebenlinien.
7. Die minimale *Transportfrequenz*, also die zur Beförderung des Bedarfs erforderliche Anzahl Transportfahrten auf einer Haupt-, Zubringer- oder Nebenlinie, ist gleich dem ganzzahlig aufgerundeten Maximum der summierten Transportströme entlang dieser Strecke. Die Anzahl der hierfür benötigten

Züge oder Transportmittel errechnet sich mit Hilfe der Beziehungen (18.41) und (18.42) aus der Umlaufzeit eines Zuges oder Transportmittels auf der betreffenden Haupt-, Zubringer- oder Nebenlinie.

8. Mit den vorangehenden Beziehungen werden danach die *Fahrzeiten* für die Streckenabschnitte und die *Transportzeiten* zwischen den Stationen berechnet.
9. Wenn das Liniensystem nach einem *festen Fahrplan* betrieben wird, werden die *Abfahrtzeiten von den Endstationen der Hauptlinien* unter Berücksichtigung des Tagesverlaufs des Beförderungsaufkommens so über die Betriebsperiode von einer Schicht, einem Tag oder einer Woche verteilt, daß für die Beförderungsaufträge minimale Wartezeiten entstehen.
10. Die *Abfahrtzeiten von den Endstationen der Zubringer- und Nebenstrecken* werden danach mit den Ankunftszeiten der Hauptlinientransporte an den Kreuzungs- und Umstiegspunkten so *synchronisiert*, daß die für den Umstieg benötigten Zeiten eingehalten werden und minimale Umstiegswartezeiten entstehen.
11. Durch sukzessive *Variation der Netzparameter*, wie Hinzufügen von *Direktverbindungen*, *Umkehr der Fahrtrichtung* oder *Veränderung der Stationsanordnung*, wird der Transportmittelbedarf minimiert.
12. Durch schrittweise *Variation der Fahrzeugparameter*, wie Veränderung des Fassungsvermögens, der Fahrgeschwindigkeit und der Lastübernahmezeit, werden *Fahrzeugbedarf* und *Betriebskosten* weiter optimiert.

Das hiermit nur im Ansatz skizzierte Liniennetzauslegungsverfahren kann ebenso wie das Ringnetzauslegungsverfahren durch zusätzliche Auslegungs- und Optimierungschritte stufenweise weiter verbessert werden. Nach diesem Verfahren lassen sich beispielsweise optimale Liniennetzwerke für den europaweiten *Huckepacktransport* von Sattelaufliegern oder für die Distribution von Autos auf der Bahn konzipieren. Auch das Liniennetz einer weltweit tätigen *Containerschiff-Reederei* läßt sich auf diese Weise konzipieren und optimieren.

3. Dimensionierungsprogramme für Fahrzeugsysteme

Mit Hilfe der zuvor angegebenen Berechnungsformeln ist es möglich, die schrittweise Auslegung, Dimensonierung und Optimierung eines Fahrzeugsystems durch Dimensionierungsprogramme zu unterstützen und zu beschleunigen.

Eingabewerte eines *Dimensionierungsprogramms für Fahrzeugsysteme* sind die *Beförderungsmatrix*, die *Standorte der Stationen* und die *Leistungs- und Kostenkennwerte der Transportmittel*. Die technischen und betriebswirtschaftlichen Kennwerte der zur Auswahl stehenden Verbindungselemente und der Be-, Ent- und Umladestationen werden in Form von *Programmbausteinen* bereitgestellt. Aus diesen *Transportelementen* kann der Benutzer eine vorgebenenes Transportnetz im Programm nachbilden oder nach den vorangehenden Auslegungsverfahren eine neues Transportnetz aufbauen.

Die Programmbausteine der Transportelemente enthalten für unterschiedliche Abfertigungsstrategien die Formeln zur Berechnung der partiellen Grenzleistungen, Auslastungen, Durchlaufzeiten, Warteschlangen und Wartezeiten. Nach Aufruf des Programmbausteins für ein Transportelement gibt der Benutzer die Ausgangsnummern der vorausgehenden und die Eingangsnummern der nach-

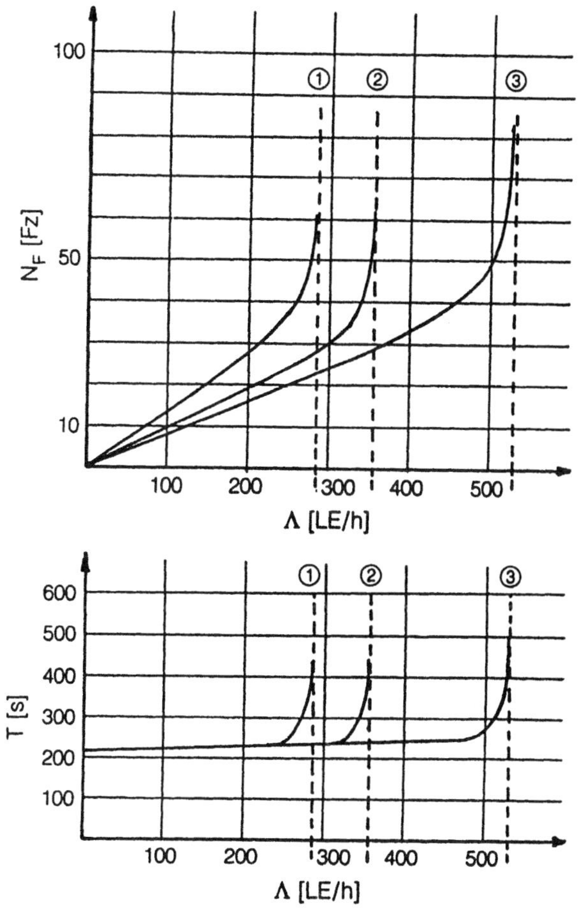

Abb. 18.23 Fahrzeuganzahl N_F und mittlere Transportzeit T als Funktion der Gesamtbelastung für verschiedene Leerfahrzeugstrategien

Kurve 1 Einzelfahrten, voll hin, leer zurück
Kurve 2 Kombinierte Fahrten zwischen je 2 Stationen
Kurve 3 Fahrten mit Leerfahrzeugoptimierung

folgenden Transportelemente ein sowie die partiellen Transportströme, die das betreffende Transportelement in den verschiedenen Funktionen durchlaufen.

Das Programm berechnet aus diesen Eingabewerten die Grenzleistungen, die Durchfahrtzeiten, die mittleren Wartezeiten, die Gesamtzahl der Fahrzeuge, getrennt nach durchlaufenden und wartenden Fahrzeugen, die mittlere Nutzfahrzeit, die Investition und die Betriebskosten. Damit sind die Auswirkungen einer Netzänderung oder einer Veränderung der Gestaltungsparameter auf das Leistungsvermögen, den Fahrzeugbedarf, die Kosten oder andere Zielgrößen sofort ablesbar und für den nächsten Optimierungsschritt nutzbar.

Mit Hilfe eines solchen Dimensionierungsprogramms für Fahrzeugsysteme wurde beispielsweise ein Hängebahnsystem mit insgesamt 35 Stationen und einer Anfangsnetzlänge von 526 m durchgerechnet und optimiert, das im Versandhandel zum Palettentransport zwischen dem Wareneingang, einem automatischen Hochregallager und anschließenden Kommissionierbereichen eingesetzt wird. Die *Abb. 18.23*, *18.24* und *18.25* zeigen einige für diesen Einsatzfall berechnete Ab-

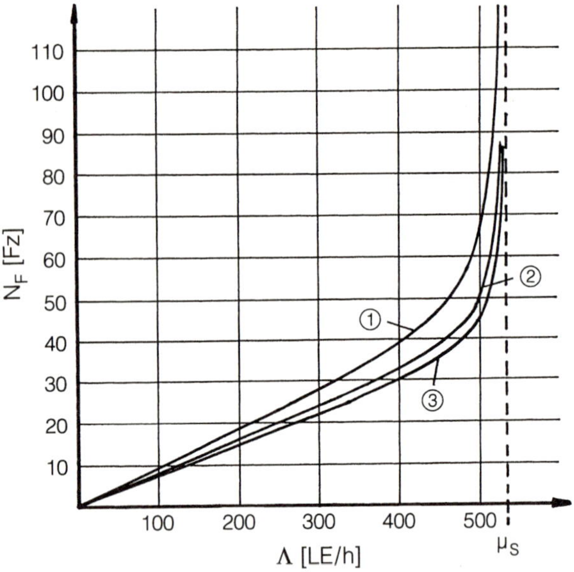

Abb. 18.24 Fahrzeuganzahl N_F als Funktion der Gesamtbelastung für unterschiedliche Transportnetze

Kurve 1 Netz ohne Abkürzungen mit Stationen neben der Strecke, L_{TN} = 640 m

Kurve 2 Netz mit Abkürzungen und Stationen neben der Strecke, L_{TN} = 820 m

Kurve 3 Netz mit Abkürzungen und Stationen an der Strecke, L_{TN} = 800 m

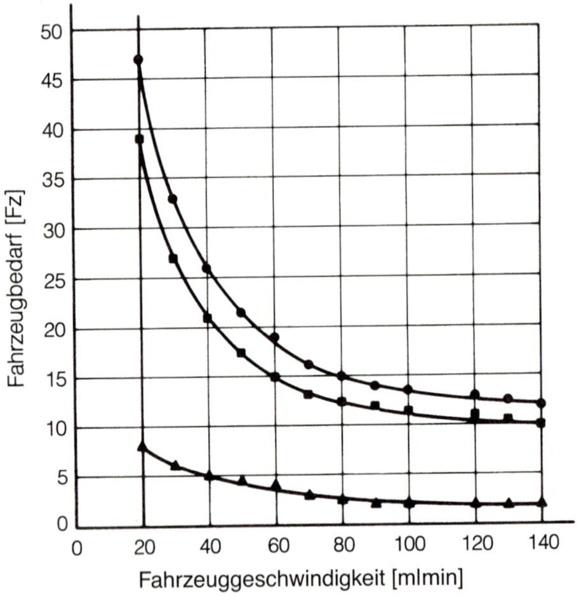

Abb. 18.25 Abhängigkeit des Fahrzeugbedarfs einer Hängebahnanlage von der Fahrgeschwindigkeit

Kreise: Fahrzeuggesamtzahl; Quadrate: in Bewegung, Dreiecke: im Stau

hängigkeiten des Fahrzeugbedarfs und der mittleren Nutzfahrzeit vom Beförderungsbedarf, von den Transportstrategien, von der Netzgestalt und von der Fahrgeschwindigkeit.

Für die Strategie der Leerfahrzeugminimierung errechnete das Dimensionierungsprogramm bei einer Fahrgeschwindigkeit von 42 m/min einen Bedarf von 28 Hängebahnfahrzeugen. Eine zum Test durchgeführte digitale Simulation ergab einen Fahrzeugbedarf von 29 Fahrzeugen. Durch systematische Vereinfachung der Streckenführung und Verbesserung der Stationsanordnung ließen sich der ursprünglich für notwendig gehaltene Fahrzeugbedarf von 29 auf 22 Fahrzeuge senken und die Gesamtnetzlänge von 526 auf 417 m reduzieren [126]. Ein anderes Fahrzeugsystem, das mit Hilfe des beschriebenen Dimensionierungsprogramms gestaltet und optimiert wurde, ist das in *Abb. 18.21* dargestellte FTS-System für die innerbetrieblichen Transporte in einem Warenverteilzentrum des Handels.

18.10
Optimale Logistikstandorte

Die Standortentscheidung für einen neuen Betrieb hängt von den Zielen des Unternehmens und von den speziellen Aufgaben des Betriebs ab [12]. Für reine Logistikbetriebe, wie Lager, Umschlagterminals und Logistikzentren, ist das Ziel der Standortwahl in der Regel die Minimierung der Logistikkosten.

Die standortabhängigen Logistikkosten sind die Summe der *Betriebskosten* des Standorts und der *Transportkosten* für die Zulauf- und Auslauftransporte des Logistikbetriebs. Hieraus folgt:

- Der *optimale Logistikstandort* ist der Standort, für den die Summe der Betriebskosten und der Transportkosten minimal ist.

Für einen Logistikstandort im Außenbereich eines Einzugsgebiets, das von einem Logistikbetrieb bedient werden soll, ist die Standortabhängigkeit der Transportkosten in der Regel weitaus größer als die Standortabhängigkeit der Kosten für die innerbetrieblichen Logistikleistungen, wie das Abfüllen, Verpacken, Lagern, Kommissionieren, Konfektionieren und Umschlagen (s. *Abb.18.27*).

Daher kann der optimale Logistikstandort für ein vorgegebenes *Servicegebiet*, wie es *Abb. 18.26* zeigt, in folgenden *Schritten* bestimmt werden:

1. Zuerst werden die *transportunabhängigen Standortfaktoren* zusammengestellt und analysiert, von denen die Kosten für die innerbetrieblichen Logistikleistungen abhängen.
2. Danach wird der *transportoptimale Standort* für die Zulaufströme aus den Beschaffungs- und Abholorten und für die Auslaufströme zu den Belieferungs- und Zustellorten bestimmt.
3. Für den transportoptimalen Standort und seine Umgebung werden mit den dort geltenden Standortfaktoren die *Betriebskosten* und die *Transportkosten* kalkuliert.
4. Durch Verschiebung des Standortes in Richtung der günstigsten Standortfaktoren wird die Summe von Betriebskosten und Transportkosten minimiert und damit der *optimale Standort* bestimmt.

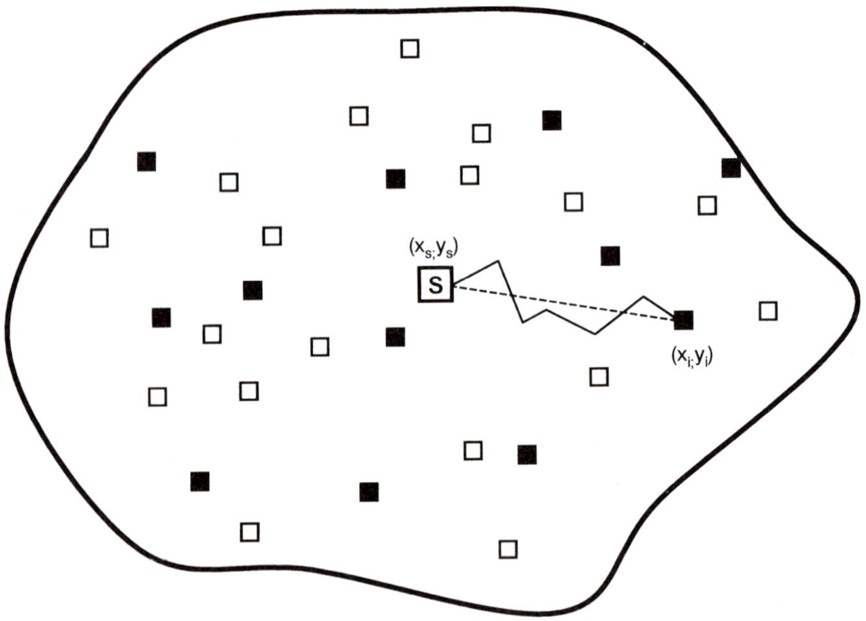

Abb. 18.26 Servicegebiet eines Logistikstandorts S

■ Quellen = Abholorte □ Senken = Zustellorte
---- Luftlinie ___ Fahrweg

Dieses Vorgehen zur Standortbestimmung hat gegenüber anderen, aufwendigeren OR-Verfahren den Vorteil, daß in jedem Schritt die Auswirkungen der unterschiedlichen *Einflußfaktoren*, deren Werte für die Zukunft nur ungenau bekannt sind, transparent bleiben. Außerdem führt das Verfahren schnell zu einem in der Praxis umsetzbaren Ergebnis.

1. Transportunabhängige Standortfaktoren

Allgemeine Standortfaktoren sind alle standortabhängigen Umstände, Kenngrößen und Parameter, die Einfluß auf die Betriebskosten und die Standortentscheidung haben.

Allgemeine *transportunabhängige Standortfaktoren* für einen Logistikbetrieb sind:

- *Grundstück und Gebäude*: Angebot, Bebaubarkeit und Flächenkosten von Baugrundstücken; Angebot und Eignung freier Hallen und Betriebsgebäude; Verkehrsflächen; Erschließung; Bebauungsvorschriften.
- *Erreichbarkeit und Verkehrsanbindung*: Zufahrten zu Hauptverkehrsstraßen; Bahnanschluß; Hafennähe; Flughafennähe; Nachtfahrverbote; Fahrbeschränkungen für LKW.

- *Arbeitskräfte und Personalkosten*: Potential geeigneter Arbeitskräfte; Löhne und Gehälter; Urlaubszeiten und Krankheitsquoten.
- *Allgemeine Rahmenbedingungen*: Öffentliche Fördermittel; Steuervergünstigungen; Steuern und Abgaben; Genehmigungszeiten; Arbeitszeitbeschränkungen.

Bei unzureichender Erfüllung der Anforderungen kann jeder dieser Standortfaktoren auch für einen transportoptimalen Standort zum *KO-Kriterium* werden.

Zu den allgemeinen Standortfaktoren kommen *projektspezifische Standortfaktoren* hinzu, wie die Bereitschaft von Logistikdienstleistern, einen geeigneten Logistikbetrieb anzubieten.

2. Transportabhängige Standortoptimierung

Die Kosten für die Zu- und Auslauftransporte werden bestimmt von den Fahrweglängen, den Transportzeiten und dem Transportmittelbedarf, die wiederum von der *Transportart*, wie Ganzladungen oder Teilladungen, und von der *Transportstrategie* abhängen.

Ganzladungstransporte laufen *direkt* von den Quellen zum Logistikzentrum und vom Logistikzentrum zu den Senken, wobei die Möglichkeit für kombinierte Hin- und Rückfahrten besteht. *Teilladungstransporte* finden entweder als *Sammelfahrten*, als *Zustellfahren* oder als kombinierte *Sammel- und Verteilfahrten* statt (s. *Abb. 19.5*).

Zur exakten Bestimmung des transportoptimalen Standorts müssen daher für jeden möglichen Standort und den zu erwartenden Beförderungsbedarf die kostengünstigsten Abhol- und Auslieferertouren von und zu den Quellen und Senken geplant, kalkuliert und miteinander verglichen werden.

Da der zukünftige Beförderungsbedarf grundsätzlich nicht genau bekannt ist, ist zur Bestimmung des transportoptimalen Logistikstandorts eine exakte Tourenplanung weder sinnvoll noch notwendig. Hierfür genügt eine Minimierung des *mittleren Transportwegs*

$$d_m = \sum_i \lambda_i \cdot d\big((x_i;y_i),(x_s;y_s)\big) \Big/ \Big(\sum_j \lambda_j\Big) . \tag{18.45}$$

Für Einzelfahrten zwischen den Quell- und Senkenstandorten $(x_i;y_i)$ mit dem *Beförderungsbedarf* λ_i [TE/PE] und dem gesuchten Logistikstandort $(x_s;y_s)$. In einem hinreichend dichten Verkehrsnetz gilt für die *Fahrwege* $d((x_i;y_i),(x_s;y_s))$ zwischen den Quellen und Senken und dem Logistikstandort die *Näherungsformel*:

$$d\big((x_i;y_i),(x_s;y_s)\big) = f_{umw} \cdot \sqrt{(x_i - x_s)^2 + (y_i - y_s)^2} . \tag{18.46}$$

Der *Umwegfaktor* f_{umw} berücksichtigt die mittlere Abweichung des tatsächlichen Fahrweges von der *Luftlinie*, die gleich der euklidischen Entfernung ist.

Wenn es entlang der Luftlinie einen direkten Fahrweg gibt, ist der Umwegfaktor 1. In einem rechtwinklich verlaufenden Verkehrsnetzes ist der Fahrweg im ungünstigsten Fall eine Treppenfunktion um die Luftlinie und damit um den Faktor $\sqrt{1{,}41}$ länger als die Luftlinie. Nach dieser Überlegung ist der *mittlere Umwegfaktor* theoretisch gleich dem Mittel aus den beiden Extremwerten, also gleich 1,21. Für das deutsche Straßennetz resultiert aus den exakten Entfernungen ein mittlerer Umwegfaktor $f_{umw} = 1{,}23$. Die mittlere Abweichung der einzelnen Fahrwege von den mit Beziehung (18.46) und dem mittleren Umwegfaktor $f_{umw} = 1{,}21$ errechneten Entfernungen ist kleiner als 9 %.

Nach Einsetzen von (18.46) in (18.45) folgen durch partielle Ableitung nach den Standortkoordinaten $(x_s;y_s)$ und Nullsetzen der beiden Ableitungen die

- *Lagekoordinaten des transportoptimalen Standorts*

(18.47)

$$x_s = \left(\sum_i \lambda_i \cdot x_i \Big/ \left((x_i - x_s)^2 + (y_i - y_s)^2\right)^{1/2}\right) \Big/ \left(\sum_j \lambda_j \Big/ \left((x_j - x_s)^2 + (y_j - y_s)^2\right)^{1/2}\right)$$

$$y_s = \left(\sum_i \lambda_i \cdot y_i \Big/ \left((x_i - x_s)^2 + (y_i - y_s)^2\right)^{1/2}\right) \Big/ \left(\sum_j \lambda_j \Big/ \left((x_j - x_s)^2 + (y_j - y_s)^2\right)^{1/2}\right).$$

Im Nenner dieser Formeln erscheinen die gesuchten Koordinaten $(x_s;y_s)$ des optimalen Standorts. Die genauen Standortkoordinaten lassen sich daher nur durch eine *Iterationsrechnung* beginnend mit den Schwerpunktkoordinaten bestimmen [15; 38]. Hieraus folgt:

- Die *Lagekoordinaten des transportoptimalen Standorts* sind in erster Näherung gleich den den *Schwerpunktkoordinaten* des zu bedienenden Einzugsgebiets

$$x_s = \left(\sum_i \lambda_i \cdot x_i\right) \Big/ \left(\sum_j \lambda_j\right)$$

$$y_s = \left(\sum_i \lambda_i \cdot y_i\right) \Big/ \left(\sum_j \lambda_j\right). \tag{18.48}$$

Durch Einsetzen dieser Anfangslösung (18.48) in die Formel (18.47) ergibt sich die zweite Näherung der Standortkoordinaten und sofort. Modellrechnungen ergeben, daß die genaueren Lösungen für Gebiete mit mehr als 10 Quellen und Senken von den Schwerpunktkoordinaten nur geringfügg abweichen. Hieraus folgt weiterhin:

- Wegen der ungenauen Kenntnis des Beförderungsbedarfs und der Veränderlichkeit der Quell- und Senkenstandorte kann zur Standortbestimmung mit den Schwerpunktkoordinaten (18.48) gerechnet werden.

Aus Beziehung (18.48) folgt beispielsweise für ganz *Deutschland* und einen Beförderungsbedarf, der proportional zur Bevölkerungsdichte ist, ein *Transport-*

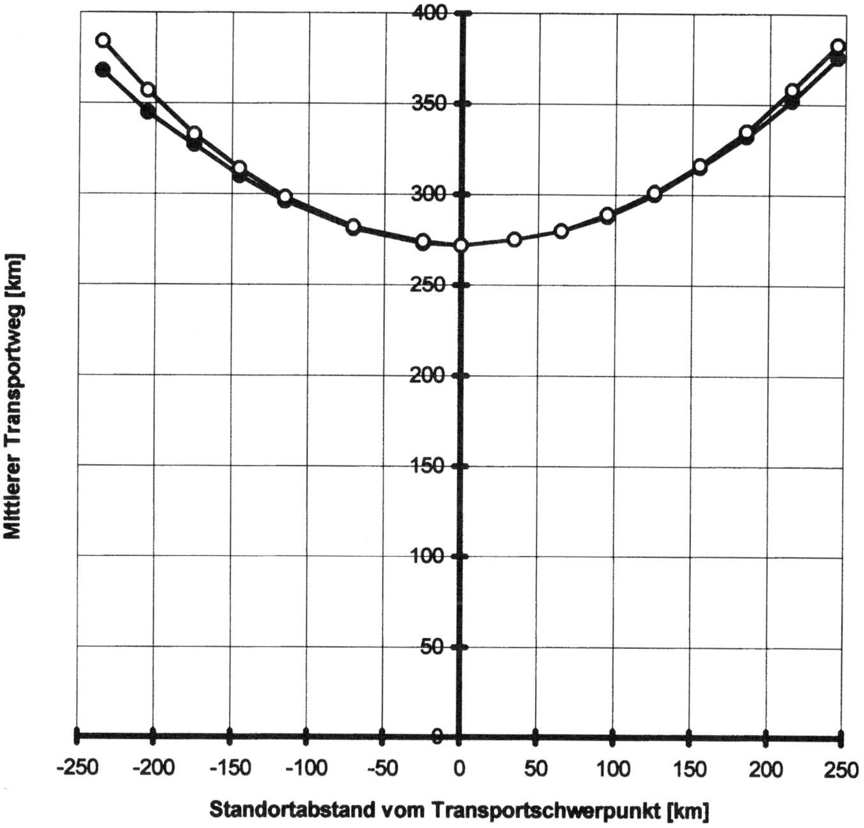

Abb. 18.27 Abhängigkeit der mittleren Transportentfernung vom Logistikstandort
Punkte: Ost-West-Standortentfernung vom optimalen Standort
Kreise: Nord-Süd-Standortentfernung vom optimalen Standort
Servicegebiet: Deutschland mit Servicefläche 358.000 km^2
Beförderungsbedarf proportional zur Bevölkerungsdichte

schwerpunkt in dem Städteviereck *Bad Hersfeld - Eisenach - Fulda - Meinigen*. Die mittlere Transportentfernung zum transportoptimalen Standort ist für Deutschland ca. 280 km.

Die *Abb. 18.27* zeigt für dieses Beispiel, wie wenig sich der mittlere Transportweg (18.45) im Nahbereich um den Transportschwerpunkt mit dem Abstand des Logistikstandorts vom Optimum verändert. Erst bei einem Abstand von mehr als 50 km wird die Verlängerung des mittleren Transportwegs signifikant. Die relativ geringe Abhängigkeit des mittleren Transportwegs vom Logistikstandort in der Nähe des Transportschwerpunkts rechtfertigt das beschriebene Näherungsverfahren zur Bestimmung des optimalen Logistikstandorts.

3. Flächenabhängigkeit des mittleren Transportwegs
Zur Berechnung von Transport- und Frachtkostensätzen für ein bestimmtes Servicegebiet und für die Optimierung von Logistikstrukturen wird die explizite Abhängigkeit der mittleren Transportentfernung von der Fläche des Servicegebiets benötigt.

Wenn das Servicegebiet eine Kreisfläche $F_S = \pi \cdot R^2$ mit gleichverteilten Quellen und Senken ist, läßt sich der mittlere Transportweg (18.45) zum Schwerpunkt in der Kreismitte explizit berechnen. Das Ergebnis ist:

$$d_{\text{mittel}} = f_{\text{umw}} \cdot (2/3) \cdot \sqrt{F_s / \pi} \ . \qquad (18.49)$$

Mit dieser Beziehung läßt sich der mittlere Transportweg *approximativ* auch für Servicegebiete mit einer Fläche F berechnen, die – wie das Gebiet in *Abb. 18.26* – von der Kreisform abweicht, wenn das Gebiet zusammenhängend und hinreichend kompakt ist.

So errechnet sich beispielsweise für Deutschland mit einer Servicefläche von 358 000 km^2 aus der Näherungsgleichung (18.49) mit dem Umwegfaktor f_{umw} = 1,23 eine mittlere Transportentfernung zum optimalen Standort von 277 km, die von der korrekten mittleren Entfernung 280 km nur um 1 % abweicht.

18.11 Tourenplanung und Fahrwegoptimierung

Um den Beförderungsbedarf der *Quellen* und *Senken* in einem *Servicegebiet*, wie es in *Abb. 18.26* gezeigt ist, von einem *Logistikstandort* S kostenoptimal zu erfüllen, müssen die Abhol- und Zustellfahrten so organisiert werden, daß Anzahl und Einsatzzeit der Transportmittel minimal sind.

Dabei sind in der Regel folgende *Restriktionen* zu beachten:

- *Transportkapazität*: Das Fassungsvermögen der eingesetzten Transportmittel begrenzt die Ladungsmenge längs einer Fahrt.
- *Frachtgut*: Die Empfindlichkeit und die Beschaffenheit der Frachtstücke beschränken die Möglichkeiten der Beladung oder erfordern eine bestimmte *Packfolge*.
- *Fahrzeiten*: Die Fahrzeit pro Rundfahrt darf nicht länger sein als die zulässige Arbeitszeit des Fahrers.
- *Abhol- und Anlieferzeiten*: Für das Abholen und Anliefern sind bestimmte *Zeitpunkte* oder *Zeitfenster* vorgegeben.
- *Geschwindigkeit*: In der effektiven Fahrgeschwindigkeit müssen die verkehrsbedingten Geschwindigkeitsbegrenzungen und Staueffekte berücksichtigt werden.

Das *Tourenplanungsproblem* mit Restriktionen ist für eine größere Anzahl von Quellen und Senken mathematisch in begrenzter Zeit nicht exakt lösbar. Das *Operations Research* hat für das Tourenplanungsproblem jedoch eine Reihe von *heuristischen Lösungsverfahren* entwickelt, die bei Problemen ohne Zeitrestriktionen rasch zu guten Ergebnissen führen und in *Tourenplanungsprogrammen* genutzt werden. Die meisten *Tourenplanungsprogramme* arbeiten jedoch nicht allein mit OR-*Suchalgorithmen* sondern mit bestimmten *Konstruktionsverfahren* oder mit einer Kombinationen dieser beiden Verfahren [175; 178; 181; 186].

Bei mehrfachen Zeitrestriktionen und Einschränkungen der Beladefolge weisen die heutigen Standardprogramme zur Tourenplanung jedoch Unzulänglichkeiten auf [186; 196; 217]. Die Unzulänglichkeiten der Tourenplanungsprogramme sind auch darauf zurückzuführen, daß die in den Programmen verwendeten Algorithmen für den Benutzer nicht nachvollziehbar und die *Grenzen der Optimierungsmöglichkeiten* nicht allgemein bekannt sind. Das hat zur Folge, daß die Tourenplanungsprogramme den Anforderungen der Praxis nicht in allen Fällen gerecht werden und den Anwender enttäuschen. Der erfahrene *Disponent* ist daher auch weiterhin unentbehrlich.

Für die Planung und Optimierung von Logistikstrukturen und Logistikprozessen sowie für die Kalkulation von verursachungsgerechten Transport- und Frachtkostensätzen besteht ein zusätzlicher Nachteil der OR-Tourenplanungsprogramme darin, daß die Abhängigkeit der benötigten Fahrzeuganzahl und der mittleren Fahrweglänge vom Beförderungsbedarf und von der Größe des Servicegebiets nicht explizit berechenbar ist.

Für die Planung und die Kostenrechnung werden daher *analytische Verfahren* zur Tourenplanung und zur Fahrwegoptimierung benötigt, die möglichst rasch zu brauchbaren und kalkulierbaren Lösungen führen. Ein solches Verfahren ist das *Drehstrahlverfahren zur Tourenplanung* in Verbindung mit der *Streifenstrategie zur Fahrwegoptimierung*. Die nachfolgende Beschreibung dieser analytischen Verfahren gibt Einblick in die Probleme und Grenzen der Tourenplanung. Die aus dem Drehstrahlverfahren und der Streifenstrategie resultierenden Lösungen sind geeignet als *analytisches Benchmark* zur Beurteilung der am Markt angebotenen Tourenplanungsprogramme.

1. Verfahren der Tourenplanung

Die Tourenplanung ist relativ einfach für Quellen und Senken, die durch *Ganzladungstransporte* direkt bedient werden können. Die Fahrten zu den Quellen und Senken mit Ganzladungsaufkommen werden daher ausgesondert und separat geplant. Die Tourenplanung beschränkt sich für diese Quellen und Senken auf die Erzeugung *kombinierter Hin- und Rückfahrten* mit kürzesten *Leerfahrten* zwischen einer Senke und einer benachbarten Quelle.

Der schwierigere Teil der Tourenplanung besteht in der Planung der *Teilladungstransporte*. Dafür muß zunächst eine brauchbare *Ausgangslösung* konstruiert werden, die den Beförderungsbedarf unter Einhaltung der Restriktionen erfüllt. Die Ausgangslösung kann dann nach heuristischen Verfahren weiter verbessert werden.

Viele Tourenplanungsverfahren arbeiten zur Erzeugung der Anfangslösung mit einer *Clusterstrategie*: Im ersten Schritt werden benachbarte Quellen und Senken zu *Clustern* zusammengefaßt, die jeweils von einem Transportmittel bedient werden können. Im zweiten Schritt wird für die einzelnen Cluster der optimale Fahrweg bestimmt. Im nächsten Schritt wird die Einhaltung der übrigen Restriktionen überprüft. Bei Nichteinhaltung einer Restriktion wird versucht,

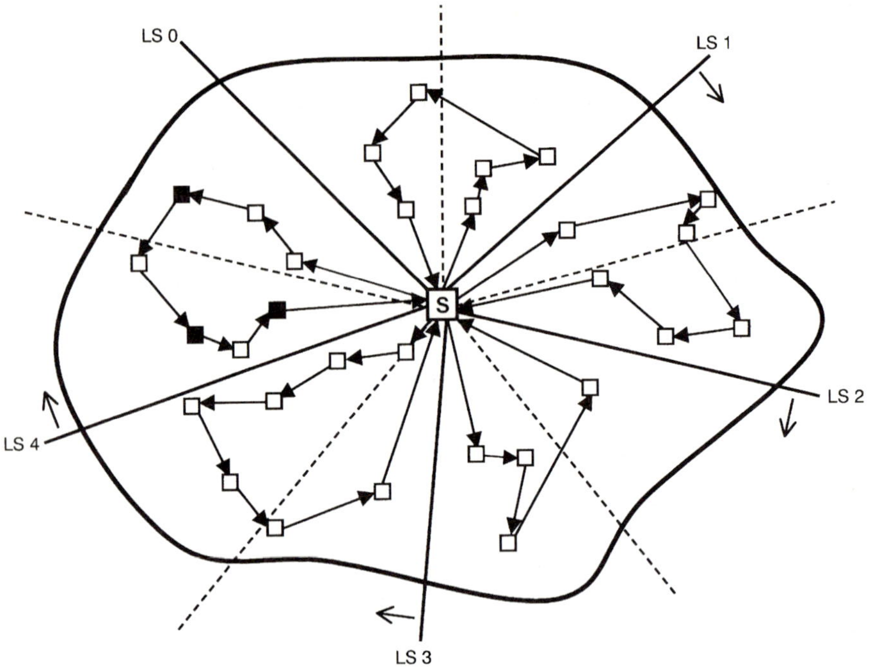

Abb. 18.28 Tourenplanung nach dem Drehstrahlverfahren mit Fahrwegoptimierung nach der Sektorstrategie

□ Zustellorte ■ Abholorte → Rundfahrwege
LS Leitstrahlen mit Drehrichtung --- Sektorteilungen

diese durch Veränderung der Reihenfolge und Zuordnung der Quellen und Senken zu erfüllen.

Das *Drehstrahlverfahren* ist eine analytische Clusterstrategie, deren Vorgehen in *Abb. 18.28* dargestellt ist. Sie wird zunächst für die Auslieferfahrten zu den Senken des Servicegebiets durchgeführt:

1. Vom Logistikstandort wird in eine beliebige Richtung ein *Grundstrahl* LS 0 durch das Servicegebiet gelegt, der möglichst durch eine leere Fläche verläuft und keine Quellen und Senken schneidet.
2. Beginnend beim Grundstrahl wird ein *Leitstrahl* LS 1 soweit gedreht, bis der Beförderungsbedarf einer betrachteten Zeitspanne, z.B. von 6, 12 oder 24 Stunden, zu allen Senken im Sektor zwischen LS 0 und LS 1 das Fassungsvermögen eines Transportmittels zu 80 % bis 90 % füllt.
3. Beginnend bei der Endstellung des ersten Leitstrahls wird ein zweiter Leitstrahl LS 2 soweit gedreht, bis das Fassungsvermögen eines zweiten Transportmittels ausgelastet ist. Auf diese Weise wird das Verfahren mit einem dritten, vierten bis N-ten Leitstrahl fortgesetzt, bis der Grundstrahl SL 0 erreicht ist und alle Senken einem Sektor zugeordnet sind.

4. Wenn die Füllung des Transportmittels im letzten Sektor kleiner ist, als die Summe der Restkapazitäten der übrigen Transportmittel, wird durch *sukzessives Vordrehen* der Leitstrahlen das Restaufkommen auf die Transportmittel der vorangehenden Sektoren gleichmäßig verteilt.
5. Ist eine Verteilung des Restaufkommens nicht möglich und die Auslastung des letzten Transportmittels deutlich geringer, als die übrige Auslastung, wird die Auslastung durch *sukzessive Rückdrehung* der Leitstrahlen vergleichmäßigt.
6. Anschließend werden für jeden *Bedienungssektor* der *optimale Fahrweg* des Transportmittels bestimmt und die *Gesamtfahrzeit* errechnet.
7. Ist die resultierende Gesamtfahrzeit des Transportmittels in einem Sektor länger als zulässig, werden durch Drehen der begrenzenden Leitstrahlen Zielorte an benachbarte Sektoren abgegeben, in denen ein Fahrzeug noch nicht voll ausgelastet ist.

Wenn in dem Servicegebiet zu gleicher Zeit *Quellen und Senken* zu bedienen sind, werden die Quellen sukzessive in die Fahrwegoptimierung der Auslieferfahrten einbezogen und nach jedem Auslieferort alle auf dem Weg liegenden Quellen angefahren, deren anstehende Ladung in den geleerten Frachtraum hineinpaßt.

Für die übrig bleibenden Quellen wird geprüft, ob sie auf dem Rückweg noch ungenutzter leerer Gangzladungsfahrten liegen und diesen zugewiesen. Für alle danach noch unbedienten Quellen ist eine gesonderte Tourenplanung nach dem Drehstrahlverfahren erforderlich.

Die nach dem Drehstrahlverfahren oder einem anderen Clusterverfahren gewonnene Ausgangslösung wird durch Vertauschen von Vorgängern und Nachfolgern einer Fahrt sowie durch Abgabe von Stops an oder von benachbarten Fahrten sukzessive optimiert, bis keine weitere Reduzierung der Transportmittel und keine wirtschaftlich interessante Verkürzung der Fahrzeiten mehr erreichbar ist.

2. Strategien zur Fahrwegoptimierung

Abhängig von der Zielvorgabe ist der *optimale Fahrweg* durch eine vorgegebene Anzahl von Zielorten der Weg mit der *kürzesten Fahrweglänge*, der *kürzesten Fahrzeit* oder den *geringsten Fahrtkosten*. Bei der Fahrwegoptimierung wird meist stillschweigend vorausgesetzt, daß die Transportkapazität *eines* Fahrzeugs zur Bedienung der Zielorte ausreicht. Die Fahrwegoptimierung im Rahmen der Tourenplanung wird erschwert durch die geforderten Abhol- und Anlieferfenster und andere Restriktionen.

Die Aufgabe, den optimalen Fahrweg von einem Startpunkt S_0 durch n Zielorte S_i zurück zum Startpunkt herauszufinden, ist das klassische *Travelling-Salesman-Problem* des *Operations Research* [11; 13; 171; 175; 178; 181; 186].

Für eine kleine Anzahl von Zielorten läßt sich der optimale Fahrweg nach dem *Verfahren der Vollenumeration* bestimmen:

- Für jeden der *n*! Rundfahrwege $S_0 \rightarrow S_i \rightarrow S_j .... \rightarrow S_r \rightarrow S_0$, die sich durch Permution der *n* Zielorte S_i ergeben, wird nacheinander die Einhaltung der Restriktionen geprüft. Unzulässige Fahrwege werden ausgeschieden. Für zulässige Wege werden die Fahrweglänge, die Fahrzeit oder die Fahrtkosten berechnet und mit den Werten des bis dahin besten Fahrwegs verglichen. Der Fahrweg mit dem besseren Zielwert wird ausgewählt. Danach wird der nächste Fahrweg durchgerechnet, bis am Ende der optimale Fahrweg übrig bleibt.

Da die Fahrweganzahl $n!$ mit der Anzahl Zielorte n stärker als exponentiell ansteigt, ist das Travelling-Saleman-Problem mit oder ohne Restriktionen für eine größere Anzahl von Zielorten nach dem Verfahren der Vollenumeration in begrenzter Zeit auch mit einem leistungsfähigen Rechner nicht lösbar. Die im OR entwickelten *heuristen Verfahren* zielen darauf ab, für größere n in kurzer Rechenzeit eine gute *Näherungslösung* zu finden, die von der optimalen Lösung möglichst wenig abweicht.

Viele dieser Verfahren arbeiten mit einer *Eröffnungsstrategie* zur Konstruktion einer brauchbaren *Anfangslösung*, die alle Restriktionen erfüllt und nach unterschiedlichen Verfahren schrittweise verbessert wird. Eine solche Eröffnungsstrategie ist die *Strategie des nächsten Zielorts:*

- Beginnend mit dem Startpunkt S_0 wird nach dem Zielort S_i als nächstes der Zielort S_j angefahren, zu dem die Entfernung, die Fahrzeit oder die Fahrkosten am geringsten sind, und so fort bis alle Zielorte abgefahren sind.

Die Strategie des nächsten Zielorts führt zu Fahrtrouten, die irgendwo im Servicegebiet enden und häufig einen langen Rückweg zum Startpunkt haben. Diesen Nachteil vemeidet die *Streifenstrategie*[1] (s. *Abschnitt 17.6*):

- Das Zielgebiet wird durch Trennlinien in Längsrichtung in eine *grade Anzahl* von Streifen gleicher Breite zerlegt. Im ersten Streifen werden die Zielorte nacheinander in der Richtung weg vom Startpunkt abgefahren. Nach Anfahrt des letzten Zielorts im ersten Streifen werden die Zielorte des zweiten Streifens in die umgekehrte Richtung zurück abgefahren und so fort, bis alle Streifen durchfahren sind.

Nach der Streifenstrategie entstehen *Rundtouren*, die am Ausgangsort enden. Modellrechnungen führen zu der *Dispositionsregel* (s. *Abb. 18.30* und *18.31*):

- Bei Anfahrt von weniger als 30 Zielorten sind in der Regel 2 Streifen wegoptimal. Bei mehr als 30 Zielorten können 4 Streifen zu einer weiteren Wegverkürzung führen.

Für die Tourenplanung nach dem Drehstrahlverfahren sind die Streifen Teilsektoren, die durch Teilung der Zielsektoren zwischen den Leitstrahlen entstehen. Die aus einer *Zweistreifenstrategie* resultierenden Rundfahrten sind in *Abb. 18.28* dargestellt. Ein anderes Anwendungsbeispiel ist die in *Abb. 17.24* gezeigte *Streifenstrategie* zur Anfahrt von n Lagerorten einer vertikalen Lagerfläche mit einem Regalbediengerät. Die in *Abb. 17.23* dargestellte *Durchlaufstrategie* beim eindi-

1 Die Streifenstrategie zur Fahrwegoptimierung ist eine Verallgemeinerung der von *J. Miebach* entwickelten, heute vielfach praktizierten *Zweistreifenstrategie* für das Kommissionieren [21; 165].

mensionalen Kommissionieren ist eine *Mehrstreifenstrategie*, in der die Streifen die Gangmodule sind.

3. Zeitrestriktionen

Für die Anfangslösung, die aus einer Eröffnungsstrategie resultiert, wird geprüft, ob die geforderten Abhol- und Anlieferzeitfenster eingehalten werden, und durch geeignete Verfahren versucht, die Zeitanforderungen zu erfüllen.

Zur Erfüllung von zeitlichen Restriktionen, die auf einer geplanten Rundtour nicht eingehalten werden und sich auch nicht verändern lassen, bestehen folgende *Handlungsmöglichkeiten*:

- Umkehr der Fahrtrichung der Rundtour;
- Verschiebung der Startzeit der Rundtour auf einen passenderen Zeitpunkt;
- Vorziehen der Anfahrt zeitkritischer Zielorte und Verschiebung zeitunkritischer Zielorte;
- Anfahrt zeitkritischer Zielorte aus dem Rückfahrtstreifen bereits auf der Hinfahrt;
- Auslassen zeitunkritischer Zielorte und Anfahrt auf einer nächsten Tour;
- Aufteilung der Fahrt in zwei nacheinander stattfindende Rundtouren;
- Durchführung einer oder mehrerer zusätzlicher *Eilzustelltouren*
- Einsatz kleinerer *Expressfahrzeuge* zur Bedienung der dringlichsten Zielorte.

Diese Handlungsmöglichkeiten sind in aufsteigender Folge mit Leistungseinbußen oder Mehraufwand verbunden. Generell gilt der *Grundsatz*:

- Der Aufwand zur Erfüllung zeitlicher Restriktionen nimmt mit der Anzahl der Zielorte, für die feste Zeitfenster vorgegeben sind, und mit der geforderten *Termintreue* rasch zu.

Häufig wird nicht bedacht, daß auch das beste Fahrwegoptimierungsprogramm nicht alle Zeitanforderungen in einer Rundfahrt erfüllen kann. So können beispielsweise 3 voneinander entfernte Zielorte, die zum gleichen Zeitpunkt *Just-In-Time* angefahren werden sollen, nur mit 3 Direktfahrten pünktlich bedient werden.

4. Mittlere Fahrwege

Die mittlere Fahrweglänge von Rundfahrten nach der Streifenstrategie läßt sich für rechteckige Gebiete exakt und für andere Flächenformen approximativ berechnen. Das ist für die Planung und die Kostenrechnung ein wichtiger Vorteil der Streifenstrategie gegenüber den heuristischen OR-Verfahren, für die sich die mittlere Fahrweglänge nur durch aufwendige Simulationsrechnungen bestimmen läßt.

Wenn der Fahrweg zwischen zwei Punkten des Servicegebiets durch Beziehung (18.46) gegeben ist, folgt aus der in *Abb. 18.29* gezeigten Aufteilung eines rechteckigen Servicegebiets mit der *Länge L*, der *Breite B* und der *Fläche* $F = L \cdot B$ in eine grade Streifenanzahl N die

- *mittlere Fahrweglänge einer Rundfahrt nach der Streifenstrategie* zu *n gleichmäßig* über das Servicegebiet verteilten Zielorten

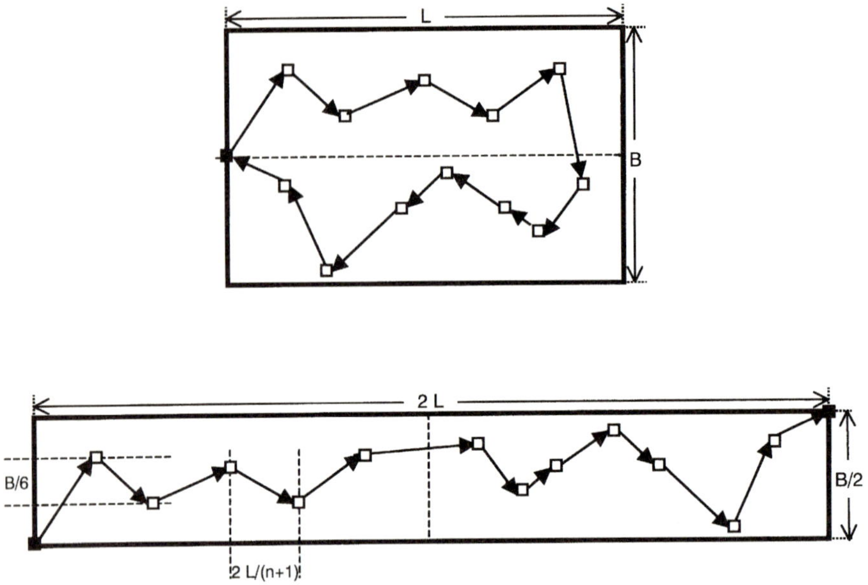

Abb. 18.29 Berechnung der mittleren Tourenlänge für ein rechteckiges Servicegebiet bei Abfahrt nach der Streifenstrategie

Oben: Originalgebiet Unten: Äquivalenzgebiet

$$l_R(n) = f_{umw} \cdot (n+1) \cdot \sqrt{(N \cdot L/(n+1))^2 + (B/3N)^2} \ . \tag{18.50}$$

In *Abb. 18.30* ist die hiermit berechnete Abhängigkeit der mittleren Fahrweglänge von der Anzahl Stops pro Rundfahrt dargestellt. Hieraus ist die Regel ablesbar:

- Für geringe Stopzahlen nimmt der mittlere Fahrweg unterproportional und für große Stopzahlen proportional mit der Stopzahl zu.

Aus der Beziehung (18.50) ergibt sie der

- *mittlere Fahrweg pro Stop* bei gleichverteilten Zielorten

$$s_{Stop} = l_R(n)/n = f_{umw} \cdot (1/n) \cdot \sqrt{(N \cdot L)^2 + (n+1)^2 \cdot (B/3N)^2} \ . \tag{18.51}$$

Abb. 18.31 zeigt die hieraus resultierende Abhängigkeit des mittleren Fahrwegs pro Stop von der Anzahl Stops pro Rundfahrt. Hieraus folgt die weitere *Regel*:

- Der mittlere Fahrweg pro Stop nimmt zunächst rasch mit der Stopzahl ab und erreicht für große Stopzahlen einen asymptotischen Grenzwert.

Außerdem geben die *Abb. 18.30 und 18.31* ein Beipiel für die zuvor genannte Regel, nach der sich die mittleren Fahrwege für weit mehr als 30 Stops pro Rundfahrt

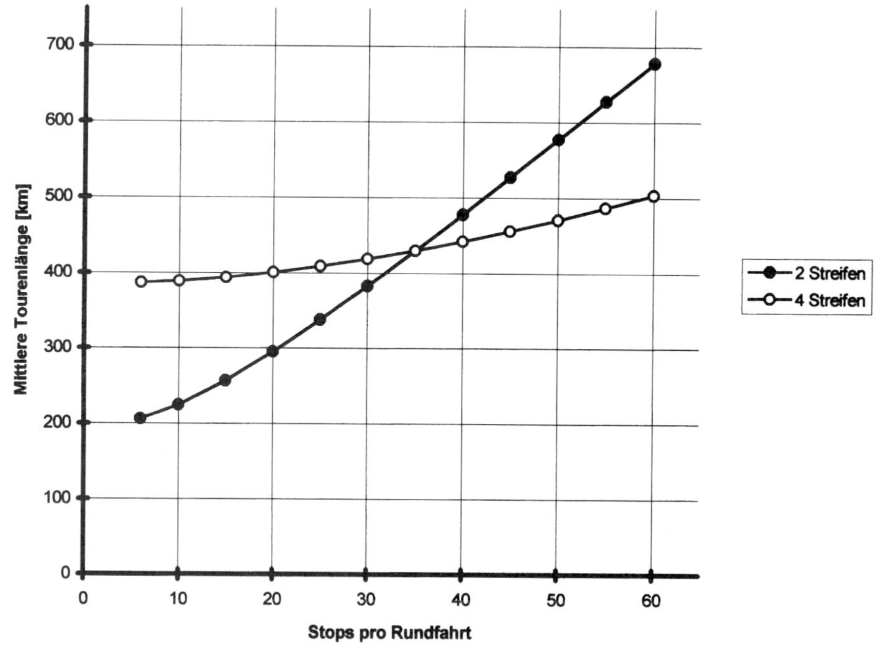

Abb. 18.30 Abhängigkeit des mittleren Rundfahrwegs von der Anzahl Stops pro Tour

Parameter Streifenanzahl der Rundfahrstrategie
Rechteckiges Servicegebiet mit 4.000 km² und f_{form} = L/B = 1,5
Umwegfaktor 1,24

durch den Übergang von einer Zweistreifen- zu einer Vierstreifenstrategie verkürzen lassen.

Ein Maß für die Abweichung einer Servicefläche $F_S = L \cdot B$ mit der *mittleren Länge L* und der *mittleren* Breite *B* vom Quadrat und vom Kreis ist der *Formfaktor*

$$f_{\text{form}} = \text{L}/\text{B} . \qquad (18.52)$$

Mit dem Formfaktor (18.52) folgt aus Beziehung (18.50) die *Abhängigkeit des mittleren Rundfahrwegs* zu *n* Zielorten nach der N-Streifenstrategie von der *Servicefläche* F_S:

$$l_R(F,n) = f_{\text{umw}} \cdot \sqrt{f_{\text{form}} \cdot \text{N}^2 + (n+1)^2 \Big/ \left(9 f_{\text{form}} \cdot \text{N}^2\right)} \cdot \sqrt{F_S} \, . \qquad (18.53)$$

In *Abb. 18.32* ist die mit Beziehung (18.53) errechnete Flächenabhängigkeit des Rundfahrwegs für drei verschiedene Formfaktoren dargestellt. Hieraus ist ablesbar:

- Die mittlere Rundfahrtlänge nimmt proportional zur Wurzel aus der Servicefläche zu und ist nur wenig abhängig von der Form des Servicegebiets.

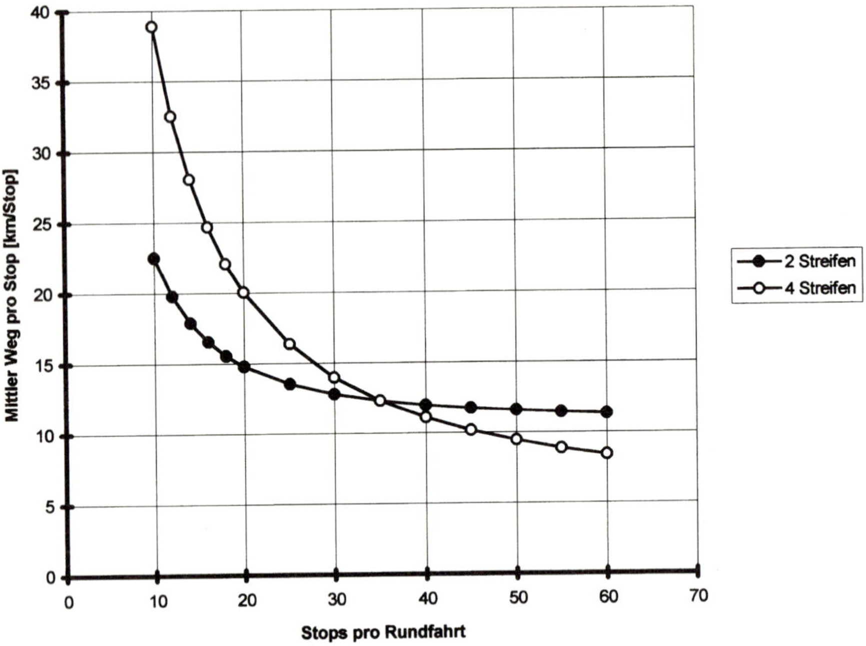

Abb. 18.31 Abhängigkeit des mittleren Fahrwegs pro Stop von der Anzahl Stops

Parameter s. *Abb. 18.30*

Wegen des relativ geringen Formeinflusses ist die Beziehung (18.53) auch zur *näherungsweisen* Berechnung des mittleren Fahrwegs für Servicegebiete geeignet, deren Fläche F nicht rechteckig ist. In diesen Fällen ist für den Formfaktor (18.52) das Verhältnis der *maximalen Länge* zur *mittleren Breite* des Servicegebiets einzusetzen.[2]

5. Transportmittelbedarf

Der Transportmittelbedarf in einem Verkehrssystem ist gleich der maximalen Anzahl Fahrten, die gemäß der Tourenplanung und Fahrwegoptimierung zu gleicher Zeit stattfinden müssen, um den Beförderungsbedarf unter Berücksichtigung aller zeitlichen und übrigen Randbedingungen zu befriedigen.

Werden die Touren nach dem Drehstrahlverfahren geplant und nach der Streifenstrategie abgefahren, ist der Fahrzeugbedarf für ein Servicegebiet maxi-

2 Es ist eine lohnende Forschungsaufgabe, die Ergebnnisse der OR-Verfahren zur Standortbestimmung, Tourenplanung und Fahrwegoptimierung mit den Ergebnissen des analytischen Verfahrens zu vergleichen und die Genauigkeit und Grenzen der Näherungsformeln (18.48), (18.50) und (18.53) zu untersuchen.

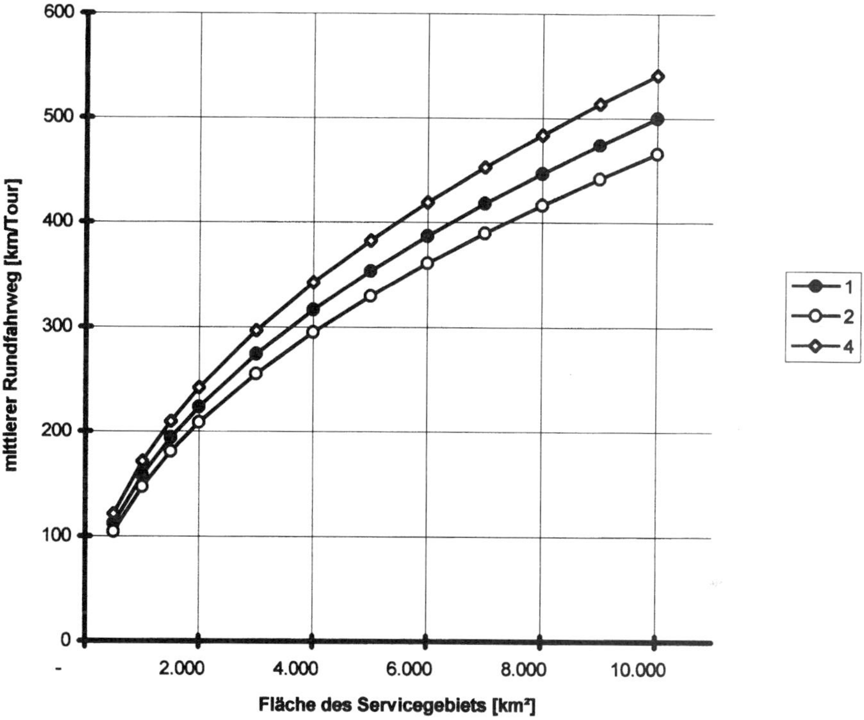

Abb. 18.32 Abhängigkeit des mittleren Rundfahrwegs von der Flächenform

Parameter Formfaktor $f_{\text{form}} = \text{L/B} = 1, 2, 4$
übrige Parameter s. *Abb. 18.30*

mal gleich der Anzahl Sektoren, die jeweils in einer Rundtour bedient werden. Wenn die Summe der Fahrzeiten von zwei oder mehr Touren kürzer als die zulässige Einsatzzeit eines Transportmittels ist und die zeitlichen Restriktionen damit verträglich sind, kann *ein* Transportmittel diese Touren nacheinander ausführen. Dadurch reduziert sich der Transportmittelbedarf. Die Fahrzeit pro Tour läßt sich näherungsweise mit Hilfe der Beziehungen (18.36) und (18.50) berechnen.

Das Drehstrahlverfahren in Verbindung mit der Streifenstrategie ist geeignet für die mittelfristige Transportplanung, zur Entwicklung fester Tourenpläne und für die approximative Berechnung des Transportmittelbedarfs. Dabei wird mit dem mittleren und dem maximalen täglichen Beförderungsbedarf bei einer durchschnittlichen Verteilung der Quellen und Senken gerechnet. Für die Fahrzeugdisposition im operativen Tagesgeschäft sind leistungsfähige Tourenplanungsprogramme besser geeignet, wenn sie für typische Testkonstellationen zu einem geringeren Transportmittelbedarf und deutlich kürzeren Fahrzeiten führen als das Drehstrahlverfahren [181; 186; 188; 217].

18.12 Transportleistungskosten

Die Betriebskosten K_{TS} [DM/PE] eines Transportsystems TS sind gleich der Summe der *Netzbetriebskosten* K_{TN} für das Transportnetz TN und der *Transportmittelkosten* K_{TM} für den Betrieb der Transportmittel TM, die für einen Beförderungsbedarf (18.2) benötigt werden:

$$K_{TS} = K_{TN} + K_{TM} \qquad [\text{DM/PE}]\,. \tag{18.54}$$

Hauptkostentreiber eines Transportsystems sind die *Transportmengen*, die *Transportentfernungen* und die *Anzahl* der zu bedienenden Abhol- und Zielorte. Durch Aufteilung und Zurechnung der Transportbetriebskosten (18.54) auf diese Kostentreiber lassen sich nach den Verfahren aus *Abschnitt 6.6* die spezifischen *Transportkostensätze* kalkulieren.

1. Netzbetriebskosten

Die *Netzbetriebskosten* setzen sich zusammen aus (s. *Kapitel* 6):

- *Abschreibungen und Zinsen* für die Netzinvestition,
- *Energiekosten* für den Netzbetrieb,
- *Personalkosten* für das Betriebspersonal,
- *Kosten für Wartung und Instandsetzung* des Netzes,
- *Steuerungskosten* für Verkehrsregelung und Verkehrssicherung,
- *Netzmanagementkosten* für Aufbau, Ausbau, Führung und Verwaltung des Netzwerks.

Die Höhe der Netzbetriebskosten wird bestimmt von der Gesamtnetzlänge $L_{TN} = \Sigma\, l_{k\alpha}$ und von den *Stationen* und *Transportelementen* TE_k mit den *Durchfahrlängen* $l_{k\alpha}$ und *Funktionen* $F_{k\alpha}$. Die installierten Grenzleistungen der Transportelemente hängen von den maximalen *Transportleistungen* $\lambda_{k\alpha\,max}$ ab, die in Spitzenzeiten für die Funktionen $F_{k\alpha}$ erwartet werden.

Wenn die Betriebskosten $K_{TN} = K_{TN}(\lambda_{k\alpha};l_{k\alpha})$ [DM/PE] für das Netz kalkulatorisch auf die für eine Periode geplante *Gesamtransportleistung* $\Sigma\lambda_{k\alpha} \cdot l_{k\alpha}$ [TM-km/PE] umgelegt werden, ergeben sich die

- *spezifischen Netzkosten* pro Transportmittel-Kilometer

$$k_{TN} = K_{TN}\Big/\left(\sum \lambda_{ka} \cdot l_{ka}\right) \qquad [\text{DM/TM-km}]\,. \tag{18.55}$$

Bis auf die Wartungs- und Instandhaltungskosten sind die Netzbetriebskosten unabhängig von der aktuellen Verkehrsbelastung des Transportnetzes und damit überwiegend *Fixkosten*. Daher trägt der Eigentümer oder Betreiber eines Transportnetzes ein hohes *Auslastungsrisiko*.

Wenn das Transportnetz, wie die öffentlichen Verkehrsnetze, nicht vom Betreiber sondern von anderen Transportdienstleistern oder von Verkehrsteilnehmern genutzt wird, müssen diese mit den Netzkosten belastet werden. Dafür sind aus den spezifischen Netzkosten (18.55) unter Annahme einer bestimmten Planauslastung *Netzbenutzungsgebühren* zu kalkulieren, die auch das *Auslastungsrisiko* durch einen entsprechenden *Risikozuschlag* berücksichtigen.

Möglichkeiten zur Kostenbelastung der Benutzer eines Transportnetzes sind:

- *Zeitabhängige Direktbelastung*: Steuern, Grundgebühren oder Eintrittsgelder, die pro Transportmittel für eine bestimmte Nutzungszeit unabhängig von der Fahrleistung erhoben werden.
- *Nutzungsabhängige Direktbelastung*: Maut, Wegegeld, Nutzungsgebühren oder andere Abgaben, die abhängig von der gefahrenen Weglänge und der Größe des Transportmittels unmittelbar vor oder nach Beendigung der Nutzung kassiert werden.
- *Indirekte Belastung*: Gebühren oder Steuern, die im Kraftstoffpreis oder in den Energiekosten enthalten sind.

In der Praxis ist eine Kombination dieser Belastungsformen üblich. Da der Kraftsstoff- oder Energieverbrauch weitgehend proportional zur Fahrleistung, zur Fahrzeugkapazität und zur Fahrwegbelastung ist, entspricht die indirekte Kostenbelastung am besten dem Verursachungsprinzip (s. *Abschnitt 7.1*). Außerdem ist diese Form der indirekten Belastung mit den geringsten Erfassungskosten verbunden, da keine Mautstellen erforderlich sind.

Bei der nutzungsabhängigen Direktbelastung besteht die Möglichkeit, zu Hauptverkehrszeiten höhere Netzgebühren zu erheben als zu verkehrsschwachen Zeiten. Damit wird ein Teil der Verkehrsbelastung aus der Hauptverkehrszeit in Nebenzeiten verdrängt. Ein solches Verfahren aber kann für einige Verkehrsteilnehmer unerwünschte soziale Folgen haben, die sich nur schwer durch andere verkehrspolitische Maßnahmen ausgleichen lassen.

Hin und wieder wird auch überlegt, für Haupt- und Nebennetze mit unterschiedlichen *Teilnetzkosten* zu kalkulieren. Eine solche Differenzierung ergibt für stark befahrene *Hauptnetze* meist geringere spezifische Netzkosten als für schwach befahrene *Nebennetze*. Bei einer verursachungsgerechten Belastung der Netzbenutzer würde das zu einer Verdrängung des Verkehrs auf die Hauptnetze und zur Abnahme der Nutzung der Nebennetze führen. Daraus aber resultiert ein Teufelskreis, wenn die Nutzungsgebühren für das Nebennetz weiter erhöht werden.

Die dargestellten Abhängigkeiten und Wechselwirkungen machen deutlich, daß die Umlage der Netzkosten auf die Netzbenutzer eine schwieriges Problem ist, das bislang noch nicht allgemeingültig und zufriedenstellend gelöst wurde.

2. Transportmittelkosten

Abgesehen von den Kosten für eventuelle Transportbehälter sind die Betriebkosten eines *Fördersystems* gleich den Netzbetriebskosten. Für die *Fahrzeugsysteme* kommen zu den Netzbetriebskosten die *Betriebskosten der Transportmittel* hinzu.

Die Transportmittelkosten setzen sich zusammen aus:

- *Abschreibungen und Zinsen* für die Transportmittel einschließlich Fahrzeugsteuerung;

- *Kraftstoff- und Energiekosten* für den Antrieb;
- *Personalkosten* für die Besatzung der Transportmittel;
- *Wartungs- und Instandhaltungskosten* für die Transportflotte;
- *Steuerungskosten* für die Transportmitteldisposition, Einsatzsteuerung und Einsatzkontrolle;
- *Flottenmanagementkosten* für Planung, Beschaffung und Verwaltung der Transportmittel.

Die Kosten für Abschreibungen, Zinsen, Wartung und Instandhaltung der *Transporthilfsmittel* sind gesondert zu kalkulieren, denn ihre Zurechnung hängt davon ab, ob die Transporthilfsmittel dem Verlader oder dem Betreiber der Transportmittel gehören.

Die Zinsen, die Steuerungskosten und die Kosten für das Flottenmanagement hängen ab von der *Anzahl*, vom *Typ* und von der *Kapazität* der Transportmittel einer Flotte, die für einen geplanten Transportbedarf bereitgehalten wird. Die Personalkosten werden von der *Einsatzdauer* und der *Besetzung* der Transportmittel bestimmt.

Die Abschreibungen für Abnutzung, die Kraftstoff- und Energiekosten und die Wartungs- und Instandhaltungskosten sind proportional zur *Fahrleistung* (s. *Kapitel* 6).

3. Transportkostensätze und Transportleistungspreise

Nach den in *Kapitel* 6 und 7 beschriebenen Verfahren lassen sich aus den Transportbetriebskosten (18.54) mit den Kennzahlen der *Transporteinheiten* [TE], den *Einsatzzeitzeiten*, der *Fahrzeugbesetzung* und den mittleren *Stoppzeiten* die *Transportkostensätze* kalkulieren:

$$\begin{array}{lll} \textit{Grundkosten} & k_{Gr} & [\text{DM/TM-Fahrt}] \\ \textit{Stoppkosten} & k_{Stop} & [\text{DM/TM-Stop}] \\ \textit{Fahrwegkosten} & k_{Weg} & [\text{DM/TM-km}]\,. \end{array} \qquad (18.56)$$

Mit diesen Kostensätzen sind die *Transportkosten* für eine Transportfahrt, die sich insgesamt über eine *Fahrweglänge* l_{FW} [km] erstreckt und zwischen Start- und Endpunkt der Nutzfahrt mit n_{Stop} *Stops* verbunden ist, gegeben durch:

$$K_{TF}(l_{FW};n_{Stop}) = k_{Gr} + n_{Stop} \cdot k_{Stop} + l_{FW} \cdot k_{Weg} \qquad [\text{DM/TE-Fahrt}]\,. \qquad (18.57)$$

Auch der Betreiber einer Transportmittelflotte trägt ein *Auslastungsrisiko*, wenn auch nicht in gleichem Ausmaß, wie der Netzbetreiber, da ein größerer Teil der Transportmittelkosten variabel ist. Mit den kalkulatorischen Zuschlägen für das Auslastungs- und Bereithaltungsrisiko sowie für Verwaltung, Vertrieb und Gewinn folgen aus den Transportkostensätzen (18.56) nach Beziehung (7.1) die *Transportleistungspreise*.

Für ausgewählte Transportmittel und verschiedene Verkehrsträger sind in *Tabelle 18.4* Kennwerte für Transportleistungspreise angegeben, die mit Hilfe eines

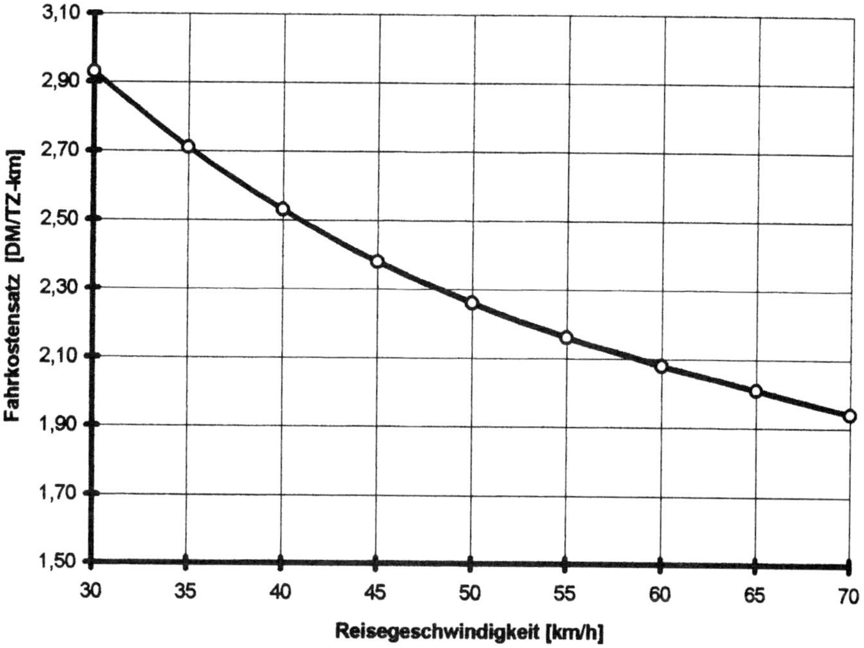

Abb. 18.33 Abhängigkeit des Fahrtkostensatzes für einen Sattelaufliegerzug von der Reisegeschwindigkeit

Kalkulationsprogramms für Transportkosten auf Preisbasis 1998 unter bestimmten Annahmen für die mittlere Auslastung und die Einsatzdauer berechnet wurden. Das *Transportkostenprogramm* wurde nach den in *Kapitel 6 und 7* dargestellten Kalkulationsverfahren erstellt und macht von den in diesem Kapitel entwikkelten Berechnungsformeln Gebrauch. In den Wegpreisen sind die anteiligen Netzkosten (18.55) enthalten.

Mit Hilfe des Transportkostenprogramms lassen sich Auswirkungen der unterschiedlichen Einflußfaktoren auf die Transportkosten analysieren. Die *Abb. 18.33* bis *18.37* zeigen die Ergebnis einer Sensitivitätsanalyse der Transportkostensätze und Transportpreise für die in *Abb. 12.5* und *18.20* dargestellten *Sattelaufliegerzüge.*

Die Abhängigkeit des Fahrtwegkostensatzes k_{Weg} [DM/TM-km] von der effektiven Reisegeschwindigkeit zeigt *Abb. 18.33*. Mit zunehmender Reisegeschwindigkeit sinken die Fahrwegkosten. Hieraus ist erkennbar, wie groß der Einfluß von Geschwindigkeitsbegrenzungen und Staus auf die Transportkosten ist.

Die Auswirkungen einer Änderung der Kraftstoffpreise auf den Fahrtkostensätze ist in *Abb. 18.34* dargestellt. Eine Verdopplung des Dieselkraftstoffpreises von 1,50 auf 3,00 DM/*l* würde einen Anstieg der Transportkosten von 2,50 auf 2,90 DM/km, also um 16 % bewirken.

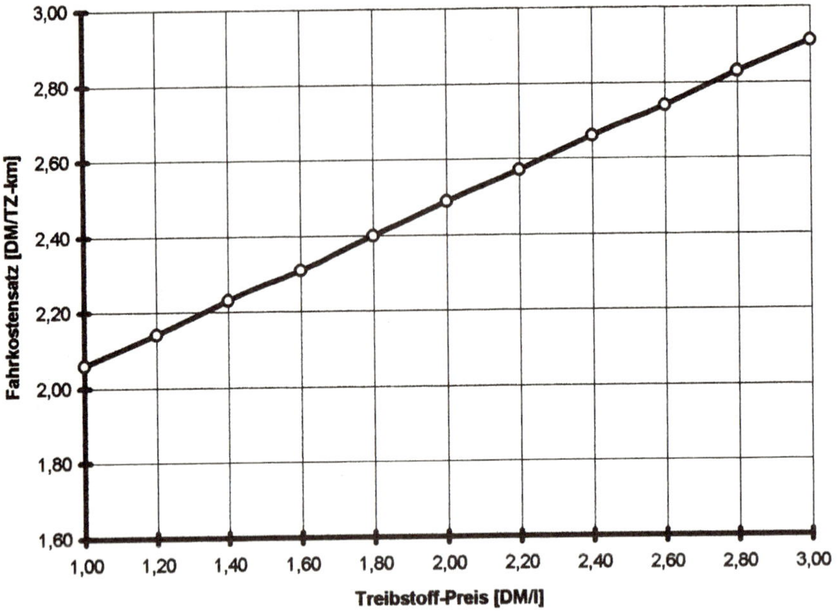

Abb. 18.34 Einfluß des Treibstoffpreises auf den Fahrtkostensatz für einen Sattelaufliegerzug

Abb. 18.35 zeigt den linearen Anstieg des mit Beziehung (18.57) kalkulierten *Relationspreises* für Transportfahrten von einem Verladeort zu einem Zielort mit der Transportentfernung. Der Relationspreis hängt sehr empfindlich vom *Leerfahrtanteil* ab, also vom Anteil der ungenutzten Fahrten vom Zielort zum nächsten Verladeort (s. *Abb. 18.35* und *18.36*).

4. Paarigkeit des Ladungsaufkommens

Bei Betrieb eines Fahrzeugsystems im Shuttle-Verkehr mit kombinierten Hin- und Rückfahrten zwischen je zwei Stationen hängt die Auslastung des Transportsystems und damit die Transportkosten von der Paarigkeit des Ladungsaufkommens zwischen den Stationen ab.

Wenn das *Hinlaufaufkommen* λ_{ij} von S_i nach S_j größer ist als das *Rücklaufaufkommen* λ_{ji} von S_j nach S_i, wenn also $\lambda_{ij} > \lambda_{ji}$, ist die Paarigkeit der Relation $S_i \rightarrow S_j$ gleich dem Quotienten $\lambda_{ji}/\lambda_{ij}$. Wenn $\lambda_{ji} > \lambda_{ij}$ ist, ist die Paarigkeit $\lambda_{ij}/\lambda_{ji}$. Allgemein gilt:

- Die *Relationspaarigkeit des Ladungsaufkommens* zwischen zwei Stationen S_i und S_j ist

$$\eta_{\text{ij paar}} = \text{MIN}\left(\lambda_{ji}/\lambda_{ij};\lambda_{ij}/\lambda_{ji}\right) \qquad [\%] \qquad (18.58)$$

Besteht nur in einer Richtung ein Ladungsaufkommen, ist die Paarigkeit 0 %. Ist das Ladungsaufkommen in beide Richtungen gleich, ist die Paarigkeit 100 %.

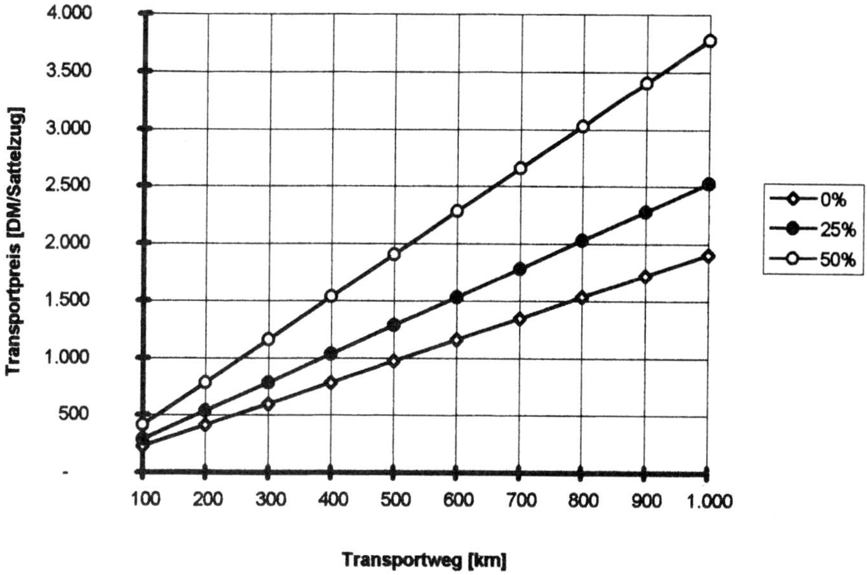

Abb. 18.35 Entfernungsabhängigkeit der Relationspreise für Transportfahrten mit einem Sattelaufliegerzug

Parameter Leerfahrtanteil

Wenn das Rücklaufaufkommen halb so groß ist wie das Hinlaufaufkommen ist $\lambda_{ji} = \lambda_{ij}/2$ und die Paarigkeit 50 %.

Ist die Relationspaarigkeit $\eta_{ij\ paar}$, dann ist der *Leerfahrtanteil* bei reinem Shuttlebetrieb mit vollen Fahrzeugen:

$$\eta_{ij\ leer} = 1/2 \cdot \left(1 - \eta_{ij\ paar}\right) \qquad [\%] \qquad (18.59)$$

So ist beispielsweise für eine Paarigkeit von 50 % der Leerfahrtanteil bei kombinierten Fahrten mit vollen Fahrzeugen 25 %.

Für Transportsysteme mit mehr als zwei Stationen ergibt sich aus den Relationspaarigkeiten (18.58) und dem *Gesamtladungsaufkommen*

$$\lambda = \sum_{i,j} \lambda_{ij} \ . \qquad [LE/PE] \qquad (18.60)$$

durch gewichtete Summation über alle Stationen die *Systempaarigkeit*:

$$\eta_{TS\ paar} = \sum_{i,j} \left(\lambda_{ij}/\lambda\right) \cdot MIN\left(\lambda_{ji}/\lambda_{ij}; \lambda_{ij}/\lambda_{ji}\right) \qquad [\%] \qquad (18.61)$$

Wenn sich die Summation (18.60) und (18.61) auf die Stationen in zwei voneinander getrennten Servicegebieten beschränkt, ergibt (18.61) die *Gebietspaarigkeit des Ladungsaufkommens* zwischen diesen Gebieten.

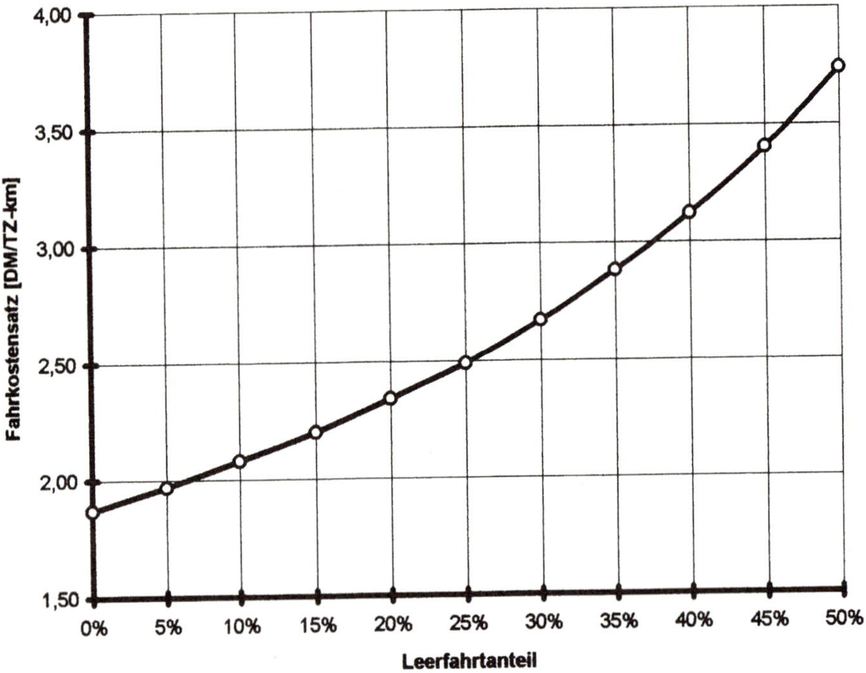

Abb. 18.36 Abhängigkeit des effektiven Fahrtkostensatzes für Transportfahrten vom Leerfahrtanteil

Die Paarigkeit ist maßgebend für die Auslegung des Trassennetzes und die Betriebsstrategien des Transportsystems. Bei hoher Paarigkeit und einem Ladungsaufkommen zwischen zwei Stationen, das regelmäßig verkehrende Transportfahrzeuge ausreichend füllt, ist eine direkte Linientrasse mit Hin- und Rückfahrten sinnvoll. Bei geringer Paarigkeit und schwachem Ladungsaufkommen zwischen den Stationen sind Netze mit *Ringstruktur und Rundfahrten* oder Netze mit *Sternstruktur und gebrochenem Transport* vorteilhafter (s. *Abb. 18.1 18.21, 19.15* und *19.16*).

Wenn der Rückfahrweg nicht genutzt und auch nicht vergütet wird, muß der Fahrtkostensatz für die produktive Hinfahrt entsprechend erhöht werden. Bei 50 % Leerfahrtanteil ist daher effektive Fahrtkostensatz für die Hinfahrt doppelt so hoch wie bei 0 % Leerfahrtanteil, also bei 100 % bezahlter Nutzung der Rückfahrt. Dieser Zusammenhang macht die großen Einsparungsmöglichkeiten deutlich, die sich mit einer *paarweisen Nutzung* von Relationsfahrten und einer *Reduzierung des Leerfahrtanteils* von Rundfahrten erzielen lassen.

Aus den unterschiedlichen Chancen für bezahlte Rückfahrten erklären sich auch die häufig recht stark voneinander abweichenden Transportkostensätze, die am Markt angegeboten werden. Zwischen Gebieten mit einem ausgeglichenem Hin- und Rückfrachtaufkommen sind die Transportpreise niedriger als zwischen

Gebieten, zwischen den ein ungleiches Transportaufkommen besteht. Für ungleichgewichtige Relationen sind die Transportkosten in der Richtung mit dem geringeren Transportaufkommen in der Regel deutlich geringer als in der Gegenrichtung.

5. Entfernungskostensätze

Wenn die Transportkosten nicht differenziert mit den Kostentreibern *Fahrt, Stop* und *Transportweg* kalkuliert sondern nur auf die Transportentfernung bezogen werden, ergibt sich die in *Abb. 18.37* dargestellte Entfernungsabhängigkeit des resultierenden *Entfernungskostensatzes* $k_{entf} = K_{TF}(l_{FW})/l_{FW}$.

Der pauschale Entfernungskostensatz nimmt mit zunehmender Transportentfernung ab, da die darin anteilig enthaltenen Grundkosten für Anfahrt, Warten, Rangieren und Laden immer weniger ins Gewicht fallen. Die bei Spediteuren üb-

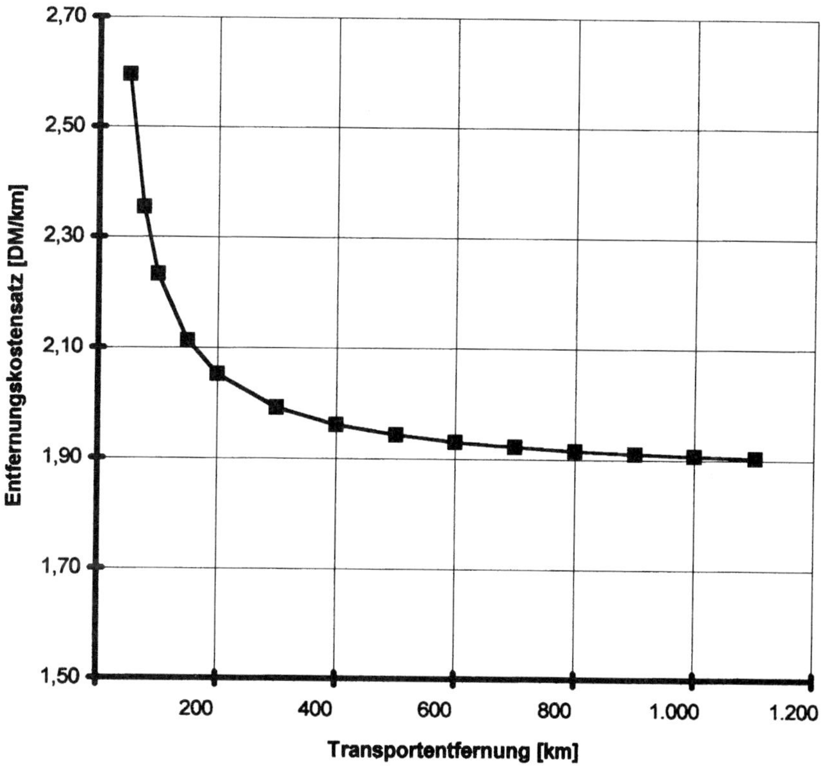

Abb. 18.37 Abhängigkeit des Entfernungskostensatzes für Transportfahrten mit einem Sattelaufliegerzug von der Transportentfernung

Transportkosten einschließlich Anfahrt, Warten, Rangieren und Ladezeit bei 100% Rückfrachtnutzung

liche Abrechung von Ladungstransporten nach pauschalen Entfernungssätzen entspricht daher nicht den Grundsätzen einer transparenten und fairen Preisgestaltung (s. *Abschnitt 7.1*).

Abhängig von *Kapazität* und *Füllungsgrad* der Transportmittel resultieren aus den Transportkosten die *Frachtkosten*. Die Kalkulation und die Einflußfaktoren der Frachtkosten werden in den *Abschnitten 19.13* und *19.14* behandelt.

19 Optimale Lieferketten

Das *Management der Lieferketten*, das sogenannte *Supply Chain Management*, umfaßt die Auswahl, die Gestaltung, die Organisation und den Betrieb *optimaler Lieferketten* zur Versorgung von *Bedarfsstellen* oder *Kunden* aus den *Liefer-* oder *Versandstellen*. Dazu gehört auch die Disposition von *Nachschub* und *Beständen* in den Stationen der Lieferketten.

Eine *Lieferkette* ist eine *Aneinanderreihung* von *Transportverbindungen* und *Zwischenstationen*. Sie verbindet eine *Lieferstelle* mit einer *Empfangsstelle* und wird von *Waren* und *Sendungen* in einer bestimmten *Belieferungsform* durchlaufen. Abhängig von der Aufgabe und Betrachtung werden die Lieferketten auch als *Versorgungsketten, Beschaffungsketten, Transportketten, Beförderungsketten* oder *Entsorgungsketten* und allgemein als *Logistikketten* bezeichnet.

Für die *Lieferung* der Waren und Güter, die eine Empfangsstelle von einer Lieferstelle anfordert, wie auch für die *Beförderung* von Sendungen und Personen gibt es in der Regel mehrere Logistikketten. Daraus resultiert die *allgemeine Belieferungsaufgabe:*

- Für vorgebene *Warenströme* oder *Sendungen* ist aus den möglichen Logistikketten die *optimale Liefer- und Transportkette* auszuwählen, die bei Einhaltung der geforderten *Lieferzeiten* und *Randbedingungen* mit den geringsten *Kosten* verbunden ist.

Hinter der allgemeinen Belieferungsaufgabe, die auf den ersten Blick recht einfach erscheint, verbirgt sich die gesamte *Logistik* [94; 95; 96; 97; 98; 192; 236].

Die Belieferungsaufgabe stellt sich zwischen den Unternehmen, Betrieben und Konsumenten, aber auch innerhalb eines Betriebs. Zu unterscheiden sind daher interne und externe Lieferketten. *Interne Lieferketten* verbinden die Quellen und Senken innerhalb eines Betriebs oder zwischen den Produktions- und Leistungsstellen in einem abgeschlossenen Betriebsgelände. Eine durchgängige *interne Logistikkette* beginnt im Wareneingang und endet im Warenausgang *desselben Betriebs.*

Externe Lieferketten verbinden den Warenausgang eines Unternehmens, Betriebs oder Erzeugers mit dem Wareneingang eines *anderen* Unternehmens, Betriebs oder Verbrauchers. Eine durchgängige *externe Logistikkette* beginnt im Warenausgang einer Lieferstelle und endet im Wareneingang einer Empfangsstelle.

Für das laufende Geschäft beschränkt sich die Belieferungsaufgabe auf die Auswahl der jeweils kostenoptimalen aus einer Anzahl *vorhandender Lieferketten*. Darüber hinaus muß das Unternehmen, das die Belieferungskosten trägt, zur Sicherung seiner Wettbewerbsfähigkeit permanent die vorhandenen Lieferketten optimieren und bei Bedarf *neue Logistikstrukturen* schaffen.

Bei Lieferung *frei Haus* stellt sich die *Belieferungsaufgabe* primär dem Lieferanten. Bei Beschaffung *ab Werk* übernimmt der Empfänger die *Beschaffungsaufgabe*. Wenn ein *Logistikdienstleister* eingesetzt wird, muß dieser die *Beförderungaufgabe* lösen.

In diesem Kapitel werden *Verfahren* und *Berechungsformeln* zur Lösung der allgemeinen Belieferungsaufgabe entwickelt. Der Schwerpunkt liegt dabei auf der Optimierung externer Lieferketten. Das allgemeine Vorgehen und die hierfür entwickelten Verfahren sind jedoch auf interne Logistikketten übertragbar.

Bestimmungsfaktoren für den Aufbau und die Auswahl optimaler Lieferketten sind die *Strukturbedingungen* der jeweils betrachteten Lieferbeziehungen sowie die *Leistungs- und Serviceanforderungen* der Kunden und Lieferanten. *Handlungsmöglichkeiten* bieten die *Gestaltungsparameter* der Lieferketten. Von besonderer Bedeutung sind dabei die *Transportverbindungen* und die *Zwischenstationen*, aus denen sich die Lieferketten zusammensetzen.

Auswahl und *Nutzung* der Lieferketten regeln *Belieferungsstrategien*. Diese werden nachfolgend konzipiert. Daraus leiten sich *Strategieparameter* ab, deren Auswirkungen zu analysieren sind. Wenn die Leistungs- und Serviceanforderungen erfüllt sind, ist das primäre *Ziel* der Optimierung der Lieferketten eine Senkung der *Belieferungskosten*. Die Berechnung der Belieferungskosten ist daher ein Schwerpunkt dieses Kapitels.

Auf dieser Grundlage wird ein allgemeines *Prozeßkostenmodell* entwickelt, das zur Bestimmung optimaler Lieferketten sowie zur Kalkulation von Transport- und Frachtkosten für unterschiedliche Transportketten geeignet ist. Ergebnisse sind *Optimierungsmöglichkeiten* und *Auswahlkriterien* für optimale Lieferketten sowie Hinweise auf Potentiale zur *Leistungsverbesserung* und *Kostensenkung*.

19.1 Strukturbedingungen

Die Strukturbedingungen sind gegeben durch die *Lieferstellen* und *Empfangsstellen*, die durch Lieferketten miteinander zu verbinden sind, sowie durch die *Zwischenstationen* und *Transportverbindungen*, die für die Beförderung der Waren, Sendungen oder Personen zur Verfügung stehen.

Ein Teil der Strukturbedingungen, wie die Standorte der Lieferanten und der Kunden, sind *Fixpunkte*, die sich nicht verändern lassen oder oder nur langfristig beeinflußbar sind. Andere Strukturbedingen, wie die Anzahl und Standorte der Zwischenstationen und die Funktionen dieser Stationen, sind mit mehr oder minder hohem Aufwand veränderbar und daher *Gestaltungsparameter der Logistikstruktur*.

1. Empfängerstruktur

Empfangsstellen, Kunden oder *Senken* der Waren- und Ladungsströme können innerbetriebliche Leistungsstellen, Filialen eines Handelsunternehmens, Werke von Industriebetrieben, Kunden eines Herstellers, Lager und Logistikzentren oder die Endverbraucher in einer Region sein.

Kennzahlen der Kunden- oder *Empfangsstruktur* sind:

- *Anzahl* N_E der Empfangsstellen;
- *Standorte* $(x_j;y_j)$ der Empfangsstellen $j = 1,2 \ldots N_E$.

Die Kunden werden von den Lieferanten häufig nach vertrieblichen oder historisch gewachsenen Gesichtspunkten zu *Kundengruppen* zusammengefaßt. Eine solche Kundenklassifizierung sollte jedoch für die Organisation der Belieferung nicht bindend sein. Im Gegenteil:

- Erst nach Loslösung von der vertrieblichen Kundenklassifizierung lassen sich in vielen Fällen die Lieferketten und die Distributionsstrukturen wirkungsvoll optimieren.

Außer der kommerziellen *Einkaufstätigkeit*, die im wesentlichen vor dem Warenabruf stattfindet, wird in den Empfangsstellen für die laufende Beschaffung der benötigten Waren eine Reihe von administrativen und operativen Logistikleistungen erbracht.

Administrative Logistikleistungen der Empfangsstelle zur Auslösung und Kontrolle der Lieferungen sind:

Disposition von Nachschub und Beständen
Abruf der benötigten Mengen bei den Lieferstellen (19.1)
Erteilen von Speditionsaufträgen bei Beschafffung ab Werk
Verfolgung der Liefermine und der Lieferqualität.

Operative Logistikleistungen nach Eintreffen der Ware in der Empfangsstelle sind:

Entladen, Auspacken und Eingangskontrolle
Einlagern und Bevorraten der Ware (19.2)
Bereitstellen und Puffern am Bedarfs- oder Verbrauchsort
Sammeln und Bereitstellen von geleerten Ladungsträgern.

So ist beispielsweise der Verbrauchsort in einer Automobilfabrik das Montageband. Die Bedarfsorte in einer Handelsfiliale sind die Verkaufstheken und die Selbstbedienungsregale.

Die Logistikleistungen (19.1) und (19.2), die in den Empfangsstellen erbracht werden, sind mit *Kosten* verbunden, die von den Parametern der Lieferketten, wie der *Lieferfrequenz* und der *Belieferungsform* abhängen. Die Logistikkosten der Empfangsstelle sind Bestandteil der *Belieferungskosten.*

2. Lieferantenstruktur

Lieferstellen oder *Quellen* der Güter, mit denen ein Abnehmerkreis versorgt wird, können Produktionsstätten oder Fertigwarenlager von Industriebetrieben sein, Logistikzentren von Handelsunternehmen, Importlager, Anlieferstationen, wie

Bahnstationen, Seehäfen oder Flughäfen, aber auch Betriebsstätten und Leistungsstellen innerhalb eines Unternehmens.

Kennzahlen der Lieferantenstruktur sind:

- *Anzahl* N_L der Lieferstellen;
- *Standorte* $(x_i;y_i)$ der Lieferstellen $i = 1,2 \ldots N_L$.

Die Lieferanten werden von den Kunden häufig nach Einkaufsgesichtspunkten oder anderen Kriterien in Lieferantenklassen eingeteilt. Wie für die Kundenklassifizierung gilt der *Grundsatz*:

- Erst nach Befreiung von den Lieferantenklassifizierungen des Einkaufs lassen sich die Lieferketten und Beschaffungsstrukturen optimieren.

So befinden sich Verkauf und Auftragsannahme eines Lieferanten häufig an *einer* Stelle, auch wenn der Lieferant mehrere Auslieferstellen hat. Für die Logistik sind jedoch primär die Auslieferstandorte des Lieferanten und deren Funktionen von Interesse.

Außer der Vertriebstätigtätigkeit, die vor der Auftragsannahme stattfindet, werden auch in den Lieferstellen Logistikleistungen erbracht. *Administrative Logistikleistungen* der Lieferstelle zur Auslösung und Kontrolle der Lieferungen sind:

Annahme und Prüfung der Bestellungen
Auftragsdisposition
Disposition der Fertigwarenbestände
Erteilung von Fertigungsaufträgen (19.3)
Erzeugung von Kommissionieraufträgen
Erteilen von Speditionsaufträgen bei Lieferung frei Haus
Verfolgung der Liefermine und der Lieferqualität.

Operative Logistikleistungen bis zum Verladen der Ware in der Lieferstelle sind:

Bevorraten der Lagerware
Ansammeln kundenspezifischer Ware
Abfüllen loser Ware
Konfektionieren und Kommissionieren (19.4)
Verpacken und Ladeeinheitenbildung
Versandbereitsstellung und Ausgangskontrolle.

Zusätzliche Aufgaben der Lieferstelle können das *Verladen* der Sendungen in die Transportmittel und die *Ladungssicherung* sein.

Die interne *Auftragsdurchlaufzeit* der Lieferstelle trägt maßgebend zur *Lieferzeit* bei. Bei lagerhaltiger Ware ist die Auftragsdurchlaufzeit die Summe der administrativen und der operativen *Auftragsbearbeitungszeit*. Bei Waren und Produkten, die nach Auftrag kundenspezifisch gefertigt oder beschafft werden, erhöht sich die interne Auftragsdurchlaufzeit um die *Fertigungsdurchlaufzeit* bzw. um die *Beschaffungszeit*.

Auch die Logistikleistungen der Lieferstellen sind mit *Kosten* verbunden, die von den Parametern der Lieferketten, wie der *Belieferungsform* und den eingesetzten *Transportmitteln* abhängen. Diese Kosten der Lieferstelle sind ebenfalls Bestandteil der Belieferungskosten.

Bei *produzierenden Lieferstellen* hängen Fertigungsdurchlaufzeit und Lagerkosten für Fertigwaren von der *Produktionsstruktur* ab, also davon, ob es sich um eine *kontinuierliche* oder *diskontinuierliche Produktion* oder um *Massen-* oder *Einzelfertigung* handelt. Weitere Einflußfaktoren auf die Fertigwarenbestände und die Produktionsdurchlaufzeit sind die *Produktionskapazität*, die *Rüstkosten* und die *minimalen Losgrößen* (s. Kapitel 10).

3. Zwischenstationen

In den Zwischenstationen, die von den Waren und Sendungen zwischen der Lieferstelle und der Empfangsstelle durchlaufen werden, wird das angelieferte Frachtgut abgeladen, umgeladen, bei Bedarf zwischengepuffert, gelagert oder verändert und wieder verladen [115; 193].

In den *Zwischenstationen* finden also *Umschlagprozesse*, *Lagerprozesse* und *Umwandlungsprozesse* statt. Mit *Transitgütern* oder *Durchlaufwaren* können, wie in *Abb. 19.1* dargestellt, in einer Umschlagstation folgende *Umschlagprozesse* stattfinden:

- *Umschlag ohne Ladungsträgerwechsel* (*Crossdocking*): Die Waren und Sendungen, die ohne Ladungsträger oder auf zielrein gefüllten Ladungsträgern

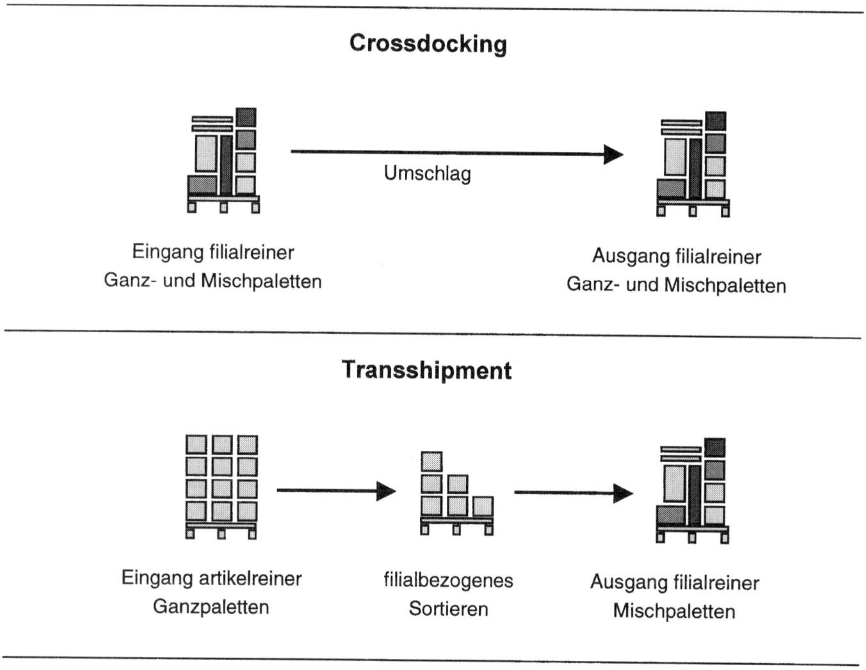

Abb. 19.1 Crossdocking und Transshipment von Palettenware

in zielgemischt beladenen Transporteinheiten ankommen, werden innerhalb kurzer Zeit – in der Regel in weniger als 24 Stunden – nach Bestimmungsorten oder Touren auf die Warenausgangspuffer verteilt oder direkt in bereitstehende Transporteinheiten verladen. Es findet ein Wechsel des Transportmittels, aber keine Veränderung in der Zusammensetzung der Ladeeinheiten statt.

- *Umschlag mit Ladungsträgerwechsel (Transshipment)*: Die in zielgemischt gefüllten Ladungsträgern ankommenden Waren und Sendungen werden innerhalb kurzer Zeit ohne Rest auf zielreine Ladungsträger verteilt, umgepackt und verdichtet (*Split to Zero*). Die so entstehenden zielrein gefüllten Ladungsträger werden nach Bestimmungsorten oder Touren auf die Warenausgangspuffer verteilt oder direkt in bereitstehende Transporteinheiten verladen. Es findet ein Wechsel des Transportmittels *und* eine Änderung der Zusammensetzung der Ladeeinheiten statt.

Speziell in der *Handelslogistik* wird mit *Crossdocking* der Umschlag vorkommissionierter Sendungen und mit *Transshipment* der Umschlag nicht vorkommissionierter Ware bezeichnet [23; 194].

Ein Beispiel für eine *Umschlagstation*, die ganz ohne Ladungsträger arbeitet, ist die in *Abb. 19.2* gezeigte Umschlaganlage eines *Paketdienstleisters*, in der zielgemischt angelieferte Pakete über Teleskopbänder entladen, von *Hochleistungssortern* direkt auf die Ausgangstore verteilt und dort in die bereitstehenden Transportfahrzeuge verladen werden.

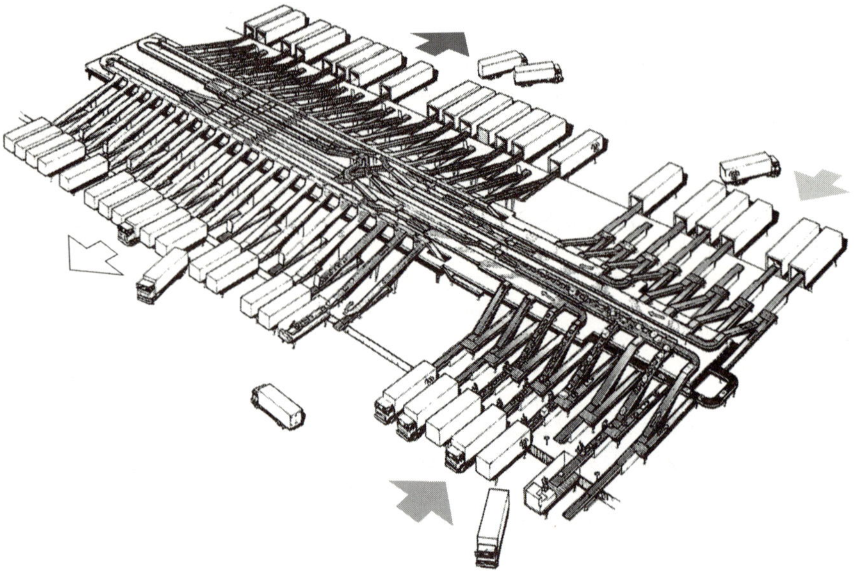

Abb. 19.2 Umschlagstation eines Paketdienstleisters
Abbildung einer Sorteranlage der Firma *VanderLande*

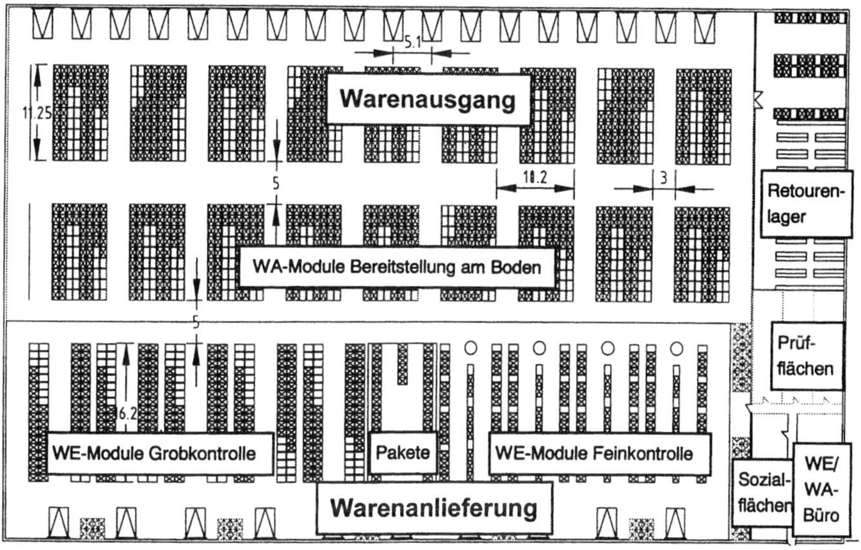

Abb. 19.3 Umschlagstation einer Handelskette
Prinzipdarstellung ZLU [250]

Ein anderes Beispiel für eine *Logistikstation mit gemischter Funktion* ist die in *Abb. 19.3* dargestellte *Umschlagsstation* einer Filialhandelskette. Hier werden *filialreine Paletten* entladen, kontrolliert und auf die Pufferflächen für die Filialsendungen vor den Warenausgangstoren verteilt. *Artikelreine Paletten* und Sendungen mit Paketen für mehrere Filialen werden nach dem Verfahren der *inversen Kommissionierung* auf einer gesonderten Fläche zu filialrein beladenen Paletten aufgebaut und verdichtet, die anschließend ebenfalls auf die Pufferflächen im Warenausgang verteilt werden (s. *Abb. 17.5*).

In den kleineren Umschlagstationen der Speditionen - auch *Transshipment-Punkte* (TSP) genannt - führen *Gabelstapler* und *Schnelläufer* den Transport der Paletten und das Verteilen auf die Ausgangstore oder Verladestellen durch. In großen Umschlagstationen, wie in den *Luftfrachtzentren*, werden zusätzlich *Schleppzüge, Unterflurschleppkettenförderer* oder *fahrerlose Transportsysteme* (FTS) eingesetzt. Paketdienstleister arbeiten zunehmend mit vollautomatischen Sorteranlagen. Im *Containerumschlag* wird mit Kranen, Spezialstaplern, Van Carriern und neuerdings auch mit FTS-Systemen gearbeitet.

Durch die *Umschlagzeiten* in den Stationen einer Lieferkette verlängert sich die Lieferzeit im Vergleich zum Direkttransport. Die *minimale Umschlagzeit* ist die Summe der Transport- und Handlingzeiten zwischen dem Entladen und dem Verladen in einer Logistikstation. Die *effektive Umschlagzeit* ist gleich der Summe der minimalen Umschlagzeit und der *Wartezeit* bis zur Abfahrt des nächsten Transports oder bis zum Eintreffen der letzten Sendung, die für eine ausgehende Ladung bestimmt ist.

Die Abhängigkeit von den Lieferzeiten vorangehender Stellen und das Warten auf die Anlieferung sind vermeidbar, wenn die benötigten Waren in einer Zwischenstation bevorratet werden. Durch *bestandsführende Zwischenstationen* lassen sich also die Lieferzeiten verkürzen. Die Lieferzeit wird umso kürzer, je näher ein Bestand am Bedarfsort lagert. Der Preis für die dadurch erreichte Lieferzeitverkürzung sind die *Lagerhaltungskosten* und die Gefahr von *Fehlallokationen*. Je näher Bestände, die nicht nur für einen bestimmten Kundenkreis oder nur eine Region bestimmt sind, am Bedarfsort gelagert werden, umso höher sind die Kosten und Risiken (s. *Abschnitt 11.3*).

Die *Auftragsdurchlaufzeit* für lagerhaltige Ware ist die Summe der administrativen und der operativen Auftragsbearbeitungszeit in der betreffenden Station. Sie ist bei richtiger Bestands- und Nachschubdisposition *unabhängig* von der Nachschubzeit der Lagerware.

In den bestandsführenden Zwischenstationen können folgende *Lagerprozesse* stattfinden:

- *Lagern ohne Kommissionierung*: Die artikelrein oder sendungsrein angelieferten Ladeeinheiten werden eingelagert, gelagert, nach einer bestimmten *Lagerdauer* unverändert ausgelagert und *ohne Ladungsträgerwechsel* zum Versand gebracht.
- *Lagern mit Kommissionierung*: Die artikelrein oder sendungsgemischt angelieferten Ladeeinheiten werden eingelagert und gelagert, nach dem Lagern jedoch zerlegt und zu sendungsreinen Versandeinheiten kommissioniert, wobei ein *Ladungsträgerwechsel* stattfindet.

Beim Lagern mit Kommissionieren entstehen aus artikelreinen oder sendungsgemischten Ladeeinheiten artikelgemischte Versandeinheiten und sendungsreine Ladeeinheiten. Verfahren, Technik, Dimensionierung und Beispiele sind für *Lagersysteme* in *Kapitel 16* und für *Kommissioniersysteme* in *Kapitel 17* dargestellt.

Die *Umwandlungsprozesse*, die in einer Zwischenstation stattfinden können, lassen sich nach dem *Grad der Veränderung* der Waren, Güter und Stoffe unterscheiden in:

- *Abfüllen und Abpacken*: *Lose Ware* wird in Fässer, Säcke, Tüten oder andere *Gebinde* abgefüllt und abgepackt. Aus loser Ware wird abgepackte Ware.
- *Zuschneiden und Ablängen*: Flächige Ware, wie Bleche, Platten oder Stoffbahnen, wird auf gewünschte Maße zugeschnitten; Langgut, wie Stangenmaterial, Kabel oder Bandmaterial, wird auf Länge abgeschnitten.
- *Umpacken und Konfektionieren*: Mehrere Artikel- oder Verpackungseinheiten werden unter Verwendung von Träger- und Packmaterial zu *Displays*, *Trays* oder *kundenspezifischen Verkaufseinheiten* zusammengestellt, aufgebaut und neu verpackt. Aus abgepackter Ware wird anders verpackte Ware.
- *Aufbau und Montage*: Angelieferten Teile oder Baugruppen werden zu einbaufertigen *Modulen*, fertigen *Produkten* oder ganzen *Anlagen* zusammengesetzt, montiert und aufgebaut. Die verwendeten Teile bleiben dabei im wesentlichen unverändert.

- *Erzeugung und Herstellung*: Aus Roh-, Hilfs- und Betriebsstoffen werden in einem *verfahrenstechnischen Prozeß* andere Stoffe erzeugt oder Produkte hergestellt. Die einlaufenden Waren werden dabei chemisch und/oder phyikalisch verändert und verformt.

In den *Logistikstationen*, auf die sich die weitere Betrachtung beschränkt, finden *keine* Montage- und Produktionsprozesse statt. *Logistikleistungen* in diesen Stationen sind:

Verladen, Entladen, Umladen
Ein- und Ausgangskontrolle
Aufbau- und Abbau von Ladeeinheiten
Ein- und Auslagern (19.5)
Puffern und Lagern
Abfüllen und Abpacken
Konfektionieren und Umpacken
Sortieren und Kommissionieren.

In den *internen Logistikketten* sind die *Zwischenstationen* Puffer und Lager für Roh-, Hilfs- und Betriebsstoffe, für Halbfertigfabrike und Fertigwaren sowie die Produktions- und Leistungsstellen des Betriebs. Der Aufbau, die Gestaltung und die Optimierung der internen Logistikketten sind Aufgabe der *Werksplanung* und der *Materialflußtechnik* [29; 104; 127]

In den *Logistikstationen* einer *externen Lieferkette* werden in der Regel mehrere Logistikleistungen parallel durchgeführt. So wird in *Regionalzentren* neben der dominierenden Umschlagtätigkeit auch Ware zwischengelagert und kommissioniert. In *Regionallagern* wird neben der Lager- und Kommissioniertätigkeit auch *Transitware* umgeschlagen. In den *Logistikzentren* sind außer dem Lagern und Kommissionieren von *Lagerware* und dem Umschlag von *Transitware* weitere Funktionen gebündelt, wie Konfektionieren, Umpacken, Retourenbearbeitung oder Abfüllen loser Ware. In den *Transitterminals*, die in Seehäfen, Flughäfen und an den Landesgrenzen zu finden sind, werden außer dem Umladen auch Packarbeiten, Verzollungen und Warenkontrollen durchgeführt.

Allgemein gilt:

- In einer Logistikstation stehen für die gleichen Waren oder Sendungen zwischen Eingang und Ausgang in der Regel *mehrere interne Logistikketten* zur Auswahl, die sich in den Durchlaufzeiten und Leistungskosten unterscheiden.

Die Auswahl der Logistikketten in den Zwischenstationen, die für die verschiedenen Waren und Sendungen jeweils am besten geeignet sind, ist daher eine weitere *Handlungsmöglichkeit* zur Optimierung der Lieferketten.

Von den Leistungen, die an den durchlaufenden Waren und Sendungen erbracht werden, hängen die Betriebskosten der Zwischenstationen ab. Die daraus resultierenden Leistungskosten, wie die *Umschlagkosten*, die *Lagerkosten* und die *Kommissionierkosten*, tragen wesentlich zu den Belieferungskosten bei.

4. Transportverbindungen
Für die Beförderung der Güter und Sendungen zwischen den Stationen der Lieferkette stehen im Prinzip folgende *Verkehrsträger* zur Auswahl, von denen in im praktischen Einzelfall jedoch meist nur ein, zwei oder drei infrage kommen:

Straße
Schiene
Binnenwasserweg (19.6)
Seeweg
Luftweg.

Für Gase und Flüssigkeiten – unter bestimmten Voraussetzungen auch für Feststoffe und Stückgut – besteht darüber hinaus die Möglichkeit des *Rohrleitungstransports*, der jedoch nur bei kontinuierlichen Bedarf über viele Jahre wirtschaftlich ist. Für Schüttgut und Stückgut ist auch der Transport durch *Stetigförderanlagen* und mit *Seil-* oder *Hängebahnen* möglich (s. *Kapitel* 18).

Über Umschlag- und Umladestationen lassen sich die verschiedenen Verkehrsträger miteinander zu *intermodalen Transportketten* verbinden, wie sie in *Abb. 19.4* gezeigt sind [115; 193]. Auf den einzelnen Verkehrsträgern können unterschiedliche *Transportmittel* eingesetzt werden (s. *Abb. 18.19*):

- *Straßentransport*: Kleinlaster, Lieferfahrzeuge, Sattelaufliegerzüge, Gliederzüge mit Wechselbrücken, Silofahrzeuge und Tanklastzüge.
- *Schienentransport*: Waggons, Silowagen und Kesselwagen, die für den Ferntransport zu Waggongruppen, Halbzügen und Ganzzügen verkoppelt werden.
- *Wassertransport*: Barken, Binnenschiffe, Frachtschiffe, Containerschiffe, Feederschiffe und Tankschiffe.
- *Lufttransport*: Kleinflugzeuge, Großflugzeuge, Passagierflugzeuge, Frachtflugzeuge und Frachtzeppeline.

Zwischen den Stationen können die Transportmittel auf unterschiedlichen *Transportwegen*, *Touren* oder *Fahrtrouten* verkehren [115].

Jedes Transportmittel hat eine bestimmte *Transportkapazität* C_{TE} [ME/TE, VPE/TE, LE/TE], die von den *Laderaumabmessungen* und der zulässigen *Nutzlast* abhängt. Sie wird für lose Waren in den *Mengeneinheiten* [t oder m^3] gemessen, für abgepackte Waren ohne Ladungsträger in *Verpackungseinheiten* [VPE] und für Ladungen mit Ladungsträger in *Ladeeinheiten* [LE]. Die Nutzlast, der Laderaum und die Kapazität einiger Transportmittel für den Straßen-, den Schienen- und den Seeverkehr sind in *Tabelle 18.1* angegeben.

Die *Tabelle 18.2* enthält die *Leistungs- und Kostenkennwerte* dieser Transportmittel. Die *Leistungspreise* für den Transport sind *verursachungsgerecht* aufgeteilt in einen *Grundpreis* [DM/Einsatzfahrt], einen *Stoppreis* [DM/Zwischenstop] und einen *Fahrwegpreis* [DM/km].

Transportmittel mit großer Kapazität, wie Sattelauflieger und Wechselbrücken auf der Straße, Ganzzüge auf der Schiene und große Containerschiffe auf dem Wasser, haben bei guter Auslastung sehr günstige Fahrwegkosten pro Ladeeinheit aber relativ hohe Grund- und Stoppkosten. Große Transportmittel sind da-

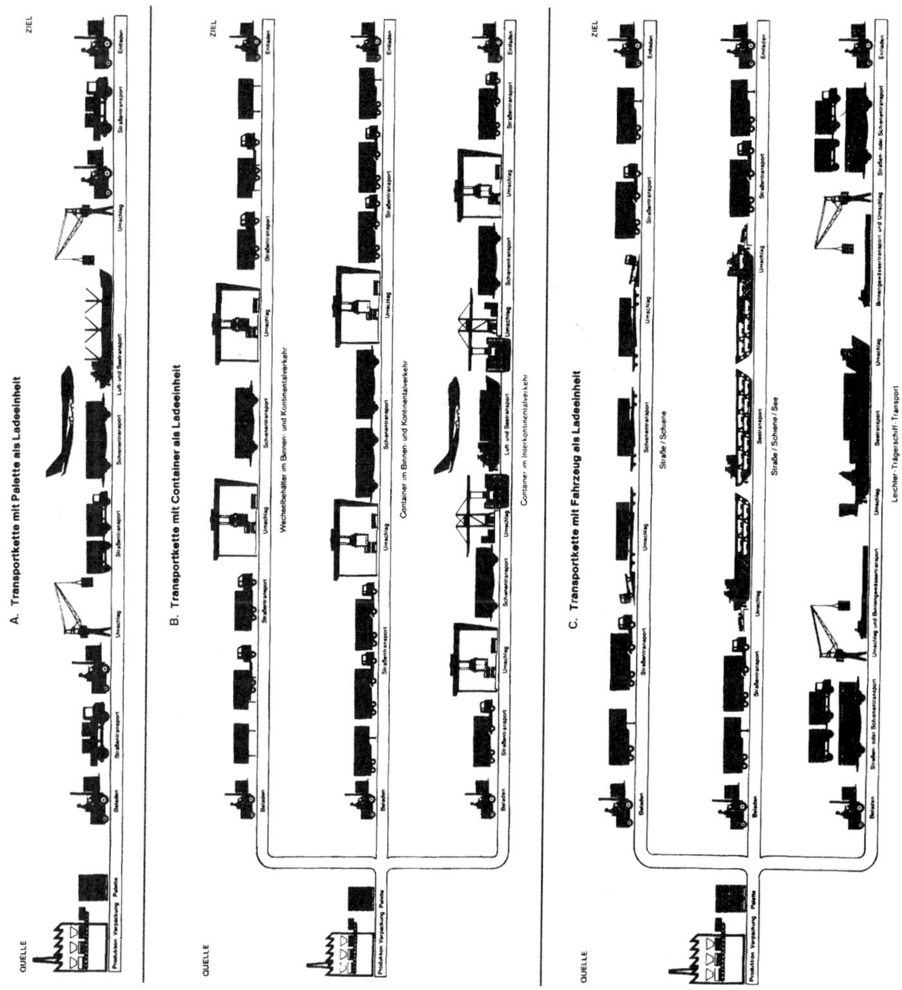

Abb. 19.4 Intermodale Transportketten
Quelle: Studiengesellschaft für den kombinierten Verkehr e.V. [115]

her für den Transport großer Mengen über weite Entfernungen bei wenigen Stops besonders geeignet.

Transportmittel mit geringer Kapazität, wie die kleineren *Transporter* auf der Straße, der *Cargosprinter* der Bahn und die *Feederschiffe* für Container, haben meist deutlich günstigere Grund- und Stoppreise, dafür aber pro Ladeeinheit relativ hohe Fahrwegkosten. Kleinere Transportmittel sind daher vorteilhafter für den Transport geringer Mengen über kürzere Entfernungen bei vielen Stops einsetzbar.

Die Stationen einer Lieferkette sind miteinander durch *ungebrochene Transporte* ohne Umladen sowie durch *indirekte* oder *kombinerte Transporte* mit Umladen verbunden [115; 193]. Die kombinierten Transporte lasssen sich einteilen in *gebrochene Transporte* und *intermodale Transporte* (s. *Abb. 19.4*):

- Bei einem *gebrochenen Transporte* wird ohne Änderung des Verkehrsträgers ein- oder mehrmals das Transportmittel gewechselt.
- Bei einem *intermodalen Transport* werden Transportmittel *und* Verkehrsträger gewechselt.

Die *kombinierten Transportketten* setzen sich aus *umschlagfreien Transportverbindungen* und *Umladestationen* zusammen. Die umschlagfreien Transporte werden als *Ladungstransporte* bezeichnet und in *Ganzladungs- und Teilladungstransporte* unterteilt:

- Ein *Ganzladungstransport* ist der umschlagfreie Transport *einer* Sendung in einem Transportmittel von einer Versandstation direkt zu einer Empfangsstation *ohne Zwischenstop.*
- Ein *Teilladungstransport* ist der umschlagfreie Transport *mehrerer* Sendungen in einem Transportmittel *mit Zwischenstops* zum Ab- oder Beladen auf dem Weg von der ersten Versandstation zur letzten Empfangsstation.

Die Ladungstransporte können von Lieferfahrzeugen, Sattelaufliegern in Wechselbrücken oder ISO-Containern, aber auch in Waggons, Teil- und Ganzzügen oder von Schiffen mit den in in *Abb.19.5* dargestellten *Transportarten* durchführt werden:

- Im *Abholtransport* werden in einer *Abholfahrt* die Waren oder Sendungen von *einer* Lieferstelle abgeholt und zu *einer* Empfangsstelle oder einem Umschlagpunkt gebracht.
- Im *Sammeltransport* werden Waren oder Sendungen in einer *Sammelfahrt* von mehreren Lieferstellen abgeholt und zu einer Empfangsstelle oder einem *Sammelumschlagpunkt* (SP) gebracht.
- Im *Zustelltransport* werden die Waren oder Sendungen *einer* Lieferstelle in einer *Zustellfahrt* zu *einer* Empfangsstelle gebracht.
- Im *Verteiltransport* werden die Waren oder Sendungen von einem *Verteilumschlagpunkt* (VP) oder einer Lieferstelle abgeholt und in einer *Verteilfahrt* zu mehreren Empfangsstellen befördert
- Ein kombinierter *Verteil- und Sammeltransport* holt Waren und Sendungen von einem *Umschlagpunkt* (UP) ab, bringt sie auf einer *Verteil- und Sammelfahrt* zu den Empfangsstellen, holt auf derselben *Rundfahrt* von Lieferstellen Waren oder Sendungen ab und befördert sie zum Ausgangspunkt der Fahrt.

Die *Beförderungszeit einer Sendung* ist gleich der *Wartezeit* bis zur Abfahrt des Transportmittels, der *Fahrzeit* für den Weg von der Beladestation über eventuelle Zwischenstops bis zur Entladestation und der Summe der *Stopzeiten* einschließlich der Beladezeit an der Ausgangsstation und der Entladezeit in der Endstation.

Die *Wartezeit* auf das nächste Transportmittel wird von der Transportbetriebsart bestimmt. Die *Transportbetriebsarten* sind Organisationsformen für Transportfahrten:

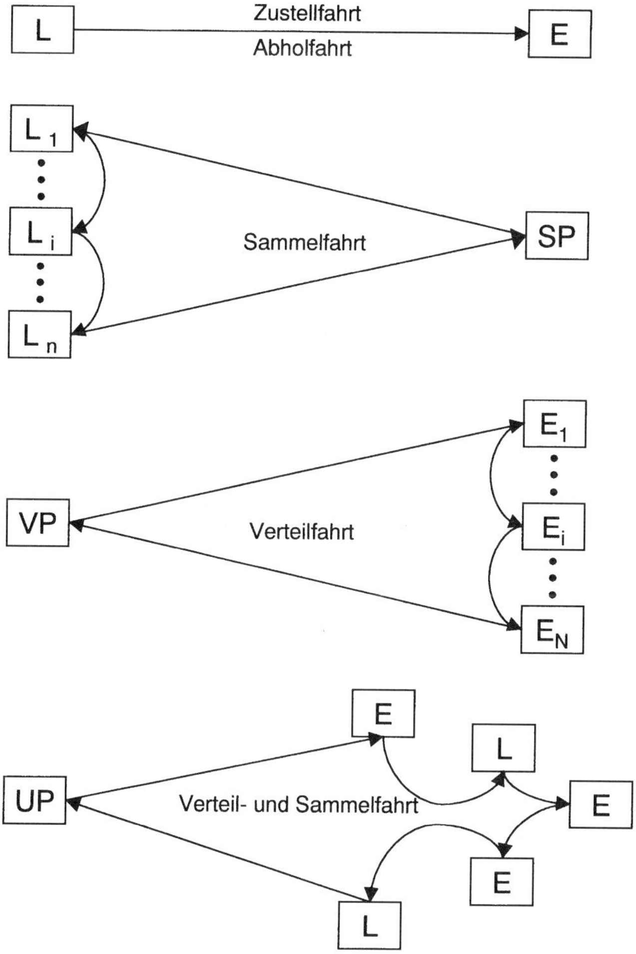

Abb. 19.5 Transportarten im Ladungsverkehr

L_i: Lieferstellen
E_j: Empfangsstellen
SP : Sammelumschlagpunkt
VP : Verteilumschlagpunkt
UP : Umschlagpunkt mit kombinierter Funktion

- *Regeltransporte, Touren* oder *Linienfahrten* finden *regelmäßig* mit einer *festen Frequenz* oder nach *Fahrplan* zu *festen Zeiten* auf vorausgeplanten *Fahrtrouten* statt.
- *Bedarfstransporte, Trampfahrten* oder *Spontanfahrten* werden *bedarfsabhängig* auf unterschiedlichen Fahrtrouten durchgeführt, wenn eine ausreichend große oder eilige Ladung zum Transport ansteht.

Die Transportfrequenz λ_{TE} [TE/PE] der Regeltransporte muß mindestens so groß sein wie die benötigte Lieferfrequenz f_L [1/PE]. Wenn das *Ladungsaufkommen* λ_{LE} [LE/PE] größer ist als die *Grenzleistung* $\mu_{LE} = \lambda_{TE} \cdot C_{TE}$ [LE/PE], die mit Transportmitteln der Kapazität C_{TE} [LE/TE] bei einer Frequenz λ_{TE} erreichbar ist, muß die Transportfrequenz erhöht werden.

Wegen der Abhängigkeit der Transportfrequenz vom Ladungsaufkommen werden in der Praxis die Regeltransporte mit Bedarfstransporten kombiniert, die bei erhöhtem Ladungsaufkommen zwischen den Regeltransportzeiten abfahren.

Die *Einsatzzeit* einer Transporteinheit für eine Transportfahrt wird bestimmt von der *Reiseschwindigkeit* v_{TE} des Transportmittels, der *Länge* s_{tour} der Tour, der *Anzahl der Stops n* und der *durchschnittlichen Stopzeit* t_{stop}:

$$T_{TE\,ein} = s_{tour} / v_{TE} + n \cdot t_{stop} \qquad [PE]. \tag{19.7}$$

Die Stopzeit, die für einen Halt benötigt wird, setzt sich zusammen aus der *Brems-* und *Beschleunigungszeit*, der *Wartezeit* auf Abfertigung und der *Be- und Entladezeit* zur Aufnahme oder Abgabe der Ladung.

Die *Anzahl Transporteinheiten*, die bei einer *Transportfrequenz* λ_{TE} auf einer Fahrtroute mit der Einsatzzeit (19.7) *im Einsatz* sind, ist:

$$N_{TE\,ein} = \lambda_{TE} \cdot T_{TE\,ein}. \qquad [TE]. \tag{19.8}$$

So ergibt sich beispielsweise, daß für die Versorgung einer Automobilfabrik über eine Entfernung von 3.400 km mit CKD-Teilen im Rundlauf permanent 11 Eisenbahnzüge im Einsatz sind, wenn alle 3 Tage ein Ganzzug benötigt wird, der mit einer Reisegeschwindigkeit von 250 km/Tag fährt, eine Be- und Entladezeit von je 1 Tag hat und an einer Grenze einen Tag für den Spurwechsel aufgehalten wird.

Die *Transportkosten* haben in der Regel den größten Anteil an den Belieferungskosten. Aus der Beziehung (19.7) für die Einsatzzeit und der Beziehung (19.8) für die Anzahl der eingesetzten Transportmittel folgt, daß die *Kosten für den Ladungstransport* vom *Ladungsaufkommen*, von der *Belieferungsfrequenz*, der mittleren *Fahrweglänge*, der *Reisegeschwindigkeit*, der *Anzahl Stops* und von der *mittleren Stopzeit* abhängen (s. *Abschnitt 18.8*).

19.2 Lieferanforderungen

Maßgebend für das Supply Chain Management sind das *Serviceangebot* der Lieferanten sowie die *Serviceerwartungen* und *Leistungsanforderungen* der Kunden. Die Leistungsanforderungen lassen sich einteilen in *primäre Leistungsanforderungen*, wie die *Sortimentsanforderungen* und die *Sendungsanforderungen*, und in die hieraus ableitbaren *sekundären Leistungsanforderungen*, wie die *Durchsatzanforderungen* und die *Bestandsanforderungen*.

1. Sortimentsanforderungen

Das in den Produktions- und Lieferstellen gefertigte oder bereitgehaltene Sortiment ist Gegenstand der *Programmplanung* und der *Lagerhaltungspolitik*. Die Festlegung des Warensortiments in den Empfangsstellen ist Aufgabe der *Sorti-*

mentsplanung der Kunden. Nach dem Kräftespiel von Angebot und Nachfrage leitet sich aus der Programmplanung der Lieferanten und den Sortimentsanforderungen der Kunden das aktuelle *Liefersortiment* ab.

Aus dem Liefersortiment resultieren die *Sortimentsanforderungen*:

- *Artikelanzahl* N_A des aktuell lieferbaren Sortiments;
- *Beschaffenheit* der Artikel: *lose Ware* oder *verpackte Ware*, Form, Sperrigkeit, Haltbarkeit und Wertigkeit; Gefahrenklasse; Brandklasse; Food und Nonfood; Kühlware und Tiefkühlware.
- *Mengeneinheiten* [ME = t, m^3, m^2 oder m] der *losen Ware*;
- *Verpackungseinheiten* [VPE = Gebinde, Packstück oder Palette] der *verpackten Ware* mit *Abmessungen* l_{VPE}, b_{VPE}, h_{VPE} [mm], *Volumen* v_{VPE} [*l*/VPE] und *Gewicht* g_{VPE} [kg/VPE];

Für die Auswahl und Gestaltung der Lieferketten ist es erforderlich, das Liefersortiment zu segmentieren in *Sortimentsklassen*, die lager- und transporttechnisch miteinander verträglich sind. So sind beispielsweise *Zusammenlagerverbote* oder *Zusammentransportverbote* Restriktionen für die Optimierung der Lieferketten.

In den einzelnen Abschnitten der Lieferketten können die Waren und Artikel in unterschiedlichen *Logistikeinheiten* befördert werden (s. *Kapitel* 12). Die verschiedenen *Verpackungsstufen* mit den möglichen *Logistikeinheiten* und *Ladungsträgern* sowie die üblichen *Bezeichnungen* und die hier verwendeten *Abkürzungen* sind in *Tabelle 12.1* zusammengestellt.

Jede Logistikeinheit einer unteren Verpackungsstufe kann mit der Logistikeinheit der nächst höheren Stufe identisch sein. Dann ist die Kapazität C_{LEn+1} der Logistikeinheit LE_{n+1} der Verpackungsstufe n+1 gleich der Kapazität C_{LEn} der Logistikeinheit LE_n der Verpackungsstufe n: $C_{LEn+1} = C_{LEn}$. Wenn sich die Logistikeinheiten in zwei aufeinander folgenden Abschnitten einer Lieferkette unterscheiden, ist in der Zwischenstation ein *Aufbauen* (*Build Up*), ein *Abbauen* (*Brake Down*) oder ein *Umpacken* (*Repacking*) der Logistikeinheiten erforderlich.

Die Verpackungseinheiten der *verpackten Ware* sind in der Regel fest vorgegeben. Die *Versandheiten*, in denen die Verpackungseinheiten zum Versand kommen, und die *Ladeeinheiten*, in denen die Versandeinheiten einer Sendung verladen und befördert werden, sind hingegen grundsätzlich frei wählbar und damit Gestaltungsparameter der Lieferkette.

Für *lose Ware* sind die Ladungsträger, wie Kanister, Tankcontainer oder Transportsilos, und die Art und Kapazität der Transportmittel, wie Silofahrzeuge oder Kesselwagen, in der Regel freie Gestaltungsparameter.

2. Serviceanforderungen

Die Serviceanforderungen resultieren aus der angebotenen *Lieferfähigkeit*, den zugesicherten *Lieferzeiten* und der angestrebten *Logistikqualität*.

Die von den Lieferstellen angebotene oder von den Kunden geforderte *Lieferfähigkeit* betrifft die *Breite des lieferbaren Warensortiments* und bestimmt die *Höhe der Sicherheitsbestände*, die von den einzelnen Artikeln des Sortiments vorgehalten werden müssen.

Die *Lieferzeitforderung* besteht entweder aus einer zugesicherten *Lieferzeit* oder aus einem bestätigten *Liefertermin*. Die *Lieferzeit* T_{LZ} einer bestandsführenden Lieferstelle ist gleich der Summe der internen *Auftragsdurchlaufzeit* T_{Auf} vom Auftragseingang bis zur Warenbereitstellung an der Rampe der Lieferstelle und der externen *Sendungslaufzeit* T_{Send} vom Warenausgang der Lieferstelle bis zur Wareneingangsrampe des Kunden:

$$T_{LZ} = T_{Auf} + T_{Send} \qquad [h]. \tag{19.9}$$

Wenn $T_{send\,min}$ die *minimale Sendungslaufzeit* in der ausgewählten Lieferkette ist, muß der vollständige Sendungsinhalt spätestens zum *Versandttermin*

$$t_{VT} = t_{LT} - T_{send\,min} \qquad [d{:}h]. \tag{19.10}$$

im Warenausgang der Lieferstelle versandfertig bereitstehen, um einen vereinbarten Liefertermin t_{LT} einzuhalten.

Die Lieferzeit ist eines der wichtigsten Auswahlkriterien für die Lieferketten. Die Einhaltung fester *Liefertermine* und *Anlieferzeitfenster* sind für die Kunden oft wichtiger als kurze Lieferzeiten [226]. Die geforderten Anliefertermine stellen in der Regel für die Auswahl der Lieferkette eine größere Restriktion dar, als das Einhalten einer *allgemeinen Lieferzeitzusage*, wie ein 24- oder 48-Stunden-Service.

Die *Logistikqualität* wird bestimmt von der *Pünktlichkeit* oder *Termintreue*, also der Einhaltung der zugesicherten *Lieferzeiten* oder *Liefertermine*, von der *Lieferbereitschaft*, das heißt der Erfüllung der vereinbarten *Lieferfähigkeit*, und von der *Sendungsqualität*. Die Sendungsqualität umfaßt die *Vollständigkeit*, die *Unversehrtheit* und die *Mängelfreiheit* der ausgelieferten Sendungen. Termintreue und Sendungsqualität sind wichtige Merkmale einer Lieferkette (s. *Abschnitte 5.2* und *17.4*).

3. Sendungsanforderungen

Eine *Sendung* ist eine bestimmte Menge von Waren oder Gütern, die innerhalb einer vorgegebenen Zeit an einen Zielort zu befördern ist.

Eine *Massengutsendung* besteht aus einer größeren *Versandmenge* von Gas, Flüssigkeit oder Schüttgut. Eine *Stückgutsendung* umfaßt eine Anzahl einzelner *Versandeinheiten*, die auch als *Packstücke*, *Frachtstücke* oder *Collis* bezeichnet werden. Im Personenverkehr ist die Sendung ein *Beförderungsauftrag* für eine Person oder Personengruppe.

Versandeinheiten [VE] können die einzelnen Verpackungseinheiten der Artikel eines Sortiments sein oder Versandbehälter, wie *Kartons*, *Pakete*, *Mehrwegbehälter*, *Klappboxen*, *Rollbehälter*, *Paletten* oder *Container*, die mit der Versandmenge gefüllt sind.

Eine Stückgutsendung kann den Inhalt eines oder mehrerer Lieferaufträge enthalten, die Teilmengen eines größeren Auftrags umfassen oder mehrere Einzelsendungen enthalten, die in einer Sammelstation gebündelt und in einer nachfolgenden Verteilstation wieder aufgeteilt werden.

Kundensendungen sind für die Empfangsstellen am Ende der betrachteten Lieferketten bestimmt. *Zwischensendungen* sind *Sammelsendungen*, *Teilsendungen* oder *Nachschubsendungen* an eine vorgeschaltete Zwischenstation.

Aus der Anzahl und dem Inhalt der Bestellungen der Empfangsstellen resultieren die *Sendungsanforderungen:*

- *Sendungsart*: Normal-, Termin- oder Eilsendungen; Gefahrgut- oder Wertsendungen;
- *Lieferzeiten* oder *Beförderungszeiten* [h]
- *Abfahrt-*, *Abhol-* und *Anliefertermine* [Tag:Stunde];
- *Sendungsinhalt*: *Schüttgut*, *Stückgut* oder *Personen*;
- *Sendungsgröße*: *Packstückanzahl* m_S [VPE/Snd], *Sendungsvolumen* V_S [*l*/Snd] und *Sendungsgewicht* G_S [kg/Snd];
- *Sendungsstruktur*: *Aufträge* oder *Positionen pro Sendung* n_S [Pos/Snd]; *Auftragsmenge* [ME/Auf] oder *Versandeinheiten pro Sendungsposition* m_{VE} [VE/Pos];
- *Sendungsaufkommen* λ_S [Snd/PE]: Anzahl Sendungen, die pro *Periode* [Stunde, Tag, Woche, Monat oder Jahr] von einer *Versandstelle* zu einer *Empfangsstelle* zu befördern sind.

Die Fracht- oder Packstücke einer Stückgutsendung lassen sich nach Gewicht, Volumen, Abmessungen und weiteren Kriterien klassifizieren. Eine für viele Zwecke geeignete *Packstückklassifizierung* unterscheidet:

- *Kleinpackstücke* mit Abmessungen bis 600 mm und Gewichten unter 30 kg, wie *Pakete*, *Behälter* und *Klappboxen*;
- *Normpaletten* mit Grundmaßen bis 1.400 mm, Höhe bis 2.000 mm und Gewichten bis 1.000 kg, wie CCG1- und CCG2-Paletten, *EURO-*, *Chemie-* und *Industriepaletten, Gitterboxpaletten, Rollbehälter* und *Container* mit Palettenmaßen;
- *Großpackstücke* mit Grundmaßen über 1.400 mm, Höhen über 2.000 mm und Gewichten bis 2 t, wie *Frachtkisten*, *Langgutkassetten* und große *Lastbehälter*;
- *Schwergut* mit Gewichten über 2 t und *Sperriglasten* mit Maßen über 2 m .

Homogene Sendungen bestehen aus Packstücken oder Versandeinheiten der gleichen Art und Größenklasse. *Inhomogene* oder *gemischte Sendungen* enthalten Versandeinheiten unterschiedlicher Art und Größenklassen. Für den rationellen Transport und Ladungsumschlag derartiger *Mischsendungen* gelten folgende *Versandregeln*:

- Eine aus Paketen, Paletten und anderen Frachtstücken bestehende Mischsendung sollte, wenn möglich, mittels Ladungsträger in eine homogene Sendung umgewandelt werden.
- Wenn eine Homogenisierung durch Ladungsträger nicht möglich ist und die komplette Sendung nicht direkt zugestellt werden kann, muß eine Mischsendung für die Zustellung über größere Entfernungen in homogene Teilsendungen aufgeteilt werden.

Aus der Anzahl *Sendungspositionen* und der mittleren *Positionsmenge* einer homogenen Sendung resultiert die *Sendungsgröße in Packstücken* oder *Versandeinheiten:*

$$m_S = n_S \cdot m_{VE} \qquad [VE/Snd]. \tag{19.11}$$

Mit dem mittleren *Packstückvolumen* v_{VE} [l/VE] ergibt sich das *Sendungsvolumen*

$$V_S = n_S \cdot m_{VE} \cdot v_{VE} \qquad [l/Snd]. \tag{19.12}$$

und mit dem mittleren *Packstückgewicht* g_{VE} [kg/VE] das *Sendungsgewicht*

$$G_S = n_S \cdot m_{VE} \cdot g_{VE} \qquad [kg/Snd]. \tag{19.13}$$

Zur Rationalisierung des Be- und Entladens und des Ladungsumschlags werden kleinere Packstücke oder Versandeinheiten einer Sendung auf *Ladungsträgern*, wie Paletten, Gitterboxen, Rollbehältern und Containern, zu größeren *Ladeeinheiten* [LE] zusammengefaßt. Bei der Auswahl und Dimensionierung der Ladungsträger ist stets zu bedenken [193]:

- Einer Rationalisierung des Umschlags durch den Einsatz von Ladungsträgern stehen der *Mehraufwand* für den *Auf- und Abbau der Ladeeinheiten* und der *Verlustraum* der nur teilweise gefüllten *Anbrucheinheiten* gegenüber.

Auswahl, *Gestaltung* und *Abmessungen* der Ladeeinheiten sowie die *Zuweisungkriterien* zu den unterschiedlichen Sendungsgrößen sind daher weitere Handlungsparameter zur Optimierung der Belieferungskosten (s. *Kapitel 12*).

Werden die Versandeinheiten einer *einzelnen homogenen Sendung* auf *Ladeeinheiten* mit dem Fassungsvermögen C_{LE} [VE/LE] verladen, dann ist die Anzahl der entstehenden Ladeeinheiten:

$$M_S = [m_S/C_{LE}] \qquad [LE/Snd]. \tag{19.14}$$

Hierin bedeuten die eckigen Klammern ein *Aufrunden* auf die nächste ganze Zahl, denn pro Sendung entsteht bei *sendungsreiner Beladung* der Ladungsträger eine *Anbrucheinheit*, es sei denn, die Sendungsgröße ist grade ein ganzzahliges Vielfaches der Ladeeinheitenkapazität.

Zur Gestaltung und Optimierung der Lieferketten für ein anhaltendes *Sendungsaufkommen* ist es erforderlich, die *mittlere Sendungstruktur* und deren *Streuung* zu kennen, das heißt den *Mittelwert* und die *Varianz* der Anzahl Sendungspositionen und der Sendungsgröße. Wenn die Struktur der einzelnen Sendungen eines Sendungsaufkommens sehr unterschiedlich ist, müssen *Sendungsklassen* mit in sich ähnlicher Struktur gebildet und diese getrennt betrachtet werden, beispielsweise *Kleinmengensendungen* und *Großmengensendungen* oder *Einstück-*, *Einpositions-* und *Mehrpositionssendungen*.

Aus der Beziehung (19.14) für die Anzahl Ladeeinheiten einer einzelnen Sendung folgt durch Mittelwertbildung über eine Vielzahl homogener Sendungen einer Sendungsklasse:

- Wenn die Versandeinheiten auf *sendungsrein gefüllten Ladungsträgern* mit dem *Fassungsvermögen* C_{LE} [VE/LE] verladen werden, ist die mittlere *Anzahl Ladeeinheiten pro Sendung*, das heißt, die *mittlere Sendungsgröße in Ladeeinheiten*

$$\mathbf{M_S = MAX\left(1; m_S/C_{LE} + \left(C_{LE} - 1\right)/2C_{LE}\right) \quad \left[LE/Snd\right].} \tag{19.15}$$

Der Zusatzterm $(C_{LE}-1)/2C_{LE}$ ist gleich dem *mittleren Anbruchverlust*, der sich pro Auftrag daraus ergibt, daß jeweils eine Ladeeinheit nicht vollständig gefüllt ist. Wenn die Ladeeinheiten gleich den Versandeinheiten sind, verschwindet der Anbruchverlust, da $C_{LE} = 1$ ist. Für sehr große Ladeeinheiten, das heißt für $C_{LE} \gg 1$, wie auch für Massengutsendungen ist der mittlere Anbruchverlust gleich einer halben Ladeeinheit $C_{LE}/2$.

Zur Reduzierung der Anbruchverluste und damit der Anzahl der zu befördernden Ladeeinheiten bieten sich unter geeigneten Voraussetzung folgende *Befüllungsstrategien* an:

- *Verdichtung sendungsreiner Anbrucheinheiten* zu sendungsgemischten Ladeeinheiten.
- *Auffüllen oder Abrunden der Liefermenge* auf den Inhalt ganzer Ladeeinheiten.

Wenn ein Auf- oder Abrunden zulässig ist, entfällt der Term für den Abruchverlust. Bei einer Verdichtung der Ladeeinheiten von N Sendungen zu gemischten Ladeeinheiten reduziert sich in Beziehung (19.15) der Term für den Abruchverlust um den Faktor 1/N (s. *Abschnitt 12.5*).

Ein Beispiel für die Verdichtung von Anbrucheinheiten ist die Bildung von sogenannten *Sandwichpaletten* aus mehreren nur flach beladenen filialreinen Auftragspaletten. So werden Sandwichpaletten zur Belieferung von Handelsfilialen über *Crossdocking-Stationen* gebildet.

Für die Auswahl und Zuweisung kostenoptimaler Transportketten ist es zweckmäßig, die Sendungen abhängig von der Sendungsgröße nach *Versandarten* einzuteilen. Für größere *Sendungen* sind folgende *Versandarten* möglich:

- *Ganzladungssendungen* (GLS) sind Einzelsendungen, die ein Transportmittel soweit auslasten, daß Direkttransporte in gesonderten Transporteinheiten wirtschaftlich sind. Für den Inhalt einer Ganzladungssendungen gilt

$$f_{GS} \cdot C_{TE} \; < \; M_S \; \leq \; C_{TE} \qquad \text{mit } f_{GS} = 0{,}6 \text{ bis } 0{,}9. \tag{19.16}$$

- *Teilladungssendungen* (TGS) sind Sendungen, die zusammen mit anderen Sendungen ein Transportmittel soweit füllen, daß ein gemeinsamer Direkttransport wirtschaftlich ist. Für den Inhalt einer Teilladungssendungen gilt

$$f_{TS} \cdot C_{TE} \; < \; M_S \; < \; f_{GS} \cdot C_{TE} \qquad \text{mit } f_{TS} = 0{,}1 \text{ bis } 0{,}7. \tag{19.17}$$

Durch Einsatz eines Transportmittels mit geringerer Kapazität C_{TE} ist es möglich, aber nicht immer wirtschaftlich, aus einer Teilladungssendung eine Ganzladungssendung zu machen. Umgekehrt kann bei Einsatz eines größeren Transportmittels eine Ganzladungssendung zu einer Teilladungssendung werden. Die

Kapazitäten der Transportmittel, die zwischen den Stationen eingesetzt werden, sind daher weitere Gestaltungsparameter der Lieferketten.

Für kleinere Sendungen ist ein Direkttransport ohne Umschlag nur innerhalb eines *Nahgebiets* mit begrenzter Ausdehnung und über größere Entfernungen nur als *Beiladung* wirtschaftlich:

- *Beiladungssendungen* (BLS) sind kleinere Sendungen, die in den Restladeraum eines Ladungstransports passen und deren Bestimmungsort auf der gleichen Tour liegt.

Mit Beiladungen verbessert mancher Frachtführer und Spediteur seinen Gewinn. Beispiele für Beiladungen sind die Nutzung des Gepäckraums von Passagierflugzeugen für die Luftfracht oder die Last-Minute-Reisenden.

Für kleinere Sendungen, die sich nicht als Beiladung direkt befördern lassen, ist bei größeren Entfernungen ein *indirekter Transport* über einen oder mehrere Umschlagpunkte erforderlich. Übliche *Versandarten* für *kleinere Sendungen* sind Stückgutsendungen und Paketsendungen:

- *Stückgutsendungen* (SGS) bestehen aus einer kleineren Anzahl von *Ladeeinheiten* oder *Großpackstücken*. Für den Inhalt einer Stückgutsendung gilt:

$$C_{LE} < M_S < f_{TS} \cdot C_{TE} . \tag{19.18}$$

- *Paketsendungen* (PKS) bestehen aus einem oder wenigen *Kleinpackstücken* oder *Paketen*, deren Anzahl nach oben begrenzt wird durch das Fassungsvermögen C_{LE} einer Ladeeinheit

$$M_S \ll C_{LE} . \tag{19.19}$$

Die Grenzen zwischen den *Versandarten* (19.16) bis (19.19) und die Größe des Nahgebiets sind weitere *Gestaltungsparameter*, die zur Optimierung der Lieferketten nutzbar sind. Dabei gelten für den Straßentransport andere Optimalitätsgrenzen als für den Schienentransport, den Lufttransport und den Seetransport.

Im Straßenverkehr wird die untere Grenze für Ganzladungen von den Speditionen in der Regel mit 10 bis 15 t oder 20 bis 25 Palettenstellplätzen pro Sendung und für Teilladungen mit 2,5 t oder 5 Palettenstellplätzen pro Sendung angegeben. Die obere Grenze der Paketdienste liegt bei 31,5 kg pro Packstück. Die *optimale Grenze* zwischen Teilladungsstransport und Stückgut liegt jedoch keineswegs immer bei den üblichen 2,5 t pro Sendung, sondern in vielen Fällen deutlich darunter.

Die *kostenoptimalen Grenzen* zwischen den Sendungsarten und das *optimale Nahgebiet*, für das sie gelten, sind abhängig von der Größe der eingesetzten Ladeeinheiten, vom Transportmittel, vom Verkehrsträger sowie vom *Sendungsaufkommen*. Für das Sendungsaufkommen gilt der *Kooperationsgrundsatz*:

- Wenn das *eigene Sendungsaufkommen* des Unternehmens, das seine Lieferketten optimieren will, nicht ausreicht, um eine gute Auslastung der Transportmittel zu erreichen oder die Grenze zu einer kostengünstigeren Versandart zu überschreiten, sollte das *fremde Sendungsaufkommen* anderer Unternehmen, die von den gleichen oder von benachbarten Lieferstellen beliefert werden und gleiche oder benachbarte Empfangsstellen haben, in die Optimierung einbezogen werden.

Das Bündeln des eigenen Sendungsaufkommens mit dem Sendungsaufkommen anderer Unternehmen ist entweder durch eine *Logistikkooperation* oder durch den Einsatz von *Logistikdienstleistern* möglich, deren Kerngeschäft das Bündeln des Logistikbedarfs mehrerer Unternehmen und Versender ist. Auch die Logistikdienstleister schließen *Allianzen*, um das gemeinsames Ladungsaufkommen zu bündeln und eine bessere Auslastung der Systeme zu erreichen.

4. Durchsatzanforderungen

Aus dem Sendungsdurchsatz und der Sendungsgröße ergeben sich der *Volumendurchsatz*

$$\lambda_V = V_S \cdot \lambda_S \qquad [l/\text{PE}], \tag{19.20}$$

der *Tonnendurchsatz*

$$\lambda_G = G_S \cdot \lambda_S / 1000 \qquad [t/\text{PE}], \tag{19.21}$$

und der *Versandeinheitendurchsatz*

$$\lambda_{VE} = m_S \cdot \lambda_S \qquad [\text{VE/PE}]. \tag{19.22}$$

Aus der Beziehung (19.15) resultiert für ein Sendungsaufkommen λ_S [Snd/PE] der *Durchsatz der Ladeeinheiten*, die pro Periode zu versenden sind:

$$\lambda_{LE} = \lambda_S \cdot \mathbf{MAX}\left(1; m_S / C_{LE} + \left(C_{LE} - 1\right) / 2C_{LE}\right) \qquad [\text{LE/PE}]. \tag{19.23}$$

Der Volumen-, Tonnen- oder Ladeeinheitendurchsatz für eine Transportrelation ist gleich dem *Ladungsaufkommen*, das auf dieser Relation zu befördern ist.

Aus der Beziehung (19.23) sowie aus der nachfolgenden Beziehung (19.30) ist ablesbar:

- Infolge des Anbruchverlustes, der mit dem Fassungsvermögen und der Lieferfrequenz ansteigt, sind der Ladeeinheitendurchsatz und der Transportmittelbedarf größer als der Durchsatz bei vollständiger Füllung.

Eine Kostensenkung, die durch den Einsatz größerer Lade- oder Transporteinheiten erreichbar ist, kann durch die erhöhten Anbruchverluste soweit aufgezehrt werden, daß es günstiger ist, mit kleineren Logistikeinheiten zu arbeiten. Es gibt daher für jede Sendungsklasse eine *optimale Größe* der *Ladeeinheiten* und der *Transporteinheiten.*

Bei der Gestaltung und Optimierung von Belieferungswegen und Distributionsstrukturen ist zu berücksichtigen, daß die Durchsatzwerte *stochastischen Schwankungen* sowie täglichen, wöchentlichen und *saisonalen Veränderungen* unterworfen sind. Die Transportkapazität der betreffenden Transportverbindungen und die Durchsatzfähigkeit der Zwischenstationen müssen daher *flexibel* ausgelegt sein.

Die Regelmäßigkeit und Gleichmäßigkeit des Sendungsaufkommens bestimmt auch die *Transportbetriebsart. Plantransporte* sind nur für ein regelmäßiges, anhaltendes und hinreichend großes Sendungsaufkommen wirtschaftlich. Für unregelmäßig oder sporadisch auftretende Sendungen wechselnden Inhalts müssen *Bedarfstransporte* mit unterschiedlichen Transportmitteln durchgeführt werden.

Aus Sicht der *Distribution* sind die Lieferketten für die Durchsatzwerte λ_j von einer Lieferstation L zu $N_E > 1$ Empfangsstationen E_j zu gestalten und zu optimieren. Aus Sicht der *Beschaffung* werden die optimalen Lieferketten für die Durchsatzwerte λ_i von $N_L > 1$ Lieferstationen L_i zu einer Empfangsstation gesucht.

Werden auch die *Rücklauftransporte* und das *Sendungsaufkommen anderer Unternehmen* berücksichtigt, sind die Lieferketten für die $N_E \cdot N_L$ Durchsatzwerte λ_{ij} von N_L Lieferstationen L_i zu N_E Empfangsstationen E_j zu betrachten. Dabei sind die geforderten *Lieferzeiten* T_{ij} [h] zwischen den betrachteten Lieferstellen und Empfangstellen einzuhalten, deren *minimale Entfernungen* D_{ij} [km] sich aus den vorgegebenen Standorten ergeben.

Hierzu ist es notwendig, die *Regionalstruktur der Belieferungsanforderungen* zu analysieren, das heißt die *Standortverteilung* und das *regionale Mengenaufkommen* der betrachteten Quellen und Senken.

Abb. 19.6 zeigt als Beispiel die Standortverteilung der Empfangsstellen eines deutschen Einzelhandelskonzerns mit über 2.500 Filialen. In *Abb. 19.7* ist die Verteilung der Versandmengen aus zwei benachbarten Baustoffwerken nach zweistelligen Postleitzahlen dargestellt.

5. Bestandsanforderungen

Abhängig von den Beständen in einer Lieferkette lassen sich unterscheiden:

- *Transport-*, *Speditions-* und *Beförderungsketten* ohne Warenbestände in den Stationen zwischen der Versandstelle und der Empfangsstelle.
- *Bevorratungs-* oder *Vorratsketten* mit Warenbeständen in einer oder mehreren Zwischenstationen der Lieferkette.

Die *Lagerbestände* und die *Präsenssortimente* in den Zwischenstationen und in den Empfangstellen einer Bevorratungskette sind *Optimierungsparameter*, die sich zur Erfüllung der *Lieferzeitforderungen* und zur *Kostenminimierung* nutzen lassen.

Die Höhe der Bestände von *Waren mit regelmäßigem Bedarf*, kurz *Dispositionsware* oder *Stapelware* genannt, wird in allen Stationen der Lieferkette durch die *Bestands- und Nachschubdisposition* bestimmt. Sie ergibt sich aus der Höhe der *Bestellmengen* der Kunden, aus der Lieferzeit der jeweils vorangehenden Lieferstelle und dem vorgehaltenen *Sicherheitsbestand*.

Bei Kenntnis der Prozeßkosten der zuführenden Lieferkette sowie der Lagerhaltungskosten der Lagerstelle lassen sich die *optimalen Nachschubmengen* für Disposionsware aus dem geplanten oder prognostizierten Absatz pro Periode errechnen. Aus der mittleren Nachschubmenge resultiert die durchschnittliche *Nachschubfrequenz*. Der *Sicherheitsbestand* errechnet sich aus der geplanten Lieferfähigkeit, dem Absatz, den *Lieferzeiten* und der *Termintreue* für den Nachschub (s. *Kapitel* 11).

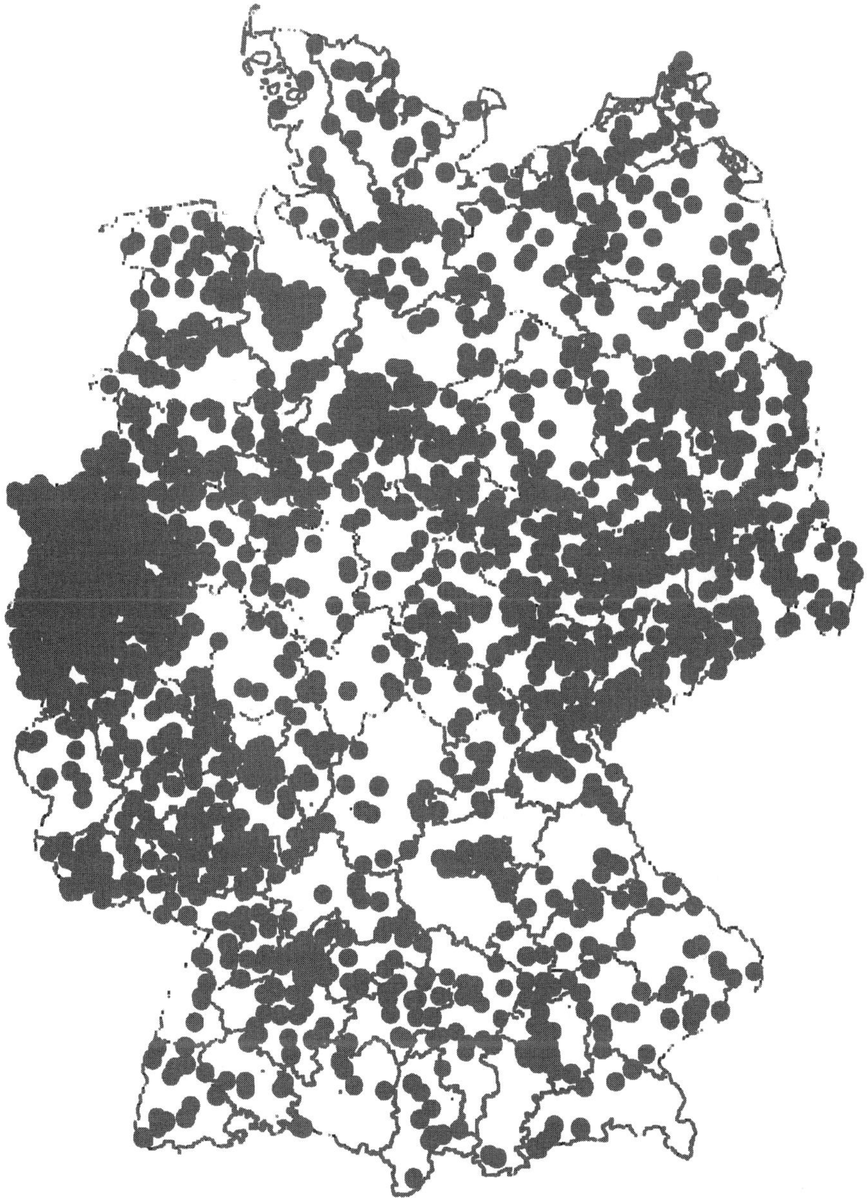

Abb. 19.6 Typische Standortverteilung der Empfangsstellen eines deutschen Einzelhandelskonzerns

Prinzipdarstellung ZLU [250]

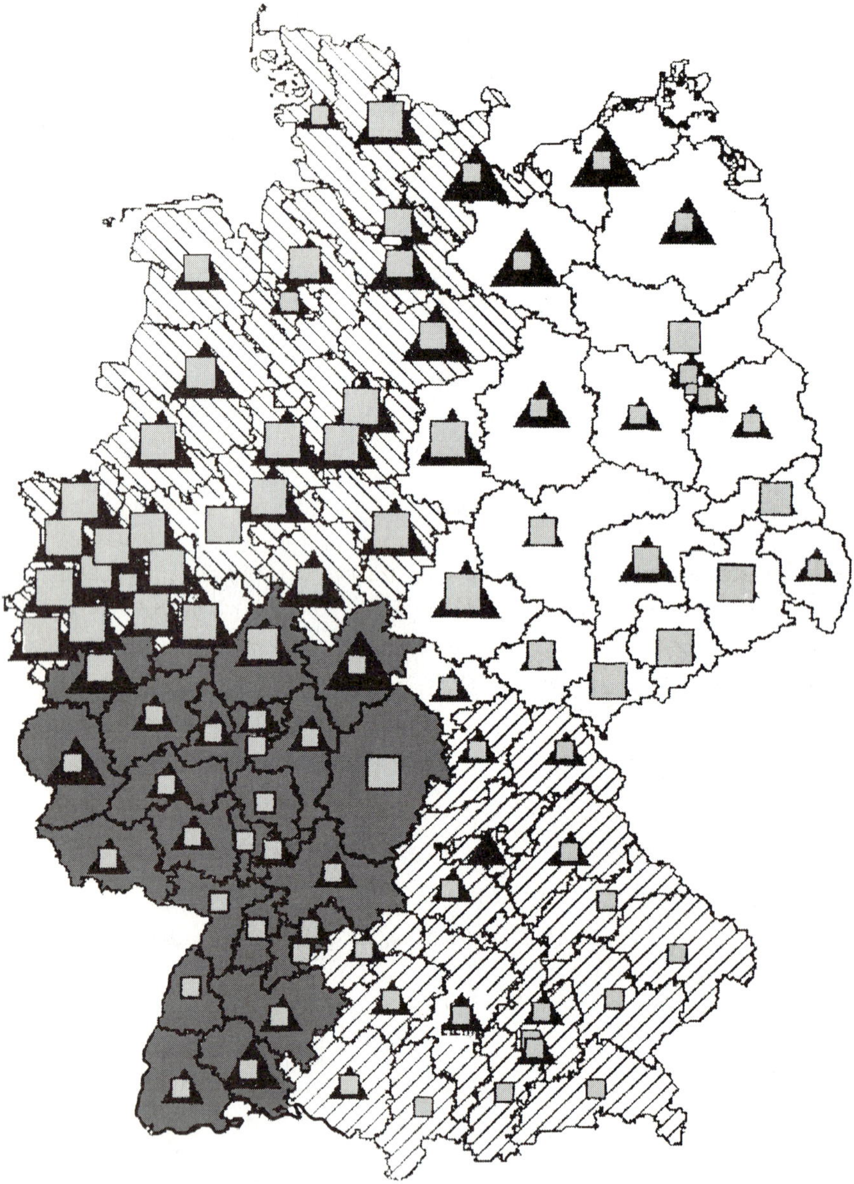

Abb. 19.7 Regionalverteilung der Versandmengen und Gebietseinteilung für das Distributionsnetz eines Baustoffherstellers

Dreiecke: Mengen aus Werk 1
Quadrate: Mengen aus Werk 2
Prinzipdarstellung ZLU [250]

Bei optimaler Nachschub- und Bestandsdisposition in allen Stufen der Lieferkette, beginnend mit der letzten Empfangsstelle und endend bei der ersten Lieferstelle, ergeben sich selbstregelnd die sogenannten *Pullbestände*. Für die Pullbestände gilt:

- Ein *Pullbestand* ist in einer Zwischenstation der Lieferkette nur erforderlich, wenn die Lieferzeiten bei Direktbelieferung oder Transitbelieferung über die Zwischenstation zu lang sind.
- Die *Höhe der Pullbestände* wird bestimmt von der geforderten Lieferfähigkeit, den Lieferzeiten und den Belieferungskosten bis zur betreffenden Lagerstelle und ist bei optimaler Disposition proportional zur Wurzel aus dem Periodenbedarf

$$M_{B\,VKE} = c_{Dis} \cdot \sqrt{\lambda_{VKE}} \qquad [VKE]. \qquad (19.24)$$

Der *Dispositionsfaktor* c_{Dis} hängt ab von den Logistikkosten der Beschaffung und der Bestandshaltung, von der angestrebten Lieferfähigkeit sowie von weiteren Einflußfaktoren (s. *Abschnitt 11.10*).

Zusätzlich zu den reinen Pullbeständen können durch *Vorproduktion* oder *Vorratsbeschaffung* für vorhersehbare *Saisonspitzen*, für geplante *Verkaufsaktionen* oder für *Produktneueinführungen* sogenannte *Pushbestände* entstehen. Für die Pull- und die Push-Bestände in den Lieferketten gilt der allgemeine *Grundsatz*:

- *Bestände* für mehrere Bedarfsstellen sind in der niedrigsten Verpackungsstufe möglichst nahe der Erzeugungsstelle zu lagern, da dort die Lagerkosten und das Risiko der Fehlallokation am geringsten sind.

Pushbestände sollten daher erst dann in die Belieferungskanäle fließen, wenn sie nach dem Pullprinzip aktuell benötigt werden oder wenn der geplante Verkaufszeitpunkt erreicht ist.

6. Hochrechnungs- und Änderungsfaktoren

Aufgrund der Marktentwicklung, infolge des technischen Fortschritts und durch geschäftspolitische Maßnahmen, wie *Sortimentsbereinigung* oder *Umsatzausweitung*, können sich die Lieferanforderungen verändern.

Für die langfristige Optimierung der Lieferketten und die Umgestaltung der Beschaffungs- und Distributionssysteme ist es daher erforderlich, die Auswirkungen der absehbaren marktseitigen Veränderungen und der geplanten geschäftspolitischen Veränderungen zu quantifizieren. Das ist mit Hilfe von *Hochrechnungs-* und *Änderungsfaktoren* für die Mittelwerte der Lieferanforderungen möglich, die sich aus den Gesetzen der Statistik, den voranstehenden Zusammenhängen zwischen den Leistungsrößen und dem *Wurzelsatz für die Lagerzentralisierung* (s. *Abschnitt 11.10*) ergeben:

- Ein Anstieg der Absatzmengen, der gleich dem preisbereinigten Umsatzwachstum ist, um einen *Zuwachsfaktor* f_U bewirkt für den Mengendurchsatz einen linearen Anstieg mit dem gleichen Faktor. Der Auftragsdurchsatz und die Positionsmengen von Einpositionsaufträgen nehmen mit dem Faktor $f_U^{1/2}$

zu. Für Mehrpositionsaufträge steigen der Auftragsdurchsatz, die mittlere Anzahl Auftragspositionen und Positionsmengen mit dem Faktor $f_U^{1/3}$.

- Die *Pullbestände* steigen bei optimaler Nachschubdisposition um den Faktor $f_U^{1/2}$, während die *Pushbestände* linear mit dem Faktor f_U ansteigen.
- Eine Reduktion der Empfangsstellen, beispielsweise infolge der Konzentration des Handels, um einen *Konzentrationsfaktor* f_K führt bei gleichbleibendem Umsatz und Sortiment im Jahresmittel zu einer Senkung des Sendungsaufkommens um den Faktor $1/f_K$ und zu einem Anstieg der Sendungsgrößen um den Faktor f_K.
- Eine Reduktion der Empfangsstellen wegen einer Belieferung der Dispositionsware über Zentrallager um einen *Zentralisierungsfaktor* f_Z führt bei gleichbleibendem Umsatz und Sortiment zu einer Senkung des Positionsdurchsatzes um den Faktor $1/\sqrt{f_Z}$ und zu einem Anstieg der Positionsmengen um den Faktor $\sqrt{f_Z}$.

Eine Reduzierung der Empfangsstellen beispielsweise um den Faktor 2 führt bei gleichbleibendem Umsatz im Mittel zu einer Halbierung des Sendungsaufkommens und einer Verdopplung der Liefermengen.

Werden 9 Empfangsstellen in Zukunft über ein Zentrallager beliefert, reduziert sich der betroffene Positionsdurchsatz im Jahresmittel auf ein Drittel, während sich die Liefermengen pro Position im Mittel verdreifachen.

19.3 Gestaltungsparameter der Lieferketten

Eine Lieferkette [LK] zwischen einer *Lieferstelle* L_i und einer *Empfangsstelle* E_j wird durch folgende *Gestaltungsparameter* festgelegt:

- *Belieferungsformen* [*BF*]: *Liefermenge, Lieferfrequenz, Ladungsinhalt, Verpackungsart, Versandeinheit* und *Ladeeinheit*, in denen die Güter befördert und gelagert werden.
- *Strukturparameter* [*SP*]: *Anzahl* N_Z, *Zuordnung, Funktionen* (19.5) und *Bestände* der Zwischenstationen, die von den Gütern von der Quelle bis zur Senke durchlaufen werden.
- *Transportparameter* [*TP*]: *Verkehrsträger, Transportmittel, Transportarten, Fahrwege* und *Betriebsart*, die für den Transport zwischen den Stationen zum Einsatz kommen.

Mit den *optimalen Werten der Gestaltungsparameter* werden die *Leistungsanforderungen* und der gewünschte *Lieferservice* unter Berücksichtigung der technischen und organisatorischen *Randbedigungen* zu *minimalen Kosten* für die gesamte Kette erfüllt.

1. Belieferungsformen
Die Logistikleistungen (19.1) und (19.2) in den Empfangstellen und die Leistungen (19.3) und (19.4) in den Lieferstellen beeinflussen die *Belieferungsform*, die *Belieferungsfrequenz* und die *Versandmengen*.

Die *Verpackungsart* und die *Verpackungseinheiten* sind in der Regel durch die Liefer- oder Versandaufträge vorgegeben. Grundsätzlich sind zwei verschiedene *Verpackungsarten* möglich:

- *Lose Ware* wird ohne Packmittel, abgefüllt in Tanks, Silos oder Transportbehälter oder lose in Rohrleitungen befördert.
- *Verpackte Ware* wird in *Packmitteln*, wie Säcke, Tüten, Fässer, Flaschen, Dosen und Kartons, zu *Gebinden* oder *Verpackungseinheiten* [VPE], abgefüllt, gelagert und befördert.

Wie vorangehend beschrieben, können die *Gebinde* für den Versand zu *Versandeinheiten* und für das Lagern, den Umschlag und den Transport mit Hilfe von *Ladungsträgern*, wie Paletten und Behälter, zu *Ladeeinheiten* zusammengefaßt werden (s. *Tabelle* 12.2).

Hierfür gilt der *Grundsatz*:

- Auswahl und Dimensionierung der Versandeinheiten und der Ladeeinheiten, in denen die Waren und Sendungen in den Abschnitten der Lieferkette gebündelt werden, sind wichtige Handlungsmöglichkeiten zur Gestaltung und Optimierung der Lieferketten.

Um ein aufwendiges Umpacken zu vermeiden gelten für die Ladeeinheiten die *Einsatzregeln*:

- In den Zwischenstationen und Transportabschnitten einer Lieferkette sollten soweit wie möglich durchgängig die gleichen Ladeeinheiten zum Einsatz kommen.
- Ein Wechsel der Ladeeinheiten sollte möglichst nicht mit einem Auspacken oder Umpacken verbunden sein, sondern sich auf die Bildung größerer Ladeeinheiten aus mehreren kleineren Ladeeinheiten beschränken, deren Inhalt dabei unberührt bleibt.

So ist es in der Regel sinnvoll, Paletten für den Ferntransport in ISO-Container oder Wechselbrücken zu verladen und die Container über noch größere Entfernungen mit der Bahn oder auf Schiffen zu befördern. Wenn der Frachtraum, wie in der *Luftfracht*, besonders knapp oder teuer ist, kann es jedoch kostengünstiger sein, zielgemischt gefüllte einlaufende Ladeeinheiten vollständig abzubauen und durch geschicktes Stauen für den Weitertransport zielreine Ladeeinheiten mit möglichst hohem Füllungsgrad aufzubauen (s. *Abschnitt 12.5*).

2. Strukturparameter

Zusätzlich zur Kunden- und Lieferantenstruktur, die in der Regel vorgegeben ist, wird die Struktur eines Logistiksystems durch folgende *Parameter* bestimmt:

- *Anzahl* N_Z der logistischen Zwischenstationen;
- *Standorte* $(x_k ;y_k)$ der Zwischenstationen $k = 1,2 \ldots N_Z$;
- *Funktionen* (19.5) der Zwischenstationen.

Aus *Sicht eines Lieferanten* ist die Belieferung einer größeren Anzahl von Empfangsstellen aus einer oder wenigen Quellen zu optimieren. Die Belieferungsaufgabe ist ein *One-to-Many-* oder *Few-to-Many-Problem*, das darin besteht, die optimalen Lieferketten in einem *Distribitionssystem* auszuwählen und zu optimieren.

Aus *Sicht eines Unternehmens* mit einer oder wenigen Empfangsstellen, die laufend Ware aus mehreren Lieferstellen bekommen, reduziert sich die Belieferungsaufgabe auf ein *Many-to-One-* oder *Many-to-Few-Problem*, das heißt, auf die Optimierung der Lieferketten in einem *Beschaffungssystem.*

Das *Many-to-Many-Problem* stellt sich *Handelsunternehmen* mit Hunderten oder Tausenden von Lieferanten und Filialen, und *Speditionen*, die täglich flächenddeckend Sendungen vieler Versender an viele Empfänger ausliefern. Hierzu sind die jeweils optimalen Beförderungsketten durch ein *Speditionssystem* auszuwählen, dessen Struktur permanent dem sich ändernden Bedarf anzupassen ist.

Die Anzahl der Zwischenstationen, die von den Waren in einer Lieferkette durchlaufen werden, bestimmt die *Stufigkeit* der Lieferkette:

- Eine *N-stufige Lieferkette* besteht aus *N Transportabschnitten* oder *Kettengliedern*, die durch *N*-1 *Zwischenstationen* miteinander verbunden sind.

Eine *einstufige Lieferkette* ist eine *Direktbelieferung*, im Handel auch *Streckenlieferung*[1] genannt, die von der Lieferstelle *ohne Zwischenstation* direkt zur Empfangsstelle führt. Entsprechend den möglichen Versand- und Ladeeinheiten und den zur Auswahl stehenden Verkehrsträgern, Transportmitteln, Transportarten, Fahrwegen und Transportbetriebsarten gibt es eine Vielzahl unterschiedlicher einstufiger Lieferketten.

In den *zweistufige Lieferketten* laufen die Waren über *eine* Zwischenstation. Mögliche *Logistikstationen* sind:

- *Auslieferlager* (AL) unmittelbarer beim Lieferanten;
- *Sammelumschlagpunkte* (SP) am Transportschwerpunkt eines *Abholgebiets*;
- *Umschlagzentren* (ZU) in der Nähe des Schwerpunkts des *Servicegebiets*;
- *Zentrallager* (ZL) in der Nähe des Schwerpunkts des gesamten *Servicegebiets*; (19.24)
- *Verteilumschlagpunkte* (VP) am Transportschwerpunkt eines *Verteilgebiets*;
- *Regionallager* (RL) in der Nähe des Schwerpunkts eines *Verteilgebiets*
- *Vorratslager* (VL) unmittelbar beim Empfänger.

1 Unter *Streckenlieferung* wird im Handel häufig die Belieferung *frei Haus* bis an die Rampe der Filale durch den Lieferanten oder seinen Spediteur verstanden, auch wenn die Lieferung über einen oder mehrere Umschlagpunkte läuft. Diese irreführende Pauschalbetrachtung verbirgt jedoch wichtige Handlungsmöglichkeiten zur Optimierung der Lieferketten.

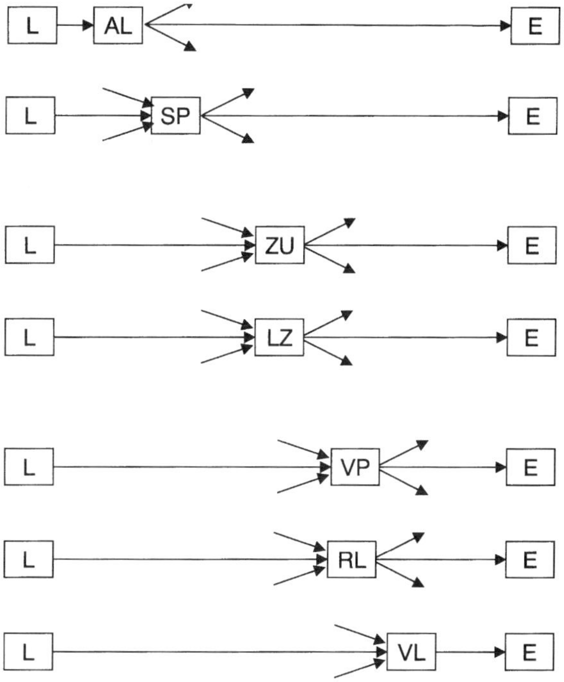

Abb. 19.8 Zweistufige Lieferketten

L : Lieferstelle
AL : Auslieferlager
SP : Sammelumschlagpunkt
ZU : Zentralumschlagpunkt
LZ : Logistikzentrum
VP : Verteilumschlagpunkt
RL : Regionallager
E : Empfangsstelle
VL : Vorratslager

Mit diesen *Logistikstationen* ergeben sich die in *Abb. 19.8* dargestellten *zweistufigen* und die in *Abb.19.9* gezeigten *dreistufigen Lieferketten.*

Der Unterschied zwischen einem regionalen und einem zentralen Umschlagpunkt wie auch zwischen einem Auslieferlager, einem Zentrallager, einem Regionallager und einem Vorratslager wird bestimmt von der Gebietseinteilung, von der Anzahl der Stationen und vom Standort zwischen den Versandorten und den Empfangstellen. Mit zunehmender Entfernung vom Versandort und Annäherung an die Empfangsorte wird ein Sammelumschlagpunkt zum Umschlagzentrum und ein Umschlagzentrum zum Verteilumschlagpunkt: SP → ZU → SP. Ebenso wird ein Auslieferlager zum Zentrallager, ein Zentrallager zum Regionallager und ein Regionallager zum Vorratslager: AL → ZL → RL → VL.

Die funktionsreinen Logistikstationen (19.24) können auf verschiedene Art miteinander kombiniert werden:

- Die Kombination eines Verteilpunktes und eines Sammelpunktes, die das gleiche Einzugsgebiet bedienen, ist ein *regionaler Umschlagpunkt* RU = VP + SP.
- Aus der Kombination eines Verteilumschlagpunktes mit einem Regionallager wird ein *Regionalzentrum* RZ = VP + RL.
- Durch Kombination eines Umschlagzentrums mit einem Zentrallager entsteht ein *Logistikzentrum* LZ = ZU + ZL.

Für eine Belieferung mit loser Ware sind zusätzlich zu den logistischen Zwischenstationen (19.24) folgende Abfüllstationen möglich:

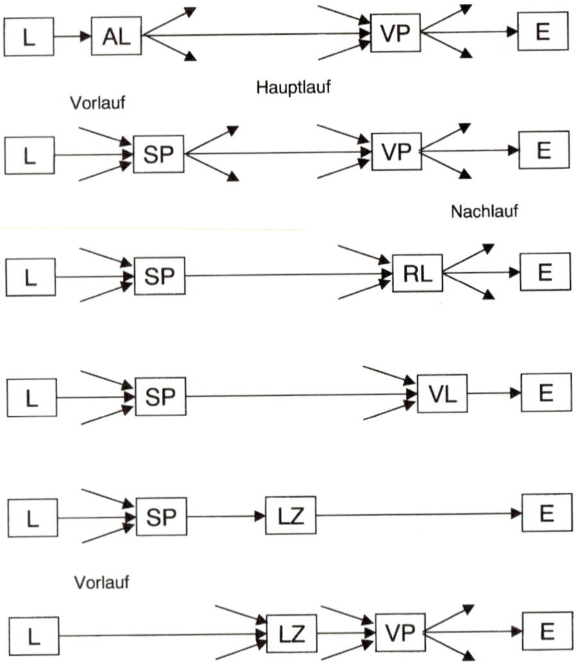

Abb. 19.9 Dreistufige Lieferketten

Bezeichnungen: s. Abb. 19.8

Lieferanten-Abfüllstation (LA)
Zentrale Abfüllstationen (ZA) (19.25)
Regionale Abfüllstationen (RA)
Kunden-Abfüllstation (KA).

Die Abfüllstationen können wieder mit den Umschlagstationen und Lagerstationen auf unterschiedliche Art kombiniert werden.

Dreistufige Lieferketten laufen über zwei der Zwischenstationen (19.24) und (19.25), beispielsweise von der Lieferstelle über ein Zentrallager und eine Verteilstation oder über eine Sammelstation und ein Regionallager zum Empfänger. Sechs dreistufige Lieferketten, die besonders häufig vorkommen, sind in *Abb. 19.9* dargestellt. *Vierstufige Lieferketten* nutzen drei der Zwischenstationen (19.24) und (19.25). Die ein-, zwei-, drei- und vierstufigen Lieferketten von vier unterschiedlichen Logistiksystemen deutscher Industrie- und Handelsunternehmen zeigen die *Abb. 19.14, 19.21, 19.23* und *19.25*.

Wie die einstufigen Lieferketten können sich die mehrstufigen Lieferketten in den Belieferungsformen und in den Parametern der Transporte zwischen den Stationen voneinander unterscheiden. Generell gilt:

- Die Anzahl möglicher Lieferketten nimmt mit der Stufigkeit rasch zu, während der Bedarf für längere Lieferketten mit der Stufigkeit abnimmt.

Zusätzliche Handlungsparameter sind die möglichen *Funktionen* (19.5) in den Zwischenstationen. So ist zu entscheiden, in welchen Zwischenstationen ein bestandsloser Umschlag mit oder ohne Ladungsträgerwechsel durchgeführt werden soll und in welchen Stationen Waren bevorratet und kommissioniert werden.

3. Transportparameter
Eine *Ladung* [Ldg] ist eine Anzahl von Sendungen, die in einem *Direkttransport* zu einem gemeinsamen Zielort oder in einem *Linientransport* auf einer Rundfahrt zu mehreren Empfangsstellen zu befördern sind. Wenn die Sendungen mit einer *Lieferfrequenz* f_L [1/PE] befördert werden sollen, muß mindestens f_L mal pro Periode ein Transport von der Lieferstelle abfahren.

Für ein Ladungsaufkommen λ_{LE} [LE/PE], das mit Beziehung (19.23) aus dem Sendungsaufkommen und der mittleren Sendungsgröße resultiert, ist die *durchschnittliche Ladungsgröße*, die jeweils bis zur Abfahrt eines Regeltransports aufgelaufen ist:

$$M_L = \lambda_{LE}/f_L \qquad [LE]. \tag{19.26}$$

Die Transportkosten werden von der Anzahl der Transportmittel bestimmt, die für eine aufgelaufene Ladungsmenge benötigt wird. Der *Transportmittelbedarf* für eine Gesamtladung, die aus N_S Sendungen mit unterschiedlichen Sendungsgrößen M_{Sk}, $k = 1,2....N_S$, besteht, hängt davon ab, wie die Frachtstücke im Laderaum verstaut werden. Wenn mehr als ein Transportmittel benötigt wird, ist der Transportmittelbedarf außerdem davon abhängig, ob die Verteilung einer Sendung über mehrere Transporteinheiten zulässig ist.

Das optimale Verstauen von *Frachtstücken unterschiedlicher Abmessungen* in einem Laderaum ist ein *dreidimensionales Verschnittproblem* [120]. Für das möglichst raumsparende Packen und Verstauen einer bestimmten Ladung unter Berücksichtigung eventueller *Restriktionen*, wie vorgegebene *Orientierungsrichtung* oder einzuhaltende *Sendungsfolgen*, gibt es heute leistungsfähige *Packoptimerungs-* und *Stauprogramme* [120; 121; 122]. Der so ermittelte Transportmittelbedarf ist jedoch nicht mit Hilfe einer geschlossenen Formel berechenbar.

Zur Kalkulation der Transportkosten für ein anhaltendes Sendungsaufkommen, das mit einer bestimmten *Lieferfrequenz* f_L [1/PE] befördert werden muß, ist die Kenntnis des *mittleren Transportmittelbedarfs* ausreichend. Analog zur Beziehung (19.15) für den Ladeeinheitenbedarf pro Sendung gilt:

- Wenn keine besondere Füllstrategie verfolgt wird, ist der *mittlere Transportmittelbedarf pro Ladung* bei einer *durchschnittlichen Ladungsgröße* M_L [LE/Ldg] und einer *effektiven Transportmittelkapazität* C_{TEeff} [LE/TE]

$$\mathbf{M_{TE} = MAX\left(1; M_L/C_{TEeff} + \left(C_{TEeff} - 1\right)/2C_{TEeff}\right) \qquad \left[TE/Ldg\right].} \tag{11.27}$$

Die Beziehung (18.27) besagt, daß für eine Ladung mindestens eine Transporteinheit benötigt wird und daß *ohne Füllstrategie* pro Ladung ein mittlerer *Anbruchverlust* $(C_{TEeff} - 1)/2C_{TEeff}$ entsteht, wenn die Ladung mehr als eine Transporteinheit füllt (s. *Abschnitt 12.5*).

Die Kapazität C_{TE} [LE/TE] eines betrachteten Transportmittels ist bei *gleichartigen Ladeeinheiten*, wie Paletten oder Behältern mit gleichen Abmessungen, relativ einfach zu berechnen und eine feste Größe. Bestehen die Sendungen jedoch aus unterschiedlichen Frachtstücken, hängt die Kapazität von der Größe, Form und Verteilung der Ladeeinheiten sowie von der *Packstrategie* ab. Für unterschiedliche Frachtstücke läßt sich eine *mittlere Kapazität* C_{TE} [LE/TE] der Transportmittel aus Erfahrungwerten ableiten [195]. Wenn keine Erfahrungswerte vorliegen, ist mit ausreichender Näherung auch eine analytische Berechnung der mittleren Transportmittelkapazität aus dem durchschnittlichen Gewicht und Volumen der Frachtstücke und Ladeeinheiten möglich (s. *Abschnitt* 12.5).

Die verfügbare Kapazität pro Transportmittel ist nur vollständig nutzbar, wenn die Frachtstücke einer Ladung unabhängig von ihrer Sendungszugehörigkeit auf mehrere Transporteinheiten verteilt werden dürfen. Wenn jedoch der Inhalt einer Sendung nicht getrennt oder nur auf eine begrenzte Anzahl von Transporteinheiten aufgeteilt werden darf, entsteht pro Transporteinheit in der Regel ein zusätzlich zu berücksichtigender *Füllverlust.*

Nur im günstigsten Fall füllt eine beliebig ausgewählte Anzahl Sendungen eine Transporteinheit ohne Füllverlust vollständig aus. Im ungünstigsten Fall ist die Größe M_S der letzten Sendung, die in eine Transporteinheit zu verladen ist, genau um eine Ladeeinheit zu groß. Dann bleibt in der Transporteinheit ein Leerraum für M_S-1 Ladeeinheiten ungenutzt. Darf eine Sendung auf N_{TS} Transportmittel verteilt werden, reduziert sich der maximale Füllverlust auf $(M_S\text{-}1)/N_{TS}$. Bei einer *durchschnittlichen Sendungsgröße* M_S entsteht also pro Transporteinheit im Mittel der *Füllverlust* $(M_S\text{-}1)/2N_{TS}$.

Hieraus folgt:

- Wenn eine große Anzahl von Sendungen mit einer mittleren Sendungsgröße M_S [LE/Snd] in Transportmittel verladen wird und die einzelnen Sendungen maximal auf N_{TS} Transportmittel aufgeteilt werden dürfen, reduziert sich die mittlere Kapazität C_{TE} [LE/TE] der Transportmittel infolge des Füllverlustes auf die *effektive Kapazität:*

$$C_{TEeff} = C_{TE} - \left(M_S - 1\right)/2N_{TS} \qquad \text{für } C_{TE} \geq M_S \geq 1. \tag{19.28}$$

Wenn die Sendungsgröße $M_S = 1$ LE ist, verschwindet der Füllverlust. Bei *unzulässiger Sendungsteilung* ist $N_{TS} = 1$ und der Füllverlust am größten. Bei beliebiger Sendungsteilung, das heißt für $N_{TS} \to \infty$, ist die effektive Kapazität gleich der Transportmittelkapazität. *Abb. 19.10* zeigt die mit Hilfe der Beziehung (19.28) errechnete Abhängigkeit der effektiven Transportmittelkapazität von der mittleren Sendungsgröße und der Sendungsteilung.

Durch Einsetzen den effektiven Kapazität (19.28) in Beziehung (19.27) läßt sich der *Füllungsgrad* $\eta_{TE} = M_L/(M_{TE} \cdot C_{TE})$ der Transporteinheiten errechnen. *Abb. 19.11* zeigt die resultierende Abhängigkeit des Füllungsgrads von der Ladungsgröße für eine Beladung *ohne* Sendungsteilung und die *Abb. 19.12* für eine Beladung *mit* zulässiger Sendungsteilung.

Der *Füllungsverlust* in den ersten Transporteinheiten und der zusätzliche *Anbruchverlust* in der letzten Transporteinheit einer zur Beförderung anstehenden Ladung lassen sich durch folgende *Füllstrategien* vermeiden oder reduzieren:

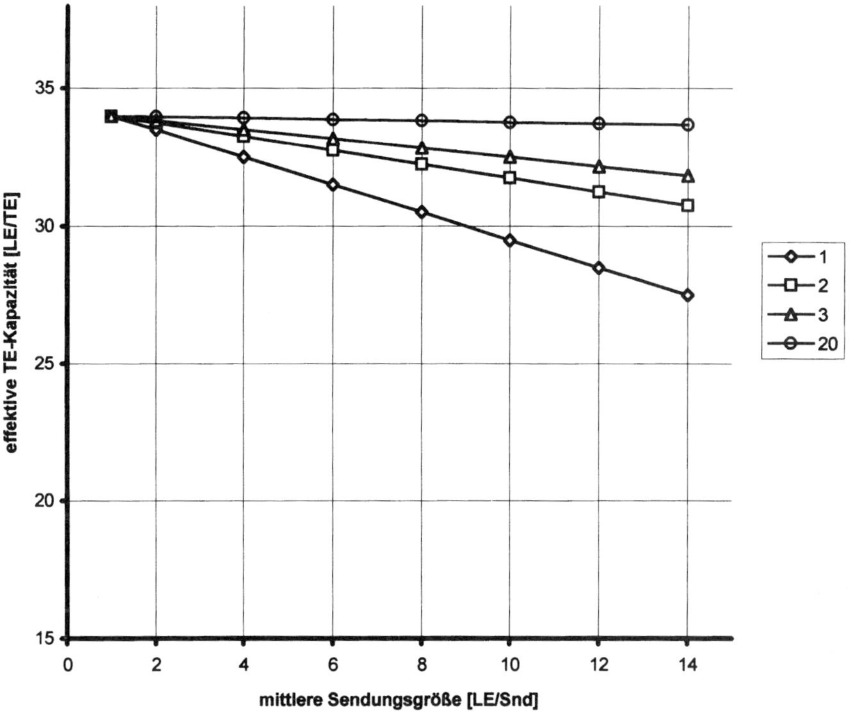

Abb. 19.10 Abhängigkeit der effektiven Transportmittelkapazität von der mittleren Sendungsgröße und der zulässigen Sendungsteilung

Zulässige Sendungsteilung: $N_{TS} = 1, 2, 3, 20$ TE/Snd
Maximale TE-Kapazität: 34 LE/TE

- *Zurücklassen unkritischer Sendungen*: Die zur Beförderung anstehenden Sendungen werden nach Dringlichkeit ihres Versandtermins verladen. Sendungen mit unkritischem Versandtermin, deren Mitnahme zu einer teilgefüllten Transporteinheit führen würde, werden für einen späteren Transport zurückgelassen.
- *Vorziehen späterer Sendungen*: Zum Auffüllen des Anbruchverlustes, der nach Verladen der regulären Sendungen frei bleibt, werden, soweit vorhanden, Sendungen mit einem späteren Versandtermin vorgezogen.
- *Beiladen von Kleinsendungen*: Bei Ganz- und Teilladungstransporten wird der Restladeraum, der nach Verstauen der regulären Sendungen übrig bleibt, mit kleineren Sendungen gefüllt, die sonst als Stückgut befördert werden.

In einigen Bereichen des Transportgewerbes, wie in der Luftfracht und in der Passagierbeförderung, wird versucht, durch attraktive *Last-Minute-Preise* kurzfristig Bedarf zu erzeugen. Damit aber ist das Risiko verbunden, daß kein zusätzlicher Bedarf geweckt wird sondern nur ein Teil des späteren regulären Bedarfs vorgezogen und zu niedrigeren Preisen bedient wird.

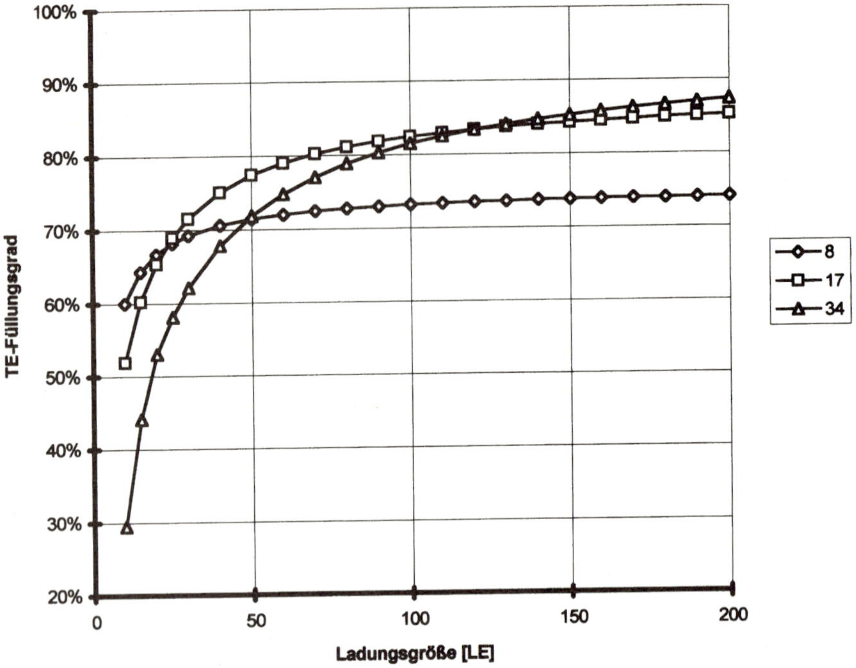

Abb. 19.11 Abhängigkeit des Füllungsgrads der Transporteinheiten von der Ladungsgröße ohne Sendungsteilung

Kapazität der Transporteinheiten $C_{TE} = 8, 17, 34$ LE/TE
Mittlere Sendungsgröße $M_S = 5$ LE/Snd

Für einen Transportmittelbedarf M_{TE} pro anstehender Ladung resultiert bei einer *Lieferfrequenz* f_L [Ldg/PE] für das *Transportaufkommen:*

$$\lambda_{TE} = f_L \cdot M_{TE} \qquad [TE/PE]. \tag{19.29}$$

Durch Einsetzen von (19.26) in (19.27) und von (19.27) in (19.29) folgt:

- Ein zu befördernder Ladeeinheitenstrom erzeugt bei einer Lieferfrequenz f_L [1/PE] das *Transportaufkommen*

$$\lambda_{TE} = \mathrm{MAX}\left(f_L ; \lambda_{LE} / C_{TEeff} + f_L \cdot (C_{TEeff} - 1) / 2C_{TEeff}\right) \qquad [TE/PE]. \tag{19.30}$$

Das *Transportaufkommen* λ_{TE} auf einer bestimmten Fahrtroute ist gleich der *Transportfrequenz*, mit der die Transporteinheiten auf dieser Fahrtroute verkehren und bestimmt nach Beziehung (19.8) die Anzahl der für die Ladungsbeförderung benötigten Transporteinheiten.

Aus der grundlegenden Beziehung (19.30) folgt:

- Wenn keine kleineren Transportmittel eingesetzt werden können, steigt mit zunehmender Lieferfrequenz das Transportaufkommen, da die mittlere La-

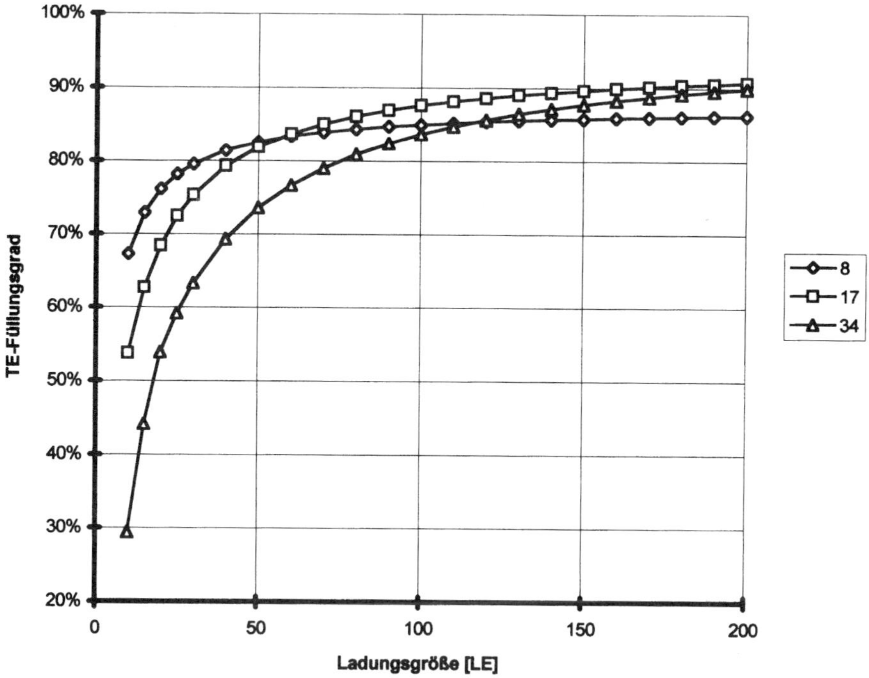

Abb. 19.12 Abhängigkeit des Füllungsgrads der Transporteinheiten von der Ladungsgröße mit einfacher Sendungsteilung

Zulässige Sendungsteilung $N_{TS} = 2$ Snd/TE
Übrige Parameter : s. *Abb. 19.11*

dungsgröße abnimmt und infolgedessen der Füllungsgrad der Transporteinheiten immer schlechter wird.

Dieser Zusammenhang führt zu dem *Lieferzeitdilemma der Logistik:*

- Kurze Lieferzeiten erfordern hohe Lieferfrequenzen. Hohe Lieferfrequenzen führen zu kleineren Ladungen. Kleinere Ladungen bewirken geringere Transportmittelauslastung oder den Einsatz kleinerer Transportmittel. Beides führt zu höheren Frachtkosten.

Für das Beispiel der Distribution von Stückgutsendungen aus einem Logistikzentrum über regionale Verteilumschlagpunkte an den Handel zeigt *Abb. 19.32* die Auswirkung einer Verringerung der Lieferfrequenz auf die mittlere Sendungslaufzeit einerseits und auf die Frachtkosten andererseits. Eine Konsequenz aus dem Lieferzeitdilemma ist der *Lieferfrequenzgrundsatz*:

- Zur Optimierung einer Lieferkette müssen die Lieferfrequenzen für die Transportverbindungen zwischen den Stationen soweit gesenkt werden, wie grade noch mit den geforderten Lieferzeiten verträglich.

Die Lieferfrequenzen sind daher nach der Transportmittelauswahl die wichtigsten Transportparameter.

19.4 Lieferzeiten und Sendungslaufzeiten

Die *Lieferzeit* T_{LZ}, die für die Belieferung einer Empfangsstation über eine *N*-stufige Lieferkette LK benötigt wird, setzt sich zusammen aus den *Durchlaufzeiten* T_{DLn} durch die *N*+1 beteiligten Stationen ST_n, n = 0,1,2... *N*, den *Beförderungszeiten* T_{BFn} für den Transport zwischen diesen Stationen, den *Stationswartezeiten* T_{SWn} vor und im Wareneingang sowie den *Transportwartezeiten* T_{TWn} in und nach dem Warenausgang der Stationen:

$$T_{LZ} = \sum_{n=0}^{N} \left(T_{DL\,n} + T_{BF\,n} + T_{SW\,n} + T_{TW\,n} \right). \qquad (19.31)$$

In der ersten Station ST_0 wird die zu liefernde Ware in der Durchlaufzeit T_{DLo} auftragsspezifisch produziert oder in einem Fertigwarenlager kommissioniert. Die Summe erstreckt sich über die N-1 Zwischenstationen der Lieferkette. Am Ende kann es vor der Empfangsstation ST_N zu einer Wartezeit T_{SWN} kommen.

Die *Durchlaufzeiten* durch die Stationen lassen sich aus den *Vorgangszeiten* für die einzelnen Arbeitsschritte der administrativen und operativen Leistungen und den innerbetrieblichen Wartezeiten errechnen. Die *Beförderungszeiten* ergeben sich bei bekannten technischen Daten des Transportmittels aus der Transportweglänge, der Anzahl Sendungen pro Transport und der Beladung. Die *Sendungslaufzeit* ist gleich der Auslieferzeit einer Sendung über eine bestimmte Transport- oder Speditionskette.

In der *Sendungsdisposition* ist zwischen zwischen planmäßigen und unplanmäßigen Wartezeiten zu unterscheiden:

- Die *planmäßigen Wartezeiten* ergeben sich aus der Abstimmung der Betriebszeiten und der Durchlaufzeiten der Stationen mit den Abfahrtzeiten für die Regel- und Bedarfstransporte.
- Die *unplanmäßigen Wartezeiten* sind die Folge von Verzögerungen und Verspätungen in den Leistungsstellen und auf den Transportverbindungen.

Wenn die Betriebs- und Durchlaufzeiten der Stationen mit den Abfahrtzeiten der Transporte richtig abgestimmt sind, liegt die planmäßige Wartezeit bei einer Lieferfrequenz f_L im Bereich:

$$0 \leq T_{PW} \leq 1/f_L\,. \qquad (19.31)$$

Für eine Lieferfrequenz von zweimal pro Tag, das heißt für $f_L = 2$ pro 24 Stunden, beträgt hiernach die planmäßige Wartezeit minimal 0 Stunden, maximal 12 Stunden und bei zufallsverteiltem Eintreffen der Versandaufträge im Mittel 6 Stunden.

Ursachen der unplanmäßigen, meist stochastischen Wartezeiten können eine Überlastung der Stationen oder der Verkehrswege sein, aber auch der Ausfall von Betriebs- und Transportmitteln sowie Störungen, Streiks und Fehler aller Art.

Die unplanmäßigen Wartezeiten schwanken abhängig von der Tages- und Jahreszeit und lassen sich grundsätzlich nicht vorausberechnen. Sie sind daher in der Lieferzeitberechnung durch *Erfahrungswerte* oder entsprechende *Zuschläge* auf die Durchlauf- und Beförderungszeiten zu berücksichtigen. Wenn nichts genaueres bekannt ist, kann für die Summe der Transportwartezeit hinter einer Station ST_n und der Stationswartezeit vor der Station ST_{n+1} mit 10 % der Stationsdurchlaufzeit und mit 5 % der Beförderungszeit von ST_n zur folgenden ST_{n+1} gerechnet werden.

Das Bemühen aller *Just-In-Time-Strategien* zielt darauf ab, die Betriebs- und Transportzeiten so gut aufeinander abzustimmen, daß im Idealfall keine planmäßigen Wartezeiten auftreten und die Ware genau zu dem Zeitpunkt eintrifft, zu dem sie benötigt wird (s. *Abschnitt 8.10*). Abgesehen von den erhöhten Kosten aber scheitert dieses Bemühen in vielen Fällen an den unplanmäßigen Wartezeiten. Deren Auswirkungen lassen sich nur durch ausreichende *Zeitpuffer* oder *Warenpuffer* oder durch eine Verlagerung der Fertigungsendstufe der benötigten Teile nahe an den Bedarfsort ausgleichen.

19.5 Belieferungskosten

Die *Sendungskosten* $k_{S\,ij}$ für die Lieferung einer Sendung S von einer Lieferstelle L_i an eine Empfangsstelle L_j sind gleich der Summe der *anteiligen Kosten* $k_{ST\,n}$ für die in Anspruch genommenen Leistungen in den N_{ij} Stationen ST_n und der *anteiligen Kosten* $k_{TR\,n}$ für die Transporte zwischen den N_{ij} Stationen der Lieferkette, die von der Sendung durchlaufen wird:

$$k_{S\,ij} = \sum_{n=1}^{N_{ij}} \left(k_{ST\,n} + k_{TR\,n}\right) \qquad [\text{DM/Snd}]. \tag{19.32}$$

Wenn $\lambda_{S\,ij}$ [Snd/PE] das *gesamte Sendungsaufkommen* zwischen allen betrachteten Lieferstellen E_j, i = 1,2 ... N_L, und Empfangsstellen E_j, j = 1,2 ... N_E, ist, ergeben sich aus (19.32) die *Belieferungskosten* pro Periode:

$$K_{BLK} = \sum_{i,j} \lambda_{S\,ij} \cdot k_{S\,ij} \qquad [\text{DM/PE}]. \tag{19.33}$$

Um die Belieferungskosten pro Periode kalkulieren zu können, muß das gesamte Sendungsaufkommen in den einzelnen Lieferketten bekannt sein, aus dem die Sendungsströme durch die verschiedenen Stationen und Transportverbindungen resultieren.

Aus den Sendungsströmen läßt sich mit Hilfe der zuvor angegebenen Beziehungen der *Durchsatz* an Aufträgen, Leistungen, Mengen, Ladeeinheiten und Transporteinheiten errechnen, der von den Sendungsströmen in den Stationen und Transportverbindungen ausgelöst wird. Zur Kalkulation der Belieferungskosten sind diese Durchsatzwerte mit den jeweiligen *Leistungskostensätzen* für die Logistikleistungen in den Stationen und mit den *Transport-* oder *Frachtkostensätzen* für die Transporte zwischen den Stationen zu multiplizieren.

Zur Optimierung und Neukonzeption sowie für Vergleichsrechnungen genügt es, mit *Richtwerten* für die Leistungskosten und Leistungspreise zu kalkulieren, die auf Abschätzungen, Modellrechnungen und Erfahrungswerten beruhen. Für die Entscheidung zur Realisierung eines neuen Logistikkonzepts und zur Auswahl der optimalen Lieferketten im operativen Tagesgeschäft werden hingegen *aktuelle Kosten* und *echte Preise* benötigt, die das Ergebnis entsprechender Ausschreibungen, der Angaben von Logistikdienstleistern oder einer genaueren Eigenkalkulation sind.

Ein besonderes Problem für die Optimierung der Lieferketten resultiert daraus, daß die Leistungskosten und Leistungspreise wegen der *Mengendegression* von der Höhe des Leistungsdurchsatzes und wegen der *Fixkosten* von der Auslastung der Stationen abhängen (s. *Abschnitte 16.13* und *Abschnitt 17.14*). Analog sind die Transportpreise und Frachttarife vom Ladungsaufkommen und von den Sendungsgrößen abhängig (s. *Abb. 19.27, 19.28* und *19.27*). Hinzu kommt die prinzipiell nicht vorauskalkulierbare Abhängigkeit der Preise von *Angebot* und *Nachfrage*.

Die Mengen- und Auslastungsabhängigkeit der Kosten und Preise läßt sich dadurch berücksichtigen, daß die Sendungs- und Belieferungskosten zunächst mit *vorläufigen Kosten* und *Preisen* kalkuliert werden, die für den Durchsatz, die Auslastung und die Transportmengen einer *Anfangslösung* gelten. Wenn aus einem Optimierungsschritt ein Durchsatz resultiert, der erheblich von dem zunächst angesetzten Durchsatz abweicht, müssen die Kostensätze und Preise vor Durchführung des nächsten Optimierungsschritts entsprechend korrigiert werden.

Dabei kann es vorkommen, daß der Durchsatz für einzelne Stationen oder Transportverbindungen unter einen Wert absinkt, für den der Betrieb einer Station oder die Durchführung regelmäßiger Transporte nicht mehr wirtschaftlich ist. Wenn diese *kritische Masse* für eine Station oder Verbindung nicht erreicht wird, muß der Durchsatz auf benachbarte Stationen und Verbindungen verlegt werden. Alternativ können auch mehrere benachbarte Stationen mit unzureichendem Durchsatz oder Regionen mit einem zu geringen Sendungsaufkommen zusammengelegt werden. Beide Maßnahmen verändern die Struktur des Logistiksystems.

Solange das eigene Ladungsaufkommen ausreicht, ist es in der Regel von Vorteil, die Transportmittel ausschließlich für den Eigenbedarf zu nutzen. Hierfür können entweder eigene Transportmittel, zum Beispiel aus einem Fuhrpark, eingesetzt oder fremde Transportmittel angemietet werden. Die Transportkostensätze für diese *Transportleistungen* sind gleich den Leistungskosten der eigenen Transportmittel bzw. gleich den Leistungspreisen für den fremden Laderaum (s. *Tabelle 18.2*).

Dabei ist zu berücksichtigen, daß die Leistungspreise davon abhängen, ob die Transporteinheiten auf der *Rückfahrtstrecke* vom Auftraggeber selbst oder vom Spediteur genutzt werden. Dementsprechend ist der Kilometersatz im Straßentransport für die selbst genutzte Rückfahrt geringer als für die Hinfahrt (s. *Abschnitt 18.12*). Hieraus folgt der *Grundsatz*:

- Durch *paarige Hin- und Rücktransporte*, die sich zum Beispiel durch die Kombination von Beschaffungs-, Distributions- und Entsorgungstransporten ergeben, lassen sich die Transportkosten deutlich reduzieren.

Wenn das eigene Ladungsaufkommen nicht ausreicht, um ein Transportmittel bei der benötigten Lieferfrequenz wirtschaftlich auszulasten, müssen die Sendungen zusammen mit dem Ladungsaufkommen anderer Versender befördert werden. Für diese *Frachtleistungen* gelten die *Frachttarife* für *Teilladungen, Stückgutsendungen* und *Paketsendungen* (s. *Tabellen 19.3, 19.4* und *19.5*)

Für die Kalkulation und Optimierung der Belieferungskosten sind nur Leistungspreise, Transportpreise und Frachttarife verwendbar, die eindeutig von den Leistungseinheiten und den relevanten Kostentreibern abhängen, wie den Mengeneinheiten, den Ladeeinheiten und den Sendungsgrößen. Da Spediteure nicht immer von sich aus transparente und verursachungsgerechte Preise anbieten, ist es erforderlich, die benötigte *Preisstruktur* in den Anfragen und Ausschreibungen für Logistik- und Transportleistungen entsprechend vorzugeben (s. *Kapitel 20*).

19.6 Auftragsprozesse und Informationsfluß

Die Bereitstellung der Ausliefermengen in den Lieferstellen wird durch *Liefer-* oder *Nachschubaufträge* ausgelöst. Die Liefer- und Nachschubaufträge laufen vor Beginn der Lieferung *entgegen dem Warenfluß* von den Empfangsstellen zu den Lieferstellen.

Die Beförderung der Sendungen durch die Lieferkette zu den Empfangsstellen wird durch *Versand-, Transport-* und *Beförderungsaufträge* veranlaßt, die in der Regel vom Versender erteilt werden und vor, parallel oder mit den Sendungen zu den Empfängern laufen.

Die mit dem Auftragsdurchlauf verbundenen *administrativen Auftragsprozesse*

Auftragserteilung
Auftragsannahme
Auftragsbearbeitung
Auftragsdisposition (19.34)
Sendungsankündigung
Empfangsbestätigung

bestimmen sehr wesentlich die Auftragsdurchlaufzeiten, die Belieferungsstrategien und damit auch die Belieferungskosten. Daher sind die Analyse und Gestaltung der Auftragsprozesse für die Optimierung der Lieferketten von besonderer Bedeutung [85; 223; 241].

Der Waren- und Sendungsstrom durch die Lieferketten wird von einem *Informations- und Datenfluß* begleitet. Die sendungsbegleitenden Daten und Informationen sind notwendig, um den Lauf der Sendungen zu steuern und zu verfolgen.

Das Kennzeichnen der Waren und Sendungen durch Etiketten oder Beschriftung, das Erstellen der Begleitdokumente, wie der *Frachtbriefe*, sowie das Lesen, Prüfen und Verarbeiten der Informationen in den Stationen der Lieferkette sind mit einem nicht zu unterschätzenden Zeit- und Kostenaufwand verbunden, der bei den Durchlaufzeiten und Leistungspreisen zu berücksichtigen ist.

Die Lieferung einer Sendung wird mit dem *Quittieren* der Vollständigkeit und Richtigkeit der zugestellten Warenmenge durch den Empfänger abgeschlossen. Die *Empfangsbestätigung* muß möglichst schnell dem Lieferanten oder Versender zugeleitet werden, damit dieser den Auftrag abschließen und gegebenenfalls die Rechnung fakturieren kann.

Die Informations- und Kommunikationsprozesse im Zusammenhang mit der Belieferung sind kein Selbstzweck sondern notwendige Voraussetzung zur Realisierung optimaler *Belieferungsstrategien* und zur Sicherung einer hohen *Sendungsqualität*. Viele Belieferungsstrategien und Optimierungsmöglichkeiten der Lieferketten scheitern immer noch an den unzureichenden *Informations- und Kommunikationssystemen* oder an der Nichtverfügbarkeit, Fehlerhaftigkeit und Unvollständigkeit der benötigten *Logistikdaten* von Artikeln und Sendungen [47; 85; 223].

19.7 Belieferungsstrategien

Alle wesentlichen Belieferungsstrategien lassen sich herleiten aus den drei Grundstrategien *Bündeln*, *Ordnen* und *Sichern* und den Gegenstrategien *Trennen*, *Umordnen* und *Entsichern* (s. *Abschnitt 5.2*).

1. Bündelungsstrategien der Belieferung
Die Bündelungsstrategien zur Optimierung der Belieferung sind in der Regel auf eine *Kostensenkung* ausgerichtet. Hierzu gehören:

- *Auftragsbündelung*: Die Lieferaufträge für mehrere Besteller werden von einer *produzierenden Lieferstelle* zusammen ausgeführt oder in einer *bestandsführenden Lieferstelle* oder *Zwischenstation* als Serienauftrag kommissioniert. Strategieparameter ist die *Fertigungslosgröße*, *Seriengröße* oder *Batchgröße*.
- *Ladungsbündelung*: Der Inhalt eines oder mehrerer Aufträge, die für einen Empfänger bestimmt sind, wird auf Ladeeinheiten zusammengefaßt, um das Be-, Ent- und Umladen zu erleichtern. *Strategieparameter* ist die Kapazität der Ladeeinheiten.
- *Zeitliche Sendungsbündelung*: Das Sendungsaufkommen wird in einer Versandstation oder in einer Zwischenstation für eine bestimmte Zeit angesammelt, damit eine größere Ladung erreicht wird. In der *Bündelungszeit* T_{BZ} [PE], die der Strategieparameter ist, läuft im Mittel eine *Bündelungsmenge*

  $$M_B = \lambda_S \cdot M_S \cdot T_{BZ} \qquad [\text{LE}]. \tag{19.35}$$

  auf, wenn λ_S [Snd/PE] das Sendungsaufkommen und M_S [LE/Snd] die mittlere Sendungsgröße sind. Mit ansteigender Bündelungszeit wächst die Bündelungsmenge. Zugleich aber nehmen die Lieferfrequenz, für die $f_L \geq 1/T_{BZ}$ gilt, ab und damit die Lieferzeiten zu.
- *Quellenbündelung*: Die für *eine* Empfangsstelle bestimmten Sendungen von mehreren Versendern, von benachbarten Lieferstellen oder aus einem Sammelgebiet werden zusammen abgeholt und gemeinsam bearbeitet.

- *Senkenbündelung*: Sendungen einer Versandstelle, die für mehrere Empfangsstellen oder für ein Zustellgebiet bestimmt sind, werden gemeinsam bearbeitet und zusammen befördert.
- *Transportbündelung*: Mehrere Ladungen, die auf einer Tour abgeholt oder zugestellt werden können, werden in einer Transporteinheit befördert. Für den Ferntransport werden kleinere Transporteinheiten zu einer größeren Transporteinheit gebündelt. *Strategieparameter* sind die Kapazitäten der eingesetzten Transporteinheiten.

Eine Gegenstrategie zur Transportbündelung ist die *Aufteilung von größeren Sendungen* auf mehrere Transportmittel zur besseren Laderaumnutzung. Eine Gegenstrategie zur Sendungsbündelung ist die

- *Sendungstrennung*: Die Sendungen werden nach Sendungsgröße in Klassen mit kleinen, mittleren und großen Sendungen eingeteilt und auf den jeweils optimalen Transportketten ausgeliefert.

Weitere Gegenstrategien zur Sendungsbündelung sind die *Just-In-Time-Strategie* und das *One-Piece-Flow-Prinzip*, die auf eine Minimierung der Liefer- und Wartezeiten ausgerichtet sind [72]. Für diese Strategien sind im Extremfall die Bündelungszeit gleich 0 und die Batchgröße gleich 1. Der Preis hierfür sind in der Regel erhöhte Belieferungskosten.

Eine Bündelungsstrategie zur Senkung der Bestands- und Lagerkosten im gesamten Belieferungssystem ist die

- *Zentralisierung der Bestände*: Die Warenbestände von Artikeln, die für mehrere Bedarfsstellen bestimmt sind, werden an einer oder wenigen Standorten soweit zentralisiert, wie dadurch nicht die Lieferzeiten und die Lieferfähigkeit beeinträchtigt werden.

Wenn infolge einer zu starken Zentralisierung der Bestände die Serviceanforderungen nicht mehr eingehalten werden können, ist als Gegenstrategie eine teilweise *Dezentralisierung der Bestände* mit einer Bevorratung kostenminimaler Puffermengen in der Nähe der Bedarfsstellen erforderlich (s. *Abschnitt 11.10*).

2. Ordnungsstrategien der Belieferung

Durch folgende Ordnungsstrategien lassen sich Zeiten und Kosten innnerhalb einer Lieferkette optimieren:

- *Priorisierung*: Eilaufträge, Expreßsendungen und andere vorrangige Aufträge werden sofort ausgeführt, nachrangige Aufträge und Sendungen nur soweit es die verfügbaren Kapazitäten zulassen.
- *Optimale Bearbeitungsfolgen*: In den Stationen werden Aufträge und Sendungen in der Reihenfolge bearbeitet, die mit den geringsten Rüstkosten und Wechselzeiten verbunden ist.
- *Packstrategien*: Versandeinheiten oder Packstücke werden in einer solchen Reihenfolge und Orientierung in die *Ladeeinheiten* gepackt, daß Volumen und Nutzlast der Ladeeinheit optimal genutzt werden (s. *Abschnitt 12.4*).

- *Staustrategien*: Die Ladeeinheiten und Frachtstücke der Sendungen einer ausgehenden Gesamtladung werden in einer solchen Reihenfolge und Orientierung in den *Transporteinheiten* verstaut, daß Frachtraum und Nutzlast optimal genutzt werden und eine vorgegebene *Beladefolge* der Sendungen eingehalten wird (s. *Abschnitt 12.5*).
- *Füllstrategien*: Durch Auf- oder Abrunden der Liefermengen, durch Vorziehen oder Zurücklassen zeitunkritischer Sendungen oder durch Sendungsteilung werden die Abruchverluste in den Lade- und Transporteinheiten minimiert (s. *Abschnitt 12.5*).
- *Optimale Transportfolgen*: Transportaufträge und Transportfahrten werden in *der* Reihenfolge und auf *den* Fahrwegen ausgeführt, die mit dem geringsten Aufwand und Zeitbedarf verbunden sind [11; 13; 24; 196].

Wenn für eine Relation mehrere Liefer- oder Transportketten zur Auswahl stehen, kann grundsätzlich für jede anstehende Sendung gesondert errechnet werden, welche der bestehenden Möglichkeiten die kostengünstigste ist. Wenn das zu aufwendig oder wegen Unkenntnis der Logistikdaten und Kosten nicht möglich ist, werden *Zuweisungsstrategien* benötigt, die festlegen, für welche Sendungsart welche Lieferkette zu wählen ist.

2. Sicherheitsstrategien der Belieferung
Zur Absicherung der Belieferung bei Ausfällen und Verzögerungen sind folgende *Sicherheitsstrategien* geeignet:

- *Sicherheitsbestände*: Zur Sicherung der *Lieferfähigkeit* bei Schwankungen der Wiederbeschaffungszeit und des Bedarfs werden in den bestandsführenden Stationen der Lieferkette *Sicherheitsbestände* vorgehalten (s. *Abschnitt 11.8*).
- *Mengenpuffer*: Stochastisch schwankende Ankunftsraten und Abfertigungszeiten führen zu Staus und Warteschlangen, zu deren Aufnahme ausreichend bemessene Stauräume und Pufferstrecken vorgehalten werden müssen (s. *Abschnitt 13.5*).
- *Zeitpuffer*: Zur Sicherung des unterbrechungsfreien Betriebsablaufs in den Stationen und der pünktlichen Einhaltung der Fahrpläne gegen unplanmäßige Wartezeiten und Schwankungen der Durchlaufzeiten sind angemessene *Zeitpuffer* einzuplanen (s. Abschnitt 8.6).
- *Redundanzen*: Ausfälle, Störungen und Betriebsunterbrechungen einzelner Stationen oder Verbindungen einer Lieferkette können durch Ersatzstationen und Ausweichverbindungen überbrückt werden (s. *Abschnitt 13.6*).

19.8 Spezifikation der Lieferketten

Ein gut geführtes Logistikprojekt beginnt mit der Aufnahme und Analyse der Auftragsprozesse, Logistikstrukturen und Lieferketten einschließlich der damit verbundenen Informations- und Datenflüsse. Das Ergebnis einer Optimierung oder Neukonzeption der Unternehmenslogistik wird in Form von Strukur-, Ablauf- und Flußdiagrammen dargestellt und durch Spezifikation der angestrebten Systeme, Prozesse und Lieferketten beschrieben.

Zur *Übersichtsdarstellung* genügen die in *Abb. 19.8* und *19.9* dargestellten *Lieferkettendiagramme*, in denen die Stationen als *Kästen* und die Transportverbindungen als gerichtete *Pfeile* symbolisiert sind. Durch Bezeichnung der Stationen werden die Strukturen und durch Beschriftung der Verbindungen die Warenströme und Transportmittel angegeben. Die *Abb. 19.14, 19.21, 19.23* und *19.25* geben auf diese Weise einen Überblick über die Lieferketten einiger Industrie- und Handelsunternehmen. *Abb. 19.17* zeigt die wichtigsten *Frachtketten* von Speditionsunternehmen und *Beförderungsketten* von Transportdienstleistern.

Zur genaueren *Spezifikation* ist eine *Belieferungstabelle* mit den *qualitativen Merkmalen* der Lieferketten erforderlich, wie sie *Tabelle 19.1* für ein Beispiel aus der Konsumgüterindustrie zeigt, dessen Distributionsstruktur in *Abb. 19.13* und dessen Auslieferungsketten in *Abb. 19.14* dargestellt sind. Beginnend mit den Lieferstellen werden über die Stufen der Lieferketten, die in den Spalten der Tabelle aufgeführt sind, für alle Stationen bis hin zu den Empfangsstellen, die *operativen Logistikleistungen* (19.2), (19.4) und (19.5) aufgelistet, die in den Stationen erbracht werden. Außerdem werden die *Versand- und Ladeeinheiten* spezifiziert, die die einzelnen Stationen verlassen. Die Transportverbindungen zwischen den Stationen der Lieferketten werden durch Angabe des *Verkehrsträgers*, des *Transportmittels* und der gewählten *Transportart* spezifiziert.

Durch Grenzlinien können in den Diagrammen und in der Matrixtabelle die *Gefahrenübergänge* zwischen den Beteiligten der Lieferkette markiert und die *Verantwortung* für die Abschnitte der Lieferketten abgegrenzt werden. So liegt die Gefahrenübergang für Lieferungen *ab Werk* für das in *Tabelle 19.1* angegebene

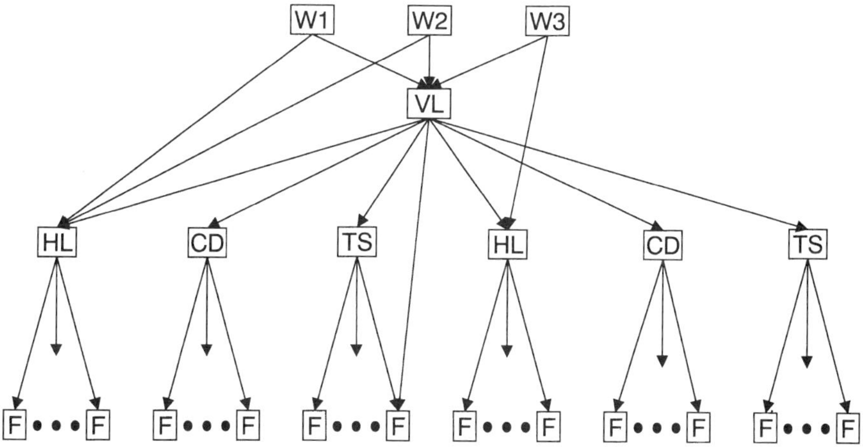

Abb. 19.13 Distributionsstruktur eines Konsumgüterherstellers

Wi :	Produktionswerke	VL :	Versandlager
CD:	Crossdocking-Stationen	TS:	Transshipment-Stationen
HL:	Handelslager	F :	Filialen des Einzelhandels

	LK 1	LK 2	LK 3	LK 4	LK 5
Lieferstelle	**Werk**	**Werk**	**Werk**	**Werk**	**Werk**
Funktionen	Produktion Verladen	Produktion Verladen	Produktion Verladen	Produktion Verladen	Produktion Verladen
Ladeeinheiten	artikelr. Ganzpal.	artikelr. Ganzpal.	artikelr. Ganzpal.	artikelr. Ganzpal.	artikelr. Ganzpal.
Transport 1		**W bis VL**	**W bis FL**	**W bis FL**	**W bis FL**
Verkehrsträger		Straße	Straße	Straße	Straße
Transportmittel		Shuttle-Fahrzeug	Shuttle-Fahrzeug	Shuttle-Fahrzeug	Shuttle-Fahrzeug
TE-Kapazität [LE]		34	34	34	34
Tour		Direkt	Direkt	Direkt	Direkt
Rückfrachtauslastung		0%	0%	0%	0%
Zwischenstation 1		**Versandlager**	**Versandlager**	**Versandlager**	**Versandlager**
Funktionen		Einlagern Lagern Kommissionieren Verladen	Einlagern Lagern Kommissionieren Verladen	Einlagern Lagern Auslagern Verladen	Einlagern Lagern Auslagern Verladen
Ladeeinheiten		filalr. Mischpal.	filalr. Mischpal.	artikelr. Ganzpal.	artikelr. Ganzpal.
Transport 2	**W bis HL**	**VL bis F**	**VL bis CD**	**VL bis TS**	**VL bis HL**
Verkehrsträger	Straße	Straße	Straße	Straße	Straße
Transportmittel	Sattelaufl./WAB	Sattelaufl./WAB	Sattelaufl./WAB	Sattelaufl./WAB	Sattelaufl./WAB
TE-Kapazität [LE]	34	34	34	34	34
Fahrt	Ladungstransport	Ladungstransport	Ladungstransport	Ladungstransport	Ladungstransport
Rückfrachtauslastung	0%	0%	0%	0%	0%
Zwischenstation 2	**Handelslager**		**Cross-Docking**	**Transshipment**	**Handelslager**
Funktionen	Einlagern Lagern Kommissionieren Verladen		Entladen Verladen	Entladen Sortieren Verladen	Einlagern Lagern Kommissionieren Verladen
Ladeeinheiten	filalr. Mischpal.		filalr. Mischpal.	filalr. Mischpal.	filalr. Mischpal.
Transport 3	**HL bis F**		**CD bis F**	**TS bis F**	**HL bis F**
Verkehrsträger	Straße		Straße	Straße	Straße
Transportmittel	Transporter		Transporter	Transporter	Transporter
TE-Kapazität [LE]	12		12	12	12
Fahrt	Verteiltour		Verteiltour	Verteiltour	Verteiltour
Rückfrachtauslastung	0%		0%	0%	0%
Empfangsstellen	**Handelsfiliale**	**Handelsfiliale**	**Handelsfiliale**	**Handelsfiliale**	**Handelsfiliale**
Funkionen	Entladen Kontrolle	Entladen Kontrolle	Entladen Kontrolle	Entladen Kontrolle	Entladen Kontrolle

Tab. 19.1 Belieferungstabelle eines Konsumgüterherstellers
.... Stationsgrenzen ________ Verantwortungsgrenzen
LK_i: Lieferkette i=1,2,3,4,5
übrige Abkürzungen: s. Legende Abb. 19.13 u. 19.14

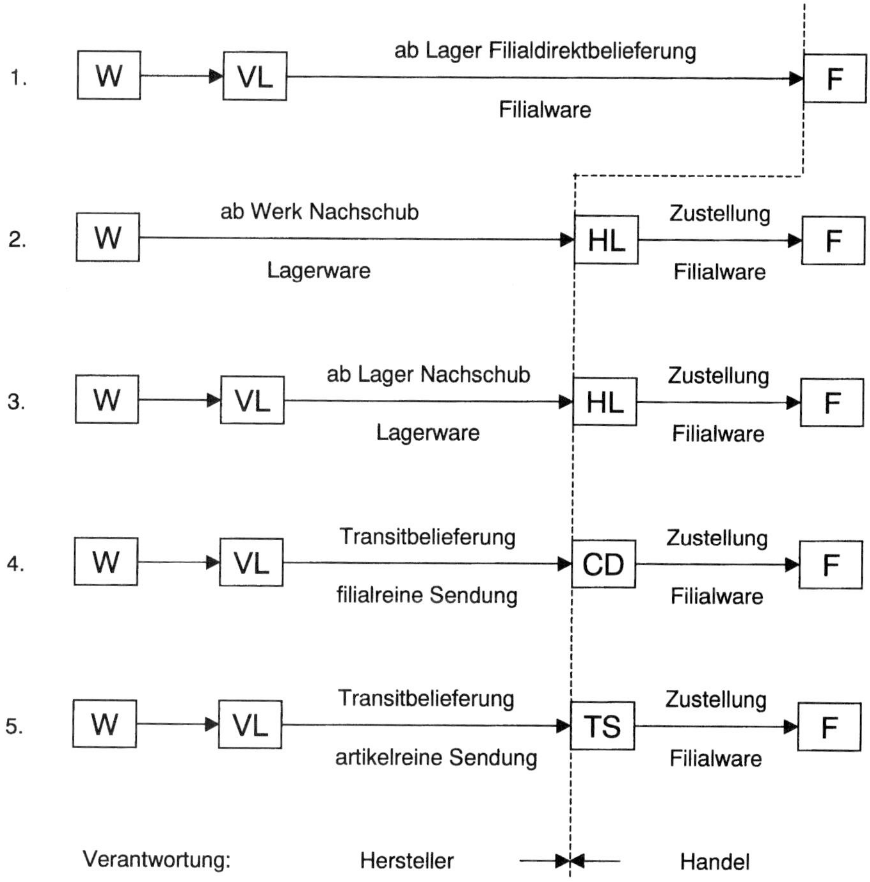

Abb. 19.14 Distributionsketten eines Konsumgüterherstellers

W : Produktionswerk
VL : Versandlager
CD: Cross-Docking-Station
F : Filiale des Einzelhandels
HL: Handelslager
TS: Trans-Shipment-Station

Beispiel an der Versandrampe der Produktion oder des Fertigwarenlagers und für Lieferungen *frei Haus* an der Eingangsrampe der Handelslager, der Crossdokking-Stationen oder der Handelsfilialen.

Zur Berechnung der Lieferzeiten und Kosten sowie zur Dimensionierung eines neuen Logistikkonzepts wird eine weitergehende *Detailspezifikation* der Lieferketten benötigt. Die Detailspezifikation umfaßt die Aufträge, die Durchsatzwerte und die Bestände der einzelnen Stationen sowie das Sendungsaufkommen und die Ladungsströme zwischen den Stationen der Lieferketten. Außerdem sind die Belieferungsform, die Strukturparameter und die Transportparameter des gesamten Logistiksystems und der einzelnen Lieferketten zu quantifizieren. Damit ist festgelegt, welche Empfangstellen von welchen Lieferstellen heute oder in

Zukunft mit welchem Anteil ihres Sendungsaufkommens über welche der zur Auswahl stehenden Lieferketten versorgt werden.

Mit diesen Angaben läßt sich die Spezifikationstabelle der Lieferketten ausbauen zu einem *Tabellenkalkulationsprogramm zur Berechnung der Belieferungskosten* und zur *Bestimmung optimaler Lieferketten* (BOL). Das BOL-*Programm* errechnet für jede Station und jede Transportverbindung der Lieferketten aus den Durchsatzwerten und den eingegebenen Kostensätzen und Leistungspreisen die enstehenden Kosten und summiert die Kosten für die Abschnitte der Lieferkette zu den Kosten der gesamten Lieferkette. Die Summe (19.33) der Belieferungskosten (19.32) über alle Lieferketten ergibt dann die Gesamtbelieferungskosten für die betrachtete Periode.

In einer weiteren Stufe errechnet das BOL-Programm aus den Lieferfrequenzen, aus den Bearbeitungs- und Betriebszeiten der Stationen und aus den Abfahrt- und Beförderungszeiten der Transportmittel die *Lieferzeiten* für die verschiedenen Lieferketten und die *Sendungslaufzeiten* für die unterschiedlichen Transportketten.

Das BOL-Programm ist *modular* aus den miteinander verknüpften Blättern eines Tabellenkalkulationsprogramms aufgebaut. In den Blättern des BOL-Programms können *Unterprogramme* zur Berechnung der Leistungskosten in den Stationen und zur Kalkulation der Transport- oder Frachtkosten für die Transportverbindungen hinterlegt sein oder *Tabellen* mit Leistungspreisen und Frachttarifen.

19.9 Bestimmung optimaler Lieferketten

Die Bestimmung der *optimalen Lieferketten* zwischen einem vorgegebenen Lieferanten- und Abnehmerkreis ebenso wie der *optimalen Transportketten* zwischen vorgegebenen Versand- und Empfangstellen erfordert einen *iterativen Optimierungsprozeß*. Die *Arbeitsschritte* der Optimierung sind:

1. *Aufnahme* und *Analyse* der bestehenden *Logistikstrukturen*, *Auftragsprozesse* und *Lieferketten* einschließlich der damit verbundenen *Informations- und Datenflüsse*.
2. *Spezifikation der Strukturbedingungen*, also der Kunden- oder Empfängerstruktur, der Lieferanten- oder Versenderstruktur, der vorgegebenen Zwischenstationen und der verfügbaren Transportverbindungen.
3. *Erfassung der Lieferanforderungen*, das heißt, der Sortimentsanforderungen, der Serviceanforderungen und der Sendungsanforderungen, sowie Bestimmung der Hochrechnungs- und Änderungsfaktoren zur Berechnung der *Lieferanforderungen für den Planungshorizont*.
4. *Klassifizierung der Sortimente*, *Aufträge* und *Sendungen* in hinreichend homogene Gruppen mit in sich ähnlichen Eigenschaften.
5. *Festlegung der benötigten Lieferketten* mit *Spezifikation der Belieferungsformen*, *Strukturparameter* und *Transportparameter*. Dafür werden zuerst die einstufigen Lieferketten festgelegt, danach die zweistufigen und dann die

drei- und mehrstufigen Ketten. Höherstufige Lieferketten werden nur berücksichtigt, wenn sie zur Erfüllung der Anforderungen erforderlich sind oder geringere Kosten erwarten lassen.

6. *Analyse der regionalen Verteilung* der Standorte der Liefer- und Empfangsstellen, des Sendungsaufkommens und der Ladungsströme
7. Vorläufige *Einteilung des Servicegebiets* in *Sammel- und/oder Verteilregionen.*
8. *Entwicklung einer Ausgangslösung für die Netzwerkstruktur*, entweder ausgehend von den bestehenden Strukturen durch Streichung vorhandener und Hinzufügen anderer Zwischenstationen oder durch grundlegende Neukonzeption mit einer Minimalzahl von Zwischenstationen in den *Transportschwerpunkten* der zuvor gebildeten Regionen (s. *Abschnitte 18.10 und 19.9*).
9. *Umlegung des Sendungsaufkommens* auf die kostenoptimalen Lieferketten der Ausgangslösung. Dabei werden die größeren und eiligen Sendungen den Lieferketten mit geringer Stufigkeit zugeordnet und die kleineren und weniger dringlichen Sendungen höherstufigen Ketten.
10. *Ableitung der Durchsatzanforderungen* und der *Bestandsanforderungen* aus dem Sendungsaufkommen, das in den Stationen der Lieferkette zu bearbeiten und zwischen den Stationen zu befördern ist. Hierzu werden die zuvor angegebenen Zusammenhänge und Berechnungsformeln benötigt.
11. Erstellen eines projektspezifischen *BOL-Programms* aus Programm-Modulen für die Lieferstellen, Logistikstationen und Empfangsstellen sowie für die Transportverbindungen zwischen diesen Stationen.
12. *Berechnung der Lieferzeiten* und Überprüfung der Einhaltung der Lieferanforderungen für die *Ausgangslösung.*
13. *Berechnung der Belieferungskosten* und *Überprüfung der kritischen Durchsatzmengen* auf der Basis *vorläufiger Prozeßkostensätze*, die für die abgeleiteten Durchsatz- und Bestandsanforderungen der Ausgangslösung gelten.
14. Iterative *Optimierung* der *Lieferketten* und der *Netzwerkstruktur* durch schrittweise *Variation der freien Gestaltungsparameter*, wie der Liefer- und Nachschubfrequenzen, der Belieferungsformen, der Strukturparameter und der Transportparameter.
15. *Gestaltung* der *Auftragsprozesse* zur Auslösung und der *Informations- und Datenflüsse* zur Steuerung und Kontrolle der Belieferungsprozesse.

Zur Optimierung der Lieferketten werden nacheinander die zur Auswahl stehenden Lieferketten mit den zu bearbeitenden Einzelsendungen oder Sendungsströmen belegt. Dabei wird stets die *optimale Lieferkette* gewählt, die bei Einhaltung der Lieferzeitanforderungen und übrigen Restriktionen für eine betrachtete Lieferbeziehung die geringsten Gesamtprozeßkosten hat.

Für die Strukturentwicklung und Grobdimensionierung der Lieferketten ist es ausreichend, den Optimierungsprozeß mit dem *durchschnittlichen Sendungsaufkommen* für Sendungsklassen mit in sich ähnlicher Struktur durchzuführen. Für genauere Rechnungen wird das *echte Sendungsaufkommen* für ein Geschäftsjahr Sendung für Sendung nach *Zuteilungsregeln* kostenoptimal auf die Lieferketten umgelegt.

Durch Summation der Ströme in den optimalen Lieferketten für die verschiedenen Lieferbeziehungen ergeben sich die *Leistungsanforderungen* an das Logistiksystem, das heißt, die benötigten *Logistikleistungen* in den Stationen und das *Ladungsaufkommen* zwischen den Stationen des Systems. Wenn im Zuge der Optimierung die Durchsatz- und Bestandsanforderungen gegenüber der Ausgangslösung erheblich verändert werden, müssen die Prozeßkostensätze überprüft und gegebenenfalls korrigiert werden.

Die Durchsatzanforderungen für einzelne Stationen oder Transportverbindungen können so gering werden, daß die Prozeßkosten infolge der Fixkosten überproportional ansteigen und der Betrieb unwirtschaftlich ist. Wenn es nicht möglich ist, die betreffenden Stationen und Verbindungen zusätzlich mit *fremden Sendungsaufkommen* auszulasten und damit das Fixkostendilemma zu umgehen, muß der Optimierungsprozeß bei der Strukturkonzeption ab *Schritt 7* erneut begonnen werden.

Die Optimierung der Lieferketten wird abwechselnd unter dem *Strukturaspekt* und unter dem *Prozeßaspekt* durchgeführt, bis sich eine stabile und konsistente Gesamtlösung ergibt, die alle Anforderungen erfüllt. Eine reine *Strukturoptimierung*, die für eine Lieferbeziehung jeweils nur eine Lieferkette berücksichtigt, führt ebensowenig zum Ziel, wie eine reine *Prozeßoptimierung* ohne Beachtung der resultierenden Auslastung der Stationen und Transportverbindungen.

Wegen der Vielzahl der Gestaltungsparameter hat das dargestellte Optimierungsverfahren in der Regel einen recht *großen Lösungsraum*. Dieser wird jedoch durch eine Reihe von projektabhängigen *Restriktionen* erheblich eingeschränkt. Dabei ist nicht auszuschließen, daß die aus einer *Anfangslösung* durch iterative Optimierung resultierende *optimierte Lösung* ein Nebenoptimum ist und das theoretische Optimum minimaler Gesamtbelieferungskosten verfehlt wird. Maßstab für den Erfolg der Optimierung aber sind weniger die optimalen Gesamtbelieferungskosten sondern die IST-Belieferungskosten (s. *Abschnitt 15.5*).

Durch einen Vergleich der Gesamtkosten für die *resultierende Lösung* mit den Gesamtkosten für die IST-Lieferketten ergibt sich das *Einsparungspotential*, das durch *Optimierungsmaßnahmen* oder eine optimale Gesamtlösung erreichbar ist. Diesem Einsparungspotential müssen die eventuell erforderlichen *Investitionen* für den Aus- und Aufbau der benötigten Strukturen gegenübergestellt werden. Zusätzlich ist die *Kapitalrückflußdauer* (ROI) zu errechnen und mit dem von der Unternehmensleitung vorgegebenen maximalen ROI-Wert zu vergleichen (s. *Abschnitt 5.1*).

Das BOL-Programm kann auch dazu genutzt werden, *Sensitivitätsrechnungen* für absehbare Veränderungen der Lieferanforderungen oder der Randbedingungen durchzuführen. Auf diese Weise läßt sich beispielsweise quantifizieren, wie sich der Fortfall oder das Hinzukommen eines bestimmten Sendungsaufkommens auf die übrigen Belieferungskosten auswirken würde.

Wenn ein Liefer- oder Beförderungssystem erst einmal in einem Belieferungsprogramm analytisch abgebildet ist, können mit dem Programm auch die Kostenersparnisse und Kostenverschiebungen der *Umstellung eines Lieferanten* auf einen anderen Belieferungsweg oder von einer *Frei-Haus-* auf eine *Ab-Werk*-Belieferung kalkuliert werden. Ebenso lassen sich auf diese Weise die *Auftragslogistikkosten*, die *Beförderungskosten* oder die Kostenersparnisse und damit die zulässigen *Logistikrabatte* für eine veränderte Belieferungsform berechnen.

Für das operative Tagesgeschäft wird ein BOL-Programm benötigt, um die täglich anstehenden Sendungen den jeweils optimalen Lieferketten zuzuweisen. Solange ein BOL-Programm nicht zur Verfügung steht, müssen die Sendungen nach allgemeinen *Zuweisungsstrategien* auf die Lieferketten verteilt werden. Die Zuweisungsstrategien lassen sich mit Hilfe von *Modellrechnungen* für das betreffende Logistiksystemen entwickeln. Beispiele für solche Zuweisungsstrategien sind die *Grenzkriterien* (19.16) bis (19.19) zwischen Ganzladungs-, Teilladungs-, Stückgut- und Paketsendungen.

Das hier dargestellte allgemeine Vorgehen zur Optimierung von Lieferketten und Logistiknetzen wird nachfolgend anhand mehrerer Beispiele aus der Beratungspraxis näher erläutert. Dabei ergeben sich weitere Aspekte und projektspezifische Besonderheiten.

Außer einem geeigneten Verfahren und brauchbaren Rechnertools erfordert die Gestaltung der Logistikstrukturen und die Optimierung der Lieferketten *Kreativität* und *Erfahrung* sowie die Kenntnis der *Handlungsmöglichkeiten* und ihrer Auswirkungen. Modellrechnungen zeigen, daß die verschiedenen Handlungs- und Strategieparameter sehr unterschiedliche Auswirkungen auf die Belieferungskosten haben und in der Regel nur wenige Parameter für die Praxis interessante Kostensenkungen bewirken.

19.10 Transportnetze und Transportketten

Die *Transportdienstleister* – Frachtführer, Speditionen, Paketdienstleister, Luftfahrtunternehmen, Verkehrsgesellschaften, Reedereien, Post und Bahn – führen laufend die *Transport-* und *Beförderungsaufträge* einer Vielzahl unterschiedlicher *Versender* aus. Daneben vermieten oder verchartern sie *Laderaum* und *Transportmittel*. Für dieses Dienstleistungsgeschäft halten die Transportdienstleister *Transportkapazitäten* sowie ein *Transport-* oder *Speditionsnetz* vor, das ein bestimmtes *Servicegebiet* abdeckt. Dadurch können sie unterschiedliche *Transportketten* – auch *Frachtketten*, *Beförderungsketten* oder *Speditionsketten* genannt – anbieten (s. *Abb. 19.4*)

1. Aufbau von Transport- und Speditionsnetzen

Ein *Transport-* oder *Speditionsnetz* besteht, wie in *Abb. 19.15* und *19.16* dargestellt, aus einer Anzahl *regionaler Umschlagpunkte* (RU). Von jedem Umschlagpunkt aus wird ein zugehöriges *Einzugsgebiet* oder *Nahgebiet* bedient.

Zwischen den regionalen Umschlagpunkten finden mit bestimmten *Liefer-* oder *Transportfrequenzen* sogenannte *Hauptlauftransporte* statt:

- In einem *dezentralen Netz*, wie es in *Abb. 19.15* dargestellt ist, sind N regionale Umschlagpunkte durch maximal N(N-1)/2 Transportverbindungen *direkt* miteinander verbunden, auf denen regelmäßig Hin- und Rücklauftransporte stattfinden.

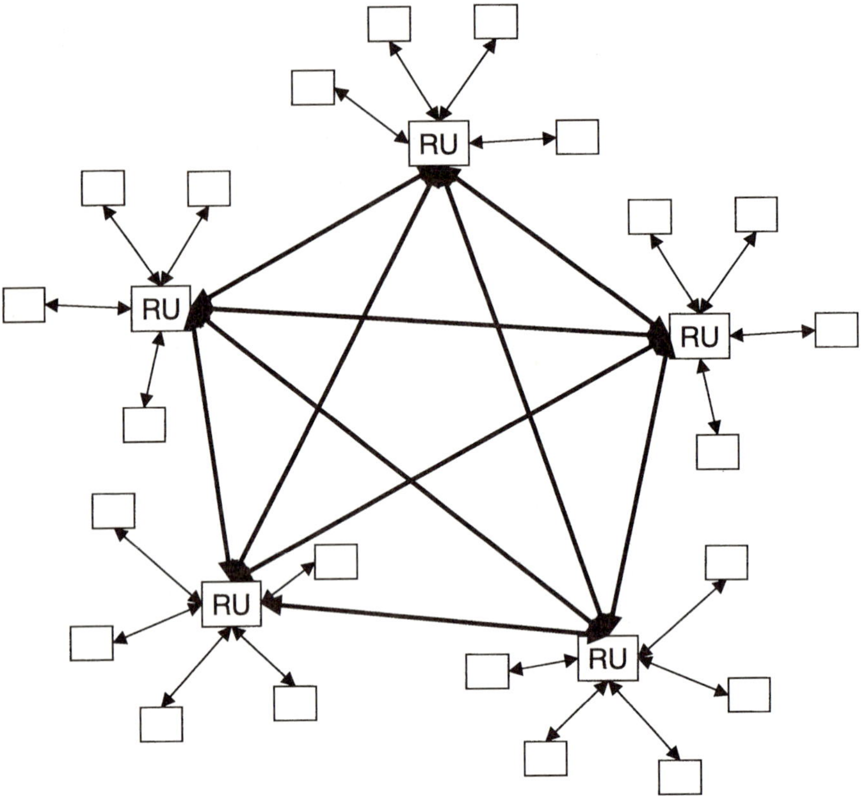

Abb. 19.15 Dezentrales Speditions- oder Transportnetz
RU: Regionale Umschlagpunkte (N = 5)

- In einem *zentralen Netz*, das *Abb. 19.16* zeigt, sind N regionale Umschlagpunkte über N Transportverbindungen, die als *Speichen* (*spoke*) bezeichnet werden, mit einem *zentralen Umschlagpunkt*, der *Nabe* (*hub*) genannt wird, verbunden. In dem *Zentralumschlagpunkt* (ZU) werden die aus mehreren Regionen einlaufenden Ladungen zu auslaufenden Ladungen umsortiert und gebündelt.

Der Vorteil dezentraler Netze sind die im Mittel kürzeren Entfernungen und Beförderungszeiten zwischen den Stationen. Der Nachteil ist eine geringere Auslastung großer wirtschaftlicher Transportmittel bei unzureichenden Ladungsströmen und höherer Lieferfrequenz.

In einem *zentralen Netz* – auch *Nabe-* und *-Speiche-System* (*Hub and Spoke*) genannt – reduziert sich die Zahl der Transporte bei gleicher Belieferungsfrequenz gegenüber dem zentralen Netz maximal um den Faktor (N-1)/2. Um den gleichen Faktor erhöht sich im Mittel das Ladungsaufkommen der Transportrelationen vom und zum zentralen Umschlagpunkt. Daraus resultieren für das zentrale Transportnetz folgende *Vorteile*:

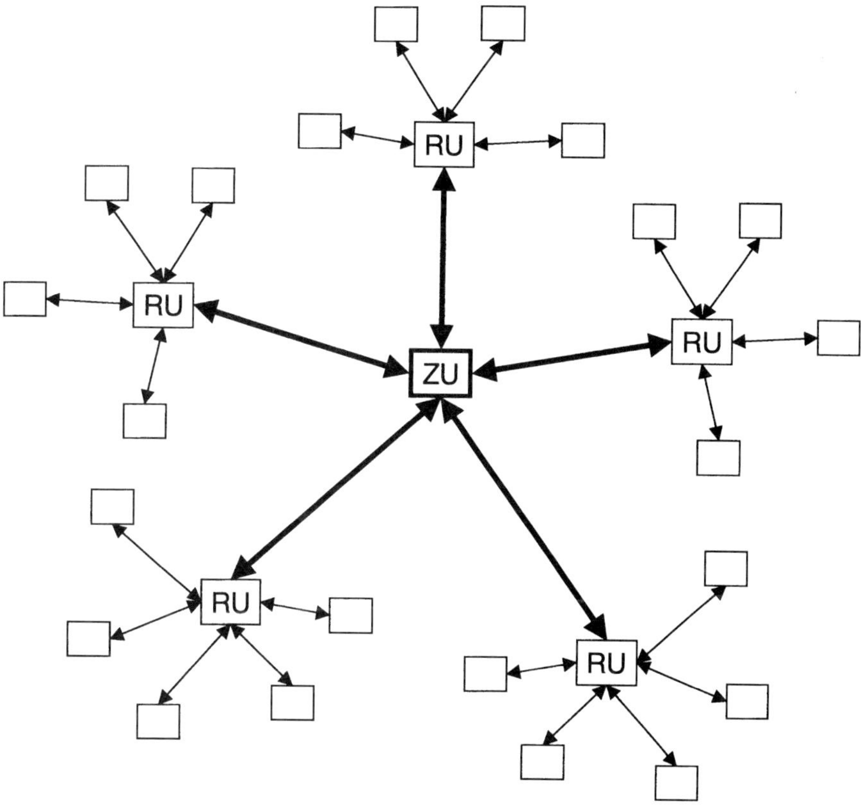

Abb. 19.16 Zentrales Speditions- oder Transportnetz
RU : Regionale Umschlagpunkte (N = 5)
ZU : Zentraler Umschlagpunkt (Nabe oder Hub)

- In einem zentralen Netz können für die Transporte zwischen den regionalen Umschlagpunkten und dem zentralen Umschlagpunkt entweder mit gutem Füllungsgrad größere Transportmittel eingesetzt oder mit gleich großen Transportmitteln eine höhere Beförderungsfrequenz als in einem dezentralen Netz geboten werden.

Dieser positive Effekt tritt ab 4 Umschlagpunkten ein und nimmt linear mit der Anzahl der Umschlagpunkte zu. Der Preis und damit der Nachteil des zentralen Netzes sind die Kosten und der Zeitverlust für den zusätzlichen Umschlag sowie die längeren Transportwege für Lieferungen aus benachbarten Umschlagpunkten, die über den Zentralumschlagpunkt laufen. Hieraus folgt die *Regel*:

- Ein zentrales Netz ist zur Verbindung einer großen Anzahl weit voneinander entfernter Umschlagpunkte sinnvoll und wirtschaftlich, wenn das direkte wechselseitige Ladungsaufkommen relativ gering oder unpaarig ist.

Aufgrund der unterschiedlichen Anforderungen und des in der Regel ungleichmäßig verteilten Ladungsaufkommens in und zwischen den Regionen sind die Transportnetze der Verkehrsgesellschaften und Speditionen in der Praxis eine *Kombination* von zentralen und dezentralen Netzen.

Soweit zwischen zwei Stationen im Hin- und Rücklauf ein hinreichend großes Ladungsaufkommen besteht, werden Direkttransporte durchgeführt. Die restlichen Sendungen werden entweder über einen anderen regionalen Umschlagpunkt oder über einen zentralen Umschlagpunkt befördert. In der Regel hat der zentrale Umschlagpunkt ein eigenes Einzugsgebiet und damit eine Doppelfunktion.

In einem stark regional strukturierten Land wie Deutschland arbeiten die flächendeckenden Speditionen, die Eisenbahn, die Post und die Luftverkehrsgesellschaften weitgehend mit dezentralen Netzen. In einem großflächigen Land, wie die USA, und in zentral organisierten Ländern, wie Frankreich und England, haben Speditionen, Luftfahrtgesellschaften und andere Transportdienstleister überwiegend zentrale Netze. Für die Paketdienstleister ist in den meisten Ländern wegen des kleinen Sendungsvolumens und der vielen Relationen ein zentrales Netz von Vorteil.

Durch eine Verknüpfung der nationalen Netze eines international tätigen Transportdienstleisters und durch Verbindung der Netze verschiedener Transportdienstleister untereinander entstehen *kombinierte Netzwerke* mit gemischt zentraler und dezentraler Struktur. Wenn die Netze von Transportdienstleistern, die mit verschiedenen Verkehrsträgern arbeiten, weltweit miteinander verknüpft werden, entstehen *internationale Transportnetze* mit *intermodalen Transportketten*, die den ganzen Globus umspannen (s. *Abb. 19.4*).

Für die Versender wie auch für die Transportdienstleister eröffnet sich mit der Vielfalt und der Komplexität der internationalen Transportnetze eine kaum noch überschaubare Fülle möglicher Transportketten. Zur Auswahl unter den Transportketten sind daher *Tools* für die Berechnung der Beförderungskosten und Laufzeiten sowie allgemeingültige *Zuweisungsstrategien* unerläßlich.

2. Standardtransportketten

Für die Entwicklung von Zuweisungsstrategien und zur Quantifizierung der entsprechenden Strategieparameter, wie der Grenzkriterien (19.16) bis (19.19), ist es zweckmäßig, die möglichen Transportketten nach aufsteigender Stufigkeit in *Standardtransportketten* einzuteilen.

Der größte Teil des nationalen und internationalen Frachtaufkommens durchläuft eine der 5 *Standardtransportketten*, die in *Abb. 19.17* dargestellt sind. Diese Transportketten fächern sich weiter auf durch die verschiedenen Verkehrsträger, Transportmittel, Transportarten und Betriebsarten.

Die *Transportkette 1* des Direkttransports ohne Umschlag zwischen einer Lieferstelle und einer Empfangsstelle ist bei ausreichendem Ladungsaufkommen für mittelgroße Sendungen innerhalb eines Nahgebiets und für größere Ladungen auch über größere Entfernungen am schnellsten und wirtschaftlichsten. Am häufigsten ist der Direkttransport im Straßenverkehr. Bei großem und regelmäßigen Ladungsaufkommen, beispielsweise zwischen den Werken der Grund-

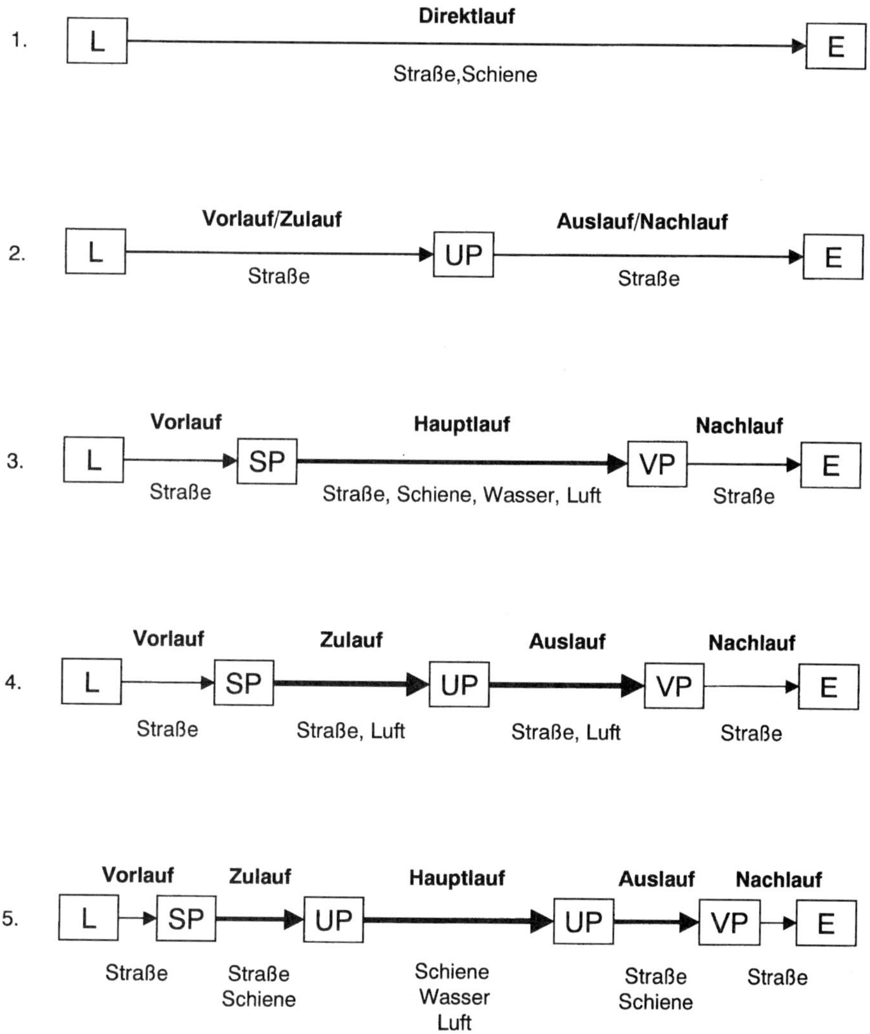

Abb. 19.17 Standardtransportketten zwischen Lieferant und Empfänger
UP: Umschlag- oder Umladepunkt
SP : Sammelumschlagpunkt
VP : Verteilumschlagpunkt

stoff- und der Konsumgüterindustrie, ist auch eine direkte Bahnverbindung wirtschaftlich.

Die *Transportkette 2* ist typisch für die Verteilung kleinerer Sendungen innerhalb des Einzugsgebiets eines Umschlagpunktes. Die zu befördernden Sendungen werden im *Vorlauf* auf *Sammelfahrten* bei mehreren Kleinversendern oder in Abholfahrten bei einem Großversender abgeholt und nach einem Umschlag im

Nachlauf in der gleichen Region zu den Empfangsstellen gebracht. Die kombinierten Sammel- und Verteilfahrten finden meist im Straßenverkehr statt.

Die *Transportkette 3* mit einem *Vorlauf* im Einzugsgebiet eines Sammelumschlagpunktes, einem *Hauptlauf* zu einem Verteilumschlagpunkt und einem *Nachlauf* in einem anderen Gebiet ist typisch für die Sendungsspedition über größere Distanzen. Während der Vorlauf und der Nachlauf mit geeigneten Transportfahrzeugen auf der Straße stattfinden, kann der Hauptlauf entweder mit Sattel- oder Gliederzügen ebenfalls auf der Straße, aber auch auf einem anderen Verkehrsträger durchgeführt werden. Die Transportkette 3 ist typisch für *intermodale Straße-Bahn-Transporte*. Sie ist auch die einfachste Verbindungsmöglichkeit im Schiffs- und Luftverkehr mit einem *dezentralen Netz*.

Für Transportdienstleister mit einem *zentralen Netz* ist die *Transportkette 4*, die mit zwei Hauptläufen über einen zentralen Umschlagpunkt läuft, charakteristisch.

Bei intermodalen Transporten über große Entfernungen kann zwischen den regionalen Umschlagpunkten und dem Hauptlauf, der in einem größeren, kostengünstigeren oder schnelleren Transportmittel auf einem anderen Verkehrsträger durchgeführt wird, jeweils ein weiterer Umschlagpunkt zweckmäßig sein, in dem auch andere Ladungsströme zusammenlaufen und ein Wechsel des Transportmittels oder des Verkehrsträgers stattfindet (s. *Abb. 19.4*). Dadurch entsteht die *Transportkette 5*.

Im regionalen, nationalen, kontinentalen und globalen Warenverkehr stehen die Transportketten der unterschiedlichen Transportdienstleister und Verkehrsträger miteinander im Wettbewerb. Den Unternehmen stellt sich daher die Frage, ob und zu welchem Anteil die benötigten Transporte und Beförderungsleistungen mit eigenen Transportmitteln und über ein eigenes Netz durchgeführt werden sollten und wann besser ein Transportdienstleister einzusetzen ist. Wegen der unterschiedlichen Anforderungen und Ziele gibt es für die Frage, ob Fremdleistung oder Eigenleistung, in der Logistik keine allgemeingültige Lösung sondern nur unternehmensindividuelle oder branchenspezifische Antworten [28].

3. Gestaltungsprinzipien zur Gebietseinteilung

Für Transportdienstleister mit eigenem Netz und Unternehmen mit eigenem Beschaffungs- oder Distributionssystem stellt sich die Aufgabe, ein *Servicegebiet*, in dem sich die zu bedienenden Liefer- und Empfangsstellen befinden, so in eine Anzahl von Regionen aufzuteilen, daß bei Einhaltung der Liefer- und Laufzeitanforderungen insgesamt die kostengünstigsten Lieferketten möglich sind.

Für ein bestehendes Netz und vorhandene Standorte der Umschlagpunkte ist es möglich, nach Abbildung des Netzes, der Lieferketten und der Anforderungen in einem BOL-Programm die Anzahl der Gebiete und die Zuordnung der Standorte nach einem zielführendem *Suchalgorithmus* zu verändern und auf diese Weise eine optimale Gebietseinteilung zu entwickeln. Ein solches Vorgehen ist jedoch recht aufwendig und birgt zugleich die Gefahr in sich, daß eine strukturell grundlegend andere Lösung mit deutlich günstigeren Kosten verfehlt wird. Daher ist es in vielen Fällen ratsam, zur Gebietseinteilung eine *Anfangslösung* neu zu konstruieren und für diese eine Optimierung der Lieferketten durchzuführen.

Für die Gebietseinteilung haben sich folgende *Gestaltungsprinzipien* bewährt:

- *Prinzip der mimimalen Anzahl*: Die Zahl der Gebiete sollte so klein wie möglich sein, damit eine geringe Anzahl von Umschlagpunkten entsteht, deren Fixkosten sich auf einen hohen Durchsatz verteilen, für die sich der Einsatz rationellster Technik lohnt und die sich im Hauptlauf durch kostengünstige Transporte verbinden lassen.
- *Prinzip des ausgeglichenen Ladungsaufkommens*: Die einzelnen Gebiete sollten ein annähernd gleiches Ladungsaufkommen haben, damit die Umschlagpunkte nicht zu unterschiedlich belastet sind und zwischen den Umschlagpunkten, von einem Logistikzentrum oder aus einem Werk im Hauptlauf viele *paarige Hin- und Rücktransporte* entstehen.
- *Prinzip der notwendigen Anzahl*: Die Ausdehnung der einzelnen Gebiete wird nach oben begrenzt durch die maximale *Reichweite der Auslieferfahrzeuge*, die von der zulässigen Auslieferzeit, der effektiven Reisegeschwindigkeit und der Anzahl und Dauer der Stops bestimmt wird. Aus der gewünschten Abdeckung des Servicegebiets durch die *Auslieferungskreise* resultiert die minimal notwendige Anzahl von Gebieten.
- *Prinzip der Gebietseinteilung*: Wenn das Sendungsaufkommen eines Gebiets so groß ist, daß ein Umschlagpunkt mit zunehmendem Durchsatz keine Kostendegression mehr aufweist, wird das Gebiet aufgeteilt in Gebiete mit annähernd gleichem Sendungsaufkommen und von zwei Umschlagpunkten bedient.

Zur Erläuterung der Anwendung dieser Gestaltungsprinzipien zeigt *Abb. 19.18* für das Beipiel des in *Abb. 19.24* dargestellten Distributionssystems einer Großhandelskette, wie sich aus einer maximalen Tagestourenlänge eines Auslieferfahrzeugs von 350 km ein Radius des maximalen Auslieferkreises von 145 km Luftlinie und des *mittleren Auslieferkreises* von 120 km Luftlinie errrechnen läßt [196]. In *Abb. 19.19* ist dargestellt, wie die Auslieferkeise mit einem Radius von 120 km um 5 *Regionalzentren* annähernd 90 % der Empfangsstellen in Deutschland abdekken, wenn die Standorte in den Bedarfsschwerpunkten der zugeordneten 5 *Ausliefergebiete* liegen. Bei einem Absatzzuwachs im Gebiet *Mitte-Ost* ist eine Gebietsteilung mit einem zusätzlichen Umschlagpunkt in der Umgebung von Erfurt vorgesehen.

Die in *Abschnitt 18.10* beschrieben und in *Abb. 18.27* dargestellten Modellrechnungen haben gezeigt, daß die Zuordnung der Empfangs- und Lieferstellen an den Gebietsgrenzen zu dem einen oder anderen Nachbargebiet und die Abweichung der Standorte der Umschlagpunkte vom Transportschwerpunkt einen relativ geringen Einfluß auf die Summe der Belieferungskosten haben. Hieraus folgt das

- *Prinzip der zulässigen Vereinfachung*: Für die Praxis ist eine relativ grobe Gebietseinteilung, beispielsweise auf der Ebene zweistelliger Postleitzahlen, und eine Anordnung der Standorte der Umschlagpunkte in einem Umkreis um den Transportschwerpunkt der Einzugsgebiete ausreichend, der einen Radius von ca. 10% des Gebietsdurchmessers hat.

Die genaue Lage der Umschlagpunkte ergibt sich ohnehin erst während der Realisierung aus den bestehenden Möglichkeiten und vorliegenden Restriktionen.

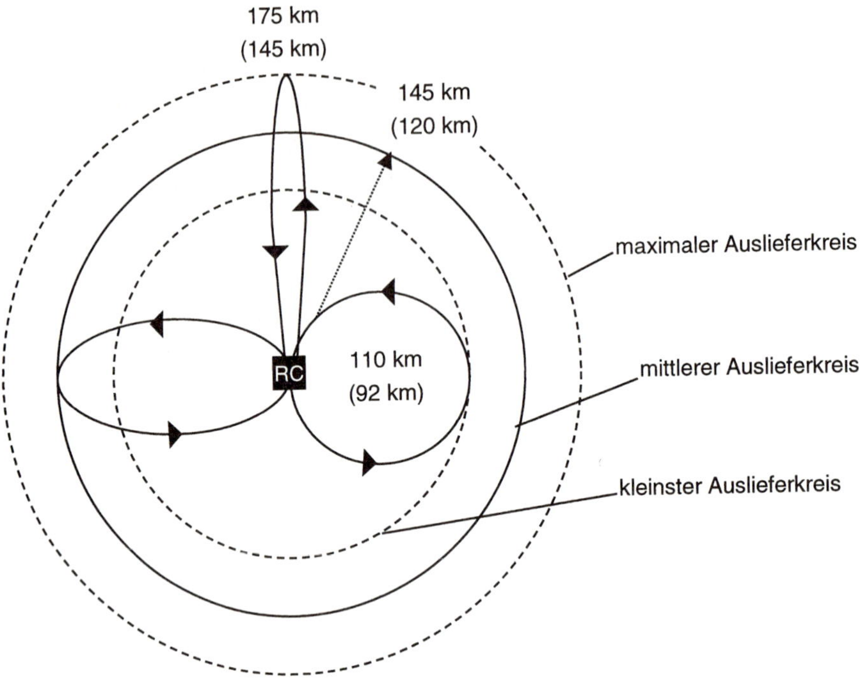

Abb. 19.18 Auslieferttouren und Auslieferkreise eines Regionalzentrums (RC)

Maximale Tagestourenlänge der Auslieferfahrzeuge 350 km
Mittlerer Umwegfaktor = Straßenentfernung : Luftlinie = 1,2
xxx km : Straßenentfernungen
(xxx km) : Luflinienentfernungen

Die Zuordnung einzelner Liefer- und Empfangsstellen zu den Umschlagpunkten wird von der konkreten *Tourenplanung* bestimmt und kann sich im Verlauf der Zeit ändern (s. *Abschnitt 18.11*) [24; 196].

Eine weitere Möglichkeit zur Gebietseinteilung von *Distributionssystemen mit einer Quelle*, von *Beschaffungssystemen mit einer Senke* und von *zentralen Netzen* ist das

- *Stern- und Kreisverfahren*: Um die zentrale Liefer- oder Empfangsstelle, das Umschlagzentrum oder das Logistikzentrum wird ein konzentrisches *Nahgebiet* geschaffen, dessen Größe durch den maximalen Auslieferkreis der eingesetzten Transportmittel bestimmt wird. Das darum herumliegende *Ferngebiet* wird in eine minimale Anzahl von *Sektoren* mit etwa gleichem Ladungsaufkommen aufgeteilt. Bei großer Gesamtgebietsausdehnung wird jeder Sektor in weitere Distributions- oder Beschaffungsgebiete zerlegt.

Als Beispiel für die Anwendung des Stern- und Kreisverfahrens zeigt *Abb. 19.20* die Anfangslösung einer Gebietseinteilung zur europaweiten *Distribution von*

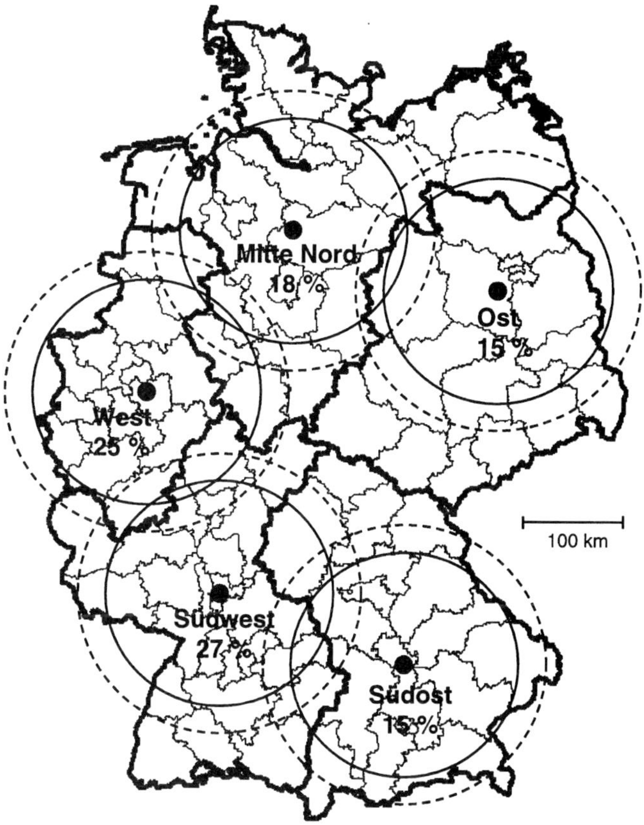

Abb. 19.19 Regionalzentren mit Gebieten und Auslieferkreisen einer Großhandelskette für Installationsmaterial

Prozentangaben:	Anteil der Gesamtsendungen pro Jahr
Punkte	Optimale Standorte der Regionalzentren
———	mittlere Auslieferkreise (120 km)
…………	maximale Auslieferkreise (145 km)

Prinzipdarstellung ZLU [250]

Fertigwaren oder Ersatzteilen aus Deutschland, die nach diesen Gestaltungsgrundsätzen entwickelt wurde.

Die zugehörigen *Distributionsketten* für Fertigfahrzeuge sind in *Abb. 19.21* dargestellt. Nach einer europaweiten Ausschreibung wurden die Gebiete im Zuge einer Feinplanung optimiert, arrondiert und an die konkreten Gegebenheiten der einzelnen Verkehrsträger und Dienstleister angepaßt. Das *Fahrzeugdistributionssystem* arbeitet inzwischen erfolgreich und hat im Vergleich zu bestehenden Systemen bei kurzen Laufzeiten deutlich günstigere Distributionskosten.

Mit Hilfe der Gestaltungsprinzipien zur Gebietseinteilung läßt sich bei Kenntnis der *Standortverteilung* und des *Sendungsaufkommens* für die Liefer- und

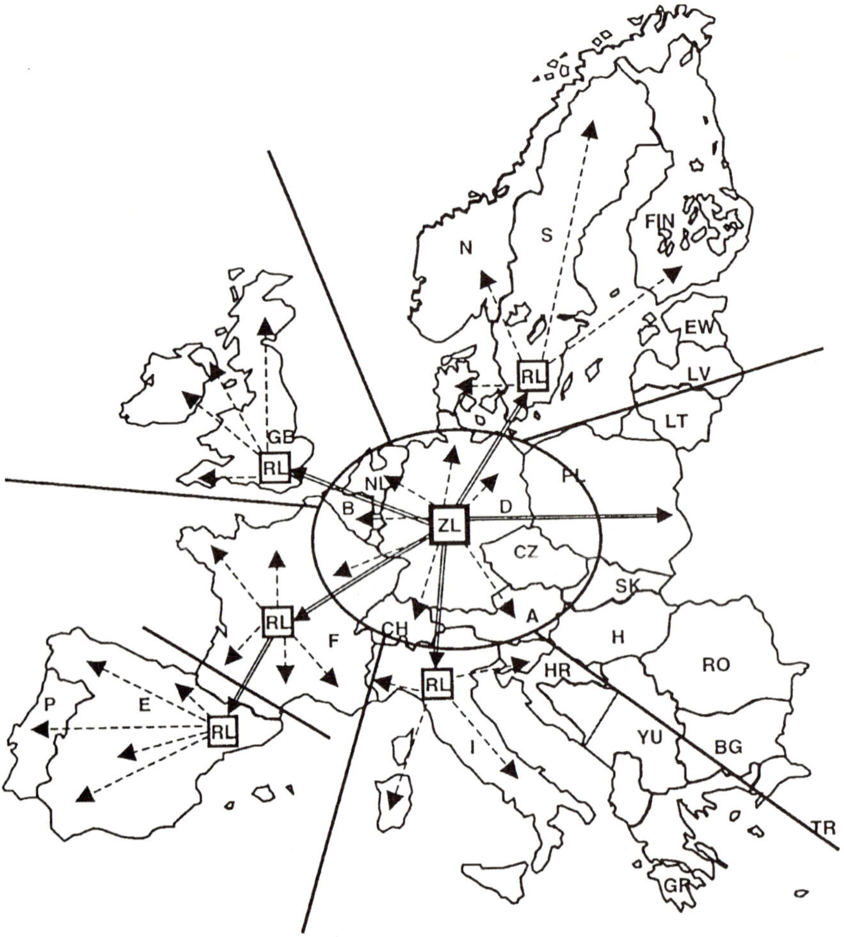

Abb. 19.20 Aufteilung von Europa nach dem Stern- und Kreisverfahren in Servicegebiete zur Eurodistribution von Fertigwaren und Ersatzteilen aus Deutschland

Zentrales Umschlaglager (ZL) zur *Kundenbelieferung* in der Zentralregion und zur *Nachschubbelieferung* der *Regionalen Umschlaglager* (RL)

→ Nachschubbelieferungen ⇢ Kundenbelieferungen

Empfangsstellen, wie es beispielsweise in den *Abb. 19.6* und *19.7* dargestellt ist, recht schnell eine brauchbare *Anfangslösung* konstruieren. Wenn ein mehrstufiges Logistiksystem benötigt wird, beispielsweise mit zwei oder drei Regionallagern, muß die Gebietsaufteilung nach den o.g. Gestaltungsgrundsätzen zunächst in *Hauptgebiete* und danach für jedes Hauptgebiet in *Umschlaggebiete* durchgeführt werden.

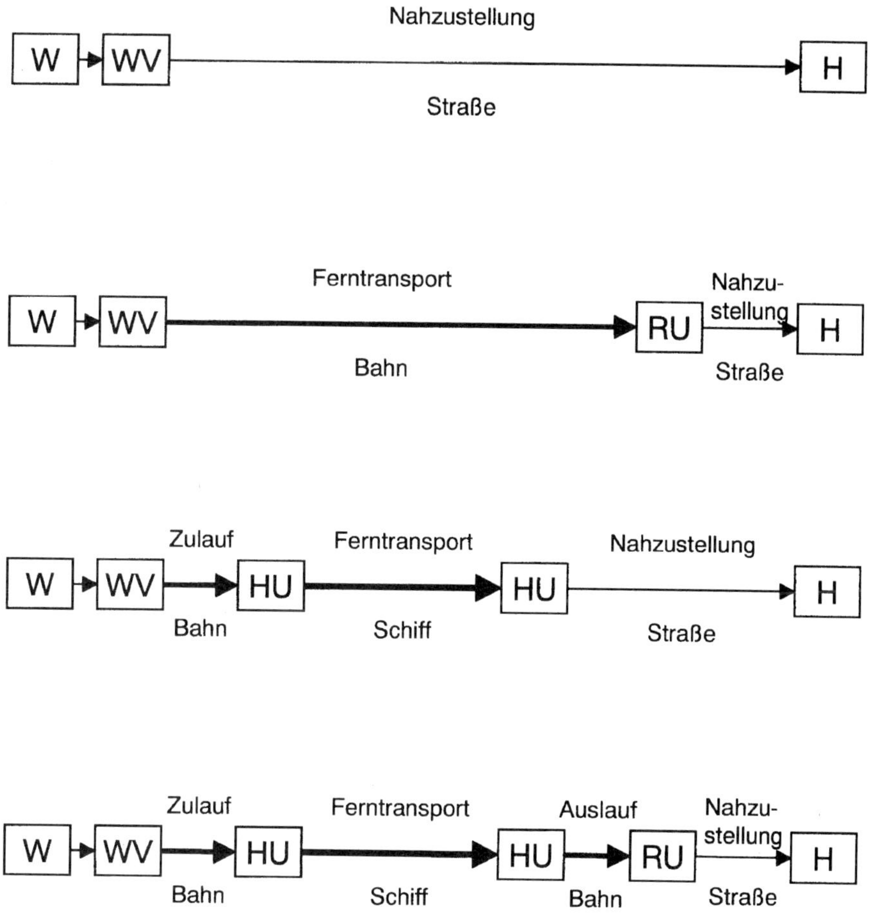

Abb. 19.21 Fahrzeugauslieferungsketten der Automobilindustrie
W : Montagewerk H : Fahrzeughändler
WV : Werksverladung mit Pufferflächen
HU : Hafenumschlagpunkt Bahn/Schiff
RU : Regionaler Umschlagpunkt Bahn → Straße

19.11 Distributionsketten der Konsumgüterindustrie

Aus den Werken der Konsumgüterindustrie werden die Filialen der Handelkonzerne, der Konsumgenossenschaften, der Einzelhandelsketten und der kleinen Einzelhändler regelmäßig mit Ware versorgt [23].

Eine häufige *Distributionstruktur* für Konsumgüter zeigt *Abb. 19.13*. Fünf der möglichen Distributionsketten innnerhalb dieser Struktur sind in *Abb. 19.14* dargestellt und in *Tabelle 19.1* spezifiziert. Sie führen vom *Werk* oder über *Fertigwa-*

renlager direkt zu den *Handelsfilialen* oder über *Handelslager* und *Umschlagpunkte* zu den Filialen. Für kleinere Stückgutsendungen werden außerdem die über einen Umschlagpunkt laufenden Frachtketten 2 und 3 der *Abb. 19.17* eines Stückgutpediteurs genutzt.

Grundsätzlich ist zu entscheiden, ob die Lager und Umschlagstationen vom Lieferanten, vom Handel oder von einem Logistikdienstleister betrieben werden. So kann die in *Abb. 19.14* gezeigte *Verantwortungsgrenze* zwischen Hersteller und Handel für die Belieferungswege 4 und 5 auch an der Rampe der Filiale liegen, wenn die Umschlagpunkte mit Crossdocking oder Transshipment vom Hersteller oder seinem Dienstleister betrieben werden.

In der Belieferung der Handelsfilialen konkurrieren also die Lieferketten von Hersteller, Spediteuren und Handel. Sie unterscheiden sich häufig nur im Verlauf der Verantwortungsgrenze und sind in den logistischen Funktionen weitgehend gleich.

Die von Industrie und Handel genutzen Lieferketten, die Anzahl und Standorte der Werke und Filialen sowie die Anzahl und Standorte der Fertigwarenlager, Handelslager und Umschlagpunkte sind meist historisch gewachsen und von Unternehmen zu Unternehmen verschieden. Daher stellt sich für jedes Unternehmen immer wieder die Frage, ob die gewachsenen Logistikstrukturen und Lieferketten optimal sind und den zukünftigen Marktanforderungen entsprechen.

Diese Frage wird für die Lieferanten des Handels dadurch verschärft, daß große Handelsunternehmen aus den im nächsten Abschnitt angegebenen Gründen ihre Beschaffungslogistik zunehmend selbst bestimmen und auf ihre Ziele hin optimieren wollen. Die Folgen sind eine abnehmende Belieferung der Vielzahl einzelner Filialen und eine zunehmende Belieferung einer kleinen Anzahl von Lagern und Umschlagstationen, die sich in der Regie des Handels befinden [23; 48; 194; 197; 198].

Gleichzeitig wird der *Gefahrenübergang* zwischen Hersteller und Lieferant von den Filialen zur Rampe des Lagers oder einer Umschlagstation vorverlegt, die vom Handelsunternehmen selbst oder von einem beauftragten Logistikdienstleister betrieben werden. Im Extremfall geht das Handelsunternehmen zur *Selbstabholung* über. Die Ware wird der Industrie ab Werk oder ab Fertigwarenlager abgenommen, um auch die Zulauftransporte selbst disponieren und mit den Auslieferfahrten zu den Filialen zu *paarigen Transporten* kombinieren zu können.

Parallel zu der Veränderung der Lieferketten durch den Handel aber müssen von der Industrie weiterhin die verbleibenden Einzelhändler und die Filialen kleinerer Handelsketten frei Haus beliefert werden. Hierfür setzt die Industrie zunehmend Logistikdienstleister ein (s. *Kapitel* 20).

Die logistischen *Veränderungen* des Marktes und die sich fortsetzende *Konzentration* im Handel, die einhergehen mit einem Abbau vieler regionalen Handelslager und einer Konzentration der Lagerbestände in wenigen großen Logistikzentren, zwingen die Konsumgüterindustrie zur Anpassung und Neuausrichtung ihrer Distributionslogistik.

Ein Instrument hierfür ist das dargestellte *BOL-Verfahren* zur Bestimmung der optimalen Lieferketten. Dieses Verfahren wurde erfolgreich zur Neuausrichtung der Unternehmenslogistik mehrerer Konsumgüterhersteller und anderer Lieferanten des Handels eingesetzt.

So verfügte beispielsweise ein mittelständischer Hersteller von *Spirituosen*, der aus dem Zusammenschluß mehrerer kleiner Unternehmen entstanden ist, über 3 Werke an verschiedenen Standorten und über 8 Fertigwarenlager. Mit eigenem Fuhrpark sowie von einer wechselnden Anzahl von Spediteuren wurde eine Menge von jährlich 150.000 t Fertigwaren auf 240.000 Paletten an fast 12.000 Kunden ausgeliefert, die pro Jahr ca. 110.000 Lieferaufträge erteilen.

Ergebnisse einer Neuausrichtung der Unternehmenslogistik und der Optimierung der Distributionsketten waren in diesem Fall: Schließung eines Werkes; mittelfristige Konzentration der Massenproduktion auf einen Hauptstandort; Auslieferung aus einem Logistikzentrum am Standort des Hauptwerks; Auflösung des eigenen Fuhrparks und Übertragung der Ausliefertransporte an maximal 3 Speditionsdienstleister.

Die mit Hilfe des BOL-Programms errechneten jährlichen Einsparungen allein im Bereich der Distribution – ohne die Effekte aus einer Bestandssenkung durch optimale Losgrößen und aus der Werkszusammenlegung – lagen bei über 7 Mio.DM pro Jahr oder 18 % der bisherigen Kosten. Die prognostizierte Kostensenkung wurde innerhalb von 2 Jahren voll realisiert. Außerdem wurden durch die neue Unternehmenslogistik die Flexibilität erhöht, die Anfälligkeit gegen die Selbstabholung verringert und der Service deutlich verbessert.

Zu ähnlichen Ergebnissen führte auch die Neuausrichtung der Unternehmenslogistik eines führenden Herstellers von *Haushalts- und Körperpflegemitteln*. Dieses Unternehmen belieferte aus zwei Inlandswerken und mehreren europäischen Werken über 2 Fertigwarenlager ca. 2.300 Handelsfilialen und etwa 200 Zentrallager und Crossdocking-Stationen des Einzelhandels pro Jahr mit fast 115.000 t Fertigwaren.

Aus der Optimierung der Strukturen und der Distributionsketten resultierte die Lösung, die Auslieferung von einem *Logistikzentrum* an einem optimalen Standort durchzuführen. Der Bau des Logistikzentrum wurde an einen Generalunternehmer vergeben. Den Betrieb soll ein Logistikdienstleister übernehmen. Für die Distribution in Deutschland werden 3 Spediteure eingesetzt. Bei deutlich verbessertem Service und erhöhter Flexibilität erreichten die Kosteneinparungen in diesem Fall mit über 20 % der bisherigen Distributionskosten.

19.12 Beschaffungsketten des Handels

Untersuchungen der Geschäftsprozesse in den Fililalen des Handels haben gezeigt, daß die Mitarbeiter in den Filialen zu 30 bis 40 %, in einigen Fällen sogar zu über 50 % mit *logistischen Tätigkeiten* beschäftigt sind, wie Warenannahme, Eingangsprüfung, Lagerarbeiten, Umräumen, Regalbefüllung, Leergutentsorgung, Warenbereitstellung für die Kundenzustellung und Disposition. Der eigentliche Verkauf ist dagegen mit weniger als 30 % der Arbeitszeit nachrangig [197].

Eine wesentliche Ursache hierfür ist die große Anzahl ungeregelt über den ganzen Tag eintreffender Sendungen. Diese Erkenntnis hat viele Handelsunter-

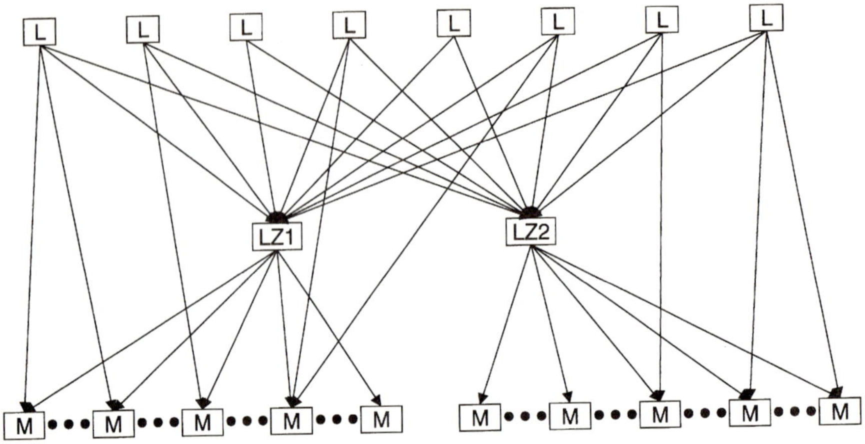

Abb. 19.22 Beschaffungsstruktur einer Baumarktkette
L : Lieferanten (ca. 1.200) M : Märkte (ca. 80)
LZ : Logistikzentren mit Crossdocking, Transshipment und Lager

nehmen dazu veranlaßt, ihre Beschaffungslogistik einer kritischen Überprüfung zu unterziehen und neu zu gestalten.

Ziele einer zukunftsweisenden *Handelslogistik* sind [18; 23; 48; 194; 197]:

Stärkung des Verkaufs
Reduzierung der Rampenkontakte
Entlastung der Filialen von operativen Logistikaufgaben
Erleichterung und Verbesserung der Disposition
Erhöhte Warenpräsens in den Filialen (19.36)
Vermeidung von Ausschuß und Retouren
Optimierung der Bestände
Senkung der Kosten für die gesamte Beschaffungskette.

Außerdem muß sich der Handel darauf einstellen, daß ein zunehmender Anteil der Kunden eine *Zustellung* der Waren fordert, die er in einer Filiale, nach Katalog oder über *Electronic-Commerce* (E-Commerce) per *Internet* bestellt [35].

Das erste *Fallbeispiel* ist eine expansive *Baumarktkette* mit einem Sortiment von mehr als 60.000 Artikeln. Die über Deutschland und das angrenzende Ausland verteilten 80 Märkte wurden bisher von den mehr als 1.200 Lieferanten frei Markt beliefert. Jeder Markt erhielt täglich zwischen 30 bis 60, in der Spitze weit über 100 Sendungen. Die Sendungsgröße liegt zwischen einem Paket, mehreren Paletten und einer vollen LKW-Ladung. Die Belastung der Filialbelegschaft durch Logistiktätigkeiten betrug 30 bis 35 % der Arbeitszeit.

Die Optimierung der Unternehmenslogistik führte in diesem Fall zu der in *Abb. 19.22* dargestellten Logistikstruktur mit zunächst 2 und nach weiterer Expansion 3 Logistikzentren an optimalen Standorten. Vier der möglichen Beschaffungsketten und die Verantwortungsabgrenzung zwischen den Lieferanten und

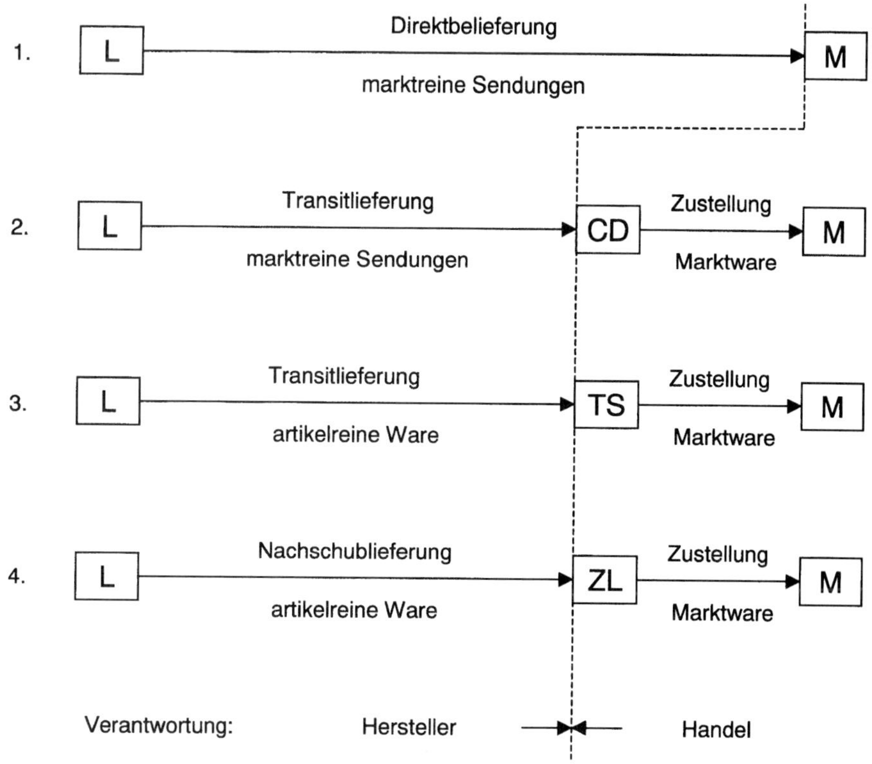

Abb. 19.23 Beschaffungsketten einer Baumarktkette

L : Lieferant
CD : Crossdocking
ZL : Zentrallager
M : Markt mit Verkaufsbeständen
TS : Transshipment

dem Handelsunternehmen zeigt *Abb. 19.23*. Die Wareneingangsprüfung wird damit für alle Lieferungen, die über die Logistikzentren laufen, in diese vorverlegt.

Etwa 55 % der Warenstücke mit 70 % des Volumens werden von den Lieferanten weiterhin als Ganz- oder Teilladungssendungen über die *Beschaffungskette* 1 direkt oder von Fachspediteuren an die Märkte geliefert. Das sind im wesentlichen Sendungen mit mehr als 5 Paletten oder über 1 t Gewicht, sperrige oder großvolumige Artikel, wie Teppiche und Gefahrgut, und unverträgliche Waren, wie Zement, Steine und Düngemittel.

Über die eigenen Logistikzentren laufen etwa 45 % der Warenstücke, die ca. 50 % vom Umsatz aber nur 30 % des Volumens ausmachen. Rund 50 % der Lieferungen an die Logistikzentren, deren Inhalt größer als 1/2 Palette pro Markt ist, werden über die *Beschaffungskette* 2 nach dem *Crossdocking-Verfahren* abgewickelt. Rund 40 % der Lieferungen mit kleineren Mengen durchlaufen die *Beschaffungskette* 3 nach dem *Transshipment-Verfahren*. Über die *Beschaffungskette* 4 mit

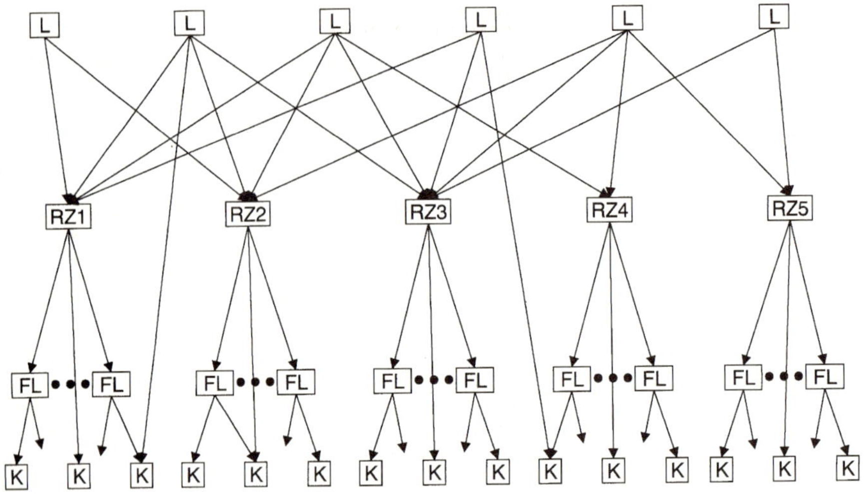

Abb. 19.24 Distributionsstruktur einer Großhandelskette für Installationsmaterial und Elektroartikel

L : Lieferanten (ca. 450) FL : Filialen (ca. 110) K : Endkunden
RZ : Regionalzentren mit Crossdocking, Transshipment und Lager

Zwischenlagerung im Logistikzentrum läuft ein Teil der Aktionsware und die Importware, die zusammen etwa 10 % des gesamten Warenbedarfs ausmachen.

Mit der neuen Unternehmenslogistik der Baumarktkette werden die Warenbestände bei gleichzeitig verbesserter Warenpräsenz abgebaut, die Logistikbelastung der Märkte erheblich reduziert und die Beschaffungskosten für die betreffenden Warenströme um mehr als 15 % gesenkt. Zugleich werden damit die Voraussetzungen für eine rechnergestützte Disposition, eine verstärkte Verkaufstätigkeit und die weitere Expansion geschaffen.

Das zweite *Fallbeispiel* ist eine Unternehmensgruppe des *Elektrogroßhandels* mit über 110 Verkaufsstellen, die flächendeckend über Deutschland verteilt sind. Bisher wurde die bei den Lieferanten kundenspezifisch bestellte oder ab Lager gekaufte Ware von den Kunden in den Verkaufsstellen selbst abgeholt oder mit angemieteten Fahrzeugen zugestellt. Die Lieferbereitschaft war unzufriedenstellend, die Lieferzeiten teilweise zu lang und unverläßlich, das Präsenssortiment zu gering und die Beschaffungskosten zu hoch.

Die Optimierung der Unternehmenslogistik ergab in diesem Fall die in *Abb. 19.24* dargestellte *Beschaffungs- und Distributionsstruktur* mit zunächst 5 und später 6 *Regionalzentren*, deren Standorte und Einzugsgebiete in *Abb. 19.19* gezeigt sind. Die resultierenden 6 *Beschaffungs- und Lieferketten* und die Verantwortungsabgrenzung zwischen den Lieferanten, dem Handelsunternehmen und den Kunden zeigt *Abb. 19.25*.

In den Regionalzentren wird ein breites *regionales Sortiment* vorrätig gehalten, in den Verkaufsstellen ein schmaleres *lokales Sortiment*. Die *Kundenzustellung* wird auf den Belieferungsketten 2 und 3 und die *Filialbelieferung* auf den Be-

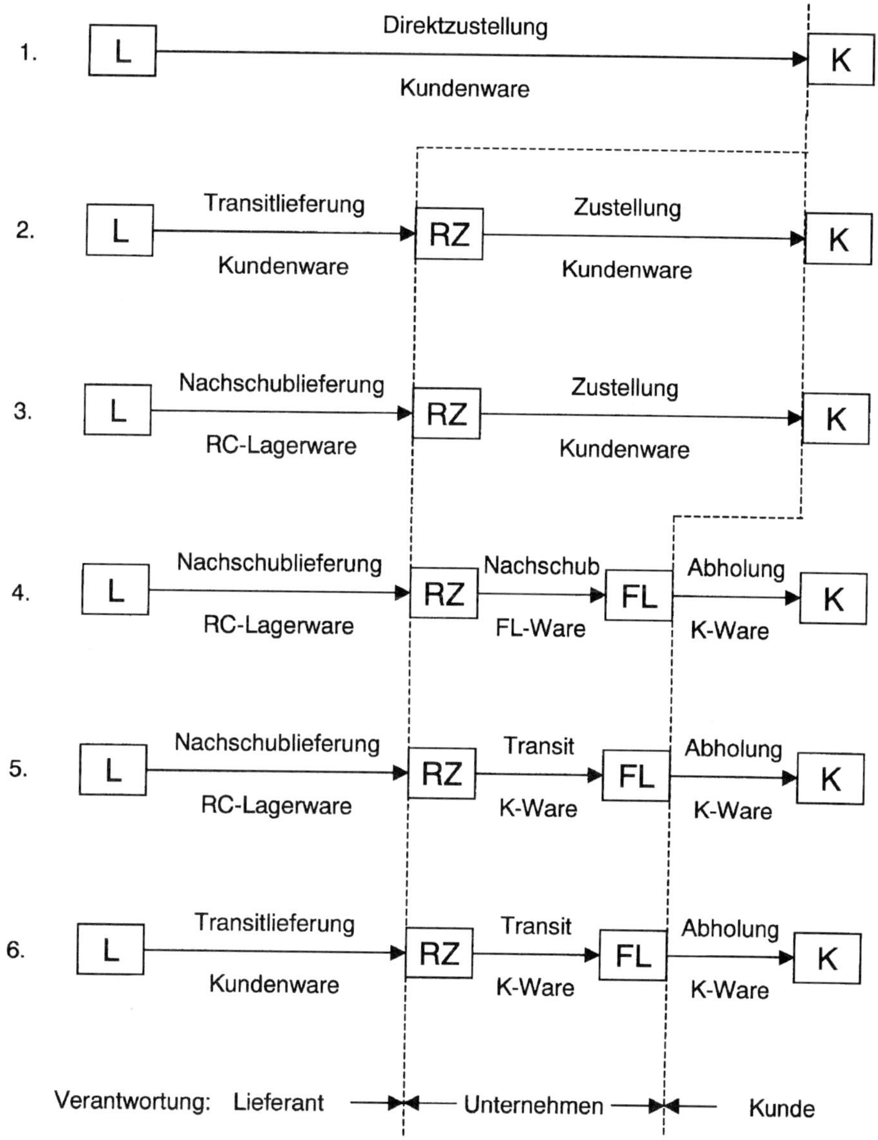

Abb. 19.25 Beschaffungs- und Lieferketten der Großhandelskette für Installationsmaterial und Elektroartikel

schaffungsketten 4, 5 und 6 grundsätzlich von einem zugeordneten Regionalzentrum aus im *Ladungsverkehr* in bestimmten *Touren* durchgeführt. Je nach Sendungsaufkommen werden dafür Sattelaufliegerfahrezeuge, Wechselbrückenzüge oder kleinere Lieferfahrzeuge eingesetzt.

Die Verteilung der *Kleinsendungen* bis zu 3 Paketen übernimmt ein *Paketdienstleister*, von dessen Speditionsnetz die Transportkette 3 in *Abb. 19.17* mit nur einem Verteilumschlagpunkt pro Gebiet und dem zugehörige Nachlauf genutzt wird. Der Hauptlauf ist ein täglicher Ladungstransport der Paketsendungen vom Regionalzentrum zum nächsten Umschlagpunkt des Paketdienstleisters. Ebenso werden Stückgutsendungen, die nicht in eine feste Tour passen, von einem *Gebietsspediteur* abgeholt und über dessen nächsten Umschlagpunkt zusammen mit den Sendungen anderer Lieferanten zugestellt.

Ergebnisse der neuen Unternehmenslogistik sind eine wesentlich verbreiterte Warenpräsenz, eine erhöhte Lieferfähigkeit, verläßliche kurze Lieferzeiten und eine Senkung der gesamten Logistikkosten um mehr als 20 %. Die Veränderung der Unternehmenslogistik löste eine Neuausrichtung der gesamten Geschäftspolitik aus mit einer klaren Unterscheidung zwischen dem *Zustellgeschäft* und dem *Abholgeschäft* und einer veränderten Sortimentspolitik. Zugleich wurde die Basis für eine zukünftige Expansion unter Einbeziehung neuer Lieferanten geschaffen.

19.13 Auswahl optimaler Transportketten

Wenn in den Lieferketten keine bestandsführenden Zwischenstationen vorkommen, reduzieren sich die Lieferketten auf reine *Transportketten*. Einige Beispiele intermodaler Transportketten zeigt die *Abb. 19.4*.

Die Belieferungskosten sind für reine Transportketten gleich den *Frachtkosten*, die im Personentransport als *Beförderungskosten* bezeichnet werden. Dementsprechend lassen sich mit Hilfe eines Programms zur *Auswahl optimaler Transportketten* – kurz *AOT-Programm* genannt – die Fracht- oder Beförderungskosten für unterschiedliche Transportketten kalkulieren, die Sendungslaufzeiten errechnen, die optimalen Transportketten bestimmen und die verschiedenen *Einflußfaktoren* auf die Frachtkosten untersuchen.

Als *Beispiel* ist in *Tabelle 19.2* am Ende dieses Kapitels ein AOT-Programm für einstufige, zweistufige und dreistufige Transportketten abgedruckt. In den beiden ersten Spalten dieses *Tabellenkalkulationsprogramms* ist für *Ganz- und Teilladungssendungen* die in *Abb. 19.17* gezeigte *Transportkette* 1 abgebildet. Für *Stückgutsendungen* und *Paketsendungen* beeinhalten die Spalten 3 bis 6 des AOT-Programms die *Transportketten* 2 und 3 der *Abb. 19.17* mit ein- und zweifachem Umschlag. In den Umschlagstationen für Stückgutsendungen ist wahlweise ein *Crossdocking* (CD) oder ein *Transshipment* (TS) möglich.

Die *Lieferstellen* können ein oder mehrere Logistikzentren, Regionallager oder Werke sein, aber auch eine größere Anzahl von Versendern. Als *Empfangsstellen* sind wenige Großabnehmer, eine größere Anzahl mittlerer Abnehmer oder eine Vielzahl von flächenverteilten Kunden möglich.

Das *AOT-Programm* berücksichtigt keine Bestände in den Umschlagpunkten zwischen den Liefer- und Empfangsstellen. Es läßt sich jedoch durch Hinzufügen der Logistikfunktionen (19.5) in den Versandstellen, Zwischenstationen und Empfangsstellen erweitern zu einem *BOL-Programm* für die *Bestimmung opti-*

maler Lieferketten mit bestandsführenden Stationen. Durch zusätzliche *Programmzeilen* können weitere Zwischenstationen und Transportverbindungen eingefügt werden. Damit werden Beförderungs- und Lieferketten mit höherer Stufigkeit möglich, die in weiteren *Programmspalten* abgebildet werden.

Rückfrachten, *Leergutrückführung* und *Entsorgungstransporte* können über die gleichen Transportketten wie die Belieferung zurücklaufen, aber auch andere Transportketten nutzen. In beiden Fällen lassen sich Rücktransporte durch zusätzliche Spalten im AOT-Programm erfassen. Bei Nutzung der gleichen Transportmittel errrechnet das Programm aus den betreffenden Hin- und Rückfrachtströmen den Anteil der *paarigen Transporte* und die daraus resultierenden Transportkostenersparnisse.

Für die *Entfernungen* zwischen den Lieferstellen, den Umschlagstationen und den Empfangsstellen können entweder die mit dem Sendungsaufkommen gewichteten *mittleren Entfernungen* zwischen den betrachteten Regionen oder die *genauen Entfernungen* für spezielle Relationen und einzelne Sendungen eingeben werden.

Die Leistungskosten für den Umschlag, die Transporte und andere Logistikleistungen werden in entsprechenden *Unterprogrammen* errechnet. Sie können bei Bedarf durch aktuelle Leistungspreise überschrieben werden. Für Transportmittel unterschiedlicher Verkehrsträger können die entsprechenden Kapazitäten, Reisegeschwindigkeiten und Leistungskosten eingegeben werden.

Die Abmessungen und Gewichte der *Logistikeinheiten*, wie die Verpackungseinheiten, die Ladeeinheiten und die Transporteinheiten, werden in ein weiteres Unterprogramm eingegeben, das hieraus mit Hilfe der in *Kapitel 12* angegebenen Formeln die *effektiven Kapazitäten* errechnet. Aus den Kapazitäten der Logistikeinheiten und den *Sendungsanforderungen* errechnet das Programm mit Hilfe der Formeln (19.15) bis (19.30) den Ladeeinheitenbedarf, das Transportaufkommen und den Leistungsdurchsatz.

Eingabewerte des AOT-Programms sind die *Sendungsanforderungen* und die *Strukturparameter*. *Ergebnisse* sind die *Beförderungskosten pro Periode* für die verschiedenen Transportketten und die *Frachtkosten pro Verpackungseinheit*, *pro Ladeeinheit* oder *pro 100 kg*.

19.14
Einflußfaktoren der Frachtkosten

Um die Auswirkungen der verschiedenen Einflußfaktoren auf die Frachtkosten zu quantifizieren wurden mit Hilfe des AOT-Programms der Tabelle 19.2 eine Reihe von *Modellrechnungen* durchgeführt.

Als *Beispiel* wurde die in *Abb. 19.13* gezeigte *Distributionsstruktur* mit einem Logistikzentrum gewählt, das den Einzelhandel in Deutschland flächendeckend mit *palettierten* und *unpallettierten Verpackungseinheiten* beliefert. Die Auslieferung erfolgt auf der Straße im Zu- und Hauptlauf mit Sattelauflieger- oder Wechselbrücken-Zügen und im Nachlauf mit 7,5 t-Transportern. Die Ergebnisse der Modellrechnungen für dieses Beispiel aus der Praxis sind in den *Abb. 19.26* bis *18.32* dargestellt.

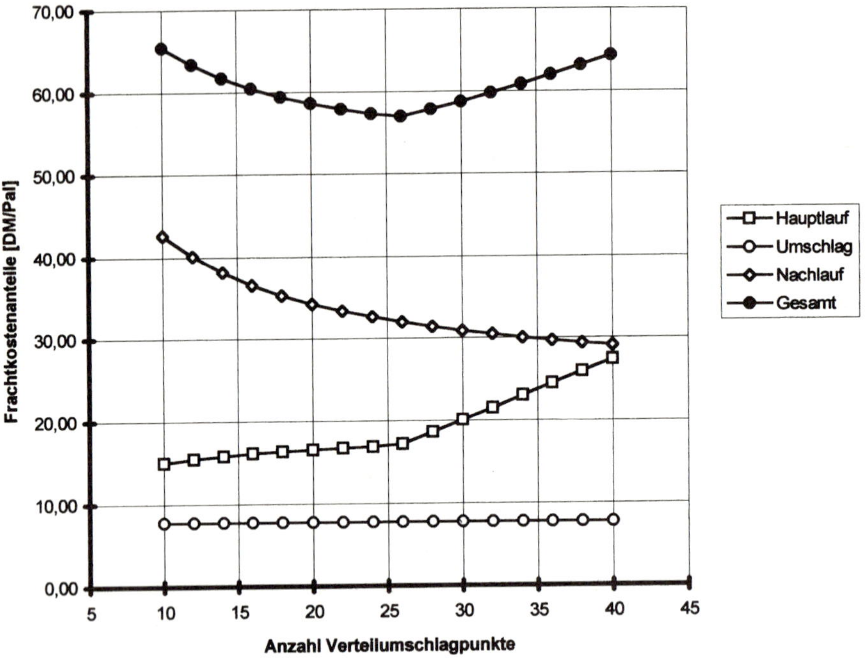

Abb. 19.26 Abhängigkeit der Frachtkosten für Stückgutsendungen von der Anzahl Umschlagpunkte bei zweistufiger Transportkette

Frachtaufkommen:	30.000 VPE/Tag = 600 Voll-Pal/Tag = 75.000 t/a
Mittl. Sendungsinhalt :	50 VPE/Snd = 1,0 Voll-Pal/Snd
Mitt. Verpackungseinheit :	VPE = Karton mit 12 l/VPE und 10 kg/VPE
Ladeeinheiten:	LE = CCG1 Paletten mit im Mittel 49 VPE/LE
Mittl. Entfernung L→E	280 km
Stufigkeit	zweistufig über 1 Verteilumschlagpunkt (VP)
Abwicklungsform	Crossdocking

Die Sendungsanforderungen und weitere Parameter der Modellrechnungen sind in der Legende zu *Abb. 19.26* angegebenen. In der Legende der weiteren Abbildungen sind nur die jeweils veränderten Parameter aufgeführt. Die verschiedenen Abhängigkeiten gelten *ceteris paribus.*

In *Abb. 19.26* ist die Abhängigkeit der mittleren Frachtkosten pro Palette von der *Anzahl der Umschlagpunkte* dargestellt, die sich für eine *zweistufige Auslieferung* von Stückgutsendungen über jeweils einen Verteilumschlagpunkt mit Crossdocking ergibt. Ein ähnlicher Verlauf ergibt sich für die zweistufige Auslieferung von Paketsendungen.

Bis zu 25 Umschlagpunkten nehmen die Nachlaufkosten stärker ab als die Hauptlaufkosten zunehmen, sodaß die Frachtkosten insgesamt sinken. Ab 25 Umschlagpunkte aber steigen die Hauptlaufkosten stärker als die Nachlaufkosten abnehmen, da bei dem betrachteten Ladungsaufkommen der mittlere Füllungsgrad

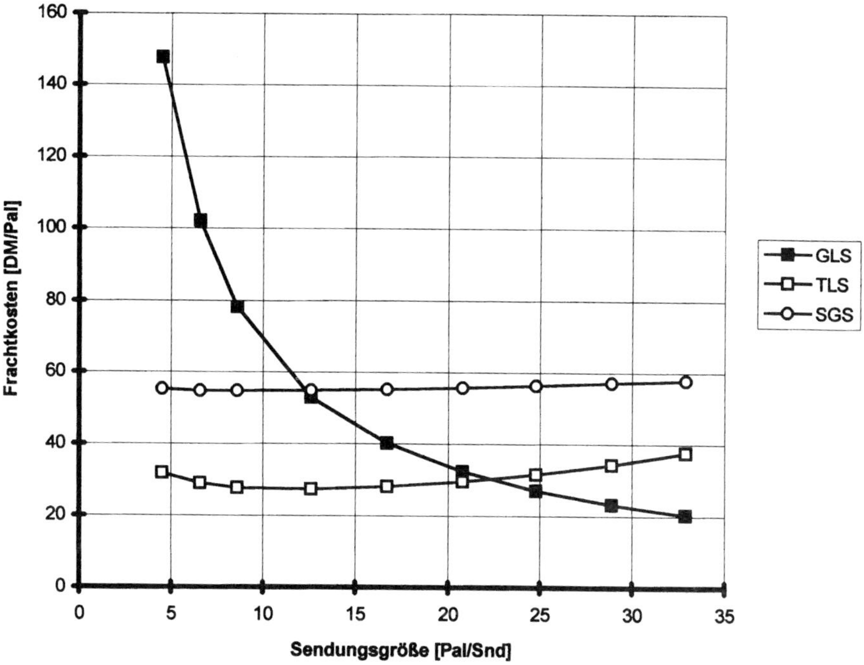

Abb. 19.27 Abhängigkeit der Frachtkosten von der Sendungsgröße für Ganzladungs-, Teilladungs- und Stückgutsendungen

GLS :	Ganzladungssendungen
TLS :	Teilladungssendungen
SGS :	Stückgutsendungen
Struktur	20 Verteilumschlagpunkte
Parameter	wie *Abb. 19.26*

der exklusiven Ganzladungstransporte zu den Umschlagpunkten immer schlechter wird. Die optimale Anzahl Umschlagpunkte ist daher in diesem Fall 25.

Durch Parametervariation ergeben sich aus den Modellrechnungen für die Stückgut- und Paketsendungen folgende *Zusammenhänge*:

- Die Frachtkosten verändern sich im Bereich der optimalen Anzahl nur wenig mit der Anzahl der Umschlagpunkte.
- Bei zweistufiger Belieferung über Verteilumschlagpunkte in den Zielregionen verschiebt sich die optimale Anzahl der Umschlagpunkte mit zunehmendem Frachtaufkommen nach oben, mit abnehmendem Frachtaufkommen nach unten.
- Wenn das Frachtaufkommen einen *kritischen Wert* unterschreitet, ist eine dreistufige Belieferung über einen regionalen Sammelpunkt in der Nähe des Versandortes mit gemeinsamen Hauptlauf zusammen mit dem Ladungsauf-

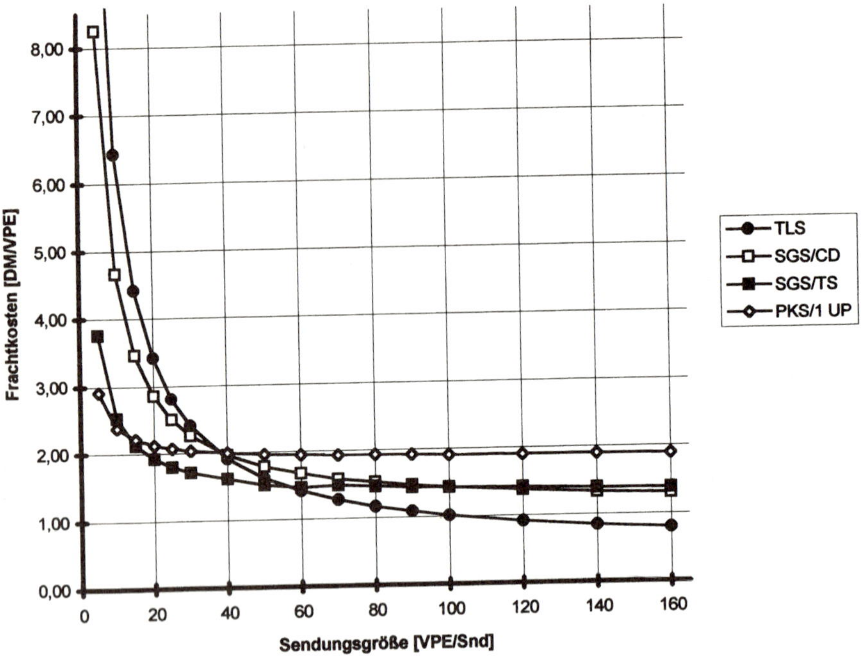

Abb. 19.28 Abhängigkeit der Frachtkosten von der Sendungsgröße für Teilladungs-, Stückgut- und Paketsendungen

TLS :	Teilladungssendungen
SGS/CD :	Stückgutsendungen über 1 UP mit Crossdocking
SGS/TS :	Stückgutsendungen über 1 UP mit Transshipment
PKS/1 UP :	Paketsendungen über 1 Verteilumschlagpunkt
übrige Parameter	wie *Abb. 19.26*

kommen anderer Versender zu den regionalen Verteilumschlagpunkten günstiger als die zweistufige Belieferung nur über die Verteilumschlagpunkte in der Zielregion (s. *Abb. 19.29*).

- Ein Hauptlauf direkt vom Auslieferort zum regionalen Verteilumschlagpunkt ist nur bei einem täglichen Ladungsaufkommen von mehr als einer Ganzladung wirtschaftlich oder wenn eine Kombination des Zulauftransports zum Verteilumschlagpunkt mit der Direktbelieferung eines Großkunden in der Region möglich ist.

Die errechnete *Abhängigkeit der Frachtkosten von der Sendungsgröße* ist für Ganzladungs-, Teilladungs- und Stückgutsendungen in *Abb. 19.27* gezeigt und für Teilladungs-, Stückgut- und Paketsendungen in *Abb. 19.28*. Hieraus sind folgende *Gesetzmäßigkeiten* und *Abhängigkeiten* ablesbar:

- Die Frachtkosten hängen für alle Sendungsarten und Abwicklungsformen sehr stark von der Sendungsgröße ab.

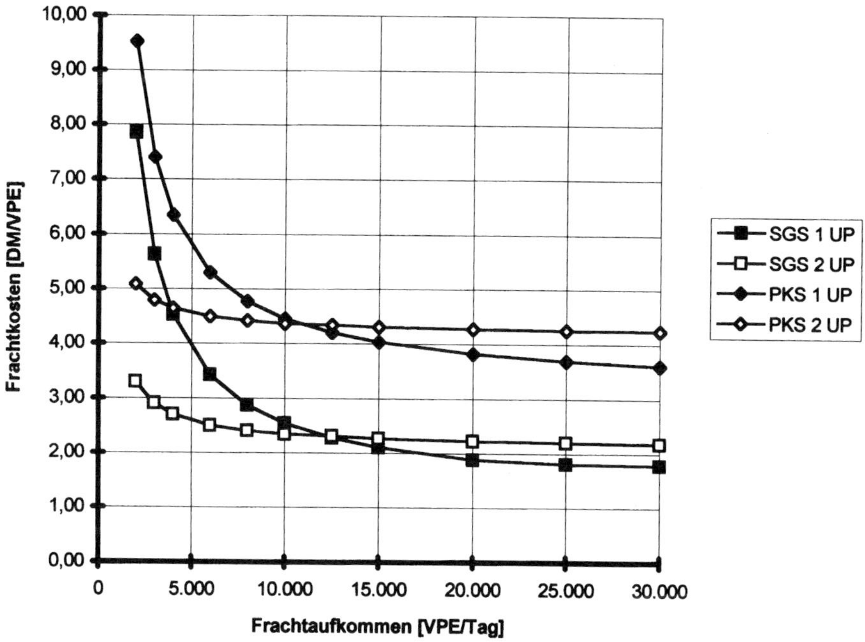

Abb. 19.29 Abhängigkeit der Frachtkosten vom Frachtaufkommen

SGS 1 UP:	Stückgutsendungen über 1 UP mit Cross-Docking
SGS 2 UP:	Stückgutsendungen über 2 UP mit Cross-Docking
PKS 1 UP:	Paketsendungen über 1 Verteilumschlagpunkt
PKS 2 UP:	Paketsendungen über 2 UP
Sendungsgrößen	SGS: 50 VPE/Snd PKS: 3 VPE/Snd
übrige Parameter	wie *Abb. 19.26*

- Ausgehend von kleinen Sendungsgrößen können sich die Frachtkosten bei einer Verdopplung der Sendungsgröße mehr als halbieren.
- Der Ganzladungstransport ist für Sendungen mit mehr als etwa 22 Paletten oder 11 t kostengünstiger als der Teilladungstransport (s. *Abb. 19.27*).
- Soweit das gesamte Sendungsaufkommen für direkte Auslieferertouren ausreicht, ist der Teilladungstransport für Sendungen ab 1,5 und 750 kg wirtschaftlicher als die Stückgutspedition (s. *Abb. 19.28*).
- Kleinere Stückgutsendungen mit weniger als ca. 1,5 Paletten sind wirtschaftlicher nach dem *Transshipment-Verfahren*, größere Stückgutsendungen günstiger nach dem *Crossdocking-Verfahren* auszuliefern (s. *Abb. 19.28*).
- Die Frachtkosten von Sendungen mit weniger als 10 Verpackungseinheiten sind als Paketsendungen geringer als für Stückgutsendungen (s. *Abb. 19.28*).
- Die *Optimalitätsgrenzen* zwischen den verschiedenen Sendungsarten hängen ab von der Größe und vom Gewicht der Paletten und Verpackungseinheiten sowie vom Frachtaufkommen zwischen Quellgebiet und Zielgebiet.

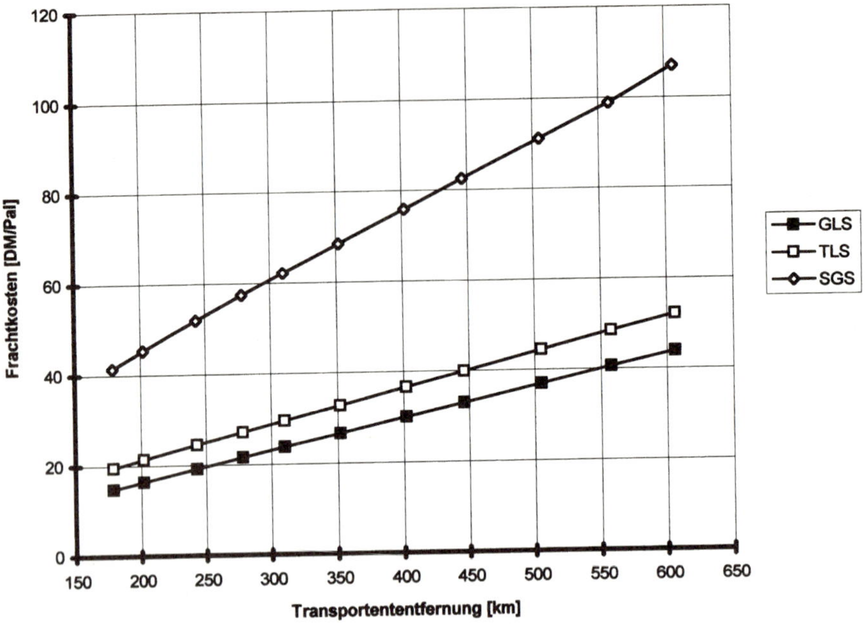

Abb. 19.30 Abhängigkeit der Frachtkosten von der Transportentfernung

GLS :	Ganzladungssendungen mit 1.500 VPE= 31 Pal/Snd
TLS :	Teilladungssendungen mit 600 VPE = 12,6 Pal/Snd
SGS :	Stückgutsendungen mit 75 VPE = 2 Pal/Snd
übrige Parameter	wie *Abb. 19.26*

Die hier quantifizierten Optimalitätsgrenzen sind ein Beipiel für die zuvor beschriebenen *Zuweisungskriterien* (19.16) bis (19.19) für optimale Lieferketten.

Die Abhängkeit der Frachtkosten vom *Frachtaufkommen* und von der *Stufigkeit* der Transportketten zeigt *Abb. 19.29* Dabei unterscheidet sich die mittlere Größe der Stückgutsendungen (50 VPE/Snd) von der mittleren Größe der Paketsendungen (3 VPE/Snd). Aus dieser Abhängigkeit sowie aus weiteren Modellrechnungen ergeben sich die *Regeln*:.

- Mit abnehmendem Frachtaufkommen steigen die Frachtkosten für Stückgut- und Paketsendungen wegen der schlechteren Auslastung der Lade- und Transporteinheiten stark an.
- Mit zunehmendem Frachtaufkommen erreichen die Frachtkosten bei optimaler Auslastung der Lade- und Transporteinheiten asymptotisch einen Grenzwert.
- Wenn das Frachtaufkommen nicht ausreicht zur Belieferung der Verteilumschlagpunkte in hinreichend gefüllten Sattelaufliegern oder Wechselbrücken, ist ein Transport über zwei Umschlagpunkte kostengünstiger.
- Die *Optimalitätsgrenze* zwischen der zweistufigen und der dreistufigen Belieferung liegt in diesem Fall bei ca. 12,5 Paletten pro Relation. Sie hängt ab von der Zulaufentfernung sowie von der Höhe Umschlagkosten.

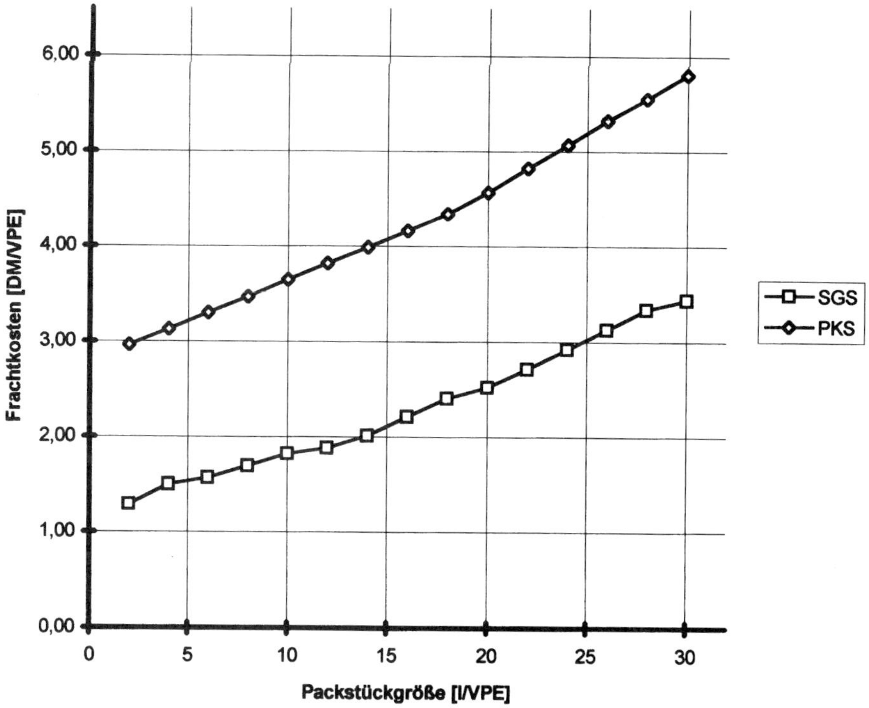

Abb. 19.31 Abhängigkeit der Frachtkosten von der Packstückgröße

SGS :	Stückgutsendungen mit 50 VPE/Snd
PKS :	Paketsendungen mit 3 VPE/Snd
Frachtaufkommen	20.000 VPE/Tag
übrige Parameter	wie *Abb. 19.26*

Die errechnete Abhängigkeit der Frachtkosten von der *Transportentfernung* zwischen Versandort und Empfangsstelle zeigt die *Abb. 19.30*. Hieraus sind folgende Abhängigkeiten und *Regeln* ablesbar:

- Die Frachtkosten nehmen für alle Sendungsarten mit der Entfernung *linear* zu.
- Der entfernungsbedingte Kostenanstieg ist für Stückgut- und Paketsendungen etwas größer als für Ganz- und Teilladungssendungen.

Ein weitere wichtige Einflußgröße auf die Frachtkosten ist die *Frachtstückgröße*. Die *Abb. 19.31* zeigt die Abhängigkeit der Frachtkosten vom Packstückvolumen bei konstant gehaltenem Frachtaufkommen. Hieraus ist der *Zusammenhang* ablesbar:

- Bei gleicher Sendungsstruktur und Sendungsart nehmen die Frachtkosten linear mit der Größe der Packstücke zu.

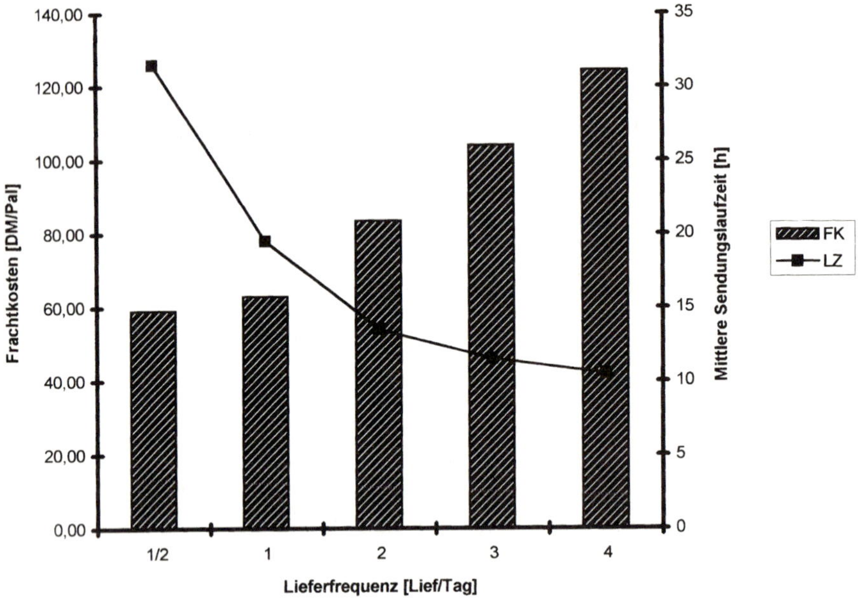

Abb. 19.32 Frachtkosten und Sendungslaufzeit als Funktion der Lieferfrequenz

Palettensendungen über einen Verteilumschlagpunkt mit Crossdocking

Frachtaufkommen:	27 Pal/Tag und Region
Mittl. Sendungsinhalt:	2 Pal/Snd
übrige Parameter	wie *Abb. 19.26*

Bei gleichem Sendungsaufkommen bewirken jedoch große Packstücke ein größeres Ladungsaufkommen als kleine Packstücke, sodaß ein Wechsel zu einer anderen Sendungsart, beispielsweise von Paketsendungen zu Stückgutsendungen oder von Stückgutsendungen zu Teilladungen kostengünstiger sein kann.

Als letzte Abhängigkeit zeigt *Abb. 19.32* für Stückgutsendungen, die über einen Verteilumschlagpunkt ausgeliefert werden, den Einfluß der Lieferfrequenz auf die Sendungslaufzeit und auf die Lieferkosten. Der Anstieg der Frachtkosten mit zunehmender Lieferfrequenz resultiert in diesem Fall aus der abnehmenden Auslastung der Zulauftransporte zu den Verteilumschlagpunkten. Bei weiterer Erhöhung der Lieferfrequenz kommen die Mehrkosten für den Einsatz kleinerer Auslieferfahrzeuge und für Sonderfahrten hinzu. Allgemein gilt die *Regel*:

- Mit zunehmender Lieferfrequenz wird die Verkürzung der Sendungslaufzeiten immer geringer, während die Frachtkosten stärker ansteigen.

Insgesamt zeigen die Modellrechnungen, daß die optimale Transportkette und die Frachtkosten sehr stark von den Leistungsanforderungen abhängen, insbesondere vom Frachtaufkommen, von der Frachtstückgröße und von der Sendungsgröße. Sie werden außerdem durch eine Reihe von Parametern beeinflußt, wie den Lieferfrequenzen, den Strukturparametern, den Entfernungen und der Größe des Servicegebiets.

Ohne genaue Kenntnis der Anforderungen, Randbedingungen und übrigen Gegebenheiten sind daher Frachtkostenvergleiche und *empirische Benchmarks* für die Transportkosten irreführend. Mit Hilfe eines AOT-Programms lassen sich hingegen projektspezifische *analytische Benchmarks* für die Frachtkosten errechnen. Der Vergleich der aktuell gezahlten Frachtpreise und der daraus resultierenden Frachtkosten mit den analytischen Benchmark-Werten zeigt am sichersten die *Einsparungs- und Verbesserungspotentiale* auf, die durch eine Optimierung der Transport- und Lieferketten erreichbar sind.

19.15 Transportpreise und Frachttarife

Zur Beförderung seiner Sendungen kann ein *Versender*, der selbst keine Transportmittel besitzt oder längerzeitig anmieten will, am Transportmarkt entweder *Transportleistungen* oder *Frachtleistungen* einkaufen.

1. Transportleistungspreise

Transportleistungen sind Transportfahrten, die von einem *Auftragnehmer* mit einem bestimmten Transportmittel nach Anweisung eines *Auftraggebers* durchgeführt werden. *Auftraggeber* können Privatpersonen, Unternehmen aus Industrie und Handel aber auch Logistikdienstleister sein. *Auftragnehmer* sind im Straßentransport die sogenannten *Frachtführer*, in der Binnernschiffahrt die *Partikuliere*, in der Seeschiffahrt und im Luftverkehr die *Chartergesellschaften*.

Die Transportmittel werden vom Auftragnehmer mit Fahrpersonal bereitgestellt und einschließlich Treib- und Schmiersstoffe sowie Reparatur und Wartung betriebsfähig gehalten. Die *Einsatzzeiten* werden zwischen Auftraggeber und Auftragnehmer vereinbart und die *Transportfahrten* nach den Anforderungen und Vorgaben des Auftraggebers durchgeführt.

Für den Straßentransport können beispielsweise Sattelaufliegerzüge, Wechselbrücken-Gliederzüge oder Transporter mit einer Kapazität angefordert werden, die durch Nutzlast und Laderaum definiert ist. Im Seeverkehr können für den Transport bemannte Schiffe gechartert werden, im Schienenverkehr Eisenbahnzüge mit Waggons, Lok und Fahrdienstpersonal.

Für die Vergütung von Transportleistungen gibt es im Transportgewerbe eine Vielfalt von Möglichkeiten und Usancen[64; 199; 200; 219]. Die verschiedenen *Transportvergütungssysteme* lassen sich grundsätzlich unterscheiden in:

- *Vergütung des Transportmitteleinsatzes nach Zeit und Aufwand* zu bestimmten *Tagessätzen* zuzüglich *einsatzbedingter Kosten* für Treibstoffverbrauch, Trassennutzung u.s.w (z.B. Autovermietung).
- *Vergütung des Transportmitteleinsatzes nach Leistung* zu verursachungsgerechten *Leistungspreisen* (z.B. Taxifahrt).

Um die Transportketten für den Versender zu optimieren, ist die Vergütung nach Leistung geeigneter als eine Vergütung nach Zeit und Aufwand oder nach anderen Verfahren. Die *leistungsabhängige Vergütung* mit den verursachungsgerechten *Transportleistungspreisen*

Grundpreis	P_G	**[DM/TE-Fahrt]**	
Stoppreis	P_{ST}	**[DM/TE-Stop]**	(19.37)
Fahrwegpreis	P_{FW}	**[DM/TE-km].**	

setzt voraus, daß die Art der *Transporteinheiten* durch die Angabe der Daten von Transportmittel und Laderaum eindeutig spezifiziert ist, daß das Einsatzgebiet, die *Einsatzzeit* und die mit einer *Transportfahrt* verbunden *Grundleistungen*, wie das Bereitstellen einschließlich Be- und Entladen klar vereinbart wurden und daß die mittleren *Stoppzeiten* bekannt sind.

Mit den Leistungspreisen (19.37) ist der *Transportpreis* für die Durchführung einer Transportfahrt, die sich insgesamt über einen *Fahrweg* s_{FW} [km] erstreckt und zwischen Start- und Endpunkt der Nutzfahrt mit n_{ST} *Stops* erbunden ist, gegeben durch:

$$P_{TR} = P_G + n_{ST} \cdot P_{ST} + s_{FW} \cdot P_{FW} \qquad \left[\textbf{DM/TE-Fahrt}\right]. \tag{19.38}$$

Ein *Beispiel* für verursachungsgerechte Transportpreise sind die Taxipreise. Für die Beförderung ist ein Grundpreis festgelegt, der abhängig von Einsatzgebiet, Einsatzzeit und Anfahrweg zur Zeit zwischen 4,00 und 6,00 DM pro Fahrt liegt, und ein Fahrwegpreis, der gegenwärtig zwischen 1,80 und 2,20 DM/km beträgt. Darüber hinaus wird für den Zu- oder Ausstieg eines Fahrgastes an einem Zwischenhalt oder für größere Gepäckstücke ein Zuschlag erhoben. Entsprechende Leistungspreise anderer Transportmittel sind in *Tabelle 18.2* angegeben.

2. Frachtleistungspreise

Das Abholen, Befördern und Zustellen von *Sendungen* ist eine *Frachtleistung*, die mehr umfaßt als den reinen Transport. Das Frachtunternehmen kann eine Spedition, ein Paketdienstleister, die Bahn, die Post oder ein Verkehrsbetrieb sein. Es organisiert die *Frachtketten* zur Ausführung von Versandaufträgen und verfügt dafür in der Regel über ein festes Frachtnetz. Für die Transporte werden eigene oder fremde Transportmittel eingesetzt.

Für die Vergütung von Frachtleistungen gibt es eine noch größere Vielfalt von Tarifsystemen, Frachttabellen, Fahrpreisen und Beförderungstarifen als für die Vergütung von Transportleistungen [199; 200; 201; 219]. Viele der Frachtpreise und Tarife, die von Beförderungsunternehmen angeboten, teilweise auch staatlich festgelegt werden, sind jedoch nur wenig leistungsabhängig und kaum verursachungsgerecht (s. *Abschnitt 7.1*) [64].

Eine verursachungsgerechte Frachtkostenkalkulation – zum Beispiel mit dem AOT-Programm – ergibt, daß die Frachtkosten für in die *Abb. 19.17* dargestellten Standardtransportketten in weiten Grenzen linear von der Frachtstückgröße und von der Entfernung zwischen Versandort und Zustellort abhängen (s. *Abb.19.30* und *19.31*). Ein weiterer Einflußfaktor auf die Frachtkosten ist die Sendungsgröße (s. *Abb. 19.28*).

Transportkette Frachtaufkommen	Sendungspreis DM/Sendung	Mengenpreis DM/PalStp	Entfernungspreis DM/Pal-km
Zustellung über 1 UP größer 20 Pal/Tag pro Zielgebiet	**6,60**	**6,60**	**0,180**
Zustellung über 2 UP kleiner 20 Pal/Tag pro Zielgebiet	**13,20**	**27,00**	**0,180**

Tab. 19.3 Frachtleistungspreise für Stückgutsendungen
Modellrechnung für Crossdocking von Euro-Paletten
Preise = Kostensätze + 20% Gemeinkosten
Gesamtfrachtaufkommen größer 20 Pal/Tag
Grundmaße 800 × 1.200, Gewicht bis 500 kg/Pal

Die von Frachtstückgröße, Entfernung und Sendungsgröße verursachten Frachtkosten werden ausreichend genau wiedergeben durch ein *Frachtvergütungssystem*, das die Sendungen mit folgenden *Frachtleistungspreisen* abrechnet:

$$\begin{array}{lll} \textbf{Sendungspreis} & P_S & [\text{DM/Snd}] \\ \textbf{Mengenpreis} & P_{ME} & [\text{DM/ME}] \\ \textbf{Entfernungspreis} & P_E & [\text{DM/ME-km}]\,. \end{array} \qquad (19.39)$$

Mengenpreis und Entfernungspreis hängen von der gewählten Mengeneinheit ME ab und erhöhen sich mit der Größe der Mengeneinheit.

Zur Erläuterung sind in *Tabelle 19.3* die Frachtpreise für die Zustellung von Stückgutsendungen in Deutschland über die beiden *Standardtransportketten* 2. und 3. aus *Abb. 19.17* zusammengestellt. Die Frachtkostensätze wurden mit Hilfe des zuvor beschriebenen AOT-Programms kalkuliert. Die Frachtpreise der *Tabelle 19.3* sind gegenüber den kalkulierten Frachtkostensätzen um einen *Gemeinkostenzuschlag* erhöht. Der Gemeinkostenzuschlag, den ein Spediteur für Verwaltung, Vertrieb, Disposition, Steuerung, Sendungsverfolgung, Leerfahrtrisiko, Leistungsbereitschaft und Gewinn benötigt, wurde hier mit 20 % angesetzt.

Die aktuellen Leistungspreise und damit auch der erwirtschaftete Deckungsbeitrag hängen von *Angebot* und *Nachfrage* auf dem Transport- und Frachtmarkt zum Zeitpunkt der Auftragsverhandlung ab. Daher können die gezahlten Transportpreise und Frachttarife bis zu ± 20 % von den auf Kostenbasis kalkulierten Preisen und Tarifen abweichen, die in den *Tabellen 18.2, 19.3, 19.4* und *19.5* angegeben sind.

Mit den Leistungspreisen (19.39) ist der *Frachtpreis* für eine Sendung der Größe m_S [ME/Snd], die über eine Entfernung d_E [km] zu befördern ist, gegeben durch:

$$P_{FR} = P_S + m_S \cdot \left(P_{ME} + d_E \cdot P_E\right) \qquad \left[\text{DM/Snd}\right]. \qquad (19.40)$$

Entfernung km von	bis	Sendungsgewicht bis 500	500 bis 1.000	1.000 bis 1.500	1.500 bis 2.000	2.000 bis 2.500	kg/Snd
	100	14,28	10,76	10,06	9,75	9,59	DM/100kg
100	200	18,78	15,26	14,56	14,25	14,09	DM/100kg
200	300	23,28	19,76	19,06	18,75	18,59	DM/100kg
300	400	27,78	24,26	23,56	23,25	23,09	DM/100kg
400	500	32,28	28,76	28,06	27,75	27,59	DM/100kg
500	600	36,78	33,26	32,56	32,25	32,09	DM/100kg
600	700	41,28	37,76	37,06	36,75	36,59	DM/100kg
700	800	45,78	42,26	41,56	41,25	41,09	DM/100kg
800	900	50,28	46,76	46,06	45,75	45,59	DM/100kg
900	1.000	54,78	51,26	50,56	50,25	50,09	DM/100kg

Tab. 19.4 100kg- Frachttarife für Palettenzustellung über zwei Umschlagpunkte

Stückgutbeförderung von EURO-Paletten			
Gesammtfrachtaufkommen	> 30Pal/Tag		> 12t/Tag
Sendungspreis	13,20 DM/Snd		13,20 DM/Snd
Mengenpreis	27,00 DM/Pal		6,75 DM/100kg
Entfernungspreis	0,18 DM/Pal-km		0,045 DM/100kg-km
	min	mittel	max
Palettengewicht	200	400	600kg/Pal

Hieraus ergibt sich für den *Frachtpreis pro Mengeneinheit*

$$p_{ME} = P_{FR}/m_S = P_S/m_S + P_{ME} + d_E \cdot P_E \; [DM/ME]. \qquad (19.41)$$

Nach dieser Preisberechnung nimmt der Frachtpreis pro Mengeneinheit entsprechend dem Verlauf *Abb. 19.28* umgekehrt proportional mit der Sendungsgröße ab und entsprechend dem Verlauf *Abb. 19.30* linear mit der Entfernung zu. Über die Abhängigkeit der Leistungspreise (19.39) von der Größe der Mengeneinheit ergibt sich der in *Abb. 19.31* gezeigte Anstieg des spezifischen Frachtpreises (19.41) mit dem Frachtstückvolumen.

3. Frachttarife

Die Sendunggröße wird in unterschiedlichen *Mengeneinheiten* ME gemessen:

$$ME = kg,\ t,\ m^3,\ \text{Paket, Palette, ISO-Container oder LE.} \qquad (19.42)$$

Entfernung		Sendungsgewicht					
km			500	1.000	1.500	2.000	
von	bis	bis 500	bis 1.000	bis 1.500	bis 2.000	bis 2.500	kg/Snd
	100	10,73	7,21	6,51	6,20	6,04	DM/100kg
100	200	15,23	11,71	11,01	10,70	10,54	DM/100kg
200	300	19,73	16,21	15,51	15,20	15,04	DM/100kg
300	400	24,23	20,71	20,01	19,70	19,54	DM/100kg
400	500	28,73	25,21	24,51	24,20	24,04	DM/100kg
500	600	33,23	29,71	29,01	28,70	28,54	DM/100kg
600	700	37,73	34,21	33,51	33,20	33,04	DM/100kg
700	800	42,23	38,71	38,01	37,70	37,54	DM/100kg
800	900	46,73	43,21	42,51	42,20	42,04	DM/100kg
900	1.000	51,23	47,71	47,01	46,70	46,54	DM/100kg

Tab. 19.5 100kg- Frachttarife für Palettenzustellung über einen Umschlagpunkt

Stückgutbeförderung von EURO-Paletten

Gesammtfrachtaufkommen	> 30Pal/Tag		> 12t/Tag
Sendungspreis	13,20 DM/Snd		13,20 DM/Snd
Mengenpreis	27,00 DM/Pal		6,75 DM/100kg
Entfernungspreis	0,18 DM/Pal-km		0,045 DM/100kg-km
	min	mittel	max
Palettengewicht	200	400	600kg/Pal

Die Mengeneinheit, die für eine Frachtkostenabrechnung zu wählen ist, hängt ab von der Frachtbeschaffenheit und von der Transport- und Umschlagtechnik, die in der Transportkette eingesetzt wird.

Die Frachtkosten hängen sehr wesentlich von der Kapazität der Transportmittel ab, die bei *volumenbestimmter Fracht* durch den *Laderaum* und bei *gewichtsbestimmter Fracht* durch die *Nutzlast* begrenzt wird. Daher wird die Sendungsgröße für volumenbestimmte Fracht in *Liter* oder *Kubikmeter* gemessen und für gewichtsbestimmte Fracht in *Kilogramm* oder *Tonnen* (s. *Abschnitt 12.5*).

Dementsprechend wird die Ladung in der *Möbelspedition* in Laderaummetern und bei der Beförderung von Gas in Kubikmetern gemessen. In der *Massengutbeförderung* von Flüssigkeiten und Feststoffen wird die Ladungsgröße in Tonnen und die Entfernungsleistung in Tonnen-Kilometer-Sätzen abgerechnet.

Servicegebiet	Zustellpreis Pakete bis 5 kg	Pakete 5 bis 15 kg	Pakete 15 bis 31 kg	
Nahgebiet	7,90	8,60	9,90	DM/Paket
Ferngebiete	9,30	10,10	11,90	DM/Paket

Tab. 19.6 Frachtkostensätze für die Paketzustellung
Einzelstücksendungen (1 Sendung = 1 Paket)
Frachtaufkommen bis 5.000 Pakete pro Tag
Preise = Kostensätze + 20% Gemeinkosten
Nahgebiet Umschlag über 1 Umschlagpunkt
Ferngebiet Umschlag über 2 Umschlagpunkte

In der *Stückgutspedition* sind entfernungsabhängige 100kg-Frachtkostensätze und Tabellenwerke üblich [199; 201]. Als Beispiel sind in den *Tabellen 19.4* und *19.5* die 100kg-Frachttarife für Paletten zusammengefaßt, die für die angegebenen Palettengewichte und Lieferketten aus den jeweiligen Mittelwerten der Tabellengrenzen mit Hilfe der Frachtformel (19.41) und den Frachtleistungspreisen aus *Tabelle 19.3* kalkuliert wurden.

Die 100kg-Sätze haben jedoch den Nachteil, daß sie die Größe und Beschaffenheit der Frachtstücke nicht direkt berücksichtigen, von denen die Kosten für das Be- und Entladen und das Handling in den Umschlagstationen abhängen. Wenn die Fracht aus einzelnen *Frachtstücken* mit definierter Größe oder aus diskreten *Ladeeinheiten*, wie Pakete, Behälter, Paletten oder Container, besteht, deren Abmessungen und Gewichte standardisiert sind, sollte daher die Sendungsgröße in den entsprechenden *Versandeinheiten* gemessen und die Frachtkosten mit Hilfe der Formel (19.40) abgerechnet werden. So ist bei den Paketdienstleistern eine Abrechung nach *Packstücken* verschiedener Gewichtsklassen üblich, wie sie die *Tabelle 19.6* zeigt [219]. Im Containerverkehr werden 20"- und 40"-ISO-Container abgerechnet.

Wenn sich die Sendungsstruktur für einen vereinbarten Abrechnungszeitraum nur wenig ändert, kann der Sendungspreis in den Mengenpreis einkalkuliert werden. Für feste Frachtrelationen zwischen definierten Gebieten mit hinreichend gleichbleibendem Frachtaufkommen kann auch mit einem durchschnittlichen Entfernungspreis gerechnet werden. Dieser wird dann, wie in der *Frachttabelle 19.6* für die Paketzustellung, mit dem Mengenpreis zu einem *Einheitstarif* pro Mengeneinheit zusammengefaßt.

Eine *Mischkalkulation* zur Vereinfachung der Frachttarife verwässert jedoch das Prinzip verursachungsgerechter Preise, denn durch die höheren Preise für große Sendungen und für Sendungen über kurze Entfernungen werden die nicht auskömmlichen Preise für kleine Sendungen und für Sendungen über große Entfernungen subventioniert (s. *Abschnitt 7.1*).

Bei einer Abrechnung nach Frachttabellen kommt zur Problematik der Mischkalkulation noch die *Rundungsproblematik* hinzu. Da sich die Tarifsätze an den Grenzwerten einer Tabelle sprunghaft ändern, kann sich der Frachtpreis für eine Sendung, deren Gewicht oder Entfernung nur minimal über einer Grenze liegt, erheblich vom Frachtpreis einer nahezu gleich großen Sendung mit Werten kurz unterhalb der Grenze unterscheiden. Hier helfen auch Glättungsregeln wenig. Einfacher und zugleich verursachungsgerecht ist daher die Frachtabrechnung mit Hilfe der Formel (19.40) unter Verwendung vereinbarter Leistungspreise (19.39).

Allgemein gilt für die Kostenabrechnung der *Grundsatz*:

- Die *Differenzierung der Transportpreise und Frachttarife* wird von der *Zielsetzung* und von der *Verfügbarkeit der* zur Abrechung benötigten *Daten* bestimmt.

In dem Maße, wie die Logistikdaten der Artikel und Sendungen in den Stammdateien der Warenwirtschaftssysteme vollständig erfaßt sind und zusammen mit den hinterlegten Entfernungen von Versand- und Empfangsorten von den Transportleitsystemen zur Sendungssteuerung genutzt werden, wird sich eine verursachungsgerechte Abrechnung der Transport- und Frachtleistungen mit den Leistungspreisen (19.37) und (19.39) durchsetzen.

19.16 Kombinierter Ladungsverkehr

Im kombinierten Ladungsverkehr, kurz *KLV* genannt, werden *Sattelauflieger* (SA) oder *Wechselbrücken* (WB) auf der Straße durch Lastzüge von den Versandorten zu einem *Umschlagterminal* der Bahn gefahren. Dort werden die Transportbehälter auf Waggons verladen und von einem Zug zu einem Zielumschlagterminal transportiert. Nach dem Entladen an der Zielstation werden die Sattelauflieger oder Wechselbrücken von Zugmaschinen abgeholt und auf der Straße zum Bestimmungsort gebracht [238; 239; 240].

Der KLV-Transport ist ein Beispiel für den *intermodalen Transport* mit einer *dreistufigen Standardtransportkette*, wie sie in den *Abb. 19.4* und *Abb. 19.17* dargestellt ist. Durch den KLV können Transporte von der Straße auf die Schiene umgeleitet und damit die Straßen entlastet werden. Voraussetzung ist jedoch, daß der KLV im Vergleich zum direkten Straßentransport für Versender und Spediteure *zeitlich* und *wirtschaftlich* attraktiv ist.

Durch geeignete Fahrplangestaltung ist heute eine effektive Reisegeschwindigkeit der Züge auf der Schiene von $v_{Zug} \approx 100$ km/h möglich, während die Lastzüge auf den Straßen eine mittlere Reisegeschwindigkeit von $v_{Lkw} \approx 60$ km/h erreichen. Die kürzere Fahrzeit auf der Schiene verlängert sich jedoch um die Fahrzeit für den Vor- und Nachlauf auf der Straße über eine mittlere Stationsentfernung d_{Stat} [km] und durch die Warte- und Verladezeit T_{Stat} [h] an den Umschlagstationen. Daher ist der KLV zeitlich erst für *Transportweglängen* l_{Trans} attraktiv, die größer sind als die *zeitkritische Entfernung*:

$$l_{Z\,krit} = 2 \cdot v_{Zug} \cdot (d_{Stat} + T_{Stat} \cdot v_{Lkw})/(v_{Zug} - v_{Lkw}) \quad [\text{km}]. \qquad (19.43)$$

Der Grenzwert (19.43) hängt entscheidend von der Vor- und Nachlaufentfernung d_{Stat} und von der Warte- und Verladezeit T_{stat} ab.

Mit den genannten Richtwerten für die Reisegeschwindigkeiten auf Straße und Schiene resultiert beispielsweise bei einer mittleren Stationsentfernung d_{Stat} = 30 km und einer Stationsaufenthaltszeit T_{stat} = 1 h eine kritische Entfernung von 450 km, ab der ein KLV-Transport eine kürzere Fahrzeit bietet als der direkte Straßentransport. Bei einer größeren *Zuverlässigkeit* und *Pünktlichkeit* der Bahn im Vergleich zum Straßenverkehr kann der KLV-Transport auch für kürzere Transportentfernungen zeitlich interessant werden.

Um wirtschaftlich attraktiv zu sein, müssen die Transportkosten für den KLV-Transport günstiger sein als für den direkten Straßentransport. Die Straßentransportkosten sind für eine Direktfahrt durch Beziehung (18.57) mit dem Fahrweg $l_{FW} = l_{Trans}$ gegeben und für den Vor- und Nachlauf mit dem Fahrweg $l_{FW} = d_{Stat}$. Für einen Sattelaufliegerzug ergibt die Transportkostenrechnung auf Preisbasis 1998 bei 100 % Paarigkeit einen *Grundkostensatz* $k_{Str\,Gr}$ = 71,00 DM/Transportfahrt und einen *Fahrwegkostensatz* $k_{Str\,Weg}$ = 1,70 DM/SA-km.

Auch die Kosten für den Schienentransport in Abhängigkeit von der Transportentfernung $l_{FW} = l_{Trans}$ lassen sich mit der Beziehung (18.57) errechnen, wenn die entsprechenden Kostensätze (18.56) für den Bahntransport bekannt sind. Für ein konkretes Praxisbeispiel zur Untersuchung einer neuartigen Umschlagtechnik für Sattelauflieger wurden nach den in *Kapitel* 18 beschriebenen Verfahren unterschiedliche Schienennetze geplant und die KLV-Kostensätze für ein Belastungsszenario mit einer effektiven Zugauslastung von 75 % kalkuliert. Der *Grundkostensatz* für das Be- und Entladen und die Stationskosten beträgt für dieses KLV-System $k_{Zug\,Gr}$ = 107,00 DM/Transportfahrt und der *Fahrwegkostensatz* $k_{Zug\,Weg}$ = 0,76 DM/SA-km. Dabei wurden die Trassenkosten für die Nutzung des Schienennetzes durch einen Zug mit 39 Waggons mit 10,00 DM/Zug-km angesetzt.

Die Entfernungsabhängigkeit der Kosten für einen KLV-Transport über zwei Umschlagpunkte ist damit gegeben durch:

$$k_{KLV} = 2\cdot(k_{Str\,Gr} + d_{Stat}\cdot k_{Str\,Weg}) + k_{Zug\,Gr} + l_{Trans}\cdot k_{Zug\,Weg} \quad [\mathrm{DM/SA}]. \qquad (19.44)$$

In *Abb.19.33* ist die hiermit errechnete Abhängigkeit der Transportkosten für den KLV im Vergleich zum direkten Straßentransport dargestellt. Ohne die Kosten für den Vor- und Nachlauf auf der Straße ist der KLV-Transport bereits für Transportentfernungen ab 100 km wirtschaftlich. Durch den Vor- und Nachlauf auf der Straße verteuert sich jedoch der KLV-Transport bei einer mittleren Stationsentfernung von 30 km um ca. 244 DM pro SA-Transport. Infolgedessen verschiebt sich in dem betrachteten Fallbeispiel die wirtschaftliche Einsatzgrenze für den KLV-Transport wie in *Abb. 19.33* dargestellt auf ca. 300 km.

Die Modellrechnungen zeigen, daß die wirtschaftliche Einsatzgrenze für den KLV-Transport sehr empfindlich von einer Reihe von Einflußfaktoren abhängt, vor allem vom *Trassenpreis*, von der *Zugkapazität*, von der *Auslastung* und von den Betriebskosten der *Umladetechnik* und der Stationen. Die Auswirkungen der unterschiedlichen Einflußfaktoren auf die Laufzeiten und die Transportkosten lassen sich mit den hier entwickelten Auslegungs- und Kalkulationsverfahren untersuchen und quantifizieren.

Kritisch für den Erfolg des KLV-Transports im Wettbewerb mit dem Straßentransport sind außer den genannten Einflußfaktoren die *Gemeinkostenzuschläge* und *Gewinnerwartungen*, mit der die Beteiligten an der Transportkette ihre *Leistungspreise* kalkulieren. Solange die Bahn mit Zuschlagssätzen kalkuliert, die weitaus höher sind, als die Gemeinkostensätze und Gewinnzuschläge der Speditionen für den Straßenverkehr, verschiebt sich die kritische Kostengrenze für den KLV-Transport zu größeren Entfernungen in den Bereich über 500 km. Oberhalb dieser Grenze aber ist das Ladungsaufkommen für einen wirtschaftlichen KLV-Netzbetrieb in den meisten Relationen zu gering.

Analog wie für das hier betrachtete Beispiel des KLV-Transports über *Straße-Schiene-Straße* lassen sich nach dem beschriebenen Verfahren auch die Kosten für andere intermodale Transportketten, wie *Straße-Schiff-Straße* oder *Straße-Luft-Straße*, kalkulieren und die jeweils optimale Transportkette auswählen.

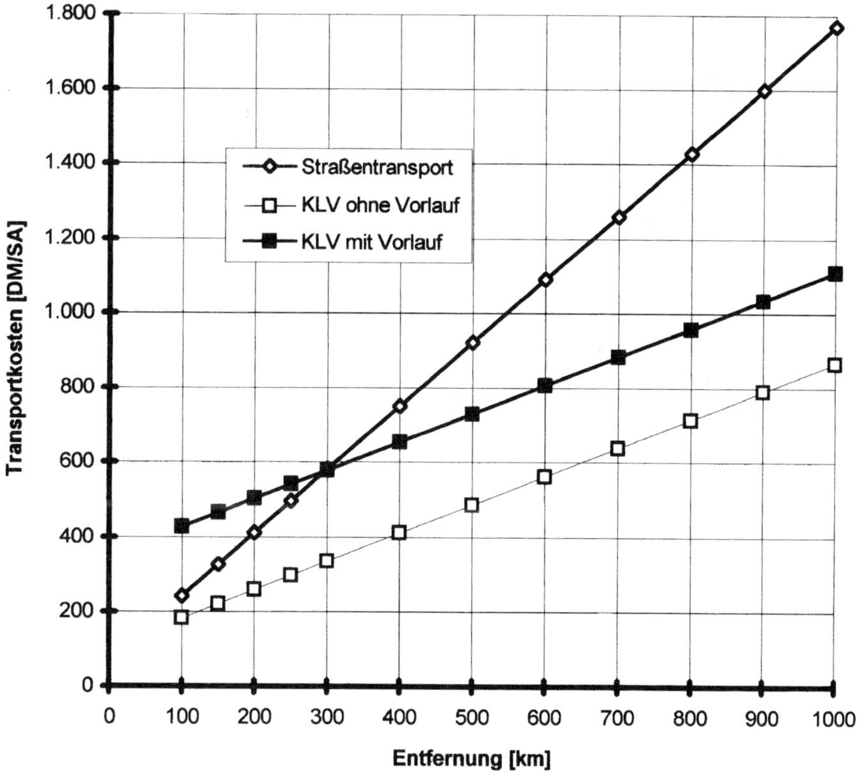

Abb. 19.33 Vergleich der Transportkosten des KLV-Transports und des Straßendirekttransports von Sattelaufliegern

Kostensätze	Straße	Schiene	
Grundkosten	71,00	106,70	DM/SA-Fahrt
Fahrwegkosten	1,70	0,76	DM/SA-km

Stationsentfernung: 30 km im Zulauf und Nachlauf

19.17
Kundenausrichtung der Lieferketten (ECR und SCM)

Efficient Consumer Response (ECR) und *Supply Chain Management* (SCM) bedeuten Ausrichtung aller Aktivitäten und Prozesse entlang den Lieferketten auf den Kunden [23; 47; 48; 95; 97; 98; 194; 202; 236; 241; 243; 246].

Die Aktivitäten beginnen mit dem Informations- und Datenaustausch. Die Verkaufsstellen informieren die Lieferstellen *unverzüglich* – am einfachsten durch *elektronischen Datenaustausch* (EDI) – über die aktuellen Absatzdaten und die Höhe der Verkaufsbestände. Verkaufsplanung und Marketing der Lieferstellen informieren die Abnehmer rechtzeitig über neue Produkte, geplante Aktionen, Produktionsänderungen und die verfügbaren Lagerbestände.

Aus den aktuellen Informationen über den Absatz aller Verkaufsstellen können die Lieferanten nach den in *Kapitel* 9 dargestellten Verfahren mit relativ hoher Verläßlichkeit den zukünftigen Bedarf der Produkte mit regelmäßigem Verbrauch prognostizieren. Aus der Absatzprognose und den aktuellen Lagerbeständen lassen sich nach den in *Kapitel* 10 und 11 beschriebenen *Entscheidungskriterien* und *Dispositionsstrategien* Aufträge an die Produktion zur Fertigung von Lagerware und Kundenware herleiten.

In letzter Konsequenz des ECR werden auf diese Weise auch die Entwicklung und Markteinführung neuer Produkte und die Optimierung der Beschaffungs- und Lieferketten mit allen beteiligten Stellen abgestimmt. Das ist die Aufgabe des *Supply Chain Management* [95; 96; 97, 202; 236; 241; 244].

Die Chancen und Vorteile der Optimierung der Lieferketten und der Ausrichtung auf die Abnehmer und Konsumenten sind heute weitgehend bekannt und unstrittig. Die Einführung von ECR und SCM erfordert jedoch erhebliche Vorleistungen und Veränderungen in den beteiligten Unternehmen. Der laufende Betrieb ist außerdem mit Kosten für den elektronischen Datenaustausch und die Abstimmung der Aktivitäten verbunden [247; 248].

Innerhalb des eigenen Logistiknetzwerks stellt die Kundenausrichtung der Lieferketten prinzipiell kein Problem dar, auch wenn ECR und SCM bisher nur in wenigen Unternehmen realisiert werden und konsequent praktiziert wird. Grundsätzliche Schwierigkeiten ergeben sich jedoch, wenn mehrere Unternehmen an einer Lieferkette beteiligt sind. Solange die Beteiligten – Industrie, Handel und Logistikdienstleister – versuchen, den Nutzen von ECR und SCM allein für sich zu erreichen und die Vorleistungen und Kosten auf die anderen Teilnehmer zu verlagern, werden ECR und SCM nicht den angestrebten Erfolg bringen.

Marktbeherrschende Unternehmen der Automobilindustrie, der Chemie und der Konsumgüterindustrie bemühen sich daher, die Grenzen ihres Logistiknetzwerks auf der Zulieferseite wie auf der Abnehmerseite immer weiter auszudehnen, um sich als *Systemführer* die Vorteile von ECR und SCM zu sichern. Seit einiger Zeit besteht auch die Tendenz, daß große Handelsunternehmen ihre Beschaffungslogistik stärker beeinflussen oder vollständig in eigene Regie nehmen [23; 47; 192; 197; 234; 236; 241; 243; 245; 246; 247; 248]. Andere Unternehmen versuchen, durch vertikale und horizontale Kooperation ihre Lieferketten zu optimieren und die Kundenausrichtung der Prozesse zu erreichen.

Unabhängig davon, wer *Prozeßführer* der Lieferketten ist, optimale Lieferketten, SCM und ECR sind nur möglich durch Kooperation aller Beteiligten. Eine offene und vertrauensvolle Kooperation läßt sich weder erzwingen noch staatlich verordnen. Auch Apelle wirken nicht kurzfristig. Die Einsicht in die Notwendigkeit zur Kooperation in den Lieferketten kann sich nur im freien Spiel der Marktkräfte aus dem Eigeninteresse der Beteiligten entwickeln.

So werden mit der anhaltenden Konzentration des Handels sowie mit den Zusammenschlüssen und Allianzen von Speditionen, Reedereien, Fluggesellschaften und anderen Logistikdienstleistern größere Transportaufkommen, die Zusammenlegung von Beständen und ein Überschreiten der kritischen Masse für die Logistikbetriebe angestrebt. Ziel der großen Unternehmen und Allianzen ist eine Beherrschung der Beschaffungs-, Beförderungs- und Lieferketten, um diese weiter zu rationalisieren und zu optimieren [23; 35; 248].

	Ladungen		Stückgut		Pakete		
	Ganzlad.	Teillad.	1 UP CD	2 UP CD	1 UP	2 UP	Einheit
LIEFERSTELLEN	Anzahl	**1**	**Logistikzentrum**		100	km vom GS	
Lieferfrequenz	1	1	1	1	1	1	pro BT
Versandeinheit	Karton	Karton	Karton	Karton	Karton	Karton	VPE
Volumen	12,0	12,0	12,0	12,0	12,0	12,0	l/VPE
Gewicht	10,0	10,0	10,0	10,0	10,0	10,0	kg/VPE
VPE-Durchsatz	30.000	30.000	30.000	30.000	30.000	30.000	VPE/BT
Jahrestonnage	74.700	74.700	74.700	74.700	74.700	74.700	t/Jahr
Ladeeinheit	CCG1	CCG1	CCG1	CCG1	CCG1	CCG1	LE
Kapazität	49	49	49	49	49	49	VPE/LE
LE-Durchsatz	618	632	804	804	618	608	LE/BT
Sendungen	20	50	400	400	10.000	10.000	Snd/BT
VPE	1.500	600	75	75	3	3	VPE/Snd
Ladeeinheiten	30,9	12,6	2,0	2,0	0,1	0,1	LE/Snd
Gewicht	14.940	5.976	747	747	30	30	kg/Snd
VORLAUF	**ohne**	**ohne**	**ohne**	**LS - UPI**	**ohne**	**LS - UPI**	
Aufkommen				eigen		eigen	
Mittlerer Fahrweg				50		50	km/Fahrt
Transporteinheit				Sattelzug		Sattelzug	
Kapazität				34		34	LE/TE
effektiv				33,5		34,0	LE/TE
Transportaufkommen				24,5		18,4	TE/BT
Transportkostensätze							
Fahrt				81,00		81,00	DM/Fahrt
Weg				2,10		2,10	DM/TE-km
Stop				30,00		30,00	DM/Stop
Vorlaufkosten	**0**	**0**	**0**	**4.554**	**0**	**3.419**	**DM/BT**
UMSCHLAG I	**ohne**	**ohne**	**ohne**	**1**	**ohne**	**1**	**UPI**
Umschlagkostensätze							
Sendung				3,00		0,50	DM/Snd
VPE						0,40	DM/VPE
Ladeeinheit				6,00			DM/Pal
Umschlagkosten	**0**	**0**	**0**	**6.024**	**0**	**17.000**	**DM/BT**

Servicefläche 357.000 km² Betrieb 250 BT/Jahr Umwegfkt. 1,2

Tabelle 19.2 (*Blatt 1*) AOT-Programm zur Auswahl optimaler Transportketten

HAUPTLAUF	**LS - ES**	**LS - ES**	**LS - UPII**	**UPI - UPII**	**LS - UPII**	**UPI - UPII**	
Aufkommen	eigen	eigen	eigen	eig.+fremd	eigen	eig.+fremd	
Mittlerer Fahrweg	292	314	232	232	232	232	km/Fahrt
Transporteinheit	Sattelzug		Sattelzug		Sattelzug		
Kapazität	34	34	34	34	34	34	LE/TE
Sendungsteilung		1	2	2	2	2	TE/Snd
effektiv		28,2	33,7	33,7	34,0	34,0	LE/TE
Transportaufkommen	20,0	22,9	24,3	23,8	20,0	17,9	TE/BT
Transportkostensätze							
Fahrt	81,00	81,00	81,00	81,00	81,00	81,00	DM/Fahrt
Weg	2,10	2,10	2,10	2,10	2,10	2,10	DM/TE-km
Stop	30,00	30,00	30,00	30,00	30,00	30,00	DM/Stop
Hauptlaufkosten	**13.881**	**17.799**	**13.792**	**13.517**	**11.348**	**10.154**	**DM/BT**
UMSCHLAG II	**ohne**	**ohne**	**20**	**20**	**20**	**20**	**UPII**
Umschlagkostensätze							
Sendung			3,00	3,00	0,50	0,50	DM/Snd
VPE			0,20	0,20	0,40	0,40	DM/VPE
Ladeeinheit			6,00	6,00			DM/Pal
Umschlagkosten	**0**	**0**	**6.024**	**6.024**	**17.000**	**17.000**	**DM/BT**
NACHLAUF	**ohne**	**ohne**	**UPII - ES**	**UPII - ES**	**UPII - ES**	**UPII - ES**	
Aufkommen			eig.+fremd	eig.+fremd	eig.+fremd	eig.+fremd	
Mittlerer Fahrweg			121	121	121	121	km/Tour
Transporteinheit			Lastwagen		Transporter		
Kapazität			12	12	233	233	LE/TE
Füllungsgrad			80%	80%	70%	70%	
Transportaufkommen			92,9	92,9	193,9	193,9	TE/BT
Transportkostensätze							
Fahrt			37,00	37,00	19,00	19,00	DM/Fahrt
Weg			1,85	1,85	1,30	1,30	DM/TE-km
Stop			9,30	9,30	4,75	4,75	DM/Stop
Nachlaufkosten	**0**	**0**	**27.887**	**27.887**	**81.584**	**81.584**	**DM/BT**
EMPFANGSSTELLEN	**Großabnehmer**		**Standardkunden**		**Kleinkunden**		**ES**
Anzahl	200	400	10.000	10.000	50.000	50.000	pro Jahr
Empfänger	20	50	400	400	10.000	10.000	pro BT
GESAMTKOSTEN	**13.881**	**17.799**	**47.703**	**58.005**	**109.932**	**129.157**	**DM/BT**
pro VPE	**0,46**	**0,59**	**1,59**	**1,93**	**3,66**	**4,31**	**DM/VPE**
pro LE	**22,47**	**28,14**	**59,34**	**72,15**			**DM/LE**
pro 100 kg	4,65	5,96	15,96	19,41	36,79	43,23	DM/100 kg

Tabelle 19.2 (*Blatt 2*)AOT-Programm

20 Einsatz von Logistikdienstleistern

Jedes Unternehmen steht vor der Frage, welche Leistungen und Produkte es selbst erzeugen soll und welche besser fremd zu beschaffen sind. Das gilt auch für die Logistikleistungen. Die Entscheidung über Eigenleistung oder Fremdleistung – *Make or Buy* – hängt von den *Unternehmenszielen*, dem *Leistungsbedarf* und dem *Dienstleistungsangebot* ab[28].

Lange Zeit waren die Unternehmen bestrebt, möglichst viel selbst zu machen. Werksfuhrparks führten die Transporte durch. Lager wurden in eigener Regie errichtet und betrieben. Konzernspeditionen organisierten die Frachten. Unternehmen, die entgegen dem allgemeinen Trend die Transport-, Fracht- und Lagerleistungen von Logistikdienstleistern ausführen ließen, konnten dagegen ihre Kräfte und Ressourcen auf ihre *Kerngeschäftsfelder* konzentrieren und waren damit häufig erfolgreicher als Unternehmen mit hohem Eigenleistungsanteil.

Inzwischen hat sich der Trend umgekehrt. Die Unternehmen vergeben einen zunehmenden Teil der Logistikleistungen bis hin zum innerbetrieblichen Transport einschließlich Bereitstellung am Montageband an Logistikdienstleister. Manche Unternehmen gehen soweit, ihre gesamte Beschaffungs- oder Distributionslogistik an einen *Systemdienstleister* zu vergeben [37].

In einigen Fällen hat die vollständige Fremdvergabe in eine Hand jedoch zum Verlust der eigenen Logistikkompetenz, zur Abhängigkeit vom Dienstleister und zur Enttäuschung der Erwartungen geführt [204]. Das „Rundum-Sorglos-Paket", das einige Systemdienstleister anpreisen, ist nicht zum Nulltarif zu haben. Aufbau und Management eines kundenspezifischen Logistiksystems haben ihren Preis. Die maßgeschneiderte Systemdienstleistung ist daher nicht selten teurer als die Summe der kostenoptimal beschafften Einzelleistungen. Eine Fremdvergabe der gesamten Beschaffungs- oder Distributionslogistik an einen Dienstleister ist daher nur unter bestimmten Voraussetzungen für den Auftraggeber von Vorteil.

Voraussetzung für den erfolgreichen Einsatz von Logistikdienstleistern ist ein sorgfältiges Vorgehen in folgenden *Schritten*:

1. Gesamtkonzeption der *Unternehmenslogistik*,
2. Abgrenzung und Quantifizierung des *Leistungsbedarfs*,
3. Entwicklung und Verabschiedung der *Vergabepolitik*,
4. Durchführung der *Ausschreibung*,
5. *Leistungskontrolle* und *Leistungsvergütung*.

Wenn die Logistikdienstleister auf diese Weise sorgfältig ausgewählt und optimal eingesetzt werden, sind durch Fremdvergabe erhebliche Verbesserungen von Leistungen und Service erreichbar und zugleich Kostensenkungen um 20 % und mehr möglich [37; 204].

In diesem Kapitel werden die Verfahren und Inhalte der Arbeitsschritte zum Einsatz von Logistikdienstleistern dargestellt, die Merkmale und Einsatzkriterien für Einzel-, Verbund- und Systemdienstleister entwickelt sowie die Chancen und Risiken der Fremdvergabe von Systemleistungen aufgezeigt.

20.1 Konzeption der Unternehmenslogistik

Vor der Entscheidung über die Fremdvergabe von Logistikleistungen sollte ein schlüssiges und zukunftsweisendes Gesamtkonzept der *Unternehmenslogistik* vorliegen. Wenn die eigenen Kräfte und Kenntnisse im Unternehmen hierfür nicht ausreichen, kann eine *Unternehmensberatung* mit fundierter Logistikkompetenz mit der Konzeption der Unternehmenslogistik beauftragt werden.

Die Entwicklung eines Logistikkonzepts sollte nicht einem Logistikdienstleister übertragen werden und auch nicht im Zuge einer Ausschreibung erfolgen. Dienstleister haben eigene Interessen, die teilweise mit den Zielen des Auftraggebers konkurrieren, und neigen im Konfliktfall zur *Selbsoptimierung*.

Aus der Konzeption der Unternehmenslogistik resultieren:

- Grenzen, Struktur und Stationen des eigenen Logistiknetzwerks;
- Vorgaben für das Netzwerkmanagement und die Systemführung;
- Benchmarks für die Transport- und Frachtkosten;
- Benchmarks für die Kosten und Preise innerbetrieblicher Logistikleistungen;
- Benchmarks für Investition und Betriebskosten unternehmensspezifischer Logistikzentren.

Außerdem leiten sich aus dem Gesamtkonzept der Unternehmenslogistik die benötigten *Leistungsumfänge* und *Leistungsmengen* ab.

1. Vorplanung als Benchmark
Wenn für die Realisierung des Logistikkonzepts der *Neubau* eines Logistikzentrums oder eines anderen Logistikbetriebs erforderlich ist, sollte vor der Ausschreibung eine *neutrale Vorplanung* durchgeführt werden.

Ergebnisse der *Systemfindung und Layoutplanung* sind Budgetwerte für die zu erwartende *Investition* des Baus und *Richtkosten* für den Betrieb des Logistikzentrums. Hieraus ergeben sich *analytische Benchmarks* für die *Leistungspreise* zur Beurteilung der Angebote.

2. Prüfung der Kooperationsmöglichkeiten
Im Zuge der Konzeptentwicklung ist auch zu prüfen, ob und wieweit durch *interne Kooperation* mit anderen Konzerngesellschaften oder durch *externe Kooperation* mit benachbarten Unternehmen, die einen ähnlichen Leistungsbedarf ha-

ben, Bündelungseffekte und andere Einkaufsvorteile bei der Leistungsbeschaffung erreichbar sind.

So können durch eine gemeinsame Ausschreibung und Vergabe eines größeren Fracht- und Transportaufkommens günstigere Preise erzielt werden als bei getrennter Vergabe, wenn das gemeinsame Aufkommen einen Kostendgressioneseffekt erwarten läßt. *Abb. 20.1* zeigt beispielsweise die Mengendegression der Transportkosten für Ladungstransporte. Mehrere Koperationspartner, die zusammen ein Transportaufkommen von mehr als 60.000 t pro Jahr haben, können hiernach je nach Verteilung ihres Aufkommens Einsparungen in einer Größenordnung von 10 % und darüber erreichen.

20.2 Leistungsbedarf

Entscheidend für den Erfolg der Ausschreibung und Vergabe von Logistikleistungen sind die *Abgrenzung* und *Spezifikation* der *Leistungsumfänge*, die Kenntnis der benötigten *Leistungsmengen*, eine unstrittige, verursachungsgerechte *Vergütung* und die Vorgabe der *Rahmenbedingungen*, unter denen die Leistungen zu erbringen sind. Eine klare Abgrenzung und detaillierte Spezifikation des logistischen *Leistungsbedarfs* des Unternehmens sind sowohl für die Entscheidung zur Fremdver-

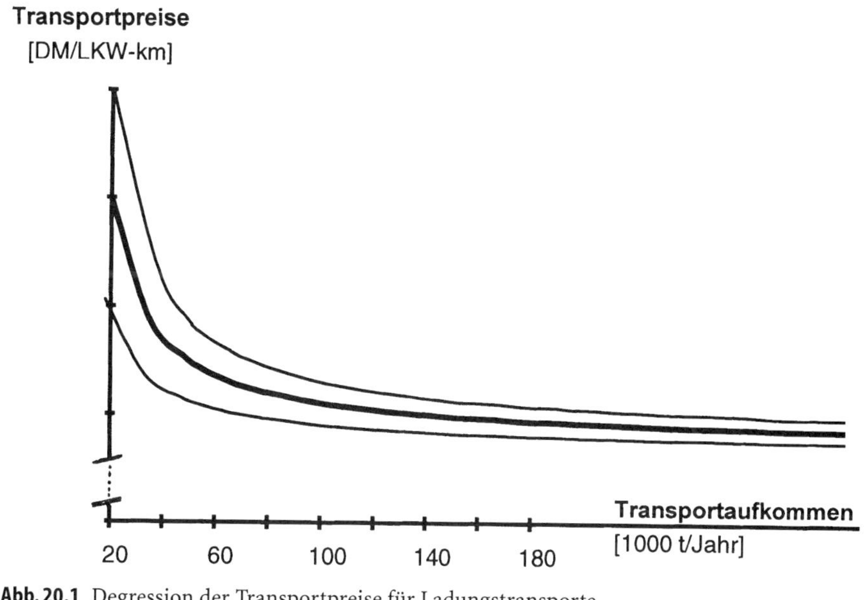

Abb. 20.1 Degression der Transportpreise für Ladungstransporte mit dem Transportaufkommen

LKW: Zugmaschine mit 1 Sattelauflieger oder 2 Wechselbrücken
Quelle: Auswertung von Transportausschreibungen aus den Jahren 1996 bis 1998 und Modellrechnungen [250]

gabe an Einzel-, Verbund- oder Systemdienstleister erforderlich wie auch für die Eigenleistung durch Unternehmensbereiche, die als *Profitcenter* arbeiten.

Entsprechend den unterschiedlichen Verfahren, Techniken und Betriebsmitteln sind die *Logistikleistungen* voneinander abzugrenzen in logistische *Einzelleistungen* des Transports, Umschlags und Lagerns, damit verbundene *Zusatzleistungen*, die benötigten *administrativen Leistungen* und in nichtlogistische *Sonderleistungen*. Die maßgebenden *Leistungseinheiten*, die relevanten *Rahmenbedingungen* und die *Leistungspreise* der Transport-, Umschlag- und Lagerleistungen wurden bereits in den vorangehenden Kapiteln definiert und beschrieben.

Durch Zusammenfassung von Einzelleistungen, Zusatzleistungen und administrativen Leistungen enstehen verkettete *Leistungsumfänge*, die eine Prozeßkette von Einzelleistungen umfassen, und aus diesen vernetzte *Systemleistungen*, die eine Vielzahl von Leistungsumfängen enthalten. Die verketteten Leistungsumfänge und vernetzten Systemleistungen sind nach den Einzelleistungen zu bemessen und abzurechnen, die in ihnen erzeugt werden Die administrativen Zusatzleistungen können entweder gesondert abgerechnet oder – wie die Gemeinkosten und der Gewinn – anteilig den operativen Leistungen zugerechnet werden.

1. Transportleistungen
Operative *Transportleistungen* sind:

innerbetriebliche Transporte
Ganz- und Teilladungstransporte
Sammel- und Verteilfahrten (20.1)
Abholen und Zustellen
Linientransporte
Relationsfahrten.

Mit dem Transport unmittelbar verbundene *administrative Leistungen* sind:

Tourenplanung und Fahrwegoptimierung
Einsatzdisposition von Fahrern und Transportmitteln (20.2)
Transportverfolgung und Sendungsinformation.

Die Leistungsanforderungen für Transporte sind in *Abschnitt 18.2*, die möglichen Transportmittel in *Abschnitt 18.7* und die Transportleistungspreise in *Abschnitt 18.12* dargestellt. Die Kosten für die administrativen Zusatzleistungen (20.2) werden in der Regel in die Leistungspreise der operativen Transportleistungen einkalkuliert.

2. Umschlagleistungen
Operative *Umschlagleistungen* sind:

Be- und Verladen
Umladen
Auflösen und Bilden von Ladeeinheiten (20.3)
Sortieren
Aus- und Entladen

Mit den Umschlagleistungen können folgende *administrative Leistungen* verbunden sein:

Pack- und Stauoptimierung
Disposition von Lade- und Transporthilfsmitteln (20.4)
Aufbau und Führung eines Umschlagbetriebs.

Die Umschlagleistungen (20.3) einschließlich der administrativen Zusatzleistungen (20.4) sind in der Regel Teilleistungen einer längeren Liefer- oder Frachtkette. Die Umschlagkosten werden daher – wie in *Abschnitt 19.13* und *19.14* beschrieben – meist in die *Frachtkostensätze* eingerechnet. Unter Umständen kann aber auch eine gesonderte Abrechnung der Umschlagkosten sinnvoll sein.

3. Lagerleistungen

Operative *Lagerleistungen* sind:

Ein- und Auslagern
Puffern und Lagern (20.5)
Kommissionieren
Auftragszusammenführung.

Mit dem Lagern und Kommissionieren unmittelbar verbundene *Zusatzleistungen* sind:

Ent- und Beladen
Qualitätsprüfung
Verpacken und Etikettieren (20.6)
Aufbau von Ladeeinheiten
Verdichten von Ladungen.

Das Lagern und Komissionieren mit den operativen Zusatzleistungen (20.6) finden in einem *Lagerbau* oder *Logistikbetrieb* statt und erfordern entsprechende Betriebseinrichtungen. Mit den Lagerleistungen sind in der Regel folgende *administrative Leistungen* verbunden:

Aufbau und Führung des Lagerbetriebs
Lagerplatzverwaltung (20.7)
Bestandsführung
Auftragsbearbeitung.

Die Leistungsanforderungen an ein Lager- und Kommissioniersystem sind in den *Abschnitten 16.1* und *17.1*, die Kalkulation der Betriebskosten und Leistungspreise in den *Abschnitten 16.13*, *16.14* und *17.14* beschrieben.

4. Sonderleistungen

Mit den spezifisch logistischen Dienstleistungen lassen sich unterschiedliche nichtlogistische Leistungen verbinden. Beispiele für derartige Sonderleistungen, die parallel zu den Logistikprozessen und vielfach am gleichen Standort ausgeführt werden, sind:

Abfüllen
Konfektionieren
Displayherstellung
Verzollungen
Leergutdienste (20.8)
Inkasso
Reparaturdienste
Montagearbeiten.

Je höher der Anteil der nichtlogistischen Leistungen ist, desto mehr wird das Logistiksystem zu einem allgemeinen *Leistungssystem*, das mit anderen Leistungssystemen der Produktion und des Handels konkurriert.

5. Verkettete Leistungsumfänge
Beispiele für *verkettete Leistungsumfänge* sind:

- *Erzeugen versandfertiger Aufträge*: Hierzu sind die Teilleistungen Einlagern, Lagern, Auftragsbearbeitung, Auslagern, Kommissionieren, Verpacken und Versandbereitstellung durchzuführen.
- *Fracht-, Speditions- und Beförderungsleistungen*: Diese werden durch Verkettung von Transport- und Umschlagleistungen erzeugt.
- *Bereitstellen von Teilen und Modulen am Verbauort* oder von *Waren am Verkaufsort*: Das umfaßt die Einzelleistungen Lagern, Kommissionieren, Beladen, Transport, Abladen, Zwischenpuffern und Zuführung.

Das Verketten der Einzelleistungen zu Leistungsumfängen erfordert zusätzlich folgende *Prozeßleistungen*:

Aufbau und Organisation der Leistungsketten
Auftragsannahme und Auftragsabwicklung (20.9)
Sendungsverfolgung und Sendungsrückmeldung.

Die Leistungsanforderungen und Randbedingungen für einen verketteten Leistungsumfang ergeben sich aus den enthaltenen Einzelleistungen. Die Leistungskosten und Leistungspreise für logistische Leistungsumfänge einschließlich der dafür erforderlichen Zusatzleistungen (20.9) lassen sich nach den in *Kapitel 6* und 7 entwickelten Verfahren kalkulieren. Für ausgewählte Liefer- und Frachtleistungen sind die Anforderungen, Kosten und Preise in den *Abschnitten 19.2, 19.13* und *19.14* dargestellt.

6. Systemleistungen
Beispiele für vernetzte *Systemleistungen* sind:

- Betrieb eines *Frachtsystems*, das aus einem Netzwerk von gleichen oder unterschiedlichen Transportsystemen besteht, die durch flächenverteilte Umschlagpunkte miteinander verknüpft sind.
- Betrieb eines *Logistikzentrums*, in dem unterschiedliche Lager-, Kommissionier- und Umschlagleistungen erbracht werden.

- Betrieb eines *Beschaffungs-, Bereitstellungs- oder Distributionssystems*, das mehrere miteinander vernetzte Transport-, Umschlag- und Lagerketten umfaßt.

Voraussetzungen für vernetzte Systemleistungen sind entsprechende Logistikstationen und Logistiknetzwerke.

Darüber hinaus sind folgende administrative *Systemleistungen* erforderlich:

Aufbau und Organisation des Logistiknetzwerks
Netzwerkmanagement
Aufbau und Organisation der Logistikstationen (20.10)
Betriebsführung
Systemführung.

Die Leistungen eines Logistiksystems sind komplette *Leistungsumfänge*, die in dem System erzeugt werden. Die Leistungsanforderungen und Leistungspreise ergeben sich nach den in *Kapitel 6* und *7* dargestellten Verfahren der Logistikkostenrechnung und Leistungsvergütung aus den Einzelleistungen der Leistungsumfänge

Die Kosten für die administrativen Systemleistungen (20.10), die eine Größenordnung von 5 bis 10 % der operativen Leistungskosten haben, werden entweder anteilig den Leistungspreisen für die Leistungsumfänge zugerechnet oder als *Systemleistungskosten* gesondert in Rechnung gestellt.

20.3 Logistikdienstleister

Nach den in *Tabelle 20.1* aufgeführten *Eigenschaften* und *Merkmalen* lassen sich die Logistikdienstleister einteilen in

Einzeldienstleister
Verbunddienstleister (20.11)
Systemdienstleister.

Viele der am Markt tätigen Logistikdienstleister sind als Einzel-, Verbund- oder Systemdienstleister spezialisiert auf bestimmte *Güter*, wie

Wertgut	Frischwaren	Gase	Drucksachen	
Gefahrgut	Kühlwaren	Flüssigkeiten	Briefe	(20.12)
Möbel	Getränke	Baustoffe	Werbemittel	
Schwerlasten	Lebensmittel	Abfallstoffe.	Tonträger.	

Andere Logistikdienstleister konzentrieren ihre Leistungen auf bestimmte *Frachtarten*, wie

Stückgut	Container	(20.13)
Massengut	Pakete,	

oder auf spezielle *Branchen*, wie die

Merkmale	Einzel-dienstleister	Verbund-dienstleister	System-dienstleister
Leistungsumfang	**Einzelleistungen** Transport, Umschlag Lagern, Spezialleist.	**Verbundleistungen** Speditions- und Frachtketten	**Systemleistungen** Betrieb von Lager-, Bereitst. und Distr.Syst.
Ressourcen	**Transportmittel** **Logistikbetriebe**	**Transportnetzwerke** **Umschlagterminals**	**Logistiknetzwerke** **Logistikzentren**
Know-how	Technisches Spezialwissen	Technik, DV, I+K Organisation	Logistik, DV, I+K, Planung Projektmanagement
Ausrichtung	**fachspezifisch** Güter Regionen, Relationen regional und national	**leistungsspezifisch** Frachtarten Netzwerke national und global	**kundenspezifisch** Branchen und Kunden Standorte, Funktionen lokal, national, global
Kundenkreis	klein, temporär wechselnd	groß, anonym veränderlich	wenige Großkunden gleichbleibend
Auschreibung und Vertrag	Anfrage Auftrag Auftragsbestätigung	Anfrage/Auschreibung Auftrag Rahmenvereinbarung	Ausschreibung Absichtserklärung (LOI) Dienstleistungsvertrag
Bindung Vertragslaufzeit	**kurz** unterschiedlich	**mittel** bis 1 Jahr	**lang** 3 bis 10 Jahre

Tab. 20.1 Eigenschaften und Merkmale von Logistikdienstleistern

Automobilindustrie	Stahlindustrie	
Chemische Industrie	Bauindustrie	(20.14)
Getränkeindustrie	Grundstoffindustrie	
Konsumgüterindustrie	Handelsunternehmen.	

Personenverkehrsunternehmen spezialisieren sich auf ausgewählte *Personengruppen*, wie Urlaubsreisende, Berufstätige, Geschäftsreisende oder Kranke und auf bestimmte Nahverkehrsregionen oder Fernverkehrsrelationen.

Der *Aktionsradius* eines Logistikdienstleisters kann sehr unterschiedlich sein. So gibt es lokale, regionale, nationale und internationale Logistikdienstleister, die als Einzeldienstleister, Verbunddienstleister oder Systemdienstleister in den unterschiedlichsten Spezialisierungformen (20.11) bis (20.14) tätig sind.

Viele Logistikdienstleister treten am Markt in mehrfacher Funktion auf und bieten unterschiedliche Einzel-, Verbund- oder Systemdienstleistungen an. Die großen Logistikkonzerne versuchen auf diese Weise, ihre Ressourcen maximal auszulasten, große Bündelungseffekte zu erreichen und zusätzliche Synergien zu erzielen. Daraus ergibt sich die Chance zu weiteren *Kostenreduzierungen*, aber auch die Versuchung der *Selbstoptimierung* zu Lasten der Kunden.

1. Einzeldienstleister

Die Einzeldienstleister der Logistik beschränken sich auf die Durchführung abgerenzter Transport-, Umschlag- oder Lagerleistungsumfänge. Sie sind häufig auf bestimmte Güter, Frachtarten und Branchen spezialisiert und in begrenzten Gebieten oder festen Relationen tätig.

Beispiele für Einzeldienstleister der Logistik sind:

- *Transportdienstleister*: Fuhrunternehmen, Abhol- und Zustelldienste, Taxibetriebe, Unfallnotdienste, Umzugsunternehmen, Wertgutransporteure, Binnenschiffer, Reedereien, Luftfahrtgesellschaften;
- *Umschlagdienstleister*: Hafenbetriebe, Umschlagbetriebe, Stauereien, Umschlagterminals, Bahnhöfe, Flughafenbetriebe;
- *Lagerdienstleister*: Lagerhausgesellschaften, Betreiber von Tank- und Silolagern, Lagereibetriebe für Stückgut, Paletten oder Möbel, Kühlhausbetreiber, Parkplatzbetreiber, Parkhäuser, Stapelhäuser, Deponien.

Hinzu kommen die mit der Logistik unmittelbar oder mittelbar zusammenarbeitenden

- *Sonderdienstleister*: Abfüllbetriebe, Verpackungsunternehmen, Konfektionäre, Leergutdienste, Reparaturbetriebe, Verzollungsbetriebe, DV- und I&K-Dienstleister.

Für die Transport- und Beförderungsleistungen verfügen die Transportdienstleister über eigene Transportmittel. Die Lager- und Kommissionierleistungen und andere innerbetriebliche Logistikleistungen werden meist in eigenen Logistikbetrieben ausgeführt.

Spezialisierte Einzeldienstleister arbeiten in der Regel auf der Grundlage einer längerfristigen Vereinbarung für feste Kunden oder als *Subkontraktor* für größere Verbund- und Systemdienstleister. Weniger spezialisierte Einzeldienstleister sind auf der Basis kurzfristig erteilter Aufträge für wechselnde Auftraggeber tätig.

In Zukunft können die Transportdienstleister ihre Aufträge auch von einer *Frachtenbörse* über das *Internet* erhalten. Sie gewinnen dadurch eine größere Unabhängigkeit von den marktbeherrschenden Verbund- und Systemdienstleistern. In den USA ist diese Möglichkeit bereits Realität [203]. In Europa müssen hierfür erst noch die rechtlichen und technischen Rahmenbedingungen geschaffen werden.

2. Verbunddienstleister

Ein Verbunddienstleister integriert mehrere logistische Einzelleistungen zu größeren Leistungsumfängen. Er betreibt hierfür mit eigenen und fremden Ressourcen Umschlag- und Logistikzentren und ein Transport-, Speditions- oder Logistiknetzwerk, das auf den Bedarf eines *anonymen Kundenkreises* ausgerichtet ist.

Beispiele für Verbunddienstleister (*integrator*) sind:

Paketdienste und Paketpost
Expressdienste
Frachtdienstleister
Containerdienste
Briefpost (20.15)
Speditionen
Eisenbahngesellschaften
Fluggesellschaften
Schiffahrtsreedereien
Betreiber von Logistikzentren
Entsorgungsdienste.

Das Leistungsangebot eines Verbunddienstleisters umfaßt Einzelleistungen, verkettete Leistungsumfänge und vernetzte Systemleistungen, die meist aufgrund kurzfristig erteilter Aufträge für einen wechselnden Kundenkreis ausgeführt werden. Die *Bindefrist* von Rahmenvereinbahrungen mit festen Leistungspreisen zwischen einem Verbunddienstleister und seinen Kunden beträgt in der Regel maximal 1 Jahr.

3. Systemdienstleister

Ein Systemdienstleister entwickelt, realisiert und betreibt ein Logistiksystem, das auf den speziellen Bedarf eines oder weniger fester Kunden ausgerichtet ist. Das Logistiksystem eines Systemdienstleisters ist weitgehend *kundenspezifisch*.

Der Systemdienstleister läßt sich von anderen Logistikdienstleistern durch folgende *Merkmale* abgrenzen [204]:

- Der Systemdienstleister bietet ein integriertes Logistiksystem, das den Leistungsbedarf eines oder weniger Kunden besonders rationell, zuverlässig und qualitativ überlegen erbringt.
- Für den vereinbarten Leistungsbedarf des Auftraggebers übernimmt der Systemdienstleister die volle Leistungs-, Qualitäts- und Kostenverantwortung.

Der Systemanbieter im Dienstleistungsgeschäft entspricht in vieler Hinsicht dem *Generalunternehmer* im Anlagengeschäft oder im Baugewerbe. Im Unterschied zum Generalunternehmer, dessen Leistungsschwerpunkte in der Planung und Realisierung liegen und der in der Regel das vom ihm ausgeführte System schlüsselfertig an einen anderen Betreiber übergibt, ist der Systemdienstleister selbst der *Betreiber* des von ihm oder gemeinsam mit dem Kunden konzipierten und aufgebauten Systems.

Abhängig vom Bedarf und von der Aufgabenstellung muß der Systemdienstleister in der Lage sein, ein breites Spektrum logistischer Leistungen selbst zu erbringen oder zu beschaffen. Er muß also über ausreichende *Ressourcen* für außerbetriebliche und innerbetriebliche *Logistikleistungen* sowie für die *Disposition, Information* und *Kommunikation* verfügen [85].

Aus einem Logistikdienstleister, der über ausreichende Ressourcen für die benötigten Einzelleistungen verfügt, wird erst ein Systemdienstleister, wenn er auch die *Kompetenz* hat, die Einzelleistungen bedarfsgerecht zu *organisieren*, zu einer Gesamtleistung zu *integrieren* und das laufende Geschäft zu *managen*. *Ziel* eines Systemdienstleisters muß es sein, die von ihm übernommenen Aufgaben wesentlich *besser* und *kostengünstiger* durchzuführen, als es dem Auftragsgeber selbst oder unterstützt von Einzel- und Spezialdienstleistern möglich ist. Andernfalls ist die Fremdvergabe eines größeren Leistungsumfangs an einen Systemdienstleister für den Auftraggeber uninteressant.

Ein guter Systemdienstleister erreicht dieses Ziel durch folgende *Erfolgsfaktoren* und *Qualifikationsmerkmale*:

- kompetentes Management;
- vertrauenswürdige und qualifizierte Mitarbeiter;
- größere Effizienz durch Professionalität, Erfahrung und Spezialisierung;
- Synergien durch bessere Auslastung, Mehrfachnutzung der Ressourcen und Bündelung;
- günstigeres Personalkostenniveau durch niedrigere Lohn- und Gehaltstarife;
- eigene Ressourcen für die funktionskritischen Leistungen;
- leistungsfähige Steuerungs-, Informations- und Kommunikationssysteme;
- günstigere Beschaffungsmöglichkeiten für Einzelleistungen durch bessere Marktkenntnis und größere Marktmacht.
- hohe Flexibilität und gute Ausgleichsmöglichkeiten für Spitzenlasten durch kurzfristig verfügbare Ressourcen.

Der Systemdienstleister erbringt ein vereinbartes Leistungsspektrum für ein bestimmtes Unternehmen auf der Grundlage eines *langfristigen Dienstleistungsvertrags* zu festen Leistungspreisen. Abhängig von der Höhe der *Investition* für die kundenspezifischen Bauten und Betriebsmittel und ihrer technischen *Nutzungsdauer* liegt die *Vertragslaufzeit* zwischen 3 und 10 Jahren. In einigen Fällen ist die vertragliche Bindung noch länger.

20.4 Vergabepolitik

Nicht alle Logistikleistungen eignen sich für eine Fremdvergabe. Nicht jedes Unternehmen braucht einen Systemdienstleister. Ohne Kenntnis der Unternehmensziele läßt sich nicht entscheiden, ob und in welchem Ausmaß die Logistik zur Kernkompentenz gemacht, in Teilen an Einzel- und Verbunddienstleister vergeben oder als Ganzes einem qualifizierten Systemdienstleister übertragen werden sollte.

Wenn Logistikleistungen zu den wesentlichen Wettbewerbsfaktoren des Unternehmens gehören, ist es falsch, diese einem Logistikdienstleister zu übertragen, auch wenn sich hierdurch kurzfristig die Kosten senken oder Investitionen vermeiden lassen. Das Unternehmen muß in diesem Fall die Logistik für die betreffenden Bereiche zur eigenen Kernkompetenz machen und ein eigenes wettbewerbsfähiges und kostengünstiges Logistiksystem aufbauen.

Eine Frage, die sich mit dem Einsatz eines *Lagerdienstleisters* für Industrie- und Handelsunternehmen gleichermaßen stellt, ist die Verantwortung für die Höhe der Bestände. Wenn die Bestandshöhe und die Nachschubfrequenz nicht selbstregelnd nach dem *Pull-Prinzip* durch den Absatz sondern nach dem *Push-Prinzip* von Produktion und Beschaffung bestimmt werden, läßt sich diese Aufgabe der Warenwirtschaft und der Unternehmensplanung grundsätzlich nicht an einen Dienstleister delegieren.

Nachdem ein Unternehmen seine Vergabepolitik für die benötigten Logistikleistungen formuliert hat und Umfang und Mengen der fremd zu beschaffenden Leistungen festgelegt sind, muß eine *Vergabestrategie* entwickelt werden, die sicherstellt und festlegt, daß und wie die Ziele der Fremdvergabe erreicht werden können.

Mit der Fremdvergabe von Logistikleistungen werden von den Handels- und Industrieunternehmen folgende *Ziele* verfolgt [37; 204]:

Leistungssteigerung
Serviceverbesserung
Kostensenkung
Konzentration auf Kernkompetenzen
Freisetzung eigener Ressourcen (20.16)
Personalabbau
Nutzung externer Spezialkompetenz
Vermeidung von Investitionen
Erhöhte Flexibilität.

Durch dem Einsatz von Systemdienstleistern sind für den Auftraggber zusätzlich vereinfachte Abläufe und eine Reduzierung der Komplexität seiner Geschäftsprozesse erreichbar.

1. Logistikdienstleister in der Industrie

Die Logistikkosten betragen in der Industrie zwischen 5 und 15 % der Gesamtkosten [36; 37]. Die Logistik ist daher für Produktionsunternehmen in der Regel keine Kernkompetenz. Sie muß funktionieren, ist aber nicht geschäftsentscheidend.

Die *Industrie* – voran die Automobilindustrie – ist daher zunehmend bereit, immer umfassendere Anteile ihrer Logistikketten geeigneten Dienstleistern zu übertragen. Auf der *Beschaffungsseite* übernehmen Systemdienstleister die gesamte Vorratshaltung und Teilebereitstellung bis hin zum Produktionsprozeß. Wenn der Systemdienstleister auch noch die Vormontage von Teilen oder die Fertigung ganzer Module übernimmt, wird er zum *Systemlieferanten*. Er konkurriert dann mit den Lieferanten, die ihre Fertigungsleistungen um Logistikleistungen ergänzen.

Auf der *Absatzseite* sind Systemdienstleister für die gesamte Fertigwarenlagerung, Ersatzteilhaltung und Distribution verantwortlich. Sie errichten und betreiben Transportnetze und Logistikzentren, die vollständig oder in entscheidenden Teilen auf den speziellen Kundenbedarf zugeschnitten sind.

Die *Grenzen der Fremdvergabe* von Logistikdienstleistungen liegen für ein Industrieunternehmen da, wo unmittelbar das Geschäftsinteresse berührt wird. Die Grenze kann auf der Beschaffungsseite durch die Forderung nach absoluter *Versorgungssicherheit* für teure oder kontinuierlich arbeitende Produktionseinrichtungen gegeben sein.

In der Distribution ergibt sich die Grenze der Fremdvergabe aus der Art des *Kundenkontaktes* bei der Anlieferung der Ware. Wenn die Warenanlieferung untrennbar mit speziellen Verkaufs-, Montage-, Service- oder Beratungsleistungen verbunden ist und hierduch eine besondere *Kundenbindung* oder *Kundenbeobachtung* angestrebt wird, verbietet es sich, die Zustellfahrten einem Fremdunternehmen zu übertragen.

Auch wenn ein Industrieunternehmen einen großen Anteil seines Logistikleistungsbedarfs mit Nutzen und Gewinn fremd vergibt, muß sichergestellt sein, daß es die *Systemführung* seiner Unternehmenslogistik nicht aus der Hand gibt und das Management seines Logistiknetzwerks in eigener Regie behält.

2. Logistikdienstleister im Handel

Im Handel betragen die Logistikkosten zwischen 15 und 25 % des Umsatzes. Die Logistik vebraucht damit 30 bis 50 % der Handelsspanne und ist allein deshalb ein zentraler Wettbewerbsfaktor [36; 37].

Viele Einzelhandelsketten, Einkaufsgenossenschaften und Versandunternehmen betrachten daher die Logistik neben der Beschaffung, der Sortimentspolitik und dem Verkauf als *Kernkompetenz.* Sie wollen sich durch eigene Logistiksysteme einen entscheidenden Wettbewerbsvorteil verschaffen und Abhängigkeiten vermeiden. Das kann soweit gehen, daß ein Versandhaus seinen eigenen Paketdienst betreibt. Um sich trotzdem die Vorteile eines Systemdienstleisters zu sichern, organisieren diese Handelsunternehmen ihre Logistik vielfach so, daß die unternehmenseigenen Logistikgesellschaften wie fremde Systemdienstleister arbeiten. Im Extremfall betreiben die Logistikgesellschaften des Handels auch Dienstleistungsgeschäfte für Dritte.

Andere Handelsketten und die großen Kaufhauskonzerne entwickeln zwar ihre Logistiksysteme mit den erforderlichen Prozeßabläufen, Strukturen und Logistikzentren selbst, suchen sich aber für die *Realisierung* und den *Betrieb* einzelner Logistikzentren und regionaler Warenverteilzentren qualifizierte Systemdienstleister. Die Systemführung für die gesamte Beschaffung und Distribution aber gibt der Handel nicht aus der Hand.

Immer mehr Handelsunternehmen bestimmen selbst ihre *Lieferketten.* Sie schreiben der Industrie zunehmend auch die *Lieferkonditionen* vor, für die folgende *Möglichkeiten* bestehen [205]:

- *Frei Verkaufsstelle*: Der Lieferant oder der von ihm beauftragte Logistikdienstleister liefert an die Rampen der Filialen, Märkte und Kaufhäuser.

- *Frei Logistikstelle*: Der Lieferant oder sein Transportdienstleister beliefert die Logistikzentren oder Umschlagpunkte, die vom Handelsunternehmen selbst oder von einem beauftragten Systemdienstleister betrieben werden.
- *Ab Werk*: Ein vom Handelsunternehmen beauftragter Transportdienstleister holt die versandfertig bereitgestellten Sendungen an der Werksrampe oder vom Fertigwarenlager des Lieferanten ab.

Durch Verlagerung des Wareneingangs an eine vorgeschaltete Logistikstelle und aus den dadurch möglichen Bündelungseffekten ergeben sich für den Handel interessante Kostensenkungspotentiale. Außerdem bekommt der Handel die Rampen der Filialen in eigene Regie. Die daraus resultierende Entlastung der Filialen von unplanbaren Wareneingangsaufgaben kann zu weiteren *Kosteneinsparungen* und zu *Umsatzsteigerungen* führen.

Die positiven Effekte einer vorverlegten Rampe gelten jedoch nicht für alle Waren und Sendungen. Sendungen, die ohne Umschlag als *Teil- oder Ganzladungen* direkt von der Versandstelle des Lieferanten an die Handelsfilialen geliefert werden, lassen sich über eine zwischengeschaltete Logistikstelle nicht kostengünster liefern. Für spezielle Waren, wie Gefahrgüter, Großteile und Sperrigwaren, sind die hierauf ausgerichteten Distributionssysteme der Industrie und der Spezialdienstleister besser geeignet als die Beschaffungssysteme des Handels, die meist nur für Stückgut, Paletten und Behälterware ausgelegt sind.

3.Einsatz von Verbund- und Systemdienstleistern
Systemdienstleister und Verbunddienstleiser bieten folgende *Vorteile* und *Chancen*:

- vorhandene Logistikressourcen, wie Fachpersonal, Transportnetze, Logistikzentren, Umschlagspunkte sowie Informations-, Steuerungs- und Kommunikationssysteme;
- größere Leistungsfähigkeit und bessere Logistikqualität durch Professionalität, Erfahrung und Spezialisierung;
- geringere Kosten durch größere Effizienz und bessere Auslastung der Ressourcen;
- günstigere Lohn- und Gehaltsstruktur durch andere Tarifverträge.

Hierdurch lassen sich in vielen Fällen die Kosten senken, Investitionen vermeiden und die Flexibilität verbessern. Das kann vor allem für Unternehmen interessant sein, die in einen etablierten Markt eindringen, ein neues Geschäft aufbauen oder einen bestehenden Geschäftszweig ausbauen und die damit verbundenen Schwellenkosten für die Logistik vermeiden wollen.

Die Vorteile, die sich mit dem Einsatz eines Systemdienstleisters erreichen lassen, sind jedoch mit einigen Nachteilen und Risiken verbunden. Der schwerwiegendste und unvermeidliche *Nachteil* der Vergabe an einen Systemdienstleister ist die langfristige vertragliche Bindung an ein anderes Unternehmen. Weitere *Nachteile* und *Risiken* sind:

- Abhängigkeit vom Systemdienstleister bei Aufgabe des eigenen Logistik-Know-how;

- finanzielle Schwäche und mangelnde Investitionsfähigkeit des Sytemdienstleisters;
- Inkompetenz und schlechte Qualifikation der Mitarbeiter des Dienstleisters;
- unzureichende Kostentransparenz und Kostenkontrolle;
- mangelnder Leistungsanreiz und nachlassendes Interesse;
- Kumulation von Gemeinkosten- und Gewinnzuschlägen bei Weitergabe von Teilleistungen an Subkontraktoren;
- Nichtweitergabe von Kosteneinsparungen aus Rationalisierung, Mengenwachstum oder Einkaufsvorteilen;
- Offenlegung innerbetrieblicher Schwachstellen gegenüber dem Systemdienstleister.
- Mißbrauch vertraulicher Geschäftsdaten und Kundeninformationen, insbesondere wenn der Systemdienstleister auch für den Wettbewerb arbeitet.

Diese Nachteile und Risiken lassen sich durch richtige Partnerwahl, Ausschreibung und Vertragsgestaltung vermeiden oder begrenzen. Daher ist für den erfolgreichen Einsatz von Systemdienstleistern eine gute Auschreibung entscheidend.

4. Vergabestrategien
Wenn die Grundsatzentscheidung zum Einsatz von Logistikdienstleistern gefallen ist, bleibt zu entscheiden, auf wieviele Anbieter die Ausschreibung beschränkt werden soll und wie die benötigten Leistungsumfänge am besten auf eine begrenzte Dienstleisteranzahl verteilt werden.

In zahlreichen Ausschreibungen von inner- und außerbetrieblichen Logistikleistungen für Industrie- und Handelsunternehmen haben sich folgende *Vergabestrategien* für den Auftraggeber als vorteilhaft erwiesen:

- Mit den Transport- und Umschlagleistungen der Lieferketten in ein bestimmtes Zielgebiet und der Beschaffungsketten aus einem Herkunftsgebiet wird am besten nur ein Speditionsdienstleister beauftragt.
- Teil- und Ganzladungen aus dem und in das gleiche Gebiet werden zusammen ausgeschrieben und an den gleichen Transportdienstleister vergeben, damit dieser die aus der Rückfahrtauslastung resultierenden Kosteneinsparungen an den Auftraggeber weitergibt.
- Ganzladungs-, Teilladungs- und Stückgutsendungen werden grundsätzlich getrennt von Paketsendungen und anderen Spezialsendungen ausgeschrieben und vergeben, da nur wenige Logistikdienstleister auf allen Gebieten die gleiche Kompetenz haben.
- Um einerseits einen ausreichenden Wettbewerb zu sichern und andererseits den Bietern eine attraktive Erfolgschance zu bieten, werden für eine landesweite Ausschreibung von Transport- und Frachtdienstleistungen mindesten 5 und maximal 10 Logistikdienstleister zum Angebot aufgefordert.
- Wenn das Gesamtladungsaufkommen in einem größeren Land wie Deutschland ausreicht, werden für Ganz- und Teilladungssendungen wie auch für Stückgutsendungen mindestens 2 und maximal 3 Dienstleister eingesetzt, die jeweils ein bestimmtes Gebiet bedienen, um ein internes Benchmark zu haben und um sich eine Austauschoption zu bewahren.

- Für *Paketsendungen* ist in einem Land der Einsatz nur eines Verbunddienstleisters von Vorteil, da mit einem größeren Gesamtaufkommen günstigere Leistungspreise zu erzielen sind. Das gleiche gilt für andere Verbunddienstleistungen, wie Briefpost oder Werbemitteldistribution.
- Außerbetriebliche Logistikleistungen, wie Transport- und Frachtleistungen, und innerbetriebliche Logistikleistungen, wie Lager- und Kommissionierleistungen, werden besser an unterschiedliche Dienstleister, und wenn an einen Dienstleister, in *getrennten Verträgen* vergeben, da nur wenige Dienstleister auf allen Gebieten gleiche Kompetenz haben, die Gefahr der Selbstoptimierung des Dienstleisters besteht, die Vertragslaufzeiten unterschiedlich sind und für beide Bereiche eine gesonderte Austiegsoption gewahrt bleiben muß.
- Wenn innerbetriebliche Logistikleistungen an mehreren Standorten zu vergeben sind, beispielsweise in getrennten Regionallagern oder unterschiedlichen Werken, ist der Einsatz von mindestens zwei Logistikdienstleistern ratsam, um zwischen diesen ein internes Benchmark zu betreiben.
- Wenn die Lagerleistungen oder andere innerbetriebliche Logistikleistungen in einem bestehenden Betrieb des Auftraggebers oder des Dienstleisters ausgeführt werden, ist die Aufforderung von 5 bis 10 Bietern sinvoll.

Für Lagerleistungen, Kommissionierleistungen und andere Logistikleistungen, die in einem speziellen *Logistikbau* ausgeführt werden, der bereits existiert oder erst noch zu errichten ist, gibt es folgende *Handlungsmöglichkeiten*:

- *Eigenbau und Eigenbetrieb*: Der Logistikbau mit den erforderlichen lager-, förder- und steuerungstechnischen Einrichtungen wird auf eigene Kosten realisiert und in eigener Regie vom Unternehmen selbst betrieben.
- *Eigenbau und Fremdbetrieb*: Der Logistikbau mit allen Einrichtungen ist Eigentum des Unternehmens. Der Betrieb wird an einen Logistikdienstleister vergeben, der darin die vereinbarten Leistungen erbringt.
- *Fremdbau und Fremdbetrieb*: Der Logistikbau mit den lager-, förder- und steuerungstechnischen Einrichtungen wird von einem Systemdienstleister errichtet oder als Eigentümer übernommen, um darin die Logistikleistungen zu erbringen.

Der Aufbau und Betrieb eines Logistiksystems, das speziell auf den Bedarf eines Kunden zugeschnitten ist und nur für einen Auftraggeber Leistungen erbringt, durch einen Systemdienstleister ist, wenn keine erheblichen Tarifdifferenzen bestehen, erfahrungsgemäß um 10 bis 15 % teurer als der optimale Eigenbetrieb. Die Mehrkosten resultieren aus dem *Gemeinkosten- und Gewinnzuschlag* auf die Leistungskosten, mit dem Dienstleister zur Abdeckung von Management-, Verwaltungs- und Vertriebskosten, Finanzierungskosten und Risiken sowie zum Erzielen eines angemessenen Gewinns kalkuliert.

Der Zuschlag für Gemeinkosten und Gewinn wird jeweils auf die vom Dienstleister zu tragenden Kosten kalkuliert: bei Bau und Betrieb durch den Dienstleister auf die Betriebskosten *einschließlich* Abschreibungen und Zinsen für den Logistikbau, bei Betrieb ohne Eigentum am Logistikbau auf die Betriebskosten *ohne* Abschreibungen und Zinsen.

Bei der Entscheidung zwischen Eigen- und Fremdbau sowie zwischen Eigen- und Fremdbetrieb sind die Mehrkosten gegen die Vorteile der Fremdvergabe abzuwägen. Dabei ist zu berücksichtigen, daß das Unternehmen bei Eigenbau und Eigenbetrieb ebenfalls Risiken tragen muß, Verwaltungskosten hat und für das eingesetzte Kapital einen Gewinn erwirtschaften will. Bei einer *Betriebsübernahme nach BGB § 613a* entstehen außerdem *Transferkosten*, wie *Abfindungen* für ausscheidende Mitarbeiter und *Kompensationszahlungen* für Mitarbeiter, die vom Dienstleister übernommen werden.

Da die Kosten für die Planung eines neuen Logistikstandorts und damit auch die Angebotskosten relativ hoch sind, ist nach der Entscheidung für eine Fremdvergabe von Bau und Betrieb der *Ausschreibungsgrundsatz* zu beachten:

- Für Lager- und Logistikleistungen, die an einem neu aufzubauenden Standort erbracht werden, sollten nicht mehr als 5 Logistikdienstleister zum Angebot aufgefordert werden.

Ein Abweichen von diesem Grundsatz führt erfahrungsgemäß zu Absagen der qualifiziertesten Dienstleister und zu schlecht ausgearbeiteten Angeboten, sobald die Bieter erkennen, daß die Auftragsschancen wegen der großen Bewerberanzahl gering sind.

Die Vergabestrategien sind je nach Marktlage und Anbieterverhalten im Verlauf der Ausschreibung flexibel zu handhaben. So lassen sich durch das Inaussichtstellen größerer Vergabeumfänge im Einzelfall weitere Preisvorteile erzielen.

Aus den Vergabestrategien resultiert, daß der Einsatz nur eines Systemdienstleisters für die *gesamte* Beschaffung und Distribution mit *allen* Lager- und Transportleistungen entgegen dem Trend von Befragungen eher die Ausnahme als die Regel ist [137]. Viele *out-sourcing-geschädigte* Unternehmen, über die keine Trendanalyse berichtet, da sich kaum ein Geschädigter dazu bekennen mag, lösen sich wieder aus der zu weitgehenden Bindung an einen Systemdienstleister und suchen sich stattdessen mehrere neue Dienstleistungspartner.

20.5 Ausschreibung von Logistikleistungen

Für die Fremdvergabe von Transport- und Frachtleistungen wie auch von anderen Logistikleistungen, die seitens der Anbieter keine größeren Investitionen erfordern, genügt eine einfache *Leistungsanfrage*. Die an einen ausgewählten Bieterkreis zu versendende Leistungsanfrage muß folgenden *Angaben* und *Anlagen* enthalten:

- Kurzbeschreibung des Leistungsbedarfs,
- Tabellen mit den benötigten Leistungsmengen,
- vom Anbieter auszufüllende Preisblanketten,
- allgemeine Einkaufsbedingungen für Logistikleistungen.

Für die Vergabe von Verbundleistungen, von Lagerleistungen, die mit einer größeren Investition verbunden sind, und von komplexen Systemleistungen ist eine *Leistungsausschreibung* erforderlich. Die Besonderheiten und Risiken einer Leistungsausschreibung sind in vielen Unternehmen nicht ausreichend bekannt. Aufwand und Zeitbdarf werden meist unterschätzt.

Die *Schritte einer Leistungsausschreibung* sind in *Abb. 20.2* dargestellt. Es sind die gleichen Schritte wie bei einer Anlagenausschreibung. Zusätzlich ist in *Abb. 20.2* der für die einzelnen Schritte benötigte Zeitbedarf angegeben. Bei zügiger Durchführung ergibt sich für einfachere Ausschreibungen mit einem Vergabewert von unter 10 Mio.DM/Jahr ein *Gesamtzeitbedarf* von 10 bis 12 Wochen und für größere Ausschreibungen mit meinem Vergabewert von mehr als 10 Mio.DM/Jahr eine Ausschreibungsdauer von 20 bis 30 Wochen.

Mit der Durchführung der Ausschreibung sollte die Unternehmensleitung ein *Ausschreibungsteam* beauftragen, in dem der Einkauf, die Logistik und Beauftragte der betroffenen Fachbereiche vertreten sind. Das Ausschreibungsteam wählt den Bieterkries aus, gibt die Ausschreibungsunterlagen frei, führt die Verhandlungen mit den Bietern und schlägt der Unternehmensleitung einen ausgewählten Anbieter zur Vergabe vor.

Für die Ausarbeitung des Ausschreibungsgrundlagen und des Mengengerüsts, das Verfassen der Ausschreibungsblankette, die Betreuung der Bieter während der Angebotsausarbeitung, die Auswertung der Angebote und das Führen der Verhandlungen werden erfahrene Fachleute benötigt. Wenn diese im Unternehmen nicht verfügbar sind, kann hiermit eine *Unternehmenberatung* beauftragt werden, die auf Leistungsausschreibungen spezialisiert ist.

1. Ausschreibungsunterlagen

Für die Ausschreibung von Verbund-, Lager- oder Systemleistungen ist das Verfahren der *funktionalen Leistungsausschreibung* einer *detaillierten Lösungsausschreibung* vorzuziehen.

Die funktionale Leistungsausschreibung gibt das Grundkonzept und die Ziele der Unternehmenslogistik vor. Sie spezifiziert die benötigten *Funktionen* und *Leistungsumfänge* und grenzt sie so voneinander ab, daß eindeutige *Leistungspakete* entstehen, für die gesonderte Leistungspreise abzugeben sind. Für die einzelnen Leistungspakete werden jedoch keine technischen Lösungen festgelegt und Ausführungvorschriften gemacht. Damit erhalten die Anbieter die Möglichkeit, durch eigene Ideen und geschickten Einsatz ihrer Ressourcen zur Optimierung beizutragen. Außerdem wird auf diese Weise sichergestellt, daß der Anbieter im Auftragsfall die volle *Funktionsverantwortung* übernimmt.

Inhalte der *Ausschreibungsblankette* für eine funktionale Leistungsausschreibung sind:

- Kurzbeschreibung von Grundkonzept und Zielen der Unternehmenslogistik
- Darstellung von Auschreibungsgegenstand und Vorgehen
- Angebotstermin, Vergabezeitpunkt und Bindefrist
- Spezifikation der Leistungsumfänge
- Service- und Qualitätsanforderungen
- Angabe der benötigten Leistungsmengen
- Abgrenzung der anzubietenden Leistungspakete
- Anforderungen und Schnittstellen von DV und I+K

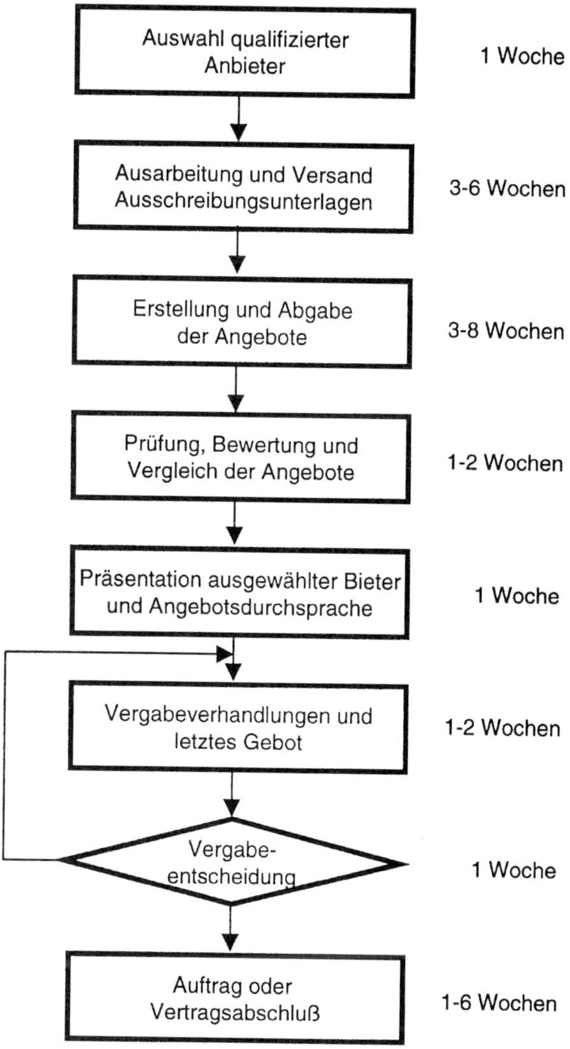

Abb. 20.2 Schritte und Zeitbedarf einer Leistungsausschreibung

Dauer von Einzel- und Verbundausschreibungen: 10 bis 12 Wochen

Dauer von Lager- und Systemausschreibungen: 20 bis 30 Wochen

- Einkaufs- und Vergabebedingungen
- vertragsrechtliche Rahmenbedingungen
- Leistungserfassung und Leistungsvergütung
- Pönalisierung von Qualitätsmängeln
- vom Bieter auszufüllende Preisblanketten
- vom Anbieter zu unterzeichnende Einverständniserklärung.

Um zu verhindern, daß ein Anbieter nach der Auftragserteilung versucht, durch einen eigenen Vertragsentwurf mit anderen Konditionen die Angebotsgrundlage nachträglich zu verändern oder umzuinterpretieren, ist es erforderlich, bereits in der Auschreibungsblankette alle kosten- und leistungsrelevanten Bedingungen für den Auftrag oder Dienstleistungsvertrag vorzugeben und durch eine Einverständniserklärung bestätigen zu lassen. Hierzu gehören *Vertragslaufzeit* und *Kündigungsfristen*, *Versicherungspflichten*, *Haftung und Gewährleistung*, *Preisanpassungsregelungen* und *Kontrollrechte* sowie *Rechtsgrundlagen* und *Vorschriften* [206].

Um spätere Mißverständnisse zu vermeiden und die Angebotsausarbeitung zu erleichtern, müssen die *Struktur der Unternehmenslogistik*, der *Waren- und Auftragsfluß*, die wichtigsten *Beschaffungs-, Distributions- und Leistungsketten*, der *DV-Rahmen*, das *Mengengerüst* und die *Preisblanketten* in Form von Strukturdiagrammen, Prozeßabläufen und Tabellen dargestellt werden und Bestandteil der Auschreibungsunterlage sein. Der Anbieter muß schriftlich erklären, daß er diese Unterlagen geprüft hat, für plausibel hält und die angebotenen Leistungen auf dieser Grundlage erbringen kann.

2. Angebotsauswertung

Vor der Einladung ausgewählter Anbieter müssen die eingegangenen Angebote nach formalen, sachlichen und kommerziellen Kriterien geprüft und ausgewertet werden.

Bereits die Einhaltung des *Angebotstermins* gibt Aufschluß über das Interesse und die Verläßlichkeit der Anbieter. Wenn die Angebotsfrist ausreichend lang bemessen war und diese von mindestens 3 Anbietern eingehalten wurde, sollten verspätet eingehende Angebote nur in begründeten Ausnahmefällen berücksichtigt werden.

Die *formale Angebotsprüfung* dient der Beurteilung der *Angebotsqualität*. Sie umfaßt die Prüfung von *Vollständigkeit* und *Aufmachung*. Sind Angebot, Preisblanketten und Einverständniserkärung rechtsgültig unterschrieben? Sind alle Preisblanketten wie vorgegeben ausgefüllt? Sind alle geforderten Informationen und Angaben enthalten? Wie ist der Gesamteindruck?

Beurteilungskriterien für die Angebote sind: Übersichtlichkeit und Gliederung; Verständlichkeit; Fehlerhäufigkeit, Lesbarkeit, Sauberkeit; Brauchbarkeit von Zeichnungen, Tabellen und Diagrammen. Die Angebotsqualtität gibt einen ersten Eindruck von der zu erwartenden Qualität der Leistungen und von der Kundenorientierung des Anbieters.

Zur *sachlichen Angebotsauswertung* gehört die Prüfung von:

- *Systemlösung*: Kann die angebotene Systemlösung alle Funktionen und Leistungen zuverlässig und flexibel erfüllen?
- *Funktionserfüllung*: Wie werden die ausgeschriebenen Funktionen und Leistungsumfänge realisiert? Art und Technik der eingesetzten Betriebsmittel.
- *Leistungserfüllung*: Reichen die angebotenen Kapazitäten und Ressourcen zur Erfüllung der benötigten Leistungsmengen aus?
- *DV- und I+K-Kompetenz*: Entsprechen die DV-Systeme und die I+K-Konzeption des Anbieters den Anforderungen?
- *Personalqualifikation*: Erfahrung, Verläßlichkeit, Fluktuation und Kompetenz der Mitarbeiter und Führungskräfte des Anbieters für die ausgeschriebenen Leistungen

Bewertungskriterien	Gewicht	Bieter 1	Bieter 2	Bieter 3	Bieter 4	Bieter 5	Bieter 6
Angebotsqualität	10%	3,0	3,5	4,0	2,0	2,5	2,5
Referenzen und Kompetenz	15%	3,0	1,5	3,0	2,0	3,0	2,5
Leistungserfüllung	30%	3,0	3,5	3,0	1,5	2,5	2,0
DV-Systeme	20%	2,0	2,0	2,5	2,0	2,0	2,0
Eigene Ressourcen	10%	3,0	2,0	2,0	2,0	4,0	1,5
Personalqualifikation	15%	2,0	2,5	2,5	1,5	3,0	2,0
Gesamtbewertung	**100%**	**2,7**	**2,6**	**2,8**	**1,8**	**2,7**	**2,1**

Abb. 20.3 Nutzwertanalyse von Logistikleistungsangeboten
Anbieter von Transport- und Frachtleistungen zur Distribution von Handelsware aus einem Logistikzentrum in ein Zielgebiet
1: sehr gut 2:gut 3: befriedigend 4: ausreichend 5: mangelhaft

- *Referenzen*: Sind die angegebenen Referenzen und Erfahrungen zutreffend und relevant für den ausgeschriebenen Leistungsumfang.

Die sachlichen Prüfungspunkte sind in der Regel *K.O.-Kriterien*. Wenn ein oder mehrere K.O.-Kriterien nicht erfüllt sind und auch durch Rückfragen beim Anbieter nicht geklärt werden können, scheidet der Anbieter aus, es sei denn, kein Anbieter kann die betreffende Anforderung erfüllen. In diesem Fall ist vom Ausschreibungsteam die Machbarkeit der gestellten Anforderungen zu überprüfen. Danach ist die Anforderung eventuell zu revidieren.

Die formale und sachliche Angebotsprüfung resultiert in einer Benotung der vorliegenden Angebote nach dem *Nutzwertverfahren* (s. *Abschnitt 3.11*). Die *Abb.20.3* zeigt das Ergebnis der Bewertung von 6 Angeboten für unterschiedliche Transport- und Frachtleistungen zur Distribution von Handelsware an Verkaufsstellen und Kunden. Nach dieser Synopse hat der *Bieter 4* mit der Note 1,8 das beste Angebot und der *Bieter 6* mit der Note 2,1 das zweitbeste Angebot abgegeben. Kein Bieter ist wegen Nichterfüllung eines K.O.-Kriterums ausgeschieden.

In der anschließenden *kommerziellen Angebotsauswertung* werden folgende Punkte geprüft und verglichen:

- *Leistungspreise* für die verschiedenen Leistungsumfänge.
- *Jahreskosten*, die mit den Planmengen aus den Leistungspreisen resultieren.
- *Zahlungsbedingungen*: Anerkennung der vorgegebenen oder Forderung anderer Zahlungsfristen.

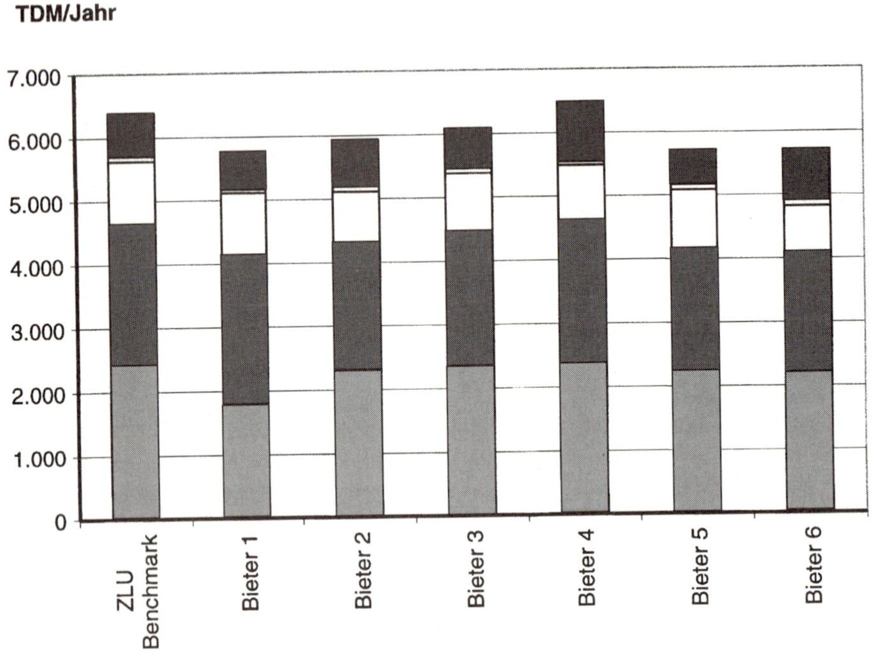

Abb. 20.4 Transport- und Frachtkostenvergleich [250]

Bedeutung der Balkeninhalte von unten nach oben:
1. Ganz- und Teilladungstransporte mit Sattelaufliegern oder Wechselbrücken
2. Grundlasttouren mit 7,5 t Transporten
3. Spitzenlastfahrten mit 7,5 t Transportern
4. Umschlagkosten von Relaisstationen
5. Stückgutsendungen über einen Umschlagpunkt

- *Haftung und Gewährleistung*: Höhe und Dauer der Gewährleistungszusagen; Haftungssummen; Höhe der Malussätze zur Qualitätssicherung.

Nach der Leistungserfüllung sind die aus den Leistungspreisen für die Planmengen resultierenden *Jahresbetriebskosten* das wichtigste Auswahlkriterium für die Auswahl des Logistikdienstleisters. Wegen unterschiedlicher Kalkulationsverfahren, aus taktischen Gründen oder wegen Quersubvention zwischen verschiedenen Leistungsumfängen weichen die angebotenen *Leistungspreise* für Logistikleistungen nicht selten bis zu ± 50 % voneinander ab. Die Unterschiede zwischen den resultierenden *Betriebskosten* sind in der Regel geringer, liegen aber in vielen Fällen, insbesondere bei Lagerleistungen, immer noch bei ± 25 %. Wegen der erfahrungsgemäß häufig sehr großen Preisdifferenzen von Angeboten für Lagerleistungen, die mit einer Neuinvestition verbunden sind, ist zur Orientierung ein fundiertes *Benchmarking* erforderlich, das aus einer neutralen Planung und Kostenbudgetierung resultiert.

Für die oben als Beispiel angegebene Auschreibung von Fracht- und Transportleistungen sind die aus den angebotenen Leistungspreisen errechneten Jahreskosten in *Abb. 20.4* einander gegenübergestellt. Die Spreizung zwischen dem günstigsten und dem ungünstigsten Angebot der Jahreskosten beträgt in diesem Fall 12 %. Der *Bieter 4* mit dem qualitativ besten Angebot ist – wie so häufig – mit 6,5 Mio.DM/Jahr der Teuerste. Der *Bieter 6* mit der zweitbesten Angebotsbewertung macht das kostengünstigste Angebot, das mit 5,8 Mio.DM/Jahr den zuvor kalkulierten Benchmarkwert von 6,3 Mio.DM/Jahr unterschreitet.

3. Bietergespräche und Vergabeverhandlungen
Zur Präsentation ihres Unternehmens und zur Angebotsdurchsprache sollten mindestens zwei, maximal vier Anbieter mit dem besten Preis-Leistungsverhältnis eingeladen werden. Damit sie sich vorbereiten können, sollten den Bietern mit der Einladung und der Tagesordnung die offenen Fragen mitgeteilt und Hinweise auf größere Preisabweichungen gegeben werden.

Manche Logistikdienstleister neigen in der Präsentation zur übertriebenen Selbstdarstellung, wobei die Belange des Kunden und die Fragen des Angebots häufig zu kurz kommen. Niemand sollte sich von bunten Folien und Hochglanzbroschüren von der Kernfrage ablenken lassen, ob das Unternehmen mit seinen Repräsentanten als Partner für die ausgeschriebenen Logistikleistungen geeignet ist.

Nach den Gesprächen mit den ausgewählten Bietern und Klärung aller offenen Punkte werden die Anbieterbewertung und der Preisvergleich erneut durchgeführt und eventuell revidiert. Das Ergebnis der Bietergespräche ist eine fundierte *Vergabeempfehlung* des Auschreibungsteams an das Management. Der ausgewählte Logistikdienstleister wird zur abschließenden *Vergabeverhandlung* eingeladen. Wenn es mehr als einen Favoriten gibt, müssen diese zur Abgabe eines letzten Preisgebots aufgefordert werden.

Bei der Forderung des letzten Preisgebots und den Vergabeverhandlungen sind Augenmaß und Erfahrung erforderlich. Der zukünftige Geschäftspartner muß mit seinen Erlösen langfristig leben können. Zu vermeiden ist auch, daß sich ein Dienstleister mit nicht kostendeckenden Kampfpreisen den Auftrag erkauft und später, wenn sich die Bindung nur mit hohem Aufwand lösen läßt, Nachforderungen stellt.

4. Auftrag und Vertragsabschluß
Bei einer Leistungsanfrage kommt der Vertrag zur Leistungserbringung durch *Auftragsschreiben* und *Auftragsbestätigung* zustande. Diese einfache Form des Vertragsabschlusses sollte auch für den Abschluß einer Leistungsausschreibung gewählt werden, wenn keine besonderen Gründe für einen formellen *Dienstleistungsvertrag* sprechen.

Um die verhandelten Leistungspreise und Konditionen sowie die Vorrangigkeit der Auschreibungsunterlage rechtlich bindend zu machen, muß das Auftragsschreiben folgende *Rangfolge* der Gültigkeit der dem Auftrag zugrundeliegenden Dokumente festschreiben:

1. Auschreibungsunterlage und Einkaufsbedingungen des Auftraggebers
2. Preise und Vereinbarungen der Auftrags- und Vergabeverhandlungen
3. Angebot und Verkaufsbedingungen des Auftragnehmers.

Wenn für die Leistungserstellung eine größere Investition und umfangsreiche Vorarbeiten seitens des Auftragnehmers erforderlich sind, ist es für beide Seiten vorteilhafter, daß der Auftraggeber unmittelbar nach der Auftragsentscheidung zunächst eine einseitige Absichtserklärung in Form eines *Letter of Intent* (LOI) abgibt. Zusätzlich zur Erklärung der Bereitschaft zum Vertragsabschluß sollte der Letter of Intend die gleiche Festlegung der Rangfolge der Auschreibungs- und Angebotsunterlagen und der bereits getroffenen Abmachungen enthalten, wie ein Auftragsschreiben.

Wenn die Systemlösung und der aufzubauende Logistikbetrieb im Zuge der Auschreibung noch nicht ausreichend genau durchgeplant werden konnten, darf der Auftrag nur mit dem *Vorbehalt* der Einhaltung der angebotenen Leistungen und Kosten erteilt werden. In diesem Fall ist zunächst ein *Vorvertrag* zur Detailplanung, Ausarbeitung und Ausschreibung der vorgeschlagenen Lösung abzuschließen.

Wenn die ausgeplante und durch entsprechende Ausschreibungen abgesicherte Lösung alle Anforderungen erfüllt und sich im Rahmen der angebotenen Kosten realisieren läßt, werden mit dem Systemdienstleister ein *Realiserungs-* oder *Projektmanagementvertrag* und ein *Dienstleistungs-* oder *Betreibervertrag* abgeschlossen:

- Der *Realisierungsvertrag* regelt für den Fall des Fremdbaus und der *Projektmanagementvertrag* für den Fall des Eigenbaus die Projektleitung, die Leistungs-, Termin- und Kostenkontrolle der mit dem Bau beauftragten Firmen sowie die Bezahlung und die Pflichten der Vertragspartner für den Aufbau und die Inbetriebnahme des zukünftigen Logistikbetriebs bis zum Start der produktiven Leistungserbringung.
- Der *Dienstleistungsvertrag* regelt bei Fremdeigentum des Logistikbetriebs und der *Betreibervertrag* bei einem Logistiksystem, das Eigentum des Auftraggebers ist, die Leistungen und Pflichten von Auftragnehmer und Auftraggeber sowie die Rahmenbedingungen und die Vergütung ab Betriebsbeginn für die gesamte Dauer der Leistungserbringung.

Für den Fall, daß mit der Vergabe eines bestehenden oder neuen Logistikbetriebs an einen Dienstleister eigene Mitarbeiter, die bis dahin in diesem Bereich tätig waren, freigestellt oder übernommen werden sollen, ist in dem Dienstleistungs- oder Betreibervertrag auch die *Mitarbeiterübernahme* gemäß *BGB §613a* zu regeln.

Um Auslassungen und Veränderungen der in der Auschreibungsunterlage vorgegeben Vertragsbedingungen zu vermeiden, ist es ratsam, daß die Vertragsentwürfe vom Auftraggeber formuliert und dem Auftragnehmer zur Prüfung übergeben werden. Rechtsabteilungen oder Anwälte sollten erst hinzugezogen werden, wenn die sachlichen und kommerziellen Vertragspunkte zwischen den Partnern unstrittig geregelt sind [206].

Für die langfristige Bindung an einen Partner, wie sie mit dem Einsatz eines Systemdienstleisters angestrebt wird, sind vor allem die *Vertrauenswürdigkeit*, die *Einsatzbereitschaft* und die *Fähigkeiten* der für die Systementwicklung, den Systemaufbau und den laufenden Betrieb verantwortlichen *Fach- und Führungskräfte* des Systemdienstleisters entscheidend. Der Systemanbieter muß daher frühzeitig, spätestens zum Zeitpunkt der Angebotspräsentation, das vorgesehene *Projektteam* mit dem verantwortlichen *Projektmanager* vorstellen. Während der Angebots- und Vertragsverhandlungen und der System- oder Ausführungsplanung zeigt sich rasch, wie die Zusammenarbeit klappt und ob eine langfristige Partnerschaft möglich ist.

Die endgültigen Verträge für die Realisierung und den Betrieb des Logistiksystems sollten erst unterzeichnet werden, wenn ein gutes Vertrauensverhältnis zwischen den Partnern besteht. Das setzt nicht nur Kompetenz, Leistungsfähigkeit und Vertrauenswürdigkeit beim Systemdienstleister voraus sondern auch Offenheit, Kooperationsbereitschaft und den Willen zur gemeinsamen Lösung unerwartet auftretender Probleme beim auftraggebenden Unternehmen.

20.6 Dienstleisterkontrolle und Vergütung

Wenn die Leistungsvergütung des Logistikdienstleisters richtig geregelt ist, beschränken sich die Kontrollaufgaben des Auftraggebers auf die *Überprüfung* der inhaltlichen und mengenmäßigen Richtigkeit der in Rechnung gestellten Leistungen und die laufende *Verfolgung* der Leistungsqualität anhand von Fehlerstatistiken, Reklamation seitens der Kunden und Qualitätsberichten. Eine zusätzliche Aufgabe des *Logistikcontrollings* ist die Verfolgung des Leistungsangebots und der Preisentwicklung auf dem Dienstleistungsmarkt.

Ein Logistikcontrolling, das darüber hinaus auch die Abläufe und den Ressourceneinsatz im Verantwortungsbereich des Dienstleisters kontrolliert, ist nicht erforderlich und verursacht nur zusätzliche Kosten. Für die an einen Dienstleister fremd vergebenen Logistikleistungen gilt vielmehr der *Grundsatz*:

- Der Logistikcontrolling innerhalb seines Logistiksystems oder Logistikbetriebs ist Aufgabe des Dienstleisters und nicht des Auftraggebers.

Die Grundsätze einer verursachungsgerechten und selbstregelnden Leistungsvergütung, die Entwicklung von Leistungs- und Qualitätsvergütungssystemen für Logistikleistungen und Verfahren zur rationellen Leistungserfassung und Vergütung sind in *Kapitel 7* dargestellt.

Literatur

Angesichts der rasch wachsenden Anzahl Bücher, Fachzeitschriften, Berichte, Veröffentlichungen und wissenschaftlichen Arbeiten über Logistik ist eine vollständige Angabe der Literatur zu den in diesem Buch behandelten Themen nicht möglich.

In den einzelnen Kapiteln werden alle Werke zitiert, aus denen Anregungen, Strategien, Methoden, Verfahren, Algorithmen, Daten, Darstellungen oder Beispiele in den Text eingeflossen sind. Zusätzlich ist eine Auswahl einschlägiger Fachbücher und weiterführender Arbeiten zum jeweiligen Thema angegeben. Für Hinweise auf Publikationen, die hier dargestellte Strategien und Verfahren zu einem früheren Zeitpunkt behandeln als die zitierten Arbeiten, ist der Verfasser dankbar.

1. von Kleist H., (1810), Über die allmähliche Verfertigung der Gedanken beim Reden, in Heinrich von Kleist Sämtliche Werke, Knauer Klassiker, München/Zürich
2. Feldmann G. D.; (1998), Hugo Stinnes, Biographie eines Industriellen, 1870–1924, C.H. Beck, München
3. Hoffmann G.; (1998), Das Haus an der Elbchaussee, Die Godeffroys – Aufstieg und Niedergang einer Dynastie, Kabel-Verlag, Deutsches Schiffahrtsmuseum, Hamburg
4. Leithäuser G.L.; (1975), Weltweite Seefahrt, Safari-Verlag, Berlin
5. Jomini A.H., (1881), Abriß der Kriegskunst (Originaltitel: Précis d' art de la guerre), Berlin
6. Kant E., (1793), Über den Gemeinspruch: Das mag in der Theorie richtig sein, taugt aber nicht für die Praxis. Berl. Monatschrift, Neu: J. Ebbinghaus, Vittorio Klostermann, Frankfurt a. M. (1968)
7. Gudehus T., (1975), Transporttheorie, Programm einer neuen Forschungsrichtung, Industrie-Anzeiger Nr.64, S. 1379 ff,
8. Weise H.; (1998), Logistik – ein neuer interdisziplinärer Forschungszweig entsteht, Internationales Verkehrswesen (48) 6/98, S. 49 ff
9. Hubka V.; (1973), Theorie der Maschinensysteme, Grundlagen einer wissenschaftlichen Konstruktionslehre, Spinger, Berlin-Heidelberg-New York
10. Popper K.; (1973), Logik der Forschung, Zweiter Teil: Bausteine zur Theorie der Erfahrung, J.C.B. Mohr (Paul Siebeck), Tübingen, 5. Auflage, S. 30 ff
11. Churchman C. W., Ackhoff L. A., Arnoff E. L., (1961), Operations Research, R. Oldenbourg, Wien-München
12. Domschke W., Drexl A., (1990), Logistik: Standorte, R. Oldenbourg, München-Wien
13. Müller-Merbach H., (1970), Optimale Reihenfolgen, Springer-Verlag, Berlin-Heidelberg-New York
14. Wöhe G., (1969), Allgemeine Betriebswirtschaftslehre, Franz Vahlen, München
15. Baumgarten H. u.a. (1981–1999), RKW-Handbuch Logistik; Erich Schmidt Verlag, Berlin
16. Toporowski W., (1996), Logistik im Handel, Optimale Lagerstruktur und Bestellpolitik einer Filialhandelsunternehmung, Physica-Verlag, Heidelberg
17. Kapoun J., (1981), Logistik, ein moderner Begriff mit langer Geschichte, Zeitschrift für Logistik, Jg. 2,, Heft 3, S. 124 ff

18. Henning D.P., (1981), Spezifische Aspekte der Logistik im Handel, RKW-Handbuch Logistik, Band 3, Hrg. Prof. Dr. H. Baumgarten, ESV-Verlag, Berlin
19. Pfohl H.-Chr., (1990), Logistiksysteme, Betriebswirtschaftliche Grundlagen, 4. Aufl., Springer, Berlin-Heidelberg-New York
20. Krampe H., (1998), Territoriale Logistik, in Grundlagen der Logistik, hussverlag, München, 2. Auflage, S. 277 ff
21. Gudehus T, (1973), Grundlagen der Kommissioniertechnik, Dynamik der Warenverteil- und Lagersysteme, Girardet, Essen
22. Straube F., Gudehus T., (1994), Auch die Logistik gehört auf den Prüfstand, HARVARD BUSINESS manager, 4/1994, S. 42 ff
23. Laurent M., (1996), Vertikale Kooperation zwischen Industrie und Handel: neue Typen und Strategien zur Effiziensteigerung im Absatzkanal, Dt. Fachverlag, Frankfurt am Main
24. Gerhardt M., Rechnergestützte Dispositionsverfahren für die Transportlogistik, Logistik im Unternehmen 9, Nr.7/8, S. 40 ff
25. Baumgarten H. u.a.; (1998), Zukunftspotentiale in der euoropäischen Logistikforschung, 15. Internationaler Logistikkongress, Europa vernetzen, Berichtsband 2, S. 839 ff
26. Heymann K.; (1997), Vernetzte Systeme beherrschen, Jahrbuch der Logistik 98, Verlagsgruppe Handelsblatt, S. 35 ff
27. Darr W.; (1992), Integrierte Marketing Logistik, Auftragsabwicklung als Element der marketinglogistischen Strukturplanung
28. Baumgarten H., (1992), Make-or-Buy entscheidet der Manager; Jahrbuch der Logistik ´92, Verlagsgruppe Handelsblatt, Düsseldorf
29. Arnold D.; (1995), Materialflußlehre, Viehweg, Braunschweig-Wiesbaden
30. SAP, (1994), R/3-System MM, Verbrauchsgesteuerte Disposition, Software Handbuch, SAP AG, Walldorf
31. Centrale für Coorganisation GmbH (CCG); (1994), EAN 128-Standard, Internationale Codierung zur Übermittlung logistischer Dateninhalte, Coorganisation 1/94
32. Centrale für Coorganisation GmbH (CCG); (1995), Das EAN-Nummernsystem: Grundlage aller Coorganisation
33. Centrale für Coorganisation GmbH (CCG); (1993), Der SINFOS-Datenpool
34. Förster H., (1995), EDI in Europa, Rollt der EDI-Zug ?, Coorganisation 2/95, S. 14 ff.
35. Schmidt H., (1998), Das Diktat der Netzwerke, Frankfurter Allgemeine Zeitung, 27.6.1998, N.46/S. 13
36. Baumgarten H., Wolff S.; (1993), Perspektiven der Logistik, Trend-Analysen und Unternehmensstrategien, hussverlag, München
37. Baumgarten H.; (1996), Trends und Strategien der Logistik 2000, Analysen-Potentiale-Perspektiven, Technische Universität Berlin, Bereich Logistik
38. Gudehus T, (1972), Ermittlung der Planungsgrundlagen für Warenverteil- und Lagersysteme, dhf deutsche hebe und fördertechnik, Nr. 3/72
39. Kleiber W., (1992), HOAI Honorarordnung für Architekten und Ingenieure, Rehm, München
40. Gudehus T., (1973), Planung von Warenverteil- und Lagersystemen, Betriebs-Management Service
41. Gudehus T., (1994), Gestaltung und Optimierung außerbetrieblicher Logistikstrukturen, Fördertechnik 3/94
42. DIN 66001; (1993), Sinnbilder und ihre Anwendung, Standardsymbole zur Darstellung von Programm-, Prozeß- und Funktionsabläufen, Beuth, Berlin-Wien-Zürich, 12/93
43. Scheer A.-W.; (1995), Architektur integrierter Informationssysteme – Grundlagen der Unternehmensmodellierung, 2. Aufl., Berlin
44. Krallmann H.; (1996), Systemanalyse, R. Oldenbourg, München
45. Gudehus T.; (1979), Mechanisierung und Automatisierung in Transportsystemen, in Lagerlogistik; Verlag Industrielle Organisation, Zürich, S. 104 ff.
46. Mehldau M., (1991), Beitrag zur Teilautomatisierung des Materialfluß als Instrument logistischer Systemgestaltung, in Schriftenreihe BVL, Hrsg. Baumgarten H. und Ihde G.B., Band 25, hussverlag, München, Dissertation TU Berlin, Bereich Logistik

47. Ritter S., (1997), Warenwirtschaft, ECR und CCG, Dynamik im Handel 7-97, S. 18 ff
48. Breiter P. M., (1996), ECR – Efficient Consumer Response, Wer hat was davon ?, Distribution 7-98, S. 12 ff
49. Zangemeister C., (1972), Nutzwertanalyse in der Systemtechnik, Wittemannsche Buchhandlung, München
50. Borries R., Fürwentsches W., (1975), Kommissioniersysteme im Leistungsvergleich, moderne industrie, München
51. Schuh G.; (1996), Logistik in der virtuellen Fabrik, in Logistik Management, Springer, Berlin-Heidelberg-New York
52. Warnecke H.J.; (1993), Revolution der Unternehmenskultur – Fraktale Unternehmen, Springer, Berlin-Heidelberg-New York
53. DIN EN ISO 9000 ff; (1994) Qualitätsmanagement und Qualitätsssicherung, Beuth, Berlin-Wien-Zürich
54. Baumgarten H., (1993), Prozeßanalyse logistischer Abläufe, Fabrik 43. Jhrg. 6, S. 14-17
55. Leibfried K.H.J., McNair C.J.; (1992), Benchmarking, Von der Konkurrenz lernen, die Konkurrenz überholen, Haufe, Freiburg i.Br.
56. Röder A., Friehmuth U.; (1998), Standards für den Logistikvergleich, Logistik Heute, 10-98, S. 48 ff
57. Gudehus T (1992), Strategien in der Logistik, Fördertechnik 9/92, S. 5ff.
58. Horváth, P., (1992), Controlling, Verlag Franz Vahlen, München, 4. Aufl., S. 500 ff
59. Kuhn A., Reinhardt A., Wiendahl H.-P.; (1993), Handbuch der Simulationsanwendungen in Produktion und Logistik, Vieweg, Braunschweig Wiesbaden
60. Lanzendörfer R.; (1975), Simulationsmodelle von Transport-, Lager- und Verteilsystemen, Materialflußsysteme II, S. 135 ff, Krausskopf, Mainz
61. Volling K., Utter H.; (1972), Digitale Simulation diskreter Zufallsprozesse, fördern und heben 4 (Herr H. Utter hat auf dem Rechner der Demag-Fördertechnik AG die Simulationsrechnungen zum Test der analytischen Näherungsformeln durchgeführt)
62. Gudehus T, (1992), Analytische Verfahren zur Dimensionierung und Optimierung von Kommissioniersystemen, dhf 7/8-92
63. Gabler-Wirtschafts-Lexikon, (1992), Bd. 5, Th. Gabler, Wiesbaden
64. Berry L.L., Yadav M.S., (1997), Oft falsch berechnet und verwirrend- die Preise für Dienstleistungen, HARVARD BUSINESS manager 1/1997, S. 57 ff
65. Simon H., (1996), Können wir uns Dienstleistungen noch leisten ?, Frankfurter Allgemeine Zeitung, 1.4.1996
66. Mayer R., (1991), Prozeßkostenrechnung und Prozeßkostenmanagement, Verlag Franz Vahlen, München, S. 74 ff.
67. Weber J. (Hrsg.), (1993), Praxis des Logistik-Controlling, Schäffer-Poeschel Verlag, Stuttgart
68. Gudehus T., (1996), Systemdienstleister in der Logistik, Chancen, Risiken, Auswahlkriterien, TECHNICA 4/96, S.14–19
69. Gudehus T., (1995), Beschaffungsstrategien, Wettstreit der Konditionen, LOGISTIK HEUTE, 11-95, S.36–95
70. Gudehus H.; (1959), Bewertung und Abschreibung von Anlagen, Th. Gabler, Wiebaden
71. Landes D.S.; (1983), Revolution in Time, Harvard University Press, Cambridge, Massachusetts, and London, England
72. Zibell R. M.; (1990), Just-in-Time-Philosophie, Grundlagen, Wirtschaftlichkeit, in Schriftenreihe BVL, Hrsg. Baumgarten H. und Ihde G.B., Band 22, hussverlag, München, Dissertation TU Berlin, Bereich Logistik
73. Wolff S.; (1994), Zeitoptimierung der logistischen Ketten, in Schriftenreihe BVL, Hrsg. Baumgarten H. und Ihde G.B., Band 35, hussverlag, München, Dissertation TU Berlin, Bereich Logistik
74. Witt P.; (1998); Netzplantechnik, Handbuch Logistik, Hrg. J. Weber und H. Baumgarten, Schäffer-Pöschel, Stuttgart, S.412 ff
75. Ferschl F., (1964), Zufallsabhängige Wirtschaftsprozesse, Physica-Verlag, Wien-Würzburg

76. Lewandowski R.; (1974), Prognose- und Informationssysteme und ihre Anwendungen, de Gruyter, Berlin-New York
77. Nullau B. u.a.; (1969), Das Berliner Verfahren, Ein Beitrag zur Zeitreihenanalyse, DIW-Beiträge zur Strukturforschung, Heft 7, Duncker&Humblot, Berlin
78. Gudehus T., (1975), Grenzleistungsgesetze für Verteiler- und Zusammenführungselemente, Zeitschrift für Operations Research, Physica Verlag Würzburg, Band 20, 1976 B37-B61
Gudehus T., (1975), Grenzleistungsgesetze für Verteiler- und Sammelemente, fördern und heben, Krausskopf-Verlag, Mainz, Nr.16
Gudehus T., (1976), Grenzleistungen bei absoluter Vorfahrt, Zeitschrift für Operations Research, Physica Verlag Würzburg, Band 20, 1976 B127-B160
79. Gudehus T., (1976), Staueffekte vor Transportknoten, Zeitschrift für Operations Research, Würzburg, B207–B252
80. Soom E., So senken Sie die Lagerkosten, in Lagerlogistik, Hrsg. Rupper P. und Scheuchzer R.H., Verlag Industrielle Organisation, Zürich, S. 17 ff
81. Krampe H. , Lucke H.-J. (Hrg), (1993), Grundlagen der Logistik, Einführung in Theorie und Praxis logistischer Systeme, hussverlag, München
82. Kreyszig E., (1975), Statische Methoden und ihre Anwendungen, Vandenhoek & Ruprecht, Göttingen
83. Glaser H., Petersen L.; (1998), Verfahren der Produktionsplanung und -kontrolle, Handbuch Logistik, Hrg. Weber J. und Baumgarten H., Schäffer-Pöschel, Stuttgart, S.425 ff
84. Wiendahl H.P., (1998), Belastungsorientierte Auftragsfreigabe (BOA), Handbuch Logistik, Hrg. Weber J.und Baumgarten H., Schäffer-Pöschel, Stuttgart, S.436 ff
85. Scheer A.-W.; (1998), Informations- und Kommunikationssysteme in der Logistik, Handbuch Logistik, Hrg. Weber J.und Baumgarten H., Schäffer-Pöschel, Stuttgart, S. 495 ff.
86. Schneeweiß CH., (1981), Modellierung industrieller Lagerhaltungssysteme; Springer, Berlin-Heidelberg-New York
87. Popp W., (1979) Lagerhaltungsplanung, in Handwörterbuch der Produktionswirtschaft, Band VII, S. 1046 ff., C.E. Poeschel, Stuttgart
88. von Zwehl W., (1979), Wirtschaftliche Losgrößen, in Handwörterbuch der Produktionswirtschaft 1. Aufl., Band VII, S. 1166 ff., C.E. Poeschel, Stuttgart
89. Jünemann R., (1989), Materialfluß und Logistik, Springer, Berlin-Heidelberg-New York
90. Bogaschewski, R., (1996), Losgröße, Handwörterbuch der Produktionswirtschaft, 2. Aufl., Band 7, S. 1163 ff. C.E. Poeschel, Stuttgart
91. Harris F., (1913), How Many Parts to Make at Once, Factory – The Magazine of Management, S. 135–136 und S.152
92. Schneeweiß Chr.; (1981), Modellierung industrieller Lagerhaltungssysteme, Einführung und Fallstudien, Springer, Berlin-Heidelberg-New York
93. VDI-Richtlinie (1983); Sortiersysteme für Stückgut VDI 3619, Beuth, Berlin-Wien-Zürich
94. Bucklin L. P.,(1966), A Theory of Distribution Channel Structure; CA:IBER Special Publications
95. Cooper M.C., Lambert M.L., Pagh J.D., (1997); Supply Chain Management: More Than a New Name for Logistics, The International Logistics Management, Vol. 8, No. 1
96. Cavonato J. I., (1992); A Total Cost/Value Model for Supply Chain Competitiveness, Journal of Buisiness Logistics, Vol. 13, No. 2
97. Christofer M.; (1992), Logistics and Supply Chain Management; London, Pitman Publishing
98. Scott Ch., Westbrook R.; (1991), New Strategic Tools for Supply Chain Management, International Journal of Physical Distribution and Logistics Management, Vol. 21, No. 1
99. Singer P., (1995), Losgrößenverfahren, Neues Verfahren versus Andler, LOGISTIK HEUTE 10–95
100. Andler K., (1929), Rationalisierung der Fabrikation und optimale Losgröße, R. Oldenbourg, München
101. Taft E.W., (1918), Beitrag in „The Iron Age", Band 101, S. 1410, USA
102. Maister D.H., (1976), Centralisation of Inventories and the „Square Root Law", International Journal of Physical Distribution, Vol.6, No. 3, S. 126 ff.

103. Heidenbluth V., (1992), Kriterien zur Lagerkapazitätsbestimmung, TECHNIKA, Industrieverlag, Zürich
Heidenbluth V., (1992), Neues Optimierung-Modell für Bestände und Kapazitäten von Lagern , fördern und heben
104. Schulte C., (1995), Logistik, Wege zur Optimierung des Material- und Informationsflusses, Franz Vahlen, München
105. Gudehus T., Kunder R .(1977), Optimierung von Ladeeinheiten, Betriebswirtschaftliche Forschung und Praxis, Heft 1/1977
106. Grundke G.; (1995), Fortschritte bei Verpackungen, Jahrbuch der Logistik 1995, Verlagsgruppe Handelsblatt, S. 118 ff
107. Baumgarten H., (1972), Über technische und organisatorische Möglichkeiten zur Anpassung der Industriebetriebe an das Containersystem, Dissertation, TU Berlin
108. DIN 55510; (1982), Verpackung, Modulare Koordination im Verpackungswesen, Modulare Teilflächen des Flächenmodul 600 mm x 400 mm, Beuth, Berlin-Wien-Zürich
109. Michaletz T., (1994, Wirtschaftliche Transportketten mit modularen Containern; in Schriftenreihe BVL, Baugarten H. und Ihde G.B. hussverlag, München.
110. Centrale für Coorganisation GmbH (CCG); (1985), CCG1 und CCG2, Einheitliche Ladehöhen für EURO-Paletten
111. Richtlinien zur Standardisierung von Ladeeinheiten:
DIN 55405, Packstücke
DIN 30820, Kleinladungsträger
DIN 15146, Paletten
DIN 15155, Gitterbox
DIN 70013 und DIN/EN 284, Wechselbehälter
ISO R 668 und 830, Überseecontainer
112. Lange K., Reinhardt M., (1992), Ermittlung von Außenmaßen und Volumen der Warenstücke im Regionalverteilzentrum Norderstedt der HERTIE AG, Projektbericht ZLU, Zentrum für Logistik und Unternehmensplanung GmbH, Berlin
113. Centrale für Coorganisation GmbH (CCG); (1995), Logistik-Verbund für Mehrwegtransportverpackungen
114. Wollboldt F., Frerich-Sagurna R.; (1990), Logistikgerechte Palette, Mit weniger mehr erreichen, Jahrbuch der Logistik 1990, Verlagsgruppe Handelsblatt, S. 241 ff
115. DIN 30 781, (1989), Transportkette, Teil 1: Grundbegriffe, Teil 2: Systematik der Transportmittel und Transportwege, Beuth, Berlin-Wien-Zürich
116. Paulsmeyer J.; (1997), Mehrwegtransportverpackung, Der Boom ist ausgeblieben, Logistik Heute, 9-97, S. 50 ff
117. Wehking K.H.; (1994), Mehrwegtransportverpackung, Jahrbuch der Logistik 1994, Verlagsgruppe Handelsblatt, S. 115 ff
118. Stölzle W., Queisser J.; (1994), Gestaltung von Mehrwegtransportsystemen, Jahrbuch der Logistik 1994, Verlagsgruppe Handelsblatt, S. 183 ff
119. Verpackungsverordnung; (1991), Bundesgesetzblatt Teil 1, Nr. 36, S. 1234 ff
120. Gilmore P., Gomory R.E.; (1965), Multistage Cutting Stock Problems of Two and More Dimensions, Operations Research, Jg. 13, Heft 1
121. MULTISCIENCE GmbH, (1995), MULTIPACK, Optimierungs-Software für Logistik und Verpackungs-Entwicklung, , Heilbronn, Firmendruckschrift
122. MULTISCIENCE GmbH, (1995), Randvolle Laster dank richtiger Software, EUROCARGO 6/95
123. o. Verfasser, (1995), Gebindeabmessungen und optimale Packungsschemata, NORDMILCH e.G., PHILIP MORRIS u.a. [ZLU].
124. Gudehus T., (1977), Transportsysteme für leichtes Stückgut, VDI-Verlag, Düsseldorf
125. VDI- und FEM-Richtlinien zu Zuverlässigkeit und Verfügbarkeit, Beuth, Berlin-Wien-Zürich
(1983) Zuverlässigkeit und Verfügbarkeit von Transport- und Lageranlagen, VDI 3581
(1980) Grundlagen zur Erfassung von Störungen an Hochregalanlagen VDI 3580

(1992) Anwendung der Verfügbarkeitsrechnung für Förder- und Lagersysteme, VDI 3649
(1989) Regeln über die Abnahme und Verfügbarkeit von Regalbediengeräten und anderen Gewerken, FEM 9.222

126. Gudehus T., (1993), Analytische Verfahren zur Dimensionierung von Fahrzeugsystemen, OR Spektrum 15, 147–166
127. Martin H., (1995), Transport- und Lagerlogistik, Vieweg, Braunschweig-Wiesbaden
128. Wehner B.; (1970), Abwicklung und Sicherung des Verkehrsablaufs, Hütte, Band II, S. 364 ff., Wilhelm Ernst & Sohn, Berlin München Düsseldorf
129. Leutzbach W.; (1956), Ein Beitrag zur Zeitlückenverteilung gestörter Verkehrsströme, Dissertation, TH Aachen
130. Harders J.; (1968), Die Leistungsfähigkeit nicht signalgerelter Verkehrsknoten. Forschungsbericht Heft 7, Forschungsgesellschft e. V. des Bundesverkehrsministeriums, Bonn
131. Dorfwirth R.; (1961), Wartezeiten und Rückstau von Kraftfahrzeugen an nicht signalgesteuerten Verkehrsknoten. Forschungsarbeiten aus dem Straßenverkehrswesen, Neue Folge, Heft 43, Bad Godesberg
132. Gnedenko B.W.; (1984), Handbuch der Bedienungstheorie, Akademieverlag, Berlin
133. Krampe H., Kubat J., Runge W.; (1973), Bedienungsmodelle, München Wien
134. Schaßberger R.; (1973), Warteschlangen, New York Wien
135. Schütze P.; (1974) Überlastwahrscheinlichkeiten und Wartezeiten an Lichtsignalanlagen, Straßenbau und Verkehrstechnik, Heft 160
136. Ren G. ; (1998), Verhalten der Zwischenzeit der Fördereinheiten bei Verteiler- und Sammelelementen, S. 65 ff., deutsche hebe- und förderetchnik, 3/98
137. Gudehus T., Zuverlässigkeit und Verfügbarkeit von Transportsystemen,
Teil I (1976), Kenngrößen der Systemelemente, fördern+heben 26, Nr. 10, S 1021 ff,
Teil II (1976), Kenngröße von Systemen, fördern+heben 26, Nr. 13, S 1343 ff,
Teil III (1979) Grundformeln für Systeme ohne Redundanz, fördern+heben 29, Nr. 1, S 23 ff
138. Seifert W., Simon H.-J.; (1975), Systemzuverlässigkeit der Gepäckförderanlage im Flughafen Frankfurt, Techinsche Mitteilung AEG-Telefunken, 65. Jahrg., Heft 8, S. 320 ff
139. VDI Handbuch (1992), Technische Zuverlässigkeit, VDI Verlag Düsseldorf
140. Schwanda V.; (1974), Technische Zuverlässigkeit, in Materialflußsystem I, Krausskopf, Mainz, S. 235 ff,
141. Kaufmann A.; (1970), Zuverlässigkeit in der Technik, R. Oldenbourg, München
142. Hummitz P.; (1965), Zuverlässigkeit von Systemen, VEB-Verlag Technik, Berlin
143. Messerschmitt-Bölkow-Blohm; (1971), Technische Zuverlässigkeit, Springer, Berlin-Heidelberg-New York
144. Gudehus T.; (1995), Engpässe in Fördersystemen, fördern und heben 25, Nr. 3/4, S.206 ff
145. mehrere Verfasser, (1992), Lagertechnik `92, Sonderpublikation des Fördermittel Journals, Europa Fachpresse Verlag
146. Bäune R., Martin H., Schulze L; (1991), Handbuch der innerbetrieblichen Logistik, Logistiksysteme mit Flurförderzeugen, Hrg. Jungheinrich AG, Hamburg
147. Gudehus T., Hofmann K., (1973), Die optimale Höhe von Hochregallagern, deutsche hebe- und fördertechnik Nr. 2
148. Gudehus T., (1979), Transportsysteme für automatische Hochregallager, Teil I: Theoretische Grundlagen, fördern und heben 29, Nr. 7, S. 629 ff, Teil II: Technische Lösungsmöglichkeiten, fördern und heben 29, Nr. 9, S. 775 ff.
149. Gudehus T., Kunder R., (1974), Kapazität und Füllungsgrad von Stückgutlagern, Industrie-Anzeiger, Nr. 93/74 und Nr.104
150. Gudehus T., (1972), Wohin mit der Kopfstation ?, Materialfluß Nr. 8,
151. Workfactor, Leistung und Lohn, Arbeitgeberverband Deutschland
152. VDI, Richtlinie VDI 3590, Kommissioniersysteme, Blatt 1,2,3, (1994/1976/1977), Beuth, Berlin-Wien-Zürich

153. FEM-Richtlinie: Berechnungsgrundlagen für die Regalbediengeräte Toleranzen, Verformungen und Freimaße im Hochregallager, FEM 9.831, (1995)
154. Klimmek K., (1993), Kommissionierautomaten, Rentabilitätsrechnung vor Prestigeprojekt, Logistik Heute, 10-93
155. Vogt G., (1993), Kommissionier-Handbuch, Sonderpublikation der Zeitschrift Materialfluß, verlag moderne industrie
156. mehrere Verfasser, (1991), Europäischer Materialfluß Markt 1991
157. Miebach J., (1991), Zero Defect Picking- eine neue Sicht bei der Entwicklung von Kommissionierstrategien, Deutscher Logistik Kongreß, Berlin, Tagungsbericht, Band 1, S. 251 ff.
158. Gudehus T., (1974), Lagern und Kommissionieren, Trennen oder Kombination von Reservelager und Kommissionierbereich, fördern und heben Nr.15
159. Gudehus T., (1978), Die mittlere Anzahl von Sammelaufträgen, Zeitschrift für Operations Research, Würzburg, Band 22, B71-B78
160. VDI-Richtlinie VDI 3311; (1998), Beleglose Kommissioniersysteme (Entwurf)
161. Reinhardt M., (1993), Strategien für Planung und Betrieb eines Kommissioniersystems innerhalb eines Warenverteilzentrums, Diplomarbeit, TU Berlin, Bereich Logistik
162. Gudehus T., (1974), Dimensionierung von Durchlauflagern, Industrie-Anzeiger Nr. 48
163. Schröder F., (1994), Simulationsgestützte Überprüfung des Kommissionieraufwands für alternative Organisationsformen bei statischer Bereitstellung, Diplomarbeit, TU Berlin, Bereich Logistik
164. Gudehus T., Kunder R., (1975), Mittlere Wegzeiten beim eindimensionalen Kommissionieren, Zeitschrift für Operations Research, Band 19, S. B53 ff.
165. Miebach J., (1971), Die Grundlagen einer systembezogenen Planung von Stückgutlagern, dargestellt am Beispiel des Kommissionierlagers, Dissertation, TU Berlin
166. Schulte J, (1996), Berechnungsgrundlagen konventioneller Kommissioniersysteme, Dissertation, Universität Dortmund
167. MTM, Grundzüge des MTM, Programmierte Unterweiseung, Deutsche MTM-Vereinigung, Hamburg
168. REFA, (1972), Methodenlehre des Arbeitsstudiums, Karl Hanser Verlag, München
169. Gudehus T., (1979), Transportsysteme, Handwörterbuch der Produktionswirtschaft, Poeschel, S. 2015 -2027
170. Bahke E.; (1973), Transportsysteme heute und morgen; Krauskopf, Mainz
171. Domschke W.; (1995), Logistik: Transport; R. Oldenbourg, München-Wien
172. Busacker R.G., Saaty T.L.; (1968), Endliche Graphen und Netzwerke, R. Oldenbourg, München-Wien
173. König D.; (1936), Theorie der endlichen und unendlichen Graphen; Leipzig
174. Sachs H.; (1988), Einführung in die Theorie der endlichen Graphen; Hanser, München
175. Vogt M.; (1997), Tourenplanung in Ballungsgebieten, Dissertation, Universität GH Kassel
176. Kern A.; (1994), Transportsteuerungssysteme – Konzeption, Realisierung und Systembeurteilung für den wirtschaftlichen logistischen Einsatz, in Schriftenreihe BVL, Baumgarten H. und Ihde G.B., hussverlag, München, Dissertation TU Berlin, Bereich Logistik
177. Ihde G.B.; (1991), Transport, Verkehr, Logistik, Vahlen, München
178. Matthäus F.; (1978), Tourenplanung, Verfahren zur Einsatzdisposition von Fuhrparks, Toechte Mittler, Darmstadt
179. Modaschl J.; (1986), Verhalten von Transportsystemen bei unterschiedlichen Fahrzeugeinzelstrategien, Dissertation, Universität Stuttgart,
180. Xiao W.; (1990), Verhalten von Transportsystemen, Einfluß unterschiedlicher Randbedingungen auf die Wirkungsweise von Transportstrategien, Dissertation, Universität Stuttgart
181. Domschke W.; (1985) Logistik, Rundreisen und Touren, R. Oldenbourg, München-Wien
182. Brandes T., (1997), Betriebsstrategien für Materialflußsysteme unter besonderer Berücksichtigung automatisierter Lagersysteme, Dissertation, TU Berlin, Bereich Logistik

183. Schmidt F.; (1988), Beitrag zur mathematisch-analytischen Erfassung der fahrzeuganzahlbestimmenden Wirkungszusammenhänge komplexer fahrerloser Transportsysteme, Dissertation, Universität Dortmund
184. Dullinger H.; (1996), Sortereinsatz in Kommissioniersystemen, Berichtsheft des 35. BVL-Forums „Pick&Pack – Fortschritte in der Kommissioniertechnik", BVL, Bremen
185. Gudehus T.; (1978); Transportmatrix und Fassungsvermögen, Zeitschrift für Operations Research, Band 22, B219ff, Physica Verlag, Würzburg
186. Vahrenkamp R., Vogt M; (1998), Tourenplanung und Fuhrparkmanagement, Logistik Jahrbuch 1998, S. 166 ff, handelsblatt fachverlag
187. Heymann K; (1997); Vernetzte Systeme beherrschen, Logistik Jahrbuch 1997, S. 166 ff, handelsblatt fachverlag
188. Feige D; (1998); Tourenplanung, Szenariotechnik optimiert Disposition, LOGISTIK HEUTE, 5-98, S. 21 ff
189. DIN 25 003; (1998), Systematik der Schienenfahrzeuge; Übersicht, Benennung, Begrifsserkärung (z.Z. Entwurf)
190. DIN 15 003; (1997), Hebezeuge; Lastaufnahmeeinrichtungen, Lasten und Kräfte, Begriffe
191. Michaletz T.; (1994), Wirtschaftliche Transportketten mit modularen Containern, Logistisches Konzept zur Umverteilung des Güterverkehrsaufkommens, hussverlag, München
192. Kuhn A. (Hrg.), (1995), Prozeßketten in der Logistik: Entwicklungstrends und Umsetzungsstrategien, Dortmund
193. Herrmann G., Kliem D., Müller K.W., (1976), Normung in der Transportkette, Grundlagen, Aufgaben, Organisation, Probleme, deutsche hebe und fördertechnik, 9/76, S. 67 ff
194. Bock D., Hildebrand H., Krampe K., (1996), Handelslogistik, in Grundlagen der Logistik, hussverlag, München, 2. Auflage, S.233 ff
195. Kempcke Th., (1997), Jährliche Fahrleistung 60.00 km, Dynamik im Handel, 7-97, S. 28 ff
196. Vahrenkamp R., Vogt M., (1998), Tourenplanung und Fuhrparkmanagement, Rationalisierungsreserven und Kostensenkungspotentiale, Jahrbuch Logistik, Verlagsgruppe Handelsblatt, S. 166 ff
197. Prümper W., (1979), Logistiksysteme im Handel, die Organisation der Warenprozesse in Großbetrieben des Einzelhandels, Thun-Verlag, Frankfurt a.M.
o. V., (1998), Karstadt testet Neuorganisation, Lebensmittelzeitung 13/98
198. Gudehus T., (1995), Beschaffungsstrategien, Wettstreit der Konditionen, LOGISTIK HEUTE, 11-95, S. 36 ff
199. o. V. , (1994), Kosteninformationssysteme für die leistungsorientierte Kalkulation von Straßengütertransporten, Bundesverband des deutschen Güterfernverkehrs (BDF) e.V.
200. Pittrohf K., (1996), KURT Kostenorientierte unverbindliche Richtpreistabellen, Hrg. Bundesverband des Deutschen Güternahverkehrs (BDN) e.V., Frankfurt
201. o. V., (1998,1997,1996), Preisspiegel Gütertransporte, Informationsdienst der Zeitschrift Distribution
202. o.V., (1995), Continuous Replenishment, Coorganisation 2/95, S. 31 ff.
203. Keebler J.S., Andraski J.C., Sease G.J.; (1998), Logistics Strategies in North America, Tagungsbericht des 15. Deutscher Logistikkongress, Berlin, Band 1 S. 49 ff.
204. Gudehus T.; (1994); Systemdienstleister – ja oder nein ?, Jahrbuch für Logistik, S. 180 ff.
205. Gudehus T.; (1995); Frei Haus oder ab Werk ?, Wettstreit der Konditionen, Jahrbuch für Logistik, S. 176 ff
206. Griesshaber H.; (1998), Industrie-, Transport- und Logistikbedingungen, Die AGB-Alternative des neuen Transportrechts, Verlag Dr. Grieshaber, München
207. Schaab W.; (1969), Automatisierte Hochregalanlagen, Bemessung und Wirtschaftlichkeit, VDI-Verlag, Düsseldorf
208. Gudehus H.; (1955), Das optimale Seitenverhältnis von Stückguthallen, Interne Stellungnahme zu einer Untersuchung von G. Kienbaum für die Hamburger Hafen- und Lagerhaus AG über Probleme des Stückgutumschlags
Gudehus H.; (1958/59), Stadtautobahnnetz Hamburg, Interne Studie, Behörde für Wirtschaft und Verkehr der Hansestadt Hamburg

Gudehus H.; (1967), Wirtschaftlichkeit von Containerschiffen, Interne Studie, Behörde für Wirtschaft und Verkehr der Hansestadt Hamburg

Gudehus H. (1967), Über den Einfluß der Frachtraten auf die optimale Schiffsgeschwindigkeit, Schiff und Hafen, 19.Jg., Heft 3/67

Gudehus H.; (1971) Optimierung von Handelsschiffen, Interne Studie, Behörde für Wirtschaft und Verkehr der Hansestadt Hamburg

Gudehus H.; (1971) Zur Besteuerung des Straßenverkehrs, Interne Studie, Behörde für Wirtschaft und Verkehr der Hansestadt Hamburg

209. Ewers H.-J., (1973), Systemorientierte Integration von Transportabläufen im Güterverkehr, Beiträge aus dem Institut für Verkehrswissenschaften an der Universität Münster, Heft 72, Göttingen.
210. Schlitgen R., Streitber H.J., (1995), Zeitreihenanalyse, R. Oldenbourg, Wien
211. Rürup B., (1995), Fischer Wirtschaftslexikon, Fischer Taschenbuch Verlag GmbH, Frankfurt am Main.
212. Gudehus T., (1971), Langgut- und Flachgutlagerung in automatisierten Hochregallagern, Industrie-Anzeiger Nr. 21
213. Feuchtinger ; (1954); Die Berechnung signalgesteuerter Knotenpunkte des Straßenverkehrs, Kirschbaum, Bielefeld
214. Großeschallau W.; (1984), Materialflußrechnungen, Logistik in Industrie, Handel und Dienstleistungen, Springer, Berlin-Heidelberg-New York
215. Ford L.R, Fulkerson D.R. ; (1962), Flows in Networks, Princeton University Press, Princeton, New York,
216. Berndt T., Krampe H, Lochmann G., Lucke H.J; (1983); Algorithmen für die Dospositive Steuerung des innerbetrieblichen Transportwesens, Hochschule für Verkehrswesen, 30, Nr. 3
217. Isermann H.; (1997), Softwaresysteme für die operative Tourenplanung. Wann kommt der Durchbruch ? Jahrbuch der Güterverkehrswirtschaft
218. Pawellek G.; (1997); Verkehrssysteme und Logistik, Innovative Methoden und Konzepte der Transportsystemplanung, Zeitschrift Mensch und Technik, VDI/VDE S. 23 ff
219. o. V., (1995), Was kostet die Welt ?, Kurier-, Expreß- und Paketdienste, Umfrage, LOGISTIK HEUTE 8-95, S. 19 ff.
220. Brockhaus Lexikon; (1984), Deutscher Taschenbuch Verlag, München, Band 17
221. Ihde B., Lukas G., Merkel H., Neubauer H., (1988), Ersatzteillogistik, hussverlag, München
222. Gudehus H.; (1967), Über den Einfluß der Frachtraten auf die optimale Schiffsgeschwindigkeit, Schiff und Hafen, Heft 3/67, 19. Jg., S. 173 ff
223. Schönsleben P.; (1998), Integrales Logistikmanagement, Planung und Steuerung von umfassenden Geschäftsprozessen, Springer, Berlin-Heidelberg-New York
224. Wiendahl H.P.; (1997), Betriebsorganisation für Ingenieure, Hanser Verlag, München-Wien, 4. Aufl.
225. Stommel H.J.; (1976), Betriebliche Terminplanung, de Gruyter, Berlin-New York
226. Boutellier R., Corsten D. (1997), Bessere Prognosen in der Logistik, Datenqualität und Modellgenauigkeit, Jahrbuch der Logistik 1997, Verlagsgruppe Handelsblatt, S. 115 ff
227. Andersen H. Chr.; (1835 ff.), Des Kaisers neue Kleider, in Das große Märchenbuch, Diogenes, Zürich
228. Churchman, C.W.; (1970), Einführung in die Systemanalyse, München
229. VDI-Richtlinie; (1982), Zeitrichtwerte für Arbeitsspiele und Grundbewegungen von Flurförderzeugen, VDI 2391.
230. Hammel W.; (1963), Das System des Marketing, Freiburg
231. Rall B.; (1998), Analyse und Dimensionierung von Materialflußsystemen mittels geschlossener Warteschlangengesetze, Dissertation, TH Karlsruhe
232. Greiling M.; (1997); Verbesserung der Produktionslogistik durch Losgrößenharmoniesierung, Ein bedientheoretischer Ansatz, Dissertation, TH Karlsruhe
233. Lenk, H., Ropohl G. (Hrsg.); (1978), Systemtheorie als Wissenschaftsprogramm, Athenäum, Königstein/Taunus

234. Fritsche B.; (1999), Advanced Planning and Scheduling (APS), Die Zukunft von PPS und Supply Chain, LOGISTIK HEUTE, Heft 5-99, S. 50 ff
235. LOGISTIK HEUTE; (1992), Umfrage, Was bieten PPS-Systeme, LOGISTIK HEUTE, Heft 9-92, S. 81 ff
236. Scheutwinkel W.; (1999), SCM-Marktübersicht, Anspruch und Wirklichkeit, LOGISTIK HEUTE, Heft 5-99, S. 60 ff.
237. Axmann, N.; (1993), Handbuch für Materialflußtechnik, Stückgutförderer, expert-Verlag, Ehningen bei Böblingen
238. Bläsius, W.; (1999), Quo Vadis – Kombinierter Verkehr ?, deutsche hebe-und fördertechnik, dhf 3/99
239. Arnold D.; Rall B.; (1998), Analyse des Lkw-Ankunftsverhaltens in Terminals des Kombinierten Verkehrs, Internationales Verkehrswesen 6/98
240. Buscher R., Hayens O.; (1998), KV-Verkehr wirtschaftlich ?, Logistik Heute 7/8-98
241. Wolff S., Buscher R.; (1999), Porzeßbeschlunigung mit Logistik und IT, Branchenreport 1999 Automobilzulieferer, Verband der Automobilindustrie e.V. (VDA)
242. Gabler Wirtschaftslexikon (1993), 13. Aufl., Th. Gabler, S. 2156 ff. Wiesbaden
243. Baumgarten H.; (1999), Prozeßkettenmanagement, in Handbuch Logistik, Schäffer-Pösche, Stuttgart, S. 226 ff
244. Baumgarten H.; (1996), Wertschöpfungspartner Lieferant, in Jahrbuch Logistik 1996, Verlagsgruppe Handelsblatt, Düsseldorf, S. 10-13
245. Baumgarten H., Darkow I.; (1999), in Jahrbuch Logistik 1999, Verlagsgruppe Handelsblatt, Düsseldorf, S. 146 ff.
246. Baumgarten H., Wolff S.; (1999), Versorgungsmanagement – Erfolge durch Integration von Beschaffung und Logistik, in Handbuch Industrielles Beschaffungsmanagement, Gabler, Wiesbaden
247. Buscher R., Koperski D.; (1999), Logistikstrategien für die flexible Kundenwunschfabrik, in Jahrbuch Logistik 1999, Verlagsgruppe Handelsblatt, Düsseldorf, S. 190 ff.
248. Straube F.; (1999), Erfolgsfaktor der internationalen Logistik; Flexibilität und Stabilität durch Prozeß-Standardisierung, Logistik im Unternehmen, 10.Jg., Heft 9, S.3 ff
249. Straube F.; (1988), Kriterien zur Planung und Realisierung von Instandhaltungskosten in logistikorientierten Unternehmen, in Schriftenreihe BVL, Hrsg. Baumgarten H. u. Ihde G.B., hussverlag, München, Dissertation, TU Berlin
250. ZLU, Zentrum für Logistik und Unternehmensplanung GmbH, Berlin-Sao-Paulo-Boston
251. Krause B., Metzler P.; (1988), Angewandte Statistik, VEB Deutscher Verlag der Wissenschaften, S. 343 ff.

Sachwortverzeichnis

C

G

H

S

T

W

Springer und Umwelt

Als internationaler wissenschaftlicher Verlag sind wir uns unserer besonderen Verpflichtung der Umwelt gegenüber bewußt und beziehen umweltorientierte Grundsätze in Unternehmensentscheidungen mit ein. Von unseren Geschäftspartnern (Druckereien, Papierfabriken, Verpackungsherstellern usw.) verlangen wir, daß sie sowohl beim Herstellungsprozess selbst als auch beim Einsatz der zur Verwendung kommenden Materialien ökologische Gesichtspunkte berücksichtigen.
Das für dieses Buch verwendete Papier ist aus chlorfrei bzw. chlorarm hergestelltem Zellstoff gefertigt und im pH-Wert neutral.

Springer

Druck und Bindung:
Bercker Graphischer Betrieb GmbH, D-47623 Kevelaer